최단시간으로 최대성과가 가능한 체계적 구성

최신 유형

국가정보원
9급필기
All-Care

국어·한국사·상식 필기시험 완벽대비

- 기초이론부터 실전문제까지
  한 권으로 완성
- 모의고사와 면접
  Tip 수록
- 독학이 어려운 분을 위한
  집필 교수진의 직강 연계

9급 채용 가이드북 포함 | 최신 유형 완벽 반영

잡플랫연구소 편저

JOBPLAT

머리말

본 수험서는 국가정보원 일반직 9급 채용 필기 대비 교재입니다.
국가정보원 채용 9급 필기 문항은 7급과는 많이 다릅니다. 7급을 준비하시는 수험생은 7급 전용교재를 보시기 바랍니다.

국가정보원의 모든 것은 보안사항이므로 9급 필기 문항 또한 공개되어 있지 않습니다. 이런 정보 부족으로 인해 수험생들이 많이 어려워하고 있습니다.

하지만 국가정보원 일반직 9급 채용 필기시험은 다른 공무원이나 공기업 채용 시험과 크게 다르지 않습니다. 국어, 한국사, 일반상식 3개 과목으로 구성된 필기시험에서 국어는 일반 공무원 국어와 비슷하나 유형에서 일부 다른 점이 있고, 한국사도 한국사 능력시험과 크게 다르지는 않습니다. 상식도 국정원 특유의 유형과 출제 경향이 있지만 큰 틀에서는 공기업 상식과 유사합니다.

하지만 상대평가로 경쟁해야 하는 시험의 특징상 경쟁자들보다 더 좋은 점수가 나오려고 하면 국정원 9급 필기시험의 유형을 디테일하게 분석하고 국정원 특유의 출제내용을 잘 학습하고 가는 것이 중요합니다.

본 수험서는
1. 실제 국정원 9급 필기 기출 문항을 중심으로 출제 경향을 분석하고
2. 이에 따른 국어, 한국사, 상식의 이론을 제공하며
3. 이론에 따른 다양한 영역별 실전 문항을 제시하며
4. 최종 모의고사를 제공하며
5. 독학이 힘든 분들을 위해 잡플랫에서 동영상 강의를 서비스하고 있습니다.

국가정보원 7급 채용에서 점유율 100%에 가까운 압도적 1위를 하는 국정원 전문 교육기관 잡플랫이 이제 9급 일반직을 준비하는 수험생을 위해 새롭게 교재를 출판합니다.
여러분 모두의 합격을 위해 최선을 다하겠습니다.

가이드북

국가정보원 일반직 9급 채용 흐름

❶ 원서 접수
일년에 1~3번씩 진행되며, 시기에 따라 필요 직무만을 선발한다.
국가정보원 채용홈페이지에서 응시원서를 작성한다.
사진의 경우 여권사진 규정에 맞게 촬영한 것이어야 한다.

보통 원서접수 기간은 한달전도 진행되며, 작성 후 마감일까지 수정 또한 가능하다. 원서 접수는 크게 이력서와 에세이로 구성되어 있다.

❷ 서류 전형
기본적으로 9급 일반직 서류전형은 이력서보다는 에세이가 중요하다.
에세이 경우 서류전형에서뿐만 아니라 면접 합격에도 중요한 역할을 하므로 최선을 다해 작성해야 한다.

에세이는 두괄식으로 쓰며, 문장은 최대한 짧게 쓰는 것이 좋다.
추상적인 꾸미는 표현보다는 사실에 입각해서 최대한 구체적으로 작성하는 것이 좋다.

❸ 필기
토요일에 실시하며 과목은 국어(한문 포함), 한국사, 일반상식으로 구성되어 있다. 대체적으로 난이도는 높지 않다. 모든 직무 공통이며, 안전 분야의 경우 필기시험 종류 후 체력검정(오래달리기, 10m 왕복달리기, 윗몸일으키기, 팔굽혀펴기, 악력)을 실시한다.

❹ 면접
필기 합격자에 한하여 실시하며, 직무에 따라 분야별 실기평가를 실시한다.
하루 동안 실시되며, 같은 직무끼리 경쟁한다.

❺ 신체검사
면접 합격자에 한하여 신체검사를 실시한다. 반나절동안 실시하며, 실시 경과에 따라 개별적으로 외부 병원에서 발급하는 진단서를 요구하기도 한다.
유념할 것은 문신이 있을 경우 불이익을 받을 수 있으니 신체검사 전에 지우고 가는 것이 좋다.

❻ 신원조사
적국 특히 북한의 간첩 등이 국정원에 침투하는 것을 막기 위해 하루종일 강한 강도로 실시한다. 본인만 보는 것이 아니라 부모와 형제자매, 친가와 외가, 할아버지, 할머니까지 모두 본다.

국가정보원 일반직 9급 직무 상세내용

모집분야	응시자격
안전 (男)	• 공인무도단증 단일종목 3단 이상 소지자 　* 일반·기계 경비지도사 및 응급구조사 자격증 소지자 우대 　* 초경량비행장치 무인멀티콥터 1종 조종자 이상 소지자 우대 　* Anti드론 시스템·장비 운용 경력자 우대 　* 국가중요시설 방호업무 경력자 우대 　* 軍 특수부대 출신자 우대 　* 관련분야 직무교육 이수자 우대 ※ 공인무도단증 인정 단체는 하단 참조
운영지원 (물품관리·행정보조)	• 아래 공인자격증 중 1개 이상 소지자 　- 컴퓨터활용능력 1급·워드프로세서(舊 워드프로세서 1급) 　- 정보통신·정보보안·전자계산기제어·사무자동화 산업기사 이상 　* 행정사무/공공분야 실무 경력자·관련 분야 직무교육 이수자 우대 　* 재난/안전/환경 분야 전공자·직무교육 이수자·관련 자격증 보유자 우대 　* 1종 대형·특수(트레일러, 레커)·건설기계조종(기중기, 불도저) 면허 소지자 우대
정보통신 (IT장비 유지·관리)	• 정보통신 분야 공인자격증 중 1개 이상 소지자 　* PC정비사·정보처리·전자기기·정보기기운용 기능사 이상 우대 　* 네트워크관리사·CCNA 등 네트워크 및 무대음향 관련 민간자격증 소지자 우대 　* 방송통신·무선설비·전파전자통신·통신선로 기능사 이상 우대 　* IT기기(PC·서버·프린터 등) 제작·조립·유지보수 경력자 우대 　* 네트워크·보안장비·모바일·방송편집 관련 경력자 우대 　* CCTV·무대음향·음향영상시스템 구축·운영 경력자 우대
정비	• 자동차 정비 기능사 이상 소지자 　* 자동차 정비업체(2급 이상) 실무 경력자 우대 　* 자동차 정비 관련 학과 고등학교 졸업자 이상 우대 　* 자동차 정비분야 직무교육 이수자 우대

가이드북

모집분야	응시자격

냉난방
(기계)
	• 아래 국가기술자격증 중 1개 이상 자격 소지자
	  – 공조냉동기계·설비보전·배관·에너지관리·가스·용접·위험물 기능사 이상
	  – 건축설비·건설기계설비·소방설비(기계분야) 산업기사 이상
	  – 일반기계 기사
	  * 건축기계설비 유지관리 실무 경력자 우대

전기	• 아래 국가기술자격 중 1개 이상 자격 소지자
	  – 전기·전기공사 산업기사 이상
	  * 소방설비(전기분야) 산업기사 이상 소지사 우대
	  * 전기공사·전기설계 및 전기설비 유지보수 실무 경력자 우대

수송	• 1종 대형 운전면허 소지사
	  * 특수(구난차)·지게차·차량정비 면허 소지자 및 운전 경력자 우대
	  * 대형차량 운전 경력자 우대
	  * 공공기관·민간기업 운전 경력자 우대
	  * 관련 분야 직무교육 6개월 이상 이수자 우대
	  * 도로교통안전관리자 자격증 소지자 우대
	※ 원서접수시 운전경력증명서 제출필수(제출방법은 하단 참고)

발간	• 인쇄 기능사 이상 국가기술자격 소지자
	  * 인쇄장비 운용·발간공정 등 인쇄·출판 분야 1년 이상 실무 경력자 우대
	  * 인쇄 관련 장비(기계·전산) 정비 1년 이상 실무 경력자 우대

사진	• 포토샵·라이트룸 등 보정 편집 툴 사용가능자
	  * 사진 실무 경력자 우대
	  * 관련 분야 공모전 당선자 우대
	  * 영상편집프로그램(프리미어·파이널컷 등) 사용가능자 우대
	※ 원서 접수시 포트폴리오 제출 필수(제출방법은 하단 참조)

영상	• 1990.1.1~2000.12.31 사이 출생한 자로
	• 방송전문카레라(ENG) 운용이 가능하고 영상편집 툴(에디우스·아비드·프리미어 등) 사용가능자
	  * 영상촬영 실무 경력 및 방송사(지상파·케이블) 방송촬영 실무 경력자 우대
	  * 관련 분야 공모전 입상 경력자 우대
	※ 원접수시 포트폴리오 제출 필수(제출방법은 하단 내용 참고)

국가정보원 일반직 직급표

직군	직렬	1~4급	5급	6급	7급	8급	9급
운영지원	안전		안전 사무관	안전 주사	안전 주사보	안전 서기	안전 서기보
	운영지원			운영지원 주사	운영지원 주사보	운영지원 서기	운영지원 서기보
	정보통신			정보통신 주사	정보통신 주사보	정보통신 서기	정보통신 서기보
	정비			정비 주사	정비 주사보	정비 서기	정비 서기보
	통신수집			통신수집 주사	통신수집 주사보	통신수집 서기	통신수집 서기보
	사진			사진 주사	사진 주사보	사진 서기	사신 서기보
	수집			수집 주사	수집 주사보	수집 서기	수집 서기보
	냉난방			냉난방 주사	냉난방 주사보	냉난방 서기	냉난방 서기보
	수송			수송 주사	수송 주사보	수송 서기	수송 서기보
	발간			발간 주사	발간 주사보	발간 서기	발간 서기보
	전기			전기 주사	전기 주사보	전기 서기	전기 서기보

가이드북

국가정보원 일반직 9급 면접

국가정보원 면접의 특징

국가정보원 면접의 경우 7급이든 9급이든, 신입이든 경력직이든, 국가정보원이라는 분위기에 눌려 상당히 어렵다고 체감하게 됩니다. 면접장 들어갈 때부터 보안상 여러 조치를 하는데 그때부터 긴장감은 극도로 높아지게 됩니다.

면접은 모두 1 : 多 형식으로 진행되며 보수적인 조직이므로 의상부터 헤어까지 최대한 단정하고 튀지 않게 하는 것이 좋습니다. 기본적으로 일반적 9급의 경우 면접은 하루만에 끝나며 크게는 2가지 면접으로 진행됩니다. 하나는 인성면접이고 다른 하나는 직무면접입니다.

직무 면접

모든 직무에 따라 다 질문하는 문항이 다릅니다. 면접관들이 실제 그 직무를 하고 있는 실무자이므로 질문도 그 직무에 대한 깊은 지식 등을 물어봅니다. 그러므로 실제 그 직무에 대해서 전공했거나 이미 관련 직장에 재직중인 경우 훨씬 유리합니다.

인성 면접

일반 기업의 인성면접과 많이 유사합니다.
국정원 지원 동기나, 비전과 사명, 좌우명 등을 물어보며 친구관계나 가치관 등을 주로 물어봅니다. 이외 국정원에 대한 지식, 예를들어 국정원 원훈과 역사 등을 물어봅니다.

인성 검사

9급 면접을 진행할 때 중간에 인성검사를 실시합니다.
국가정보원 필기시험에서 7급의 경우 인성검사를 실시하지만, 9급은 필기 때 실시하지 않고 면접 때 실시한다. 인성검사를 실시 결과를 통해 정신적으로 문제가 있거나 조직 생활에 맞지 않는 성향인 경우 면접 결과와 상관없이 탈락시킵니다.

면접 자세 TIP

면접에서는 어떤 질문에 대한 대답 내용을 평가하기 전에 외모와 분위기로부터 평가가 시작됩니다. 면접장에 들어갔을 때는 면접관들에게 공손하게 인사하고, 너무 활짝 웃지 말고 진지한 표정으로 들어가며, 의자에 앉았을 때는 손의 위치도 무릎위에 자연스럽게 있어야 한다.

대답을 할 때는 최대한 힘있게 하며, 여자 수험생의 경우 머리를 최대한 단정하게 묶는 것이 좋습니다. 의상은 무채색 계열로 입고, 구두나 넥타이를 튀지 않게 하는 것이 좋습니다.

면접 답변 TIP

답변 할 때는 바로바로 하기 보다는 한템포 쉬고 해서, 면접관의 질문을 생각하고 답변하는 형식으로 하는 것이 좋습니다.
최대한 본인 경험과 연결해서 답변하는 것이 좋으며, 이때 경험은 최근 3년 이내것으로 하는 것이 좋습니다.
모르는 질문의 경우 억지로 답변하기보다는 솔직하게 모른다고 하는 것이 좋습니다

Contents

PART I 국어

Chapter 01 독해 이론 / **14**
Chapter 02 독해 문제 / **70**
Chapter 03 문법 이론 / **125**
Chapter 04 문법 문제 / **214**

PART II 한국사

Chapter 01 우리 역사의 형성과 고대 국가 / **334**
Chapter 02 고려 귀족 사회의 형성과 변천 / **418**
Chapter 03 조선의 성립과 변화 / **466**
Chapter 04 국제 질서의 변동과 근대 국가 수립 운동 / **545**
Chapter 05 일제의 강점과 민족 운동의 전개 / **588**
Chapter 06 대한민국의 발전과 현대 세계의 변화 / **624**

부록 1 지역사와 인물사 / **651**
부록 2 최종 내용 정리 / **659**

PART Ⅲ 상식

Chapter 01 인문 / **694**
Chapter 02 경영/경제 / **714**
Chapter 03 북한 / **734**
Chapter 04 법률 / **745**
Chapter 05 공학 / **773**
Chapter 06 국가정보학 / **781**
Chapter 07 최신 상식 / **793**

PART Ⅳ 모의고사

제1회 / **818**
제2회 / **841**

PART I

국어

Chapter 01 독해 이론

Chapter 02 독해 문제

Chapter 03 문법 이론

Chapter 04 문법 문제

01 CHAPTER

독해 이론

글의 구조 이해

1 독해 문제 출제 경향과 해법

1. 출제 경향과 문제 유형

(1) 출제 경향

① 문제의 지문이 점점 길어지고 있고, 출제 문항 수가 4문항에서 9문항으로 늘고 있다. 즉, 시간이 많이 필요한 것이 문제가 된다. 제한된 시간 내에 빠르게, 그리고 정확하게 답을 찾을 것을 요구하고 있다.

② 문제 수준이 단순한 어휘와 구절 이해에 머무르지 않고 정보 확인, 단락 순서, 비판이나 글의 특징 파악, 전제 찾기, 이어질 내용 추리하기 등 깊은 사고를 요하는 문제가 출제되고 있다.

③ 지문도 인문, 사회, 예술, 과학, 기술, 언어 등이 다양하게 출제되고 있다. 즉, 수능 문제 유형에 접근하고 있는 것이다.

(2) 문제 유형 : 지문이 길어짐에 따라 다양한 문제 유형이 출제되고 있다. 다음 도표는 수능 문제를 출제할 때 기준으로 삼는 문제 유형이다. 공무원 문제도 같은 유형이 출제된다.

문장 (사실적 사고 문제)	단락 (추리·상상적 사고 문제)	글 (논리적 사고 문제)
• 정보 확인(내용 일치) • 정보 간의 관계 파악 • 어휘와 구절 이해 • 한자 성어, 속담	• 단락의 요지 및 주제 파악 • 문장 간의 관계 파악 • 내용 삽입 • 생략/이어질 내용 추리 • 다른 상황에의 적용(시, 시조와 연결) • 문장이나 단락의 순서	• 글의 주제 파악 • 단락 간의 관계 파악 • 글의 특징 파악 • 필자의 태도와 관점 파악 • 독자의 수용과 비판 • 논지 전개 방식 파악

* 전략적 지문 읽기

1단계
• 핵심어 표시하면서 읽기
• 글의 내용 흐름 파악하기

2단계
• 유형별 문제풀이 해법 익히기
• 빠르게 답 찾는 훈련하기

3단계
• 시간 단축 훈련하기
• 같은 지문 반복 읽기 하여 내용의 흐름 빠르게 이해하기

2. 문제점과 대책

(1) 문제점

① 대부분의 학생들은 시간에 쫓기어 지문을 대충 읽고 답지에만 신경을 쓰고 있다. 그래서 답지에서 두 개까지는 잘 고르지만 정확한 답을 찾지 못하고 있다.

② 지문을 읽을 때 단어 중심으로 읽기 때문에 다 읽은 후에도 내용을 정확하게 이해하지 못하고 있다.

(2) 대책

① 체계적으로 전략적 독해법을 익혀 지문 내용을 정확하게 압축할 수 있게 문장중심 읽기 훈련을 해야 한다.

② 문제 유형에 따른 문제 풀이 해법을 익혀 빠르고 정확하게 문제를 풀 수 있게 훈련을 해야 한다.

* 독해는 시간 싸움이다. 빠르고 정확하게 문제를 해결해야 한다.

2 문장 중심으로 지문 읽기

1. 집중력을 높이기 위해 문장의 핵심어를 표시하면서 읽자.

(1) 핵심 내용에 밑줄을 긋는다. (서술어에 밑줄을 긋고 서술어에 호응하는 핵심어에 ◯표를 하자.)

> 첨단 과학이 인류에게 약속해 주는 가능성은 거의 무한하다. 또한 그것이 가지고 있는 위험성도 크고 깊다. 그러나 문제의 핵심은 바로 그 가능성과 한계성의 폭이 너무도 크다는 데 있는 것이다.

➡ 문제의 핵심은 가능성과 한계성의 폭이 너무 크다.

(2) 수식 구절은 ( )로 묶는다. (피수식어가 핵심어가 되는 경우가 많다.)

> (조선 왕조 중기의 격렬한 당쟁의 이론적 무장으로 이용된) 주자학은 이 땅에서 관념적이고 형이상학적인 면으로만 기형적으로 발전하였기 때문에 영정(英正) 시대를 전후하여서는 하나의 인습적인 화근으로 전락하기에 이르렀다. 이에 이 주자학의 대체적 이념으로 등장한 것이 곧 유학도 자체 내의 일부 비판적 지성에 의해 수용된 실학사상이었다.

➡ 주자학의 대체적 이념 ⇨ 실학사상이었다.

(3) 중복되는 문장이나 상술 문장은 (　)로 묶는다.

> 역사의식을 바로 가진다는 것은 곧 오늘의 시대적 의미를 올바로 파악하고 있음을 의미한다. (어제와는 다른 변화된 오늘의 상황과 성격을 올바로 파악하는 사람만이 바른 역사의식을 가질 수 있다.)

➡ 역사의식을 바로 가진다는 것은 ⇨ 시대적 의미를 올바로 파악한 것

(4) 예시 문장은 핵심 문장이 아니므로 (　)에 묶는다.

> 강대국은 국가 전체의 경제력이 개도국보다 월등할지 모르나 특정 산업에 있어서는 그렇지 않을 수 있다는 것이다. (예컨대, 미국은 쿠바보다 힘센 나라이지만 궐련의 생산에 있어서는 쿠바보다는 떨어지고, 마찬가지로 고무의 생산에 있어서는 말레이시아에 떨어진다.)

➡ 강대국은 특정 사업에 있어서는 개도국보다 월등하지 못할 수도 있다.

(5) 부정의 뜻을 가진 문장은 (　)로 묶는다. (A는 B가 아니고 C이다 ⇨ A는 C이다)

> 내가 원하는 우리 민족의 사업은 (결코 세계를 무력으로 정복하거나 경제력으로 지배하려는 것이 아니다.) 오직 사랑의 문화, 평화의 문화로 우리 스스로 잘 살고 인류 전체가 의좋게, 즐겁게 살도록 하는 일을 하자는 것이다.

➡ 우리 민족의 사업은 ⇨ 인류 전체가 잘 살도록 하는 일을 하자는 것

(6) 비교의 내용은 핵심이 아니므로 (　)로 묶는다.

> (영상 매체의 기호들이 언제나 제한된 공간과 시간에 구속되어 단편적이고 순간적인 파악을 요청하는 데 반해,) 하나의 책에 기록된 기호들은 공식적으로 전체적인 입장에서 포괄적으로 해석될 수 있으며, 시간의 제약 없이 반복적이면서도 반성적으로 해석될 수 있고, 따라서 그만큼 깊은 차원의 정보 전달이 가능하다.

➡ 책에 기록된 기호들은 ⇨ 깊은 차원의 정보 전달이 가능하다.

(7) 접속어에 △ 표하고 그 뒤에 오는 문장을 중요시한다.

> 민주화는 인권 개념이 전 세계적으로 보편화됨으로써 국민·국가뿐만 아니라 국가 상호 간의 관계 역시 민주주의적 원칙에 따라 이루어지는 것을 말한다. 그러나 (세계화, 정보화, 민주화로 규정되는 오늘날의 문명 또한 야만을 산출할 수 있으며, 이 시대를 살고 있는) 우리는 문명의 야만을 보완할 새로운 문명을 창출, 발전시키려 노력해야 한다.

➡ 우리는 문명의 야만을 보완할 새로운 문명을 창출, 발전시키려 노력해야 한다.

(8) 열거되는 사항은 그 자체에 핵심어가 없다. 번호를 붙여 놓는다. (전체를 포괄하는 구절을 찾아보자.)

> 연구팀은 약 145만평에 이르는 전형적인 캘리포니아 초지를 대상으로 100년 동안 기후변화에서 나타날 수 있는 4가지 요인을 복합적으로 적용시켰다. 그것은 대기 중 ① 이산화탄소 농도 2배 증가, ② 약 1.1℃의 온도 상승, ③ 약 50%의 강우 증가 그리고 화석 연료 사용의 부산물로 증가할 ④ 질소 침전 등의 요인이었다. 이러한 모든 요인들을 적용한 결과 식물 생장이 오히려 위축된다는 사실을 발견했다.

➡ 요인들을 적용한 결과 ⇨ 식물 생략이 오히려 위축됨.

2. 단락 내용을 압축하는 요령

(1) 주성분에 해당하는 어휘들이 중요하다. 서술어 중심으로 읽자.
   '~해야 한다, ~할 필요가 있다, ~가 중요하다, ~라고 생각한다.'로 끝나는 문장에 글쓴이의 핵심 주장이 담겨 있다.

(2) 수송 관계로 이어진 경우에 주절의 내용이 종속절의 내용보다 중요하다.
   'A는 B 때문이다.'에서는 A가 중요하고, 'A가 아니라 B이다.', 'A보다는 B이다.'의 구조에서는 B가 중요하다.

(3) 접속어나 지시어 다음에 나오는 문장이 중요하다.
   ① '결국, 요컨대, 이상에서 본 바와 같이, 이러한, 이처럼, 이와 같이, 마찬가지로'가 포함되어 있는 문장에 핵심 내용이 담겨 있다.
   ② '그래서, 그러므로, 따라서, 그러나, 그런데' 다음에 나오는 내용은 핵심 내용이다.

(4) 정답을 쉽고 빠르게 찾는 요령을 훈련해야 한다.
   모든 문제의 정답은 지문 속에 있고 답의 판단 기준도 지문 속에 있다는 사실을 명심해야 한다.

---

* 독해할 때 주의점
1. 모두 다 이해하려고 하지 말자.
2. 세부 내용이 이해가 안 간다고 이해하려고 애쓰지 말자. 시간만 낭비하는 것이다.
3. 문제를 풀 때 헷갈리는 문제가 생기면 자기 생각을 개입시켜 해결하려 하는데 그리지 말고 표시한 부분 중심으로 글의 흐름을 다시 파악해 보자.

(5) 내용의 흐름이 정확하게 파악이 안 될 때는 핵심어 중심으로 글의 흐름을 다시 파악하자.

줄은 열심히 그어 가며 읽었는데도 무슨 내용인지 감이 잡히지 않을 때는 줄 그은 부분을 중심으로 다시 훑어보아서 글의 흐름을 인식하는 것이 좋다.

3. 유형별 문제 풀이 해법 찾기

(1) 정보 확인 문제(내용 일치 문제) : 선택지를 먼저 보고 핵심어를 표시한 후에 지문을 읽자. 지문을 읽으면서 관련 선택지를 지워 나가면 쉽게 답을 얻을 수 있다.

(2) 단락 순서 문제* : 각 단락의 핵심 문장을 찾는 훈련을 먼저 해야 한다. 한 번에 순서를 모두 찾으려 하지 말고 우선 내용상 관련이 있는 인접 단락을 찾아서 선택지의 범위를 줄여야 한다. 그런 후에 접속어와 지시어에 유의하며, 각 단락의 첫 문장과 마지막 문장의 관련성을 찾아본다.

(3) 전제 찾기 문제 : 전제를 찾기 위해서는 먼저 글의 주제를 찾는 훈련을 해야 한다. 주제를 찾은 후에 주제의 판단 근거를 찾으면 그것이 전제에 해당한다.

(4) 이어질 내용 추리 : 각 단락의 내용을 압축하는 훈련이 우선되어야 한다. 그런 후에 단락 관계를 파악해야 한다.
  ① 문제 제기 ⇨ 해결 방안 ② 일반적 통념 ⇨ 부정을 통한 주장
  ③ 구체적 예시 ⇨ 일반화 ④ 원인 ⇨ 결과

(5) 글의 특징 파악 문제 : 논지 전개 방식, 글의 서술 방식, 작가의 관점, 독자의 반응을 중심으로 파악해야 한다. 답지를 먼저 보고 핵심어를 표시한 뒤에 지문을 읽으면서 답을 고르도록 한다.

(6) 구절 이해 문제 : 밑줄 친 구절 뒤에서 답의 판단 근거를 찾도록 한다.

(7) 단답형 문제 : 단답형 문제는 선택지를 먼저 볼 필요가 없다. 지문을 읽으면서 답의 판단 기준을 먼저 찾도록 한다. 판단 기준을 찾은 후에 답지에서 알맞은 답을 고르면 된다.

(8) 논지 전개 방식 찾기 문제 : 선택지를 먼저 보고 글을 읽으면서 단락별 중심 문장과 논거를 찾고, 그것의 흐름을 선택지와 비교해 본다. 이때 답지의 개념을 이해할 수 있어야 한다.

---

* 단락 순서
1. 단락 끝의 내용을 먼저 파악하고 다른 단락 처음 내용과의 관련성을 찾으면 인접 단락을 쉽게 찾을 수 있다.
2. '서두'에는 관련 화제 제시나 문제 제기를 하고 있다.
3. '결말' 부분에는 주장 또는 해결 방법을 제시하면서 글의 전망도 제시한다.

(9) ( ) 넣기 문제 : ( )의 앞뒤 내용을 정리하면 답의 판단 근거를 찾을 수 있다.

(10) 글의 비판 문제 : 제일 먼저 주제를 찾고 주제의 타당성 여부를 판단해 본다. 둘째는 논거의 타당성을 확인해 보면 답을 찾을 수 있다. 셋째는 글의 소재가 주제에서 거리가 멀지 않은지를 판단해야 한다.

(11) 주제나 제목 찾기 문제 : 각 단락의 주된 문장을 파악하자. 주된 문장의 논리 흐름을 파악하여 주제 문장을 찾으면 된다. 제목은 주제를 포괄하는 내용을 찾으면 된다. 설명문의 제목은 자주 언급되는 내용이나 화제를 주제로 보면 된다.

3 문단의 구조

1. 중심 문장과 뒷받침 문장

문단은 중심 생각을 직접 드러내는 중심 문장과 그것을 뒷받침하는 문장들로 이루어진다.*

(1) 부연 : 추상적 진술의 화제나 속성에 대해 뒤에서 세부적으로 설명하는 방법이다.

> 처마를 깊게 하는 또 다른 이유로는 건축 자재의 취약성을 들 수 있다. 목재가 집을 짓던 자재의 중심이 되던 시절에는 습기에 약한 목재가 빗물에 노출되지 않도록 하는 일이 중요했다. 즉, 낙숫물이 튀어 나무에 닿지 못하도록 처마를 깊게 하였던 것이다.

> 처마를 깊게 하는 이유인 건축 자재의 취약성을, 둘째 문장에서는 '습기에 약한 목재가 빗물에 노출되지 않도록'으로 풀어 설명하였고, 셋째 문장에서는 이를 더욱 구체화하여 '낙숫물이 튀어 나무에 닿지 못하도록'으로 서술하고 있다. 따라서 첫 문장이 중심 문장이다.
>
> 처마를 깊게하는 이유 ← 목재가 빗물에 닿지 않도록 ← 낙숫물이 나무에 닿지 못하도록

* 하나 이상의 문장이 모여서 통일된 하나의 생각을 나타내는 글의 단위를 문단이라고 한다. 문단에 담긴 '통일된 하나의 생각'을 글 전체의 주제와 구별하여 '소주제'라고 하는데, 문단은 이 소주제를 담은 중심 문장과 그것을 뒷받침하는 문장으로 이루어진다. 문단은 행을 바꿈으로써, 또는 의미상 구분됨으로써 표시되고, 여러 가지 생각을 구별해 주며, 글 전체의 구성 관계를 분명히 해 준다.

(2) 예시 : 추상적 진술의 내용과 관련되는 구체적인 사례를 들어 보충하는 방법이다.

> 일반적(一般的)으로 언어의 형식을 음성이라고 하였지마는, 국어의 형식은 결코 추상적 음성이 아니라, 현실로 사용되는 구체적 음성이다. 같은 '사람'이란 개념을 표시(表示)하는 말도 각 민족이 사용하는 구체적 발음은 같지 아니하여, 우리나라에서는 '사람[saːram]', 중국에서는 '人[ren]', 영국에서는 'man[mæ]'이라 하여 일치(一致) 혹은 공통되는 점이 없다. 국어의 사회성, 역사성에 있어서도 그 민족과는 구체적(具體的)으로 밀접(密接)한 관계(關係)가 있고, 또 특징을 같이한다.
>
> 국어의 형식은 현실로 사용되는 구체적 음성이다. (주제문)
> '사람'이란 개념을 표시하는 형식이 나라마다 다르다. (예시)

(3) 인용 : 어떤 분야의 권위자의 말이나 문헌 기록 등을 이용하여 추상적 진술을 보충하는 방식이다.

> 인간은 언어를 통해서 이성을 가지게 되었다는 헤르더의 말은 이성이 선험적으로 완전한 형태로써 주어지는 것이 아니고, 인간의 언어생활을 통해 자라난 것이라는 뜻이다. 언어생활을 통해서 비로소 우리의 이성뿐만 아니라, 우리의 정서와 다른 정신적 기능들이 발전한다.
>
> 헤르더의 말 : 인간은 언어를 통해 이성을 가지게 되었다. (인용)
> ⇨ 언어를 통해 인간의 이성과 정서가 발전한다. (중심 문장)

(4) 가정 : 비유적 예시와 유사한 방법으로 가상적 상황을 설정하고, 거기에 추상적 진술의 내용을 적용하는 방법이다.

> 물의 큰 열용량은 인체의 체온을 일정하게 유지시켜 생명의 존속을 가능하게 한다. 만일 우리의 인체가 열용량이 물보다 훨씬 작은 어떤 다른 액체로 이루어졌다면 더운 곳에서 추운 곳으로 옮겨갈 때 급격한 체온의 변화로 인하여 심장마비를 일으킬 것이다.
>
> 가상적 상황을 설정하여 물의 큰 열용량이 인체의 체온을 일정하게 유지함으로써 생명의 존속을 가능하게 해 왔다는 내용을 구체적으로 보여 주고 있다.

---

* 구체적 진술의 방법
추상적 진술은 상대적으로 문단이나 글의 주제 문장이 될 가능성이 높다. 구체적 진술은 여러 가지 방법에 의해 추상적 진술을 구체화하고 뒷받침한다.

(5) 비교·대조 : 말하고자 하는 내용과 관련되는 다른 내용을 맞대어 그 공통점이나 차이점을 제시하여 말하고자 하는 내용을 보다 확실하게 부각시키는 방법이다.

> 중국의 담벽은 집보다도 높다. 그 내부를 들여다볼 수 없다. 완전히 폐쇄적이며, 외계와의 단절을 의미하는 완벽한 성벽인 셈이다. 그러나 일본의 초가집에는 숫제 담이란 것이 없고, 설령 담이 있다 하더라도 내부가 훤히 보이는 아주 낮은 담이다. 그것은 개방되어 있는 것이나 다름이 없다. 한편 우리나라의 담은 중국의 담보다 낮지만, 일본의 담보다 높다. 우리나라의 돌담이 폐쇄와 개방의 중간에 위치해 있다.

> 중국과 일본의 담의 특성을 먼저 제시하고 이와 비교·대조하여 '한국 담의 특성'을 설명하고 있어 문단의 주제는 '한국 담의 특성'이라고 볼 수 있다. '우리나라의 돌담은 폐쇄와 개방의 중간에 있다.'라는 추상적 진술, 즉 중심 문장을 비교·대조의 방법으로 뒷받침하고 있다. 단, 전체 구조에 따라서는 한국, 중국, 일본의 담을 대등하게 비교하고 있는 '세 나라의 담의 특성'을 제시하는 글로 볼 수도 있다.

(6) 이유 제시 : 추상적 진술의 내용과 관련된 이유를 보충하여 설명함으로써 중심 내용을 뒷받침하는 방식이다.

> 관중은 연극에 큰 영향을 미친다. 관중은 우선 연극의 흥행상 수입을 올려 주는 경제적 밑받침이 된다. 관중이 연극을 외면하고 관람을 하지 않는다면 아무도 연극을 하려 들지 못할 것이다. 무엇보다도 그 막대한 비용을 계속 감당할 만한 재원이 없기 때문이다. 이러한 경제적 밑받침만이 아니고, 연극의 진행 과정에서도 단순한 구경꾼이 아니라 배우와 호흡을 함께하면서 그 무대를 만들고 유지하는 것이 관객이다. 외견상으로만 보면 배우가 일방적으로 행동하고 관중은 수용할 뿐으로 보인다. 그러나 사실은 관중의 무언의 호응과 반발이 배우에게 즉각적으로 수용되고 있는 것이다.

- 주지 : 관중은 연극에 큰 영향
- 이유 : ① 경제적 밑받침
  ② 무대를 만들고 유지

관중은 연극에 큰 영향을 미친다.
⇦ 경제적 밑받침이 된다. 관중이 없다면 비용을 감당할 재원이 없어 연극을 할 수 없기 때문이다.
⇦ 연극 무대를 만들고 유지한다. 관중의 호응과 반발이 배우에게 즉각 수용됨으로써 연극이 진행되기 때문이다.

2. 논지 전개 방식

(1) 포괄적인 내용 뒤 ⇨ 구체적 내용을 제시

> ① 나는 오늘날 인류의 문화가 불완전함을 안다. ② 나라마다 안으로는 정치상(政治上), 경제상(經濟上), 사회상(社會上)으로 불평등(不平等), 불합리(不合理)가 있고 밖으로는 국제적으로 나라와 나라의, 민족과 민족의 시기(猜忌), 알력(軋轢), 침략(侵略) 그리고 그 침략에 대한 보복(報復)으로 재물을 희생하고도 좋은 일이 오는 것이 아니라, 인심(人心)의 불안(不安)과 도덕의 타락(墮落)은 갈수록 더하니 이래가지고는 전쟁이 끊일 날이 없어 인류는 마침내 멸망하고 말 것이다.
>
> ① 주지 ⇨ ② 상술
> 포괄적이거나 막연한 사실을 먼저 제시했을 때는 그것을 구체화하거나 예를 들어 뒷받침해 줘야 한다.

(2) 단정적 진술 + 논거 제시

> ① 자유에 대한 가장 심각한 위협으로 토크빌은 민주 사회에 광범위하게 유포되어 있는 평등에 대한 열정을 들고 있다. ② 사람들은 평등을 얻기 위해 자유까지도 포기하는 것은 물론 평등과 양립할 수 있는 전제 정치마저도 받아들일 수 있다는 것이다. ③ 시민들은 자유와 평등을 모두 갖고 싶어하지만, 자유보다는 평등을 더욱 애호하기 때문에 자유를 희생해서라도 평등을 섭취하려고 한다는 것이다.
>
> ① 단정적 진술 ⇨ ②, ③(①의 이유)
> 단정적 사실을 먼저 제시하면, 뒤에는 그 사실의 타당성을 입증할 이유나 예를 들어 뒷받침해 주어야 한다.

(3) 원인 ⇨ 결과 : 하나의 상황이나 현상이 다른 상황이나 현상을 일으키는 원인이나 결과가 되는 단계

> 텔레비전은 모든 사람의 정보를 모든 사람에게 헤쳐 놓는다. 그래서 이전에는 서로 모르고 지냈던 집단의 내막이나 사정과 정보들이 노정(露呈)된다. 그리고 종래 집단 사이를 갈라놓고 있던 각종 존경, 외포, 신비의 장막이 걷힌다. 사람들이 가지고 있던 전통적인 집단 정체감에 심한 동요와 회의를 몰고 온다.
>
> 정보를 헤쳐 놓음. ⇨ 정보들이 노정 ⇨ 존경·외포·신비가 걷힘. ⇨ 정체감 동요

---

* 문단의 종류

도입 문단	글을 쓰는 동기나 목적, 과제가 제시되는 문단
연결 문단	독립적 관계에 있는 두 문단을 서로 이어 주는 문단
상술 문단	앞 문단의 내용을 좀 더 자세하게 풀어서 전개하는 문단
부연 문단	앞 문단의 내용을 보충하여 자세히 풀어 주는 문단
강조 문단	내용을 강조하기 위하여 주제를 반복하거나 강조하는 문단
전개 문단	앞 문단의 내용을 보다 넓게 펼쳐 전개하는 문단

* 관련 문제 유형
1. 논지 전개 방식
2. 단락 순서 문제
3. 이어질 내용 추리 문제
4. 주제 찾기 문제
5. 단락 관계 파악하는 문제

(4) 전제 + 주지

> ① 대학이 학문의 전당이라는 미명 아래, 학문의 순수성을 추구하다 보니, 정작 필요한 부분에 대한 교육이 이루어지고 있지 않다는 것이다. ② 따라서 그들은 기업과 대학과의 연계를 주장하면서 기업의 필요로 하는 것을 대학에서 가르쳐야 한다고 주장한다. 그러나, ③ 그들의 주장대로 따르면 대학의 존재 이유 자체가 없어진다.

앞 문장의 내용을 토대로 하여 뒤 문장의 내용을 이끌어 내는 경우, 이를 전제와 주지의 관계라고 한다. 전제는 주지를 추론하는 데 있어 논리적으로 밑바탕이 되는 것을 가리키며 보통 주지의 상위 개념일 경우가 많다.
③이 주장이다. 따라서 ①의 내용으로 볼 때 대학은 순수한 학문을 연구하는 곳이라는 내용이 전제가 된다.

* '전제'는 주지 앞에 있으며, 주지보다 상위 개념이고, 주지의 판단 근거가 된다.
'전제'를 찾기 위해서는 주지를 먼저 찾은 후에 주지의 판단 근거를 찾으면 된다.

(5) 문제 제기 ⇨ 해결 방안(대안 제시)

> ① 노인 문제의 근본 원인은 개인보다는 사회에 있다고 보아야 할 것이다. ② 그러나 사회를 구성하고 운영하는 주체는 사람이므로 사회 문제는 곧 그 사회 구성원들의 문제이다. ③ 따라서 노인 문제도 관념적 추상체인 사회에 그 책임을 전가해서는 안 되며 사회 운영에 실질적 위치에 있는 젊은 사람들 스스로의 각성과 고민이 있어야 한다. ④ 이런 의미에서 노인 문제를 노인의 입장에서 살펴보고 그 대안을 마련하는 일은 중요하다.

①, ② 노인 문제의 근본 원인 ⇨ ③, ④ 해결책 제시 문제의 해결책 부분이 중심 내용에 해당한다.

* '문제 제기' 뒤에 문제의 원인 분석이 이어지기도 한다. 그런 후에 해결 방안이 제시된다.

(6) 일반적 통념의 문제점을 밝힌 후, 새로운 관점에서 주장을 제시

> ① 예술 음악은 대중음악보다 우월한 것으로 생각한다. 그래서 대중음악이라고 하면 모두 한꺼번에 싸잡아서 동질적인 한통속으로 보는 경향이 있다. ② 그러나 좀 더 자세히 살펴보면 많은 문화적 비관론자들의 말처럼 대중음악을 그리 간단하게 평가하고 무시할 수 없다는 사실을 깨닫게 된다. ③ 대중음악을 모두 한통속으로 몰아붙이는 것 뒤에는 (지금까지 공식적인 제도의 후원과 보호를 받아 온) 고급 예술이 갖는 문화적 엘리트주의가 숨어 있음을 알아야 한다.

① 일반적인 통념 제시+② 반론 주장 ⇨ ③ 주장의 논거
일반적 통념을 제시한 글에서는 '그러나' 뒤에 오는 문장이 주된 내용에 해당한다.

* '일반적 통념'은 '흔히', '대개'와 같은 말과 같이 나오기도 한다. 일반적 통념 뒤에는 주로 접속어 '그러나'가 위치한다.

(7) 상반된 두 주장을 모두 비판한 후, 절충적 관점을 도출

> ① 사회는 개인을 위해 존재한다. ② 개인은 사회를 위해 존재한다. ③ 사회가 전부이며 개인은 의미가 없다든지, 개인의 절대성을 주장한 나머지 사회의 역할을 약화시키는 것은 잘못된 것이다. ④ 개인의 존재와 가치를 무시하는 사회가 되어서도 안 되나, 사회적 가치와 의미에 개의치 않는 개인이 되어서도 안 된다.
>
> ①, ② 상반된 견해 ⇨ ③ 각각의 견해 비판 ⇨ ④ 의견 절충

(8) 구체적 사례들을 제시한 후, 이를 일반화하여 주장을 제시

> ① 예수는 인류에 대한 사랑을 부르짖었다. ② 공자는 인의예지를 최고의 덕목으로 삼고 살아가야 한다고 가르쳤다. ③ 석가는 대자대비, 곧 자비심을 발휘하는 사람만이 열반에 든다고 가르쳤다. ④ 인간에게는 본능이나 물질적인 것보다는 <u>정신적인 것이 훨씬 더 가치가 있다</u>고 결론을 지을 수 있다.
>
> ① 예시 ⇨ ② 예시 ⇨ ③ 예시 ⇨ ④ 일반화하여 주장

* 구체적 사례를 바탕으로 일반적 주장을 도출하므로 귀납적 형식의 글이다.

(9) 주장을 제시한 다음, 예상되는 반론을 비판함으로써 주장을 강화

> ① 학문의 궁극적 목적은 진리 탐구에 있다. ② 탐구로서의 학문이 현실과 동떨어진 것일 가능성이 있다. ③ 학문은 현실 생활로부터 유리(遊離)된 것처럼 보일 때, 가끔 그의 가장 풍부한 축복을 현실 생활 위에 내리는 수가 많다. ④ 학문의 목적은 진리 탐구에 있다.
>
> ① 주장 ⇨ ② 예상되는 반론 ⇨ ③ 반론에 대한 비판 ⇨ ④ 주장 강화

3. 단락 주제 찾기

(1) ○○의 개념(뜻, 의미, 정의)

> 모든 국가들은 효과적이고 바람직한 외교 수단을 가지려고 하는데, 이러한 수단은 외교를 뒷받침할 힘이 있을 때 도출될 수 있다. 외교적 힘이란, 의사 전달 또는 의사 표시 행위로 자국의 목적이나 뜻하는 바를 달성할 수 있는 능력을 말한다. 즉, 군사적 행위 없이도 평화적인 외교 행위로 국가의 목표나 정책을 실천에 옮길 수 있게 하는 힘을 <u>외교 역량</u>이라 한다. ⇨ 외교 역량의 개념

* 관련 문제 유형
1. 문장 간의 관계 파악 문제
2. 문장 순서 문제
3. 글의 특징 파악 문제

(2) ○○의 특징 (특성, 성질, 성격, 특질, 본질)

> 인간만이 가지는 사회는 다음과 같은 특징을 지닌다. 첫째, 사회는 하나의 유기체로서 그 운명에 구성원의 운명을 종속시킨다. 둘째, 사회는 그 구성원으로 하여금 이미 그 사회에 형성되어 있는 생활형에 적응하도록 한다. 셋째, 사회는 그 구성원의 이해관계가 그 사회의 이해관계와 대립할 때, 전자를 그 하위에 둔다. ⇨ 사회의 특징

* (2)와 (3)처럼 글의 특징과 원인을 주제로 하는 글은 전개 방식이 '분석적'이다.

(3) ○○의 원인 (이유), 결과

> 인간이 이 언어를 사용함으로써 자기의 경험을 타인에게 전달(傳達)할 뿐만 아니라, 타인의 경험을 제삼자에게 전달할 수 있고, 이러한 소통(疏通)은 기억(記憶)을 낳게 했다. 또 인간은 언어를 통하여 복잡한 사상(事象)을 추상화(抽象化)할 수 있고, 이에 따라 사고 능력을 발달시킬 수 있다. ⇨ 언어 사용의 결과

(4) ○○의 과정(시간 전개)

> 동제에서 음력 정월 초이튿날 아침, 산주(山主)와 광대(별신굿놀이 연희자)들이 서낭당에 올라가 제수를 차려 놓고 서낭대와 내림대를 세우고 강신, 즉 서낭신의 내림을 받는다. 신이 내려 대잡이 손이 떨리면 서낭대에 매단 당방울이 울린다. 일동은 강신한 서낭대와 내림대를 받들고 농악을 울리면서 상당인 서낭당에서 하당인 국사당과 삼신당을 다녀서 동사(洞舍) 앞놀이마당에 이르러 서낭대를 받쳐 놓고 별신굿 탈놀이를 시작하였다. ⇨ 동제의 과정

* 전문적 용어를 순화하지 못해 내용 전달이 확실하게 이루어지기 힘들다.

(5) ○○의 변화(변친 과정, 역사, 전개 과정, 발전 과정)

> 아마도 먼 옛날에는 흙이나 모래 또는 돌 위에 간단하게 공간 정보를 나타내어 이용하였을 것이다. 우리나라의 경우 약 3천 년 전의 선사인(先史人)이 남긴 암각화에 공간 정보가 그려져 있는 것이 확인되었고, 고구려 벽화에서는 요동성시(遼東城市) 그림이 발견되었다. 삼국 시대와 고려 시대에 군사용 혹은 행정용 지도가 제작되었다는 사실도 다양한 문헌 자료에 의하여 밝혀졌으나, 지금은 전하지도 않는다. 이후 제작 기술이 발달하고 그 쓰임이 다양해짐에 따라, 지도는 많은 변천을 거치며 오늘날에 이르렀다. ⇨ 지도의 역사(발전)

* (4)와 (5)의 글의 전개 방식은 '서사적'이다.
• 중국 : 폐쇄적
• 일본 : 개방적
• 한국 : 폐쇄와 개방의 중간

(6) ○○의 의의(좋은 점, 장점, 가치, 긍정적 측면)

> 괴테가 세상을 떠난 지 긴 세월이 지난 오늘날, 우리는 그의 의미를 새롭게 발견한다. 그는 현대의 공기를 마셔 보지 않았지만 대단히 현대적인 시각에서 우리에게 충고를 하고 있다. 물질적 편리함을 위해 정신적 고귀함을 간단히 양보해 버리고, 집단의 목적을 위해 개인의 순수성을 쉽게 배제해 버리는 세태 속에서 우리는 자신의 혼을 가진 인간으로 살기 위해 노력해야 한다. 이런 점에서, 순수하고 고결한 인간성을 부르짖는 괴테의 외침은 사람 자체를 존중하는 마음이 사라져 가는 오늘날의 <u>심각한 병폐를 함께 치유하자는 세계사적 선서의 의미를 지닌다.</u> ⇨ 괴테 사상의 의의

* 단락의 제목을 묻는 경우에 가치 면에서 글을 전개하면, 제목이 '○○의 의의'라는 점을 유념하자.

(7) ○○의 단점(한계, 문제점, 부정적 측면)

> 오늘날까지 인류가 알아낸 지식은, 한 개인이 한평생 체험을 거듭할지라도 그 몇 만분의 일도 배우기 어려운 것이다. 또 지식 중에는 체험으로써 배우기에는 너무 위험한 것도 많다. 그러므로 체험만으로 그 지식을 얻으려는 것은 매우 졸렬한 방법일 뿐만 아니라, 거의 불가능한 일이라 하겠다. ⇨ 체험을 통한 지식 획득의 한계

(8) ○○의 기능

> 우리는 언어를 통해서 지식을 보존하고 축적해 간다. 과거에는 오직 문자 표기만으로 지식 정보를 저장하거나 공간과 시간을 초월하여 다른 사람들에게 전달할 수 있었지만, 현대에 들어와서는 음성을 보존하는 일도 가능해졌다. ⇨ 언어의 기능

(9) ○○의 종류(분류, 갈래, 구분)

> 프롬에 의하면 인간에게는 두 가지 종류의 욕구가 있는데, 그 하나는 생존적 욕구요, 다른 하나는 초생존적 욕구이다. 생존적 욕구에는 식욕, 수면욕, 성욕 등이 속한다. 초생존적 욕구에는 이성적(理性的) 욕구, 심미적 욕구, 사랑, 자유, 창조에 대한 욕구 등이 여기에 속한다. ⇨ 인간 욕구의 종류

4 글의 요지와 주제 파악

문단의 중심 내용을 파악하면, 중심 문단과 보조 문단을 찾고 이를 토대로 글의 요지와 주제를 정리할 수 있다.

1. 중심 문단과 종속 문단의 구분

글쓴이가 말하고자 하는 내용이 직접적으로 드러난 문단이 중심 문단이고, 종속 문단은 그것을 뒷받침하여 내용을 완결 짓는 문단이다. 종속 문단은 구체적 사례나 일화 등으로 뒷받침하는 문단, 중심 내용을 이끌어내기 위한 사례나 유추의 내용이 쓰인 문단 등으로 나타난다.

> 아이가 도탄에 빠지면 그 부모는 건져 구원하기에 급해서 못 하는 일이 없을 것이다. 비록 불에 타고 물에 빠져서 목숨이 위태하더라도 오히려 온갖 방법을 생각하며, 행여나 혹 살게 될까 바랄 것이다. '어떻게도 할 수 없다'고 하며 편안히 앉아서 죽기만을 기다리지는 않을 것이다.(⇨ 아이가 위태로우면 부모는 살리려 노력할 것이다.) 지금 민생의 곤란함은 아이가 우물에 기어 들어가는 것만큼이나 위태하다. 그런데 조정에서 계획하는 자는 방법이 없다고 핑계하며 흐리멍덩하게 감행하지 못하고 있으니, 어찌 옳은 일이겠는가? (⇨ 민생의 곤란이 심각한데 방법을 강구하려 하지 않고 있다.)
>
> 글쓴이가 말하고자 하는 본뜻은 2문단에 나와 있으므로, 2문단이 중심 문단이다.

* 아이의 경우를 들어서 민생의 곤란함을 이야기하고 있으므로 글의 전개 방식은 '유추'에 해당한다.

2. 요지와 주제

글의 요지(要旨)란, 글의 내용 중 필자가 말하고자 하는 핵심을 요약한 것이다. 요지는 단락의 상호 관계를 고려하여 중심 단락이나 결론 단락을 찾고, 그 내용을 요약하여 찾을 수 있다. 그리고 요지에 나타난 주안점을 간결하게 정리한 것이 주제다.

> (가) 전통은 물론 과거로부터 이어 온 것을 말한다. 이 전통은 대체로 그 사회 및 그 사회의 구성원(構成員)인 개인(個人)의 몸에 배어 있는 것이다. 그러므로 스스로 깨닫지 못하는 사이에 전통은 우리의 현실에 작용(作用)하는 경우(境遇)가 있다.
>
> (나) 그러나 과거로부터 이어 온 것을 무턱대고 모두 전통이라고 한다면, 인습(因襲)이라는 것과의 구별(區別)이 서지 않을 것이다. 우리는 인습을 버려야 할 것이라고는 생각하지만, 계승(繼承)해야 할 것이라고는 생각하지 않는다. 여기서 우리는, 과거에서 이어 온 것을 객관화(客觀化)하고, 이것을 비판해야 한다. 그 비판을 통해서 현

* 단락 간의 관계와 구조 파악
(가)+(나)에 언급된 내용으로부터 도출한 결론이 (다)이다. 그리고 (다)의 예로 (라)를 들고 있다.

재(現在)의 문화 창조(文化創造)에 이바지할 수 있다고 생각되는 것만을 우리는 전통이라고 불러야 할 것이다. 이같이, 전통은 인습과 구분될 뿐더러, 또 단순한 유물(遺物)과도 다르다. 현재의 문화를 창조하는 일과 관계가 없는 것을 우리는 문화적 전통이라고 부를 수가 없기 때문이다.

(다) 그러므로 어느 의미에서는 고정불변(固定不變)의 신비(神祕)로운 전통이라는 것이 존재(存在)한다기보다 오히려 우리 자신이 전통을 찾아내고 창조(創造)한다고도 할 수가 있다. 따라서 과거에는 훌륭한 문화적 전통의 소산(所産)으로 생각되던 것이, 후대(後代)에는 버림을 받게 되는 예도 또한 허다하다. 한편, 과거에는 돌보아지지 않던 것이 후대에 높이 평가(評價)되는 일도 또한 한두 가지가 아니다.

(라) 연암의 문학은 바로 그러한 예인 것이다. 비단, 연암의 문학만이 아니다. 우리가 현재 민족문화의 전통과 명맥(命脈)을 이어 준 것이라고 생각하는 것이 모두 그러한 것이다. 신라(新羅)의 향가(鄕歌), 고려(高麗)의 가요(歌謠), 조선 시대(朝鮮時代)의 사설시조(辭說時調), 백자(白磁), 풍속화(風俗畵) 같은 것이 다 그러한 것이다.

1. 글 전체의 화제 : 자주 반복되는 단어나 어구를 중심으로 찾는다. 이 글은 '전통'에 대해 설명하고 있는 글이다.
2. 각 단락의 중심 내용과 소주제 파악
   (가) 전통의 속성 : 전통은 과거로부터 이어 온 것을 말한다.
   (나) 전통의 본질 : 현재의 문화 창조에 이바지할 수 있는 것만이 전통이다.
   (다) 전통의 발굴과 창조 : 전통은 우리가 찾아내고 창조하는 것이다.
   (라) 문화적 전통의 예 : 연암의 문학 등은 민족 문화의 전통과 명맥을 이어 준 것이다.
3. 주제 파악
   • 요지 : 전통이란 과거로부터 이어 온 것으로, 현재의 문화 창조에 이바지할 수 있는 것이어야 한다. 그러므로 전통은 우리 자신이 찾아내고 창조하는 것이며, 연암의 문학은 바로 그러한 예다.
   • 주제 : 전통은 현재의 문화 창조에 이바지할 수 있는 것으로, 우리 자신이 찾아내고 창조해야 한다.

글의 전개 방식 이해

1 글의 목적에 따른 서술 방식 구분

1. 설명

(1) 잘 모르고 있는 사실이나 사물, 현상, 사건에 대하여 알 수 있도록 풀어 쓰는 것을 설명*이라 한다.
(2) 단어의 의미, 용어 정의, 과학적 원리, 사회적 현상의 원인과 결과 등에 대한 설명 등이 이에 해당한다.
(3) 글쓰기의 목적이나 의도가 설명 중심인 글을 설명문이라 한다.

> 북한에서 많이 사용되는 어휘 중에는 공산주의 체제가 등장하면서 만들어진 정치, 경제, 사회 분야의 어휘가 많은데, 이 또한 남쪽 사람들에게는 매우 생소한 단어들이다. 군중 로선, 로동 교양소, 농촌 테제, 동의학, 만가동, 밥공장, 속도전, 인민 배우, 집체 담화, 후비대 등과 같은 예가 그것인데, 이 말들은 특별한 설명이 없을 경우 남쪽 사람들은 그 정확한 뜻을 전혀 이해할 수 없다.
>
> 북한 어휘의 특징을 설명하면서 글을 전개해 가고 있다.

*'설명'은 사실이나 정보를 전달하고 이해시키는 것이 목적이다. 지시적 언어를 사용하고 감정적 표현을 사용하면 안된다.

2. 논증

(1) 어떤 결론이 참이라는 것을 증명해 나가는 전개 방식을 논증*이라 한다.
(2) 글쓴이는 독자에게 이 결론을 설득하기 위하여 여러 가지 근거를 이용하여 결론의 타당성을 증명한다.

> 공해 문제를 해결하기 위하여 우리는 지금 당장 무슨 대규모의 범국민적 추방 운동을 벌일 필요가 없다. 어쩌면 강경하고 융통성 없는 공해 규제가 오히려 생산력을 크게 떨어뜨릴지도 모르기 때문이다. 우리에게는 단지 세심하게 주의하고 자기가 할 수 있는 적절하고 필요한 정도의 대책과 모럴을 마련하는 것이 중요하다.
>
> 자기가 생각하는 '공해 문제'를 해결하기 위한 방법을 이유를 들어 제시하고 있다.

*'논증'은 주장을 상대에게 설득시켜 공감 획득을 목적으로 하는 글이다. 지시적 언어와 함축적 언어를 모두 사용할 수 있다.

3. 묘사

대상의 형태, 색채, 감촉 등을 있는 그대로 생생하게 그림을 그리듯이 그려 내는 방법이다.

(1) 객관적 묘사 : 주관성을 배제시키고 있는 그대로 그리는 설명적 묘사

> 까치는 몸 길이가 45센티미터 안팎으로, 그중의 반은 꽁지이다. 어깨와 배의 하얀 부분을 빼 놓은 다른 부분은 언뜻 보아 검은색인데, 각도(角度)를 달리하여 보면 날개와 꽁지깃이 아름다운 청록색을 띤다. 날개는 둥글고 작은 편이어서 나는 힘은 그리 뛰어나지 않지만, 큰 머리에 단단한 부리, 그리고 힘센 발을 가지고 있기 때문에 공격력은 퍽 우수한 편이다.
>
> 까치의 생김새에 대하여 구체적으로 묘사하고 있다.

(2) 주관적 묘사 : 대상에서 느낀 주관적인 인상을 비유의 방법 등을 이용해 그리는 묘사

> 짐승 같은 달의 숨소리가 손에 잡힐 듯이 들리며, 콩 포기와 옥수수 잎새가 한층 달에 푸르게 젖었다. 산허리는 온통 메밀밭이어서, 피기 시작한 꽃이 소금을 뿌린 듯이 흐뭇한 달빛에 숨이 막힐 지경이다. 붉은 대궁이 향기같이 애잔하고, 나귀들의 걸음도 시원하다.
>
> 달밤의 메밀밭 풍경이 자아내는 황홀감을 감각적 표현과 비유적 표현을 사용하여 묘사하고 있다.

> 첫눈에 비치는 만산(萬山)의 색소는 홍(紅)! 이른바 단풍이란 저런 것인가 보다 하였다. 만학천봉(萬壑千峰)이 흐드러지게 웃는 듯, 산색은 붉을 대로 붉었다. 자세히 보니, 홍(紅)만도 아니었다. 청(靑)이 있고, 황(黃)이 있고, 등(橙)이 있고, 이를테면 산 전체가 무지개와 같이 복잡한 색소로 구성되었으면서, 얼른 보기에 주홍만으로 보이는 것은 스펙트럼의 조화던가?
>
> 묘사의 방법으로 산에서 받은 감각적 인상을 마치 그림을 그리듯 보여 주면서 글을 전개해 나간다.

* '주관적 묘사'는 문학적 성향이 뚜렷하나 '객관적 묘사'는 어떤 대상을 설명적으로 제시하는 글이다.

4. 서사

시간의 흐름에 따라 진행되는 사건이나 행동의 변화를 서술하는 방법이다. 인물과 사건을 가진 이야기를 제시하기 위해서는 <u>행동, 시간, 의미</u>가 있어야 한다.

* 행동, 시간, 의미

행동	행동의 흐름(인물이 사건을 벌여 나가는 과정)이 있어야 이야기가 된다.
시간	행동은 시간이 흘러가야 이루어질 수 있다.
의미	서사의 사건은 단순한 사건의 나열이 아니라 의미 있는 사건이나 변화의 연속이어야 한다.

> 거족적인 만세 시위 운동을 계획하면서, 서로 연락을 취하고 있던 종교계의 대표들이 앞장서서 마침내 1919년 3·1 운동을 일으켰다. 손병희, 이승훈, 한용운 등 민족 대표 33인의 이름으로 독립 선언문을 낭독하고, 독립을 국내외에 선포하였다.

3·1 운동의 과정이 순차적으로 제시되고 있다. 서사적 설명에 해당하는 글이다.

> 송 영감은 다시 일어나기 시작했다. 가마 안으로, 무언가 지금의 온기로써 부족이라도 한듯이, 곧 예사 사람으로는 더 견딜 수 없는 뜨거운 데까지 이르렀다. 그런데도 송 영감은 기기를 멈추지 않았다. 그렇다고 그냥 덮어놓고 기는 것은 아니었다. 지금 마지막으로 남은 생명이 발산하는 듯 어둑한 속에서도 이상스레 빛나는 송 영감의 눈은 무엇을 찾고 있는 것이었다. 그러다가 열어젖힌 곁창으로 새어 들어오는 늦가을 맑은 햇빛 속에서 송 영감은 기던 걸음을 멈추었다.

이 글은 황순원의 〈독 짓는 늙은이〉 중 송 영감이 삶에 대한 의지를 잃고 자신의 분신과 다름없는 가마 안으로 기어 들어가고 있는 장면이다. 이렇듯 서사는 일정한 시간 내에 일어나는 사건이나 행동의 전개에 따르는 행위를 서술하면서 글을 전개하는 방식이다.

2 글의 전개 방식

한 편의 글을 쓰는 데 필요한, 내용상 혹은 구성상의 효과를 위하여 활용하는 일정한 원리나 방식들이 있는데, 이를 통해 글을 보다 세부적으로 발전시켜 나가게 된다. 글의 전개 방식은 크게 동태적(動態的) 범주와 정태적(情態的) 범주로 구분한다.

* 정태적 전개와 동태적 전개
  * 정태적 전개 : 시간성을 별도로 고려하지 않는 전개 방법 ⇨ 분석, 정의, 지정, 분류, 예시, 비교와 대조, 유추, 묘사
  * 동태적 전개 : 시간성을 고려한 전개 방법 ⇨ 서사, 과정, 인과

1. 정태적 전개 방법

(1) 분석

부분을 이루는 구성 성분이나 구성 요소들을 나누어 보여 주는 방법으로 원인, 성격, 특징, 경향, 심리 등을 나누어 설명하는 것이다.

한 편의 소설을 이루기 위해서는 여러 가지의 구성 요소가 있어야 한다. 흔히 소설의 요소라 하여 주제, 구성, 문체를 들기도 하고, 소설 구성의 3요소라 하여 인물·사건·배경을 말하기도 하는데, 말하자면 소설이란 이러한 여러 가지 요소들이 모여서 서로 유기적이고 긴밀한 연관을 맺는 가운데 하나의 효과를 이룬다고 하겠다.

소설의 요소라든지 소설 구성의 3요소 같은 것들은 전체로서의 소설을 이루는 각각의 부분이라고 할 수 있다. 이처럼 전체로서의 사물이나 개념, 그리고 어떠한 결과 등을 하나하나 살펴서 그것을 이루고 있는 여러 요소들로 나누고 이를 체계적으로 배열하는 방법을 분석이라고 한다.

심화

분석의 종류

1. 물리적 분석 : 대상의 구성 부분을 공간적으로 분해하는 것
   - 예) 시계 : 시침, 분침, 초침, 시계추 등

2. 개념적 분석 : 관념이나 개념 등의 추상적 요소를 추리에 의해 분석하는 것
   - 예) 행정부 : 대통령과 그 직속 기관, 국방, 내무, 법무, 외무 등의 각 부서로 구성되어 있다.

3. 기능적 분석 : 전체 속에서 부분이 어떻게 작용하는가에 초점을 둔 분석
   - 예) 자동차의 구조 및 작동 원리

4. 인과적 분석 : 어떤 사건의 원인과 결과를 밝히는 것. 인과(因果)가 시간의 흐름을 고려한 것이라면, 인과적 분석은 그것을 고려하지 않은 것이다.
   - 예) 3·1 운동이 거족적인 독립 운동이 될 수 있었던 요인 중의 하나는, ~

(2) 정의

대상 또는 사물의 뜻과 개념을 규정하는 방법이다.

홍보란 기업에서 이용할 수 있는 커뮤니케이션 방법 중의 하나이다. 그 대상자는 다양한 부류의 사람들은 물론 넓게는 지역 사회 자체가 대상이 될 수 있으며, 기업의 공적인 이미지를 제고시킬 수 있는 뉴스 가치가 있는 사건이나 업적을 그 대상자에게 알림으로써, 각각의 대상들이 지니고 있는 욕구를 충분히 고려하고 조정해 나가는 과정이라고 할 수 있다.

이 글은 홍보의 뜻을 누구나 정확히 알 수 있도록 그것의 대상과 성격을 중심으로 설명하고 있다. 이와 같이 정의는 사물의 범위를 규정짓거나 그 사물의 본질을 진술함으로써 대상의 속성을 해명하거나 설명해 주는 기능을 한다.

* 정의와 지정
- 정의 : 피정의항과 정의항의 역이 성립한다.
- 지정 : 피정의항과 정의항의 역이 성립하지 않는다.

(3) 지정

'그것은 무엇인가?', '그는 누구인가?'와 같은 질문에 대한 직접적이고 간단명료한 답을 내는 방법으로 대상을 손가락 가리키듯이 지적해 보이는 설명의 방법이다.

> "이게 뭐지?"
> "아, 이거 하얀색 분필이야."

> 분필을 가리켜 말하고 있다.

> 한용운은 승려요, 시인이요, 민족 운동가다.

> 한용운에 대하여 제시하고 있다.

(4) 분류와 구분

하위 개념을 상위 개념으로 묶어 가면서 설명하는 것을 분류라 하고, 상위 개념을 하위 개념으로 나누어 가면서 설명하는 것을 구분이라고 한다.

> 고려 문학은 경기체가, 속요, 가전체 등으로 구분 지을 수 있다.

> 상위 개념에서 하위 개념으로 나누어 가고 있으니 구분이다.

> 시계는 동력을 공급하는 방식에 따르면 전자시계와 태엽 시계가 있고, 쓰임에 따라 살펴보면 손목시계, 탁상시계, 벽시계 등이 있다.

> 동력에 따라, 쓰임에 따라 묶어 가면서 설명하니까 분류라 할 수 있다.

* '구분'은 넓은 의미에서 '분류'로 보아도 된다. 즉 '분류'가 상위 개념에 해당한다.

(5) 예시

내용을 뒷받침하거나 구체적으로 보여 주는 실례를 드는 방법이다.

> 오늘날 민주주의는 심한 시련을 겪고 있다. 그 이유는 사이비 민주 정치의 범람 때문이다. 우선 이 세상에 현존하는 정치 제도 중에 민주주의라는 허울을 쓰지 않은 것이 없을 만큼 사이비 민주주의가 들끓고 있다. 1920~1930년대에 유럽을 휩쓸었고 급기야는 세계를 피비린내 나는 대전의 도가니로 몰아넣었던 파시스트의 독재 정치도 민주주의란 허울을 썼고, 개인의 자유를 무시하면서 독재를 표방하고 있는 나라에서도 자기네들이야말로 진정한 민주주의라고 주장하고 있다.

> 사이비 민주주의의 실제적인 예로 파시즘과 독재 정치를 들어 구체적으로 설명하고 있다. 이처럼 구체적 예를 들어 보이면서 일반적인 원리나 법칙, 진술들을 구체화하는 지적 작용을 예시라 한다.

> 주부가 원하는 것은 거의 모두 행상인들이 가져다 준다. 소금, 참기름, 미역이나 김, 그릇, 새우젓, 빗자루, 대나무로 만든 바구니, 채소 등 이루 헤아릴 수가 없다.
>
> '주부가 원하는 모든 것'에 대해 구체적 사례를 들어 언급하고 있다.

(6) 비교와 대조

둘 이상의 사물에 대해 공통점과 차이점을 견주는 방법이다.

> 김홍도의 그림이 남성적이고 평민적이며, 삼베옷이나 모시옷 같은 그림이라고 한다면, 신윤복의 그림은 여성적이고 귀족적이며, 비단옷 같은 그림이라고 할 수 있다.
>
> 김홍도의 그림과 신윤복의 그림의 차이를 대조적으로 설명하고 있다.

> 잣나무는 소나무와 마찬가지로 길게 뻗어 나서 그 웅장한 자태를 드러내면서도 사람을 위압하지 않는다. 사시사철 푸른 잎을 지녀 사람의 마음을 상쾌하게 하고, 그 끝이 날카로워 범속한 사람의 손장난을 허락하지 않는다.
>
> 잣나무와 소나무의 유사점을 비교하여 설명하고 있다.

* '대조'는 넓은 의미에서 '비교'로 보아도 된다. 즉, 비교가 상위 개념에 해당한다.

(7) 유추

> 사람이 파괴하지 않은 삼림을 자연림이라고 하는데 이것은 크고 작은 나무, 풀, 이끼 등 제각기 기능이 다른 다양한 종류로 구성되어 있다. 많은 종류들이 교목 층, 아교목 층, 초본 층, 이끼 층 등 공간적으로 여러 층을 형성하여 이른바 다층 사회를 구성한다. 그래서 햇빛을 많이 받는 식물, 중간쯤 받는 식물, 그리고 그늘에서 사는 식물들이 각각 적합한 공간에서 다층 사회의 한 구성원으로서 조화를 유지하고 있는 것이다. 마치 인간 사회에서 농부, 어부, 목수 등 직업이 다양한 사람들이 모여 협력하면서 안정된 생활을 누리는 것과 같다.
>
> 삼림의 다층 사회를 인간 사회의 예를 들어 설명하고 있다. 이는 쉬운 개념으로부터 유사성을 이끌어 내는 유추의 방법이다.

* '유추'는 너무 포괄적이거나 막연한 대상을 유사성 있는 개념, 대상에 견주어 쉽게 내용을 전달하고자 하는 방식으로, 넓은 의미로 비유에 해당한다.

> 인생은 먼 여정을 잠시도 쉬지 않고 달려야 한다는 점에서 마라톤과 같다. 달리는 동안에는 숨이 차서 고통을 받을 때도 있고, 때로는 경쟁자를 따돌리기 위해 힘차게 스퍼트해야 할 때도 있는 것이다.
>
> 인생을 마라톤에 비유하여 설명하고 있다.

(8) 묘사

> 물도 흐르지 않고 다 말라 버린 강변 밭둑 위에는 앙상한 가시덤불 밑에 늦게 핀 들국화들이 찬 서리를 맞아 고개를 숙이고 있었다. 논둑 위에 깔렸던 잔디들도 푸른빛을 잃어버리고, 그 맑고 높던 하늘도 검푸른 구름을 지니고 찌푸리고 있는데, 너 보리만은 차가운 대기 속에서도 솔잎과 같은 새파란 머리를 들고 하늘을 향하여, 하늘을 향하여 솟아오르고만 있었다.
>
> 강변의 모습과 논둑 위에 깔린 잔디에 대해 구체적으로 묘사하고 있다.

> 그 여자의 산발로 늘어뜨린 검은 머리채는 얼굴을 거의 감싸고 있었다. 비둘기 알을 오똑하게 세워 놓은 듯한 하얗고 갸름한 얼굴판의 위쪽에는 눈썹이 그려 붙인 듯하였다.
>
> 여자의 얼굴 모습을 그림을 그리듯이 자세하게 묘사하고 있다.

2. 동태적 전개 방법

(1) 과정

어떤 결과를 이끌어 내게 된 절차나 과정을 단계별로 서술하는 방법이다.

> 책을 만드는 과정은 대단히 복잡하지만, 인쇄 과정에 기여하는 각 기능에 따라 조판, 제판, 인쇄의 세 단계로 나뉜다. 첫째 과정은 조판(組版) 단계이다. 조판이란 원고대로 활자를 골라서 조판 지정서에 따라 지정된 위치에 배치하는 과정을 말한다. 조판을 하기 위하여 활자를 원고대로 골라내는 작업인 문선(文選)이 끝나면 계획서대로 판을 짜는 식자(植字) 과정을 거치게 된다. 이렇게 하여 조판되어 나온 교정쇄를 가지고 최소한 서너 번의 교정을 거친다. 둘째 과정은 제판(製版) 단계이다. 이것은 조판한 것, 사진이나 그림 등을 촬영하여 필름을 만드는 과정이다. 여기서도 몇 차례 필름 교정을 본다. 셋째 과정은 인쇄(印刷) 단계이다. 여기서는 제판한 필름을 인쇄기에 걸고 인쇄를 한다. 나온 인쇄물은 곧 제본소로 운반되어 제책(製冊)의 과정을 거친다.
>
> 이 글은 책이 만들어지는 과정을 작업 단계에 따라 설명하면서 세부 내용을 전개하고 있다.

* 과정은 어떤 결말이나 결과를 가져오게 하는 행동, 변화, 기능, 단계, 작용 등에 초점을 두는 방식이다.

(2) 인과

어떤 결과를 가져오게 한 원인, 이유 등을 중심으로 서술하는 방법이다.

> 현대인은 대중문화의 소음으로부터 자유로울 수가 없다. 버스 안에서 귀 따갑게 들어야 하는 대중가요로부터 일간 신문의 요란스러운 책 광고나 영화 광고에 이르기까지 그것은 사람들을 유혹하거나 강압하면서 정신을 산란하게 만들고 있다. 그것은 사람들의 시청각을 독점하면서 사람들로부터 사고의 기회를 빼앗아 가고 있다. 그 결과 특히 청소년들 사이에서는 언어에 의존하여 사고하는 습관을 찾기가 힘들게 되었다.

이 글은 현대 생활에서 우리의 삶이 점차 대중문화에 노출됨으로써 대중 매체를 수동적으로 시청하는 데만 익숙하게 되어, 그 결과 깊은 사고력을 상실하게 되는 문제점에 대해 설명하고 있다.

* 인과는 어떤 결과를 가져오게 한 영향 내지 힘, 또는 이러한 힘에 의해 결과적으로 초래된 현상 등을 서술하기에 적절한 방식이다.

(3) 서사

> 최 상병은 기관차를 향하여 철모를 힘껏 던졌다. 철모가 차체에 부딪혔다고 느껴지는 순간, 기관차 속에서 자동 화기의 연발 총성이 십여 발 엉뚱한 방향으로 요란하게 울렸다. 그는 엉겁결에 머리를 풀 속에 묻었다. 다시 벌떡 일어난 최 상병은 작업복 주머니에서 수류탄을 꺼내 안전핀을 물어 뽑고 기관차 속으로 던져 넣었다. 잠시 후 엄청난 폭음이 울렸다.

최 상병이 기관차에 철모와 수류탄을 던지기까지의 사건이 시간 순서대로 제시되고 있다.

> 독도에 닿은 것은 아침 9시였다. 우리는 식당에서 아침을 먹고 곧 작업에 들어갔다. 작업은 12시까지 계속되었다. 이 오전의 작업만으로도 독도의 어류(魚類) 생태를 대강은 파악할 수 있을 것 같았다. 점심 식사를 마치고 곧 오후 작업에 들어갔다.

'독도에서의 하루'에 대해 시간의 흐름에 따라 서술하고 있다. 서사적 설명에 해당하는 글이다.

3 독해 기본 유형

|연습|

01

다음 글의 중심 화제는?

> 산소는 결핍뿐 아니라 과잉도 역시 몸에 해롭다. 순수한 산소만 있는 공기 중에서는 24시간 이상 견딜 수 없다. 그 이상이 지나면 허파에 물이 고이고 여러 가지 괴로운 증세가 나타난다. 병원에서 산소 호흡기의 산소를 장시간 계속 호흡할 때에도 60% 이상의 산소는 사용할 수 없다. 대부분의 산소 호흡기는 이보다 훨씬 낮은 농도를 사용함으로써 위험을 피한다. 산소가 과잉일 때 나타나는 현상은 강한 독극물에 의한 중독 현상과 흡사하다. 사람이 과포화 상태인 곳에 있으면 산소가 근육과 중추 신경계에 영향을 미쳐 두통과 불쾌감이 나타나고 졸음증, 어지럼증, 근육마비, 시각 장애, 흥분, 경련 등의 증세를 일으키기도 한다.

① 산소
② 호흡 현상
③ 호흡 기관
④ 호흡량
⑤ 생물

해설
중심화제는 글쓴이가 말하고자 하는 화제·대상을 의미한다.

정답 | ①

02

다음 글에 나타난 현대 기업의 속성을 바르게 말한 것은?

> 자본주의 경제 체제에서는 대체로 가격 수준에 따라서 수요와 공급의 양이 조절된다. 그러나 시장 상황에 따라 가격 요인과 비가격 요인의 비중이 달라질 수 있다. 구매자 중심의 시장에서 가격의 역할은 점차 축소되고 있다. 가격 이외에 판매점, 상표, 디자인, 신속한 배달과 수리, 광고 등과 같은 것들이 더 강조되고 있는 것이다. 이러한 요인들은 모두 소비자의 선택과 관련을 맺고 있다. 그러므로 현대 기업은 기업과 소비자와의 호혜적 관계를 무시할 수 없는 처지에 놓여 있다. 이런 점에서 기업은 소비자가 추구하는 가치를 적극적으로 고려해야 하는 시대가 도래 한 것이다.
>
> 그동안 기업과 소비자가 추구하는 가치가 양립할 수 없다는 비판이 제기되어 왔다. 기업들이 환경 문제나 사회 복지 등과 관련된 요인을 잘 살피지 않고 지나쳐 버렸다는 것이다. 오늘날 기업 활동에 관한 연구가 단지 기업 내부의 문제만이 아니라 기업 활동과 사회 전체의 균형적 발전 간의 문제로까지 그 범위를 확대시키고 있는 것은 바로 이러한 이유에서이다. 현대 기업은 단기적으로 이윤만을 추구하겠다는 태도를 버리고, 소비자의 생활 수준과 문화를 향상시키는 방향으로 기업 활동을 전개하게 된 것이다.

① 단기적인 이윤 추구를 중시한다.
② 가격 변화에 민감하게 반응한다.
③ 수요와 공급에 절대적인 영향력을 행사한다.
④ 소비자가 추구하는 가치를 적극적으로 고려한다.
⑤ 사회 전체의 균형적 발전에 관심을 갖는다.

해설
속성은 특정한 대상에 대한 글쓴이의 관점

정답 | ④

03

다음 글에서 제시하고 있는 ㉠의 핵심 내용은?

수명이 하루밖에 안 되는 하루살이가 수명이 수십 년이나 되는 인간의 일생을 조사할 수 있을까. 만일 이것이 가능하다면, 어떻게 하는 것이 가장 효과적일까. 그들은 한 세대 한 세대 그들이 관측한 결과를 기록으로 남길 수도 있다. 그래서 100년의 기록이 모아지면 대단한 연구 발표회를 성황리에 개최할 수 있을 것이다. 그러기 위해서 하루살이들은 36,500세대를 거치면서 기록들을 보존해야 하고, 심지어 견디기 어려운 겨울의 추위도 100번을 참아 내야 할 것이다. 더구나 기록을 남기는 수많은 세대의 하루살이들은 그 결과를 보지 못하고 말 것이다. 그러나 만약에 정말 영리한 하루살이가 있다면, 인간의 일생을 연구하기 위해 이런 방법을 쓰지는 않을 것이다. 영리한 하루살이는 모든 연령의 인간이 다 모여 있는 시장을 한 시간 정도 돌아보고, 인간 일생에 대한 시나리오를 한두 시간에 걸쳐 작성한 다음, 다른 하루살이들을 모아 놓고 인간의 일생에 대한 연구 결과를 발표할 것이다. 만약에 이 영리한 하루살이의 관측과 추론이 정확하다면, 하루라는 짧은 동안에 100년에 이르는 인간의 일생은 정확하게 밝혀질 것이다.

우리가 ㉠<u>별의 일생을 연구하는 방법</u>은 이 영리한 하루살이의 방법과 많이 비슷하다고 할 수 있다. 하늘에는 수많은 별들이 있고, 그들 중에는 갓 태어난 별에서부터 젊은 별, 늙은 별, 심지어 죽어가는 별까지 있다. 우리는 이들을 순서대로 배열하고 사이사이에 이야기만 삽입하면 되는 것이다. 따라서 우리는 꽤 자신 있게, 100억 년 이상이라고 추정되는 별의 일생에 대하여 이야기할 수 있는 것이다.

① 관측한 결과의 기록
② 지속적인 연구 보고
③ 기록의 장시간 보존
④ 정확한 관측과 추론
⑤ 다양한 방법의 동원

해설
밑줄 친 부분은 글쓴이의 주장과 연관이 있다는 것을 확인해야 한다.

정답 | ④

04

다음 중 ㉠의 구체적 예가 될 수 없는 것은?

> 먼 옛날 인간의 표현 행위는 신체 구조 기능상의 자연 법칙에 따를 뿐, 의도적으로 조직되지 않은 무작위적이고 충동적인 동작이었을 것이다. 그 후 인간은 진보하여 집단을 이루게 되었고, 집단 생활을 하면서 개인이 성취할 수 있는 것보다 더 큰 성과물을 누리며 살 수 있다는 것을 깨닫기 시작했다. ㉠<u>그들은 점차 자신을 큰 집단의 일부로 여기게 되었으며, 이러한 감정은 인간의 행동을 억제하기도 하고, 반면 고무시키기도 했다.</u> 개인적 욕구는 집단의 관습에 의해 대치되었으며, 인간의 환경과 경험의 영역이 점차 확대되어 가고 있다는 사실이 춤에 반영되었다. 춤의 내용은 여전히 사랑, 두려움, 증오, 분노 등이었으나, 형식에는 변화가 생겨나기 시작했다. 즉 자기 자신을 집단과 동일시하려는 의식에서 춤을 춘 것이다.

① 연극 극단에 들어간 영희는 연극 배우가 되고 싶은 꿈을 이루었다고 기뻐하였다.
② 맏아들인 형주는 다른 아이들에 비해 책임감이 강하여 항상 힘없는 아이들 편에 섰다.
③ 교복을 입는 중학교에 입학한 영철은 개성 있는 옷차림을 하고 싶다는 생각을 접어야 했다.
④ 남북 단일팀으로 시합에 나간 선수들의 모습을 보고, 철수는 배달민족으로서 자부심을 느꼈다.
⑤ 교회에 다니기 시작한 희영은 늦잠을 즐기던 일요일 아침의 여유로움을 포기할 수 밖에 없었다.

해설
지시어 접속어와 밑줄에서 말하고 있는 범위를 확인

정답 | ②

05

다음 글에서 설명한 동양화의 특징으로 보기 어려운 것은?

> 전통적으로 서양화에서는 사생(寫生)을 중시하고, 사생을 할 때에는 특정한 시간과 장소, 일정한 거리와 각도에서 그 시야 안의 사물을 관찰하고 묘사한다. 상상이나 허구에 의한 작품일지라도 작가는 대상을 고정된 시점에서 보는 것처럼 묘사하여, 대상의 선, 형태, 빛, 색 등 객관적 요소를 사실적으로 그려 낸다. 그래서 화면 안의 명암과 색채의 변화는 반드시 특정한 시간 및 공간과 관련된 객관적 요소의 제약을 받게 된다. 그런데 동양의 화가들은 산을 거닐고 경치를 즐길 때 여러모로 자세히 그 풍경을 살펴본다. 그러면 산의 경치는 걸음에 따라 변하고, 봉우리도 걸음에 따라서 다른 모습을 드러낸다. 이 때 화가는 이러한 관찰에서 얻은 풍부한 감동과 인식을 더욱 진실되게 표현하기 위하여 자연스럽게 시점을 이동시키는 산점 투시(散點透視)를 채택함으로써 고정 시점의 제약을 벗어나게 된다. 산점 투시는 구도와 밀접한 관계가 있다. 동양화는 산점 투시를 채택함으로써 구도에 융통성을 갖게 된다. 즉 시야를 고정시키는 초점 투시(焦點透視)의 제약을 벗어남으로써 한 공간 안에, 혹은 같은 시간대에 동시에 출현할 수는 없지만 서로 연관되어 있는 사물들을 한 폭의 화면에 처리할 수 있다. 그리하여 작품의 주제와 사상을 더욱 돋보이고 완전하게 표현할 수 있게 된 것이다. 나아가 산점 투시는 구도의 배치에 있어서도 더욱 많은 변화의 여지를 제공하였다. 구도의 필요에 따라 좌우와 상하의 거리 조정, 허와 실의 보완, 성김과 빽빽함의 변화 표현 등이 자유로워졌다.
>
> 그리하여 동양화가들은 사물의 외형적 질서를 맹목적으로 따르지 않게 되었다. 대상을 효과적으로 표현하고 화면의 예술적 효과를 얻어내기 위해, 화가 자신이 가장 절실하다고 느낀 부분을 적절하게 안배하고 중요하지 않은 부분은 대담하게 생략함으로써 동양화의 구도가 융통성을 갖게 되었다.

① 발걸음을 옮기며 관찰한 풍경에 대한 인상을 종합하여 한 화면에 그려 낼 수 있다.
② 산점 투시법(散點透視法)을 주로 사용한다.
③ 동시에 출현할 수 없는 사물들을 한 폭의 화면에 처리할 수 있다.
④ 대상의 객관적 요소를 사실적으로 그려 내는 데 유리하다.
⑤ 화면의 구성에서 서양화보다 융통성을 발휘할 수 있다.

해설
동양과 서양의 글은 비교·대조의 글이 많다.

정답 | ④

4 문단 구성의 원리

중심 문장과 뒷받침 문장만 있다고 온전한 하나의 문단이 이루어지는 것은 아니다. 일정한 격식을 갖추어야 하나의 생각을 제대로 전달할 수 있는 것이다. 이러한 격식은 통일성, 완결성, 일관성 등으로 정리할 수 있다. 즉 이 세 가지 요건을 모두 갖추어야 온전한 문단이 되고, 그 내용을 통해 말하고자 하는 바를 효과적으로 전달할 수 있다.

1. 통일성

한 문단 안에서 다루어지는 화제 또는 중심 생각은 하나로 수렴되어야 한다. 하나의 문단은 원칙적으로 소주제문 하나와 그것을 뒷받침하는 문장들로만 이루어져야 독자들에게 분명한 내용을 전달할 수 있다.

| 연습 |

01

다음 글을 읽고 통일성에서 어긋난 문장을 고르시오.

> ㉠물은 생명의 원천이며 인류 문명의 근원이다. ㉡사람을 포함해서 지구상에 사는 모든 생물의 주요 성분은 물이다. ㉢"물은 만물의 근원이며 삼라만상을 길러 낸다."고 한 것은 옛 그리스 철학자 탈레스였다. ㉣현대의 과학자들은 어느 혹성에 생물이 사는가를 알기 위해 먼저 그곳에 물이 존재하는가부터 알아본다. ㉤모든 생물은 물 없이 살 수 없기 때문이다.

① ㉠
② ㉡
③ ㉢
④ ㉣
⑤ ㉤

해설

통일성은 하나의 문단에 주제가 하나인 것을 말한다. 문단에서 주제에서 벗어난 문장을 찾으면 된다.

정답 | ①

2. 일관성

소주제문을 뒷받침하는 문장들은 자연스럽고 긴밀하게 연결되어야 한다. 한 문단이 일관성을 유지하기 위해서는 접속 어구나 지시어를 적절히 활용하여 문장과 문장의 관계가 논리적인 질서를 이루도록 해야 한다.

02

〈보기〉의 문장을 이용하여 '과학을 생활화하자'라는 글의 서두를 쓰려할 때, ㉠~㉣의 순서를 가장 잘 배열한 것은?

> 과학이라고 하면 으레 어려운 것, 일반 국민들과는 아무 상관이 없는 것으로 여기는 경향이 있다.
> ㉠ 얼른 짐작하건대 현대 과학이 수입되기 전의 우리의 생활은 완전히 비과학적이었을 것 같기도 하다.
> ㉡ 예컨대 간장을 담글 때 숯이나 고추를 띄어 놓는 것은 숯의 탈취성과 고추의 살균 작용을 이용한 것이었다.
> ㉢ 그러나 우리 선조들이 우리에게 남겨준 교훈들을 돌이켜 생각해 볼 때 얼마나 많은 과학 지식이 실생활에 이용되고 있었는지를 알 수 있다.
> ㉣ 그러면 우리의 생활, 특히 우리 선조들이 생활에서는 과연 과학이 전혀 쓰이지 않았던 것일까?
>
> 이처럼 우리의 선조들은 일상 생활에 과학적 지식을 응용해 왔음에도 불구하고 아직도 우리의 일상 생활에는 비과학적인 요소가 너무나 많이 자리잡고 있다.

① ㉣ - ㉢ - ㉡ - ㉠
② ㉠ - ㉡ - ㉣ - ㉢
③ ㉢ - ㉠ - ㉣ - ㉡
④ ㉣ - ㉠ - ㉢ - ㉡
⑤ ㉣ - ㉢ - ㉡ - ㉠

해설

통념에 대한 글은 항상 남의 주장에 대해 글쓴이가 반론을 제기한다. 그러므로 남의 주장과 글쓴이의 주장을 따져가면서 순서를 찾으면 된다.

정답 | ④

3. 완결성

하나의 문장이 완결된 것이 되기 위해서는 추상적 진술로 이루어진 부분과 구체적 진술로 이루어진 부분이 결합되어야 한다. 이때 소주제문을 뒷받침하는 문장이 충분히 제시되어야 한다. '충분히'는 '무조건 많이'가 아니라 중심 문장에서 제시된 내용의 모든 부분이 구체적으로 제시되어야 한다는 말이다.

| 연습 |

03

주제 문장과 뒷받침 문장이 가장 긴밀하게 연결된 것은?

① 소설을 뒷받침하는 가장 중요한 요소는 배경, 인물, 사건의 셋이다. 배경은 인물이 행동을 벌이는 시간, 공간, 분위기 등이며, 사건은 인물이 배경 속에서 벌이는 행동의 체계이다. 곧, 언제, 어디에서, 누가, 무엇을 하였나 하는 것이 소설을 구성하는 뼈대라고 할 수 있다.

② 영화와 연극은 공통점이 많다. 영화는 시간의 흐름에 따라 스크린이라는 공간에서 이루어지는 예술임에 비해, 연극은 시간예술이기는 하지만 무대라는 제한된 공간에서 이루어진다는 점이 다르다. 따라서 두 예술은 시간과 공간의 예술이라는 점에서 흡사하다.

③ 뚝배기는 우리민족의 음식 취향이 잘 반영되어 있는 그릇이다. 뚝배기는 금속이나 유리로 만든 서양의 그릇에 비해 모양은 투박하지만, 흙으로 두껍게 빚어져서 열을 오래 보존시켜 준다. 그래서 뜨거운 국을 유달리 즐겨 먹는 우리나라 사람들의 식탁에서 사라지지 않고 있다.

④ 감이 익어 가는 모양은 한국인의 모습과 비슷하다. 요염한 꽃을 피우지도 않으며, 사람이 관심을 두지 않는 사이에 조용히 열매를 맺는다. 또 다른 과일들이 모두 선보인 다음에야 감은 익는다. 다만 한가지 안타까운 것은 오래도록 저장할 수 있는 방법이 없다는 점이다.

⑤ 예로부터 우리 민족은 모를 심거나 김을 맬 때, 여러 사람이 손발을 맞추기 위하여 노래를 했다. 또 벼를 벤다든지 타작을 할 때에도 노래를 부름으로써 일의 능률을 높였다. 뿐만 아니라, 사람이 죽으면 노래를 부르며 상여를 메고 나갔고, 노래 장단에 맞춰 무덤을 다졌다.

해설
①은 인물에 대한 설명이 없고 ②는 공통점이 아닌 차이점을 말하고 있으며 ④는 감의 모습이 아닌 저장 방법에 대한 내용이 들어 있다.

정답 | ③

| 1단계 – 문단읽기 |

※ 다음 글을 읽고 물음에 답하시오.

> '고갱의 의자'에는 고갱이 자기 곁에 있어 주기를 바라는 고흐의 마음이 가득 담겨 있다. 평소 고흐는 예술가들이 함께 살며 작업을 하는 공동의 거처를 갖기 원했고, 활달하고 남성적인 성격을 지녔던 고갱이 자기의 제안에 동의했을 때 뛸 듯이 기뻐했다. 말하자면 고흐는 고갱에 대한 애각을 의자라는 상징물로 표현한 것이다. 불타는 초와 책이 놓인 화려한 '의자'는 고갱에 대해 강한 애착을 느끼는 고흐 자신을 상징하며, 고갱이 와서 앉아 주기를 바라는 고흐의 수동적이며 여성적인 성향을 보여준다. 이처럼 얼굴 없는 자화상 속에는 겉으로 잘 드러나지 않는 화가의 심리가 깊숙하게 감추어져 있다. 그렇게 보면 얼굴 없는 자화상은 일반적인 자화상에 비해 화가에 대한 정보를 오히려 더 풍부히 담고 있다고 할 수 있다.

01

윗글의 중심 내용을 정리해 보자.

정답
얼굴 없는 자화상은 일반적인 자화상에 비해 화가에 대한 정보를 오히려 더 풍부히 담고 있다고 할 수 있다.

※ 다음 글을 읽고 물음에 답하시오.

> ㉠범죄가 언론 보도의 주요 소재가 되고 있다. ㉡그 이유는 언론이 범죄를 취잿감으로 찾아내기가 쉽고 편의에 따라 기사화할 수 있을 뿐만 아니라, 범죄 보도를 통하여 시청자의 관심을 끌 수 있기 때문이다. ㉢이러한 보도는 범죄에 대한 국민의 알 권리를 충족시키는 공적 기능을 수행하기 때문에 사회적으로 용인되는 경향이 있다. ㉣그러나 지나친 범죄 보도는 범죄자나 범죄 피의자의 초상권을 침해하여 법적·윤리직 문세를 일으키기도 한다.

02

윗글에서 ㉠~㉣의 각 문장이 하는 역할은?

㉠ :
㉡ :
㉢ :
㉣ :

정답
㉠ 언론보도에 대한 소개   ㉡ 근거   ㉢ 근거   ㉣ 글쓴이의 주장

국정원 9급 All-Care

※ 다음 글을 읽고 물음에 답하시오.

┤ 보기 ├

서두 : 대부분의 사람들은 기계가 감정을 느낄 수 없다고 생각한다.

㉠ 그리고 컴퓨터는 감정을 가질 수 없기 때문에 절대로 인간의 지능을 가질 수 없다고 한다.

㉡ 인공 지능 학자들조차도 컴퓨터가 감정을 갖게 하는 방법에 대해 회의적인 태도를 가지고 있다.

㉢ 그러나 실제 우리는 감정을 조절하는 두뇌 작용을 정보처리 측면에서 어느 정도 이해할 수 있다.

결말 : 따라서 감정 조절 원리를 잘 응용하면 컴퓨터는 머지않아 감정까지도 가질 수 있을 것으로 예상된다.

03

〈보기〉에서 ㉠~㉢의 각 문장이 하는 역할은?

㉠ :

㉡ :

㉢ :

정답

㉠ : 통념에 대한 근거   ㉡ : 통념에 대한 근거   ㉢ : 글쓴이의 주장

※ 다음 글을 읽고 물음에 답하시오.

> 지구 온난화가 정말로 급격한 기후 변화로 이어질 수 있을까? 이에 대한 과학자들의 답변은 매우 우려할 만하다. 그들은 이러한 일이 언젠가는 충분히 일어날 수 있다고 힘주어 얘기한다. 최근의 연구에서는 기후가 매우 짧은 시간에 돌변할 수 있다는 증거들이 발견되었다. 이에 따르면 지구는 11만 년 전까지 급격한 기후 변화를 이미 수십 차례 겪어 왔으며 실제로 약 1만 3천 년 전에는 지구의 기온이 갑자기 낮아지는 '영거 드라이아이스' 시대라고 불리는 사건이 일어나기도 했다. 이는 급작스런 기후 변화가 충분히 발생할 수 있음을 보여주는 좋은 예가 된다.

04

윗글을 바탕으로 〈보기〉를 비판한다고 할 때, 가장 적절한 것은?

─ 보기 ─

> 지구 온난화로 북극의 두꺼운 얼음이 현재 속도로 계속 녹는다면 약 20년 후엔 유럽의 암스테르담에서 부산항까지 이어지는 북극권 최단 항로가 개통될 것이다. 그러면 물류 운송비가 대폭 절감되어 우리 경제에 많은 도움이 될 것이다.

① 근거 없이 주장만으로 일관하고 있다.
② 독선적 태도로 상황을 이해하고 있다.
③ 현상의 원인을 제대로 파악하지 못하고 있다.
④ 사태의 심각성을 고려하지 않고 실용성만을 강조하고 있다.
⑤ 상황을 부정적인 시각으로 바라보고 있다.

해설
비판은 서로의 관점의 차이를 말한다. 그러므로 지구 온난화에 대한 관점의 차이를 찾으면 된다.

정답 | ④

| 심화 |

※ 다음 글을 읽고 물음에 답하시오.

> ㉠원칙적으로 문화가 언어에 미치는 영향의 한계란 지극히 명백한 것이다. ㉡비록 문화의 발달로 인한 생활의 필요성에 따라 국어의 어휘가 증가한 것은 분명하나 문화가 발달되고 문화의 어느 유형이 고유화되었다고 해서 언어의 구조가 달라질 리 없고 어느 특성이 부가될 리도 없는 것이다. ㉢어휘가 늘고, 사용면의 기교가 문학 기술과 아울러 발달한다 하여도 언어의 본질적인 성격에 변화를 일으키지 못하는 것이다. ㉣국어에 있어서 그 배경이 될 문화가 한문화 또는 중국적이 요소가 강하였다고 국어의 구조에 중국적인 요소가 있을 리 없고 불교 문화가 강하였다 하기로 종교적 색채가 국어에 가미될 리 없다. ㉤오직 중국 문화의 생활화로 말미암은 필요성에서 한자 기원의 어휘가 다량으로 늘었고, 불교에 관한 어휘가 같은 이유로 남아 있는 정도라 하겠다.

05

다음 글의 구조를 바르게 분석한 것은?
① ㉠은 ㉡의 근거로서 이 글이 문제 삼는 것이 무엇인지 밝혀준다.
② ㉡은 언어를 구조적 측면과 어휘적 측면으로 구분함으로써 논점을 구체화한다.
③ ㉢은 ㉡의 부연으로써 문학의 기교에 대해 구체적으로 설명하고 있다.
④ ㉣은 문화적 요인이 어휘에 영향을 미치지 못함을 보여 주는 예이다.
⑤ ㉤은 결론으로서 글 전체의 요점을 정리하고 있다.

해설
문화와 언어의 관계를 설명. 문화가 언어의 어휘에 영향을 미치기는 하지만 구조적인 면에서는 한계가 있다는 것을 설명하고 있다.

정답 | ②

| 2단계 – 문단 간의 관계 파악하기 |

다음 글을 읽고 물음에 답하시오.

(가) 근대 이전의 문학은 대체로 윤리적 이념을 추구해 왔다. 이것은 고소설(古小說)에서 뚜렷이 나타나고 있다. 그렇다고 고소설이 도덕적, 윤리적 교화 수단으로서만 존재해 왔다고 말할 수는 없을 것이다. 그것이 도덕적, 윤리적 의미를 강하게 지녔던 것은 도덕적, 윤리적인 문제의 제시와 해결이 문학이 지닌 본래의 기능의 하나였기 때문이다. 생성기(生成期)의 고대 예술, 가령 무용이나 음악 같은 것이 노동의 장려를 위하여 많이 이용되었다고 해서 그러한 고대 예술이 노동을 위한 수단이나 방법만에 그쳤다고 말할 수 없는 것과 마찬가지다.

(나) 이러한 여러 가지 기능은 물론 예술 자체의 본원적(本源的)인 기능인 미적 기능과 결부되어 있었기 때문에 그러한 여러 종류의 사회적 기능 그 자체가 예술의 전적인 기능이거나 또는 그것이 예술의 목적이었다고는 말할 수 없을 것이다. 만일 그러한 여러 종류의 사회적 기능을 예술의 전적인 기능이라고 본다면, 예술은 정치나 도덕 또는 그 밖의 여러 가지의 문화적 사상(事象)과 구별되지 못할 것이다. 여러 가지 형태의 사회적 기능에도 불구하고 예술을 정치나 도덕과 같은 다른 문화적 사상과 구별하는 것은 예술의 사회적 기능은 예술의 미적 기능과 항상 결부되어 있는 까닭이다. 이 때문에 예술의 사회적 기능은 그 결과나 영향에 있어 예술 이외의 정치적, 도덕적, 그 밖의 여러 가지 종류의 사회적 사상(事象)과는 달리 이해되어야 할 것이다.

(다) 여기에는 물론 또 다른 이유도 있다. 그 다른 이유란 예술은 ⓒ가정적(假定的) 상상(想像)의 산물이기 때문에 실제적인 현실적 산물과는 구별되어야 한다는 것과 예술의 사회적 기능은 반드시 그 속에 담겨져 있는 사회적 목적이나 동기가 그 전부는 아니라는 점이다.

01

(가)와 (나) 두 문단의 관계를 가장 잘 설명한 것은?

① (가)에서 예시된 것들이 (나)에서 상세하게 분석되고 있다.
② (가)에서 주장된 점이 (나)에서 다른 국면에 적용되고 있다.
③ (가)에서 주장된 점이 (나)에서 예를 통하여 설명되고 있다.
④ (가)에서 예를 통해 논증된 주장이 (나)에서 부정되고 있다.
⑤ (가)에서 예를 통해 주장된 점이 (나)에서 부연, 심화되고 있다.

해설
(가)에서 문학이 윤리적 이념을 추구하고 있다는 것을 고소설을 통해 제시한 뒤 (나) '이러한'을 통해 뒷받침을 하고 있다.

정답 | ⑤

※ 다음 글을 읽고 물음에 답하시오.

(가) 이렇게 증식한 바이러스들은 숙주 세포를 뚫고 밖으로 나와 주변의 다른 숙주 세포들로 다시 침투한다. 물론 이때 기존의 숙주 세포는 죽는다. 만일 숙주가 사람이라면, 이런 일련의 과정을 여러 번 거치면서 많은 수의 숙주 세포가 파괴되어 수두, 유행성 눈병, 독감, 에이즈 등 다양한 바이러스성 질병에 걸리게 된다. 바이러스에 의한 질병은 세균에 의한 질병과 달리 치료약이 별로 없다. 바이러스로 인한 질병을 치료하려면 체내에 침투한 바이러스를 제거해야 하는데 숙주 세포를 그대로 둔 채 바이러스만 죽이는 것이 어렵기 때문이다. 이런 이유로 그동안 바이러스는 사람들에게 부정적인 대상으로 인식되어 왔다.

(나) 그러나 최근 유전자 재조합 기술에 대한 관심이 커지면서 바이러스가 사람에게 유익한 일을 할 수 있다는 것이 밝혀졌다. 생물체의 유용한 DNA를 유전자 운반체에 끼워 넣어 재조합 DNA를 만든 후 대장균과 같은 숙주 세포에 삽입하여 유용한 유전자를 합성하는 것을 유전자 재조합 기술이라고 한다. 이 과정에서 유전자 운반체로 사용되는 것 중의 하나가 바이러스의 일종인 '박테리오파지'이다. 박테리오파지는 세균의 세포 표면에 달라붙은 다음 자신의 유전 물질을 세균 세포 내로 들여보내 대량으로 증식한 뒤 결국 숙주를 파괴하고 나오게 된다.

02

(가)와 (나) 두 문단의 관계를 가장 적절하게 설명한 것은?

① (가)에서 대상의 성질을 설명하고 (나)에서 대상의 새로운 정의를 내리고 있다.
② (가)에서 설명한 내용에 대해 (나)에서 반론을 제기하고 있다.
③ (가)에서 주장된 점이 (나)에서 구체적 사례를 통해 설명되고 있다.
④ (가)에서 주장한 내용을 (나) 반론을 통해 구체화시키고 있다.
⑤ (가)에서 설명된 내용을 (나)에서 부연, 심화되고 있다.

해설
(가)에서 바이러스에 대한 부정적 견해를 말하고 (나)에서는 바이러스에 대한 긍정적 견해를 밝히고 있다.

정답 | ①

※ 다음 글을 읽고 물음에 답하시오.

(가) 서양 건축 예술의 역사는 성당 건축을 빼놓고는 이해할 수 없다. 여러 시대에 걸쳐 유럽의 성당은 다양한 양식으로 변화해 왔다. 하지만 그 기본은 바실리카 형식에서 크게 벗어나지 않았다. 평면도상 긴 직사각형 모양을 하고 있는 이 형식은 고대 로마 제국 시대에서 비롯된 것으로 원래는 시장이나 재판소와 같은 공공 건축물에 쓰였던 것이다. 4세기경부터 출현한 바실리카식 성당은 이후 평면 형태의 부분적 변화를 겪으면서 중세 시대에 절정을 이루었다.

(나) 바실리카식 성당의 평면을 살펴보면, 초기에는 동서 방향으로 긴 직사각형의 모습을 하고 있다. 서쪽 끝 부분에는 일반인들의 출입구와 현관이 있는 나르텍스가 있다. 나르텍스를 지나면 일반 신자들이 예배에 참여하는 네이브가 있고, 네이브의 양 옆에는 복도로 활용되는 아일이 붙어 있다. 동쪽 끝 부분에는 신성한 제단이 자리한 앱스가 있는데, 이곳은 오직 성직자만이 들어갈 수 있다. 이처럼 나르텍스로부터 네이브와 아일을 거쳐 앱스에 이르는 공간은 세속에서 신의 영역에 이르기까지의 위계를 보여 준다.

03

(가)와 (나) 두 문단의 관계를 가장 바르게 설명한 것은?

① (가)에서 주장한 것을 (나)에서 구체화하고 있다.
② (가)에서 정리한 개념을 (나)에서 부연하고 있다.
③ (가)에서 제시한 통념을 (나)에서 심화하고 있다.
④ (가)에서 주장한 것을 (나)에서 반박하고 있다.
⑤ (가)에서 설명한 내용을 (나)에서 반복하고 있다.

해설
(가)에서 서양의 건축을 대표하는 성당 건축에 대해 진술.
(나) 성당 건축 중에서 바실리카식 성당의 예를 통해 구체적 진술을 하고 있다.

정답 | ①

국정원 9급 All-Care

※ 다음 글을 읽고 물음에 답하시오.

(가) 기업은 최대의 이윤 창출을 목적으로 하므로, A사와 B사는 우월전략 균형 상태에서 4억 씩의 보수를 얻기보다는 고가전략으로 담합함으로써 8억씩의 보수를 얻고자 할 것이다. 따라서 두 기업이 현재 모두 8억씩의 보수를 얻고 있는 상황이라면 이는 담합한 것으로 해석할 수 있다. 이때 A사가 담합을 깨고 저가 전략을 선택하면 일시적으로는 10억의 보수를 얻을 수 있지만, B사도 곧바로 저가 전략으로 선회할 것이므로, 이후로는 두 기업 모두 4억의 보수를 얻게 된다. 따라서 담합에서 이탈하는 것보다 담합을 유지하는 것이 더 유리하다.

(나) 한편 독점기업 중 한 기업이 먼저 의사결정을 하고, 그에 반응하여 다른 기업이 의사결정을 하는 것을 순차게임이라 한다. 순차게임에서 기업은 의사결정 순서와 예상 결과를 나타낸 '의사결정나무'의 분석을 통해 경쟁사의 시장 진입을 저지할 수도 있다. 가령, A사가 특정 지역에 매장을 개장하기로 먼저 결정하고 이어서 B사도 같은 지역에 진입하려 한다고 하자. 이때 A사는 대형 매장을 선택하는 경우와 소형 매장을 선택하는 경우에 따라 얻게 되는 수익률을 분석하여 매장의 규모를 결정하게 된다. A사의 선택 여하에 따라 B사는 시장에 진입하지 못할 수도 있다. 이렇게 '의사결정나무'의 분석을 통해 A사는 B사의 시장 진입을 저지하고 최대의 이윤을 얻는 매장 규모를 선택하게 된다.

04

(가)와 (나) 두 문단의 관계를 가장 바르게 설명한 것은?
① (가)에서 예를 들어 설명한 뒤 (나)에서 주장을 하고 있다.
② (가)에서 주장한 것을 (나) 부연 설명하고 있다.
③ (가)에서 근거를 들고 (나)에서 이를 구체화 하고 있다.
④ (가)에서의 내용에 대해 (나)에서 다른 내용으로 전환하고 있다.
⑤ (가)에서 제시한 주장을 (나)에서 반복하고 있다.

해설
(나)에 나온 접속어 '한편'은 새로운 내용으로 전환을 할 때 사용한다.

정답 | ④

3단계 - 지문 구조화하기

※ 다음 글을 읽고 물음에 답하시오.

(가) 최근 미국의 한 대학 총장이 "여성은 선천적으로 수학과 과학 능력이 떨어진다."라고 발언했다가 거센 반발을 샀다. 이처럼 일부 사람들은 아직도 남녀 사이의 특성 차이를 거론한다. 지능 지수의 평균 점수는 차이가 없지만, 검사 결과를 유형별로 분석해 보면 의미 있는 차이가 있다는 것이다. 그들은 여성은 언어적 능력에서, 남성은 수학적 능력과 공간 지각 능력에서 우수하다는 증거들을 제시한다. 그리고 지적인 능력은 아니지만 공격성이라는 특성에서도 성차(性差)가 나타난다고 생각한다.

(나) 남녀 간에 성차가 존재한다고 보는 이들은 그 원인을 환경적 요인이나 유전적 요인으로 설명한다. 유전적 설명에서는 남녀가 몇 가지 특성에서 차이를 보이는 것은 유전적인 요인 때문이라고 주장한다. 반면에 환경적 설명에서는 성차가 사회적·교육적 환경 때문에 생긴다고 주장하면서 유전적인 설명 자체에 강하게 반발한다.

(다) 그러나 적어도 평등의 문제와 관련해서는 성차에 대한 유전적 설명이 옳은가 환경적 설명이 옳은가를 따지는 것은 중요하지 않다. 그 대신 이런 설명들이 평등이라는 이상에 대하여 어떤 의미를 가지고 있느냐가 중요한 문제이다. 만약 유전적 설명이 그른 것으로 드러난다면 성차에 근거한 차별은 부당하다고 볼 수 있다. 반면에 유전적 설명이 옳다고 하더라도 이것이 남녀 간의 차별을 옹호하고 평등의 원칙을 거부하는 근거라고 단정할 수는 없다. 물론 유전적 설명이 옳다고 가정한다고 해서 그것이 사실이라고 믿는 것은 아니다. 유전적 설명이 차별을 정당화한다는 이유로 그 시도 자체에 반대할 경우, 뜻 밖에도 유전적 증거들이 확인된다면 아주 당황하게 될 것이다. 그래서 유전적 설명이 옳다고 가정해서 그 의미를 검토해 보는 것이다.

(라) 성차의 원인이 무엇이든 간에 차이는 오직 평균적으로 존재할 뿐이다. 남성의 공간 지각 능력의 우월성을 설명하기 위해 제시된 유전적 가설까지도 여성의 1/4이 남성의 절반보다 공간 지각 능력이 더 뛰어날 것이라고 설명하고 있다. 실제로 주변에서 남성보다 공간 지각 능력이 뛰어난 여성을 쉽게 찾아볼 수 있다. 그러므로 유전적 설명이 맞든 안 맞든 간에, 너는 여자니까 엔지니어가 될 수 없다든지 너는 남자니까 아기를 돌볼 수 없다든지 하는 단정을 해서는 안 된다.

(마) 우리가 사람들을 제대로 이해하기 위해서는 그들을 '남성'이나 '여성'이라고 한 덩어리로 뭉뚱그려서는 안 된다. 우리는 그들 각각을 하나의 개별체로 보고 접근해야 한다. 성차가 유전적으로 존재한다는 과학적인 근거가 입증된다고 해도 그렇다. 하물며 단순히 편견에 의존해서 집단 간에 차이를 부여하는 경우는 더 말할 나위가 없다.

국정원 9급 All-Care

01

(가) ~ (라)에 대한 설명으로 적절하지 <u>않은</u> 것은?

① (가) : 인용을 통해 문제를 제기하고 있다.
② (나) : 문제에 대한 대립적인 두 견해를 소개하고 있다.
③ (다) : 문제에 대한 새로운 관점을 제시하고 있다.
④ (라) : 반대 사례들을 제시하면서 논지를 전환하고 있다.
⑤ (마) : 주장을 요약하면서 논지를 강화하고 있다.

해설
(라)에서 반대 사례를 제시하기 위해서는 접속어 중 역접이 나와야 한다. 그렇지 않으면 앞 문단과 동일한 내용이 된다.

정답 | ④

※ 다음 글을 읽고 물음에 답하시오.

(가) 『뉴욕 타임즈』와 『워싱턴 포스트』를 비롯한 미국의 많은 신문은 선거 과정에서 특정후보에 대한 지지를 표명한다. 전통적으로 이 신문들은 후보의 정치적 신념, 소속 정당, 정책을 분석하여 자신의 입장과 같거나 그것에 근접한 후보를 선택하여 지지해 왔다. 그러나 근래 들어 이 전통은 적잖은 논란거리가 되고 있다. 신문이 특정 후보를 지지하는 것이 실제로 영향력이 있는지, 또는 공정한 보도를 사명으로 하는 신문이 특정후보를 지지하는 행위가 과연 바람직한지 등과 관련하여 근본적인 의문이 제기되고 있는 것이다.

(나) 신문의 특정 후보 지지가 유권자의 표심(票心)에 미치는 영향은 생각보다 강하지 않다는 것이 학계의 일반적인 시각이다. 1958년 뉴욕 주지사 선거에서 『뉴욕 타임즈』가 록펠러 후보를 지지해 그의 당선에 기여한 유명한 일화가 있긴 하지만, 지지 선언의 영향력은 해가 갈수록 줄어들고 있다. 이 현상은 '선별 효과 이론'과 '보강 효과 이론'으로 설명할 수 있다.

(다) 선별 효과 이론에 따르면, 개인은 미디어 메시지에 선택적으로 노출되고, 그것을 선택적으로 인지하며, 선택적으로 기억한다. 예를 들면, '가' 후보를 싫어하는 사람은 '가' 후보의 메시지에 노출되는 것을 꺼려할 뿐만 아니라, 그것을 부정적으로 인지하고, 그것의 부정적인 면만을 기억하는 경향이 있다. 한편 보강 효과 이론에 따르면, 미디어 메시지는 개인의 태도나 의견의 변화로 이어지지 못하고, 기존의 태도와 의견을 보강하는 차원에 머무른다. 가령 '가' 후보의 정치 메시지는 '가' 후보를 좋아하는 사람에게는 긍정적인 태도를 강화시키지만, 그를 싫어하는 사람에게는 부정적인 태도를 강화시킨다. 이 두 이론을 종합해 보면, 신문의 후보 지지 선언이 유권자의 후보 선택에 크게 영향을 미치지 못한다는 것을 알 수 있다.

(라) 신문의 후보 지지 선언이 과연 바람직한가에 대한 논쟁도 계속되고 있다. 후보 지지 선언이 언론의 공정성을 훼손할 수 있다는 것이 이 논쟁의 핵심 내용이다. 이런 논쟁이 일어나는 이유는 신문의 특정 후보 지지가 언론의 권력을 강화하는 도구로 이용될 뿐만 아니라, 수많은 쟁점들이 복잡하게 얽혀 있는 선거에서는 후보에 대한 독자의 판단을 선점하려는 비민주적인 행위가 될 수 있기 때문이다. 일부 정치 세력이 신문의 후보 지지 선언을 정치 선전에 이용하는 문제점 또한 이에 대한 비판의 근거로 제시되고 있다.

(마) 신문이 특정 후보를 공개적으로 지지하는 것은 사회적 가치에 대한 신문의 입장을 분명히 드러내는 행위이다. 하지만 그로인해 보도의 공정성을 담보하는 데에 어려움이 따를 수도 있다. 따라서 신문은 지지 후보의 표명이 보도의 공정성을 해치지 않는지 신중하게 따져 보아야 하며, 독자 역시 지지 선언의 함의를 분별할 수 있는 혜안을 길러야 할 것이다.

02

윗글의 논지 전개 방식을 바르게 묶은 것은?

─ 보기 ─

ㄱ. 사례를 든 후 문제를 제기하고 있다.
ㄴ. 이론을 활용하여 주장을 뒷받침하고 있다.
ㄷ. 상반된 두 주장을 비판하고 대안을 모색하고 있다.
ㄹ. 통념의 문제점을 지적하고 새로운 이론을 주장하고 있다.

① ㄱ, ㄴ ② ㄱ, ㄷ
③ ㄴ, ㄷ ④ ㄴ, ㄹ
⑤ ㄷ, ㄹ

해설

『뉴욕 타임즈』와 『워싱턴 포스트』라는 신문의 예시를 통해 신문에 대한 의문점을 제기하고 있다. 이것을 뒷받침하기 위해 '선별 효과 이론'과 '보강 효과 이론'을 동해 설명하고 있다.

정답 | ①

※ 다음 글을 읽고 물음에 답하시오.

경기를 나타내는 대표적인 지표를 경기종합지수라고 한다. 그런데 경기가 어려울 때일수록 이러한 공식적 경기지표들과 체감경기는 차이가 난다. 그렇다면 개인이나 기업들이 실제로 느끼는 체감경기가 공식적 경기지표들과 다른 까닭은 무엇일까?

흔히 말하는 체감경기는 수많은 경제지표 중에서 소비지출, 특히 내구재에 대한 소비지출, 설비투자에 대한 지출, 고용상태 변화 등에 크게 영향을 받는다. 소비자는 가계수입의 변화나 내구 소비재를 구매하는 여유로 경기변화를 체감한다. 기업은 급격히 증감하는 주문이나 이로 인한 투자 계획 변동과 인원 조정의 필요성을 절실하게 느낄 때 경기 변동을 체감한다.

체감경기와 경기지표가 차이가 나고 경기회복 시에 체감경기가 경기지표보다 늦은 이유로 몇 가지를 들 수 있다. 첫째, 체감경기를 구성하는 요소들은 국민생산의 변동을 뒤따라가는 경기 후행적인 특성이 있기 때문이다. 소비자들은 내구재를 비롯한 소비지출을 통해 체감경기를 느낀다. 소비자는 경기가 완전히 회복된 뒤, 가계소득이 가까운 장래에도 감소하지 않을 것이라는 확신이 들 때야 비로소 경기회복을 인정하면서 내구재를 구입한다. 기업의 고용변화도 본질적으로 경기 후행적 성격을 지니고 있다. 경기가 나빠지는 시기에도 고용을 줄이는 결정을 가급적 자제하는 것이 기업의 생리이다. 또한 경기가 어지간히 회복되어도 고용을 좀처럼 늘리지 않기도 한다.

둘째, 경제위기로 인해 구조조정이 진행 중이고 실업이 급속히 증가하는 특수상황에서는 체감경기 회복이 보통 때보다 더 늦어진다. 그러한 국면에서는 경기지표만 보고 설비투자 증가 계획을 세우는 기업은 드물다. 또한 실직한 가장이 있는 가계에서 경기지표가 회복 조짐을 보인다는 보도만으로 내구재 소비를 늘릴 리는 만무하다.

셋째, 통계치와 지표의 해석 차이 때문이다. 보통 지표경기의 회복세를 진단할 때 경기종합지수를 인용하는 경우 실제 상황보다 수개월 경과한 뒤에 이 지표가 집계되기 때문에 단순한 오류가 발생할 수 있는 것이다. 또 많은 지표가 지난달과 이번 달, 지난해와 이번 해를 비교한 증감률로 표현되기 때문에 지표의 수치는 현재 수준보다는 동향의 방향이나 속도를 나타내는 것이다. 즉, '올랐다'가 아니라 '하강 속도가 감소하고 있다'는 식의 진단이 자칫 경기회복이라고 해석될 수도 있다.

그러므로 실제 경기 동향이나 지표는 상승하고 있어도 개인이나 기업이 느끼는 체감 경기는 어렵다고 생각될 수도 있는 것이다.

03

윗글에 대한 설명으로 가장 적절한 것은?
① 통념의 오류를 반박하며 새로운 논의를 전개한다.
② 통시적 고찰을 통해 논의 대상의 변화 과정을 보여준다.
③ 기존 지식과 새로운 지식을 비교하여 공통된 특질을 보여준다.
④ 현상에서 제기된 의문점에 대해 원인을 분석하여 설명한다.
⑤ 제기된 궁금증을 해결하기 위해 구체적 수치를 근거로 제시한다.

해설
첫 문단에서 의문을 제기한 뒤 그러한 이유에 대한 구체적 진술을 하고 있다.

정답 | ④

※ 다음 글을 읽고 물음에 답하시오.

고대인들은 평상시에는 생존하기 위해 각자 노동에 힘쓰다가, 축제와 같은 특정 시기가 되면 함께 모여 신에게 제의를 올리며 놀이를 즐겼다. 노동은 신이 만든 자연을 인간이 자신에게 유용하게 만드는 속된 과정이다. 이는 원래 자연의 모습을 훼손하는 것이기에 신에게 죄를 짓는 것이다. 이러한 죄를 씻기 위해 유용하게 만든 사물을 다시 원래의 상태로 되돌리는 집단적 놀이가 바로 제의였다. 고대 사회에서는 가장 유용한 사물을 희생물로 바치는 제의가 광범위하게 나타났다. 바친 희생물은 더이상 유용한 사물이 아니기에 신은 이를 받아들였다. 고대인들은 신에게 바친 제물을 함께 나누며 모두 같은 신에게 속해 있다는 연대감을 느꼈다.

고대 사회에서의 이러한 놀이는 자본주의 사회에 와서 많은 변화를 겪었다. 자본주의 사회는 노동을 합리적으로 조직하여 생산성을 극대화하고자 한다. 이를 위해 노동의 강도를 높이고 시간을 늘렸지만, 오히려 노동력이 소진되어 생산성이 떨어지는 문제점이 발생하였다. 그래서 노동 시간을 축소하고 휴식 시간을 늘릴 필요가 있었다. 하지만 이 휴식 시간마저도 대부분 상품을 소비하는 과정으로 이루어진다. 예를 들어, 여행을 가려면 여행 상품을 구매하여 소비해야 한다. 이런 소비는 소비자에게는 놀이이지만 여행사에는 돈을 버는 수단이다. 결국 소비자의 놀이가 자본주의 시대에 가장 유용한 사물인 자본을 판매자의 손안에 가져다준다.

놀이가 상품 소비의 형식을 띠면서 놀이를 즐기는 방식도 변화한다. 과거의 놀이가 주로 직접 참여하는 형식으로 이루어졌다면, 자본주의 사회의 놀이는 대개 참여가 아니라 구경이나 소비의 형태로 이루어진다. 생산자가 이미 특정한 방식으로 소비하도록 놀이 상품을 만들어 놓았기 때문이다. 여행의 예를 다시 들면, 여행사는 여러 가지 여행 상품을 마련해 놓고 있고 소비자는 이를 구매하여 수동적으로 소비한다. 놀이로서의 여행은 탐구하고 창조하기보다는 주어진 일정에 그저 몸을 맡기면 되는 그런 것이 되었다.

그런데 이른바 디지털 혁명이 일어나면서 놀이에 자발적으로 직접 참여하여 즐기고자 하는 사람들이 늘어나고 있다. 이런 성향은 비교적 젊은 세대로 갈수록 더하다. 젊은 세대는 놀이의 주체가 되려는 욕구가 크다. 인터넷은 그런 욕구의 실현 가능성을 높여 준다. 인터넷의 주요 특성은 쌍방향성이다. 이는 텔레비전과 같은 대그중매체가 대다수의 사람들을 구경꾼으로 만들었던 것과 근본적으로 차이가 있다. 거의 모든 인터넷 사이트에서 사람들은 구경꾼이면서 참여자이며 수신자이자 송신자로 활동하며, 이러한 쌍방향적 활동 중에 참여자들 사이에 연대감이 형성된다.

04

윗글의 전개 방식에 대한 설명 중 가장 적절한 것은?
① 두 개념의 장단점을 비교하여 우열을 가리고 있다.
② 필자의 관점을 명시한 후 다른 관점과 비교하고 있다.
③ 다양한 경험적 사례를 바탕으로 개념의 타당성을 따지고 있다.
④ 서로 다른 두 이론을 통합하여 새로운 이론을 도출하고 있다.
⑤ 시대의 변화에 따른 중심 화제의 성격 변화를 서술하고 있다.

해설
'놀이'에 대한 설명을 고대~자본주의 시대에 걸쳐 변화 양상에 대해 통시적 관점에서 설명하고 있다.

정답 | ⑤

| 실전 적용 1 |

[01~02] 다음 글을 읽고 물음에 답하시오.

(가) 지구상에서는 매년 약 10만 명 중의 한 명이 목에 걸린 음식물 때문에 질식사하고 있다. 이러한 현상은 인간의 호흡 기관[기도]과 소화 기관[식도]이 목구멍 부위에서 교차하는 구조로 되어 있기 때문에 발생한다. 인간과 달리, 곤충이나 연체동물 같은 무척추동물은 교차 구조가 아니어서 음식물로 인한 질식의 위험이 없다. 인간의 호흡 기관이 이렇게 불합리한 구조를 갖게 된 원인은 무엇일까?

(나) 바다 속에 서식했던 척추동물의 조상형 동물들은 체와 같은 구조를 이용하여 물 속의 미생물을 걸러 먹었다. 이들은 몸집이 아주 작아서 물 속에 녹아 있는 산소가 몸 깊숙한 곳까지 자유로이 넘나들 수 있었기 때문에 별도의 호흡계가 필요하지 않았다. 그런데 몸집이 커지면서 먹이를 거르던 체와 같은 구조가 호흡 기능까지 갖게 되어 마침내 아가미 형태로 변형되었다. 즉, 소화계의 일부가 호흡 기능을 담당하게 된 것이다. 그 후 호흡계의 일부가 변형되어 허파로 발달하고, 그 허파는 위장으로 이어지는 식도 아래쪽으로 뻗어 나갔다. 한편, 공기가 드나드는 통로는 콧구멍에서 입천장을 뚫고 들어가 입과 아가미 사이에 자리 잡게 되었다. 이러한 진화 과정을 보여 주는 것이 폐어(肺魚) 단계의 호흡계 구조이다.

(다) 이후 진화 과정이 거듭되면서 호흡계와 소화계가 접하는 지점이 콧구멍 바로 아래로부터 목 깊숙한 곳으로 이동하였다. 그 결과 머리와 목구멍의 구조가 변형되지 않는 범위 내에서 호흡계와 소화계가 점차 분리되었다. 즉, 처음에는 길게 이어져 있던 호흡계와 소화계의 겹친 부위가 점차 짧아졌고, 마침내 하나의 교차점으로만 남게 된 것이다. 이것이 인간을 포함한 고등 척추동물에서 볼 수 있는 호흡계의 기본 구조이다. 따라서 음식물로 인한 인간의 질식 현상은 척추동물 조상형 단계를 지나 자리 잡게 된 허파의 위치—당시에는 최선의 선택이었을—때문에 생겨난 진화의 결과라 할 수 있다.

(라) 이처럼 진화는 반드시 이상적이고 완벽한 구조를 창출해 내는 방향으로만 이루어지는 것은 아니다. 진화 과정에서는 새로운 환경에 적응하기 위한 최선의 구조가 선택되지만, 그 구조는 기존의 구조를 허물고 처음부터 다시 만들어 낸 최상의 구조와는 차이가 있다. 그래서 진화는 ⊙불가피하게 타협적인 구조를 선택하는 방향으로 이루어지며, 순간순간의 필요에 대응한 결과가 축적되는 과정이라고 할 수 있다. 질식의 원인이 되는 교차된 기도와 식도의 경우처럼, 진화의 산물이 우리가 보기에는 납득할 수 없는 불합리한 구조를 지니게 되는 이유가 바로 여기에 있다.

01

윗글에서 글쓴이가 다룬 핵심 문제로 알맞은 것은?
① 인간이 진화 과정을 통하여 얻은 이익과 손해는 무엇일까?
② 무척추동물과 척추동물의 호흡계 구조에는 어떤 차이가 있을까?
③ 인간의 호흡계와 소화계가 지니고 있는 근본적인 결함은 무엇일까?
④ 질식사에 대한 인간의 불안감을 해소시킬 방안에는 어떤 것이 있을까?
⑤ 진화 과정에서 인간의 호흡계와 같은 불합리한 구조가 발생하는 이유는 뭘까?

02

㉠과 같은 방식으로 설명하기에 가장 적절한 것은?
① 상충하는 이익을 고려하여 그때그때 법률을 개정해 나가는 것
② 초보 운동 선수가 훈련을 통하여 숙련된 프로 선수가 되는 것
③ 두통약으로 개발된 아스피린이 혈전 용해제로도 쓰이는 것
④ 조금씩 조금씩 저축을 하여 나중에는 큰돈을 모으는 것
⑤ 단순한 기본 곡조를 가지고 복잡한 교향곡을 만드는 것

해설

01
핵심은 첫 단락과 마지막 단락에 주로 나오며, 질문은 글쓴이가 말하고자 하는 내용의 범위를 말해준다는 것을 생각해야 한다.

정답 | ⑤

02
추론의 방식에서는 동일한 범위에서 내용이 전개된다. 이때 주어진 범위의 핵심이 무엇인지 확인해야 한다.

정답 | ①

| 실전 적용 2 |

[01~02] 다음 글을 읽고 물음에 답하시오.

서양 전통 건축은 불투명한 공간 개념을 갖는 반면 한국 전통 건축은 투명한 공간 개념을 갖는다는 인식이 두 문명권의 전통 건축관 사이에 존재한다. 공간의 투명성과 불투명성의 개념을 결정짓는 요인은 여러 가지가 있는데 모서리도 그 중의 하나이다.

서양 전통 건축에서 모서리는 메워지고 봉합되어야 하는 대상으로 정의되었다. 그래야 기하학적 완결성이 완성되기 때문이다. 서양 전통 건축에서 모서리가 딱 맞지 않으면 불완전한 것으로 받아들였다. 곧 두 개의 벽체와 천장이 만나는 모서리가 직각으로 맞아떨어져 물샐틈없이 정밀하게 짜인 경우를 이상적인 공간으로 보았다. 이와 같은 서양 전통 건축의 모서리 개념은 튼튼한 시공(施工)의 상징으로 해석된다. 실제로 현대 기계 문명에서 서양 건물이 튼튼하게 지어지는 데에는 건축에 대한 이러한 기본적 인식이 바탕에 깔려 있기 때문이다. 모서리가 잘 봉합된 서양 전통 건축의 공간은 개인의 사생활을 중요시하고 삶에서 편리성을 추구하는 서양인의 생활 방식에 잘 맞는 구조인 것이다.

그러나 공간이 주는 느낌이라는 측면에서 봤을 때, 서양 전통 건축의 모서리 처리는 공간을 불투명하고 폐쇄적으로 만들면서 한국 전통 건축과 큰 차이점을 갖게 된다. 모서리가 정확하게 봉합된 사각형 공간은 저쪽에서 일어나는 일을 전혀 알지 못하게 만드는 불투명한 공간이 되며, 동시에 사면이 꽉 조이는 폐쇄적 공간이 된다. 특히 서양 전통 건축에서 주재료로 사용되는 돌은 건물의 불투명성과 폐쇄성을 배가시키는 역할을 한다.

이에 반해 한국 전통 건축의 사각형 공간은 모서리가 조금씩 열려 있는 경우가 많다. 물론 모서리가 닫히는 경우도 있는데 궁궐의 월랑(月廊)이나 돌담 그리고 한옥의 안채 등이 그 대표적인 예가 될 것이다. 궁궐은 왕의 경호라는 보안상의 이유로, 한옥의 안채는 살림의 편의성 확보를 이유로 그러했을 것이다. 그러나 대부분의 한국 전통 건축은 모서리를 열 수만 있다면 조금이라도 틈을 만들었다. 틈을 만들어 모서리를 열어 놓은 사각형 공간은 엉성하고 짜임새가 덜하다는 느낌을 주지만 여유 있는 짜임으로 인해 투명하고 개방적인 공간이 된다. 투명하고 개방적인 공간은 편안한 느낌을 주게 되는데 이러한 것은 한국 전통 건축의 사각형 공간을 특징 짓는 요소가 되었다. 더욱이 나무와 창호지가 주재료라는 점은 투명성을 더욱 배가시켜 주었다.

열린 모서리의 공간은 사람 사이의 의사소통을 원활하게 하는 역할을 한다. 직접 말하지 않고도 상호 간의 의사를 전달하는 것을 ㉠간접 의사소통이라고 하는데, 얼굴 표정, 걸음 걸이, 발자국 소리, 문 여닫는 소리, 목소리의 상태 등이 그 대표적인 방식들이다. 모서리가 열려 있는 한국 전통 건축의 사각형 공간은 개방적이기 때문에 이러한 간접 의사소통을 원활하게 해 준다.

01

윗글의 내용과 일치하지 <u>않는</u> 것은?

① 열린 모서리는 개방적인 느낌을 준다.
② 열린 모서리는 기하학적 완결성을 보여준다.
③ 닫힌 모서리는 튼튼하게 시공된 느낌을 준다.
④ 서양에서는 닫힌 모서리를 이상적으로 보았다.
⑤ 닫힌 모서리는 한국의 전통 건축물에도 나타난다.

02

윗글을 읽은 후의 심화 활동으로 적절하지 <u>않은</u> 것은?

① 궁궐의 월랑과 한옥 안채의 모서리가 닫힌 이유를 알아본다.
② 한국과 서양의 전통 건축이 구별되는 특징적 요소를 더 알아본다.
③ 건축물의 모서리와 틈새에 대해 다른 전문가의 견해를 물어본다.
④ 한국과 서양 전통 건축의 특징을 대표하는 건축물을 실제로 확인해 본다.
⑤ 모서리 외에 공간의 투명성과 불투명성의 차이를 보여주는 예를 찾아본다.

해설

01
동·서양의 내용은 항상 차이점에 유의하면서 읽어야 하고 각각의 핵심을 항상 확인해야 한다.

정답 | ②

02
심화는 제시문에 정확한 답이 있으면 안 된다. 정확한 답이 있다는 것은 사실적 사고이다.

정답 | ①

여러 가지 글 읽기

1 설명적인 글

설명적인 글이란, 어떤 대상에 대한 정보, 사실, 지식, 관념 등을 체계적으로 풀이하여 독자로 하여금 그 대상을 정확하게 이해하도록 하는 것을 목적으로 하는 글이다.

1. 특성

(1) 객관성(客觀性) : 설명은 유용한 정보 전달이 목적이므로 사실을 객관적으로 알리며 전달 과정과 결과가 일반성, 보편성을 지녀야 한다.

(2) 정확성(正確性) : 상대방에게 전달하는 정보, 사실, 지식, 원리, 개념 등은 사실에 입각한 정확한 내용이어야 한다.

(3) 평이성(平易性) : 상대방이 새로운 지식과 정보를 쉽게 이해하도록 하기 위해서는 알기 쉬운 용어로 자세하고 체계적으로 설명해야 한다.

(4) 유용성(有用性) : 독자가 알고 도움이 될 만한 정보를 전달해야 한다.

> * '설명문'은 함축적 언어 사용을 자제해야 한다. 특히 감정을 표현하는 내용은 삼가야 한다. 내용 전달에 모호함을 주기 때문이다.

2. 짜임

(1) 처음 부분(머리말, 서두) : 설명하는 글은 처음 부분에서 대체로 화제를 제시하고 그 화제에 대하여 한정된 측면에 대하여 설명하겠다는 과제를 밝힌다.

(2) 중간 부분(본문) : 설명하는 글의 중간에서는 처음 부분에서 밝힌 과제에 대하여 설명한다. 즉, 전달하고자 하는 주요 정보를 제시하는 것이다.

(3) 끝 부분(맺음말, 결말) : 설명하는 글은 사실 중간 부분에서 이미 전달하고자 하는 정보를 모두 말하였으므로, 끝 부분이 따로 없어도 정보 이해에는 지장이 없는 것이나, 글이 끝났음을 알리는 의미에서 무엇을 설명하였는지 화제 및 과제를 확인하며, 정보의 가치를 부연한다.

2 설득적인 글

1. 특성

(1) 사실성(事實性)

설득은 사실에 입각한 정확한 정보를 바탕으로 해야 한다. 그래야 상대방이 설득하는 사람에 대해 신뢰를 가지게 되기 때문이다.

(2) 논리성(論理性)

설득하기 위한 주장의 전개가 논리 정연해야 한다. 또한, 논리 구성에 사용되는 용어와 그 개념은 명료해야 한다.

(3) 공감성(共感性)

설득의 목적을 달성하려면 우선 상대방이 자신의 생각에 공감하도록 해야 한다. 이를 위해서는 자신의 주장을 논리적으로 제시하기도 하고 상대방의 감정에 호소하기도 한다.

* 설득하는 글은 주장을 내세우는 글이며, 그 주장을 상대방이 받아들이도록 하는 데 목적이 있다. 따라서 언어를 사용할 때 지시적 언어가 중심이 되지만 함축적 언어를 사용하는 것도 가능하다. 상대에게 공감을 얻기 위해서는 함축적 언어가 효과적이기 때문이다.

2. 요소

설득적인 글의 대표적인 유형인 논설문(論說文)은 크게 보아 '주장(명제)', '논거(근거)', '논지 전개(추론)'의 세 요소로 이루어진다.

(1) 주장(명제)

논설문은 필자의 견해를 독자에게 설득하는 글이므로 필자의 주장이 필수적이다.
논설문의 주장은 대체로 다음 세 가지의 명제 형식을 취한다.

① 사실 명제 : 사실에 대해 필자가 정의하고 규정한 내용을 기술한 명제를 말한다.
  예 ≪삼국유사≫는 고려 때 일연이 썼다.

② 정책 명제 : 문제 해결을 위한 계획적인 생각이나 방법을 기술한 명제를 말한다.
  예 대학별 논술 고사는 더욱 강화되어야 한다.

③ 가치 명제 : 도덕적인 문제나 가치에 대한 필자의 판단을 기술한 명제를 말한다.
  예 이순신 장군은 조선 시대의 가장 뛰어난 전략가이다.

* 용어 개념을 정확하게 이해해 두자.

(2) 논거(論據)

논거는 주장이 타당함을 뒷받침하기 위해 선택된 근거 자료로서, 객관성과 타당성이 있어야 하며, 다양할수록 주장을 설득하기 쉽다. 논거는 크게 사실 논거와 소견 논거로 구분된다.

① 사실 논거 : 자신의 주장이 타당함을 증명할 수 있는 구체적인 사실로, 사실 논거는 주로 예시의 방법으로 제시된다.
　　예 통계 자료, 역사적 사실, 구체적으로 일어난 사건이나 일

② 소견 논거 : 자신의 주장과 유사한, 권위 있는 사람의 견해로, 소견 논거는 주로 인용의 방법으로 제시된다.

3 기행문(紀行文)

1. 정의
여행 중에 체험한 견문이나 감상 등을 여정에 따라 기록한 글이다.

*기행문의 3요소
　여정+견문+감상

2. 종류
(1) 쓰는 의도에 따라 : 감상문체, 일기체, 서간문체, 논설문체, 보고문체 등
(2) 내용에 따라 : 견문기적 기행문, 사색적 기행문, 연구적 기행문 등

3. 쓰는 요령
(1) 동기, 목적, 여정이 나타나야 한다.
(2) 객창감과 지방색 등이 나타나야 한다.
(3) 서경(견문, 사실)과 서정(감상)이 조화를 이루도록 한다.
(4) 여행지에서의 감상이 중심을 이룬다.
(5) 진실하게 표현해야 한다(과장을 해서는 안 됨).

4. 표현
(1) 사실적 표현
　① 서사 : 시간의 경과에 따른 여행의 진행 과정을 사실 그대로 보여 주는 진술
　② 묘사 : 대상의 뚜렷한 인상이나 특징을 구체적이고 감각적으로 표현하는 진술

(2) 현재형 문장 : 문맥의 긴장감과 여행의 현실감을 부각시키는 표현

(3) 운문(시와 시조)의 삽입 : 글의 단조로움을 피하고, 감동을 극적으로 표현하는 기법

4 전기문

1. 정의

어떤 인물의 생애를 교훈적 목적으로 사실에 입각하여 기록한 글을 말한다.

2. 특징

(1) 사실성 : 인물, 사건, 장소 등에 있어 사실에 바탕을 두고 진실을 추구해야 한다.

(2) 교훈성 : 인물의 위대한 점이나 훌륭한 점을 본받게 하려는 교훈적 성격이 강하다.

(3) 문학성 : 사실적인 기록이지만 인물에 대한 지식보다 정서 전달을 주된 목적으로 하므로 문학성이 있다.

3. 구성

(1) 구성 요소

인물	주인공, 관련 인물, 가정, 재능, 취미, 성격, 인품 등
사건	업적과 그 과정, 사상, 어록 등
배경	지리적, 시대적, 사회적 배경
견해	작가의 느낌, 생각, 비평(중시되면 평전이 됨.)

(2) 구성 방식

일대기적 구성	인물의 출생에서부터 성장, 활동, 사망까지를 그리는 방식
집중적 구성	인물의 중요한 시절, 또는 한두 가지 중점 사항만을 다루는 방식

4. 종류

전기(傳記)	다른 사람에 의해 한 인물의 생애를 기록한 글
자서전(自敍傳)	자신의 업적이나 생애의 체험을 직접 기록한 글 ➡ 수기 : 자신의 특수한 체험을 고백한 글 예 김구, 〈백범일지〉
회고록(回顧錄)	생애에서 특히 중요했던 활동 부분만을 발췌하여 기록한 글 예 혜경궁 홍씨, 《한중록》
평전(評傳)	어떤 인물의 역사적·사상적·문학적 업적 등을 기록한 비평(批評) 중심의 전기 예 정병욱, 〈잊지 못할 윤동주〉

열전(列傳)	여러 사람의 전기를 모아 기록한 것 예 ≪사기열전≫, ≪왕비열전≫
행장(行裝)	죽은 사람을 추모(追慕)하여 쓴 글 예 김만중, 〈윤씨 행장〉

5 기사문(記事文)

신문 기사는 가장 오래된 인쇄 매체의 하나로, 실제 일어난 사건이나 상황을 정확하고 신속하게 전달하려는 목적에 의해 작성된다. 또한 사건에 대한 객관적인 정보 전달을 위해 공정하고 객관적으로 작성하여야 하며, 주관적인 감정이나 함축적이며 모호한 표현이 배제됨을 원칙으로 한다.

1. 성격

대중성	신문 독자를 대상으로 하는 대중성을 지닌 글이다.
객관성	사실을 객관적이고 정확하게 전달하는 것을 목적으로 한다.
시사성	전달 내용은 시사성이 있어야 한다.
간결성	독자가 빠르고 쉽게 이해하도록 간략하게 작성되어야 한다.

2. 구성

(1) 표제(表題)

내용을 집약적으로 알리는 제목. 헤드라인(Headline)이라고도 하는데, 대제목과 소제목으로 구성된다. 기사에서 가장 먼저 눈에 띄는 것으로, 독자들이 기사를 읽을 때 먼저 표제를 보고 읽을 것인지 여부를 결정한다는 점에서 표제가 신문 기사에서 차지하는 비중은 매우 높다.

* 신문 표제 작성 시의 기준
1. 본문의 내용을 압축해서 표현해야 한다.
2. 문장으로 표현해야 한다.
3. 정확하고 간결하며 품위 있는 것이어야 한다.
4. 일상생활에서 흔히 쓰이는 구어로 작성해야 한다.
5. 독자의 호기심을 자극할 수 있어야 한다.

◎ 참고

표제의 작성 예
1. who를 강조 　 예 과학기술부, 직접 회담 주체로 참가
2. when을 강조 　 예 버스 전용 차로제 내일부터 실시
3. where를 강조 　 예 2010년 월드컵 남아프리카공화국에서 열린다
4. what을 강조 　 예 대학생 91%, "입학 때 이미 알고 있었다"
5. how를 강조 　 예 연말 정산 어떻게 해야 효과적일까
6. why를 강조 　 예 로또 당첨으로 인생 몰락한 남자

(2) 전문

내용을 요약적으로 제시하는 것. 요약문 혹은 리드(Lead)라고도 불리는데, 기사문의 핵심적인 내용을 요약한 문장을 말한다. 육하원칙에 따라 작성되는 것이 원칙이나, 그렇지 않은 경우도 있다. 독자의 호기심을 즉각적으로 충족시키고 본문을 읽도록 유도하는 효과가 있어야 한다.

(3) 본문

전문에 포함된 내용에 기초하여 세부적이고 흥미 있는 사실을 상세하게 기술한 문장을 말한다.

(4) 해설

기사에 대한 참고 사항이나 설명을 덧붙이는 것. 주관성이 드러나기도 한다.

* 전문 작성의 일반적 원칙
1. 육하원칙에 따라 작성해야 한다.
2. 전문은 독자의 호기심을 유발할 수 있도록 작성해야 한다.
3. 본문의 내용 가운데 가장 흥미롭고 중요한 내용을 요약해서 작성해야 한다.
4. 전문은 50음절 이내로 작성해야 한다.
5. 전문은 명료하고 정확하게 작성해야 한다.

* 본문 작성 시의 유의 사항
1. 본문은 가능한 한 중요한 내용을 먼저 제시해야 한다.
2. 본문은 통일성과 일관성이 있도록 작성해야한다.
3. 단락을 바르게 설정해야 하며, 문장의 길이가 길지 않도록 해야 한다.

3. 구조

역피라미드형	뉴스의 중요한 핵심을 서두에서 요약적으로 제시한 다음 그 내용을 구체화하여 세부적인 내용을 이어 기술하는 방식. 대부분의 보도 기사에서는 이 방식을 사용한다.
피라미드형	역피라미드형과 반대의 구조로, 도입부에서 독자의 흥미를 유발하여 점차 긴장감을 상승시키다가 마지막에 중요한 내용을 제시하는 방식이다.

4. 읽기

(1) 정보의 재조직과 활용

① 육하원칙을 염두에 두면서 전달하고자 하는 내용을 정확히 파악한다.
② 신문에 담긴 정보는 비교적 단편적인 경우가 많으므로, 상세한 정보를 찾아 재구성함으로써 사건의 전말을 상세히 파악하여야 한다.

(2) 사실과 의견의 구분

신문 기사는 객관성을 원칙으로 하지만, 기사의 내용이 되는 사건이나 상황을 바라보는 사람의 주관이 개입될 수밖에 없으므로 기사에는 사실과 의견이 혼합되기 마련이다. 기사를 읽을 때는 이런 부분을 구분하여 읽는 태도가 필요하다.

(3) 비판적인 태도

신문이 제공하는 정보는 사실 그대로가 아니라, 그 사실을 보고 가공·변형·재구성한 글쓴이나 신문사의 입장이 반영된다. 이를 감안하여, 신문이 제공하는 정보를 비판적으로 수용하는 태도가 필요하다.

6 연설문(演說文)*

> *연설문은 청중을 대상으로 하여 그들을 설득하기 위하여 작성된 글로, 논설문의 일종이다.

1. 특징

(1) 연설을 염두에 두어야 하는 것이기 때문에 구어(口語)로 표현하는 것이 효과적이다.

(2) 낭독하기에 적합한 어휘나 어구를 선택하여야 한다.

(3) 내용의 효과적인 전달을 위해서는 여러 가지 표현 기법을 사용하고, 적절한 시선, 표정, 동작 등과 같은 비언어적인 방법을 지시하는 지문을 첨가하여 서술할 수도 있다.

2. 작성 요령

(1) 연설문을 쓰기 전 고려 사항

① 연설의 주제를 분명히 설정하고, 연설할 내용의 개요를 작성한다.

② 청중을 분석하여 청중의 지적 수준, 신분, 성별, 종교, 관심사 등을 사전에 알아본다.

(2) 연설문을 쓸 때의 유의 사항

① 청중의 주의를 환기하고 주목을 끌기 위하여 효과적인 서두를 작성한다. 일반론보다 구체적 일화, 격언, 명언, 고사 등을 인용하거나 예를 든다.

② 자기 견해를 강력하게 이야기하고, 그 주장에 대한 이유나 근거를 제시해야 한다.

③ 여러 가지 방법으로 결말에서 다짐이나 행동을 촉구한다.

④ 청중과 연설 내용에 적절한 어휘와 문체를 선택한다.

⑤ 긴 연설일 경우 청중의 지루함을 해소하기 위하여 중간중간에 유머를 곁들인다.

7 공문(公文)

1. 작성 요령

(1) 대개의 공문은 미리 작성된 양식이 있으므로 그에 준하여 작성하면 된다.

(2) 내용은 간단명료하여 알기 쉬워야 하고, 중복되는 내용이나 복잡한 부분이 없어야 한다.

(3) 대개는 서류 번호와 수신처 제목, 내용이 명기되며 증거로 남는 서류일 수 있으므로 연, 월, 일을 꼭 밝힌다.

> *공문의 개념
> 행정 기관에서 사용하는 문장, 통계 및 도면으로 된 행정상의 일반적인 문서를 뜻한다.

2. 종류

기안문	새 일을 시행함에 있어 그 안(案)을 상급자에게 글로 적어서 결재를 얻는 것
명령서	당직, 출장, 퇴근 등의 복무에 관한 일일 명령
훈령(訓令)	상급 관청이 하급 관청에 지침을 하달하기 위해 작성하는 것
지시(指示)	행정 기관의 장이 특정 소속 공무원에게 행정 운영상의 방침과 계획에 대한 지침과 통제를 목적으로 작성하는 것
각서(覺書)	다른 공문서로 적당하지 않을 때 사용하며 개인 간에 적용될 수 있는 것으로 국가 간에는 '외교 비망록'을 의미한다.
전문(電文)	지급을 요하거나 유선 불통 및 전달 도중의 비밀 누설 방지를 위해 작성하는 것
협조전(協助箋)	기관 상호 간의 의견 교환 및 협조를 얻기 위해 작성하는 것
발령(發令)	공무원 개인 신상에 관한 사항으로 임명, 승진, 보직 등에 관한 명령
전언 통신문 (傳言通信文)	긴급을 요할 때 전화를 통하여 지시 보고하는 것
회보(回報)	지시 및 참고, 조언적인 사항과 공지 사항을 수록한 것
출장 보고서	출장으로 인해 얻은 소기의 성과를 일목요연하게 보고하는 것

CHAPTER 02

독해 문제

어휘 및 구절의 의미 파악하기

01
ⓐ의 문맥적 의미로 가장 적절한 것은?

> 하르트만에 따르면, 예술 작품의 감상은 감상자가 주체적으로 예술가의 정신적 세계와 만나서 대화하고 교감하는 것이다. 그리하여 결국에는 추체험을 넘어서 ⓐ<u>새로운 제2의 작품을 창조하는</u> 것이다. 예술 작품의 감상이 단지 감각적인 쾌감만을 맛보고, 예술 작품의 의미를 이해하고 그 가치를 논하는 데만 주안점을 둔다면 무슨 의의를 찾을 수 있겠는가. 감상은 감상자가 새로운 가치를 발견하고 자신의 정신을 살찌우는 것이어야 한다.

① 자신의 주관적인 정서를 객관화하는 것이다.
② 예술가의 뜻을 자신의 체험처럼 느끼는 것이다.
③ 정신적 가치를 발견하여 자신을 새롭게 형성하는 것이다.
④ 감각적인 면보다 기법적인 면에서 작품을 이해하는 것이다.
⑤ 기존의 예술 세계에서 벗어난 새로운 작품을 창작하는 것이다.

02

㉠의 문맥적 의미로 가장 적절한 것은?

> 최근 영국 정부가 연내 의회에 제출키로 했다는, 치료 목적의 인간 배아* 복제 허용 계획에 대해 즉각적으로 반응하는 것은 어찌 보면 ㉠호들갑을 떠는 것일 수도 있다. 그것은 무엇보다 이번 인간 배아 복제 기술이 개체로서의 인간을 복제하는 것은 아니기 때문이다. 그럼에도 불구하고, 이 문제가 지금 세계적으로 큰 반향을 불러일으키고 있는 이유는 그 기술의 잠재적 위험 때문이다.

① 싫어하는 감정을 애써 감추려는
② 좋아하는 감정을 노골적으로 드러내는
③ 경망스런 반응을 보이거나 야단을 피우는
④ 자신의 이익과 입장에만 지나치게 내세우는
⑤ 반응을 보여야 할 것에 무표정하게 대응하는

03

"셰익스피어는 모두 다 말하지 않았다."의 문맥적 의미를 바르게 설명한 것은?

> 예술 작품의 의미는 역사의 특정한 순간에 만나게 되는 감상자에 의해 해석된다. 그런데 의미를 해석하기 위해서는 반드시 일정한 준거틀이 있어야 한다. 준거틀이 없다면 해석은 감상자의 주관적 이해를 벗어나기 어렵기 때문이다. 해석의 준거틀 역할을 하는 것이 바로 참조 체계이다. 감상자가 예술 작품과 만나는 역사적 순간의 참조체계는 과거와는 다른 새로운 관계를 만들어 내며, 이러한 새로운 관계에 의거해 감상자는 예술 작품으로부터 새로운 의미를 생산해 낸다. 따라서 예술 작품이 계속 전해지기만 한다면, 그것은 끊임없이 새로운 참조 체계를 통해 변화하며 새로운 의미를 부여받게 된다. 근본적으로 예술 작품의 의미는 무궁하다. 이것은 "셰익스피어는 모두 다 말하지 않았다."라는 말과도 같다.

① 셰익스피어 작품의 의미는 준거틀이 달라짐에 따라 변화한다.
② 셰익스피어는 모든 것을 말해 버려서 더 이상 할 말이 남아있지 않았다.
③ 셰익스피어의 작품은 새로운 감상자들에게 언제나 한결같은 의미로 다가간다.
④ 셰익스피어는 그의 작품에서 그가 전달하고자하는 의미를 모두 다 말하지 않았다.
⑤ 셰익스피어의 작품에서 감상자들은 셰익스피어가 말하고자 하는 의미를 모두 읽어내지 못했다.

04

ⓐ : ⓑ의 의미 관계가 유사한 것은?

> 회화사적으로 공재 윤두서의 면모를 드높여주는 것은 서민을 소재로 한 ⓐ속화(俗畵)이다. 그는 선비나 신선 아니면 미인 정도가 나오던 조선 전기 ⓑ회화(繪畵)에서 벗어나 현실 속에서 일하는 사람을 전면에 등장시켰다. 이렇게 '서민'이 선비나 신선의 자리를 밀어내고 한폭의 주인공으로 당당히 자리 잡게 된 것은 회화적 혁명으로 볼 수 있다.

① 그의 생각은 늘 기발하고 참신하다.
② 판소리는 우리의 아름다운 예술이다.
③ 번잡한 도시를 떠나 한적한 숲 속을 걷고 싶다.
④ 속박과 질곡 속에서 걸어온 나날을 잊지 말아야 한다.
⑤ 과거의 잘못을 답습하지 않기 위해 분위기를 쇄신해야 한다.

05

ⓐ, ⓑ의 문맥상 의미로 가장 적절하게 묶인 것은?

> '사진의 추상화'는 쉽지 않은 문제이다. '추상'이란 구체성을 극복하는 데에서 출발하는 것이지만 사진은 구체적 모습을 벗을 길이 없기 때문이다. 사진에 찍힌 사물은 작가가 해석한 주관적 이미지임에도 불구하고 그 형태가 너무나 사실적이어서 아직 ⓐ해석되지 않은 사물 자체로 인식된다. 사진에 찍힌 여인의 모습을 통해 작가는 여인의 마음을 표현하고자 했는데, 사람들은 여인의 마음을 느끼기 이전에 여인의 모습만을 본다. 이러한 구체적 형태가 사진의 추상화를 가로막는 커다란 장애 요인이다.
> 그런데 간혹 사진의 추상을 회화의 추상과 같은 의미로 오해하는 사람들이 있다. 회화는 사물의 형태에 묶이지 않는 유연한 매체임에 비해, 사진은 사물의 외형을 벗어나서는 존재할 수 없는 ⓑ완고한 매체이다. 이처럼 두 매체는 서로 다른 예술 양식이므로 회화적 추상은 사진적 추상의 모범이 될 수 없다.

	ⓐ	ⓑ
①	작가의 주관이 개입되지 않은	형식의 규제를 많이 받는
②	추상적 관념의 세계를 담은	추상화하기 어려운
③	작가의 주관이 개입되지 않은	튼튼하여 흔들리지 않는
④	추상적 관념의 세계를 담은	형식의 규제를 많이 받는
⑤	구체적 모습을 벗어나지 않은	튼튼하여 흔들리지 않는

06

다음 글로 보아, ⊙과 ⓒ에 대한 설명으로 잘못된 것은?

> 근대에 들어서면서 인간은 신분 질서 등과 같은 속박에서 벗어나 '개인', '자유' 등의 관념을 자각하게 된다. 하지만 새롭게 얻게 된 이 '무엇으로부터의 자유'는 '무엇에로의 자유'로 곧바로 이어지지 않았다. 근대 이전까지는 자신의 신분에 맞는 삶을 영위하면서 나름대로 안정감과 소속감을 느끼던 인간들이 자신을 둘러싼 외부 세계가 자신의 의지와는 무관하게 작용한다는 것과 다른 사람들과의 관계조차도 적대적이 되었다는 것을 느끼게 된다. 자유는 얻었지만 그로 인한 불안감과 고독감은 더욱 증대된 것이다.
>
> 근대 이후 인간들은 이러한 불안과 고독에서 벗어나기 위해 자신에게 주어진 자유로부터 도피하려는 경향을 보인다. 그 중 하나가 복종을 전제로 하는 권위주의적인 양태이다. 이는 개인적 자아의 독립을 포기하고 자기 이외의 어떤 존재에 종속되고자 하는 것으로, 사라진 ⊙<u>제1차적인 속박</u> 대신에 새로운 ⓒ<u>제2차적 속박</u>을 추구하는 양상을 띤다. 이것은 때로 상대방을 자신에게 복종시킴으로써 심리적 안정과 만족을 얻으려는 형태로 나타나기도 한다. 일견 대립적으로 보이는 이 두 형태는 불안과 고독으로부터 벗어나기 위한 권위주의적 양상이라는 점에서는 동일한 것이다.

① ⊙은 근대 이전, ⓒ은 근대 이후에 찾아볼 수 있다.
② ⊙은 이미 주어진 것인데 비해 ⓒ은 스스로 선택한 것이다.
③ ⊙은 자유가 부재한 상태이고 ⓒ은 자유를 포기한 상태이다.
④ ⊙은 안정감과 소속감, ⓒ은 고독감과 무력감에서 비롯된다.
⑤ ⊙은 소극적 자유, ⓒ은 적극적 자유의 실현으로 해결된다.

정보간의 관계 파악하기

07

ⓐ와 ⓑ가 〈보기〉와 같은 의미 관계에 있다고 할 때, 이와 유사한 관계로 볼 수 없는 것은?

> 조선 시대 과거는 왕이 유교적 정치 이념을 실현하기 위해 필요한 인재를 선발하는 중요한 시험이었다. 과거는 여러 단계로 진행되는데, 시험의 최종 단계인 전시(殿試)에서는 왕이 직접 등용될 인재들에게 당대의 현안들을 책제(策題)로 제시하고, 그 해결책을 묻는 시험을 치렀다. 책제로 제시된 현안은 당시의 정치, 경제, 군사, 문화 등 사회의 거의 모든 분야에 걸쳐 있었다. 이 시험에서 예비 관리들은 현안 해결을 위한 다양한 ⓐ대책들을 글로 썼는데, 이 글을 ⓑ책문(策文)이라 한다.

― 보기 ―
ⓑ = ⓐ의 내용을 담아낸 글

① 감상 : 감상문　　　　　　② 여행 : 기행문
③ 탐방 : 탐방기　　　　　　④ 토막 : 토막글
⑤ 회의 : 회의록

08

단어 사이의 의미 관계가 ⓐ : ⓑ와 가장 유사한 것은?

> 포화지방은 체내의 장기 주변에 쌓여 장기를 보호하고 체내에 저장되어 있다가 에너지로 전환되어 몸에 열량을 내는 데 이용된다. 그러나 이 지방이 저밀도 단백질과 결합하면, 콜레스테롤이 혈관 내부에 쌓여 혈액의 흐름을 방해하고 혈관 내부의 압력을 높여 심혈관계 질병을 유발하는 것으로 알려져 있다. 돼지 지방과 같은 동물성 지방, 팜유와 코코넛 유, ⓐ버터에 들어있는 지방이 대표적인 ⓑ포화지방으로 이것이 들어 있는 음식을 장기간 과잉 섭취하면 피하 및 장기 내부에 누적되어 비만을 일으킨다.

① 맵시 : 자태　　　　　　② 뿌리 : 나무
③ 두부 : 단백질　　　　　④ 옥수수 : 강냉이
⑤ 생성 : 소멸

09

'ⓐ자극 : ⓑ반응'의 의미 관계와 같은 것은?

> 구체적으로 보면, 남성적 특성과 여성적 특성을 모두 가지고 있는 사람이 남성적 특성 혹은 여성적 특성만 지니고 있는 사람에 비하여 훨씬 더 다양한 ⓐ자극에 대하여 다양한 ⓑ반응을 보일 수 있다. 이렇게 다양한 반응 레퍼토리를 가지고 있다는 것은 다시 말하면, 그때 그때 상황의 요구에 따라 적합한 반응을 보일 수 있다는 것이며, 이는 곧 사회적 환경에 더 유연하고 효과적으로 대처할 수 있다는 것을 의미한다.

① 개인과 개인이 모여 사회를 이룬다.
② 조륙 운동으로 침강과 동시에 융기가 일어난다.
③ 희곡은 무대 상연을 목적으로 하는 문학이다.
④ 자료를 입력하면 그에 따른 결과를 출력할 수 있다.
⑤ 고전 작품을 해석했다고 해서 다 이해한 것은 아니다.

10

다음 글의 논지에 비추어 '가격 차별 : 이윤 극대화'의 관계와 가장 유사한 것은?

> 시골의 어떤 마을에 오랫동안 주민들을 치료해 온 의사가 있었다. 그는 환자의 경제적 능력에 따라 치료비를 달리 받는 독특한 방식을 고집해 왔다. 즉, 같은 종류의 치료를 해 주고서도 부자에게는 돈을 많이 받는 반면, 가난한 사람에게는 돈을 적게 받는 것이었다. 이와 같은 치료비 차등 방식은 마을 사람들이 그를 좋아하게 만드는 요인이 되었다. 물론 앞서 말한 이 의사가 정말로 수입을 늘리려는 의도로 치료비에 그와 같은 차등을 두었다고 생각하기는 어렵다. 마을 사람들이 믿고 있는 대로, 인술을 펴는 사람으로서 자비로운 마음에서 그런 방법을 쓰고 있는지도 모른다. 그러나 그가 쓰고 있는 방식은 독점자(獨占者)가 이윤을 늘리기 위해 사용하는 가격 정책의 특성을 그대로 가지고 있다. 시장을 독점하고 있는 공급자는 소비자를 몇 개의 그룹으로 나누고 그룹마다 다른 가격을 매기는 정책, 즉 가격차별을 통해 이윤 극대화를 추구하는 경우가 있다.

① 신문 : 활자
② 자동차 : 휘발유
③ 약국 : 제약 회사
④ 법률 : 질서 유지
⑤ 축구 경기 : 감독

11

㉠과 ㉡의 의미 관계와 가장 유사한 것은?

> 정보사회론은 인류 사회의 미래를 나름대로 체계적으로 제시해 준다는 점에서 미래 사회에 대해 시사하는 바가 매우 크다. 그러나 이 이론은 기본적으로 과학기술이 사회를 어떻게 변화시켜 나가느냐의 문제를 기술 결정론적으로 분석하는 경향이 있다. 즉, '기술 자체는 주어진 것'으로 보고, 이러한 기술이 사회에 미치게 될 영향에만 주목한 것이다. 따라서 이러한 논의는 사회를 단지 과학 기술의 영향대로 형성되는 수동적인 존재로만 인식하고 있다는 문제점을 내포하고 있다. 그러나 근래에 들어와 과학 기술이 일방적으로 사회에 영향을 미치기만 하는 것이 아니라, ㉠사회도 동시에 ㉡기술의 변화에 영향을 미친다는 점이 밝혀지고 있다. 즉, 과학 기술과 사회 간의 상호 작용에 대한 인식의 중요성을 강조하고 있는 것이다.

① 진보 - 혁신
② 인간 - 자연
③ 문학 - 수필
④ 노력 - 성공
⑤ 그림 - 회화

12

다음 글의 내용을 고려할 때 'ⓐ : ⓑ'와 유사한 관계를 지니고 있는 것은?

> ⓐ식물의 광합성과 ⓑ동물의 호흡 사이에는 오묘한 자연의 이치가 개입되어 있다. 식물은 광합성을 통해 유기물을 만들어 내는 과정에서 이산화탄소를 소비하는 대신 산소를 내보내게 된다. 이 때 발생하는 산소는 공기 중으로 섞여 나가게 된다. 그리고 동물들은 대기 중에 섞여 있는 산소를 빨아들여, 음식을 통해 섭취한 유기물을 산화시켜 에너지를 얻고, 이 과정에서 다시 이산화탄소를 배출하게 되며, 이것은 다시 식물의 광합성 작용에 이용된다.

① 연극은 궁극적으로 누군가에게 보여 주기 위한 예술이다.
② 범죄를 저질렀으면 그에 상응하는 처벌을 받는 것이 당연하다.
③ 작은 물방울이 모여 시내가 되고 시내가 모여 강을 이룬다.
④ 축구와 야구는 모두 현대인들을 사로잡고 있는 스포츠라는 점에서 공통적이다.
⑤ 나비는 꽃에 있는 꿀을 따서 먹이로 삼고, 꽃은 이 나비의 몸에 꽃가루를 묻혀 종족을 유지한다.

13
밑줄 친 부분들의 관계가 ㉠, ㉡, ㉢의 관계와 가장 유사한 것은?

> ㉠태양에서 오는 것은 열의 입자가 아니라 ㉡전자기파이며, 이것이 어떤 물체에 닿았을 때 그 물체를 진동으로 간섭한다. 그리고 이 진동이 물질의 입자들과 상호작용하여 그 ㉢입자들의 운동을 일으키고 결과적으로는 물질의 온도를 높인다. 이러한 과정을 통해서 태양의 빛은 아무런 매개물 없이 우주를 건너와 지구의 물체를 데울 수 있는 것이다.

① 현우가 무심코 던진 말이 지수를 슬픔에 빠지게 했다.
② 여자는 결혼으로 아내가 되고 출산으로 어머니가 된다.
③ 좋은 붓이 있어도 좋은 뜻이 없으면 좋은 글을 쓸 수 없다.
④ 훌륭한 공격수만이 아니라 훌륭한 수비수도 있어야 좋은 팀이 만들어진다.
⑤ 생산은 소비를 유발하고, 소비는 투자를 유발하며, 투자는 생산을 가능케 한다.

중심 내용 파악하기

14

다음 글의 핵심 화제와 중심 내용을 정리해 보자.

> 유교 국가에서는 강병(强兵)으로 외국을 정벌해서 인구의 증대와 영토의 확장을 꾀하는 것이 국가의 목적으로 설정된 일도 없었다. 북방 유목 민족의 경우는 이와 반대로 국가의 운영이 이루어지기도 했지만, 유교 정치에서는 명분 없는 침략을 정당화하지는 않았다. 그렇다고 경제를 발전시켜서 국민의 소비 생활을 향상시키는 것이 정부의 가장 중요한 책무라는 그런 공리적인 국가 관념도 없었다. 물론 백성의 의식(衣食)을 풍족하게 하고 외적의 침입과 천재지변(天災地變)에 대해서 백성을 보호해 주는 것이 정치의 책무이기는 하지만, 그것이 곧 국가의 목표가 된다는 것은 아니다. 유교 국가의 목표는 더 높은 차원에 있었다. 그것은 곧 요순(堯舜)이 보여 준 도덕 정치의 구현이다. 국가의 모든 통치 행위와 행정 제도는 도덕에 입각하고 도덕을 베푸는 데에 주력하여야 하며, 이는 한 마디로 말하면 덕치(德治)를 구현한다는 것이다.

1. 핵심 화제 : _____ 의 _____

2. 중심 내용 : _____ 의 _____는 _____ 를 _____ 하는 것이다.

15

다음 글의 중심 내용과 구조에 대해 정리해 보자.

> 논증은 크게 연역과 귀납으로 나뉜다. 전제가 참이면 결론이 확실히 참인 연역 논증은 결론에서 지식이 확장되는 것처럼 보이지만, 실제로는 전제에 이미 포함된 결론을 다른 방식으로 확인하는 것일 뿐이다. 반면 귀납 논증은 전제들이 모두 참이라고 해도 결론이 확실히 참이 되는 것은 아니지만 우리의 지식을 확장해 준다는 장점이 있다. 여러 귀납 논증 중에서 가장 널리 쓰이는 것은 수많은 사례들을 관찰한 다음에 그것을 일반화 하는 것이다. 우리는 수많은 까마귀를 관찰한 후에 우리가 관찰하지 않은 까마귀까지 포함하는 '모든 까마귀는 검다.'라는 새로운 지식을 얻게 되는 것이다.

(   )과
(   )의 차이

16

다음 글의 중심 내용을 정리해 보자.

> 아인슈타인은 누구에게나 절대적 진리로 간주되었던 시간과 공간의 불변성을 뒤엎고, 상대성 이론을 통해 시간과 공간도 변할 수 있다는 것을 보여 주었다. 정형화된 사고의 틀을 깨는 이러한 발상의 전환은 직관적 영감에서 나온 것으로, 과학의 발견에서 직관적 영감이 얼마나 큰 역할을 하는지 잘 보여 준다. 그 밖에도 뉴턴은 떨어지는 사과에서 만유인력을 발견하였고, 갈릴레이는 피사의 대사원에서 기도하던 중 천장에서 흔들리는 램프를 보고 진자(振子)의 원리를 발견하였다. 그리고 아르키메데스는 목욕탕 안에서 물체의 부피를 측정하는 원리를 발견하고 "유래카! 유래카!"를 외치면서 집으로 달려갔던 것이다. 이렇게 볼 때 과학의 발견이 "1퍼센트의 영감과 99퍼센트의 노력"에 의해 이루어진다는 말은 과학의 발견에서 직관적 영감의 역할을 과소평가한 것이다.

(　　　　　　　　)의
(　　　　　　　　)은
(　　　　　　　　　　　　　　　)에서 비롯된다.

17

다음 글에서 글쓴이가 궁극적으로 주장하고 있는 것은?

> 욕망의 통제가 필요하다는 입장은, '지행(知行)의 괴리'를 전제로 한다. 사람들은 여러 가지 이유로 아는 대로 행하지 못하는 경우가 있으며, 이 여러 가지 이유 중 하나가 욕망에 이끌리는 것이라고 볼 수 있기 때문에 욕망의 통제가 필요하다는 것이다. 물론 이에 반대하는 주장도 있다. 지행합일설의 입장에서는 지와 행 사이에는 괴리가 있을 수 없다고 주장한다. 이 주장에 따르면, 부정행위를 한 학생도 자기가 아는 대로 행동한 것이다. 그는 부정행위가 나쁘다는 것뿐만 아니라 부정행위를 성공시킬 수 있고, 부정행위를 하면 점수가 좋아질 것이라는 점 등을 알고 있으며, 이러한 모든 지식을 다 동원하여 부정행위를 한 것이기 때문이다. 이 경우에는 올바른 지식이 올바른 행동을 보장하는 것이기 때문에 도덕 교육의 초점은 '올바로 알게' 하는 데에만 초점을 맞추면 된다.
>
> 그러나 우리가 "아는 대로 행한다."라고 말할 때 '안다'의 대상은 사실에 관한 지식이 아니라 규범이나 당위에 관한 지식을 의미한다. 그리고 규범적 지식을 안다는 것은 그렇게 행동하지 못할 때 스스로 수치심이나 죄책감을 느끼는 상태에 있다는 것을 의미한다. 부정행위를 한 학생들이 자신의 행위에 수치심이나 죄책감을 느끼지 못한다고 볼 수는 없다. 오히려 죄책감을 느끼면서도 성적을 올리고 싶은 욕망 때문에 부정행위를 저질렀다고 볼 수 있다. 따라서 부정행위를 한 학생들이 모두 '아는 대로 행동한' 것이라고 판단할 수는 없는 것이다. 이런 점에서 인간의 삶에는 욕망에 의한 지행의 괴리가 분명히 존재하며, 이에 따라 욕망의 통제도 반드시 필요한 것이다.

18
다음 글의 중심 내용과 그 관계를 정리해 보자.

> (가) 지식의 본성을 다루는 학문인 인식론은 흔히 지식의 유형을 나누는 데에서 이야기를 시작한다. 지식의 유형은 '안다'는 말의 다양한 용례들이 보여 주는 의미 차이를 통해서 드러나기도 한다. 예컨대 '그는 자전거를 탈 줄 안다'와 '그는 이 사과가 둥글다는 것을 안다'에서 '안다'가 바로 그런 경우이다. 전자의 '안다'는 능력의 소유를 의미하는 것으로 '절차적 지식'이라고 부르고, 후자의 '안다'는 정보의 소유를 의미하는 것으로 '표상적 지식'이라고 부른다.
>
> (나) 어떤 사람이 자전거에 대해서 많은 정보를 갖고 있다고 해서 자전거를 탈 수 있게 되는 것은 아니며, 자전거를 탈 줄 알기 위해서 반드시 자전거에 대해서 많은 정보를 갖고 있어야 하는 것도 아니다. 아무 정보 없이 그저 넘어지거나 다치거나 하는 과정을 거쳐 자전거를 탈 줄 알게 될 수도 있다. '자전거가 왼쪽으로 기울면 핸들을 왼쪽으로 틀어라'와 같은 정보를 이용해서 자전거 타는 법을 배운 사람이라도 자전거를 익숙하게 타게 된 후에는 그러한 정보를 전혀 의식하지 않고서도 자전거를 잘 탈 수 있다. 자전거 타기 같은 절차적 지식을 갖기 위해서는 훈련을 통하여 몸과 마음을 특정한 방식으로 조직화해야 한다. 그러나 특정한 정보를 마음에 떠올릴 필요는 없다.
>
> (다) 반면, '이 사과는 둥글다'는 것을 알기 위해서는 둥근 사과의 이미지가 되었건 '이 사과는 둥글다'는 명제가 되었건 어떤 정보를 마음속에 떠올려야 한다. '마음속에 떠올린 정보'를 표상이라고 할 수 있으므로, 이러한 지식을 표상적 지식이라고 부른다. 그런데 어떤 표상적 지식을 새로 얻게 됨으로써 이전에 할 수 없었던 어떤 것을 하게 될지는 분명하지 않다. 이런 점에서 표상적 지식은 절차적 지식과 달리 특정한 일을 수행하는 능력과 직접 연결되어 있지 않다.

(가) :
(나) :
(다) :
(가), (나), (다)의 관계 :

문단 내부 구조 파악하기

19
다음 글에서 문단의 내용에 가장 <u>어긋나는</u> 것은?

> ㉠물은 생명의 원천이며 인류 문명의 근원이다. ㉡사람을 포함해서 지구상에 사는 모든 생물의 주요 성분은 물이다. ㉢"물은 만물의 근원이며 삼라만상을 길러 낸다."고 한 것은 옛 그리스 철학자 탈레스였다. ㉣현대의 과학자들은 어느 혹성에 생물이 사는가를 알기 위해 먼저 그곳에 물이 존재하는가부터 알아본다. ㉤모든 생물은 물 없이 살 수 없기 때문이다.

① ㉠
② ㉡
③ ㉢
④ ㉣
⑤ ㉤

20
다른 글에서 ㉠~㉤ 의 논리적 관계를 바르게 말한 것은?

> 민족의 전통은 고유한 것이다. 그러나 ㉠고유하다, 고유하지 않다 하는 것도 상대적인 개념이다. ㉡어느 민족의 어느 사상(事象)도 완전히 동일한 것이 없다는 점에서는 모두가 다 고유하다고 할 수 있다. ㉢한 종교나 사상(思想)이나 정치 제도가 다른 나라에 도입된다 하더라도, 꼭 동일한 양상으로 발전되는 법은 없으며, 문화, 예술은 물론이고 과학 기술조차도 완전히 동일한 발전을 하고는 볼 수 없다. ㉣이런 점에서는 조상으로부터 물려받은 모든 유산이 다 고유하다고 할 수 있다. ㉤그러나 또 한편, 한 민족의 창조하고 계승한 문화나 관습이나 물건이 완전히 고유하여, 다른 민족의 문화 내지 전통과 유사점을 전연 찾을 수가 없고, 상호의 영향이 전연 없는 그런 독특한 것은, 극히 원시 시대의 몇몇 관습 외에는 없다고 할 것이다.

① ㉠은 ㉡의 근거이다.
② ㉡은 ㉢의 근거이다.
③ ㉢은 ㉣의 근거이다.
④ ㉣은 ㉤의 근거이다.
⑤ ㉤은 논증의 결론이다.

21

다음 글에서 '미시적 방법론'과 '거시적 방법론'이 주로 관심을 기울이고 있는 사항을 바르게 짝지은 것은?

> 　미시적 방법론을 활용하는 사회 복지 전문가들은 사회 체제 자체에 별 관심을 보이지 않고, 따라서 사회 정책을 입안하고 집행하는 데에도 그다지 관여하려 하지 않는다. 이들은 단지 사회 체제 안에서 개인에게 도움을 줄 수 있는 효과적인 방법들, 곧 자신이 담당하고 있는 임상(臨床) 분야의 전문성을 강화하는 데 관심을 기울인다.
> 　반면에 거시적 방법론을 주장하는 전문가들은 개인의 생활에 영향을 미치는 정부의 정책이나 사회 체제 자체를 매우 중요시한다. 왜냐하면 정부의 정책을 변화시키거나 사회 체제에 영향을 미침으로써, 그것이 궁극적으로 개인에게 도움을 줄 수 있다고 보기 때문이다. 따라서, 이들은 사회의 발전 과정에서 나타나는 사회 세력들간의 역동적인 측면에 관심을 보이며, 정부의 정책 과정 및 그것을 둘러싼 정책 환경에 관련된 지식을 바탕으로 사회 복지 방법론의 지식과 기술을 발전시키고자 한다.

① 미시적 방법론은 과정을 거시적 방법론 제도를 중시한다.
② 미시적 방법론은 기술을 거시적 방법론 지식을 중시한다.
③ 미시적 방법론은 이념을 거시적 방법론 실천을 중시한다.
④ 미시적 방법론은 임상을 거시적 방법론 정책을 중시한다.
⑤ 미시적 방법론은 입안을 거시적 방법론 집행을 중시한다.

22

다음 논증의 짜임새를 옳게 분석한 것은?

> 　㉠두 가지 언어가 문화적으로 대등한 관계에 놓여 있지 않아서, 한 언어가 다른 언어로부터 여러 가지 어휘를 차용하는 일은 반드시 나쁜 일만은 아니다. ㉡국어만으로는 충족될 수 없는 여러 가지 표현을 외래어를 활용하여 이루어 낼 수 있고, 외래어의 유입으로 국어의 어휘는 더욱 풍부해질 수 있다. ㉢그런데 일어계 외래어는 모어(母語)인 국어를 쓰지 못하는 상황에서 외국어인 일본어만을 쓰도록 강요당한 결과로 익히게 된 어휘들이다. ㉣우리가 같은 외래어라고 하더라도 하루바삐 일어계 외래어를 될 수 있는 대로 쓰지 않도록 노력해야 된다고 주장하는 근거가 여기에 있다. ㉤일어계 어휘, 외래어로서가 아니라 외국어로서 너무나도 강하게 우리의 언어 생활에 영향을 끼쳤었다.

① ㉠과 ㉡은 ㉢의 근거이다.
② ㉠은 ㉣의 일반적 진술이다.
③ ㉡은 ㉢의 근거이다.
④ ㉢은 ㉠의 예증이다.
⑤ ㉢과 ㉤은 ㉣의 근거이다.

23

ⓐ가 함축하는 의미에 해당하지 <u>않는</u> 것은?

> (가) '수학'이라고 할 때 우리는 일반적으로 서양의 수학을 떠올린다. 그렇다면 동양에는 수학적인 사고방식이 존재하지 않았던 것일까? 이러한 의문은 우리 선조들이 수학적인 문제 상황을 어떤 방법으로 해결하였는지 확인함으로써 풀릴 수 있을 것이다. 조선 후기의 실학자인 황윤석의 「이수신편(理藪新編)」에 있는 '난법가(難法歌)'의 문제 중 하나를 보자. "㉠ 만두 백 개에 ㉡ 스님이 백 명인데, ㉢ '큰 스님'에게 세 개씩 나누어 주고 ㉣ '작은 스님'은 세 사람당 한 개씩 나누어 준다면, ㉤ 큰 스님은 몇 명이고 작은 스님은 몇 명일까?"
>
> (나) 요즈음의 중·고등학생들은 이 문제를 어떻게 풀까? 아마도 많은 학생들은 연립방정식을 세워 문제를 해결할 것이다. 즉, 큰스님의 수를 x, 작은 스님의 수를 y라 하면, 'x + y = 100, ⓐ $3x + y = 100$' 이므로 이를 풀어 답을 구할 것이다. 이러한 해법은 서양에서 들어온 것으로, 서양에서는 17세기경부터 쓰여 온 방법이다.

① ㉠
② ㉡
③ ㉢
④ ㉣
⑤ ㉤

24

문맥을 바탕으로 ⓐ와 ⓑ의 의미와 관계를 추리할 때, 적절하지 <u>않은</u> 것은?

> 낙관론자들은, 기술이 사회적 변화를 주도한다는 기술 결정론적 입장에서, 디지털 혁명은 정보의 공개와 분산을 촉진하여 민주주의를 적극적으로 고양할 것이라고 말한다. 이들은, 최첨단 정보 통신기술은 선거에서 후보자와 유권자 간의 쌍방향 통신을 활성화하고, 각종 정책 결정 과정과 관련된 정보의 공유가 신속히 이루어져 국가에 대한 국민의 신뢰감을 높이며, 지역 정보화를 통해 지역 발전이 촉진될 것임을 강조한다.
> 반면에 비관론자들은, 기술적 잠재력은 사회적 조건에 따라서 재구성된다는 사회 구성론의 입장에서, 현재와 같이 자본주의적 불평등 체제와 중앙 집권적인 지배 구조가 존속하는 한 정보화의 잠재력은 부정적인 방향으로 왜곡돼 불평등의 심화로 나타날 가능성이 크다고 믿는다. 정보에 대한 접근이 쉽고 개방성이 큰 ⓐ <u>포함적 정보</u>의 이용에서는 큰 차이가 나지 않지만, ⓑ <u>배타적 정보</u>를 수집하고 생산하는 능력에서 정보 약자와 정보 강자 간의 차이가 심화되면서 사회적 힘의 차이와 빈부의 격차는 더 커지게 될 것이며, 사회 계층 간의 정보 격차는 지역적으로 재생산되어 중앙에 대한 지방의 예속화가 증대될 것이라고 주장한다. 나아가, 국가의 권력 기구들은 정보 통신 기술을 활용하여 국민들의 동태를 더욱 철저하게 감시하고 정확하게 파악할 수 있는 지배 관리 체제를 구축함으로써 국민들에 대한 통제를 강화해 결국 민주주의는 나락의 길로 빠져들게 될 것임을 이들은 경고한다.

① 접근이 쉽고 개방성이 크다는 설명으로 보아, ⓐ는 '개방적 정보'로 바꾸어도 무리가 없겠군.
② 수집과 생산이 강조되는 것으로 보아, ⓑ는 모으거나 만들어 낼 수 있는 모든 정보를 의미하겠군.
③ 문맥상 ⓐ와 ⓑ의 차이가 부각되고 있는 것으로 보아, ⓐ와 ⓑ는 상대적 의미를 지닌 개념이로군.
④ ⓐ에서 정보 강자와 정보 약자의 차이가 크지 않다는 것으로 보아, ⓐ는 누구에게나 공개된 정보이겠군.
⑤ ⓑ의 이용 능력이 빈주 격차까지 심화한다는 것으로 보아, ⓑ는 경제적 부가 가치가 큰 정보이겠군.

논거의 적절성 파악하기

25

다음 글의 논지를 약화시킬 수 있는 사례로 가장 적절한 것은?

> '사전' 하면 흔히 'ㄱ, ㄴ, ㄷ' 순으로 배열된 국어사전을 떠올리지만, 인간의 머릿속에도 사전이 있는 것으로 생각된다. 이를 '머릿속 사전'이라 부른다. 그런데 책으로 된 종이 사전과 머릿속 사전의 조직은 서로 다른 것으로 보인다. 종이 사전은 한글 자모 순서로 단어들을 배열하는 것이 표준이다. 머릿속 사전도 이와 동일한 방식으로 조직되어 있다면 말실수를 할 때 한글 자모 순서상 가장 근접해 있는 단어가 선택될 것이다. 가장 가까이 있으므로 그 단어를 얼른 생각해 낼 것으로 예측되기 때문이다. 예컨대 '청진기'라는 단어 대신에, 사전에서 그 다음에 배열될 것으로 예상되는 '청진선'이 선택되는 식이다. 그러나 그런 경우는 드물다.

① "어-, 춥다. 문 들어온다, 바람 닫아라."
② "그는 상당한 언어 곤경, 아니 언어 장애를 가지고 있어."
③ ('고맙습니다'와 '감사합니다'라는 말이 동시에 떠올라) "곰사합니다."
④ 갑 : (하늘의 별을 보려고) "거기 현미경 좀 가져와 봐."
   을 : "망원경을 말하는 거야?"
⑤ 갑 : "그거 있잖아, 그…… 생각이 날 듯한데. 장어, 쟁어, 정어, 정우 그게 뭐더라."
   을 : "도대체 뭘 말하려는 거야."

26

㉠과 유사한 사례에 해당하는 것은?

> 기업이 자본금을 조달하기 위해 발행하는 것이 주식이다. 기업은 주식의 발행을 통해 기업 운영의 자본금을 마련하고, 이 주식을 소유한 사람들, 즉 주주들은 기업 운영을 통해 거둔 수익의 일정 부분을 돌려받게 된다. 그리고 이 주식은 금융 시장에서 자유롭게 사고 팔 수 있는 것으로 사람들은 ㉠ 해당 기업의 과거 실적에 근거하여 그 기업의 주식을 선택하거나, 기업의 가치를 잘 알고 있는 전문가의 견해에 따라 그 기업의 주식을 선택하기도 한다.

① 유명 연예인이 광고하는 회사의 제품을 추천하였다.
② 의사의 조언에 따라 건강관리를 위해 수영을 시작하였다.
③ 다소 비싸지만 다양한 기능이 있는 휴대전화를 구매하였다.
④ 최근 5년간의 취업률이 상대적으로 높은 대학에 진학하였다.
⑤ 화려한 디자인의 옷보다는 편하게 입을 수 있는 옷을 선물하였다.

27

㉠을 뒷받침하는 근거로 적절한 것은?

> 이들은 대상을 '있는 그대로' 보는 '순수한 눈'같은 것은 없으며, 따라서 객관적인 사실성이란 없고, 사실적인 그림이란 결국 한 문화나 개인에게 익숙한 재현 체계를 따른 그림일 뿐이라고 주장한다. ㉠<u>이 이론</u>에 따르면 지각은 우리가 속한 관습과 문화, 믿음 체계, 배경 지식의 영향을 받아 구성된다고 한다. 예를 들어 우리가 작가와 작품에 대해 사전 지식을 가지고 있다면 이러한 믿음은 그 작품을 지각하느냐에 까지도 영향을 준다는 것이다. 이것이 사실이라면 피카소의 경우에 대해서도 '이 그림이 피카소가 그린 스타인의 초상'이라는 우리의 지식이 종국에는 그림과 실물 사이의 닮음을 발견하는 방식으로 우리의 지각을 형성해 냈을 것이라는 설명이 가능하다.

① 서양 사람이라도 동양의 수묵화나 사군자를 감상하는데 어려움이 없다.
② 그림에 재현된 대상이 무엇인지 알아보는 능력은 서로 다른 문화에 속한 사람들 간에도 크게 다르지 않다.
③ 대상의 그림자까지 묘사한 그림이 그렇지 않은 그림보다 공간감과 깊이를 더 사실적으로 나타낼 수 있듯이 재현 체계는 발전할 수 있다.
④ 그림에서 대상을 알아보는 능력은 선천적이어서 생후 일정 기간 그림을 보지 않고 자란 아이들도 처음 그림을 대하자마자 자신들이 알고 있는 대상을 그림에서 알아본다.
⑤ 나무를 그린 소묘 속의 불투명한 연필 자국은 나무를 보게 될 것이라는 우리의 사전적 지식으로 인해 나무로 보이고, 소 떼 그림에 있는 비슷한 연필 자국은 소로 보인다.

28

ⓒ의 사례로 가장 적절한 것은?

> 이것은 단순히 반성적 사고로 얻은 지식이나 원리의 이해만을 가지고는 활용 가능성이 극대화된 지식을 산출해내지는 못한다는 것을 의미한다. 따라서 창의력을 위해서는 먼저 유사 응용문제 풀이를 반성적 사고 속에서 반복적으로 수행하여 반성적 사고의 체화 단계에까지 도달하여야 한다. 그리고 이를 바탕으로 특정 영역에서 습득한 원리를 전혀 다른 새로운 영역에다 적용할 수 있는 ⓒ <u>영역 전이적 통찰력</u>을 확보해야 한다. 다시 말해, 단순 지식의 차원을 넘어 반성적 사고를 통해 문제를 푸는 동시에, 그 반성적 사고를 체화하여 다른 영역에까지 적용할 수 있을 때 창의력을 얻을 수 있다.

① 물놀이 사고 시에 튜브가 없을 때는 플라스틱 병에 물을 담아 튜브 대용으로 이용하라는 구조 지침을 보고 친구를 구해낸 학생
② 게코도마뱀이 발바닥에 있는 섬모를 이용하여 천장에 붙어 있는 것을 보고 이를 연구하여 친환경 접착제를 개발한 과학자
③ 학교에서 아이스크림을 만드는 실습 중에 미지근한 물이 차가운 물보다 더 빨리 어는 현상을 관찰한 과학도
④ 제자들에게 "네가 알고 있는 것은 진실이라고 생각하는가?"를 끊임없이 질문했던 어느 철학자
⑤ 영어 회화를 열심히 공부하여 외국인과의 대화를 능숙하게 할 수 있는 학생

29

ⓐ ~ ⓒ에 해당하는 예를 〈보기〉에서 골라 바르게 묶은 것은?

> 의미 사이의 근접성에 의한 명칭 변이는 ⓐ 공간적 관계, ⓑ 시간적 관계, ⓒ 인과적 관계로 구별할 수 있다. 예컨대 '세자'를 '동궁(東宮)'이라고 부르는 것은 '세자의 거처'가 '동궁'이라는 공간적 관계의 근접성 때문에 일어난 명칭의 변이이며, 가장 맛있는 '새우젓'을 '육젓'으로 부르는 것은 '육젓'이 '음력 유월'에 잡은 새우로 담근 것에서 유래한 변이이다. 그리고 '임금의 피난'을 '먼지를 덮어쓰다'라는 뜻의 '몽진(蒙塵)'이라고 부르는 것은 임금이 난을 피하면서 먼지를 덮어썼던 사건의 인과 관계에 의해 만들어진 것이다.

〈보기〉

ㄱ. <u>아침</u>(← 아침밥)을 먹어야 머리가 맑아진다.
ㄴ. 그는 시의원을 거쳐 <u>여의도</u>(← 국회)에 진출했다.
ㄷ. 위험에 직면하면 사람들은 본능적으로 몸이 <u>떨린다</u>.(← 두렵다)
ㄹ. 이 시는 <u>4.19</u>(← 4.19 혁명) 정신을 계승한 대표적인 작품이다.
ㅁ. 월드컵 개막식이 <u>상암</u>(← 서울월드컵경기장)에서 성대하게 열렸다.

	ⓐ	ⓑ	ⓒ
①	ㄱ, ㄴ	ㄹ, ㅁ	ㄷ
②	ㄴ, ㄷ	ㄱ, ㄹ	ㅁ
③	ㄴ, ㅁ	ㄱ, ㄹ	ㄷ
④	ㄴ, ㅁ	ㄹ	ㄱ, ㄷ
⑤	ㄹ	ㄴ, ㄷ	ㄱ, ㅁ

30

㉠의 근거로 제시할 수 있는 내용으로 가장 적절한 것은?

> 20세기 예술가들은 재료의 가치와 풍요로움을 발견했다. 물론 ㉠이전의 예술가들이 재료로부터 창조적 구성이 나오고, 재료가 표현을 제한할 수 있다는 사실을 이해하지 못했던 것은 아니다. 그들은 재료와 끊임없이 대화해야 하고 그 속에서 영감을 얻어야 한다는 것을 알고 있었다. 그러나 재료 그 자체는 아직 미적 질서를 부여받지 않은 상태이며, 미(美)란 재료 위에 하나의 사상, 하나의 형식을 적극적으로 표현하고 난 뒤에야 비로소 탄생하는 것이라고 생각했다.

① 미켈란젤로는, 대리석을 조각하는 예술가가 할 일은 여분의 것을 깎아내, 그 대리석이 함유하고 있던 형상을 세상에 드러내 놓게 하는 것밖에 없다고 말했다.
② 조지프 애디슨은, 미는 선명하거나 다양한 색상, 각 부분의 조화와 비례, 사물들의 질서와 배치, 혹은 이 모든 요소들이 적절히 혼합됨으로써 이루어진다고 말했다.
③ 루소는, 탁월한 시각은 섬세하고 세련된 감정과 같은 것이어서, 아름다운 풍경을 마주한 화가는 일반 관람객들이 주목하지도 못하는 것 때문에 흥분하게 된다고 말했다.
④ 호손은, 젊은 조각가들이 천박한 여성의 모습을 작품으로 만든 후, '이브'나 '비너스'와 같이, 몸에 제대로 걸친 것이 없어도 핑계가 될 만한 이름을 갖다 붙인다고 비평했다.
⑤ 레오나르도 다빈치는, 화가는 인간의 생각 속에 떠오르는 모든 사물들의 주인으로, 단 한 번의 눈길로 사물들이 만들어 내는 균형 잡힌 조화를 포착해 되살려 낸다고 말했다.

31

다음 글에 근거하여 볼 때, 반론 보도문의 성격에 가장 알맞은 것은?

> 언론 보도로 명예가 훼손되는 경우 피해를 구제 받으려면 어떻게 해야 할까? 우리 민법은 명예 훼손으로 인한 피해를 구제 받기 위해 손해 배상과 같은 금전적인 구제와 아울러 비금전적인 구제를 청구할 수 있다고 규정하고 있다. 이러한 비금전적인 구제 방식의 하나가 '반론권'이다. 반론권은 언론의 보도로 피해를 입었다고 주장하는 당사자가 문제가 된 언론 보도 내용 중 순수한 의견이 아닌 사실적 주장(사실에 관한 보도 내용)에 대해 해당 언론사를 상대로 지면이나 방송으로 반박할 수 있는 권리이다. 반론권은 일반적으로 반론 보도를 통해 실현되는데, 이는 정정 보도나 추후 보도와는 다르다. 정정 보도는 보도 내용이 사실과 달라 잘못된 사실을 바로잡는 것이며, 추후보도는 형사상의 조치를 받은 것으로 보도된 당사자의 무혐의나 무죄 판결에 대한 내용을 보도해 주는 것이다

① 본지는 2008년 1월 1일자 3면에서 공무원 A 씨가 횡령혐의로 체포되었다고 보도 하였습니다. 그러나 A 씨는 2009년 4월 20일 대법원에서 무죄 판결이 났음을 알려 드립니다.

② ○○ 연구소의 B 소장은 '경제 회복 당분간 어렵다'는 취지의 본지 인터뷰 기사 내용에 대해, 이는 인터뷰 내용 중 일부 대목만을 인용하여 '경기 부양에 적절한 조치가 필요하다'라는 자신의 견해를 확대 해석한 결과라고 밝혀 왔습니다.

③ C 기업은 해당 기업에서 제작한 핵심적 기계 장치의 안전성이 우려된다는 본지의 보도로 인하여 많은 손해를 보았다고 전해 왔습니다. 사실 관계를 확인한 결과 기계 자체가 아닌 사용상의 문제인 것으로 드러나 관련 기업과 독자 여러분께 사과드립니다.

④ 본지는 D 병원장의 예를 들어 병원들이 보험료를 부풀려 신청한다는 보도를 한 바 있습니다. 이에 대해 D 병원장은 기사에서 지적된 사람은 자신이 아니라고 알려 왔으며, 확인 결과 기사의 D 병원장은 E 병원장의 오기(誤記)로 드러났음을 알려 드립니다.

⑤ 본지는 F 금융공사가 미국보다 비싼 학자금 대출 금리로 부당한 이익을 남긴다고 보도한 바 있습니다. 이에 대해 F 금융공사는 미국에서 가장 널리 이용되는 학자금 대출상품의 금리보다 자사의 금리가 더 낮다고 주장하였습니다. 이는 사실로 확인되었으므로 해당 내용을 수정합니다.

내용 추리하기

32

다음 글에 근거하여 의병에 참여한 일반 백성의 심경을 추론한다고 할 때, 그 내용으로 거리가 먼 것은?

> 의병들은 서로가 혈연(血緣) 혹은 지연(地緣)에 의해 연결된 사이였다. 따라서 그들은 지켜야 할 공동의 대상을 가지고 있었으며 그래서 결속력도 높았다. 그 대상은 멀리 있는 임금이 아니라 가까이 있는 가족이었으며, 추상적인 이념이 아니라 그들이 살고 있던 마을이었다. 백성들이 관군에 들어가는 것을 기피하고 의병에 참여했던 까닭도, 조정의 명령에 따라 이리저리 이동해야 하는 관군과는 달리 의병은 비교적 지역 방위에만 충실하였던 사실에서 찾을 수 있다. 일부 의병을 제외하고는 의병의 활동 범위가 고을 단위를 넘어서지 않았으며, 의병들 사이의 연합 작전도 거의 이루어지지 않았다.

① 관군에 들어가느니 의병이 낫고말고.
② 조정의 명이 있으니 기꺼이 동참해야지.
③ 사랑하는 처자식은 내 손으로 지켜야지.
④ 내 고장에 왜놈들을 들여놓을 수야 있나.
⑤ 친구도 많고 친척도 있으니 싸울 힘이 나는군.

33

다음 글에서 추론한 내용을 적절한 것은?

> 디젤 연료인 경유는 가솔린보다 훨씬 무겁고 섬성이 강하며 증발하는 속도도 느리나. 왜냐하면 경유는 가솔린보다 훨씬 더 많은 탄소 원자가 길게 연결되어 있기 때문이다. 일반적으로 가솔린은 5~10개, 경유는 16~20개의 탄소를 가진 탄화수소들의 혼합물이다. 탄소가 많이 연결된 탄화수소물에 고온의 열을 가하면 탄소 수가 적은 탄화수소물로 분해된다. 한편, 경유는 가솔린보다 에너지 밀도가 높다. 1갤런의 경유는 약 1억 5,500만 줄(Joule)*의 에너지를 가지고 있지만, 가솔린은 1억 3,200만 줄을 가지고 있다. 이러한 연료의 특성들이 디젤 엔진의 높은 효율과 결합되면서, 디젤 엔진은 가솔린 엔진보다 좋은 연비를 내게 되는 것이다.

① 손으로 만지면 경유보다는 가솔린이 더 끈적끈적할 거야.
② 가솔린과 경유를 섞으면 가솔린이 경유 아래로 가라앉을 거야.
③ 특별한 공정을 거치면 경유를 가솔린으로 변화시킬 수 있을 거야.
④ 주유할 때 차체에 연료가 묻으면 경유가 가솔린보다 더 빨리 증발할 거야.
⑤ 같은 양의 연료를 태우면 가솔린이 경유보다 더 큰 에너지를 발생 시킬거야.

34

글쓴이가 ㉠을 인용한 이유를 바르게 추리한 것은?

> 그러나 원자에 대한 지식의 획득에도 불구하고 사람들이 느끼는 위험은 줄어들지 않고 오히려 늘어났다. 이와같이 증대하는 지식이 새로운 난점들을 발생시킨다는 사실을 알게 된 것은 최근의 일이 아니다. 서양 철학자 플라톤의 '동굴의 비유'는 지식의 획득과 그에 따른 대가 지불을 불가분의 관계로 이해하고 있음을 보여준다.
> ㉠<u>'동굴의 비유'</u>에 의하면, 사람들은 태어나면서부터 앞만 보도록 된 곳에 앉은 쇠사슬에 묶인 죄수와 같다는 것이다. 사람들의 등 뒤로는 불이 타오르고, 그 불로 인해 모든 사물은 동굴의 벽에 그림자로 나타날 뿐이다. 혹 동굴 밖의 환한 세상으로 나온 이가 있다면, 자신이 그동안 기만과 구속의 흐리멍덩한 삶을 살아왔음을 깨닫게 될 것이다. 그리하여 그가 동굴로 돌아가 사람들을 계몽하고자 한다면, 그는 오히려 무지의 장막에 휩싸인 자들에게 불신과 박해를 받게 될 것이다. 여기에서 박해를 받는 것은 깨달음에 가해진 '선물'이라고 할 수 있다.

① 자신의 운명은 스스로 개척해야 한다는 것을 주시하기 위해
② 인간의 호기심은 불행한 결과를 초래한다는 것을 알려 주기 위해
③ 인간이 지켜야 할 공동의 규범은 반드시 따라야 함을 강조하기 위해
④ 무모한 동기에 의한 행위는 그 결과가 불행하다는 것을 알리기 위해
⑤ 새로운 지식을 획득하려면 대가를 치러야 한다는 것을 주지시키기 위해

35

㉠으로부터 ㉡을 도출하는 과정에서 생략된 전제로 가장 적절한 것은?

> 표상적 지식은 여러 가지 기준에 따라 나눌 수 있는데, 그중에서도 '경험적 지식'과 '선험적 지식'으로 나누는 방법이 대표적이다. 경험적 지식이란 감각 경험에서 얻은 증거에 의존하는 지식으로, '그는 이 사과가 둥글다는 것을 안다'가 그 예이다. 물리적 사물들의 특정한 상태, 즉 사과의 둥근 상태가 감각 경험을 통해서 우리에게 입력되고, 인지 과정을 거쳐 하나의 표상적 지식이 이루어진 것이다. ㉠<u>우리는 감각 경험을 통해 직접 만나는 개별적인 대상들로부터 귀납추리를 통해 일반 법칙에 도달할 수 있다.</u> ㉡<u>따라서 자연 세계의 일반 법칙에 대한 지식도 경험적 지식이다.</u>

① 귀납추리는 일반 법칙에 기초해 왔다.
② 귀납추리는 자연에 대한 지식을 확장해 준다.
③ 귀납추리는 지식의 경험적 성격을 바꾸지 않는다.
④ 귀납추리는 지식이 경험 세계를 넘어서도록 한다.
⑤ 귀납추리의 결론은 전제로부터 필연적으로 도출되지 않는다.

36

㉠과 같은 현상이 나타나게 된 이유로 가장 적절한 것은?

> 중세에서 근대로 넘어오면서 개인들을 서로 묶어 주고 그들 간의 갈등을 완화해 주던 유대가 점차 약화되고, 상업적인 인간관계가 점차 늘어났다. 그에 따라 ㉠개인주의가 우세해짐으로써 정당화 요구가 급증하였다. 이러한 시대적 상황에서 근대 이후의 윤리학이 의무, 옳음, 책무 등에 대한 정당화 과제에 골몰해 온 결과, 윤리적 삶에서 행위의 동기를 제대로 다루지 못하게 되었다.

① 윤리학에서 개인의 실천을 중시하게 되었기 때문에
② 기존 윤리학에서 동기화 과제보다 정당화 과제를 더 중시했기 때문에
③ 사람들이 윤리적 행위에서 의무보다 동기를 중요하게 여기기 시작하였기 때문에
④ 특정 공동체를 기반으로 하는 윤리학과 그에 관련된 윤리 체계가 제 역할을 다할 수 없는 상황이 되었기 때문에
⑤ 중세에서 근대 사회로 넘어오면서 기존의 윤리학과 그에 관련된 윤리 체계 유지의 중요성이 강조되었기 때문에

37

㉠의 이유로 가장 적절한 것은?

> 기술이 진보한 결과 새로운 기술 영역이 출현하는 경우도 있다. 이렇게 등장한 기술 영역은 신속한 실용화의 요구 때문에 그대로 새로운 산업으로 형성되는 모습을 보이기도 한다. 예를 들어 정보 기술에서 비롯된 정보 기술 산업은 이미 핵심적인 산업으로 자리 잡았고, 바이오 기술, 나노 기술, 환경 기술 등도 미래의 유망 산업으로 부각되고 있다.
> 산업의 변화는 기술 이외에 시장 수요의 측면에서도 그 원인을 찾을 수 있다. 가령, 인구 구성과 소비 가치가 변화함에 따라서 과거의 고정관념에 얽매이지 않는 수많은 새로운 산업이 나타나고 있다. 패션 산업, 실버산업, 레저 산업 등은 표준산업분류에 나오지 않지만 현실적으로 이미 중요한 산업으로 인식되고 있다.
> 이러한 추세를 고려할 때 앞으로 산업을 정의하거나 분류할 때에는 고정된 기준이나 체계보다 신축적이고 실질적인 접근 방식을 많이 사용할 것으로 보인다. 또, 기술 혁신이 가속화되고 구매력을 가진 인구의 구성이 달라지면 새로운 산업이 생겨나고 오래된 산업이 사라지는 현상도 더 활발히 일어나게 될 것이다. 이제 ㉠산업의 정의나 분류도 유연하고 전략적인 관점에서 접근해야 할 시대가 도래한 것이다.

① 기존의 분류로 파악하기 힘든 산업의 실상을 반영하기 위하여
② 연구 개발 투자를 확대해야 할 산업을 선정하기 위하여
③ 다양한 산업에 대한 통계적 자료를 수집하기 위하여
④ 각 산업의 기술 수준을 판단할 정보를 찾기 위하여
⑤ 동일한 산업을 다양한 기준으로 분류하기 위하여

38

〈보기〉는 ㉡에 나타난 추론의 과정을 정리한 것이다. 이와 가장 유사한 추론 과정을 보이는 것은?

> 뇌가 받아들인 기억 정보는 그 유형에 따라 각각 다른 장소에 저장된다. 우리가 기억하는 것들은 크게 서술 정보와 비서술 정보로 나뉜다. 서술 정보란 학교 공부, 영화 줄거리, 장소나 위치, 사람 얼굴처럼 말로 표현할 수 있는 정보이다. 반면 비서술 정보는 몸으로 습득하는 운동 기술, 습관, 버릇, 반사적 행동 등과 같이 말로 표현할 수 없는 정보이다. 이 중에서 서술 정보를 처리하는 중요한 기능을 담당하는 것은 뇌의 내측두엽에 있는 해마로 알려져 있다. ㉡<u>교통사고를 당해 해마 부위가 손상된 이후 서술 기억 능력이 손상된 사람의 예가 그 사실을 뒷받침한다. 그렇지만 그는 교통사고</u> 이전의 오래된 기억을 모두 회상해냈다. 해마가 장기 기억을 저장하는 장소는 아닌 것이다.

보기

어떤 사람이 교통사고로 해마 부위가 손상된 이후 서술 정보 처리 능력이 훼손되었다.
+ 그러나 그는 교통사고 이전의 오래된 기억을 모두 회상해냈다.
→ 이로 보아 해마는 장기 기억을 저장하는 장소가 아니다.

---

① 수많은 네티즌들이 독도에 대한 일본의 소유권 주장을 비난하고 있어. 독도는 우리 땅임에 틀림없는 거지.
② 어제 그가 참석하지 않았는데도 모임이 재미있었던 걸 보면, 모임을 재미있게 만드는 데에 그가 꼭 필요한 것은 아니야.
③ 이 상자 겉면에 '깨지기 쉬움'이라는 주의 표시가 있는 것으로 보아, 이 상자 안에는 잘 깨지는 물건이 들어 있는 거야.
④ 유명한 야구 선수나 축구 선수들의 아내는 대개 미인들이다. 이로 보아 미인들은 운동선수를 좋아한다는 것을 알 수 있다.
⑤ 제방 보강 공사를 하지 않은 강 하류 지역은 작년에 수해를 입었다. 이곳은 제방 보강 공사를 하지 않았으므로 올해 수해를 입을 것이다.

비판하기

39

〈보기〉의 '스티글리츠'가 ⓒ에 대해 비판한다고 할 때, 가장 적절한 것은?

> ⓒ<u>메이킹 포토그래피</u>는 사진의 표현 영역을 넓히고 새로운 전망을 제시했다는 긍정적인 평가와 함께 '사진이 아니다.'라는 부정적인 평가도 함께 받았다. 그러나 사진의 다양한 예술성을 보여주는 데 기여한 것만은 분명하다고 할 수 있다.

― 보기 ―

스티글리츠에 따르면, 사진은 조각이나 회화 또는 회화처럼 보이는 그 어떤 것도 아닌, 바로 '사진 그 자체'이다. 그는 사진의 사실성은 사진으로 대상을 '있는 그대로' 포착해내는 것이라고 보았으며 이러한 '사실성'이 있을 때, 사진의 본질과 더 가까운 것이라고 생각했다.

① 사진의 본질은 사진 이외의 다른 요소들을 이용해 사진의 표현 영역을 넓히는 것이다.
② 사진의 본질은 '사진 그 자체'의 아름다움보다 인간 사회가 안고 있는 문제를 드러내는 데에 있다.
③ 사진의 본질은 '있는 그대로'의 상태에서 대상을 찍는 것이지, 대상을 가공하여 찍는 것이 아니다.
④ 사진의 본질은 인위적인 일련의 작업 과정을 통해 '사실성'을 가지고 있을 때, 가장 잘 드러나게 되는 것이다.
⑤ 사진의 본질은 대상을 사실적으로 드러내는 것이 아니라 가상적인 설정을 통해 작가의 의도를 드러내는 것이다.

40

다음 글에 대한 비판으로 가장 적절한 것은?

> 또한, 우애의 형태로 세 가지가 있는데, 첫째는 이득을 위한 우애, 둘째는 쾌락을 위한 우애, 셋째는 선의에 의한 즉, 상대가 잘되기를 바라는 마음에 바탕을 둔 우애가 그것이다. 그런데 이득이나 쾌락을 위한 우애는 완전한 우애가 될 수 없다. 이득을 위해서 친구를 사귀는 사람들은 상대방을 위해서가 아니라, 자신을 위해 상대방에게 어떤 것을 얻으려하기 때문이다. 쾌락을 위한 우애도 이와 유사하다. 예를 들어 유머 있는 사람을 좋아하는 것은 그의 성품 때문이라기보다는 그와 함께 있으면 자신이 유쾌해지기 때문이다. 즉 그들은 상대방의 성품을 좋아하는 것이 아니라, 그에게 얻을 것이 있거나 유쾌하기 때문에 좋아하는 것이다. 따라서 이러한 우애는 상대방이 전과 달라지면 쉽게 없어지므로 완전한 우애로는 볼 수가 없다.

① 쾌락이 이득보다 우선한다고 했는데, 때로는 이득이 쾌락보다 더 필요한 경우도 있다고 봐.
② 우애는 선의와 무관한 것으로 보고 있는데, 우애는 선의를 전제로 해야 한다는 점에서 관련이 있다고 봐.
③ 주기만 하는 사랑은 선의가 아니라고 했는데, 어찌하였든 사랑은 선한 마음이므로 선의라고 볼 수 있어.
④ 집단 간의 우애는 성립할 수 없다고 했는데, 집단을 구성하는 것은 개인이므로 집단 간의 우애도 성립할 수 있다고 봐.
⑤ 유머 있는 사람을 단순히 유쾌해서 좋아한다고 했는데, 오히려 그의 여유롭고 긍정적인 성품을 좋아하는 것일 수도 있어.

41

글쓴이가 제시한 무용 감상법에 대해 비판적 의문을 제기해 보았다. 적절한 의문으로 볼 수 <u>없는</u> 것은?

> 예술 작품을 접할 때 대부분의 관객들은 작품에 대한 기대를 가지게 마련이다. 과거의 미적 경험이나 지식, 작가와 작품에 대한 정보 등을 통해 그 작품은 어떠할 것이라는 예상을 하는 것이다. 그러나 무용의 경우에는 이러한 예상이 작품 감상을 그르치게 하는 경우가 많다. 관객이 무용수의 동작 자체에 몰입할 수 없기 때문이다. 무용을 감상하면서 어떤 한 부분, 예를 들어 무용수의 팔 동작이 그리는 도형이나 배경이 되는 음악에만 관심을 갖는 관객도 있을 것이다. 물론 이 경우에도 관객은 시각이나 청각과 같은 감각 기관을 사용하고 있지만, 온전하게 무용을 보고 있는 것이라 할 수는 없다.
>
> 그렇다면 어떻게 해야 무용을 온전하게 볼 수 있을 것인가? 한마디로 말하자면 자신이 무용수가 되는 것이다. 이와 관련하여 어느 농부에 관한 짧은 이야기를 참조할 만하다. 농부가 말을 잃어버렸다. 그는 자신이 말의 입장이 되어 말이 갈 만한 곳에 가 보았다. 그 결과 말을 찾을 수 있었다. 이 농부와 같은 방법을 쓴다면 관객은 반드시 무용수가 말하고자 하는 바를 찾을 수 있을 것이다. 이렇게 무용에 접근할 때 비로소 무용을 예술로서 바르게 지각할 수 있게 될 것이다.

① 배경 지식은 작품 감상에 유용하게 활용될 수 있다. 그러니 과거의 경험이나 작품에 대한 정보를 보다 적극적으로 활용해야 하지 않을까?

② 작품은 여러 가지 요소가 유기적으로 결합되어 있다. 그러므로 특정한 부분에 주목하기보다는 총체적으로 접근하는 태도가 필요하지 않을까?

③ 예술은 예술가와 관객 사이의 의사소통이다. 무용수가 기대를 가지고 있듯이 관객에게도 작품에 대한 기대가 있어야 소통이 잘 이루어지지 않을까?

④ 작품 감상 방법에는 작품에 몰입하는 것도 있지만, 거리를 두는 방법도 있다. 장면이나 상황에 따라서는 거리를 두고 감상하는 것이 바람직하지 않을까?

⑤ 무용수의 입장이 되려면 그들의 표현 방식에 대한 이해가 필요하다. 하지만 그것이 없는 관객이 자기 나름의 방법으로 작품을 감상하는 것도 의미가 있지 않을까?

42

〈보기〉를 바탕으로 윗글의 아리스토텔레스의 입장을 비판한 것으로 적절한 것은?

> 탁월함은 어떻게 습득되는가, 그것을 가르칠 수 있는가? 이 물음에 대하여 아리스토텔레스는 지성의 탁월함은 가르칠 수 있지만, 성품의 탁월함은 비이성적인 것이어서 가르칠 수 없고, 훈련을 통해서 얻을 수 있다고 대답한다.
>
> 그는 좋은 성품을 얻는 것을 기술을 습득하는 것에 비유한다. 그에 따르면, 리라(lyra)를 켬으로써 리라를 켜는 법을 배우며 말을 탐으로써 말을 타는 법을 배운다. 어떤 기술을 얻고자 할 때 처음에는 교사의 지시대로 행동한다. 그리고 반복 연습을 통하여 그 행동이 점점 더 하기 쉽게 되고 마침내 제2의 천성이 된다. 이와 마찬가지로 어린아이는 어떤 상황에서 어떻게 행동해야 진실되고 관대하며 예의를 차리게 되는지 일일이 배워야 한다. 훈련과 반복을 통하여 그런 행위들을 연마하다 보면 그것들을 점점 더 쉽게 하게 되고, 결국에는 스스로 판단할 수 있게 된다.
>
> 그는 올바른 훈련이란 강제가 아니고 그 자체가 즐거움이 되어야 한다고 지적한다. 또한 그렇게 훈련받은 사람은 일을 바르게 처리하는 것을 즐기게 되고, 일을 바르게 처리하고 싶어 하게 되며, 올바른 일을 하는 것을 어려워하지 않게 된다. 이처럼 성품의 탁월함이란 사람들이 '하는 것'만이 아니라 사람들이 '하고 싶어 하는 것'과도 관련된다. 그리고 한두 번 관대한 행동을 한 것으로 충분하지 않으며, 늘 관대한 행동을 하고 그런 행동에 감정적으로 끌리는 성향을 갖고 있어야 비로소 관대함에 관하여 성품의 탁월함을 갖고 있다고 할 수 있다.

─ 보기 ─

> 어떤 행위가 도덕적인 행위가 되기 위해서는 그것이 도덕 법칙을 지키려는 의지에서 비롯된 것이어야 한다. 도덕 법칙에 부합하는 행위라고 해도 행위자의 감정이나 욕구 또는 성향이 행위의 동기에 영향을 미쳤다면, 그것은 훌륭한 행위일수는 있어도 도덕적인 행위는 아닌 것이다.

① 탁월한 성품에서 비롯된 행위는 행위자의 성향에 의해서 결정된 것이지, 도덕 법칙을 지키려는 의지에 의해 결정된 행위가 아니므로, 도덕적인 행위라고 볼 수 없다.
② 도덕적 행동을 하기 위해서 자신과의 싸움에서 이겨 내야 한다는 옳은 행동을 즐겨 하는 사람은 거의 없으며, 따라서 탁월한 성품을 갖춘 사람을 찾기란 어렵다.
③ 행위의 도덕성은 그 행위가 얼마나 도덕 법칙에 부합하는가를 보고 판단하는 것이 아니라, 선한 결과를 낳을 수 있는 품성이나 자질을 보고 판단하는 것이다.
④ 훈련의 결과 언제나 탁월한 성품이 얻어지는 것은 아니므로, 탁월한 성품에 도달하지 못한 경우에는 결국 본성에 기댈 수밖에 없다.
⑤ 훈련으로 얻어지는 성품에서 나오는 행동은 대개 이성적 성찰을 거치지 않으므로, 도덕적인 행동이라고 말하기 어렵다.

43

다음 글로 보아 〈보기〉의 '비판' 내용으로 가장 적절한 것은?

> 방언은 지역이 달라짐에 따라서만 형성되는 것이 아니다. 동일한 지역 안에서도 몇 개의 방언이 있을 수 있는 것이다. 한 지역의 언어가 다시 분화를 일으키는 것은 대개 사회계층의 다름, 세대의 차이, 또는 성별의 차이 등의 사회적 요인에 기인한다. 이처럼 지리적인 거리에 의해서가 아니라 사회적인 요인에 의하여 형성되는 방언을 사회방언(社會方言; social dialect)이라 한다. 사회방언은 때로 계층방언(階層方言; class dialect)이라고 부르는 수도 있는데 이는 사회방언이 여러 가지 사회적 요인에 의하여 형성되지만 그 중에서도 사회계층이 가장 중요한 요인임이 일반적인 데서 연유한다.

── 보기 ──

> 전통적인 방언학은 역사 문법의 한 분야로, 분화된 언어의 옛 형태가 잘 보존되어 있으리라 생각되는 시골을 주된 연구 대상으로 삼았다. 이런 연구 방법은 '비판'의 대상이 되었는데 이러한 비판을 바탕을 사회 언어학이 대두되었다.

① 방언 분화의 다양한 요인을 폭넓게 고찰하지 못했다.
② 현지에서 모은 언어 자료를 분석하는 기술이 미흡했다.
③ 방언의 분화 과정을 밝히는 것은 근본적으로 불가능하다.
④ 방언 연구를 독자적인 학문의 영역으로 인정하지 않았다.
⑤ 우리말을 아름답게 가꾸고 순화하려는 노력을 게을리 했다.

44

다음 글의 '유학자'가 〈보기〉의 '자유주의 사상가'에게 제기했을 의문으로 적절한 것은?

> 먼저 유학자들은 인간을 사회적 관계체(關係體)로 파악했다. 이들은 인간을 부모와 자식, 군주와 신하, 남편과 아내, 어른과 아이, 친구와 친구 사이의 관계 속에서 살아가는 존재로 보아, 사회관계를 떠나서는 인간의 존재 의의를 찾을 수 없다고 생각하였다. 이러한 생각은 개인을 사회관계 속의 '역할·의무·배려의 복합체'로 보는 입장으로 이어졌고, 유학자들은 개인이 수행하는 대부분의 사회 행위의 원동력이 관계 속에 내재되어 있다고 보았다. 또한 여러 가지 사회 행위의 최종 목표를 자신이 속한 집단 속에서 다른 사람과 원만한 관계를 맺고 유지하는 것이라고 여겼다.

─ 보기 ─

> 서구의 자유주의 사상가들은 합리적이고 이성적인 개인들 각자가 사회 구성의 궁극적 단위라고 보아 개인의 자율성과 독립성, 그리고 독특성을 강조하였다. 또한 개인이 본디부터 지니고 있는 자유와 권리를 적극적으로 드러내고 추구하는 일을 중시하며 개인은 안정적이고도 고정된 속성을 갖춘 실체라고 인식하였다.

① 개인들 각자가 사회 구성의 궁극적 단위라는 사실을 도외시한 것은 아닌가요?
② 인간은 욕구와 감정을 억제하면 할수록 더욱 강하게 욕망을 추구한다는 사실을 모르시나요?
③ 사회에 대한 개인의 의무와 역할보다 개인에 대한 사회의 의무와 역할을 소홀하게 보고 있는 것이 아닌가요?
④ 인간은 능동적 존재이므로 자율성과 독립성을 신장하기 위해 노력한다는 사실을 등한시한 것은 아닌가요?
⑤ 인간은 사회적 존재이므로 자기를 주장하기보다는 타인과의 조화에 힘써야 한다는 사실을 간과한 것은 아닌가요?

적용하기

45

〈보기〉의 '다다익선'과 ⓒ의 공통점으로 가장 적절한 것은?

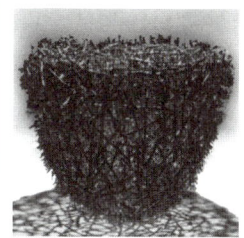
그런데 현대 공예의 한 흐름인 '스튜디오 공예'는 공예의 개념에 중요한 변화를 가져왔다. 스튜디오 공예는 공예품으로부터 기능과의 직접적인 연관성을 제거하여, 기능을 부차적인 혹은 임의적인 속성으로 변화시켰다. 오른쪽 그림은 ⓒ 곤기라키의 '못(Spike)'이라는 작품으로, 바구니의 외형을 띠고 있지만 나뭇가지들이 못으로 연결되어 위험할 것 같은 인상을 준다. 결국 실용적 사물인 바구니를 사용하기 불편하고 불친절하게 만드는 방법으로 기능의 파괴를 표현하고 있다. 이를 통해 이 작품은 바구니에 대한 일반적인 인식에 질문을 던짐으로써 대상에 작가의 의도를 담게 된다.

─ 보기 ─

백남준은 장차 브라운관이 캔버스를 대신할 것이라고 하면서 TV 모니터로 구성된 「다다익선」이라는 비디오아트 작품을 창작했다. 이 작품은 하나의 송신자에 다수의 수신자가 대응되는 매스 커뮤니케이션의 구성 원리를 은유적으로 드러낸 것이다.

① 기성 제품을 재활용하여 익숙한 주제를 드러냈다.
② 관람자의 참여를 유도하여 예술의 대중화에 기여했다.
③ 실험적인 시도를 통해 대중 매체의 특징을 부각하고 있다.
④ 대상을 사실적으로 재현하여 관람자에게 친근함을 주고 있다.
⑤ 대상의 기능에 새롭게 접근하여 예술의 범위를 확대하고 있다.

46

'자연의 은유적 가르침'에 해당하는 사례로 가장 적절한 것은?

> 적대적 시기심은 타인의 파멸을 가져오기도 하지만 어떤 방식으로든 자신을 망가뜨린다. 시기심의 나쁜 결과는 자기 자신에게도 돌아오기 때문이다. 이런 점에서 자연의 은유적 가르침은 소중하다. 꽃들은 시샘을 잘한다. '어서 나도 아름답게 피어야지'하고 서두르다가 때를 앞질러 피어나 손해를 좀 보는 일은 있어도, 남을 괜히 흘겨보거나 음모를 꾸미는 일은 없다. 그저 자신의 개화에 열중할 뿐이다. 꽃들이 시샘해서 하는 일이라고는 자신을 키우는 일 뿐이고, 자신의 능력을 보여주는 것뿐이다. 꽃들은 자기 성숙으로 경쟁한다.

① 넓고 큰 집을 산 영미를 친구들이 질투하자, 친구들에게 영미의 검소함을 본받으라고 충고하였다.
② 동생이 논술 대회에서 입상하는 것을 보고, 나도 꾸준히 달리기를 연습하여 교내 마라톤 대회에서 우승하였다.
③ 입원중인 친구에게 매일 찾아가서 학교에서 배운 내용을 가르쳐 주었더니 친구와 자신의 성적이 모두 올랐다.
④ 다른 사람과 자주 대립하여 반 분위기를 무겁게 만든 친구에게 원만한 인간관계를 형성하는 방법을 알려 주었다.
⑤ 길에서 폐휴지를 줍는 할머니를 보고 돌아가신 자신의 할머니가 떠올라 할머니가 끄는 무거운 손수레를 밀어 드렸다.

47

〈보기〉의 현상이 나타난 까닭을 윗글에 비추어 설명한 것은?

> 전통적으로 서양화에서는 사생을 중시하고, 사생을 할 때에는 특정한 시간과 장소, 일정한 거리와 각도에서 그 시야 안의 사물을 관찰하고 묘사한다. 상상이나 허구에 의한 작품일지라도 작가는 대상을 고정된 시점에서 보는 것처럼 묘사하여, 대상의 선, 형태, 빛, 색 등 객관적 요소를 사실적으로 그려 낸다. 그래서 화면 안의 명암과 색채의 변화는 반드시 특정한 시간 및 공간과 관련된 객관적 요소의 제약을 받게 된다. 그런데 동양의 화가들은 산을 거닐고 경치를 즐길 때 여러모로 자세히 그 풍경을 살펴본다. 그러면 산의 경치는 걸음에 따라 변하고, 봉우리도 걸음에 따라서 다른 모습을 드러낸다. 이 때 화가는 이러한 관찰에서 얻은 풍부한 감동과 인식을 더욱 진실 되게 표현하기 위하여 자연스럽게 시점을 이동시키는 산점투시를 채택함으로써 고정 시점의 제약을 벗어나게 된다.

─ 보기 ─

> 우리는 종종 뛰어난 산수(山水) 속을 거닐며 그 풍경을 여러 각도에서 바라본다. 그리고 그 아름다움에 감탄하여, 그것을 한 장의 사진으로 찍어 보곤 한다. 그러나 정작 인화된 사진에서는 그 좋았던 경치가 감쪽같이 사라져 버리고 그저 평범한 풍경으로만 남아 있는 것을 체험하기도 한다.

① 사진의 구도를 잘못 잡아서
② 촬영자의 심리 상태가 바뀌어서
③ 풍경의 세밀한 부분까지 보여 주어서
④ 자연의 색을 제대로 표현하지 못해서
⑤ 사진기의 특성상 풍경의 한 면만 담겨서

48

㉠의 개념을 유추의 방법으로 설명하기에 가장 적절한 것은?

> 동물의 신경 세포에 의해 감각 기관과 반응 기관이 연결되면, 먹이에서 발산되는 화학 물질이나 빛 에너지 등 환경을 구성하는 요소들이 감각을 자극함에 따라 신경 세포는 흥분하게 되고, 이 흥분이 반응 기관에 전달된다. 감각 정보가 반응 기관으로 전달되면 동물은 반사적인 운동을 일으킬 수 있게 된다. 이처럼 환경 자극을 탐지할 수 있게 되면 먹이를 찾고 위험을 피하는 과제들을 수행하는 데 훨씬 효율적이고 경제적인 운동을 할 수 있게 된다.
>
> 그러나, '감각'과 '반응'이 직접 연계될 경우, 상황에 따른 유연한 행동은 불가능해진다. 동일한 자극에 대해서도 경우에 따라서는 상반되는 반응을 수행해야 생존에 유리할 수 있기 때문이다. 예컨대 전방에 탐지된 물체는 접근해야 할 먹이일 수도 있지만 회피해야 할 천적일 수도 있다. 감각 정보에 의해 운동 반응이 반사적으로 결정되는 신경계를 가진 동물은 이 딜레마를 해결할 수 없다.
>
> 문제의 해결을 위해서는 입력된 환경의 감각 정보를 처리하는 단계가 요구되며, ㉠ <u>감각 기관과 반응 기관 사이를 매개하는 처리를 담당할 세포 집단이 발달하게 된다.</u> 단순한 '감각-반응' 단계에서 '감각-처리-반응'의 단계로 진화가 이루어지는 것이다. 이 변화를 가능하게 한 핵심은 신경계의 진화이다.

① 대학 합격 여부를 알려 주는 자동 응답 전화
② 페달을 밟는 정도에 따라 속도가 달라지는 자전거
③ 범행이 발생하기 쉬운 장소에 설치한 폐쇄 회로 TV
④ 화재가 발생했을 때 단추를 눌러야 작동하는 경보기
⑤ 교신을 통하여 비행기의 안전 착륙을 유도하는 관제탑

49

다음 글의 내용으로 보아 〈보기〉의 '순이'가 ㉠이라고 할 때, '순이'가 취할 행동과 그 이유로 적절한 것은?

> 민수는 두 사람에게 각각 오천만 원의 빚을 지고 있었다. 한 명은 삼촌이고 다른 한 명은 사업상 알게 된 영수였다. 공교롭게도 이 두 사람이 동시에 어려운 상황에 처해서 오천만 원이 급히 필요하게 되었고, 그보다 적은 돈은 그들에게 도움이 될 수 없는 상황이었다. 이를 알게 된 민수는 노력한 끝에 오천만 원을 마련하였고, 둘 중 한 명에게 빚을 갚을 수 있게 되었다. 민수는 삼촌의 빚을 갚았다.
>
> 민수의 행동은 정당화될 수 있는가? 강경한 공평주의자들은 이런 순간에도 주사위를 던져서 누구의 빚을 갚을지 결정해야 한다고 주장한다. 이는 개인적 선호를 완전히 배제하기 위해서이다. 반면 ㉠<u>온건한 공평주의자</u>들은 상황적 조건이 동일한 경우에 한정하여 개인적 선호를 허용할 수 있다고 주장한다.

―― 보기 ――

> 순이는 오늘 외할머니와 친할머니 중 한 분을 하루 동안 간병하기로 했다. 연세가 더 많으신 외할머니께는 간병할 사람이 있고, 친할머니께는 간병할 사람이 없다는 것 이외에 두 분이 처한 상황 조건은 완전히 동일하다. 어려서부터 외할머니와 가까웠던 순이는 친할머니보다는 외할머니를 더 좋아한다.

① 두 분 다 소중하므로 누구를 도와도 상관없다.
② 외할머니를 더 좋아하므로 외할머니를 돕는다.
③ 친할머니께서 더 젊으시므로 친할머니를 돕는다.
④ 친할머니를 간병할 사람이 없으므로 친할머니를 돕는다.
⑤ 외할머니께서 연세가 더 많으시므로 외할머니를 돕는다.

50

다음 글에 근거하여 〈보기〉에 나타난 '지주'의 행위를 적절하게 평가한 것은?

> 사회윤리학에서는 사회윤리가 개인윤리보다 우선적인 것으로 생각하고, 사회의 기본 구조나 체제의 윤리성에 보다 주목하고 있다. 존 롤즈(J. Rawls)에 의하면, 사회의 기본 구조나 체제의 윤리성이 중요시되어야 하는 첫째 이유는, 개인이나 집단의 행위는 언제나 일정한 사회적 조건 속에서 이루어지기 마련이어서, 그 사회적 조건은 공정한 것이어야 하기 때문이다. 그에 따르면 개인 간의 상호 관계가 합리적이고 공정하게 이루어지기 위해서는 어떤 사회적 조건이 필요하다. 그래서 롤즈는 사회의 기본 구조에 속하는 제도들에 주목하여 개인이나 집단의 행위가 이루어지는 정당한 사회적 조건이 확보되어야 한다고 주장하였다. 이러한 조건이 확보되지 않는다면, 비록 개인적 차원에서는 정의롭다고 평가할 수 있는 행위도, 그것이 그릇된 사회 기본 구조를 호도(糊塗)할 수 있으므로, 더이상 정의롭지 않게 되는 것이다.

─ 보기 ─

중세 봉건 사회는 기본적으로 지주가 농노들의 노동을 착취하여 부를 축적하는 사회 구조를 가지고 있었다. 어느 날 어떤 지주가 고된 노동과 굶주림으로 고통을 받고 있는 한 농노에게 약간의 식량을 주어 허기를 면하게 하였다.

① 사회 기본 구조와 관계없이 정의롭다.
② 자유로운 상호 관계에 바탕을 두고 있으므로 정의롭다.
③ 이웃을 사랑하는 고귀한 덕목을 실천했으므로 정의롭다.
④ 불공정한 사회 기본 구조를 호도할 수 있으므로 정의롭지 못하다.
⑤ 상호 관계의 공정성 여부를 알 수 없으므로 정당성 여부를 판단할 수 없다.

51

ⓐ~ⓔ중, 〈보기〉의 사례에서 찾을 수 없는 것은?

> 대중 매체에 대한 부정적 태도는 소위 '근본주의 회화'에서도 찾을 수 있다. 이 경향의 미술가들은 회화 예술만의 특성, 즉 '회화의 근본'을 찾아내려고 고심했다. 그들은 자신들의 목표를 극단으로 추구한 나머지 결국 회화에서 대상의 이미지를 제거해 버렸다. 그것이 이미지들로 가득 차 있는 사진, 영화, 텔레비전 같은 대중 매체를 부정하는 길이라고 생각했기 때문이다. 사물의 이미지와 세상의 여러 모습들이 사라져 버린 회화에서는 전통적인 의미에서의 주제나 내용을 발견할 수 없었다. 대신 그림을 그리는 과정과 방식이 중요해졌고, 그 자체가 회화의 주제가 되어 버렸다. 이것은 대중 매체라는 위압적인 경쟁자에 맞서 회화가 택한 절박한 시도였다. 그 결과 회화는 대중 매체와 구별되는 자신을 찾았지만, 남은 것은 회화의 빈곤을 보여 주는 텅 빈 캔버스뿐이었다.
>
> 회화의 내용을 포기하지 않으면서도 대중 매체를 성공적으로 비판한 경우는 없었을까? '팝 아트'는 대중문화의 산물들을 적극적으로 이용하면서 그 속에서 대중 매체에 대한 비판을 수행하고 있다는 점에서 흥미롭다. 이는 특히 영국의 초기 팝 아트에서 두드러진다. 그들은 ⓐ <u>대중문화의 이미지를 차용</u>하여 그것을 ⓑ <u>맥락이 다른 이미지 속에 재배치함</u>으로써 ⓒ <u>생겨나는 새로운 의미</u>에 주목하였다. 이를 통해 그들은 ⓓ <u>비판적 의도를 표출</u>했는데, ⓔ <u>대중문화에 대한 비판</u>도 같은 방식으로 이루어졌다. 이후 미국의 팝 아트는 대중문화에 대한 부정도 긍정도 아닌 애매한 태도나 낙관주의를 보여 주기도 하지만, 거기에도 비판적 반응으로 해석될 수 있는 작품들이 있다. 리히텐슈타인이 대중문화의 하나인 만화의 양식을 본떠 제작한 「꽈광!」과 같은 작품이 그 예이다.

―― 보기 ――

영국 미술가 해밀턴은 1964년 당시 영국의 정치가 휴 게이츠켈의 정책에 반대하는 입장을 드러내기 위해 「영화 속 괴물 휴 게이츠켈의 초상」을 제작하였다. 그는 이 정치가의 확대된 얼굴 사진을 놓고 그 일부를 공포 영화 「오페라의 유령」에 등장하는 유령의 모습처럼 바꾸어, 이 정치가가 비인간적 면모를 감추고 있다는 메시지를 전하려 하였다.

① ⓐ
② ⓑ
③ ⓒ
④ ⓓ
⑤ ⓔ

| 실전문제 1 |

(가) 지도는 지표(地表) 공간에 관한 인간의 의사소통 수단으로 매우 유용하기 때문에 일찍부터 활용되어 왔다. 아마도 먼 옛날에는 흙이나 모래 또는 돌 위에 간단하게 공간 정보를 나타내어 이용하였을 것이다. 우리나라의 경우 약 3천 년 전의 선사인(先史人)이 남긴 암각화에 공간 정보가 그려져 있는 것이 확인되었고, 고구려 벽화에서는 요동성시(遼東城市) 그림이 발견되었다. 삼국 시대와 고려 시대에 군사용 혹은 행정용 지도가 제작되었다는 사실도 다양한 문헌 자료에 의하여 밝혀졌으나 지금은 전하지 않는다. 이후 제작 기술이 발달하고 그 쓰임이 다양해짐에 따라, 지도는 많은 변천을 거치며 오늘날에 이르렀다.

(나) 우리나라에 현존하는 지도는 조선 시대 이후에 제작된 것이다. 조선 초기에는 조선 건국의 에너지가 각종 지도로 표현되었다. 한 예로, 1402년에 제작된 '혼일강리역대국도지도(混一疆理歷代國都之圖)'는 중국, 일본에서 유럽과 아프리카까지 당시의 세계를 종합적으로 나타낸 지도였다. 이 지도는 실제로 측량을 해서 만든 것이 아니라 당대의 기존 지도를 조합하여 제작한 것으로, 신흥 국가 조선을 세계 속에서 확인하고 싶어 했던 당시 사람들의 소망을 담고 있다. 조선 후기에는 목판 인쇄술의 발달로 목판본 지도가 많이 제작되었는데, 지도의 크기가 대형화되었으며 지도에 표시되는 정보도 상세하고 풍부해졌다. 그런데 조선 시대에 제작된 지도들의 대부분은 관(官) 중심으로 만들어져 통치와 행정의 수단으로 주로 활용되었다.

(다) 개항 이후에는 서양의 인쇄 기술과 지도 제작 기술이 도입되었고, 일제 강점기에는 주로 일본인에 의해 서양의 정밀한 지도 제작 기술이 도입되었다. 이들은 한반도 수탈을 위해 제도를 제작하였으며, 그런 점에서 지도는 여전히 통치와 행정의 도구 역할을 했다. 광복 이후가 되어서야 비로소 지도는 대중에게 보급될 수 있었다.

(라) 근래 컴퓨터의 이용이 보편화되고 컴퓨터 용량이 대형화됨에 따라 컴퓨터 지도가 발달하였다. 컴퓨터 지도는 수치 지도(디지털 지도)라는 점에서 기존의 종이 지도와는 크게 다르다. 수치지도는 기존의 지도에서 사용되던 기호 체계를 사용하되, 각종 지리 정보들을 표준코드로 분류하여 저장한 지도이다. 수치 지도는 토지이용도, 지적도, 지하 시설물 위치도, 도로 지도, 기상도, 식생도와 같은 주제도(主題圖)에 널리 활용되고 있는데, 이와 같이 수치 지도를 활용하는 체계를 '지리 정보 체계(GIS)'라고 부른다.

(마) 지금까지 살펴본 바와 같이 지도는 각 시대의 필요에 따라 점진적으로 발달해 왔다. 지도는 인간이 살아가는 공간에 대한 다양한 정보를 담고 있는데, 이들 정보는 당대 사람들의 삶에 의미를 가지는 것들이다. 우리는 여러 가지 지도를 통해서 우리 자신뿐 아니라 먼 과거에 살았던 사람들, 나아가 한 번도 가보지 못한 곳에 살아가는 사람들을 만나서 그들의 생각과 삶의 모습을 접할 수 있게 된다. 이런 점에서 지도는 세계를 바라보는 '**창**'이라 할 수 있다. 우리가 지도라는 창을 통해 세계를 이해하고 갖가지 의미를 이끌어 낼 때 지도는 다양하고 풍부한 정보를 담은 두툼한 한 권의 '**책**'이 되는 것이다.

01

윗글의 내용과 일치하지 <u>않는</u> 것은?
① 지도는 인간의 의사소통 수단 중의 하나이다.
② 시대의 흐름에 따라 지도 사용 계층이 확대되었다.
③ 옛 지도는 주로 행정과 통치의 수단으로 활용되었다.
④ 과학 기술의 발달은 지도의 발달에 많은 영향을 주었다.
⑤ 지도의 크기가 대형화되면서 다양한 주제도가 발달하였다.

02

윗글의 내용을 바탕으로 '지도'의 개념을 바르게 기술한 것은?
① 공간 정보를 기호 체계로 표현한 것이다.
② 공간 정보를 인쇄 매체로 구현한 것이다.
③ 공간 정보를 표준 코드로 체계화 한 것이다.
④ 공간 정보를 비공간 정보와 결합한 것이다.
⑤ 공간 정보를 수치를 이용하여 저장한 것이다.

03

윗글의 내용을 바탕으로 아래 지도를 해석한 것으로 적절하지 <u>않은</u> 것은?

〈혼일강리역대국도지도〉

① 우리나라를 실제보다 크게 그린 것으로 보아, 실측지도라고 보기는 어렵다.
② 중국이 지도의 중심에 있는 것으로 보아, 당시 우리나라 사람들의 세계관을 알 수 있다.
③ 기존 지도를 조합해서 만들었으므로, 당시 조선 국왕의 권위를 나타내기는 어려웠을 것이다.
④ 유럽이 매우 미미하게 그려진 것은 당시 유럽에 대한 정보가 상대적으로 부족했기 때문이다.
⑤ 아프리카가 지도에 나타난 것으로 보아, 당시 우리나라 사람들의 지리적 인식 범위를 알 수 있다.

04

윗글의 내용으로 보아, '창'과 '책'의 의미로 가장 적절한 것은?

	〈창〉	〈책〉
①	이념의 구현	이념의 체계
②	세계의 창조	세계의 재현
③	과거의 기록	현재의 척도
④	자연적 공간	사회적 공간
⑤	인식의 매개	인식의 확대

| 실전문제 2 |

　　인류의 역사에는 위대한 사상가들이 많다. 그러한 사상가들은 현실의 문제를 새로운 관점에서 비추어 보고 해결하는 지혜를 후세들에게 제공해 준다. 독일의 시인이자 사상가인 괴테(Goethe)도 마찬가지이다. '진정한 인간성'을 추구하는 그의 사상은 현대에 사는 우리에게도 꺼지지 않는 불꽃으로 남아 있다.

　　괴테는 정신세계에 다양한 요소를 지닌 사람이었다. 예리한 판단력, 풍부한 상상력 그리고 예민한 감수성을 괴테만큼 두루 지녔던 사람도 드물다. 그런데 이런 특성들이 선천적이라기보다는 자기 스스로 노력하고 탐구하여 얻은 것이라는 데 그의 매력이 있다. 그는 평생 동안 완전한 자기 자신을 만들기 위해 노력한 사람이다. 시인이며 자연 과학자이고, 사상가이며 정치가인 삶을 살았지만, 그는 이 모든 것에 앞서 인간다운 인간이 되고 싶어했다. 그가 말하는 '진정한 인간성'은 이러한 삶의 목표를 반영하고 있다. 여기서 인간다운 인간은 한 곳에 안주하지 않고 끊임없이 노력하는 사람이며, 동시에 어떠한 상황에서도 고결하고 선량하며 동정심을 잃지 않는 사람을 말한다. 아울러 그 바탕에는 내면세계를 부단히 성찰하면서 자신의 참 모습을 일구어 가는 진지함이 자리잡고 있다. 이러한 품성을 두루 갖춘 인간성을 괴테는 자연과 유사한 상태로 간주하였다.

　　'진정한 인간성'을 강조하는 괴테의 목소리에 귀 기울이며 현대 사회의 척박함 속에서도 개인이 인간성을 자유롭게 실현할 수 있을까 하는 의문을 가져 본다. 여러 가지 점에서 현대인은 자연스럽지 못한 상태로 변해 가고 있다. 인간성의 근원인 자연에서 점점 멀어지면서, 현대인은 자신의 참 모습을 만들기 위해 노력하기보다는 물질이나 이념과 같은 외면적 가치에 더욱 매달리고 있다. 그리하여 우리는 왜곡된 인간성에 의해 저질러지는 폭력과 살생을 자주 목격한다. 인간에게 근본적으로 부여된 고귀함을 잊은 채 욕망이 이끄는 대로 휩쓸려 가는 사람들의 모습을 보면, 어둠 속에서 미소를 짓고 있는 악마 메피스토펠레스가 떠오른다.

　　한편 '진정한 인간성'에 대한 요구는 개인과 집단간의 대립을 야기하기도 한다. 괴테는 인간의 목표가 각자의 개성과 존엄성을 통해 보편성에 이르는 데 있다고 보았다. 즉 그는 자연이라는 근원에서 나온 개체에 대해서는 자연과 동일한 권리를 부여하였지만, 개체와 근원 사이에 존재하는 중간 단계에 대해서는 상대적으로 관심이 적었다. 그리하여 나폴레옹이 그의 조국을 점령하였을 때에, 그는 피히테(Fichte)만큼 열성적으로 활동하지는 않았다. 물론 그도 자기 민족의 자유를 원했고 조국에 대해 깊은 애정을 표시했지만, 그의 마음을 더욱 사로잡은 것은 인간성이나 인류와 같은 관념이었다. 이런 점에서 볼 때, 괴테는 집단의식보다는 개인의 존엄성을 더 중시했다고 할 수 있다.

[A] 　그런데 이전보다 훨씬 다양한 집단에 속한 채 살아야 하는 현대인에게는 개인과 집단의 관계를 어떻게 설정하느냐 하는 문제가 더욱 중요하게 떠오른다. 이러한 문제가 발생할 때 다수의 논리를 내세워 개인의 의지를 배제한다면 그것은 바람직한 해결책이라 할 수 없다. 현대 사회가 추구하는 효율성의 원칙만을 내세워 집단을 개인의 우위에 두면 '진정한 인간성'이 계발되기 어렵다. 그러므로 우리는 개인이 조직 사회에 종속됨으로써 정신적 독립성을 잃게 되는 위험성을 항상 경계해야 한다.

　　괴테가 세상을 떠난 지 긴 세월이 지난 오늘날, 우리는 그의 의미를 새롭게 발견한다. 그는 현대의 공기를 마셔 보지 않았지만 대단히 현대적인 시각에서 우리에게 충고를 하고 있다. 지금 진행되고 있는 이 무서운 드라마를 끝내기 위해서는 모든 사람이 다 함께 '진정한 인간성'

을 추구해야 한다. 물질적 편리함을 위해 정신적 고귀함을 간단히 양보해 버리고, 집단의 목적을 위해 개인의 순수성을 쉽게 배제해 버리는 세태 속에서 우리는 자신의 혼을 가진 인간으로 살기 위해 노력해야 한다. 이런 점에서, 순수하고 고결한 인간성을 부르짖은 괴테의 외침은 사람 자체를 존중하는 마음이 사라져 가는 오늘날의 심각한 병폐를 함께 치유하자는 세계사적 선서의 의미를 지닌다. 모든 사람들이 근본적으로 지니고 있는 사랑하는 마음과 선량한 마음을 잃지 않고 각자 '진정한 인간성'을 행동으로 실천한다면, 현대 사회의 비인간화 현상은 극복될 수 있을 것이다.

01

윗글의 내용과 일치하지 않는 것은?
① 현대인은 정신적 고귀함보다는 물질적 편리함을 추구한다.
② 괴테는 민족의식을 고취하기 위하여 진정한 인간성을 활용하였다.
③ 괴테는 개성의 존엄성을 통한 보편성의 획득을 인간의 목표로 간주하였다.
④ 위대한 사상은 당대에만 의미를 지니는 것이 아니라 후대에도 영향을 미친다.
⑤ 현대 사회의 비인간화 현상을 극복하기 위해서는 모든 사람들의 실천 의지가 요구된다.

02

윗글의 주된 논지 전개 방식은?
① 가설을 제시하고, 구체적 자료를 통해 이를 검증한다.
② 비유적인 예를 들어 문제를 제기하고, 이를 일반화한다.
③ 상반된 두 주장을 비판하고, 여기서 절충적 관점을 도출한다.
④ 핵심 개념을 제시하고, 이를 토대로 문제 해결 방안을 모색한다.
⑤ 개념의 일반적 정의를 소개하고, 이러한 정의의 문제점을 분석한다.

03

다음 중, [A]의 논지와 가장 가까운 것은?
① 개인과 집단 사이에는 갈등이 있을 수 없다. 집단의 이익이 개인의 이익이며, 개인의 이익이 집단의 이익이다.
② 다수의 논리를 내세워 개인의 의지를 꺾는 것도 잘못이지만, 개인의 의지가 다수의 논리를 무시하는 것은 더 큰 문제이다.
③ 개인의 존엄성은 상대적인 것이다. 따라서 개인도 자기 목소리만을 높일 것이 아니라 집단의 목표에 부합하도록 노려해야 한다.
④ 진정한 인간성은 이기주의와는 다른 것이다 개인의 독립성을 지나치게 주장하여 집단의 운영에 차질을 주면 그것 역시 바람직하지 않다.
⑤ 개인이 집단의 목적에 맹목적으로 따르는 것은 민주 시민의 올바른 자세가 아니다. 구성원의 비판이 없는 집단은 자기 발전을 이루지 못한다.

| 실전문제 3 |

(가) 사회학에서 소외란 개인이 자신의 통제를 넘어서는 억압적 사회 구조나 제도와 상호 작용할 때 경험하게 되는 무의미감과 무력감을 말한다. 소외는 사회 구성원의 정상적인 사회 생활과 인격적 존재로서의 건전한 성장을 가로막는데, 이는 개인의 불행일 뿐 아니라 사회의 유지와 발전을 위협하는 요인으로 작용할 수도 있다. 이런 점에서 소외는 사회적 실천 활동을 통해 반드시 극복해야 하는 과제임이 분명하다.

(나) 이러한 사회적 실천 활동을 구체화한 개념이 '사회복지'이다. 사회복지는 소외 문제를 해결하고 예방하기 위하여, 사회 구성원들이 각자의 사회적 기능을 원활하게 수행하게 하고, 삶의 질을 향상시키는 데 필요한 제반 서비스를 제공하는 행위와 그 과정을 의미한다. 현대 사회가 발전함에 따라 계층간·세대간의 갈등 심화, 노령화와 가족 해체, 정보 격차에 의한 불평등 등의 사회 문제가 다각적으로 생겨나고 있는데, 이들 문제는 때로 사회 해체를 우려할 정도로 심각한 양상을 띠기도 한다. 이러한 문제의 기저에는 경제 성장과 사회 분화 과정에서 나타나는 불평등과 불균형이 있으며, 이런 점에서 사회 문제는 대부분 소외 문제와 관련되어 있음을 알 수 있다.

(다) ⓐ사회복지 찬성론자들은 이러한 문제들의 근원에 자유 시장 경제의 불완전성이 있으며, 이러한 사회적 병리 현상을 해결하기 위해서는 국가의 역할이 더 강화되어야 한다고 주장한다. 예컨대 구조조정으로 인해 대량의 실업 사태가 생겨나는 경우를 생각해 볼 수 있다. 이 과정에서 생겨난 희생자들을 방치하게 되면 사회 통합은 물론 지속적 경제 성장에 막대한 지장을 초래할 것이다. 따라서 사회가 공동의 노력으로 이들을 구제할 수 있는 안전망을 만들어야 하며, 여기서 국가의 주도적 역할은 필수적이라 할 것이다. 현대 사회에 들어와 소외 문제가 사회 전 영역으로 확대되고 있는 상황을 감안할 때, 국가와 사회가 주도하여 사회복지 제도를 체계적으로 수립하고 그 범위를 확대해 나가야 한다는 이들의 주장은 충분한 설득력을 갖는다.

(라) 반면, 부정적 입장을 취하는 ⓑ반대론자들은 사회복지의 확대가 근로 의욕의 상실과 도덕적 해이라는 복지병을 유발하여 오히려 사회 발전에 장애가 될 것이라고 비판하면서, 극빈 계층을 대상으로 제한된 범위 내에서 최소한으로 사회복지를 실시해야 한다고 주장한다. 물론 사회복지가 근로 능력이 있는 사람의 자립과 자활 의지를 살려내지 못하고 일방적 시혜에 그친다면, 그 개인은 물론이고 사회 전체의 활력을 저해하는 결과를 초래할 수 있다. 그러나 이들은 복지병이 사회복지의 과잉 공급에 의한 것임을 간과하고 있다. 적어도 삶의 질 문제와 인격권의 차원에서 사회복지가 이루어낸 성과를 그 폐단이 가릴 수는 없는 것이다. 사회복지는 자유 시장 경제의 발전에 따라 끊임없이 생겨나는 각종 소외, 차별과 불평등 문제를 해결하는 데 있어 여전히 유효한 제도인 것이다.

(마) 우리가 추구하는 것은 소외 계층을 포함하는 모든 국민이 사회에 참여하고 공동체의 발전과 삶의 질 향상에 기여하는 사회이다. 그런데 이러한 사회는 공정한 분배를 통해서 이루어질 수 있다. 분배 정의는 기본적인 생활 보장과 안정적인 경제 성장의 사회적 기초로 작동하게 되는데, 사회복지는 이러한 분배 정의의 가장 기본적인 기능을 수행하게 되는 것이다. 결국 오늘날의 사회복지는 국민 모두의 인간적 삶을 보장하는 제도적 장치를 확립하고 참여와 책임의 공동체를 구현하는 데, 그 지향점을 두고 있다고 할 수 있다.

01

(가)~(마)에 대한 설명으로 적절하지 않은 것은?

① (가) : 논의를 위한 전제로 소외의 개념과 성격을 밝히고 있다.
② (나) : 통시적 고찰을 통해 사회 복지 개념을 정의하고 있다.
③ (다) : 사례를 들어 찬성론자의 입장을 옹호하고 있다.
④ (라) : 반대론자의 주장을 반박하여 찬성론을 강화하고 있다.
⑤ (마) : 사회 복지가 지향해야 할 방향을 밝히고 있다.

02

윗글을 통해 해결할 수 있는 과제로 적절하지 않은 것은?

① 사회복지가 관심을 갖는 문제는 무엇인가?
② 소외 문제를 어떻게 해결해 나갈 수 있는가?
③ 우리가 바라는 바람직한 사회는 어떤 모습인가?
④ 사회복지 제도를 어떻게 체계적으로 수립해 나갈 것인가?
⑤ 사회복지의 확대를 찬성 또는 반대하는 근거는 무엇인가?

03

윗글의 내용으로 보아 ⓐ와 ⓑ가 〈보기〉를 접하고 보일 수 있는 반응으로 적절하지 않은 것은?

―― 보기 ――

스칸디나비아 3국은 경제적 풍요, 정치적 자유와 함께 공동체적 평등이 보장되어 있는 나라로 잘 알려져 있다. 자유, 평등, 결속을 국가적 지표로 내걸고 있는 이들 세 나라는, 이념적으로 빈부의 격차를 받아들이지 않는다. 국가는 모든 사람들이 자신의 능력을 맘껏 발휘할 수 있도록 기회를 제공하고, 모든 국민은 인간다운 삶을 누릴 수 있는 권리와 의무를 동시에 가진다. 또한 고소득자는 최고 55%의 세금을 내고, 저소득자는 세금을 면제받으며, 실업자는 실업 수당을 지급받는다. 그 결과 개인이 쓸 수 있는 돈은 결국 엇비슷해진다.

① ⓐ : 사회적 안전망이 이들 국가의 사회적 안정과 경제적 풍요를 떠받치는 기둥이라 할 수 있습니다.
② ⓑ : 고소득자의 부담으로 저소득자를 책임지는 사회 체제가 과연 언제까지 지속될 수 있을지 의문입니다.
③ ⓐ : 모든 사람들이 능력을 발휘할 수 있는 기회를 제공하기 위한 국가적 노력과 사회적 연대 의식이 인상적입니다.
④ ⓑ : 저소득층을 위한 정책의 성공 여부는 고소득층의 소비 자제를 어느 정도로 이끌어낼 수 있느냐에 달려 있습니다.
⑤ ⓐ : 이 정도의 사회적 안전망과 연대 의식이라면 새롭게 생겨나는 소외 문제에도 원만하게 대처할 수 있을 것입니다.

| 실전문제 4 |

　현재의 아이들이 경험하는 문화는 라디오나 텔레비전을 통해 세상을 배운 어른들의 세계와 분명 다르다. 청소년들은 이제 사이버 공간을 통해 현실과는 다른 다양하고 불확정적인 인간관계를 경험한다. 이런 과정 속에서 자신의 정체성을 다양하게 구체화시키는 경험을 한다. 다양한 정체성의 표현과 이것을 통해 가변적으로 형성될 수 있는 인간관계가 바로 카오스적 특징이다. 이 카오스적인 인간관계 속에서 개인은 자신의 다양함과 개성적인 표현을 할 수 있게 된다. 이런 인간관계에서 자아의식과 집단의식은 병존하기가 어려운 것처럼 보인다. 그러나 복잡한 체계의 구성 요소들은 작동하는 대로 놓아둔다면 거대한 질서와 안정성을 유지할 것이다.
　사이버 공간의 경험과 청소년 발달, 그리고 이들이 경험하는 인간관계의 일차적 속성은 다양성과 변화이다. 기존의 인간관계는 대상을 파악하고 이 대상들이 가진 속성을 관계 속에서 일정하게 유지하는 것이었다. 이에 비해 사이버 공간의 인간관계는 사람들 간의 또는 사람과 대상들 간의 이미지와 이 이미지들이 만드는 관계망 속에서 새로운 총체적인 이미지를 통해 이루어진다. 따라서 사이버 공간을 경험하는 청소년들에게는 동일한 인간, 동일한 관계, 그리고 동일한 맥락 속에서의 고정적인 인간간계란 더이상 존재하지 않는다.
　현재의 사이버 문화를 경험하는 청소년 세대들이 앞으로 현실 공간에서 새롭게 경험하거나 만들어 가게 될 인간관계는 현재 이들이 경험하는 사이버 공간에서 이미 벌어지고 있다. 예를 들면 결혼이나 조직 활동 등과 같은 관습적인 인간관계는 현재 사이버 공간상의 인간관계 변화에 상징적으로 반영된다. 이들에게 있어 사회화 경험은 현실에의 놀이 활동이나 인간관계에서 이루어지기보다는 사이버 공간에서 이루어지는 교류를 통해 내재화된다. 특히 사이버 공간 속에서 청소년들이 경험하는 인간관계는 일종의 놀이이다. 사이버 공간에서의 자기표현과 인간관계가 끊임없이 변화할 수 있듯이, 아이들은 게임 속에서 자신의 다양한 역할을 시험한다.
　㉠삶에 대해 기계론적 태도를 가진 사람들은 단일한 역할 속에서 자신들의 정체성을 찾는다. 그리고 사이버 공간에서 보이는 복합적인 모습은 환상 세계에서나 이루어지는 다양한 역할 표현이라고 이야기 한다. 그러나 ㉡청소년들이 경험하는 사이버 공간의 모습은 마치 게임의 플레이어가 다른 전술을 택할 때마다 다르게 나타나는 역할이나 캐릭터와 같다. 맥락에 따라, 역할에 따라 각기 다른 징체싱을 지니면서 새로운 인간관계를 형성하는 N세대 청소년의 가상의 인간관계는, 한편으로는 현실 세계에서 분열적 사고와 인간관계의 혼란이라고 해석될 수 있다. 그러나 사이버, 미디어 세대들은 이런 다양함과 혼란 속에서 안정적이며 질서 있는 자신의 모습을 찾는다. 그것도 일종의 공동체적 속성을 통해 새로운 사회화 경험을 한다.
　㉢미래학자들은 정보화 사회가 ⓐ불확정성 속에서 새로운 질서와 관계를 탐색하는 사회라고 한다. 그렇다면, 이들이 경험하게 될 인간관계도 비교적 불확정적이면서 나름대로의 어떤 질서를 파악하는 과정이라 할 수 있다. 인간의 마인드는 경험의 다양함 속에서 드러나는 모습에 좌우되지 않고 안정적인 질서를 만드는 놀라운 능력이 있다는 점은 이미 증명된 것이다. 따라서 사이버 공간에서 경험하는 청소년의 인간관계를 카오스적인 특성으로 정의하더라도, 이것은 분명 우리 미래 사회의 모습과 유사한 방향일 것이다. 이 모습은 다양성 속에서의 불규칙한 인간관계로 나타날 것이며, 현재의 규범적이고 단선적이며 위계적인 모습과는 뚜렷하게 구별될 것이다.

01

윗글의 내용을 다음과 같이 항목화하여 정리하였을 때, 잘못된 것은?

		어른들의 세계	청소년의 세계
①	문화의 경험 경로	대중 매체	사이버 세계
②	인간관계의 특성	고정적	가변적
③	인간관계에서 중시하는 것	대상과의 관계	대상의 이미지
④	문화의 지향점	사회의 질서와 안정	기존 사회의 틀 해체
⑤	정체성의 표현	단일한 역할	다양한 역할

02

㉠~㉢에 대한 설명으로 잘못된 것은?

① ㉠은 ㉡의 행동들에 대해 우려하고 있다.
② ㉢은 미래 사회를 낙관적으로 전망하고 있다.
③ ㉢은 ㉡의 행동 방식을 자연스럽게 받아들이고 있다.
④ ㉠은 ㉢과의 갈등 관계를 회복하려고 노력하고 있다.
⑤ ㉡은 ㉠보다 주변 상황의 변화에 쉽게 적응할 수 있다.

03

〈보기〉의 현상에 대해 글쓴이가 보일 반응으로 가장 적절한 것은?

――― 보기 ―――

고등학교 1학년인 K군은 우등생이다. 그런데 요즘 들어 리니지 게임에 몰두해 있다. 집에서 책만 읽던 K군은 PC방을 가 본 이후로는 매일 밖으로 나갈 궁리뿐이다.
"그동안 해 본 게임하고는 비교가 안 돼요. PC방에 가면 친구들도 사귀고 좋아요. 서로 편짜서 게임도 하고, 모르는 사람들하고도 쉽게 사귈 수 있고……. 게임 속의 아바타를 업그레이드해서 친구들에게 자랑하고 싶어요."

① 고등학교 시절 미래를 준비하는 중요한 시기입니다. 게임에 빠진 청소년들이 많은 걸 보니 전반적인 학력 하락이 예상되는군요.
② 청소년기라고 해서 공부만 할 수는 없습니다. 주변에 청소년들이 즐길만한 놀이 문화가 없는 한 게임을 즐기는 것은 이해해야지요.
③ 청소년을 보면 그 나라의 미래를 알 수 있다고 합니다. 앞으로 우리나라는 게임 중독에 빠진 청소년들로 심각한 사회 문제를 겪게 될 것입니다.
④ 폐쇄적인 인터넷 공간 속에서의 몰두는 사회생활에서의 심각한 부적응 현상을 초래할 수 있습니다. 그렇기에 이들을 열린 공간으로 이끌어 내야 합니다.
⑤ 게임을 하는 청소년들은 나름대로의 사회화 과정을 겪고 있는 것입니다. 게임 속에서의 다양한 경험은 그들이 미래 사회를 살아가는 데 도움이 될 것입니다.

04

ⓐ를 비유적으로 표현했을 때, 가장 적절한 것은?
① 개미들이 영역을 나누어 자기 역할을 해 가는
② 어두운 밤에 등불 없이도 자기 집을 찾아 가는
③ 구불구불한 골목길을 곧은 도로로 만들어 나가는
④ 여러 부품들을 조립해서 하나의 자동차를 만들어 내는
⑤ 다양한 블록을 가지고 새로운 만들거리를 생각해 내는

| 실전문제 5 |

　오랜 연원을 가진 '생체 모방(biomimetics)'에 대한 관심이 최근 들어 폭발하고 있다. ㉠생체 모방은 자연의 생명체가 보여 주는 행동이나 구조, 그들이 만들어 내는 물질 등을 연구해 모방함으로써 인간 생활에 적용하려는 기술이다. 자연물의 구조나 성질에서 아이디어를 차용한 것인지, 아니면 원하는 성질을 가진 자연물을 재료로 이용하는지 여부에 따라 용어를 구별하기도 하지만 이름이야 어떻든 간에 '자연에서 한 수 배운다.'는 관점에는 별 차이가 없다.
　사실 자연을 차용해 사물의 설계도를 그리는 것은 전혀 새로운 일이 아니다. 레오나르도 다빈치가 새의 비행을 연구한 뒤 하늘을 나는 기계를 설계했고, 라이트 형제도 터키 독수리가 자신의 몸을 이용해 난류를 줄이는 것을 분석해 비행기를 안정하게 했으며, 이순신 장군은 거북의 갑피에서 아이디어를 얻어 거북선을 ⓐ만들었다.
　특히 이 같은 관심은 재료 분야에서 두드러지게 나타나고 있다. 강도(強度) 높은 새로운 재료를 찾던 학자들은 철보다 더 강하면서도 흔한 물질이 지상에 있으리라 생각했다. 그러던 중 우연히 전복 껍데기를 전자 현미경으로 들여다 본 결과, 전복 껍데기가 세라믹 복합 재료와 거의 유사하다는 것을 발견했다. 전복 껍데기는 분필과 동일한 성분인 탄화칼슘으로 이루어져 있지만, 1백kg이 넘는 사람이 밟아도 부서지지 않을 만큼 강도가 높다. 여기에 착안한 학자들은 전복 껍데기의 분자 배열을 분석해 내고, 이를 이용해 탱크 철갑을 만들어 내기에 이르렀다.
　자연물을 모방하여 특하고 안정적인 구조물을 만들어내기도 한다. 꿀벌은 배에 붙어 있는 밀랍샘에서 밀랍을 분비, 꿀이 넘치지 않도록 9~14도 정도 위로 향하게 집을 만든다. 이렇게 만들어진 6각형 벌집을 일러 다윈은 '낭비가 전혀 없는 완벽한 구조물'이라 극찬했다. 과학자들은 벌통의 단순함과 강도를 설명하기 위해 무척 시달려 왔다. 하지만 자나 컴퍼스 없이 이 같은 모습을 만든 벌의 비상한 재주보다 더 놀랄 일은 이 구조가 믿을 수 없을 만큼 가벼우면서도 강하다는 것이다. 식물의 줄기와 사람의 각막에서도 발견할 수 있는 6각형 형태는 포장에 사용되는 골판지에서 벽걸이 텔레비전에 사용되는 액정 화면의 구조에 이르기까지 실로 다양한 분야에 응용되고 있다. 무선 이동 통신의 기지국을 설계할 때 본이 된 것도 6각형이다. 가정에서 사용하는 무선 전화기는 서비스 지역에서만 통화가 가능하지만 이동 전화는 기지국과 기지국을 넘나들며 통화가 가능하다. 여기서 하나의 무선 기지국이 커버하는 서비스 지역을 셀(cell)이라 하는데 각 셀은 6각형 모양을 하고 있으며, 이들은 전체로 보면 영락없는 벌집 모양이다.
　지금까지 살펴본 사례 외에도 우리 주변에서 찾을 수 있는 생체 모방의 예는 무수히 많다. 따지고 보면 인간이 이루어 놓은 모든 피조물은 대소의 차이는 있을지언정 모방의 범위에서 벗어나기 힘든 것이 사실이다. 결국 과학이란 자연 어딘가에 그 틀을 두고 있는 '모방의 다른 이름'인 것이다. 생명은 자연적인데 반해 이를 이용해 만든 모방품은 모두 인위적이다. 인공물은 재료 물질에 외부의 힘을 가해서 생겨난 것이어서, 제 아무리 완전한 인공물이더라도 생물과는 근본적으로 다를 수밖에 없다. 자연의 질서를 흉내 낸 또 다른 인공물은 필연적으로 예기치 않은 부산물을 만들어 낸다. 전 세계가 골치를 앓고 있는 환경오염은 자연과 인공의 차이점을 잊은 채 개발 자체에만 몰두해 일어난 사태다. 바야흐로 '자연에 순종하라'는 메시지에 귀 기울여야 할 때다.

01

윗글에 사용된 글쓰기 전략과 거리가 먼 것은?
① 개념 정의를 통해 논의의 범위를 한정한다.
② 구체적인 사례를 동원해 독자의 이해를 돕는다.
③ 권위자의 발언을 인용해 대상의 특성을 소개한다.
④ 가설을 설정한 후 통시적 분석을 통해 이를 검증한다.
⑤ 정보 전달에 초점을 맞추되 논증적 요소를 추가한다.

02

윗글의 ㉠에 해당하지 않는 것은?
① 엉겅퀴 씨앗이 옷이나 동물에 잘 붙는 이유를 조사해 보니, 이는 엉겅퀴 씨앗이 가지고 있는 갈고리 조직 때문이었다. 이를 활용하여 밸크로테이프(일명 찍찍이)를 개발하였다.
② 아무리 파도가 쳐도 홍합이 바닷속 바위에 단단하게 붙어 있을 수 있는 이유를 조사해보니, 이는 홍합이 지니고 있는 단백질 때문이었다. 이를 활용하여 접착제를 개발하였다.
③ 상어가 물 속에서 매우 빠르고 민첩한 이유를 조사해 보니, 이는 상어 비닐에 있는 '리블렛'이라는 미세한 돌기가 저항을 줄여 주기 때문이었다. 이를 활용하여 수영복을 개발하였다.
④ 연(蓮)이 평소 아름다운 자태를 뽐낼 수 있는 이유를 조사해 보니, 이는 연잎에 있는 돌기가 방수(防水), 방진(防振) 역할을 하기 때문이었다. 이를 활용하여 방수, 방진 스프레이를 개발하였다.
⑤ 도심보다 숲 속의 공기가 좋은 이유를 조사해 보니, 이는 식물에서 나오는 피톤치드라는 물질이 항균, 살균 작용을 하기 때문이었다. 이를 활용하여 실내에 공기 청정용 식물을 가져다 놓았다.

03

글 전체의 흐름을 고려했을 때, 윗글에 이어질 내용으로 가장 적절한 것은?
① 생체 모방은 대상이 되는 자연물의 어떤 특성을 모방할지 결정하는 것이 중요하다.
② 생체 모방은 자연을 모방하여 어디에 쓸 것인지를 결정한 후에 실행에 들어가야 한다.
③ 새로운 물질을 만들 수 있는 아이디어를 얻기 위해서는 자연을 유심히 관찰해야 한다.
④ 생체 모방으로 인공물을 만들어 낼 때 자연의 섭리를 따라야 환경오염을 막을 수 있다.
⑤ 생체 모방이 자연물에 대한 모방에 그치지 않고 자연물을 능가할 수 있도록 해야한다.

04

ⓐ의 의미를 중심으로 〈보기〉와 같이 탐구 학습을 진행하였다. 이와 유사한 단어의 배열로 보기 어려운 것은?

―――――――――― 보기 ――――――――――
[없애다] _____ ⓐ 만들다 _____ [부수다]

① 입다 - 벗다 - 신다
② 받다 - 주다 - 빼앗다
③ 앉다 -일어나다 - 자다
④ 지저귀다 - 울다 - 웃다
⑤ 펴다 - 구부리다 - 젖히다

| 실전문제 6 |

(가) 지구상에서는 매년 약 10만 명 중의 한 명이 목에 걸린 음식물 때문에 질식사하고 있다. 이러한 현상은 인간의 호흡 기관[기도]과 소화 기관[식도]이 목구멍 부위에서 교차하는 구조로 되어 있기 때문에 발생한다. 인간과 달리, 곤충이나 연체동물 같은 무척추동물은 교차 구조가 아니어서 음식물로 인한 질식의 위험이 없다. 인간의 호흡 기관이 이렇게 불합리한 구조를 갖게 된 원인은 무엇일까?

(나) 바다속에 서식했던 척추동물의 조상형 동물들은 체와 같은 구조를 이용하여 물속의 미생물을 걸러 먹었다. 이들은 몸집이 아주 작아서 물속에 녹아 있는 산소가 몸 깊숙한 곳까지 자유로이 넘나들 수 있었기 때문에 별도의 호흡계가 필요하지 않았다. 그런데 몸집이 커지면서 먹이를 거르던 체와 같은 구조가 호흡 기능까지 갖게 되어 마침내 아가미 형태로 변형되었다. 즉, 소화계의 일부가 호흡 기능을 담당하게 된 것이다. 그 후 호흡계의 일부가 변형되어 허파로 발달하고, 그 허파는 위장으로 이어지는 식도 아래쪽으로 뻗어 나갔다. 한편, 공기가 드나드는 통로는 콧구멍에서 입천장을 뚫고 들어가 입과 아가미 사이에 자리 잡게 되었다. 이러한 진화 과정을 보여주는 것이 폐어(肺魚) 단계의 호흡계 구조이다.

(다) 이후 진화 과정이 거듭되면서 호흡계와 소화계가 접하는 지점이 콧구멍 바로 아래로부터 목 깊숙한 곳으로 이동하였다. 그 결과 머리와 목구멍의 구조가 변형되지 않는 범위 내에서 호흡계와 소화계가 점차 분리되었다. 즉, 처음에는 길게 이어져 있던 호흡계와 소화계의 겹친 부위가 점차 짧아졌고, 마침내 하나의 교차점으로만 남게 된 것이다. 이것이 인간을 포함한 고등 척추동물에서 볼 수 있는 호흡계의 기본 구조이다. 따라서 음식물로 인한 인간의 질식 현상은 척추동물 조상형 단계를 지나 자리 잡게 된 허파의 위치—당시에는 최선의 선택이었을—때문에 생겨난 진화의 결과라 할 수 있다.

(라) 이처럼 진화는 반드시 이상적이고 완벽한 구조를 창출해 내는 방향으로만 이루어지는 것은 아니다. 진화 과정에서는 새로운 환경에 적응하기 위한 최선의 구조가 선택되지만, 그 구조는 기존의 구조를 허물고 처음부터 다시 만들어 낸 최상의 구조와는 차이가 있다. 그래서 진화는 ㉠<u>불가피하게 타협적인 구조를 선택하는 방향으로 이루어지며, 순간순간의 필요에 대응한 결과가 축적되는 과정</u>이라고 할 수 있다. 질식의 원인이 되는 교차된 기도와 식도의 경우처럼, 진화의 산물이 우리가 보기에는 납득할 수 없는 불합리한 구조를 지니게 되는 이유가 바로 여기에 있다.

01

윗글에서 글쓴이가 다룬 핵심 문제로 알맞은 것은?

① 인간이 진화 과정을 통하여 얻은 이익과 손해는 무엇일까?
② 무척추동물과 척추동물의 호흡계 구조에는 어떤 차이가 있을까?
③ 인간의 호흡계와 소화계가 지니고 있는 근본적인 결함은 무엇일까?
④ 질식사에 대한 인간의 불안감을 해소시킬 방안에는 어떤 것이 있을까?
⑤ 진화 과정에서 인간의 호흡계와 같은 불합리한 구조가 발생하는 이유는 무엇일까?

02

윗글에 따라, '폐어 단계'에서 관찰할 수 있는 호흡계 구조를 〈보기〉에서 찾아 바르게 묶은 것은?

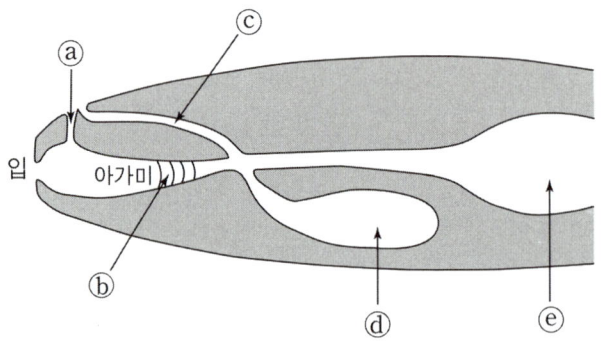

척추동물의 호흡계 진화를 설명하기 위한 가상의 그림

① ⓐ, ⓑ, ⓒ
② ⓐ, ⓑ, ⓓ
③ ⓑ, ⓓ, ⓔ
④ ⓐ, ⓑ, ⓒ, ⓓ
⑤ ⓐ, ⓒ, ⓓ, ⓔ

03

㉠과 같은 방식으로 설명하기에 가장 적절한 것은?
① 상충하는 이익을 고려하여 그때그때 법률을 개정해 나가는 것
② 초보 운동 선수가 훈련을 통하여 숙련된 프로 선수가 되는 것
③ 두통약으로 개발된 아스피린이 혈전 용해제로도 쓰이는 것
④ 조금씩 조금씩 저축을 하여 나중에는 큰돈을 모으는 것
⑤ 단순한 기본 곡조를 가지고 복잡한 교향곡을 만드는 것

04

윗글의 내용을 잘못 이해한 것은?
① 곤충이나 연체동물은 음식물로 인한 질식은 없겠군.
② 인간은 진화 단계의 최정점에 있는 동물답게 호흡계 구조가 이상적이군.
③ 진화가 항상 완전한 구조를 만들어 내는 방향으로만 진행되는 것은 아니군.
④ 몸집이 점점 커지면서 체내의 원활한 산소 공급을 위해 호흡계의 발달이 필요했겠군.
⑤ 이미 만들어진 구조를 바탕으로 하여 진화한다는 것이 때로는 제약 조건이 되기도 하는군.

| 실전문제 7 |

 지식의 본성을 다루는 학문인 인식론은 흔히 지식의 유형을 나누는 데에서 이야기를 시작한다. 지식의 유형은 '안다'는 말의 다양한 용례들이 보여 주는 의미 차이를 통해서 ⓐ<u>드러나기</u>도 한다. 예컨대 '그는 자전거를 탈 줄 안다'와 '그는 이 사과가 둥글다는 것을 안다'에서 '안다'가 바로 그런 경우이다. 전자의 '안다'는 능력의 소유를 의미하는 것으로 '절차적 지식'이라고 부르고, 후자의 '안다'는 정보의 소유를 의미하는 것으로 '표상적 지식'이라고 부른다.

 어떤 사람이 자전거에 대해서 많은 정보를 갖고 있다고 해서 자전거를 탈 수 있게 되는 것은 아니며, 자전거를 탈 줄 알기 위해서 반드시 자전거에 대해서 많은 정보를 갖고 있어야 하는 것도 아니다. 아무 정보 없이 그저 넘어지거나 다치거나 하는 과정을 거쳐 자전거를 탈 줄 알게 될 수도 있다. '자전거가 왼쪽으로 기울면 핸들을 왼쪽으로 틀어라'와 같은 정보를 이용해서 자전거 타는 법을 ⓑ<u>배운</u> 사람이라도 자전거를 익숙하게 타게 된 후에는 그러한 정보를 전혀 의식하지 않고서도 자전거를 잘 탈 수 있다. 자전거 타기 같은 절차적 지식을 갖기 위해서는 훈련을 통하여 몸과 마음을 특정한 방식으로 조직화해야 한다. 그러나 특정한 정보를 마음에 떠올릴 필요는 없다.

 반면, '이 사과는 둥글다'는 것을 알기 위해서는 둥근 사과의 이미지가 되었건 '이 사과는 둥글다'는 명제가 되었건 어떤 정보를 마음속에 떠올려야 한다. '마음속에 떠올린 정보'를 표상이라고 할 수 있으므로, 이러한 지식을 표상적 지식이라고 부른다. 그런데 어떤 표상적 지식을 새로 얻게 됨으로써 이전에 할 수 없었던 어떤 것을 하게 될지는 분명하지 않다. 이런 점에서 표상적 지식은 절차적 지식과 달리 특정한 일을 수행하는 능력과 직접 연결되어 있지 않다.

 표상적 지식은 다시 여러 가지 기준에 ⓒ<u>따라</u> 나눌 수 있는데, 그중에서도 '경험적 지식'과 '선험적 지식'으로 나누는 방법이 대표적이다. 경험적 지식이란 감각 경험에서 얻은 증거에 의존하는 지식으로, '그는 이 사과가 둥글다는 것을 안다'가 그 예이다. 물리적 사물들의 특정한 상태, 즉 사과의 둥근 상태가 감각 경험을 통해서 우리에게 입력되고, 인지 과정을 거쳐 하나의 표상적 지식이 ⓓ<u>이루어진</u> 것이다. ㉠<u>우리는 감각 경험을 통해 직접 만나는 개별적인 대상들로부터 귀납추리를 통해 일반 법칙에 도달할 수 있다.</u> ㉡<u>따라서 자연 세계의 일반 법칙에 대한 지식도 경험적 지식이다.</u>

 한편, 같은 표상적 지식이라 할지라도 '2+3=5'를 아는 것은 '이 사과가 둥글다'를 아는 것과는 다르다. '2+3=5'라는 명제는 감각 경험의 사례들에 의해서 반박될 수 없는 진리이다. 예컨대 물 2리터에 알코올 3리터를 합한 용액이 5리터가 안 되는 것을 발견했다고 해서 이 명제가 거짓이 되지는 않는다. 이렇게 감각 경험의 증거에 의존하지 않는 지식이 선험적 지식이다. 그래서 어떤 철학자들은 인간에게 경험 이외에 지식을 산출하는 ⓔ<u>다른</u> 인식 능력이 있다고 생각하며, 수학적 지식이 그것을 보여 주는 좋은 예가 된다고 믿는다.

01

윗글의 내용과 일치하지 <u>않는</u> 것은?
① '앎[知]'이란 어떤 능력이나 정보의 소유를 의미한다.
② 절차적 지식은 다른 지식 유형의 기반이 된다.
③ 표상적 지식은 특정한 수행 능력으로 바로 이어지지는 않는다.
④ 경험적 지식은 표상적 지식의 일종이다.
⑤ 감각 경험의 사례를 근거로 선험적 지식을 무너뜨릴 수는 없다.

02

밑줄 친 말이 의미하는 바가 표상적 지식에 해당하지 <u>않는</u> 것은?
① 나는 그 노래를 부른 가수의 이름을 <u>알아</u>.
② 나는 세종대왕을 <u>알아</u>. 그분은 한글을 창제한 분이시지.
③ 우리 아저씨만큼 개를 잘 다룰 줄 <u>아는</u> 사람은 아직 못 봤어.
④ 내 동생은 2를 네 번 더하면 8인 줄은 <u>아는데</u>, '2×4=8'은 모른다.
⑤ 퀴즈의 답이 '피아노'인 줄 <u>알고</u> 있었는데, 너무 긴장해서 아무 말도 못했어.

03

㉠으로부터 ㉡을 도출하는 과정에서 생략된 전제로 가장 적절한 것은?
① 귀납추리는 일반 법칙에 기초해 있다.
② 귀납추리는 자연에 대한 지식을 확장해 준다.
③ 귀납추리는 지식의 경험적 성격을 바꾸지 않는다.
④ 귀납추리는 지식이 경험 세계를 넘어서도록 한다.
⑤ 귀납추리의 결론은 전제로부터 필연적으로 도출되지 않는다.

04

ⓐ~ⓔ를 바꿔 쓴 말로 적절하지 않은 것은?
① ⓐ : 천명(闡明)되기도
② ⓑ : 습득(習得)한
③ ⓒ : 의거(依據)하여
④ ⓓ : 형성(形成)된
⑤ ⓔ : 별개(別個)의

CHAPTER 03

문법 이론

언어 일반론

1 언어의 이해

1. 언어의 일반성

(1) 기호성

언어는 의미와 음성으로 형상을 나타내는 기호 체계이다.

(2) 자의성

음성과 의미 사이는 필연적이지 않다.(자의적, 임의적, 우연적)

① 각 나라의 언어마다 표현 음성이 다르다.
  예 집 – 하우스[haus], 사랑 – 러브[lʌv]

② 동음이의어와 유의어
  예 눈[目] – 눈[雪], 책방 – 서점

③ 의성어와 의태어도 나라마다 달리 표현한다.
  예 멍멍(한국) – 왕왕(일본)

(3) 사회성(불역성)

언어는 언중과 사회의 약속이므로 개인의 힘으로 바꿀 수 없다.

(4) 역사성(가역성)

어휘는 시간의 경과에 따라 생명이 있는 것처럼 신생, 성장, 사멸을 한다.
  예 음운의 변화(소멸), 어의 변화(어리다)

(5) 분절성

연속적으로 이루어져 있는 현실 세계를 끊어서 표현한다.
  예 뺨/턱, 무지개 색, 강의, 상류/중류/하류

- 도상 기호 : 픽토그램, 교통 표지판, 상형 문자(유사성)
- 지표 기호 : 지도, 내비게이션, 온도, GNP(지시하는 대상과 인과적 관계)
- 상징 기호 : 언어, 신호등 (자의적)

의성어나 한자, 도상 기호 등은 실제 사실과 유사성이 있으므로 자의성이 가장 약하게 반영되었다.

언어가 사회적 약속으로 이루어지기 때문에 개인의 힘으로는 바꿀 수 없으나 사회의 힘으로는 바꿀 수 있다 (사회성). 그리고 시간의 흐름에 따라 변화하는 것(역사성)은 모두 언어의 형식인 음성과 내용인 의미 사이의 관계가 자의적이기 때문이다.

(6) 개방성(창조성)
무한한 수의 어휘와 무한히 긴 문장을 만들어 낼 수 있다.
예 용, 봉황, 유토피아, 희망, 불행, 위기

(7) 추상성
같은 부류에 속하는 사물들에서 공통적인 속성을 뽑아 그것을 하나의 말소리로 대표하여 총칭어로 표현한다. 추상화 과정을 거쳐 형성된 생각을 '개념'이라고 하는데, 언어 기호는 개념과 청각 영상의 결합으로 이루어 진다고도 볼 수 있다.
예 국화, 장미, 개나리, 진달래 → 꽃(총칭어)

※ 총칭어에 해당하는 실제 사물은 존재하지 않는다.

2. 언어의 구조성

(1) 언어의 긴밀성
체계를 이루는 각 항목이나 범주는 서로 긴밀히 연관되어 있기 때문에 그 가운데 하나에 변화가 생기면 체계 전체가 변화한다.
예 ㆍ(아래아)'의 소멸로 모음 조화가 파괴되고 'ㆍ'를 갖고 있던 단어들이 'ㅏ, ㅡ, ㅗ'를 가진 단어로 바뀐다.

- 음운 : 말의 뜻을 구별하여 주는 소리의 가장 작은 단위
- 형태소 : 뜻을 가진 가장 작은 말의 단위
- 단어 : 홀로 설 수 있는 가장 작은 말의 단위.

(2) 언어의 구조성
구성 요소들이 규칙적으로 결합하여 상위 요소를 형성하는 통합 구조를 이룬다.
예 음운 → 형태소 → 단어 → 어절 → 문장 → 담화

- 최하위 단위인 '음운'은 구성 요소는 되나 구조는 될 수 없다.
- 최상위 단위인 '담화'는 구조일 뿐 구성 요소는 될 수 없다.

3. 언어의 기능

(1) 표현적 기능
화자가 자신의 판단과 감정을 언어로 표현하는 기능

(2) 정보 전달 기능
논리적이고 지적인 내용을 상징화하여 언어 기호로 전달하는 기능

(3) 지령적 기능
청자에게 감화 작용을 하여 실제 행동에 옮기게 하는 기능
(명령적, 감화적, 환기적 기능)

※ 법률, 규칙, 명령, 요청, 광고문, 표현, 격언 등도 지령적 기능에 해당한다.

(4) 친교적 기능
화자와 화자 간에 우호적 유대 관계를 유지하기 위한 행위
(사교적 기능)

(5) 표출적 기능

특별한 표현 의도나 목적이 없이 무의식적으로 사용된 언어

(6) 관어적 기능

언어가 언어끼리 관계하고 있는 기능

예 '춘부장'은 다른 사람의 아버지를 높여 이르는 말이다.

(7) 미적 기능

표현을 미적으로 가다듬어서 정서적 쾌감을 환기하는 기능

(8) 정보 보존 기능

언어를 통해 지식 정보를 저장하는 기능

미적 기능의 예
① '바둑이와 순이'보다 '순이와 바둑이'가 더 자연스럽다. 즉, 음절 수가 적은 것부터 말하는 것이 더 자연스럽다.
② '죽어도 아니 눈물 흘리오리다'에서 문장 성분을 도치시키는 것

4. 언어와 문화·사회의 관계

(1) 언어가 문화를 반영하는 경우
- 영어에서는 'rice'로만 표현하나, 국어에서는 벼농사 문화의 영향으로 '벼(식물), 쌀(곡물), 밥(먹거리)'으로 단어를 구별하여 사용한다.
- 대가족 사회 영향으로 '나'와 '우리'를 구별하지 않는다. 그리고 가족 호칭어가 발달하였다.
- '장' 문화의 영향으로 '간장, 된장, 고추장'이라는 어휘가 있다.

(2) 언어가 사고에 영향을 주는 경우

여러 개의 색종이 중에서 이름을 아는 색깔의 종이를 제일 먼저 골라낸다.

(3) 사고가 언어에 영향을 주는 경우

자아중심적인 인간의 사고가 언어에 영향을 주는 경우다.
이쪽저쪽'과 같이 자신에게 가까운 쪽을 먼저 표현한다.
남쪽에서는 '남북 관계', 북쪽에서는 '북남 관계'라고 말한다.

5. 음성 언어와 문자 언어

(1) 두 언어의 차이
- 음성 언어 : 비조직적, 대면 상황, 동시적, 학습 과정 ×
- 문자 언어 : 조직적, 거리 존재, 비동시적, 학습 과정 ○

(2) 두 언어의 특징을 모두 가진 경우
- 고전 낭독본 소설

언어습득
- 경험주의 이론
  백지 상태에서 반복 연습과 시행착오를 통해 '언어'라는 습관을 습득한다고 본다.
- 합리주의 이론
  어린이가 언어를 습득하는 것은 타고난 언어 학습 능력이 있다고 본다.

- 텔레비전 오락 프로그램의 자막
- 연설자의 말
- 텔레비전에 나오는 논설 의원의 논평
- 카톡 언어 등의 인터넷 통신 언어

6. 언어의 분류

(1) 형태상 분류

조사와 어미가 발달한 교착어(첨가어, 부착어)

(2) 계통상 분류

알타이 어족 : 모음 조화, 두음 법칙, 끝소리 법칙, 단어의 성(性) 구별 없음.

> **전자 언어**
> 전신, 전화, 확성, 녹음 등이 전자 언어에 해당한다

2 국어의 특질

1. 국어의 갈래

(1) 어원에 따른 구별

고유어 : ᄀᆞ름[江], 즈믄[千], 미르[龍], 디히(김치의 옛말)

외래어
- 한자에서 온 말 : 붓, 먹, 종이, 짐승, 배추, 김치
- 몽고에서 온 말 : 가라말, 구렁말, 보라매, 송골매
- 만주어, 여진어에서 온 말 : 호미, 수수, 메주, 가위, 두만
- 범어에서 온 말 : 절, 중, 부처, 불타, 찰나
- 일본어에서 온 말 : 고구마, 구두, 냄비
- 서구에서 온 말 : 고무, 담배, 빵, 가방

(2) 사회성에 따른 구분

표준어 : 현대 서울에 사는 교양 있는 사람이 쓰는 말
- 표준어의 기능 : 통일 기능, 독립 기능, 우월 기능, 준거 기능

방언
같은 언어권에 속하지만 지역에 따라 각기 특이한 언어적 특징을 가진 말. 지역 방언, 은어, 속어, 비어 등이 이에 해당함.
- 지역 방언 : 지역의 차이로 인해 생기는 다른 말
- 사회 방언 : 직업, 연령, 성별 등에 따라 달라지는 말

> **표준어의 기능**
> ① 통일의 기능 : 방언을 사용함으로 생기는 분리 현상을 예방하고 원활한 의사소통이 이루어지게 한다.
> ② 독립의 기능 : 다른 나라 언어와 구별하게 하는 역할을 한다.
> ③ 우월의 기능 : 표준어를 사용함으로 해서 우월감과 자신감을 갖게 한다.
> ④ 준거의 기능 : 표준어는 일종의 규범으로 누구나 따르고 지켜야 하는 기능을 지닌다.

2. 국어의 특질

(1) 국어의 음운상 특질

① 파열음의 삼중 체계

　예 • 예사소리 : ㅂ, ㄷ, ㄱ, ㅈ
　　　• 된소리 : ㅃ, ㄸ, ㄲ, ㅉ
　　　• 거센소리 : ㅍ, ㅌ, ㅋ, ㅊ

② 두음 법칙

　예 • 단어의 첫소리에 둘 이상의 서로 다른 자음이 올 수 없다. (쌀 > 딸)
　　　• 'ㅣ' 모음이나 'ㅣ' 선행 모음 앞에 'ㄴ'(구개음화된 'ㄴ')이 올 수 없다. (녀자 > 여자, 님 > 임)
　　　• 유음인 'ㄹ'이 올 수 없다. (력사 > 역사)

③ 음절의 끝소리 규칙

　예 받침의 발음에는 'ㄱ, ㄴ, ㄷ, ㄹ, ㅁ, ㅂ, ㅇ'의 일곱 개만 있다.
　　→ 부엌[부억], 잎[입], 맛[맏], 빛[빋], 밭[받]

④ 모음 조화

　예 양성 모음은 양성 모음끼리, 음성 모음은 음성 모음끼리 모인다.
　　→ 졸졸/줄줄, 촐랑촐랑/출렁출렁

⑤ 모음 동화

　예 • 'ㅣ' 모음 순행 동화 : 기어[기여], 피어[피여]
　　　• 'ㅣ' 모음 역행 동화 : 아기[애기], 고기[괴기]

⑥ 자음 동화

　예 • 비음화 : 국물[궁물], 강릉[강능]
　　　• 유음화 : 신라[실라], 대관령[대ː괄령]

⑦ 음상의 발달

　예 • 어감이 달라짐. → 빙빙 > 삥삥 > 핑핑, 졸졸 > 줄줄
　　　• 의미 분화 기능(모음이나 자음을 바꾸어 새로운 단어를 만든다.) → 덜다–털다, 뛰다–튀다, 맛–멋, 낡다–늙다

(2) 국어의 어휘상 특질(형태상 특징)

① 한자어가 많다.

② 남존여비, 대가족, 유교 사회의 영향

　예 • 높임말 발달 → 주다–드리다, 밥–진지
　　　• '나'보다는 '우리'를 사용
　　　• 남성을 우위에 둠. → 남녀, 학부형, 처녀작, 미망인(차별적 표현)
　　　• 가족 호칭어 발달 → 삼촌, 백부, 숙부, 당숙

• 파찰음 'ㅈ, ㅉ, ㅊ'도 넓은 의미로 파열음으로 볼 수 있다.
• 영어에는 파열음의 삼중 체계가 없다. 대신 'ㅂ, ㄷ, ㄱ, ㅈ' 울림소리와 안울림소리로 구분할 수 있다.

차성 복자음, 구개음화된 'ㄴ', 유음인 'ㄹ'이 개화기까지는 사용되었다. 1933년 '한글 맞춤법 통일안'에서 쓰지 않기로 하였다.
　예 쏠, 녀자, 력사
* 오늘날에는 '모음 조화'가 의성어와 의태어에만 일부 존재하고 많이 파괴되었다.

'ㅣ' 모음 역행 동화는 표준 발음이 아니다.

• 양성 모음 : 밝고, 조그맣고 가벼운 느낌
• 음성 모음 : 어둡고, 크고, 무거운 느낌

문화가 언어에 영향을 끼친 결과에 해당한다.

③ 감각어 발달
- 예 • 낙천적 기질로 색채어 발달 → 노랗다, 누렇다, 노릇노릇하다
  - 비유 표현 → 새빨간 거짓말, 싹수가 노랗다
④ 의성어, 의태어와 같은 상징어 발달
- 예 빙빙 > 뼁뼁 > 핑핑
⑤ 단어에 성과 수의 구별이 없고 관사나 관계 대명사가 없다.
⑥ 조사와 어미와 같은 문법적 관계를 나타내는 말이 발달
⑦ 단어 형성법이 발달
- 예 오르내리다, 늦잠

(3) 국어의 문법상 특질(통사적 특징)
① 서술어가 문장 맨 끝에 온다.
- 긴장감을 유지하는 효과
- 비판적으로 인식할 기회 반감
- 주어와 서술어가 호응되지 않는 비문이 많다.

② 문장의 요소(주어, 조사)를 생략하는 경우가 많다.
- 예 "밥 먹었어.", "응."

③ 문장 요소의 자리 이동이 비교적 자유롭다.
- 예 정말 많이 먹었다. → 많이 먹었다, 정말

④ 수식어 다음에 피수식어가 온다.
- 예 예쁜 아기, 빨리 가자

⑤ 높임법이 발달되어 주체 높임, 상대 높임, 객체 높임이 사용되고 있다. 단, 높임말의 발달은 어휘상 특질에 해당한다.

> 서술어가 뒤에 오므로 문장이 길어지게 되고, 주어와 서술어가 호응되지 않는 비문이 되기 쉽다.

음운 체계와 표준 발음

1. 국어의 음운 체계

(1) 모음

입안에서 별다른 장애를 받지 않고 나는 소리(홀소리)

혀의 높낮이 \ 혀의 위치, 입술모양	전설 모음 평순	전설 모음 원순	후설 모음 평순	후설 모음 원순
고모음	ㅣ	ㅟ	ㅡ	ㅜ
중모음	ㅔ	ㅚ	ㅓ	ㅗ
저모음	ㅐ		ㅏ	

(2) 자음

공기가 목청을 통과해 목안이나 입안의 장애를 받으면서 나는 소리(닿소리)

조음방법 \ 조음위치	양순음	치조음	경구개음	연구개음	후두음
파열음	ㅂ, ㅃ, ㅍ	ㄷ, ㄸ, ㅌ		ㄱ, ㄲ, ㅋ	
파찰음			ㅈ, ㅉ, ㅊ		
마찰음		ㅅ, ㅆ			ㅎ
비음	ㅁ	ㄴ		ㅇ	
유음		ㄹ			

(3) 사전에 올릴 적의 자모의 순서

① 자음

ㄱ ㄲ ㄴ ㄷ ㄸ ㄹ ㅁ ㅂ ㅃ ㅅ ㅆ ㅇ ㅈ ㅉ ㅊ ㅋ ㅌ ㅍ ㅎ

② 모음

ㅏ ㅐ ㅑ ㅒ ㅓ ㅔ ㅕ ㅖ ㅗ ㅘ ㅙ ㅚ ㅛ ㅜ ㅝ ㅞ ㅟ ㅠ ㅡ ㅢ ㅣ

③ 받침 글자

ㄱ ㄲ ㄳ ㄴ ㄵ ㄶ ㄷ ㄹ ㄺ ㄻ ㄼ ㄽ ㄾ ㄿ ㅀ ㅁ ㅂ ㅄ ㅅ ㅆ ㅇ ㅈ ㅊ ㅋ ㅌ ㅍ ㅎ

음성	물리적, 개별적, 구체적, 비변별적
음운	관념적, 보편적, 추상적, 변별적

이중 모음 : 발음하는 도중에 혀가 일정한 자리에서 시작하여 다른 자리로 옮겨 가면서 발음되는 소리
- 반모음 'ㅣ'로 시작되는 이중모음 : ㅑ, ㅕ, ㅛ, ㅠ, ㅒ, ㅖ
- 반모음 'ㅗ/ㅜ'로 시작되는 이중모음 : ㅘ, ㅙ, ㅝ, ㅞ
- 'ㅡ'와 'ㅣ' 중 어느 것이 반모음인지 판단하기 힘듦 : ㅢ

반모음 : 반모음은 모음이면서 자음처럼 발음 기관의 장애를 받으면서 발음된다.

(4) 비분절 음운(소리의 장단)
① 단어의 첫음절에서만 긴소리가 나는 것이 원칙이다.
   예 눈:보라   말:씨   밤:나무
      첫눈   참말   쌍동밤

② 합성어의 경우 둘째 음절 이하에서도 분명한 긴소리를 인정한다.
   예 반신반의[반:신바:늬/반:신바:니]
      전신전화[전:신전:화]
      재삼재사 [재:삼재 :사]
      선남선녀[선:남선:녀]

③ 같은 음절의 반복일 때 둘째 음절을 긴소리로 발음하지 않는다.
   예 반반[반:반], 시시비비[시:시비비], 떫디떫은[떨:디떨븐]

④ 용언의 단음절 어간에 어미 '-아/-어'가 결합되어 한 음절로 축약된 경우에는 긴소리로 발음한다.
   예 보아 → 봐[봐:], 되어 → 돼[돼:], 두어 → 둬[둬:],
      하여 → 해[해:]
   ≫ 다만, '와, 져, 쪄, 쳐'는 짧은소리로 발음한다.

⑤ 단음절인 용언 어간에 모음으로 시작된 어미가 결합될 때는 짧게 발음한다.
   예 감:다 → 감으니, 밟:다 → 밟으면, 신:다 → 신어,
      알:다 → 알아
   ≫ 다만, '끌:어, 썰:어, 떫:은, 없:으니, 벌:어'는 길게 발음한다.

⑥ 용언 어간에 사동·피동 접미사가 결합되는 경우는 짧게 발음한다.
   예 감:다 → 감기다, 꼬:다 → 꼬이다, 넘:다 → 넘기다,
      밟:다 → 밟히다, 안:다 → 안기다, 알:다 → 알리다
   ≫ 다만, '끌:리다, 벌:리다, 없:애다, 썰:리다, 웃:기다'는 예외적으로 길게 발음한다.

⑦ '이(二), 사(四), 오(五), 만(萬), 둘, 셋, 넷, 쉰'은 길게 발음한다.

> 장단음은 거의 출제되지는 않는다. 제시된 조건만 기억하자.

> 두 가지로 발음되는 현상과 연결하여 공부하자.
> • 상권 : 商權, 上:卷
> • 감사 : 監査, 感:謝
> • 정상 : 頂上, 正:常

2 표준발음

1. 모음의 발음

(1) 'ㅚ'는 단모음이나 이중 모음 발음도 허용한다.
   예 금괴[금괴/금궤], 되다[되다/뒈다], 쇠다[쇠다/쉐다]

> ① 모음 축약
>   예 가리어 → 가려
> ② 'ㅡ' 탈락
>   예 따르+아 → 따라

(2) 'ㅓ'와 'ㅗ'는 다음과 같은 경우에 [ㅕ/ㅛ]로도 발음하는 것을 허용한다.

> 예 되어[되어/되여/뒈어/뒈여], 피어[피어/피여], 이오[이오/이요], 아니오[아니오/아니요], 띄어쓰기[띠어쓰기/띠여쓰기]

(3) 용언의 활용에서 '져, 쪄, 쳐'는 [ㅓ]로 발음한다. (단모음화)

> 예 가져[가저], 쪄[쩌], 다쳐[다처]

(4) 'ㅖ'는 [ㅖ/ㅔ]로 발음한다. 단, '예'와 '례'는 [ㅖ]만 표준 발음이다.

> 예 계집[계:집/게:집], 혜택[혜:택/헤:택], 예의[예의/예이], 상견례[상견네]

(5) 자음을 첫소리로 가지고 있는 음절의 'ㅢ'는 [ㅣ]가 표준 발음이다.

> 예 희망[히망], 무늬[무니], 유희[유히]

(6) 단어의 첫 음절 이외의 '의'는 [의/이]로 발음한다.

> 예 주의[주의/주이], 협의[혀븨/혀비]

(7) 조사의 '의'는 [의/에]로 발음한다.

> 예 우리의[우리의/우리에]

(8) 첫음절의 '의'는 [의]로만 발음한다.

> 예 의사[의사], 의견[의견]

③ 동음 탈락
예 가+아서 → 가서

'의' 발음 정리
민주주의의
[의/이][의/에]
의의와
[의:의/의:이]
희망
[히망]

2. 자음의 발음

(1) 자음 받침이 어말 또는 자음 앞에 놓일 때는 '대표음(ㄱ, ㄴ, ㄷ, ㄹ, ㅁ, ㅂ, ㅇ)'으로 발음된다.

① 홑받침인 경우

ㄱ, ㄲ, ㅋ → [ㄱ]	예 묶다[묵따], 키읔[키윽]
ㄷ, ㅌ, ㅅ, ㅆ, ㅈ, ㅊ → [ㄷ]	예 솥[솓], 솥도[솓또], 옷[옫], 옷도[옫또], 젖[젇], 젖과[젇꽈], 꽃[꼳], 꽃도[꼳또]
ㅂ, ㅍ → [ㅂ]	예 숲[숩], 숲도[숩또]

② 겹받침인 경우(둘째 자음이 탈락하는 경우)

> 예 넋[넉], 넋과[넉꽈], 앉다[안따], 여덟[여덜], 외곬[외골/웨골], 핥다[할따], 없다[업:따]

③ 겹받침인 경우(첫째 자음이 탈락하는 경우)

> 예 닭[닥], 늙지[늑찌], 젊다[점:따], 읊다[읍따]

'대표음 소리 되기'는 '음절의 끝소리 규칙', '음운의 교체 현상', '음운의 중화 현상'으로도 불린다.

'ㄹ'으로 끝나는 명사에 'ㄱ'으로 시작되는 조사가 오면 'ㄹ'이 탈락한다.
예 흙과[흑꽈]
'ㄹ' 탈락 : 파생어나 합성어에서 형태소의 끝소리 'ㄹ'이 'ㄴ, ㄷ, ㅅ, ㅈ' 앞에서 탈락하는 현상
≫ 불나방, 부나방은 모두 표준어이고 나머지는 탈락된 것이 표준어이다.

(2) 'ㅎ(ㄶ, ㅀ)' 받침
　① 뒤에 'ㄱ, ㄷ, ㅈ'이 결합(축약)
　　예 놓고[노코], 좋던[조:턴], 닳지[달치]
　② 뒤에 'ㅅ'이 결합(된소리되기)
　　예 닿소[다:쏘], 많소[만:쏘], 싫소[실쏘]
　③ 뒤에 'ㄴ'이 결합(비음화)
　　예 놓는[논는], 쌓네[싼네]
　④ 모음 앞에서는 'ㅎ'을 발음하지 않음.(탈락)
　　예 낳은[나은], 싫어[시러]
　⑤ 뒤에 'ㅊ'이 오면 [ㄷ]으로 교체
　　예 놓치다[논치다]

예 불나방 → 부나방
　바늘질 → 바느질
　솔나무 → 소나무
　불동 → 부동
　불삽 → 부삽
　불정 → 부정

(3) 특수한 경우의 발음
　① '밟-'은 자음 앞에서 [밥]으로 발음한다.
　　예 밟다[밥:따], 밟소[밥:쏘], 밟는[밥:는 → 밤:는]
　② '넓-'은 다음과 같은 경우에 [넙]으로 발음한다.
　　예 넓죽하다[넙쭈카다], 넓둥글다[넙뚱글다], 넓적하다[넙쩌카다],
　　　넓적다리[넙쩍따리]
　③ 용언의 어간 말음이 'ㄺ'인 경우 'ㄱ'으로 시작하는 어미 앞에서 [ㄹ]로 발음한다.
　　예 맑게[말께], 묽고[물꼬], 얽거나[얼거나]

얇다[얄:따]　얇네[얄:레]
엷다[열:따]　엷네[열:레]
떫다[떨:따]　떫네[떨:레]
짧다[짤따]　짧네[짤레]
넓다[널따]　넓네[널레]

(4) 자음 받침이 모음으로 시작되는 형식 형태소 앞에 놓일 때
　① 홑받침인 경우는 뒤 음절 첫소리로 옮겨 발음한다.
　　예 깎아[까까], 옷이[오시], 꽃을[꼬츨], 부엌을[부어클], 무릎에[무르페]
　② 겹받침인 경우는 마지막 자음이 다음 음절의 첫소리로 발음된다.
　　예 넋이[넉씨], 닭이[달기], 젊어[절머], 핥아[할타], 값을[갑쓸]

(5) 자음 받침이 모음으로 시작되는 실질 형태소 앞에 놓일 때
　① 홑받침인 경우는 대표음을 뒤 음절의 첫소리로 옮겨 발음한다.
　　예 옷 안[오단], 밭 아래[바다래], 늪 앞[느밥], 헛웃음[허두슴],
　　　꽃 위[꼬뒤]
　② 겹받침인 경우도 탈락후 나머지 음을 옮겨 발음한다.
　　예 넋 없다[너겁따], 닭 앞에[다가페], 값어치[가버치]

한글 자음의 발음
디귿이[디그시]
지읒이[지으시]
치읓이[치으시]
키읔이[키으기]
티읕이[티으시]
피읖이[피으비]
히읗이[히으시]
디귿으로[디그스로]
시옷으로[시오스로]
피읖으로[피으브로]
티읕에서[티으세서]
히읗에서[히으세서]

3. 음운의 변동

(1) 구개음화

받침 'ㄷ, ㅌ'이 'ㅣ' 모음 앞에서 [ㅈ, ㅊ]으로 발음된다. (음운 동화, 역행 동화, 발음 경제 현상)

예 굳이[구지], 닫히다[다치다], 샅샅이[삳싸치], 밭이[바치]

≫ '잔디'의 고어가 '잔듸'이므로 [잔지]라고 구개음화가 일어나지 않는다.

구개음화도 넓은 의미의 교체로 볼 수 있다. 그리고 구개음화는 조음 위치를 일치시키는 것이다.

(2) 자음 동화

① 음절 끝자음이 뒤에 오는 자음을 만날 때 서로 닮아서 편안하게 발음하려는 현상으로 발음 경제 현상에 해당한다.

② 유음(ㄹ), 비음(ㅁ, ㄴ, ㅇ)이 하나라도 있으면 동화되어 유음화가 되거나 비음화가 된다.

③ 자음 동화는 조음 방법이 바뀌는 현상이다.

구분	내용	용례
비음화	'ㅂ, ㄷ, ㄱ'이 'ㅁ, ㄴ' 앞에서 'ㅁ, ㄴ, ㅇ'으로 역행 동화	밥물[밤물], 국물[궁물] 속는다[송는다] 밟네[밤:네], 앞문[암문]
	'ㅂ, ㄷ, ㄱ'과 'ㄹ'이 만나면 'ㄹ'이 'ㄴ'이 된 후, 'ㅂ, ㄷ, ㄱ'은 'ㅁ, ㄴ, ㅇ'으로 상호 동화	섭리[섭니 → 섬니] 몇 리[면리 → 면니] 백로[백노 → 뱅노]
	'ㅁ, ㅇ' 뒤에서 'ㄹ'은 'ㄴ'으로 순행 동화	남루[남:누], 종로[종노], 정릉[정:능]
	3음절 한자어에서 'ㄴ' 뒤에 'ㄹ'이 올 때 'ㄹ'이 'ㄴ'으로 순행 동화	의견란[의:견난], 임진란[임:진난] 공권력[공꿘녁], 당인리[당인니] 대만령[대만녕], 동원령[동:원녕]
유음화	2음절이나 3음절의 특수한 경우 'ㄴ' 뒤에 'ㄹ'이 올 때 'ㄴ'은 'ㄹ'로 역행 동화	신라[실라], 선릉[설릉] 광안리[광:알리], 광한루[광:할루] 삼천리[삼철리], 구만리[구말리], 마천루[마철루], 대관령[대:괄령]
	'ㄹ' 뒤에 'ㄴ'이 올 때 'ㄴ'이 'ㄹ'로 순행 동화	물난리[물랄리], 줄넘기 [줄럼끼] 칼날[칼랄]
	'ㅀ, ㄾ, ㄹ' 등의 겹자음 뒤에서 'ㄴ'은 'ㄹ'로 순행 동화	앓는[알른], 훑는[훌른], 얇네[얄:레], 넓네[널레], 짧네[짤레], 떫네[떨:레]

'ㄹ'을 첫소리로 가진 한자가 'ㄴ' 받침 뒤에 올 때
① 3음절이며 하나의 단어로 굳어져 있거나, 2음절일 때는 [ㄹㄹ]로 발음 (유음화)
  예 신라[실라] 천리[철리]
    민란[밀란] 선릉[설릉]
    신림[실림]
    대관령[대:괄령]
    광한루[광:할루]
    광안리[광:알리]
    마천루[마철루]
    삼천리[삼철리]
    구만리[구말리]
    신설로[신설로]
② 3음절이며 독립성이 있을 때는 [ㄴㄴ]으로 발음(비음화)
  예 공권/력[공꿘녁]
    임진/란[임:진난]
    의견/란[의:견난]
    음운/론[으문논]
    동원/령[동:원녕]
    상견/례[상견녜]
    신탄/리[신탄니]
    송산/리[송산니]

(3) 'ㄴ' 첨가 현상(표준 발음법 제7장 제29항 참고)

① 한자어, 합성어 및 파생어에서 앞이 자음으로 끝나고 뒤에 'ㅣ, ㅑ, ㅕ, ㅛ, ㅠ'로 시작되는 경우에 'ㄴ'을 첨가하여 발음한다.

음운 변동의 원인
① 노력 경제
조음 방법이나 조음 위치가 상이한 소리가 연속될 때 가까운 조음 위치나 비슷한 조음 방법으로 소

② 이때 한자어와 합성어일 때는 사잇소리 현상이다.

③ 파생어일 때는 사잇소리 현상이 아니다.
- **예** 솜이불[솜:니불], 홑이불[혼니불], 막일[망닐], 내복약[내:봉냑], 신여성[신녀성], 담요[담뇨], 식용유[시공뉴], 야옹야옹[야옹냐옹]

(4) 'ㄴ' 첨가의 예외 규정

① 다음 단어는 'ㄴ'을 첨가하여 발음하지 않는다.
- **예** 송별연[송:벼련], 담임[다밈], 월요일[워료일], 목요일[모교일], 금요일[그묘일], 일요일[이료일], 절약[저략]. 밀약[미략], 촬영[촤령] 분열[부녈], 선열[서녈], 겸양[겨먕], 겸임[겨밈], 활용[화룡], 금연[그면]

② 다음 단어는 연음해도 되고 'ㄴ'을 첨가해도 된다.
- **예** 금융[그융/금늉], 검열[거:멸/검:녈], 이죽이죽[이주기죽/이중니죽] 야금야금[야그먀금/야금냐금]

③ 'ㄹ' 받침 뒤에 첨가되는 'ㄴ' 음은 [ㄹ]로 발음한다.
- **예** 들일[들:릴], 솔잎[솔립], 설익다[설릭따], 물약[물략], 불여우[불려우], 알약[알략], 서울역[서울력], 유들유들[유들류들]

④ 두 단어를 이어서 한 마디로 발음하는 경우도 'ㄴ'을 첨가한다.
- **예** 한 일[한닐], 할 일[할릴], 옷 입다[온닙따], 잘 입다[잘립따], 서른여섯[서른 녀섣], 1연대[일련대], 3연대[삼년대]
  ≫ 이어서 발음하지 않는 경우에는 '1연대, 3연대, 잘 입다' 등을 [이련대], [사면대], [자립따]로 발음할 수도 있다. 따라서 두 가지로 발음되는 경우에 해당한다.(제29항 〈붙임 2〉에 해당한다)

≫ 1) 자음군의 단순화는 탈락현상이다. 교체가 아니다.
  - 겹받침이 음절 끝에 오면 한 자음은 탈락한다.
 2) 모음의 교체 현상
  '배우 + 어서 → 배워서'에서 단모음 '우'가 반모음 'w'로 바뀌었다. 음절 수는 줄었으나 음운의 수는 변함이 없다.
  따라서 '교체현상'에 해당한다.

4. 사잇소리 현상과 된소리되기

(1) 사잇소리 현상

① 합성어에서 앞말이 울림소리로 끝나는 경우에 발생한다.

② 앞말이 모음으로 끝날 때는 'ㅅ'을 표기한다.

리를 바꾸면 발음할 때 힘이 덜 들게 된다. 동화 현상이 여기에 해당한다.

② 표현 효과
공통성이 적은 다른 소리로 바꾸어 청각 효과를 높이는 현상. 이화 현상. 모음 조화 파괴, 사잇소리, 'ㄴ' 첨가 등이 여기에 해당한다.

교체(대치)현상
(1) 음절의 끝소리 규칙
(2) 비음화
(3) 유음화
(4) 'ㄹ', 'ㄴ'의 두음법칙
(5) 된소리되기
(6) 구개음화
(7) ㅣ모음 역행동화

사이시옷의 유무에 따라 의미가 달라짐.
① 고기 배(고기의 배)
   고깃배(고기잡이 배)
② 배 속(신체)
   뱃속(추상적 의미)

③ 불규칙적으로 일어나기 때문에 수의적 현상이고, 사잇소리 현상은 일종의 첨가 현상이다.
  ㉠ 뒷말 첫소리가 된소리가 됨(발음이 두 가지로 발음됨).
     예 촛불[초뿔/촏뿔], 귓밥[귀빱/귇빱], 모깃불[모:기뿔/모:긷뿔], 머릿기름[머리끼름/머릳끼름], 바닷가[바다까/바닫까], 뱃길[배낄/밷낄], 탯줄[태쭐/탣쭐]
  ㉡ 'ㄴ, ㅁ' 앞에서 'ㄴ' 소리가 덧남.
     예 아랫니, 아랫마을, 뒷머리, 냇물, 겻날, 툇마루, 제삿날, 훗날, 잇몸, 깻묵, 빗물
  ㉢ 'ㅣ' 모음 앞에서 'ㄴ' 소리가 첨가
     예 두렛일, 뒷일, 나뭇잎, 댓잎, 사삿일, 예삿일, 가욋일, 훗일, 깻잎, 욧잇, 윗잇몸[윈닌몸]
  ㉣ 한자어 + 한자어
     예 곳간, 셋방, 찻간, 숫자, 툇간, 횟수 (6개만 예외적으로 'ㅅ'을 표기함.) 마구간, 기차간, 화병, 전세방 ('ㅅ'을 표기하지 않는다.)

③ 머리 속(신체)
  머릿속(추상적 의미)
④ 안개 속(자연 현상)
  안갯속(추상적 의미)

음운 현상 총정리
- 교체(交替, 끝소리 규칙) : 어떤 음운이 음절의 끝에서 다른 음운으로 바뀌는 현상
  $XaY \rightarrow XbY$
- 동화(同化) : 한쪽의 음운이 다른쪽 음운의 성질을 닮는 현상
  $XabY \rightarrow XaaY$
- 축약(縮約) : 두 음운이 하나의 음운으로 줄어드는 현상
  $XabY \rightarrow XcY$
- 탈락(脫落) : 두 음운 중 어느 하나가 없어지는 현상
  $XaY \rightarrow XY$
- 첨가(添加) : 형태소가 합성될 때 그 사이에 음운이 덧붙는 현상
  $XY \rightarrow XaY$

참고

- **특수한 사이시옷 표기**

1. '머리글자', '머리소리', '머리기사', '머리빗', '머리말', '인사말', '반대말', '예사말', '예사소리', '농사일', '동아줄', '고래기름', '설거지물', '반말지거리', '코방아' 등은 'ㄴ' 첨가나 된소리되기가 일어나지 않는다. 물론 사이시옷을 첨가하지 않는다.
2. '머릿방', '머릿장', '머릿기름', '머릿결', '머릿내', '머릿속', '머릿수건', '머릿돌'은 사이시옷을 첨가하고 사잇소리 현상에 해당한다.
3. '해님'에서 '님'은 접미사다. 따라서 파생어이기 때문에 사이시옷을 표기하지 않는다.
4. '전세방', '기차간', '우유병', '화병', '마구간', '제사상' 등은 한자어이기 때문에 'ㅅ' 표기를 하지 않는다. '사글셋방'은 'ㅅ' 표기한다. (사잇소리 현상)
5. '뒷간', '방앗간', '푸줏간' 등은 어근과 접미사 사이에 사이시옷이 붙은 특수한 경우다.
6. 'ㄱ, ㄷ, ㅂ, ㅅ, ㅈ'으로 시작하는 단어 앞에 사이시옷이 올 때는 사이시옷을 [ㄷ]으로 발음하는 것도 허용한다.
   예 냇가[내:까/낻:까], 촛불[초뿔/촏뿔], 뱃길[배낄/밷낄], 찻잔[차짠/찯짠], 햇살[해쌀/핻쌀] ······.

한자 + ㅅ + 한글
전셋집, 기찻길, 우윳빛, 홧김

(2) 된소리 되기

두 개의 안울림소리가 만날 때 뒷소리가 된소리로 발음되는 현상

① 대표음 'ㄱ, ㄷ, ㅂ' 뒤에 이어지는 'ㄱ, ㄷ, ㅂ, ㅅ, ㅈ'은 된소리로 발음한다.
  예 국밥[국빱], 낯설다[낟썰다], 값지다[갑찌다]

② 관형사형 어미 'ㄹ' 뒤에 오는 예사소리는 된소리로 발음한다.
예 할 것을[할꺼슬], 갈 데가[갈떼가], 갈 곳[갈꼳]

③ 용언의 어간 끝소리가 'ㄴ, ㅁ'일 때 예사소리로 시작되는 어미는 된소리로 발음한다.
예 신고[신ː꼬], 더듬지[더듬찌], 닮고[담ː꼬], 없다[업따]
≫ 뒤에 사동·피동 접미사 '-기-'와 결합할 때는 된소리로 발음하지 않는다.
예 안기다, 신기다, 감기다, 굶기다, 옮기다

④ 한자어 'ㄹ' 받침 뒤의 'ㄷ, ㅅ, ㅈ'은 된소리로 발음한다. 'ㄱ, ㅂ'일 때는 된소리 발음하지 않는다. (한자어에서 된소리되기는 불규칙하다.)
예 발동[발똥], 말살[말쌀], 갈증[갈쯩] / 발굴[발굴], 불복[불복]

⑤ 표기상 사이시옷이 없더라도 관형격 기능을 가진 사이시옷이 있어야 할 합성어인 경우에 뒤 단어의 첫소리 'ㄱ, ㄷ, ㅂ, ㅅ, ㅈ'을 된소리로 발음한다. (사잇소리 현상에 해당함.)
예 문-고리[문꼬리], 눈-동자[눈똥자], 신-바람[신빠람], 손-재주[손째주], 물-동이[물똥이], 그믐-달[그믐딸]

⑥ 그러나 관형격 기능을 가진 사이시옷이 들어가지 않을 때는 된소리로 발음하지 않는다.
예 유리잔[유리잔] : 유리로 만든 잔
불장난[불장난] : 불로 하는 장난
≫ 그 외에 '열병, 빨래방, 노래방'도 같은 경우에 해당한다.

'신기다'는 습관적으로 된소리로 발음하는데 잘못이다. 주의하자.

된소리로 나지 않는 한자어
고가(古家, 高架)
등기(登記)
반창고(絆瘡膏)
방법(方法)
불법(佛法)
인지(印紙)
창구(窓口)

5. 울림소리 되기(유성음화)

(1) 모음과 'ㅁ, ㄴ, ㄹ, ㅇ'은 울림소리에 해당한다.

(2) 'ㅂ, ㄷ, ㄱ, ㅈ'은 원래 안울림소리이나, 울림소리와 울림소리 사이에서 울림소리로 발음된다. 이를 '울림소리 되기'라 한다.
예 • 바보[pabo] : 두 번째 'ㅂ'이 모음과 모음 사이에서 울림소리로 발음된다.
• 감기[kamgi] : 두 번째 'ㄱ'이 울림소리 'ㅁ'과 모음 사이에서 울림소리로 발음된다.
≫ 이때 울림소리 'ㅂ, ㄷ, ㄱ, ㅈ'과 안울림소리 'ㅂ, ㄷ, ㄱ, ㅈ' 사이를 변이음이라 한다.

'ㅅ'은 언제나 안울림소리이므로 울림소리가 되지 않는다.
예 신선

6. 두가지 발음

(1) 사잇소리

'ㄱ, ㄷ, ㅂ, ㅅ, ㅈ'으로 시작하는 단어 앞에 사이시옷이 올 때는 사이시옷을 [ㄷ]으로 발음하는 것도 허용한다.

예 냇가[내:까/낻:까] 햇살[해쌀/핻쌀]
   뱃길[배낄/밷낄] 셋방[세:빵/섿:빵]
   촛불[초뿔/촏뿔] 전셋집[전세찝/전섿찝]
   뱃사공[배싸공/밷싸공] 바닷속[바다쏙/바닫쏙]
   모깃불[모:기뿔/모:긷뿔] 장맛비[장마삐/장맏삐]
   조갯살[조개쌀/조갣쌀] 사글셋방[사글쎄빵/사글쎋빵]

(2) 'ㅚ'

'ㅚ'가 쓰인 단어는 [ㅚ/ㅞ] 모두가 표준 발음이 된다.

예 금괴[금괴/금궤] 되다[되다/뒈다]
   괴담[괴:담/궤:담] 괴물[괴:물/궤:물]
   왼쪽[왼:쪽/웬:쪽] 퇴직[퇴:직/퉤:직]
   뇌졸중[뇌졸쭝/눼졸쭝] 외톨이[외토리/웨토리]
   회초리[회초리/훼초리]

(3) 'ㅕ/ㅛ'

[ㅕ/ㅛ]로 발음함을 허용한다.

예 되어[되어/되여/뒈어/뒈여] 피어[피어/피여]
   이오[이오/이요] 아니오[아니오/아니요]
   기어[기어/기여]

(4) 'ㅖ'

'예, 례' 이외의 'ㅖ'는 [ㅔ]로도 발음함을 허용한다.

예 계집[계:집/게:집] 계시다[계:시다/게:시다]
   시계[시계/시게] 연계[연계/연게]
   메별[메별/메별] 혜택[혜:택/헤:택]
   지혜[지혜/지헤] 계곡[계곡/게곡]
   혜성[혜:성/헤:성] 통계[통:계/통:게]
   밀폐[밀폐/밀페] 은혜[은혜/은헤]

   ≫ '예, 례'는 [ㅖ]만이 표준 발음이다.
      예의[예의/예이]   상견례[상견녜]   차례[차례]

★ 현재까지 출제되지 않지만 출제 가능한 유형

★ 2017년 3분기 맞춤법 수정
- 관건(關鍵)[관건/관껀]
- 불법(不法)[불법/불뻡]
- 교과(教科)[교:과/교:꽈]
- 반값(半-)[반:갑/ 반:깝]
- 효과(效果)[효:과/효:꽈]
- 안간힘[안간힘/안깐힘]
- 인기척[인기척/인끼척]
- 분수(分數)[분수/분쑤]
- 점수(點數)[점수/점쑤]
- 함수(函數)[함:수/함:쑤]

(5) 'ㅢ'

단어 첫음절 이외의 '의'는 [ㅣ]로, 조사 '의'는 [ㅔ]로 발음함도 허용된다.

예
주의[주:의/주:이]   협의[혀븨/혀비]
명의[명의/명이]   정의[정:의/정:이]
논의[노늬/노니]   전의[저:늬/저:니]
우리의[우리의/우리에]   강의의[강:의의/강:이에]

(6) 받침 뒤 모음으로 시작되는 실질 형태소 발음의 예외

예 맛있다[마딛따/마싣따]   멋있다[머딛따/머싣따]

(7) 'ㄴ' 첨가

예
금융[그뮹/금늉]   이죽이죽[이주기죽/이중니죽]
야금야금[야그먀금/야금냐금]   검열[거:멸/검:녈]
욜랑욜랑[욜랑욜랑/욜랑뇰랑]   1연대[일련대/이련대]
3연대[삼년대/사면대]   서른여섯[서른녀섣/서르녀섣]
할 일[할릴/하릴]   잘 입다[잘립따/자립따]
못 잊다[몬닏따/모딛따]   한 일[한닐/하닐]
그런 일[그런닐/그러닐]   먹을 엿[머글렫/머그렫]
옷 입다[온닙따/오딥따]   먹은 엿[머그녇/머근녇]
잘 익히다[잘리키다/자리키다]
못 이기다[몬니기다/모디기다]

외래어·로마자 표기

1 외래어 표기

외래어 표기법 정리

(1) 국어의 현용 24 자모만으로 적는다. (제1항)
   - thrill[θril]에서 우리말에 없는 [θ]을 표기하기 위해 새로운 글자를 만들어 사용하지 않고 'ㅅ'으로 표기한다.

(2) 한 음운을 한 기호로 적는다. ('f'를 'ㅍ'으로 적는다.) (제2항)
   - fry(후라이 → 프라이), platform(플렛홈 → 플랫폼)

(3) 받침에는 7종성(ㄱ, ㄴ, ㄹ, ㅁ, ㅂ, ㅅ, ㅇ)만을 사용한다. (제2항)
   - 테잎(×) → 테이프(○), 커피숖(×) → 커피숍(○), 맑스(×) → 마르크스(○), 북(×) → 북(○), 캩(×) → 캣(○), 디스켙(×) → 디스켓(○), 로보트(×) → 로봇(○), 로케트(×) → 로켓(○)

(4) 파열음 표기에는 된소리를 쓰지 않는다. 단, '껌, 빵'은 굳어진 관용적 표기로 인정한다. (제4항)
   - 까스렌지(×) → 가스레인지(○), 빠리(×) → 파리(○), 꼬냑(×) → 코냑(○), 써비스(×) → 서비스(○)

(5) 장모음은 따로 표기하지 않는다.
   - 루우트(×) → 루트(○), 보우트(×) → 보트(○), 처칠(×) → 처칠(○), 티임(×) → 팀(○)

(6) 'ㅈ, ㅊ' 다음에서 복모음은 쓰지 않는다.
   - 챠트(×) → 차트(○), 텔레비젼(×) → 텔레비전(○), 비젼(×) → 비전(○), 레져(×) → 레저(○)

(7) 어말의 [ʃ]는 '시'로 적고, 자음 앞의 [ʃ]는 '슈'로, 모음 앞의 [ʃ]는 뒤에 오는 모음을 따라 적는다.
   - flash – 플래시, shrub – 슈러브, fashion – 패션 supermarket – 슈퍼마켓, shrimp – 슈림프

(8) 짧은 모음 다음의 어말 무성 파열음 [p], [t], [k]는 받침으로 적는다.
   - gap – 갭, cat – 캣, book – 북, rocket – 로켓

(9) 어말과 모든 자음 앞에 오는 유성 파열음 [b], [d], [g]는 '으'를 붙여 적는다.
   - lobster – 로브스터('랍스터'도 인정), signal – 시그널, zigzag – 지그재그

받침 표기

'racket'는 [라켄]으로 발음되지만 모음 조사에 연결되면 [라케시], [라케슬]로 발음되므로 'ㄷ'을 'ㅅ'으로 받침 표기한다. 마찬가지로 'ㅋ'은 'ㄱ'으로, 'ㅍ'은 'ㅂ'으로 받침 표기를 한다.

(10) 어중의 [l]이 모음 앞에 오거나, 모음이 따르지 않는 비음 [m], [n] 앞에 올 때는 'ㄹㄹ'로 적는다. 다만 비음 [m], [n] 뒤의 [l]은 모음이 뒤에 오더라도 'ㄹ'로 적는다.
> 예 slide – 슬라이드, film – 필름, Hamlet – 햄릿

(11) 고유 명사(인명, 지명) 표기

① 중국 인명 : 과거인은 종전의 한자음대로 표기하고, 현대인은 원칙적으로 중국어 표기법에 따라 표기하되, 필요한 경우 한자를 병기한다.
> 예 孔子 공자, 江澤民 장쩌민

현대인이라 하더라도 우리 한자음으로 읽는 관행이 있는 인명에 대해서는 한자음으로 읽는 것을 허용한다.
> 예 毛澤東 모택동(마오쩌둥)

한국 한자음으로 읽는 관용이 있는 것은 이대로 적는 것을 허용한다.
> 예 東京 도쿄/동경, 京都 교토/경도, 上海 상하이/상해, 臺灣 타이완/대만, 黃河 황허/황하

② 일본의 인명과 지명 : 과거와 현대의 구분 없이 일본어 표기법에 따라 표기하는 것을 원칙으로 하되, 필요한 경우 한자를 병기한다.
> 예 도요토미 히데요시(○) – 풍신수길(×)

③ 바다, 섬, 강, 산 등의 표기
  ㉠ '해', '섬', '강', '산' : 외래어에 붙을 때나, 우리말에 붙을 때나 언제나 붙여 쓴다.
  > 예 카리브해, 북해, 발리섬, 목요섬

바다는 '해(海)'로 통일한다.
> 예 홍해, 발트해, 아라비아해

우리나라를 제외하고 섬은 모두 '섬'으로 통일한다.
> 예 타이완섬, 코르시카섬, 제주도, 울릉도

  ㉡ 지명 자체에 산맥, 산, 강 등의 뜻이 들어 있는 것은 '산맥', '산', '강' 등을 겹쳐 적는다.
  > 예 Rio Grande 리오그란데강, Monte Rosa 몬테로사산, Mont Blanc 몽블랑산, Sierra Madre 시에라마드레산맥

(12) 틀리기 쉬운 외래어 표기

① 주의해야 할 외래어 표기

잘못된 표기(×)	바른 표기(○)	잘못된 표기(×)	바른 표기(○)
가디건	카디건	블랙퍼스트	브렉퍼스트
내프킨	냅킨	사루비아	샐비어
니코친	니코틴	상들리에	샹들리에
덕아웃	더그아웃	샌달	샌들
데뷰	데뷔	스카웃	스카우트
드리볼	드리블	스프링쿨러	스프링클러
라이센스	라이선스	심포지움	심포지엄
락 페스티발	록 페스티벌	엔돌핀	엔도르핀
레프리	레퍼리	오딧세이	오디세이
모라토리움	모라토리엄	옵저버	옵서버
발렌타인데이	밸런타인데이	캐리어	커리어
커미숀	커미션	타올	타월
컨디숀	컨디션	티벳	티베트

'carrier'는 '캐리어'로 표기하고, 'career'는 '커리어'로 표기한다.

잘못된 표기(×)	바른 표기(○)	잘못된 표기(×)	바른 표기(○)
컨추리	컨트리	페스트리	페이스트리
코뮤니케	코뮈니케	푸켓	푸껫
코스모폴리탄	코스모폴리턴	플로트	플롯
타쉬켄트	타슈켄트	플룻	플루트

'float'는 '플로트'로 표기하고, 'plot'은 '플롯'으로 표기한다.

② 'ㅓ/ㅗ'가 혼동되는 외래어 표기

잘못된 표기(×)	바른 표기(○)	잘못된 표기(×)	바른 표기(○)
넉다운	녹다운	컴팩트	콤팩트
레미컨	레미콘	코미션	커미션
블럭	블록	콘트롤	컨트롤
솔루션	설루션	콜렉션	컬렉션
심볼	심벌	콜렉터	컬렉터
컨덴서	콘덴서	프러듀서	프로듀서
컨셉트	콘셉트	프로포즈	프러포즈
컨서트	콘서트	캐롤	캐럴
컨텐츠	콘텐츠		

③ 'ㅏ/ㅓ(ㅑ/ㅕ)'가 혼동되는 외래어 표기

잘못된 표기(×)	바른 표기(○)	잘못된 표기(×)	바른 표기(○)
내셔날	내셔널	시거	시가
노스탤지아	노스탤지어	시그날	시그널
달라	달러	어메리칸	아메리칸
데이타	데이터	에메럴드	에메랄드
딜레머	딜레마	오리엔틀	오리엔탈
레파토리	레퍼토리	캐피탈	캐피털
렌탈	렌털	컬러	칼라
로얄	로열	컬럼	칼럼
류마티즘	류머티즘	케찹	케첩
미네럴	미네랄	크리스챤	크리스천
샤베트	셔벗	토탈	토털
스펙타클	스펙터클	헐리우드	할리우드

'color'는 '컬러'로 표기하고, 'collar'는 '칼라'로 표기한다.

④ 'ㅏ/ㅐ'가 혼동되는 외래어 표기

잘못된 표기(×)	바른 표기(○)	잘못된 표기(×)	바른 표기(○)
개솔린	가솔린	매저키즘	마조히즘
다이나믹	다이내믹	맨하탄	맨해튼
매니아	마니아	발란스	밸런스
새디즘	사디즘	액센트	악센트
사라다	샐러드	카라멜	캐러멜
악셀러이터	액셀러레이터		

⑤ 'ㅣ/ㅔ'가 혼동되는 외래어 표기

잘못된 표기(×)	바른 표기(○)	잘못된 표기(×)	바른 표기(○)
라킷	라켓	타겟	타깃
오믈릿	오믈렛		

⑥ 'ㅐ/ㅔ'가 혼동되는 외래어 표기

잘못된 표기(×)	바른 표기(○)	잘못된 표기(×)	바른 표기(○)
네비게이션	내비게이션	새미나	세미나
매커니즘	메커니즘	팬타곤	펜타곤
메스컴	매스컴	피카래스크	피카레스크
모슬램	모슬렘		

2 로마자 표기

로마자 표기법 정리

(1) 자모의 표기

① 모음

ㅏ	ㅓ	ㅐ	ㅔ	ㅗ	ㅜ	ㅣ
a	eo	ae	e	o	u	i
ㅑ	ㅕ	ㅒ	ㅖ	ㅛ	ㅠ	ㅡ
ya	yeo	yae	ye	yo	yu	eu
ㅘ	ㅝ	ㅙ	ㅞ	ㅚ	ㅟ	ㅢ
wa	wo	wae	we	oe	wi	ui

② 자음

- 'ㄱ, ㄷ, ㅂ, ㅅ, ㅈ' 계열

예사소리	ㄱ	ㄷ	ㅂ	ㅅ	ㅈ		
	g	k	d	t	b	p	s	j
된소리	ㄲ	ㄸ	ㅃ	ㅆ	ㅉ		
	kk	tt	pp	ss	jj		
거센소리	ㅋ	ㅌ	ㅍ		ㅊ		
	k	t	p		ch		

- 'ㄴ, ㄹ, ㅁ, ㅇ, ㅎ' 계열

ㄴ	ㄹ	ㅁ	ㅇ	ㅎ
n	r, l	m	ng	h

전자법, 전사법

① 전자법
우리나라 말을 철자대로 로마자로 표기하는 것
예) 신라 Sinra
   묵호 Mukho

② 전사법(전음법)
우리나라의 말을 소리 나는 대로 로마자로 표기하는 것. 현재의 〈로마자 표기법〉은 전사법(전음법)을 따르고 있다.
예) 신라 Silla
   묵호 Muko

ㄱ, ㄷ, ㅂ'은 모음 앞에서 'g, d, b'로 적는다.

'ㄹ'은 모음 앞에서는 'r'로, 자음 앞이나 어말에서는 'l'로 적는다. 단 'ㄹㄹ'은 'll'로 적는다.
예) 구리 Guri
   설악 Seorak
   울릉 Ulleung

(2) 음운 변화가 일어나는 경우
   자음은 소리 나는 대로 적는다. (전사법)

   ① 자음 동화가 일어나는 경우
      예) 백마[뱅마] Baengma, 왕십리[왕심니] Wangsimni,
          신라[실라] Silla, 신문로[신문노] Sinmunno, 별내[별래] Byeollae, 종로[종노] Jongno

   ② 구개음화가 되는 경우
      예) 해돋이[해도지] haedoji, 맏이다[마치다] machida, 같이[가치] gachi

   ③ 'ㄱ, ㄷ, ㅂ, ㅈ'이 'ㅎ'과 합하여 거센소리로 나는 경우
      예) 좋고[조코] joko, 놓다[노타] nota, 잡혀[자펴] japyeo, 낳지[나치] nachi

   ④ 'ㄴ, ㄹ'이 덧나는 경우
      예) 학여울[항녀울] Hangnyeoul, 알약[알략] allyak

   ⑤ 받침은 대표음으로 적기 예) 월곶[월곧] Wolgot

   ⑥ 된소리되기 : 표기에 반영하지 않는다.
      예) 압구정 Apgujeong, 낙동강 Nakdonggang,
          압록강 Amnokgang, 죽변 Jukbyeon,
          낙성대 Nakseongdae, 합덕 Hapdeok,
          팔당 Paldang, 샛별 saetbyeol,
          백록담 Baengnokdam

   ⑦ 발음상 혼동의 우려가 있을 때에는 음절 사이에 붙임표(-)를 쓸 수 있다.
      예) 중앙 Jung-ang, 반구대 Ban-gudae, 세운 Se-un

(3) 고유 명사
   ① 첫 글자를 대문자로 적는다. 예) 부산 Busan, 세종 Sejong

   ② 인명 표기 : 성과 이름은 띄어 쓴다. 예) 민용하 Min Yongha

   ③ 이름은 붙여 쓰는 것을 원칙으로 하되, 음절 사이에 붙임표(-)를 쓰는 것을 허용한다.
      예) 민용하 Min Yongha (Min Yong-ha)

   ④ 이름에서 일어나는 음운 변화는 표기에 반영하지 않는다.
      예) 한복남 Han Boknam (Han Bok-nam),
          홍빛나 Hong Bitna (Hong Bit-na)
      ≫ '한봉남', '홍빈나'로 표기하지 않는다.

체언에서 'ㄱ, ㄷ, ㅂ' 뒤에 'ㅎ'이 따를 때에는 'ㅎ'을 밝혀 적는다. (전자법)
예) 묵호 Mukho
    집현전 Jiphyeonjeon
    식혜 Sikhye

원래부터 된소리인 것은 된소리로 표기한다.
예) 볶음밥 bokkeumbap,
    떡 tteok

(4) 지명 표기

① '도, 시, 군, 구, 읍, 면, 리, 동, 로, 대로, 길'의 행정 구역 단위와 '가'를 각각 'do, si, gun, gu, eup, myeon, ri, dong, ro, daero, gil, ga'로 적고 그 앞에는 붙임표(-)를 넣는다.

> 예 충청북도 Chungcheongbuk-do, 제주도 Jeju-do,
> 의정부시 Uijeongbu-si, 양주군 Yangju-gun,
> 도봉구 Dobong-gu, 신창읍 Sinchang-eup,
> 인왕리 Inwang-ri, 종로 2가 Jongno 2(i)-ga,
> 성산대로 Seongsan-daero

② 붙임표(-) 앞에 있는 글자와 뒤에 있는 글자 사이에서 일어나는 음운 변화는 표기에 반영하지 않는다.

> 예 구절리 Gujeol-ri, 삼죽면 Samjuk-myeon, 인왕리 Inwang-ri

③ '시, 군, 읍'의 행정 구역 단위는 생략할 수 있다.

> 예 청주시 Cheongju, 함평군 Hampyeong, 순창읍 Sunchang

④ 자연 지물명, 문화재명, 인공 축조물명의 표기 : 붙임표(-) 없이 붙여 쓴다.

> 예 남산 Namsan, 속리산 Songnisan, 금강 Geumgang,
> 경복궁 Gyeongbokgung, 무량수전 Muryangsujeon,
> 연화교 Yeonhwagyo, 극락전 Geungnakjeon,
> 안압지 Anapji, 남한산성 Namhansanseong,
> 화랑대 Hwarangdae, 불국사 Bulguksa,
> 다보탑 Dabotap, 현충사 Hyeonchungsa,
> 월인천강지곡 Worincheongangjigok
> 오죽헌 Ojukheon, 촉석루 Chokseongnu

(5) 그 밖에 주의해야 할 표기

연희동	Yeonhui-dong	삼성 2동	Samseong 2(i)-dong
북한산	Bukhansan	신림본동	Sillimbon-dong
답십리동	Dapsimni-dong	사직공원	Sajik Park
조계사	Jogyesa	경희궁	Gyeonghuigung
용산구청	Yongsan-gu Office	목동운동장	Mok-dong Stadium
선릉	Seolleung	정릉	Jeongneung
태릉	Taereung	낚시	naksi
갈월동	Garwol-dong	을왕리	Eurwangni
땅끝마을	Ttangkkeut maeul	남도들노래	Namdodeullorae

음식물명

음식명은 표제어인 경우에는 대문자로 표기한다. 일반적인 경우에는 고유 명사에 해당하지 않으므로 소문자로 표기하는 것이 원칙이다.

① 2음절어, 관용적 표기에서는 붙임표를 사용하지 않는다.
> 예 순대(Sundae)
> 설렁탕(Seolleongtang)

② 음식물명에서 사이시옷은 표기에 넣지 않는다.
> 예 북엇국(Bugeo-guk)

용산소방서	Yongsan Fire Station	동작교육청	Dongjak District Office of Education
전라남도	Jeollanam-do	명륜 3길	Myeongnyun 3(sam)-gil
성수동 2가	Seongsu-dong 2(i)-ga	김치볶음밥	Kimchi-bokkeum-bap
떡국	Tteokguk	만둣국	Mandu-guk
삼계탕	Samgye-tang	오이소박이	Oi-so-bagi

❖ 참고

- '로(ro)'의 표기와 대문자 표기

1. '로(路)'로 끝나는 단어 중에 지명은 붙임표를 붙이지 않고, 도로명에는 붙임표를 붙인다.

을지로	지명	Euljiro	종로 23	번지명	Jong-ro 23
세종로	지명	Sejongno	세종로	도로명	Sejong-ro

2. 대·소문자 표기에 주의해야 할 단어

- 대문자로 표기

대한민국	Daehanminguk	심청전	Simcheongjeon
애국가	Aegukga	태극기	Taegeukgi
한글	Hangeul	훈민정음	Hunminjeongeum

- 소문자로 표기

꽃 이름	무궁화 mugunghwa	세시 풍속 이름	설날 seollal
운동 경기 이름	씨름 ssireum, 태권도 taegwondo	악기 이름	가야금 gayageum
아리랑	arirang	화랑	hwarang

3. 음식물 이름은 메뉴판에서는 대문자로 쓴다. 그러나 일반적일 때는 소문자로 쓴다.

잣죽	Jatjuk	순댓국밥	Sundae-gukbap
전복죽	Jeonbok-juk	북엇국	Bugeo-guk
신선로	Sinseollo	묵은지찜	Mugeun-ji-jjim
떡볶이	Tteok-bokki	해물찜	Haemul-jjim

4. 다리 이름(문화체육관광부 훈령 제279호〈공공 용어의 영어 번역 및 표기 지침〉)

오목교	Omokgyo Bridge
영동 대교	Yeongdongdaegyo Bridge
인천 대교	Incheondaegyo Bridge

도로명 표기
① '로'와 '가' ('가'에 붙임표)
  예 종로 2가
     Jongno 2(i)-ga
② '동'과 '가' (둘 다 붙임표)
  예 장충동 1가
     Jangchung-dong 1(il)-ga
③ '동'과 '길' ('길'에 붙임표)
  예 인사동길
     Insadong-gil
④ '로'와 '길' (둘 다 붙임.)
  예 갈현로 25길
     Galhyeon-ro 25-gil

품사론

1 품사

1. 명사, 대명사, 수사, 조사

(1) 품사의 개관
  ① 품사의 정의 : 성질이 공통된 단어끼리 모아 놓은 단어의 갈래 (의미, 기능, 형태로 기준을 삼는다.)
  ② 국어 품사의 갈래

단어	체언	명사 : 사물의 명칭을 표시하는 말
		대명사 : 명사를 대신하여 쓰이는 말
		수사 : 수량이나 순서를 가리키는 말
	관계언	조사 : 자립 형태소에 붙어 문법적 관계를 표시하는 말
	용언	동사 : 동작이나 작용을 나타내는 말
		형용사 : 성질이나 상태를 나타내는 말
	수식언	관형사 : 체언의 내용을 꾸며 주는 말
		부사 : 용언의 의미를 더욱 분명히 하는 말
	독립언	감탄사 : 본능적인 놀람이나 느낌을 표시하는 말

품사를 구별하는 요령
(순서에 따라 판단)
① 먼저 '조사'가 붙었는가를 확인
  → 명사, 대명사, 수사 구분
② 두 번째 어미 활용 여부를 확인
  → 동사, 형용사 구분
③ '-ㄴ다/-는다'가 붙으면 동사로 판단
④ 그런 연후에 수식 여부를 확인
  → 명사, 대명사, 수사를 수식하면 관형사
⑤ 동사, 형용사, 부사, 관형사, 문장을 수식하거나 접속 기능이 있으면 부사로 판단

(2) 명사
  ① 고유 명사와 보통 명사의 쓰임
    ㉠ 고유 명사를 복수화 → 일반 명사가 됨.
      예 해사는 많은 이순신들을 배출한다.
    ㉡ 고유 명사는 관형사(이, 모든, 새) 또는 수사와 결합할 수 없다.
    ㉢ '해'와 '달'은 나라에 따라 발음이 다르다. 즉 자의성이 강하기 때문에 보통 명사다.
  ② 의존 명사 : 관형어의 꾸밈을 받아야 하는 명사
    예 본 대로 말하라.   먹을 뿐이다.
       먹을 것이 없다.   아는 바가 없다.
       고마울 따름이다.   만난 지도 오래 되었다.
       갈 데가 없다.   먹을 수가 없다.
       아는 척을 한다.   밥을 지을 줄을 모른다.

의존 명사
① 의존 명사는 띄어쓰기에 주의해야 한다. 앞에 관형사형 어미(ㄴ/ㄹ)가 있으면 띄어 써야 한다.
② '등, 들, 때문, 나름, 마련'은 명사, 대명사 뒤에 오기도 한다.
  예
  • 사과, 배, 감 등이 있다.
  • 그는 국어 때문에 합격했다.
  • 남자도 남자 나름이지.
  • 때는 오기 마련이다.
  • 그녀는 임신중

(3) 대명사

① 인칭 대명사

제1인칭	말하는 이를 가리키는 대명사 예 나, 우리, 저, 저희, 소인, 소자
제2인칭	말 듣는 사람을 가리키는 대명사 예 너, 자네, 너희, 당신, 그대
제3인칭	다른 사람을 가리키는 대명사 예 그이, 저이, 이이, 저, 저희, 당신

② 지시 대명사

사물 대명사	이(것), 그(것), 저(것), 무엇, 아무
장소 대명사	여기, 거기, 저기, 어디, 이곳, 그곳, 저곳
시간 대명사	언제

③ 미지칭과 부정칭

㉠ 미지칭(대상의 이름이나 사실을 모를 때)
  예 <u>누구</u>의 얼굴이 먼저 떠오르니?
  너는 <u>어디서</u> 왔니?

㉡ 부정칭(지시 대상, 즉 사람, 물건, 방향, 장소 등이 정해져 있지 않거나 특별한 정보가 없을 때)
  예 배가 고프니 <u>무엇</u>이라도 먹어야겠다.
  <u>누가</u> 출제해도 마찬가지야.

㉢ 누구(미지칭)+나/도 → 부정칭 (지시 대상이 정해져 있지 않은 대명사)
  예 <u>누구도</u> 그를 몰라보았다. (부정칭)
  <u>누구니</u> 좋으니 빨리 데려 외라. (부정칭)
  <u>아무라도</u> 응시할 수 있다. (부정칭)

㉣ 강세에 의해 구별하기도 한다
  예 <u>누가</u> 왔니? ('누가'에 강세 → 미지칭)
  <u>누가</u> 왔니? ('왔니'에 강세를 주고 말꼬리를 올리면 → 부정칭)

④ 재귀칭 : 앞에 나온 3인칭 주어가 되풀이됨을 피할 때에 쓰는 대명사(저, 당신)

예 철수는 <u>자기</u>(← 철수의) 동생을 매우 귀여워한다.
어머니께서는 아직도 손수 <u>당신</u>(← 어머니) 빨래를 하신다.

이리, 그리, 저리 → 부사

'언제'의 품사
'언제'는 막역한 어떤 때를 나타내거나 의문문에서 잘 모르는 때를 물을 때는 부사임.
예 <u>언제</u> 한번 만나자
 <u>언제</u> 만날까?

아무의 품사
• 대명사
  ① 아직 <u>아무</u>도 안왔다.
  ② 김 <u>아무</u>는 최 <u>아무</u>를 만났다
• 관형사
  ① <u>아무</u> 소용이 없다.
  ② <u>아무</u> 연필이라도 다오.
  ③ <u>아무</u> 날 아무시

대명사 특수한 경우
① '저, 저희'는 1인칭과 3인칭에 모두 쓰고, '당신'은 2인칭과 3인칭에 모두 쓴다.
② '우리'의 쓰임
  • 말 듣는이 제외, 제삼자 포함
    예 <u>우리만</u> 간다.
  • 말 듣는이 포함, 제삼자 배제
    예 <u>우리</u> 모두 힘을 합치자.

(4) 수사
    ① 양수사 : 수량을 가리키는 수사
        예 하나, 둘, 셋
    ② 서수사 : 순서를 가리키는 수사
        예 첫째, 둘째…
    ③ 수사와 관형사
        ㉠ 뒤에 조사가 올 수 있으면 → 수사
        ㉡ 뒤에 단위성 의존 명사가 오면 → 관형사
            예 사람 다섯이 (수사)   다섯 사람이 (관형사)
    ④ 체언과 복수('-들'의 용법)
        ㉠ 셀 수 있는 명사에 붙어서 복수를 표시할 때 '들'은 복수 접미사
            예 학생들이 많이 모였다.
        ㉡ 주어 이외의 자리(부사어 또는 연결 어미)에서 주어가 복수임을 표시할 때 '들'은 보조사
            예 여기들 잠자코 앉아 있어라. 많이들 먹어라.

(5) 조사
    ① 격조사 : 선행하는 체언으로 하여금 일정한 자격을 가지도록 해 주는 조사로 주로 체언에 붙는다.
        예 주격(이/가, 께서, 에서, 서), 서술격(이다), 목적격(을/를), 보격('되다, 아니다' 앞에 오는 조사), 관형격(의), 호격(아/야), 부사격(⑤의 ㉡ 참고)
    ② 보조사 : 체언을 일정한 격으로 규정하지 않고, 특별한 의미를 더해주는 조사로 체언이나 조사, 용언, 그리고 문장에도 붙는다.
        예 대조(은/는), 역시(도), 단독(만, 뿐), 극단(까지, 마저, 조차), 시작(부터), 균일(마다), 특수(야), 불만(나), 높임(요), 강조(을/를)
    ③ 접속 조사 : 두 단어를 같은 자격으로 이어 주는 기능을 하는 조사. 와/과, 랑, 하고, 이며, 이다, 에, (이)나, (이)니
        예 • 철수와 영희는 우등생이다.
            • 논이며 밭이며 집이 모두 물에 잠겼다.
            • 예습이다 복습이다 시간이 하나도 없다.
            • 솜씨나 노력이나 정성이나 사랑이 아니다.
            • 과일에 음료수에 잔뜩 먹었다.
            • 과자니 빵이니 모두 먹었다.
    ④ 틀리게 쓰기 쉬운 조사
        예 • 우리나라 배로 갈아 만든 주스 (⇨ 배를)
            • 술이 취해 힘들다. (⇨ 술에)

'첫째'의 품사
• 수술할 때는 첫째, 마취를 잘 해야 한다. (수사)
• 첫째 주에 소풍을 간다. (관형사)
• 신발은 첫째로 발이 편해야 한다. (명사)
• 이 선생네 첫째가 결혼한대. (명사)

'열둘째'는 명사 : 앞에서 세어 모두 열두 개째가 됨을 이름.
예 이 채점 답안지는 열둘째이다.

'열두째'는 수사·관형사 : 순서가 열두 번째가 되는 차례
예 이 줄 열두째에 앉은 애가 내 친구야.

관형격 조사 '의'
① 의미상 여러 방법으로 사용
    예 나의 책(소유)
        나의 입학(주어)
        주권의 박탈(목적어)
        철의 여인(비유)
② 모호성
    예 '어머니의 그림'은 '어머니가 소유한 그림' 또는 '어머니가 그리신 그림' 등 여러 의미로 볼 수 있다.

- 직원에게 상의하세요. (⇨ 직원과)
- 귓전에 울리는 목소리 (⇨ 귓전을)
- 책에 보면 있는 내용 (⇨ 책을)

⑤ 조사의 활용 및 분류
  ㉠ 서술격 조사만이 어미 활용하고, 주로 체언과 결합하나 부사 또는 용언과도 결합한다.
    예) 철수이다, 철수이고, 제법이다, 너를 위해서이다, 배가 아파서였다
  ㉡ 비교(보다), 처소(에서), 원인(에), 자격(으로), 도구(로), 함께함(와) 등은 모두 부사격 조사이다.
  ㉢ 보조사는 여러 성분에 두루 쓰이고, 체언, 용언, 부사, 문장에 붙을 수 있다.
    예) 나는 너를 좋아한다. [주격] 내가 사과는 좋아한다. [목적격]
  ㉣ '와/과'의 기능
    ⓐ 접속 조사(겹문장) 예) 서울과 부산은 인구가 많다.
    ⓑ 비교, 함께함 부사격 조사(홑문장)
      예) 철수와 영희는 닮았다. (비교)
         바둑이와 고양이가 함께 놀고 있다. (함께)

2. 동사, 형용사

(1) 본용언과 보조 용언
  용언과 용언이 연이어 있는 경우 그 용언들이 하나의 의미 덩어리를 형성하고 있으면, 앞의 용언은 본용언이고 뒤의 용언은 보조 용언이다. 보조 용언은 독립적 의미가 없다.
  예) 버리다, 내다(종결), 말다(부정), 놓다, 두다(보유), 대다(반복), 가지다(소유), 주다·드리다(봉시), 오다·기다(진행), 보다(시행 추측), 싶다(희망)

(2) 동사와 형용사의 구분
  ① 현재형 어미 '-ㄴ다 / -는다'를 취하면 동사, 그렇지 못하면 형용사(동사는 명령형·청유형 어미와 결합)
    예) 철수가 간다. (동사)
       꽃이 아름답는다.(×) → 말이 되지 않는다. 따라서 형용사
       나는 영화를 본다. (동사)
       나는 미래를 생각해 본다. (시행, 보조 동사)
       그녀는 어디 아픈가 보다. (추측, 보조 형용사)
       돌이 워낙 무겁다 보니 들 수가 없었다. (원인, 보조 형용사)
       한 대 때릴까 보다. (의도, 보조 형용사)
       야단맞을까 봐 말도 못 했다. (걱정·두려움, 보조 형용사)

'이다'의 용법
① 서술격 조사
  예) 솜씨가 제법이다.
② 동사
  예) 머리에 이다.
③ 접속 조사
  예) 예습이다 복습이다 정신이 없다.
④ 의태부사에 붙어서 동사를 만드는 접미사.
  예) 끄덕이다.

조사 결합의 제약
예) • 사고를 미연에 방지하다.
   • 얼떨결에 대답했다.
   • 오늘을 넘길 가망이 없다.
   • 불가분의 관계이다.
   • 재래의 관습이다.
   • 철수에게 돈이 많다.
     (사람이나 동물 뒤에 사용)
   • 일본에 항의했다.
     (무정 명사나 식물에 사용)

동작 동사 : 사람의 움직임을 표현. 명령, 청유 가능

작동 동사 : 자연의 움직임을 표현. 명령, 청유 불가능
예) 해가 뜬다.
   강물이 흐르다.

• 성상형용사 : 성질이나 상태를 나타내는 형용사
  예) 예쁘다, 달다
• 지시형용사 : 이러하다, 그러하다, 저러하다

≫ '알맞다'는 형용사 → 알맞은 (×), 알맞은(○)

항상 '보조 형용사'인 것
• ~다(가) 못하여(극한)
• 싶다(희망)
• 듯하다(추측)
• 죽다(상태)

② 보조 용언인 '않다(아니하다)', '못하다', '하다'는 앞에 오는 본용언의 품사에 따른다.

  예) 가지 않았다. (보조 동사) 예쁘지 않다. (보조 형용사)
  가지는 못하다. (보조 동사) 아름답지 못하다. (보조 형용사)
  노래를 부르게 하다. (보조 동사), 참 심심하기도 하다. (보조 형용사)
  ≫ 단, '하다'가 '바람'이나 '당위' 또는 '이유, 사동'의 의미로 쓰일 때는 본용언 품사와 관계 없이 늘 보조 동사이다.

  예) 나는 내 얼굴이 예뻤으면 한다. (희망) 주방은 늘 청결해야 한다. (당위)
  길도 멀고 하니 일찍 떠나라. (이유) 교실을 청결하게 한다. (사동)

③ 동사는 의도를 뜻하는 '-려'나 목적을 뜻하는 '-러'와 함께 쓰일 수 있다.

  예) 지영이는 밥을 먹으려 한다. (동사) 공책을 사러 간다. (동사)

(3) 동사, 형용사의 활용

① 활용어 : 활용을 하는 단어
  ㉠ 동사 ㉡ 형용사 ㉢ 서술격 조사

② 어간과 어미
  ㉠ 어간 : 활용할 때에 변하지 않고 줄기가 되는 부분
  ㉡ 어미 : 활용할 때에 변하는 부분
    ⓐ 선어말 어미 : 어말 어미 앞에 오는 어미
    ⓑ 어말 어미 : 단어의 끝에 오는 어미

③ 선어말 어미의 갈래

높임	'-시-'
공손	'-옵-', '-사오-'
시간	현재(-는-/-ㄴ-), 과거(-았-/-었-), 미래, 추측(-겠-), 과거 회상(-더-), 미래(-리-)

④ 접사와 선어말 어미
  ㉠ 사동, 피동, 강세를 뜻하는 것은 접사이기 때문에 어간에 포함된다.

잡 + 았 + 다	잡 + 히 + 다
어간 어미	어간 어미

  ㉡ '-겠-'의 쓰임(시간 외) ┌ 의지 : 내가 가겠다.
                              └ 추측 : 비가 오겠다.

~게 생기다(부정적 지경에 이르다)

주의할 점
① '-ㄴ다/-는다'로 동사를 구분할 때 어색하면 명령형으로 판단해야 한다.
② '있다'의 품사
  ㉠ 동사 : '어떤 상태를 계속 유지하다. 시간이 경과하다.'의 의미
    예) 얌전히 있어라.
        사흘만 있으면 추석이다.
  ㉡ 형용사 : 나머지 의미는 모두 형용사
  ㉢ 보조 동사 : 본용언 뒤에서는 언제나 보조 동사

어간에서 접두사나 접미사 외의 형태소를 '어근'이라고 한다.

선어말 어미의 순서
국어의 선어말 어미는 '높임, 시간, 공손'의 순서로 배열된다.

⑤ 어말 어미의 갈래
  ㉠ 종결 어미 : 문장을 끝맺게 하는 어미
    ⓐ 평서형 ⓑ 감탄형 ⓒ 의문형 ⓓ 명령형 ⓔ 청유형
  ㉡ 연결 어미
    ⓐ 대등적 연결 어미 : -고, -며, -든지, -거나
    ⓑ 종속적 연결 어미 : -(으)면, -거든, -(으)니, -려고, -고자, -(으)므로
    ⓒ 보조적 연결 어미 : -아/-어, -게, -지, -고
  ㉢ 전성 어미
    ⓐ 관형사형 어미 : 용언에 붙어 체언을 수식하게 함.

구분	과거	현재	미래	과거 회상
동사	-(으)ㄴ	-는	-(으)ㄹ	-던
형용사		-(으)ㄴ		-던

    ⓑ 명사형 어미(-(으)ㅁ, -기) : 용언에 붙어 명사처럼 조사가 붙을 수 있게 함.
    ⓒ 부사형 어미(-게) : 용언에 붙어 부사처럼 뒤에 오는 서술어를 수식하게 함.

⑥ 파생 명사와 명사형의 구별
  ㉠ 명사형 : 주어에 호응하여 서술성이 있거나, 부사어의 수식을 받거나 선어말 어미가 쓰일 수 있으면 명사형이다. 이때 품사는 동사나 형용사이다.
    예 • 그대가 나를 보기가 싫다면……. (주어에 호응)
       • 많이 먹음을 자랑하지 마라. (부사어의 수식)
       • 슬픔을 말하고 있다. → 슬펐음을 말하고 있다.
         (과거 시제 선어 말 어미 쓰임.)
  ㉡ 파생 명사 : 명사형의 조건이 모두 불가능하거나, 관형어의 수식을 받으면 파생 명사이다. 이때 품사는 명사이다.
    예 • 보기 중에서 골라라.
       • 얼음이 얾은 날씨가 추운 탓이다.
         (얼음-파생 명사, 얾-동사의 명사형)
       • 국가적 슬픔이라고 할 수 있다. (관형어의 수식)

⑦ 불완전 동사 : 일부 어미와만 결합하는 동사
    예 데리다, 가로다, 더불다, 연달다, 달다, 서슴다 등

전성 어미가 붙는 경우 품사는 원래의 것을 유지한다.
예 • 많이 먹음을 자랑 마라.
     (부사)(동사)
   • 꽃이 예쁘게 피었다.
     (형용사)
   • 밤에 떠난 여인
     (동사)

'ㄹ' 탈락 용언은 명사형으로 고칠 때 매개 모음 '으'를 취하지 않는다.
예 • 얼다 → 얾
   • 베풀다 → 베풂

(4) 동사와 형용사의 불규칙 활용

① 갈래

구분	갈래	변화 부분	불규칙 용언(변화 양상)	규칙용언
어간	'ㅅ' 불규칙	ㅅ → ㅇ	짓다(짓+어 → 지어, 'ㅅ' 탈락)	벗다
	'ㄷ' 불규칙	ㄷ → ㄹ	듣다(듣+어 → 들어, ㄷ → ㄹ)	얻다
	'ㅂ' 불규칙	ㅂ → 오/우	돕다(돕+아 → 도와, ㅂ → ㅗ)	입다
	'우' 불규칙	ㅜ → ㅇ	푸다(푸+어 → 퍼, 'ㅜ'탈락)	두다
	'르' 불규칙	르 → ㄹ, ㄹ	흐르다(흐르+어 → 흘러, '으' 탈락, 'ㄹ' 첨가)	치르다
어미	'여' 불규칙	어 → 여	하다(하+어 → 하여, 어 → 여)	보다
	'러' 불규칙	어 → 러	푸르다(푸르+어 → 푸르러, 'ㄹ' 첨가)	들르다
어간 어미	'ㅎ' 불규칙	'ㅎ'탈락, 아/어 → 애/에	파랗다(파랗+아서 → 파래서, 어간 : 'ㅎ' 탈락, 어미 : 아 → 애) (파랗+ㄴ → 파란)	좋다

② 명령형 어미 '-거라'
'-거라'가 '가다, 자다, 일어나다'와 같은 일부 자동사에만 붙은 것으로 보아 불규칙으로 보았다. 그러나 '-아라/-어라' 어미가 붙어 '가라, 자라, 일어나라'가 될 수 있다는 점을 들어 규칙으로 처리한다. 그리고 '오다'도 '오거라'를 허용하게 되어 규칙적으로 처리한다.

③ 어간의 끝이 'ㄹ'과 '으'인 경우
  ㉠ 어간의 끝이 'ㄹ'인 경우 → 예외 없이 'ㄴ', 관형사형 어미 'ㄹ, ㅂ, ㅅ, 오' 앞에서 탈락[규칙]
  ㉡ 'ㄹ' 탈락 용언은 매개 모음 '으'를 취하지 않는다.
  예 살으렵니다 → 살렵니다   벌으므로 → 벌므로
      밀읍시다 → 밉시다   절은 → 전
  ㉢ 어간의 끝이 '으'인 경우 → 모음 앞에서 예외 없이 탈락[규칙]
  예 따르+아 → 따라   잠그+아 → 잠가
      우러르+어 → 우러러

④ 불규칙 활용과 관련 있는 맞춤법
  ㉠ 라면이 불기 전에 먹어라. (→ 붇기)
  ㉡ 물을 길러 산 아래로 내려갔다. (→ 길으러)
  ㉢ 언덕이 가파라 힘이 든다. (→ 가팔라)
  ㉣ 눈 주변이 퍼래! (→ 퍼레)
      눈이 커다랐습니다. (→ 커다랬습니다)
  ㉤ 하늘을 날으는 슈퍼맨 (→ 나는)

불규칙 확인 요령
① 기본형을 찾자.
② '아/어'를 붙여 활용해 보자.
③ 무엇이 변했는지 확인하자.

유의해야 할 불규칙
① '우' 불규칙 : 푸다
② '여' 불규칙 : '하다'가 붙은 용언 전부
③ '러' 불규칙 : 이르다(至), 누르다 (노르다), 푸르다

기존 'ㅎ' 불규칙은 'ㄴ' 앞에서 'ㅎ'이 탈락되었으나 이제는 '-네' '-냐' 의문형 종결어미 '-니' 앞에서는 'ㅎ'을 탈락하지 않아도 된다. 따라서 '파랗네/파라네, 파랗냐/파라냐', '파라니?/파랗니?'가 모두 바른 표기다.

본말과 준말이 있을 때 모음으로 시작되는 어미 활용 시 본말만을 표준어로 인정한다.
예 가지다/갖다
  → 가지어(○) 갖어(×)
  가지고(○) 갖고(○)
  머무르다(머물다)
  내디디다(내딛다)
  서두르다(서둘다)

매개모음 '으'
받침으로 끝나는 말 뒤에 'ㄴ, ㄹ, ㅂ, ㅅ, ㅁ'으로 시작되는 어미나 조사가 올 때에 자음끼리 충돌되는 것을 방지하기 위해 매개모음 '으'를 취한다.
예 먹으니, 손으로, 먹읍시다. 먹으며

(3) 동사·형용사로 두루 쓰이는 어휘

감사 하다	형용사	'이/가, ~어서'의 뒤에서 '고마운 마음이 있다'의 의미 예 • 당신의 배려가 감사합니다. 　• 감사한 말씀이지만 사양하겠습니다. 　• 여기까지 나와 주셔서 감사합니다.
	동사	'에, 에게(께), ~에 대하여,'의 뒤에서 '고맙게 여기다'의 의미 예 • 나는 친구에게 도와준 것에 감사했다. 　• 신께 감사하는 기도를 올린다.
길다	형용사	거리, 시간, 분량의 정도를 나타낼 때. 예 • 해안선이 길다. (두 끝이 서로 멀다) 　• 길게 한숨을 내쉬다. (오래 계속되다)
	동사	'자라다'의 의미 예 머리가 꽤 많이 길었다. (자란다)
늦다	형용사	• '기준보다 뒤쳐있다.'의 의미 예 시계가 늦게 간다. • 시기가 한창일 때를 지나가다. 예 꽃이 늦게 핀다. • 곡조나 동작 따위의 속도가 느리다. 예 박자가 늦다.
	동사	'~에 늦는다, 정해진 때보다 지나다.'의 의미 예 • 약속시간에 항상 늦는다. 　• 그는 기차 시간에 늦어 떠나지 못했다.
밝다	형용사	• 불빛이 환하다. 예 햇살이 밝다. • 빛깔의 느낌이 환하다. 예 밝은 색깔의 옷 • 감각이나 지각 능력이 뛰어나다. 예 눈이 밝아서 쉽게 알아보았다. • 예측되는 상황이 긍정적이다. 예 전망이 밝다 • 태도가 분명하고 바르다. 예 사리가 밝다
	동사	'새날이 오다.'의 의미 예 벌써 새벽이 밝아 온다.
있다	형용사	• 실제로 존재하는 상태 예 나는 신이 있다고 믿는다. • 사실이나 현상이 현실로 존재하는 상태 　예 기회가 있다. • 어떤 일이 가능함 예 나는 잘할 수 있다. • 어떤 일이 벌어질 계획이다 예 오늘 회식이 있습니다. • 공간을 차지하고 존재하는 상태 예 방안에 사람이 있다. • 어떤 처지나 상황에 처한 상태 예 난처한 처지에 있다.
	동사	• 장소에서 벗어나지 않음 예 내일 집에 있는다고 했다. • 직장에 계속 다니다 예 그 직장에 그냥 있어라. • 상태를 계속 유지하다 예 얌전하게 있어라. • 얼마의 시간이 경과하다 예 사흘만 있으면 추석이다.

'있다'는 동사와 형용사의 구분은 물론이고, 의미 구분까지 할 수 있게 한다.

졸리다	형용사	자고 싶은 느낌이 있다 예 • 나 지금 정말 졸려. • 밤에 잠을 설쳤더니 졸려 죽겠다
	동사	자고 싶은 느낌이 들다 예 • 졸리고 피곤하다. • 졸리면 되는 대로 쓰러져 자라.
크다	형용사	'외형이 보통을 넘는다, 치수 이상이다, 규모나 힘이 대단하거나 강하다'의 의미 예 • 키가 크다. 눈이 크다. 집이 크다. • 크게 떠들다. • 책임이 크다. • 신발이 큰지 불편하다
	동사	• '길이가 자라다. 예 키가 몰라보게 컸구나. • 어른이 되다. 예 너는 커서 무엇이 되고 싶니? • 수준 지위가 높은 상태가 되다'의 의미 예 항상 크는 분이라서 지위가 많다.

> '졸리다'가 '느낌이 있다'의 개념일 때는 형용사. '느낌이 들다'의 개념일 때는 동사이다.

3. 관형사, 부사, 감탄사

(1) 관형사

① 성상(性狀) 관형사 : 체언의 성질이나 상태를 꾸며 줌.
  예 새, 헌, 온갖, 갖은, 고얀, 모든, 몹쓸, 어떤, 여느, 다른, 외딴

② 지시 관형사 : 지시성을 띤 관형사
  예 저, 다른, 옛, 온, 아무, 어떤, 여느, 옛

③ '관형사'는 어미 활용을 하지 않고 뒤에 오는 명사를 수식한다. 동사, 형용사에 관형사형 어미(ㄴ/ㄹ)가 붙은 것과 구별해야 된다. 어미 활용 여부로 구별하자.
  예 • 고얀 녀석 같으니. (관형사)
  • 하고많은 것 중에서 하필 그것을 고르니.
   (형용사 '하고많다'의 관형사형)

④ 수 관형사
  ㉠ 수사의 형태로서 명사 앞에 나타난 것 예 석 장
  ㉡ 수량의 뜻을 지닌 것 예 몇몇 시장에서만 구할 수 있다.

(2) 부사

① 성분 부사 : 문장의 한 성분을 꾸며 주는 부사
  ㉠ 성상(性狀) 부사 : '어떻게'의 방식으로 꾸미며, 사람이나 사물의 '모양, 상태, 성질'을 한정하여 꾸미는 부사.
    예 따뜻이, 잘, 슬피, 바로, 겨우, 아주, 모두, 홀로, 다, 제각각, 특히, 가끔, 보통, 종종, 항상

• 성상관형사 '다른'
 예 다른 사람들은 어디 있지?
• 지시관형사 '다른'
 예 그는 다른 곳에서 자라서 이 곳 물정을 모른다.

'겨우', '아주', '바로', '오직', '다만', '단지', '가장'은 부사지만 수량, 정도, 그리고 위치를 뜻하는 말 앞에서는 체언을 수식하기도 한다.
예 • 겨우 셋을 가지고 자랑이냐.
  • 그는 아주 부자가 되었다.

ⓒ 지시 부사 : 처소, 시간 앞에 나온 말을 가리키는 부사
　　例 이리, 그리, 저리, 이리저리, 요리조리, 일찍이, 접때, 장차, 언제, 아까, 이미, 바야흐로
ⓒ 부정 부사 : 용언의 의미를 부정하는 부사
　　例 못, 안, 아니
ⓔ 상징 부사 : 의성어와 의태어로 주로 동사나 형용사를 수식하나, 명사 앞에 쓰이기도 한다.
　　例 엉엉 울었다. 졸졸 흐른다. 따르릉 소리에 잠을 깼다.

② 문장 부사 : 문장 전체를 꾸며 주는 부사(위치 이동이 자유롭다)
　ⓐ 양태 부사 : 말하는 이의 태도와 관련된 부사
　　例 과연, 제발, 차라리, 게다가, 확실히, 도리어, 의외로, 응당, 설마, 결코
　ⓑ 접속 부사 : 단어나 문장을 이어 주는 부사
　　例 그리고, 그러나, 하지만, 한데, 더욱이, 게다가 / 곧, 즉, 또, 및, 혹은

(3) 감탄사

① 활용하지 않는다. (조사와 결합을 하지 않음.)

② 문장 안에서 위치가 자유롭다.

③ 감탄사가 문장 성분으로 쓰일 때는 모두 독립어이다.

4. 품사의 통용

(1) 품사 통용

① 대명사 : 조사와 결합 / 관형사 : 체언 수식
　ⓐ 이, 그, 저　ⓑ 이따위, 그따위, 저따위　ⓒ 아무
　　例 • 그는 나의 여인 (대명사)
　　　　아무도 안 왔나. (대명사)
　　　　그따위를 상대할 필요가 있니? (대명사)
　　　• 그 사람을 모른다. (관형사)
　　　　아무 말도 하지 못하고. (관형사)
　　　　그따위 말버릇이 어디 있니? (관형사)

② 형용사 : 주어에 호응 / 관형사 : 체언 수식
　ⓐ 다른　ⓑ 이런, 그런, 저런
　　例 • 개성이 다른 사람을 만났다. (형용사)
　　　　사정이 그런 줄도 모르고. (형용사)
　　　• 모르고 다른 책을 갖고 왔다. (관형사)
　　　　이런 변이 있다? (관형사)

• 저기가 바로 남대문이다.
• 오직 그녀만을 사랑했다.
• 다만 동전 한 개 남았을 뿐이다.
• 지갑에는 단지 차비만 있었다.
• 그가 가장 곤란을 겪고 있다.

양태부사의 분류
• 서술내용단정 : 물론, 과연, 실로, 모름지기, 정말
• 의심, 단정, 회피 : 설마, 아마, 만일, 설령, 비록, 아무리
• 희망 : 제발, 아무쪼록, 부디

'같이'의 품사
例 같이 가자. (부사)
　　돼지같이 먹는다. (조사)

③ 수사 : 조사와 결합 / 관형사 : 체언 수식
  ㉠ 한두째 ㉡ 몇, 몇몇
    예 • 그는 성적이 반에서 한두째라고 자랑한다. (수사)
         아이들 몇이 더 왔다. (수사)
       • 한두째 줄에 앉아 수업을 듣는다. (관형사)
         귤 몇 개만 사 오너라. (관형사)

④ 동사 : ㄴ다/는다 활용, 움직임 변화 / 형용사 : 성질, 상태
  ㉠ 크다 ㉡ 밝다 ㉢ 늦다 ㉣ 길다
    예 • 많이 컸구나. (동사) 키가 아주 크구나. (형용사)
       • 날이 곧 밝을걸. (동사) 구름이 없어 달이 밝았다. (형용사)
       • 그는 항상 회의에 늦는다. (동사) 발걸음이 늦다. (형용사)
       • 머리가 꽤 많이 길었구나. (동사) 치마 길이가 길다. (형용사)

⑤ 명사 + 적(的)
  ㉠ 명사 ㉡ 부사 ㉢ 관형사
    예 • 그는 이기적이다. (조사가 붙었으니 명사)
       • 그는 비교적 많이 먹는다. (부사를 수식하니 부사)
       • 국가적 문제를 안이하게 처리하다니.
         (명사를 수식하니 관형사)

⑥ 의존 명사 : 관형사형 어미 뒤 / 조사 : 체언 뒤
  ㉠ 대로 ㉡ 만큼 ㉢ 뿐
    예 • 아는 대로 말해라. (의존 명사)
         애쓴 만큼 결과를 얻는다. (의존 명사) 웃을 뿐이다.
         (의존 명사)
       • 법대로 진행하세요. (조사)
         여자도 남자만큼 일을 한다. (조사)
         여기는 남자뿐이다. (조사)

⑦ 명사 : 조사와 결합 / 부사 : 용언이나 부사 수식
  ㉠ 잘못 ㉡ 높이 ㉢ 밤낮 ㉣ 접때
    예 • 잘못을 바르게 고쳐라. (명사)
         저 건물 높이는 얼마냐? (명사)
         추분은 밤낮의 길이가 같다. (명사)
         접때보다 성적이 올랐어요. (명사)
       • 너를 잘못 가르쳤구나. (부사)
         하늘 높이 날아라. (부사)
         밤낮 놀기만 하더니 떨어졌구나. (부사)
         접때 그 일은 제가 했어요. (부사)

2 형태소와 단어의 형성

1. 형태소

(1) 형태소

일정한 뜻을 가진 가장 작은 말의 단위

① 자립성 유무
  ㉠ 자립 형태소 : 명사, 대명사, 수사, 관형사, 부사, 감탄사
  ㉡ 의존 형태소 : 용언의 어간, 어미, 조사, 접사

② 의미에 따라
  ㉠ 실질 형태소 : 자립 형태소 모두, 용언의 어간
  ㉡ 형식 형태소 : 용언의 어미, 조사, 접사

(2) 단어의 개념

자립할 수 있는 말과 자립할 수 있는 형태소에서 쉽게 분리할 수 있는 말을 가리킨다.

① '조사'는 분리성이 인정되어 단어로 간주하고, 복합 조사는 각각 단어로 취급
② '어간+어미'는 합쳐서 하나의 단어로 취급
③ 의존 명사와 보조 용언도 단어로 취급
④ 합성어나 파생어는 모두 하나의 단어로 취급
⑤ 의성어와 의태어도 하나의 단어로 취급
⑥ 숫자는 띄어쓰기와 상관없이 수 전체를 하나의 단어로 취급

2. 파생어

(1) 접두사에 의한 파생

접두사	의미	용례
강-	1. 다른 것이 섞이지 않은 2. 물기 없는 3. 억지스러운 4. 강(强)	강굴, 강풀, 강술, 강기침, 강모, 강더위, 강울음, 강호령, 강추위, 강타자
군-	1. 쓸데없는 2. 가외의	군소리, 군살, 군불, 군것질, 군식구, 군입
개-	1. 야생의, 변변치 못한 2. 헛된, 이치에 맞지 않은 3. 정도가 심한	개살구, 개떡, 개꿈, 개소리, 개죽음, 개망나니

형태소 구분하는 요령
① 각 품사는 각각 형태소이다. 단 동사, 형용사는 어간, 어미를 각각 형태소로 본다.
② 접두사, 접미사도 각각 형태소이다.
③ 한자어는 각각의 글자가 형태소이다.
④ 매개 모음과 사이시옷은 형태소가 아니다.
⑤ 'ㄹ' 탈락 용언에 관형사형 어미가 붙은 경우에 주의하자.
  예 팔 물건
    (팔+ㄹ)
⑥ 합성어는 각각을 형태소로 본다.
⑦ 체언이나 조사 뒤에 어미가 올 때는 서술격 조사 '이'가 생략된 것이다.
  예 어딘가
    (어디+이+ㄴ+가)
⑧ 어간만 혼자 있을 수 없다. 어미가 생략된 것이다.
  예 집에 가.(집+에+가+아)
⑨ 현재 시제 선어말 어미
  | ㄴ가(ㄴ+가) |
  | ㄴ다(ㄴ+다) |
  | ㄴ고(ㄴ+고) |
⑩ 수사는 만 단위로 띄어 써도 형태소는 한 개다.

접두사 보충
• 건(乾)-
1. 마른 또는 말린
  예 건과자, 건어물, 건포도
2. 겉으로만 예 건울음, 건주정
3. 근거나 이유가 없는 예 건강짜

• 내(內)- : 안의 뜻을
  예 내분비, 내출혈

• 늦- : '늦은'의 뜻을 더함
  예 늦공부, 늦가을, 늦더위, 늦되다

접두사	의미	용례
날-	1. 생것의(아직 익지 않은) 2. 지독한	날것, 날고기 날강도
대-	큰, 위대한	대가족, 대보름, 대성공
덧-	본래 있는 위에 더	덧신, 덧저고리
돌-	1. 야생의 2. 품질이 낮은	돌배, 돌감, 돌미나리 돌팔이
들-	1. 야생의 2. 마구, 몹시	들개, 들고양이, 들쥐 들끓다, 들볶다
막-	1. 닥치는 대로(함부로) 2. 마지막	막일, 막벌이 막둥이, 막차
말-	큰	말벌, 말매미, 말개미
맨-	오직 그것뿐인	맨발, 맨주먹, 맨몸
메-	차지지 않고 메진	메밥, 메떡
민-	꾸밈이 없는	민머리, 민낯, 민얼굴
불	1. 붉은 색을 띤 2. 몹시 심함 3. 아님, 어긋남	불여우, 불개미, 불곰 불깍쟁이, 불호령 불가능, 불공정, 불균형
신(新)-	새로운	신제품, 신천지, 신상품, 신세계
알	1. 덮어 싼 것을 떨쳐 버린 2. 작은 3. 진짜	알몸뚱이 알항아리, 알요강 알거지, 알건달
양(洋)-	서양(식)의	양송이, 양변기, 양담배, 양배추, 양요리
애-	어린	애호박, 애벌레
올-	자람과 익는 정도가 빠른	올벼, 올밤
차-/찰	찰기가 있는 ('ㅈ' 앞에서만 '차-'를 씀.)	차좁쌀, 차조, 찰수수, 찰고무
참	1. 진짜, 올바른 2. 품질이 좋은 3. 먹을 수 있는	참사랑, 참뜻 참먹, 참젖, 참흙 참꽃, 참배, 참살구
풋-	덜 익은	풋사랑, 풋사과, 풋잠
한	1. 솜을 둔 2. 짝을 갖춘	핫바지, 핫옷 핫어미, 핫아비
헛	보람 없는	헛고생, 헛농사, 헛수고, 헛걸음, 헛소문
홀-	짝이 없는	홀아비, 홀몸
홑-	하나로 된	홑이불

- 생(生)-
1. '익지 않은'의 뜻 예 생쌀
2. 물기가 마르지 않은 예 생장작
3. 가공하지 않은 예 생맥주
4. 직접적인 혈연 관계 예 생부모
5. 억지스러운, 공연한
   예 생고생, 생죽음
6. 지독한 예 생지옥
7. 얼리지 않은 예 생고기

- 외-
1. 혼자인, 하나인, 한쪽으로 치우친
   예 외갈래, 외고집, 외아들, 외골수
2. 홀로 예 외대로, 외떨어진

- 짝- : 쌍을 이루지 못한
   예 짝신, 짝귀, 짝눈

- 친(親)-
1. 혈연 관계 예 친부모, 친자식
2. 부계 혈족 예 친삼촌, 친할머니
3. 찬성하는 예 친미, 친정부

- 선-
1. 익숙하지 않고 서툰
   예 선무당, 선웃음, 선잠
2. 선(先) - 앞선, 이미 죽은
   예 선이자, 선친

- 숫- : 생긴 그대로의, 더럽혀지지않은
   예 숫처녀, 숫음식, 숫눈, 숫사람
- 시(媤)- : 시집의, (시가의)
   예 시부모, 시동생, 시삼촌

접두사의 구별
① 관형사와 명사 사이에는 다른 말이 끼어들 수 있다.
   예 새(관형사) 우리 마을(○)
② 접두사와 어근 사이에는 다른 말이 들어갈 수 없다.
   예 맨(접두사) 예쁜 발(×),
   들(접두사) 많이 볶다.(×)
③ 부사와 용언 사이에는 다른 말이 끼어들 수 있다.
   예 잘(부사) 많이 볶다.(○)

'한마음, 한마을, 한집안'에서 '한'은 관형사이므로 합성어에 해당한다.

(2) 접미사에 의한 파생

어근에 뜻을 더해 줄 뿐만 아니라, 어근의 품사를 바꾸어 주기도 한다.

① 어근의 뜻을 더해주는 접미사(한정적 접사)

  예 -꾼(사냥꾼, 일꾼), -꾸러기(잠꾸러기, 장난꾸러기), -내기(서울내기, 풋내기), -둥이(쌍둥이, 막둥이), -뱅이(가난뱅이), -장이(미장이), -쟁이(욕심쟁이, 요술쟁이, 점쟁이, 관상쟁이, 멋쟁이), -배기(한 살 배기), -다랗-(기다랗다, 높다랗다), -들(사람들), -뜨리-(넘어뜨리다) -치-(넘치다) -사귀(잎사귀), -새(짜임새), -어치(값어치), -이, 히, 리, 기-(먹이다, 남기다, 먹히다), -질(도둑질, 톱질), -치(눈치)

② 어근의 품사를 바꾸어주는 접미사(지배적 접사)

  예 명사화 접미사 : -음(웃음, 삶), -이(놀이), -기(쓰기), -개(덮개, 가리개, 지우개)

  예 동사화 접미사 : -하-(위반하다, 공부하다), -거리-(출렁거리다), -대-(출렁대다, 바둥대다), -이-(깜박이다), -지-(눈물지다), -추-(낮추다), -되다(가결되다)

  예 형용사화 접미사 : -하-(가난하다), -스럽-(복스럽다), -답-(학생답다, 아름답다), -롭-(평화롭다, 새롭다)

  예 부사화 접미사 : -이/-히(많이, 높이, 급히), -내(마침내, 끝내), -껏(정성껏, 마음껏), -금(하여금)

  예 관형사화 접미사 : -적(정신적), -까짓(이까짓, 그까짓)

3. 합성어

  (1) 합성어의 개념

  둘 이상의 실질 형태소가 결합되어 형성된 단어를 뜻한다.

  ① 병렬 합성어 : 두 개의 어근이 본래의 의미를 가지고 대등한 자격으로 합성됨. 예 마소, 흑백, 우짖다, 높푸르다, 손발

  ② 종속 합성어 : 두 개의 어근이 서로 주종 관계를 이루며 합성됨.
    예 소나무, 봄비, 꽃게, 돌다리, 끝없다, 돌아보다, 책가방

  ③ 융합 합성어 : 두 개의 어근이 본래의 뜻을 버리고 새로운 의미를 나타낸 말 예 춘추(나이), 밤낮(늘), 산수(자연), 연세(나이)

  (2) 합성어의 유형

  ① 통사적 합성어 : 명사+명사, 관형어+피수식어, 부사+용언의 결합에서 우리말 구조에 맞는 합성어

부사성 접두사

늦-(늦되다), 덧-(덧나다), 되-(되새기다), 드-(드높다), 들-(들볶다, 들쑤시다), 들이-(들이닥치다), 막-(막가다), 빗-(빗나가다), 새-/샛-·시-/싯-(새빨간, 시뻘건, 샛노란, 싯누런), 설-(설익다), 엇-(엇가다), 엿-(엿보다), 올-(올되다), 외-(외떨어지다), 짓-(짓무르다), 처-(처넣다), 치-(치솟다), 헛-(헛돌다), 휘-(휘감다)

-애-(사동접미사)
예 없애다(형용사 → 동사)

'-되다'는 형용사로 파생되기도 한다.
예 거짓되다, 숫되다, 막되다, 참되다

-쩍다'도 형용사 파생접미사
예 수상쩍다, 겸연쩍다

단어 구성

· **통조림** : 통 + (조리 + ㅁ)
              └──파생어──┘
      └────합성어────┘

· **손톱깍이** : 손톱 + (깍 + 이)
                      └─파생어─┘
        └────합성어────┘

· **씨암닭** : 씨 + (암 + 닭)
                   └파생어┘
      └───합성어───┘

· **맞춤법** : (맞추 + ㅁ) + 법
        └파생어┘ 단일어
      └────합성어────┘

② 비통사적 합성어 : 우리말의 통사 구성 방법과 어긋나는 합성어

구분	통사적 합성어	비통사적 합성어
명사+명사	논밭, 밤낮, 집안, 집사람, 이슬비, 길거리, 들짐승	×
관형사+명사	새해, 새아기, 이승, 저승	×
용언+ㄴ/ㄹ +명사	젊은이, 늙은이, 길짐승, 날짐승, 들것, 열쇠, 디딜방아, 큰집, 작은집	×
용언+명사	×	꺾쇠, 검버섯, 곶감, 누비옷
부사+용언	가로지르다, 못나다, 잘하다	×
부사+부사	×	부슬비, 척척박사, 산들바람, 흔들바위, 얼룩소
조사 생략	힘들다, 본받다, 앞서다, 꿈같다, 선보다, 값싸다	×
용언+아/어 +용언	알아보다, 벗어나다, 스며들다, 뛰어가다	×
용언+용언	×	굳세다, 붙잡다, 뛰놀다, 돌보다, 늦되다, 오르내리다, 높푸르다, 검푸르다, 희뿌옇다

주의 사항
'큰, 작은'이란 접두사는 없다. 따라서 '큰집', '작은집'은 파생어가 아니라 통사적 합성어이다. '늦-'은 접두사이므로 '늦잠, 늦더위'는 파생어이다.

한자어의 경우
- '登山'은 '오르다 산을'의 구조로 우리말과 어순이 다르므로 비통사적 합성어에 해당한다.
- '國民'은 '나라의 백성'의 구조로 우리말과 어순이 같으므로 통사적 합성어에 해당한다.

참고

- 품사정리 100제

1	서류가 <u>여기저기</u>에 흩어져 있었다.	명사
2	아이들이 <u>여남은</u> 명 웅성거리고 있었다.	관형사
3	그날 회의에서 회원이 <u>여남은밖에</u> 모이지 않았다.	명사, 수사, 조사
4	일기는 <u>그날그날</u> 써야 한다.	부사
5	나도 <u>그날그날</u>의 지출 내역을 쪽지에 <u>따로</u> 적어 놓았다.	명사, 부사
6	<u>아서라</u>, 다칠라	감탄사
7	<u>오직</u> <u>그녀</u>만을 사랑했다.	부사, 대명사
8	<u>여러</u> 사람이 모였다.	관형사
9	<u>다른</u> 사람들은 어디에 있지.	관형사, 대명사
10	<u>그</u>는 <u>다른</u> 곳에서 자라서 <u>이곳</u> 물정을 잘 모른다.	대명사, 관형사, 대명사, 부사
11	<u>아무</u> 날, <u>아무</u> 시에, 간다고 전해라.	관형사, 관형사
12	김 <u>아무</u>는 최 <u>아무</u>와만 만나고, <u>그</u> 외는 <u>아무</u>도 안 만났다.	대명사, 대명사, 관형사, 대명사, 부사
13	당신의 배려가 <u>감사합니다</u>.	형용사
14	신께 <u>감사하는</u> 기도를 올린다.	동사
15	<u>감사한</u> 말씀이지만 사양하겠습니다.	형용사
16	<u>길게</u> 한숨을 내쉬다.	형용사
17	수술할 때는 <u>첫째</u>, 마취를 제대로 하고 <u>둘째</u>, 혈액을 충분히 준비해야 한다.	수사, 수사
18	우리 동네 목욕탕은 매월 <u>첫째</u> 주 화요일에 쉰다.	관형사
19	신발은 <u>첫째</u>로 발이 편해야 한다.	명사
20	김 선생네는 <u>첫째</u>가 벌써 5학년이다.	명사
21	<u>이</u> 채점 답안지는 열둘째이다.	관형사, 명사, 조사
22	<u>이</u> 줄 <u>열두째</u>에 앉은 애가 <u>내</u> 친구아	관형사, 수사, 대명사＋관형격조사
23	그 쪽의 <u>열두째</u> 줄을 읽어보아라.	관형사
24	<u>내</u>가 <u>다</u> 책임질 테니까 걱정마	대명사, 부사
25	그는 눈이 <u>밝아서</u> 나를 쉽게 알아보았다.	형용사
26	벌써 날이 <u>밝아</u> 온다.	동사
27	그는 기차 시간에 늦어 떠나지 <u>못했다</u>.	동사, 보조동사
28	너무 크게 떠들지 <u>마라</u>.	형용사, 보조동사
29	너는 커서 무엇이 되고 <u>싶니</u>?	동사, 대명사, 보조형용사
30	밤에 잠을 <u>설쳤더니</u> 졸려 <u>죽겠다</u>.	동사, 형용사, 보조형용사
31	<u>졸리면</u> 되는 대로 쓰러져 자라	동사
32	나는 신이 <u>있다</u>고 믿는다.	형용사
33	그 직장에 <u>그냥</u> 있어라.	부사, 동사
34	사흘만 <u>있으면</u> 추석이다.	동사

'감사하다'의 동사
① 동사 : 고맙게 여기다.
② 형용사 : 고마운 마음이 있다.

'첫째'의 품사
① 수사
② 관형사
③ 명사

'졸리다'의 품사
① 동사 : 자고 싶은 느낌이 들다.
② 형용사 : 자고 싶은 느낌이 있다.

35	열심히 해야 기회가 있다.	형용사
36	올해는 꽃이 늦게 핀다.	명사, 형용사
37	희다 못해 푸른빛이 도는 조선 백자	보조형용사, 명사
38	100점을 받다니 어쭈 제법이다.	감탄사, 부사, 조사
39	망설이지 말고 빨리 먹어라.	부사＋접미사＋어미, 부사
40	언제는 결혼하자고 하더니,	대명사
41	그 노래는 언제 들어도 좋다.	관형사, 부사
42	우리 언제 한번 만나자.	대명사, 부사, 부사
43	한번은 네거리에서 큰 사고를 낼 뻔했다.	명사, 형용사
44	너만큼은 잘할 수 있을지 모르겠다.	대명사＋조사
45	먹을 만큼만 집어라.	동사, 의존명사
46	헌 양복을 걸치고 나왔다.	관형사
47	단층집을 헌 자리에 새 건물이 들어섰다.	동사, 관형사
48	움직이지 말고 가만 누워 있어라.	부사
49	가만, 내 말 좀 들어 봐.	감탄사, 부사
50	장차 어떻게 살아갈 생각이니?	부사, 형용사
51	그는 마흔 가까이 되어서야 철이 들었다.	부사
52	집 가까이에서 놀도록 해라.	명사
53	네 나이가 몇이냐?	수사
54	오늘은 몇 점을 맞았니?	관형사
55	나는 그런 여자가 좋더라.	관형사
56	사정이 그런 줄을 모르고 야단을 쳤네.	형용사
57	그는 정말 이기적이다.	대명사, 부사, 명사
58	가급적 많이 외울수록 좋다.	부사, 부사
59	과학적 두뇌를 갖고 있다.	관형사, 보조동사
60	천 년의 바람이 분다.	관형사
61	천년 고도인 경주를 가 보아라.	명사
62	그것을 입때 모르셨어요.	대명사, 부사
63	한자도 안 외우고 입때까지 뭘 했어?	부사, 부사
64	그냥 오기 뭐해서 애들 간식거리 좀 사왔어요.	형용사
65	여기 앉아 이야기 좀 하자.	대명사
66	그는 문을 닫고 아까와 같이 누워 버렸다.	명사, 부사
67	아까는 내가 너무 경솔했다.	부사, 부사
68	나라 안을 두루 돌아다니다.	부사
69	그는 여러 가지 조건을 제시했다.	관형사
70	꽃이 아름답게 피었다.	형용사
71	그가 가장 곤란을 겪고 있다.	부사
72	그는 오늘 처음 왔다.	부사, 명사
73	오늘 해야 할 일을 다음으로 미루지 마라.	부사, 명사
74	오늘처럼 달 밝은 가을밤이었다.	명사
75	그따위를 상대하다니?	대명사

'있다'의 품사
① 동사 : 머물다, 상태를 유지하다, 시간이 경과하다.
② 형용사 : 실제로 존재하는 상태이다, 현실로 존재하는 상태이다, 어떤 일이 벌어질 계획이다, 재물이 많다, 가능함을 나타냄.
③ 보조동사

'~게'는 부사형 전성어미

76	그따위 말버릇을 어디서 배웠니?	관형사, 대명사+조사
77	어디, 네가 이번 시험에서 일 등을 한 학생이니?	감탄사, 명사, 관형사, 동사
78	세상이 이처럼 각박해 가지고야 불안해서 어디 살겠어요.	대명사+조사, 감탄사
79	이번 주 토요일에 만나요.	명사
80	저런, 많이 다치지 않았니?	감탄사
81	아빠! 나도 저런 것 갖고 싶어요.	명사, 관형사
82	성격이 저런 줄을 정말 몰랐어.	형용사, 부사
83	"이 사람이 정말"하고 경찰들은 한결같이 눈살을 찌푸리고.	관형사, 감탄사
84	지금까지 한 말은 모두 정말이다.	부사, 명사
85	오늘은 날씨가 정말 좋다.	부사
86	누가 새 장관이 되느냐는 모두의 관심이었다.	관형사, 명사
87	갖은 양념을 넣고 찌개를 끓였다.	관형사
88	백화점에 가면 갖은것이 다 있다.	명사, 부사
89	외딴 집을 찾아 다니는 방송이 있다.	관형사
90	늙은 할머니는 자식을 모두 출가시키고 외따로 살고 계신다.	동사, 부사
91	철수는 허튼 말을 하고 다닐 사람이 아니다.	관형사, 형용사
92	너는 접때보다 더 건강해 보인다.	대명사, 명사, 부사
93	접때 그 일은 제가 했어요.	부사, 관형사
94	그 실력으로 과연 합격할 수 있을까.	부사
95	과연 이 일은 앞으로 어떻게 될 것인가?	부사, 형용사
96	이번 쪽지 시험은 확실히 효과가 있었다.	부사
97	시간이 없으니 어서 공부해라.	부사
98	성격이 제각각인 사람들이 모였다.	명사
99	우리 집 식구는 제각각 입맛이 다르다.	대명사, 부사
100	누기 볼끼 뵈 보다 깊숙이 집어 넣었다.	보조형용사, 부사, 부사

'정말'의 품사
① 명사
② 부사
③ 감탄사

띄어쓰기

1. 띄어쓰기(조사, 의존 명사)

(1) 조사

① 조사는 앞말에 붙여 쓴다.
   - 예) 꽃이, 꽃마저, 꽃밖에(부정어 앞에서), 꽃이다, 그것하고, 황소같이, 거리도, 멀리는, 웃고만

② 조사가 둘 이상 겹치거나, 어미 뒤에 붙는 경우에도 붙여 쓴다.
   - 예) 집에서처럼, 어디까지나, 학교에서만이라도, 꽃으로만, 여기서부터입니다, 들어가기는커녕, 어디까지입니까, 나가면서까지도, 옵니다그려, 사랑이라기보다는, 천 원은커녕

> 각 품사는 띄어 쓴다. 단, 조사는 붙여 쓴다.
>
> '밖에'는 부정어 앞에서는 조사이므로 붙여 쓴다.

(2) 의존 명사

① 관형사형 어미 뒤에 오는 의존 명사는 띄어 쓴다.
   - 예) 아는 것이 힘이다. 나도 할 수 있다. 먹을 만큼 먹어라. 아는 이를 만났다. 네가 뜻한 바를 알겠다. 아는 대로 말하라. 장기를 세 판이나 두었다. 웃을 뿐이다.

② 경우에 따라 다르게 쓰이는 경우(품사의 통용)

   ㉠ '대로'
   - 용언의 관형사형 뒤 → 예) 아는 대로 말해라.(의존 명사)
   - 체언 뒤 → 예) 법대로, 너는 너대로(보조사)

   ㉡ '만큼'
   - 용언의 관형사형 뒤 → 예) 볼 만큼 보았다.(의존 명사)
   - 체언 뒤 → 예) 나도 당신만큼은 할 수 있다.(조사)

   ㉢ '뿐'
   - 용언의 관형사형 뒤 → 예) 웃을 뿐이다. 만졌을 뿐이다. (의존 명사)
   - 체언 뒤 → 예) 여기는 모두 남자뿐이다.(보조사)

   ㉣ '차(次)'
   - 관형사형 뒤 → 예) 고향에 갔던 차에 선을 보았다.(의존 명사)
   - 명사 뒤 → 예) 연수차(研修次) 미국에 갔다.(접미사)

   ㉤ '판'
   - 수 관형사 뒤 → 예) 장기를 세 판이나 두었다.(의존 명사)
   - 합성어를 이루는 명사 → 예) 노름판, 씨름판, 웃음판

> 관형어가 앞에 없는 의존 명사
> ① 나름 : '명사', '기' 뒤에 쓰임.
>   예) 남자도∨남자∨나름이지
>
> ② 때문 : '명사', '대명사', '기' 뒤에 쓰임.
>   예) 너∨때문에∨화가∨난다.
>
> ③ 마련 : '기', '게' 뒤에 쓰임.
>   예) 때문∨오기∨마련이다.
>
> ④ 등, 들 : 열거한 뒤에 쓰임.
>   예) 사과, 배, 귤 등이 있다.

ⓑ '들'
- 사물 열거 → 예 쌀, 보리, 콩, 조, 기장 들을 오곡이라 한다. (의존명사)
- 단어에 결합 → 예 남자들, 학생들(접미사)

(3) 주의해야 할 의존 명사 띄어쓰기

① '지'
- 용언의 관형사 뒤 → 경과한 시간 (의존 명사)
  예 주몽이 떠난 지 보름이 지났다.
- 조사나 어미의 일부로 쓰인 '지' (막연한 의문을 표시. '가'를 붙여 말이 됨.)
  예 집이 큰지 작은지 모르겠다. 언제 돌아올지 모르겠다.

② '만'
- 경과한 시간이나 관형사형 어미 뒤에서 동작이나 상태의 이유 또는 가능함을 뜻할 때(의존 명사)
  예 떠난 지 사흘 만에 돌아왔다.(경과한 시간)
  화를 낼 만도 해.(이유)
  이해할 만은 하다.(가능)
- 체언, 용언, 부사 뒤 → 한정, 비교, 행위 상태, 강조의 뜻(보조사)
  예 이것은 그것만 못하다.(비교), 웃기만 한다.(행위 상태), 일을 시켜만 주세요.(강조)

③ '데'
- '것, 일, 경우, 곳'의 의미, 또는 '~에'를 붙여 말이 되면 띄어 쓴다.(의존 명사)
  예 아픈 데에 먹는 약(경우)
  노래 부르는 데도 소질이 있다.(것, 일)
- '이다' 또는 받침 없는 형용사 뒤에 'ㄴ데'(어미)는 다음 말을 끌어내기 위해 쓰는 연결 어미
  예 키는 큰데 힘은 없다.

④ '듯'
- 관형사형 어미 뒤에서 그러한 것 같기도 하고 아닌 것 같기도 하다는 뜻이거나 '~것처럼', '~것같이'의 의미로 쓰일 때(의존 명사)
  예 보일 듯 말 듯, 미친 듯이 날뛰다.
- 어간에 붙어서 '어간이 뜻하는 내용과 같이'의 의미일 때(어미)
  예 구름에 달 가듯이. 마파람에 게 눈 감추듯 한다.

'마저'의 띄어쓰기
① 체언 뒤에 오면 '조사'이므로 붙여 쓴다.
② 용언을 수식하면 '부사'이므로 띄어 쓴다.

선교사 '존 로스'가 1877년에 쓴 『조선어 첫 걸음』에서 띄어 쓰기가 가장 처음 시도 되었음.

⑤ '바'
- 관형사형 어미 뒤에서 '방법' 또는 '일'을 나타낼 때(의존 명사)
  예 어찌 할 바를 모르겠다. 네가 알 바가 아니다.
- 앞말에 대해 뒷말이 보충 설명 관계에 있을 때(어미)
  예 내 눈으로 확인한바 소문과 다름이 없었다.

2 띄어쓰기(보조 용언)

(1) 보조 용언
① '-아/-어' 뒤에 연결되는 보조 용언은 붙여 씀도 허용한다.
   예 • 불이 꺼져간다.(꺼져 간다)
   • 내 힘으로 막아낸다.(막아 낸다)
   • 그만 그릇을 깨뜨려버렸다.(깨뜨려 버렸다)

② 관형사형 어미 뒤에 오는 의존 명사에 '-하다/-싶다'가 붙어서 된 보조 용언이 오면 붙여 씀도 허용한다.
   예 • 비가 올듯하다.(올 듯하다)
   • 그 일은 할만하다.(할 만하다)
   • 일이 될법하다.(될 법하다)

③ '-아/-어' 뒤에 '서'가 줄어진 형식에서는 뒤의 단어가 보조 용언이 아니므로 띄어 써야만 한다.
   예 • 시험 삼아 고기를 잡아 본다. → 잡아본다(허용)
   • 고기를 잡아(서) 본다. → 잡아본다(×)

④ 앞말에 조사가 붙거나 앞말이 합성 동사인 경우에 뒤에 오는 보조 용언은 띄어 쓴다.
   예 • 책을 읽어도 보고   • 네가 덤벼들어 보아라.
   • 그가 올 듯도 하다.   • 강물에 떠내려가 버렸다.
   • 잘난 체를 한다.

⑤ 본용언과 본용언은 언제나 띄어 쓴다.
   예 형사가 범인을 잡아 가두다. 선생님이 젊어 보인다.

⑥ 보조적 연결 어미 '-어' 뒤에 '-하다/-지다'가 붙어 형용사를 동사로 만들거나, 동사를 피동사로 만드는 경우는 반드시 붙여 쓴다.
   예 좋아하다, 슬퍼하다, 반가워하다, 넓어지다, 좋아지다, 넘어지다, 떨어지다, 흩어지다.

붙여 씀도 허용
① 본용언(아/어) + 보조 용언
② 본용언(ㄴ/ㄹ) + 의존 명사 (하다/싶다)

한 단어인 경우
찾아보다, 알아보다
돌아보다, 도와주다
주고받다, 놀아나다
넘어가다, 덤벼들다
틀림없다, 불공드리다
말씀드리다, 공양드리다

(2) 부정의 '안'과 '못'
　① 용언의 어미 '지' 다음의 '안하다/아니하다', '못하다'는 보조 용언이므로 '안, 못'을 '하다'와 붙여 쓴다.
　　예 먹지 <u>아니하다</u>. 먹지 <u>못하다</u>.
　② '안'과 '못'이 부사로서 서술어를 수식하여 부정문으로 쓰이는 경우에 띄어 쓴다.
　　예 • 내가 <u>못</u> 가는 곳이 어디 있겠니?
　　　• 그런 짓을 하면 <u>안</u> 될 것이다.
　　　• 시간이 아직 <u>안</u> 되었으니 기다려.
　　　• 공무원이 <u>못</u> 된 것을 비관하고 있다.
　　　• 아파서 오늘은 일을 <u>못</u> 하겠다.
　③ 관용적으로 쓰이는 경우 → '안되다', '못되다', '못하다'
　　예 • 얼굴이 <u>안돼</u> 보이는구나. (얼굴이 상하다.)
　　　• 행동이 <u>못되다</u>. (좋지 못하다.)
　　　• 실력이 늙은 사람만도 <u>못하다</u>. (비교 대상보다 부족하다.)

3　띄어쓰기 (특수한 경우)

(1) 단위를 나타내는 의존 명사
　① 띄어 쓰는 것을 원칙으로 한다.
　　예 한 개, 차 한 대, 금 서 돈, 옷 한 벌, 열 살, 조기 한 손
　② 순서를 나타내는 경우나 아라비아 숫자와 어울려 쓰이는 경우(연월일, 시각 등)는 붙여 쓸 수 있다.
　　예 오십팔회, 일학년, 육층, 제일과, 두시 삼십분 오초
　　* '제(第)'는 접두사로 항상 뒷말과 붙여 써야 한다.
　　예 제2 차('제2차'도 허용)

> 수효를 나타내는 '개년, 개월, 일간' 등은 붙여 쓰지 않는다.
> 예 <u>이십 일간</u>을 체류하였다.

(2) 수(數)를 적을 때
　① '만(萬)' 단위로 띄어 쓴다.
　　예 십이억 삼천사백오십육만 칠천팔백구십팔
　② 금액을 적을 때는 변조 등의 사고 방지를 위해 붙여 쓴다.
　　예 일금삼십일만오천육백십팔원정

> '원'만 붙을 때는 띄어 쓴다.
> 예 삼십일만 오천육백칠십팔 원

(3) 이어주거나 열거할 적에 쓰는 말은 띄어 쓴다.
  ① 접속 부사(내지, 및)
    예 열 내지 스물, 이사장 및 이사들
  ② 의존 명사
    예 • 국장 겸 과장, 청군 대 백군
       • 책상, 걸상 등이 있다.
       • 사과, 배, 귤 등등(등속)
       • 부산, 광주 등지

(4) 단음절로 된 단어가 연이어 나타날 때 붙여 씀도 허용한다.
  ① 단음절어인 '관형사와 명사', '부사와 부사'가 연달아 연결될 때
    예 좀더 큰것, 이말 저말, 한잎 두잎
  ② 의미적으로 한 덩이를 이루는 것이 자연스럽지 않을 때는 띄어쓴다.
    예 훨씬 더큰 새집(×) → 훨씬 더 큰 새집(○)
       좀더 열심히 해라(×) → 좀 더 열심히 해라(○)

'그때 그곳'은 '그때'와 '그곳'이 사전에 표제어로 실려있다. 각 단어는 띄어쓰면 안된다.

(5) 주의해야 할 띄어쓰기
  ① '-ㄹ 거야', '-ㄹ 테야'는 띄어 쓴다.
    예 그것이 맞을 거야. 회사를 그만둘 테야.
  ② '백(白)', '상(上)', '하(下)', '경(頃)'은 접미사로 붙여 쓴다.
    예 주인백, 관리 소장백, 영업상, 형편상, 통계상, 인식하에서, 독재 체제하에서, 시월경, 초순경
  ③ '짜리', '어치', '드리다', '시키다'는 접미사로 붙여 쓴다.
    예 얼마짜리, 100원어치, 불공드리다, 말씀드리다, 훈련시키다
  ④ 녘 : 붙여 쓰는 경우
    예 동녘, 서녘, 들녘, 새벽녘, 저녁녘, 저물녘
     녘 : 띄어 쓰는 경우
    예 아침 녘, 동틀 녘, 날 샐 녘, 해 뜰 녘, 해 질 녘, 황혼 녘
  ⑤ 한 번 : '두 번'과 대응되는 경우
    예 한 번을 먹어보고 참맛을 알겠니?
     한번 : '일차, 일단'의 뜻 (합성어)
    예 한번 엎지른 물은 주워담지 못한다.
  ⑥ ~라고 : 인용을 나타내는 조사이므로 붙여 쓴다.
    예 철수는 "알았다"라고 말했다.
     ~하고 : 용언의 활용형이므로 띄어 쓴다.
    예 철수는 "알았다" 하고 말했다.

'-여(餘)'는 수량을 나타내는 말 뒤에 붙어서 '그 수를 넘음'의 뜻을 더하는 접미사이므로 붙여 쓴다.
예 이십여∨년, 백여∨개, 한∨시간여를 기다리다.

'다시 한번 더'는 구의 형태로 굳어졌으므로 '한번'으로 붙여 쓴다. (2015년 수정)

'한번'의 의미 구분
• 한번 먹어 본다.(시험 삼아 시도)
• 집에 한번 놀러 오세요.(기회 있을 때)
• 춤 한번 잘 춘다.(강조)

⑦ 맨 : 온통, 가장의 뜻 (관형사)
  예 맨 꼭대기에 살고 있다. 맨 처음 과제를 제출했구나.
  맨 : '비었다(空)'의 뜻 (접두사)
  예 맨입에 그런 일을 부탁하다니. 맨주먹으로 그는 사업을 일으켰다.

⑧ 합성어이기 때문에 붙여 써야하는 단어
  예 큰소리치다, 큰코다치다, 한다하는, 가는귀먹다, 온몸, 우리글, 우리말, 우리나라, 새해, 또다시, 그동안, 온종일, 얼토당토않다, 보잘것없다, 하잘것없다, 온데간데없다, 올데갈데없다, 밥맛없다, 쓸데없다, 바른대로, 되는대로, 이런대로, 그럴듯하다, 그럴싸하다, 하루빨리, 하루속히, 하루건너, 하루걸러, 하루아침, 살아생전, 살아생별, 예상외, 바른길, 한눈팔다가, 제맛, 하다못해, 지난봄, 제아무리, 은연중, 못지않다

'우리 민족, 우리 사회'는 띄어 쓴다.

⑨ '간'
  • 둘 또는 그 이상의 관계를 나타낼 때는 독립된 명사로 띄어 쓴다.
    예 지역 간의 격차, 회원 간의 친목, 한일 간의 분쟁
  • 관계를 나타내는 낱말 뒤에서 명사(합성어)
    예 고부간, 남매간, 형제간, 모자간, 부부간, 좌우간, 내외간
  • 일부 명사 뒤에서 '동안'이나 '장소'를 뜻할 때는 접미사로 붙여 쓴다.
    예 다년간, 삼십 일간, 대장간, 마구간

• '아는 대로'는 띄어 쓴다.
• '사제 간'은 띄어 쓴다.

⑩ '밖에'
  • 뒤에 부정어나 부정 의미가 오면 '조사'이므로 붙여 쓴다. (조사)
    예 내가 나설 수밖에 없다. 다치기밖에 더하겠니?
    모두 떠나니, 나도 떠날밖에
  • '~외에'의 의미 또는 공간적 개념일 때는 띄어 쓴다. (의존 명사)
    예 그 일 밖에 또 할 일이 있다.
    집 밖에 사람들이 모였다.

⑪ '내(內), 외(外), 초(初), 말(末), 본(本), 귀(貴)'는 띄어 쓴다.
  예 범위 내, 필기도구 외, 내년 초, 고려 말, 본 연맹, 귀 회사

⑫ '걸'
  ㄹ 걸 : '것을'의 축약형으로 띄어 쓴다.
    예 먹을 걸 갖고 와라
  ㄹ걸 : 뉘우침, 아쉬움, 막연한 추측의 의미일 때는 어미로 붙여 쓴다.
    예 지금쯤 부산에 도착했을걸.
    그때 공부할걸 후회가 된다.

⑬ '-니 망정이지', '-기에 망정이지'는 의존 명사로 띄어 쓴다. 'ㄹ망정'의 형태로 쓰일 때는 어미이므로 붙여 쓴다.

> 예 내가 보았<u>으니 망정이지</u> 하마터면 큰일 날 뻔했어.
> 내가 보았<u>기에 망정이지</u> 하마터면 큰일 날 뻔했어.
> 내가 <u>죽을망정</u> 너의 말은 듣지 않겠다.

• '-ㄹ거나, -ㄹ망정, -ㄹ밖에, -ㄹ지'는 어미로, 어간에 붙여 쓴다.

⑭ 시(時)
- 일부 명사나 관형사형 어미 뒤에서 띄어 쓴다.
  > 예 비행 <u>시</u>에는 휴대전화 사용을 금합니다.
  > 운동 <u>시</u> 발생한 외상
  > 규칙을 어겼을 <u>시</u>에는 처벌을 받는다.
- 한 낱말로 굳어진 경우에는 붙여 쓴다.
  > 예 평상<u>시</u>, 필요<u>시</u>, 비상<u>시</u>, 유사<u>시</u>

(6) 고유 명사

① 성과 이름, 성과 호는 붙여 쓰고, 이에 덧붙는 호칭어, 관직명은 띄어 쓴다.(제48항)

유두선	서화담	이충무공	채영신 씨
최치원 선생	김 모 씨	이 씨	충무공 이순신 장군

성씨를 가리킬 때는 붙여 쓴다.
예 우리나라에는 김씨 성이 많다

② 성과 이름을 구분할 필요가 있을 경우는 띄어 쓴다.

남궁 억	독고 준	황보 지봉

③ 성명 이외의 고유 명사는 띄어 씀을 원칙으로 하나 붙여 씀도 허용한다.(제49항)

대한 중학교(대한중학교)
한국 대학교 사범 대학(한국대학교 사범대학)

④ 전문 용어는 단어별로 띄어 씀을 원칙으로 하되 붙여 씀도 허용한다.(제50항)

만성 골수성 백혈병(만성골수성백혈병)
지구 중심설(지구중심설)

관형사형 용언의 수식을 받거나 두 개 이상의 체언이 접속 조사로 연결된 구조일 때는 띄어 쓴다.
> 예 간단한 도면 그리기, 아름다운 노래 부르기, 바닷말과 물고기 기르기

문장성분과 문장의 종류

1 주성분 - 주어, 목적어, 보어, 서술어

> 문장 성분은 격 조사를 기억하면 쉽게 파악할 수 있다.

1. 주성분 - 주어, 목적어, 보어, 서술어

    (1) 주어(누가, 무엇이)
    ① 체언+이/가 예 <u>나무가</u> 크니, 잎이 무성하다.
    ② 체언+께서(높임) 예 <u>할아버지께서</u> 직접 오신대.
    ③ 체언+에서(단체) 예 <u>우리 학교에서</u> 우승을 했다.
    ④ 명사절+이/가 예 <u>(얼굴이 희기)가</u> 백설 같아.
    ⑤ 체언+보조사 예 <u>순희는</u> 나와 함께 갔다

    (2) 목적어 (누구를, 무엇을)
    ① 체언+을/를 예 나는 <u>너를</u> 사랑해.
    ② 체언+보조사 예 그는 <u>밥도</u> 안 먹고 일만 한다.
    ③ 체언+보조사+을/를 예 동생은 <u>과일만을</u> 좋아한다.

    서술어를 먼저 확인한 후에 '누가'에 해당하는 말을 찾으면 '주어'이고, '무엇을'에 해당하는 말을 찾으면 '목적어'이다.

    (3) 보어('되다, 아니다'가 요구하는 문장 성분)
    ① 체언+보격 조사 예 나는 <u>의사가</u> 되었다.
    ② 체언+보조사 예 그는 원래 <u>나쁜 사람은</u> 아니다

    • 물이 얼음이(보어) 되다.
    • 물이 얼음으로(부사어) 되다.

    (4) 서술어(무엇이다, 어찌하다, 어떠하다)
    ① 서술어의 성립
      ㉠ <u>동사</u>, <u>형용사</u> 예 그녀는 <u>예뻤다.</u>
      ㉡ 체언+서술격 조사 예 철수는 <u>학생이다.</u>
      ㉢ 서술절 예 그는 밤눈이 <u>밝다.</u>
      ㉣ 본용언+보조 용언 예 철수가 그 책을 <u>가지게 되었다.</u>
    ② 서술어의 자릿수
      ㉠ 한 자리 서술어 : 주어만 있고, 다른 성분이 생략되어도 문장이 이루어질 때의 서술어
        예 꽃이 (무척) <u>아름답다.</u>
        (너희들의) 얼굴이 (아직은) <u>곱구나.</u>
      ㉡ 두 자리 서술어
        ⓐ 주어+목적어+타동사 예 아이가 과자를 <u>먹는다.</u>
        ⓑ 주어+보어+되다/아니다 예 그는 의사가 <u>되었다.</u>

    '마주치다, 부딪치다, 싸우다, 악수하다, 비슷해지다, 같아지다'와 같은 대칭 용언은 부사어를 반드시 필요로 한다. (두 자리 서술어)

ⓒ 주어+부사어+자동사(대칭 용언)
  예 지훈이는 용팔이와 싸웠다
ⓒ 세 자리 서술어 : 타동사 중에서 주어와 목적어 이외에 부사어를 반드시 요구하는 경우가 있다.
넣다, 얹다, 주다, 드리다, 바치다, 삼다, 여기다, 간주하다, 가르치다, 만들다
  예 그가 나에게 선물을 주었다.

≫ 두 자리, 세 자리 서술어에 있는 부사어는 필수적 부사어이다.

2. 부속 성분(관형어, 부사어), 독립 성분(독립어)

(1) 관형어
① 관형사 예 아기가 새 옷을 입었다.
② 체언+관형격 조사 '의' 예 그녀는 시골의 풍경을 좋아한다.
③ 관형절 예 그것은 내가 읽은 책이다.
④ 관형어 보충
  ㉠ '용언+관형사형 어미(ㄴ/ㄹ)'는 관계 관형절로 생각해야 한다.
  ㉡ 관형격 조사 '의'
    • 의미상 주어 예 나의 갈 길
    • 의미상 목적어 예 문명의 파괴
    • 의미상 동격(비유적 표현) 예 내 마음의 거울
  ㉢ 관형어는 반드시 체언 앞에서만 쓰인다.

(2) 부사어
① 부사 예 장미가 참 예쁘다.
② 부사+보조사 예 장미가 무척이나 예쁘다.
③ 체언+부사격 조사 예 동생이 형보다 낫다.
④ 용언+부사형 어미(-다고, -게)
  예 그가 몹시 힘들다고 말하더라.
     너무 어렵게 생각하지 마라.
⑤ 부사어의 종류
  ㉠ 성분 부사어 : 하나의 문장 성분을 수식
    예 시간이 늦었으니, 어서 떠납시다.
  ㉡ 문장 부사어 : 문장 전체를 수식(만일, 설령, 과연, 설마)
    예 설마 네가 그럴 줄은 몰랐어.
  ㉢ 접속 부사어
    예 그러나 희망이 없는 것은 아니다

'게'에 대해
① 먹게 두어라.
  → 보조적 연결 어미
② 진달래가 곱게 피었다.
  → 부사어
③ 진달래가 (빛깔이 곱게) 피었다.
  → 부사절

(3) 독립어

① 감탄사 예 <u>아아</u>, 드디어 시험날이구나.

② 체언+호격 조사 예 <u>영희야</u> 놀자.

③ 제시어 예 <u>청춘</u>, 이는 듣기만 하여도 가슴이 설레는 말이다.

2 문장의 종류

1. 문장의 짜임새 – 이어진문장

(1) 대등하게 이어진 문장

~고, ~며(나열), ~(으)나, ~지만(대조), ~든지, ~거나(선택)

예
- 바람이 불고, 눈이 왔다. (나열)
- 사기는 했지만, 만족스럽지 않다. (대조)
- 공부를 하든지, 운동을 하든지 마음대로 해라. (선택)
- 서울과 부산은 인구가 많다.
  (서울은 인구가 많다. 부산은 인구가 많다.)
- 철수와 영희는 결혼했다.
  - 같이 결혼했다 : 홑문장
  - 따로 결혼한 경우 : 이어진문장

이어진문장 문제 유형
① 문장 간의 의미 관계를 파악하는 문제
② 대등적으로 이어진 문장과 종속적으로 이어진 문장의 구별 문제
③ 이어진문장과 안은문장을 구별하는 문제

(2) 종속적으로 이어진 문장

~면, ~거든(조건), ~어서, ~므로, ~니까(이유), ~려고, ~고자(의도), ~는데(배경)

예
- 기업이 없으면, 근로자두 없다 (조건)
- 한라산에 오르려고, 일찍 일어났다. (의도)
- 공부하는데, 전화가 자꾸 걸려왔다. (배경)
- 설령 비가 올지라도, 우리는 반드시 출발한다. (양보)

밥을 먹고, 학교에 갔다.
⇨ 두 문장은 시간의 선후 관계가 명확하여 문장 순서를 바꾸면 의미가 달라진다. 따라서 종속적으로 이어진 문장이다.

2. 문장의 짜임새 – 안은문장

(1) 명사절을 안은 문장(~ㅁ, ~기, ㄴ+것, ㄴ지, ㄹ지)

명사절은 문장 속에서 주어, 목적어, 부사어 등의 기능을 한다.

예
- 우리는 그가 <u>정당했음</u>을 알았다. (목적어)
- 우리는 그가 <u>정당했다는 것</u>을 알았다. (목적어)
- 지금은 <u>집에 가기</u>에 이르다. (부사어)
- 그가 <u>정당했음</u>이 밝혀졌다. (주어)
- 나는 <u>그가 돌아왔는지</u>를 모른다.
- 나는 <u>그가 돌아올지</u>를 물었다

≫ 'ㄴ+것' 명사절은 'ㅁ' 명사절로 바꿀 수 있다.

≫ 'ㅁ' 명사절은 완료의 의미
예 그가 <u>결혼했음</u>을 알았다.

≫ '기' 명사절은 미완료의 의미
예 농부들은 비가 <u>오기</u>를 기원했다.

(2) 서술절을 안은 문장

서술어 부분이 절로 이루어졌다.

예
- 토끼는 앞발이 짧다.
- 할아버지께서는 인정이 많으시다.
- 이 책은 활자가 너무 작다.
- 정아는 얼굴이 예쁘다

(3) 관형절을 안은 문장

절이 관형사형으로 활용하거나, 용언에 관형사형 어미가 붙었을 때 관형절이라 한다.

① 동격 관형절 : 관형절의 피수식어와 관형절이 같은 내용인 경우

예
- 철수가 공무원 시험에 합격했다는 소식을 들었다.
  (소식 = 철수가 ~ 합격했다는)
- 나는 그가 착한 사람이라는 생각이 들었다.
  (생각 = 그가 착한 사람 이라는)

② 관계 관형절 : 관형절의 성분이 생략되어 있는 경우

예
- 넓은 밭에 보리가 익고 있다. ('밭이 넓은'에서 '밭이'가 생략)
- 이 책은 내가 읽은 책이다. ('내가 책을 읽은'에서 '책을'이 생략)
- 도서관은 공부를 하는 학생들로 가득했다.
  ('학생들이 공부를 하는'에서 '학생들이' 생략)
- 좋은 차는 몸이 먼저 안다. ('차가 좋은'에서 '차가'가 생략)

(4) 부사절을 안은 문장 (~없이, ~달리, ~같이, ~도록)

절이 부사어 구실을 하여 서술어를 수식할 때 부사절이라 한다.

예
- 비가 소리도 없이 내린다.
- 그는 아는 것도 없이 잘난 척을 한다.
- 그 곳은 그림이 아름답게 장식되었다.
- 철수는 발에 땀이 나도록 뛰었다.
- 길이 비가 와서 미끄럽다.

(5) 인용절을 안은 문장 (~고, ~라고, ~하고)

남의 말을 인용한 부분을 인용절이라고 한다.

예
- 현주는 당황하여 "무슨 일이지?"라고 말하였다. (직접 인용)
- 그 사람은 자기가 학생이라고 주장하였다. (간접 인용)

안은문장 문제 유형
① 동격 관형절과 관계 관형절을 구분하는 문제
② 관계 관형절에서 생략된 성분을 파악하는 문제
③ 명사절의 성분을 파악하는 문제
④ 'ㄴ+것' 명사절과 의존 명사 '것'을 구별하는 문제

관용적 표현은 관계 관형절로 보면 안 된다.
예 새빨간 거짓말을 하고 있네.
(홑문장)

≫ 7차 교육과정에서 종속적 연결 어미로 된 절, 즉 종속절은 부사절로 볼 수 있다고 했다.
예 눈이 와서, 길이 미끄럽다.
(부사절)

문장 표현

1 높임법

1. 주체 높임법

서술의 주체를 높이는 방법은 선어말 어미 '-(으)시-', 주격 조사 '께서', 접사 '-님' 등이 붙어 실현된다. 또한 '계시다', '잡수시다'의 일부 특수 어휘를 사용하기도 한다.

(1) 직접 높임

화자가 주어를 직접 높이는 표현
- 예 • 아버지께서는 안방에 계신다.
    • 어머니, 아버지께서 들어오십니다

(2) 간접 높임

주체의 신체, 사물, 관계있는 것 등에 대하여 '-시'를 사용하여 간접적으로 주체를 높이는 표현
- 예 • 선생님의 말씀이 있으시겠습니다.
    • 할머니께서는 귀가 밝으십니다.
    • 선생님은 두 살 된 따님이 있으시다.
    • 선생님, 가방이 무거우시죠

(3) 특수한 어휘를 이용한 표현

존대의 뜻을 갖는 어휘를 사용한 표현이다.

직접 높임	• 계시다 ⇐ 있다 • 드시다, 잡수시다 ⇐ 먹다 • 편찮다 ⇐ 아프다	• 돌아가시다 ⇐ 죽다 • 주무시다 ⇐ 자다 • 죄송합니다 ⇐ 미안하다
간접 높임	• 말씀 ⇐ 말 • 약주 ⇐ 술 • 치아 ⇐ 이	• 성함 ⇐ 이름 • 연세, 춘추(春秋) ⇐ 나이 • 진지 ⇐ 밥
직접 낮춤	• 저 ⇐ 나 • 아비 ⇐ 아버지	• 저희 ⇐ 우리 • 아들놈 ⇐ 아들 • 어미 ⇐ 어머니
간접 낮춤	• 말씀 ⇐ 말	• 폐사 ⇐ 본사 • 졸고 ⇐ 원고
객체 높임	• 뵙다 ⇐ 만나다	• 드리다 ⇐ 주다 • 여쭙다 ⇐ 묻다

살아계신 자신의 아버지에 '-님'을 붙이거나 '선친(先親)'이란 단어를 쓰면 안 된다.

주체 높임
선어말 어미 '-시-'는 마지막 서술어에만 쓰는 것이 자연스럽다.
예 선생님께서는 볼일이 있어서 학원에 가셨습니다.

계시다. (직접 높임)
예 아버지께서 안방에 계시다.

있으시다. (간접 높임)
예 아버시께서 걱정거리가 있으시다.

'말씀'은 높임과 낮춤에 모두 쓰인다.

2. 상대 높임법

국어의 높임법 가운데 가장 발달되어 있다. 화자가 청자에 대하여 높이거나 낮추어 말하는 방법으로 종결 표현으로 실현된다.

구분		평서법	의문법	명령법	청유법	감탄법
격식체	하십시오체 (가장 높임)	가십시다	가십니까?	가십시오	(가시지요)	-
	하오체 (많이 높임)	가(시)오	가(시)오	가(시)오, 가구려	갑시다	가는구려
	하게체 (조금 높임)	가네, 감세	가는가? 가나?	가게	가세	가는구먼
	해라체	간다	가느냐? 가니?	가(거)라 가렴 가려무나	가자	가는구나
비격식체	해요체 (두루 높임)	가요	가요?	가요	가요	가요
	해체(반말) (두루 낮춤)	가, 가지	가?, 가지?	가, 가지	가, 가지	가, 가지

> 웃어른에게 말을 하거나 공식적인 자리에서는 '하십시오체'를 사용해야 한다.
> 예
> - 선생님, 제가 했어요.(×)
>   → 했습니다.(○)
> - 손님, 도장 가지고 오셨어요.(×)
>   → 오셨습니까?(○)
>
> 인쇄물이나 구호에는 '하라체'를 쓴다. 즉 어미에 '-아라/-어라' 대신에 '-(으)라'를 써야 한다.
> 예
> - 빈민 구제 대책을 빨리 세우라. (○)
> - 빈민 구제 대책을 빨리 세워라. (×)

3. 객체 높임법

(1) 서술의 객체를 높이는 방법
(2) '드리다, 뵈다, 여쭙다, 모시다'와 같은 특수한 어휘
(3) 부사격 조사 '께'로 실현된다.
   예
   - 나는 아버지를 모시고 병원으로 갔다.
   - 나는 선생님께 과일을 드렸다.

4. 언어 예절

(1) 압존법

듣는 이가 주체보다 높은 경우에는 높임을 하지 않는다.
가족과 학교에서 사용하고, 직장에서는 대체로 사용하지 않는다.
   예 할아버지, 아버지가 지금 왔습니다. (○)
   할아버지, 아버지께서 돌아오셨습니다. (허용)

> 가부장적 사회에서는 유용한 어법이었으나 지금은 현실에 맞지 않아 변화를 겪고 있다.

(2) 전화예절

① 전화 걸 때
   - 집에서 : 안녕하십니까? (저는/여기는)○○○입니다.
     ○○○ 씨 계십니까?
   - 직장에서 : 안녕하십니까? (저는/여기는) ○○○입니다.
     ○○○ 씨 좀 바꿔주시겠습니까?

- 당사자가 없을 때 : 죄송합니다. ○○○한테서 전화 왔었다고 전해 주시겠습니까?

② 전화를 받을 때
- 집에서 : 여보세요.
- 직장에서 : 네, (고맙습니다) ○○○[회사/부서/받는이]입니다.
- 전화를 바꾸어 줄 때 : (네) 잠시 기다려주십시오, 바꾸어 드리겠습니다. 누구(시)라고 전해드릴까요?(전해줄까요?)
- 대상자가 없을 때 : 지금 안 계십니다. 뭐라고 전해 드릴까요?
- 잘못 걸려 온 전화 : 죄송합니다. 전화가 잘못 걸렸습니다. ('전화 잘못 거셨습니다'는 상대를 비난하는 어조이므로 피해야 한다.)

③ 전화를 끊을 때 : 안녕히 계십시오, 고맙습니다.
('들어가세요'는 명령형이므로 피해야 한다)

(3) 기타
① 윗사람에게 '수고하다', '평안', '야단'이라는 말을 하면 예의에 벗어난다.
  > 예 선생님, 수고하십시오.(×)
  > 그동안 평안히 계셨습니까?(×) 그동안 안녕하셨습니까?(○)
  > 아버지에게 야단을 맞았다.(×) 아버지에게 걱정을 들었다.(○)

② 국가는 절대적 대상이므로 낮추면 안 된다.
  > 예 저희 나라는 민주 국가입니다.(×)
  > 우리나라는 민주 국가입니다.(○)

③ 세배를 드릴 때는 명령 투의 말은 예의에 어긋난다.
  > 예 앉으십시오.(×) 세배 받으십시오.(×) 오래오래 사십시오.(×)

④ 송년 인사에서 과거형 표현은 삼가야 한다.
  > 예 보살펴 주셔서 고마웠습니다.(×)

⑤ 이름 앞에 직함을 넣어 말하는 것은 높이는 것이 아니다. 그러나 직함을 이름 뒤에 붙이면 높이는 것이 된다.
  > 예 총무과장 홍길동입니다.(본인 소개)
  > 그분은 총무과의 홍길동 과장님입니다.(남을 소개)

⑥ 직장에서는 직급에 관계없이 '-시-'를 넣어 존대한다.
  > 예 김 대리는 거래처에 가셨나요?

⑦ 잔치에서는 '축하합니다, 축하드립니다'를 쓴다.

'사모님'은 스승의 부인을 높여 이르는 말이나, 남의 부인, 윗사람의 부인을 높여 이를 때도 사용한다.

세배할 때 덕담은 어른이 하는 것이다.

⑧ 과도한 높임법이나 명령 표현은 예의에 맞지 않다.
  예 좋은 시간 되세요.(×) 환자분 이쪽으로 누우실게요.(×)
  주문하신 커피 나오셨습니다.(×) 원하시는 사이즈가 없으십니다.(×)

⑨ 아버지의 함자를 물을 때
  예 김 동자 건자를 쓰십니다.

⑩ 어른이 성과 본을 물을 때
  예 김해 김가입니다.

2 피동 표현과 사동 표현

1. 능동 표현과 피동 표현

(1) 능동 표현
  주어가 동작이나 행위를 제 힘으로 하는 것
  예 고양이가 쥐를 물었다.

(2) 피동 표현
  주어가 다른 주체에 의해서 어떤 동작을 당함을 표현하는 것
  ① 파생적 피동문은 능동사의 어간에 피동 접미사 '-이, -히-, -리-, -기-'의 결합으로 실현된다.
    예 쥐가 고양이에게 물렸다.
  ② 통사적 피동문은 능동사의 어간에 '-게 되다, -어지다'의 결합으로 실현된다.
    예 • 이것은 저것과 관련된다.
       • 곧 사실이 드러나게 된다.
       • 이 펜은 글씨가 잘 써진다.

(3) 탈행동적 피동
  '-게 되다'가 실제로 붙은 경우나 의미상 붙는 경우, 동작의 주체를 구체적으로 상정하거나 의식하기 어려운 경우를 탈행동적 피동이라 한다.
  예 • 다행이 마음이 진정되었다. → (어떤 상황 때문에) 마음을 진정하였다.
    • 어쩌다 제가 가게 되었습니다. → (어떤 상황이나 누군가가) 나를 가게 하였다.
    • 날씨가 풀렸다. → (어떤 절대자가) 날씨를 풀었다.
    • 옷이 못에 찢겨 버렸다. → (부주의한 내 동작이) 옷을 못에 찢게 하였다.

'ㅍ' 받침 뒤에는 피동 접미사 '히'를 쓰지 않는다.
예 눈 덮힌(×) → 눈 덮인(○)

자동사에 피동 접미사 '-히-'를 붙여 피동사가 될 순 없다.
예 에어컨이 날개 돋힌 듯이 팔린다.(×) → 돋친(강세)(○)

(4) 피동 표현의 남용
① '~되어지다', '~지게 되다', '-이우-'는 이중 피동
   예 • 바보라고 <u>생각되어진다</u>. → 생각된다.
      • <u>아름다워지게 되었다</u>. → 아름다워졌다.

② 피동사에 '~어지다'가 결합된 경우
   예 • 이것은 분명히 쿠데타라고 <u>보여진다</u>. → 보인다.
      • 문제가 잘 <u>풀려지지</u> 않는다. → 풀리지
      • 이번 장마로 땅이 깊이 <u>패여졌습니다</u>. → 패었습니다(○),
        파였습니다(○), 파졌습니다(×)

(5) 피동의 특수한 경우
① '당하다' '받다'의 경우 의미는 피동이나 형태상 능동이므로 피동이 아니다.
   예 봉변을 <u>당하다</u>. 훈련을 <u>받다</u>.

② '-당하다', '받다'가 접미사일 때는 피동사가 된다.
   예 거부<u>당하다</u>, 무시<u>당하다</u>, 의심<u>받다</u>, 사랑<u>받다</u>

2. 주동 표현과 사동 표현

(1) 주동 표현
주어가 직접 동작이나 행위를 하는 것을 표현하는 것
   예 철수가 옷을 입었다

(2) 사동 표현
주어가 남에게 동작을 하도록 시키는 것을 표현하는 것

① 파생적 사동문은 주동사의 어간에 사동 접미사 '-이-, -히-, -리-, -기-, -우-, -구-, -추-', '-시키다'의 결합으로 실현된다.

② 통사적 사동문은 주동사의 어간에 '-게 하다'의 결합으로 실현된다.
   예 • 사람들이 길을 <u>넓힌다</u>.
      • 차를 정지<u>시켰다</u>.
      • 차를 정지<u>하게 했다</u>.

(3) 특수한 경우
형태상으로는 분명히 사동사인데 현대 국어에서 사동사로 볼 수 없는 경우가 있다.
① 우리 집에도 소를 <u>먹인다</u>. → '사육하다'의 뜻을 지닌 주동사

잘못된 피동
예
• 잘리우다(×) → 잘리다(○)
• 갈리우다(×) → 갈리다(○)
• 불리우다(×) → 불리다(○)

'받아들여지다', '알려지다, 밝혀지다'는 사동형인 '받아들이다', '알리다', '밝히다'에 '-어지다'가 붙어 '-여지다'가 된 것이므로, 피동의 남용으로 보지 않는다.

② 영희는 철수를 바보라고 놀렸다. → '조롱하다'의 뜻을 지닌 주동사

③ 학교에서 친구들의 싸움을 말렸다. → '그치게 하다'의 뜻을 지닌 주동사

④ 도박으로 돈을 날렸다. → '탕진하다'의 뜻을 지닌 주동사

(4) 사동문의 중의성(모호성)

어머니께서 동생에게 약을 먹이셨다.
→ 직접 먹이는 경우와, 동생이 스스로 먹게 한 경우로 해석된다.

(5) 이중 사동

일부 자동사는 두 개의 사동 접미사가 연속된 '-이우-'가 붙어 사동사가 되기도 한다.

예
- 어머니가 아이를 재운다.
- 학문에 젊음을 불태워라.
- 물을 유리잔에 가득 채웠다.
- 아이에게 모자를 씌웠다.
- 자동차를 세우고 보았다.

(6) 사동 표현의 남용

① 과도한 사동 접사 사용

예
- 목메인 소리로 어머니를 불렀다. → 목멘
- 가슴 설레이며 그녀를 기다렸다. → 설레며
- 깜짝 놀랬잖아. → 놀랐잖아
- 끼여들기를 하면 안 된다. → 끼어들기
- 결혼할 뜻을 내비췄다. → 내비쳤다
- 난로에 손을 데였다. → 데었다
- 담배 냄새가 옷에 배였다. → 배었다
- 물에 손을 담궜다. → 담갔다
- 맑게 개인 날씨 → 갠
- 거리를 헤매이며 → 헤매며
- 그가 한 말을 되뇌였다. → 되뇌었다

사동·피동 접미사인 '이', '우'를 넣지 않아도 되는 어휘에 '이'나 '우'를 넣으면 잘못이다.

② '-하다'를 쓸 곳에 '-시키다'를 쓴 경우

예
- 내가 친구 한 명을 소개시켜 줄게. → 소개해 줄게
- 벽에 가구를 고정시켜 놓았다. → 고정해
- 그 점이 사건을 야기시킨 원인이다. → 야기한
- 잡상인 출입을 금지시키기로 했다. → 금지하기로
- 돈을 은행에 입금시킨다. → 입금한다
- 지출을 경감시키는 방법 → 경감하는

'-하다'를 붙여 자연스럽지 않으면, '-시키다'를 써야 한다.

- 아이를 오늘 병원에 입원시켰다.
- 저 두 사람을 화해시킬 묘안이 없을까?
- 사나운 개를 진정시키지 않으면 사람을 물 수도 있다.

3 시간 표현

1. 시제의 정의

말하는 이의 시각(→ 발화시)을 기준으로 하여 사건의 앞뒤를 제한하는 것

(1) 절대적 시제 : 발화시를 기준으로 하여 결정되는 시제(종결형)

(2) 상대적 시제 : 전체 문장의 사건시에 기대어 상대적으로 결정되는 시제(관형사형)

  예 영숙이는 어제 <u>청소하시는</u> 어머니를 <u>도와드렸다</u>.
          현재   과거
       [상대적 시제]   [절대적 시제]

2. 시제 표현 방법

(1) 과거 시제

  사건시가 발화시보다 먼저 있는 시제

  ① '-았-/-었-'을 사용
    ㉠ 과거에 있었던 일이 과거에 완결되었음. 과거에 일어난 행동의 결과가 현재까지 지속됨.
      예 어제 시험을 보았어요. 감기 다 나았니?
         작년에 그 사람을 알았어요.
    ㉡ 앞으로 일어난 일에 대하여 단정하는 것(미래 의미)
      예 너 내일 나한테 죽었어.
    ㉢ 다시 할 수 없게 되었음을 반어적으로 나타냄.(미래 의미)
      예 배탈이 났으니, 요리는 다 먹었구먼.
    ㉣ 현재의 사실에 대해 관용적으로 사용(현재 의미)
      예 내 말을 이제 이해하겠니?
         네, 잘 알았습니다.
  ② 동사 어간+관형사형 어미 '-ㄴ'
      예 간 사람, 먹은 우유
  ③ 회상할 때는 '-더-'를 사용
      예 보았더니

> 우리말은 시제 개념이 명확하지 않다.

④ 형용사와 서술격 조사 다음에서는 '-던'을 사용
　　예 연인이던 사이야. 아름답던

(2) 현재 시제
　　발화시가 사건시와 일치하는 시제

　① 동사+현재 시제 선어말 어미 '-는-', '-ㄴ-'
　　예 한다, 먹는다

　② 형용사, 서술격 조사에서는 선어말 어미 없이 기본형으로 현재를 나타냄.
　　예 예쁘다

　③ 동사+관형사형 어미 '-는'
　　예 잠을 자는 아이

　④ 형용사, 서술격 조사+관형사형 어미 '-(으)ㄴ'
　　예 아름다운 여인

(3) 미래 시제
　　사건시가 발화시보다 나중인 시제

　① 선어말 어미 '-겠-' 사용
　　㉠ 단순히 미래에 일어날 일 표현
　　　예 다음 달에는 우리 집에도 아기 울음소리가 들리겠다.
　　㉡ 미래에 일어날 일의 추측
　　　예 어서 가자. 학교에 늦겠다.
　　㉢ 가능성이나 능력을 표현 (현재 의미)
　　　예 네 힘으로 그 일을 할 수 있겠니?
　　㉣ 완곡한 표현
　　　예 이제 창문을 닫아도 되겠니?
　　㉤ 강조의 표현
　　　예 이 말은 흠이 없는 사람이 없다는 것이 아니겠어요?

　② 관형사형 어미 '-ㄹ'이 사용됨.
　　예 떠날 사람

ㄹ+것 =겠
예 다음을 이해할 수 있을 것이다.
　(있겠다)

'-리', '-리다', '-리라', '-ㄹ까' 등을 사용하며 예스러운 의미를 나타냄.
예 전화하리다.

(4) 동작상(動作相)
　　발화시를 기준으로 동작이 일어나는 양상을 나타내는 언어 표현

　① 진행상 : 발화시를 기준으로 동작이 진행 중임을 나타냄.
　　예 • 바람이 불고 있었다. (과거)
　　　　• 바람이 불고 있다. (현재)

- 바람이 불고 있겠다. (미래)

② 완료상 : 발화시를 기준으로 동작이 완결되었음을 나타냄.
- 밥을 다 먹어 버렸다. (과거)
- 현주가 방에 앉아 있다. (현재)
- 밥을 다 먹어 버리겠다. (미래)

③ 예정상 : 발화시를 기준으로 앞으로 동작이 일어날 것임을 나타냄.
- 학교에 가게 되었다. (과거)
- 학교에 가게 된다. (현재)
- 학교에 가게 되겠다. (미래)

의미가 모호한 경우가 있다.
- 구두를 신고 있다. (완료 의미와 진행 의미로 사용됨.)

4. 문장의 종결 표현

(1) 평서문

하고 싶은 말을 단순하게 진술하는 문장

(2) 의문문

① 설명 의문문 : 의문사가 포함되어 일정한 설명을 요구하는 의문문
- 어디로 가니? 무엇을 하고 있니?

② 판정 의문문 : 의문사 없이 단순히 긍정이나 부정의 답을 요구하는 의문문
- 숙제 해 왔니?

③ 수사 의문문 : 굳이 대답을 요구하지 않고 서술이나 명령 효과를 내는 의문문
- 그렇게만 된다면 얼마나 좋을까?(서술)
- 빨리 먹지 못하겠니?(명령)
- 우리 소풍 가서 정말 재미있었지?(확인)

(3) 명령문

① 직접 명령문 : 얼굴을 직접 맞대고 하는 명령문.
'-아라/-어라'와 결합
- 빨리 가 보아라.

② 간접 명령문 : 신문이나 방송과 같은 매체를 통한 명령문.
'-(으)라'와 결합
- 정부는 국방 대책을 시급히 세우라.

③ 허락 명령문 : 허락의 뜻을 나타내는 명령문.
'-(으)려무나, -(으)렴'과 결합
- 너도 한 번 읽어 보렴.

- 직접 명령 : 말+아라 → 말아라/마라, 말아/마
- 간접 명령 : 말+라 → 말라

(4) 청유문

화자가 청자에게 어떤 행동을 함께 하도록 요청하는 문장

(5) 감탄문

화자가 청자를 별로 의식하지 않거나 거의 독백하는 상태에서 자기의 느낌을 표현하는 문장

5. 문장의 부정 표현

(1) 부정문의 종류

① 안 부정문 : 의지 부정
② 못 부정문 : 능력 부정

(2) 부정문의 중의성

① 철수가 그 책을 안 읽었다.
- 주체인 '철수' 부정
- 대상인 '책을' 부정
- 행위인 '읽다'를 부정

② 나는 철수를 보지 못했다.
- 주체인 '나'를 부정
- 대상인 '철수'를 부정
- 행위인 '보지 못했다'를 부정

③ 손님이 다 오지 않았다. (부정의 범위가 모호함.)
- 전혀 오지 않았다.
- 일부가 오지 않았다

(3) 부정문에서 '예', '아니오'의 사용

영어의 Yes와 No의 사용이 우리말과 차이가 있다.

예 Aren't they doctors? (걔네 의사 아니야?)
   No, they are not. (응, 걔네 의사 아니야.)
   Yes, they are. (아니, 걔네 의사야.)

모호성의 해결
부정문의 중의성은 어느 곳에 강세를 주어 구별하거나, 보조사 '는, 도, 만'을 넣어서 해소할 수 있다.

맞춤법, 표준어

1 맞춤법, 표준어 규정

1. 소리에 관한 규정(1)

(1) 거센소리 표기

① 거센소리를 표준어로 하는 경우 (〈표준어 규정〉 제3항)

  예
  - 빈간(×) → 빈칸(○) : 방이 세 칸이다.
  - 떨어먹다(×) → 털어먹다(○)
  - 끄나불(×) → 끄나풀(○)

② 'ㅎ'을 끝소리로 가지고 있던 어휘 (〈표준어 규정〉 제7항, 제31항)

  예
  - 안밖(×) → 안팎(○), 살고기(×) → 살코기(○)
  - 수탉, 수평아리, 수캐, 수캉아지, 수컷, 수키와, 수톨쩌귀, 수퇘지, 수탕나귀

③ 어간 '하'를 줄여서 쓸 경우 (〈한글 맞춤법〉 제39항, 제40항)

  ㉠ 울림소리 다음의 '하' → 'ㅏ'가 줄고 'ㅎ'과 다음 소리가 어울려 거센소리가 됨.

   예 간편하게 → 간편케, 흔하지 → 흔치, 다정하다 → 다정타

  ㉡ 안울림소리 다음의 '하' → '하'를 생략함.

   예 거북하지 → 거북지, 넉넉하지 → 넉넉지, 생각하건대 → 생각건대, 섭섭하지 → 섭섭지, 깨끗하지 → 깨끗지

④ 'ㅎ'이 어간의 끝소리로 굳어진 것은 받침으로 적음.

  예 아무렇지, 어떻든지요

⑤ 혼동되는 준말 표기

  ㉠ '-지 않-' → '-잖'의 경우와 '-하지 않-' → '-찮-'의 경우

   예 안울림소리 뒤(적지 않은 → 적잖은)
   울림소리 뒤(변변하지 않다 → 변변찮다)

  ㉡ '-하지 않다'가 안울림소리 뒤에서 '하'가 줄어드는 경우에는 '-찮다'로 줄지 않고 '-잖다'로 준다.

   예 섭섭하지 않다 → 섭섭잖다

  ㉢ 'ㅏ, ㅗ, ㅜ, ㅡ' 뒤에 '-이어'가 어울려 줄어든 경우 (〈한글 맞춤법〉 제38항)

   예 보이어 : 뵈어 / 보여   쏘이어 : 쐬어 / 쏘여
   쓰이어 : 씌어 / 쓰여   트이어 : 틔어 / 트여   (복수 표준어)
   조이어 : 죄어(좨) / 조여

〈한글 맞춤법〉 총칙 제1항
'한글 맞춤법'은 표준어를 소리대로 적되 어법에 맞도록 함을 원칙으로 한다.

수컷을 이르는 접두사는 '수'로 통일함.
  예 수소, 수놈, 수고양이, 수벌, 수용
  ≫ 단 '숫양', '숫염소', '숫쥐'만 '숫'을 쓴다.

- ㅗ, ㅜ, ㅚ + -아/-어, -았-/-었- (〈한글 맞춤법〉 제35항)
  - 예) 꼬아 → 꽈, 꽜다
    쑤어 → 쒀, 쒔다
    되어 → 돼, 됐다
    뵈어 → 봬, 뵀다

⑥ 거센소리로 적는 부사
  - 예) 결단코, 결코, 아무튼, 하여튼, 하마터면, 요컨대

띄어쓰기, 띄어 놓다'는 '뜨여쓰기, 뜨여 놓다'를 인정하지 않는다. '눈에 띄어, 눈에 뜨여'는 인정한다.

(2) 된소리 표기
  ① 접미사에 된소리 표기를 인정한 것
    - 예) 일꾼, 사냥꾼, 농사꾼, 주정꾼, 빛깔, 뒤꿈치, 코빼기, 겸연쩍다
  ② 뚜렷한 까닭 없이 나는 것은 다음 음절의 첫소리를 된소리로 표기 (〈한글 맞춤법〉 제5항)
    - 예) • 두 모음 사이에서 나는 된소리 - 소쩍새, 거꾸로, 부썩, 이따금
      • 'ㄴ, ㄹ, ㅁ, ㅇ' 받침 뒤에서 나는 된소리 - 잔뜩, 살짝, 훨씬, 몽땅, 멀쩡

같은 음절이나 비슷한 음절이 겹쳐 나는 경우에는 된소리로 표기 (〈한글 맞춤법〉 제13항)
예) 딱딱, 쌕쌕, 똑딱똑딱, 쌉쌀하다, 짭짤하다.

  ③ 주의할 된소리 표기
    ㉠ 다음 경우는 된소리로 적지 않는다. (〈한글 맞춤법〉 제5항, 다만)
      - 예) 깍두기, 싹둑, 법석, 몹시
    ㉡ '-배기/-빼기, -대기/-때기'는 발음되는 대로 적는다.
      - 예) • 나이배기, 육자배기, 언덕배기, 뚝배기, 상판대기
        • 곱빼기, 억척빼기, 이마빼기, 귀때기, 판자때기
  ④ 의문을 나타내는 어미는 된소리 표기 (〈한글 맞춤법〉 제53항)
    - 예) ~(으)ㄹ까?, ~(으)ㄹ꼬?, ~(스)ㅂ니까?, ~(으)리까?, ~(으)ㄹ쏘냐?

(3) 자음 표기
  ① 어원에서 멀어진 형태를 표준어로 삼을 것 (〈표준어 규정〉 제5항)
    - 예) • 강남콩(×) → 강낭콩(○)
      • 삭월세(×) → 사글세(○)
  ② 순서를 나타내는 서수사 (〈표준어 규정〉 제6항)
    - 예) • 두째(×) → 둘째(○), 세째(×) → 셋째(○), 네째(×) → 넷째(○)
      • 열둘째(×) → 열두째(○), 스물둘째(×) → 스물두째(○), 돐(×) → 돌(○)
      ≫ '열두 개째, 스물두 개째'의 뜻일때는 '열둘째', '스물둘째'를 사용한다.

예사소리로 적는 경우
~(으)ㄹ걸, ~(으)ㄹ게, ~(으)ㄹ지언정, ~(으)ㄹ진대, ~(으)ㄹ세, ~(으)ㄹ세라, ~(으)ㄹ수록, ~(으)ㄹ시, ~(으)ㄹ지, ~(으)ㄹ지라도

③ '돈, 말, 발, 푼, 홉' 앞에서 → 관형사 '서', '너'를 사용
   예 서 돈, 서 말, 서 발, 서 푼, 서 홉

④ '냥, 되, 달, 동, 섬, 자, 장, 줄, 짐' → 관형사 '석', '넉' 사용
   예 석 냥, 석 달, 석 동……

2. 소리에 관한 규정(2)

(1) 모음 표기

① 모음 조화가 파괴된 형태를 표준어로 삼는 것 (〈표준어 규정〉 제8항)
   예 깡충깡충, 쌍둥이, 발가숭이, 소꿉질, 오뚝이, 아등바등
   ≫ 깡총하다, 까무러치다, 찌푸리다 → 모음 조화가 지켜진 표기

맞춤법에 주의
- 송글송글(×) → 송골송골(○)
- 깡총깡총(×) → 깡충깡충(○)
- 소꿉질(×) → 소꿉질(○)
- 단촐하다(×) → 단출하다(○)
- 오손도손(○), 오순도순(○)
- 맨송맨송(○), 맨숭맨숭(○), 맹숭맹숭(○)
- 바동바동(○), 바둥바둥(○)

② 어원 의식이 강하게 작용한 것
   예 부조(扶助), 사돈(査頓)

③ 'ㅣ' 모음 역행 동화 현상을 표준어로 인정한 것 (〈표준어 규정〉 제9항)
   예 풋내기, 서울내기, 시골내기, 냄비, 동댕이치다

④ 기술자는 '-장이', 그 외는 '-쟁이'
   예 • 미장이, 유기장이, 땜장이, 칠장이
   • 멋쟁이, 담쟁이, 깍쟁이, 침쟁이, 요술쟁이, 점쟁이

⑤ 모음 형태에 유의해야 할 단어 (〈표준어 규정〉 제10항)
   으레, 주책, 바라다, 나무라다, 지루하다, 미숫가루, 허드레, 튀기, 케케묵다, 상추, 허우대, 에계계, 애걔개

⑥ '웃, 윗, 위'의 표기 (〈표준어 규정〉 제12항)
   ㉠ '아래-위'의 구별이 있는 것은 '윗-'을 사용
      예 윗니, 윗도리, 윗몸, 윗목, 윗배, 윗분, 윗옷
   ㉡ '아래-위'의 구별이 있으나 된소리나 거센소리 앞에서는 '위-'로 씀.
      예 위쪽, 위턱, 위층, 위채
   ㉢ '아래-위' 구별이 없는 것은 '웃-'으로 쓴다.
      예 웃돈, 웃어른, 웃옷, 웃기, 웃통, 웃자라다

- 웃옷 : 맨 겉에 입는 옷
- 윗옷 : 위에 입는 옷(上衣)

⑦ 한자 '구(句)'가 붙어서 이루어진 단어는 '구'로 통일한다. (〈표준어 규정〉 제13항)
   예 구절(句節), 대구(對句), 시구(詩句), 인용구(引用句), 절구(絶句)
   ≫ 단, '글句'는 '글귀'라 한다.

(2) 준말과 본말

더 널리 쓰이는 것을 표준어로 인정한다. (〈표준어 규정〉 제14, 15, 16항)

① 준말만 표준어로 인정한 것
- 예 김매다, 똬리, 무, 온갖

② 본말만 표준어로 인정한 것
- 예 귀이개, 마구잡이, 아래로, 일구다, 부스럼

③ 준말과 본말 모두가 표준어인 것
- 예 노을/놀, 막대기/막대, 시누이/시뉘/시누, 오누이/오뉘/오누, 외우다/외다, 망태기/망태, 찌꺼기/찌끼, 이기죽거리다/이죽거리다

④ 모음으로 시작되는 어미 활용 시는 본말만을 표준어로 인정한다.
- 예
  - 머무르다 / 머물다(준말) → 머무르고, 머물고, 머물러 (머무르+어)
  - 서두르다 / 서둘다(준말) → 서두르고, 서둘지, 서둘러 (서두르+어)
  - 서투르다 / 서툴다(준말) → 서툰, 서투른, 서툴러 (서투르+어)
  - 가지다 / 갖다(준말) → 가지고, 갖고, 가지어 = 가져
  - 디디다 / 딛다(준말) → 디디고, 딛고, 디디어 = 디뎌

(3) 기타 주의할 표준어

① 방언과 기존 표준어가 모두 표준어
- 예 멍게 / 우렁쉥이, 물방개 / 선두리, 애순 / 어린순

② 고어 대신 현대어를 표준어로 사용
- 예 설겆이(×) → 설거지(○), 애닯다(×) → 애달프다(○), 오얏(×) → 자두(○)

③ 한자어를 표준어로 삼은 것
- 예 둥근파(×) → 양파(○), 알타리무(×) → 총각무(○)

쪼이다(○), 쬐다(○)
조이다(○), 죄다(○)
고이다(○), 괴다(○)
쇠고기(○), 소고기(○)

주의해야 할 준말 표기
- 얼마만큼 → 얼마큼
- 오히려 → 외려
- 도리어 → 되레

3. 소리에 관한 표준어 규정(3)

(1) 두음 법칙 표기 (〈한글 맞춤법〉 제10, 11, 12항

① 한자 단어 첫머리이며 'ㅣ' 모음 앞에 오는 'ㄴ'이나 'ㄹ'은 'ㅇ, ㄴ'으로 표기한다.
- 예 여자 – 남녀, 유대 – 결뉴, 요소 – 당뇨, 노인 – 경로, 양심 – 개량, 예의 – 혼례, 낙원 – 쾌락, 뇌성 – 낙뢰

② '렬, 률'의 표기

'모음'이나 'ㄴ' 받침 뒤에 오는 '렬, 률'은 '열, 율'로 적는다.
- 예 나열, 선열, 백분율, 실패율
  ≫ 'ㄴ' 받침이나 '모음'이 아닌 경우 – 명중률, 합격률

③ 접두사처럼 쓰이는 한자가 붙은 경우는, 단어의 첫머리가 아니라도 두음 법칙이 적용된다.
- 예 신여성, 공염불, 남존여비, 역이용, 연이율, 열역학, 해외여행, 총유탄, 몰염치, 상노인, 비논리적, 실낙원

사람의 발음 습관이 본음의 형태로 굳어진 것은 예외이다.
- 예 미립자, 소립자, 수류탄, 파렴치

④ 주의해야 할 두음 법칙
  ㉠ '신년도, 고랭지, 연년생, 한랭 전선'은 두음 법칙을 적용하지 않는다.
  ㉡ 고유어, 구미 외래어 다음 쓰이는 한자어 '량', '란', '룡'은 두음 법칙을 적용한다. 한자어 뒤에서는 '량', '란', '룡'으로 쓴다.
  - 예 • 일양, 알칼리양 (→ 노동량)
    • 어린이난, 토픽난 (→ 독자란)
    • 수용 (→ 쌍룡)
    • 아기능(→ 정릉)
  ㉢ 둘 이상의 단어로 이루어진 고유 명사도 두음 법칙이 적용된다.
  - 예 한국 여자 대학, 서울여관
  ㉣ 십진법에 따라 쓰는 '수(數)'도 두음 법칙이 적용된다.
  - 예 육천육백육십육

'ㄷ' 소리 받침
① 'ㅅ' 받침으로 끝나고 'ㄷ'으로 적을 근거가 없는 단어는 원형대로 적는다. (〈한글 맞춤법〉 제7항)
- 예 돗자리, 웃어른, 얼핏
② 'ㄹ' 받침이 호전 현상으로 'ㄷ'으로 바뀐 것은 바뀐대로 적는다. (〈한글 맞춤법〉 제29항)
- 예 반짇고리, 이튿날, 사흗날, 숟가락, 푿소

(2) 기타 사항
① 본래 음이 '게'인 것
- 예 게속, 게앙, 게재, 게시판, 휴게실

② 'ㅢ'가 쓰인 단어는 'ㅢ'로 적는 것이 원칙이다.
- 예 늴큼, 하늬바람, 닐리리, 띄어쓰기

③ 으례(×) → 으레(○)
   켸켸묵다(×) → 케케묵다(○)

4. 형태에 관한 표준어 규정

(1) 두 개의 용언이 어울려 한 개의 용언이 될 때(〈한글 맞춤법〉 제15항)
① 본뜻이 유지되면 원형을 밝혀 적는다.
- 예 드러가다(×) → 들어가다(○)
  도라가다(×) → 돌아가다(○)
  흐터지다(×) → 흩어지다(○)

② 본뜻에서 멀어지면 원형을 밝히지 않는다.
  예 들어나다(×) → 드러나다(○)
   살아지다(×) → 사라지다(○)
   쓸어지다(×) → 쓰러지다(○)

(2) 종결형 어미는 '-오', 연결형 어미는 '-이요', 어미 뒤에 붙는 조사는 '요'로 표기한다. (〈한글 맞춤법〉 제17항)
  예 • 이것은 책이오. (종결 어미)
   • 이리로 오시오. (종결 어미)
   • 나는 길이요, 진리이니라. (연결 어미)
   • 조용히 책을 읽어요. 왜 사냐건 웃지요.
    그것 좀 집어 줄래? 이 책이요?(×) → 이 책이오?(○)/
    이책요?(○) (생략해도 뜻이 통하면 '조사'다.)
   • 저 건물은 학교요. (받침 없는 체언 뒤에서 서술격 조사 '이'와 종결 어미 '오'가 축약되어 '요'로 쓰인다.)

(3) 접미사·접두사가 붙어서 된 말 (〈한글 맞춤법〉 제19~27항)
 ① 원형을 밝혀 적는 것
  ㉠ '-이/-음'이 붙어 명사가 된 것(제19항)
    예 길이, 깊이, 높이, 먹이, 묶음, 얼음, 믿음, 엮음, 울음, 앎, 죽음
  ㉡ '-이/-히'가 붙어 부사가 된 것(제19항)
    예 같이, 길이, 높이, 많이, 밝히, 익히, 작히
  ㉢ '-하다/-거리다'가 붙은 어근에 '-이'가 붙어서 명사가 된 것 (제23항)
    예 깔쭉이, 살살이, 오뚝이, 홀쭉이
  ㉣ '-거리다'가 붙는 의성어·의태어의 어근에 '-이다'가 붙어서 된 용언은 그 어근을 밝히어 적는다.(제24항)
    예 망서리다(×) → 망설이다(○)
     지꺼리다(×) → 지껄이다(○)
     퍼더기다(×) → 퍼덕이다(○)
  ㉤ 명사 뒤에 '-이'가 붙어 부사나 명사가 된 것(제20항)
    예 곳곳이, 낱낱이, 몫몫이, 샅샅이, 바둑이, 삼발이, 절뚝발이
  ㉥ 명사나 어간 뒤에 자음으로 시작되는 접미사가 붙을때 (제21항)
    예 값지다, 넋두리, 잎사귀, 굵다랗다, 깊숙하다, 넓적하다, 늙수그레하다
  ㉦ 합성어 및 접두사가 붙어서 된 말(제27항)
    예 꺾꽂이, 싫증, 헛웃음, 겉늙다, 엇나가다, 샛노랗다

'아니오'와 '아니요'
'아니오'는 서술어로만 쓰인다. '예'와 대응하여 어른에게 부정의 답을 할 때는 감탄사인 '아니요'를 쓴다.
예 '예, 아니요'로 답하시오.

조사 '요'는 높임의 뜻을 표하는데, 이때는 앞말에 받침이 있든 없든 '요'로만 쓴다. '이(서술격 조사) + 요(보조사)' 형태로 쓰지 않는다.

원형을 밝혀 적는 경우와 소리 나는대로 적는 경우의 예를 구별해 두어야 한다.

② 소리 나는 대로 적은 경우
  ㉠ '-이/-음' 이외의 모음으로 시작되는 접미사가 붙어 명사, 부사, 조사가 된 것
    예 귀머거리, 까마귀, 너머, 마감, 마개, 무덤, 마중 / 너무, 도로, 바투, 비로소, 자주, 차마 / 나마, 부터, 조차
  ㉡ 겹받침의 끝소리가 드러나지 않는 것
    예 할짝거리다(핥다), 널따랗다(넓다), 말쑥하다(맑다)
  ㉢ 어원이 분명하지 않은 것
    예 넙치, 올무
  ㉣ '-하다/-거리다'가 붙을 수 없는 어근에 '-이' 또는 다른 모음으로 시작되는 접미사가 붙어 명사가 된 것
    예 개구리, 귀뚜라미, 깍두기, 얼루기, 부스러기, 딱따구리

(4) '-더라, -던'과 '-든지'의 구별
  ① 지난 일을 나타낼 경우는 '-더라, -던'을 사용
    예 지난겨울이 몹시 춥더라.
  ② 가리지 않는다는 뜻을 나타낼 경우는 '-든지'를 사용
    예 배든지 사과든지 마음대로 먹어라. (조사)
      가든지 오든지 마음대로 해라. (어미)
  ③ 미래에 대한 막연한 추측을 나타낼 때는 '-는지'를 사용
    예 네가 그 일을 할는지 모르겠다.

(5) '-히'와 '-이'가 붙어서 된 부사 (〈한글 맞춤법〉 제25항)
  ① 용언의 기본형이 '-하다'로 끝나지 않거나 어근이 'ㅅ'으로 끝날 때는 '-이'를 쓴다.
    예 곰곰이, 더욱이, 생긋이, 의젓이
  ② '-히'로 적는 것
    예 급히, 꾸준히, 딱히, 도저히

(6) -이에요/-이어요, -예요/-여요, -에요
  ① -이에요/-이어요 : 받침이 있는 명사 뒤에 사용
    예 이곳은 아주 살기 좋은 곳이에요.
      누구의 집이어요?
  ② -예요/-여요 : 받침이 없는 명사 뒤에 사용
    ('-이에요/-이어요' 사용도 허용)
    예 그 애는 착한 아이예요.
      그 사람이 누구여요.

'안'과 '않'의 구별
'안'은 부사이고, '않'은 용언의 어간으로 '~지 않다'의 구성으로 쓰인다.
예 담배를 안 피움.
  집에 가지 않다.

'부스러기'는 '부스러지다'에서 파생된 말이다. 의성어에서 파생된 '부스럭거리다'와는 관련이 없는 말이다.

- '-던지'는 과거 회상일 경우에 사용
- '-든지'는 주로 '선택'이나 '상관없이'의 의미로 사용

'-ㄹ는지'(○), '-ㄹ런지'(×)
예 어머니께서는 언제 오실는지요?

'-ㄴ대'와 '-ㄴ데'의 구별
'-ㄴ대'는 '-ㄴ다고 해'로 바꾸어 말이 되고, '-ㄴ데'는 뒤의 사실을 끌어내기 위해 전제로 쓰는 말
예 조금만 놀다가 온대. (온다고 해)
  얼굴은 예쁜데 키가 너무 작다.

③ -에요 : '아니다'의 어간 '아니' 뒤에 사용
　예 저는 주인이 아니에요.

(7) 구별해 써야 할 과거 시제
① 낳다(출산하다, 결과를 이루다, 인물이 나오게 하다, 실을 만들다.) ⇨ 낳았다(○), 나았다(×)
② 나다(흥이 나다, 이 세상에 나서, 고추가 많이 난다) ⇨ 났다(○), 나았다(×)
③ 낫다(병이 낫다, 이것이 더 좋아 보인다) ⇨ 나았다(○), 났다(×)

2 주의해야 할 표기

틀린 표기	옳은 표기	틀린 표기	옳은 표기
켸켸묵다(×)	➡ 케케묵다(○)	내노라하는(×)	➡ 내로라하는(○)
넌즈시(×)	➡ 넌지시(○)	눈쌀(×)	➡ 눈살(○)
단촐하게(×)	➡ 단출하게(○)	어줍잖다(×)	➡ 어쭙잖다(○)
옛부터(×)	➡ 예부터(○)	덤테기(×)	➡ 덤터기/답타기(○)
바래다(×)	➡ 바라다(○)	바램(×)	➡ 바람(○)
바래(×)	➡ 바라(○)	부시시(×)	➡ 부스스(○)
어거지(×)	➡ 억지(○)	욱씬거리다(×)	➡ 욱신거리다(○)
웅큼(×)	➡ 움큼(○)	육계장(×)	➡ 육개장(○)
으름짱(×)	➡ 으름장(○)	으시대다(×)	➡ 으스대다(○)
으시시(×)	➡ 으스스(하다)(○)	하마트면(×)	➡ 하마터면(○)
풍지박산(×)	➡ 풍비박산(○) 風飛雹散	절대절명(×)	➡ 절체절명(○) 絶體絶命
야밤도주(×)	➡ 야반도주(○) 夜半逃走	성대묘사(×)	➡ 성대모사(○) 聲帶模寫
홀홀단신(×)	➡ 혈혈단신(○) 孑孑單身	산수갑산(×)	➡ 삼수갑산(○) 三水甲山
사죽(×)	➡ 사족(○) 四足	아연질색(×)	➡ 아연실색(○) 啞然失色
딴지(○)	➡ 딴죽(○)	은혜를 각골난망하다(×)	➡ 은혜가 각골난망이다(○)
나룻터(×)	➡ 나루터(○)	허드래(×)	➡ 허드레(○)
	➡ 주책없다/주책이다(○)	안절부절하다(×)	➡ 안절부절못하다(○)
	➡ 까다롭다/까탈스럽다(○)	칠칠맞다(×)	➡ 칠칠맞지 못하다(○)
할일없다(×)	➡ 하릴없다(○)	떨어먹다(×)	➡ 털어먹다(○)
먼지털이(×)	➡ 먼지떨이(○)	재털이(×)	➡ 재떨이(○)

- 썩히다(사동사)
  ① 부패하게 하다.
  ② 재능이 쓰이지 못하게 하다.
- 썩이다(사동사)
  속을 상하게 하다.

- 바라다 : 어떤 일이 이루어지기를 간절한 마음으로 기다리다.
- 바래다 : 색깔이 변하다.

- 으례(×) → 으레(○)
- 낫우다(×) → 고치다(○)
- 인두껍(×) → 인두겁(○)
- 눈거풀(×) → 눈꺼풀(○)
- 치루다(×) → 치르다(○)
- 여직, 여직껏, 여지껏(×)
  → 여태껏, 입때껏, 이제껏(○)

음식표기
- 창란젓(×) → 창난젓(○)
- 아구찜(×) → 아귀찜(○)
- 이면수(×) → 임연수어(○)
- 쭈꾸미(×) → 주꾸미(○)
- 칼치(×) → 갈치(○)
- 가자미식혜(×)
  → 가자미식해(○)
- 희안한(×) → 희한한(○)
- 착찹하다(×) → 착잡하다(○)
- 흉칙스럽다(×)
  → 흉측스럽다(○)

틀린 표기	옳은 표기	틀린 표기	옳은 표기
통채(x)	➡ 통째(○)	송두리채(x)	➡ 송두리째(○)
뭉기적거리다(x)	➡ 뭉그적거리다(○)	쑥맥(x)	➡ 숙맥(○) 菽麥
우뢰(x)	➡ 우레(○)	초생달(x)	➡ 초승달(○)
밧사돈(x)	➡ 밭사돈(○)	티각태각(x)	➡ 티격태격(○)
거치장스럽다(x)	➡ 거추장스럽다(○)	연거퍼(x)	➡ 연거푸(○)
개나리봇짐(x)	➡ 괴나리봇짐(○)	통털어(x)	➡ 통틀어(○)
구렛나루(x)	➡ 구레나룻(○)	옴짝달싹(x)	➡ 옴짝달싹(○)
메시껍다(x)	➡ 메스껍다(○)	발자욱(x)	➡ 발자국(○)
결백증(x)	➡ 결벽증(○)	알송달송(x)	➡ 알쏭달쏭(○)
뇌졸증(x)	➡ 뇌졸중(○)	오랫만(x)	➡ 오랜만(○)
해꼬지(x)	➡ 해코지(○)	오랜동안(x)	➡ 오랫동안(○)
닥달하다(x)	➡ 닦달하다(○)	악발이(x)	➡ 악바리(○)
덩쿨(x)	➡ 덩굴, 넝쿨(○)	째째하다(x)	➡ 쩨쩨하다(○)
웬지(x)	➡ 왠지(○)	제끼다(x)	➡ 젖히다(○)
영판(x)	➡ 아주(○)	저으기(x)	➡ 적이(○)
넓이뛰기(x)	➡ 멀리뛰기(○)	허구헌(x)	➡ 허구한(○)
메주알고주알(x)	➡ 미주알고주알(○)	핼쓱하다(x)	➡ 핼쑥하다(○)
마늘쫑(x)	➡ 마늘종(○)	시라소니(x)	➡ 스라소니(○)
널판지(x)	➡ 널빤지(○)	응큼하다(x)	➡ 엉큼하다(○)
나즈막하다(x)	➡ 나지막하다(○)	짜집기(x)	➡ 짜깁기(○)
엄한(x)	➡ 애먼(○)	딱다구리(x)	➡ 딱따구리(○)
알타리무(x)	➡ 총각무(○)	설겆이(x)	➡ 설거지(○)
천정(x)	➡ 천장(○)	광우리(x)	➡ 광주리(○)
울궈먹다(x)	➡ 우려먹다/알겨먹다(○)	어따대고(x)	➡ 얻다 대고(○)
애띠다(x)	➡ 앳되다(○)	넘겨집다(x)	➡ 넘겨짚다(○)
송글송글(x)	➡ 송골송골(○)	치고박다(x)	➡ 치고받다(○)
쏙십게(x)	➡ 쪽집세(○)	빈지르하다(x)	➡ 반지르르하다(○)
에게계/애개개(x)	➡ 에계계/애개개(○)	얽히고섥힌(x)	➡ 얽히고설킨(○)
차돌배기(x)	➡ 차돌박이(○)	또아리(x)	➡ 똬리(○)
겹지르다(x)	➡ 겹질리다(○)	깅가밍가(x)	➡ 긴가민가(○)
무우(x)	➡ 무(○)	애닮다(x)	➡ 애달프다(○)
어린벌레(x)	➡ 애벌레(○)	봉숭화(x)	➡ 봉숭아/봉선화(○)
상판때기(x)	➡ 상판대기(○)	열어제치다(x)	➡ 열어젖히다(○)
푸르락붉으락(x)	➡ 붉으락푸르락(○)	살고기(x)	➡ 살코기(○)
펴락쥐락(x)	➡ 쥐락펴락(○)	상치(x)	➡ 상추(○)
허위대(x)	➡ 허우대(○)	오뚜기(x)	➡ 오뚝이(○)
벼개(x)	➡ 베개(○)	있오(x)	➡ 있소(○)
강남콩(x)	➡ 강낭콩(○)	삭월세(x)	➡ 사글세(○)
햇님(x)	➡ 해님(○)	연거퍼(x)	➡ 연거푸(○)
무등(x)	➡ 무동(○)	간지르다(x)	➡ 간질이다(○)

- 기롱지거리(x) → 농지거리(○)
- 칠흙(x) → 칠흑(○)
- 호도(x) → 호두(○)
- 처주다(x) → 쳐주다(○)
- 껍질채(x) → 껍질째(○)
- 채하다(x) → 체하다(○)
- 널부러지다(x) → 널브러지다(○)
- 왠일(x) → 웬일(○)
- 개인(x) → 갠(○)
- 콧낭울(x) → 콧방울(○)
- 무주간(x) → 무숫간(○)
- 알아맞히다(x) → 알아맞히다(○)
- 서슴치(x) → 서슴지(○)
- ㄹ런지(x) → ㄹ는지(○)
- 끼여들기(x) → 끼어들기(○)
- 갯펄(x) → 개펄, 갯벌(○)
- 뒷꿈치(x) → 뒤꿈치(○)
- 부시럼(x) → 부스럼(○)
- 떡뽁기(x) → 떡볶이(○)
- 덤태기(x) → 덤터기(○)

국정원 9급 All-Care

틀린 표기	옳은 표기	틀린 표기	옳은 표기
싸가지(×)	➡ 싹수(○)	달디달다(×)	➡ 다디달다(○)
얕으막하다(×)	➡ 야트막하다(○)	비로서(×)	➡ 비로소(○)
숨박꼭질(×)	➡ 숨바꼭질(○)	욱박지르다(×)	➡ 윽박지르다(○)
꺼림직하다(○)	➡ 꺼림칙하다(○)	구비구비(×)	➡ 굽이굽이(○)
떠벌이(×)	➡ 떠버리(○)	궁시렁거리다(×)	➡ 구시렁거리다(○)
거치장스럽다(×)	➡ 거추장스럽다(○)	쪽밤(×)	➡ 쌍동밤(○)
어렵살이(×)	➡ 어렵사리(○)	돗데기시장(×)	➡ 도떼기시장(○)
어질르면서(×)	➡ 어지르면서(○)	닝닝해(×)	➡ 밍밍해(○)
돌뿌리(×)	➡ 돌부리(○)	소근거리다(×)	➡ 소곤거리다(○)
모밀국수(×)	➡ 메밀국수(○)	볼상사납다(×)	➡ 볼썽사납다(○)
흐리멍텅하다(×)	➡ 흐리멍덩하다(○)	눈꼽(×)	➡ 눈곱(○)

참고
- 추가된 표준어 (2011년, 2014년, 2015년, 2016년)

1. 현재 표준어와 같은 뜻으로 추가로 표준어로 인정한 것(20개)

추가된 표준어	현재 표준어	추가된 표준어	현재 표준어
간지럽히다.	간질이다	구안와사	구안괘사
굽신	굽실	남사스럽다	남우세스럽다
눈두덩이	눈두덩	등물	목물
맨날	만날	못자리	묏자리
복숭아뼈	복사뼈	삐지다	삐치다
세간살이	세간	쌉싸름하다	쌉싸래하다
초장초	작장초	토란대	고운대
허접쓰레기	허섭스레기	흙담	토담
마실	마을	이쁘다	예쁘다
찰지다	차지다	-고프다	-고 싶다

2. 현재 표준어와 별도의 표준어로 추가로 인정한 것(41개)

추가된 표준어	현재 표준어	추가된 표준어	현재 표준어
~길래	~기에	개기다	개개다
개발새발	괴발개발	꼬시다	꾀다
나래	날개	내음	냄새
놀잇감	장난감	눈꼬리	눈초리
딴지	딴죽	떨구다	떨어뜨리다
뜨락	뜰	먹거리	먹을거리
메꾸다	메우다	사그라들다	사그라지다
섬찟	섬뜩	속앓이	속병
손주	손자(孫子)	어리숙하다	어수룩하다
걸판지다	거방지다	겉울음	건울음
까탈스럽다	까다롭다	실뭉치	실몽당이

개발새발 : 개의 발과 새의 발
괴발개발 : 고양이의 발과 개의 발

눈꼬리 : 눈의 귀쪽으로 째진 부분
눈초리 : 어떤 대상을 바라볼 때 눈에 나타나는 표정. 눈꼬리의 의미로도 쓴다.

딴지 : 일이 순순히 진행되지 못하도록 훼방을 놓거나 어기대는 것
딴죽 : 이미 동의하거나 약속한 일에 대하여 딴전을 부림을 비유적으로 이르는 말

손주 : 손자와 손녀를 아울러 이르는 말
손자 : 아들의 아들, 또는 딸의 아들

어수룩하다 : 순박함의 뜻이 강함.
어리숙하다 : 어리석음의 뜻이 강함.

연신 : 반복성을 강조
연방 : 연속성을 강조

의론 : 어떤 사안에 대하여 각자의 의견을 제기함.
의논 : 어떤 일에 대하여 서로 의견을 주고받음.

추가된 표준어	현재 표준어	추가된 표준어	현재 표준어
연신	연방	횡하니	힁허케
걸리적거리다	거치적거리다	끄적거리다	끼적거리다
두리뭉실하다	두루뭉술하다	맨숭맨숭/맹숭맹숭	맨송맨송
바둥바둥	바동바동	새초롬하다	새치름하다
아웅다웅	아옹다옹	야멸차다	야멸치다
오손도손	오순도순	찌뿌둥하다	찌뿌듯하다
추근거리다	치근거리다	허접하다	허접스럽다
꼬리연	가오리연	의론	의논
이크	이키	잎새	잎사귀
푸르르다	푸르다		

2018년 추가 표준어
- 꺼림직하다 = 꺼림칙하다
- 꺼림직이 = 꺼림칙이
- 께름직하다 = 께름칙하다
- 추켜올리다 추켜세우다 추어올리다 치켜세우다 치켜올리다는 모두 ① 위로 가뜬하게 올려 세우다. ②정도 이상으로 크게 칭찬하다.

3. 두 가지 표기를 모두 표준어/표준형으로 인정한 것(7개)

추가된 표준어	현재 표준어	추가된 표준어	현재 표준어
택견	태껸	말아, 말아라, 말아요	마, 마라, 마요
짜장면	자장면	노랗네, 동그랗네조그맣네……	노라네, 동그라네, 조그마네……
품새	품세	에는	엘랑
주책이다	주책없다		

◉ 참고

- **필수 복수 표준어**

가꾸로	거꾸로	맨날	만날
가물	가뭄	먹거리	먹을거리
개발새발	괴발개발	복사뼈	복숭아뼈
고이다	괴다	봉선화	봉숭아
귀고리	귀걸이	뾰두라지	뾰루지
-길래	-기에	삐지나	삐지다
꾀다	꼬이다	새초롬하다	새치름하다
끄적거리다, 끄적대다	끼적거리다, 끼적대다	소싯적	소시(少時)
나래	날개	쇠고기	소고기
남사스럽다	남세스럽다, 남우세스럽다	쌉싸름하다	쌉싸래하다
널반지	널판자	어수룩하다	어리숙하다
놀	노을	예쁘다	이쁘다
덩굴	넝쿨	오손도손	오순도순
두리뭉실하다	두루뭉술하다	조이다	죄다
딴청	딴전	짜장면	자장면
뜨락	뜰	쪼이다	쬐다
마을(꾼)	마실(꾼)	핼쑥하다	해쓱하다

구별해서 써야 하는 동사
① 피다(자동사) : 꽃이 피다, 불이 피다
   피우다(타동사) : 담배를 피우다, 먼지를 피우다, 재롱을 피우다
② 에이다(자동사) : 살이 에이는 추위
   에다(타동사) : 살을 에는 추위
③ 홀리다(자동사, 타동사) : 여우에게 홀렸어. / 여자가 남자를 홀려 미치게 했다.
   호리다(타동사) : 꽃뱀이 남자를 호리고 있다.
④ 새다(자동사) : 밤이 새도록 이야기했다. (날이 밝아오다.)
   새우다(타동사) : 날을 꼬박 새웠다. (자지 않고 밤을 지내다.)
⑤ 베다(타동사) : 낫으로 벼를 베다 (벴다).
   베이다(피동사) : 면도기에 턱을 베였다.(○)
   턱이 베였다.(○)

3. 문장 부호

1. 마침표

(1) 마침표, 온점(.)

① 아라비아 숫자만으로 연월일을 표시할 적에 쓴다.
　예) 1919. 3. 1. (1919년 3월 1일)

② 특정한 의미가 있는 날을 표시할 때 월과 일을 나타내는 아라비아 숫자 사이에 쓴다. 가운뎃점을 쓸 수도 있다. 한글로 적을 때는 쓰지 않는다.
　예) 3.1 운동, 3·1 운동, 팔일오 광복

(2) 물음표(?)

① 직접 질문할 때에 쓴다.
　예) 이제 가면 언제 돌아오니? 이름이 뭐지?

② 특정한 어구 또는 그 내용에 대하여 의심이나 빈정거림, 비웃음 등을 표시할 때, 또는 적절한 말을 쓰기 어려운 경우에 소괄호 안에 쓴다.
　예) 그것 참 훌륭한(?) 태도야. 우리 집 고양이가 가출(?)을 했어요.

③ 한 문장 안에서 몇 개의 선택적인 물음이 겹쳤을 때에는 맨 끝의 물음에만 쓰지만, 각각 독립된 물음인 경우에는 물음마다 쓴다.
　예) 너는 한국인이냐, 중국인이냐? (물음이 겹쳤을 때)
　　　너는 언제 왔니? 어디서 왔니? 무엇하러? (각각 독립된 물음일 때)

2. 쉼표

(1) 쉼표, 반점(,)

① 같은 자격의 어구가 열거될 때에 쓴다. 열거되는 사항이 쉽게 드러날 때는 쓰지 않을 수 있다.
　예) 근면, 검소, 협동은 우리 겨레의 미덕이다.
　　　우리나라는 봄, 여름, 가을, 겨울의 구분이 뚜렷하다.
　　　아버지 어머니께서 함께 오셨어요.

② 짝을 지어 구별할 필요가 있을 때에 쓴다.
　예) 닭과 지네, 개와 고양이는 상극이다.

③ 바로 다음의 말을 꾸미지 않을 때에 쓴다. 즉 문맥상 의미를 구분해야 하거나, 끊어 읽어야 할 곳에 쓴다.

》 일부 피동사 중에서 목적어를 취하는 경우가 있다.
⑥ 깨치다(타동사) : 나는 한글을 스스로 깨쳤다. (모르던 것을 알게 되다.)
　깨우치다(타동사) : 잘못을 깨우쳐 주다. (깨닫도록 가르쳐 주다.)

마침표를 쓰지 않음을 허용
- 직접 인용한 문장의 끝에는 쓰지 않음을 허용
　예) 그는 "지금 바로 떠나자"라고 말했다.
- 용언의 명사형이나 명사로 끝나는 문장에는 쓰지 않음을 허용
　예) 몸과 마음을 다하여 애를 씀
　　　내일까지 보고서를 제출할 것

주의해야 할 문장 부호 쓰기
① 제목이나 표어에는 문장이 종결되더라도 문장 부호를 쓰지 않는다.
　예) 압록강은 흐른다(제목)
　　　역사란 무엇인가(제목)
　　　꺼진 불도 다시 보자(표어)
② 의문형 어미로 끝나는 문장이라도 의문의 정도가 약할 때에는 물음표 대신 마침표를 쓸 수도 있다.
　예) 이 일을 도대체 어쩐단 말이냐. 아무도 그 일에 찬성하지 않을 거야. 혹 미친 사람이면 모를까.
③ 감탄형 어미로 끝나는 문장이라도 감탄의 정도가 약할 때에는 느낌표 대신 쉼표나 마침표를 쓸 수도 있다.

예 갑돌이가 울면서, 떠나는 갑순이를 배웅했다. (우는 사람 - 갑돌이)
성질 급한, 철수의 누이동생이 화를 내었다. (성질이 급한 사람 - 누이동생)

④ 문장의 연결 관계를 분명하게 하고자 할 때에 절 사이에 쓴다.
예 콩 심으면 콩 나고, 팥 심으면 팥 난다. (대등하게 이어진 문장)
흰 눈이 내리니, 경치가 더욱 아름답다. (종속적으로 이어진 문장)

⑤ 도치된 어구들 사이에 쓴다.
예 이리 오세요, 어머님.
다시 보자, 한강수야.

⑥ 한 문장 안에서 앞말을 '곧', '다시 말해' 등과 같은 어구로 다시 설명할 때 앞말 다음에 쓴다.
예 책의 서문, 곧 머리말에는 책을 지은 목적이 드러나 있다.

⑦ 문장 중간에 끼어든 어구의 앞뒤에 쓴다. 끼어든 어구 안에 다른 쉼표가 있을 때는 쉼표 대신에 줄표를 쓴다.
예 나는, 솔직히 말하면, 그 말이 별로 탐탁하지 않소. 이것은 내 것이니까 ─ 아니, 내가 처음 발견한 것이니까 ─ 절대로 양보할 수 없다.

⑧ 되풀이를 피하기 위하여 일정한 부분을 줄여서 열거할 때 쓴다.
예 여름에는 바다에서, 겨울에는 산에서 휴가를 즐겼다

(2) 가운뎃점(·)
① 열거할 어구들을 일정한 기준으로 묶어서 나타낼 때 쓴다.
예 철수·영이, 영수·순이가 서로 짝이 되어 윷놀이를 하였다.

② 특정한 의미를 가지는 날을 나타내는 숫자에 쓴다.
예 3·1 운동, 8·15 광복

(3) 쌍점(:)
① 표제 다음에 해당 항목을 들거나 설명을 붙일 때 쓴다.
예 일시 : 1984년 10월 15일 10시

② 희곡 등에서 대화 내용을 제시할 때 쓴다.
예 아들 : 아버지, 제발 제 말씀 좀 들어 보세요.

③ 시(時)와 분(分), 장(章)과 절(節) 따위를 구별할 때, 둘 이상을 대비할 때에 쓴다.
예 오전 10:20(오전 10시 20분), 요한 3:16(요한 복음 3장 16절)
65:60(65 대 60)

예 어, 벌써 끝났네. 날씨가 참 좋군.

접속 부사의 뒤에서는 쉼표를 쓰지 않는 것이 자연스럽다. 접속 부사와 쉼표의 기능이 중복되는 면이 있기 때문이다.

(4) 빗금(/)

　① 대비되는 두 개 이상의 어구를 묶어 나타낼 때 쓴다.
　　예 남궁만/남궁 만, 착한 사람/악한 사람, 맞닥뜨리다/맞닥트리다

　② 기준 단위당 수량을 표시할 때 해당 수량과 기준 단위 사이에 쓴다.
　　예 100미터/초, 1,000원/개

　③ 시의 행이 바뀌는 부분임을 나타낼 때 쓴다. 연이 바뀜을 나타낼 때는 두 번 겹쳐 쓴다.
　　예 산에는 꽃 피네 / 꽃이 피네 / 갈 봄 여름 없이 / 꽃이 피네//
　　　　산에 / 산에 / 피는 꽃은 / 저만치 혼자서 피어 있네

3. 따옴표

(1) 큰따옴표(" ")

　① 글 가운데서 직접 대화를 표시할 때에 쓴다.
　　예 "전기가 없었을 때는 어떻게 책을 보았을까?"
　　　　"그야 등잔불을 켜고 보았겠지."

　② 말이나 글을 직접 인용할 경우에 쓴다.
　　예 예로부터 "민심은 천심이다."라고 하였다.
　　　　"사람은 사회적 동물이다."라고 말한 학자가 있다

(2) 작은따옴표(' ')

　① 인용한 말 가운데 다시 인용한 말이 들어 있을 때에 쓴다.
　　예 그는 "여러분! 침착해야 합니다. '하늘이 무너져도 솟아날 구멍이 있다.'라고 합니다."라고 말했다.

　② 마음속으로 한 말을 적을 때에 쓴다.
　　예 나는 '일이 다 틀렸나 보군.' 하고 생각하였다

4. 묶음표

(1) 소괄호(( ))

　① 주석이나 보충적인 내용을 덧붙일 때 쓴다.
　　예 니체(독일의 철학자)의 말을 빌리면 다음과 같다.

　② 원어, 연대 등을 넣을 적에 쓴다.
　　예 커피(coffee)는 기호 식품이다.
　　　　3·1 운동(1919) 당시 나는 중학생이었다.

> 마침표, 쉼표, 따옴표, 묶음표, 낫표와 화살괄호, 이음표의 종류를 구별해 두자.

(2) 중괄호({ })

① 같은 범주에 속하는 여러 요소를 세로로 묶어서 보일 때 쓴다.

　예　주격 조사 $\left\{ \begin{array}{c} 이 \\ 가 \end{array} \right\}$

② 열거된 항목 중 어느 하나가 자유롭게 선택될 수 있음을 보일 때 쓴다.

(3) 대괄호([ ])

① 묶음표 안의 말이 바깥 말과 음이 다를 때에 쓴다.

　예　나이[年歲]　낱말[單語]　手足[손발]

② 원문에 대한 이해를 돕기 위해 설명이나 논평 등을 덧붙일 때 쓴다.

　예　그것[한글]은 이처럼 정보화 시대에 알맞은 과학적인 문자이다.

5. 낫표와 화살괄호

(1) 겹낫표(『 』)와 겹화살괄호(≪ ≫)

① 책의 제목이나 신문 이름 등을 나타낼 때 쓴다.

　예　최초의 민간 신문은 『독립신문』이다.
　　　≪한성순보≫는 우리나라 최초의 근대 신문이다.

② 겹낫표와 겹화살괄호 대신에 큰따옴표를 쓸 수 있다.

(2) 홑낫표(「 」)와 홑화살괄호(〈 〉)

① 소제목, 그림이나 노래와 같은 예술 작품의 제목, 상호, 법률, 규정 등을 나타낼 때 쓴다.

　예　이 곡은 베르디가 작곡한 축배의 노래 이다.
　　　백남준은 2005년에 〈엄마〉라는 작품을 선보였다.

② 홑낫표와 홑화살괄호 대신에 작은따옴표를 쓸 수 있다

6. 이음표

(1) 줄표(―)

제목 다음에 표시하는 부제의 앞뒤에 쓴다.

　예　'환경보호―숲 가꾸기―'라는 제목으로 글짓기를 했다.

(2) 붙임표(-)

① 차례대로 이어지는 내용을 하나로 묶어 열거할 때 각 어구 사이에 쓴다.

　예　김 과장은 기획-실무-홍보까지 직접 발로 뛰었다.

붙임표 : 외래어와 고유어 또는 한자어가 결합되는 경우에 쓴다는 규정은 언어학 분야의 특수한 용법으로 이번 개정안에서 제외되었다. 그러나 이는 붙임표의 이

② 두 개 이상의 어구가 밀접한 관련이 있음을 나타내고자 할 때 쓴다.
  예) 원-달러 환율, 남한-북한-일본 삼자 관계

(3) 물결표(~)

기간이나 거리 또는 범위를 나타낼 때 쓴다. 붙임표(-)를 쓸 수도 있다.
  예) 9월 15일~9월 25일, 9월 15일-9월 25일
      이번 시험 범위는 3 78쪽입니다.

(4) 줄임표(……, …)

할 말을 줄이거나 생략할 때 또는 말이 없음이나 머뭇거림을 보일 때 쓴다.
  예) "어디 나하고 한번……." 하고 철수가 나섰다.
      "빨리 말해!" "……."
      ≫ 점은 가운데에 찍는 대신에 아래쪽에 찍을 수도 있다.

런 용법이 문장 부호에 해당하지 않아서 규정에서 다루지 않는다는 것이지, 단어의 구성 요소를 구별하는 부호로 붙임표를 활용하는 것을 막는 것은 아니다.

줄임표만으로 문장의 기능을 하는 것이 아니기 때문에 줄임표 뒤에는 마침표를 쓰는 것이 원칙이다.

어법에 맞는 문장

1 잘못된 문장 고치기

1. 바른말 좋은 글 (1)

(1) 대등적으로 이어진 문장

① 테러 분자와 <u>타협이나 협상은</u> 패배를 인정하는 것이다.
  → 타협하거나 협상하는 것은

② 텔레비전에서는 우리들에게 신속하고 현장감 있는 <u>보도와</u> 다양한 생활 정보를 제공한다. → 보도를 해 주고
  ≫ 생활 정보를(O)+제공한다(P)처럼 '보도와'를 'O+P' 구조로 바꾸어야 한다.

③ 행복은 명예와 부에 있는 것이 아니라, 추구해 가는 <u>마음에 있다</u>.
  → 마음에 있는 것이다.

④ 인간은 환경을 지배하기도 하고, 때로는 <u>순응하면서 산다</u>.
  → 환경에(그것에) 순응하면서 산다.
  ≫ '순응하다'는 부사어가 필요한 자동사인데도 불구하고, 부사어를 밝혀 놓지 않아 어색하다.

⑤ 본격적인 공사가 <u>시작되고, 언제 개통될지</u> 모른다.
  → 언제 시작되고, 도로가 언제 개통될지
  ≫ '시작되고'의 주어와 '개통될지'의 주어가 다른데도 이를 밝혀 놓지 않아, '개통될지'와 호응하는 주어가 없다.

⑥ 이 배는 <u>사람이나</u> 짐을 싣고 하루에 다섯 번씩 운행한다.
  → 사람을 태우거나

⑦ 나는 <u>빵과 우유를</u> 마셨다. → 빵을 먹고 우유를

⑧ 형은 정구를 좋아 했고, <u>누나의 취미는 탁구였다</u>.
  → 누나는 탁구를 좋아했다.
  ≫ 대등적으로 이어진 문장은 양쪽의 문장 구조가 동일해야 한다.

⑨ <u>그립고 아쉬움에</u> 가슴 죄던 → 그리움과 아쉬움에

⑩ 그의 마음속에는 <u>사랑과 미워함이</u> 교차하고 있었다.
  → 사랑과 미움이

대등적으로 이어진 문장에서는 성분 생략에 주의해야 하고, 양쪽 문장 구조가 동일해야 한다.

⑪ 다문화 가정에 대한 <u>인식의 변화와</u> 관심이 높아지고 있다.
　→ 인식이 변화하고
　≫ 관심이(S)+높아지고(P)처럼 '인식의 변화'를 'S+P' 구조로 바꾸어야 한다.

⑫ 학생들의 <u>건강과</u> 쾌적한 교실 환경을 조성하기 위하여 공기 청정기를 설치하기로 했다. → 건강을 지키고

⑬ 시민 각자가 환경 정보에 대해 접근할 수 있고, <u>참여할 수 있는</u> 기회를 갖도록 해야 한다. → 환경 보호에 참여할 수 있는

⑭ 행복은 외부적 조건에 있는 것이 아니라, 꾸며 나가는 <u>마음에 있다</u>.
　→ 마음에 있는 것이다.
　≫ '~에 있는 것이 아니라 + ~에 있는 것이다'의 구조로 고쳐야 한다.

(2) 문장 성분간의 호응이 되지 않는 경우 (1)

① 그 선수의 장점은 경기 흐름을 잘 읽고, 다른 선수들에게 <u>공을 잘 보내 준다는 것이 큰 장점이다.</u> → 공을 잘 보내준다는 것이다.
　≫ 주어도 '장점은'이고 서술어도 '장점이다'이어서 '장점은 ~ 장점이다.'와 같이 불필요한 반복이 나타나 있다.

② 이 글을 읽는 여러분에게 먼저 당부하고 싶은 것은 만일 여러분이 주변 환경을 탓하고 있다면 그런 생각을 <u>버리시길 바랍니다.</u>
　→ 버리라는 것입니다.
　≫ 전체 문장의 주어가 '(당부하고 싶은) 것은'이므로 호응하기 위해서는 서술어도 '~ㄴ 것 입니다.'와 같은 형태를 취해야 한다.

③ 무엇보다도 중요한 것은 토론할 때에는 상대방의 의견을 <u>존중해야 한다.</u> → 존중해야 한다는 점이다.
　≫ 관형사형 어미의 수식을 받는 주어에 '은/는'이 있을 때는 서술어가 '~는 것이다', '~사실이다', '~는 점이다'와 호응해야 한다.

④ 우리가 밥을 먹는 것은 그것이 생활에 필요한 에너지를 우리에게 <u>만들어준다.</u> → 만들어주기 때문이다.
　≫ '것은'이 이유를 뜻할 때는 서술어에 '~때문이다'가 와야 한다.

⑤ 우리가 힘써 나아가야 할 정책은 젊은이를 위한 <u>일자리 마련이다.</u>
　→ 일자리를 마련하는 것이다.

(3) 문장 성분 간의 호응이 되지 않는 경우 (2)

① <u>텔레비전이</u> 저속한 몸짓을 보여 주거나 비속한 언어를 사용해서는 안된다. → 텔레비전에서는
　≫ 텔레비전은 몸짓을 보여 주거나 언어를 사용할 수 있는 주체가 아니다.

관형어(의, -ㄴ/-ㄹ)+
주어(은/는)
┌ ~는 것이다.
├ ~는 점이다.
└ ~는 사실이다.

② 심장에 문제가 있는 <u>사람이라면</u> 심장 마비까지 일으켜 사망할 수도 있습니다. → 사람은
  ≫ '~이라면'과 호응하는 구절이 없다. 또는 '사망할'이라는 서술어에 호응하는 주어가 없어 어색하다.

③ 동아리에 가입하기 위해서는 <u>절대로</u> 직접 손으로 쓴 작품을 제출해야 한다. → 반드시
  ≫ '절대로'는 부정어와 호응하는 말이다. 반면에 '반드시, 모름지기'는 긍정어와 호응하는 말이다.

④ <u>한결같이 어려운 이웃을</u> 돕는 사람들이 많습니다. → 어려운 이웃을 한결같이
  ≫ '한결같이'는 '처음부터 끝까지 변함없이'라는 의미와 '여럿이 모두 꼭 같이 동일하게'라는 의미로 쓰인다. 따라서 '한결같이'가 '어려운'을 수식하는 것은 어색하다.

⑤ <u>이 지역은 무단 입산자에</u> 대하여 자연 공원법 제60조에 의거 처벌을 받게 됩니다. → 이 지역에 무단 입산하는 자는
  ≫ '처벌을 받게 되다'와 호응하는 주어가 불분명하다.

⑥ 그 집을 바라다본 순간 나는 견딜 수 없는 <u>침울한 감정이었다.</u> → 침울한 감정에 사로잡혔다.
  ≫ 주어와 서술어의 호응이 어색하다.

부정어와 호응하는 부사
- 결코
  예 그는 그 일을 <u>결코</u> 하지 못할 것이다.
- 차마
  예 <u>차마</u> 거절할 수 없었다.
- 아직
  예 <u>아직</u> 정신을 못 차렸구나.
- 절대로
  예 <u>절대로</u> 네 말에 동의할 수 없다.
- 그다지
  예 <u>그다지</u> 예쁘지는 않다.

2. 바른말 좋은 글 (2)

(1) 서술어의 사용이 잘못된 경우
  ① 너, <u>선생님이</u> 빨리 <u>오래</u>. → 너, 선생님께서 빨리 오라셔.
    ≫ '선생님'은 높임 표현을 사용해야 한다. 먼저 주격 조사는 '-께서'를 사용해야 하며, 선생님의 행위를 나타내는 서술어에는 높임의 선어말 어미인 '-시-'를 삽입해야 한다.('오래'는 '오라고 해'의 줄임말이며, '오라셔'는 '오라고 하셔'의 줄임말이다.

  ② 내가 친구 한 명 <u>소개시켜 줄게</u>. → 소개할게.
    ≫ '-하다'를 쓸 곳에 '-시키다'를 사용하여 사동 표현을 남용했다.

  ③ 주례 선생님의 말씀이 <u>계시겠습니다</u>. → 있으시겠습니다.
    ≫ 간접 높임에는 '있으시겠습니다'를 쓴다.

  ④ 아버님, 올해도 <u>건강하세요</u>. 아버님, 올해도 <u>건강하게 지내세요</u> → 건강하시길 빕니다.
    ≫ '건강하다'는 형용사이므로 명령형이나 청유형으로 쓸 수 없다.

'시키다'를 '하다'로 바꾸었을 때 말이 되면 사동의 남용이다. 그러나 '하다'로 바꾸었을 때 어색하면 '시키다'를 써야한다.
  예 아이를 오늘 병원에 <u>입원시켰다</u>.

⑤ 보세요, 잘 날라가지 않습니까? → 날아가지
   ≫ 우리말에서 본용언과 보조 용언을 연결해 주는 어미로는 '-아/어'가 있다. 따라서 '날다'와 '가다'를 연결하기 위해서는 '-아'를 사용하여 '날아가다'로 적어야 한다.
⑥ 동작이 매우 재미있는 것 같습니다. → 재미있습니다.
   ≫ '같은데요', '같습니다'는 확실하지 않고 다만 짐작되는 일에 사용하는 표현이다. 자신의 느낌을 전달하는 경우에는 명확하고 단정적으로 말해야 한다.
⑦ 우승하겠다라는 생각을 하신 적이 있습니까? → 우승하겠다는
   ≫ 간접 인용절에는 '-고'가 쓰이고 직접 인용절에는 '-라고'가 쓰인다. 예문은 "우승하겠다(고 하)는 생각을 하신 적이 있습니까?"의 형태를 띠고 있는 것이다.

(2) 명사적 구절남용과 잉여적 표현
① 방학 기간 동안 축구를 실컷 찼다. → 방학 동안 축구를 실컷 했다.
   ≫ '동안'이라는 말 속에 '기간'이라는 의미가 이미 내포되어 있으며, '축구'라는 말 속에도 '차다'라는 의미가 내포되어 있다.
② 요즘 같은 때에는 자주 공기를 환기시켜야 감기에 안 걸리는 거야.
   → 요즘에는 자주 환기해야
   ≫ '요즘'이라는 단어 속에는 '때'의 의미가 내포되어 있으며, '환기'라는 말 속에 이미 '공기'의 개념이 내포되어 있다.
③ 돌이켜 회고해 보건대 형극의 가시밭길을 우리는 걸어왔습니다.
   → 회고해 보건대 가시밭길을
   ≫ '돌이켜'와 '회고', '형극'과 '가시밭길'이 중복된 표현이다.
④ 미리 자료를 예비한 분은 별도의 자료를 따로 만들 필요가 없습니다. → 자료를 예비한 분은 별도의 자료를 만들 필요가 없습니다.
   ≫ '미리'와 '예비', '별도'와 '따로'는 중복된 표현이다.
⑤ 여름이 되면 수해 방지 대책 마련에 철저를 기해야 한다.
   → 수해를 방지하기 위한 대책을 철저하게 마련해야 한다.
   ≫ 명사가 지나치게 반복 제시되었다.
⑥ 은주는 권장 도서 목록 선정이 너무 주관적이라며 불만을 터뜨렸습니다. → 목록이 너무 주관적으로 선정되었다며
   ≫ 명사가 지나치게 반복 제시되었다.
⑦ 잠실 방면으로는 진행이 더딤을 보입니다. → 진행이 더딥니다. / 차량이 더디게 진행하고 있습니다.
   ≫ 명사화 표현이 어색하다.

(3) 조사와 어미의 호응
① 지금까지 인간의 <u>역사는</u> 끊임없는 발전을 거듭해 온 것은 사실이다. → 역사가
② 조국 건설의 <u>역군으로써</u> 온 힘을 다할 것입니다. → 역군으로서
③ 그 문제는 <u>담당자에게</u> 상의하십시오. → 담당자와
④ 나라에 충성하고, <u>부모에</u> 효도하자. → 부모님께
⑤ <u>여름은</u> 바다로, <u>겨울은</u> 산으로 가자. → 여름에는, 겨울에는
⑥ 영희는 계속 <u>울고</u>, 내일 고향<u>으로</u> 내려가야겠다고 한다. → 울면서
⑦ <u>위에</u> 살펴본 바와 같다. → 위에서
⑧ 집에 <u>가겠다라고</u> 말했어요. → 가겠다고
⑨ <u>발등의</u> 불이 떨어져야 정신을 차리겠니? → 발등에
⑩ 우리나라 <u>배로</u> 갈아 만든 주스입니다. → 배를
⑪ <u>귓전에</u> 울리는 어머니의 목소리 → 귓전을
⑫ <u>책에</u> 보면 다 있는 내용이다. → 책을
⑬ <u>술이</u> 취해 비틀거리는 친구 → 술에
⑭ 좋은 시간 <u>되십시오.</u> → 보내시기 바랍니다
⑮ 어디를 <u>가던지</u> 자기 하기 나름이다. → 가든지
⑯ 어제는 몸이 <u>아프니까</u> 학교를 결석했다. → 아파서
⑰ 외출을 <u>삼가하고,</u> 행동을 조심하였다. → 삼가고
⑱ 언덕이 <u>가파라</u> 힘이 든다. → 가팔라
⑲ 길거리에서 담배를 <u>피지</u> 마세요. → 피우지
⑳ 달 <u>밝는</u> 밤이면 고향에 대한 그리움으로 사무친다. → 밝은
㉑ '<u>자랑스런</u> 경동인'이란 말이 언론에 자주 등장한다. → 자랑스러운
㉒ 정부는 빈민 구제 대책을 빨리 <u>세워라.</u> → 세우라
㉓ 이 시점에서 어떤 결단을 내리는 것이 후회하지 <u>않은</u> 것일까? → 않는
㉔ 무슨 일로 왔냐? 내가 준 돈이 너무 <u>적냐?</u> → 적으냐
㉕ 그를 <u>미워할래야</u> 미워할 수가 없어요. → 미워하려야
㉖ 아줌마들이 그러는데 신랑이 정말 <u>잘생겼데?</u> → 잘생겼대
㉗ 손님, 이쪽으로 <u>오실게요.</u> → 오시기 바랍니다

(4) 동사의 호응(시제, 사동, 피동, 존칭)
① 공부를 마치고 나니, 열두 시가 <u>넘는다.</u> → 넘었다
② 내가 요즘 살고 있는 동네는 예전에는 농촌이던 <u>곳이었다.</u> → 곳이다
③ 성이 무엇이니? 선생님 저는 <u>김씨입니다.</u> → 김가
④ 할아버지, 수중에 돈이 <u>계시죠?</u> → 있으시죠
⑤ 할아버지, 큰형이 오늘 서울에 <u>도착하신답니다.</u> → 도착한답니다

안긴문장의 주격조사는 '은/는'을 쓰지 않고 '이/가'를 쓴다.

신청자<u>에게</u> 한하여 번호표를 줍니다.(에게 → 에)

- 에게 : 사람이나 동물에게 사용
  예 고양이<u>에게</u> 밥을 주다.
- 에 : 무형물이나 식물에게 사용
  예 일본<u>에</u> 항의했다.
     나무<u>에</u> 물을 주다.

'-냐'의 사용
'이다'의 어간 용언의 어간 '으시-', '-었-', '-겠-', 뒤에 주로 구어에 쓰임.

'-느냐'의 사용
있다, 없다, 계시다의 어간 또는 '-으시', '-었-', '-겠-' 뒤에 쓰임

'-으냐'의 사용
'ㄹ'을 제외한 받침있는 형용사 어간에 쓰임

(5) 문맥에 맞는 어휘 선택
① 묘령의 <u>소녀</u>로부터 꽃다발을 받았다. → 여인
  ≫ '묘령'은 '스무살 안팎의 여인'을 지칭하는 말이므로 '소녀'보다는 '여인'으로 바꾸어야 한다.

② 제가 오늘 이 자리에 서게 된 것은 모두 선생님께서 <u>보필(輔弼)</u>해 주신 덕분이다. → 돌보아
  ≫ '보필'은 '지위가 높은 사람을 돕는다'는 뜻으로 사용한다. 여기서는 '돌보아'로 바꾸어야 한다.

③ 모두들 편안한 <u>와중</u>에도 일터를 향하는 사람을 보며 삶의 의미를 생각해 보았다. → 가운데
  ≫ '와중'은 '일이나 사건 따위가 시끄럽고 복잡하게 벌어지는 가운데'라는 의미이므로 '편안한'과 어울리지 않는다.

④ 그는 반팔 옷을 벗고 <u>두터운</u> 옷으로 갈아입었다. → 두꺼운
  ≫ '두텁다'는 '인정이나 사랑 따위가 깊다'는 뜻으로 쓰인다. 여기서는 '두꺼운'이 맞다.

⑤ 20일까지 시험 원서를 <u>접수</u>해야 한다. → 제출
  ≫ '접수'는 받아들이는 것이다. '제출'로 고쳐야 한다.

⑥ 올 추석에는 불우한 이웃들의 <u>애환</u>을 위로해 주는 잔치를 하기로 했다. → 슬픔
  ≫ '애환'은 '슬픔과 기쁨'을 뜻한다. 위로해 주는 것은 슬픔이지 기쁨일 수 없다

⑦ 밤부터 함박눈이 <u>내리며</u> 강추위가 시작되었다. → 내린 후에
  ≫ '강추위'는 눈도 오지 않고 바람도 불지 않으면서 심한 추위를 뜻하므로 '함박눈'과 어울리지 않는다. '함박눈이 내린 후에 강추위가 시작되었다'로 고쳐야 한다.

⑧ 서울서 뉴욕까지 비행기 <u>값</u>이 얼마인가? → 삯
  ≫ '비행기 값'은 비행기를 소유하는 값이다. 여기서는 '삯'이 맞는 표기다.

⑨ 영희는 이번에 100m 한국 신기록을 <u>갱신</u>하였다. → 경신
  ≫ '갱신'은 계약 기간을 연장하기 위해 새 계약을 체결하는 것이다. '경신'이 맞는 표기이다.

⑩ 작업 중에는 면회를 <u>일체</u> 금합니다. → 일절
  ≫ '일체'는 '온갖 사물, 모든 것, 모두'와 같이 긍정적인 의미로 쓴다. 여기서는 '일절'이 맞는 표기다.

⑪ 이순신 장군의 정신을 <u>타산지석(他山之石)</u>으로 삼아라. → 귀감, 본보기

- 지하철에서는 발을 안으로 들이키고 앉아라. (○)
- 물을 벌컥벌컥 들이켰다. (○)
- 안절부절 어쩔 줄을 모른다. (○)
- 왜, 안절부절해. (×)
- 왜, 안절부절못해. (○)
- 내동댕이 못 친 것이 분하다. (×)
- 내동댕이치지 못한 것이 분하다. (○)

'강(强)추위'는 눈이 오고 매운 바람이 부는 심한 추위를 말한다.

≫ '타산지석(他山之石)'은 남의 실패를 교훈으로 삼는 것을 말하는 것으로 반면 교사(反面教師)와 같은 의미로 쓰인다.

⑫ 이번 시험은 <u>난이도(難易度)</u>를 낮추어 출제했다. → 난도
≫ '난이도'는 '어려움과 쉬움의 정도'를 나타내는 말이다. 어려움과 쉬움을 함께 낮출 수는 없다. '난도(難度)'로 고쳐야 한다. 단, '난이도(難易度)를 조절한다'는 말은 사용할 수 있다.

⑬ 매주 월요일에는 쓰레기를 <u>분리수거</u>하여 문 밖에 내놓는다.
→ 분류
≫ '분리수거'는 '나누어 거두어 간다'는 뜻이다. 여기서는 '분류하여 내놓는다'로 고쳐야 한다.

⑭ 부동산 가격이 하락세로 <u>치닫고</u> 있다. → 내리닫고
≫ '치닫고'는 올라가는 개념이다. '내리닫고'로 고쳐야 한다.

⑮ 하늘에서 보니 집들이 <u>굉장히</u> 작게 보였습니다. → 무척, 아주
≫ '굉장히'는 '매우 크고 훌륭하다'는 뜻으로, '작게'와는 어울리지 않는 말이다. 여기서는 '무척' 또는 '아주'로 고치는 것이 좋다.

⑯ 리보솜과 리소좀은 서로 <u>틀린</u> 거야. → 다른
≫ '틀리다'의 반대말은 '맞다'이다. 여기서는 '같은'의 반대말인 '다른'으로 고쳐야 한다.

⑰ 운하 건설에 대하여 전문가에게 <u>자문을 구하기</u>로 했다. → 자문하기로
≫ '자문(諮問)'은 '윗사람이 아랫사람에게 묻는다.' 또는 '비전문가가 전문가에게 묻는다.'라는 뜻이므로 '자문하기'로 고쳐야 한다.

⑱ 식당에서 신발이 <u>바꼈어</u>. 어쩌면 좋지? → 바뀌었어
≫ 말을 할 때는 '바꼈어'도 허용하지만 글로 쓸 때는 '바뀌었어'만 가능하다.

⑲ 거리에서 담배를 피우면 벌금이 <u>가해진다</u>. → 부과된다
≫ '가하다'는 보태거나 더해서 늘린다는 뜻이다. '부과된다'를 써야 한다.

담배를 피다. (×)
담배를 피우다. (○)

⑳ 현대는 정보가 가장 중요시되는 <u>사회이다</u>. → 시대이다
≫ '현대'가 '사회'와 호응할 수 없다. '시대이다'로 고쳐야 한다.

㉑ 지하철에서 그 남자는 내 앞에 서서 자꾸 내 다리를 <u>쳐다보고</u> 있다. → 내려다보고
≫ '쳐다보다'는 위를 본다는 뜻이다. 여기서는 '내려다보고'가 맞는 표현이다.

㉒ 합격이다! 이제 축배를 <u>터뜨리자</u>. → 들자
≫ 샴페인은 터뜨릴 수 있지만 축하의 술잔은 '터뜨리다'가 아니라 '들자'로 고쳐야 한다.

㉓ 그들 부부는 두 살 터울이다. → 차이
  ≫ '터울'은 한 어머니가 낳은 자식의 나이 차이를 뜻한다. 즉 동기간에 쓰는 단어로 부부에게 쓸 수 없다. '차이'로 고쳐야 한다.

㉔ 교수님께서 주위가 산만한 학생들을 꾸중하셨다. → 주의
  ≫ '주위'는 주변의 뜻이다. '어떤 일에 관심을 기울인다'의 의미는 '주의'가 맞다. '주의가 산만한'으로 고쳐야 한다.

㉕ 그는 앙금이 가라앉지 않았는지 계속 씩씩거리고 있다.
  → 남았는지, 가시지 않았는지
  ≫ 마음속의 감정이 개운치 않은 경우는 '앙금이 남았는지', '앙금이 가시지 않았는지'와 같이 쓴다.

㉖ 미국서 돌아오는 친구를 배웅하러 공항에 갔다. → 마중하러
  ≫ '배웅하다'는 작별하며 보내는 것이다. 돌아오는 친구는 '마중하러'가 적당하다.

㉗ 아이에게 생선 가시를 골라내서 먹였다. → 발라내서
  ≫ '고르다'는 '여럿 가운데서 가려내다.'의 뜻이다. 여기서는 '뼈다귀에 붙은 살을 걷어 내다.'의 뜻으로 '발라내서'를 써야 한다.

㉘ 이번 수족관 공사로 손님 여러분들께 불편을 드려 죄송합니다.
  → 끼쳐
  ≫ '괴로움이나 은혜를 입거나 당하게 하다'의 뜻으로는 '끼치다'를 쓴다. '드리다'는 높임말에 해당하기 때문에 '불편'과는 어울리지 않는다.

㉙ 하객 여러분 양해 말씀을 드립니다. 예식은 30분 뒤에 시작하겠습니다. → 양해를 구합니다, 양해를 바랍니다
  ≫ '양해'는 하객들이 해 주어야 하는 것이다. '양해를 구합니다', '양해를 바랍니다'로 써야 한다.

㉚ 이번 홍수로 논밭이 초토화되었다. → 엉망이 되었다
  ≫ '초토화'는 불에 타서 검게 그을렸다는 말이다. 홍수와는 무관하다. '엉망이 되었다'로 고쳐야 한다.

㉛ 올 여름에는 날씨가 푹해서 에어컨의 판매가 급증하였다. → 더워서
  ≫ '푹하다'는 '겨울 날씨가 아주 따뜻하다.'의 뜻으로 여름과는 같이 쓸 수 없다. '더워서'로 고쳐야 한다

㉜ 관객 여러분, 다음은 탤런트 김수현 씨를 모시겠습니다. → 소개합니다
  ≫ 관객이 높임 대상이다. 관객 앞에서 출연자를 높일 수는 없다. '소개합니다'로 고쳐야 한다.

㉝ 우리 할아버지는 <u>향년(享年)</u> 80세이신데도 정정하시다. → 올해
  ≫ '향년'은 죽은 이의 한평생 살아 누린 나이를 뜻한다. '정정하시다'라는 말을 볼 때 '올해'로 고쳐야 한다.

㉞ 한 사람 때문에 모두 다 <u>도매급</u>으로 욕을 먹었다. → 도매금
  ≫ 각각의 차이에도 불구하고 모두 같은 무리로 취급받음을 비유하여 이르는 말은 '도매금(都賣金)'이다.

㉟ 한글은 다른 나라 <u>언어</u>와 비교해 볼 때 매우 과학적인 언어이다. → 문자
  ≫ '한글'은 우리 '문자'의 이름이다. 다른 나라 문자와 비교하는 것이므로 '언어'를 '문자'로 바꿔야 한다.

㊱ 이곳은 왜가리가 <u>군락</u>을 이루고 사는 곳이다. → 서식지
  ≫ '군락'은 같은 생육 조건에서 떼를 지어 자라는 식물을 뜻한다. 생물 따위가 일정한 곳에 자리 잡고 사는 것은 '서식'이다.

㊲ 그 남자는 그 지방에서 손꼽는 <u>재원</u>이다. → 재사, 인재
  ≫ '재원'은 재주가 있는 젊은 여자를 뜻한다. '재사, 인재'로 바꾸어야 한다.

㊳ 한밤중에 이상한 <u>발자국 소리</u>가 들렸다. → 발소리
  ≫ '발자국'은 '발로 밟은 자리에 남은 모양'을 뜻하므로 '소리'와 어울릴 수 없다. '발소리'로 고쳐야 한다.

㊴ 방마다 <u>열쇠</u>를 단단히 채워 놓는 것만으로는 도둑을 막을 수 없다. → 자물쇠
  ≫ '열쇠'는 자물쇠를 잠그거나 여는 데 사용하는 물건이다. 여기서는 '자물쇠'를 써야 한다.

㊵ 그녀는 옷 입은 <u>매무시</u>만큼은 누구에게도 뒤지지 않는다.
  → 맵시, 매무새
  ≫ '매무시'는 옷을 입을 때의 뒷단속을 말한다. 여기서는 '맵시' 또는 '매무새'로 써야 한다.

㊶ 그녀는 마당에서 <u>빨랫감</u>을 널고 있다. → 빨래
  ≫ '빨랫감'은 빨래를 해야 하는 것이다. 여기서는 '빨래'로 고쳐야 한다.

㊷ 손님 여러분! 다시 한 번 감사의 <u>말씀을 드리겠습니다</u>. → 말씀을 드립니다
  ≫ '-겠-'은 아직 일어나지 않은 일에 대한 것을 말할 때 쓴다. 여기서는 '말씀을 드립니다'로 써야 한다.

㊸ 대통령은 신임 장관들에게 임명장을 <u>추서하였다</u>. → 수여하였다
  ≫ '추서(追敍)'는 죽은 뒤에 관직을 내리는 것을 말한다. 여기서는 상장이나 훈장 등을 줌을 의미하는 '수여(授與)하였다'로 써야 한다.

그는 김선생님에게서 창을 사사받았다.(×) → 사사하였다. (○)
'을 사사하다, ~에게서 ~을 사사하다'의 형태로 쓴다.

2. 모호한 문장

(1) 내용 전달이 모호한 표현

① 용감한 그의 아버지는 적군을 향해 돌진했다.
- 용감한 그처럼 아버지는 적군을 향해 돌진했다.
  ('그'가 용감한 경우)
- 그의 아버지는 적군을 향해 용감하게 돌진했다.
  ('아버지'가 용감한 경우)
  ≫ '용감한'이 '그'를 꾸며 주는지, '아버지'를 꾸며 주는지 명확하지 않다.

② 남편은 나보다 비디오를 더 좋아한다.
- 나도 비디오를 좋아하지만, 남편은 더 좋아한다.
  (나보다 남편이 비디오를 더 좋아하는 경우)
- 남편은 나를 좋아하는 것보다 비디오를 더 좋아한다.
  (남편이 나를 좋아하는 것보다 비디오를 더 좋아하는 경우)

③ 어머니께서 사과와 귤 두 개를 주셨다.
- 어머니께서 사과와 귤을 두 개씩 주셨다.
  (사과와 귤이 각각 두 개씩인 경우)
- 어머니께서 사과 하나와 귤 하나를 주셨다.
  (사과와 귤을 합쳐 두 개인 경우)

④ 그가 걸음을 걷는 것이 이상하다.
- 평소와 달리 그의 걸음걸이가 이상하다.
  (걸음걸이가 이상한 경우)
- 그가 걸을 수 있다는 것이 이상하다.
  (걷는다는 사실 자체가 이상한 경우)

⑤ 나는 택시를 안 탔다.
- 택시를 탄 사람은 내가 아니었다. (부정의 대상이 '나'인 경우)
- 내가 탄 것은 택시가 아니었다. (부정의 대상이 '택시'인 경우)
- 내가 택시에 승차한 것은 아니다. 단지 세웠을 뿐이다.
  (부정의 대상이 '타다'인 경우)

⑥ 그 판매원은 웃으면서 들어오는 손님에게 인사를 건넸다.
- 그 판매원은 웃으면서, 들어오는 손님에게 인사를 건넸다.
  (웃는 사람이 판매원인 경우)
- 그 판매원은, 웃으면서 들어오는 손님에게 인사를 건넸다.
  (웃는 사람이 손님인 경우)

⑦ 어머니의 사진을 보았다.
- 어머니가 모델인 사진

- 어머니가 찍은 사진
- 어머니가 소유한 사진
  ≫ '의'를 포함한 명사구의 의미가 모호하다.

⑧ 어머니께서 동생에게 감기약을 먹이셨다.
- 동생이 스스로 약을 먹은 경우
- 어머니께서 강제로 동생의 입에 약을 넣어서 먹게 한 경우
  ≫ 사동문은 두 가지 의미로 해석 되는 경우가 많다.

(2) 외래어식 표현

① 이 괴물은 몸통이 큰 뱀과 같이 생겼고, 머리는 말 머리 형태를 하고 있으며, 커다란 검은 눈을 가지고 있다는 것입니다.
  → 이 괴물의 몸통은 큰 뱀과 같이 생겼고, 머리는 말 머리 같으며, 눈은 커다랗고 검습니다.
  ≫ '~형태를 하고 있다'라든지 '눈을 가지고 있다.' 등의 표현은 외래어법에 해당한다.

② 그의 작품은 이러한 주목에 값한다. → 면에서 주목을 받을 만하다.
  ≫ '~값한다'는 일본어식 표현에 해당한다.

③ 우리 모두 내일 오전 10시에 회의를 갖도록 하자. → 회의를 하자.
  ≫ '회의를 갖다'는 'have a meet'이라는 영어식 표현이다.

④ 불조심하는 것은 아무리 강조해도 지나치지 않는다. → 불조심은 항상 강조해야 한다.
  ≫ '아무리 ~해도 지나치지 않는다'는 'cannot ~too~'라는 영어식 표현이다.

⑤ 나는 학생들에 대하여 많은 관심을 기울이고 있다.
  → 나는 학생들에게 관심을 많이 두고 있다.
  ≫ '~에 대하여'는 영어의 'about'을 직역한 표현이며 '관심을 기울이다'의 우리말 표현은 '관심이 많다'이다.

⑥ 학생 회의에 있어 진지하게 참여하는 것이 중요합니다.
  → 학생 회의에 진지하게 참여해야 합니다.
  ≫ '~에 있어서'는 일본어에서 온 표현이며, '~것이 중요하다'는 진주어, 가주어 형태의 영어식 표현이다.

⑦ 춘향호의 선장과 선원들은 배 침몰과 함께 사망했습니다.
  → 배가 침몰하면서 춘향호의 선장과 선원은 모두 사망했습니다.
  ≫ '배 침몰과 함께'는 'with'라는 전치사를 직역한 표현이다

어법 문제를 풀 때 중복 표현이나 외래어식 표현을 가장 나중에 찾자.

04 CHAPTER

문법 문제

음운의 개념과 음운 체계

01

'음운'에 대한 설명 중 적절하지 않은 것은?
① 실질적인 의미를 가진 소리의 가장 작은 단위이다.
② 음의 상대적인 높이를 변하게 하는 것이 포함된다.
③ 반모음에 단모음이 결합하여 이루어지는 소리가 포함된다.
④ 초성과 종성은 고정하고 중성만 달리하면 의미가 변별된다.
⑤ 공기의 흐름이 어떤 자리에서 장애를 받아 나오는 소리가 포함된다.

02

〈보기〉의 ㄷ에 해당하는 음운 변동이 일어나는 것은?

── 보기 ├──
ㄱ. 음운의 교체 : 어떤 음운이 다른 음운으로 바뀌는 현상
ㄴ. 음운의 탈락 : 두 음운 중에서 어느 하나가 없어지는 현상
ㄷ. 음운의 첨가 : 형태소가 합성될 때 그 사이 음운이 덧붙는 현상
ㄹ. 음운의 축약 : 두 음운이 하나의 음운으로 줄어드는 현상

① 넋　　　　　　　　　　② 부엌
③ 잇몸　　　　　　　　　④ 같이
⑤ 좋으면

03

다음 중 '음성', '음운', '음향'에 관한 설명으로 적절한 것은?

① '음성'은 같은 사람이면 같게 발음한다.
② '음향'은 분절 가능하다.
③ '음성'은 자연의 소리이다.
④ '음운'은 단어의 의미를 변별하는 최소단위이다.
⑤ '음운'은 구체적, 물리적 소리이다.

04

변이음에 대한 설명으로 적절하지 <u>않은</u> 것은?

① '달'과 '말'에서 'ㄷ'과 'ㅁ'은 변이음이다.
② 하나의 음운에 속하는 소리이다.
③ 의미 차이를 내지 못한다.
④ 같은 음운이지만 놓이는 환경에 의해 서로 다르게 실현되는 음성이다.
⑤ '고기'에서 두 'ㄱ'은 변이음에 해당한다.

05

언어의 특성에 대한 설명으로 적절하지 <u>않은</u> 것은?

① 자의성 - 한국어로 [집]이라는 단어는 중국어로는 '家', 영어로는 'House'으로 표현된다.
② 역사성 - '가히, 곳블, 딤치, 슈룹, 곶'은 현재 '개, 감기, 김치, 우산, 꽃' 이라는 단어로 변화하였다.
③ 기호성 - '밥'이라는 말은 [밥]이라는 말소리와 이 소리가 나타내는 뜻이 결합하여 이루어진 언어 기호이다.
④ 사회성 - 우리말에서 '사과'를 혼자서 제멋대로 '이틀'이라고 표현하면 다른 사람과 의사소통이 되지 않는다.
⑤ 규칙성 - 아기들은 처음에는 단어 수준으로 말하지만, 커가면서 자신이 아는 언어 지식과 규칙을 바탕으로 무한한 언어를 만들어 낼 수 있다.

06

입안이나 목청 따위의 조음 기관이 좁혀진 사이로 공기가 비집고 나오면서 나는 방법은?

① 마찰음   ② 파찰음
③ 파열음   ④ 비음
⑤ 유음

07

다음 (가)를 읽고 (나)를 이해한 것으로 옳지 않은 것은?

> (가) 음운은 의미를 변별하는 최소 단위로서 의미와 관련을 맺고 있다. 이에 비해 음절은 발음할 때 한번에 낼 수 있는 소리마디를 나타내는 단위로 의미와는 전혀 관계가 없는 음성적 단위이다.
> 국어의 음절은 모음을 반드시 가지고 있어야 하지만, 자음은 있어도 되고 없어도 된다. 모음은 혼자서도 음절을 이룰 수 있지만 자음은 그러지 못하기 때문에 음절의 숫자는 모음의 숫자와 일치한다.
>
> (나) 열 번 찍어 안 넘어가는 나무 없다.

① 13개의 음절로 되어 있다.
② 음절의 개수를 셀 때, 모음의 개수를 세어도 된다.
③ 소리나는 대로 썼을 때, 모음으로만 이루어진 음절은 없다.
④ 소리나는 대로 썼을 때, '자음 + 모음' 구조 음절 개수는 일곱이다.
⑤ 소리나는 대로 썼을 때, '모음 + 자음' 구조 음절의 개수는 세 개다.

08

자음의 분류에 관한 학생들의 대화이다. 적절하지 않은 것은?
① 희선 : 여린입천장소리인 'ㅋ'과 입술소리인 'ㅍ'은 거센소리로 조음 방법이 같아.
② 보영 : 파열음인 'ㄱ, ㄲ, ㅋ'은 다시 예사소리, 된소리, 거센소리로 각각 구별할 수 있어.
③ 지혜 : 자음 'ㄷ'과 'ㄴ'은 잇몸소리라는 점에서 조음 위치는 같지만 조음 방법은 달라.
④ 민애 : 혀의 양옆으로 소리를 흘려보내는 'ㄹ'은 성대가 울려 만들어지는 소리라 울림소리로 분류해.
⑤ 나영 : 센입천장소리인 'ㅈ, ㅉ, ㅊ'은 폐에서 나온 공기를 압축했다 터뜨린다는 점에서 조음 방법도 같아.

09

다음 〈보기〉를 설명하는 내용 중, 바르게 설명한 것은?

> 1. ㉠눈에 ㉡눈이 들어가니 눈물인가 눈물인가.
> 2. 나는 ㉢말을 타고 ㉣말하였다. "직진 앞으로!"

① '음소, 모음의 길이, 높이, 세기'등은 운소(韻素)에 속한다.
② ㉠은 사람의 눈(眼)으로 긴소리로 발음된다.
③ ㉢은 타는 마(馬), ㉣은 사람의 말(언(言)이고 이때 ㉢은 긴소리로 발음된다.
④ 동일한 자모로 이루어진 단어도 모음의 길이가 달라지면 뜻에 차이가 생길 수 있음을 보여준다.
⑤ 국어에서 긴소리는 일반적으로 단어의 첫음절에서 나타나는데, 둘째 음절 이하에서도 긴소리로 발음되는 경향이 나타난다.

음운의 변동

10

〈보기〉의 빈칸에 들어갈 말로 옳은 것은?

보기
어떤 음운이 그 놓이는 환경에 따라 다른 음운으로 바뀌는 현상을 음운변동이라고 한다. 음운 변동은 기준에 따라 여러 가지로 분류할 수 있는데, 음운 변동의 결과에 따라 한 음운이 다른 음운으로 바뀌는 (㉠), 한 음운이 다른 음운을 닮는 (㉡), 원래 있던 음운이 없어지는 (㉢), 없던 음운이 추가되는 (㉣), 두 개의 음운이 합쳐져서 하나로 되는 (㉤)등으로 분류할 수 있다.

	㉠	㉡	㉢	㉣	㉤
①	교체	동화	탈락	축약	첨가
②	동화	교체	탈락	첨가	축약
③	교체	동화	축약	첨가	탈락
④	동화	교체	축약	첨가	탈락
⑤	교체	동화	탈락	첨가	축약

11

〈보기〉를 참고할 때, 다음 중 나머지 넷과 <u>다른</u> 음운 변동 현상이 일어난 것은?

보기
음운의 변동은 한 음운이 다른 음운을 바뀌는 대치, 한 음운이 없어지는 탈락, 없었던 음운이 생기는 첨가, 두 음운이 합쳐져서 다른 음운으로 바뀌는 축약 등으로 나눌 수 있다.

① 밖[박]
② 넋[넉]
③ 삶[삼]
④ 좋은[조은]
⑤ 많아서[마나서]

12

〈보기〉의 음운 현상을 보고 설명한 것으로 가장 적절한 것은?

> 보기
> - 쓰다 - 써
> - 닫히다 - [다티다] - [다치다]
> - 뜨 + 이어 - 뜨여
> - 긋다 - 그어
> - 아기 - 애기
> - 맑다[막따]

① '써'와 '그어'는 모음 어미 앞에서 자음 탈락이 일어난 경우이다.
② '닫히다'는 축약과 자음이 자음을 만나 동화가 일어나며 발음된다.
③ '아기'는 후설모음의 영향으로 [애기]로 발음되며, 표준발음으로 인정한다.
④ '뜨여'는 모음이 축약되어 이중모음으로 발음되고 있으며, '띄여'로 발음하고 표기하는 것도 허용된다.
⑤ '맑다[막따]'는 자음군 단순화가 된소리되기가 일어나고 있는데, '맑게'처럼 어간 다음에 'ㄱ'이 올때는 탈락하는 자음이 달라진다.

13

다음 중 〈보기〉의 규정에 의해 형성된 단어가 <u>아닌</u> 것은?

> 보기
> 제30항 사이시옷은 다음과 같은 경우에 받치어 적는다.
> 1. 순우리말로 된 합성어로서 앞말이 모음으로 끝난 경우
>   (1) 뒷말의 첫소리가 된소리로 나는 것
>   (2) 뒷말의 첫소리 'ㄴ, ㅁ' 앞에서 'ㄴ' 소리가 덧나는 것
>   (3) 뒷말의 첫소리 모음 앞에서 'ㄴㄴ'소리가 덧나는 것
> 2. 순우리말과 한자어로 된 합성어로서 앞말이 모음으로 끝난 경우
>   (1) 뒷말의 첫소리가 된소리로 나는 것
>   (2) 뒷말의 첫소리 'ㄴ, ㅁ'앞에서 'ㄴ'소리가 덧나는 것
>   (3) 뒷말의 첫소리 모음 앞에서 'ㄴㄴ'소리가 덧나는 것

① 처갓집 → 처갓집
② 위쪽 → 윗쪽
③ 선지국 → 선짓국
④ 제삿날 → 제삿날
⑤ 최대값 → 최댓값

14

〈보기〉의 공통적인 음운 현상에 대해 설명한 내용으로 가장 적절한 것은?

| 보기 |
| 〈표준국어대사전〉 |
| • 굳히다[구치다] 낱낱이[난ː나치] 미닫이[미ː다지] |

① 한 형태소 내부에서 일어나는 통시적 음운 현상이다.
② 조음 방법은 바뀌지 않고 조음 위치만 바뀌는 현상이다.
③ 'ㄷ, ㅌ'이 다른 자음의 영향을 받아 변동하는 음운 대치 현상이다.
④ 실제 언어생활에서 흔히 나타나는 현상이지만 표준 발음으로 인정되지는 않는다.
⑤ 'ㄷ, ㅌ' 받침 뒤에 형식형태소의 모음 'ㅣ'와 결합되는 구조에서 적용되는 음운 현상이다.

15

〈보기〉를 참고하여 단어에서 나타나는 음운 변동을 설명한 내용으로 적절하지 <u>않은</u> 것은?

| 보기 |
| • 유음화 : 'ㄴ'이 앞이나 뒤에 오는 유음 'ㄹ'의 영향으로 'ㄹ'로 바뀌는 현상 |
| • 비음화 : 비음이 아닌 자음이 비음의 영향을 받아 비음 'ㄴ, ㅁ, ㅇ'으로 바뀌는 현상 |
| • 'ㄴ'첨가 : 선행요소가 자음으로 끝나고 후행 요소가 모음 'ㅣ'나 반모음 'ㅓ'로 시작할 때 'ㄴ'이 새로 생기는 현상 |
| • 음절 끝소리 규칙 : 'ㄱ, ㄴ, ㄷ, ㄹ, ㅁ, ㅂ, ㅇ'이외의 자음이 음절 끝에 오면 이 일곱 자음 중의 하나로 바뀌어 발음되는 현상 |

① 내복약 : 'ㄴ'첨가자가 일어난 후, 비음 'ㅡ'에 의해 파열음 'ㄱ'이 비음 'ㅇ'으로 바뀌는 비음화가 일어나[내ː봉냑]으로 발음된다.
② 서울역 : 유음 'ㄹ'의 영향을 받아 뒤에 비음 'ㅇ'이 'ㄹ'로 바뀌는 순행적(順行的) 유음화가 일어나 [서울력]으로 발음된다.
③ 베갯잇 : 음절 끝소리 규칙과 'ㄴ' 첨가에 의해 [베갣닏]으로 발음된 후, 'ㄴ'에 의해 비음화가 일어나 [베갠닏]으로 발음된다.
④ 앞마당 : 음절 끝소리 규칙에 의해 'ㅍ'이 'ㅂ'으로 바뀐 후, 'ㅁ'에 의해 'ㅂ'이 'ㅁ'으로 바뀌는 비음화가 일어나 [암마당]으로 발음된다.
⑤ 홑이불 : 음절 끝소리 규칙과 'ㄴ'첨가자가 일어난 후, 비음 'ㄴ'에 의해 치조음 'ㄷ'이 'ㄴ'으로 바뀌는 비음화가 일어나 [혼니불]으로 발음된다.

16

다음 예시를 모두 포괄하는 음운의 규칙은?

> ㄱ. 촛불(초+불) → [초뿔], 뱃사공(배+사공) → [배싸공]
> ㄴ. 논+일 → [논닐], 솜+이불 → [솜니불]
> ㄷ. 잇몸(이+몸) → [인몸], 빗물(비+물) → [빈물]
> ㄹ. 초점(焦點) → [초쩜], 내과(內科) → [내꽈]

① 음절 축약
② 사잇소리 현상
③ 두음 법칙
④ ㅎ탈락
⑤ 자음군 단순화

17

'몇 리'와 '국민윤리'의 발음이 이루어지는 과정을 탐구한 내용으로 적절하지 않은 것은?

> 몇 리 → [멷리] → [멷니] → [면니]
>   ㉠ ㉡ ㉢
> 국민윤리 → [국민늉리] → [궁민늉리] → [궁민뉼리]
>   ㉣   ㉤   ㉥

① ㉡과 ㉣에서는 동일한 음운이 첨가되었다.
② ㉢과 ㉤에서는 동일한 음운 규칙이 적용되었다.
③ ㉥과 같은 음운 규칙이 적용된 예로는 '훑는[훌른]'이 있다.
④ '겉옷[거돋]'과 '꽃눈[꼰눈]'을 발음하는 과정에서 모두 ㉠과 같은 음운 규칙이 적용되었다.
⑤ '백로[뱅노]'를 발음할 때에는 ㉣과 같은 음운 규칙이 적용되지 않는다.

18

밑줄 친 단어의 음운 변동 양상이 다른 하나는?
① 싫으면 굳이 따라올 필요 없어.
② 나도 너처럼 무릎 아래쪽이 아파.
③ 내가 한 말을 곧이곧대로 들었어?
④ 아이가 고갤 들고 웃는다.
⑤ 풋내기 시절이 그리워진다.

19

〈보기〉는 어떤 방언에서 나타나는, 표준어 '닭'이라는 단어의 실제 활용형을 보인 것이다. 이에 대한 이해로 옳지 <u>않은</u> 것은?

― 보기 ―

딸 : 엄마, ㉠[닥] 먹고 싶어요.
엄마 : 우리 딸이 오늘은 왜 갑자기 ㉡[다기] 먹고 싶을까?

① ㉠은 '닭'이 단독으로 발음되는 경우의 표준 발음이다.
② ㉠은 '닭'이 뒤에 자음이 오는 경우의 표준 발음이다.
③ ㉡에서 'ㄹ' 발음이 없는 것은 자음군 단순화로 볼 수 있다.
④ ㉡은 기본형이 '닥'이라고 해야만 이러한 발음의 양상을 설명할 수 있다.
⑤ ㉡은 '닭' 다음에 모음이 오는 경우로 겹받침 중 뒤의 것이 음절의 첫소리가 되어 겹받침이 모두 발음되는 것이 표준 발음이다.

20

〈보기〉의 밑줄 친 말을 발음할 때 일어나는 음운 현상으로 적절하지 <u>않은</u> 것은?

― 보기 ―

(1) 예능 프로그램 '일요일이 <u>좋다</u>'는 재미있다.
(2) 인증서 로그인하면 창이 <u>닫히</u>거나 화면이 하얗게 됩니다.
(3) 윗물이 맑아야 아랫물이 <u>맑다</u>.
(4) <u>권력</u>의 본질을 공동체 안에서 질서를 유지하고 공동체 구성원의 안정과 평화를 도모하는 데 있다.
(5) 신수들이 이전처럼 활발히 움직이고, 압박할 수 없는 상황에서 투톱 전술을 <u>고집하다</u> 경기에 패함.

① (1) : 자음 축약
② (2) : 구개음화
③ (3) : 자음군 단순화
④ (4) : 유음화
⑤ (5) : 음운 탈락

21

다음 중 사잇소리 현상이 <u>아닌</u> 것은?

① 논둑
② 밤길
③ 김밥
④ 집안일
⑤ 물약

22

밑줄 친 부분 중 음운 축약 현상이 나타나지 않는 것은?

① 나는 건널목에서 신호가 <u>바뀌기를</u> 기다리고 있다.
② 그렇게 애매하게 말하지 말고 예를 <u>뵈어</u> 보시오.
③ 처자식을 <u>먹여</u> 살리자니 하릴없이 바쁘다.
④ 그녀가 너무 <u>예뻐서</u> 모두 입을 다물지 못하였다.
⑤ 작은 개천이 <u>모여</u> 큰 강을 이룬다.

23

다음 중 음운 현상의 성격이 다른 하나는?

① 셋방
② 초점
③ 밤길
④ 젖소
⑤ 비빔밥

24

다음은 표준 발음에 관한 인터넷 게시판의 질문과 답변이다. (가)에 들어갈 내용으로 적절한 것은?

> 질문 : '앞앞이'는 [아바피]로 발음하는게 맞나요? 같은 받침 'ㅍ'인데 [ㅍ]과 [ㅂ]으로 그 발음이 달라지는 이유가 궁금해요.
> 답변 : '앞앞' 뒤에 모음으로 시작되는 형식 형태소로 올 때는 마지막 받침 'ㅍ'을 ㉠<u>제 음가대로 뒤 음절의 첫소리로 옮겨</u> 발음합니다. 반면, '앞'과 '앞'이 결합한 '앞앞'처럼 받침이 있는 말 뒤에 모음 'ㅏ, ㅓ, ㅗ, ㅜ, ㅟ'들로 시작되는 실질 형태소가 오게 되면 그 받침을 ㉡<u>대표음으로 바꾸어서 뒤 음절의 첫소리로 옮겨</u> 발음합니다. 그래서 '앞앞이'는 [아바피]로 발음됩니다. ㉠과 ㉡에 해당하는 구체적인 예를 살펴보면 다음과 같습니다.
>
> (가)

① '빛에'와 '빛이며'는 모두 ㉡에 해당합니다.
② '배꽃이'와 '배꽃 위'는 모두 ㉡에 해당합니다.
③ '겉으로'와 '겉아가미'는 모두 ㉠에 해당합니다.
④ '서녘이나'와 '서녘에서'는 모두 ㉠에 해당합니다.
⑤ '무릎이야'와 '무릎 아래'는 모두 ㉡에 해당합니다.

25

〈보기〉의 ㉠과 ㉡에 들어갈 음운현상으로 적절한 것은?

보기

앞문 → 압문 → 암문
　　　㉠　　　㉡

	㉠	㉡
①	음절의 끝소리 규칙	구개음화
②	음절의 끝소리 규칙	비음화
③	음절의 끝소리 규칙	유음화
④	음운의 축약	된소리되기
⑤	음운의 축약	사잇소리 현상

26

〈보기〉의 ㉠~㉤에 대한 설명으로 알맞지 <u>않은</u> 것은?

보기

㉠ 그녀는 <u>부엌</u> 창으로 밖을 본다.
㉡ 그 가게는 문을 일찍 <u>닫는다</u>.
㉢ <u>달님</u>, 높이 도아 멀리 비추십시오.
㉣ 지성이 밥을 허겁지겁 <u>먹는다</u>.
㉤ <u>굳이</u> 갈 필요는 없다.

① 'ㅋ'의 음절 끝에 왔기 때문에 음절의 끝소리 규칙에 따라 [부억]으로 발음한다.
② 비음이 아닌 자음 'ㄷ'이 비음 'ㄴ'의 영향으로 완전 동화되어 [단는다]로 발음한다.
③ 유음 아닌 자음 'ㄴ'이 유음의 영향을 받아 순행 동화 되어 [달림]으로 발음한다.
④ 조음 방법에는 변화 없이 조음 위치만 바뀌어 동화되는 비음화 현상에 의해 [멍는다]로 발음한다.
⑤ 자음과 모음 사이에 일어나는 동화로 구개음이 아닌 자음 'ㄷ'이 모음 'ㅣ'를 만나 동화되어 [구지]라고 발음한다.

27

〈보기〉의 ㉠~㉢에 대한 설명으로 알맞지 않은 것은?

보기

　국어 단어 중에는 두 개의 또는 단어가 합쳐져서 합성어가 될 때, ㉠앞 단어의 끝소리가 울림소리이고 뒤 단어의 첫 소리가 예사소리이면 뒤의 예사소리가 된소리로 변하는 현상을 사잇소리 현상이라고 한다.
　또는 ㉡합성어를 이룰 때, 앞말이 모음으로 끝나고 뒷말이 'ㅁ, ㄴ'으로 시작되면 'ㄴ'소리가 첨가되고, ㉢앞말의 음운과 상관없이 뒷말이 모음 'ㅣ'나 반모음 [i]로 시작될 때에는 'ㄴ'이 하나 혹은 둘이 첨가 되는 일이 있는데, 이러한 현상도 사잇소리 현상의 하나이다.

---

① '길 + 가'과 '장마 + 비'는 ㉠의 예에 해당한다.
② '초 + 불'과 '수 + 자'는 ㉠이 표기에까지 반영된 예라고 할 수 있다.
③ '고무 + 줄'과 '빨래 + 줄'에서 알 수 있듯, ㉠이 항상 일어나는 것은 아니다.
④ '코 + 날'과 '인사 + 말'에서 알 수 있듯, ㉡이 항상 일어나는 것은 아니다.
⑤ '물 + 약'은 'ㄴ'이 하나, '한 + 여름'은 'ㄴ'이 둘 첨가된 ㉢의 예에 해당한다.

28

〈보기〉는 '코+날'의 음운 변동 과정을 나타낸 것이다. ㉠과 ㉡에 들어갈 음운 규칙으로 가장 적절한 것은?

보기

코 + 날 → 콧날 → [콛날] → [콘날]
　　　　사잇소리　　㉠　　　　㉡

	㉠	㉡
①	자음축약	비음화
②	음절 끝소리 규칙	'ㄷ'음 탈락
③	구개음화	유음화
④	음절의 끝소리 규칙	비음화
⑤	자음동화	유음화

29

〈보기〉를 참고하여 발음한 것으로 적절한 것은?

보기

- 받침소리는 'ㄱ, ㄴ, ㄷ, ㄹ, ㅁ, ㅂ, ㅇ'으로 발음된다.
- 겹받침에 관한 발음 규정은 다음과 같다.
  - 겹받침 'ㄱㅅ', 'ㄴㅈ', 'ㄹㅂ', 'ㄹㅌ', 'ㅂㅅ'의 경우 [ㄱ, ㄴ, ㄹ, ㅂ]으로 발음한다. 다만 '밟다'만은 예외적으로 [밥ː따]로 발음한다.
  - 겹받침 'ㄹㄱ', 'ㄹㅁ', 'ㄹㅍ'의 경우 [ㄱ, ㅁ, ㅂ]으로 발음한다. 다만 용언의 어간 말음 'ㄹㄱ'은 'ㄱ'앞에서 [ㄹ]로 발음한다.
---

① '얇다'는 [얍따]로 발음해야겠군.
② '읽다'는 [익따]로 발음해야겠군.
③ '맑고'는 [막꼬]로 발음해야겠군.
④ '흙과'는 [흘꽈]로 발음해야겠군.
⑤ '핥고'는 [할꼬]로 발음해야겠군.

30

탈락 현상이 일어나지 <u>않는</u> 단어로만 이루어진 문장은?

① 고향에는 지금쯤 눈이 내리겠지.
② 그녀는 밤새도록 울었다.
③ 직원도 불친절했고 값도 비쌌다.
④ 말은 낳아서 제주도로 보낸다.
⑤ 불을 꺼 주지는 못할망정 부채질하다니!

31

〈보기〉를 바탕으로 음운 변동을 바르게 이해한 것은?

보기

음운의 변동은 크게 네 가지로 나눌 수 있다. 어떤 음운이 다른 음운으로 바뀌는 ㉠교체, 어떤 음운이 없어지는 ㉡탈락, 새로운 음운이 생기는 ㉢첨가, 두 음운이 하나의 음운으로 합쳐지는 ㉣축약이 그것이다.

---

① '가랑잎[가랑닙]'에서는 ㉠과 ㉡의 음운 변동이 일어난다.
② '값지다[갑찌다]'에서는 ㉠과 ㉢의 음운 변동이 일어난다.
③ '숱하다[수타다]'에서는 ㉣과 ㉡의 음운 변동이 일어난다.
④ '급행열차[그팽녈차]'에서는 ㉣과 ㉢의 음운 변동이 일어난다.
⑤ '서른여덟[서른녀덜]'에서는 ㉠과 ㉣의 음운 변동이 일어난다.

32

〈보기〉의 음운 현상에 대해 이해한 내용으로 적절하지 <u>않은</u> 것은?

― 보기 ―

　자음 동화란 자음과 자음이 만날 때 어느 한 쪽이 다른 쪽을 닮아서 그와 같은 소리나 비슷한 소리로 바뀌는 현상, 또는 서로 동화되어 두 소리가 같거나 비슷한 소리로 바뀌는 현상을 말한다.
(가) 받침 'ㄱ, ㄷ, ㅂ'은 'ㄴ, ㅁ' 앞에서 [ㅇ, ㄴ, ㅁ]으로 발음한다.
(나) 'ㄴ'은 'ㄹ'의 앞이나 뒤에서 [ㄹ]로 발음한다.
[붙임] 첫소리 'ㄴ'이 'ㅀ', 'ㄾ' 뒤에 연결되는 경우에도 이에 준한다.

① (가)로 보아, '국민'이라는 단어는 [궁민]으로 발음해야 한다.
② (가)를 바탕으로 하면, '손을 잡는 엄마'에서 '잡는'은 [잠는]으로 읽어야 한다.
③ '난로'를 [날로]로 발음하는 것은 (나)의 적용을 받은 결과이다.
④ (나)의 [붙임]을 고려하여, '감기를 앓는 동생'에서 '앓는'은 [알는]으로 발음해야 한다.
⑤ '물난리'가 [물랄리]로 발음되는 것은 (나)의 경우가 두 번 적용되었기 때문이다.

※ 다음 글을 읽고 물음에 답하시오.

　음운의 변동은 크게 네 가지로 나눌 수 있다. 어떤 음운이 다른 음운으로 바뀌는 현상을 음운의 교체라고 한 다. 두 개의 음운이 합쳐져서 하나의 음운으로 줄어드는 현상을 음운의 축약이라 한다. 두 개의 자음이 이어지거나 두 개의 모음이 이어질 때 둘 중 하나가 탈락되는 현상을 ⓐ<u>음운의 탈락</u>이라고 한다. 두 음운사이에 새로운 음운이 첨가되는 것을 음운의 첨가라 한다.

33

다음 중 ⓐ에 해당하는 것을 고른 것은?

　오늘은 졸지 ㉠<u>앓기</u>를 바라며 학교에 일찍 ㉡<u>갔다.</u> 학교에 ㉢<u>와서</u> 공부를 하니 기분이 ㉣<u>좋아</u> 마음이 ㉤<u>들떴다.</u> 그러나 배가 ㉥<u>고파</u> 일이 손에 ㉦<u>잡히지</u> 않았다.

① ㉠, ㉡, ㉥, ㉦
② ㉠, ㉢, ㉣, ㉤
③ ㉡, ㉢, ㉤, ㉥
④ ㉡, ㉣, ㉤, ㉥
⑤ ㉢, ㉣, ㉥, ㉦

34

〈보기〉의 제18항과 제29항을 모두 적용한 용례로 적절한 것은?

---- 보기 ----

제18항 받침 'ㄱ(ㄲ,ㅋ,ㄳ,ㄺ), ㄷ(ㅅ,ㅆ,ㅈ,ㅊ,ㅌ,ㅎ), ㅂ(ㅍ,ㄼ,ㄿ,ㅄ)'은 'ㄴ, ㅁ' 앞에서 [ㅇ, ㄴ, ㅁ]으로 발음한다.
제29항 합성어 및 파생어에서, 앞 단어나 접두사의 끝이 자음이고 뒤 단어나 접미사의 첫 음절이 '이, 야, 여, 요, 유'인 경우에는, 'ㄴ'소리를 첨가하여 [니, 냐, 녀, 뇨, 뉴]로 발음한다.

① 꽃잎[꼰닙], 홑이불[혼니불]
② 색연필[생년필], 앞마당[암마당]
③ 못난이[몬나니], 꽃망울[꼰망울]
④ 옷맵시[온맵씨], 맏며느리[만며느리]
⑤ 가랑잎[가랑닙], 급행열차[그팽녈차]

어떤 음운이 그 놓이는 환경에 따라 다른 음운으로 바뀌어 소리 나는 현상을 음운 변동이라고 한다.
음운 변동은 그 결과에 따라 한 음운이 다른 음운으로 바뀌는 (㉠), 원래 있던 음운이 없어지는 (㉡), 없던 음운이 추가되는 (㉢), 두 개의 음운이 합쳐져서 하나로 되는 (㉣) 등으로 분류할 수 있다.

35

위 글을 바탕으로 음운 변동을 바르게 이해한 것은?
① '색연필'을 [생년필]로 발음하는 것은 ㉠, ㉢을 따른 것이군.
② '옷맵시'를 [온맵씨]로 발음하는 것은 ㉣을 따른 것이군.
③ '몫을'를 [목쓸]로 발음하는 것은 ㉢을 따른 것이군.
④ '굽히다'를 [구피다]로 발음하는 것은 ㉠을 따른 것이군.
⑤ '옳지'를 [올치]로 발음하는 것은 ㉡을 따른 것이

36

〈보기〉는 겹받침의 발음에 대한 표준발음법 규정이다. 이를 바탕으로 발음을 정리한 것으로 적절하지 않은 것은?

보기

제10항
　겹받침 'ㄳ, ㄵ, ㄼ, ㄽ, ㄾ' 'ㅄ'은 어말 또는 자음 앞에서 각각 [ㄱ, ㄴ, ㄹ, ㅂ]으로 발음한다. 다만, '밟-'은 자음 앞에서 [밥]으로 발음하고, '넓-'은 다음과 같은 경우에 [넙]으로 발음한다.
넓-죽하다[넙쭈카다] 넓-둥글다[넙뚱글다]

제11항
　겹받침 'ㄺ, ㄻ, ㄿ'은 어말 또는 자음 앞에서 각각 [ㄱ, ㅁ, ㅂ]으로 발음한다.
다만, 용언의 어간 말음 'ㄺ'은 'ㄱ'앞에서 [ㄹ]로 발음한다.

---

① '앉다, 넋'은 [안따], [넉]으로 발음한다.
② '넓다', '여덟'은 [널따], [여덜]로 발음한다.
③ '밟다, 밟지'는 [밥따], [밥찌]로 발음한다.
④ '읽다, 읊다'는 [익따], [읍따]로 발음한다.
⑤ '읽고, 닭과'는 [일꼬], [달꽈]로 발음한다.

37

〈보기〉를 바탕으로 음운 변동을 이해한 학생으로 적절한 것은?

보기

　음운의 변동은 크게 네 가지로 나눌 수 있다. 어떤 음운이 다른 음운으로 바뀌는 ㉠교체, 어떤 음운이 없어지는 ㉡탈락, 새로운 음운이 생기는 ㉢첨가, 두 음운이 하나의 음운으로 합쳐지는 ㉣축약이 그것이다.

---

① 세영 : '가랑잎[가랑닙]'에서는 ㉡과 ㉢의 음운 변동이 일어나요.
② 수나 : '값지다[갑찌다]'에서는 ㉠과 ㉢의 음운 변동이 일어나요.
③ 수진 : '숱하다[수타다]'에서는 ㉡과 ㉣의 음운 변동이 일어나요.
④ 주미 : '급행열차[그팽녈차]'에서는 ㉢과 ㉣의 음운 변동이 일어나요.
⑤ 지희 : '서른여덟[서른녀덜]'에서는 ㉠과 ㉣의 음운 변동이 일어나요.

38

〈보기〉의 ⓐ와 ⓑ를 모두 충족시키는 단어로 적절한 것은?

―― 보기 ――

　자음 동화는 한 자음이 인접한 자음의 영향을 받아 그 자음을 닮는 현상을 말한다. 여기서 영향을 주는 자음의 성질에 따라 자음 동화는 비음화와 ⓐ<u>유음화</u>로 나눌 수 있다. 또한 동화가 이루어질 때 영향을 주는 자음과 영향을 받는 자음 간의 위치에 따라 순행 동화와 ⓑ<u>역행 동화</u>로 나눌 수 있다.

① 난로
② 찰나
③ 국물
④ 밥물
⑤ 얻는

39

다음은 합성어가 만들어지는 과정에서 생기는 음운 현상을 조사하는 사례들이다. '뒷모습'과 같은 유형에 속하는 것을 모두 골라 옳게 짝지은 것은?

―― 보기 ――

ㄱ. 집안 + 일
ㄴ. 기와 + 집
ㄷ. 배 + 머리
ㄹ. 솜 + 이불
ㅁ. 예 + 날

① ㄱ, ㄴ
② ㄴ, ㄷ
③ ㄴ, ㄹ
④ ㄷ, ㄹ
⑤ ㄷ, ㅁ

40

〈보기〉의 ㉠, ㉡에 해당하는 단어로 적절하지 <u>않은</u> 것은?

― 보기 ―

된소리되기는 'ㄱ, ㄷ, ㅂ, ㅅ, ㅈ'과 같은 예사소리가 'ㄲ, ㄸ, ㅃ, ㅆ, ㅉ'과 같은 된소리로 바뀌어 소리 나는 음운 현상이다. 된소리되기의 유형은 다음과 같다.
- 받침 'ㄱ, ㄷ, ㅂ' 뒤에 연결되는 자음 'ㄱ, ㄷ, ㅂ, ㅅ, ㅈ'을 된소리로 발음하는 유형 ……㉠
- 어간 받침 'ㄴ(ㄴㅈ), ㅁ(ㄹㅁ)' 뒤에 결합되는 어미의 첫소리 'ㄱ, ㄷ, ㅅ, ㅈ'을 된소리로 발음하는 유형 ……㉡
- 한자어에서 'ㄹ' 받침 뒤에 결합되는 자음 'ㄷ, ㅅ, ㅈ'을 된소리로 발음하는 유형

	㉠	㉡
①	옆집	신다
②	앉다	꽂다
③	꽃다발	얹다
④	잡다	굶다
⑤	젖소	젊지

41

〈보기〉의 ㉠~㉣에 대한 이해로 가장 적절한 것은?

― 보기 ―

음운의 변동 중 ㉠<u>축약</u>은 두 음운이 합쳐져서 하나의 음운으로 줄어드는 현상을 말한다. 반면 ㉡<u>탈락</u>은 두 음운이 만나면서 한 음운이 사라져 소리가 나지 않는 현상을 말한다. 이러한 축약과 탈락은 ㉢<u>자음에서 일어나는 경우</u>와 ㉣<u>모음에서 일어나는 경우</u>가 있다.

① '닳지[달치]'는 ㉠과 ㉣에 해당된다.
② '않는[안는]'는 ㉠과 ㉢에 해당한다.
③ '울 + 는 → 우는'은 ㉡과 ㉣에 해당된다.
④ '크 + 어서 → 커서'는 ㉠과 ㉣에 해당한다.
⑤ '나누 + 었다. → 나눴다'는 ㉠과 ㉣에 해당한다.

42

〈보기〉의 ㉠~㉤에 일어나는 음운 변동에 대한 설명으로 적절한 것은?

───── 보기 ─────

㉠ 닫는다[단는다]   ㉡ 아기[애기]
㉢ 밭이[바치]   ㉣ 길가[길까]
㉤ 싫어도[시러도]

① ㉠ : 비음이 아닌 자음이 비음으로 동화되는 현상으로 조음 위치와 조음 방법이 모두 바뀌게 된다.
② ㉡ : 후설 모음이 뒤에 오는 전설 모음의 영향을 받아 전설 모음으로 바뀌는 현상으로 혀의 최고점의 위치만 바꾸게 된다.
③ ㉢ : 구개음이 아닌 자음이 모음 'ㅣ'와 만나 경구개음으로 동화되는 현상으로 실질 형태소 뒤에 모음 'ㅣ'로 시작되는 실질형태소가 연결되는 환경에서 일어난다.
④ ㉣ : 합성어가 될 때 앞 단어의 끝소리가 안울림소리이고 뒤 단어의 첫소리가 예사소리이면 뒤의 예사소리가 된소리로 변하게 된다.
⑤ ㉤ : 어간 말 자음 'ㅎ'이 모음으로 시작하는 어미를 만나 자음군 단순화에 의해 'ㅎ'이 탈락하는 현상이 일어난다.

43

〈보기〉의 ㉠~㉤ 중, 음운 변동의 유형이 같은 것끼리 바르게 묶인 것은?

───── 보기 ─────

㉠ 쓰- + 어서 → 써서   ㉡ 잠그- + -아 → 잠가
㉢ 그리- + -어 → 그려   ㉣ 알- + -니까 → 아니까
㉤ 뜨아- + -어 → 띄어

① ㉠, ㉡, ㉢   ② ㉠, ㉡, ㉣
③ ㉡, ㉢, ㉣   ④ ㉡, ㉢, ㉤
⑤ ㉢, ㉣, ㉤

44

〈보기〉의 ㉠~㉤ 중 표기법과 표준 발음이 모두 바른 것만을 있는 대로 고른 것은?

┤ 보기 ├

그해 봄, ㉠식량[싱냥]이 떨어져 어머니께서는 ㉡밭이랑[반니랑]에 씨감자를 심었다. ㉢넉넉지[넉넉치] 않은 살림이었지만 우리는 어머니가 피땀 흘려 심어 ㉣놓은[노은] 감자 덕에 배를 ㉤곯는[골는]일은 없었다.

① ㉠, ㉡
② ㉡, ㉢
③ ㉠, ㉡, ㉣
④ ㉡, ㉢, ㉣
⑤ ㉠, ㉢, ㉣, ㉤

45

〈보기〉는 겹받침의 발음에 대한 내용이다. 〈보기〉를 바탕으로 겹받침에 대한 설명으로 올바른 것은?

┤ 보기 ├

ㄱ. 흙[흑], 읽다[익따], 굵다[국따], 맑다[막따]
ㄴ. 흙과[흑꽈], 읽고[일꼬], 굵고[굴꼬], 맑고[말고]
ㄷ. 밟다[밥따], 얇다[얄따], 넓다[널따], 짧다[짤따]
ㄹ. 밟고[밥꼬], 얇고[얄꼬], 넓고[널꼬], 짧고[짤꼬]

① 겹받침 'ㄺ'은 모음 앞에서 [ㄹ]로 발음함을 알 수 있다.
② 겹받침 'ㄺ'은 어말에서 [ㄱ]으로 발음함을 알 수 있다.
③ 체언의 어간 말음 'ㄺ'은 'ㄱ' 앞에서 [ㄹ]로 발음함을 알 수 있다.
④ 모든 겹받침 'ㄼ'은 자음 앞에서 [ㅂ]으로 발음함을 알 수 있다.
⑤ 겹받침 'ㄼ'은 '밟-'에 쓰였을 경우, 자음 앞에서 [ㄹ]로 발음함을 알 수 있다.

46

〈보기〉를 바탕으로 단어의 발음을 탐구한 내용으로 적절한 것은?

> 보기
>
> ㄱ. 표준 발음법
> 제5항 'ㅑ, ㅒ, ㅕ, ㅖ, ㅘ, ㅙ, ㅛ, ㅝ, ㅞ, ㅠ, ㅢ'는 이중모음으로 발음한다.
> 다만 1. 용언의 활용형에 나타나는 '져, 쪄, 쳐'는 [저, 쩌, 처]로 발음한다.
> 다만 2. '예, 례' 이외의 '예'는 [에]로도 발음한다.
> 다만 3. 자음을 첫소리로 가지고 있는 음절의 'ㅢ'는 [ㅣ]로 발음한다.
> 다만 4. 단어의 첫음절 이외의 '의'는 [ㅣ]로, 조사 '의'는 [ㅔ]로 발음함도 허용한다.

① '가방을 가져 매우 기쁘다'에서 '가져'는 [가져] 또는 '다만1'에 따라 [가저]로도 발음하는군.
② '시계가 바르다'에서 '시계'는 '다만2'에 따라 [시계]로만 발음하는군.
③ '희망을 갖다'에서 '희망'은 [희망]또는 '다만3'에 따라 [히망]으로 발음하는군.
④ '동물의 왕국'에서 '동물의'는 '다만4'에 따라 [동무리]로만 발음하는군.
⑤ '민주주의의 의의'에서 '주의'는 [주의]또는 '다만4'에 따라 [주이]로 발음하는군.

47

다음 중 음운 변동의 양상이 나머지와 <u>다른</u> 하나는?

① 오늘은 날씨가 <u>좋다</u>.
② 김치를 <u>담가서</u> 먹었다.
③ 고개를 뒤로 <u>젖혀</u> 보아라.
④ 친구를 욕하는 건 <u>옳지</u> 못하다.
⑤ 내일은 구름이 <u>많고</u>, 흐리겠습니다.

48

〈보기 1〉의 ㉠~㉡에 알맞은 예를 〈보기 2〉에서 찾아 연결한 것은?

―― 보기 1 ――

어떤 음운이 놓이는 환경에 따라 다른 음운으로 바뀌어 소리 나는 현상을 음운 변동이라고 한다. 음운의 변동은 크게 네 가지 유형으로 나눌 수 있다.
㉠ 교체 : 한 음운이 다른 음운으로 바뀌는 경우
㉡ 탈락 : 원래 있던 음운이 없어지는 경우
㉢ 첨가 : 원래 없던 음운이 추가되는 경우
㉣ 축약 : 두 개의 음운이 합쳐져 하나의 소리가 되는 경우

―― 보기 2 ――

ⓐ 서- + -어서 → 서서
ⓑ 달 + -님 → 달님[달림]
ⓒ 맨- + 입 → 맨입[맨닙]
ⓓ 다리- + -어 → 다려
ⓔ 국 + 물 → 국물[궁물]

	ⓐ	ⓑ	ⓒ	ⓓ	ⓔ
①	㉠	㉠	㉣	㉢	㉡
②	㉡	㉠	㉢	㉣	㉠
③	㉢	㉡	㉠	㉣	㉠
④	㉡	㉠	㉣	㉠	㉢
⑤	㉠	㉣	㉢	㉡	㉠

49

〈보기〉의 음운 변동에 대한 설명으로 적절한 것은?

―― 보기 ――

㉠ 굳이, 붙이다
㉡ 닫는다, 잡는다, 먹는다
㉢ 부엌, 꽃, 숲

① ㉠은 조음 위치가 바뀌는 변동이다.
② ㉡은 조음 위치와 조음 방법이 바뀌는 변동이다.
③ ㉢은 자음이나 모음이 어떤 환경에서 없어지는 변동이다.
④ ㉠과 ㉡은 한 음절 내부에서 일어나는 변동이다.
⑤ ㉡과 ㉢은 뒤의 자음이 앞의 자음에 동화된 변동이다.

50

〈보기〉는 '사이시옷 표기'와 관련한 한글 맞춤법 규정이다. 〈보기〉를 참고하여 사잇소리 현상을 바르게 이해하지 못한 것은?

― 보기 ―

제30항 사이시옷은 다음과 같은 경우에 받치어 적는다.
1. 순 우리말로 된 합성어로서 앞말이 모음으로 끝난 경우
 1-1. 뒷말의 첫소리가 된소리로 나는 것
 1-2. 뒷말의 첫소리 'ㄴ, ㅁ'앞에서 'ㄴ'소리가 덧나는 것
 1-3. 뒷말의 첫소리 모음 앞에서 'ㄴ, ㄴ'소리가 덧나는 것
2. 순 우리말과 한자어로 된 합성어로서 앞말이 모음으로 끝난 경우.
 2-1. 뒷말의 첫소리가 된소리로 나는 것
 2-2. 뒷말의 첫소리 'ㄴ, ㅁ'앞에서 'ㄴ'소리가 덧나는 것
 2-3. 뒷말의 첫소리 모음 앞에서 'ㄴ, ㄴ'소리가 덧나는 것

① 1-1에 해당하는 예로 '나룻배, 나뭇가지'를 들 수 있다.
② 1-2에 해당하는 예로 '콧날, 멧나물'이 있다.
③ 1-3에 해당하는 예로 '뒷윷, 두렛일'을 들 수 있다.
④ 2-1에 해당하는 예로 '머릿방, 귓병'을 들 수 있다.
⑤ 2-2에 해당하는 예로 '뒷일, 양칫물'을 들 수 있다.

51

<보기>는 한 학생이 수집한 자료이다. ㉠~㉤을 음운 현상에 비추어 분석한 내용으로 적절하지 <u>않은</u> 것은?

보기

[잘못된 발음의 사례]

㉠ 나는 <u>무릎을[무르블]</u> 다쳐서 산을 오르지 못한다.
㉡ 이제 그도 <u>권력[권녁]</u>에 대한 욕망을 버렸다.
㉢ 아이들일 <u>밭에서[바체서]</u> 즐겁게 뛰놀고 있다.
㉣ <u>맨입[매닙]</u>에 김치만 먹었더니 속이 아프다.
㉤ 우리 소가 새끼를 <u>낳다가[낟따가]</u> 병이 났다.

① ㉠은 모음으로 시작하는 형식 형태소가 연결되어 있으므로 음절의 끝소리 규칙에 따르지 말고 [무르플]로 발음해야 해.
② ㉡은 'ㄴ'과 'ㄹ'이 만나 'ㄴ'이 'ㄹ'로 바뀌는 '유음화' 현상이 일어나는 경우이므로 [궐력]으로 발음해야해.
③ ㉢은 모음 'ㅣ'나 반모음 'ㅣ[j]'가 아닌 모음 앞에서 '구개음화'를 적용해서는 안되므로 [바테서] 라고 발음해야해.
④ ㉣은 파생어를 이루는 앞말의 끝이 자음이므로 뒷말의 첫음절이 'ㅣ' 모음이어서 'ㄴ'이 첨가되는 경우이므로 [맨닙]으로 발음해야해.
⑤ ㉤은 어간 끝의 'ㅎ'이 자음을 만나면 탈락되는 'ㅎ' 탈락 현상이 적용되므로 [나타가]로 발음해야해.

52

다음 중 발음이 표준발음법에 <u>어긋나게</u> 표기된 것은?
① 희망[히망]을 가져라.
② 궁중 무희[무희]의 춤사위가 단아했다.
③ 경의[경이]를 표하다.
④ 성의[성의]가 없다.
⑤ 정의의[정의에] 사자가 왔다.

53

동일한 음운 변동 현상을 보이는 단어들끼리 묶은 것으로 적절한 것은?

① 부엌, 깎다, 담요
② 우는, 써라, 됐다
③ 겉모양, 밥물, 닫는
④ 신라, 물난리, 국밥
⑤ 해돋이, 밭이, 디디다

54

〈보기〉의 ㉠~㉤에 나타난 음운현상에 대해 설명한 것으로 적절하지 않은 것은?

— 보기 —

㉠ 낮 + 일 → [난닐]
㉡ 색 + 연필 → [생년필]
㉢ 넓 + 더라 → [널떠라]
㉣ 급행 + 열차 → [그팽녈차]
㉤ 가랑 + 잎 → [가랑닙]

① ㉠ : '꽃 + 망울 → [꼰망울]'에서처럼 뒤 자음 때문에 앞 단어의 끝소리의 음운 변동이 있다.
② ㉡ : '앞 + 마당 → [암마당]'에서처럼 인접하는 자음과 조음 방법이 같아진 음운 변동이 있다.
③ ㉢ : '굵기 + 다 → [굼기다]'에서처럼 자음이 교체된 음운 변동이 있다.
④ ㉣ : '따뜻하 + 다 → [따뜨타다]'에서처럼 자음이 축약된 음운 변동이 있다.
⑤ ㉤ : '꽃 + 다발 → [꼳따발]'에서처럼 음절 끝에 발음될 수 있는 자음이 제한되기 때문에 일어난 음운 변동이 있다.

55

〈보기〉의 ㉠과 ㉡을 발음할 때 일어난 음운 변동 현상이 모두 나타나는 단어로 가장 적절한 것은?

— 보기 —

나는 어제 ㉠학여울 역에서 ㉡몇 명의 친구들과 만났다.

① 가랑잎
② 색연필
③ 쉰여섯
④ 꼿꼿이
⑤ 늦여름

56
다음 밑줄 친 단어 중 음운의 교체 현상이 일어나지 않는 것은?
① 일을 해결할 때에는 합리적, 논리적으로 해결하는 것이 중요하다.
② 그 사람은 매일 만나도 항상 좋은 사람이라는 것이 느껴진다.
③ 겉멋을 부리는 것보다 마음의 양식을 쌓는 것이 더 중요하다.
④ 날씨가 너무 추워서 주머니에 손난로를 넣고 갔다.
⑤ 내 동생이 새 신을 신고 신나게 뛰고 있다.

57
〈보기〉의 밑줄 친 단어의 발음에 대한 설명으로 적절하지 않은 것은?

───┤ 보기 ├───
㉠ 친구 따라 강남 간다.
㉡ 앉았다 섰다 마음이 변한다.
㉢ 하늘에 나는 새도 떨어뜨린다.
㉣ 철수는 커서 존경받는 선생님이 되었다.
㉤ 소나무가 무성하면 잣나무도 기뻐한다.

① ㉠에서 '따라'는 '따르- + -아'의 형태로 'ㅡ'가 탈락한 것이군.
② ㉡에서 '섰다'는 '서- + -었다'의 형태로 'ㅓ'가 탈락한 것이군.
③ ㉢에서 '나는'은 '날- + -는'의 형태로 'ㄹ'이 탈락한 것이군.
④ ㉣에서 '커서'는 '크- + -어서'의 형태로 'ㅡ'가 탈락한 것이군.
⑤ ㉤에서 '소나무'는 '솔 + 나무'의 형태로 'ㄹ'이 탈락한 것이군.

58
다음 ㉠~㉢의 음운 변동에 대한 설명으로 적절한 것은?

㉠ 낮[낟], 잎[입], 부엌[부억]
㉡ 국밥[국빱], 묻다[묻따]
㉢ 놓다[노타], 낙하산[나카산]

① ㉠은 예사소리를 된소리로, ㉢은 거센소리를 예사소리로 바구는 변동이다.
② ㉠과 ㉡은 음절 종성에 놓인 자음이 바뀌는 변동이다.
③ ㉠과 ㉢의 변동이 모두 일어나는 예로는 '깨끗하다 → [깨끄타다]'를 들 수 있다.
④ ㉡은 음운의 축약에, ㉢은 음운의 교체에 해당한다.
⑤ ㉡과 ㉢의 변동은 앞의 자음이 뒤의 자음에 동화된 것이다.

품사

59
〈보기〉의 ㉠~㉥에 대한 설명 중 옳은 것끼리 묶인 것은?

> ㉠ 관형사 : 조사와 결합할 수 있으며 형태는 변하지 않는다.
> ㉡ 어미 : 어간에 결합하여 실질적인 뜻을 더해주는 요소이다.
> ㉢ 의존명사 : 반드시 그 앞에 관형어가 있어야 문장에 쓰일 수 있다.
> ㉣ 용언의 활용 : 용언의 어간에 여러 의미가 번갈아 결합하는 현상이다.
> ㉤ 부사 : 용언이나 부사, 문장을 수식하는 것을 본래의 기능으로 하는 단어이다.
> ㉥ 보조사 : 앞말이 문장 안에서 일정한 자격을 가지도록 문법적인 관계를 표시하는 조사를 말한다.

① ㉠, ㉡, ㉢, ㉣, ㉤
② ㉡, ㉢, ㉣, ㉤, ㉥
③ ㉡, ㉢, ㉣, ㉥
④ ㉢, ㉣, ㉤
⑤ ㉢, ㉣, ㉥

60
동사와 형용사를 구별하는 방법에 대한 설명으로 적절하지 <u>않은</u> 것은?

① 기본형에 현재는 어미 '-는/-ㄴ'이 결합 가능하면 동사이고, 그렇지 못하면 형용사이다.
　(→ 동사 : 먹는다, 간다 / 형용사 : 작는다, 예쁘다)
② 동사는 주어의 동작이나 작용을, 형용사는 성질이나 상태를 나타낸다.
　(→ 동사 : 일어나다 / 형용사 : 늙다)
③ 의도를 나타내는 '-려'나 목적을 뜻하는 '-러'와 함께 쓰일 수 있으면 동사, 그렇지 못하면 형용사이다.
　(→ 동사 : 때리려, 사러 / 형용사 : 기쁘려, 예쁘러)
④ 관형사형 어미 '-는'과 결합할 수 있으면 동사, 그렇지 못하면 형용사이다.
　(→ 동사 : 뿌리는 / 형용사 : 하얗는)
⑤ 명령어 어미와 청유형 어미에 결합할 수 있으면 동사, 그렇지 못하면 형용사이다.
　(→ 동사 : 먹어라, 놀자 / 형용사 : 예뻐라, 춥자)

61

〈보기〉를 바탕으로 '조사'에 대해 탐구 학습을 해 보았다. 학습의 결과로 적절하지 <u>않은</u> 것은?

―┤ 보기 ├―

조사는 체언 뒤에 결합해서 다른 말과의 문법적인 관계를 나타내거나 특별한 뜻을 더해 주는 단어이다. 조사에는 앞에 오는 체언이 문장 안에서 일정한 자격을 가지도록 해 주는 격조사와 두 단어를 같은 자격으로 이어 주는 구실을 하는 접속 조사, 그리고 격조사가 올 자리에 놓이거나 격조사와 결합되어 특별한 뜻을 더해 주는 보조사가 있다.
(가) 할머니<u>께서</u> 용돈을 주셨다.
(나) 형<u>과</u> 동생<u>이</u> 밥을 먹고 있다.
(다) 오래 전<u>부터</u> 전해오는 그 집<u>만의</u> 비법이 있다.
(라) 철수<u>가</u> 반장<u>이</u> 되었다.

① (나)의 '과'는 '형'과 '동생'이라는 두 단어를 같은 자격으로 이어 주는 구실을 하는군.
② (다)의 '만'은 앞말에 특별한 뜻을 더해주는 보조사로 볼 수 있군.
③ (다)의 '만의'를 보면 조사를 연속해서 사용하는 것도 가능하군.
④ (다)의 '부터'와 (가)의 '께서'는 앞말이 부사어 자격을 가지도록 해 주는군.
⑤ (라)의 '가'와 (나)의 '이'는 문장에서의 역할은 같지만, 앞말에 받침이 있느냐 없느냐에 따라 선택되는군.

62

다음을 바탕으로 조사에 대해 탐구 학습한 내용이다. 도출한 결과로 적절하지 <u>않은</u> 것은?

- 저기 보이는 것㉠의 동해바다이다.
- 통계청㉡에서 실시한 조사 결과가 발표되었다.
- 영희㉢는 고민에 빠졌다.
- 철수는 음악㉣만 좋아한다.
- 공부만 하지 말고 가끔㉤은 쉬기도 해라.
- 전화가 걸려㉥를 와야 주문을 받지요.

① 체언에 결합하지만 ㉠은 주격조사 ㉡은 부사격조사이다.
② ㉢과 ㉣은 앞말에 특별한 뜻을 더하여 주는 조사이다.
③ ㉢은 앞말이 문장에서 주어의 기능을 하도록 기여한다.
④ ㉣은 앞말이 문장에서 목적어의 기능을 하도록 기여한다.
⑤ ㉤과 ㉥은 선행하는 성분을 강조하는 역할을 하고 있다.

63

밑줄 친 단어 중 품사가 다른 하나는?

① 뛰는 놈 위에 나는 놈이 있단다.
② 빨리 일어나 씻어라.
③ 어머니를 일을 도와 드려야지.
④ 문을 너무 강하게 밀면 부러질 수 있단다.
⑤ 그렇게만 공부하면 1등급이 될 수 있어.

64

〈보기〉에 대한 설명으로 적절하지 않은 것은?

보기

- 그럼, 늘 행복하세요. 선생님, 늘 건강하세요.
- 너 만큼 너도 바다를 좋아한다.

---

① '행복하다'는 동사이므로 '행복하세요'라고 써야 한다.
② '건강하세요'는 형용사의 명령형이므로 잘못된 표현이다.
③ '너 만큼 나도 바다를 좋아한다.'의 '바다'와 '를'은 붙여 써야 한다.
④ '너 만큼 나도 바다를 좋아한다.'에서 '만큼'은 조사이므로 붙여 써야 한다.
⑤ '바다'는 조사 '를'이 붙고 대상의 이름을 뜻하므로 명사라는 사실을 알 수 있다.

65

다음 밑줄 친 단어의 품사로 적절하지 않은 것은?

① 여덟에 둘을 더하면 열이 된다. (수사)
② 노력한 만큼 성과를 거두었다. (보조사)
③ 초저녁부터 달이 휘영청 밝았다. (형용사)
④ 내일 아침 날이 밝는 대로 떠나겠노라. (동사)
⑤ 열 길 물속은 알아도 한 길 사람 속은 모른다. (수 관형사)

66

밑줄 친 부분 중 ㉠과 유사한 사례가 아닌 것은?

> 명사는 대개 모든 조사와 결합할 수 있으나 의존명사나 보통 명사의 경우 특정한 조사와만 결합하는 경우가 있다. 예를 들어 ㉠'극비리'라는 명사에는 원칙적으로 부사격조사 '에' 이외의 다른 조사는 결합하지 않는다. 즉, '극비리가, 극비리를, 극비리이다.'처럼 사용되지 않는다.

① 그는 순식간에 언덕을 치달렸다.
② 그는 제멋에 겨워 사는 모양이다.
③ 그는 홧김에 옆에 놓인 가방을 던졌다.
④ 그는 졸지에 당한 일이라 경황이 없었다.
⑤ 사건이 미연에 방지되도록 조치를 취했다.

67

다음 밑줄 친 부분 중 〈보기〉의 ㉠이 포함되지 않는 것은?

> 〈보기〉
> ㉠보조용언은 다른 용언의 뒤에 붙어서 특수한 의미를 더해주는 용언으로 문장의 실질적인 의미를 나타내는 본용언 뒤에 붙는다. 본용언과 보조용언 사이에는 '-서'나 다른 문장성분이 끼어 들 수 없다.

① 나도 좋은 친구를 만나고 싶다.
② 고기를 다 먹어 버렸다.
③ 나는 친구의 이야기를 들어 주었다.
④ 용돈으로 책을 사 읽었다.
⑤ 시험 삼아 달리기를 해 보아라.

68

〈보기〉의 문장에 대한 설명으로 적절하지 <u>않은</u> 것은?

───── 보기 ─────

㉠ 지금 내가 읽는 책은 매우 흥미롭다.
㉡ 예쁜 여자보다는 현명한 여자를 배우자로 골라라.
㉢ 떠난 사람은 예전에 잊었으며, 지금 나는 행복하게 산다.

① ㉠의 '읽는'은 관형사형 어미 '-는'이 붙어 현재 시제를 드러내므로 동사이다.
② ㉠의 '흥미롭다'는 선어말어미의 결합 없이 그 자체로 현재 시제를 드러내므로 형용사, ㉢의 '산다'는 선어말어미 '-ㄴ-'가 결합되어 현재 시제를 드러내므로 동사이다.
③ ㉡의 '예쁜'과 '현명한'은 관형사형 어미 '-(으)ㄴ'이 붙어 현재시제를 드러내므로 형용사이다.
④ ㉡의 '골라라'는 명령형 어미 '-아라'가 결합되므로 형용사라고 볼 수 있다.
⑤ ㉢의 '떠난'은 관형사형 어미 '-(으)ㄴ'이 붙어 과거 시제를 드러내므로 동사이다.

69

〈보기1〉을 참고할 때, 〈보기2〉의 밑줄 친 부분에 대한 설명으로 적절하지 <u>않은</u> 것은?

───── 보기 1 ─────

• '접미사 -(으)ㅁ/-기' : 어근의 품사를 바꾸어 주는 접미사로, 용언의 어근에 붙어 그것이 뜻하는 동작이나 상태를 가리키는 명사를 만든다. 이와 결합되어 생성된 파생어는 관형어의 수식을 받을 수 있다.
• '명사형 어미 -(으)ㅁ/기' : 용언의 어간에 결합하여 용언이 명사와 같은 기능을 하게 하는 용언의 어미이다. 이와 결합된 용언은 부사어의 수식을 받을 수 있다.

───── 보기 2 ─────

ㄱ. 다리를 다쳐서 빨리 <u>달리기</u>가 쉽지 않다.
ㄴ. 샤프심의 <u>굵기</u>가 달라서 샤프에 넣을 수 없다.
ㄷ. 평소 많이 <u>걸음</u>으로써 건강을 유지하고 있다.
ㄹ. 그의 안타까운 <u>죽음</u>은 우리에게 큰 충격을 주었다.
ㅁ. 행복한 <u>삶</u>을 살기 위해서는 끊임없이 노력해야 한다.

① ㄱ의 '달리기'는 동사의 어간에 어미 '-기'가 결합된 것이다.
② ㄴ의 '굵기'는 형용사의 어간에 접미사 '-기'가 결합된 것이다.
③ ㄷ의 '걸음'은 동사의 어간에 어미 '-(으)ㅁ'이 결합된 것이다.
④ ㄹ의 '죽음'은 동사의 어간에 접미사 '-(으)ㅁ'이 결합된 것이다.
⑤ ㅁ의 '삶'은 동사의 어간에 어미 '-(으)ㅁ'이 결합된 것이다.

70
다음 중 활용의 성격이 다른 동사는?
① 끊어진 끈을 <u>잇다</u>.
② 여태 몰랐던 그 사실을 <u>깨닫다</u>.
③ 그녀의 눈에서 서러운 눈물이 <u>흐르다</u>.
④ 피곤한 하루를 뒤로 하고 자리에 <u>눕다</u>.
⑤ 오랜 고민 끝에 결국 그가 집으로 <u>가다</u>.

71
〈보기〉의 ㉠~㉤에 해당하는 예로 적절하지 <u>않은</u> 것은?

---- 보기 ----

우리말의 일반적인 단어 배열법, 즉 통사적 구성과 일치하는 합성어를 통사적 합성어라고 한다. 예를 들어 우리말에서 합성어가 만들어질 때 ㉠<u>명사와 명사가 결합하거나</u>, ㉡<u>용언 앞에 부사가 오는 경우</u> ㉢<u>체언 앞에 관형사가 오는 경우</u>, ㉣<u>조사가 생략되는 경우</u>, ㉤<u>연결어미로 이어지는 경우</u> 등은 일반적인 단어 형성법에 맞기 때문에 이를 통사적 합성어라고 한다.

① ㉠ : 손발
② ㉡ : 마주서다
③ ㉢ : 새마을
④ ㉣ : 뛰놀다
⑤ ㉤ : 돌아가다

72
다음 밑줄 친 단어 중 품사가 <u>다른</u> 것은?
① 사람을 기르는 <u>것</u>이 중요해.
② 그것은 그가 할 <u>따름</u>이죠.
③ 나는 어쩔 <u>수</u>가 없었다.
④ 우리가 할 <u>만큼</u>은 했다.
⑤ 있는 대로 <u>다</u> 가져오너라.

73

다음 밑줄 친 단어들의 관계가 나머지와 다른 하나는?

① 노력한 <u>만큼</u> 성과를 거두었다.
　명주는 무명<u>만큼</u> 질기지 못하다.
② 의외로 하늘은 <u>맑고,</u> 바다도 잔잔했다.
　비가 온다는 예보가 있었으나 지금은 날씨가 <u>맑다</u>.
③ 안경을 바꿨더니 한결 <u>지적</u>으로 보인다.
　아이의 가족들은 사려가 깊고 <u>지적</u> 수준이 높습니다.
④ 초저녁부터 달이 휘영청 <u>밝았다</u>.
　내일 아침 날이 <u>밝는</u> 대로 떠나겠노라 했다.
⑤ 여덟에 둘을 더하면 <u>열</u>이 된다.
　<u>열</u> 길 물속은 알아도 한 길 사람 속은 모른다.

74

다음 중 밑줄 친 부분의 띄어쓰기가 바른 것은?

> 현장 학습 보고서는 다 썼니?
> ㉠ 현장 학습 보고서가 <u>생각 만큼</u> 잘 안 써져.
> ㉡ 나도 <u>쓸만큼</u> 썼다고 생각했는데 아직도 반이나 남았다.
> ㉢ 보고 <u>느낀대로</u> 쓰면 되지 않나?
> ㉣ 선생님 <u>말씀 대로</u> 개요도를 먼저 작성해 봐.
> ㉤ 그냥 나는 내 <u>스타일대로</u> 써야겠어.

① ㉠　　　　　　　　　② ㉡
③ ㉢　　　　　　　　　④ ㉣
⑤ ㉤

75

다음 밑줄 친 '인칭대명사' 중 '미지칭'에 해당하는 것은?

① <u>아무나</u> 와서 나를 도와주겠니?
② <u>누구</u>도 내 입장을 생각해주지 않았어.
③ <u>누구</u>든지 할 수 있어.
④ 작년 담임 선생님이 <u>누구</u>셨지?
⑤ 죄를 지으면 <u>누구</u>나 벌을 받는다.

76

밑줄 친 두 단어의 품사가 같은 것은?

① 이 옷은 너무 <u>커서</u> 입을 수가 없다.
　날씨가 건조하면 나무가 <u>크지</u> 못한다.
② 영화를 좋아하는 사람 <u>다섯</u>이 모였어요.
　영화를 좋아하는 <u>다섯</u> 사람이 모였어요.
③ 구름 사이로 <u>파란</u> 가을 하늘이 한눈에 들어왔다.
　실버들 가지에는 연둣빛 버들잎이 <u>파랗게</u> 피어난다.
④ <u>아니</u>. 사 올 필요 없다.
　<u>아니</u> 오느니만 못하게 되었구나.
⑤ <u>이</u>는 우리가 계승해 나아가야 할 민족의 정신입니다.
　<u>이</u> 모습을 보고 누가 싫다 하겠습니까?

77

〈보기 1〉을 바탕으로 ㉠과 품사가 같은 것을 〈보기 2〉에서 모두 고른 것은?

─┤ 보기 1 ├─

[문장]
- 아침에 하는 ㉠<u>달리기</u>는 건강에 매우 좋다.
- 나는 모임에 늦지 않으려고 더 빨리 ㉡<u>달리기</u> 시작했다.

[설명]
㉠과 ㉡은 형태는 같으나 품사가 다르다. ㉠은 '달리-'에 접미사가 붙은 명사로서 관형어의 수식을 받고 있다. 이에 반해, ㉡은 '달리-'에 명사형 어미가 붙은 동사로서 부사어의 꾸밈을 받으며 서술하는 기능을 유지하고 있다.

─┤ 보기 2 ├─

그는 크게 ㉮<u>웃음</u>으로써 그 ㉯<u>슬픔</u>을 잊었다.
- 그룹 신화는 항상 멋진 ㉰<u>춤</u>을 춘다.
- 그녀의 부름에 빠른 ㉱<u>걸음</u>으로 걸었다.
- 그는 자기 소개서에 "웹툰을 잘 ㉲<u>그림</u>."이라고 썼다.
- 열심히 ㉳<u>삶</u>으로써 그의 은혜에 보답할 것이다.

① ㉮, ㉯, ㉰ 　　② ㉯, ㉰, ㉱
③ ㉮, ㉲, ㉳ 　　④ ㉯, ㉰, ㉳
⑤ ㉰, ㉱, ㉳

78

다음 〈보기〉에서 품사가 같은 것끼리 묶은 것 중 적절한 것은?

---- 보기 ----

나는 오늘 아침 늦잠을 잤다. 그러나 ㉠달리기를 잘하는 나는 발에 땀이 나도록 뛰어 정류장에 도착했다. 그러나 버스는 ㉡이미 ㉢출발하였고 나는 또 지각을 하게 되었다. 그리고 나는 ㉣여러 번 지각을 했다는 이유로 반성문을 ㉤길게 쓰고 쉬는 시간마다 공부를 해야 했다. 덕분에 내 2회고사 성적은 매우 ㉥많이 올랐고, 나의 변화된 태도에 ㉦기쁨을 느낄 수 있었다.

① ㉠, ㉢
② ㉠, ㉦
③ ㉡, ㉣
④ ㉠, ㉢, ㉤
⑤ ㉤, ㉥, ㉦

79

밑줄 친 부분에 다음의 특성을 지닌 단어가 사용된 것은?

- 다른 말을 수식하는 기능을 지닌 단어이다.
- 격조사와는 결합할 수 없으나 보조사와는 결합이 가능하다.
- 용언이나 문장을 꾸며 주며 때로는 다른 부사나 관형사, 체언을 꾸며 주어 그 뜻을 분명하게 해 주는 말이다.
----

① 요즘은 <u>너무</u> 바쁘다.
② <u>여러</u> 필기구가 있다.
③ <u>여기</u>에 물건을 놓아라.
④ <u>모든</u> 사람은 평등하다.
⑤ 오늘은 <u>새</u> 옷을 입었다.

80

〈보기〉의 밑줄 친 조사에 대한 반응으로 적절한 것을 고르면?

---- 보기 ----

ㄱ. 얼음<u>이</u> 물<u>이</u> 되었다.
ㄴ. 영수<u>야</u>, 오늘이 한글날<u>이니</u>?
ㄷ. 나<u>도</u> 사과<u>와</u> 귤<u>을</u> 잘 먹는다.
ㄹ. 영수가 국어<u>뿐</u> 아니라 수학<u>조차</u> 잘한다.

① ㄱ에서 '얼음이'와 '물이'의 '이'는 앞말이 주어의 자격을 가지도록 하는군.
② ㄴ에서 '야'는 호격 조사이고, '이니'는 부사격 조사이군.
③ ㄷ에서 사용된 조사는 순서대로 보조사, 접속조사, 격조사이군.
④ ㄹ의 '뿐'과 '조차'는 앞말에 '단독'의 뜻을 더해 주는군.
⑤ ㄱ~ㄹ 중 ㄴ에서만 활용을 하는 조사가 사용되었군.

81
밑줄 친 두 단어의 품사가 같은 것끼리 짝지어진 것은?
① 노력한 만큼 결실을 거둔다. 적어도 그만큼 노력해야 해.
② 그는 지적으로 보인다. 실제로 지적 수준이 높다는 것이 판명되었다.
③ 열까지 세어 봐. 열 번은 세어야 숨을 수 있어.
④ 달이 밝구나. 내일 아침 날이 밝는 대로 떠나야겠군.
⑤ 건물 바로 앞까지 와. 바로 갈게.

82
다음 중 ⓑ의 예로 제시할 수 있는 것으로 가장 적절한 것은?

| 보기 |

　　대명사는 인칭에 따라 '나, 우리'와 같은 1인칭, '너, 자네'와 같은 2인칭, '그, 이분'과 같은 3인칭으로 나뉜다. 그런데 때로는 ⓑ동일한 형태의 대명사가 1인칭, 2인칭, 3인칭 중에서 2가지로 쓰이기도 한다.

① 가) 너희를 누가 불렀니?
　　나) 나는 너희 학교가 마음에 든다.
② 가) 그렇게 말하는 너는 누구냐?
　　나) 누구의 얼굴이 먼저 떠오르냐?
③ 가) 애들이 어려서 저희들밖에 모른다.
　　나) 학생들이 저희들끼리 간식을 먹으면서 아웅다웅했다.
④ 가) 당신은 누구십니까?
　　나) 할아버지께서는 생전에 당신의 그림을 소중히 다루셨다.
⑤ 가) 우리 먼저 가요.
　　나) 우리 반이 그 대회에서 우승했다.

83
〈보기〉를 바탕으로 아래 용언을 분류할 때, 나머지 넷과 유형이 다른 하나는?

| 보기 |

　　용언의 불규칙 활용에는 '어간의 불규칙성에 의한 활용', '어미의 불규칙성에 의한 활용', '어간과 어미의 불규칙성에 의한 활용'의 세 가지 유형이 있다.

① 어머니는 냄비에 물을 붓고 끓였다.
② 그는 나에게 이곳에서 빠져나갈 방법을 물었다.
③ 비 온 뒤라 그런지 앞산이 한결 더 푸르러 보인다.
④ 지나가는 친구를 큰 소리로 불렀다.
⑤ 나뭇가지를 주웠다가 모닥불을 피웠다.

84

다음 중 띄어쓰기가 잘못된 것은?

① 자전거를 타고 돌아가 버렸다.
② 내가 선생님께 여쭈는 볼께.
③ 안방 서랍 속에서 안경을 가지고와라.
④ 아파트는 오랜 기간 하중을 견디어냈다.
⑤ 이번 독문 시험공부는 정말로 할만하다.

85

다음 중 불규칙 활용하는 용언은?

① 내 이름을 불러 봐.
② 시장에 들러 콩나물을 샀다.
③ 문을 여니 선뜻 바람이 불어왔다.
④ 집을 나서니 개가 나를 따라 나왔다.
⑤ 이번 독문 시험은 잘 좀 치렀으면 좋겠다.

86

〈보기〉의 ㉠~㉤의 밑줄 친 부분에서 '규칙 활용'이 일어나는 것만을 있는 대로 고른 것은?

― 보기 ―

㉠ 머물러 있지 말고 항상 전진하십시오.
㉡ 짓이기고 밟으면서 그는 계속 일을 하였다.
㉢ 책을 읽고 글을 많이 써 봐야 논술 실력을 향상시킬 수 있다.
㉣ 얼굴이 노래서 주변 사람들의 놀림을 받자 그녀는 밖으로 나갔다.
㉤ 누르고 눌러서 겨우 마음을 진정시키자, 갑자기 잠이 쏟아져서 자 버렸다.

① ㉠
② ㉠, ㉤
③ ㉡, ㉢
④ ㉠, ㉢, ㉤
⑤ ㉢, ㉣, ㉤

87

다음 중 밑줄 친 부분의 성격이 다른 하나는?

① 영수는 사과를 먹었다.
② 밤이 새도록 이야기를 나눴다.
③ 바람이 불고 우리는 연을 날렸다.
④ 그는 신문 보기를 너무 좋아한다.
⑤ 오늘은요 학교에서 재미있는 노래를 배웠어요.

88
〈보기〉의 ⊙을 설명할 수 있는 사례로 가장 적절한 것은?

― 보기 ―

동사는 움직임이나 작용을 나타내고, 형용사는 성질이나 상태를 나타낸다. 그런데 ⊙하나의 단어가 하나 이상의 문법적 성질을 가지고 있어 동사와 형용사 두 가지로 사용되는 경우가 있다. '밝다'의 경우, '달이 밝다.'에서는 '환하다'의 의미로 쓰여 형용사가 되고 '날이 밝는다.'에서는 '밤이 지나고 환해지다'의 의미로 쓰여 동사가 된다.

① 그녀의 속눈썹은 <u>길다</u>.
   <u>긴</u> 겨울방학이 끝났다.
② 나이보다 얼굴이 <u>젊다</u>.
   <u>젊은</u> 나이에 성공을 했다.
③ 봄바람이 <u>따뜻하다</u>.
   <u>따뜻한</u> 마음씨를 가져야 한다.
④ 나는 너에 대한 기대가 <u>크다</u>.
   우리 아들은 키가 쑥쑥 <u>큰다</u>.
⑤ 외출하기에는 시간이 너무 <u>늦다</u>.
   그는 <u>늦은</u> 나이에 대학에 진학했다.

89
〈보기〉의 내용을 참고하였을 때, ㉮에 해당되는 것만을 골라 바르게 묶은 것은?

― 보기 ―

동사나 형용사가 활용될 때, 어간에 어미가 그대로 결합되는 형태는 일반적인 음운 규칙으로 설명할 수 있으므로 규칙 활용이라 하고, 그렇지 않은 경우는 불규칙 활용이라 한다. 불규칙 활용은 어간이 바뀌는 경우, 어미가 바뀌는 경우, ㉮<u>어간과 어미가 모두 바뀌는 경우</u>로 나뉜다. 불규칙 활용의 사례로는 다음과 같은 것들이 있다.

〈불규칙 활용의 예〉

ⓐ 잇 + 어 → 이어   젓 + 어 → 저어
ⓑ 이르 + 어 → 이르러   푸르 + 어 → 푸르러
ⓒ 부르 + 어 → 불러   오르 + 아 → 올라
ⓓ 파랗 + 아 → 파래   누렇 + 어 → 누래

① ⓐ, ⓑ   ② ⓑ, ⓒ
③ ⓑ, ⓓ   ④ ⓒ, ⓓ
⑤ ⓓ

90

〈보기〉의 밑줄 친 단어를 바르게 분류한 것은?

| 보기 |

형용사와 관형사를 구별하는 기준의 하나로 '서술하는 기능'이 있다. 예를 들어 '동물원에는 큰 사자가 있다.'에서 '큰'은 '사자가 크다'처럼 주어인 '사자가'를 서술하는 기능을 하므로 형용사이다. 그러나 관형사는 그런 기능을 하지 못한다.

ㄱ. 정원에 <u>아름다운</u> 꽃이 피었다.
ㄴ. <u>웬</u> 말이 그렇게 많은지 모르겠다.
ㄷ. 수리를 하고 나니 <u>새</u> 가구가 되었다.
ㄹ. 모여 있던 <u>모든</u> 사람들이 일제히 나를 쳐다봤다.
ㅁ. 그의 <u>빠른</u> 일처리가 사람들을 만족스럽게 하였다.

	형용사	관형사
①	ㄱ, ㄷ	ㄴ, ㄹ, ㅁ
②	ㄱ, ㅁ	ㄴ, ㄷ, ㄹ
③	ㄴ, ㄹ	ㄱ, ㄷ, ㅁ
④	ㄱ, ㄷ, ㅁ	ㄴ, ㄹ
⑤	ㄴ, ㄷ, ㄹ	ㄱ, ㅁ

91

〈보기〉의 ㉠~㉤에 들어갈 말로 적절하지 <u>않은</u> 것은?

| 보기 |

국어의 용언이 불규칙적으로 활용하는 경우는 다음과 같이 나누어 볼 수 있다.

	정의	예
'ㅂ'불규칙	'ㅂ'이 모음으로 시작하는 어미 앞에서 '오/우'로 바뀌는 현상	㉠
'우'불규칙	'우'가 모음으로 시작하는 어미 앞에서 탈락하는 현상	㉡
'르'불규칙	'르'가 모음으로 시작하는 어미 앞에서 'ㄹㄹ'로 바뀌는 현상	㉢
'러'불규칙	어간이 '르'로 끝나는 용언 뒤에서 모음으로 시작하는 어미 '-어'가 '-러'로 바뀌는 현상	㉣
'ㄷ'불규칙	'ㄷ'이 모음으로 시작하는 어미 앞에서 'ㄹ'로 바뀌는 현상	㉤

① ㉠ : 혜진이는 방바닥에 <u>누워</u> 책을 보았다.
② ㉡ : 영수는 지하실에 고인 물을 <u>퍼</u> 냈다.
③ ㉢ : 물살이 <u>빨라</u> 그를 구하기 어렵겠다.
④ ㉣ : 마음에 드는 옷을 <u>고르러</u> 백화점에 갔다.
⑤ ㉤ : 나는 그것이 내 잘못임을 <u>깨달았다</u>.

92
〈보기〉의 자료에 대한 탐구한 내용으로 적절하지 <u>않은</u> 것은?

---보기---
ㄱ. 철수<u>가</u> 집에 간다.
ㄴ. 나는 밥<u>을</u> 먹었다./ 영희는 사과<u>를</u> 먹었다.
ㄷ. 이것이 책<u>이다</u>./ 이것이 책<u>이니</u>?/ 이것이 책<u>이면</u>…
ㄹ. 도움이 되고자 하는 뜻에서, 친구<u>와</u> 함께한 일이다.
ㅁ. 인생<u>은</u> 짧고 예술은 길다.

① ㄱ의 '가'는 앞말이 주어임을 나타내는 주격 조사이다.
② ㄴ의 '을'과 '를'은 목적격 조사로 앞말의 끝소리에 따라 달라진다.
③ ㄷ의 '이다'는 서술격 조사로 형태가 변하는 가변어에 속한다.
④ ㄹ의 '와'는 앞말과 뒷말을 같은 자격으로 이어주는 접속 조사이다.
⑤ ㅁ의 '은'은 대조의 의미를 더해주는 보조사이다.

93
〈보기〉의 내용을 뒷받침 할 수 있는 사례로 적절하지 <u>않은</u> 것은?

---보기---
동일한 형태가 다른 기능을 수행하는 것을 '품사 통용'이라고 한다.

① 노력한 <u>만큼</u> 대가를 얻는다.
　나는 너<u>만큼</u> 그림을 잘 그리지 못한다.
② <u>이</u>는 우리가 생각하던 바입니다.
　<u>이</u> 나무는 모양새가 아주 좋군요.
③ 그의 재치 있는 농담에 모두 <u>하하</u> 웃었다.
　<u>하하</u>, 이 그림에 그런 깊은 뜻이 있었군요.
④ 아침을 맛있게 <u>먹고</u> 집을 나섰다.
　나는 독하게 마음을 <u>먹고</u> 그 사람을 외면했다.
⑤ 농구를 좋아하는 사람 <u>여섯</u>이 모였다.
　<u>여섯</u> 사람이 모여서 일을 시작했다.

94

〈보기〉를 바탕으로 탐구한 내용으로 적절하지 않은 것은?

| 보기 |

　단어의 실질적인 의미 부분을 어근이라고 하며, 어근에 붙어 그 뜻을 제한하는 부분을 접사라고 한다.
　하나의 어근으로 이루어진 단어를 '단일어'라 한다. 어근은 다른 어근이나 접사와 결합하여 새로운 단어를 만들어낸다. 어근이 어근과 결합하면 '합성어'라고 하고, 어근이 접사와 결합하면 '파생어'라고 한다. 합성어가 새로운 단어로 파생되기도 하고, 파생어가 다른 어근과 결합하여 합성어가 되기도 한다.

① '하늘'은 하나의 어근으로 이루어진 단일어이다.
② '맨발'은 접두사 '맨-'과 어근 '발'로 이루어진 파생어이다.
③ '꺾쇠'는 어근 '꺾-'에 접미사 '-쇠'로 이루어진 파생어이다.
④ '돌다리'는 어근 '돌'과 '다리'가 결합하여 만들어진 합성어이다.
⑤ '통조림'은 어근 '통'과 파생어 '조림'이 결합하여 만들어진 합성어이다.

95

㉠과 ㉡의 예로 적절하지 않은 것은?

| 보기 |

　합성어는 두 개의 언근이 결합하여 만들어진 단어이다. 합성어 중 '봄바람', '찬물'은 각각 '명사+명사', '용언의 관형사형 + 명사'로서 우리말에서 흔히 나타나는 단어 배열법을 따른 것으로 이러한 합성어들을 ㉠<u>**통사적 합성**</u>이라 부른다. 한편 '용언의 어간+명사', '용언의 어간 + 용언', '부사+명사'는 우리말의 정상적인 단어 배열에 어긋나는 ㉡<u>**비통사적 합성어**</u>라고 볼 수 있다. 우리말의 정상적인 단어 배열에서는 용언의 어간과 명사, 용언의 어간과 용언 사이에는 어미가 개입되어야 하고, 부사는 일반적으로는 용언이나 다른 부사를 꾸며야 하기 때문이다.

	㉠	㉡
①	큰아버지	덮밥
②	첫사랑	부슬비
③	돌아가다	여닫다
④	밤낮	밉상
⑤	앞서다	춤추다

96
밑줄 친 단어의 품사가 나머지와 구별되는 것은?
① 예전과 <u>다른</u> 그의 모습은 나를 감동시켰다.
② 그는 자기 일 밖의 <u>다른</u> 일에는 관심이 없다.
③ 군자는 여러 측면에서 소인과 <u>다른</u> 점이 많다.
④ 그에게는 그와 외양이 <u>다른</u> 쌍둥이 형이 있다.
⑤ 너와 <u>다르다고</u> 해서 무시하면 안돼.

97
밑줄 친 조사에 대한 설명으로 적절하지 <u>않은</u> 것은?

― 보기 ―
㉠ 얼음이 물<u>이</u> 되었다.
㉡ 연우<u>가</u> 수박을 먹는다.
㉢ 할아버지<u>께서</u> 논<u>에서</u> 김을 매신다.
㉣ 이것이 수진이가 나<u>에게</u> 준 시집<u>이다</u>.
㉤ 비<u>와</u> 우박이 섞여 내린다.

① ㉠과 ㉤의 '이'는 모두 앞의 체언을 같은 자격으로 만들어 주는 격조사이다.
② ㉡의 '가'와 ㉢의 '께서'는 높임의 의미만 차이가 있을 뿐 같은 자격을 부여하는 조사이다.
③ ㉢의 '에서'와 ㉣의 '에게'는 앞말에 부사어의 자격을 부여한다.
④ ㉣의 '이다'는 앞의 체언을 서술어로 만들어주는 조사이다.
⑤ ㉤의 '와'는 단어와 단어를 같은 자격으로 이어 주는 구실을 하는 조사이다.

98
띄어쓰기가 맞는 것은?
① 아는만큼 이해한다.
② 집에 가는대로 연락해라.
③ 나를 사랑할 사람은 너뿐이다.
④ 다만 열심히 노력할뿐이다.
⑤ 너는 너 대로, 나는 나 대로

99
밑줄 친 단어 중 불규칙 용언이 아닌 것은?
① 난처한 표정으로 웃었다.
② 마음껏 노래를 불러 보았다.
③ 그는 고향에 기와집을 지었다.
④ 지나가는 사람에게 길을 물었다.
⑤ 요기라도 할 요량으로 고구마를 구웠다.

100
밑줄 친 단어 중 품사가 동일한 것은?
① ㄱ. 오늘 아니 가겠다고 하더라.
　 ㄴ. 아니! 벌써 그곳에 도착했어?
② ㄱ. 약속한 날이 내일이야.
　 ㄴ. 자세한 건 내일 만나서 얘기하자.
③ ㄱ. 온다던 사람이 보이지 않았다
　 ㄴ. 간절히 바라면 기회는 온다.
④ ㄱ. 나는 노력한 만큼 대가를 얻었다.
　 ㄴ. 철수는 집을 대궐만큼 크게 지었다.
⑤ ㄱ. 그 시간에 가니 친구들 일곱이 모였다.
　 ㄴ. 일곱 시에 만나기로 했어.

단어

101
단어 형성 과정이 <u>다른</u> 것 하나는?
① 작은아버지
② 어른스럽다
③ 오래오래
④ 뛰어나다
⑤ 밤고구마

102
다음 중 비통사적 합성어로만 묶인 것은?
① 붙잡다, 덮밥, 설익다
② 덮밥, 굳세다, 굶기다
③ 붙잡다, 손쉽다, 설익다
④ 갈림길, 앞서다, 설익다
⑤ 가난하다, 들짐승, 앞서다

103
다음 글의 ㉠, ㉡, ㉢에 해당하는 파생어로 모두 적절한 것은?

| 보기 |

접사는 기능에 따라 어휘적 접사(한정적 접사)와 통사적 접사(지배적 접사)로 나뉜다. 전자는 ㉠어근에 뜻만 더해 줄 뿐 통사 구조에는 영향을 미치지 않는다. 후자는 ㉡어근의 품사를 바꾸거나, ㉢품사를 바꾸지 않더라도 품사 자질에 변화를 줘서 통사 구조에 영향을 미친다.

	㉠	㉡	㉢
①	되묻다	강마르다	읽히다
②	뒤틀다	메마르다	높이다
③	들볶다	앳되다	낮추다
④	치받다	엇되다	없애다
⑤	치솟다	높이다	앳되다

104
밑줄 친 단어 중 〈보기〉의 ㉠에 해당하는 것은?

─ 보기 ─

우리말의 합성어 가운데는 형성 방식이 국어의 정상적인 단어 배열법과 일치하는 것도 있고 그렇지 않은 것도 있다. 전자를 통사적 합성어, 후자를 ㉠비통사적 합성어라고 한다.

① 철수는 앉은키가 작다.
② 새해에는 꼭 운동을 열심히 할 거야.
③ 여러 가지 일을 한꺼번에 하려고 하니 힘들다.
④ 여러 가지 덮밥 종류가 있는 음식점이 나는 좋아.
⑤ 차례차례 줄을 서서 버스를 타는 모습이 보기 좋았다.

105
다음 문장에서 단어의 수는 모두 몇 개인가?

─ 보기 ─

그는 그냥 잠잠히 걷기만 할 뿐이었다.

① 8개　　　　　　　　② 9개
③ 10개　　　　　　　 ④ 11개
⑤ 12개

106
〈보기〉의 문장에 대한 설명으로 옳은 것은?

─ 보기 ─

난 어른이 됐지만 늘 어릴 때가 그리웠다.

① 형식 형태소는 7개이다.
② 실질 형태소는 8개이다.
③ 의존 형태소는 11개이다.
④ 자립 형태소는 5개이다.
⑤ 16개의 형태소로 나눠진다.

107

〈보기〉를 참고할 때 합성어의 종류가 다른 것은?

| 보기 |

　합성어는 결합 관계에 따라 어근과 어근이 대등한 의미 관계로 결합한 대등 합성어, 한쪽의 어근이 다른 한쪽의 어근에 의미적으로 매여서 결합된 종속 합성어, 어근들이 결합하여 원래의 의미를 잃어버리고 새로운 의미를 갖게 된 융합 합성어로 나눌 수 있다.

① 체육복으로 갈아입고 운동장에 집합했다.
② 계절이 바뀌면서 밤낮의 기온차가 심해졌다.
③ 어제 사물함 정리를 했더니 팔다리가 쑤신다.
④ 우리 학교는 춘추(春秋)로 두 번 금오산에 소풍을 간다.
⑤ 노비는 언제나 마소와 같은 취급을 받아 오지 않았던가.

108

〈보기〉의 밑줄 친 부분의 사례가 아닌 것은?

| 보기 |

　접미사는 어근의 뒤에 붙어 일정한 의미를 더하여 새로운 말을 만드는 역할을 한다. 접미사는 접두사에 비해 종류가 많으며 접두사와 달리 어근의 품사를 바꾸기도 한다.

① 행복하자. 우리 행복하자. 아프지 말고 아프지 말고
② 이젠 각자인 모습이 더 자연스러워 보여. 그래, 안녕히.
③ 심쿵해, 나 어쩌면 좋아. 자꾸만 네 품에 꼭 안기고 싶어.
④ 그리움 두고 머나먼 길. 그대 무지개를 찾아올 순 없어요.
⑤ 그대 아픈 기억들 모두 그대여 그대 가슴에 깊이 묻어 버리고

109

〈보기 1〉을 바탕으로 〈보기 2〉에 대해 탐구한 것 중, 적절하지 <u>않은</u> 것은?

〈'-ㅁ/-음'에 대하여〉

* 명사형 어미 : 동사의 어간 뒤에 붙어서 동사를 명사형이 되게 하는 역할을 한다. 동사의 명사형은 서술성이 있어 주어를 서술하며 품사가 변하지 않는다. 앞에 부사적 표현이 쓰일 수 있다.
* 접미사 : 동사의 어간 뒤에 붙어서 동사를 명사로 파생시킨다. 파생된 명사는 서술성이 없으므로 앞에 부사적 표현이 쓰일 수 없고, 관형어가 올 수 있다.

― 보기 ―

㉠ 친구가 전학 간다는 말에 슬픈 <u>울음</u>을 마구 울었다.
㉡ 미나는 교사의 <u>꿈</u>을 이룸으로써 행복한 날을 보냈다.
㉢ 그의 합격 소식에 그녀는 환한 <u>웃음</u>으로 기쁨을 표현했다.
㉣ 선생님은 활짝 <u>웃음</u>으로써 교실 분위기를 밝게 바꾸었다.

① ㉠의 '울음'은 '슬픈'의 수식을 받으므로 '울음'의 '-음'은 접미사이다.
② ㉡의 '꿈'의 품사는 동사이고 '-ㅁ'은 명사형 어미이다.
③ ㉢의 '웃음'은 '웃다'라는 동사에서 파생한 명사이다.
④ ㉢의 '웃음'은 서술성이 없지만 ㉣의 '웃음'은 서술성이 있다.
⑤ ㉣의 '웃음'은 '활짝'의 수식을 받으므로 '웃음'의 '-음'은 명사형 어미이다.

110

〈보기〉의 문장에 쓰인 형태소에 대한 설명으로 적절하지 <u>않은</u> 것은?

― 보기 ―

좋은 친구를 만나서 매우 기뻤다.

① '좋은'은 실질 형태소와 의존 형태소와 결합된 형태이다.
② '친구를'은 실질 형태소와 형식 형태소가 결합된 형태이다.
③ '만나서'에는 실질 형태소와 의존 형태소는 있으나 자립 형태소는 없다.
④ '매우'는 자립 형태소이면서 실질 형태소이다.
⑤ '기뻤다'에는 실질 형태소와 의존 형태소는 있으나 형식형태소는 없다.

111

〈보기〉를 통해 '접사'의 특징에 대해 학습한 것으로 적절하지 <u>않은</u> 것은?

―― 보기 ――

⊙ 군- : 군말, 군살, 군침
ⓒ 헛- : 헛고생, 헛걸음, 헛돌다, 헛디디다
ⓒ -하다 : 공부하다, 일하다, 건강하다, 행복하다
ⓔ -엄 : 무덤(묻- + -엄), 주검(죽- + -엄)

① ⊙과 ⓒ을 통해 접두사는 어근의 앞에 붙어 특정한 뜻을 더하거나 강조함을 알 수 있어.
② ⓒ을 통해 동사와 명사에 모두 붙을 수 있는 접두사도 있음을 알 수 있어.
③ ⓒ을 통해 같은 형태의 접미사가 동사를 만들기도 하고 형용사를 만들기도 함을 알 수 있어.
④ ⓔ을 통해 어근이나 접사의 원형을 밝히어 적지 않는 경우도 있음을 알 수 있어.
⑤ ⊙~ⓔ을 통해 접두사는 자립성을 갖는 형태소에, 접미사는 자립성이 없는 형태소에 붙음을 알 수 있어.

112

다음 문장에 대한 설명으로 가장 적절한 것은?

> 비둘기가 하늘로 날아갔다.

① 형태소의 개수는 총 8개이다.
② 의존 형태소의 개수는 총 7개이다.
③ 단어의 개수는 총 6개이다.
④ 음절의 개수는 총 10개이다.
⑤ 주성분의 개수는 총 3개이다.

113

〈보기〉의 자료를 읽고 탐구한 것으로 적절하지 <u>않은</u> 것은?

───── 보기 ─────

【맞춤법 규정】

제19항 어간에 '-이'나 '-음'이 붙어서 명사로 된 것과 '-이'나 '-히'가 붙어서 부사로 된 것은 그 어간의 원형을 밝혀 적는다. (예) 먹이, 믿음 등.
　다만, 어간에 '-이'나 '-음'이 붙어서 명사로 바뀐 것이라도 그 어간의 뜻과 멀어진 것은 원형을 밝혀 적지 않는다. (예) 목거리(목이 아픔 병), 노름 등.
[붙임] 어간에 '-이'나 '-음' 이외의 모음으로 시작된 접미사가 붙어서 다른 품사로 바뀐 것은 그 어간의 원형을 밝혀 적지 않는다. (예) 마중, 무덤 등.

【맞춤법 규정 제19항 해설】

- 널리 쓰이는 접미사가 어간에 붙어서 만들어진 단어는 어간의 원형을 밝혀 적는 것이 원칙이나, 그 어간의 뜻과 멀어진 단어는 밝혀 적지 않는다.
- 널리 쓰이지 않는 접미사가 어간에 붙어서 만들어진 단어는 그 어간의 원형을 밝혀 적지 않는다.

① '먹이'를 '머기'로 적지 않는 것을 보니 '-이'가 널리 쓰이는 접미사겠군.
② '목거리'와 달리 '목걸이(장신구)'는 어간의 뜻과 멀어지지 않는 예로군.
③ '마중'을 '맞웅'으로 적지 않는 것을 보니 '-웅'이 널리 쓰이지 않는 접미사겠군.
④ 널리 쓰이는 접미사가 붙어 어간의 원형을 밝혀 적은 예로 '같이'를 추가할 수 있겠군.
⑤ 널리 쓰이는 접미사가 붙었지만 어간의 뜻과 멀어져 어간의 원형을 밝혀 적지 않는 예로 '마개'를 추가할 수 있겠군.

114

다음 중 통사적 합성어의 예로 알맞지 <u>않은</u> 것은?
① 눈물　　　　　　　　　② 힘들다
③ 돌아가다　　　　　　　④ 부슬비
⑤ 손쉽다

115

단어의 형성 방식이 나머지와 <u>다른</u> 하나는?
① '풋사과'는 '사과' 앞에 '풋'이 붙어 '덜 익은'의 뜻이 더하였다.
② '첫사랑'은 '사랑' 앞에 '첫'이 붙어 '처음의'의 뜻을 더하였다.
③ '강마르다'는 '마르다' 앞에 '강'이 붙어 '심하게'의 뜻을 더하였다.
④ '개살구'는 '살구' 앞에 '개'가 붙어 '야생 상태의'의 뜻을 더하였다.
⑤ '맨발'은 '발' 앞에 '맨'이 붙어 '아무것도 신지 않은'의 뜻을 더하였다.

116

다음 문장의 형태소를 적절하게 분석하지 못한 것은?

> 아침에 일어나니 온 세상이 하얗게 변해 있었다.

① 자립 형태소는 '아침, 온, 세상'으로 3개이다.
② '일어나-, 하얗-, 변-, 있었-'은 실질 형태소이다.
③ '에, -어, -니, 이, -게, -이'는 의존 형태소이면서 형식 형태소이다.
④ 단어로 분석하면 '아침, 에, 일어나니, 온, 세상, 이, 하얗게, 변해, 있었다'로 9개이다.
⑤ 형태소 단위로 분석하면 '아침, 에, 일-, -어, 나-, -니, 온, 세상, 이, 하얗-, -게, 변-, -하, -이, 있-, -었-, -다'가 된다.

117

다음 단어를 형태소 분석을 한 내용으로 적절하지 않은 것은?

① 떡볶이 : 떡(어근) + 볶(어근) + 이(접미사)
② 군것질 : 군(접두사) + 것(어근) + 질(접미사)
③ 미닫이 : 밀(어근) + 닫(어근) + 이(접미사)
④ 놀이터 : 놀(어근) + 이(접미사) + 터(접미사)
⑤ 싸움꾼 : 싸우(어근) + ㅁ(접미사) + 꾼(접미사)

118

〈보기〉를 읽고 ㉠~㉡의 사례로 적절하지 않은 것은?

―― 보기 ――

한글 맞춤법 제25항.
㉠'-하다'가 붙을 수 있는 어근에 '-히'나 '-이'가 붙어서 부사가 되는 경우나, ㉡부사에 '-이'가 붙어서 뜻을 더하는 경우에는 그 어근이나 부사의 원형을 밝히어 적는다. 이와 달리 접사의 결합체로 분석되지 않는 경우는 소리 나는 대로 적는다.

	㉠	㉡
①	느긋히	일찌기
②	따뜻이	곰곰이
③	반듯이	생긋이
④	지긋이	오뚝이
⑤	의젓이	히죽이

119

〈보기〉는 '합성명사의 의미 변화 양상'을 도식화한 것이다. ㉠~㉢에 해당하는 예를 바르게 분류한 것은?

┌─ 보기 ─────────────────────────────┐
- A + B → AB : 단순한 의미의 결합 ·················· ㉠
  예) 논 + 밭 → 논밭
- A + B → AX/XB : 한 쪽에만 의미 변화가 나타남 ············ ㉡
  예) 불 + 호령 → 불호령
- A + B → XY : 제3의 의미가 생겨남 ·················· ㉢
  예) 까치 + 발 → 까치발
└─────────────────────────────────┘

	㉠	㉡	㉢
①	칼집	돌부처	오누이
②	쥐며느리	오누이	돌부처
③	비바람	칼집	벼락부자
④	오누이	벼락부자	쥐며느리
⑤	벼락부자	돌부처	비바람

120

다음 중 우리말의 문장 구성 방식에 따라 형성 된 합성어는?

① 뒤처지다
② 늦잠
③ 검푸르다
④ 먹거리
⑤ 돌보다

121

다음 〈보기〉 중 ㉠과 ㉡의 예가 모두 바르게 묶인 것은?

┌─ 보기 ─────────────────────────────┐
접미사는 ㉠어근의 의미를 제한하기도 하지만 ㉡문법적인 변화를 일으키는 것도 있다.
└─────────────────────────────────┘

① ㉠ - 나무꾼 , ㉡ - 밀치다
② ㉠ - 누리꾼 , ㉡ - 우습다
③ ㉠ - 믿기다 , ㉡ - 멋쟁이
④ ㉠ - 군것질 , ㉡ - 바느질
⑤ ㉠ - 믿음 , ㉡ - 깨뜨리다

122

다음은 한글 맞춤법 제1항에 대한 선생님의 설명이다. ㉠, ㉡에 대해 학생들이 이해한 내용으로 적절하지 않은 것은?

> 제1항 한글 맞춤법은 표준어를 ㉠소리대로 적되, ㉡어법에 맞도록 함을 원칙으로 한다.
> 선생님의 설명 : 한글 맞춤법은 소리대로 표기하는 것이 근본 원칙이에요. '나무, 물, 하늘' 등은 표준어를 소리나는 대로 적은 예이지요. 그런데 이 원칙만 따른다면 '국'과 같은 단어는 뒤에 오는 말에 따라 '구기(국+이), 국또(국+도), 궁만(국+만)'처럼 여러 가지로 표기될 수 있어요. 그래서 원래 형태를 알기 어려워지고 이로 인해 독서의 능률도 크게 떨어지지요. 이 때문에 발음과 상관없이 형태를 고정시키는 방법, 즉 어법에 맞도록 한다는 원칙을 추가한 거예요.

① '우습다, 슬겁다'는 어간을 밝혀 적은 것을 볼 때 ㉡에 해당하겠군.
② '입어, 입은'은 어간과 어미를 분리해서 적은 것을 볼 때 ㉡에 해당하겠군.
③ '해돋이, 미닫이'는 음운 현상을 반영하지 않고 적은 것을 볼 때 ㉡에 해당하겠군.
④ '여자(女子)'와 '남녀(男女)'는 같은 한자를 '여'와 '녀'로 적은 것을 볼 때 ㉠에 해당하겠군.
⑤ '-이어(잇 + 어), 이으니(잇 + 으니)'는 어간을 원래 형태에서 벗어난 대로 적은 것을 볼 때 ㉠에 해당하겠군.

123

〈보기 1〉을 참고하여 〈보기 2〉의 문장에 쓰인 단어와 형태소를 설명한 것으로 적절하지 않은 것은?

> ─ 보기 1 ─
> 하나의 어절을 자립하여 쓸 수 있는 부분과 조사로 분석했을 때 그 각각을 단어라고 하며 의미의 최소 단위는 형태소라고 한다. 예를 들어 '하늘이 맑다'는 '하늘', '이', '맑다' 세 개의 단어와 '하늘', '이', '맑', '다'의 네 개의 형태소로 이루어졌다.

> ─ 보기 2 ─
> ㉠ 즐거운 날은 항상 잠깐이다.
> ㉡ 마음에 드는 것이 많겠군.
> ㉢ 사랑을 하면 마음속이 기쁨으로 충만하다.

① ㉠의 '날은'은 ㉡의 '많겠군'보다 단어의 개수가 많다.
② ㉠의 '즐거운'과 ㉢의 '마음속이'는 형태소의 개수가 동일하다.
③ ㉠의 '잠깐이다'와 ㉢의 '기쁨으로'는 단어와 개수가 동일하다.
④ ㉡의 '것이'는 ㉢의 '하면'보다 단어의 개수가 많다.
⑤ ㉡의 '많겠군'과 ㉢의 '기쁨으로'는 형태소의 개수가 동일하다.

124

다음 중 〈보기〉의 ㉠, ㉡의 예로 적절한 것은?

── 보기 ──

'〈한글맞춤법〉 제4장(형태에 관한 것)'의 파생어와 합성어에 대한 표기 규정은 다음과 같이 네 가지로 정리해 볼 수 있다.
- 파생어이면서 어근의 원형을 밝히어 적는 경우 …… ㉠
- 파생어이면서 어근의 원형을 밝히어 적지 않는 경우
- 합성어이면서 어근의 원형을 밝히어 적는 경우 …… ㉡
- 합성어이면서 어근의 원형을 밝히어 적지 않는 경우

	㉠	㉡
①	많이, 벌이	집안, 돌다리
②	먹이, 노래	국밥, 날뛰다
③	길이, 마중	밤낮, 애호박
④	많이, 마개	마중, 설익다
⑤	자주, 벌이	먹이, 날뛰다

125

'어근'과 '어간'을 제대로 분류한 것은?
① '치솟다'는 어근이 '치-'이고, 어간은 '치솟-'이다.
② '먹이다'는 어근이 '-이-'이고, 어간은 '먹이-'이다.
③ '검붉다'는 어근이 '붉-'이고, 어간은 '검붉-'이다.
④ '뒤따르다'는 어근이 '뒤', '따르-'이고, 어간은 '뒤따르-'이다.
⑤ '갈아입다'는 어근이 '갈아-', '입-'이고, 어간이 '갈아입-'이다.

126

〈보기〉의 [가]를 바탕으로 [나]를 분석한 내용으로 적절하지 않은 것은?

───┤ 보기 ├───

[가] 일정한 뜻을 가진 가장 작은 말의 단위를 형태소(形態素)라고 한다. ㉠형태소는 그 자립성에 따라 ㉡자립 형태소와 ㉢의존 형태소로 나누고, 그것이 드러내는 의미의 성력에 따라 ㉣실질 형태소와 ㉤형식 형태소로 나눌 수 있다.

[나] 우리는 비로소 어른이 되었다.

① [나]를 ㉠으로 분석하면 8개의 형태소로 분석된다.
② [나]에서 ㉡은 '우리, 비로소, 어른'이다.
③ [나]에서 ㉢은 '는, 이, 되, 었, 다'이다.
④ [나]에서 ㉣은 '우리, 비로소, 어른, 되'이다.
⑤ [나]에서 ㉤은 '는, 이, 다'이다.

127

다음 중 단어의 구조에 대한 설명으로 적절하지 않은 것은?

① '단팥죽'의 형태소를 분석해 보면, 어근 '팥-'에 어근 '-죽'이 붙어 먼저 '팥죽'이 만들어지고, 여기에 다시 어근 '단-'이 붙어 '단팥죽'이 된 것이다. 따라서 '단팥죽'은 '어근 + (어근 + 어근)'의 구조로 된 합성어이다.
② '군것질'의 형태소를 분석해 보면, 접두사 '군-'에 어근 '-것'이 붙어 먼저 '군것'이 만들어지고, 여기에 다시 접미사 '-질'이 붙어 '군것질'이 된 것이다. 따라서 '군것질'은 '(접두사 + 어근) + 접미사'의 구조로 된 파생어이다.
③ '병마개'의 형태소를 분석해 보면, 어근 '마-'에 접미사 '-개'가 붙어 먼저 '마개'가 만들어지고, 여기에 다시 어근 '병'이 붙어 '병마개'가 된 것이다. 따라서 '병마개'는 '(어근 + 어근) + 접미사'의 구조로 된 파생어이다.
④ '놀이터'의 형태소를 분석해 보면, 어근 '놀-'에 접미사 '-이'가 붙어 먼저 '놀이'가 만들어지고, 여기에 다시 '터'가 붙어 '놀이터'가 된 것이다. 따라서 '놀이터'는 '(어근 + 접미사) + 어근'의 구조로 된 합성어이다.
⑤ '미닫이'의 형태소를 분석해 보면, 어근 '밀-'에 어근 '닫-'이 붙어 먼저 '미닫-'이 만들어지고, 여기에 다시 접미사 '-이'가 붙어 '미닫이'가 된 것이다. 따라서 '미닫이'는 '(어근 + 어근) + 접미사'의 구조로 된 파생어이다.

128

〈보기〉의 밑줄 친 부분에 해당하는 예로 적절한 것은?

보기

국어의 단어 형성 방식을 보면, 실질적인 의미를 갖는 어근들끼리 만나 새말을 만들기도 하지만, 특정한 뜻을 더하는 접사가 어근 앞에 붙어 새말을 만들기도 한다. 전자의 예로는 어근 '날다'가 어근 '가다'를 만나 '날아가다'를 만드는 것을 들 수 있고, 후자의 예로는 '풋'이 어근 '사과' 앞에 붙어 '덜 익은'의 뜻을 더하면서 '풋사과'를 만드는 것을 들 수 있다.

① 인생은 슬기롭게 살아야 한다.
② 발이 많이 시리면 덧버선을 신지 그래?
③ 그는 맨손으로 시작하여 부자가 되었다.
④ 지금의 남편은 대학 시절 나의 첫사랑이었다.
⑤ 아이는 그릇에 딱딱하게 강말라 붙어 있는 밥풀까지도 정신없이 먹어 치웠다.

129

〈보기1〉의 ㉠~㉤에 들어갈 단어의 예로 적절하지 <u>않은</u> 것은?

보기 1

통사적 합성어와 비통사적 합성어는 다음과 같은 유형으로 분류할 수 있다.
1. 통사적 합성어의 유형과 예
   • 체언 + 체언 : (㉠)
   • 관형사 + 체언 : (㉡)
   • 체언 + 용언 : (㉢)

2. 비통사적 합성어의 유형과 예
   • 용언의 어간 + 체언 : (㉣)
   • 용언의 어간 + 용언의 어간 : (㉤)

① ㉠ : 앞뒤
② ㉡ : 새신랑
③ ㉢ : 힘들다
④ ㉣ : 덮밥
⑤ ㉤ : 뛰어가다

130

〈보기〉의 밑줄 친 부분은 ⓒ에 해당된다. ⓒ에 대한 설명으로 적절한 것은?

보기

- 하늘은 맑고 바다는 푸르다.
- 그의 말은 듣지 말고 내 말을 들어라.
- 나는 물고기를 잡았지만 놓아주었다.
---

① 단어의 자격을 가지고 주로 문법적 의미를 나타낸다.
② 반드시 다른 말과 결합하여 쓰이고 단어의 자격을 가진다.
③ 음운 환경에 따라 형태가 바뀌고 반드시 실질적 의미를 가진다.
④ 반드시 다른 말과 결합하여 쓰이고 주로 문법적 의미를 나타낸다.
⑤ 반드시 다른 말과 결합하여 쓰이고 음운 환경에 따라 그 형태가 바뀐다.

131

〈보기〉의 예문 중 ⓒ의 예시로 적절하지 않은 것은?

보기

- 비통사적 합성어의 유형
  ㉠ 관형사형 전성어미가 생략된 경우
  ㉡ 보조적 연결어미가 생략된 경우
  ㉢ 부사가 명사를 수식하는 경우
  ㉣ 어순이 다른 경우
---

① 잡쥐다 ② 뛰놀다
③ 오가다 ④ 검붉다
⑤ 눈멀다

132

다음 글의 '게으름뱅이'와 단어의 구조가 동일한 것은?

'게으름뱅이'의 형태소를 분석해 보면 '어근+접미사+접미사'의 구조로 되어 있음을 알 수 있다. 어근 '게으르-'에 접미사 '-ㅁ'이 붙어 먼저 '게으름'이 만들어지고, 여기에 다시 접미사 '-뱅이'가 붙어 '게으름뱅이'가 된 것이다.
---

① 욕심쟁이 ② 헛걸음
③ 울음보   ④ 함박웃음
⑤ 막내둥이

133

다음 글을 참고하여 단어의 형성 방법을 이해한 것이 적절하지 않은 것은?

〈한글 맞춤법의 '접미사가 붙어서 된 말' 중 일부〉
㉠ 어간에 '-이'나 '-음/-ㅁ'이 붙어서 명사로 된 것중, 어간의 뜻을 유지하는 경우에는 그 어간의 원형을 밝히어 적는다. (예) 높이, 죽음
㉡ 어간에 '-이'나 '-음'이 붙어서 명사로 바뀐 것이라도 그 어간의 뜻과 멀어진 것은 그 어간의 원형을 밝히어 적지 아니한다. (예) 목거리(병의 일종), 거름(비료)
㉢ '-이'나 '-음/-ㅁ' 이외의 모음으로 시작된 접미사가 붙어 다른 품사로 바뀐 것은 그 어간의 원형을 밝히어 적지 아니한다. (예) 나머지, 올가미

① '깊다'에서 파생된 '깊이'는 어간의 원형을 밝히어 적은 것으로, ㉠에 따른 것이다.
② '묻다(問)'에서 파생된 '물음'은 어간의 원형을 밝히어 적지 않은 것으로, ㉡에 따른 것이다.
③ '놀다'에서 파생된 '노름'은 어간의 원형을 밝히어 적지 않은 것으로, ㉡에 따른 것이다.
④ '묻다(埋)'에서 파생된 '무덤'는 어간의 원형을 밝히어 적지 않은 것으로, ㉢에 따른 것이다.
⑤ '맞다'에서 파생된 '마중'는 어간의 원형을 밝히어 적지 않은 것으로, ㉢에 따른 것이다.

134

전성어미에 대해 알아보기 위해 준비한 〈보기〉를 보고 진술한 내용으로 가장 적절한 것은?

보기
(가) 봄을 반기는 비가 소리도 없이 내린다.
(나) 나는 네가 꿈을 가진 학생이 되기를 바란다.
(다) 그가 결혼했다는 말이 사실임을 너무나 명백하다.

① (가)에는 명사형 전성어미 '-기'가 나타난다.
② (나)에는 관형사형 선성어미 '-ㄴ'이 나타난다.
③ (다)에는 명사형 전성어미 '-임'이 나타난다.
④ (가), (나) 모두에 부사형 전성어미 '-이'가 나타난다.
⑤ (가), (다) 모두에 관형사형 전성어미 '-ㄴ'이 나타난다.

135

다음 중 단어의 분류가 적절한 것은?
① 못하다, 본받다, 게을러빠지다 → 합성어
② 먹이, 지우개, 큰절 → 파생어
③ 군것질, 굶주리다, 횡단보도 → 합성어
④ 건강하다, 바다, 구름 → 단일어
⑤ 색연필, 개살구, 풋사랑 → 파생어

136

다음의 ㉠~㉤ 중 옳은 설명만을 있는 대로 고른 것은?

> ㉠ 군말 : 직접 구성 성분이 '군+말'이므로 합성어이다.
> ㉡ 놀이터 : 직접 구성 성분이 '놀이+터'이므로 파생어이다.
> ㉢ 단팥죽 : 직접 구성 성분이 '단+팥죽'이므로 합성어이다.
> ㉣ 시부모 : 직접 구성 성분이 '시+부모'이므로 합성어이다.
> ㉤ 지우개 : 직접 구성 성분이 '지우+개'이므로 파생어이다.

① ㉠, ㉢
② ㉠, ㉤
③ ㉡, ㉢
④ ㉢, ㉤
⑤ ㉣, ㉤

137

다음의 예문을 읽고 ㉠~㉤ 중 옳은 설명만을 있는 대로 고른 것은?

— 예문 —

> ⓐ 식지 않게 밥을 <u>아랫목</u>에 <u>묻었다</u>.
> ⓑ 지나가는 사람에게 길을 <u>물었다</u>.
> ⓒ 바람이 센 곳이라 그런지 나무가 <u>굽었다</u>.
> ⓓ 요기라도 할 요량으로 고구마를 <u>구웠다</u>.

> ㉠ ⓐ의 '아랫목'은 파생어이며, 그 표준 발음은 [아랜목]이다.
> ㉡ ⓐ의 '묻었다'와 ⓑ의 '물었다'는 타동사이다.
> ㉢ ⓐ의 '묻었다'와 ⓒ의 '굽었다'는 규칙 활용 용언이다.
> ㉣ ⓑ의 '물었다'와 ⓓ의 '구웠다'는 불규칙 활용 용언이다.
> ㉤ ⓒ의 '굽었다'와 ⓓ의 '구웠다'는 자동사이다.

① ㉠, ㉡, ㉢
② ㉠, ㉡, ㉣
③ ㉠, ㉣, ㉤
④ ㉡, ㉢, ㉣
⑤ ㉢, ㉣, ㉤

138
다음의 주어진 단어들을 분류한 것으로 적절하지 <u>않은</u> 것은?
① 부슬비 – 통사적, 합성어, 종속 합성어
② 우짖다 – 비통사적 합성어, 대등 합성어
③ 뛰놀다 – 비통사적 합성어, 종속 합성어
④ 돌다리 – 통사적 합성어, 종속 합성어
⑤ 높푸르다 – 비통사적 합성어, 대등 합성어

139
'파생어'와 '합성어'를 제대로 분류하지 <u>못한</u> 것은?
① '곳곳이'는 '곳곳'과, '-이'가 결합한 것이므로 파생어이다.
② '여닫이'는 '열 -'과, '닫이'가 결합한 것이므로 합성이다.
③ '비웃음'은 '비웃-'과 '-음'이 결합한 것이므로 파생어이다.
④ '금목걸이'는 '금'과 '목걸이'가 결합한 것이므로 합성어이다.
⑤ '맨손체조'는 '맨손'과 '체조'가 결합한 것이므로 합성어이다.

140
〈보기〉의 예문으로 형태소에 대해 설명하려고 한다. 적절하지 <u>않은</u> 것은?

---- 보기 ----
- 니는 어머니의 모습을 ㉠<u>기억한다</u>.
- 얼마 만에 보는 쾌청한 ㉡<u>하늘이냐</u>?
- 민호는 어제 도서관에서 ㉢<u>공부하더라</u>.
- 시계를 ㉣<u>보는</u> 친구에게 시간을 물어보자.
- 아버지께서 큰형과 함께 병원에 ㉤<u>가시는구나</u>.

① ㉠의 '-ㄴ-'은 현재 시제를 나타내는 선어말 어미이므로 형식 형태소이다.
② ㉡의 '하늘'은 뜻을 지니며 홀로 쓰일 수 있는 명사이므로 자립 형태소이다.
③ ㉢의 '-더-'는 과거 시제 중 회상을 나타내는 선어말 어미이므로 형식 형태소이다.
④ ㉣의 '-는'은 동사의 어간에 붙은 관형사형 전성 어미이므로 의존 형태소이다.
⑤ ㉤의 '가시-'는 대상의 움직임을 나타내는 용언의 어간이므로 실질 형태소이다.

141

〈보기〉의 ㉠~㉦에 대해 탐구한 내용으로 적절한 것을 고르시오.

―― 보기 ――

- 큰 ㉠웃음이 마음을 밝게 한다.
- 크게 ㉡웃음으로써 분위기가 밝아졌다.
- 이웃집 총각은 얼굴이 ㉢둥글둥글한 것이 ㉣복스럽게 생겼다.
- ㉤포동포동한 그녀의 얼굴은 ㉥복스러워 보였다.
- 함박꽃처럼 ㉦복스레 생긴 얼굴.

① ㉠과 ㉡은 명사화 접미사 '-ㅁ'가 결합된 명사로 보는 것이 맞겠군.
② ㉢과 ㉤은 '-하다'라는 접미사가 붙어서 품사가 관형사로 바뀌었군.
③ ㉣은 부사화 접미사 '-스럽게'가 붙어 파생된 부사이군.
④ ㉥은 연결어미가 활용된 형태이군.
⑤ ㉦은 '복스럽다'라는 파생어에 부사형 전성 어미가 활용된 형태이군.

142

〈보기〉를 탐구한 내용으로 적절하지 않은 것은?

―― 보기 ――

㉠ 쌀밥에 찌개 대신 찰밥에 나물로 점심을 해결했다.
㉡ 풋사랑이었지만 그에게는 첫사랑이었다.
㉢ 맨주먹으로 맨땅을 일구어 수확한 곡식으로 제사상을 차렸다.
㉣ 모진 한겨울을 견디고 한길 가게 매화가 활짝 피었다.
㉤ 새그물에 걸린 것은 새빨간 부리를 가진 날짐승이었다.

① ㉠ : '쌀밥'의 '쌀'은 어근이지만, '찰밥'의 '찰'은 접사이다.
② ㉡ : '풋사랑'은 파생어이지만, '첫사랑'은 합성어이다.
③ ㉢ : '맨주먹'의 '맨'과 '맨땅'의 '맨' 모두 '다른 것이 없는'의 의미를 더해 주는 접사이다.
④ ㉣ : '한겨울'의 '한'은 '한창인', '한길'의 '한'은 '바깥'의 의미를 가진 어근이다.
⑤ ㉤ : '새그물'은 어근과 어근이 결합한 단어이지만, '새빨간'은 접사와 어근이 결합한 단어이다.

143

〈보기〉의 ㉠~㉤의 사례로 적절하지 않은 것은?

보기

파생어는 어근에 접사가 붙어 이루어지는데, 단어 형성 결과에 따라 여러 가지 경우로 분류된다. ㉠파생어가 되어도 품사는 그대로인 경우가 있는가 하면 ㉡파생어가 되면 품사가 달라지는 경우도 있다. 또한 문장에 사용된 어떤 단어에 접사를 붙여서 ㉢파생어로 바꾸면 파생어의 품사는 동일하지만 그 파생어가 문장 구조를 변화시키는 경우가 있는가 하면, ㉣품사가 달라지고 문장 구조까지 변화시키는 경우도 있다. 그리고 파생어 중에는 ㉤접두사와 접미사가 모두 붙어 이루어지는 경우도 있다.

---

① ㉠ : '겁'에 접미사 '-쟁이'가 붙어 '겁쟁이'가 된다.
② ㉡ : '울다'의 '울-'에 접미사 '-보'가 붙어 '울보'가 된다.
③ ㉢ : '아이가 밥을 먹다'의 '먹다'에 접미사 '-이-'가 붙으면 '어머니가 아이에게 밥을 먹이다'가 된다.
④ ㉣ : '어부가 물고기를 잡다'의 '잡다'에 접미사 '-히-'가 붙으면 '물고기가 어부에게 잡히다'가 된다.
⑤ ㉤ : '발'이라는 어근에 접두사 '헛-'과 접미사 '-질'이 붙어서 '헛발질'이 된다.

144

〈보기〉의 문장에 대한 분석으로 적절하지 않은 것은?

보기

첫눈이 내리자 사람들은 한낮에 산으로 갔다.

---

① 자립 형태소는 '첫눈', '사람', '낮', '산' 4개이다.
② 실질 형태소이면서 의존 형태소는 '내리-', '가-'이다.
③ 의존 형태소인 접사는 '-들', '한-' 2개로 단독으로 쓰일 수 없다.
④ 의존 형태소인 어미는 '-자', '-았', '-다' 3개로 단독으로 쓰일 수 없다.
⑤ 형식 형태소인 조사는 '이', '은', '에', '으로' 총 4개로 문법적인 의미를 지닌다.

145

다음 중 단어의 형성방식이 올바르게 짝지어진 것은?

	단일어	파생어	합성어
①	달리다	엿보다	접칼
②	먹다	사랑하다	휘날리다
③	그만	부슬비	힘세다
④	쪽문	마음껏	꺾쇠
⑤	지우개	풋사과	된서리

146

(가)는 수업 게시판에 올라온 발음 관련 질문들이다. (나)에 해당하는 음운현상으로만 묶은 것은?

> (가) ⓐ '맨입'은 왜 [맨닙]으로 발음되나요?
> ⓑ '받는다'는 왜 [반는다]로 발음되나요?
> ⓒ '내일 뵈요.'뵈요'는 왜 '봬요'로 적어야 하나요?
> ⓓ '낮'은 '밤낮으로'에서와 '낮일'에서 발음이 왜 다른가요?
> ⓔ '막연'은 [마견]으로 발음되는데, '색연필'은 왜 [생년필]로 발음하나요?
>
> (나) 합성어 및 파생어에서, 앞 단어나 접두사의 끝이 자음이고 뒤 단어나 접미사의 첫음절이 '이, 야, 여, 요, 유'인 경우에는 'ㄴ'소리를 첨가하여 [니, 냐, 녀, 뇨, 뉴]로 바름ㅁ하는 현상을 'ㄴ'첨가라고 한다.

① - ⓐ, ⓑ, ⓒ
② - ⓐ, ⓑ, ⓓ
③ - ⓐ, ⓒ, ⓔ
④ - ⓐ, ⓓ, ⓔ
⑤ - ⓒ, ⓓ, ⓔ

147

〈보기〉를 바탕으로 단어의 형성에 대해 탐구한 것으로 적절하지 않은 것은?

> ─ 보기 ─
>
> 하나의 어근으로만 이루어진 단어를 단일어(單一語), 둘 이상의 형태소로 이루어진 단어를 복합어(複合語)라고 한다. 복합어 가운데 직접 구성 성분이 어근만으로 이루어진 단어를 합성어(合成語)라고 하고, 어근에 접사가 결합되어 이루어진 단어를 파생어(派生語)라고 한다.

① '하늘', '맑다'는 하나의 어근으로 이루어진 단일어이다.
② '지르밟다'는 접두사 '지르'와 어근 '밟-'이 결합한 파생어이다.
③ '곁눈질'은 합성어 '곁눈'에 접미사 '-질'이 결합한 파생어이다.
④ '회덮밥'은 합성어 '덮밥'에 새로운 어근 '회'가 결합한 합성어이다.
⑤ '강마르다'는 '심하게'라는 의미를 지닌 접두사 '강'에 어근 '마르-'가 결합된 파생어이다.

148

〈보기〉의 밑줄 친 부분을 분석한 것으로 맞는 것은?

─ 보기 ─

군고구마를 보았고, 군침을 흘린다.
㉠ 군 : 굽-(어간) + -ㄴ(현재형 어미)
㉡ 보았 : 보-(어간) + -았-(과거형 어미)
㉢ 군침 : 군-(접두사) + 침(어근)
㉣ 흘린 : 흘리-(어간) + -ㄴ-(관형사형 어미)

① ㉠, ㉡   ② ㉠, ㉢   ③ ㉡, ㉢
④ ㉡, ㉣   ⑤ ㉢, ㉣

149

〈보기〉의 ㉠~㉤에 대한 설명으로 적절한 것은?

─ 보기 ─

하늘을 보니 곧 비가 ㉠그치겠어.
그 사람은 아침에 ㉡서울로 갔다.
나는 친구와 ㉢게임을 했다.
소라는 길을 걷다가 넘어져서 무릎을 ㉣다쳤다.
그는 아무 말 없이 밥을 ㉤먹고 있었다.

① ㉠의 의존 형태소이자 형식 형태소는 3개이다.
② ㉡은 실질 형태소가 2개, 형식 형태소가 3개 포함되어 있다.
③ ㉢을 형태소 분석하면 '게임/을/해-/-앴-/-다'이다.
④ ㉣의 의존 형태소이자 형식 형태소는 '-었-' 하나이다.
⑤ ㉤에서 의존 형태소이자 실질 형태소는 '먹-', '-었-' 으로 2개이다.

150

윗글을 참고하여 〈보기〉를 분석한 내용으로 적절한 것은?

─ 보기 ─

어제는 비가 많이 내렸다.

① 5개의 단어가 사용되었다.
② 실질적인 뜻을 지닌 형태소는 4개이다.
③ 자립적으로 쓰이고 있는 형태소는 4개이다.
④ 자립적으로 쓰이지 못하고 있는 형태소는 6개이다.
⑤ 실질적인 뜻은 없고 문법적인 기능을 하는 형태소는 6개이다.

단어의 의미

151
두 단어의 의미관계를 잘못 파악한 것은?
① 가끔 - 이따금 : 유의관계
② 변소 - 화장실 : 유의관계
③ 형 - 여동생 : 반의관계
④ 왼손 - 오른손 : 반의관계
⑤ 학교 - 중학교 : 상하관계

152
다의어의 의미 중 중심적 의미로 사용한 것은?
① 우리 집에는 자고 가는 손이 많다.
② 손에 반지를 낀 사람이 흔하지 않다.
③ 짐을 옮기는데 손이 부족해서 혼났다.
④ 그 가게에는 손이 많아서 발 디딜 틈이 없다.
⑤ 어머니는 손을 내저으며 사례금을 받지 않으셨다.

153
〈보기〉는 단어를 학습하기 위해 활용한 사전 자료이다. 이에 대한 탐구 내용으로 옳지 않은 것은?

― 보기 ―

길¹
 ㉠ 사람이나 동물 또는 자동차 따위가 지나갈 수 있게 땅 위에 낸 일정한 너비의 공간.
 ㉡ (주로 '-는/을 길' 구성으로 쓰여) 수단.

길²
 ㉠ 물건에 손질을 잘하여 생기는 윤기.
 ㉡ 짐승 따위를 잘 가르쳐서 부리기 좋게 된 버릇.
 ㉢ 어떤 일에 익숙해진 솜씨.

① '길¹'과 '길²'는 모두 다의어이다.
② '길¹'과 '길²'는 동음이의관계이다.
③ '길¹'의 ㉠에 해당하는 용례로 '비탈길', '갈림길'을 추가할 수 있다.
④ '길¹'의 ㉡과 '길²'의 ㉢은 다의관계이다.
⑤ '길²'의 ㉠을 사용한 예시로 '가위가 길이 잘 들었다'를 들 수 있다.

154
의미 변화의 유형이 축소된 것은?
① 겨레(친척) → 민족
② 어엿브다(불쌍하다) → 아름답다
③ 어리다(어리석다) → 나이가 어리다
④ 여름(열매) → 여름(사 계절의 둘째 철)
⑤ 놈(사람) → 남자를 낮잡아 이르는 말

155
〈보기〉의 ㉠~㉢에 해당하는 사례로 적절하지 않은 것은?

> 보기
>
> 의미가 같거나 비슷한 둘 이상의 단어가 맺는 의미 관계를 ㉠<u>유의 관계</u>, 둘 이상의 단어에서 의미가 서로 짝을 이루어 대립하는 의미 관계를 ㉡<u>반의 관계</u>, 한쪽이 의미 상 다른 쪽을 포함하거나 다른 쪽에 포함되는 의미 관계를 ㉢<u>상하 관계</u>라 한다.

	㉠	㉡	㉢
①	분명하다:명확하다	오르다:내리다	과일:사과
②	도착하다:다다르다	가다:오다	꽃:장미
③	음식:식량	열다:닫다	남자:남정네
④	책:도서	안:밖	포유류:개
⑤	날씨:기후	밤:낮	나무:소나무

156

〈보기〉에 대한 설명으로 적절하지 않은 것은?

───── 보기 ─────

손01「명사」
「1」 사람의 팔목 끝에 달린 부분. 손등, 손바닥, 손목으로 나뉘며 그 끝에 다섯 개의 손가락이 있어, 무엇을 만지거나 잡거나 한다.
  ㉮ 손으로 잡다/손으로 가리키다/손을 뻗다/손을 내젓다/손을 비비다
「2」 = 손가락. ㉮ 손에 반지를 끼다.
「3」 = 일손. ㉮ 손이 부족하다/손이 달리다/손이 많다.
「4」 어떤 일을 하는 데 드는 사람의 힘이나 노력, 기술.
  ㉮ 그 일은 손이 간다.

① 단어의 의미는 여러 가지로 파생되기도 한다.
② 단어는 중심 의미가 사라지면 주변 의미만 남는다.
③ 「3」의 '손'은 '길손'의 '손'과 의미가 전혀 다르다.
④ 「2」의 '손가락'은 형태소가 결합된 일종의 복합어이다.
⑤ 「1」은 중심적인 의미, 「2」, 「3」은 주변적인 의미이다.

157

〈보기〉는 단어를 학습하기 위해 활용한 사전 자료이다. 이에 대한 탐구 내용으로 옳지 않은 것은?

감다1 [동사]
㉠ 「…을」 (주로 '눈'과 함께 쓰여) 눈꺼풀을 내려 눈동자를 덮다.
¶ 눈을 감다

감다2 [동사]
① 「…을 …에, …을 …으로」
  ㉠ 어떤 물체를 다른 물체에 말거나 빙 두르다.
    ¶ 실을 실패에 감다
  ㉡ (낮잡는 뜻으로) 옷을 입다.
    ¶ 비싼 옷을 몸에 감았다고 다 멋쟁이는 아니다.
② 「…을」
  ㉠ 시계태엽이나 테이프 따위를 작동하도록 돌리다.
    ¶ 시계태엽을 감다.
  ㉡ 뱀 따위가 자기 스스로를 또는 다른 물체를 빙빙 두르다.
    ¶ 구렁이가 몸을 서리어 감는다.

① '감다1'과 '감다2'는 동음이의 관계이다..
② '감다1'과 '감다2'는 목적어가 필요한 동사이다.
③ '감다1'과 달리 '감다2'는 다의어이다.
④ '감다2①'은 주어 이외에 두 개의 자릿수가 더 필요한 서술어다.
⑤ '감다2②'의 ㉠의 예문으로 '머리에 붕대를 감다.'가 있다.

158

다음의 ㉠~㉤에 대한 설명으로 적절하지 않은 것은?

> 언어가 변화하는 원인은 언어적 원인, ㉠역사적 원인, ㉡사회적 원인, ㉢심리적 원인 등으로 다양하다.
> 단어의 의미 변화를 살펴보면 의미의 축소, ㉣의미의 확대, ㉤의미의 이동 등의 변화로 나누어 볼 수 있다.

① ㉠ : '바가지'는 원래 '박'으로 만든 것을 뜻했는데 요즘은 '플라스틱'으로 만든 것까지 의미하게 된 경우가 이에 해당한다.
② ㉡ : '심봤다'는 심마니들 사이에서 쓰이는 말인데 일반 사회에서 뜻밖의 큰 횡재를 만났을 때 하는 말로 사용된다.
③ ㉢ : '인간'이라는 단어가 '사람'이라는 단어보다 듣는 이에게 불쾌감을 주어 사라지게 되었다.
④ ㉣ : '세수(洗手)'라는 단어는 원래 '손을 씻다'의 의미였는데 요즘은 얼굴을 씻는 것까지 의미한다.
⑤ ㉤ : '어리다'는 원래 '어리석다'의 의미였는데 요즘은 '나이가 적다'의 의미로 쓰인다.

159

〈보기〉의 문장에서 사용된 '길'의 의미로 적절하지 않은 것은?

> ─ 보기 ─
> • 아이들이 길에서 놀고 있다.
> • 내가 살아온 길을 돌아보았다.
> • 이 문제는 도저히 길이 보이지 않는다.
> • 부모를 욕되지 않게 하는 것이 자식의 길이다.

① 어떤 일을 행하는 수단과 방법
② 어떤 행위가 벌어지는 도중이나 기회
③ 어떤 것이 지나갈 수 있게 땅 위에 난 공간
④ 어떤 것이 시간의 흐름에 따라 전개되는 과정
⑤ 어떤 자격이나 신분으로서 해야 할 도리나 임무

160

〈보기〉는 국어사전의 일부이다. 〈보기〉의 내용을 잘못 이해한 것은?

보기

고르다² 동
1. (…을) 울퉁불퉁한 것을 평평하게 하거나 들쭉날쭉한 것을 가지런하게 하다.
   ¶ 울퉁불퉁한 땅을 고르다.
2. (…을) 붓이나 악기의 줄 따위가 제 기능을 발휘하도록 다듬거나 손질하다.
   ¶ 강모는 거문고 줄을 골라 다시 한 곡조를 뜯었다.

고르다³ 형
1. 여럿이 다 높낮이, 크기, 양 따위의 차이가 없이 한결같다.
   ¶ 이 지역은 비가 연중 고르게 내린다.
2. 상태가 정상적으로 순조롭다.
   ¶ 생각보다 날씨가 고르다.

---

① 고르다²와 고르다³은 동음이의어 관계이다.
② 고르다²와 고르다³은 모두 다의어이다.
③ 고르다²는 주어 이외에도 다른 문장 성분을 필요로 한다.
④ 고르다²의 1의 용례로 '그는 목소리를 고르고 있었다.'를 추가할 수 있다.
⑤ 고르다³은 사물의 동작이나 작용을 의미하지 않는다.

외래어 표기법과 로마자

161

로마자 표기 기준과 그에 따른 예가 잘못된 것은?

① 발음상 혼동 우려가 있을 때 붙임표를 사용한다.
　　예 Jung-ang(중앙), Jun-gang(준강)
② 'ㄱ, ㄷ, ㅂ'은 놓이는 환경에 따라 달리 표기된다.
　　예 Guri(구리) Chilgok(칠곡)
③ 인명은 성과 이름의 순서로 띄어 쓰고, 이름은 붙여 쓰는 것을 원칙으로 한다.
　　예 민용하 Min Yongha
④ 이름에서 일어나는 음운변화는 표기에 반영하지 않는다.
　　예 한복남[한봉남] Han Bongnam
⑤ 회사명, 단체명은 그 동안 써 온 표기를 쓸 수 있다.
　　예 연세(대학교) Yonsei

162

다음 글을 참고하여 외래어 표기법이 올바르게 쓰인 단어를 〈보기〉에서 고른 것은?

> 외래어 표기법은 외래어를 한글로 표기하는 방법에 대한 규정으로 현행 표기법은 1986년에 고시되었다. 현재 영어, 독일어, 중국어, 일본어 등 21개 언어에 대한 표기 세칙이 마련되어 있다. 외래어 표기법의 제1장에서는 표기의 기본원칙을 다음과 같이 밝혔다.
> - 제 1항 외래어는 국어의 현용 24자모만으로 적는다.
> - 제 2항 외래어의 1음운은 원칙적으로 1기호로 적는다.
> - 제 3항 받침에는 'ㄱ, ㄴ, ㄹ, ㅁ, ㅂ, ㅅ, ㅇ'만을 쓴다.
> - 제 4항 파열음 표기에는 된소리를 쓰지 않는 것을 원칙적으로 한다.
> - 제 5항 이미 굳어진 외래어는 관용을 존중하되, 그 범위와 용례는 따로 정한다.

― 보기 ―
㉠ frypan : 프라이팬　　㉡ pierrot : 삐애로
㉢ juice : 쥬스　　　　　㉣ chocolate : 초콜릿
㉤ racket : 라켙

① ㉠, ㉡　　　　② ㉠, ㉣
③ ㉡, ㉤　　　　④ ㉢, ㉣
⑤ ㉢, ㉤

163

다음 중 외래어표기법에 따른 올바른 발음끼리 묶은 것은?

> 보기
>
> ㉠ cup → [컵]　　㉡ Paris → [빠리]
> ㉢ Mozart → [모차르트]　　㉣ Phuket → [푸켓]
> ㉤ camers → [캐머러]

① ㉠, ㉢
② ㉠, ㉡, ㉢
③ ㉠, ㉢, ㉣
④ ㉠, ㉢, ㉣, ㉤
⑤ ㉠, ㉡, ㉢, ㉣, ㉤

164

로마자표기법이 적절한 것끼리 묶은 것은?

① 설악산 → Seorakssan　　북한산 → Bukhansan
② 울릉 → Ulleung　　팔당 → Palttang
③ 독립문 → Dongnimmun　　참외 → chamoe
④ 간장 게장 → ganjanggejang　　속리산 → Sokrisan
⑤ 제육볶음 → jeyukbokkeum　　알약 → alyark

165

다음을 참고할 때, ㉠~㉢에 들어갈 말을 모두 바르게 쓴 것은?

> 모음 중에서 'ㅢ'는 'ㅣ'로 소리 나더라도 'ui'로 적으므로, '광희문'은 '(㉠)'으로 표기하며, 장모음의 표기는 따로 하지 않는다. 자음 중 'ㄱ, ㄷ, ㅂ'은 모음 앞에서는 'g, d, b'로, 자음 앞이나 어말에서는 'k, t, p'로 적는다. 따라서 '답십리'는 '(㉡)', '옥천'은 'Okcheon'으로 표기한다. 또 'ㄹ'은 모음 앞에서는 'r'로, 자음 앞이나 어말에서는 'l'로 적는다. 단, 'ㄹㄹ'은 'll'로 적는다. 따라서 '밀양'는 '(㉢)', 칠곡은 'Chilgok'으로 적으며, '대관령'은 'Daegwallyeong'으로 표기한다.
>
> 　　　　　　　　　　　　　　1) '답십리'는 '답십리-동'의 이름

	㉠	㉡	㉢
①	Gwanghuimun	Dapsimni	Miryang
②	Gwanghuimun	Dapsimni	Millyang
③	Gwanghuimun	Dabsimri	Milyang
④	Gwanghimun	Dapsipni	Miryang
⑤	Gwanghimun	Dabsipri	Milyang

166

현행 국어의 로마자 표기법에 맞는 인명의 표기는?

① 홍빛나 Hong Bitna
② 우경수 U Kyeongsu
③ 김복남 Gim Bongnam
④ 윤교영 Yun Kyo-yeong
⑤ 양은영 Yang Eun Yeong

167

로마자표기의 묶음이 모두 바른 것은?

① 알약 alyak, 좋고 joko
② 묵호 Mukho, 백마 Baekma
③ 샛별 Saetbyeol, 맞히다 matchida
④ 벚꽃 Beotkkot, 집현전 Jiphyeonjeon
⑤ 극락전 Geunglakjeon, 울릉도 Ulleungdo

168

〈보기〉의 외래어 표기법에 대한 설명으로 가장 적절한 것은?

보기

제1항 - 외래어는 국어의 현용 24자모만으로 적는다.
제2항 - 외래어의 1음운은 원칙적으로 1기호로 적는다.
제3항 - 받침에는 'ㄱ, ㄴ, ㄷ, ㄹ, ㅁ, ㅂ, ㅅ, ㅇ'만을 쓴다.
제4항 - 파열음 표기에는 된소리를 쓰지 않는 것을 원칙으로 한다.
제5항 - 이미 굳어진 외래어는 관용을 존중하되, 그 범위와 용례는 따로 정한다.

---

① 제2항은 외래어를 한글로 표기할 때 맞춤법에서 정한 24자모만으로 완벽한 발음을 규현할 수 있다는 뜻이다.
② 제2항 규정에 따라 'fighting'은 '파이팅'과 '화이팅'으로 모두 쓸 수 있다.
③ 제3항의 받침 규정은 'ㅈ, ㅊ, ㅋ, ㅌ, ㅍ, ㅎ'등을 써서는 안 된다는 규정으로 '음절의 끝소리 규칙'과 같다.
④ 제4항에 따르면 'bus, gas'를 '버스, 가스'라고 쓰지 않고 '뻐스, 까스'라고 써야 한다.
⑤ 제5항은 '레이디오'와 '캐머러'로 발음되더라도 오래 전부터 '라디오', '카메라'로 쓰던 관습을 존중하여 '라디오', '카메라'를 옳은 표기로 인정하는 것이다.

169
다음 중 그 로마자 표기가 <u>잘못된</u> 것을 고르면?
① 신라 → Silla
② 속리산 → Songnisan
③ 의정부시 → Uijeongbu-si
④ 광희문 → Gwanghimun
⑤ 한복남 → Han Boknam(Han Bok-nam)

170
로마자표기가 바르게 된 것은?
① '종로'는 'Jongro'로 표기해야겠군.
② '신라'는 'Sila'로 표기해야겠군.
③ '설악산'은 'Seoraksan'으로 표기해야겠군.
④ '국민'은 'kungmin'으로 표기해야겠군.
⑤ '비빔밥'은 'bibimbab'으로 표기해야겠군.

171
〈보기〉를 참고하여 외래어와 로마자를 표기한 것으로 바르게 된 것은?

---- 보기 ----

[외래어 표기법]
- 외래어의 1음운은 원칙적으로 1기호로 적는다.
- 외래어를 표기할 때는 받침으로 'ㄱ, ㄴ, ㄹ, ㅁ, ㅂ, ㅅ, ㅇ'만을 쓴다.
- 파열음 표기에는 된소리를 쓰지 않는 것을 원칙으로 한다.

[로마자 표기법]
- 국어의 파열음 'ㄱ, ㄷ, ㅂ'을 로마자로 표기할 때에는 모음 앞에서는 'g, d, b'로 표기하고, 자음 앞이나 어말에서는 'k, t, p'로 표기한다.
- 'ㄹ'도 모음 앞에서는 'r'로, 자음 앞이나 어말에서는 'l'로 적는다. 다만 'ㄹㄹ'은 언제나 'll'로 적는다.
- 음운 변화를 반영해야 한다는 것은 로마자 표기법이 '발음'을 중시한다고 설명했던 점과 맥을 같이한다. 다만 체언에서는 'ㄱ, ㄷ, ㅂ' 뒤에 'ㅎ'이 따를 때에는 'ㅎ'을 밝혀 적어야 하고 된소리되기는 표기에 반영하지 않는다는 예외가 있다.

① 'fighting'은 파이팅으로 'cameo'는 '까메오'로 표기한다.
② 'chochlate'은 '초콜릿'으로 'rocket'으로 '로켙'으로 표기한다.
③ '알약'은 'allyag'으로 '호법'은 'Hobeob'으로 표기한다.
④ '신라'는 'Silla'로 '한려'는 'Hallyeo'로 표기한다.
⑤ '설악산'은 'Seorakssan'으로 '묵호'는 'Mukho'로 표기한다.

172

다음 로마자 표기법에 따른 표기가 올바르지 않은 것은?

① 백마 Baengma
② 종로 Jongro
③ 왕십리 Wangsimni
④ 학여울 Hangnyeoul
⑤ 신라 Silla

173

〈보기〉는 로마자표기법에 맞게 표기한 사례이다. 이를 통해 추론할 수 있는 내용으로 적절하지 않은 것은?

보기

한글표기	로마자표기
왕십리	Wangsimni
도봉구	Dobong-gu
굳히다	guchida
알약	allyak
홍빛나(인명)	Hong Bitna

① 유음화를 표기에 반영한다.
② 구개음화를 표기에 반영한다.
③ 행정구역 단위 앞에 붙임표를 넣는다.
④ 고유명사의 첫 글자를 대문자로 적는다.
⑤ 인명에서도 음운 변동을 표기에 반영한다.

174

국어 단어를 로마자 표기법에 따라 표기한 것 가운데 적절하지 않은 것은?

① 묵호 Mukho
② 알약 allyak
③ 백마 Baengma
④ 광희문 Gwanghimun
⑤ 학여울 Hangnyeoul

175

다음 중 로마자 표기법에 맞는 단어는?

① 대관령(Daegwallyeong)
② 묵호(Muko)
③ 종로(Jongro)
④ 솜이불(somibul)
⑤ 낙동강(Nakddonggang)

176

다음 중 우리말을 로마자로 표기한 것으로 적절한 것끼리 짝지은 것은?

| 보기 |

ㄱ. 광주 [Kwangju] ㄴ. 밀양 [Millyang]
ㄷ. 낙동강 [Nakdonggang] ㄹ. 독립문 [Doknimmun]
ㅁ. 대관령 [Daegwallyeong]

① ㄱ, ㄴ ② ㄴ, ㄷ ③ ㄷ, ㄹ
④ ㄷ, ㅁ ⑤ ㄴ, ㄷ, ㅁ

177

국어의 로마자 표기법의 원리와 방법에 대한 설명으로 적절하지 <u>않은</u> 것은?

① 음운변화의 결과에 따라 '묵호'는 'Muho'로, '좋고'는 'joko'로 적는다.
② 'Jung-ang(중앙)'과 같이 발음 상 혼돈의 우려가 있는 경우에는 붙임표를 쓸 수 있다.
③ 'ㅂ'은 모음 앞에서는 'b'로 자음 앞이나 어말에서는 'p'로 적는다는 원칙에 따라 호법은 'Hobeop'로 적는다.
④ 이중모음 'ㅢ'는 'ㅣ'로 소리나더라도 'ui'로 적는다는 규정에 따라 광희문은 'Gwanghuimun'으로 적는다.
⑤ 'Han Seokbong(한석봉)'과 같이 인명은 성과 이름의 순서로 띄어 쓰되, 이름은 붙여 쓰는 것을 원칙으로 한다.

178

다음 중 로마자 표기법을 가장 충실하게 따른 표기는?

① 김치 : Kimchi ② 부산 : Busan
③ 조선 : Chosun ④ 신촌 : Chinchon
⑤ 태권도 : Taekwondo

179

로마자 표기법에 따라 아래의 단어를 로마자로 표기한 것 중 <u>잘못된</u> 것은?

① 해돋이[해도지] - haedoji
② 청량리[청냥니] - Cheongnyangni
③ 학여울[항녀울] - Hangnyeoul
④ 압구정[압꾸정] - Apggujeong
⑤ 왕십리[왕심니] - Wangsimni

180

로마자 표기법에 따라 〈보기〉의 탐구 결과를 분석한 내용으로 적절한 것은?

───── 보기 ─────

선생님 : 로마자 표기법은 국제와 시대에 그 중요성이 더 커지고 있습니다. 여권에 쓸 각자의 인명을 로마자로 표기하여 탐구한 내용을 발표해 봅시다.

표기	표준 발음	로마자 표기	
한복남	[한봉남]	Hanboknam	… ㉠
홍빛나	[홍빈나]	Binna Hong	… ㉡
김정의	[김정이]	Kim Jeong-i	… ㉢

① ㉠은 성과 이름을 띄어쓰기만 하면 바른 표기가 됩니다.
② ㉠과 달리 ㉡은 성과 이름을 띄어 썼으므로 바른 표기입니다.
③ ㉡과 달리 ㉠은 이름에서 일어나는 음운 변화를 표기에 반영하지 않아 바른 표기라고 할 수 없습니다.
④ ㉢은 이름의 첫 글자를 대문자로 사용한 점은 바른 표기이지만 모음 표기에서 잘못된 점이 있습니다.
⑤ ㉢은 음절 사이 발음의 혼동을 없애기 위해 붙임표를 씀으로써 표기법에 충실한 바른 표기입니다.

문장의 짜임

181
밑줄 친 부분에 대한 설명이 적절하지 <u>않은</u> 것은?
① 나는 <u>과일을</u> 좋아해. → 체언에 목적격 조사 '-을'이 붙은 목적어이다.
② <u>저 두</u> 집은 새로 <u>지은</u> 집이다. → '저', '두', '지은'은 모두 관형사로 된 관형어이다.
③ 그는 <u>그림 그리기를</u> 좋아한다. → 명사형 어미 '-기'가 붙은 명사절에는 목적격 조사 '-를'이 붙은 목적어이다.
④ <u>너</u> 어디 가니? → 보조사가 생략된 채 체언만으로 주어 역할을 한다.
⑤ <u>코끼리는 코가 길다</u>. → 전체 문장의 주어는 '코끼리는'이고, '코가 길다'는 절(節)로 된 서술어이다.

182
〈보기 1〉의 글을 참고하여 〈보기 2〉의 문장을 탐구해 보았다. 설명이 가장 적절한 것은?

―― 보기 1 ――
서술어는 그 서술어의 성격에 따라 각각 서로 다른 서술어 자릿수를 가진다. 그런데 같은 서술어라고 해도 항상 서술어 자릿수가 동일한 것은 아니다. 또한 서술어가 문장을 이루기 위해 반드시 필요로 하는 부사어가 있는데 이를 필수 부사어라고 한다.

―― 보기 2 ――
㉠ 그는 어제 즐거운 마음으로 영화를 보았다.
㉡ 삼촌은 옆 집 민수를 양자로 삼으셨다.
㉢ 찰랑이던 물이 투명한 얼음이 되었다.
㉣ 어머니께서 윤후에게 귀여운 인형을 선물로 줬다.
㉤ 할아버지께서는 겨울에는 짚신을 삼으셨다.
㉥ 이곳 날씨는 포도 농사에 매우 적합하다.

① ㉠, ㉡은 주어와 목적어를 필수적으로 필요로 하는 두 자리 서술어가 사용되었다.
② ㉢은 관형어와 보어를 필요로 하는 두 자리 서술어가 사용되었다.
③ ㉣은 필수 부사어 두 개와 목적어를 필요로 하는 세 자리 서술어를 사용하였다.
④ ㉤은 주어와 필수 부사어, 목적어를 필요로 하는 세 자리 서술어가 사용되었다.
⑤ ㉥은 주어와 필수 부사어를 필요로 하는 두 자리 서술어가 사용되었다.

183

문장에서 일부 문장 성분들을 생략하거나 보충하는 활동을 '필요한 문장 성분'에 대해 탐구해 보았다. 다음의 내용을 바탕으로 판단한 것으로 적절하지 <u>않은</u> 것은?

> ㄱ. 작은 것이 아름답다.
> ㄴ. 우리도 언제 개통될지 모른다.
> ㄷ. 친구가 나에게 편지를 보냈다.
> ㄹ. 아이가 작은 침대에서 예쁘게 잔다.
> ㅁ. 내가 의장으로 이 회의를 주재하게 되었다.

① 관형어는 일반적으로 생략될 수 있지만 ㄱ처럼 필수적인 경우도 있어.
② ㄴ에는 필수적인 문장 성분이 빠졌으니 서술어 '개통되다'의 주어를 보충해야 해.
③ ㄷ을 보면 부사어도 필수적인 문장 성분이 될 수 있어.
④ ㄹ에서 필수적인 문장 성분은 세 개야.
⑤ ㅁ에서 문장 성분이 여러 개가 있지만 필수적인 것은 주어, 목적어, 서술어야.

184

〈보기〉를 바탕으로 '문장성분'에 대해 탐구한 내용으로 적절하지 <u>않은</u> 것은?

> ── 보기 ──
> ㄱ. 예쁜 진달래꽃이 활짝 피었다.
> ㄴ. 학생들이 교정에서 진달래꽃을 보고 있다.
> ㄷ. 철쭉꽃은 진달래꽃과 비슷하게 생겼다.
> ㄹ. 저 아이가 나의 동생이다.
> ㅁ. 우리도 발표할지 정확히 모른다.

① ㄱ에서 필수적인 문장 성분은 주어와 서술어뿐이다.
② ㄴ에서 '보고 있다'는 문장성분 세 개를 필수적으로 요구한다.
③ ㄷ에서 '생겼다'는 부사어를 반드시 필요로 한다.
④ ㄹ에서는 관형어 '저'가 필수적인 문장성분으로 쓰이고 있다.
⑤ ㅁ은 '발표할지'의 목적어가 보충되어야만 완전한 문장이 될 수 있다.

185

다음 자료를 바탕으로 겹문장에 대해 탐구한 내용으로 적절하지 않은 것은?

> ㉠ 어느새 여름이 와서 햇살이 뜨겁다.
> ㉡ 비가 소리 없이 내린다.
> ㉢ 절약은 부자를 만들지만 절제는 사람을 만든다.
> ㉣ 한라산 등반을 하려고 일찍 일어났다.
> ㉤ 지금 집에 가면 공부하기 딱 좋을 것이다.

① ㉠은 '여름이 왔다.'가 '햇살이 뜨겁다.'의 원인이 되므로 종속적으로 이어진 문장이다.
② ㉡은 '비가 내린다.'와 '소리가 없다'가 나열 관계이므로 대등하게 이어진 문장이다.
③ ㉢은 '절약은 부자를 만든다.'와 '절제는 사람을 만든다.'가 대조의 관계이므로 대등하게 이어진 문장이다.
④ ㉣은 '한라산 등반을 하다.'가 '일찍 일어났다.'의 의도에 해당하므로 종속적으로 이어진 문장이다.
⑤ ㉤은 '지금 집에 가다.'가 '공부하기 딱 좋을 것이다.'의 조건이 되므로 종속적으로 이어진 문장이다.

186

다음 문장의 밑줄 친 부분의 문장 성분이 모두 바르게 풀이된 것은?

> • 싸이는 ㉠음악회에 갔다.
> • 싸이는 ㉡음악회를 갔다.
> • 물이 ㉢수증기가 되었다.
> • 물이 ㉣수증기로 되었다.

① ㉠ - 목적어　㉡ - 부사어　㉢ - 보어　㉣ - 관형어
② ㉠ - 부사어　㉡ - 목적어　㉢ - 보어　㉣ - 부사어
③ ㉠ - 관형어　㉡ - 목적어　㉢ - 보어　㉣ - 부사어
④ ㉠ - 부사어　㉡ - 목적어　㉢ - 보어　㉣ - 보어
⑤ ㉠ - 부사어　㉡ - 목적어　㉢ - 보어　㉣ - 주어

187

〈보기 1〉의 ㉮와 ㉯에 해당하는 것을 〈보기 2〉의 ㉠~㉤에서 고른 것으로 적절한 것은?

보기 1

문장 성분은 문장을 이루는 골격인데, 여기에는 문장 형성에 필수적으로 참여하는 주성분, 주성분의 내용을 꾸며 주는 부속성분, 다른 성분과 직접 관련을 맺지 않는 독립성분이 있다. ㉮<u>주성분</u>에는 서술어, 주어, 목적어, 보어가 있고, ㉯<u>부속 성분</u>에는 관형어와 부사어가 있으며, 독립성분에는 독립어가 있다.

보기 2

"네, ㉠<u>내일</u> 아침에 올라가겠어요. 방학을 얻어 온 학생 ㉡<u>팔자</u>도 아닌데, 남들 일할 때 저라고 이렇게 한가할 수 가 ㉢<u>있나요</u>? ㉣<u>급하게</u> 맡아 놓은 일도 한두 가지가 아니고요."
"그래도 한 며칠 쉬어 가지 않고……. 난 해필 이런 더운 때를 골라 왔길래 ㉤<u>이참에는</u> 며칠 좀 쉬어 갈 줄 알았더니……."

	㉮	㉯
①	㉠, ㉡	㉢, ㉣, ㉤
②	㉡, ㉢	㉠, ㉣, ㉤
③	㉢, ㉣	㉠, ㉡, ㉤
④	㉠, ㉣, ㉤	㉡, ㉢
⑤	㉡, ㉢, ㉤	㉠, ㉣

188

밑줄 친 말 중 〈보기〉의 ㉮에 해당하는 사례를 골라 바르게 묶은 것은?

― 보기 ―

㉮<u>객체 높임법</u>은 목적이나 부사어가 지시하는 대상, 즉 서술의 객체를 높이는 법을 말하며 특수한 어휘에 의해 실현된다.

㉠ 친구가 선생님께 흰색 분필을 <u>드렸다</u>.
㉡ 친구가 교무실에서 선생님을 <u>모시고</u> 왔다.
㉢ 친구가 선생님께 국어 높임법을 <u>여쭈어</u> 보았다.
㉣ 친구가 선생님께서 교무실에 <u>계시는 것</u>을 보았다.
㉤ 친구가 선생님께서 <u>편찮은</u> 듯이 보였다고 말했다.

① ㉠, ㉡, ㉢
② ㉡, ㉢, ㉣
③ ㉢, ㉣, ㉤
④ ㉠, ㉣, ㉤
⑤ ㉠, ㉡, ㉤

189

〈보기〉에 대한 문장 구조를 설명한 내용으로 적절하지 <u>않은</u> 것은?

― 보기 ―

(ㄱ) 나는 봄이 오기를 기다린다.
(ㄴ) 그는 키가 아주 크다.
(ㄷ) 해가 뜨면 별이 사라진다.
(ㄹ) 다른 학교에서는 오늘 체육 행사가 있다.
(ㅁ) 그는 눈이 예쁜 아이를 좋아한다.

① (ㄱ)에서 안긴문장이 목적어의 기능을 한다.
② (ㄴ)에서 안긴문장은 주어의 성질을 서술하는 기능을 한다.
③ (ㄷ)의 앞 절은 조건을 나타내는 것으로서 뒤 절에 종속되어 있다.
④ (ㄹ)은 주어와 서술어 관계가 두 번씩 나타나는 겹문장이다.
⑤ (ㅁ)의 안긴문장은 체언을 수식하는 기능을 한다.

190
다음 밑줄 친 말 중 문장 성분이 다른 하나는?
① 드디어 <u>9월이</u> 되었다.
② <u>준기가</u> 멋있는 남자로 성장하였다.
③ <u>눈이</u> 녹기 전에 썰매를 타러 가자.
④ 하얀 <u>꽃송이가</u> 마른 흙에 조용히 내려 앉았다.
⑤ 어느새 <u>나무가</u> 바람결에 살며시 흔들리고 있었다.

191
〈보기〉의 ㉠~㉤에 대한 설명으로 적절하지 <u>않은</u> 것은?

― 보기 ―

㉠ : 강아지는 코가 까맣다.
㉡ : 꽃이 피면 봄이 곧 올 것이다.
㉢ : 눈이 내려서 기차가 연착하였다.
㉣ : 목숨을 바친 그가 우리들의 목숨을 살렸다.
㉤ : 마라톤은 우리의 인생처럼 시련의 연속이다.

① ㉠ : 서술절이 있는 안은 문장이다.
② ㉡ : '조건'의 의미를 지닌 종속절이 있다.
③ ㉢ : '원인'의 의미를 지닌 종속적 연결어미로 이어진 문장이다.
④ ㉣ : 관형절을 포함하고 있는 안은 문장이다.
⑤ ㉤ : 두 문장이 대등하게 이어진 문장이다.

192
다음 밑줄 친 말 중 문법적 기능이 <u>다른</u> 하나는?
① 얼음이 <u>물로</u> 변하였다.
② 이 제품은 <u>저것과</u> 다르다.
③ 나는 서둘러서 <u>학교에</u> 갔다.
④ 그녀가 <u>아이에게</u> 초콜릿을 주었다.
⑤ 그 소년은 <u>수수깡으로</u> 집을 만들었다.

193

㉠~㉤에 대한 설명으로 적절하지 않은 것은?

> 보기
>
> "네. 내일 아침에 올라가겠어요. 방학을 얻어 온 ㉠학생 팔자도 아닌데, 남들 ㉡일할 때 ㉢저라고 이렇게 한가할 ㉣수가 있나여? 급하게 맡아 놓은 일도 한두 ㉤가지가 아니고요."

① ㉠의 문장성분은 관형어이며, 뒤에 오는 단어 '팔자'를 수식해 준다.
② ㉡의 문장성분은 서술어이며, '남들'에 대해 설명해 주는 역할을 한다.
③ ㉢의 문장성분은 부사어이며 뒤에 오는 단어 '이렇게'를 수식해 준다.
④ ㉣의 문장성분은 주어이며 '있나여'에 대한 주체 역할을 한다.
⑤ ㉤의 문장성분은 보어이며 문장의 내용을 보충해 주는 역할을 한다.

194

다음 중 문장의 오류에 대한 설명한 것으로 적절하지 않은 것은?

① 이 영화는 인생의 본질적인 의미를 다루고 있으며, 오랫동안 사랑을 받아왔다.
　→ 관형어 '인생의'가 수식하는 단어가 모호하여 중의적 의미를 지닌다.
② 지연이의 장점은 공부도 잘 하고 체육도 잘 하고 놀기도 잘 한다.
　→ 주어 '장점은'과 서술어 '잘 한다'가 호응을 이루지 못하고 있다.
③ 희수가 친구를 만났는데, 인사도 안 하고 가 버렸다.
　→ '가 버렸다'의 주체가 생략되어 의미가 모호하다.
④ 모두 자리에 착석(着席)해 주시기 바랍니다.
　→ '자리'와 '석(席)'이 의미의 중복을 이루고 있다.
⑤ 우리는 훌륭한 인성 함양과 강인한 체력을 길러야 한다.
　→ 목적어 '함양'과 서술어 '길러야 한다'가 호응을 이루지 못하고 있다.

195

〈보기 1〉을 참고하여 〈보기 2〉에 대한 설명으로 적절하지 않은 것은?

─────── 보기 1 ───────

문장 안에서 일정한 기능을 하는 부분들인 문장성분은 문장 형성에 필수적으로 참여하는 주성분, 주성분의 내용을 꾸며 주는 부속 성분, 다른 성분과 직접 관련을 맺지 않는 독립 성분으로 나누어지며 주어, 서술어, 목적어, 보어, 관형어, 부사어, 독립어가 있다.

─────── 보기 2 ───────

ㄱ. 그는 자라서 의사가 되었다.
ㄴ. 글쎄, 철수가 게임을 많이 해요.
ㄷ. 그 동생은 시골 풍경을 좋아한다.
ㄹ. 나는 동생과 운동장에서 축구했다.
ㅁ. 도서관에 갔나 했더니 학교를 갔구나.

① ㄱ에서 '의사가'는 서술어 '되었다'를 보충해 주는 보어로 주성분에 해당한다.
② ㄴ에서 '글쎄'는 다른 문장 성분과 직접적인 관련이 없으므로 독립성분에 해당한다.
③ ㄷ에서 '그'는 관형어로서 관형격 조사 '의'를 넣어도 문장의 의미에는 변화가 없다.
④ ㄹ에서 '동생과'는 부사어로서 생략해도 문장이 성립될 수 있다.
⑤ ㅁ에서 '학교를'은 '를'이라는 목적격 조사가 사용된 목적어로 주성분에 해당한다.

196

다음에 제시된 문장의 종류에 대한 설명이 적절하지 않은 것은?
① 비가 소리도 없이 내린다. → 명사절을 안은 문장
② 철수는 여행을 떠난다고 말했다. → 인용절을 안은 문장
③ 그가 좋아하는 바다가 저기 보인다. → 관형절을 안은 문장
④ 이것은 장미이고, 저것은 국화이다. → 대등하게 이어진 문장
⑤ 이 안개가 걷히면, 비행기가 출발한다. → 종속적으로 이어진 문장

197

다음 문장에서 앞 절과 뒤 절을 연결하는 어미의 의미가 바르지 못한 것은?
① 나는 숙제를 하러 도서관에 갔다. 〈목적〉
② 세상을 향해 외칠 수 없다면, 사랑이 아니다. 〈조건〉
③ 길이 좁아서 차가 못 지나간다. 〈이유〉
④ 한라산을 등반하려고 우리는 아침 일찍 일어났다. 〈의도〉
⑤ 높이 올라갈수록 기온은 떨어진다. 〈대조〉

198

〈보기〉를 이용하여 국어 문장 구조에 관한 수업을 진행하였다. 발표 내용으로 적절하지 <u>않은</u> 것은?

┤ 보기 ├

ㄱ. 그들은 <u>우리가 입은 것과 똑같이</u> 입고 있다.
ㄴ. <u>그 일은 하기가</u> 쉽지 않다.
ㄷ. <u>사람을 위한</u> 도구가 사람을 향한 흉기가 될 수 있습니다.

① 위 문장의 밑줄 친 부분은 모두 다른 문장 속에 안긴 문장입니다.
② ㄱ, ㄴ, ㄷ에 밑줄 친 부분은 각각 목적어, 주어, 관형어의 구실을 하고 있습니다.
③ ㄴ의 밑줄 친 부분의 주어는 나타나 있지 않은데, 생략된 주어는 '그 일을 하는' 주체라 할 수 있다.
④ ㄷ에서는 밑줄 친 부분뿐 아니라 뒤에 나오는 '사람을 향한'도 안긴문장입니다.
⑤ 이처럼 우리말은 문장 속에 문장을 안은 형태로 복잡한 생각을 표현할 수 있습니다.

199

〈보기〉의 겹문장에 대한 분석으로 적절하지 <u>않은</u> 것은?

┤ 보기 ├

ㄱ. 농부들은 비가 오기를 기다린다.
ㄴ. 내 볼펜은 글씨가 잘 써진다.
ㄷ. 봄이 오면 꽃이 핀다.
ㄹ. 인생은 짧고 예술은 길다.
ㅁ. 그의 동정은 무죄였지만, 그의 변론은 유죄였다.
ㅂ. 그는 눈이 예쁜 아이를 좋아한다.

① ㄱ에서 '비가 오기'는 '비가 온다'라는 홀문장에 명사형 어미 '-기'가 결합된 것이다.
② ㄴ은 서술절인 '글씨가 잘 써진다'를 안은문장이다.
③ ㄷ의 앞절은 뒷절의 중간으로 이동할 수 없다.
④ ㄹ, ㅁ은 두 개의 홀문장이 서로 대등하게 이어져 있다.
⑤ ㅂ에서 '눈이 예쁜'은 관형절로서 '아이'를 수식한다.

200

다음 밑줄 친 부분 중, 문장 성분이 다른 것은?

① 그 여자는 내가 콩으로 메주를 쑨다고 해도 내 말은 곧이 듣지 않아요.
② 내가 의장으로 이 회의를 주재하게 되었다.
③ 그 놈, 멋지게 생겼네.
④ 어느 시대의 무슨 작품을 가장 잘 이해하겠느냐?
⑤ 아침 이슬이 아름답게 빛나는구나.

201

밑줄 친 부분이 같은 종류의 절인 것만을 〈보기〉에서 있는 대로 고른 것은?

─────┤ 보기 ├─────
㉠ 좋은 차는 몸이 먼저 느낍니다.
㉡ 나는 그가 착한 사람이라는 생각이 들었다.
㉢ 내 하는 일을 돕기 싫거든 간섭이나 하지 말게.
㉣ 윗물이 흐린데 어찌 아랫물이 맑기를 바라겠는가?

① ㉠, ㉡   ② ㉠, ㉣
③ ㉢, ㉣   ④ ㉠, ㉡, ㉣
⑤ ㉠, ㉢, ㉣

202

밑줄 친 서술어의 자릿수가 다른 하나는?

① 오늘 날씨가 너무 춥다.
② 그 겨울, 바람이 신나게 분다.
③ 그 아이는 깨물어 주고 싶을 만큼 귀엽다.
④ 그는 나에게 한없는 평안을 주었다.
⑤ 새 봄에 목련이 하얗게 피었다.

203

〈보기〉의 문장들에 대한 이해로 적절하지 않은 것은?

┤ 보기 ├

ㄱ. 나는 재현이가 적극적인 성격이라는 인상을 받았다.
ㄴ. 이 책은 글씨가 너무 작다.
ㄷ. 우리가 예상했던 것과 같이, 그는 시험에 합격했다.
ㄹ. 어린아이가 그런 일을 하기가 쉽지 않다.
ㅁ. 아버지께서 "너 참 열심히 공부하는구나!"라고 칭찬하셨다.

① ㄱ : 관형절을 안고 있는 문장이다.
② ㄴ : 서술절을 안고 있는 문장이다.
③ ㄷ : 부사절을 안고 있는 문장이다.
④ ㄹ : 명사절을 안고 있는 문장이다.
⑤ ㅁ : 간접 인용절을 안고 있는 문장이다.

204

다음 중, 안긴 문장의 종류가 다른 하나는?
① 찍을 사람이 없는 것보다 찍는 사람이 없는 것이 더 문제입니다.
② 우리는 다른 시간 속에서 같은 사랑을 꿈꾼다.
③ 나는 네가 지난 여름에 한 일을 알고 있다.
④ 세상에서 가장 강한 팔, 생명을 살리는 당신의 팔입니다.
⑤ 소리 없이 세상을 움직입니다.

205

〈보기〉는 독서와 관련된 말들이다. 각각 어떤 문장에 속하는지 지적한 것 중 옳지 <u>않은</u> 것은?

> ─┤ 보기 ├─
> ㉠ 집은 책으로 꽉 채우고, 화원은 꽃으로 메꾸어라.
> ㉡ 책은 위대한 천재가 인류에 남긴 유산이다.
> ㉢ 독서는 정신의 음악이다.
> ㉣ 하루라도 책을 읽지 않으면 입안에 가시가 돋는다.
> ㉤ 그 사람의 인격은 그가 읽은 책으로 알 수 있다.

① ㉠ : 대등적으로 이어진 문장
② ㉡ : 관형절을 안은 문장
③ ㉢ : 주어와 서술어가 한번만 나오는 문장
④ ㉣ : 종속적으로 이어진 문장
⑤ ㉤ : 부사절을 안은 문장

206

〈보기〉의 ⓐ~ⓒ에 관한 설명으로 적절하지 <u>않은</u> 것은?

> ─┤ 보기 ├─
> ⓐ 그녀는 <u>책상을</u> 끌어다가 앉았다.
> ⓑ 그는 아직 <u>어른이</u> 아니다.
> ⓒ 비행기는 열기에 이따금 <u>덜컹덜컹</u> 흔들렸다.

① ⓐ의 밑줄 친 부분은 동작의 대상이 되는 말이다.
② ⓑ의 밑줄 친 부분은 문장에서 주체를 나타낸다.
③ ⓒ의 밑줄 친 부분은 서술어의 내용을 한정한다.
④ ⓐ, ⓑ의 밑줄 친 부분은 생략할 수 없는 성분이다.
⑤ ⓐ, ⓑ와 달리 ⓒ의 밑줄 친 부분은 부속 성분이다.

207
〈보기〉의 문장에서 주성분의 개수는?

― 보기 ―
지난 일요일에 저는 사촌 동생과 함께 극장에서 재미있는 영화를 보았어요.

① 1개 ② 2개 ③ 3개
④ 4개 ⑤ 5개

208
주어 기능을 하는 명사절이 없는 것은?
① 그와 같이 있기 정말 싫었다.
② 나의 선택이 옳았음이 밝혀졌다.
③ 내 일을 돕기 싫거든 간섭이나 하지 말아요.
④ 그의 친구에 대한 믿음은 실로 대단하다.
⑤ 어린이가 여기에서 편하게 놀기가 쉽지 않다.

209
㉠~㉤에 대한 설명으로 적절하지 않은 것은?

게으른 철수도 항상 웃으며 산다.
㉠   ㉡   ㉢   ㉣   ㉤

① 위 문장에서 사용된 품사와 성분의 개수는 각각 6개, 5개이다.
② ㉠은 뒤의 명사를 수식하는 관형사이자 관형어이다.
③ ㉡에는 격조사 대신 보조사가 결합하여 주어의 기능을 하고 있다.
④ ㉢은 용언을 수식하므로 부사이자 부사어이다.
⑤ ㉣과 ㉤의 주어는 동일하다고 볼 수 있다.

210
밑줄 친 부분이 서술어 자릿수를 구분한 것으로 잘못된 것은?
① 철수의 얼굴이 매우 <u>밝구나</u>. : 한 자리 서술어
② 이제 우리는 모두 어른이 <u>됩니다</u>. : 두 자리 서술어
③ 오늘 너의 모습은 어제와 참 <u>다르구나</u>. : 세 자리 서술어
④ 당신의 마음은 너무나도 <u>아름답습니다</u>. : 한 자리 서술어
⑤ 언제나 여러분에게 저희는 사랑을 <u>줍니다</u>. : 세 자리 서술어

211

다음 문장에 대한 설명으로 적절하지 <u>않은</u> 것을 <u>두 가지</u> 고르면?

> <u>마음을 모두 비운다면</u> <u>그것은</u> 행복한 삶입니다.
>   ㉠   ㉡

① ㉠에는 주어가 나타나 있지 않은데, 생략된 주어는 '그것은'이다.
② ㉠과 ㉡의 위치를 바꾸어도 의미에 큰 변화가 있다.
③ ㉡은 절이지만 그 안에 또 다른 절이 포함돼 있다.
④ 이어진문장과 안은문장이 복합적으로 이루어진 문장이다.
⑤ 위 문장에는 동사, 형용사, '체언 + 서술격조사'라는 3가지 유형의 서술어가 모두 포함돼 있다.

212

〈보기〉의 ㉠~㉤에 대한 설명으로 적절한 것은?

> ─── 보기 ───
> ㉠ 그는 살려 달라고 외쳤다.
> ㉡ 비가 소리도 없이 내린다.
> ㉢ 눈이 와서 밖에 나가기가 싫다.
> ㉣ 할아버지께서는 정말 손이 크시다.
> ㉤ 아이들이 들어오는 소리를 들었다.

① ㉠의 '살려 달라'는 부사격 조사 '라고'가 사용된 인용절로 볼 수 있다.
② ㉡의 '소리도 없이'는 전성 어미 '-이'가 사용된 부사절로 '내린다'를 수식한다.
③ ㉢은 종속적으로 이어진 문장과 명사절을 안은문장이 함께 쓰인 겹문장이다.
④ ㉣은 '할아버지께서는'이라는 절이 주어의 역할을 하고 있다.
⑤ ㉤의 '아이들이 들어오는'이라는 절은 안은문장에 안기면서 목적어가 생략되었다.

213

다음 안은문장에서 밑줄 친 안긴문장의 종류를 바르게 말한 것은?

① 누나는 <u>마음이 넓다</u>. : 인용절
② <u>어렸을 때에 즐겨 먹던</u> 다래가 먹고 싶었다. : 관형절
③ 나는 <u>네가 성공하기</u>를 바란다. : 부사절
④ <u>그분의 도움 없이</u> 우리가 일을 할 수 있을까? : 명사절
⑤ 담당자가 "<u>서류는 지금 제출하세요.</u>"라고 말했다. : 서술절

214

㉠~㉤을 종류에 맞게 분류한 것으로 적절한 것은?

> ㉠ 달면 삼키고 쓰면 뱉는다.
> ㉡ 점심을 먹으러 급식실로 갔다.
> ㉢ 바깥이 잘 보이게 창문을 활짝 열어라.
> ㉣ 형은 집에 갔으나 동생은 가지 않았다.
> ㉤ 내가 일찍 일어나면 아버지께서 칭찬하신다.

	종속적으로 이어진 문장	대등하게 이어진 문장
①	㉠, ㉡	㉢, ㉣, ㉤
②	㉠, ㉢, ㉣	㉡, ㉤
③	㉡, ㉣	㉠, ㉢, ㉤
④	㉡, ㉢, ㉤	㉠, ㉣
⑤	㉡, ㉣, ㉤	㉠, ㉢

215

㉠~㉤에 대한 탐구 내용으로 적절하지 <u>않은</u> 것은?

> ─ 보기 ─
> ㉠ 물이 얼음이 되었다.
> ㉡ 이것은 성린이가 읽을 책이다.
> ㉢ 항상 옳은 일을 하기는 쉽지 않다.
> ㉣ 비가 오지만, 바람은 불지 않는다.
> ㉤ 성연이는 밥을 먹으면서, 책을 본다.

① ㉠은 주어와 서술어가 한 번 나타나는 홑문장이다.
② ㉡은 관형절을 안은문장으로 겹문장이다.
③ ㉢은 전성어미가 붙어 만들어진 절이 주어로 쓰인 겹문장이다.
④ ㉣은 연결어미로 홑문장을 대등하게 연결한 겹문장이다.
⑤ ㉤은 연결어미로 홑문장을 종속적으로 연결한 겹문장이다.

216

다음 문장의 밑줄 친 부사어 중 〈보기〉의 ㉠에 해당하는 것은?

— 보기 —

　일반적으로 부사어는 문장에서 생략할 수 있는 부속 성분이지만 어떤 서술어는 문장을 구성하는 데 부사어를 반드시 필요로 하기도 한다. 이때의 부사어를 ㉠필수적 부사어라고 한다.

① <u>다행히</u> 기한 내에 과제를 제출했다.
② 나는 주말에 공원에서 <u>친구와</u> 만났다.
③ 그녀는 이맘때면 <u>항상</u> 뒷산에 올라갔었다.
④ 그는 약속에 늦지 않기 위해 <u>빠르게</u> 달렸다.
⑤ 선생님께서 우리에게 <u>열심히</u> 공부하라고 말씀하셨다.

217

다음 ㄱ~ㄹ의 문장 성분과 문장 구조에 대한 설명으로 옳지 <u>않은</u> 것은?

ㄱ. 나는 빵만 먹는다.
ㄴ. 나는 일만 하는 노예가 아니다.
ㄷ. 우리 반이 승리했음이 분명하다.
ㄹ. 비가 소리도 없이 내린다.

① ㄱ은 주성분만으로 이루어진 문장이나, ㄷ은 부속 성분을 포함하고 있는 문장이다.
② ㄴ은 주어와 서술어의 관계가 한 번만 나타나고, ㄷ은 주어와 서술어의 관계가 두 번 나타난다.
③ ㄱ은 목적어를 갖고 있고, ㄴ은 보어를 갖고 있다.
④ ㄷ과 ㄹ에는 독립 성분이 나타나 있지 않다.
⑤ ㄷ에는 체언을 수식하는 성분이 있고, ㄹ에는 용언을 수식하는 성분이 있다.

218

〈보기〉의 ㄱ~ㅁ에서 밑줄 친 말을 통해 부사어에 대해 탐구한 내용으로 적절하지 않은 것은?

— 보기 —

ㄱ. 이번 사건의 조사<u>와</u> 발표는 검찰에서 합니다.
ㄴ. 아기가 <u>매우</u> 크게 울었다.
ㄷ. 그는 <u>아주</u> 새 사람이 되었다.
ㄹ. 그녀는 <u>무척이나</u> 아름다웠다.
ㅁ. <u>다행히도</u> 나는 시험에 합격하였다.

① ㄱ을 보니 부사어는 단어와 단어를 연결하는 역할을 하기도 하는군.
② ㄴ을 보니 부사어가 또 다른 부사어를 꾸며 주기도 하는 군.
③ ㄷ을 보니 부사어가 관형사를 수식하는 경우도 있군.
④ ㄹ을 보니 부사에 보조사가 붙어 부사어로 실현되기도 하는 군.
⑤ ㅁ을 보니 부사어가 문장 전체를 꾸미는 경우도 있군.

219

〈보기〉에서 문장 성분이 <u>다른</u> 하나는?

— 보기 —

- 철수는 어제 ㉠<u>새</u> 신발을 샀다.
- ㉡<u>대한민국의</u> 수도는 서울이다.
- 봄이 되자 ㉢<u>예쁜</u> 꽃이 피었다.
- 이것은 매우 ㉣<u>유명한</u> 그림이다.
- 버스가 ㉤<u>멈추면</u> 그녀가 내릴 것이다.

① ㉠ ② ㉡ ③ ㉢
④ ㉣ ⑤ ㉤

220

다음 밑줄 친 부분의 문장 성분으로 적절하지 않은 것은?

① 나는 할머니를 위해 무거운 짐을 <u>들어 드렸다</u>. → 관형어
② 나는 <u>그가 지나가도록</u> 길을 비켜 주었다. → 부사어
③ 이번 인사에서 윤수는 <u>과장</u>이 되었다. → 보어
④ 나는 <u>집으로 돌아가기를</u> 원해. → 목적어
⑤ 고교 야구 대회에서 <u>우리가</u> 우승했다. → 주어

221

〈보기〉에 대한 설명으로 옳지 <u>않은</u> 것은?

보기

㉠ 세상은 넓고 볼 것은 많다.
㉡ 저 잎이 지면 내 생명도 다하겠지.
㉢ 지구가 멸망할지라도 나는 사과나무를 심겠다.
㉣ 불 가져오라는데 물 가져온다.
㉤ 그녀는 샌드위치를 먹으면서 문서를 읽었다.

---

① ㉠ : 대등적 연결어미 '-고'가 사용되었다.
② ㉡ : '조건'의 관계로 앞의 절과 뒤의 절이 연결되었다.
③ ㉢ : 앞의 절과 뒤의 절을 순서로 맞바꿀 수 없다.
④ ㉣ : '-는데'에 의해 대등적으로 이어진 문장이다.
⑤ ㉤ : '-면서'에 의해 사건이 동시에 이루어짐을 나타내는 이어진 문장이다.

222

〈보기〉의 절을 순서대로 올바르게 분석한 것은?

보기

- 아이는 "<u>그게 무슨 뜻이에요?</u>"라고 물었다.
- 나는 발에 <u>땀이 나도록</u> 친구를 도왔다.
- 결국 <u>그 사람이 범인이었음</u>이 밝혀졌다.
- 영희는 <u>머리가 길다</u>.
- 책은 <u>위대한 천재가 인류에 남긴</u> 유산이다.

---

① 인용절, 부사절, 명사절, 서술절, 관형절
② 인용절, 부사절, 서술절, 명사절, 관형절
③ 인용절, 부사절, 명사절, 관형절, 서술절
④ 부사절, 관형절, 명사절, 인용절, 서술절
⑤ 부사절, 인용절, 명사절, 서술절, 관형절

223

〈보기〉의 ㉠~㉤에서 명사절을 찾아 그 기능에 대해 설명이 적절하지 않은 것은?

― 보기 ―

㉠ 이 책은 내가 읽기에는 너무 어렵다.
㉡ 나는 그가 노력하고 있음을 잘 알고 있다.
㉢ 내 일을 돕기 싫거든 간섭이나 하지 말아요.
㉣ 윗물이 흐린데 어찌 아랫물이 맑기를 바라겠느냐.
㉤ 어른들이 많이 계신 자리에서 어린 학생들이 자연스럽게 행동하기가 쉽지 않다.

① ㉠ '내가 읽기'는 명사절로 부사어 기능을 하고 있다.
② ㉡ '그가 노력하고 있음'은 명사절로 목적어 기능을 하고 있다.
③ ㉢ '내 일을 돕기'는 명사절로 부사어 기능을 하고 있다.
④ ㉣ '아랫물이 맑기'는 명사절로 목적어 기능을 하고 있다.
⑤ ㉤ '어린 학생들이 자연스럽게 행동하기'는 명사절로 주어 기능을 하고 있다.

224

다음 〈보기〉의 밑줄 친 부분의 문장 성분을 바르게 적은 것끼리 묶인 것은?

― 보기 ―

ㄱ. <u>어머니는</u> 내가 모시고 가마. (주어)
ㄴ. <u>영화만</u> 보지 말고 책을 읽어라. (목적어)
ㄷ. 민기는 <u>농촌</u> 풍경을 좋아합니다. (관형어)
ㄹ. <u>벗이여</u>, 우리의 우정을 영원히 간직하세. (독립어)
ㅁ. 어느덧 동생은 자라서 <u>대학생</u>이 되었습니다. (주어)

① ㄱ, ㄴ, ㄷ, ㄹ, ㅁ
② ㄱ, ㄴ, ㄷ, ㄹ
③ ㄱ, ㄹ, ㅁ
④ ㄴ, ㄷ, ㄹ
⑤ ㄴ, ㄷ, ㅁ

225

〈보기〉를 이용하여 문장 구조에 관한 설명을 하였다. 적절하지 않은 것은?

―| 보기 |―

ㄱ. <u>우리가 오후에 먹을</u> 음식은 햄버거다.
ㄴ. 경수는 <u>발에 땀이 나게</u> 뛰었다.
ㄷ. 나는 <u>그가 실력이 뛰어난 사람이라는</u> 생각이 들었다.

① ㄱ, ㄴ, ㄷ의 밑줄 친 부분들은 모두 '안긴문장'이다.
② ㄱ, ㄴ, ㄷ의 밑줄 친 부분들은 각각 관형어, 부사어, 관형어의 구실을 하고 있다.
③ ㄱ의 밑줄 친 부분에 생략된 말은 '음식이'이다.
④ ㄴ의 '나게'를 '나도록'으로 바꾸어도 밑줄 친 부분의 구실은 바뀌지 않는다.
⑤ ㄷ의 밑줄 친 부분을 통해 안긴문장 속에 안긴문장이 들어갈 수 있다는 것을 확인할 수 있다.

226

〈보기〉의 겹문장을 이해한 내용으로 적절하지 않은 것은?

―| 보기 |―

ⓐ 나는 <u>아름다운</u> 그녀를 떠올렸다.
ⓑ <u>친구와 같이 듣던</u> 음악은 찬미에게 큰 영향을 미쳤다.
ⓒ 안림이는 <u>흥이 나게</u> 춤을 추었다.
ⓓ 바다가 <u>바람이 불어서</u> 출렁거린다.

① ⓐ, ⓑ의 밑줄 친 부분들은 체언을, ⓒ, ⓓ의 밑줄 친 부분들은 용언을 꾸며 준다.
② ⓑ에서 '듣던'의 '-던'은 시제가 나타나는 관형사형 어미이다.
③ ⓑ는 홑문장이 겹문장이 되는 과정에서 생략된 문장 성분이 없다.
④ ⓒ의 밑줄 친 부분을 '흥이 나서'로 바꿔도 부사절이 된다.
⑤ ⓓ의 '바람이 불어서'를 문장의 앞으로 옮겨도 부사절로 볼 수 있다.

227

〈보기〉의 ㉠~㉥의 문장 성분에 대해 탐구한 내용으로 가장 적절한 것은?

| 보기 |

㉠ 나는 그 후 전혀 다른 사람이 됐다.
㉡ 오늘의 승리는 결코 우연이 아닙니다.
㉢ 그녀가 자신의 제자를 진심으로 응원한다.
㉣ 그녀는 항상 다른 사람을 바보로 취급한다.
㉤ 그는 양말 공장에서 주로 용접기를 취급한다.
㉥ 나는 입을 틀어막으며 연거푸 기침을 삼켰다.

① ㉠에는 주어와 관형어와 보어를 필수적으로 요구하는 세 자리 서술어가 사용되었다.
② ㉡에는 두 자리 서술어가 사용되었지만 ㉢에는 세 자리 서술어가 사용되었다.
③ ㉢과 ㉣에는 각각 주성분 4개와 부속성분 1개가 사용되었다.
④ ㉣과 ㉤을 볼 때, 동일한 형태의 서술어라도 서술어가 요구하는 필수적인 문장 성분의 개수가 다를 수 있다.
⑤ ㉤과 ㉥에는 모두 주어와 목적어와 부사어를 필수적으로 요구하는 세 자리 서술어가 사용되었다.

228

〈보기〉를 이해한 내용으로 바른 것은?

| 보기 |

ㄱ. 시간이 매우 빠르게 지나간다.
ㄴ. 누가 그것을 모르니?
ㄷ. 누나가 새 책을 샀다.

① ㄱ에는 부속성분이 1개 나타난다.
② ㄴ에는 주성분이 3개 나타난다.
③ ㄱ과 ㄷ 모두 관형어를 부속성분으로 가진다.
④ ㄷ은 4개의 어절로 이루어져 있으며 2개의 구를 가진다.
⑤ ㄱ의 '빠르게'는 '체언+부사격 조사'가 결합한 형태이다.

229
〈보기〉의 문장들을 대상으로 문장 성분에 대해 탐구한 활동을 한 결과로 옳지 <u>않은</u> 것은?

― 보기 ―

(가) ㉠ 칠판의 글씨가 선명하게 보인다.
   ㉡ 그 아이가 불쌍하게 보였다.

(나) ㉠ 그들은 황무지를 녹지로 만들었다.
   ㉡ 형이 종이로 공룡 모형을 만들었다.

(다) ㉠ 우리는 국어와 수학을 공부했다.
   ㉡ 민호는 수지와 극장에서 만났다.
   ㉢ 경수는 동생과 공원에서 놀았다.

① (가) - ㉠의 '보인다'는 한 자리 서술어이지만, (가) - ㉡의 '보였다'는 필수 부사어를 요구하는 두 자리 서술어이다.
② (나) - ㉠의 '녹지로'와 (나) - ㉡의 '종이로'는 모두 필수 부사어이다.
③ (나) - ㉠에서는 의미 변화 없이 목적어와 부사어의 순서를 바꿀 수 없지만 (나) - ㉡에서는 그럴 수 있다.
④ (다) - ㉠에는 주어, 목적어, 서술어만 있고 (다) - ㉡에는 주어, 부사어, 서술어만 있다.
⑤ (다) - ㉡의 '수지와'는 필수 부사어이지만 (다) - ㉢의 '동생과'는 필수 부사어가 아니다.

230
〈보기〉를 바탕으로 목적어에 대해 알아보려고 한다. 이에 대해 가장 적절한 것은?

― 보기 ―

최근 나는 ㉠<u>시에서 관리하는 도서관</u>을 다니고 있다. 반납해야 할 책이 많아 어머니께 도와달라고 했더니 "너가 ㉡<u>도서관을</u>? ㉢<u>책을</u>?" 이라며 놀라워 하셨다. 언니는 "하긴, ㉣<u>만화책도</u> 책이니까."라며 아니라는 내 ㉤<u>말마저</u> 곧이 ㉥<u>듣지를</u> 않았다.

① ㉠을 통해 관형절로 안긴문장이 목적어의 기능을 한다는 것을 알 수 있다.
② ㉡은 하나의 어절이 목적어가 된 것으로 문장에서 서술어와 관련하여 대상이 되는 기능을 한다.
③ ㉡, ㉥에서 단어의 기능에 따라 결합하는 목적격 조사의 실현양상이 다름을 알 수 있다.
④ ㉢은 목적어의 형태를 취하고 있지만 격을 나타내기보다는 의미를 더하는 역할을 함을 알 수 있다.
⑤ ㉣, ㉤에서 목적어는 목적격조사가 아닌 보조사에 의해서도 실현될 수 있음으로 알 수 있다.

문법 요소

231

다음 밑줄 친 말 중 객체 높임에 해당하는 것은?
① 할머니께서 안방에 **계신다**.
② 부디 댁까지 편안히 **가십시오**.
③ 할아버지께서는 손자가 **많으시다**.
④ 나는 아버지를 동창회 장소로 **모셨다**.
⑤ 애들을 만나면 나에게 연락을 **주구려**.

232

다음 중 높임 표현이 올바르게 쓰인 것끼리 묶인 것은?

— 보기 —

ㄱ. 손님께서 주문하신 물건은 품절이십니다.
ㄴ. 장인어른께서 책을 읽고 계신다.
ㄷ. 성현이가 어머니께 여쭤봐 달라고 합니다.
ㄹ. 손님 손이 정말 예쁘시네요.
ㅁ. 선생님께서는 예쁜 따님이 계십니다.
ㅂ. 할아버지께서는 나이가 많으십니다.

① ㄱ, ㄴ, ㄷ
② ㄱ, ㄷ, ㄹ
③ ㄴ, ㄷ, ㄹ
④ ㄴ, ㄷ, ㅁ
⑤ ㄴ, ㄷ, ㅂ

233

다음 문장들은 어법에 맞게 고칠 때, 공통으로 고려해야할 사항으로 적절한 것은?

―― 보기 ――
ㄱ. 역전 앞에서 잡혀진 도둑을 나에게 인계하였다.
ㄴ. 소현이는 중기를 너무 사랑했지만 상처를 주기도 했다.
ㄷ. 가장 중요한 시기라고 생각되어진다.
ㄹ. 나는 친구를 소개시켰다.

① 중복되는 의미의 표현이 있는지 검토한다.
② 과도한 피동 표현이 사용되었는지 검토한다.
③ 잘못 쓰인 사동 표현이 있는지 검토한다.
④ 서술어가 필요로 하는 성분이 모두 있는지 검토한다.
⑤ 부사어와 서술어의 호응이 잘 되었는지 검토한다.

234

다음 중, 중의문으로 보기 어려운 것은?
① 그는 옷을 입고 있다.
② 원빈을 보고 싶은 학생들이 많다.
③ 나는 모든 요리를 잘하지 못한다.
④ 가인이는 나보다 영화를 더 좋아한다.
⑤ 아름다운 그녀의 목소리를 정말 듣고 싶다.

235

〈보기〉의 ㉠~㉢에 대한 설명으로 적절하지 않은 것은?

── 보기 ──

높임법은 화자가 높이려는 대상이 누구인지에 따라 주체높임법, 상대 높임법으로 구분된다. 주체 높임법은 주어가 나타내는 대상인 주체를 높이는 것이며, 상대 높임법은 대상의 상대인 청자를 높이거나 낮추는 것이고, 객체 높임법은 문장의 목적어나 부사어가 나타내는 대상인 객체를 높이는 것이다.

㉠ 은지야. 아버지께서 책 좀 가져 오라셔.
㉡ 엄마, 할아버지께서 부르세요.
㉢ 오늘 어머니를 모시고 영화를 보고 왔어요.
㉣ 이거 아버지 갖다 드려라.

① ㉠은 어미 '어', ㉣은 어미 '어라'를 사용하여 청자를 낮추고 있다.
② ㉠과 ㉡은 주격조사 '께서'와 선어말 어미 '-시-'를 사용하여 아버지와 할아버지를 각각 높이고 있다.
③ ㉢은 어말어미 '어요'를 사용하여 목적어인 어머니를 높이고 있다.
④ ㉣은 특수어휘를 사용하여 부사어인 아버지를 높이고 있다.
⑤ ㉡은 주체 높임을, ㉣은 객체 높임을 실현하고 있다.

236

〈보기〉의 ㉠에 해당하는 예로 적절한 것은?

── 보기 ──

'끊겨진 전선'은 잘못된 표현이고 '끊긴 전선'이 올바른 표현이다. '끊겨지다'는 피동접미사 '-기'와 피동 표현 '-어지다'가 이중으로 결합된 ㉠'이중 피동'이기 때문이다.

① 그가 범인이라는 사실이 만천하에 <u>밝혀졌다</u>.
② 독립 선언서는 네 부분으로 <u>나뉘어져</u> 있었다.
③ 18세기 초에 <u>세워진</u> 건물의 상태는 아주 양호하다.
④ 그녀는 학교생활에 충실한 모범생으로 <u>알려져</u> 있다.
⑤ 칠판에 <u>쓰인</u> 글씨가 너무 작아서 뒤에서는 안 보인다.

237

〈보기〉의 ㉠~㉤ 중 상대 높임을 실현한 것끼리 묶인 것은?

보기

- 어머니, 이것 ㉠받으세요.
- 저기 ㉡아버님께서 오신다.
- 곧 선생님의 ㉢말씀이 있으시겠습니다.
- 나는 아버지를 ㉣모시고 병원으로 갔다.
- 어제는 비가 많이 ㉤왔지요?

---

① ㉠, ㉡
② ㉡, ㉢
③ ㉠, ㉣
④ ㉠, ㉤
⑤ ㉣, ㉤

238

㉠~㉤중 주체를 높인 표현끼리 묶인 것은?

- 이 분필은 ㉠선생님께 가져다 ㉡드리세요.
- 큰아버지께서는 천천히 ㉢진지를 잡수셨다.
- ㉣아버지께서 할아버지를 ㉤모시고 경로당에 가셨다.

---

① ㉠, ㉡
② ㉠, ㉣
③ ㉡, ㉢
④ ㉢, ㉣
⑤ ㉢, ㉤

239

다음 중 사동문이 아닌 것은?

① 컵에 물을 비우세요.
② 요즘은 결혼 시기를 늦추는 사람들이 많다.
③ 간호사가 환자에게 약을 먹였다.
④ 대도 조세형이 드디어 잡혔다.
⑤ 경찰이 음주 단속을 위해 차를 정지시켰다.

240

<보기>를 참고하여 '시간 표현'에 대해 탐구한 내용으로 적절하지 <u>않은</u> 것은?

| 보기 |

ㄱ. 나는 어제 영화를 보았다. / 나는 지금 영화를 본다.
ㄴ. 나는 내일 영화를 보겠다. / 내일도 바람이 불겠다.
ㄷ. 아까 네가 먹은 우유는 상한 것이었는데.
ㄹ. 바람이 세게 불고 있다. 빨래가 다 말라 간다.
ㅁ. 자장면을 다 먹어 버렸다. 철수는 지금 의자에 앉아 있다.

① ㄱ, ㄴ을 통해 선어말 어미와 시간 부사어를 활용하여 시제를 다르게 나타낼 수 있음을 알 수 있군.
② ㄴ을 통해 선어말 어미 '-겠-'이 미래 시제뿐만 아니라, 의지나 추측의 의미도 드러낼 수 있음을 알 수 있군.
③ ㄷ을 통해 선어말 어미뿐만 아니라 관형사형 어미를 통해서도 시제를 나타낼 수 있음을 알 수 있군.
④ ㄹ, ㅁ을 통해, 보조 용언을 활용하여 동작이 일어나는 모습, 즉 '동작상'을 나타낼 수 있음을 알 수 있군.
⑤ ㅁ을 통해, 시간의 흐름 속에서 동작이 진행되고 있음을 표현하는 '진행상'의 실현 방법을 알 수 있군.

241

<보기>에 대한 설명으로 적절하지 <u>않은</u> 것은?

| 보기 |

㉠ 고양이가 쥐를 잡았다.
㉡ 쥐가 고양이에게 잡혔다.
㉢ 우리가 서로 도와야 하지 않겠습니까?
㉣ 비 온 후에 하늘이 더 맑다.
㉤ 저는 지금 학교로 갑니다.
㉥ 동생이 형에게서 땅을 샀다.
㉦ 형이 동생에게 땅을 팔았다.

① ㉠은 능동문, ㉡은 피동문이다. ㉠과 ㉡의 진리치는 같으나 의미의 초점이 다르다.
② ㉢은 문장의 형식은 의문문이지만, 문장의 기능은 '요청(혹은 청유)'의 기능을 수행하는 문장으로 볼 수 있다.
③ ㉣에는 관형사형 어미 '-ㄴ'이 과거 시제를 나타내는데 쓰이고 있다.
④ ㉤에는 상대 높임법 중, 화자가 청자를 격식을 갖추어 높이는 격식체가 사용되었다.
⑤ ㉥과 ㉦은 대립되는 서술어에 의해 ㉥의 주어가 ㉦의 목적어로 교체된 유의문이다.

242

〈보기〉의 ㉠으로 가장 적합한 것은?

― 보기 ―

문장은 주어가 동작을 직접 하는 주동문과 주어가 남에게 동작을 하도록 시키는 ㉠사동문으로 나뉜다.

① 그가 결국 범인임이 밝혀 졌다.
② 그의 주먹으로 벽에 구멍이 뚫렸다.
③ 아름다운 꽃들이 내 눈앞에 펼쳐졌다.
④ 당신의 사랑이면 쓰러지는 생명도 살릴 수 있다.
⑤ 거센 바람에 그렇게 큰 나무가 뿌리째 뽑혀 버렸다.

243

〈보기〉에 대한 설명으로 적절한 것은?

― 보기 ―

ㄱ. 어부가 물고기 한 마리를 낚았다.
ㄴ. 물고기 한 마리가 어부에게 낚였다.
ㄷ. 아이가 옷을 입었다.
ㄹ. 엄마가 아이에게 옷을 입혔다.

① ㄱ은 능동 표현이고, ㄴ은 사동 표현이다.
② ㄱ의 주어는 ㄴ에서 목적어로 나타나 있다.
③ ㄴ과 ㄹ의 서술어의 자릿수는 서로 동일하다.
④ ㄷ을 사동문으로 만들기 위해서는 사동주를 도입하여 주어로 삼아야 한다.
⑤ ㄹ의 '입히다'는 ㄷ의 '입다'에 피동 접미사 '-히-'가 결합된 것이다.

244

〈보기〉를 참고하여 '사동문'에 대해 탐구한 내용으로 적절하지 <u>않은</u> 것은?

― 보기 ―

다음은 주동문을 사동문으로 바꾼 예이다.
ㄱ. 길이 넓다 → (사람들이) 길을 넓힌다.
ㄴ. 철수가 옷을 입다. → (어머니께서) 철수에게 옷을 입게 하다.
ㄷ. 동생이 학교에 입학하다. → (어머니께서) 동생을 학교에 입학시키다.

① ㄱ~ㄷ 모두 주동문을 사동문으로 바꾸려면 새로운 주어가 필요하군.
② ㄱ~ㄴ에서 주동문의 주어는 사동문에서 목적어나 부사어가 되는군.
③ ㄷ의 주동문을 사동문으로 바꿔도, 두 문장 모두 학교에 입학하는 주체는 동일하군.
④ ㄱ의 '넓힌다'의 '히'는 '속상해서 밥이 잘 먹히지 않는다.'의 '히'와 그 기능이 동일하군.
⑤ ㄱ의 '(사람들이) 길을 넓힌다.'는 사동 접미사에 의해 사동 표현을 실현한 파생적 사동문의 용례이군.

245

<보기>에 나타난 국어의 시간 표현에 대한 설명으로 옳지 못한 것은?

| 보기 |

"따르릉." 시험 종료를 ㉠알리는 종이 울리고 있다. 드디어 지난주 내내 나를 고통스럽게 하던 중간고사가 ㉡끝났다. 내가 할 수 있는 만큼은 최선을 다하였으니 후회나 미련은 전혀 ㉢없다. 그래서 오늘은 친구들과 모처럼 영화도 보고, 맛있는 것도 먹으며 즐거운 시간을 ㉣보낼 예정이다. 예전부터 보고야 ㉤말겠다고 생각해 왔던 영화라 벌써부터 기대가 된다.

① ㉠ : 현재 시제
② ㉡ : 과거 시제
③ ㉢ : 현재 시제
④ ㉣ : 미래 시제
⑤ ㉤ : 현재 시제

246

다음 자료를 바탕으로 의문문에 대해 탐구한 것으로 적절한 것은?

선생님 : ㉠오늘이 며칠이니?
철수 : 7월 9일입니다.
선생님 : 그럼 9번인 영수야. ㉡이 문제의 답은 뭐지?
영수 : 선생님, 죄송합니다. 잘 모르겠어요.
민수 : 야, ㉢넌 아는 게 대체 뭐냐?
선생님 : 괜찮아요. 그럼 누가 이 문제를 풀어볼래?
정수 : 선생님, 제가 풀겠습니다.
희수 : ㉣쟤는 어떻게 저런 걸 다 알까?
경수 : 선생님! 그런데요, ㉤정수가 만약에 저 문제를 틀리면 어떻게 하실 거에요?

① ㉠은 의문사가 사용되지 않은 의문문으로, 긍정이나 부정의 대답만을 요구하는 문장이야.
② ㉡은 굳이 대답을 요구하지 않고 서술이나 명령의 효과를 내는 수사 의문문이야.
③ ㉢은 질문의 내용에 대해 청자에게 일정한 설명을 요구하는 설명 의문문이야.
④ ㉣을 보니 청자의 대답을 요구하지 않는 의문문도 성립할 수 있겠구나.
⑤ ㉤은 의미상으로 답변을 요구하지 않는 강한 긍정을 표현하지만, 형식상으로는 의문문이야.

247

〈보기〉를 참조하여 다음 (ㄱ)~(ㅁ)의 밑줄 친 말에 대한 설명으로 적절하지 않은 것은?

---- 보기 ----

일반적으로 시제는 '발화시'와 '사건시'에 의해 결정된다. 발화시를 기준으로 하여 시제를 결정하는 방식을 절대 시제라 한다. 이 방식은 다른 상황과의 비교 없이 순수하게 발화 시점만을 기준으로 하므로 같은 발화 상황에 대해서는 기준 시점에 변화가 없기 때문에 절대 시제라 한다.

이와 달리 특정 사건이 일어난 시점을 기준으로 하여 시제를 구분하는 방식을 상대 시제라고 한다. 이러한 명칭은 같은 발화 상황이라고 할지라도 기준 시점이 상대적으로 변화할 수 있기 때문에 붙여진 것이다. 상대 시제에 있어서 과거는 기준 사건 시점보다 먼저 일어난 것을, 현재는 기준 사건 시점과 같은 때에 일어난 것을, 미래는 기준 사건 시점보다 나중에 일어난 것을 의미한다.

(ㄱ) 나는 그가 <u>만든</u> 음식을 <u>먹는다</u>.
(ㄴ) 나는 그가 <u>만든</u> 음식을 <u>먹었다</u>.
(ㄷ) 나는 그가 <u>만들</u> 음식을 <u>먹겠다</u>.
(ㄹ) 나는 그가 <u>만드는</u> 음식을 <u>먹는다</u>.
(ㅁ) 나는 그가 <u>만드는</u> 음식을 <u>먹었다</u>.

① 상대 시제에서 (ㄱ)과 (ㄴ)의 안긴문장은 모두 과거, (ㄹ)과 (ㅁ)의 안긴문장은 모두 현재이다.
② (ㄱ)과 (ㄴ)은 안긴문장의 시제를 나타내는 형태소는 동일하지만 안은문장의 시제는 서로 다르다.
③ (ㄷ)의 안긴문장은 상대 시제에서도 미래이고 절대 시제에서도 미래이다.
④ (ㄹ)의 안긴문장은 발화시를 기준으로 하면 미래이며 안은문장의 사건시를 기준으로 하면 현재가 된다.
⑤ (ㄴ)과 (ㅁ)에서 안은문장의 시제는 같지만, 안은문장의 사건시를 기준으로 하면 안긴문장의 시제는 서로 다르다.

248

〈보기〉를 참조하여 '사동문'에 대해 이해한 내용으로 적절하지 않은 것은?

--- 보기 ---

사동문을 만드는 방법으로 '파생적 사동'과 '통사적 사동'이 있다. 파생적 사동은 접미사를 사용하는 방법이고 통사적 사동은 '-게 하다'와 같이 보조 용언을 활용한 방법이다. 한편 주어가 해당 동사의 동작을 직접 행하는 경우를 '직접 사동'이라 하고 주어가 대상에게 스스로 동작을 하도록 시키는 경우를 '간접 사동'이라 한다.

① '어머니가 아이에게 옷을 입게 했다.'는 통사적 사동문에 해당한다.
② '어머니가 아이에게 옷을 입게 했다.'는 간접 사동만으로만 해석 될 수 있다
③ '어머니가 아이에게 옷을 입혔다.'는 직접 사동 혹은 간접 사동으로 해석될 수 있다.
④ '어머니가 아이에게 옷을 입혔다.'는 파생적 사동문에 해당한다.
⑤ '어머니가 아이에게 옷을 입게 했다.'는 파생적 사동문보다 어머니의 직접 행동이 더 강조되었다.

249

다음 문장의 시간 표현 '-았-/-었-', '-겠-'의 다양한 쓰임 중 의지를 나타내는 표현으로 가장 적절한 것은?

① 민우는 어제 친구를 만났다.
② 민우는 아버지를 많이 닮았다.
③ 제가 그 일을 맡겠습니다.
④ 민우는 내일 이 책을 다 읽겠다.
⑤ 어제 윤서가 북경에 도착했겠다.

250

〈보기〉의 ⓐ에 해당하는 것은?

--- 보기 ---

우리말의 용언 중에는 피동사와 피동사의 형태가 동일한 것이 있다. 예를 들어, '보다'는 사동사와 피동사가 모두 '보이다'로 그 형태가 같다. 이때 ⓐ사동사로 쓰인 경우와 피동사로 쓰인 경우는 다음과 같이 문장에서의 쓰임을 통해 구별된다.
┌ 동생이 새 시계를 내게 보였다. (사동사로 쓰인 경우)
└ 구름 사이로 희미하게 해가 보였다. (피동사로 쓰인 경우)

① 아빠의 칭찬에 피로가 금세 풀렸다.
② 우는 아이가 엄마 등에 업혔다.
③ 동생은 집에 가겠다는 친구를 말렸다.
④ 새들이 따뜻한 곳에서 몸을 녹였다.
⑤ 아기 곰이 어미 품에 포근히 안겼다.

251

〈보기1〉을 바탕으로 〈보기2〉를 이해한 것으로 적절하지 않은 것은?

────┤ 보기 1 ├────

　능동문을 피동문으로 바꿀 때에는 능동문의 주어와 목적어를 각각 피동문의 부사어와 주어로 바꾸고, 능동문의 서술어에 알맞은 피동접사 '-이-, -히-, -리-, -기-'나 '-어지다'를 붙여 피동문의 서술어로 만든다. 피동문을 쓸 때에는 지나친 피동 표현(이중 피동)이 되지 않도록 유의해야 한다.

────┤ 보기 2 ├────

ㄱ. 활짝 열려 있는 창문으로 비둘기를 날렸다.
ㄴ. 영희의 성적이 향상되어지는 모습이 보인다.
ㄷ. 우리 눈에 보여지는 이미지가 경치의 전부는 아니다.
ㄹ. 범인이 빠르게 도망갔지만 결국 경찰에게 잡히고 말았다.

① ㄱ의 '열려'와 '날렸다'는 둘 다 어근에 피동 접사가 붙어서 피동표현으로 바뀐 것이다.
② ㄴ의 '형성되어지는'은 피동의 의미를 지닌 단어에 '-어지다'가 붙은 형태로, 지나친 피동 표현에 해당한다.
③ ㄷ의 '보여지는'은 어근에 피동접사가 결합한 기본형에 '-어지다'가 붙어서 이중 피동 표현이 된 형태이다.
④ ㄹ의 '잡히고'는 능동사인 '잡다'의 피동 표현으로, 능동문으로 전환하면 주어와 부사어의 두 문장 성분이 모두 바뀌게 된다.
⑤ ㄹ의 '잡히고'의 어근에 '-어/아지다'를 붙여 사용하는 피동형은 부자연스럽다.

252

〈자료〉를 바탕으로 피동문과 사동문에 대해 이해한 내용으로 적절하지 않은 것은?

────┤ 자료 ├────

㉠ 나는 젖은 옷을 햇볕에 말렸다.
㉡ 삼촌은 시골에서 돼지를 먹인다.
㉢ 오늘은 날씨가 갑자기 풀렸다.
㉣ 그 이야기는 믿겨지지 않는다.
㉤ 온 세상이 눈에 덮였다.

① ㉠은 '-게 하다'를 사용해도 의미는 동일하다.
② ㉡은 사동사의 형태를 띠지만 사동의 의미에서 다소 멀어진 경우에 해당한다.
③ ㉢은 피동문에 대응하는 능동문을 상정하기 어려운 사례이다.
④ ㉣은 이중 피동으로 바람직하지 않은 표현이다.
⑤ ㉤은 능동문의 주어가 피동문에서 나타나지 않는 사례이다.

253

다음 대화의 시제에 대한 설명으로 적절하지 않은 것은?

> 철수 : ⓐ나 어제 영화 보러 갔다가 생방송 뉴스 인터뷰 했는데 봤어?
> 순이 : 자꾸 말 시키지 마. ⓑ나 지금 기말고사 준비해.
> 철수 : 에이, 어제 뉴스 봤냐니까?
> 순이 : ⓒ어제도 공부했어.
> 철수 : ⓓ이따가 나랑 축구 잠깐 할래?
> 순이 : ⓔ오늘도 공부할 거야.

① ⓐ는 사건시보다 발화시가 더 나중이다.
② ⓑ는 사건시와 발화시가 일치한다.
③ ⓒ는 발화시보다 사건시가 더 먼저이다.
④ ⓓ는 사건시와 발화시와 일치한다.
⑤ ⓔ는 발화시가 사건시보다 먼저이다.

254

다음 중 중의적·모호한 표현 없이 의미가 정확하게 전달된 것은?
① 그녀는 나를 좋아하기보다는 강아지를 더 좋아하는 것 같다.
② 안내인은 웃으면서 찾아오는 관람객들을 친절하게 안내했다.
③ 음악회에 초대한 친구가 다 오지 않아 서운했다.
④ 우리 집에 진돗개와 불도그 두 마리가 있다.
⑤ 나는 우리 반에서 키가 큰 편이다.

255

국어 사전을 참고하여 '-었-'과 '-었었-'의 의미를 〈보기 2〉에 분류하였다. 〈보기 1〉의 ⓐ~ⓔ에 해당하는 예문을 〈보기 2〉에서 찾아 적절히 연결한 것은?

─ 보기 1 ─

ⓐ 예전에는 명절에 선물로 설탕을 주었다.
ⓑ 날씨가 이렇게 가무니 올해 농사는 다 지었다.
ⓒ 간밤의 비로 강물이 많이 불었다.
ⓓ 이번에 농구 선수로 활약한 저 선수는 왕년에 배구선수이었었다.
ⓔ 어제 도서관에서 책을 읽었다.

─ 보기 2 ─

㉠ 이야기하는 시점에서 볼 때 사건이나 행위가 이미 일어났음을 나타내는 어미
㉡ 이야기하는 시점에서 볼 때 완료되어 현재까지 지속되거나 현재에도 영향을 미치는 상황을 나타내는 어미.
㉢ 이야기하는 시점에서 볼 때 미래의 사건이나 일을 이미 정해진 사실인 양 말할 때 쓰이는 어미.
㉣ 현재와 단절되어 있는 과거의 사건을 나타내는 어미.

① ⓐ - ㉢
② ⓑ - ㉣
③ ⓒ - ㉡
④ ⓓ - ㉠
⑤ ⓔ - ㉡

256

〈보기〉의 ㄱ~ㅁ에 대해 탐구한 내용으로 적절하지 않은 것은?

─ 보기 ─

ㄱ. 철수가 짜장면을 다 <u>먹어 버렸다</u>.
ㄴ. 그녀가 사과를 <u>먹은</u> 사실은 그도 알고 있다.
ㄷ. 이번 올림픽에서 우리나라는 좋은 성적을 <u>거두었다</u>.
ㄹ. 내 친구는 정말 <u>착하다</u>.
ㅁ. 언니가 요즘 <u>바쁜</u> 것은 시험 때문이다.

① ㄱ은 '-어 버리다'를 보니 동작상이 완료상이라는 것을 알 수 있다.
② ㄴ은 동사어간에 '-은'이 붙어서 과거시제를 나타내는 관형절이다.
③ ㄷ은 선어말 어미 '-었-'이 붙어 과거시제를 나타낸다.
④ ㄹ은 형용사이기 때문에 선어말 어미 없이 현재시제를 나타낸다.
⑤ ㅁ은 동사어간에 '-ㄴ'이 붙어 현재시제임을 나타낸다.

257

〈보기〉의 ㉠, ㉡에 해당하는 예로 적절한 것은?

> 보기
>
> 주체가 제 힘으로 행하는 동작을 나타내는 문장을 능동문이라 하고 주체가 다른 힘에 의하여 움직이는 것을 나타내는 문장을 ㉠<u>피동문</u>이라 한다. 또한 문장의 주체가 스스로 행함을 나타내는 문장을 주동문이라 하며, 주어가 다른 누군가에게 어떠한 동작이나 행위를 하도록 시키는 것을 나타내는 문장을 ㉡<u>사동문</u>이라고 한다.

① ㉠ : 이야기의 결말이 <u>보인다</u>.
  ㉡ : 멀리 건물 사이로 하늘이 <u>보인다</u>.
② ㉠ : 유명한 화가의 그림이 벽에 <u>걸렸다</u>.
  ㉡ : 숙제를 하는데 두 시간이 <u>걸린다</u>.
③ ㉠ : 친구들이 체육시간에 넘어진 친구를 <u>놀렸다</u>.
  ㉡ : 선생님께서 체육시간에 아이들을 운동장에서 <u>놀렸다</u>.
④ ㉠ : 새하얀 눈으로 <u>덮인</u> 저 산이 아름답지 않니?
  ㉡ : 그 사건은 이제 의문 속에 <u>덮였어요</u>.
⑤ ㉠ : 양손에 짐이 <u>들려</u> 우산을 쓸 수 없었다.
  ㉡ : 아버지께서 나에게 짐을 <u>들렸다</u>.

258

다음 피동 표현 중, 능동 표현으로 바꿀 수 <u>없는</u> 것은?

① 영희가 독감에 걸렸다.
② 쥐가 고양이에게 잡혔다.
③ 재고 물량이 높게 쌓였다.
④ 아이가 어머니에게 업혔다.
⑤ 유사품이 중국에서 생산됐다.

259

〈보기〉의 ㉠~㉤에 대한 설명으로 적절하지 <u>않은</u> 것은?

---- 보기 ----

㉠ 함박눈이 소리도 없이 내린다.
㉡ 사람이 많아서 그냥 집으로 돌아왔다.
㉢ 교실 안은 숨소리가 들릴 만큼 조용하다.
㉣ 공부를 열심히 한다면 원하는 학교에 진학할 수 있을 거다.
㉤ 주동문 [나는 그림을 보았다.]
  → 사동문 [형이 나에게 그림을 보게 했다.]

① ㉠은 겹문장으로 명사절을 안은문장이다.
② ㉡은 '원인'을 나타내는 종속적으로 이어진 문장이다.
③ ㉢의 '만큼'은 의존 명사로 문장 안에서 홀로 사용될 수 없다.
④ ㉣은 '조건이나 가정'의 의미를 지닌 종속적으로 이어진 문장이다.
⑤ ㉤을 보니 주동문을 사동문으로 바꿀 때 '-게 하다'를 활용하여 사동문을 만들 수 있다.

260

밑줄 친 부분 중 객체 높임법의 실현이 적절하지 <u>않은</u> 것은?

① 나도 그 <u>친구에게</u> 선물을 받았어.
  → 나도 <u>고모부께</u> 선물을 받았어.
② 나는 어머니에게 과일을 <u>주었다</u>.
  → 나는 어머니에게 과일을 <u>드렸다</u>.
③ 선생님, 제가 <u>물을</u> 게 있어요.
  → 선생님, 제가 <u>여쭐</u> 게 있어요.
④ 나는 동생을 <u>데리고</u> <u>병원으로</u> 갔다.
  → 나는 아버지를 <u>모시고</u> 병원으로 갔다.
⑤ 선생님, 졸업하니까 한번 만나 <u>보기가</u> 참 어렵더군요.
  → 선생님, 졸업하니까 한번 만나 <u>보시기가</u> 참 어렵더군요.

261

능동문을 피동문으로 바꾸는 것에 대한 이해로 적절하지 <u>않은</u> 것은?

① 능동문을 피동문으로 바꿀 때 능동문의 주어는 피동문의 부사어가 된다.
② 능동문을 피동문으로 바꿀 때 능동문의 목적어는 피동문의 주어가 된다.
③ 능동문을 피동문으로 바꿀 때 '어지다', '-게 되다'가 붙으면 파생적 피동문으로 구분할 수 있다.
④ 능동문을 피동문으로 바꿀 때 피동문의 부사어에는 '에게', '에', '에 의해(서)'를 사용할 수 있다.
⑤ 능동문을 피동문으로 바꿀 때 능동사에 피동 접미사 '-이-, -히-, -리-, -기-'를 붙이면 피동사가 된다.

262

〈보기〉의 밑줄 친 부분을 통해 알 수 있는 부정 표현에 대한 이해로 적절하지 <u>않은</u> 것은?

---- 보기 ----

- ㉠ : 나는 그녀를 <u>못</u> 만났다.
- ㉡ : 나는 너를 만나지 <u>아니하였다</u>.
- ㉢ : 너는 그 애를 만나<u>지 마</u>.
- ㉣ : 우리는 앞으로 그녀를 만나<u>지 말자</u>.
- ㉤ : <u>못</u> 만난 게 아니라 <u>안</u> 만난 거야.

① ㉠ : 부정 부사 '못'을 사용한 것이고, 짧은 부정문으로 구분할 수 있겠군.
② ㉡ : 부정 용언 '아니하다'를 사용한 것이고, 긴 부정문으로 구분할 수 있겠군.
③ ㉢ : 명령문의 부정 표현이므로 '만나지 마'에서 '-지 마' 대신 '-지 마라'를 사용할 수도 있겠군.
④ ㉣ : '만나지 말자'에서 '-지 말자'를 사용한 것을 보니 청유문의 부정 표현이겠군.
⑤ ㉤ : 부정 부사 '안'을 사용한 것이고, 만날 의지는 있지만 만날 능력이 없다는 의미이겠군.

263

다음 문장에 쓰인 '-겠-'의 의미에 대해 바르게 설명한 것은?

① 내일은 날씨가 맑겠습니다. (의지)
② 창문을 열어도 되겠습니까? (능력)
③ 그 문제는 나도 풀 수 있겠다. (미래)
④ 그 일은 반드시 제가 하겠습니다. (가능성)
⑤ 지금쯤 모두들 잠을 자고 있겠지? (추측)

264

다음 ㉠~㉤에 대한 설명으로 적절하지 <u>않은</u> 것은?

- ㉠ 진호가 감기에 걸렸다.
- ㉡ 문제가 잘 풀린다.
- ㉢ 예쁜 글씨가 씌어진 편지를 받았다.
- ㉣ 안건이 만장일치로 가결되었다.
- ㉤ 곧 진실이 드러나게 될 것이다.

① 피동문 중에는 ㉠처럼 대응하는 능동문이 없는 경우도 있다.
② ㉠, ㉡처럼 접미사에 의한 피동 표현을 파생적 피동이라고 한다.
③ ㉢의 '씌어진'은 이중피동이므로 '써진'으로 고쳐써야 한다.
④ ㉣과 ㉤은 '-게 되다' 형태의 통사적 피동 표현이다.
⑤ ㉤의 '드러나다'처럼 접미사에 의한 피동이 불가능한 경우도 있다.

265

〈보기〉를 분석한 결과로 옳지 않은 것은?

― 보기 ―

㉠ 경찰이 도둑을 잡았다.
㉡ 도둑이 경찰에게 잡혔다.
㉢ 철수가 감기에 걸렸다.
㉣ 그 일은 사실이라고 여겨진다.
㉤ 이것은 저절로 얻힌 것이 아니다.

① ㉠은 능동문, ㉡은 피동문이다.
② ㉣의 '여겨진다'는 어간에 피동접사가 결합된 후에 다시 '-어지다'가 결합된 것으로, 불필요한 이중피동형이다.
③ ㉢같은 피동문의 경우에는 대응되는 능동문이 없다.
④ ㉠의 주어가 ㉡의 부사어가 되었다.
⑤ ㉤의 '얻다'와 같은 타동사는 피동 접미사가 붙지 못하므로 '얻힌'을 '얻어진'으로 바꾸는 것이 바람직하다.

266

〈보기〉를 바탕으로 피동문과 사동문에 대해 이해한 내용으로 옳은 것은?

― 보기 ―

㉠ 언니가 동생을 안았다.
→ ⓐ 동생이 언니에게 안겼다.
→ ⓑ 엄마가 언니에게 동생을 안겼다.
㉡ 나는 그림을 보았다.
→ ⓒ 그림이 나에게 보였다.
→ ⓓ 형이 나에게 그림을 보게 했다.

① ⓐ를 보니 능동문의 주어는 피동문에서 목적어가 되는군.
② ⓒ를 보니 능동문의 목적어는 피동문에서도 목적어가 되는군.
③ ⓐ와 ⓑ를 보니 피동사와 사동사의 형태가 같을 수는 없겠군.
④ ⓑ를 통사적 사동문으로 바꿀 수는 없겠군.
⑤ ⓓ를 보니 주동문이 사동문이 될 때 새로운 주어가 필요하겠군.

267

다음 문장을 사동 표현과 피동 표현으로 나눌 때, 그 성격이 다른 하나는?

① 무슨 짓을 하더라도 내가 너는 굶기지 않겠다.
② 진실은 드러나게 된다.
③ 진혁이의 양손 가득 쓰레기 봉투가 들렸다.
④ 결국 처음에 지목된 그가 범인임이 밝혀졌다.
⑤ 나는 저 멀리 있는 산이 잘 보인다.

268

국어 수업 시간에〈보기〉의 자료를 바탕으로 '요'의 쓰임에 대해 알아보았다. 탐구의 결과로 가장 적절한 것은?

―― 보기 ――
- 선생님, 어디로 갈까요? / 철수야, 어제 갈까?
- 선생님, 빨리요. / 철수야, 빨리.
- 더우면요 창문을 열까요? / 더우면 창문을 열까?

① '요'가 빠지면 문장이 성립하지 못한다.
② 생략되더라도 높임의 의미만 달라진다.
③ '요'가 붙어서 새로운 단어를 만들 수 있다.
④ 종결 어미 뒤에 쓰일 때만 듣는 사람을 존대한다.
⑤ 동사의 뒤에 붙여 사용할 때만 높임의 뜻이 있다.

269

〈보기〉에 의하여 사동문을 작성하였다. 탐구한 내용으로 적절하지 <u>않은</u> 것은?

―― 보기 ――

주어가 직접 동작을 하는 문장을 '주동문'이라고 하고, 주어가 남에게 어떤 동작을 시키는 문장은 '사동문'이라고 한다. 주동문을 사동문으로 바꾸려면 동사나 형용사의 어근에 사동접사 '-이-, -히-, -리-, -기-, -우-, -구-, -추-'를 붙이거나, '-게하다', '-시키다'를 활용하면 된다. 다음 예문을 보면서 주동문을 사동문으로 바꿀 때 나타나는 특징에 대해 생각해 보자.

[주동문을 사동문으로 바꾼 예]

㉠ 아이가 옷을 <u>입다</u>.
　→ (어머니께서) 아이에게 옷을 <u>입히다</u>.
㉡ 동생이 운동장에서 <u>놀다</u>.
　→ (누나가) 동생을 운동장에서 <u>놀게 하다</u>.
㉢ 철수가 학교에 <u>입학하다</u>.
　→ (어머니께서) 철수를 학교에 <u>입학시키다</u>.

① ㉠~㉢ 모두 주동문을 사동문으로 바꾸기 위해서는 새로운 주어가 필요하다.
② ㉠~㉢에서 주동문의 주어는 사동문에서 목적어나 부사어가 된다.
③ ㉠의 주동문은 ㉢처럼 '-시키다'를 붙여 사동문으로 바꿀 수 없다.
④ ㉡의 주동문을 사동문으로 바꾸면 운동장에서 노는 주체가 달라진다.
⑤ ㉡의 주동문은 사동 접사를 붙여서 사동문으로 바꿀 수 있다.

270

다음 조건을 모두 충족하는 문장을 찾으면?

조건

- 문장의 주체를 높인다.
- 청자를 높이고 있다.
- 높임을 나타내는 특수 어휘가 쓰인다.

---

① 비가 오는 날마다 아버지의 허리가 쑤신다.
② 선생님께서 댁에 안 계시는 것 같습니다.
③ 선생님의 따님이 감기에 걸리셨다고 합니다.
④ 할아버지께서 안경을 가져다 드리고 안부를 전할게요.
⑤ 어머니께서는 눈물을 삼키시며 창밖을 보셨어요.

271

다음 중 어색한 문장을 수정한 것으로 적절하지 않은 것은?

① 선생님, 넥타이가 아주 예쁘십니다. → 선생님, 넥타이가 아주 예쁩니다.
② 나는 주차장에 차를 주차시키고 올라갈게. → 나는 주차장에 차를 주차하고 올라갈게.
③ 너희들 덕에 그림을 망쳐 버렸구나. → 너희들 탓에 그림을 망쳐 버렸구나.
④ 이런 곳에서 아이들이 살았다는 것이 믿겨지지 않는다.
　→ 이런 곳에서 아이들이 살았다는 것이 믿기지 않는다.
⑤ 철수야, 선생님께서 너 오시래. → 철수야, 선생님께서 너 오래.

272

〈보기〉의 ㄱ~ㅁ에 대한 설명으로 적절하지 <u>않은</u> 것은?

― 보기 ―

ㄱ. 우리는 내일 소풍을 <u>간다</u>.
ㄴ. 숙제가 이렇게 많으니 오늘밤은 잠을 다 <u>갔다</u>.
ㄷ. 윤서는 벌써 밥을 다 <u>먹었겠구나</u>.
ㄹ. 지금은 손님이 없지만 작년만 해도 이 식당엔 손님들이 장사진을 <u>쳤었다</u>.
ㅁ. 얼마 전에 <u>산</u> 책은 어디 있니?

① ㄱ : '내일'이라는 시간 부사가 사용되었음을 고려할 때, '-ㄴ-'이 미래의 사건을 나타낼 때에도 쓰이는군.
② ㄴ : '-았-'은 발화시에서 볼 때 미래의 일을 이미 정해진 사실인 것처럼 표현하는 기능을 알고 있군.
③ ㄷ : '-었-'은 '-겠-'과 함께 사용된 것으로 보아 과거의 사건과 관련된 것으로 볼 수 있겠군.
④ ㄹ : '쳤었다'는 '치었었다.'의 줄임말로 '-었었-'은 작년의 일이 현재와 단절되어 있음을 나타내고 있군.
⑤ ㅁ : '-ㄴ-'은 발화시가 사건시에 앞선다는 것을 나타내고 있군.

273

〈보기〉의 ㄱ~ㅁ에 대한 설명으로 적절하지 <u>않은</u> 것은?

― 보기 ―

ㄱ. 아버지, 할아버지께서 시골에 <u>가셨습니다</u>.
ㄴ. 내가 할머니께 길을 <u>여쭤볼게</u>.
ㄷ. 할아버지를 <u>모시고</u> 놀이공원에 갔습니다.
ㄹ. 어머니, 마음이 <u>아프세요</u>?
ㅁ. 선생님께서는 휴일에는 댁에 <u>계십니다</u>.

① ㄱ, ㅁ은 모두 주체를 직접적으로 높이는 표현이다.
② ㄱ, ㄷ, ㅁ은 '-ㅂ니다'를 활용하여 듣는 사람을 높이는 표현이다.
③ ㄴ, ㄷ은 모두 문장의 목적어를 높이고 있으므로 객체를 높이는 표현이다.
④ ㄴ, ㅁ은 높임을 나타내는 특수 어휘를 사용한 높임 표현이다.
⑤ ㄹ은 주체를 간접적으로 높이는 표현이다.

274

〈보기〉의 밑줄 친 부분의 사례에 해당하는 것은?

― 보기 ―

선어말 어미 '-겠-'은 일반적으로 미래 시제를 나타내기 위하여 사용되며, 미래의 일에 대한 추측, 가능성이나 능력, 말하는 이의 의지 등을 나타내기도 한다. 또 특정 담화 상황에서는 말하는 이의 완곡한 태도를 나타내기 위해 사용되기도 한다.

① 지금은 행사가 다 끝났겠죠?
② 이 문제는 나도 풀 수 있겠다.
③ 동생은 낚시하러 가겠다고 한다.
④ 제가 잠시 들어가도 되겠습니까?
⑤ 이번 계약은 반드시 성사시키겠습니다.

275

〈보기〉의 ㉠, ㉡에 해당하는 것은?

― 보기 ―

우리말의 용언 중에는 피동사와 사동사의 형태가 동일한 것이 있다. 예를 들어, '업다'는 피동사와 사동사가 모두 '업히다'로 그 형태가 같다. 이때 ㉠피동사로 쓰인 경우와 ㉡사동사로 쓰인 경우는 다음과 같이 문장에서의 쓰임을 통해 구별된다.
우는 아이가 엄마 등에 업혔다. (피동사로 쓰인 경우)
누나가 이모에게 아기를 업혔다. (사동사로 쓰인 경우)

① ㉠ : 운동화 끈이 풀렸다.
　㉡ : 아빠의 칭찬에 피로가 금세 풀렸다.
② ㉠ : 형이 친구에게 꽃다발을 안겼다.
　㉡ : 아기 곰이 어미 품에 포근히 안겼다.
③ ㉠ : 햇살이 고드름을 천천히 녹였다.
　㉡ : 새들이 따뜻한 곳에서 몸을 녹였다.
④ ㉠ : 동생은 집에 가겠다는 친구를 말렸다.
　㉡ : 나는 젖은 옷을 햇볕에 말렸다.
⑤ ㉠ : 구름 사이로 희미하게 해가 보였다.
　㉡ : 동생이 새 시계를 내게 보였다.

276

다음 (가)~(라)에 대한 설명으로 적합하지 <u>않은</u> 것은?

> (가) 철수가 밥을 <u>안</u> 먹었다.
> (나) 어제는 바람이 <u>불지 않았다</u>.
> (다) 영숙이가 100m 거리를 12초 안에 <u>못 뛴다</u>.
> (라) 밤새 폭우가 내려 그는 배달을 하지 <u>못했다</u>.

① (가)는 중의적으로 해석될 수 있다.
② (나)는 주체의 의지에 의한 부정이다.
③ (다)는 능력 부족에 의한 부정이다.
④ (라)는 외부 상황이 원인이 된 부정이다.
⑤ (가)의 청유형 부정 표현은 '-지 말자'를 사용한다.

277

〈보기〉의 ㉠~㉤에 대한 설명으로 적절한 것은?

┤ 보기 ├

> ㉠ 아버지는 저 할아버지를 잘 아십니까?
> ㉡ 지혜가 할아버지께 손수 만든 선물을 드렸다.
> ㉢ 오전에 어머니께서는 식탁에서 신문을 읽으신다.
> ㉣ 선생님, 내일 아침에 함께 여행을 떠나시겠습니까?
> ㉤ 할머니께서는 직접 옷을 만드시는 것을 좋아하신다.

① ㉠ : '아십니까'는 문장의 객체를 높이려는 언어 표현이다.
② ㉡ : '드렸다'는 문장의 객체를 높이는 특수 어휘이다.
③ ㉢ : 청자를 높이려는 조사와 선어말 어미가 사용되었다.
④ ㉣ : 청자를 높이려는 보조사가 쓰였다.
⑤ ㉤ : 주체를 높이려는 종결 어미가 쓰였다.

278

이중 피동 표현으로 적절하지 <u>않은</u> 것은?
① 복잡한 문제가 드디어 풀려졌다.
② 아기가 엄마에게 살포시 안기었다.
③ 영희가 거짓말을 했다는 사실이 안 믿겨진다.
④ 이 시가 요즘 학생들 사이에서 널리 읽혀진다.
⑤ 그는 예전부터 우리 학교에서 천재로 불려졌다.

279

㉠~㉣ 중 주체를 높인 표현끼리 묶은 것은?

- 이 책을 ㉠어머니께 가져다 드리십시오.
- 할아버지께서는 천천히 진지를 ㉡잡수셨다.
- ㉢아버지께서 할머니를 ㉣모시고 시골에 가셨다.

① ㉠, ㉡
② ㉠, ㉢
③ ㉡, ㉢
④ ㉡, ㉣
⑤ ㉢, ㉣

280

〈보기〉의 예에 해당하지 않는 것은?

───┤ 보기 ├───

어떤 주체가 다른 주체나 대상에게 해동을 하게 하는 것을 사동이라 하는데, 사동 표현은 사동 접미사 '-이-', '-히-', '-리-', '-기-', '-우-', '-구-', '-추-'나 '시키다' 등을 결합하거나, '-게 하다'와 같은 표현을 결합하여 만들 수 있다.

① 건아는 보채는 아기를 잘 재운다.
② 그는 여행지에서 강도를 당했다.
③ 경옥이가 태오에게 책을 읽게 하였다.
④ 선생님께서 학생에게 편지를 쓰게 하셨다.
⑤ 건우는 안전을 위해 상민이가 담을 넘지 못하게 하였다.

PART II

한국사

Chapter 01   우리 역사의 형성과 고대 국가

Chapter 02   고려 귀족 사회의 형성과 변천

Chapter 03   조선의 성립과 변화

Chapter 04   국제 질서의 변동과 근대 국가 수립 운동

Chapter 05   일제의 강점과 민족 운동의 전개

Chapter 06   대한민국의 발전과 현대 세계의 변화

부록 1   지역사와 인물사

부록 2   최종 내용 정리

01 CHAPTER

우리 역사의 형성과 고대 국가

1 선사 문화와 국가의 형성

우리 민족의 기원

우리 민족의 특징	• 인종상 : 황인종, 언어상 : 알타이어계, 인류학상 : 북몽골족 • 동이족 : 동호·예·맥·한 등으로 불림 • 동이문화권 : 화하문화권·남방문화권·북방문화권과 다른 특징
우리 민족의 분포	• 요령, 길림성의 만주, 한반도
우리 민족의 형성	• 한반도 거주 시작 : 구석기 시대부터 (약 70만년전) • 민족의 형성 시기 : 신석기 시대에서 청동기시대를 거치는 동안

구석기와 신석기 ⇨ 도구와 경제로 시기 구분

	구석기(우리 민족의 형성 X)	신석기
시기	70만년 전	1만년 전(B.C. 8000년 경)
도구	• 뗀석기 : 주먹도끼, 찍개, 밀개, 찌르개, 긁게, 슴베찌르게 • 석기를 다듬는 수법에 따라 전기 - 중기 - 후기로 구분	• 간석기 • 가락바퀴와 뼈바늘 ⇨ 옷감과 그물 제작 • 조개껍데기 가면, 치레걸이
경제	채집 경제	농업혁명(농사 : 조·피·수수)
사회 (주거)	이동생활 (동굴, 강가에 막집)	정착생활 (강가나 바닷가에 움집)
토기	X	빗살무늬 토기, 이른민무늬 토기, 덧무늬 토기

예술·신앙	• 바위그림 ⇨ 사냥 기원
	• 흥수아이 무덤(꽃가루) ⇨ 사후 세계 인식
		• 조상숭배와 원시신앙 등장
		  - 애니미즘(정령 숭배)
		  - 토테미즘(동식물 숭배)
		  - 샤머니즘(주술사와 그 주술을 숭배)

※ 중석기 : 빙하가 녹는 **간빙기** → **잔석기** 사용(잔석기 : 활, 창 등 자잘한 석기를 연결한 이음도구)

깊이 Plus+ 주요 구석기 유적지

시기	유적지	특징
전기	충북 단양 도담리 금굴	우리나라 최고(最古) 유적지(70만년)
	경기 연천 전곡리	에슐리안 주먹 도끼 아시아최초 출토(1978년)
	평남 상원 검은모루 동굴	동물화석과 뗀석기 출토
	충남 공주 석장리	해방 이후 남한 최초로 발견된 유적(1964년)
중기	함북 웅기 굴포리	해방 이후 북한 최초로 발견된 유적(1963년)
	충북 제천 점말 동굴	사람의 얼굴을 새긴 코뿔소 뼈 출토(1973년)
	평남 덕천 승리산	한반도 최초로 구석기 시대 사람 화석 발견
후기	충북 단양 수양개	구석기 시대 석기 제작소로 추정
	청원 두루봉	흥수아이 무덤 발견
	제주 빌레못 유적	일제 시대에 발견되었으나 일제가 부정함(1933년)

지도·사료 돋보기

구석기 유적지

흥수아이 무덤
: 1983년 청원군 두루봉 동굴에서 발견. 조사결과 5살가량으로 추정되며, 시신 위에서 국화 꽃가루가 발견된 것으로 보아 당시에 사후세계에 대한 관념이 생겼고, 장례의식을 치렀던 것으로 추정.

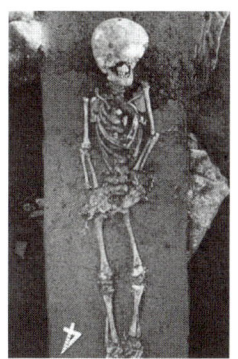

주먹도끼

가로날도끼

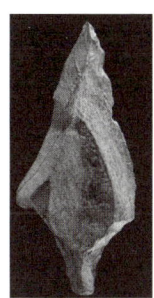
슴베찌르개

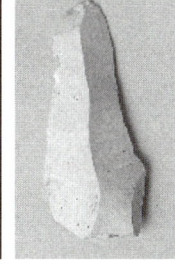
돌날

구석기 시대의 유물

잔석기

중석기 유물

국정원 9급 All-Care

신석기 시대의 유적지

서울 암사동 움집 복원지역

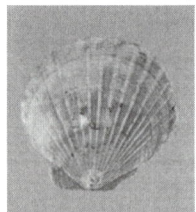
조개껍데기가면

치레걸이

가락바퀴

간석기

빗살무늬 토기

이른 민무늬 토기

덧무늬 토기

깊이 Plus+ 구석기와 신석기 주요 유적지

시기	구석기 유적지	특징
전기	충북 단양 도담리 금굴	우리나라 최고(最古) 유적지(70만년)
	경기 연천 전곡리	에슐리안 주먹 도끼 아시아최초 출토(1978년)
	평남 상원 검은모루 동굴	동물화석과 뗀석기 출토
	충남 공주 석장리	해방 이후 남한 최초로 발견된 유적(1964년)
중기	함북 웅기 굴포리	해방 이후 북한 최초로 발견된 유적(1963년)
	충북 제천 점말 동굴	사람의 얼굴을 새긴 코뿔소 뼈 출토(1973년)
	평남 덕천 승리산	한반도 최초로 구석기 시대 사람 화석 발견
후기	충북 단양 수양개	구석기 시대 석기 제작소로 추정
	청원 두루봉	흥수아이 무덤 발견
	제주 빌레못 유적	일제 시대에 발견되었으나 일제가 부정함(1933년)

신석기 유적지	특징
서울 암사동	한강유역, 빗살무늬 토기, 돌화살촉, 돌도끼 등 출토
강원 양양 오산리	흙으로 빚어 구운 사람 얼굴 모습의 유물 출토
부산 동삼동	조개껍데기 무덤(패총), 조개껍데기 가면 출토
황해도 봉산 지탑리	탄화된 좁쌀로 추정되는 곡물(탄화미) 출토
제주 고산리	이른 민무늬 토기, 화살촉 출토

깊이 Plus+ 모비우스 이론

모비우스는 동아시아 지역에는 주먹도끼가 없으며, 그 대신 찍개가 중심을 이루는 구석기 문화를 가지고 있다고 주장하였다. 이 이론은 양날식 양식의 구석기가 나오는 아프리카나 유럽에 비해 아시아는 석기 제작 기술이 떨어져 외날식 양식의 구석기만 나온다는 것이었다. 1978년 경기도 연천 전곡리에서 아슐리안형 주먹도끼가 나오기 전까지는 모비우스의 이론이 지배적이었다.

청동기와 초기 철기 ⇨ 도구와 경제로 시기 구분

	청동기	초기 철기

도구	• 청동기 : 무기, 제사용
	• 농기구 : 간석기(반달돌칼)
	• 비파형동검, 거친무늬 거울
		• 철제무기+철제 농기구 ⇨ 여러 국가
		• 한반도의 독자적인 청동기 문화 발전
		  : 세형동검, 잔무늬거울, 거푸집
		• 명도전, 반량전, 오수전 등의 중국 화폐,
		  붓 발견(창원 다호리) ⇨ 중국과 교류

경제	벼농사 시작	정복전쟁 활발
사회 (주거)	• 사유재산(빈부) • 계급사회(군장 등장) • 주거 : 구릉지대에 움집	• 군장국가/연맹왕국(왕 등장) • 동예 : 철(凸)자형, 려(呂)자형 집터 • 삼한 : 귀틀집(통나무를 우물 정(井)자 모양으로 쌓아 올려서 벽을 삼은 집)
토기	민무늬토기, 미송리식토기, 붉은 간토기	검은 간토기, 덧띠토기
무덤	고인돌, 돌널무덤	널무덤, 독무덤
예술·신앙	• 고령 양전동 암각화(동심원) ⇨ 농사 기원 • 단군왕검 ⇨ 선민사상, 제정 일치 사회	• 제천행사 • 삼한 : 소도 ⇨ 제정 분리 사회

비교 Plus+ 신석기와 청동기 움집

	신석기 시대	청동기 시대
위치	강가나 바닷가	구릉지대
바닥 형태	원형	장방형(직사각형)
움의 깊이	깊음(반지하)	얕음(지상가옥)
화덕 위치	가운데	한쪽 벽면
저장 구덩의 위치	화덕이나 출입문 옆	집 밖에 따로 설치

신석기 집터

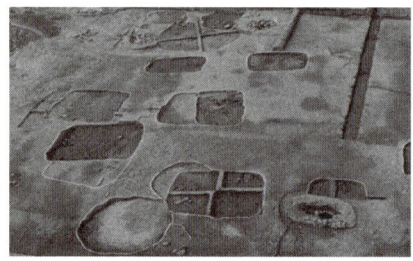

청동기 집터

지도·사료 돋보기

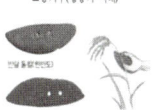
청동기

비파형 동검

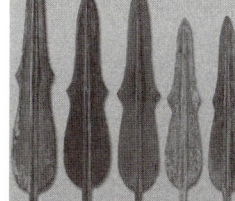
울주 반구대 암각화

고령 양전동 암각화

미송리식 토기

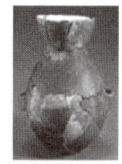
민무늬 토기

붉은 간 토기

검은 간 토기

덧띠 토기

탁자식(북방형) 고인돌

돌널무덤

널무덤

독무덤

명도전

반량전

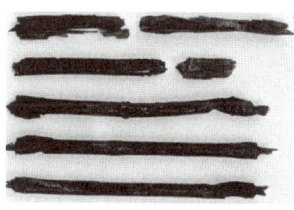
붓

비교 Plus+ 청동기와 초기 철기의 청동 도구

청동기 ⇨ 고조선의 영역과 일치	초기 철기 ⇨ 한반도의 독자적 청동기 문화
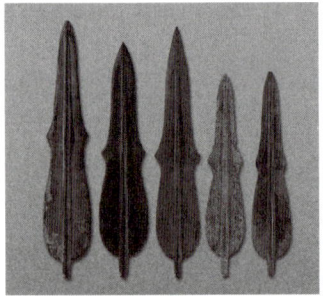 비파형동검	 세형동검
 거친무늬 거울	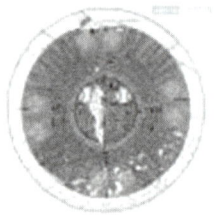 잔무늬 거울

2 고조선의 건국과 여러 나라의 성장

고조선史

영역		비파형동검, 북방식 고인돌, 미송리식 토기 출토 범위와 일치
사회	신화	선민사상, 홍익인간 이념, 농경사회, 북방계 이주민과 토착 세력 간의 연합정권
	8조법	• 「한서지리지」에 3개 조가 전함. ⇨ 복수법, 생명존중, 화폐사용, 사유재산 인정, 계급사회, 여성의 정조 강조
위만조선		• 철기 본격 수용　　　　　　　　• 중계무역으로 번성 • 우리 민족으로 보는 근거 : 상투, 흰옷, 국호 '조선', 고위직에 조선인 다수
멸망		한 무제에 의해 멸망(B.C. 108) ⇨ 한 사군 설치(낙랑군 : 고구려 미천왕 때 축출)

깊이 Plus+ 용어 해설

- **선민사상** : 종교적인 의미에서 신이 특정한 민족 혹은 사람들을 구원하기 위하여 선택했다는 사상.
- **홍익인간** : 널리 인간세계를 이롭게 한다는 뜻으로 ≪삼국유사≫의 단군 신화에 나오는 말이다. 우리나라 정치·경제·사회·문화의 최고 이념으로, 윤리 의식과 사상적 전통의 바탕을 이루고 있다.
- **한서지리지** : 중국 후한의 역사가 반고가 지은 '한서(漢書)'의 지리지 부분으로, 중국과 주변국가에 대해 기록하고 있다. 여기에 고조선에 대한 기록이 수록되어 있다.
- **한사군** : 한나라의 무제(武帝)가 B.C.108년 위만조선을 멸망시키고 설치한 4개의 행정구역인 낙랑군·임둔군·진번군·현도군이다. 이중 마지막까지 남아있던 낙랑군이 313년 고구려 미천왕에 의해 소멸되었다.

깊이 Plus+ 단군신화와 고조선에 대한 기록

사료명	저자	시기
삼국유사(단군신화 기록)	일연	고려말 원간섭기(충렬왕)
제왕운기(단군신화 기록)	이승휴	고려말 원간섭기(충렬왕)
동사강목	안정복	조선 후기(영조)
해동역사	한치윤	조선 후기(영조)
동사	이종휘	조선 후기(순조)

사료 Plus+ 고조선의 8조법

(고조선에서는) 백성들에게 금하는 법 8조가 있었다. 그것은 대개 사람을 죽인자는 즉시 죽이고, 남에게 상처를 입힌 자는 곡식으로 갚는다. 도둑질을 한 자는 노비로 삼는다. 용서받고자 하는 자는 한 사람마다 50만 전을 내야 한다. (중략) 여자들은 모두 정조를 지키고 신용이 있어 음란하고 편벽된 짓을 하지 않았다. 농민들은 대나무 그릇에 음식을 먹고, 도시에서는 관리나 장사꾼들을 본받아서 술잔 같은 그릇에 음식을 먹는다.

－「한서지리지」

초기 철기 여러 나라의 특징

	부여	고구려	옥저	동예	삼한
경제	반농반목 (목축과 밭농사)	• 토양이 척박(농사↓) • 약탈경제(부경)	해산물·소금 풍부	특산물(과하마, 단궁, 반어피)	• 벼농사 발달 • 철 풍부(변한)
정치	사출도+왕 ⇨ 5부족연맹체	5부족연맹체 ⇨ 태조왕 이후, 계루부 고씨 세습	왕X (읍군, 삼로)		연맹왕국 (마한의 목지국 왕이 대표)
제천 행사	영고(12월)	• 동맹(10월) • 국동대혈에서 시조신 제사	X	무천(10월)	• 5월 수릿날 • 10월 계절제
사회 풍속	순장, 형사취수제, 1책 12법		• 가족 공동무덤 • 민며느리제	• 족외혼 • 책화(산천중시) • 집 터 : 철(凸)자형, 려(呂)자형	• 소도(천군) ⇨ 제정 분리 • 마한 : 토실
	흰옷을 즐김. 우제점법	• 상무적 기질 • 서옥제			

깊이 Plus+ 용어 해설

- 사출도 : 부여는 수도를 중심으로 지방을 동·서·남·북 4개 구역으로 나누었는데, 그 지방 관할 구획이 사출도이다. 이 곳은 가축의 이름을 딴 마가(馬加)·우가(牛加)·저가(猪加)·구가(狗加) 등의 부족장이 다스렸다. (윷놀이가 사출도에서 유래)
- 순장 : 한 집단의 지배층 계급에 속하는 사람이 죽었을 때 그 사람의 뒤를 따라 강제로 혹은 자진하여 산 사람을 함께 묻던 일. 또는 그런 장례법.
- 1책12법 : 1책 12법은 부여의 법률로 남의 물건을 훔쳤을 때는 물건 값의 12배를 배상하도록 한 것이다. 고구려에도 유사한 법이 있다.
- 부여의 수렵 사회 전통 : '영고'라는 제천 행사가 있었는데, 전쟁이 일어났을 때에는 제천 의식을 행하고, 소를 죽여 그 굽으로 길흉을 점치기도 하였다.(우제점법) 영고는 추수 후 음력 12월에 치르는 제천의식이었다. 이것은 수렵 사회의 전통을 보여 주는 것이다.
- 서옥제 : 고구려에서 혼인하던 풍습으로 데릴사위제 가운데 하나이다.
- 동예의 특산물 : 단궁(단단한 활), 과하마(과일나무 아래를 지날 수 있는 작은 말), 반어피(바다표범 가죽)
- 책화 : 동예에서, 마을 사이의 경계를 침입하였을 때에, 노예·소·말 따위로 배상하던 벌칙.
- 민며느리제
- 소도 : 삼한 시대, 제사장인 천군이 다스리는 지역으로, 왕의 군대도 함부러 들어올 수 있었다. 이를 통해 삼한사회가 제정분리 사회임을 추론할 수 있다.

지도·사료 돋보기

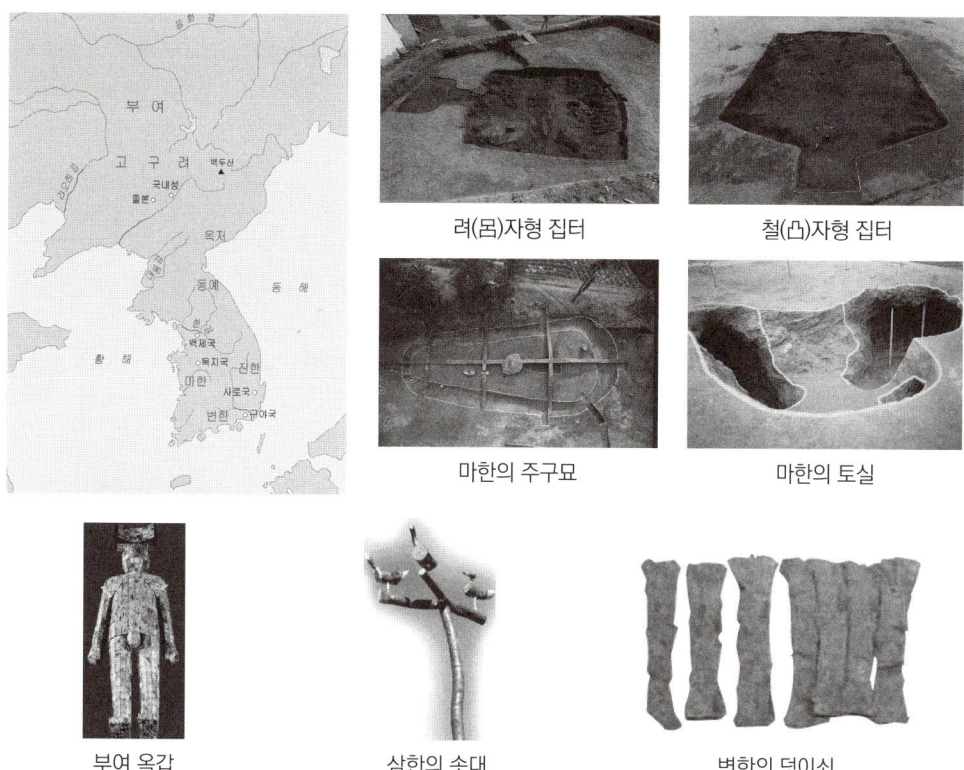

려(呂)자형 집터   철(凸)자형 집터
마한의 주구묘   마한의 토실
부여 옥갑   삼한의 솟대   변한의 덩이쇠

사료Plus+ 고구려와 옥저의 혼인 풍속

이 나라의 혼인 풍속을 보면, 혼인이 구두로 약속이 정해지면 신부 집에서 본채 뒤에 작은 별채를 짓는데, 이를 서옥이라 한다. 해가 저물 무렵 신랑이 신부 집 문밖에 와서 이름을 밝힌 뒤 무릎을 꿇고 절하며 안에 들어가 신부와 잘 수 있도록 요청한다. 두 세 번 거듭하면 신부 부모가 별채에 들어가 자도록 허락한다. … 자식을 낳아서 장성하면 신부를 데리고 자기 집으로 돌아간다.
  ―「삼국지」위서 동이전

이 나라의 혼인 풍속은 여자 나이가 10살이 되기 전에 혼인을 약속하고, 신랑 집에서는 그 여자를 맞이하여 장성하도록 길러 아내로 삼는다. 여자가 성인이 되면 다시 친정으로 돌아가게 한 후 신랑 집에서 여자의 친정에 돈을 지불한 후 다시 신랑 집으로 데려온다.   ―「위략」

사료Plus+ 고구려의 풍습

- 나라에는 왕이 있고, 벼슬로는 상가·대로·패자·고추가·주부·우태·승·사자·조의·선인이 있다. 신분이 높고 낮음에 따라 각각 등급을 두었다. 왕의 종족으로서 대가는 모두 고추가로 불린다. 모든 대가들은 사자·조의·선인을 두었는데 반드시 명단을 왕에게 보고해야한다.
- 큰 산과 깊은 골짜기가 많고 넓은 들이 없어 산골짜기에 살면서 산골 물을 그대로 마신다. 좋은

땅이 없으므로 부지런히 농사를 지어도 식량이 충분하지 못하다. 사람들의 성품은 흉악하고 급해서 노략질하기를 좋아하였다. 큰 창고는 없고 집집마다 부경이라고 부르는 조그만 창고가 있다. 10월에 하늘에 제사를 지낸다. 온 나라가 대회를 가지는 바 동맹이라고 하는데 해가 저물어 밤이 되면 남녀가 무리로 모여 노래하며 즐겨 놀았다.

사료 Plus+ 옥저의 풍습

- 큰 나라 사이에서 시달리고 괴롭힘을 당하다가 마침내 고구려에 복속되었다.
- 군왕은 없고 모든 읍락에는 자칭 삼로(三老)가 있다. 고구려의 압박으로 소금, 어물 등 해산물을 공납으로 바쳤다.
- 가족이 죽으면 가매장을 했다가 가죽과 살이 썩으면 뼈를 취하여 커다란 목곽 가운데 넣는다.

사료 Plus+ 동예의 풍습

대군장은 없으며 후·읍군·삼로가 있어서 하호를 통괄하여 다스렸다. 해마다 10월 제천 행사 때에는 밤낮으로 가무 음주하였는데 이를 무천(舞天)이라 하며, 또 범을 신으로 섬겨 제사하기도 하였다.

사료 Plus+ 삼한의 풍습

- 이 지방 사람들은 토지에 정착하여 벼를 심어 곡식으로 먹고 누에를 쳐서 비단을 짜 입는다. 나라에 각각 장수가 있는데, 큰 자를 신지라 하고, 그 다음 가는 자를 읍차라고 한다.
- 5월에 파종하고 난 후 귀신에게 제사를 올린다. 이 때 많은 사람들이 모여 노래하고 춤추고 술을 마시며 밤낮 쉬지 않고 놀았다. 10월에 농사 일이 끝나면 다시 그와 같이 제사를 지내고 즐긴다.
- 귀신을 믿으며 한 사람을 뽑아 천신에게 제사를 지내는 일을 맡아보게 하였는데, 그를 천군이라 하였다. 또 이들 여러 고을에는 각각 특정한 별읍(別邑)이 있었으며, 이곳을 소도(蘇塗)라 이름하였다.
- 변한에서 쌀이 생산되는데, 마한(馬韓)·예(濊)·왜인(倭人)들이 와서 사간다. 시장에서의 매매는 철로 이루어져 마치 중국에서 돈을 사용하는 것과 같으며, 낙랑과 대방 두 군에도 공급하였다.

선사, 고조선, 초기 철기

01

다음 유물을 만들어 썼던 사람들의 생활모습으로 옳은 것은?

① 지배자의 무덤으로 고인돌을 만들었다.
② 반달돌칼을 사용하여 벼를 수확하였다.
③ 주로 동굴이나 바위그늘에서 생활하였다.
④ 뼈바늘을 이용하여 옷감과 그물을 만들었다.

02

다음 유물이 사용된 시대에 대한 설명으로 옳은 것은?

① 인류는 먹거리를 찾아 끊임없는 이동생활을 하였다.
② 배산임수 지역에 취락이 형성되고 농경이 발달하였다.
③ 애니미즘, 토테미즘, 샤머니즘 등의 종교관이 발달하였다.
④ 조상숭배가 발달하여 널무덤과 독무덤이 널리 제작되었다.

03

다음 도구가 사용된 시대에 대한 옳은 설명은?

 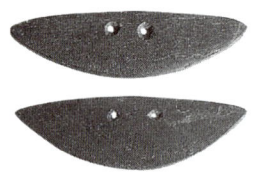

① 청동 농기구가 사용되기 시작되었다.
② 조, 피, 수수 등의 밭작물 재배가 시작되었다.
③ 사유 재산이 발생하고 계급이 분화되었다.
④ 사람들은 주로 강가나 바닷가에 거주하였다.

04

다음 유적이 처음 만들어진 시기의 사회 모습으로 적절하지 않은 것은?

① 벼농사가 시작되었다.
② 지배자인 군장이 등장하였다.
③ 명도전이 교역에 사용되었다.
④ 민무늬 토기를 만들기 시작하였다.

05

다음 유물이 만들어진 시대의 사회상으로 옳은 것은?

- 충북 청주 산성동 출토 가락바퀴
- 경남 통영 연대도 출토 치레걸이
- 인천 옹진 소야도 출토 조개 껍데기 가면
- 강원 양양 오산리 출토 사람 얼굴 조각상

① 한자의 전래로 붓이 사용되었다.
② 무덤은 일반적으로 고인돌이 사용되었다.
③ 조, 피 등을 재배하는 농경이 시작되었다.
④ 반량전, 오수전 등의 중국 화폐가 사용되었다.

06

밑줄 친 '이 시기'에 있었던 사실로 옳은 것은?

> 이 시기에는 도구가 발달하고 농경이 시작되면서 주거 생활도 개선되어 갔다. 집터는 대개 움집 자리로, 바닥은 원형이거나 모서리가 둥근 사각형이었다. 움집의 중앙에는 불씨를 보관하거나 취사와 난방을 하기 위한 화덕이 위치하였다. 집터의 규모는 4~5명 정도의 한 가족이 살기에 알맞은 크기였다.

① 소를 이용한 밭갈이 농사를 하였다.
② 고인돌과 돌널무덤이 많이 만들어졌다.
③ 빗살무늬토기와 가락바퀴가 제작되었다.
④ 한국식 동검이라 일컫는 세형동검을 사용하였다.

07

철기 시대 한반도에서 독자적인 청동기 문화가 발전하였음을 보여주는 유물이 아닌 것은?

① 거푸집
② 청동방울
③ 세형동검
④ 잔무늬 거울

08

다음 법이 있었던 사회의 특징으로 옳은 것은?

> 백성에게 금하는 법 8조가 있다. 사람을 죽인 자는 즉시 죽이고, 남에게 상처를 입힌 자는 곡식으로 갚는다. 도둑질한 자는 노비로 삼는다. 이를 용서받고자 하는 자는 한 사람마다 50만전을 내야 한다. 비록 용서를 받아 보통 백성이 되어도 풍속에 이를 수치스럽게 생각하여 결혼을 하고자 하여도 짝을 구할 수 없었다. …. 여자들은 모두 정숙하여 음란하고 편벽된 짓을 하지 않았다.
> – 「한서」

① 사유재산이 중시되었다.
② 사냥을 주로하며 이동생활을 하였다.
③ 여성과 남성이 동등하게 대우 받았다.
④ 계급이 존재하지 않는 평등한 사회였다.

09

한반도 북부에서 요령지방까지가 고조선의 영역이었다는 사실을 알게 해 주는 유물이 아닌 것은?

① 북방식고인돌
② 미송리식토기
③ 비파형동검
④ 잔무늬거울

10

다음의 사건으로 인해 나타난 사실로 옳은 것은?

> 기원전 2세기경에 위만이 무리 1000여명을 이끌고 고조선에 들어오자, 준왕은 이들을 받아들여 서쪽 변경의 수비 임무를 맡겼다. 그러나 이주민 세력을 통솔하면서 세력을 키운 위만은 수도인 왕검성을 공격하여 준왕을 몰아내고 스스로 왕이 되었다.

① 중국의 연과 대립하면서 발전하였다.
② 마가, 우가, 저가, 구가 등이 사출도를 지배하였다.
③ 청동기 문화를 바탕으로 최초의 국가가 등장하였다.
④ 철기문화가 본격적으로 발달하고 중계무역으로 번영하였다.

11

다음은 고조선의 건국 신화이다. 신화에 대한 해석으로 적절하지 않은 것은?

> 환인이 인간을 널리 이롭게 할 만하다고 생각하여 아들 환웅에게 천부인(天符印) 세 개를 주어 내려 보내 인간 세상을 다스리게 하였다. 환웅이 무리 3천을 이끌고 내려와 신시(神市)를 열고 풍백, 우사, 운사와 함께 곡식, 수명, 형벌 등을 주관하며 세상을 다스렸다. 그때 같은 동굴에 살던 곰과 호랑이가 환웅에게 사람이 되기를 빌었다. 곰은 삼칠일 동안 금기를 지켜서 여자의 몸을 얻었으나, 호랑이는 금기를 지키지 않아 사람이 될 수 없었다. 환웅이 웅녀와 혼인하여 아이를 낳아 이름을 단군왕검이라 하였다. 단군왕검은 요(堯) 임금이 왕위에 오른 지 50년 만인 경인년에 평양성에 도읍하고 비로소 조선(朝鮮)이라 일컬었다.

① 지배자가 하늘의 자손을 자처하였다.
② 정치 지배자와 종교 지도자가 분리되었다.
③ 농업이 발달한 집단이 건국을 주도하였다.
④ 이주 집단과 토착 집단이 연맹하여 국가를 세웠다.

12

(가)에 들어갈 역사적 사실로 옳지 않은 것은?

> 기원전 3세기 말, 중국에서 진과 한이 교체되는 혼란기에 많은 사람이 고조선으로 왔다. 이때 위만도 무리 1,000여 명을 이끌고 고조선으로 들어와 …. 준왕을 몰아내고 왕위에 올랐다.

⇩

> (가)

⇩

> 한의 침략으로 전쟁이 시작되어 고조선은 1년 동안 완강히 싸웠으나 내분으로 결국 멸망하였다.

① 철기 문화를 본격적으로 수용하였다.
② 중계무역으로 경제적으로 성장하였다.
③ 낙랑군, 현도군, 임둔군, 진번군이 설치되었다.
④ 준왕은 한반도 남쪽으로 내려가 한왕을 자처했다.

13

각 나라별 생활과 풍속에 대한 설명으로 옳지 <u>않은</u> 것은?

① 고조선 - 남에게 상처를 입힌 자는 곡식으로 갚게 하였다.
② 동예 - 다른 부족의 영역을 침범하면 노비와 소, 말로 변상하게 하였다.
③ 부여 - 길흉을 점치기 위해 소를 죽였고, 매년 10월에 제천 행사를 열었다.
④ 고구려 - 신부 집 뒤에 집을 짓고 살다가 자식을 낳아 장성하면 아내를 데리고 신랑 집으로 돌아가는 제도가 있었다.

14

(가) (나)에 해당하는 국가에 대한 설명으로 옳지 <u>않은</u> 것은?

> (가) 집안 사람들이 죽으면 가매장하였다가 뼈를 추려 커다란 목곽 안에 묻었다. 목곽 안에는 살아 있을 때의 모습을 나무로 만들어 넣었다.
>
> (나) 동쪽으로는 큰 바다에 닿았다. 오늘날 조선의 동쪽이 모두 그 지역이다. …… 삼베가 나며 누에를 쳐서 옷감을 만든다. 단궁, 반어피, 과하마가 산출된다.

① (가) : 12월에 영고라는 제천행사를 지냈다.
② (가) : 어물과 소금 등 해산물이 풍부하였다.
③ (나) : 족외혼을 엄격하게 지켰다.
④ (나) : 다른 부족의 생활권을 침범하면 노비, 소, 말로 변상하게 하였다.

15

밑줄 친 '그 나라'에 대한 설명으로 옳은 것은?

> <u>그 나라</u>는 대군장이 없고 한(漢) 시대 이래로 읍군(邑君)·삼로라는 관직이 있어 하호(下戶)를 다스렸다. …… 해마다 10월이면 하늘에 제사를 지내는데 밤낮으로 술 마시며 노래 부르고 춤추니 이를 무천(舞天)이라고 한다. - 「삼국지」

① 민며느리제라는 혼인 풍속이 있었다.
② 대가들이 제가 회의라는 부족장 회의를 운영하였다.
③ 다른 부족의 생활권을 침범하면 책화라고 하여 노비, 소, 말로 변상하게 하였다.
④ 왕권이 강화된 중앙 집권 국가로 발전하였다.

16

다음 자료와 관련 있는 초기 국가의 모습으로 옳은 것은?

> 해마다 5월이면 씨뿌리기를 마치고 귀신에게 제사를 지낸다. 떼를 지어 모여서 노래와 춤을 즐기며 술 마시고 노는데 밤낮을 가리지 않는다. 그들의 춤은 수십 명이 모두 일어나 뒤를 따라가며 땅을 밟고 구부렸다 치켜들었다 하면서 손과 발로 서로 장단을 맞추는데, 가락과 율동은 중국의 탁무(鐸舞)와 흡사하다.
> – "삼국지" 위서 동이전

① 죽은 사람의 뼈를 추려 가족 공동 무덤을 만들었다.
② 수렵사회의 전통이 남아있는 제천행사를 거행하였다.
③ 다른 부족의 영역을 침범하면 소나 말, 노비로 배상했다.
④ 천군이 소도에서 농경과 종교에 대한 의례를 주관하였다.

17

다음에서 설명하는 나라의 특징으로 옳은 것은?

> 왕은 없고 읍군과 삼로라 불리는 군장이 통치하였으며, 고구려의 압력으로 통합된 정치 세력이 형성되지 못하였다. 소금과 어물을 고구려에 공물로 바쳤으며, 민며느리제의 풍속이 있었다.

① 공동 노동 조직인 향도가 발달하였다.
② 천군이 제사를 주관하는 제정분리사회였다.
③ 씨족 사회의 전통인 족외혼의 풍습이 있었다.
④ 가족 공동 무덤 제도인 골장제의 풍습이 있었다.

18

다음의 풍습과 관련된 나라에 대한 설명으로 옳은 것은?

> (가) 혼인할 때 구도로 미리 정하고 여자의 집 몸채 뒤편에 작은 별채를 짓는데.... 아들을 낳아서 장성하면 남편은 아내를 데리고 자기 집으로 돌아간다.
> (나) 부락을 침범하면 노비, 소, 말로 배상하게 하는 풍습이 있었다.

① (가)는 오곡이 무르익고 해산물이 풍부했다.
② (가)는 순장의 풍습이 있었고, 사출도가 존재했다.
③ (나)는 왕이 없고 '신지, 읍차'와 같은 군장이 통치하였다.
④ (나)는 '단궁', '과하마', '반어피' 등의 특산물이 생산되었다.

19
자료와 관련된 나라에 대한 설명으로 옳은 것은?

> 그들은 장사를 지낼 적에 큰 나무 곽을 만드는데, 길이가 10여 장(丈)이나 되며, 한쪽 머리를 열어 놓아 문을 만든다. 사람이 죽으면 시체는 모두 가매장을 하되, 겨우 형체가 보일 만큼 묻었다가 가죽과 살이 다 썩은 다음에 뼈만 추려 곽 속에 안치한다. 온 집안 식구를 모두 하나의 곽 속에 넣어 두는데, 죽은 사람의 숫자대로 살아 있을 때와 같은 모습으로 나무에 모양을 새긴다.

① 무천이라는 제천행사를 하였다.
② 반농반목의 경제활동을 추구하였다.
③ 민며느리제라는 혼인 풍속이 있었다.
④ 왕이 제사와 정치를 독점한 제정일치 사회이다.

20
다음과 같은 특징이 있던 사회에 대한 설명으로 옳은 것은?

> 귀신을 믿기 때문에 국읍(國邑)에 각각 한 사람씩을 세워서 천신에 대한 제사를 주관하게 하는데, 이를 천군이라고 부른다. 또 여러 나라에는 각기 별읍(別邑)이 있으니 그것을 소도라고 한다. 큰 나무를 세우고 방울과 북을 매달아 놓고 귀신을 섬긴다. 도망하여 그 안으로 들어온 사람은 누구든 돌려보내지 아니하였다.   - 「삼국지」 위서 동이전

① 군장국가 단계에 머물렀다.
② 5월 수릿날과 10월 계절제를 지냈다.
③ 려(呂) 자형, 철(凸) 자형 집터가 존재하였다.
④ 마가, 우가, 저가, 구가라 불리는 부족장 세력이 있었다.

3. 고대 사회의 형성과 발전

고대의 정치

(1) 삼국의 건국신화와 그 특징

① 건국신화의 대부분이 하늘에서 내려온 천강신화 혹은 알에서 태어난 난생설화
② 지배자 집단은 선진문물을 전파
③ 기존 거주집단과의 융합을 시도하면서 정치적 세력을 구축
④ 중국, 만주, 평양 일대에 거주하던 집단들이 한강, 경주, 김해 등지로 들어가 기존 토착세력과의 일정한 결합 과정을 취하는 구조

(2) 고대 국가의 발전 단계

	군장국가 (성읍국가)	연맹왕국 (연맹국가)	고대 국가 (중앙집권국가)
형태	군장 군장 군장 군장 군장	족장 대군장=왕 족장 족장 족장	왕 H L 피지배층
특징	• 군장(족장) 지배	• 왕권 미약(선출제) • 지방분권적 체제	• 왕권 강화(왕위 세습) • 제도 정비(율령 반포) • 사상 통일(불교 공인) • 영역국가의 성립(영토 전쟁)
국가	옥저, 동예	고조선, 부여, 초기 고구려, 삼한, 가야	고구려, 백제, 신라 통일신라, 발해

※ 율령 : 삼국 시대 중앙 집권 체제가 정비될 무렵, 통치 기반을 확립하고 왕권을 강화하기 위하여 만든 법률. 백제(율령 반포 기록 없음), 고구려 소수림왕(4세기), 신라 법흥왕(6세기) 때 율령 반포

(3) 삼국의 기틀마련 시기

1,2세기 고구려	• 2대 유리왕 : 국내성 천도 • 1~2세기 태조왕 : 옥저 정복, 계루부 고씨의 독점적인 왕위 세습(형제 상속) • 2세기 고국천왕 : 부족적 성격의 5부를 행정적 성격의 5부로 개편, 왕위 부자상속, 최초의 빈민구제 제도인 진대법 실시(춘대추납 원칙)
3세기 백제	• 고이왕 : 16관등제 확립, 6좌평제, 백관의 공복제도 도입
4세기 신라	• 내물왕 : 김씨의 왕위 독점, 광개토대왕의 지원으로 왜구 격퇴(정치적 간섭)

(4) 삼국의 전성기

	백제	고구려	신라
4세기 백제 전성기	**근초고왕** • 왕위의 부자상속 • 영토 확장 : 마한 전체 정복 • 고구려 평양성 공격 • 요서, 산둥, 규슈 진출 • "서기"편찬(박사 고흥) • 왜왕에게 칠지도 하사 **침류왕** · 불교 수용(← 남조의 동진)	**고국원왕** • 근초고왕에 의해 전사 **소수림왕** • 율령 반포 • 불교 수용(← 북조의 전진) • 중앙의 유교기관인 태학 설치	• 내물왕 때, 광개토 대왕의 원정 이후, 고구려의 정치적 간섭 (입증 사료 : 광개토대왕릉 비의 내용, 경주에서 발견된 호우명 그릇)
5세기 고구려 전성기	• 고구려 장수왕의 남하 정책 → 제1차 나제동맹 → 한강 상실, 개로왕 전사 → 문주왕 : 웅진 천도(475) → 왕권 약화, 귀족 주도 • 제2차 나제동맹(493) : 동성왕과 신라 소지왕 때, 이찬 비지의 딸과 혼인 동맹	**광개토대왕** • 영토확장 : 북쪽, 한강 이북 • 왜구 격퇴 : 내물왕의 요청 → 이후, 신라는 예속 **장수왕** • 남진정책 : 평양 천도, 한성 함락, 중원고구려비 세움. → 나제동맹 체결 • 지방에 경당 설치(유교+무예)	• 나제동맹으로 고구려의 간섭 배제 노력
6세기 신라 전성기	**무령왕** • 지방에 22담로 설치 → 왕족파견(왕권 강화 목적) • 중국 남조의 양나라와 교류 → 무령왕릉이 양나라 영향 을 받은 벽돌무덤 **성왕** • 국호 : 남부여 • 사비 천도(현재의 부여) → 웅진 귀족세력 약화 목적 • 진흥왕과 동맹을 체결하여 한강 유역을 일시적으로 회복했으나 신라에 상실 → 관산성 전투에서 전사	6~7세기 수·당 전쟁 → 한반도의 방파제 역할 ※ 우경 : 소를 이용해 농사를 짓 는 방법으로, 우리나라에서는 신라 지증왕 3년(502)에 처음 으로 우경을 시작한다는 기록 이 보이나 이미 이전에 우경이 시작되었던 것으로 보임. 병부 : 신라의 군사업무를 장 악한 관부로, 법흥왕 때 병권 장악을 강화하기 위한 방편으 로 설치	**지증왕** • 신라 국호와 왕 칭호 사용 • 우산국 복속(이사부, 독도) • 우경 실시 • 동시(시장)와 감독기관인 동시전 설치 **법흥왕** • 불교공인(← 이차돈의 순교) • 율령반포 • 독자적 연호 사용 : 건원 • 병부설치, 금관가야 정복 **진흥왕** • 불교식 왕명 사용 (아들 이름 : 금륜, 동륜) • 화랑도 개편 • 제3차 나제동맹 체결 • 한강유역장악, 대가야 정복 → 단양적성비, 4개의 순수비 • "국사" 편찬(거칠부)

(5) 가야의 역사

- 철기 문화 발달(변한 → 가야)
- 6가야 연맹왕국 : 김해의 금관가야 중심 → 고령의 대가야 중심

전기 가야	(광개토대왕의 원정 이후) →	후기 가야 : 대가야 주도
• 김해의 금관가야 중심 • 신라 법흥왕에 의해 멸망		• 고령의 대가야 중심 • 신라 진흥왕에 의해 멸망

- 중앙집권 국가로 발전하지 못한 이유 : 신라와 백제의 압박, 연맹의 세력 비슷
- 유적지 : 김해 대성동 고분군(금관가야 지배층 무덤), 고령 지산동 고분군(대가야 지배층 무덤)

| 한눈에 쏙 | 삼국의 발전 과정(시기)

중앙 집권 국가의 기틀 마련		불교 수용		전성기	
1-2세기	고구려 태조왕, 고국천왕	4세기	고구려 소수림왕	4세기	백제 근초고왕
3세기	백제 고이왕	4세기	백제 침류왕	5세기	고구려 광개토대왕, 장수왕
4세기	신라 내물마립간	6세기	신라 법흥왕(공인)	6세기	신라 진흥왕

	고구려	백제	신라
고대 국가 성립기	태조왕(1C 후반)	고이왕(3C)	내물 마립간(4C)
고대 국가 완성기	소수림왕(4C 후반)	근초고왕(4C)	법흥왕(6C)
한강 유역 차지	장수왕(5C)	고이왕(3C)	진흥왕(6C)
전성기	장수왕(5C)	근초고왕(4C)	진흥왕(6C)
최대 영토	문자왕(5C)	근초고왕(4C)	진흥왕(6C)
율령 반포	소수림왕(4C)	기록없음	법흥왕(6C)
부자 상속	고국천왕(2C)	근초고왕(4C)	눌지왕(5C)
불교 공인	소수림왕(372)	침류왕(384)	법흥왕(6C)

지도·사료 돋보기

4세기 백제의 전성기

5세기 고구려의 전성기

6세기 신라의 전성기

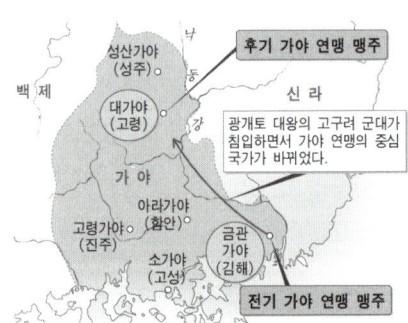
가야의 중심지 변화

광개토대왕릉비

호우명 그릇

〈법흥왕 때의 비석 : 이차돈 순교비, 울진 봉평 신라비〉

※ 울진 봉평 신라비 : 524년(법흥왕 11)에 세워진 신라의 비석으로 비의 성격에 대해서는 국왕이 순행한 것으로 보고 순행비(巡行碑)로 보려는 견해가 있는가 하면, 율령에 관련되는 내용이 주류를 이룬 것으로 보아 율령비(律令碑)로 보려는 견해 등 한결같지가 않다.

이차돈 순교비   울진 봉평 신라비

〈진흥왕 때의 비석 : 단양 적성비와 네 개의 순수비〉

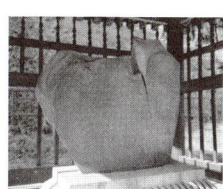    

단양적성비   마운령비   북한산비   창녕비   황초령비

(4) 삼국의 통치체제

		고구려	백제	신라
관등		10여관등	16관등	17관등
귀족회의		제가회의	정사암	화백회의(만장일치)
수상		대대로(이후, 막리지)	상좌평	상대등
행정구역	중앙	5부	5부	6부
	지방	5부	5방	5주
		• 촌 : 촌주가 지배 • 지방행정조직 = 군사 조직(지방관이 군대 지휘)		
특수 행정 구역		3경	22담로	2소경

> **비교 Plus+** 삼국의 귀족 회의

- 제가회의 : 고구려 때 국가의 정책을 심의하고 의결하던 귀족회의
- 정사암 : 백제시대에 정치를 논의하고 재상을 뽑던 곳
- 화백회의 : 신라시대에 부족 대표들이 모여 중요 사항을 합의하여 처리한, 씨족사회 전통을 계승한 회의로 만장일치제가 특징

> **깊이 Plus+** 백제의 건국세력이 부여나 고구려 계통의 유이민임을 알 수 있는 증거

1. 백제의 건국신화
2. 서울 석촌동의 돌무지무덤 고분군
3. 백제 왕실의 성씨가 부여씨
4. 백제가 성왕 때 국호를 일시적으로 남부여라고 칭함.

> **깊이 Plus+** 신라의 왕호 변화가 가지는 의미

1. 거서간(1대 혁거세) : 거수, 우두머리, 군장 ⇨ 군장 국가 단계
2. 차차웅(2대 남해왕) : 무당, 제사장 ⇨ 제정일치 추정
3. 이사금(3대 유리왕) : 연장자 ⇨ 연맹체 내 유력 집단장들의 대표
4. 마립간(17대 내물왕) : 정치적 대군장 ⇨ 김씨 왕위 세습 확립
5. 왕(22대 지증왕) : 중국식 칭호 ⇨ 부자상속제 확립, 6부 개편을 통한 중앙집권화
6. 불교식왕명 ⇨ 왕권전제화

> **깊이 Plus+** 신라와 백제의 동맹

- 1차 나제동맹(433년) : 신라 눌지왕과 백제 비유왕
- 2차 나제동맹(493년) : 신라 소지왕과 백제 동성왕
- 3차 나제동맹(551년) : 신라 진흥왕과 백제 성왕

사료 Plus+ 광개토대왕의 신라 내물왕 원조

400년 왕이 보병과 기병 도합 5만 명을 보내어 신라를 구원하게 하였다. [중략] 신라성에 이르니, 그 곳에 왜군이 가득하였다. 고구려 군이 막 도착하니 왜적이 퇴각하였다. (고구려 군이) 그 뒤를 급히 추격하여 임나가라의 종발성에 이르니 성이 곧 항복하였다. [중략] 이에 신라 매금이 (스스로 와서) 조공하였다.

- 광개토대왕릉비 中

사료 Plus+ 중원고구려비

5월에 고구려대왕이 상왕공과 함께 동쪽 오랑캐 신라의 매금(寐錦)을 만나 영원토록 우호를 맺기 위해 이곳에 왔으나, 신라 매금이 오지 않아 실행하지 못하였다. 이에 고구려대왕은 태자 공과 전부 대사자 다우환노에게 명하여 이곳에 머물러 신라 매금을 만나게 하였다. …… 12월 23일 신라 매금이 고구려 당주인 발위사자 금노에게 신라 국내의 사람들을 내지(內地)로 옮기게 하였다.

- 중원고구려비

깊이 Plus+ 칠지도(七支刀)

[전면] 태화 4년 5월 16일 병오일의 한낮에 백 번이나 단련한 철로 된 칠지도를 만들었다. (이 칼은) 모든 병해를 물리칠 수 있고 후왕(侯王)에게 주기에 알맞다. □□□□가 만든 것이다.

[후면] 선세(先世) 이래 아직까지 이런 칼이 없었는데 백제 왕세자가 뜻하지 않게 성음(聖音)이 생긴 까닭에 왜왕을 위하여 정교하게 만들었으니 후세에 전하여 보이도록 할 것이다.

-「역주한국고대금석문 譯註韓國古代金石文」

(5) 대외항쟁과 삼국 통일 과정

- 수나라의 중국 통일 → 남북 세력(고구려, 돌궐, 백제, 왜)과 동서 세력(수·당, 신라)의 대립
- 고구려 영양왕이 수나라의 요서지방 선제 공격
- 수의 1차 침입(598년, 문제) : 무더위와 폭풍으로 인해 패퇴
- 수의 2차 침입(양제, 113만 대군) : 을지문덕 장군이 청천강에서 수군을 격퇴(612년, 살수대첩)
  ⇨ 이후, 천리장성 축조(부여성~비사성)
  천리장성 축조 책임자였던 연개소문의 정변 → 영류왕 제거, 보장왕 옹립 → 대외 강경책 실시
- 당 침입 : 안시성 전투에서 당군 격퇴(645년, 성주는 양만춘으로 전함)

깊이 Plus+ 고구려의 승리가 갖는 의의

수나라와 당나라의 침입으로 백제와 신라가 이들 나라의 영향을 받지 않도록 함으로써 민족의 방파제 역할을 충실히 수행하였다.

지도·사료 돋보기

7세기 동아시아의 국제 정세

사료 Plus+ 우중문에게 보내는 을지문덕의 시

신묘한 계책은 천문을 꿰뚫어 볼 만하고
오묘한 전술은 이치를 모조리 알도다.
전쟁에 이겨서 공이 이미 높으니
만족을 알거든 그만 돌아가시구려

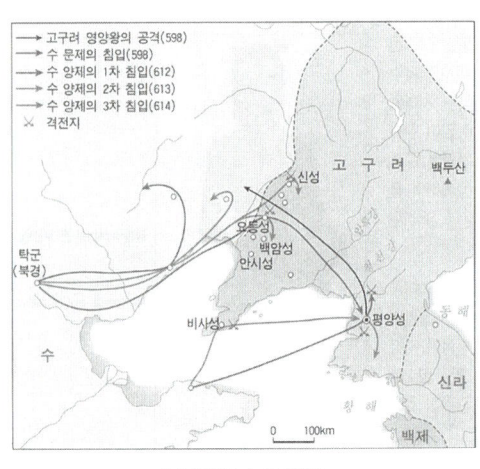

고구려와 수의 전쟁

고구려와 당의 전쟁

(6) 7세기(통일 이전)의 삼국

① 고구려 : 수나라와 당나라의 침입 격퇴(민족의 방파제 역할)

② 백제
- 무왕 : 익산에 미륵사 창건, 신라 공격(어릴 적 이름이 서동 → 향가 서동요의 주인공)
- 의자왕 : 군사력 강화 → 지속적으로 신라 공격(대야성을 공격하여 김춘추의 딸과 사위를 죽임)

③ 신라
- 진평왕 : 원광에게 걸사표를 짓게 함.(고구려를 치기위해 수나라의 군대를 요청한 글), 아들 없음.(딸이 선덕여왕에 즉위함.)
- 선덕여왕 : 최초의 여왕, 건축 사업(첨성대, 황룡사 9층 목탑, 분황사)
- 진덕여왕 : 마지막 성골 출신 왕, 집사부 설치(왕명 집행, 장관은 중시=시중)

(7) 대외항쟁과 삼국 통일 과정

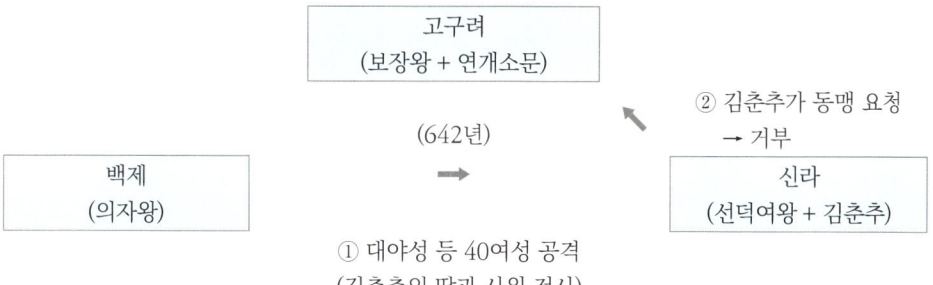

③ (김춘추가 당으로 건너가) 나당동맹 체결

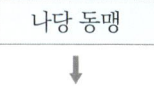

| 나당 동맹 |

| 백제 멸망 (660) | • 신라 무열왕 ⇨ 계백의 결사대가 백마강 전투에서 패배(사비성 함락 = 멸망)
• 백제 부흥운동 : 임존성에서 흑치상지가, 주류성에서 복신과 도침이 부흥 시도
• 일본의 지원군 : 백제 왕자 부여 풍이 이끄는 일본군 → 백강 전투 패배 |

| 고구려 멸망 (668) | • 신라 문무왕 ⇨ 연개소문 사후, 연남생과 연정토의 내분으로 자멸(평양성 함락)
• 고구려 부흥운동 : 고연무(오골성), 검모잠(한성),
안승(금마저에 보덕국을 세우고 왕이 됨 ← 신라의 후원) |

④ 나·당 전쟁

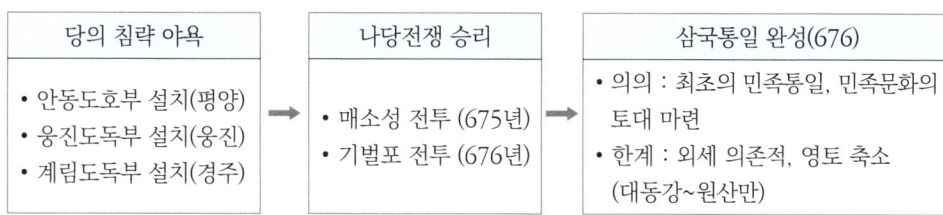

지도·사료 돋보기

당의 침략 야욕

부흥운동과 나·당 전쟁

고대의 문화

(1) 불교

① 고대 불교의 특징

| 왕실 불교 | ← | • 업설, 윤회설 → 신분제에 정당성 부여
• 왕즉불 사상 → 왕권강화 | | 구복적 성격 | | 호국 불교 |

② 삼국의 불교 수용
- 고구려 : 4세기 소수림왕
- 백제 : 4세기 침류왕
- 신라 : 6세기 법흥왕 때 공인(고립되어 토착 신앙 강함 → 이차돈의 순교로 공인)

③ 대표적인 불교 유물

고구려	• 연가7년명 금동여래입상 : 남한에서 출토된 유일한 고구려불상 (연가 7년이라는 명문을 통해 연대를 539년이나 599년으로 추정)
백제	• 서산 마애삼존불 : 백제의 미소
	• 사택지적비 : 불교에 귀의하겠다는 내용을 세련된 구양순체로 새김
신라	• 금동미륵보살반가사유상 : 일본 광륭사의 목조반가사유상과 거의 유사

④ 대표적인 불탑

백제	• 익산 미륵사지 석탑(무왕) : 목탑양식의 석탑, 금제사리봉영기(무왕 창건 기록) • 부여 정림사지 5층 석탑(평제탑 : 당나라 장수 소정방이 백제 평정을 새김) : 목탑 양식
신라	• 분황사 석탑(선덕여왕) : 돌을 벽돌모양으로 다듬어 쌓아 만든 모전 석탑
	• 황룡사 9층 목탑 : 호국불교의 성격(선덕여왕 때, 승려 자장의 건의로 건립)

(2) 유교

	교육	역사서
고구려	• 중앙 : 태학(소수림왕, 유교, 태학 박사) • 지방 : 경당(장수왕, 유교 + 무예)	「유기」(100권) → 「신집」(5권) 이문진 (영양왕)
백제	• 박사제도(5경 박사) • 사택지적비의 문체	「서기」박사 고흥 (근초고왕)
신라	• 임신서기석 : 경전 학습 의지 확인 • 박사제도(국학의 교수가 박사)	「국사」거칠부 (진흥왕)

지도·사료 돋보기

미륵사지 석탑(백제, 2019년 복원)   정림사지 5층 석탑(백제)   분황사 모전석탑(신라)

연가7년명 금동여래입상   서산 마애삼존불   금동미륵보살반가사유상   첨성대

(3) 도교 : 자연질서 중시, 신선사상, 전설상의 동물, 불로장생과 관련

고구려	• 강서고분의 사신도(사방신 : 좌청룡, 우백호, 남주작, 북현무)
백제	• 산수무늬 벽돌, 금동대향로(백제 금동 용봉봉래산 대향로) • 무령왕릉 지석(토지신에게 땅을 매입했다는 기록) 과 석수
신라	• 화랑을 국선, 풍월이라 일컬음

사료 Plus+ 최치원의 난랑비 서문

"나라에 현묘한 도가 있으니, 그것을 풍류(風流)라 한다. 그 가르침의 근원을 설한 것은 「선사(僊史)」에 상세히 나타나 있거니와 실로 이는 3교를 다 포함하고 있어서 군생에 접화하고 있다. 즉, 집에 들어와서는 효(孝)를 다하고 나가서는 나라에 충(忠)하니 노사구(공자)의 가르침과 같다. 무위지사(無爲之事)에 처하며 불언지교(不言之敎)를 행하니 주주사(노자)의 종지이다. 모든 악을 짓지 아니하며 착한 일을 모두 봉행하니 축건태자(부처)의 교화이다. – 난랑비서(鸞郎碑序)

무령왕릉 지석(백제)   산수무늬 벽돌(백제)   금동대향로(백제)

(4) 고분

	고구려	백제	신라
초기	계단식 돌무지 무덤 ⇨ 장군총	계단식 돌무지 무덤 ⇨ 석촌동 고분군	돌무지 덧널무덤 ⇨ 천마총
후기	굴식 돌방무덤(모줄임 구조) ⇨ 강서대묘(사신도), 각저총(씨름도), 무용총(무용도, 수렵도) 	• 벽돌무덤 ⇨ 무령왕릉  • 굴식돌방무덤 ⇨ 송산리 6호분(사신도), 능산리 고분군(연화문, 비운문)	굴식돌방무덤 ⇨ 어숙묘(연화문) ※ 통일신라 : 굴식돌방무덤 ⇨ 김유신묘(둘레돌, 12지신상) 괘릉(무인석 : 아랍인 형상)

(5) 벽화와 그림

고구려	• 벽화를 통해 당시의 의복이나 생활 모습(가옥구조, 귀족의 삶)을 유추 • 신분이 높은 사람은 크게, 신분이 낮은 사람은 작게 그림
백제	• 양직공도 : 중국 양나라를 찾은 사신을 기록(무령왕 대 백제 사신의 모습)
신라	• 천마도 : 마구 장식화

사료Plus+ 고대의 무덤 양식

- **계단식 돌무지 무덤** : 시신 위나 시신을 넣은 돌널 위에 흙을 덮지 않고 돌을 계단식으로 쌓아올린 무덤양식. 도굴이 힘든 구조이기 때문에 많은 부장품이 남아 있다.
- **굴식 돌방 무덤** : 판 모양의 돌을 이용하여 널(관)을 넣는 방을 만들고, 방의 한쪽에는 외부로 통하는 출입구를 만든 뒤에 흙을 덮어씌운 무덤. 벽화를 그릴 수 있어 많이 남아 있으나, 도굴이 쉽다.
- **벽돌 무덤** : 벽돌로 널방을 만들고 거기에 주검을 넣은 무덤. 중국 한(漢)나라부터 송(宋)나라에 이르기까지 많이 건축되었다. 우리나라의 대표적인 벽돌 무덤인 백제 무령왕릉과 발해 정효공주 무덤은 각각 중국의 양나라와 당나라의 영향을 받았다.
- **돌무지 덧널 무덤** : 땅 위 또는 땅에 구덩이를 파고 나무 덧널을 넣은 뒤, 그 위를 돌로 덮고 다시 흙을 씌워 만든 무덤으로, 신라에서만 사용했던 대표적인 무덤 형식이다.

양직공도에 기록된 백제사신

천마도 장니(마구 장식화)

지도·사료 돋보기

굴식돌방무덤(덕흥리 고분)

모줄임양식 천장

 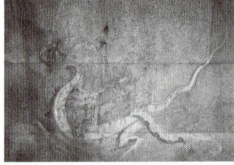 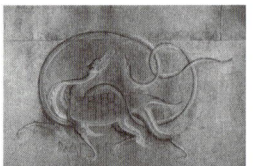 
사신도(고구려)

무용총

무용총의 무용도

덕흥리 고분벽화

수산리 고분벽화

무용총의 수렵도

안악3호분

안악3호분

김유신묘 둘레돌에 새겨진 12지신상

아랍인 형상을 한 경주 괘릉(원성왕릉) 무인석

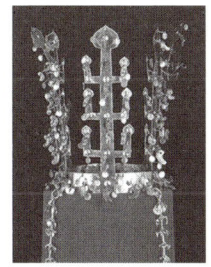
신라 금관

백제 금제 장식

백제 금동관모

가야 금관

문화 교류와 전파

(1) 삼국 문화의 일본 전래
- 고구려 : 담징(종이와 먹 제조법, 호류사 금당 벽화), 혜자(쇼토쿠 태자의 스승)
- 백제 : 가장 많은 영향, 아직기(한자 전파), 왕인(천자문과 논어 전파), 노리사치계(불교 전파)
- 신라 : 조선술, 제방 쌓는 기술('한인의 못')
- 삼국 문화 → 아스카 문화
- 가야 토기 → 스에키 토기
- 통일신라와 당의 문화 → 하쿠호 문화

금동미륵보살
반가사유상(삼국)

일본 광륭사
목조미륵보살

고구려
수산리 고분벽화

일본
다카마쓰고분벽화

(2) 신라와 서역의 교류

아랍인 형상을 한 경주 괘릉(원성왕릉) 무인석
⇨ 아라비아와의 교류

경주 황남대총의 유리공예품
⇨ 신라와 서역과의 교류

4 남북국의 성립과 발전

남북국 시대 - 통일신라

(1) 신라의 시기 구분

	1~22대	23~28대	29~36대	37~56대
「삼국사기」	상대	상대	중대	하대
「삼국유사」	상고	중고	하고	하고

① 「삼국사기」 기준 ⇨ 왕위 계승 혈통에 따라 구분

상대	중대	하대
성골 (박혁거세~진덕여왕) ⬇ 신라(통일전쟁 전)	진골-무열계 (무열왕 혜공왕) ⬇ 통일 전후(무열왕·문무왕) + 왕권 안정기(신문왕 이후)	진골-내물계 (선덕왕~경순왕) ⬇ 혼란기 (155년간 20여명 왕 교체)

② 「삼국유사」 기준 ⇨ 불교식 왕명을 사용한 중고(법흥왕~진덕여왕)를 기준으로 구분

(2) 신라 중대 주요 왕들의 업적

- 무열왕(김춘추) : 나·당 연합 결성, 최초의 진골 출신 왕, 백제 멸망
- 문무왕 : 고구려를 멸망시키고 삼국통일 이룩, 나당전쟁 승리, 문무왕릉 = 동해 수중릉(대왕암)
- 신문왕(전제 왕권의 극성기)

계기	'김흠돌의 난' 진압	
중앙	• 귀족회의인 **화백회의** 약화 • 화백회의의 수장인 **상대등**의 권한 약화	• 국왕의 측근인 **집사부** 중심으로 정비 • **집사부 시중**의 권한 강화
지방	• 상수리 제도 실시 → 지방 견제 (상수리 제도 : 각 주의 지방 세력의 자제들 중 한 명을 뽑아 중앙에 볼모로 와 있게 함으로써 지방 세력을 견제하고 왕권을 강화하고자 한 것이다. 고려의 기인, 조선의 경저리 제도와 유사한 제도이다.) • 지방행정 : 9주 5소경 체제 마련	
군사	• 9서당 10정 정비	
경제	녹읍 폐지 (수조권 + 노동력 징발)	관료전 지급 (수조권만 지급)
기타	• 감은사(문무왕의 수중릉과 연결) • 만파식적 설화 → 왕권 강화와 사회 안정의 상징	

- 성덕왕 : 백성들에게 정전 지급 → 국가 재정 확충, 전제 왕권 안정,
  성덕대왕 신종(에밀레종, 손자인 혜공왕 때 완성)
- 경덕왕 : 녹읍 부활(귀족권 강화 → 왕권약화)

깊이 Plus+ 통일 신라 설화

- 문무왕의 유언(대왕암) : "이제 삼국이 하나로 통합돼 한 나라가 되었으니 민생은 안정되고 백성들은 평화롭게 살게 되었다. 그러나 동해로 침입하여 재물을 노략질하는 왜구가 걱정이다. 내가 죽은 뒤에 용이 되어 불법을 받들고 나라의 평화를 지킬 터이니 나의 유해를 동해에 장사 지내라."
- 만파식적 설화 : 신문왕이 아버지 문무왕을 위하여 감은사를 짓고 추모하는데, 죽어서 바다 용이 된 문무왕과 하늘의 신이 된 김유신이 합심하여 동해의 한 섬에 대나무를 보냈다. 이 대나무를 베어서 피리를 만들어 만파식적이라 이름 붙여 부니, 적의 군사는 물러가고, 병은 낫고, 물결은 평온해졌다고 한다.

(3) 신라 중대 체제 정비

중앙	집사부 중심 (시중의 권한 강화)	➡	화백회의 약화 (상대등의 권한 약화)
지방	9주 • 군현 : 지방관 파견 • 말단(촌) : 촌주가 관리		5소경 • 목적 : 지방감시, 수도 편재 극복 • 서원경, 중원경, 금관경, 남원경, 북원경
감찰	• 중앙 : 사정부		• 지방 : 외사정
군사	9서당(중앙군) • 고구려, 백제, 말갈인까지 포함 ⇨ 민족 융합책(부대별 소매색 다름)		10정(지방군) • 지방행정구역인 9주에 1개씩 설치 • 군사 접경지역인 한주에 2개의 정을 설치
사회	• 골품제 : 폐쇄적 신분질서 → 하대로 갈수록 6두품 지식인의 불만(당의 빈공과에 응시) • 통일 전후 골품제 변화 : 성골 소멸, 1~3두품 소멸 • 화랑도 : 신분을 완화하는 효과		
경제	토지 제도 변화	(통일 초) **녹읍** ➡ (신문왕) **관료전** ➡ (경덕왕) **녹읍 부활** • 수조권 　　　　　• 수조권만 지급 　　　　• 왕권 약화 • 노동력징발 　　　→ 귀족세력 제한 　　　　　　　　　(성덕왕) **정전 지급** 　　　　　　　　　• 세금확충 　　　　　　　　　• 전제왕권 안정		
	세금 수취	• 신라 민정문서(신라장적) 　- 일본 도다이사 쇼소인에서 발견 　- 서원경의 세금 수취 자료 　- 촌주가 3년마다 작성		
	경제 생활	• 동시·동시전 설치(지증왕) → 통일 이후 서시와 남시를 추가로 설치(효소왕) • 대당 무역 활발 : 신라소, 신라방, 신라원(법화원) • 일본, 아라비아와 교류(신 : 당항성, 통·신 : 울산항)		

(4) 신라 하대 사회 혼란(150년간 20명의 왕 교체)

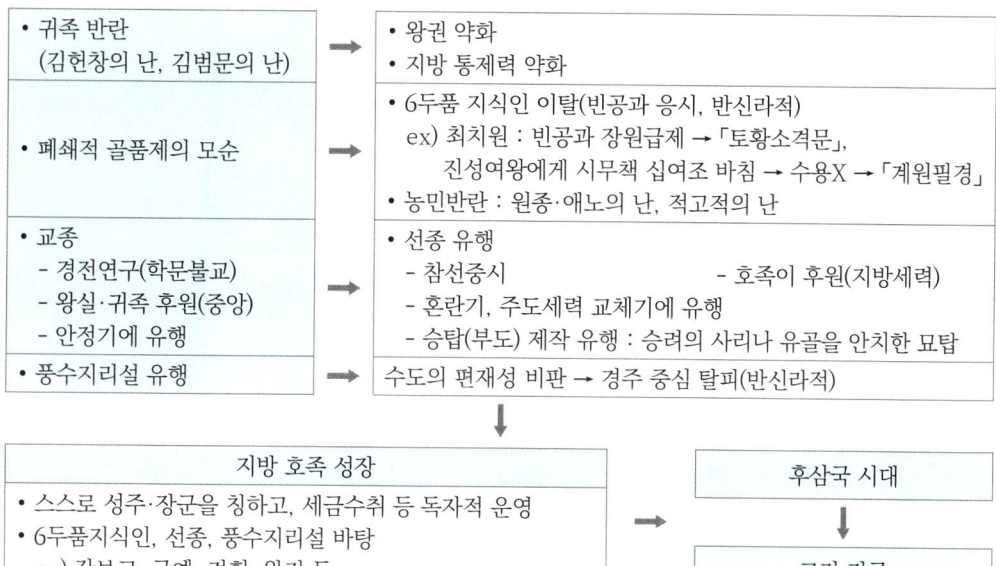

깊이 Plus+ 용어 설명

- "토황소격문" : 중국에서 황소의 난이 일어나자, 881년(헌강왕 7) 최치원은 그 토벌총사령관인 고변의 휘하에 종군하였는데, 황소가 이 격문을 보다가 저도 모르게 침상에서 내려앉았다는 일화가 전할 만큼 뛰어난 명문이었다 한다.
- "계원필경" : 통일신라시대의 학자·문장가인 최치원이 지은 1만여 수의 시문 중 정화만 모아 엮은 것
- 원종과 애노의 난 : 889년(진성여왕 3) 신라의 사벌주(상주)에서 원종·애노가 일으킨 농민 봉기
- 적고적의 난 : 원종과 애노의 난 이후 일어난 반란군 가운데 붉은 바지를 입은 무리가 있었는데, 이들을 당시 적고적(赤袴賊)이라 불렀다. 896년(진성여왕 10) 이들은 동쪽으로 진격하여 신라의 수도인 경주까지 진격할 정도로 기세를 보였다.

지도 돋보기

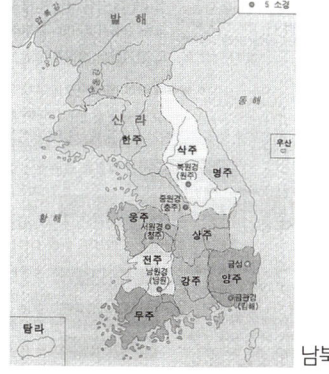

남북국시대

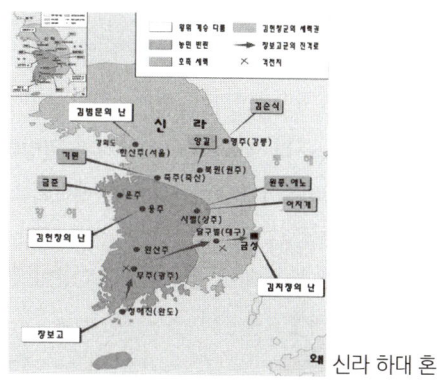

신라 하대 혼란기

남북국 시대 - 발해

(1) 주요 왕들의 업적

고왕 (대조영)	• 고구려 유민 출신 → 동모산 기슭에서 발해 건국 　※ 발해의 고구려 계승 의식 　　- 일본에 보낸 외교 문서 : 고(구)려 국왕 　　- 문화적 유사성 : 온돌, 기와, 와당, 무덤양식(모줄임구조)
무왕	• 산둥반도 선제 공격(장문휴) • 신라와 적대적 • 독자적 연호 사용 : 인안
문왕	• 당과 친교 : 3성 6부제 수용, 당나라 장안성의 주작대로 모방(상경 용천부) • 신라와 친교 : 신라도 • 천도 : 중경 → 상경 → 동경
선왕	• 발해의 최대 판도 → 지방 정비(5경 15부 62주) • 주변 국가들로부터 해동성국이라 불림.(해동성국 : 바다 동쪽의 전성기를 맞이한 나라)
멸망	• 거란의 침입으로 멸망 → 이후, 정안국, 후발해국 등 건국 • 발해 유민이 고려 지배층 구성(고구려-발해-고려 계승 의식)

(2) 체제 정비

중앙	• 3성 6부제(당 영향) → 독자적 운영(유교식 칭호 사용, 좌·우사정 분리) • 주자감 : 최고교육기관(= 신라의 국학) • 중정대 : 관리 비위 감찰(= 신라의 사정부) • 문적원 : 서적 관리
지방	• 5경 15부 62주(선왕 때 정비) • 말단 : 말갈인 촌주가 관리
군사	• 중앙 : 10위 • 지방 : 지방관이 지휘
사회	• 지배층 : 고구려인(대씨, 고씨) • 피지배층 : 말갈인(하부 행정은 말갈인의 자치를 인정, 일부는 지배층에 편입)
경제	• 당과 교류 : 발해관, 도당 유학생(빈공과, 신라와 등제석차 다툼) • 신라와 교류 : 신라도

사료 Plus+

대조영은 본래 고구려 별종이다. 고구려가 멸망하자 대조영은 가족을 이끌고 영주로 옮겨와 살았다. 만력 통천 때(696년)에 거란 이진충이 반란을 일으켰다. 대조영은 말갈족장 걸사비우와 함께 각각 무리를 이끌고 동쪽으로 망명하였다. …… 마침내 무리를 이끌고 동으로 가서 계루부 옛 땅을 차지하고 동모산에 성을 쌓고 살았다. 대조영이 굳세고 용맹스러우며 용병을 잘하자 말갈 및 고구려 잔당이 점점 모여들었다.

　　　　　　　　　　　　　　　　　　　　　　　　　　　　　　　　　　-「구당서」

깊이 알아보기 발해가 황제국임을 나타내는 근거

- 인안(仁安), 대흥(大興) 등의 독자적인 연호가 사용되었다.
- 1980년 발굴된 3대 문왕의 넷째 딸인 정효공주(757~792년) 묘에서 '황상(皇上)'이라는 표현, 즉 '황상께서 조회를 열지 않고 크게 슬퍼하시면서~'라고 새겨진 묘지명이 나왔다.
- 간왕의 부인인 순목황후의 묘지에 황제국임을 나타내는 '황후(皇后)'라는 표현을 사용하였다.
- 군주의 경칭 및 제도와 격식이 중원의 제국과 견주어 대등한 3성 6부 체제를 따랐다.

중국 지린 성 허룽 시 룽터우 산 고분군에서 발해국 3대 문왕(737~793) 부인과 9대 간왕(817~818) 부인 묘지(墓誌)가 출토 되었다. 그런데 간왕 부인 묘지에 "발해국 순목황후는 간왕의 황후 태(泰)씨이다"라는 표현이 있어 주목된다. 이는 발해가 황제국임을 나타내는 자료이다. 중국은 현대 이 자료의 전문을 공개하지 않고 있다.

고대의 경제

(1) 고대의 경제
  ① 원칙 : 왕토 사상에 기반
  ② 목적 : 자영농 육성을 통한 안정적인 조세 수취

깊이 Plus+ 토지제도의 기본 개념

- 왕토사상 : '천하의 토지는 왕의 토지가 아닌 것이 없고, 천하의 신하는 왕의 신하가 아닌 것이 없다.'라는 「시경(詩經)」에 나온 이념이다. 그러나 이는 어디까지나 관념적인 표방일 뿐, 실제로 모든 토지와 국민이 국왕에게 예속된 것은 아니었다. 농민들은 자기 토지를 소유하고 경작하며, 국가에 조세를 부담하였다.
- 인두세 : 성별·신분·소득 등에 관계없이 성인이 된 사람에게 부과된 일률동액(一律同額)의 조세로 납세자의 급부능력을 무시한 점에서 효과가 단순하며 역사상 일찍부터 채용되었다.
- 수조권(收租權) : 조세를 수취할 수 있는 권리를 말한다.
- 소유권(所有權) : 물건을 전면적으로 지배할 수 있는 권리로, 매매·상속·개간이 가능하다.
- 식읍(食邑)과 녹읍(祿邑) : 삼국은 전공을 세웠다든지 하는 특별한 경우에 식읍을 지급했다. 이 둘은 지급받은 자가 해당 지역의 농경지로부터의 조세를 징수할 수 있었을 뿐만 아니라 해당 지역의 주민들을 노역에 동원할 수도 있었다. 말하자면 토지에 대한 지배권뿐만 아니라 사람에 대한 지배권까지 보장받았던 것이다.
- 관료전(官僚田) : 신라 중대에 관리들에게 지급한 전지로 조세를 거둘수 있는 수조권만 받았고, 관직에서 물러나면 반납하는 것이 원칙이었다.

(2) 삼국의 경제 정책

수취 체제	• 조세 : 재산 정도에 따라 호(戶)를 기준으로 부과 • 공물 : 지역 특산물 수취 • 역 : 15세 이상 남자의 노동력 징발
농업	• 농업 생산력 증대를 위한 시책 : 철제 농기구 보급, 우경 확대(지증왕) 등
수공업	• 초기 : 노비가 무기와 장신구 생산 → 이후, 수공업자가 관청에서 생산
상업	• 신라(5세기 말) : 경주에 시장 설치(동시, 서시) • 6세기 초 : 감독기관인 동시전 설치
무역	• 공무역 중심 • 고구려(남북조 및 북방계), 백제(남조 및 왜), 신라(한강 장악 후, 당항성)

(3) 통일 신라의 토지제도 변화

녹읍(통일 초) → (왕권 강화) → 관료전 지급 : 신문왕 / 정전 지급 : 성덕왕 → (귀족 반발) → 녹읍 부활(경덕왕)

(4) 통일신라와 발해의 경제 활동

신라 민정문서	• 일본 도다이사 쇼소인에서 발견 • 서원경(오늘날 청주) 지역의 토지 종류, 우마, 노동력까지 자세하게 기록 ⇨ 조세와 요역의 부과 자료로 활용 • 촌주가 3년마다 작성한 것으로 추정

통일신라의 대외활동	• 당나라와의 활발한 교류 : 비단, 책, 공예품 등을 수입, 금은 세공품이나 인삼 등을 수출
	• 신라인들의 당 진출
	  ㉠ 신라방 : 신라인들의 집단 거주지
	  ㉡ 신라소 : 당에 있는 신라인들의 감독관청
	  ㉢ 신라원 : 당에 있던 신라인들의 절(장보고가 설치한 법화원이 대표적)
	• 도당유학생(숙위학생)
	  ㉠ 당의 교육기관인 국자감에서 공부하여 당의 과거인 빈공과에 합격
	  ㉡ 대부분 6두품 출신이 많으며, 골품제의 모순을 앞장서서 지적
	  ㉢ 대표적인 인물 : 최치원, 김운경 등
	• 일본과의 교류
	  ㉠ 신라 불교가 일본에 큰 영향, 일본에 칼을 수출
	  ㉡ 통일신라와 당나라 문화 ⇨ 일본의 하쿠호문화 형성에 영향
	• 아라비아와의 교류
	  ㉠ 교역로 : 울산항
	  ㉡ 수입품 : 귀족들의 사치가 심하여 흥덕왕 때, 사치금지령

장보고의 해상활동	• 청해진 설치(완도) : 해적을 소탕하고, 황해와 남해의 해상 무역 장악 • 중국 산동에 법화원 건립
발해의 경제활동	• 신라도 : 신라와 통하는 무역로 • 특산물 : 솔빈부의 말 • 발해에서도 도당유학생이 있어 신라의 도당유학생과 등제석차를 두고 다툼 • 덩저우에 발해인 거주지인 발해관 설치

깊이 Plus+ 신라의 대표적 학자

- 김대문 : 신라 문화를 주체적으로 인식(「화랑세기」, 「고승전」, 「한산기」)
- 설총 : 원효의 아들로 유교경전에 능통함(「화왕계」)
- 최치원 : 빈공과 장원급제, '토황소격문', 진성여왕에게 시무책 10여조 제시, 시문집 「계원필경」

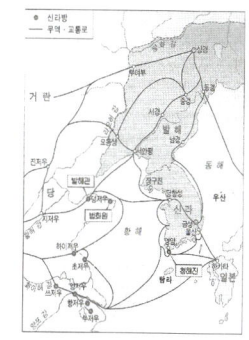

남북국 시대의 대외 무역

고대의 사회상

(1) 고구려 사회의 모습

신분	• 대가(호민을 통한 읍락 지배), 호민(부유층), 하호(농민), 노비(예속된 삶)
지배층	• 왕족인 계루부 고씨와 5부의 귀족들이 지위 세습
피지배층	• 백성(조세납부의 의무), 천민(노비)
성격	• 상무적 기상
형법	• 1책 12법 • 반역·반란·살인자는 사형, 질투죄도 사형 　(관나부인이 왕비를 모함하여 죽이려다가 도리어 자기가 질투죄로 사형)
혼인	• 서옥제, 형사취수제(고국천왕 사후, 왕비 우씨와 동생 산상왕의 결합)
빈민구제	• 진대법 : 고국천왕 때 을파소의 건의로 실시(원칙 : 춘대추납)

(2) 백제 사회의 모습

지배층	• 왕족인 부여씨와 8성 귀족이 지위 세습
성격	• 고구려와 유사
형법	• 1책 2법, 뇌물을 받은 관리는 종신형+3배 배상

(3) 신라 사회의 모습

골품제	• 개인의 사회 활동과 일상 생활까지 제한한 폐쇄적인 신분질서 　(가옥 규모와 장식물, 복색이나 수레 등 일상생활까지 규제)
화랑도	• 화랑(귀족대표) + 낭도(귀족, 평민)로 구성 ⇨ 계층간 대립과 갈등을 완화 • 진흥왕 때 국가 차원에서 조직 확대 ⇨ 신라 전기와 삼국 통일의 원동력 • 규범 : 원광의 세속 5계(사군이충, 사친이효, 교유이신, 임전무퇴, 살생유택)

(4) 통일 신라 사회의 모습

민족 통합 정책	• 9서당 제도(중앙군) : 백제, 고구려, 말갈인을 편입 　⇨ 하지만, 여전히 소매색을 달리하여 구분 • 9주 제도(지방행정) : 고구려, 백제, 신라를 세 지역으로 분배
골품제의 변화	• 진골귀족이 왕위 세습(성골 소멸) • 3두품 이하는 통일 전후로 소멸 　⇨ 통일 이후, 진골과 6~4두품 까지만 존재 • 중위제 : 6두품 이하에 적용하던 일종의 특진제 　　　　 (관직 제한에 대한 불만 무마 목적) 　⇨ 이후, 불만이 심화된 6두품은 당의 외국인 과거인 빈공과에 응시

(5) 발해의 사회 모습

지배층	• 고구려 계통, 대씨와 고씨
피지배층	• 다수가 말갈인, 말단 행정은 말갈인 촌주가 다스리도록 인정
대외 활동	• 빈공과에 응시하여 신라인과 수석을 다툼

통일신라의 문화

(1) 대표적 승려와 불교 문화재

교종	선종
안정기(중대)	혼란기(하대)
• 교리, 경전 중시 • 중앙 귀족 후원 • 5교 중심	• 참선, 수행 중시 • 지방 호족 후원 • 9산 중심 • 승탑(부도) 유행 • 고려 건국 뒷받침

	원효	의상
신분	6두품	진골
유학	x	O
사상	• 해골물일화 ⇨ 일심사상 • 국내에서 다양한 경전 연구 ⇨ 화쟁사상	• 당나라 유학 ⇨ 화엄사상 • 일즉다 다즉일(조화 추구)
영향	• 불교 대중화(아미타신앙, 무애가) • 고려 시대 불교 통합운동에 영향	• 불교대중화(아미타신앙, 관음신앙) • 일본에 화엄종 전파
저서	「대승기신론소」, 「금강삼매경론」	「화엄일승법계도」
기타	• 子 : 설총(한국 유학의 효시)	• 부석사 창건(선묘낭자 설화) • 낙산사 창건(의상대, 해수관음보살)

- 혜초(704~787) : 당에서 인도·서역 지방까지 순례하여 「왕오천축국전」 저술
  (바닷길로 갔다가 사막길로 돌아오는 과정 중 사망하여 「왕오천축국전」은 중국의 둔황석굴에서 발견 → 현재는 파리 국립도서관에 소장)
- 불교 문화재(비례와 조화미가 뛰어남)
  - 석굴암 : 경덕왕 때 김대성의 건의로 건설, 유네스코 문화유산
  - 불국사(쌍탑가람양식) : 법흥왕 때 창건 → 경덕왕 때 증축 → 임진왜란 때 소실 → 조선 후기 재건
    · 신라 3층 석탑(석가탑) : 기단에서 무구정광대다라니경과 금동불입상 발견
  - 무구정광대다라니경 : 1966년 보수공사 중 발견, 세계 최고(最古)의 목판 인쇄물
  - 금동불입상 : 2013년 복원을 위한 해체 중 발견, 석탑이 조성된 742년에 넣은 진단구로 추정
    · 다보탑 : 신라의 독창적인 작품(네 마리 돌사자 중 세 마리는 일제강점기에 소실)
  - 진전사지 3층 석탑 : 양양에 위치한 통일신라의 석탑, 기단에 화려한 여래상이 조각
  - 감은사지 3층 석탑 : 신문왕이 창건한 감은사에 있는 통일 신라의 석탑, 목탑의 양식을 충실히 계승

(2) 유교
- 설총 : 한국 유학의 효시(원효의 아들)
- 6두품 지식인 : 폐쇄적 골품제에 불만 → 반신라적 성향, 빈공과 응시 → 호족 후원(고려건국 뒷받침)
- 국학 설치(신문왕) : 유교 교육 기관

(3) 풍수지리설
- 도교 영향 → 자연 현상을 정치적으로 해설, 수도나 묘자리 선정에 영향
- 경주 중심 탈피 → 고려 건국 뒷받침

지도·사료 돋보기

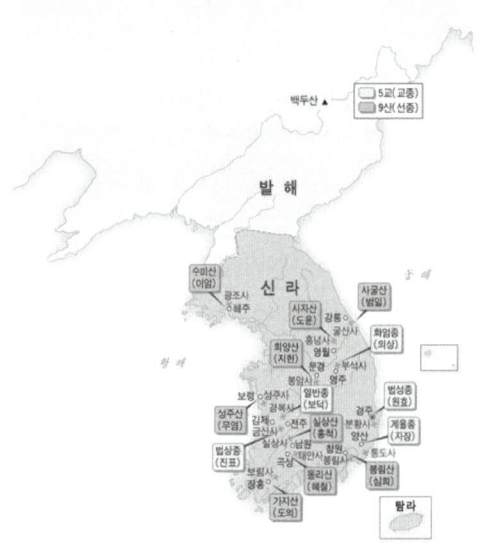

교종 5교와 9산 선문

쌍봉사 철감선사 승탑

불국사

석굴암

석가탑

다보탑

감은사지 3층석탑

진전사지 3층석탑

도선의 영정

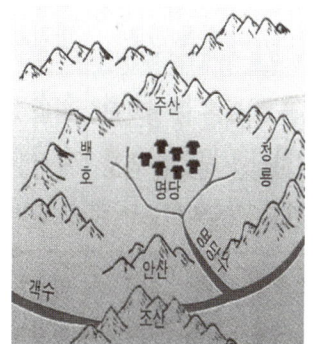
배산임수도

성덕대왕 신종

국정원 9급 All-Care

발해의 문화

- 고구려 영향 : 온돌, 기와, 와당, 무덤양식(모줄임구조, 굴식돌방무덤)
- 당의 영향 : 3성 6부제 도입, 주작대로 모방(상경 용천부), 무덤 양식(벽돌무덤 양식), 탑 양식(영광탑)
- 무덤 양식 비교

정혜공주 무덤(문왕 둘째)	정효공주 무덤(문왕 넷째)
: 고구려 영향	: 당의 영향(+ 고구려 + 발해)
• 굴식돌방무덤 • 모줄임구조 • 벽화 X • 암수 돌사자상	• 벽돌무덤(당 영향) • 평행고임구조(고구려 영향) • 벽화 존재(12인의 신하)

지도·사료 돋보기

발해의 연화무늬 와당

발해 석등

이불병좌상

발해 영광탑

정혜공주 묘

정혜공주 묘의 돌사자상

정효공주 묘

고대의 정치

21
밑줄 친 '상설 규정'을 마련한 왕의 업적으로 옳은 것은?

> 10월에 왕이 질양에서 사냥할 때 길가에서 어떤 사람이 앉아 우는 것을 보고 어째서 우느냐고 물었다. 대답하되 "신은 가난하여 품팔이로 어머니를 봉양하였는데, 올해는 흉년이 들어 품팔이를 할 수 없고, 한 되, 한 말의 양식도 얻어 쓸 수 없어 웁니다."라고 하였다. 왕이 ..... 소속관리에게 명하여 매년 봄 3월부터 가을 7월까지 관청의 곡식을 내어 백성의 식구가 많고 적음에 따라 등급을 정하여 꾸어 주고, 겨울 10월에 갚게 하는 상설 규정을 만드니 내외가 크게 기뻐하였다.
>
> — "삼국사기"

① 왕위의 부자상속이 이루어졌다.
② 신라에 침입한 왜군을 격퇴하였다.
③ 졸본성에서 국내성으로 수도를 옮겼다.
④ 계루부 고씨에 의한 왕위 독점이 이루어졌다.

22
(가), (나)의 건국 이야기와 관련된 국가에 대한 설명으로 옳은 것은?

> (가) 유화가 알을 보자기에 싸서 따뜻한 곳에 놓아두었더니 한 사내아이가 껍질을 깨고 나왔다. .... 활 잘 쏘는 사람을 주몽이라 불렀기 때문에 이를 그대로 이름으로 삼았다. .... 졸본천에 이르러 이곳에 도읍을 정하고 나라를 세웠다.
>
> (나) 비류와 온조는 무리를 이끌고 남하하였다. 아우인 온조는 위례성에, 형인 비류는 백성을 나누어 미추홀에 나라를 세웠다. ...... 비류가 죽으니 그의 신하와 백성들은 모두 허례로 귀속하였다.
>
> — "삼국사기"

① (가) - 결혼 풍속으로 서옥제가 있었다.
② (가) - 귀족의 대표로 상대등을 두었다.
③ (나) - 진한의 소국으로부터 성장하였다.
④ (가), (나) - 남의 물건을 훔쳤을 때는 12배로 갚는 법이 있었다.

23

(가), (나)에서 설명하는 왕의 공통된 업적으로 옳은 것은?

> (가) 4세기 후반 내부 체제의 정비를 위해 노력한 고구려의 왕으로 태학을 설립하였다.
>
> (나) 3세기 중엽 고대 국가의 기틀을 마련한 백제의 왕으로, 목지국을 제압하여 한강 유역을 장악하였다.

① 불교를 공인하였다.
② 율령을 반포하였다.
③ 수도를 천도하였다.
④ 부자상속의 왕위계승을 확립하였다.

24

(가)왕의 업적으로 옳은 것은?

> 신라는 처음에는 박, 석, 김의 3성이 번갈아 임금의 지위에 올랐으나, (가)왕이 왕위에 오른 뒤로는 김씨가 계속해서 왕위를 독점하였다.

① 병부를 설치하였다.
② 우산국을 정복하였다.
③ 국호를 신라로 정하였다.
④ 마립간 칭호를 사용하였다.

25

(가)에 해당하는 국왕에 대한 설명으로 옳은 것은?

> (가)는/은 고구려의 제6대 왕으로서, 이 시기 왕권이 크게 강화되어 계루부 고씨가 왕위를 독점적으로 세습하게 되었다.

① 옥저를 정복하였다.
② 낙랑군을 완전히 축출하였다.
③ 백제의 공격으로 전사하였다.
④ 부자상속의 왕위 계승을 확립하였다.

26
삼국의 통치체제에 대한 설명이다. 바르지 못한 것은?
① 백제는 6좌평제와 16관등을 두었다.
② 신라는 귀족회의의 대표로 상대등을 두었다.
③ 신라는 말단 촌에도 촌주라는 지방관이 파견되었다.
④ 삼국은 지방 행정 조직을 군사조직으로 운영하였다.

27
다음과 같은 체제개혁을 추진한 시기의 사실로 옳은 것은?

> 순노부, 소노부, 관노부, 절노부, 계루부 5부가 행정적 성격을 지닌 동부, 서부, 남부, 북부, 중부의 5부로 개편되었다.

① 낙랑을 공격하여 중국 세력을 축출하였다.
② 전연의 침략을 받아 국가적 위기를 겪었다.
③ 왕위계승이 형제상속에서 부자상속으로 바뀌었다.
④ 계루부 고씨가 왕위를 독점적으로 세습하게 되었다.

28
다음에서 밑줄 친 (가)를 통해 알 수 있는 사실로 가장 직질한 것은?

> 초기의 신라는 박·석·김의 세 성씨 중에서 이사금을 선출하였으니 4세기 후반부터 (가)김씨의 왕위 세습권을 확립하였으며 나아가 왕의 칭호를 마립간으로 바꾸었다.

① 왕권이 강화되어 고대국가로 성장하고 있다.
② 신라에서는 연장자가 왕위에 오르기도 하였다.
③ 신라는 내물왕 시기 전성기를 맞이하게 되었다.
④ 백제와 동맹을 결성하여 한강유역을 장악하였다.

29

밑줄 친 백제 '왕'에 대한 설명으로 옳은 것은?

> 내신 좌평을 두어 왕명 출납을, 대두 좌평은 물자와 창고를, 내법 좌평은 예법과 의식을, 위사 좌평은 숙위 병사를, 조정 좌평은 형벌과 송사를, 병관 좌평은 지방의 군사에 관한 일을 각각 맡게 하였다. …. 왕이 영(令)을 내려 6품 이상은 자줏빛 옷을 입고 은꽃으로 관을 장식하고, 11품 이상은 붉은 옷을, 16품 이상은 푸른 옷을 입게 하였다. — "삼국사기"

① 율령을 반포하여 통치를 위한 기준을 마련하였다.
② 왕위의 형제 상속을 확립하여 왕권을 강화하였다.
③ 국가적 위기를 극복하기 위해 웅진으로 천도하였다.
④ 고구려의 세력 강화에 대항하고자 신라와 동맹을 맺었다.

30

다음 (가)와 (나) 자료 사이에 일어난 삼국의 상황으로 옳지 <u>않은</u> 것은?

> (가) 왕이 소속 관리에게 명하여 매년 봄 3월부터 가을 7월까지 관청의 곡식을 내어 백성의 식구가 많고 적음에 따라 등급을 정하여 꾸어 주고 겨울 10월에 갚게 하는 상설 규정을 만드니 내외가 크게 기뻐하였다.
>
> (나) 왕 즉위 2년 …〈중략〉… 전진왕 부견이 사신과 승려 순도를 시켜 불상과 경문을 보내왔다.

① 백제의 공격으로 고국원왕이 전사하였다.
② 신라가 우경을 시작하여 농업생산력을 높였다.
③ 백제가 목지국을 제압하여 한강 유역을 장악하였다.
④ 고구려가 낙랑을 정복하고 대동강 유역을 확보하였다.

31

다음 자료에서 설명하는 왕의 업적으로 옳은 것은?

> 2년 전진의 왕 부견이 사신과 승려 순도를 파견하여 불상과 경문을 보내왔다. 왕이 사신을 보내 답례로 토산물을 바쳤다. 태학을 세워 자제들을 교육하였다.   - "삼국사기"

① 김씨가 왕위를 독점하였다.
② 불교를 수용하고 율령을 반포하였다.
③ 졸본에서 국내성으로 도읍을 옮겼다.
④ 경당을 세워 한학과 무술을 가르쳤다.

32

밑줄 친 ㉠, ㉡ 왕의 공통점으로 옳은 것은?

> - ㉠왕 때에는 동옥저를 정벌하여 그 땅을 취하고 성읍을 만들며 국경을 개척하였는데, 동으로는 창해(동해)에 이르고 남으로는 살수에 이르렀다. ...... ㉠왕이 군사를 일으켜 요동 서안평을 습격하고, 대방령을 죽이고 낙랑 태수의 처자를 잡아왔다.
> - 3세기 ㉡왕은 왕 아래 좌평을 비롯한 16등급의 관리를 두고 관리의 복색을 제정하였으며, 율령을 반포하였다. 내신 좌평을 두어 왕명 출납을, 내두 좌평은 물자와 창고를, 내법 좌평은 예법과 의식을 ..... 각각 맡게 하였다. ...... ㉡왕이 영을 내려 6품 이상은 자줏빛 옷을 입고 은꽃으로 관을 장식하고, 11품 이상은 붉은 옷을, 16품 이상은 푸른 옷을 입게 하였다.

① 불교 공인과 율령 반포가 이루어졌다.
② 한강을 장악하여 전성기를 구가하였다.
③ 이 시기에 역사서가 편찬되기도 하였다.
④ 왕위의 형제상속을 이루는 등 중앙 집권 국가의 기틀을 마련하였다.

33
(가), (나) 사건 사이에 있었던 사실로 옳은 것은?

> 보기
>
> (가) 왕이 보병과 기병을 합쳐 5만 명을 보내어 신라를 구원하게 하였다. 남거성을 거쳐 신라성에 이르니, 그곳에 왜군이 가득하였다. 고구려군이 도착하자 왜적이 퇴각하였다.
> – "광개토대왕릉비"
>
> (나) 왕이 병사 3만 명을 거느리고 백제를 침입하여 수도인 한성을 함락시키고, 백제 왕 부여경을 죽였으며 포로로 남녀 8천 명을 사로잡았다. – "삼국사기"

① 대가야가 신라에 병합되었다.
② 수는 대군을 파견하여 고구려를 침략하였다.
③ 백제는 평양성을 공격하여 고국원왕을 죽였다.
④ 고구려는 국내성에서 평양으로 수도를 옮겼다.

34
다음 중 역사적 사실에 대한 설명으로 옳지 <u>않은</u> 것은?
① 대가야는 진흥왕 때 신라에 의해 멸망하였다.
② 근초고왕 때 '서기'라는 역사서가 편찬되었다.
③ 법흥왕은 '광덕'이라는 독자적 연호를 사용하였다.
④ 고이왕은 목지국을 정복하고 관등제도를 마련하였다.

35
다음은 신라와 관련된 기록이다. (가)~(라)를 일어난 순서대로 나열한 것은?

> (가) 관리들의 17등급으로 나누어 복색으로 서열을 구분하였다.
> (나) 농업 생산력을 높이기 위해 우경을 장려하였다.
> (다) 창령 척경비, 북한산 순수비, 황초령 순수비, 마운령 순수비 등의 비석을 세웠다.
> (라) 유력 집단의 우두머리는 이사금으로 추대되었다.

① (가) - (나) - (라) - (다)
② (가) - (라) - (다) - (나)
③ (라) - (가) - (다) - (나)
④ (라) - (나) - (가) - (다)

36

(가), (나) 사이의 역사적 사실로 옳은 것은?

> (가) 왕은 보병과 기병 5만을 보내 신라를 구원하게 하였다. … 왕의 군대가 적의 길을 끊고 막아 좌우로 공격하니, 왜구는 위축되어 궤멸하였다.
>
> (나) 왕은 가야 연맹의 모든 지역을 편입하였으며, 동해안을 따라 함흥평야까지 진출하였다. 왕은 영토 확장을 기념하기 위해 북한산비 등 4개의 순수비를 세웠다.

① 태학이 설립되었다.
② 황룡사 9층 목탑이 건립되었다.
③ 백제는 고구려의 평양성을 공격하고 황해도 일대까지 진출하였다.
④ 고령의 대가야가 가야 연맹의 주도권을 장악하였다.

37

밑줄 친 왕에 대한 설명으로 옳은 것은?

> 영락 9년 기해에 백제가 서약을 어기고 왜와 화통하니 왕은 평양으로 순수해 내려갔다. 신라가 말하길 왜인이 국경에 가득 차 성을 부수었으니 노객은 백성 된 자로서 왕에게 귀의하여… 왕이 보병과 기병 5만을 보내 신라를 구원하게 하였다.

① 눌지왕과 나제동맹을 체결하였다.
② 불교를 공인하고 태학을 정비하였다.
③ 후연과 거란을 격파하고 만주를 차지했다.
④ 낙랑군을 축출하면서 한사군이 모두 사라지게 되었다.

38

가야 왕국을 정리한 것이다. 옳지 않은 것을 고른 것은?

		전기	후기
①	주도국	금관가야	대가야
②	지역	고령	김해
③	멸망	법흥왕	진흥왕
④	외교	왜와 군사동맹	신라와 결혼동맹

39

(가), (나) 사이의 시기에 있었던 사실로 가장 적절한 것은?

> (가) 지증왕 13년, 울릉도 일대인 우산국을 정벌하노라.
> (나) 진흥왕 37년, 유능한 인재를 양성하기 위해 화랑도를 국가 조직으로 개편하겠다.

① 병부를 설치하여 군권을 장악하였다.
② 고구려의 도움으로 왜의 침략을 격퇴하였다.
③ 고구려의 남진정책으로 백제와 동맹을 맺었다.
④ 대군장이라는 뜻의 마립간의 칭호를 사용하였다.

40

다음 자료의 (가)와 (나) 사이 시기에 백제와 관련된 사실로 옳은 것은?

> (가) 왕이 사비성으로 도읍을 옮기고 국호를 남부여로 하였다. …(중략)… 고구려가 공격해 오니 왕이 신라에 사신을 보내 구원을 요청하였다.
> (나) 왕이 신라를 공격하기 위해 직접 기병과 보병을 거느리고 밤에 관산성에 이르렀다. 신라 병사들의 습격을 받아 왕이 전사하였다.   - "삼국사기" 백제본기

① 한강 유역을 일시적으로 수복하였다.
② 중국 남조의 양나라와 교류를 시작하였다.
③ 계백이 이끈 결사대가 신라와 격돌하였다.
④ 관등제를 정비하고 관리의 복색을 제정하였다.

41

다음 밑줄 친 '왕'에 대한 설명으로 옳은 것은?

> 왕은 분열된 중국의 남조, 북조와 교류하면서 외교적 안정을 꾀하였고, 이를 기반으로 본격적인 정책을 추진하였다. 왕은 국내성을 기반으로 한 귀족 세력을 약화시키고자, 국내성에서 대동강 유역의 평양으로 수도를 옮겼다.

① 불교를 받아들였다.
② 고국원왕을 전사시켰다.
③ 중앙 관청을 22부로 확대하였다.
④ 백제를 공격하고 남한강 유역으로 진출하였다.

42

밑줄 친 '백제왕'의 활동으로 올바른 것은?

> 진흥왕 15년, 명활성을 다시 지었다. 백제왕이 가량과 함께 와서 관산성을 공격하였다. ….. 비장인 삼년산군의 고간 도도가 재빨리 공격하여 백제왕을 죽였다. 이때 모든 군사들이 승세를 타고 싸워 대승하여 좌평 4명, 병졸 2만 9,600명을 베어 한 필의 말도 돌아가지 못하게 하였다.
> – "삼국사기"

① 사비로 천도하고 국호를 남부여로 고쳤다.
② 22담로를 설치하고 지방통제를 강화하였다.
③ 율령을 반포하고 관등제와 관복제를 마련하였다.
④ 한강유역을 상실하고 웅진으로 천도하였다.

43

다음 글의 조직을 국가적 기반으로 개편한 왕의 업적으로 바른 것은?

> 귀족 자제에서 선발한 화랑이 다양한 신분을 포함한 낭도를 이끄는 조직이었다. 화랑과 낭도는 원광의 세속5계를 받들며 생활했고, 명산대천을 유람하며 심신을 수련하였다. 이러한 조직은 인재를 등용하는 기능을 하였다. 화랑과 낭도는 강한 의리로 맺어져 있었는데, 이는 계층 대립과 갈등을 완화하는 데에도 영향을 미쳤다.

① 금관가야를 정복하였다.
② 진한의 거의 전 영역을 차지하였다.
③ 단양적성비와 4개의 순수비를 건립하였다.
④ 우산국을 복속하고 우경을 실시하였다.

44

다음은 삼국의 발전 과정에서 나타난 사실들이다. 시기적으로 (가)에 들어갈 수 있는 내용으로 가장 적절한 것은?

> 신라는 왕권은 아직 미약하여 박혁거세, 석탈해, 김알지 세력이 교대로 왕위를 차지하고 있다가 마립간이란 칭호를 사용하면서 김씨의 왕위 세습이 이루어지며 중앙집권의 기틀이 마련되었다.

⇩

(가)

⇩

> 백제는 신라와 결혼 동맹을 맺어 나·제동맹을 강화하였다. 이후 무령왕은 22담로를 설치하여 지방 통제를 강화하였다.

① 고구려는 남진정책으로 평양으로 천도하였다.
② 신라는 국호를 신라라 하고 우산국을 복속하였다.
③ 장보고는 완도에 청해진을 설치하고 해상무역권을 장악하였다.
④ 고구려는 부족적 성격의 5부를 행정적 성격의 5부로 개편하였다.

45

(가), (나)에서 설명하는 '왕'의 공통된 업적으로 가장 옳은 것은?

> (가) 고구려의 이 왕은 고국원왕이 백제 근초고왕의 공격을 받아 전사하는 등 국가적 위기를 맞은 상황에서 즉위하였고, 내부의 체제 정비를 위하여 노력하였다.
> (나) 신라의 이 왕은 '건원'이라는 독자적인 연호를 사용하였으며, 관리들을 17등급으로 나누어 복색으로 서열을 구분하고자 하였다.

① 율령을 반포하였다.
② 한강유역을 차지하였다.
③ 영토 확장 후 비석을 세웠다.
④ 형제상속에서 부자상속을 확립하였다.

46

다음 사료에서 설명하는 왕의 업적으로 옳은 것은?

> 19년에 금관가야의 왕인 김구해가 왕비와 세 명의 아들, 즉 첫째 노종, 둘째 무덕, 막내 무력을 데리고 나라의 창고에 있던 보물을 가지고 와서 항복하였다. 왕이 예로써 대접하고 상등의 벼슬을 주었으며, 본국을 식읍으로 삼게 하였다. 아들 무력은 벼슬이 각간에 이르렀다.
> – "삼국사기"

① 왕의 칭호를 마립간으로 고쳤다.
② 대가야를 점령하고 화랑제도를 정비하였다.
③ 골품제도를 정비하고 상대등을 설치하였다.
④ 율령을 반포하고 인재양성을 위한 태학을 설립하였다.

47

다음 자료는 고구려의 발전 과정을 나타낸 것이다. (가)~(라)를 시기 순으로 바르게 나열한 것은?

> (가) 왕은 9월에 군사 3만 명을 거느리고 현도군을 공격하여, 8천 명을 사로잡아 평양으로 옮겨 살게 하였다. …(중략)… 10월 낙랑군을 공격하여 남녀 2천여 명을 사로잡았다.
>
> (나) 전진의 순도가 불상과 경문을 가져오니 …(중략)… 초문사를 창건하여 순도를 머물게 하고 …(중략)… 해동불법(海東佛法)의 시초였다.
>
> (다) 평양으로 도읍을 옮겼다. 백제를 공격하여 한성을 점령하고 개로왕을 죽이고 남녀 8천명을 생포하여 돌아왔다.
>
> (라) 교서를 내려 보병과 기병 5만을 보내어 신라를 도와주었다. 왕의 군대가 이르자 왜적이 도망갔다.
> – "삼국사기"

① (가) - (나) - (다) - (라)
② (가) - (나) - (라) - (다)
③ (나) - (가) - (다) - (라)
④ (다) - (나) - (라) - (가)

48

(가), (나) 왕의 공통점으로 옳은 것은?

- (가)은/는 남으로 마한을 통합하고 북으로 고구려의 평양을 공격하여 중국 - 백제 - 가야 - 왜를 연결하는 해상 교역로를 확보하였다.
- (나)은/는 중국의 남북조와 동시에 교류하고, 북방 유목 민족과도 폭넓은 관계를 유지하였다. 또한 백제의 수도 한성을 함락하고 한강 유역을 점령하였다.

① 유학 교육 기관을 설립하였다.
② 부자 상속의 왕위 계승이 확립되었다.
③ 활발한 정복 활동으로 전성기를 누렸다.
④ 왕족을 지방관으로 보내 지방 통제를 강화하였다.

49

(가)와 (나) 사이에 일어난 사실이 아닌 것은?

(가) 활발한 정복 활동을 벌여 낙동강 동쪽의 진한 지역을 장악하고 안으로 왕권을 크게 강화하여 김씨의 왕위 세습권을 확립하였다. 나아가 왕의 칭호를 대수장을 뜻하는 마립간으로 바꾸었다.

(나) 한강을 차지하였을 뿐 아니라 대가야를 정복하고, 북으로는 함경도 지방까지 영토를 넓혔다.

① 왕위의 부자상속이 이루어졌다.
② 이사부를 앞세워 우산국을 복속시켰다.
③ 병부 및 상대등 제도를 새로 설치하였다.
④ 승려 자장의 건의로 황룡사에 9층 목탑이 만들어졌다.

50

다음 ㉮에 들어갈 문장으로 옳은 것은?

동성왕의 뒤를 이어 왕위에 오른 무령왕은 농업 생산 기반을 확충하였으며, (㉮). 무령왕은 가야지역으로 진출하는 한편, 고구려를 잇달아 격파하며 강국의 명성을 되찾았다.

① 수도를 사비로 옮겨 중흥의 기틀을 다졌다.
② 왕권을 강화하기 위하여 중앙에 22부를 설치하였다.
③ 신라와 함께 고구려를 공격하여 한강유역을 되찾았다.
④ 지방의 22담로에 왕족을 파견하여 지방통제를 강화하였다.

51

다음 시와 관련된 국가와의 전쟁에 대한 설명으로 적절한 것은?

> 신묘한 계책은 천문을 꿰뚫어 볼만하고
> 오묘한 전술을 땅의 이치를 모조리 알도다.
> 전쟁에 이겨서 공이 이미 높아졌으니
> 만족을 알거든 그만두기를 바라노라.

① 천리장성의 축조 직후에 발발했다.
② 귀주에서 적의 군대를 크게 격파하였다.
③ 평양성이 함락되면서 전쟁이 종료되었다.
④ 을지문덕이 전쟁을 지휘하여 승리를 거두었다.

52

밑줄 친 '선왕'에 대한 설명으로 옳은 것은?

> 신라는 두 나라 사이에 끼어서 북쪽은 정벌을 당하고, 서쪽은 침략을 당하여 잠시도 편안한 해가 없었다. .... 선왕께서 백성의 참혹한 죽음을 불쌍히 여겨 임금의 귀중한 몸을 잊으시고, 바다를 건너 당에 가서 황제를 보고 친히 군사를 청하였다. 그 본의는 두 나라를 평정하여 영구히 전쟁을 없애고, 여러 해 동안 깊이 맺혔던 원수를 갚고 백성의 죽게 된 목숨을 보전코자 함이다.
> – "삼국사기"

① 요동에 천리장성을 축조하였다.
② 진골 출신으로는 처음으로 왕위에 올랐다.
③ 매소성과 기벌포 전투에서 당군을 물리쳤다.
④ 동해에 용왕이 되어 나라를 지키겠다는 유언을 남겼다.

53

(가), (나) 시기 사이에 있었던 사실로 옳은 것은?

> (가) 수가 고구려를 침략하려는 야욕을 보이자, 고구려는 전략적 요충지인 요서 지방을 선제공격하여 이를 견제하였다. 이에 수 문제가 고구려를 침공하였다.
>
> (나) 당 태종은 요동 지역의 요동성, 백암성을 차례대로 함락시켰다. 그러나 안시성에서 고구려의 거센 반격을 받고 물러날 수밖에 없었다.

① 지증왕이 국호를 '신라'로 정하였다.
② 성왕이 관산성 전투에서 전사하였다.
③ 을지문덕이 살수대첩에서 대승을 거두었다.
④ 법흥왕이 병부를 설치하여 군사권을 장악하였다.

54

(가)와 (나) 사이의 시기에 있었던 사실로 옳은 것은?

> (가) 을지문덕이 군사를 출동시켜 사방으로 공격하였다. 우문술 등이 ..... 살수에 이르러 군사가 반쯤 건너자, 을지문덕이 군사를 내어 그 후방의 군대를 맹공격하여 수나라 장수 신세웅을 죽이니, 이에 (수나라의) 모든 군대가 무너져 이를 통제할 수 없었다. ... (수나라 군대가) 물러나 압록수에 도달하니 .... 처음 요하를 건넜을 때에는 9군이 30만 5,000명이 었는데, 돌아가 요동성에 이르니, 오직 2,700명이 남았다. － "삼국사기"
>
> (나) 당주(唐主 : 당나라 황제)가 안시성 아래에서 병사들을 이끌고 돌아가니 ... (안시성) 성주가 성에 올라 송별의 예를 하였다. 당주는 그를 가상히 여겨 비단 100필을 주어 그 임금에 대한 충성을 격려하였다. .... 당주는 (고구려 원정이) 성공하지 못하였음을 깊이 뉘우치고, 탄식하여 이르기를 "(당나라의 신하) 위징이 만일 있었다면 나로 하여금 이 원정을 하게 아니하였을 것이다." 하였다. － "삼국사기"

① 신라가 관산성에서 백제의 왕을 전사시켰다.
② 당이 백제의 옛 땅에 웅진도독부를 설치했다.
③ 연개소문이 정변을 일으켜 대막리지에 올랐다.
④ 신라가 안승의 고구려 부흥 운동을 지원하였다.

55
다음 사건들을 시간 순서대로 바르게 정리한 것은?

> ㄱ. 공주에 웅진도독부가 설치되었다.
> ㄴ. 백제 무왕이 미륵사를 창건하였다.
> ㄷ. 나당연합군이 평양성을 공격하였다.
> ㄹ. 부여 가림성에서 죽지가 당군과 대치하였다.

① ㄱ-ㄴ-ㄷ-ㄹ
② ㄱ-ㄴ-ㄹ-ㄷ
③ ㄴ-ㄱ-ㄷ-ㄹ
④ ㄴ-ㄷ-ㄹ-ㄱ

56
다음은 삼국 간 항쟁 시기에 일어난 역사적 사실이다. 세 번 째로 일어난 사건은?
① 백제가 황산벌에서 신라군에 패배하였다.
② 을지문덕이 살수에서 수나라를 크게 이겼다.
③ 신라는 매소성과 기벌포에서 당군을 격파했다.
④ 신라의 제의를 받아들여 나·당 동맹이 성사되었다.

57
다음은 신라의 삼국통일에 내한 평가이다. 이 글을 뒷받침하는 근거로 옳은 것은?

> 다른 종족을 끌어들여 같은 종족을 멸망시키는 것은 도적을 불러들여 형제를 죽이는 것과 다를 바 없다. 이는 삼척동자라도 알 수 있는 일이거늘, 슬프다! 우리나라 역사가여! 이를 아는 자가 매우 적구나. 앞에서도 말했듯이 역대 왕들이 항상 외세의 도움을 받아 고구려와 백제를 멸망시키고자 하였거니와, 마음은 있되 일을 벌이지 못하였으며 일을 벌이되 이루지 못하였으니, 이것은 살인 미수에 속하는 것이다.
> – "독사신론"

① 나·당 연합군이 백제와 고구려를 멸망시켰다.
② 대동강과 원산만 이남의 불완전한 통일이었다.
③ 기벌포와 매소성에서 신라가 당군을 격파하였다.
④ 신라는 백제와 고구려의 문화 전통을 수용하였다.

58

다음 사건 이후에 일어난 일로 옳은 것은?

> (나·당 연합군이) 백강으로 가서 육군과 모여서 동시에 주류성으로 가다가 백강 어귀에서 왜국 군사를 만나 네 번 싸워서 다 이기고 그들의 배 4백 척을 불태우니 연기와 불꽃이 하늘을 찌르고 바닷물이 붉어졌다. － "삼국사기"

① 진흥왕이 단양 적성비를 세웠다.
② 고구려의 장수왕이 한강 유역을 장악했다.
③ 황산벌에서 계백이 이끄는 결사대가 패배했다.
④ 신라가 기벌포에서 설인귀의 해군을 격파하였다.

59

다음 인물들의 공통된 활동으로 옳은 것은?

> • 복신 : 의자왕의 사촌동생이며, 무왕의 조카로 나·당 연합군이 공격해 오자 좌평의 지위에 있으면서 항전하였다.
>
> • 흑치상지 : 2품인 달솔에 올라 풍달군장을 겸한 장군이었다. 7척이 넘는 키에 용감하고 지략이 뛰어났다.

① 백제 부흥 운동을 주도하였다.
② 천리장성 축조를 총괄하면서 세력을 키웠다.
③ 집사부 시중의 역할을 통해 권력을 장악하였다.
④ 한성을 함락당한 뒤 나제동맹 결성을 주도하였다.

60

다음의 (가)와 (나)에 대한 설명으로 옳지 <u>않은</u> 것은?

> (가) 검모잠이 유민을 수습하여 궁모성으로부터 패강 남쪽에 이르러 당의 관리와 승려 법안을 죽이고 안승을 만나 한성으로 맞아 들여 임금으로 모셨다. 후에 검모잠과 안승 사이에 의견 대립이 일어났고, 안승에 의해 검모잠이 제거되었다. 한편, 당과의 전쟁에서 이들을 활용하기 위해 신라가 안승을 후원하였다.
>
> (나) 복신과 도침이 옛 왕자 부여풍을 맞아 왕으로 세웠다. 복신 등이 임존성에 주둔하다가 얼마 뒤 복신이 도침을 죽이고 그의 무리를 합하여 그 세력이 매우 성하였다.
>
> – "삼국사기"

① (가) - 고구려의 잔존세력이 모여서 일으킨 부흥운동이었다.
② (가) - 안승은 옛 고구려의 영토에서 보덕국을 세우고 왕에 올랐다.
③ (나) - 이러한 운동과 성격을 같이한 흑치상지는 주류성에서 부흥 운동을 전개했다.
④ (가), (나) - 고구려와 백제의 부흥 운동은 결국 실패하였다.

61

(가) 국가의 지방 통치 제도에 대한 설명으로 옳은 것은?

이 문서는 1933년 일본 도다이사 쇼소인에서 발견된 것으로 (가) 국가가 백성의 노동력과 생산 지원을 철저히 관리하고 있었음을 알 수 있게 해주는 자료이다.

① 삼국의 옛 땅에 3개 주씩 고르게 설치하였다.
② 5경 15부 62주의 지방 행정 체제를 갖추었다.
③ 김해의 금관경, 충주의 서원경 등 군사 행정 중심지에 5소경을 설치하였다.
④ 지방군인 9서당에는 신라인 외에도 고구려인, 백제인, 말갈인이 포함되었다.

62

다음 유물과 관련된 국가에 대한 설명으로 옳은 것만을 〈보기〉에서 있는 대로 고른 것은?

이불병좌상

영광탑

―〈 보기 〉―
ㄱ. 돌궐, 일본과 친교를 맺었다.
ㄴ. 문왕 때 장문휴가 당의 산둥반도를 공격하였다.
ㄷ. 유학 교육 기관으로 국학을 두었다.
ㄹ. 인안·대흥 등 독자적 연호를 사용하였다.

① ㄱ, ㄴ   ② ㄴ, ㄷ   ③ ㄱ, ㄹ   ④ ㄷ, ㄹ

63

밑줄 친 시기에 있었던 역사적 사실로 옳은 것은?

> 『삼국사기』에서는 왕위 계승을 기준으로 신라의 역사를 상대(上代), <u>중대(中代)</u>, 하대(下代)로 구분하고 있다. 상대에는 성골 출신이 왕위에 올랐고, 중대에는 126년간 ○○왕과 그 직계 후손이 왕위를 계승하였다.

① 불국사와 석굴암이 건립되었다.
② 적고적의 난이 발생하여 수도 경주가 위험에 처했다.
③ 인재 등용을 위해 독서삼품과를 실시하였다.
④ 자장의 건의로 황룡사에 9층 목탑을 건립하였다.

64
밑줄 친 '황상'으로 옳은 것은?

> "공주는 대흥(大興) 56년(792) 여름 6월 9일에 사망하였는데, 당시 나이는 36세였다. 이에 시호를 정효공주라고 하였다. .... 황상(皇上)은 조회마저 금하고 비통해하시며 침식을 잊고 노래와 춤도 중지하였다"

① 고왕 ② 무왕 ③ 문왕 ④ 선왕

65
다음 사료에 나타난 사상이 발해에 끼친 영향으로 옳은 것은?

> - 과인이 왜소한 몸, 부족한 덕(德)으로 숭고한 기틀을 받아 지키느라 먹는 것도 잊고 아침 일찍 일어나 밤늦게 잠들며 여러 중신과 함께 나라를 편안하게 하려 하였다.
> - 임금을 섬기는 규범은 충성을 다하는 것을 근본으로 삼고, 벼슬살이하는 도리는 두 마음을 갖지 않는 것을 으뜸으로 한다.
>   - 김부식, 「삼국사기」 신문왕 교서

① 수도인 상경성에 주작대로가 설치되었다.
② 충·인·의·지·예·신으로 6부의 명칭을 삼았다.
③ 정당성의 대내상이 중심이 되어 정치를 이끌어갔다.
④ 경전에 능통한 오경박사를 두었고 일본에도 전수하였다.

66
(가)를 실시한 목적으로 가장 적절한 것은?

> 원성왕 4년(788년) 봄에 처음으로 (가)을/를 정하여 출사케 하였다. "춘추좌씨전"이나 혹은 "예기", "문선"을 읽고 그 뜻에 능통하며 "논어"와 "효경"에 모두 밝은 자를 상품으로, "곡례"와 "논어", "효경"을 읽은 자를 중품으로, "곡례"와 "효경"을 읽은 자를 하품으로 삼았다.
>   - "삼국사기"

① 호족 세력을 통합하고 지방을 견제하려 하였다.
② 국가에 충성하는 인재를 뽑아 왕권을 강화하려 하였다.
③ 교리를 쉽게 이해시켜 불교의 대중화를 이루려 하였다.
④ 왕실의 권위를 높이고 지배층의 통치를 합리화하려 하였다.

67

다음과 같은 행정기구를 갖춘 나라에 대한 설명으로 옳은 것은?

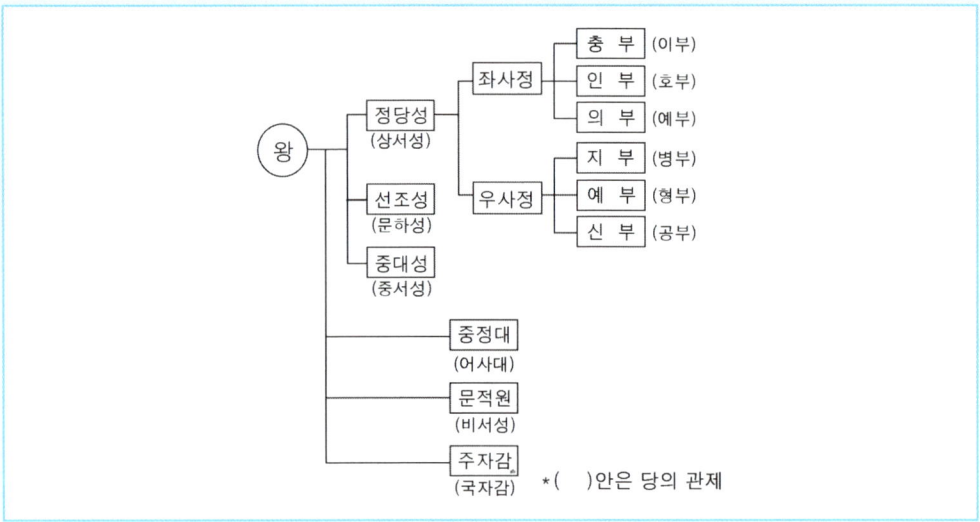

① 대조영이 졸본지방에서 건국하였다.
② 5대10국 시기에 거란의 침입으로 멸망하였다.
③ 중대성의 장관인 대내상이 국정을 총괄하였다.
④ 다수의 고구려계와 일부 말갈계로 구성되었다.

68

다음 상황이 전개된 시기 신라의 모습으로 옳은 것은?

> 진성 여왕 3년 나라 안의 여러 주·군에서 조세와 공물을 보내지 않아 나라의 창고가 텅 비고 씀씀이가 궁핍하게 되었으므로 왕이 사자를 보내 독촉하였다. 이 때문에 곳곳에서 도적들이 벌떼처럼 일어났다.

① 6두품이 왕권을 뒷받침하였다.
② 신분제인 골품제가 성립하였다.
③ 천민들이 신분 해방을 위해 봉기하였다.
④ 호족이 선종 승려와 새로운 사회를 건설하고자 했다.

69
다음 중 신문왕에 대한 설명으로 옳은 것은?
① 화백회의의 기능은 축소되었으나, 상대등의 지위는 강화되었다.
② 김헌창의 난을 진압하여 왕권을 견고히 하였다.
③ 중앙 행정 조직에서는 집사부 시중의 권한이 강화되었다.
④ 녹읍을 실시하여 관리에게 수조권과 노동력 징발권을 주었다.

70
다음 중 발해에 대한 설명으로 옳지 않은 것은?
① 무왕은 산둥반도를 공격하였다.
② 선왕 때 최대 영역을 확보하였다.
③ 고구려 유민인 대조영이 건국하였다.
④ 무왕 때 중경에서 상경, 상경에서 동경으로 천도하였다.

71
밑줄 친 정책을 시행한 왕과 관련된 내용으로 옳은 것은?

> 삼국 통일 후 신라가 해결해야 할 과제 중 하나는 고구려와 백제 사람들을 신라인으로 통합하는 문제였다. 신라의 통치자들은 고구려와의 지배층에 신라 관등을 수여하여 포섭하였다. 또한, 고구려인과 백제인, 말갈인을 중앙군사조직인 9서당에 포함하여 신라에 충성하게 함으로써 신라가 천하의 중심 국가임을 보여주고자 하였다.

① 관료전을 지급하고 녹읍을 폐지하였다.
② 북진 정책을 추진하여 거란과 대립하였다.
③ 주자감을 설립하여 유교적 소양을 갖춘 관료를 양성하였다.
④ 일본에 보낸 국서에 자신을 '천손'이라 불렀고, 독자적 연호를 사용하였다.

72

밑줄 친 '이것'에 대한 설명으로 적절한 것은?

> 녹읍은 국가에서 관리에게 지급한 일정 지역의 토지로, 조세 수취와 거주민의 노동력 징발이 가능하였다. 반면 이것은 조세 수취만 가능하였다. 신문왕은 관리들에게 이것을 지급하게 하였고 녹읍은 폐지하였다.

① 수도가 동남쪽에 치우친 점을 보완하기 위함이었다.
② 귀족의 경제적 기반을 약화시키고 왕권을 강화하였다.
③ 신라인뿐만 아니라 다른 나라의 유민들도 포용하였다.
④ 유교 교육을 통해 인재를 양성하는 기관이 설치되었다.

73

㉠~㉣의 사건들은 발해와 관련한 사건이다. 사건이 일어난 순서대로 바르게 나열한 것은?

| ㉠ 해동성국 시기 | ㉡ 장문휴의 산둥반도 공격 |
| ㉢ 정안국 건국 | ㉣ 당의 3성 6부제 수용 |

① ㉠㉡㉢㉣ ② ㉡㉢㉣㉠
③ ㉡㉣㉠㉢ ④ ㉢㉡㉣㉠

74

(가) 국가에 대한 설명으로 옳은 것은?

[(가) 의 골품과 관등]

관 등		골 품				공복
등급	관등명	진골	6두품	5두품	4두품	
1	이벌찬					자색
2	이 찬					
3	잡 찬					
4	파진찬					
5	대아찬					
6	아 찬					비색
7	일길찬					
8	사 찬					
9	급벌찬					
10	대나미					청색
11	나 마					
12	대 사					황색
13	사 지					
14	길 사					
15	대 오					
16	소 오					
17	조 위					

① 효소왕 때, 동시와 동시전이 설치되었다.
② 혜공왕이 피살되면서 중대가 마감되었다.
③ 정전을 지급한 왕 때, 에밀레종이 완성되었다.
④ 원성왕 이후, 독서삼품과가 주된 관리 등용 방법으로 활용되었따.

75

자료와 관련된 시기에 대한 설명으로 옳은 것은?

> 진성 여왕 3년(889) 나라 안의 여러 주·군에서 공부(貢賦 : 공물과 세금)를 바치지 않으니, 창고가 비어 버리고 나라의 쓰임이 궁핍해졌다. 왕이 사신을 보내어 독촉하자, 곳곳에서 도적이 벌 떼처럼 일어났다.
> — 김부식, 「삼국사기」

① 진골 귀족의 권한이 약화되었다.
② 상대등의 정치적 위상이 낮아졌다.
③ 금성(경주)에 계림 도독부가 설치되었다.
④ 지방에서는 호족이 성장하여 스스로를 성주·장군이라 칭하였다.

76

다음에서 설명하는 왕의 업적으로 옳지 <u>않은</u> 것은?

> 즉위 직후 장인인 김흠돌이 귀족과 반역을 도모하자 이를 진압하고 왕권에 도전하는 진골 귀족을 대거 숙청하였다. … (중략) … 한층 강화된 왕권을 바탕으로 통치 체제를 정비하였다.

① 지방을 9주 5소경 체제로 개편하였다.
② 집사부의 장관인 시중의 권한을 약화시켰다.
③ 유학 교육 기관인 국학을 설립하여 인재를 양성하였다.
④ 고구려계, 백제계, 말갈계를 포용하여 9서당을 조직하였다.

77

밑줄 친 '이 나라'에 대한 설명으로 옳은 것은?

> - <u>이 나라</u>는 영주(營州)에서 동으로 2천 리 밖에 위치하며, 남쪽은 신라와 맞닿았다. 동쪽은 바다에 닿고 서쪽은 거란과 접하였다.
> - <u>이 나라</u>의 왕들이 학생들을 자주 파견하여 고금의 제도를 배우고 익히게 하더니 드디어 해동성국이 되었다.
> – "신당서"

① 서적을 관리하는 승문원을 설치하였다.
② 정혜공주 무덤은 당나라의 영향을 받은 벽돌무덤이다.
③ 상경성으로 천도한 시기에 신라와 통하는 신라도를 운영하였다.
④ 관리의 비위를 감찰하기 위해 중앙에 사정부, 지방에 외사정을 두었다.

78

밑줄 친 주장을 뒷받침할 수 있는 역사적 증거를 보기에서 고른 것은?

> 발해를 한국사에 포함하는 근거는 발해와 고구려의 관련성이다. 여러 증거를 통해 <u>발해가 고구려를 계승한 나라였음</u>을 확인할 수 있다.

① 발해 3성 6부의 기원
② 발해가 일본에 보낸 국서
③ 인안, 대흥, 건원 등 독자적 연호 사용
④ 당나라 장안과 발해 상경의 도시 구조

79

발해에 대한 설명으로 옳은 것은?

① 군사 조직은 10정을 중심으로 편성하였다.
② 정당성의 장관인 대내상이 국정을 총괄하였다.
③ 건국 이후 당, 신라와의 대립 관계가 지속되었다.
④ 중앙 통치 기구는 고구려의 제도를 토대로 하였다.

80

(가), (나) 국가의 통치제도에 대한 설명으로 옳은 것은?

> (가)의 대조영은 본래 고구려의 별종이다. … 대조영은 용맹하고 병사 다루기를 잘하였으므로 말갈 및 고구려 유민들이 점차 그에게 돌아갔다.
> (나)는 넓어진 영토와 늘어난 인구를 효율적으로 다스리고, 지방 세력을 통제하고자 상수리 제도를 실시하였다.

① (가) - 시장 감독 기관으로 시전을 설치하였다.
② (가) - 지방관 감찰을 위해 외사정을 파견하였다.
③ (나) - 촌락문서를 작성하여 세금수취의 기준으로 삼았다.
④ (나) - 과거제를 실시하여 유학을 공부한 인재를 관리로 선발하였다.

고대의 사회·경제·문화

81

밑줄 친 ㉠, ㉡에 대한 설명으로 옳은 것은?

> 흉년으로 굶주린 사람들이 서로 잡아먹을 지경이었으므로 ㉠왕이 창고를 열어 구제하였다. ..... 또 소속 관리에게 명하여 ㉡봄 3월부터 가을 7월까지 관청의 곡식을 내어 백성의 식구가 많고 적음에 따라 차등있게 곡식을 빌려주었다가 겨울 10월에 갚게 하는 규정을 만들었다. 모든 백성들이 크게 기뻐하였다.   - "삼국사기"

① ㉠은 고국천왕이다.
② ㉠은 왕위의 형제상속을 확립하였다.
③ ㉡은 귀족 세력이 커지는 것을 막기 위해 실시되었다.
④ ㉡은 공납이다.

82

자료와 관련된 제도에 대한 설명으로 옳지 않은 것은?

구분		진골	6두품	5두품	4두품	복색
관등	1~5	■■				자색
	6~9	■■	■■			비색
	10~11	■■	■■	■■		청색
	12~17	■■	■■	■■	■■	황색
집의 규모	방	24척	21척	18척	15척	
	섬돌	3단	2단	1단		
	마굿간		5필	3필	2필	

① 6두품은 6관등인 아찬까지만 오를 수 있었다.
② 신라인의 일상생활까지 규제하는 기준이 되었다.
③ 계층 간 대립과 갈등을 완화하는 데 영향을 미쳤다.
④ 지방 족장 세력을 통합, 편제하는 과정에서 마련되었다.

83

다음, 자료를 통해 알 수 있는 제도에 대한 설명으로 옳은 것은?

> 그 관직을 세울 때 (왕의) 친족을 상위(上位)로 삼는다. 그 족명은 제1골과 제2골이라 하여 스스로 구별하였으며, 형제의 딸이나 고종, 이종, 종자매와 모두 혼인하였다. 왕족은 제1골로서 처 역시 같은 왕족이며, 아들도 모두 제1골이 되었다. 이들은 제2골의 딸과는 혼인하지 않으며, 비록 아내로 맞는다 해도 늘 첩으로 삼았다.

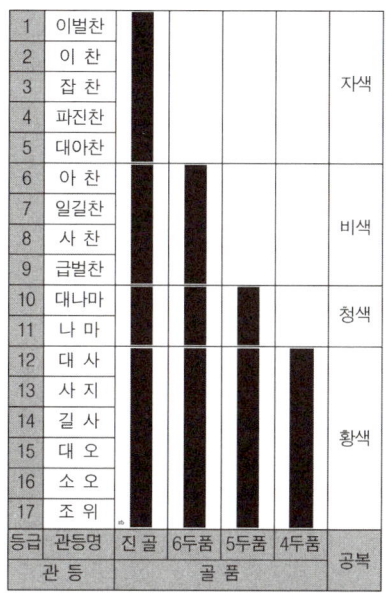

① 혈통보다는 능력에 따라 관직이 정해졌다.
② 3두품 이하는 통일 전후에 모두 소멸되었다.
③ 삼국 통일 이후 민족 융합을 위해 느슨하게 적용되었다.
④ 신라 하대가 되면 6두품은 최고 관등인 이벌찬의 자리까지 오를 수 있었다.

84

다음 자료가 나타났던 나라에서 볼 수 없는 모습은?

> 내신 좌평을 두어 왕명 출납을, 내두 좌평은 물자와 창고를, 내법 좌평은 예법과 의식을, 위사 좌평은 숙위 병사를, 조정 좌평은 형벌과 송사를, 병관 좌평은 지방의 군사에 관한 일을 각각 맡게 하였다. …. 왕이 영(令)을 내려 6품 이상은 자줏빛 옷을 입고 은꽃으로 관을 장식하고 11품 이상은 붉은 옷을, 16품 이상은 푸른 옷을 입게 하였다.   - "삼국사기"

① 황산벌에서 끝까지 저항하는 계백의 결사대
② 벽돌무덤인 무령왕릉을 짓는데 동원된 사람
③ 도둑질을 하여 12배로 배상하는 죄인
④ 정사암회의에서 의견을 말하는 귀족

85

다음과 같은 신분에 속했던 사람들의 생활 모습으로 옳은 것은?

> 효녀 지은은 어려서 아버지를 여의고 혼자 어머니를 봉양하면서 서른 둘이 되도록 시집가지 않고 아침 저녁으로 곁을 떠나지 않았다. 그런데 봉양할 거리가 없자….

① 주로 전쟁 포로, 죄인, 빚을 갚지 못한 사람들이었다.
② 고구려는 고씨, 백제는 부여씨와 8성이 해당되었다.
③ 국가에 조세를 바치고 노동력을 징발 당하였다.
④ 신분은 양인이나 하는 일은 천한 자들이었다.

86

삼국 시대 사람들의 생활 모습 중 당시의 시대적 상황과 어울리지 않는 것은?
① 왕궁을 축조하기 위해 노동력을 제공하는 평민 남자들
② 동시전에서 시전의 상인들 간의 분쟁을 감독하는 관리
③ 화백회의에서 국가의 중대사 결정에 참여하는 귀족과 평민 대표
④ 뛰어난 능력에도 불구하고 관직 승진에 제한을 받아 좌절하는 6두품

87

다음 자료에 나타난 정치 세력에 대한 설명으로 옳은 것은?

> 최치원은 당에 가서 벼슬을 하다가 고국에 돌아왔는데 전후에 난세를 만나 처지가 곤란하였으며, …(중략)… 때를 만나지 못한 것을 한탄하고 다시 벼슬할 뜻을 두지 않았다.

① 풍수지리설을 들여와서 널리 유행시켰다.
② 스스로를 장군, 성주라 부르며 세력을 확대시켰다.
③ 신라 하대에는 왕의 정치적 조언자로서의 역할을 했다.
④ 통일 신라 말 호족과 연계하여 새로운 사회를 모색하였다.

88

다음의 밑줄 친 내용과 관련이 있는 정치적 기구가 아닌 것은?

> 삼국은 <u>엄격한 법을 제정하여 사회를 운영했는데</u> 백제는 반역자나 전쟁터에서 물러난 군사 및 살인자는 목을 베었고, 도둑질한 자는 귀양을 보내고 2배를 물게 하였으며, 뇌물을 받거나 횡령한 관리는 3배를 배상하게 하고 종신토록 금고형에 처하였다.

① 사정부
② 중정대
③ 외사정
④ 문적원

89

다음과 같은 법률을 제정한 국가의 사회 모습으로 옳은 것은?

> • 반역자나 전쟁터에서 물러난 군사 및 살인자는 목을 벤다.
> • 도둑질한 자는 귀양 보내고 2배를 배상한다.
> • 뇌물을 받거나 횡령한 관리는 3배를 배상하게 하고 종신토록 금고형에 처한다.
> • 혼인한 부인이 간통하면 천민으로 신분을 낮추고 남편집의 종으로 삼는다.

① 연맹 왕국 단계에서 멸망하였다.
② 고구려 유민과 말갈족으로 구성되었다.
③ 삼국 중 중앙 집권 국가로의 발전이 가장 늦었다.
④ 중국 남조와 교류하면서 세련된 귀족 문화가 발달하였다.

90

다음 삼국시대 사회경제에 대한 서술 중 틀린 것은?

① 고구려의 지배층은 왕족인 부여씨와 8성의 귀족으로 이루어졌다.
② 진대법은 봄에 곡식을 빌려 주었다가 가을에 추수한 것으로 갚게 하는 제도이다.
③ 신라는 고구려와 백제를 통하여 중국과 무역하다가 당항성을 확보한 이후부터 직접 교역하였다.
④ 화백회의는 국왕을 폐위시키거나 새로운 국왕을 추대하기도 하여 왕권을 견제하는 역할을 하였다.

91

삼국의 경제 정책에 대한 설명 중 옳지 않은 것은?

① 신라에서는 '동시전'이라는 시장이 설치되었다.
② 시비법이 발달하지 않아 휴한농법이 일반적이었다.
③ 고구려의 농민인 하호는 조세·공납·부역의 의무가 있었다.
④ 삼국은 노동력이 필요한 경우 15세 이상의 남자를 동원하였다.

92

밑줄 친 고구려의 정책에 대한 설명으로 가장 알맞은 것은?

> 10월에 왕이 질양에서 사냥할 때 길가에서 어떤 사람이 앉아 우는 것을 보고 어째서 우느냐고 물었다. 대답하되 "신은 가난하여 품팔이로 어머니를 봉양하였는데, 올해는 흉년이 들어 품팔이를 할 수 없고, 한 되, 한 말의 양식도 얻어 쓸 수 없어 웁니다."라고 하였다. 왕이 …. 소속 관리에게 명하여 매년 봄 3월부터 가을 7월까지 관청의 곡식을 내어 백성의 식구가 많고 적음에 따라 등급을 정하여 꾸어 주고 겨울 10월에 갚게 하는 상설 규정을 만드니 내외가 크게 기뻐하였다. 　　　　　　　　　　　　　　　　　　　　－ "삼국사기"

① 고국원왕이 실시한 정책이다.
② 곡식을 빌려주고 높은 이자를 받는 것이 목적이었다.
③ 이 정책의 실시로 귀족의 경제력이 강화되었다.
④ 농민몰락을 방지하고 국가재정과 국방력을 유지하기 위한 정책이다.

93
밑줄 친 '이 조직'의 기능으로 옳은 것은?

> 이 조직은 신라의 청소년 심신 수련 조직이다. 왕과 귀족의 자제로 이루어졌다. 조직의 지도자는 국선·화주·풍월주 등으로 불리나 '화랑'(花郞)이 보편적인 칭호이다. 한국 고유의 사상과 도교, 불교, 유교가 합해진 이념에 따른 일종의 심신 수련 단체로 국가 차원에서 조직하거나, 지원하였다.

① 귀족들의 군사적 기반을 약화시켰다.
② 계층 간의 대립과 갈등을 조절하였다.
③ 농민 생활을 안정시키는데 기여하였다.
④ 승려 자장의 세속 오계를 규율로 삼았다.

94
다음과 같은 계율을 받들며 생활한 조직에 대한 설명으로 가장 적절하지 못한 것은?

> • 충으로써 임금을 섬긴다.
> • 효로써 부모를 섬긴다.
> • 믿음으로써 벗을 섬긴다.
> • 전쟁에 임하여 물러서지 않는다.
> • 살생을 가려서 한다.

① 만장일치제의 전통이 있다.
② 신라 발전의 원동력이 되었다.
③ 명산대천을 유람하며 심신을 수련하였다.
④ 계층 간 대립과 갈등을 완화하는데 영향을 미쳤다.

95

다음 규율과 관련 있는 집단에 대한 설명으로 옳은 것은?

> 사군이충(事君以忠)   사친이효(事親以孝)   교우이신(交友以信)
> 임전무퇴(臨戰無退)   살생유택(殺生有擇)
>
> — 〈세속오계〉

① 신라의 법흥왕이 국가적 조직으로 개편했다.
② 성골출신만 이 집단의 구성원이 될 수 있었다.
③ 가, 대가, 상가, 고추가 등의 관직에 오르기도 하였다.
④ 세속오계에는 호국불교적인 요소가 강하게 나타나 있다.

96

다음 밑줄 친 '그'에 대한 설명으로 옳은 것은?

> 그는 설총을 낳은 뒤 속인의 옷으로 갈아입고 소성 거사라 이름 하였다. …… 일찍이 이것을 가지고 방방곡곡을 돌아다니면서 노래하고 춤추며 교화하였으니, 가난한 사람이나 원숭이처럼 무지한 사람들도 다 부처의 이름을 알게 되고 '나무아미타불'을 암송하게 되었다.

① 화엄 사상을 정립하였다.
② 화쟁 사상을 주장하였다.
③ 왕오천축국전을 저술하였다.
④ 이두를 체계적으로 정리하였다.

97

다음의 자료를 저술한 승려에 대한 설명으로 옳은 것은?

> 하나 가운데 일체의 만물이 다 들어 있고, 만물 속에는 하나가 자리 잡고 있으니, 하나가 곧 일체의 만물이고, 만물은 곧 하나에 귀속되어 있는 것이다.

① 최초로 인도에 다녀와서 기행문을 작성하였다.
② 아미타신앙을 보급하여 불교 대중화에 기여하였다.
③ '세속 오계'를 저술하여 화랑도 정신을 보급하였다.
④ 전생의 부모님을 기리기 위해 석굴암을 창건하였다.

98

자료의 사상을 주장한 승려에 대한 설명으로 옳은 것은?

> 하나 가운데 일체의 만물이 다 들어 있고, 만물 속에는 하나가 자리 잡고 있으니, 하나가 곧 일체의 만물이고, 만물은 곧 하나에 귀속되어 있는 것이다. 한 작은 티끌 속에서 십방(十方)이 있는 것이요, 한 찰나가 곧 영원이다.

① 인도와 서역을 순례하여 새로운 불교를 연구하였다.
② 신라 화엄종을 개창하고 부석사 등 많은 절을 세웠다.
③ 모든 진리는 한마음에서 나온다는 일심 사상을 강조하였다.
④ 화쟁 사상을 통해 종파 간 논쟁을 조화롭게 승화시키려 하였다.

99

다음 자료의 인물에 대한 설명으로 옳은 것은?

> - 그는 당나라로 가던 중 밤에 오래된 무덤에서 잠을 자다가 물을 마시려고 일어났다. 마침 옆의 그릇에 담겨 있는 물을 마셨다. 아침에 일어나보니 밤에 자신이 마신 물그릇이 해골이었음을 알고 큰 깨달음을 얻어 그냥 되돌아왔다.
> - 특정한 교설이나 학설을 고집하지 않고 화해와 회통을 강조하였으며 '일심 사상'을 제시하였다.
> - 이 승려는 화엄경의 '일체에 걸림 없는 사람은 한길로 생사를 벗어난다.'라는 구절에 따라 '무애'라고 이름 짓고, 노래를 지어 세상에 유포하고 있다. 그가 방방곡곡을 다니며 노래하고 춤추며 교화하니, 신라의 가난한 사람이나 무시한 사람들이 부처의 이름을 알게 되고 '나무아미타불'을 암송하고 있다.

① 신라에 풍수지리설을 도입하였다.
② 서역을 다녀온 후 왕오천축국전을 남겼다.
③ 세속오계를 지어 화랑도의 정신적 기반을 마련하였다.
④ 아미타 신앙을 전파하며 불교의 대중화에 기여하였다.

100

다음 주장을 한 인물에 대한 설명으로 옳은 것을 고른 것은?

> 크다 하나 바늘구멍 하나 없더라도 쑥 들어가고, 적다하나 어떤 큰 것이라도 감싸지 못함이 없다. 있다하나 한결같이 텅 비어있고 없다하나 만물이 다 이것으로부터 나온다. 이것을 무어라 이름을 붙일 수 없으므로 억지로 대승이라 하였다. (줄임) 도를 닦는 자에게 온갖 경계를 모두 없애 일심(一心, 하나의 마음)으로 되돌아가게 하고자 한다. 〈대승기신론소〉

① 분파 의식을 극복하고자 화쟁 사상을 주장하였다.
② 부석사와 낙산사를 비롯한 많은 사원을 건립하였다.
③ 관음 신앙을 직접 전도하며 불교 대중화의 길을 열었다.
④ 모든 존재는 상호 의존적인 관계에 있으며 서로 조화를 이루고 있다는 화엄 사상을 정립하였다.

101

다음 빈칸의 인물과 관련되는 것은?

> ( )는 밀교를 공부하기 위해 열다섯의 나이에 중국으로 건너갔고, 723년에 부처의 진리를 구하기 위해 구법 기행을 떠났다. 그는 인도와 중앙아시아 등 여러 나라를 돌아보면서 각국의 지리와 역사, 풍속을 기록하였는데, 장장 4년에 걸친 약 2만km의 대장정을 기록하였다.

① 계원필경
② 왕오천축국전
③ 대승기신론소
④ 화엄일승법계도

102

밑줄 친 '이 사상'에 대한 설명으로 옳은 것은?

> - 임신서기석을 통해 신라의 청소년들이 이 사상을 공부했다는 사실을 알 수 있다.
> - 고구려의 태학, 통일 신라의 국학, 발해의 주자감 등의 교육 기관에서 이 사상을 가르쳤다.
> - 발해는 이 사상의 덕목을 6부의 명칭을 삼았다.

① 독서삼품과를 통해 보급되었다.
② 왕즉불 사상을 포함하고 있었다.
③ 산수무늬 벽돌에 반영되어 있었다.
④ 금성(경주) 중심의 국토 관념을 바꾸었다.

103

자료를 통해 확인할 수 있는 사실로 가장 적절한 것은?

> 임신년 6월 16일에 두 사람이 함께 맹서하고 기록한다. 하늘 앞에 맹서한다. 지금부터 3년 이후 충도를 지켜 과실이 없기를 맹서한다. 만약에 맹서를 저버리면 하늘의 큰 벌을 받을 것을 맹서한다. 만약 나라가 불안하고 세상이 크게 어지러워도 행할 것을 맹서한다. 또 따로 (3년 전인) 신미년 7월 22일에 맹서하였다. 시경·상서·예기·춘추좌전 등을 차례로 3년에 습득할 것을 맹서하였다.

① 신라의 청년들이 유교 경전을 공부하였다.
② 백제의 발달된 문화가 일본으로 전파되었다.
③ 당시 삼국이 서역의 여러 나라와 활발히 교류하였다.
④ 유교 경전의 내용을 바탕으로 시험을 치러 관리를 채용하였다.

104

삼국의 역사서 편찬에 대한 설명으로 옳은 것은?

> - 백제 (가) 30년, 옛 기록에는 "이때에 와서 박사 고흥이 처음으로 〈서기〉를 썼다."라고 하였다.
> - 진흥왕 6년, 7월에 이찬 이사부가 아뢰기를 "나라의 역사는 임금과 신하의 선악을 기록하여 포폄을 만대에 보이는 것이니 이것을 편찬하지 않으면 후대에 무엇을 보이겠습니까."라고 하였다. 왕이 (나) 등에게 명하여 〈국사〉를 편찬하였다.
> - 영양왕 11년, 대학박사
>   에게 명하여 옛 역사를 요약하여 〈신집〉 5권을 만들었다. 나라 초기에는 처음으로 문자를 사용할 때 어떤 사람이 사실을 100권으로 기록하여 이름을 〈유기〉라고 하였는데, 이에 이르러 깎고 고친 것이다.

① (가)에 들어갈 사람은 성왕이다.
② (나)에 들어갈 사람은 거칠부이다.
③ 역사서 편찬을 통해 정체성론을 부정하고자 했다.
④ 현재 전해지는 위 역사서들을 통해 식민사학에 반박할 수 있는 근거를 찾을 수 있다.

105

(가) 종교 사상과 가장 거리가 먼 것은?

> 삼국시기에 불교와 함께 (가)도 전래되었다. 산천을 숭배하고 불로장생을 추구하는 (가)의 신선 사상은 삼국 사회에 적지 않은 영향을 끼쳤다.

① 산수무늬벽돌

② 백제금동대향로

③ 이차돈 순교비
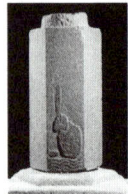

④ 사신도
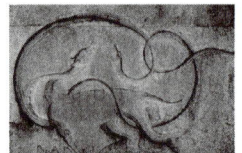

106

다음 무덤 양식을 가진 나라의 문화에 대한 설명으로 옳은 것은?

> 이 무덤은 밑둘레 157m, 높이 12.7m 되는 비교적 큰 무덤으로 5~6세기경에 축조된 어느 왕의 무덤으로 추정된다. 구조는 땅 위에 나무널과 껴묻거리 상자를 놓고, 그 바깥에 나무로 짠 덧널을 설치하여 돌덩이를 쌓고 흙으로 덮었다. 발굴 조사를 했을 때 금관을 비롯한 유물 11,500여 점이 출토되었을 정도로 많은 껴묻거리가 남아 있었다.

① 일본에 제방쌓는 기술과 조선술을 전파하였다.
② 담징이 왜에 종이와 먹의 제조법을 전파하였다.
③ 오경박사, 의박사, 역박사 등의 전문가가 있었다.
④ 왜에 토기 제작 기술을 전해 스에키 토기가 만들어졌다.

107

삼국시대의 고분에 대한 설명으로 옳은 것은?

① 고구려의 초기 고분을 돌무지덧널무덤이라고 한다.
② 신라의 대표적인 고분으로는 장군총, 쌍영총, 무용총이 있다.
③ 신라 초기 고분은 도굴이 어려운 구조로 껴묻거리가 남아 있다.
④ 백제 무령왕릉은 벽화가 그려져 있어 당시 사람들의 생활모습을 알 수 있다.

108

삼국 문화의 일본전파에 대한 설명으로 옳지 않은 것은?

① 백제의 노리사치계는 일본에 불교를 전파하였다.
② 가야 토기는 일본의 스에키 토기에 영향을 주었다.
③ 삼국의 문화는 일본의 하쿠호 문화 형성에 기여하였다.
④ 고구려 담징은 종이, 먹의 제조법을 전하고 호류사의 금당벽화를 그렸다.

109

밑줄 친 '그'가 활동한 시기의 사실로 옳지 않은 것은?

> 그가 귀국하여 흥덕왕을 뵙고 아뢰기를, "중국의 어디를 가든지 우리나라 사람들을 노비로 삼고 있으니, 청해에 진영을 설치하여 해적이 사람들을 잡아 서쪽으로 데려가지 못하게 해 주십시오."라고 하였다. 왕은 그 말에 따라 군사 만 명을 주어 해상을 방비하게 하였다.

① 녹읍이 폐지되고 관료전이 지급되었다.
② 발해에서 신라로 가는 교통로인 신라도가 있었다.
③ 산동지역에 신라인이 거주하는 신라방이 생겨났다.
④ 산동 반도의 등주에는 발해인이 묵을 수 있는 발해관이 있었다.

110

다음 자료에 대한 설명으로 적절하지 않은 것은?

> ㉠은/는 문왕의 넷째 딸이다. 젊은 나이에 남편과 어린 딸을 잃고 외롭게 살다 죽었는데, 그 묘지석에는 문왕의 슬픔이 절절하게 묘사되어 있다. 묘지석의 글귀에는 문왕 때 연호였던 (㉡)이 기록되어 있다.

① ㉠은 정효공주이다.
② ㉡에 해당하는 연호는 '대흥'이다.
③ ㉠의 무덤은 굴식돌방무덤이고, 천장은 모줄임 구조이다.
④ 이 시기 발해는 당과 친선관계를 맺고 신라와 사신을 교환했다.

CHAPTER 02 고려 귀족 사회의 형성과 변천

1 고려의 건국과 발전

후삼국 시대

후백제(900)	후고구려(901)	통일 신라

• 견훤 : 신라 군진세력
• 완산주(전주)에 도읍
• 반 신라적 경향 → 경애왕 자살
• 중국의 오·월과 외교 관계
• 내부 분열
  → 신검이 견훤을 금산사에 유폐
  → 견훤 탈출 → 왕건에게 투항
• 조세 수취 과다로 약화
  → 고려에 패배하여 멸망
	• 궁예 : 신라 왕족 출신
	• 도읍(국호) : 송악(후고구려)
	  → 철원(마진 → 태봉)
	• 연호 : 무태·성책·수덕만세·정개
	• 광평성 등 관제 마련
	• 반 신라 정책
	• 미륵신앙 등 실정 → 왕건이 축출
	  → 고려 건국 → 후삼국 통일
		• 경주일대의 지방정권 전락
		• 경애왕 : 견훤에 의해 죽음(927)
		• 경순왕 : 왕건에게 투항
		  → 신라 멸망(935)

고려 초기 왕들의 정책

	지향점	정책
태조	건국 ⇨ 민생안정책	• 취민유도 : 세금 1/10 • 흑창(빈민구제 제도), 학보(장학재단) 설치 • 연등회와 팔관회 성대개최(훈요십조)
	호족연합정권 ⇨ 호족융합책	• 혼인 정책과 사성 정책 • 사심관제도와 기인제도
	고구려 계승 ⇨ 북진정책	• 국호 : 고려(고구려 계승 의지) • 서경을 중시 • 청천강~영흥만까지 영토확대(통일신라 : 대동강~원산만) • 거란을 적대시(발해 계승 의지)
	후대에 남긴 글	「훈요십조」, 「정계」, 「계백료서」
광종	태조 사후 왕권혼란 ⇨ 왕권강화책	• 노비안검법 : 불법적 노비를 해방 → 재정확보, 왕권강화 • 과거제 실시(← 후주에서 귀화한 쌍기의 건의) • 서경을 중시 • 불교 중시 : 왕사·국사 제도 실시 • 칭제건원, 독자적 연호 사용(광덕, 준풍)
성종	유교 질서 정비 ⇨ 재상 정치 ⇨ 민본 정치 ⇨ 제도 정비	• 최승로의 시무 28조 : 유교 정치의 중요성 강조 • 의창(빈민구제), 상평창(물가조절) 설치 • 중앙 : 2성 6부제, 지방 : 12목 설치, 향리제도 마련 • 서경을 중시

지도·사료 돋보기

후삼국시대

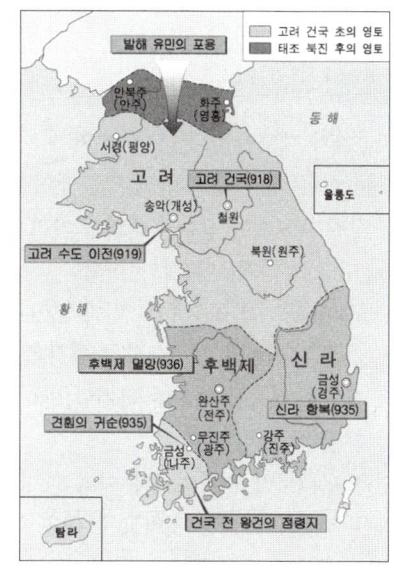

민족의 재통일과 태조의 북진정책

깊이 있게 후삼국 통일 과정

후백제 건국(900) → 후고구려 건국(901) → 고려 건국(918) → 발해 멸망(926) → 경애왕 살해(927)
→ 공산 전투(927) : 고려vs후백제(후백제 승리) → 고창전투(930) : 고려vs후백제(고려 승리)
→ 견훤 유폐(935) : 이후, 고려에 투항 → 신라가 고려에 투항(935)
→ 일리천 전투(936) : 후백제 멸망(후삼국 통일)

깊이 있게 태조의 정책

- 사성정책 : 왕건이 지방의 유력한 호족에게 자신의 성인 '왕씨'를 하사하는 호족 융합 정책
- 사심관제도 : 고려시대 지방에 연고가 있는 고관에게 자기의 고장을 다스리도록 임명하는 제도
- 기인제도 : 지방세력을 견제하기 위하여 지방 호족의 자제를 중앙에 인질로 둔 제도
- "훈요십조" : 고려태조가 자손들을 훈계하기 위해 942년(태조 25)에 몸소 지은 열 가지 유훈
- "정계" : 고려 태조가 직접 지은 신하의 예의와 도리를 밝힌 책
- "계백료서" : 고려 태조가 신하들의 예법을 바로잡기 위하여 쓴 예절서

사료 Plus+ 사심관제도와 기인제도

태조 18년에 신라왕 김부가 항복하였다. 신라국을 없애고 김부를 경주 사심관으로 삼아 부호장 이하 관직자들의 일을 살피도록 하였다. 여러 공신에게도 이를 본받아 각각 출신고을의 사심관으로 삼았다. 사심관은 이에서 비롯되었다.

- 「고려사」

국초에 향리 자제를 뽑아 서울에서 인질로 삼고 그 고을 일을 자문하게 하였다. 이를 기인이라 하였다.
- 「고려사」

사료 Plus+ 훈요 10조

1. 우리나라가 대업을 이룬 것은 부처가 지켜주었기 때문이다. 뒷날 간신이 정치를 하면 승려들이 청탁을 하여 사원 쟁탈이 일어날 것이다. 이를 금지하라.
2. 모든 사원은 도선이 산수의 순역을 가려 개창한 것이다. 신라 말 사원을 함부로 지어 나라가 망하였다. 마땅히 경계해야 할 것이다.
3. 맏아들에게 왕위를 물려주라. 만약 맏아들이 불초하면 둘째 아들에게 물려주라. 둘째도 불초하면 형제 가운데 신하들이 추대하여 대통을 계승하게 하라.
4. 중국 제도와 풍속을 배워야 하지만 반드시 똑같게 할 필요가 없다. 거란은 짐승 같은 나라이다. 본받지 말라.
5. 서경은 우리나라 지맥의 근본이며 만대에 전할 땅이다.
6. 연등은 부처를 모시는 것이고 팔관은 하늘·산·강을 섬기는 것이다 두 행사를 줄이지 말라.
7. 신하와 백성의 마음을 얻도록 해라. 간언을 따르라. 때를 맞춰 부리고 세금을 가볍게 하라.
8. 차령산맥 이남 사람은 통합 당한 원한을 품고 난을 일으킬 염려가 있다. 벼슬을 주지 말라.
9. 관료의 녹봉을 함부로 가감하지 말라. 공이 없는 친척이나 친구를 등용하지 말라.
10. 언제나 마음을 가다듬어 널리 경사를 읽어 옛 일을 거울삼아 오늘날을 경계하도록 하라.

사료 Plus+ 최승로가 광종 때 시행된 노비안검법을 비판하는 글

천예(賤隷)들이 때나 만난 듯이 윗사람을 능욕하고 저마다 거짓말을 꾸며 본 주인을 모함하는 자가 이루 헤아릴 수 없었습니다. 바라건대, 전하께서는 옛일을 심각한 교훈으로 삼아 천인이 윗사람을 능멸하지 못하게 하고, 종과 주인 사이의 명분을 공정하게 처리하십시오. 전대에 판결한 것을 캐고 따져서 분쟁이 열리지 않도록 해야 하겠습니다.

사료 Plus+ 12목 설치 필요에 대한 글

왕이 백성을 다스리는 데 집집마다 찾아가 매일같이 돌보는 것은 아니므로 수령을 나누어 보내 백성들의 이해를 살피게 하는 것입니다. 그러므로 우리 성조(聖祖)께서도 통합한 뒤에 외관을 두고자 하였으나, 대개 초창기였으므로 일이 번거로워 겨를이 없었습니다. 지금 가만히 보건대 향호가 매양 공무를 빙자하고 백성을 침포(侵暴)하니 그들이 견뎌 내지 못합니다. 청컨대, 외관을 두소서. 비록 일시에 다 보내지 못한다 하더라도 먼저 여러 주현을 아울러 한 사람의 관원을 두고, 그 관원에 각기 2~3원을 설치하여 애민하는 일을 맡기소서.

사료Plus+ 시무 28조의 주요 내용

	유교정치 이념의 확립	
제20조	불교를 행하는 것은 몸을 닦는 근본이며, 유교를 행하는 것은 나라를 다스리는 근원이니, 몸을 닦는 것은 내생(來生)을 위한 것이며, 나라를 다스리는 것은 곧 오늘의 일입니다. 오늘은 지극히 가깝고 내생은 지극히 먼 것이니, 가까운 것을 버리고 먼 것을 구하는 일이 또한 그릇된 일이 아니겠습니까.	제왕이 불법 숭신 억제와 유교정치의 실현
	불교의 폐단 비판	
제13조	우리나라에서는 봄에는 연등(燃燈)을 설치하고, 겨울에는 팔관(八關)을 베풀어 사람을 많이 동원하고 노역이 심히 번다하오니 원컨대 이를 감하여 백성이 힘을 펴게 하소서.	연등회·팔관회 축소와 노역의 축소
제16조	중들이 다투어 절을 짓는데, 수령들이 백성을 동원하여 일을 시키니 백성이 매우 고통스럽게 여기고 있습니다. 금하소서.	무분별한 사찰 건립 금지
	중앙집권체제의 지향	
제7조	태조께서 나라를 통일한 후에 군현에 수령을 두고자 하였으나 대개 초창기에 일이 번다하여 미처 이 일을 시행할 겨를이 없었습니다. 청컨대 외관(外官; 지방관)을 두소서.	지방관의 파견
제17조	근래에 사람들이 지위의 높고 낮음을 가리지 않고 재력만 있으면 다투어 큰 집을 지으니 그 폐단이 많습니다. 제도에 맞지 않는 것은 모두 헐어 버리도록 명하여 뒷날에 경계가 되게 하소서.	지방 호족세력의 억제
	왕권의 전제화 규제(왕도 정치)와 귀족 중심의 정치 지향	
제14조	임금께서는 스스로 교만하지 말고 아랫사람을 공손히 대하고, 죄지은 자는 모두 법에 따라 벌의 경중을 결정하소서.	신하에 대한 예우와 법치의 실현
	유교적 신분 질서의 확립	
제9조	관료들로 하여금 조회할 때에는 모두 중국 및 신라의 제도에 의하여 공복을 입도록 하여 지위의 높고 낮음을 분별하도록 하소서.	복식제도의 정비
제22조	광종이 노비를 안검하니 …… 천한 노예들이 주인을 모함하는 일이 이루 헤아릴 수 없이 많았습니다. 그런즉, 선대의 일에 구애되지 말고, 노비와 주인의 송사를 판결할 때는 분명하게 하여 후회가 없도록 힘써야 합니다.	노비의 신분 규제
	중국 문물의 주체적 수용	
제11조	중국의 제도를 따르지 않을 수 없지만 사방의 풍습이 각기 그 토성에 따르게 되니 다 고치기는 어려울 것 같습니다. 그 예악(禮樂), 시서(詩書)의 가르침과 군신부자의 도리는 마땅히 중국을 본받아 비루함을 고쳐야 되겠지만, 그 밖의 거마, 의복의 제도는 우리의 풍속대로 하여 사치함과 검소함을 알맞게 할 것이며 구태여 중국과 같이 할 필요가 없습니다.	무분별한 중국 문물의 수용 제한
	국방력 강화 강조	
제1조	요지(要地)를 가려 국경을 정하고, 그 지방에서 활 잘 쏘고, 말 잘 타는 사람을 뽑아 국방을 맡도록 하소서.	국경의 확정과 방어책

고려의 통치 체제 정비

(1) 중앙 정치 제도 : 2성 6부제 ⇨

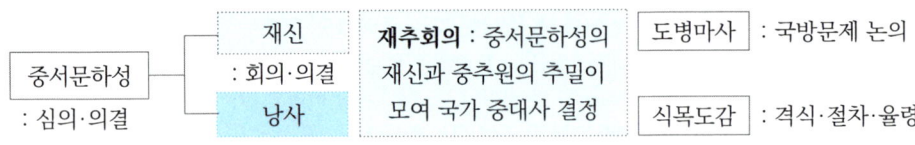

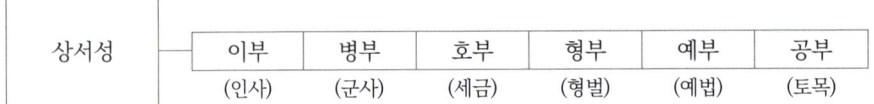

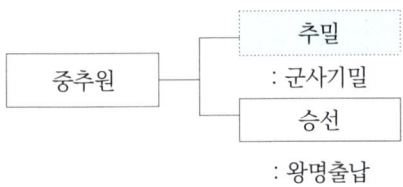

: 단순 회계 기구

비교 Plus+ 도병마사와 도평의사사

	도병마사	도평의사사
구성	중서문하성 재신(5) + 중추원(7)	70~80명의 재추로 확대, 삼사 포함
기능	국방, 군사 담당	국정 전반 담당
성격	귀족적, 임시적	관료적, 상설적

(2) 지방 행정 제도 : 5도 양계

	5도	양계
역할	행정구역	군사접경지역
관리	안찰사 (하부 : 수령)	병마사
하부행정	군·현 (주현〈속현)	진
군사	주현군	주진군
특수 행정구역	향·부곡·소	천민 취급을 받는 중간층 (세금 과중)
	3경	개경·서경·동경 → 개경·서경·남경

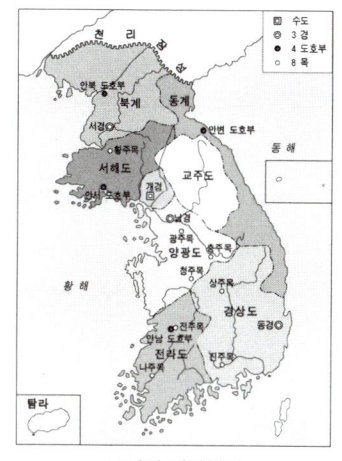
고려의 지방행정

(3) 군사 제도

- 중앙군 : 2군(국왕 친위 부대, 응양군과 용호군), 6위(수도와 국경 방어)
- 지방군 : 주현군(5도에 파견, 의무병), 주진군(양계에 파견, 상비군)
- 특수군
  - 광군 : 거란 방어 목적으로 편성
  - 별무반 : 여진 방어 목적으로 윤관이 편성, 신기군(기병), 신보군(보병), 항마군(승병)
  - 삼별초 : 원래 도둑을 잡기 위해 편성 → 실질적으로 최씨 무신정권 뒷받침 → 몽골에 결사항전(좌별초, 우별초와 몽골의 포로였다 풀려난 신의군으로 구성)

(4) 관리 선발

- 과거제(응시 자격 : 양인 이상)

문과	제술과	정책이나 문장능력 평가	⇨ 제술과 〉 명경과
	명경과	경서에 대한 이해 정도를 평가	
승과		고려의 숭불정책에 따라 실시한 시험, 승직자 선발	
잡과		의학, 천문, 법률 등 기술관 선발	
무과		거의 시행되지 않음	

- 음서제도 : 5품 이상 고위직 자제 → 과거를 치르지 않고도 관리로 선발
  ⇨ 과거제도 〈 음서제도

2. 고려의 정치 변화와 개혁

고려의 시기 구분

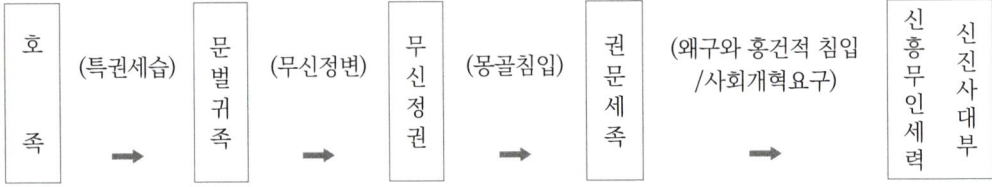

호족 →(특권세습)→ 문벌귀족 →(무신정변)→ 무신정권 →(몽골침입)→ 권문세족 →(왜구와 홍건적 침입/사회개혁요구)→ 신흥무인세력 / 신진사대부

고려의 대외 관계

(호족)	(문벌귀족)	(무신정권)	(신흥무인세력)
거란 침입	여진 침입	몽골 침입	홍건적·왜구 침입

• 초기 : 적대시
• 서희의 외교 담판
  → 강동6주 획득
• 강감찬의 귀주대첩
• 이후,
  - 나성(개경) 축조
  - 천리장성 축조
    (압록강~도련포)
	• 초기 : '부모의 나라'
	• 윤관의 정벌(별무반)
	  → 동북9성 축조
	• 여진성장 → 금나라 건국
	  → 사대요구
	• 이자겸 : 사대요구수용
	  (↕반발)
	• 묘청 : 금국정벌 주장
		• 최우 : 강화도 천도
		• 삼별초의 항쟁
		  (강화도 → 진도 → 제주도)
		• 소실 문화재
		  - 대장경(대구 부인사)
		  - 황룡사 9층 목탑
		• 호국불교의 전통
		  - 팔만대장경 조판
		  - 승려 김윤후의 분전
		    (처인성, 충주성 전투)
		• 이후, 원 간섭기
			• 최영과 이성계 성장
			• 최무선
			  - 화통도감 : 화포제작
			  - 진포대첩 : 왜구격퇴
			• 박위 : 쓰시마 정벌
			
			• 이성계 : 조선 건국

지도·사료 돋보기 🔍

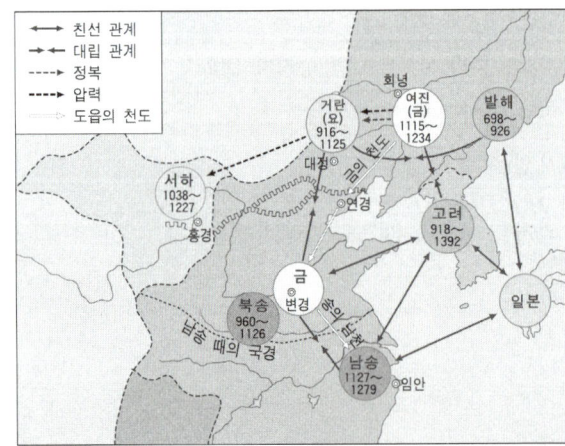

10세기 국제 정세

지도·사료 돋보기

강동6주 획득

사료 Plus+ 서희의 외교 담판과 강동 6주의 확보

서희가 말하기를 "우리나라는 고구려를 계승한 나라이다. 그런 까닭에 나라 이름을 고려라 하고 평양에 도읍을 정하였다. 만약 영토의 경계를 말한다면 귀국의 동경도 우리 영역 안에 들어와야 하는데 어찌 침식했다고 하느냐. 또 압록강 안팎은 우리나라 땅이지만 여진이 점거하였다. …… 만약 여진을 내쫓고 우리의 옛 땅을 회복하여 거기에 성과 보를 쌓고 길을 통하게 한다면 어찌 국교가 통하지 않겠는가?"

— 고려사

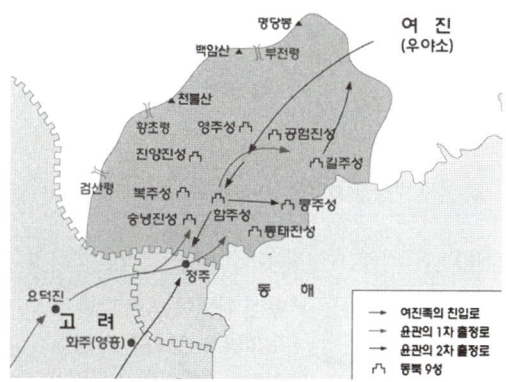

동북 9성 축조

사료 Plus+ 윤관의 별무반 편성

"신이 오랑캐에게 패한 것은 그들은 기병인데 우리는 보병이라 대적할 수 없었기 때문이었습니다." 이에 왕에게 건의하여 별무반을 편성하였다. 문·무 산관, 이서, 상인, 농민들 가운데 말을 가진 자를 신기군으로 삼았고, 과거에 합격하지 못한 20살 이상 남자들 중 말이 없는 자를 모두 신보군에 속하게 하였다. 또 승려를 뽑아서 항마군으로 삼아 다시 군사를 일으키려 하였다.

— 고려사절요

사료 Plus+ 삼별초의 자주적 인식

이전 문서에서는 몽골의 연호를 사용했는데, 이번 문서에서는 연호를 사용하지 않았다. …… 이전 문서에서는 몽골의 덕에 귀의하여 군신 관계를 맺었다고 하였는데, 이번 문서에서는 강화로 도읍을 옮긴 지 40년에 가깝지만, 오랑캐의 풍습을 미워하여 진도로 도읍을 옮겼다고 한다.

— 고려첩장(高麗牒狀)

문벌 귀족 사회의 모순

- 음서제·과거제 ⇨ 정치적 특권 독점·세습
- 공음전·전시과 ⇨ 경제적 특권 독점·세습

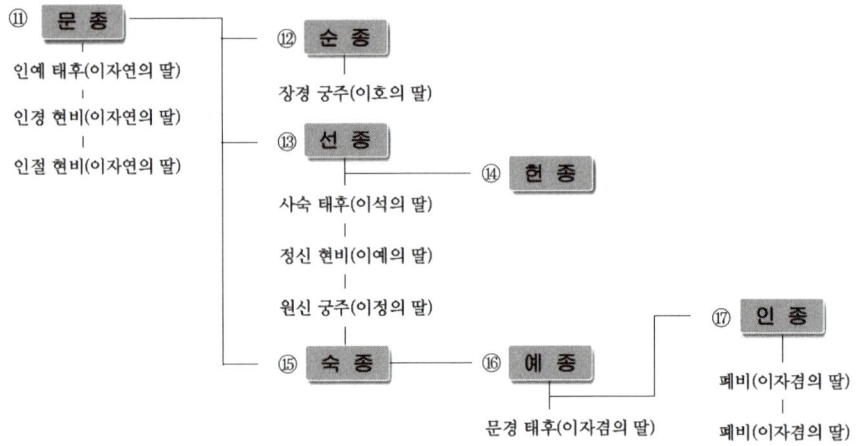

〈왕실과 경원 이씨의 혼인 관계도〉

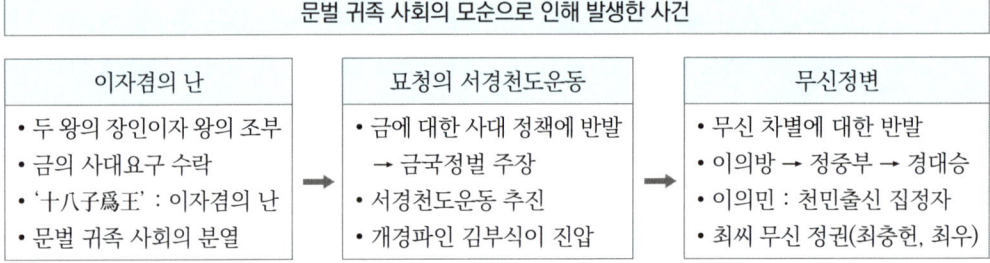

※ 십팔자위왕(十八子爲王) : 십팔자(十八子)를 합치면 이(李)가 된다. 이(李)씨가 왕이 된다는 예언설.

비교 Plus+ 서경파 vs 개경파

	서경파	개경파
중심인물	묘청, 정지상 등 신진관료	김부식, 김인존 등 기성 문벌귀족
사 상	불교, 풍수지리설, ⇨ 자주적 전통 사상(국풍파)	유교 ⇨ 사대 유교사상(한학파)
대외정책/주장	금국정벌, 칭제건원 ⇨ 서경 천도 운동	금의 사대 요구 수용 ⇨ 서경 천도 운동 진압
역사의식	고구려 계승 의식	신라 계승 의식
기타	신채호의 「조선사연구초」 : '일천년래제일대사건'(자주적 평가)	김부식의 「삼국사기」 : 보수적인 유교사관

지도 돋보기

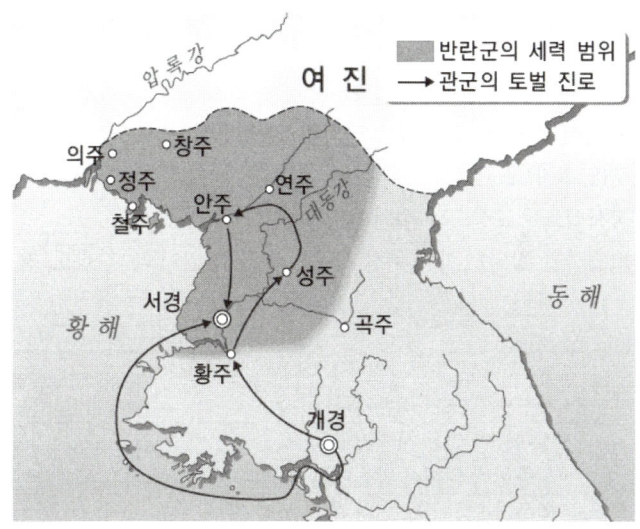

묘청의 서경천도운동

사료 Plus+ 신채호의 평가

서경 전역을 역대의 사가들이 다만 왕사가 반적을 친 전역으로 알았을 뿐이었으나, 이는 근시안의 관찰이다. 실상은 이 전역이 낭·불 양가 대 유가의 싸움이며, 국풍파 대 한학파의 싸움이며, 독립당 대 사대당의 싸움이며, 진취사상 대 보수사상의 싸움이니, 묘청은 곧 전자의 대표요, 김부식은 후자의 대표였던 것이다. 이 전역에서 묘청 등이 패하고 김부식이 승리하였으므로 조선의 역사가 사대적·보수적·속박적 사상, 즉 유교사상에 정복되고 말았거니와, 만일 이와 반대로 김부식이 패하고 묘청 등이 승리하였더라면 조선사가 독립적·진취적 방면으로 진전하였을 것이니, 이 전역을 어찌 '일천년래제일대사건'이라 하지 아니하랴. — 신채호, 「조선사연구초」

깊이 Plus+ 용어 해설

- 금국정벌 : 여진이 만든 금국을 정벌하자는 자주적인 외교관
- 칭제건원 : 황제를 칭하고 독자적인 연호를 사용
- 정지상 : 고려 전기의 문신으로, 음양비술에도 관심이 많아 묘청·백수한 등과 함께 삼성(三聖)으로 불렸다. 서경출신으로 서울을 서경으로 옮길 것을 주장해, 김부식을 중심으로 한 유교적·사대적인 성향이 강하던 개경 세력과 대립하였다. 서경을 거점으로 묘청 등이 난을 일으키자, 적극 가담해 금나라를 정벌하자고 주장하며 칭제건원을 하였다. 그러나 개경 세력의 김부식이 이끄는 토벌군에게 패해 개경에서 참살되었다.
- "조선사연구초" : 신채호가 쓴 6편의 조선사에 관한 논문을 엮은 책, 민족주의적 사관이 강하다.

무신 정권

(1) 무신 정권의 변화
- 이의방 → 정중부 → 경대승 → 이의민
- 이의민 : 천민 출신 집정자 ⇨ 이후, '만적의 난'의 명분으로 작용
- 최씨 무신정권(안정기)
    - 최충헌 : '봉사십조', 교정도감 설치
    - 최우 : 정방(인사권 장악), 서방(문신 등용), 몽골 침입이후, 강화도 천도

(2) 주요 기구

정치기구	기능
중방	• 무신정권 초기 지배기구
도방	• 경대승이 만든 사병기구
교정도감	• 최충헌에 의해서 만들어진 최고의 정치기구
정방	• 최우가 만들었던 인사 행정 독점 기구
서방	• 문신 숙위(등용) 기구
삼별초	• 원래 목적 : 치안 유지 ⇨ 최씨 무신 정권의 사병 성격 • 몽골 침입 이후, 결사 항전 : 강화도 → 진도 → 제주도

(3) 무신정권에 대한 반발

다양한 계층의 반발	문신 반발	• 서경 유수 조위총 난 : 무신정권에 대한 저항(농민 합세) • 동북면 병마사 김보당의 난
	농민 봉기	• 공주 명학소에서 망이·망소이의 난 : 천민대우에 대한 반발 • 김사미·효심의 난 : 연합 세력 형성(이의민과 연결)
	천민 봉기	• 천민 무신집정자 이의민의 등장에 따른 신분 상승에 대한 기대감 • 전주 관노의 난/최충헌의 사노인 만적의 난
삼국 부흥 주장		• 신라 부흥 주장(경주) : 이비·패좌의 난, 김사미의 난 • 고구려 부흥 주장(서경) : 최광수의 난 • 백제 부흥 주장(담양) : 이연년 형제의 난

지도 돋보기 🔍 무신 집권기 다양한 계층의 저항

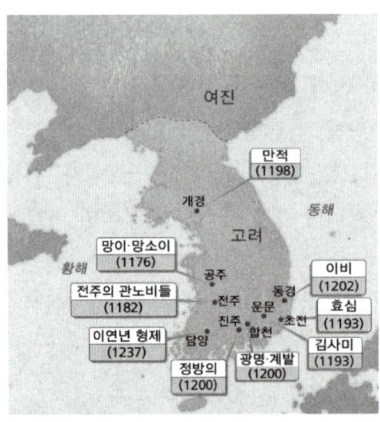

사료 Plus+ 만적의 난

정중부의 난 이래로 고관이 천민과 노비에서 많이 나왔다. 장수와 재상이 어찌 씨가 따로 있으랴. 때가 오면 누구나 할 수 있다. 우리가 성 안에서 봉기하여 최충헌 등을 죽이고, 이어서 각각 주인을 쳐서 죽인 후 천적을 불살라서 우리나라에 천인이 없게 하자. 그러면 공경장상(公卿將相)을 우리가 할 수 있다.

원의 내정간섭과 반원 자주 정책

원 간섭기 원의 내정간섭	공민왕의 개혁정치	
• 왕명에 충(忠) 사용 • 원나라 공주와 혼인 : 부마국으로 전락 • 관제 격하, 왕실 용어·호칭 격하 • 동녕부, 탐라총관부, 쌍성총관부 설치 • 정동행성 설치(일본원정 실패 후 내정간섭) • 순마소 설치, 다루가치 파견 • 응방 설치 • 공녀 요구 → 고려에 조혼의 풍습 생김 • 몽골풍 유행(몽골에서는 고려양 유행)	왕권 강화 정책	• 전민변정도감 설치(신돈) ⇨ 불법적으로 차지한 노비와 땅을 되돌림 • 신진사대부 등용(권문세족 견제 목적) • 기황후 집안인 기철 등 권문세족 숙청
	반원 자주 정책	• 관제 복구 • 쌍성총관부 수복 • 정동행성 폐지 • 몽골풍 금지

지도·사료 돋보기

쌍성총관부 수복

천산대렵도

사료 Plus+ 공민왕의 개혁

감찰대부 이연종이 왕이 머리를 땋고 호복을 입었다는 말을 듣고 대궐에 나아가 간하기를 "머리를 땋고 호복을 입는 것은 선왕의 제도가 아니오니 원컨대 전하께서도 그런 것을 본뜨지 마소서"하였더니 왕이 기뻐하여 곧 땋은 머리를 풀고 이연종에게 옷과 요를 주었다. - 「고려사」, 공민왕 원년

동북면병마사 유인우가 쌍성을 함락하였다. 총관조소생과 천호 탁도경은 도주하고 화, 등, 장, 정, 예, 고, 문, 의 등 각 주와 선덕, 명인, 요덕, 정변 등 여러 진을 수복하였다. 고종 무오년에 원나라에 빼앗겼던 함주 이북의 지방을 수복한 것이다. - 「고려사」, 공민왕 5년

깊이 Plus+ 원 간섭기 용어 해설

- 부마국 : 황제의 사위 국가
- 동녕부 : 1270년 원나라가 고려의 서경에 설치한 통치기구
- 탐라총관부 : 고려 충렬왕 때 원나라가 탐라(지금의 제주도)에 설치한 통치기구
- 쌍성총관부 : 원나라가 화주(영흥)에 둔 통치기구로 1356년 공민왕 때, 천호 이자춘(이성계의 아버지)의 협력으로 탈환하여 폐지하고 화주목을 설치
- 정동행성 : 고려 후기 원에 의해 일본 원정을 위한 전방사령부로서 고려에 설치되었던 관서로 원정 실패 이후, 내정을 간섭하였다.
- 순마소 : 원나라가 내정에 간섭하기 위하여 고려에 두었던 감찰 기관으로, 야간 경비 이외에 형옥의 일까지 맡아보았다.
- 다루가치 : 고려 후기에 원나라가 고려의 내정을 간섭하기 위해 설치한 민정 담당자
- 응방 : 몽골이 고려를 복속한 뒤에 몽골에서 들어와 그들이 조공품으로 요구하는 해동청(사냥매)을 잡고 길러서 몽골에 보내기 위해 설치한 기구
- 공녀와 조혼 : 원 간섭기, 시집안간 처녀를 조공으로 요구하자 고려 사회에 조혼의 풍습이 생겨났다.

고려 멸망과 조선 성립

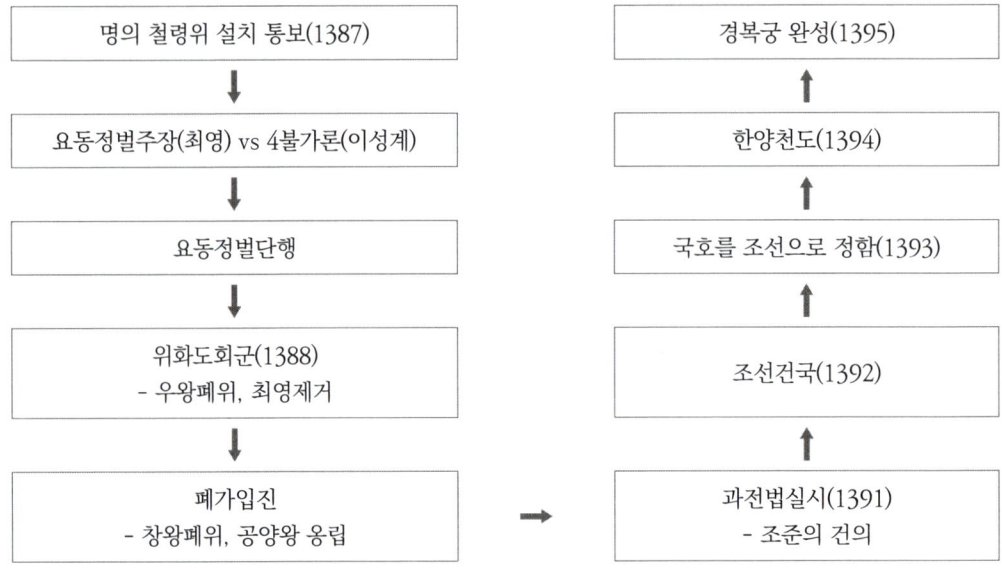

※ 폐가입진 : 가짜 왕을 유폐하고, 진짜 왕을 세운다는 논리로, 이성계 일파는 우왕과 창왕이 신돈의 자식이라 하여 폐위시키고, 공양왕을 옹립하였다.

지도 돋보기 🔍

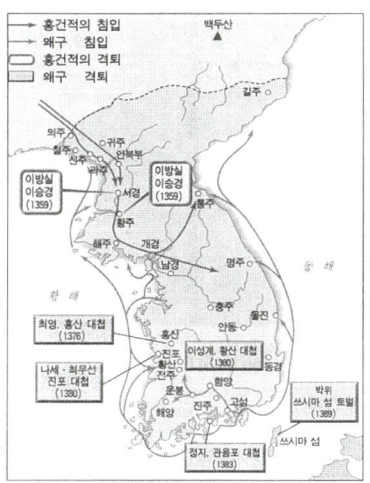

깊이 Plus 사불가론(四不可論)

1. 작은 나라로서 큰 나라에 거역함은 옳지 못하다.
2. 여름철에 군사를 동원하는 것은 옳지 못하다.
3. 출병한 사이에 왜적이 침입할 수 있다.
4. 장마철이므로 활의 아교가 풀어지고, 역병이 돌 수 있다.

3 고려의 경제·사회

고려의 경제

(1) 수취제도

수취 기준	양안(토지대장)과 호적
담당 관청	호부(호적과 양안 관리), 삼사(회계 담당)
대상	16세~59세까지의 정남
조세	비옥도에 따라 3등급 구분(생산량의 1/10)
공납	현물징수로 조세보다 부담이 더 큼(상공, 별공, 진상)
역	군역과 요역

(2) 토지제도

	지급기준	지급대상	한계
역분전(태조)	논공행상	공신세력	(건국 초기에 시행)
시정전시과(경종)	관품 + 인품	전·현직	객관성 떨어짐
개정전시과(목종)	관품	전·현직	토지부족
경정전시과(문종)	관품	현직	
과전법	신진사대부의 경제적 기반 마련 목적으로 지급, 경기도에 한정		

⇨ 과전은 수조권을 지급(소유권X), 원칙적으로 세습 불가

⇨ 예외 존재(세습 가능)
- 공음전 : 5품이상 고위직 자제에게 지급
- 군인전 : 군역의 세습으로 토지 세습
- 외역전 : 향리직 세습으로 토지 세습
- 민전 : 매매, 상속, 임대 등이 가능한 토지

⇨ 기타
- 한인전 : 6품이하 관리 자제에게 지급
- 구분전 : 하급관리나 군인 유가족에게 지급
- 내장전 : 왕실 경비 충당(세습 인정)
- 공해전 : 관청 경비 충당
- 사원전 : 사원 경비 충당

사료 Plus+ 과전법 실시

경기는 사방의 근본이 되는 땅이다. 마땅히 여기에다 과전을 설치하여 사대부를 우대한다. 서울에 살면서 왕실을 호위하는 자는 현직과 전직을 막론하고 등급에 따라 토지를 받는다. 땅을 받은 자가 죽은 뒤 아내에게 자식이 있고 절개를 지키면 절반을 물려받는다. － 「고려사」

사료 Plus+ 전시과의 토지 지급 액수

단위 : 결(結)

시기		등급	1	2	3	4	5	6	7	8	9	10	11	12	13	14	15	16	17	18
경종	시정	전지	110	105	100	95	90	85	80	75	70	65	60	55	50	45	42	39	36	33
		시지	110	105	100	95	90	85	80	75	70	65	60	55	50	45	40	35	30	25
목종	개정	전지	100	95	90	85	80	75	70	65	60	55	50	45	40	35	30	27	23	20
		시지	70	65	60	55	50	45	40	35	33	30	25	22	20	15	10			
문종	경정	전지	100	90	85	80	75	70	65	60	55	50	45	40	35	30	25	22	20	17
		시지	50	45	40	35	30	27	24	21	18	15	12	10	8	5				

(3) 경제 생활

귀족의 경제생활	• 풍족한 생활 영위 : 과전(생산량의 1/10), 녹봉 제도, 공음전이나 공신전(생산량의 1/2), 고리대, 신공
농민의 경제생활	• 민전 경작, 소작 • 농업기술 발달 노력 : 우경의 일반화, 시비법 발달 ⇨ 휴경지의 감소 • 황무지 개간 ⇨ 경작지 확대 • 2년 3작의 윤작법 보급(밭농사) • 이앙법(모내기) 보급 ⇨ 고려 말 남부 일부 지방(~조선 전기까지) • 「농상집요」 : 원 농법 소개, 과수, 원예, 양잠
수공업	• 전기 : 관청 수공업(상행위 감독), 소 중심의 수공업, 공상아(기술자 관리 장부) ⇨ 후기 : 사원 수공업, 민간 수공업
상업	• 시전, 경시(상행위 감독) ⇨ 후기로 갈수록 상업 발달, 소금 전매제 실시
무역	• 전기 : 공무역 중심(전기) ⇨ 원 간섭기 이후 : 사무역 발달 • 벽란도 : 활발한 교역 활동 • 송나라와 무역 : 수입(귀족의 사치품), 수출(인삼, 종이, 먹), • 아라비아 상인과 무역 : COREA 서방세계 전래
화폐 주조	• 건원중보(성종) : 고려 최초의 화폐 • 삼한통보, 삼한중보, 해동통보, 해동중보, 활구 등(숙종) ← 의천의 건의 • 저화(공양왕) : 최초의 지폐 ⇨ 자급자족의 경제 구조로 유통 부진

지도 돋보기

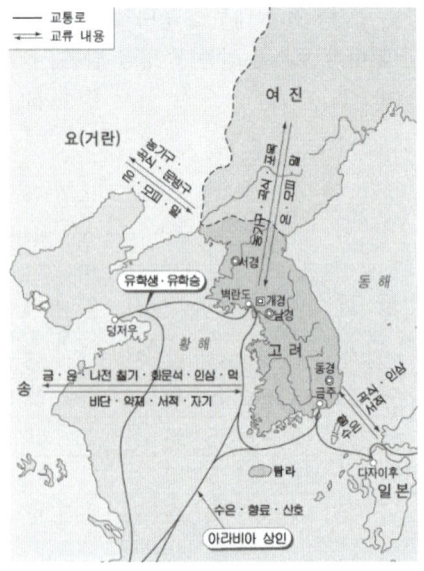

고려의 대외 무역

사료 Plus+ 화폐의 종류

종류	주조연대	비고
건원중보	성종(996)	고려 최초의 화폐
활구	숙종(1101)	은으로 만든 토지로 1개당 포 100필
해동중보	숙종(1102)	-
삼한통보	숙종(1102)	-
쇄은	충렬왕(1278)	-
보초	원 간섭기	원의 지폐로 지배층 사이에서 유통됨
저화	공양왕(1390)	최초의 지폐

건원중보(성종) 활구(숙종) 삼한중보(숙종) 삼한통보(숙종) 해동통보(숙종) 해동중보(숙종)

사료 Plus+ 의천의 화폐사용 건의

돈이라고 하는 것은 몸은 하나이지만 기능은 네 가지입니다. 첫째로 하늘과 땅처럼 만물을 완전하게 덮고 받쳐 줍니다. 둘째로 돈은 샘처럼 끝없이 흘러 한이 없습니다. 셋째로 돈을 민간에 퍼뜨리면 위와 아래에 골고루 돌아다녀 영원히 막힘이 없게 됩니다. 넷째로 돈은 이익을 가난한 사람과 부자에게 나누어 주는데, 그 날카로움이 칼날과 같아 매일 써도 해지지 않습니다.

- 의천, 「대각국사문집」

사료 Plus+ 숙종의 화폐 주조

왕이 명령하였다. "백성들을 부유하게 하고 나라에 이익을 가져오게 하는 데 돈보다 중요한 것은 없다. 서북 두 나라에서는 돈을 쓴 지가 이미 오래인데 우리나라에서만 아직 실행되지 않았다. 그러므로 이제 비로소 금속을 녹여 돈을 만드는 법령을 제정한다. 부어서 만든 돈 15,000꾸러미를 재추와 문무 양반 및 군인들에게 나누어 주어 통용의 기초로 삼는다." - 「고려사」, 숙종 7년

사료 Plus+ 박유의 축첩건의

재상 박유가 아뢰기를 "청컨대 여러 신하, 관료로 하여금 여러 처를 두게 하되, 품위에 따라 그 수를 점차 줄이도록 하여 보통사람에 이르러서는 1처 1첩을 둘 수 있도록 하며, 여러 처에서 낳은 아들도 역시 본처가 낳은 아들처럼 벼슬을 할 수 있게 하기를 원합니다."라고 하였다. 연등회 날 저녁 박유가 왕의 행차를 호위하여 따라갔는데, 어떤 노파가 그를 손가락질하면서 "첩을 두고자 요청한 자가 저 늙은이다."라고 하였다. 듣는 사람들이 서로 전하여 서로 가리키니 무서워하는 자들이 있었기 때문에 그 건의를 정지하고, 결국 시행하지 못하였다.

사료 Plus+ 고려시대 가족 제도의 특징

지금은 남자가 장가들면 여자 집에 거주하여, 남자가 필요로 하는 것은 모두 처가에서 해결하고 있습니다. 그리하여 장인과 장모의 은혜가 부모의 은혜와 똑같습니다. 아아, 장인께서 저를 두루 보살펴 주셨는데 돌아가셨으니, 저는 장차 누구를 의지해야 합니까. - 「동국이상국집」

고려의 사회

(1) 사회구조(신분)

귀족(집권층)			문벌귀족 → 무신정권 → 권문세족 → 신흥무인세력·신진사대부
중류			• 행정 실무 담당 ⇨ 직역 세습 가능 • 향리 ⇨ 과거를 통해 중앙으로 진출 가능
양민		농민	과거 응시·군인 선발 가능, 백정(白丁) ⇨ 국가에 조세·공납·역 부담
		상인·수공업자	농민보다 천시 ⇨ 국가에 공역의 의무
		향·소·부곡민	양인이나 양인에 비해 심한 규제, 과중한 세금 부여 ⇨ 이후, 반란
천민	공노비	공역노비	관청에 잡역에 종사하면서 급료로 생활
		외거노비	관청에서 나와 살면서 농경에 종사하고 관청에 일정액 납부
	사노비	솔거노비	주인집에 같이 살면서 그 일의 잡일을 돌보면서 생활
		외거노비	주인과 따로 살면서 농업에 종사, 주인에게 신공을 바치고 생활

(2) 사회 모습

농민 공동 조직(향도)		• 기원 : 미륵신앙(매향 활동 → 미륵의 구원) • 발전 : 불교 신자들의 자발적 결사체(사원 건축 등에서 공동 노동) → 농사 및 마을의 대소사 공동 해결 → 모든 계층이 참여하는 농민 공동체
사회 제도	빈민구제	• 흑창(태조) • 의창(성종) : 고리대로부터 농민 보호, 춘대추납 • 제위보 : 빈민구제 기금
	물가조절	• 상평창(성종)
	의료 기구	• 동·서 대비원, 혜민국
	백성 구제	• 구제도감, 구급도감 : 재해 발생 시 임시 기관으로 설치
법률과 풍속		• 지방관이 사소한 범죄를 전통 관습법에 따라 판단 • 중요한 사건에는 당률을 참고해 만든 형법과 보조 법률 적용 • 반역죄와 불효죄는 중죄로 다스림(형벌 : 태·장·도·유·사)
세시풍속	유교	정치 규율, 정부 의례 기준
	불교	사회 규율, 민간의 중요 행사 기준, 연등회, 팔관회
	• 혼인 : 일부일처제 • 초기 : 근친혼, 동성혼 성행 → 후기 : 유교 윤리 보급으로 점차 소멸 • 여성의 지위 : 사회 진출 제한, 가정 내 남성과 동등한 지위(호적 등재, 유산의 균분 상속)	

4 고려의 사상·문화

불교

(1) 초기 불교 장려 정책
- 태조의 훈요십조 ⇨ 연등회와 팔관회 성대 개최
- 광종의 불교 중시 ⇨ 과거시험에서 승과 실시, 왕사·국사제도 실시
- 성종의 유교정치 ⇨ 유교 정치 추구 : 불교 〈 유교
                                         (수신) (치국)

(2) 호국 불교의 전통
- 거란 침입 ⇨ 초조 대장경 조판 ⇨ 의천의 건의로 속장경 조판(교장) ⇨ 몽골 침입시 소실
- 몽골 침입 ⇨ 팔만대장경 조판(대장도감에서 조판) ⇨ 현재 합천 해인사에 보관(유네스코 세계유산)
- 몽골 침입 ⇨ 승려 김윤후의 분전(처인성 전투, 충주성 전투)

깊이 Plus+ 호국불교의 전통

고대	• 화랑의 세속오계, 황룡사9층목탑 건립, 문무왕 해중릉 조성과 감은사 설립
중세(고려)	• 대장경 조판
근세(조선)	• 임진왜란 때 서산대사·사명당 등 승병 활동

(3) 후기 불교의 타락
- 권문세족과 결탁하여 고리대를 일삼는 등 부패 만연
- 결사운동 : 지눌의 수선사 결사, 요세의 백련사 결사
- 신진사대부의 불교 비판 : 정도전의 「불씨잡변」

(4) 불교통합운동 : 의천과 지눌

구분	의천(대각국사)	지눌(보조국사)
시기	문벌귀족기	무신집권기
후원세력	문벌 귀족	무신정권
교선통합노력	• 원효의 화쟁사상을 토대로 함 • 교종을 중심으로 선종 통합	• 선종을 중심으로 교종 통합
개창	천태종	조계종
수행방법	교관겸수	정혜쌍수, 돈오점수
기타	• 문종의 넷째로 송나라에서 유학 • 교장도감을 두고 주석서 편찬 • 숙종에게 화폐주조 건의	• 수선사 결사운동

(5) 신앙결사운동 : 지눌과 요세

구분	지눌	요세
종파	조계종	천태종
핵심 사찰	수선사(송광사)	백련사(만덕사)
내용	• 선 수행과 경전 연구 병행 • 노동을 중시	• 법화신앙(참회) • 정토신앙
지지 세력	개혁적 승려, 민중	지방민

※ 혜심의 유불일치설 ⇨ 성리학 수용의 사상적 토대 마련

깊이 Plus+ 불교 용어 해설

- 교관겸수 : 이론의 연마와 실천을 동시에 강조하는 수행방법
- 정혜쌍수 : 선과 교학이 서로 다르지 않으니 이를 나란히 수행하되, 선을 중심으로 교학을 포용하자는 논리
- 돈오점수 : 수행을 통해 어느 순간 단번에 깨달음을 얻으면 더욱 꾸준한 수행을 통해 온전한 경지에 이르러야 한다는 주장
- 결사운동 : 고려 후기 불교계가 타락하게 되면서 나타난 불교 본연의 자세 확립을 주창하는 운동
- 법화신앙 : 〈법화경〉을 수지 독송하는 신앙으로 참회를 통한 구원을 추구

유교

(1) 초기 정책

- 과거제 실시(광종) : 유교적 소양 평가
- 최승로의 시무28조(성종) : 불교 = 수신 = 내생 〈 유교 = 치국 = 현재
- 유교교육 기관인 국자감 설치(성종)

(2) 사학의 융성과 관학 진흥책

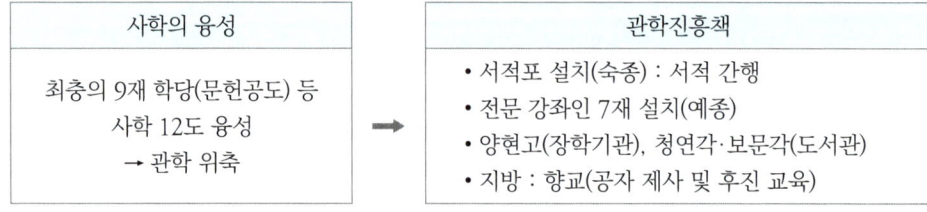

※ 사학12도 : 고려 문종 이후 개경에 있었던 12개 사학의 생도를 총칭한 것이다. 관학이 오늘날의 공교육에 해당되고 십이공도는 오늘날의 사교육에 해당된다.

(3) 성리학 수용

- 안향이 원나라로부터 수용
- 원에 만권당 설치 : 성리학 연구·도입, 이제현이 주도
- 개혁적 성향 ⇨ 이후, 조선 건국 이념으로 부상

(4) 고려의 역사서

시기	역사서	특징
고려 중기	「삼국사기」 (김부식)	• 유교적 합리주의 사관, 신라계승의식 반영 • 사마천의 「사기」를 본 딴 기전체 서술 형식 　(본기 28권, 지 9권, 표 3권, 열전 10권) • 현존하는 최고(最古)의 역사서
고려 후기		• 몽골의 침입 이후 민족적 자주의식이 강조되면서 전통문화에 대한 이해 시도 • 유교적 합리주의 사관을 비판, 우리 고유의 신화와 전설에 주목 • 민족적 자주의식과 전통 문화에 대한 올바른 이해를 강조
	「해동고승전」(각훈)	• 삼국시대의 승려 30명의 전기 수록
	「동명왕편」(이규보)	• 고구려 건국의 시조인 동명왕을 칭송하는 영웅 서사시
	「삼국유사」(일연)	• 불교사 중심으로 삼국의 역사를 기록 • 단군신화 등 신화, 전설 기록
	「제왕운기」(이승휴)	• 우리나라의 역사를 단군시대부터 기록 • 발해를 우리나라의 역사에 포함 • 중국사와 우리나라의 역사를 대등하게 평가

비교 Plus+ 삼국사기와 삼국유사

구 분	삼국사기(12세기)	삼국유사(13세기)
저자	김부식	일연
시기	1145년(인종, 묘청의 난 직후)	1278년(충렬왕, 원 간섭기)
서술방식	기전체	기사본말체
사상기반	유교	불교
사관	보수적, 사대주의적	자주적, 민족적, 주체적
역사관	신라 계승 의식	고조선 계승 의식(단군 신화 최초 기술)
내용	정치사 중심의 관찬서	야사·설화 중심의 사찬서

비교 Plus+ 역사 서술 방식

구분	특징	기원	대표 사서
기전체 (인물중심)	'본기, 세가, 열전, 지, 표'로 구성	사마천의 「사기」	김부식의 「삼국사기」 정인지 등 「고려사」 유득공의 「발해고」 이종휘의 「동사」
편년체 (연대기)	연, 월, 일 별로 사건을 서술	사마광의 「자치통감」	「조선왕조실록」 김종서 등 「고려사절요」 서거정의 「동국통감」
기사본말체 (사건중심)	역사를 사건의 시말(始末)로 기록	원추의 「통감기사본말」	이긍익의 「연려실기술」
강목체 (정통성)	역사를 연·월·일순에 따라 강(綱)과 목(目)으로 기록	주희의 「자치통감강목」	안정복의 「동사강목」

도교·풍수지리설

- 서경천도운동 뒷받침
- 남경(한양) 길지설 뒷받침 ⇨ 이후, 조선 건국 뒷받침

과학기술 발달

천문		사천대, 서운관 : 천문을 관측하고 역법 계산을 담당
역법		당의 선명력, 원의 수시력, 명의 대통력
무기		'화통도감 설치' : 최무선의 화포 제작 ⇨ 진포대첩에서 왜구 격퇴(우왕 때)
의학	의료시설	동서대비원, 혜민국
	의서	• 현존 최고(最古)의 의학 서적인 「향약 구급방」 간행 　- 시기 : 몽골 침입 이후 　- 향약 : 고려산 약재 사용을 강조(우리 실정에 맞춘 의서) 　- 구급방 : 응급처치 등의 내용 수록
농업	농서	「농상집요」: 원으로부터 전래(이암)
	목화전래	문익점의 노력으로 목면(木棉)이 빠르게 보급

예술

불상	• 거대 불상 제작 : 관촉사 석조미륵보살입상, 북한산 구기리 석가여래좌상 • 다양한 재질로 제작 : 충주 철불 좌상
사원 건축	• 봉정사 극락전 : 최고(最古)의 목조 건축물, 주심포 양식 • 부석사 무량수전 : 주심포 양식, 배흘림기둥, 소조아미타여래좌상(통일 신라 양식을 계승) • 성불사 응진전 : 다포 양식(원나라 영향)
석탑	전기	월정사 8각 9층 석탑 등 다각 다층 석탑 제작
	후기	경천사 10층 석탑(원나라 영향)
승탑	• 신라양식 계승(팔각원당형) : 고달사지 원종대사 혜진탑, 흥법사지 진공대사탑 • 특수형 승탑(평면 방형) : 법천사 지광국사 현묘탑
불화	• 극락왕생과 건강을 기원하는 아미타불과 지장보살 및 관음보살도가 많이 제작 : 혜허의 양류관음도(일본 가가미 신사에 소장)

공예	• 자기 : 고려 시대 미술 분야에서 가장 발달
	  - 11세기 : 독특한 미의 고려자기 등장(순수 청자)
	  - 12세기 중엽 : 상감청자 개발
	  - 13세기 중엽 : 상감청자의 전성기
	  - 13세기 후반 : 청자퇴보, 북방 가마기술이 도입 되어 분청사기로 계승
	• 금속 공예 : 은입사 기술(청동기 바탕에 은으로 장식 무늬를 넣는 기술) 발달

금속
활자
	• 「상정고금예문」 : 세계 최초의 금속 활자본(1234) ⇨ 현전X
	• 「직지심체요절」 : 현존 세계 최고(最古)의 금속 활자본(1377, 우왕3년)
	  - 청주 흥덕사에서 간행
	  - 파리국립박물관 지하서고에 보관(박병선 박사가 존재사실을 알림)
	  - 유네스코 세계 기록 문화유산으로 지정

문학	• 경기체가 : 신진사대부들이 향가 형식을 계승하여 창작(「한림별곡」,「관동별곡」) • 속요 : 서민의 삶을 자유분방한 형식으로 표현(「청산별곡」,「쌍화점」,「가시리」) • 패관문학 : 민간에 구전되는 이야기들 일부 고쳐 한문으로 기록(이제현의 「역옹패설」) • 가전체 문학 : 사물을 의인화하여 일대기형식으로 구성(「국선생전」,「죽부인전」) • 한시 : 이규보의 「동명왕편」, 고려인의 문화적 자신감을 나타낸 '진화의 한시'

사료 Plus+ 의천의 교관겸수(敎觀兼修)

내가 몸을 잊고 도를 묻는 데 뜻을 두어 다행히 과거의 인연으로 선지식을 두루 참배하다가 진수(晉水) 대법사 밑에서 교관(敎觀)을 대강 배웠다. 법사는 일찍이 제자들을 훈시하여, "관을 배우지 않고 경만 배우면 비록 오주(五周)의 인과(因果)를 들었더라도 삼중(三重)의 성덕(性德)에는 통하지 못하며 경을 배우지 않고 관만 배우면 비록 삼중의 성덕을 깨쳤으나 오주의 인과를 분별하지 못한다. 그러므로 관도 배우지 않을 수 없고 경도 배우지 않을 수 없다."고 하였다. 내가 교관에 마음을 쓰는 까닭은 다 이 말에 깊이 감복하였기 때문이다.

사료 Plus+ 지눌의 정혜결사문

지금 불교계를 보면, 아침, 저녁으로 행하는 일들이 비록 부처의 법에 의지하였다고 하나, 자신을 내세우고 이익을 구하는데 열중하며, 세속의 일에 골몰한다. 도덕을 닦지 않고 옷과 밥만 허비하니, 비록 출가하였다고 하나 무슨 덕이 있겠는가?

사료 Plus+ 요세의 백련결사

「묘종경」을 강설하다가, "이 마음이 부처가 된다. 이 마음이 곧 부처이다."라는 대목에 이르러서 마음에 크게 계합하였다. 이후로 요세는 「묘종」을 설법하기 좋아하여 언변과 지혜가 막힘이 없었고 대중에게 참회 수행을 권하였다. 참회를 닦기를 간절하고 지극하고 용맹스럽게 하여 매일 53부처님에게 열두번씩 예경하고 비록 모진 추위와 무더운 더위라도 한 번도 게을리 한 일이 없으니 승려들이 서참회라 불렀다. …… 왕공대인과 지방 수령, 높고 낮은 사부 대중 가운데 결사에 들어온 자들이 300여 명이나 되었고, 가르침을 전도하여 좋은 인연을 맺은 자들이 헤아릴 수 없이 많았다.

- 동문선

사료 Plus+ 삼국사기 편찬 서문

지금의 학사·대부(大夫)가 오경(五經)·제자(諸子)의 책이나 진(秦)·한(漢) 역대의 역사에 대해서는 혹 너리 통하여 자세히 말하는 사람이 있으나, 우리나라의 사실에 이르러서는 도리어 아득하여 그 시말을 알지 못하니 매우 한탄스러운 일이다. 더구나 신라·고구려·백제가 삼국을 세우고 서로 정립하여 예로써 중국과 통한 바 있어 「한서(漢書)」, 「당서(唐書)」에 모두 열전으로 기록된 바 있다. 그러나 중국 국내의 것은 자세하나 국외의 것은 간략하게 써넣었으므로 실리지 않은 것이 적지 않다.

사료 Plus+ 훈요10조에 반영된 풍수지리 사상

- 모든 사원은 도선이 산수를 가려서 정한 것이다. 도선이 정한 이외에 함부로 절을 짓지 말라.
- 짐은 삼한 산천의 숨은 도움에 힘입어 대업을 달성하였다. 서경은 수덕(水德)이 순조로워 대업을 만대에 전할 땅이므로 마땅히 1년에 100일 이상 머물도록 하라.

사료 Plus+ 진화의 시(진화 : 최충헌이 등용하여 최씨 무신정권 때 활동한 문신)

송나라는 이미 기울고 북방 오랑캐는 아직 잠자는구나.
앞서서 문명의 아침을 기다려라. 하늘의 동쪽에 태양이 떠오른다.

사료 돋보기

충주 철불좌상

관촉사 석조미륵보살입상

북한산 구기리 석가여래좌상

봉정사 극락전

부석사 무량수전

성불사 응진전

주심포양식

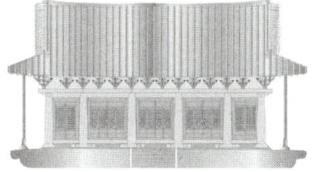
다포양식

소조아미타여래좌상

현화사 7층 석탑

봉업사지 5층 석탑

월정사 8각9층 석탑

경천사 10층 석탑

국정원 9급 All-Care

| 고달사지 원종대사 혜진탑 | 지광국사 현묘탑 | 양류관음도 | 직지심체요절 |

고려의 정치·경제·사회·문화

111
다음 자료를 보고 이를 지시한 왕에 대한 설명으로 옳은 것은?

> 4조 우리나라와 중국은 지역과 사람의 인성이 다르므로 중국 문화를 반드시 따를 필요가 없으며, 거란의 제도는 본받지 말 것
>
> 5조 서경을 중시할 것
>
> 6조 연등회와 팔관회를 성실하게 열 것

① 12목에 경학박사, 의학박사를 파견하였다.
② 취민유도를 내세워 백성의 조세 부담을 줄였다.
③ 토지 문제를 해결하기 위해 과전법을 제정하였다.
④ '광덕', '준풍' 이라는 독자적인 연호를 사용하였다.

112
자료의 밑줄 친 왕의 재위 기간에 있었던 일로 옳은 것은?

> 신혜 왕후 유씨는 ..... 유천궁(개경 부근 정주 출신 호족)의 딸이다. 유천궁은 큰 부자여서 고을 사람들이 장자(長者)집이라고 불렀다. 왕이 ..... 늙은 버드나무 밑에서 말을 쉬고 있는데 왕후(유씨)가 길 옆 시냇가에 서 있었다. 왕이 그녀의 얼굴이 덕성스러움을 보고 .... 그 집에 가서 숙박하였다.

① 지방관을 파견하여 중앙집권화에 힘썼다.
② 대동강에서 원산만까지 영토를 확장하였다.
③ 거란에 사신을 파견하고 외교 관계를 수립하였다.
④ 평양을 서경으로 삼아 북진 정책의 기지로 활용하였다.

113

다음 두 정책을 실시한 공통된 목적으로 옳은 것은?

> • 김부로 하여금 경주의 사심이 되어 부호장 이하의 임명을 맡게 하였다. 이에 여러 공신이 이를 본받아 각기 출신 지역의 사심이 되었다.
> • 건국 초에 향리의 자제를 뽑아 서울에 볼모로 삼고 출신지의 일에 대한 자문에 대비하게 하였는데, 이를 기인이라 한다. - "고려사"

① 지방의 자치권을 강화하고자 하였다.
② 지방을 통제하여 왕권을 강화하고자 하였다.
③ 유교적 소양을 갖춘 인재를 등용하고자 하였다.
④ 평민의 수를 늘려 국가 재정을 튼튼히 하고자 하였다.

114

다음 건의를 받아들인 국왕이 실시한 정책으로 옳은 것은?

> 신 최승로는 삼가 아룁니다. 국왕이 백성을 다스림은 집집마다 가서 돌보고 날마다 이를 보는 것은 아닙니다. 그런 까닭으로 수령을 보내어 가서 백성의 이익 되는 일과 손해되는 일을 살피게 하는 것입니다. 청컨대 외관(外官)을 두십시오.

① 기인제도를 시행하였다.
② 수도를 송악으로 옮겼다.
③ 성리학을 통치체제로 확립시켰다.
④ 전국에 12목을 설치하여 지방관을 파견하였다.

115

다음 정책을 시행한 왕의 업적으로 옳은 것은?

> 노비를 조사해서 옳고 그름을 분명히 밝히도록 명령하였다. 이 때문에 주인을 배반하는 노비들을 도저히 억누를 수 없었으므로, 주인을 업신여기는 풍속이 크게 유행하였다. 사람들이 다 수치스럽게 여기고 원망하였다. 왕비도 간절히 말렸지만 받아들이지 않았다. — "고려사"

① 물가조절 기구인 상평창을 설치하였다.
② 평양을 서경으로 삼고 북진정책을 적극 추진하였다.
③ 관리의 공복을 제정하여 관리의 기강을 확립하였다.
④ 12목에 지방관을 파견하여 중앙집권의 기초를 세웠다.

116

다음 개혁안이 건의되었던 국가의 군사와 교육 및 관리 선발 제도에 대한 설명으로 가장 적절한 것은?

> 불교는 몸을 닦는 근본이며 유교는 나라를 다스리는 근원이니, 몸을 닦는 것은 내생을 위한 것이며, 나라를 다스리는 일은 곧 오늘의 할 일입니다. 오늘은 극히 가깝고 내생은 지극히 먼 것이니, 가까운 것을 버리고 먼 것을 구하는 일이 그릇된 일이 아니겠습니까?

① 과거 시험은 문과, 무과, 잡과만 실시되었다.
② 군사조직은 중앙군 2군과 지방군 6위로 구성되었다.
③ 문과의 경우, 제술과에 비해 명경과를 더욱 중시하였다.
④ 중앙군은 직업 군인으로서 복무에 대한 대가로 군인전을 지급받았다.

117

다음 글이 작성된 시기의 상황으로 옳은 것은?

> 우리 태조께서 나라를 통일한 후에 지방관을 두고자 하셨지만 초창기의 일이 많아서 미처 할 겨를이 없었습니다. 지금 시골의 호족들이 매번 나랏일을 핑계 삼아 백성을 수탈하니 지금부터 지방관을 두십시오. — "고려사"

① 연등회와 팔관회가 시작되었다.
② 벽란도에 이슬람 상인들이 왕래하였다.
③ 빈민을 구제하기 위한 흑창이 마련되었다.
④ 거란이 선물한 낙타 50마리를 만부교에 묶어두고 죽게하였다.

118

자료가 비판하는 정책으로 적절한 것은?

> 임금님께 간곡히 바라는 바입니다. 노비를 조사해 옳고 그름을 분명히 밝히도록 한 정책을 당장 멈추어주십시오. 이 제도 때문에 주인을 배반하는 노비들을 도저히 억누를 수가 없는 상황입니다. 더불어 주인을 업신여기는 풍속이 크게 유행하고 있습니다. 사람들이 다 수치스럽게 여기고 원망합니다. 대목왕후께서 간절히 간언해도 왕께서 듣지 않는 이유를 이해할 수가 없습니다.

① 12목 설치
② 독서삼품과 시행
③ 노비안검법 실시
④ 전민변정도감 설치

119

밑줄 친 '음서'에 대한 설명으로 적절한 것은?

> (이자겸의 사촌인) 이자덕은 자가 관지로 …… <u>음서</u>로 경시서승에 임명된 이후 여러 차례 승진하여 중서시랑 평장사가 되었다. 이자겸이 패망하자 연좌되어 황주사로 좌천되었다가 뒤에 다시 굉장사로 임명되었다.
> – "고려사"

① 쌍기의 건의로 처음 실시되었다.
② 무관을 선발하기 위한 목적이었다.
③ 개인의 능력이 중시되는 사회임을 보여준다.
④ 공신과 5품 이상 관리의 자손이 대상이었다.

120

밑줄 친 이들이 속한 정치 기구로 옳은 것은?

> <u>이들</u>은 왕의 잘못을 논하는 간쟁, 잘못된 왕명을 시행하지 않고 되돌려 보내는 봉박, 관리 임명과 법령 개폐에 동의하는 서경 등의 권리를 행사하며 정치권력의 균형을 잡는 역할을 하였다.

① 중서문하성의 재신과 중추원의 추밀
② 중서문하성의 낭사와 중추원의 승선
③ 중서문하성의 낭사와 어사대
④ 중추원과 삼사

121

다음 자료와 관련된 시대의 지방 제도에 대한 설명으로 옳지 않은 것은?

> 우리 태조께서 나라를 통일한 후에 군현에 수령을 보내고자 하였으나, 대개 초창기임으로 인하여 일이 번거로워 시행할 겨를이 없었습니다. …… 청컨대, 외관(外官)을 두소서. 비록 한 꺼번에 다 보낼 수는 없더라도 먼저 10여 곳의 주현에 1명의 외관을 두고 그 아래에 각각 2~3명의 관원을 두어서 백성 다스리는 일을 맡기소서.

① 모든 지역에 지방관(수령)이 파견되었다.
② 5도에 파견된 안찰사는 도내 지역을 순찰하였다.
③ 지방에서 실제적인 행정 사무는 향리가 담당하였다.
④ 개경, 서경, 동경(남경으로 변경)의 3경이 설치되었다.

122

고려의 지방 행정 제도에 대한 설명으로 옳은 것은?

① 5도에는 병마사를 파견하였다.
② 향리가 철저히 수령에게 예속되었다.
③ 전국을 경기와 5도 양계로 나누었다.
④ 수공업을 담당한 특수행정구역인 부곡이 존재했다.

123

고려의 관리 등용 제도에 관한 설명으로 옳은 것은?

> 고려의 관리는 과거와 음서를 통하여 등용되었다. 과거는 제술과와 명경과, 잡과로 나누었고 무과는 제대로 실시되지 않았다. 과거 응시 자격은 법제적으로는 양인 이상은 과거에 응시할 수 있었다.

① 왕권 강화를 위해 신라 때 처음 실시하였다.
② 공음전과 더불어 고려 문벌 귀족의 특권이었다.
③ 고위 기술직 관리 시험으로 귀족들에게 인기 있었다.
④ 무신 정권 때부터 실시되어 신흥 무인 세력의 등장 배경이 되었다.

124

㉠과 ㉡에 해당하는 정치 기구를 옳게 연결한 것은?

> 고려 최고 관서인 ㉠의 고위 관리인 재신은 고려의 독자성을 보여 주는 회의 기관인 ㉡과(와) 식목도감에서 회의를 열어 정책을 결정하였다. 이러한 회의 기구의 존재는 고려 귀족 정치의 특징을 잘 보여 준다. 또한 재신은 6부의 판사와 상서 등을 겸하며 정책의 결정과 집행에 모두 관여하였다.

	㉠	㉡
①	상서성	삼사
②	상서성	대간
③	중서문하성	어사대
④	중서문하성	도병마사

125

(가)에 들어갈 내용으로 옳은 것은?

> 우리 고려는 고구려의 후예이다. 그래서 나라 이름도 고려라 하였다. 오히려 거란의 동경이 우리 국경 안에 있다. 그리고 압록강 근처도 우리 땅인데 현재 여진이 차지하여 거란과 국교를 이루지 못하고 있다.

⇩

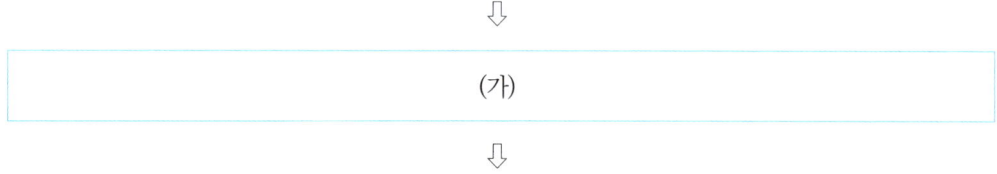

⇩

> "제가 전날에 패한 원인은 적들은 말을 탔고 우리는 보행으로 전투한 까닭에 대적할 수가 없었던 것입니다." 이때 비로소 별무반을 만들기로 하여 신기군, 신보군, 항마군을 편성하였다.

① 발해가 멸망하였다.
② 배중손이 몽골에 맞서 결사항전하였다.
③ 여진족이 만주 일대를 장악한 후 금을 세웠다.
④ 강감찬의 건의로 개경 주변의 방어를 강화하였다.

126

(가)에 들어갈 내용으로 적절한 것은?

| 고려는 서희의 담판으로 송과 관계를 끊기로 약속하고, 그 대가로 강동 6주를 차지하였다. |

⇩

| (가) |

⇩

| 고려는 천리장성을 쌓고 개경 수비를 튼튼히 하는 등 국방력을 강화하여 이민족의 침입에 대비하였다. |

① 이자겸이 사대 요구를 수용하였다.
② 고려 정부가 개경으로 환도하였다.
③ 동북 지방 일대에 9개의 성을 쌓았다.
④ 강감찬이 이끄는 고려군이 귀주에서 대승을 거두었다.

127

고려와 (가)의 관계에 대한 설명으로 옳은 것은?

| (가)의 사신이 낙타 50필을 가지고 왔다. 하지만 태조는 "도리가 없는 나라와는 친선 관계를 맺을 수 없다."라고 말하였다. 드디어 국교를 단절하고 그 사신 30명은 섬으로 귀양을 보냈으며, 낙타는 만부교 아래에 매어 두었더니 모두가 굶어 죽었다.   - "고려사" |

① 양규가 이들에 맞서 분전하였다.
② 이자겸의 주장에 따라 군신관계를 맺었다.
③ 초기에는 친선관계를 맺으며 문물을 수용하였다.
④ 윤관이 별무반을 이끌고 정벌한 뒤 동북 9성을 쌓았다.

128

(가) 부대의 구성에 대한 설명으로 옳은 것은?

> 윤관이 말하기를 "제가 패한 까닭은 적(賊)은 말을 탔고 우리는 보행하여 전투하니 대적할 수가 없었기 때문입니다."라고 하였다. 이에 건의하여 비로소 (가)를/을 설치하기로 하여 ......

① 응양군과 용호군으로 구성되었다.
② 좌별초, 우별초, 신의군으로 구성되었다.
③ 신기군, 신보군, 항마군으로 구성되었다.
④ 포수, 사수, 살수의 삼수병으로 구성되었다.

129

다음을 주장한 인물에 대한 설명으로 옳은 것은?

> 제가 보건대, 서경 임원역의 땅은 풍수지리를 하는 사람들이 말하는 아주 좋은 땅입니다. 만약에 이곳에 궁궐을 짓고 전하께서 옮겨 앉으시면 천하를 다스릴 수 있습니다. 또한 금이 선물을 바치고 스스로 항복할 것이요, 주변의 36개 나라가 모두 머리를 조아릴 것입니다.
> - "고려사"

① 대위국을 세우고 반란을 일으켰다.
② 화포를 사용하여 진포에서 왜구를 물리쳤다.
③ 인종과 예종의 장인으로 권력을 독점하였다.
④ 3차로 침입한 거란의 군대를 귀주에서 크게 물리쳤다.

130

(가)와 (나) 사이의 사건으로 옳은 것은?

> (가) 이자겸은 예종, 인종과 거듭된 혼인 관계를 맺고 이를 바탕으로 권력을 독점하였다.
> (나) 인종은 척준경을 회유하여 이자겸을 몰아내고 이어 척준경도 숙청하였다.

① 서경 세력과 개경 귀족들이 대립하였다.
② 멸망한 발해의 유민들이 고려로 망명하였다.
③ 이자연이 자신의 딸들을 문종의 비로 들였다.
④ 십팔자(十八子)도참설이 유행하였고, 개경의 궁궐이 불탔다.

131

밑줄 친 '그'에 대한 설명으로 옳은 것은?

> 김부식을 중심으로 한 개경 귀족 세력은 유교 질서를 유지할 것을 주장하였다. 결국 인종이 칭제건원과 금국 정벌을 받아들이지 않고 불탄 개경의 궁궐을 재건하자 <u>그</u>는 국호를 대위, 연호를 천개라고 하여 난을 일으켰다.

① 기인 제도를 활용하였다.
② 서경 천도를 추진하였다.
③ 신라 중심의 역사의식을 가지고 있다.
④ 반대파를 제거하고 척준경과 난을 일으켰다.

132

밑줄 친 부분과 관계 깊은 정치 세력에 대한 설명으로 옳은 것은?

> 이 싸움은 낭가 및 불교 대 유교의 싸움이며, <u>국풍파</u> 대 한학파의 싸움이다. 또 독립당 대 사대당의 싸움이고, 진취 사상 대 보수 사상의 싸움이다. …… 그러니 어찌 이 싸움을 천년 역사의 가장 큰 사건이라 하지 않으랴.
> – "조선사연구초"

① 왕실과의 중첩된 혼인으로 권력을 독점하였다.
② 금의 사대요구를 수용하여 군신관계를 맺었다.
③ 이들은 금국정벌과 칭제건원을 주장하였다.
④ 신라 계승 의식을 표방하여 북진 정책을 포기하였다.

133

다음 빈칸 (가)에 들어갈 군대의 활약으로 옳은 것은?

> 처음에 최우가 나라 안에 도적이 많은 것을 근심하여 용사를 모아 매일 밤 순행하며 폭행을 막게 하고 야별초라고 불렀다. 도적이 여러 도에서 일어나자 별초를 나누어 보내 잡게 하였는데, 그 군사가 매우 많아지자 마침내 좌·우별초로 나누었다. 또 고려인으로서 몽골에서 도망하여 은자를 일부러 삼아 신의군이라 하였는데, 이것이 (가)이다.

① 양계에 파견되어 국경 지역의 수비를 담당하는 상비군이었다.
② 여진을 몰아내고 북동쪽 국경 밖에 9개의 성을 쌓아 고려 영토로 삼았다.
③ 몽골과의 강화에 반대하여 진도와 제주도로 근거지를 옮기면서 항전하였다.
④ 국왕의 친위부대의 역할과 수도·국경의 방어의 역할을 통해 군인전이 지급되었다.

134

다음 사건에 대한 설명으로 옳지 않은 것은?

> 최충헌의 노비 만적 등 6명이 북산으로 나무하러 가서 노비들을 모아 놓고 "우리나라에서는 무신의 난 이래 고관대작이 천민에서 많이 나왔다. 왕후장상의 씨가 따로 있는가! ….. 최충헌과 주인들을 죽이고 노비 문서를 불태워 이 땅의 천민을 없애면 우리도 왕후장상이 될 수 있다."라고 말하였다.

① 고구려 부흥을 주장하였다.
② 신분해방의 성격을 띠고 있었다.
③ 이의민의 등장에 고무된 측면이 있다.
④ 무신정권기에 발생한 저항운동이었다.

135

다음에서 설명하는 시기에 대한 설명으로 옳지 않은 것은?

> 무신은 여러 가지 차별을 받았고 결국 정중부, 이의방 등의 무신은 정변을 일으켜 정권을 장악하였다. 이들은 고위 관직을 독점하고 토지와 노비를 불법적으로 늘렸으며, 저마다 사병을 길러 권력 기반을 강화하였다. 이러한 상황에서 무신 정권에 반발하는 대규모의 봉기와 난이 곳곳에서 일어났다.

① 서경 유수 조위총이 난을 일으켰다.
② 이 시기의 최고 기구는 정방이었다.
③ 도방이라는 사병 집단이 운영되었다.
④ 동경에서 이비와 패좌가 신라부흥을 주장하며 난을 일으켰다.

136

다음 자료에 나타난 시기의 사회 모습으로 옳은 것은?

> 원에서 사신을 보내 이르기를, "고려는 이미 우리와 더불어 한 집안이 되었으니 우리와 서로 통혼해야 한다. 만일 그렇게 하지 않는다면 어찌 일가로 된 의리라고 하겠는가? ..... 왕이 아직 왕으로 되기 전에는 태자라 하지 않고 세자라 부르며, 국왕의 명령을 이전에는 성지라고 했던 것을 이제는 선지라고 하니, 관직 칭호 중에 우리 조정과 같은 것도 역시 그와 같이 고쳐야 한다."라고 하였다.
> – "고려사"

① 호족들을 중심으로 연합정권이 만들어졌다.
② 권문세족은 농장을 확대하고 양민을 노비로 삼았다.
③ 6두품 출신의 유학자들이 정치에 참여하기 시작하였다.
④ 무신은 승진에 제한을 받았고, 군사 지휘권은 문신이 가지고 있었다.

137

다음 상황이 나타난 시기에 있었던 사실로 옳지 않은 것은?

> 충렬왕, 충선왕, 충숙왕, 충혜왕이 대대로 원의 공주에게 장가를 들고 원 황실의 사위가 되어 국내에 머물지 못하는 날이 많았다. 그뿐만 아니라 정동행성이 설치된 뒤로는 정책과 결정이 원으로부터 나왔다. ...(중략)... 그리하여 저들을 거스르면 아들이 왕이 되고 아비는 폐위되며, 다시 아비가 왕이 되면 아들이 폐위되는 지경에 이르렀다.

① 태자를 세지로 부르게 되었다.
② 중추원이 첨의부로 변경되었다.
③ 조혼의 풍습이 생기기 시작하였다.
④ 다루가치가 파견되어 내정을 간섭하였다.

138

다음 상황이 나타난 시기에 볼 수 있던 모습으로 적절한 것은?

> 유청신의 첫 이름은 비이며 장흥부 고이 부곡 사람이고, 기의 선대도 부곡의 아전이었다. 우리나라 제도에는 부곡 아전은 공로가 있어도 5품을 넘지 못하였다. 그런데 유청신은 …. 몽골어를 익혀 자주 원에 왕의 사명을 받들고 왕래하여 응대를 잘 하였으므로, 이로 인하여 충렬왕의 신임을 받아서 낭장이 되었다. 왕의 교서에 이르기를, "유청신은 ….. 비록 그 가문이 5품에 한정되어 있지만 유청신 본인에 한해서는 3품까지 승진을 허락한다. 또 고이 부곡을 고흥현으로 승격시키도록 하라."라고 하였다.

① 응방에서 매를 징발하는 관리
② 공음전을 세습하는 문벌 귀족
③ 천리장성 축조에 동원된 백성
④ 만적의 봉기 계획에 가담하는 노비

139

(가)와 (나) 세력의 공통점은?

> (가) 나라에서 나이 어린 소년들 중에서 똑똑한 아이들을 골라서 몽골 어를 배우게 하였는데, 조인규도 여기에 선발되었다. …. 황제 앞에서 통역을 잘한 것으로 유명해져 나중에 장군으로 승진하였다. - "고려사"
>
> (나) 기철 등은 기황후의 힘을 믿고 욕심을 부리고 방자하였으며 …. 기철의 친척 아우인 기삼만이 세력을 믿고 불법 행위를 마음대로 하여 ….. - "고려사"

① 진도와 제주도로 근거지를 옮겨갔다.
② 원에 의지하여 정치적으로 성장하였다.
③ 강화도로 천도하고 대장경을 만들었다.
④ 성리학적 소양을 갖춘 신진사대부이다.

140

다음 주장을 한 인물에 대한 설명으로 옳은 것은?

> 1. 작은 나라가 큰 나라를 거스르는 것은 옳지 않으며,
> 2. 여름철에 군사를 동원하는 것은 부적당하고,
> 3. 요동을 공격하는 틈을 타 남쪽에서 왜구가 침범할 우려가 있으며,
> 4. 무덥고 비가 많이 오는 시기라 활의 아교가 녹아 무기로 쓸 수 없고, 병사들도 전염병에 걸릴 염려가 있다.

① 우왕과 창왕을 폐위하고 공양왕을 세웠다.
② 고려 왕조를 멸망시키는 것에 반대하였다.
③ 명의 영토 요구에 맞서 요동 정벌을 실시했다.
④ 전민변정도감을 설치하여 왕권을 강화하려 했다.

141

다음 토지제도에 대한 설명으로 가장 적절한 것은?

> 문무백관부터 군인, 한인에 이르기까지 등급에 따라 전국의 전지와 시지를 관리의 등급에 따라 주었는데, 죽거나 퇴직한 다음에는 모두 나라에 다시 바쳐야 했다.

① 경종 때 폐지되었다.
② 관리에게 수조권을 지급하였다.
③ 과전법이 폐지되면서 실시되었다.
④ 거주민의 노동력 징발이 가능하였다.

142

다음 자료에 제시된 토지의 특징으로 옳은 것은?

> 문종 3년 5월에 공음 전시법을 제정하였는 바, 1품은 문하시랑 평장사 이상에게 전지 25결과 시지 15결을 주며, 2품은 참지정사 이상에게 전지 22결과 시지 12결을 주고, …(중략)… 이것을 자손에게 전해 내려가게 하였다.
> — "고려사"

① 문벌귀족의 경제적 기반이었다.
② 인품과 공복을 기준으로 지급하였다.
③ 귀족과 농민의 사유지로 소유권이 보장되었다.
④ 관직의 높낮이에 따라 18등급으로 나누어 지급하였다.

143

고려의 수취 제도에 대한 설명으로 옳지 않은 것은?
① 조세는 생산량의 10분의 1을 거두었다.
② 재정 담당 관서로는 호부와 삼사를 두었다.
③ 특산물을 바치는 공납은 상공과 별공이 있었다.
④ 역은 요역과 군역으로 나뉘었는데 군역은 양인이, 요역은 천인이 담당했다.

144

다음 화폐를 주조한 국가의 경제 정책으로 옳은 것은?

> 은 1근으로 우리나라의 지형을 본떠 병모양으로 만들었기 때문에 은병이라고 불렸으며, 활구라고도 하였다. 은병 1개의 가치는 일정하지 않았으나 쌀 10석에서 50석에 해당하는 높은 가격이었다.

① 화폐정리사업을 실시하였다.
② 사창제를 실시하여 빈민을 구제하였다.
③ 개경에 시전을 설치하고 경시서에서 상업을 관장하였다.
④ 울산항이 국제 무역항으로 번성하여 송, 거란, 여진, 일본 등과 교류하였다.

145

다음 자료를 통해 알 수 있는 고려 경제의 모습으로 가장 적절한 것은?

> 쌍화점에 쌍화를 사러 가니
> 회회아비가 내 손목을 쥐여이다.
> 이 소문이 가게 밖으로 나거들랑
> 조그만 새끼 광대 네가 한 말로 알리라.
> — 「쌍화점」

① 사원 수공업이 발달하였다.
② 송나라에서 사치품이 수입되었다.
③ 천민 계층이 경제 활동을 주도하였다.
④ 몽골인, 서역인 등이 상업에 종사하였다.

146

다음 사료에 대한 설명으로 옳지 않은 것은?

> 대체로 이웃 사람끼리 모여 회합을 가져 적으면 7~9인이요, 많으면 100여 인이 되며, 매월 돌아가면서 술을 마신다. 상을 당한 자가 있으면 향도끼리 상복을 마련하거나 관을 준비하고 음식을 마련하며, 혹은 상여 줄을 잡아 주거나 무덤을 만들어 주니 참으로 좋은 풍속이다.
> — 용재총화

① 미륵신앙의 유행과 밀접한 관련이 있다.
② 부처님이 백성을 구제해주기를 비리는 마음에서 향나무를 갯벌에 묻었다
③ 각종 재해가 발생하였을 때 백성을 구제하기 위해 정부가 설치한 기구이다.
④ 초기 불교 신앙을 바탕으로 조직되었으나 후기에는 마을 공동체 생활을 주도하는 농민조직이 되었다.

147

(가)와 (나)에 대한 설명으로 옳은 것은?

> ㉠은/는 원간섭기에 원의 지배층과 혼인 관계를 맺거나, 원의 관직 또는 통역 활동 등을 통하여 원과 특별한 관계를 가진 사람들이 고려의 지배 세력으로 등장하였다.
>
> ㉡은/는 대부분 지방 향리 출신으로, 과거를 거쳐 관직에 진출하였다. 이들은 대체로 성균관에서 성리학을 공부하고 이를 보급하였다.

① ㉠은 문벌귀족, ㉡은 권문세족을 지칭한다.
② ㉠은 불교의 부패를 비판하였다.
③ ㉡은 신흥무인세력과 연합하였다.
④ ㉠과 ㉡은 신분상승을 위해 봉기하였다.

148

밑줄 친 '그'가 속한 신분 계층에 대한 설명으로 가장 적절한 것은?

> 중미정을 처음 지을 때 일하러 나오는 백성은 음식을 스스로 준비해 와야 하였다. 한 일꾼이 매우 가난하여 음식을 준비하지 못해 다른 사람들의 밥을 나누어 먹었다.
> 하루는 그의 아내가 음식을 가지고 와서 남편에게 "친한 사람들과 함께 드세요."라고 말하였다. 남편이 "집이 가난한데 어떻게 장만하였소?"라고 하니, 아내는 "제 머리카락을 잘라 팔아서 사왔소."라고 하였다. 남편은 목이 메어 먹지 못하고 이를 본 다른 사람들도 함께 슬퍼하였다.
> – "고려사"

① 대다수는 '백정'이라 불리는 농민이었다.
② 호장, 부호장 등 여러 직위로 구분되었다.
③ 향·부곡·소의 주민보다 낮은 대우를 받았다.
④ 재산으로 간주되어 매매·상속·증여가 가능하였다.

149

자료와 같은 상황이 나타났던 시기의 사회 모습으로 옳은 것은?

> 고려의 옛 풍습에 혼인 예법은 남자가 여자 집에 가서 자손을 낳으면 외가에서 자라므로 외친의 은혜가 무거웠다. 이에 외조부모의 처부모의 장례 시에는 모두 30일 동안 휴가를 주었다. — "태종실록"
>
> 어머니가 재산을 분배할 때 나익희에게 따로 노비 40명을 물려주려고 하였다. 나익희는 "제가 6남매의 외아들이라 해서 사소한 것을 더 차지하여 여러 자녀들로 하여금 화목하게 살게 하려 한 어머니의 거룩한 뜻을 어찌 더럽히겠습니까?"라고 하며 사양하였다. 그러자 어머니가 이 말을 옳게 여기고 따랐다. — "고려사"

① 아들이 없으면 양자를 들여 제사를 지냈다.
② 부모의 재산은 자녀에게 골고루 돌아갔다.
③ 여성의 사회적 진출이 활발하였다.
④ 일부다처제가 일반적이었다.

150

다음 자료를 통해 추론할 수 있는 고려의 사회 모습으로 적절하지 않은 것은?

> 어머니가 재산을 분배할 때 나익희에게 따로 노비 40명을 돌려주었다. 나익희는 "제가 6남매의 외아들이라 해서 사소한 것을 더 차지하여 여러 자녀들로 하여금 화목하게 살게 하려 한 어머니의 거룩한 뜻을 어찌 더럽히겠습니까?" 라고 하며 사양하였다. 그러자 어머니가 그 말을 옳게 여기고 따랐다. — "고려사"

① 호족에 태어난 순서대로 기재되었다.
② 여성에게 재혼을 금지하고 수절을 강요하였다.
③ 부모에 제사를 남녀 형제가 돌아가면서 지냈다.
④ 사위가 처가의 호적에 입적하여 처가살이를 하는 경우도 많았다.

151

다음과 같은 주장이 등장할 때의 사회 모습으로 옳은 것은?

> 내 일찍이 중국에서 주자가 쓴 책을 보니 성인의 도를 밝히고 불교의 가르침을 물리친 공로가 공자와 짝할 만하였다. 그러므로 공자의 도를 배우려면 주자를 가장 먼저 배워야 할지니 여러 학생들은 새로 들어온 주자의 책을 읽기에 힘써 게을리 하지 말아야 할 것이다.

① 최충의 문헌공도를 비롯하여 사학 12도가 번창하였다.
② 의천이 천태종을 창시하여 교관겸수를 제창하였다.
③ 지눌이 참선과 노동에 힘쓸 것을 강조하며 결사 운동을 전개하였다.
④ 권문세족과 결탁한 불교계의 비리와 폐단이 극심하였다.

152

다음 정책이 처음 시행되었을 무렵의 문화 현상에 대해 적절하게 설명한 것은?

> • 서적포 설치   • 7재 개설   • 양현고 운영

① 고려의 의복, 그릇, 음식 등의 풍습이 몽골에 전해졌다.
② 해동공자로 불린 최충이 문헌공도를 세워 유학교육에 힘썼다.
③ 화통도감이 설치되어 최무선을 중심으로 화약과 화포를 제작하였다.
④ 고려만의 독창적인 상감법이 개발되어 청자의 새로운 경지를 열었다.

153

다음과 같은 상황에 대응하여 고려 정부가 추진한 정책이 아닌 것은?

> 재상직에서 물러난 최충이 후진을 모아 교육에 힘을 쏟자 학도들이 거리를 메울 정도로 떼지어 모여 들었다. 그리하여 그들을 9재(齋)로 나누어 가르쳤는데 이를 시중 최공도라 하였다. ···· 최충이 죽자 그 시호를 따라 문헌공도라고 불리고, 이 도는 더욱 번성하여 모든 과거 응시자들이 다투어 9재에 이름을 올렸다. ····· 이를 사학 12도라고 불렀다.   〈고려사〉

① 12목을 설치하고 그곳에 경학박사를 파견하였다.
② 국자감에 전문 강좌인 7재를 두었다.
③ 장학 재단인 양현고를 설치하였다.
④ 청연각과 보문각을 운영하였다.

154

다음 글을 쓴 인물이 편찬한 역사서에 대한 설명으로 옳은 것은?

> 오늘날의 학자들이 중국의 경전과 역사에는 능통하나, 우리나라 역사는 잘 알지 못하니 걱정스러운 일이다. …… 중국 역사서에는 신라, 고구려, 백제의 기록이 있으나 자세하지 않고 예부터 전해 오던 고기(古記)에는 사적(事跡)이 누락된 것이 많아 후대에 교훈을 주기 어렵다. ….
> 　　　　　　　　　　　　　　　　　　　　　　　　　　　　　- '진삼국사표'

① 고구려 계승 의식을 드러낸 영웅 서사시이다.
② 유교적 합리주의 사관에 따라 기전체로 서술되었다.
③ 태조부터 목종에 이르는 사실을 기록한 실록이었다.
④ 우리나라 역사의 시작을 단군 조선으로 설정하였다.

155

다음 사료에서 설명하는 역사서의 제작 시기와 가장 동떨어져 있는 사서는?

> 세상에서 동명왕의 신통하고 이상한 일을 많이 말한다. …… 지난 계축년 4월에 "구삼국사"를 얻어 '동명왕 본기'를 보니 그 신기한 사적이 세상에서 얘기하는 것보다 더하였다. 그러나 처음에는 믿지 못하고 귀신이나 환상이라고만 생각하였는데, 세 번 반복하여 읽어서 점점 그 근원에 들어가니, 환상이 아닌 성스러움이며, 귀신이 아닌 신(神)의 얘기였다. …… 동명왕의 일은 변화의 신기롭고 이상한 것으로 여러 사람의 눈을 현혹한 것이 아니고 실제 나라를 창시한 신기한 사적이니 이것을 기술하지 않으면 뒷사람들은 앞으로 어떻게 볼 것인가? 그러므로 시를 지어 기록하여 우리나라가 본래 성인의 나라라는 것을 천하에 알리고자 하는 것이다.
> 　　　　　　　　　　　　　　　　　　　　　　　　　　　　　- "동국이상국집"

① 해동고승전　　　　　　　　② 제왕운기
③ 삼국유사　　　　　　　　　④ 사략

156

다음과 같은 주장을 펼친 인물의 활동으로 옳은 것은?

> 선 수행과 예불 및 독경, 그리고 노동 모두에 힘을 써야 한다고 강조하였다. 수행 방법으로 정혜쌍수와 돈오점수를 주장하였다.

① 조계종을 창시하였다.
② 유·불 일치설을 주장하였다.
③ 참회와 정토왕생을 강조하였다.
④ 천태종에 바탕을 둔 백련사 결사를 주장하였다.

157

(가), (나)에 해당하는 인물에 대한 설명으로 옳지 않은 것은?

> (가) 교리를 배우는 이는 마음을 버리고 외적인 것을 구하는 일이 많고, 참선하는 사람은 밖의 인연을 잊고 내적으로 밝히기를 좋아한다. 이는 다 편벽된 집착이고 양극단에 치우친 것이다. – "대각국사문집"
>
> (나) 하루는 같이 공부하는 열 명의 사람과 약속하였다. 마땅히 명예와 이익을 버리고 산림에 은둔하여 같은 모임을 맺자, 항상 선을 익히고 지혜를 고르는 데 힘쓰고, 예불하고 경전을 읽으며 힘들여 일하는 것에 힘쓰고, 예불하고 경전을 읽으며 힘들여 일하는 것에 이르기까지 각자 맡은 바 임무에 따라 경영한다. – "권수정혜결사문"

① (가) - 해동 천태종을 창시하였다.
② (가) - 송나라 유학 후, 귀국하여 교장을 설치하였다.
③ (나) - 돈오점수의 수행 방법을 제시하였다.
④ (나) - 백련사를 중심으로 불교의 세속화를 비판하였다.

158

다음 글을 작성한 인물에 대한 설명으로 옳은 것은?

> 지금 불교계를 보면, 아침저녁으로 하는 일들이 비록 부처의 법에 의지하였다고 하나, 자신을 내세우고 이익을 구하는 데 열중하여 세속의 일에 골몰한다. 도덕을 닦지 않고 옷과 밥만 허비하니 비록 출가하였다고 하나 무슨 덕이 있겠는가? — 권수정혜결사문

① 참회수행과 염불을 통해 극락왕생을 주장하였다.
② 성리학을 수용할 수 있는 사상적 토대를 마련하였다.
③ 정혜쌍수와 돈오점수를 통한 선교일치를 주장하였다.
④ 원효의 화쟁 사상을 중시하고, 교관겸수를 제시하였다.

159

다음 글과 관련된 인물의 활동으로 옳은 것은?

> 문종의 넷째 아들로 태어나 11세에 출가하여 승려가 되어 불교 개혁에 앞장서며 고려 불교사에 큰 발자취를 남겼다. 그는 일찍부터 중국에 가서 구도할 뜻을 가지고 있었다. …(중략)… 마침내 송, 요, 일본으로부터 4천여 권의 불전을 구하여 흥왕사에 교장도감을 설치하고 잘못되고 빠진 곳을 바로잡아 교장을 출판하였다.

① 정혜쌍수와 돈오점수의 수행방법을 확립하였다.
② 무신 정권의 불교 탄압에 적극적으로 대항하였다.
③ 심성의 도야를 강조하며 유·불 일치설을 주장하였다.
④ 송나라 유학 후, 귀국하여 숙종에게 화폐 주조를 건의하였다.

160

다음 중에서 고려의 과학 기술과 문화에 대한 설명으로 잘못된 것은?
① 기록상 세계에서 가장 오래된 금속 활자본은 "상정고금예문"이다.
② 신라 양식을 계승한 영주 부석사 소조여래좌상은 고려 불상의 걸작으로 꼽힌다.
③ 아름답고 화려한 불화가 많이 그려졌는데, 혜허가 그린 수월관음도가 대표적이다.
④ "향약집성방"은 현재 남아있는 가장 오래된 의학 서적으로, 우리 영토에 맞는 처방과 약재가 소개되어 있다.

03 CHAPTER

조선의 성립과 변화

1 조선의 건국과 통치 체제 정비

조선 초기 왕들의 정책

(1) 조선 건국과정과 태조의 정책
- 위화도 회군 ⇨ 군사적 실권 장악
- 급진파 사대부와 결탁하여 정권 장악(정몽주 등 온건파 사대부 제거) ⇨ 정치·사상적 기반 마련
- 과전법 실시 ⇨ 경제적 기반 마련
- 조선 건국(1392) → 한양 천도(1393) → 경복궁 완성(1395)
- 성리학적 통치이념 확립 : 정도전·조준 등에 의해 기틀 마련(정도전의 「불씨잡변」)
- 천상열차분야지도 제작 : 고구려 벽화의 천문도를 참고하여 돌에 새긴 별자리 지도

(2) 초기 주요 왕들의 정책

왕	지향점	정책
태종	왕권 강화	• 사병 철폐 : 군사권 장악 • 호패법 실시 : 세금 수취의 효율성을 위해 실시, 16세 이상 남자에게 모두 지급 • 정치 체제로 6조 직계제 실시 : 의정부 회의 중지, 강력한 왕권을 표방 • 신문고 설치 : 백성과의 소통, 민본정치 표방 • 혼일강리역대국도지도 : 현전하는 동양 最古의 세계지도, 우리나라가 크게 부각됨.

세종	왕권과 신권의 조화	• 정치 체제로 의정부 서사제 실시 : 왕권과 신권의 조화를 추구
		• 집현전 설치 : 왕도정치를 표방, 한글창제
		• 경연제도 실시 : 국왕과 신하의 학술토론, 왕도정치를 표방
		[우리 실정에 맞는 문물 정비]
		  • 훈민정음 창제 : 태종 때 만들어진 계미자를 보완한 갑인자로 간행
		  • 「칠정산」 내외편 : 한양을 기준으로 한 역법서 마련
		  • 「농사직설」 : 우리실정에 맞는 농법서
		  • 「향약집성방」(우리약재 처방 집대성), 「의방유취」(동양 최대 의학 백과서적)
		• 성리학 규범 보급을 위해 「삼강행실도」편찬
		• 공법 제도 마련 : 연분9등법(풍흉을 고려), 전분6등법(토지 비옥도 고려)
		• 과학기술 발달(장영실의 발명품) : 측우기, 자격루, 앙부일구, 혼천의 ⇨ 농본정책
		• 여진 정벌 → 4군(최윤덕) 6진(김종서) 개척 : 현재의 국경선 완성
		• 왜구의 근거지인 대마도 정벌(이종무)

왕	지향점	정 책
세조	왕권 강화	• 정치 체제로 6조 직계제 실시 : 강력한 왕권을 표방 • 토지제도인 직전법 실시 : 현직 관료에게만 수조권을 주도록 변경 • 불교 숭상 : 원각사지10층 석탑(경천사10층 석탑 영향), 간경도감 설치(불경 간행)
성종	왕권과 신권의 조화	• 토지제도인 관수관급제 실시 : 국가가 직접 세금을 거두어 분급 • 홍문관 설치 : 집현전의 뒤를 이은 왕실도서관, 왕에게 자문 역할 • 경국대전 완성 : 유교통치이념을 확립한 법전(세조 때 편찬 시작 → 성종 때 완성)

6조직계제 / 의정부 서사제

사료 Plus+ 정도전의 정치관

임금의 자질에는 어리석은 자질도 있고 현명한 자질도 있으며 강력한 자질도 있고 유약한 자질도 있어서 한결같지 않다. 총재(재상)는 임금의 아름다운 점은 순종하고 나쁜 점은 바로 잡으며, 옳은 일은 받들고 옳지 않은 것은 막아서, 임금으로 하여금 가장 올바른 경지에 들게 해야 한다.

- 「조선경국전」

윤회설이 판명되면 인과설을 판명하지 않아도 자명해진다. …… 과연 불씨의 설과 같다면 사람의 화복과 질병이 음양오행과는 관계없이 모두 인과의 응보에서 나오는 것이 되는데, 어찌하여 우리 유가의 음양오행을 버리고 불씨의 인과응보설을 가지고서 사람의 화복을 정하고 사람의 질병을 진료하는 사람이 한 사람도 없느냐. 불씨의 설이 황당하고 오류에 가득 차 족히 믿을 수 없다.

- 「불씨잡변」

깊이 Plus+ 정도전의 저서

책명	내용
경제문감	정치조직 및 행정안 제시, 인본적 통치이념 마련
경제육전	조준과 함께 위화도 회군 이후의 조례를 수집 편찬
고려국사	왕조개창의 정당화와 성리학적 통치규범 확립
불씨잡변	불교 배척 및 도교 비판
심기이편	cf. 「불씨잡변」은 동양역사상 가장 수준 높은 불교 비판서
조선경국전	왕조의 기틀과 인본적 통치이념 마련, 재상정치의 기반

국정원 9급 All-Care

깊이 Plus+ 왕자의 난

1차 왕자의 난 : 태조가 후비 강씨 소생의 방석을 세자로 책봉하자 이에 불만을 품은 방원이 강씨 소생의 두 왕자인 방번과 방석을 죽이고 정도전을 제거한 사건
2차 왕자의 난 : 방간이 박포와 함께 군사를 동원하여 방원에게 도전했다가 실패한 사건

지도·사료 돋보기

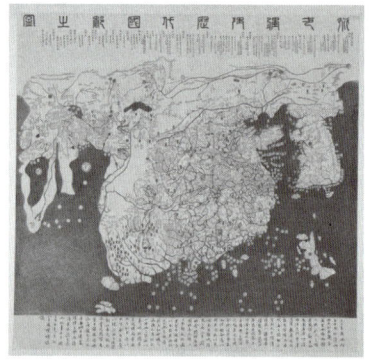
혼일강리역대국도지도

4군 6진 개척

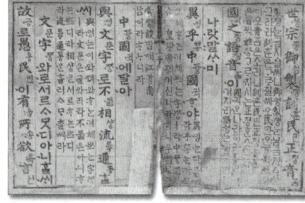
훈민정음

삼강행실도

칠정산 내외편

조선의 통치체제(제도)

(1) 중앙 정치 조직

- 의정부 : 심의·의결, 국정 총괄(영의정·우의정·좌의정 3정승 협의 : 6조 판서와 함께 국정 논의)
- 6조 : 실무 행정(고려의 6부 보다 권한 강화) - 이조·호조·예조·병조·형조·공조
- 승정원 : 왕명출납(국왕의 비서)
- 의금부 : 국왕직속 사법기관
- 사헌부 : 관리 비리 감찰
- 사간원 : 간쟁·봉박
- 홍문관 : 국왕 자문 기구

※ 삼사(사헌부, 사간원, 홍문관) ⇨ 간쟁·봉박·서경권 : 견제와 비판을 담당하는 언관(간관)의 역할

한성부 : 서울의 행정·치안

춘추관 : 역사 편찬(실록 제작)

성균관 : 최고 교육기관(국립대학)

장례원 : 노비 관련 송사 담당   승문원 : 외교 문서 작성

조지서 : 종이 만드는 일 담당   주자소 : 활자의 주조를 담당

(2) 지방 행정 제도

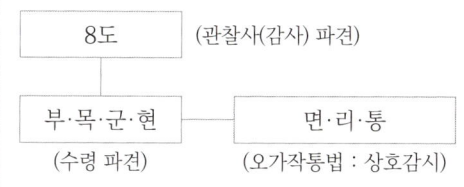

- 모든 군현에 수령 파견(부윤·목사·군수·현령)
- 향·부곡·소 소멸(지방 행정 일원화)
- 향리의 지위 약화(6방)

※ 관찰사와 수령
 - 임기제 적용 : 관찰사(360일),
   수령(1800일)
 - 상피제 적용 : 출신지 부임을 피함

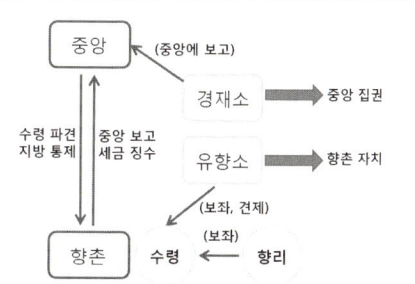

- 유향소(향청) : 수령 보좌, 향리 감독
- 경재소 : 유향소 통제(임난 이후, 폐지)

※ 지방 통제 제도(인질 제도)
 - 신라 : 상수리 제도
 - 고려 : 기인제도
 - 조선 : 경저리·영저리 제도

(3) 사회 : 신분제도

(법제적)	(실제적) : 16세기 이후 굳어짐
양천제	반상제
양인 : 세금·군역 의무	양반 : 특권층
	중인 : 기술직 종사자(잡과)
	상민 : 농민, 수공업자, 상인
천인 : 노비, 백정, 무당, 창기	천민 : 노비, 백정, 무당, 창기

※ 신량 역천 존재 : 신분은 양인이지만 천한 일을 담당(조례, 나장, 일수, 조군, 수군, 봉군, 역보)

(4) 군사제도

- 원칙 : 양인개병제(16세~60세), 병농일치제
- 예외(면제) : 관료·학생·향리, 양반특권
- 보법(세조 때 실시) : 정군(군인) + 보인·봉족(정군의 비용 부담) 으로 구성

〈중앙군〉

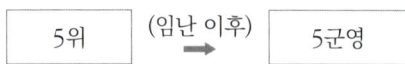

궁궐·수도 경비   훈련도감 : 삼수병(포수·사수·살수), 상비군 → 삼수미세 징수
　　　　　　　　　어영청, 총융청, 수어청, 금위영

〈지방군〉

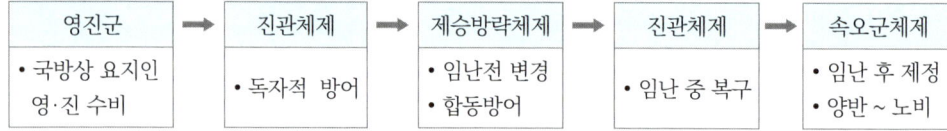

영진군	→	진관체제	→	제승방략체제	→	진관체제	→	속오군체제
• 국방상 요지인 영·진 수비		• 독자적 방어		• 임난전 변경 • 합동방어		• 임난 중 복구		• 임난 후 제정 • 양반 ~ 노비

〈예비군〉

　잡색군 : 유사시 동원되는 예비군(농민 제외)

(5) 관리 선발

〈과거제〉

- 응시자격 : 양인이상
- 식년시 : 3년 정기시
- 별시 : 알성시(국왕이 성균관 행차시 실시한 시험), 증광시(국가 경사 때, 실시한 시험)

문과	소과	• 생원과(경전) 〉 진사과(문장력) • 합격자 특전 : 대과 응시 자격 부여, 성균관 입학 자격 부여, 하급 관리 임용
	대과	• 초시-복시(33명)-전시
무과		• 대과만 실시
잡과		• 기술관 : 역과, 율과, 의과, 음양과(해당 관청에서 교육)

〈기타〉

- 음서제(2품 이상 고위 관직 자제 특전)
- 취재(하급 관리 채용)
- 천거(추천제)

비교 Plus+ 고려와 조선의 과거제도

	고려	조선
특징	주로 음서, 명경과 < 제술과	주로 과거, 생원과 > 진사과
종류	• 제술과, 명경과, 승과, 잡과 실시 • 무과 없음	• 문과, 무과, 잡과 실시 • 승과 폐지(중종)
응시자격	양인 이상	양인 농민 이상
음서(문음)	5품 이상 자제, 고위 관직 진출	2품 이상 자제, 고위 관직 진출이 어려움

(6) 교육

	교육기관		특징
초등교육	서당		• 사설 초등교육기관 • 18세기 이후 서당계를 통해 평민층의 교육 기회 확대에 기여
중등교육	중앙	4부학당	• 중학, 동학, 남학, 서학
	지방	향교	• 지방 중등교육기관 • 공자를 모시는 문묘가 존재 • 중앙에서 교수와 훈도 파견
고등교육	성균관		• 최고 국립교육기관 • 소과 합격자, 고관 자제가 입학 • 대성전(선현봉사), 명륜당(강학)

(7) 교통·통신

봉수제 : 통신 제도, 위급 사태 알림(+파발제)

조운제도 : 세금 수취 → 경창으로 운반

※ 잉류지역(세금을 서울로 운반하지 않음) : 함경도·평안도(국방비와 사신 접대비), 제주도(지방 재정)

역원제 : 교통·물자 수송(역과 숙박)

지도·사료 돋보기

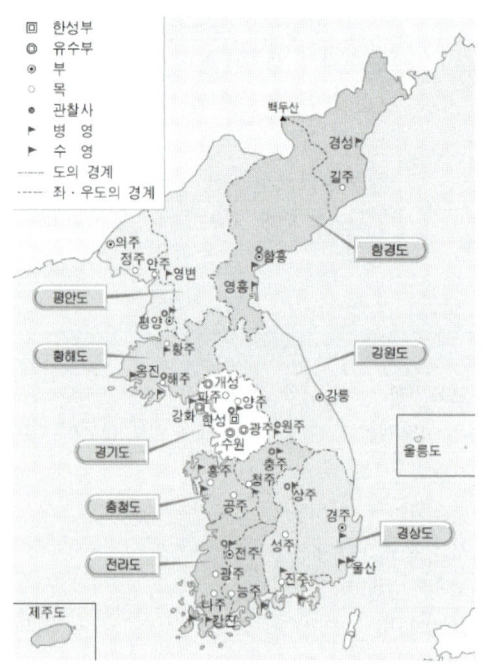

조선의 지방 행정   조운 제도

비교 Plus+ 지방 견제를 위한 제도

- 신라 : 상수리제도
- 고려 : 기인제도, 사심관 제도
- 조선 : 경저리·영저리 제도, 유향소와 경재소 운영

깊이 Plus+ 수령 7사 - 수령의 임무를 기록한 내용

1. 농업을 발전시킬 것
2. 유교 경전 등의 교육을 진흥할 것
3. 법을 잘 지켜 백성에게 올바름을 보일 것
4. 간사하고 교활한 무리를 제거할 것
5. 때 맞춰 군사 훈련을 실시하고 군기를 엄정히 할 것
6. 백성을 편히 하고 호구를 늘릴 것
7. 부역을 공평하고 균등하게 부과할 것

조선 전기의 정치

(1) 조선 전기 정치 주도 세력 비교

	훈구파	사림파
기원	급진파 신진사대부(정도전, 조준, 권근)	온건파 신진사대부(정몽주, 이색, 길재)
학문 성향	관학파	사학파
경향	중앙에서 현실 정치에 참여	지방에서 제자 양성과 학문 연구
활동 분야	의정부와 6조에서 활동	삼사 등 언론기관에서 활동
목표	국왕 중심의 법치주의 국가	유교적 이상 정치인 도학정치의 실현
경제 기반	공신전 독점, 대농장 소유	중소 지주
타사상수용여부	타 사상 수용에 관대	타 사상 배척(성리학 제일주의)
기여	15C 정치 주도 (문물·제도 정비, 과학기술 발달)	16C이후 정치 주도 (성리학이론 심화·발전)

(2) 사화(士禍)의 발생

시기	명칭	원인	결과
연산군	무오사화 (1498)	김종직의 사초인 '조의제문'	김종직, 김일손과 관련된 사림이 대거 피해 사초와 관련된 사화이기에 史禍라고도 함
	갑자사화 (1504)	연산군의 생모 폐비 윤씨 사사	사건과 관련된 사림 및 대신의 숙청 및 재산 몰수 연산군은 이후 중종반정으로 퇴출

※ 중종반정(1506)과 조광조의 개혁 정치
- 자신의 세력을 정계에 끌어들이기 위해 ⇨ 현량과 실시
- 성리학 제일주의 ⇨ 소격서 혁파
- 사림의 향촌 자치 질서 수립을 위해 ⇨ 향약 강조
- 유교 윤리를 획신시기며 노력 ⇨ 「수학」 보급
- 훈구 세력 견제 ⇨ 위훈삭제 사건(중종반정 공신 책정 시정 요구)

중종	기묘사화 (1519)	조광조의 급진적 개혁정치 (위훈삭제 사건)	위훈삭제 사건을 계기로 훈구세력이 사림들을 귀양, 숙청 (走肖爲王)
명종	을사사화 (1545)	왕실 외척 간의 세력 다툼 : 대윤(윤임)vs소윤(윤원형)	문정왕후를 중심으로 한 소윤의 실권 장악 이후, 외척이 사라지면서 선조 이후, 사림이 정계 주도

※ 임꺽정의 난(명종 14~17년, 1559~1562) : 자신의 이익만을 추구하며 가렴주구를 일삼는 위정자에 대한 농민의 저항이자 신분해방의 부르짖음이 담긴 의적(義賊)

(3) 사림의 정치적 성장 : 네 차례의 사화에도 불구하고, 16세기 이후 정권 장악

(사림의 기반은? ⇨ 향약의 보급과 서원의 확산)

	향약	서원
최초	중국의 「여씨향약」이 전국에 보급	주세붕이 안향을 제사지내기 위해 설립
목적	전통적 미풍양속 계승 + 유교윤리 보급	선현 봉사(사당), 후진 교육(서당)
보급	여씨향약(조광조), 예안향약(이황), 해주향약(이이)	이황의 건의로 소수 서원으로 사액 → 이후 전국적으로 설립
영향	향촌사회에서 양반의 지배력 강화	학문과 교육의 지방 확대, 사림의 성장

사료 Plus+ 김종직의 조의제문

꿈속에 신선이 나타나서 "나는 초나라 회왕 손심인데 서초패왕에게 살해되어 빈강에 버려졌다."고 말하고 사라졌다. 잠에서 깨어나 생각해보니 회왕은 중국 초나라 사람이고, 나는 동이 사람으로 거리가 만리(萬里)나 떨어져 있는데 꿈에 나타난 징조는 무엇일까? 역사를 살펴보면 시신을 강물에 버렸다는 기록이 없으니 아마 항우가 사람을 시켜서 회왕을 죽이고 시체를 강물에 버린 것인지 알 수 없는 일이다. 이제야 글을 지어 의제를 조문한다.

깊이 Plus+ 조광조의 생애

- 1482년 한양에서 출생함.
- 1510년 소과에 장원으로 합격함.
- 1518년 사헌부 대사헌에 임명됨.
- 1519년 기묘사화로 인해 사사됨.

사료 Plus+ 이이의 해주향약

- 동네에 상사(喪事)가 있으면 조직에 가입한 사람들이 각자 쌀1되, 빈 가마니 1장씩을 낸다.
- 30세 이하의 문반도 무반도 아닌 자들은 소학, 효경, 동자습 등의 서적을 반드시 읽어야 한다.
- 소송이 있을 때는 계장, 유사가 잘잘못을 가리되 시비를 가리기가 곤란하면 사족들이 회의하여 결정한다.
- 죄 없는 사람이 누명을 쓰고 벌을 받게 되면 사람들이 연명으로 관청에 보고하여 억울한 죄명을 벗도록 노력한다.

— 「율곡전서」

깊이 Plus+ 향약의 4대 덕목

- 덕업상권(德業相勸) : 착한 일은 서로 권한다.
- 과실상규(過失相規) : 잘못된 일은 서로 규제한다.
- 예속상교(禮俗相敎) : 서로 예절을 지킨다.
- 환난상휼(患難相恤) : 어려운 일은 서로 돕는다.

2 조선 전기의 사회·경제

조선의 전기의 경제

(1) 조선 전기 경제 정책의 기본 방향
- 농본주의 정책과 상공업 억제 정책 ⇨ 사·농·공·상 직업 차별 존재
- 국가주도 ⇨ 공무역 중심

(2) 수취제도

	내용	16세기 이후, 문란
조세	• 합리적인 조세 수취 : 전분6등법, 연분9등법 • 과전법 체제 : 1/10 수취 • 과전제 - 직전제 - 관수관급제로의 변화	• 복잡하여 시행이 어려움
공납	• 각 지역의 특산물을 국가에서 할당 ⇨ 가구별 할당(戶단위 부과)	• 방납의 폐단 발생 ⇨ 수미법 주장(이이, 유성룡)
역	• 16~59세까지의 정남에게 부과 • 군역과 요역	• 방군수포제(군적수포제)

- 전분6등법 : 토지의 비옥도에 따라 차등 수취
- 연분9등법 : 풍흉에 따라 20두~4두까지 차등 수취

(3) 토지제도

	시기	원칙	한계
과전법	고려 말~조선 초	전·현직 관료, 경기도 한정	토지 부족 현상
직전법	세조	현직 관료에게만 지급	현직에서의 수탈 심화
관수관급제	성종	국가가 수조권을 행사	농민수탈 완화
녹봉제	명종	직전법 폐지로 수조권 지급 종료	지주 전호제 확대

(4) 경제 활동

수공업	• 관영수공업 중심 ⇨ 민영수공업 미비(자급자족 형태, 농기구 제작 등) • 기술자를 공장안에 등록시키고 관청 필수품을 생산하게 함 • 16세기 이후 부역제의 해이로 관영 수공업 쇠퇴
상업 활동	• 정책적으로 통제 : 시전상인의 금난전권, 경시서(불법적인 상행위 통제) • 시전상인 : 왕실이나 관청에 물품 공급 • 6의전 : 특정 상품에 대한 독점 판매권
장시	• 15세기 후반 증가 → 16세기 중반 보부상의 활동 활발 • 주로 5일장 형태 → 후기에 전국적으로 확대
화폐	• 저화, 조선통보 ⇨ 유통부진
무역	• 명 : 사신 왕래 시, 공무역과 사무역 허용 • 여진 : 북평관과 무역소 설치 • 일본 : 동평관과 동래에 왜관 설치

사료Plus+ 과전법의 세습 규정 예외 조항

경기는 사방의 근본이니 마땅히 과전을 설치하여 사대부를 우대한다. 무릇 경성에 거주하여 왕실을 시위(侍衛)하는 자는 직위의 고하에 따라 과전을 받는다. 토지를 받은 자가 죽은 후, 그의 아내가 자식이 있고 수신하는 자는 남편의 과전을 모두 물려받고, 자식이 없이 수신하는 자의 경우는 반을 물려받는다. 부모가 모두 사망하고 그 자손이 유약한 자는 휼양전으로 아버지의 과전을 전부 물려받고, 20세가 되면 본인의 과에 따라 받는다. ㅡ「고려사」

비교Plus+ 과전법과 전시과의 공통점

- 18등급으로 구분
- 과전법과 경정이전의 전시과(시정전시과, 개정전시과)는 전·현직 관료를 대상으로 지급
- 사후 반납 원칙(세습토지 존재)

사료Plus+ 공법(貢法)의 시행

모든 토지는 6등급으로 나누며 20년마다 한 번씩 토지를 다시 측량한 뒤에 대장을 만들어 호조, 해당 도, 해당 고을에 각각 보관한다. 1등전을 재는 한 자의 길이는 주척 4자 7치 7푼 5리에 해당하고, …… 6등전을 재는 한 자의 길이는 주척 9자 5치 5푼에 해당한다. ㅡ「경국대전」

조선 전기의 사회

(1) 양천제(법제적)와 반상제(실질적)

(2) 사회 제도

빈민구제	• 환곡제 : 춘대추납(1/10 이자), 의창과 상평창에서 담당 • 사창제 : 향촌사회에서 자치적으로 시행
의료시설	• 혜민국, 동서대비원, 제생원, 동서활인서
형법	• 「경국대전」과 「대명률」을 기반으로 함 • 태형, 장형, 도형, 유형, 사형 존재 • 반역죄와 강상죄를 중죄로 취급, 연좌제 적용 • 사법기관 : 형조, 사헌부, 의금부, 한성부 • 민법 : 관찰사와 수령 등 지방관이 처리 • 3심 제도와 신문고 제도
향촌사회 질서	• 사족을 중심으로 운영 • 「소학」보급, 종법적 유교 질서 강조(가묘, 사당, 족보) • 향약 : 전통적인 공동체 조직 +유교 윤리 ⇨ 사림의 지배력 강화 • 서원 : 지방 유교 교육 ⇨ 사림의 지위 강화 • 향교 : 지방 유교 교육(중등교육기관, 국가 운영) • 두레와 품앗이 등 공동 노동의 관습 존재

3 조선 전기의 문화

15세기 문화 ⇨ 자주적 민족 문화의 발전

문학	• 「훈민정음」창제(세종) ⇨ 용비어천가, 월인천강지곡, 석보상절 등 • 악장 : 「용비어천가」, 「월인천강지곡」 등 조선 건국의 당위성 주장 • 한문학 : 서거정이 「동문선」을 통해 삼국시대부터 조선시대까지 시와 산문 중 우수한 작품을 골라 편찬(성종)

역사	• 건국 초, 조선 건국의 정당성 확보 및 조선 왕조의 통치 규범 확립을 목적으로 편찬
	  ⇨ 「고려국사」(정도전), 「동국사략」(권근)
	• 자주적 입장에서 고려의 역사를 재정리
	  ⇨ 「고려사」 : 기전체, 「고려사절요」 : 편년체
	• 실록 편찬(춘추관내 실록청) : 4대 사고에 보관, 유네스코 세계 기록 문화 유산

지도	• 세계관의 확대 ⇨ 혼일강리역대국도지도(태종) • 팔도도, 동국지도, 조선방역지도(16세기)
농서	• 우리 실정에 맞는 농서 편찬 ⇨ 「농사직설」(세종) : 관찬, 「금양잡록」(성종) : 사찬
의서	• 우리 풍토에 맞는 약재와 치료 방법 정리 ⇨ 「향약집성방」(세종), 「의방유취」(세종) : 동양 최대 규모의 의학 백과사전
역서	• 한양을 기준으로 한 역법 ⇨ 「칠정산」내·외편(세종)
과학	• 천문 : 천상열차분야지도(태조, 1395) ⇨ 고구려의 천문도를 바탕으로 돌에 새긴 천문도 • 활자 : 계미자(태종), 갑인자(세종) • 병서 : 「병장도설」(군사훈련 지침서), 「총통등록」(화약 무기 제작), 「동국병감」(고조선부터 고려까지의 전쟁사) • 무기 : 화포 개량, 신기전, 회차, 비격진천뢰, 거북선 등 • 농업생산과 관련된 과학기구 발명 : 혼의, 간의, 앙부일구, 자격루, 측우기, 인시의 등

16세기 문화 ⇨ 사림의 성향을 반영, 성리학 질서 확립

• 이기론(주리론과 주기론의 완성)

	퇴계 이황	율곡 이이
사상(이기론)	주리론	주기론
기원	이언적	서경덕, 조식
핵심	관념적 도덕세계 중시	관념적 도덕세계+경험적 현실세계 중시
역할	도덕규범 확립, 신분질서 유지	현실 개혁 주장
영향	일본 성리학과 위정척사사상에 영향	실학과 개화사상에 영향
저서	「성학십도」, 「주자서절요」	「성학집요」, 「격몽요결」

- 예학(상장제례)과 보학(족보)의 발달
- 표현의 형식보다는 흥취와 정신을 강조 : 청렴·결백·절개·지조 ⇨ 사군자, 백자 유행
- 여류 문인 등장 : 허난설헌, 신사임당
- 노비 출신의 화원 화가 : 이상좌(송하보월도)

비교 Plus+ 15세기 문화 vs 16세기 문화

	15세기	16세기
집권층	훈구파	사림파
특징	자주적 전통문화 발달	사림의 성향을 반영·여류 작가 등장
공예(자기)	분청사기	백자
회화	안견의 몽유도원도, 강희안의 고사관수도	사군자, 신사임당의 작품들
건축	• 독자적인 건축 방식 : 숭례문 • 불교 숭상 : 원각사지 10층석탑(세조)	• 서원 건축 발달

사료 Plus+ 동문선

우리나라(조선) 여러 임금이 대를 이어 백년이나 인재를 길렀다. 그동안 나온 인물들이 모든 정성을 다하여 문장을 지었다. 이 문(文)이 살아있는 듯 용솟음치니 옛날 어떤 문(文)에 못지않다. 이것이 바로 우리의 문(文)이다. 송원의 문(文)이 아니고 한당의 문(文)도 아니다. 바로 우리나라의 문(文)이다.

사료 Plus+ 「동국통감」 서문

삼가 삼국 이하의 여러 역사를 뽑고 중국사를 채집하였으며, 편년체를 취하여 사실을 기록하였습니다. 또한 범례는 모두 「자치통감」에 의거하고 「자치통감강목」의 첨삭한 취지에 따라 중요한 것을 보존하는 데 힘썼습니다. 삼국이 병립하였을 때는 삼국기(三國紀), 신라가 통일하였을 때는 신라기, 고려 때는 고려기, 삼한 이전은 외기(外紀)라 하였습니다. 1400년 동안 국가의 흥망과 임금의 잘잘못을 비롯하여 정치의 성쇠를 모두 거짓 없이 기록하였습니다.

— 서거정

지도·사료 돋보기

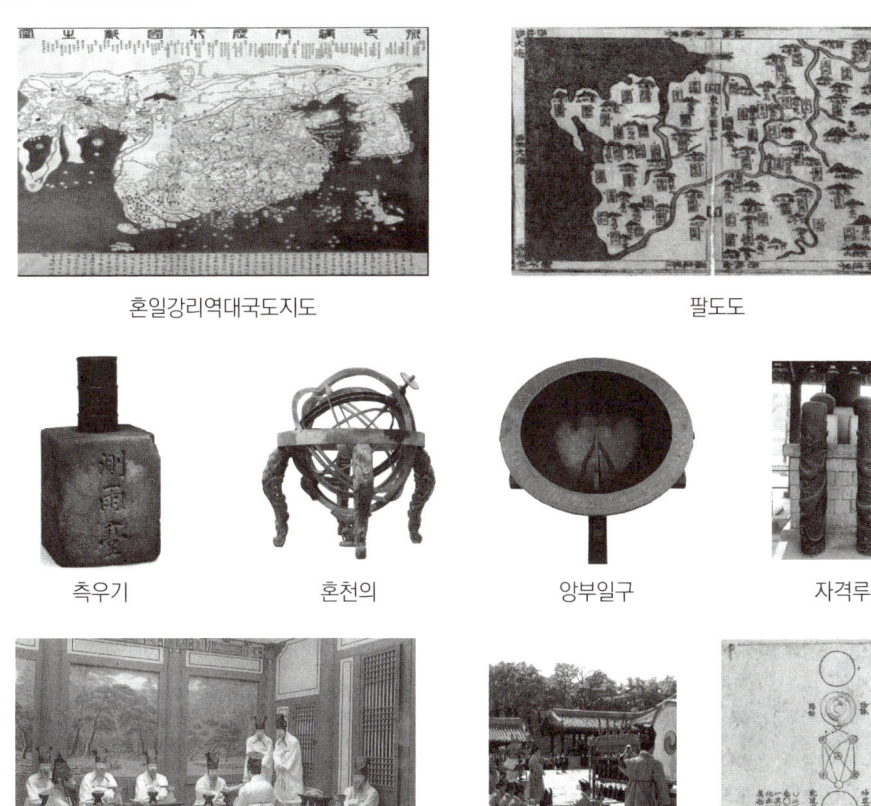

혼일강리역대국도지도　　　　　팔도도

측우기　　혼천의　　앙부일구　　자격루

향음주례(鄕飮酒禮)　　종묘제례(宗廟祭禮)　　「성학십도」

비교 Plus+ 조선 전기의 문화(15세기와 16세기)

[자기]

〈15세기〉　　　　　　〈16세기〉

분청사기　　　　　　　백자

국정원 9급 All-Care

[회화]

<15세기>

몽유도원도(안견)

<16세기>

수박과 들쥐(신사임당)

고사관수도(강희안)

송하보월도(이상좌)

묵죽도(이정)

[건축]

<15세기>

숭례문

원각사지10층석탑

<16세기>

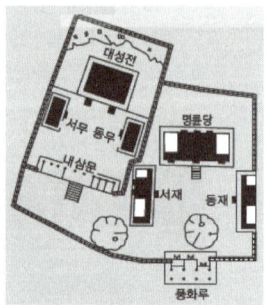

서원 배치

4 조선 전기의 대오 관계와 양난의 극복

대외 정책   ⇨ 사대 교린 정책

친명 사대 정책		• 명과의 조공·책봉 질서 ⇨ 실리적인 외교 수단이자 경제 정책
교린정책	여진	• 회유책 : 무역소 설치, 토관제도 실시 • 강경책 : 4군(최윤덕) 6진(김종서) 개척 ⇨ 이후, 사민정책 실시
	왜	• 회유책 : 3포 개항(부산포, 제포, 염포), 계해약조(세견선 50척, 세사미두 200석 제한) • 강경책 : 쓰시마 정벌(이종무)
동남아시아		• 류큐, 시암, 자와 등과 조공, 진상의 형식으로 교역

양난의 극복

(1) 왜란의 극복 : 임진왜란 → 정유재란

원인	일본	• 전국전쟁 이후 일본 내 불만을 무마하기 위한 목적(명분 : 정명가도)
	국내	• 군역의 해이 : 군역의 요역화, 군적수포제의 일반화
격퇴	수군의 활약	• 이순신(옥포, 사천, 한산도, 명량, 노량 해전)
	관군의 반격	• 진주대첩(김시민), 행주대첩(권율)
	조·명연합군	• 평양성 탈환(유성룡·이여송)
결과		• 신분 동요(납속책과 공명첩) • 문화재 소실 : 불국사, 경복궁, 사고(전주 사고 제외) • 광해군의 극복노력 : 「동의보감」편찬, 대동법 시행, 양전사업, 호적 정리

(2) 호란의 발발과 북벌운동 추진 : 정묘호란(후금) → 병자호란(청)

원인	• 인조와 서인정권의 친명배금 정책에 대한 반발 • 표면적 사건 : 모문룡의 가도점령 사건, 이괄의 난
저항	• 정묘호란(후금의 침입) → 형제의 관계를 맺고 화의 • 병자호란(청의 침입) ← 군신 관계 요구에 대한 조선의 거부 • 임경업(백마산성 전투) • 남한산성에서 항전 → 주화론(최명길)과 척화론(김상헌) 대립 → 삼전도의 굴욕
결과	• 소현세자 vs 봉림대군 (청을 배우자) (청을 정벌하자) • 효종의 북벌정책(조총부대 육성) → 나선정벌 → 북학론 성행

비교 Plus+ 전시 의서 편찬

	「향약구급방」	「동의보감」
편찬	편자 미상(고려 고종 대)	허준(광해군 대 완성)
배경	몽골 침입	임진왜란
특징	• 우리나라 최고(最古)의 의서 • 향약 : 우리 나라 자생 약재로 처방 • 구급방 : 전시 응급처방	• 유네스코 세계 기록 유산 지정 • 한·중 서적 500여 권 참고하여 편찬 • '동양 의학의 정수'

사료 Plus+ 광해군과 이시언의 대화

이시언이 아뢰기를, "오랑캐의 실정을 듣자니 누르하치가 홀적(忽賊)을 크게 이긴 뒤로부터 형세가 나날이 강성해져 우리의 서북 지역에 좋지 않을 듯합니다."라고 하였다. …… 왕이 "명이 만일 토벌을 나간다면 누르하치를 정벌할 수 있겠는가?"라고 물으니, 이시언이 다음과 같이 아뢰었다. "신이 일찍이 여진이 행군하는 것을 보았는데, 호령이 엄숙하고 기개가 날카로웠습니다. 지금 만일 명이 그들의 소굴로 깊이 들어간다면 주객의 형세가 아주 다를 것이니, 신은 크게 염려됩니다."

사료 Plus+ 광해군의 중립외교

명의 요청으로 12,000명의 군사를 출병한 조선의 원병은 명의 제독 유정의 군대와 합류하여 적을 치기로 하였으나, 부차(富車)에서 패배를 당하여 9,000여 명이 죽음을 당하였다. 이에 강홍립 장군은 적에게 조선의 출병이 명의 요청으로 부득이하였다는 것을 밝히고 남은 군사를 이끌고 후금에 투항하였다. 이러한 투항은 출병 전에 "형세를 보아 향배(向背)를 정하라"는 광해군의 명령에 의한 것이었다.

사료 Plus+ 주화파와 주전파

자기의 힘을 헤아리지 않고 경망하게 큰 소리를 쳐서 오랑캐들의 노여움을 도발하여, 마침내는 백성이 도탄에 빠지고 종묘와 사직에 제사 지내지 못하게 한다면 그 허물이 이보다 클 수 있겠습니까.
- 「지천집」, 최명길의 주화론

화의로 백성과 나라를 망치기가 오늘날과 같이 심한 적이 없습니다. 명(明)은 우리나라에 있어서 곧 부모요, 오랑캐(靑)는 우리나라에 있어서 곧 부모의 원수입니다. 신하된 자로서 부모의 원수와 형제가 되어서 부모를 저버리겠습니까.
- 「인조실록」, 윤집의 주전론

깊이 Plus+ 백두산 정계비 건립(숙종, 1712년)

• 내용 : '西爲鴨綠 東爲土門 故於分水嶺上 勒石爲記'
  ⇨ 양국 간의 국경은 서로는 압록강, 동으로는 토문강을 경계로 한다.

- 분쟁 : 19세기에 토문강의 위치에 대한 해석문제가 발생하여 간도 귀속문제 발생
  ⇨ 조선은 송화강 지류로, 청은 두만강으로 해석
- 이후 : 간도 협약 체결(1909년)
  ⇨ 을사늑약 이후, 일본이 안봉선 철도부설권을 얻는 대가로 간도를 청의 영토로 넘겨주었다.

지도·사료 돋보기

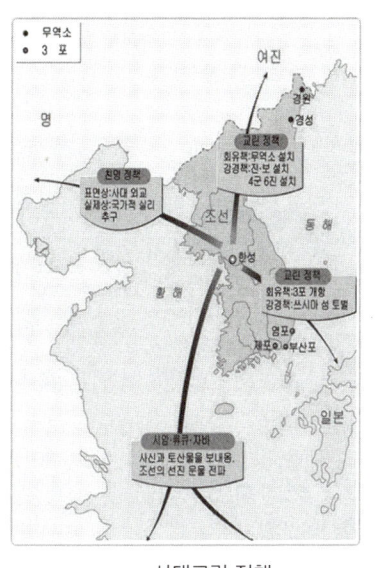

사대교린 정책

4군 6진 개척

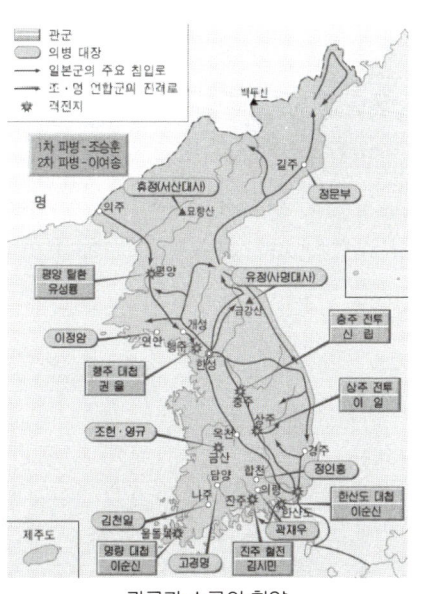

관군과 수군의 활약

통신사 행렬

지도·사료 돋보기

귀무덤

동묘(동관왕묘)

통신사 행렬도

정묘호란과 병자호란

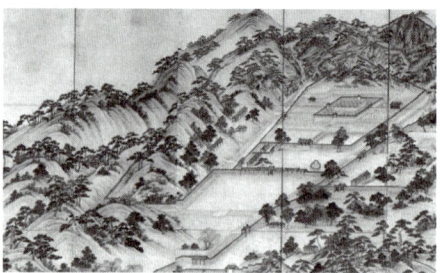

대보단(大報壇) : 임진왜란 때 원군을 보낸 명나라 신종의 은의를 기리기 위해 1704년(숙종 30) 창덕궁 금원 옆에 설치한 단으로 명 태조, 신종, 의종을 기린다.
⇨ 후금의 반발

나선정벌

5. 조선 후기 제도의 개편과 정치 변화

조선 후기 통치 체제의 개편

(1) 비변사의 기능 변화

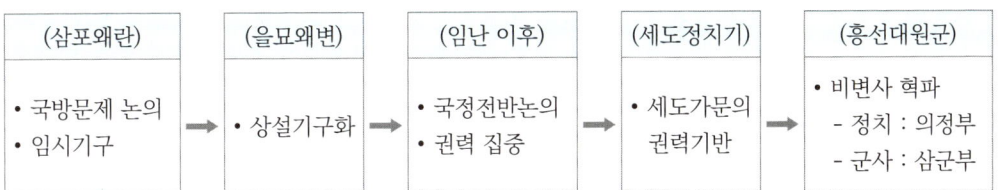

(삼포왜란)
- 국방문제 논의
- 임시기구

(을묘왜변)
- 상설기구화

(임난 이후)
- 국정전반논의
- 권력 집중

(세도정치기)
- 세도가문의 권력기반

(흥선대원군)
- 비변사 혁파
  - 정치 : 의정부
  - 군사 : 삼군부

(2) 군사제도 변화

〈중앙군〉

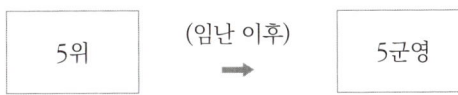

5위 →(임난 이후)→ 5군영

5위: 궁궐, 수도 경비(의무병) / 문반 관료가 지휘

5군영:
- 훈련도감(1593, 선조, 류성룡의 건의)
  : 삼수병(포수·사수·살수), 상비군(직업군인) → 삼수미세 징수
- 어영청(1623, 인종, 이후, 효종 때 북벌의 본영)
- 총융청(1623, 인종, 이괄의 난 이후 후금 방어 목적, 북한산성 방어)
- 수어청(1626, 인종, 남한산성 수축 및 방어)
- 금위영(1682, 숙종, 국왕 호위와 수도 방어, 서인 정권이 장악)

〈지방군〉

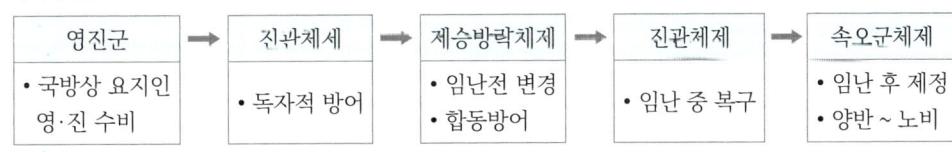

영진군	진관체제	제승방략체제	진관체제	속오군체제
• 국방상 요지인 영·진 수비	• 독자적 방어	• 임난전 변경 • 합동방어	• 임난 중 복구	• 임난 후 제정 • 양반~노비

사료Plus+ 유성룡의 훈련도감 설치 건의

외방 곳곳에서 도적들이 일어났다. …… 나는 청하기를 "당속미 1천 석을 군량으로 하되, 한 사람당 하루에 2승씩 급료를 준다면 사방에서 군인으로 응하는 자가 모여들 것입니다."라고 하였다. …… 얼마 안 되어 수천 명을 얻어 조총 쏘는 법과 창·칼 쓰는 기술을 가르치고 초관과 파총을 세워 그들을 거느리게 하였다. 또 당번을 정하여 궁중을 수직하게 하고, 국왕의 행차가 있을 때에 이들로써 호위하게 하니 민심이 점차 안정되었다.

- 「서애집」

깊이 Plus+ 5군영체제의 완성

- 어영청(御營廳) : 이괄의 난을 계기로 설치, 효종 때 북벌운동의 본영
- 총융청(摠戎廳) : 경기 일대 방위, 북한산성 수비
- 수어청(守禦廳) : 정묘호란 후, 남한산성 수비
- 금위영(禁衛營) : 수도 방위를 목적으로 17세기 말(숙종) 설치(기병 포함)
  ⇨ 붕당정치기 5군영은 서인 정권의 권력 기반

사료 Plus+ 제승방략체제의 문제점

을묘왜변 이후 김수문이 전라도에서 처음으로 도내의 여러 읍을 순변사·방어사·조방장·도원수와 본도 병사·수사에게 소속시키니 여러 도에서 이를 본받았다. …… 이라하여 한번 위급한 일이 있으면 반드시 멀고 가까운 곳의 군사를 모두 동원하여 빈 들판에 모아놓고 1,000리 밖에서 오는 장수를 기다리게 하였다. 그러므로 장수는 아직 때맞추어 이르지 않았는데, 적은 이미 가까이 오게 되니 군심이 동요하여 반드시 궤멸하는 도리밖에 없다.

– 유성룡의 상계

사료 Plus+ 조선 후기의 군제

병조판서 이사명이 말하기를 태종, 세종대 이르러 …… 기보병, 갑사 등 군인들을 오위에 나누어 딸리게 하여 돌아가며 근무하게 하였는데 200년 동안 나라가 무사하자 이들 번상하는 군인들은 역군이 아니면 수포군이 되었습니다. 그리하여 임진년 싸움터에 나갈 군인들이 없어서 부득이 속오법을 들여오고 훈련도감 군인들을 모아 숙위에 채웠습니다.

–「숙종실록」

조선의 정치적 변화

1. 붕당정치의 성립과 변천

- 붕당(朋黨) : 학문적 성격과 정파적 성격(정치적 이념)에 따른 무리
- 배경 : 비변사를 통한 의견 수렴(공론 중시), 산림이 공론 주도 → 이조·병조 전랑과 삼사 중시
- 붕당정치의 목적 : 공론정치를 통해 견제와 균형을 도모(선조~현종)
- 변질 : 환국을 기점으로 자기 당의 이익만을 우선시 하면서 일당전제화

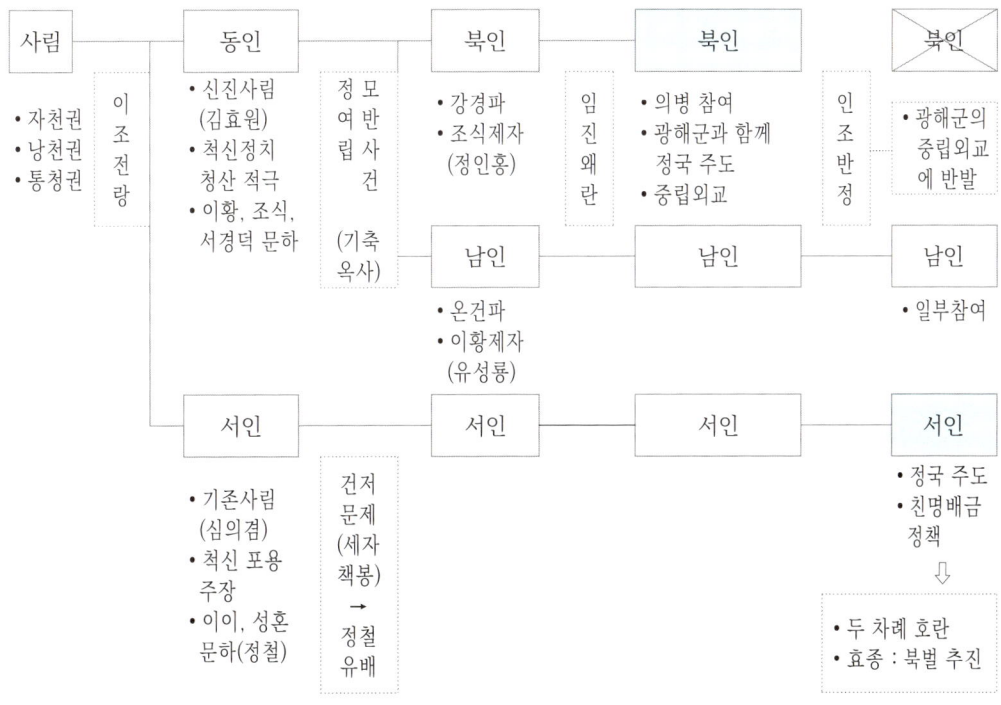

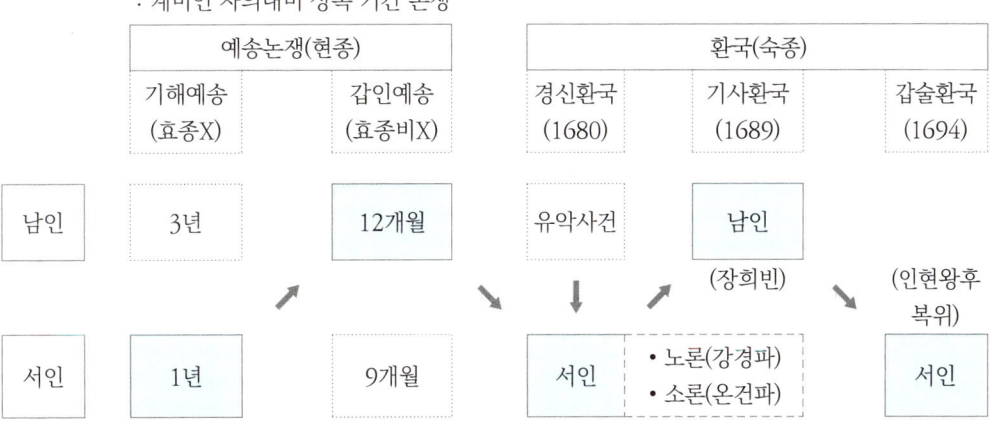

(선조~현종) 공론 중시, 3사 역할 중시 ⇔ 공존의 원칙 붕괴
(붕당정치 변질, 일당전제화)

사료 Plus+ 이조전랑

무릇 내외의 관원을 선발하는 것은 3공에게 있지 않고 오로지 이조에 속하였다. 또한 이조의 권한이 무거워질 것을 염려하여 3사 관원의 선발은 판서에게 돌리지 않고 낭관에게 오로지 맡겼다. 따라서 이조의 정랑과 좌랑이 또한 3사의 언론권을 주관하게 되었다.
― 「택리지」

비교 Plus+ 동인과 서인

김효원이 알성 과거에 장원으로 합격하여 이조 전랑의 물망에 올랐으나, 그가 윤원형의 문객이었다 하여 심의겸이 반대하였다. 그 후에 심의겸의 동생 심충겸이 장원 급제하여 전랑으로 천거되었으나, 외척이라 하여 김효원이 반대하였다. 이 때 이들을 지지하는 세력이 서로 상대방을 배척하여 붕당이 형성되었다. 심의겸을 지지하는 기성 사림을 중심으로 서인이 형성되었고, 김효원을 지지하는 신진 사림을 중심으로 동인이 형성되었다. (효원의 집이 동쪽 건천동, 의겸의 집이 서쪽 정동에 위치)

	동인(김효원)	서인(심의겸)
출신 배경	신진 사림	기성 사림
척신 정치	강경, 적극적	온건, 소극적
정치 성향	• 수기(修己) 강조 • 지배자의 도덕적 자기 절제(척신정치)	• 지배자의 백성 통치에 중점 • 제도의 개혁을 통한 부국안민 강조
학파	이황, 조식, 서경덕	이이, 성혼

사료 Plus+ 인조반정

광해는 …… 기미년에 중국이 오랑캐를 정벌할 때 장수에게 사태를 관망하여 향배(向背)를 결정하라고 은밀히 지시하여 끝내 우리 군사 모두를 오랑캐에게 투항하게 하여 추악한 명성이 온 천하에 전파되게 되었다. …… 이러한 죄악을 저지른 자가 어떻게 나라의 임금으로서 백성의 부모가 될 수 있으며, 조종의 보위에 있으면서 종묘·사직의 신령을 받들 수 있겠는가, 이에 그를 폐위시키노라.
― 「인조실록」

비교 Plus+ 서인과 남인의 정책

	서인	남인
사상	주자 성리학적 입장	원시 유학적 입장
정치	• 대신이 주도하는 정치 지향 • 부국강병에 큰 관심	• 왕권 강화와 정책 비판 기능에 중점
경제	• 상업과 기술 발전에 호의적 • 지주제의 긍정	• 상업과 기술 발전에 소극적 • 수취체제의 완화 • 자영농민 육성에 치중
사회	• 노비 속량, 서얼 허통에 대체로 적극적 • 신분제 개혁을 표방(제도 개혁)	• 봉건적 신분체제 유지 • 신분제 유지 도모

깊이 Plus+ 예송논쟁

장례 복상 문제를 놓고 서인과 남인이 치열하게 대립한 이 논쟁은 단순한 왕실의 장례 절차 문제가 아니었다. 예(禮)란 그 자체가 사회규범이자 행동의 절차였다 예송논쟁은 이러한 예의 틀에 각 정파의 정치적 이해관계가 실림으로써 일어난 정치 국면이다 인조 이래 정치권력을 독점한 서인과 그에 대항해 정권 교체를 추구해 온 남인 사이의 정치 투쟁이 예송이란 외투를 입고 나타난 것이다.

예론이라는 형식을 빌려 나타날 수밖에 없었던 이유는 국정 운영에 대한 철학과 노선이 달랐기 때문이었다. 서인의 신권 강화론과 남인의 왕권 강화론의 대립이었다. 서인 측이 도학의 경지를 이상적 정치로 상정하는 것은 도학의 권위자인 사대부가 정치를 담당해야 한다는 것이다 두 차례의 예송에서 일관되게 국왕의 특수 지위보다 주자가례의 규정을 상위에 두고자 한 것은 국왕의 국정에 대한 전권 행사를 사실상 부정하는 의미가 들어 있다. 남인 측의 왕권 강화론에는 권력의 주변에만 머물렀던 소수 세력의 처지가 담겨 있다. 평소 구상해온 정책을 펴보기 위해서는 집권을 해야 하는데 그러기 위해서는 왕권과 결합할 수밖에 없었다. 두 차례 예송에서 국왕의 권위를 일관되게 주장한 것도 그런 이유에서였다.

2. 탕평책과 세도정치

탕평책			→	세도정치
숙종	**영조**	**정조**		• 왕실의 외척이 정권 장악

• 명분만 탕평책
• 실제로 환국을 불러옴
	• 탕평파 육성
	• 탕평비(성균관)
	• 탕평채
	• 완론탕평
		• 능력위주 인사 :
		  서얼까지 등용
		• 시파까지 등용
		• 준론탕평
				• 순조, 헌종, 철종
				  3대 60여년간 지속
				• 삼정의 문란 발생

비교 Plus+ 영조와 정조의 정책

	영조	정조
탕평책	• 탕평파 육성, 탕평비 설립, 탕평채 • 완론 탕평정치 • 군제·결제 개혁 단행	• 시파 기용 ⇨ 왕권 확립 • 준론 탕평정치 • 능력을 중시한 인사 : 서얼 등용
왕권 강화	• 이인좌의 난 진압 • 서원 정리 • 청계천 준설 사업	• 장용영 설치 • 규장각 설치 • 수원성 축조 • 초계문신제
위민정치	• 신문고제도 부활 • 균역법 시행	• 신해통공 : 육의전을 제외한 금난전권 폐지
편찬 사업	「속대전」: 경국대전의 속전으로 법전을 재정리한 법령집 「택리지」: 인문지리서이며 우리나라 각 지방의 자연환경과 인물, 풍속, 물산(物産), 인심의 특색 등을 세밀하게 서술하고 어느 지역이 살기 좋은 곳인지를 논하였다. 「동국문헌비고」: 한국학 백과사전	「대전통편」: 「속대전」의 규정을 보완한 법전 「무예도보통지」: 무예를 그림으로 설명 「일성록」: 정조 일기(유네스코기록유산)

국정원 9급 All-Care

사료 Plus+ 상언과 격쟁의 대두

왕이 행차하는 길에 백성이 수령에 대한 불만을 왕의 수레 앞에서 호소하며, 수령을 달라고까지 하였다. 이와 같은 민의 풍습은 이전에는 들어보지 못한 것이다. 왕이 이들을 고양군에 가두라고한 다음 특별히 어사를 보내 옳고 그름을 따지지 말고 모두 석방하라고 하였다. ─「영조실록」

아! 저 무고한 백성이 가슴 깊이 간직한 억울한 일을 마치 어린아이가 부모에게 호소하듯 달려와서 간청하니 진실로 그들에게 잘못이 있는 것이 아니라 그들로 하여금 그렇게 하도록 만든이가 잘못이다. ─「홍재전서」

사료 Plus+ 무예도보통지 저술

이 책이 완성되었다. …… 곤봉 등 6가지 기예는 척계광의 기효신서에 나왔는데 …… 장헌세자가 정사를 대리하던 중 기묘년에 명하여 죽장창 등 12가지 기예를 더 넣어 도해로 엮어 새로 신보를 만들었고, 상(上)이 즉위하자 명하여 기창 등 4가지 기예를 더 넣고 또 격구, 마상재를 덧붙여 모두 24가지 기예가 되었는데, 검서관 이덕무, 박제가에게 명하여 …… 주해를 붙이게 했다.

6. 조선 후기 경제 구조의 변화와 사회 변동

조선 후기 경제적 변화

(1) 조세 제도 변화

	전기	한계	후기	영향

전세	• 전분6등법
	• 토질에 따라 6등급
	• 연분9등법
	  : 풍흉에 따라 9등급
		• 제도의 복잡함
		  → 현실 적용
		    어려움
		• 관리의 부정
			영정법
			
			: 풍흉에 관계없이
			  1결당 4두 징수
				• 부족분 보충
				  : 각종 부과세 징수

역	• 군역은 양인 정남이
	  담당(16~60세 남성)
	• 군적수포제 법제화
	  (1년에 군포 2필)
		• 부담 가중
		  → 유민 증가
			균역법(영조)
			
			: 1년에 군포 1필
				• 부족분 보충
				  - 결작(1결당 2두),
				  - 어장, 염전, 선박세
				  - 선무군관포
				    (부유한 상민 징수)

공납
(특산물)
	• 해당 지역의 특산물,
	  현물 납부
		• 방납의 폐단
		  발생
			대동법
			• 현물 대신 1결당
			  12두의 쌀로 징수
			  (토지기준 → 양반반발)
			• 미·포·전으로 납부
			• 관청에서는 공납
			  청부업자에게
			  필요한 물건을 구입
				• 관청에 물품 조달
				  하는 공인 등장,
				• 상품화폐경제 발달
				• 상공업 발달
				• 조세의 금납화 촉진

사료 Plus+ 영정법 시행

인조 갑술 양전 뒤에 마침내 연분 9등법을 파하였다. 삼남 지방은 각 등급으로 결수를 정해 조안(조세대장)에 기록하였다. 영남은 上之下까지만 있게 하고 호남과 호서지방은 中之中까지만 있게 하였다. 나머지 5도는 모두 下之下로 정하여 세금을 징수하였다. － 「만기요람」

사료 Plus+ 대동법 시행

비록 자기 군현에서 생산되는 토산물이 있더라도, 백성들이 스스로 납부하지 못하게 하고 반드시 방납하는 사람이 있습니다. 이들은 권력자에 연줄을 대고서 대납권을 손에 넣어 원래 물품 가격의 몇 배를 징수합니다. ……(중략)……

강원도에는 대동법을 싫어하는 이가 없는데 충청도, 전라도에는 좋아하는 이와 싫어하는 이가 있습니다. 왜 그렇겠습니까? 강원도에는 토호가 없으나 충청, 전라도에는 토호가 있기 때문입니다. 특히 전라도에 싫어하는 이가 더 많은데 이는 토호가 더 많은 까닭입니다. 이렇게 볼 때 토호들만 싫어할 뿐 백성들은 모두 대동법을 보고 기뻐합니다. － 「포저집」

국정원 9급 All-Care

사료 Plus+ 균역법 시행

감면한 것을 계산하면 모두 50여만 필에 이른다. 돈으로 계산하면 1백여만 냥이다. 아문과 군대의 비용을 줄인 것이 50여만 냥이다. 줄어든 부분은 어세, 염세, 선세와 선무군관에게 받는 것, 은결에서 받아들이는 것을 모두 합하면 십수 만 냥이다. …… 평안도, 함경도를 제외한 지역의 토지 1결마다 쌀 2되씩이나 혹은 돈 5전씩을 거두기도 하였다. 이렇게 징수하면 대략 30여만 냥이 되는 이는 부족한 액수와 대략 서로 같다.

 – 홍계희 「균역사실」

(2) 경제 생활의 변화

- 조선 전기 : 상공업·광업 미비, 이앙법(일부 남부 자역에서 실시), 5일장 설치(후기에 전국적 시행)

이앙법 전국적 보급	• 광작가능 → 일부는 부농으로 성장, 다수 농민은 전락 • 쌀의 상품화 → 밭을 논으로 바꾸는 현상 • 상품 작물 재배 활발(인삼, 담배, 면화, 고추 등) • 지주전호제 확대(지주가 소작인에게 소작료 수취)
지대 변화	• 타조법(정률제) → 도조법(정액제)
밭농사	• 서로 다른 작물을 1년에 두 번 경작 • 고랑(낮게 파인 부분) : 보리, 이랑(높게 올라온 부분) : 다른 작물 파종 • 쟁기 사용 확대, 거름주기 개선, 농기구 개량 등 → 수확량 증대
대외 무역	• 개시 무역(공식 시장)과 후시 무역(사상들의 밀무역) • 사행 무역(사신 일행의 무역, 은과 인삼 판매, 비단과 약재 수입) • 은 : 청과의 무역 수단, 구리 : 국내 동전 주조
사상의 발달/ 포구 활동 활발	• 시전 상인의 사상 탄압(금난전권) → 사상들은 장시와 연결을 토대로 성장 → 18세기 중엽 : 전국에 1000여개의 장시 운영 • 17세기 후반 : 이현, 칠패 등에 사상의 근거지 마련 → 도성 외곽에 상권 확대 → 도고 등장(독점 도매 상인) : 시전 상인과의 대결에 앞장 • 신해통공(1791) : 금난전권 폐지
	• 의주 만상 : 대청무역 독점 • 동래 내상 : 대일무역 독점 • 개성 송상 : 만상과 내상 사이의 중계무역, 인삼 독점, 최대 상단, 송방 설치 • 한양 경강상 : 조세 운반 담당, 선상·포구 활동 활발(숙박·운송·보관 등) • 평양 유상 • 포구 상업 활발 : 객주, 여각(상품 매매, 보관, 숙박, 금융, 운송업 담당)
수공업 발달	• 선대제 수공업 ⇨ 자본의 지배 • 민영 수공업 발달
광업 발달	• 분업, 협업 등장 • 덕대 등장 • 설점수세제 시행 → 잠채 성행
화폐 유통 활발	• 김육의 주장 • 상평통보의 전국적 유통(17세기 말) • 전황 발생(화폐부족 현상) → 물가 하락

사료Plus+ 도고의 등장

허생은 안성의 한 주막에 자리 잡고서 밤, 대추, 감 귤 등의 과일을 모두 값을 배로 주고 사들였다. 그가 과일을 도고하자, 온 나라가 제사나 잔치를 치르지 못할 지경에 이르렀다. 따라서 과일값은 크게 폭등하였다. 그는 이에 10배의 값으로 과일을 되팔았다. 이어서 그는 그 돈으로 곧 호미, 삼베, 명주 등을 사 가지고 제주도로 들어가 말총을 모두 사들였다. 말총은 망건의 재료였다. 얼마 되지 않아 망건 값이 10배나 올랐다. 이렇게 하여 그는 50만 냥에 이르는 큰 돈을 벌었다.

- 「허생전」, 박지원

사료Plus+ 조선 후기 광업

평안도의 경우에는 설점 뒤에 간사한 백성들이 때를 타고 이익을 다투어 잠채하고 있다. 설점한 읍이 아니더라도 잠채하지 않는 곳이 없다. 묘지나 논밭을 가리지 않고 굴을 뚫고 땅을 파헤쳐서 마을이 쓸쓸해지고 곡식 값이 오르고 도둑질이 끊이지 않는다. 농사일을 집어치우고 이를 쫓아간다. 이 때문에 광산 부근이 버려져서 황폐해지는 곳이 한없이 많다. 변경의 법을 어기고 몰래 국경을 넘어가는 경우도 점점 많아지고 있다. 중앙과 지방의 각 관청마다 서로 금점을 설치하여 다투어 이익을 취하려 한다.

- 「순조실록」

사료Plus+ 신해통공의 배경

5~6년 전부터 서울 안에 놀고먹는 무리들 가운데 평시서(상행위 감독청)에 출연하여 시전을 새로 낸 자가 대단히 많다. 이들은 상품을 판매하는 일보다 난전 잡는 일을 일삼고 있다. 심지어 채소와 기름, 젓갈 같은 것도 전매권을 가진 시전이 새로 생겨 마음대로 사고 팔 수 없게 되었다. 때문에 지방민이 가져오는 조그만 물건을 사고팔아 입에 풀칠하는 서울 영세 상인들은 장차 거래가 끊어질 형편이다. …… 내 생각으로는 정부가 평시서의 전안(사전 목록)을 조사하여 십년 이내에 조직된 작은 시전은 금난전권을 모두 없애 영세민들을 구제하여야 한다.

- 「비변사등록」

사료Plus+ 공무역과 사무역

선조 26년 국내의 기황(饑荒)으로 말미암아 재상 유성룡이 건의하여 요동에 공문을 보내어 압록강 중강에 시를 열어 교역하게 하니 이것이 중강개시의 시초였다. …… 그 뒤 폐지하였다. 인조 24년 청나라의 요청으로 …… 농우를 팔 것을 들어 주었으나 다만 관에서 판매하는 소와 소금을 규례에 따라 바꾸어 무역하게 할 뿐 사상이 따라가는 것을 전혀 허락하지 않았다. 그런데 나라의 법으로 금하는 것이 점점 해이해져서 사상들이 함부로 따라가서 저희 마음대로 교역했는데 이것을 중강후시라 했다.

- 「만기요람」

숙종 26년 청국 예부에 청하여 중강후시를 혁파하였으나 책문후시는 지금까지 행한다. …… 사행이 책문을 출입할 때는 의주상인과 개성상인 등이 은, 삼을 몰래 가지고 인부나 마필 속에서 섞여 들어 물종을 팔아 이익을 꾀하였다. 되돌아 올 때는 걸음을 일부러 늦추어 사신을 먼저 책문으로 나가게 하여 거리낄 것이 없게 한 뒤에 저희 마음대로 매매하고 돌아오는데 이것을 책문후시라 한다.

- 「만기요람」

국정원 9급 All-Care

깊이 Plus+ 조선 전기의 화폐 사용

- 태종 때, 지폐인 저화를 발행하기 시작(1401년)
- 「경국대전」에 의하면 관리의 녹봉은 쌀, 콩 등 곡식과 포 등의 옷감 뿐 아니라, 저화로도 지급
- 세종 때, 조선통화를 주조하였으나 동(銅) 생산의 부족으로 생산 불가

사료 Plus+ 전황과 관련된 내용

전화가 유통된 뒤부터 풍속이 날로 변하고 물가는 날로 오른다. 심지어 채소를 파는 늙은이나 소금을 파는 아이들까지도 모두 곡식을 버리고 돈을 찾는다. 농민들은 곡물을 가지고도 필요한 물품으로 바꿀 수 없어서 부득이 곡물을 헐하게 팔아서 돈을 가진다.
— 「숙종실록」

박문수가 아뢰되 전권은 마땅히 국가에 있어야 하는데 지금은 그렇지 못합니다. 그 권한이 부자의 집에 있고 부자가 숨긴 엽전이 끝내 널리 이용되지 않는 것은 대개 그 귀함이 더욱 귀해지길 바란 뒤에 그 이익을 얻고자 하기 때문입니다.
— 「비변사등록」

지도·사료 돋보기

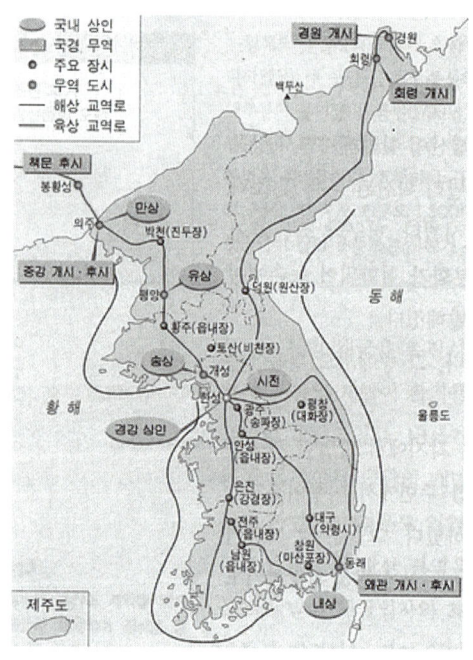

조선 후기 상업 발달

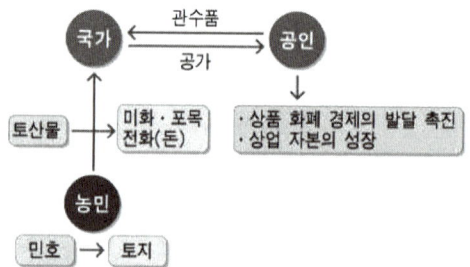

대동법 시행이후, 상공업 발달

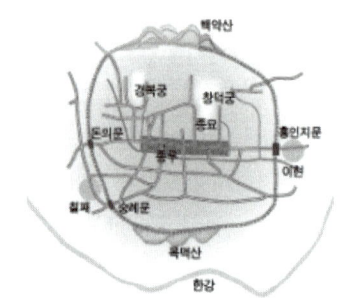

조선 후기 도성의 상권

조선 후기 사회적 변화

(1) 가족 제도의 변화(여성의 지위 변화)

	조선 초기~중기	17세기 이후	조선 후기
혼인	혼인 후 여자 집에서 생활	친영 제도 정착	친영 제도
상속	자녀 균분 상속	큰아들 우대	큰아들 우대
제사	형제가 돌아가면서 모시거나 책임 분담	반드시 큰아들이 지내야 한다는 의식 확산	아들이 없는 경우 양자 입양이 일반화

(2) 신분의 변화

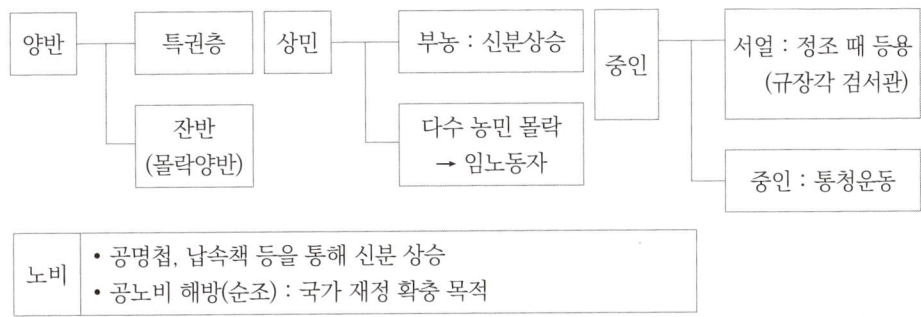

| 노비 | • 공명첩, 납속책 등을 통해 신분 상승
• 공노비 해방(순조) : 국가 재정 확충 목적 |

사료 Plus+ 조선 전·후기 혼인·제사·상속 제도의 차이

- 우리나라의 풍속은 (남자가) 처가에서 생활하니 처부모를 볼 때, 오히려 자기 부모처럼 하고, 처의 부모도 또한 그 사위를 자기 아들처럼 대한다. ―「성종실록」

- 우리 집은 다른 집과 다르니 출가한 딸에게는 제사를 맡기지 말라. 재산도 또한 선대부터 하던 대로 3분의 1만 주도록 하라. ―「부안 김씨 분재기」, 1669년

김홍도의 신행(新行)

사료 Plus+ 조선 후기의 신분별 인구 변동(대구 지역)

깊이 Plus+ 양반 증가의 원인

- 납속, 공명첩
- 군포 부담을 면하려는 상민의 양반화
- 양반과의 혼인 등
- 서원의 청금록에 등재되어 유생 사칭
- 족보의 매입, 위조

사료 Plus+ 중인의 처지

아! 중인은 본시 모두 사대부였는데, 의(醫)에 들어가고 또는 역(譯)에 들어가 7·8대나 10여 대를 대대로 전하니 사람들이 중촌고족(中村古族)이라 일컫게 되었다. 문장과 덕은 비록 사대부에 비길 수 없으나, 명공·거실 외에 우리보다 나은 자는 없다. 비록 나라의 법으로 금한 바 없으나 청요직에 진출하지 못하여 수백 년 원한이 쌓여 있고, 이를 호소할 기약조차 없으니 이는 무슨 죄악이며 무슨 업보인가?
- 「상원과방」

사료 Plus+ 공노비 해방

왕이 윤음을 내렸다. "우리나라의 내수사와 중앙 각 관청이 노비를 소유하고 전해 내려오는 것을 기자(箕子)에서 비롯되었다고 하나 나는 그렇게 보지 않는다. …… 임금이 백성을 볼 때는 귀천이 없고 남녀 구별 없이 하나같이 적자다. '노(奴)'다 '비(婢)'다 하여 구분하는 것이 어찌 일시동포(一視同胞)하는 뜻이겠는가. 내노비 36,974명과 사노비 29,093명을 양민이 되도록 허락하고 승정원에 명을 내려 노비문서를 모아 돈화문 밖에서 불태우도록 하라"
- 「순조실록」권 2

깊이 Plus+ 노비 관련법의 변화

1. 천자수모법(賤子隨母法, 고려 정종) : 모(비)의 소유주에게 귀속 원칙적으로 양천 결혼 금지
2. 일천즉천(一賤則賤, 고려 충렬왕) = 종부종모법
3. 노비종부법(奴婢從父法, 조선 태종) : 노비의 양인화 확대 목적
4. 일천즉천(一賤則賤, 조선 세조) : 「경국대전」에 명시
5. 노비종모법(奴婢從母法) : 현종~영조
6. 공노비 해방(1801, 순조) : 공노비 완전 해방 아님.
7. 노비세습제 폐지(1886, 고종)
8. 공·사노비 해방(1894, 고종) : 갑오개혁, 법제적 신분제 폐지

새로운 사상의 등장과 민란의 발생

(1) 민간신앙과 예언사상의 유행
- 비기, 도참 등을 이용한 예언사상 유행 ⇨ 「정감록」유행
- 방서·괘서 사건 발생
- 미륵신앙 유행

(2) 서학(천주교) 등장
- 처음에는 학문으로 수용(이수광의 「지봉유설」에서 「천주실의」를 요약·소개하면서 불교와 비교)
- 남인 실학자들이 선구가 되어 신앙으로 수용(최초의 세례자 : 이승훈, 최초의 신부 : 김대건)
- 정부의 탄압 : 신해박해(윤지충 사형), 신유박해, 병인박해(병인양요의 원인)

(3) 동학의 등장

배경	서학의 전래와 서양의 침략 위협에 대한 반발, 삼정의 문란에 대한 반발
창시	최제우(경주 지방의 몰락 양반, 유·불·선과 천주교 교리 융합)
사상	인내천, 후천개벽, 보국안민
정부의 탄압	교조 최제우를 혹세무민의 죄목으로 처형
부흥	「동경대전」, 「용담유사」저술, 포접제 조직을 통한 교세 확장

이후, 교조신원운동 → 1차 농민전쟁(반봉건) → 2차 농민전쟁(반외세) 전개

(4) 민란 발생

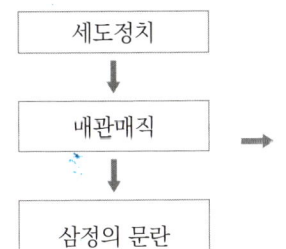

- 홍경래의 난(1811)
  - 주도 : 몰락 양반 홍경래 + 소외층(광부·품팔이꾼 등)
  - 원인 : 서북민(평안도민)에 대한 지역 차별 + 삼정의 문란
- 임술농민봉기(1862)
  - 시작 : 진주농민봉기
  - 원인 : 삼정의 문란

깊이 PLUS 저항의 형태

형태	내용
괘서(掛書)	폭로의 글을 많은 사람들이 볼 수 있는 곳에 붙이는 행위
투서(投書)	부정한 관리나 지주의 집에 요구 사항과 욕설을 담은 글을 살포하는 행위
와언(訛言)	관리나 지주의 비리를 폭로하고 나쁜 소문을 퍼뜨리는 행위
정소(呈訴)	관리나 지주의 비리를 폭로하기 위해 집단으로 상급 기관에 항의하는 행위
산호(山呼)	뒷산에 올라가 큰 소리로 수령과 아전들의 비리를 외치는 행위
거화(擧火)	밤에 횃불을 들고 산에 올라가 수탈에 항의하는 내용을 외치는 행위

깊이 Plus+ 서양 문물의 전래

1. 선조 36년(1603)에 이광정이 베이징에서 마테오 리치의 곤여만국전도를 들여왔다.
2. 광해군 때 허균은 사신을 따라 베이징에 갔다가 천주교 서적을 가져왔다.
3. 이수광은 광해군 초에 베이징에 사신으로 갔다 와서 저술한 「지봉유설」에서 마테오 리치의 「천주실의」(한문으로 저술한 천주교 교과서)를 요약, 소개하면서 불교와의 차이점을 언급하였다.
4. 광해군 때 유몽인은 「어우야담」(우리나라 최초의 야담집)에서 천주교의 교리를 자세히 설명하고 유·불·도교와의 차이점을 논하였다.
5. 인조 때 명나라 사신으로 갔던 정두원이 천주교 서적과 만국지도, 화포, 자명종, 천리경을 가져왔다.
6. 인조 때 청나라에 볼모로 잡혀갔던 소현세자는 베이징에 와 있던 아담 샬(Adam Schall; 독일 예수회 신부로 중국에서 활약, 1591~1666)로부터 천주교 서적과 천주상, 과학서적 등을 얻어 왔다.

사료 Plus+ 세도 정치의 부패

여른날에 술을 마시며 떵떵거리는 수십 집안이
대를 이어가며 국록을 먹는다.
서로들 돌아가며 싸우고 죽이면서 약한 이를 고기 삼아
힘센 놈이 먹어치우네
세력을 휘두르는 대여섯 집안 재상 자리 대감 자리 모두 다 차지하고
관찰사 절제사도 완전히 차지하네…….

- 「여유당전서」, 정약용

사료 Plus+ 환곡의 문란

빌려 주고 빌리는 건 양쪽 다 원해야지
억지로 강제하면 불편이 오네.
온 땅을 통틀어도 고개만 저을 뿐
빌리겠단 사람은 하나도 없네.
봄철에 벌레 먹은 쌀 한 말 받고서
가을에 온전한 쌀 두 말 바치고,
게다가 벌레 먹은 쌀값 돈으로 내라하니
온전한 쌀을 팔아 바칠 수밖에.
남은 이윤은 교활한 관리들만 살찌워
한갓 내시조차 밭이 천 두락이라.

사료Plus+ 군정의 문란

노전촌의 젊은 아낙네 하늘을 우러르며 원망하고 울부짖는구나
군대 나간 남편이 돌아오지 못한 일은 오히려 있으련만
옛날부터 성기를 자른 사나이 있단 말은 듣지 못했노라
시아버지 3년 상을 마친 지도 오래고
갓난아이는 태어난 지 삼칠일도 지나지 않았는데
남편과 죽은 시아버지, 갓난아이 삼대의 이름이 군적에 실리다니

- '애절양(哀絶陽)', 정약용

사료Plus+ 천주교에 대한 상반된 입장

천학(천주교)은 현실을 문제 삼지 않고 오로지 내세의 천당 지옥설을 믿어, 사람을 황당한 지경에 빠뜨리고 있다. 그러면서 아침저녁으로 지옥의 고통을 면하고자 자기 잘못을 빌고 용서를 구함이 무당이나 불가와 다를 바 없다. 또한 유가에서 불가와 묵가(墨家)를 배격하고 있음과 같이, 천주교의 망발됨을 가려 배격하지 않을 수 없다. 그리고 천학을 하는 자들이 조상제사를 비판하면서도 자신들은 천주상(天主像)을 걸어 놓고 기축(祈祝)하고 있음은, 결국 천학이 무부무군(無父無君)의 사학인 까닭이라고 결론지을 수 밖에 없다. 따라서 오직 유학만이 정학(正學)이다.

- 「천학문답(天學問答)」, 안용복

우리나라에서 천학을 금하시는 것은 드 뜻이 정녕 어디에 있습니까? 먼저 그 뜻과 이치가 어떠한지 물어보지도 않고 지극히 죄악이라는 말로 사교(邪敎)라 하여 반역의 법률로 다스려 신유년 앞뒤로 인명이 크게 손상하였으나 한 사람도 그 원인을 알아보지 않았습니다. …… 이 도는 천자로부터 서민에 이르기까지 날마다 사용하고 늘 실해해야 할 도리이니 가히 해가 되고 난(亂)으로 된다고 할 수 없습니다.

- 「상재전서」, 정하상

사료Plus+ 인내천(人內天) 사상

동양 사상 속에 존재하고 있는 천인합일(天人合一) 사상이 종래 천(天)에 무게를 두어 인(人)이 매몰되던 것을, 이제는 인에 무게를 두어 천이 인에 매몰되게 역전시킴으로써 하느님을 사람의 마음속에 넣는 데 성공하였다. 또한 이 원리를 더욱 발전시켜 사람들의 마음속에 들어간 하느님이 모두 동일한 하느님임을 밝히어 사람들은 모두 평등하게 되는 원리를 정립하였다.

사료Plus+ 동학의 구복적 성격 : 궁궁을을(弓弓乙乙)

서도(西道)로써 사람들을 가르쳐야 하겠는가 하니 아니다. …… 영부의 모양은 태극의 그림과 같고 혹은 활 궁(弓)자를 겹쳐 놓은 것과 같다. 이 부적을 받아가지고 사람들의 병을 고치며 또 내 주문을 받아가지고 모든 사람으로 하여금 나를 위하게 하라. 그러면 너도 역시 오래 살아서 온 세상을 이롭게 할 것이다.

⇨ 당시 동학에서는 '궁궁을을(弓弓乙乙)'이라고 쓴 부적을 태워 마시면 병을 고치고 영원히 산다고 하는 구복적 성격의 미신이 존재했다. 또한 궁(弓)은 활이요, 을(乙)은 새로서, 활이 새를 제압하는 것인데, 동(東)은 궁(弓)을 상징하고 서(西)는 을(乙)을 상징하므로, 동학이 서학을 제압한다고 하였다.

사료 Plus+ 홍경래의 난과 관련된 격문

조정에서는 관서 땅을 버리는 것을 더러운 땅과 다름없이 한다. 심지어 권세 있는 집의 노비들도 관서의 인사를 보면 반드시 평안도 놈이라 한다. …… 지금 임금이 나이가 어려 김조순, 박종경 무리가 국가 권력을 제멋대로 하니 하늘이 재앙을 내리고, 이에 큰 흉년이 들어 부황 든 무리가 넘치고 ……

사료 Plus+ 진주 농민 봉기

임술년(1862) 2월 19일, 진주의 백성 수만 명이 머리에 흰 수건을 두르고, 손에는 몽둥이를 들고 무리를 지어 진주 읍내에 모여 관청의 관리들의 집에 불을 지르고 부수어 그 움직임이 결코 가볍지 않았다. 경상 우병사였던 백낙신이 이들을 해산시키기 위해 장시로 나가니 흰 수건을 두른 백성들이 그를 빙 둘러싸고 백성들의 재물을 횡령한 조목, 아전들이 세금을 강제로 징수한 일들을 면전에서 여러 번 문책하였는데, 조금도 이에 대한 거리낌이 없었다.

비교 Plus+ 홍경래의 난과 진주농민봉기

	홍경래의 난(1811)	진주 농민 봉기(1862)
원인	세도정치와 평안도민에 대한 차별 대우	삼정의 문란과 백낙신의 착취
중심인물	몰락 양반 홍경래	몰락 양반 유계춘
경과	청천강 이북 점령 ⇨ 정주성 싸움에서 진압	진주성 점령 ⇨ 진압
영향	농민들이 각성하는 계기	농민 봉기의 전국적 확산 ⇨ 임술농민봉기
의의	탐관오리의 횡포에 항거한 농민들의 자각운동	

지도·사료 돋보기

7. 조선 후기 문화의 새 기운

조선 후기 사상과 학문의 변화

(1) 성리학에 대한 도전

시대적 상황	성리학질서에 대한 도전
• 사회 혼란(지배 이데올로기로서 역할X) • 실천성↓ • 실용성↓ • 사대적(명 → 청 교체)	• 성리학 이론 논쟁(윤휴·박세당) • 양명학 연구 • 실학 등장 • 자주적인 국학 연구 확대

(2) 성리학의 이론 논쟁
- 성리학의 지나친 교조화(비판을 수용하지 않고 절대화 됨)
  - 윤휴·박세당 : 성리학이 스승을 무비판적으로 답습하는 것을 지적, 자유로운 비판 강조
    → 사문난적으로 몰려 처형
  (※ 사문난적 : 교리에 어긋나는 언행으로 유교의 질서와 학문을 어지럽히는 사람)

사료 Plus+ 박세당의 견해

송나라 시대에 와서 정자와 주자 두 선생이 일어나서 …… 6경 본래의 뜻이 이제야 찬란하게 다시 세상에 밝아졌다. …… 그러나 경에 실린 말이 그 근본은 비록 하나이지만 그 단서는 천만 갈래이다. …… 확실치 못하고 넓게 보지 못한 식견을 대강 서술하여 모아서 책을 만들어 이름을 사변록이라 하였다. 혹시 선배 유학자들이 세상을 깨우치고 백성을 도와주는 뜻에 조금이라도 도움이 되지 않을까 함이요, 결코 다투기를 좋아하는 마음에서 새롭게 학설을 세운 것은 아니다. ……

- 「사변록」 서문, 박세당

- 호락 논쟁 : 인불성에 대한 논쟁(인물성 동이론쟁)
  - 인물성동론 : 인성과 물성은 같다 → 명과 청은 같다 → 청을 배우자 ⇨ 낙론(서울, 경기 중심)
  - 인물성이론 : 인성과 물성은 다르다 → 명과 청은 다르다 → 청을 배척하자 ⇨ 호론(충청도 중심)

깊이 Plus+ 주요 성리학 이론 논쟁

	이기론쟁		심성론쟁		호락논쟁	
쟁점	이(理)와 기(氣)에 대한 논쟁		사단칠정론(四端七情論)		인물성동이론(人物性同異論)	
대립	주리론 (이황 학파)	주기론 (이이 학파)	이황 "사단은 이가 발현한 것이고, 칠정은 기가 발현한 것이다."	기대승 "사단은 칠정의 범위를 벗어나 따로 존재하는 것이 아니다."	호론 (인물성이론) ⇩ 위정척사사상	낙론 (인물성동론) ⇩ 개화사상

(3) 양명학 연구

- 실천을 강조 : 지행합일, 치양지설, 심즉리(성리학의 성즉리에 반대)
- 강화학파 형성 : 18세기 정제두를 중심으로 양명학 연구
- 정권에서 소외된 소론에서 주로 연구 → 가학의 형태로 계승

사료 Plus+ 성리학과 양명학

양명학과 주자학의 중요한 차이점은 먼저 주자학이 인간의 본성을 중시하였으나 性卽理, 양명학은 본래 타고난 인간의 마음 心을 중심으로 삼는다. 心卽理, 둘째 주자학이 이론적 탐구로서 지식을 넓혀 나갈 것을 주장하지만 양명학에서는 이미 마음에 良知가 있으므로 그럴 필요가 없다고 하였다 셋째 성리학에서는 먼저 알고 이어서 행하여야 한다고 하였는데 先知後行 양명학은 알고서 행하지 않는 경우는 없다면서 知行合一 알고서 행하지 않는다면 이는 앎이 아니라고 하였다.

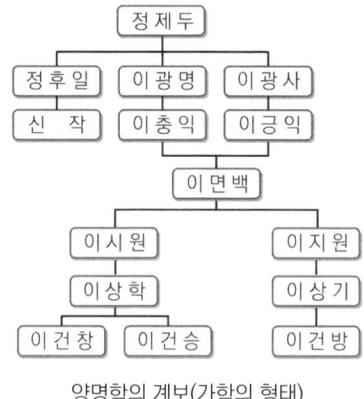

양명학의 계보(가학의 형태)

(4) 실학의 발달

- 선구자 : 이수광(「지봉유설」에서 「천주실의」 등을 소개), 김육(대동법 확대, 주전 필요성 주장)

중농학파 (경세치용학파)	유형원	• 「반계수록」 : 균전제(계층에 따른 차등 지급)
	이익	• 한전론(영업전 설정 → 자영농 유지) • 육두론(병폐 지적 : 노비제, 과거제, 양반문벌제도, 사치와 미신, 승려, 게으름) • 신분제 개혁 주장(양반과 상놈의 차별을 없애자) • 「성호사설」, 「곽우록」
	정약용	• 「목민심서」 : 여전론(토지를 공동 소유·공동 경작, 수확은 노동력에 따라 배분)
중상학파 (이용후생학파)	유수원	• 「우서」 : 상공업 진흥, 기술 혁신, 사농공상의 직업 평등과 전문화 주장
	홍대용	• 「의산문답」 : 지전설, 무한우주관 주장 • 기술 혁신과 신분제도 철폐, 성리학의 극복 역설
	박지원	• 「열하일기」 : 수레와 선박의 이용, 화폐 유통의 필요성 등 강조 • 「허생전」 : 생산물 유통의 중요성 강조
	박제가	• 「북학의」 : 수레와 선박 사용 강조(영향력 큼 → 중상학파를 북학파라고 함) • 소비론 : "재물은 샘과 같다.", "상업이 없으면 인생이 더 궁핍해질 것이다."

깊이 Plus+ 정약용의 업적

현실 개혁안	• 대표적인 중농학자 : 노동력에 따라 소득을 분배하는 공동 농장제인 여전제(閭田制) 주장 • 「목민심서」 : 목민관(지방관)의 치민에 관한 도리를 논함. • 「경세유표」 : 중앙정치제도의 폐해와 개혁안을 기술(정전제 제시) • 「흠흠신서」 : 법률 정치서로, 형옥의 임무를 맡는 관리들이 유의할 사항을 사례로 설명
과학	• 「기기도설」을 참고하여 거중기 제작 → 수원성 축조 • 한강에 주교(배다리)를 설계
의학	• 「마과회통」 : 마진(홍역)에 관한 의서
역사	• 「아방강역고」 : 우리나라 강역에 관한 역사지리서
기타	• 「여유당전서」 : 일제강점기 조선학운동을 추진한 정인보·안재홍 등이 다산 정약용의 1표 2서에서 시문에 이르기까지의 저술을 총망라한 문집 • 신유박해 : 천주교 박해로 유배(노론의 정치적 박해)

사료 Plus+ 중농학파 — 토지제도론

옛날 정전법은 아주 이상적인 제도이다. 토지 경영이 바로잡히면 모든 일이 제대로 될 것이다. 백성은 일정한 직업을 갖게 되고 군사 행정에는 도피자를 찾는 폐단이 없어지지만 귀천상하라 모두 자기 직책을 갖게 될 것이므로 민심이 안정되고 풍속이 도타워질 것이다. …… 농부 한 사람이 토지 1경을 받아 법에 따라 조세를 낸다. 4경마다 군인 1인을 낸다. 사대부로서 처음 향교에 입학한 자는 2경을 받는다. 내사에 들어간 사람은 4경을 받고 병역의무를 면제한다. 현직 관료는 9품부터 7품까지 6경을 받는다. 정2품은 12경을 받는다. 9품에서 2품까지 조금씩 차등을 두어 지급한다. 모두 병역의무는 면제하며 현직에 근무할 때는 별도로 녹을 받는다. 퇴직하였을 때는 받은 토지로 생계를 유지한다. …… 토지를 받은 자가 죽으면 국가에 반납한다.
– 「반계수록」

국가는 마땅히 한 집의 생활에 맞추어 재산을 계산해서 한전 몇 부를 1호의 영업전으로 하여 당나라의 제도처럼 한다. 그러나 땅이 많은 자는 빼앗아 줄이지 않고 미치지 못하는 자도 더 주지 않으며 돈이 있어 사고자 하는 자는 비록 천백결이라도 허락해 주고 땅이 많아서 팔고자 하는 자는 다만 영업전 몇 부 이외에는 허락하여 준다.
– 「곽우록」

농사를 짓는 사람에게는 토지를 갖게 하고 농사를 짓지 않는 사람에게는 토지를 갖지 못하게 하려면 여전제를 실시하여야 한다. …… 1여에는 여장을 두며 무릇 1여의 토지는 1여의 인민이 공동으로 경작하도록 한다. 내 땅 네 땅의 구별을 없애고 여장의 명령에만 따른다. 여민들이 농경하는 경우 여장은 매일 개개인의 노동량을 장부에 기록해둔다. 가을이 되면 수확물은 모두 여장의 집으로 가져온 다음 분배한다. 이때 국가에 바치는 세와 여장의 봉급을 뺀다. 나머지를 가지고 장부에 적힌 노동량에 따라 여민에게 분배한다.
– 「여유당전서」

사료 Plus+ 이익의 '육두론'

사람 중에 간사하고 함부로 하는 자가 없다면 천하가 왜 다스려지지 않겠는가? 간사하고 함부로 하는 것은 재물이 모자라는 데에서 생기고 재물이 모자라는 것은 농사에 힘쓰지 않는 데에서 생긴다. 농사에 힘쓰지 않는 자 중에 그 좀이 여섯 종류가 있는데, 장사꾼은 그 중에 들어 있지 않다. 첫째가 노비(奴婢)요, 둘째가 과업(科業)이요, 셋째가 벌열(閥閱)이요, 넷째가 기교(技巧)요, 다섯째가 승니(僧尼)요, 여섯째가 게으름뱅이이다. — 이익, 「성호사설」

사료 Plus+ 정약용의 '기예론'

하늘이 금수(禽獸)에게는 발톱을 주고, 뿔과 단단한 발굽을 주고, 날카로운 이를 주고, 독을 주어서 …… 환난을 방어하도록 하였다. 그런데 사람에게는 벌거숭이로 태어나서 연약하여 살아나갈 수 없을 것처럼 만들었다. …… 사람에게는 지려(智慮)와 교사(巧思)가 있음으로써 그들로 하여금 기예(技藝)를 습득하여 스스로 자기의 생활을 영위하도록 한 것이다.

사료 Plus+ 중상학파 - 상공업 개혁

지금 양반이 명분상으로 상공업에 종사하는 것을 부끄러워하지만 그들의 비루한 행동은 상공업자보다 심한 자가 많다. 학문이 없어도 세력만 있으면 부정하게 과거에 합격하고 그렇지 않으면 음직을 바라거나 공물 방납과 고리대를 하거나 노비를 빼앗기 위한 소송을 벌여 생활한다. …… 상공업을 두고 천한 직업이라 하지만 본래 부정하거나 비루한 일은 아니다. 그것은 스스로 재간 없고 덕망 없음을 안 사람이 관직에 나가지 않고 스스로의 노력으로 물품 교역에 종사하면서 남에게서 얻지 않고 자기 힘으로 먹고 사는 것이다. 어찌 천하거나 더러운 일이겠는가. — 「우서」

중국은 재산이 풍족할 뿐더러 한 곳에 지체되지 않고 골고루 유통함은 모두 수레를 사용한 까닭일 것이다. 이제 간단한 예를 들어보자. 우리 사신들이 모든 번거로움을 없애버리고 우리가 만든 수레에 올라타고 바로 연경에 닿을 텐데 무엇을 꺼려서 하지 않는단 말인가. 그리하여 영남 어린이들은 백하젓을 모르고 관동 백성들은 아가위를 절여서 장 대신 쓰고 서북 사람들은 감과 감자의 맛을 분간하지 못하며 바닷가 사람들은 새우나 정어리를 거름으로 밭에 내건만 서울에서는 한 움큼에 한 푼을 하니 이렇게 귀함은 무슨 까닭일까? …… 이는 오로지 운송할 힘이 없기 때문이다. 사방이 겨우 몇 천리밖에 안 되는 나라에 인민의 살림살이가 이다지 가난함은 한 말로 표현한다면 수레가 국내에 다니지 못한 까닭이라 하겠다. — 「열하일기」

우리나라는 면적이 좁고 백성은 가난하다. 이제 농사를 짓는 데 현명한 재사를 쓰고 상공을 통하도록 한 나라 안의 이익을 모조리 융통하게 하더라도 오히려 부족하고 걱정될 것이다. 반드시 먼 지역의 물자를 교통한 뒤에야 재화가 늘고 백 가지 일용품이 생겨날 것이다. …… 이제 배로 통상하려면 왜놈들은 간사하여 늘 이웃나라를 엿보아 좋지 않고 안남, 유구, 대만 등은 또 길이 멀고 험하여 통상할 수 없으니 중국만이 그 대상이 될 수 있을 것 같다. …… 다만 중국 배하고만 통상하고 해외의 여러 나라와 통상하지 않는 것은 일시적인 권의지책이요, 정론이 아니다. 국력이 강해지고 백성의 직업이 안정된 다음에 마땅히 통하여야 할 것이다.

- 「북학의 외편」

대체로 재물은 비유하건대 샘과 같다 퍼내면 차고 버려두면 말라버린다. 그러므로 비단옷을 입지 않아서 나라에 비단 짜는 사람이 없게 되면 여공이 쇠퇴하고 쭈그러진 그릇을 싫어하지 않고 기교를 숭상하지 않아서 나라에 공장의 도야하는 일이 없게 되면 기예가 망하게 되며 농사가 황폐해져서 법을 잃게 되므로 사농공상의 사민이 모두 곤궁하여 서로 구제할 수 없게 된다.

- 「북학의 내편」

깊이 홍대용의 천체관

서양 과학을 적극 수용해 지구와 우주의 구조에 대해 그 나름의 독창적인 지동설을 주장했다. 그는 우주를 무한한 공간으로 보고, 그 무한한 우주가 지구 둘레를 돈다는 것은 불가능하다고 생각했다.

지구는 둥글고, 빠른 속도로 자전을 하기 때문에 지구 중심으로 쏠리는 힘이 발생하게 되며, 이 힘이 둥근 지구위에서 사람들이 거꾸로 떨어지지 않고 살아갈 수 있도록 붙잡아 주는 것이라 생각했고, 이를 상하지세(上下之勢)라 명했는데 오늘날의 중력과 비슷한 개념이라 볼 수 있다.

지구를 넘어서 은하계의 존재에 대해서도 그는 인지하고 있었다.
그는 무한한 우주 속에 지구를 중심으로 한 세계 이외의 다른 세계가 존재할 수 있음을 인정했는데 바로 은하계의 존재이다.

지금의 우리가 태양계라고 부르는 것을 홍대용은 지계(地界)라고 부르며, 다른 항성 둘레에는 그것을 중심으로 한 행성계(行星界)가 있을 수 있다고 믿었고, 특히 다른 행성이나 달에도 그 조건에 맞는 생명체가 있을 것이라고 하며 우주인(宇宙人)의 존재도 인정하고 있었다.

- 「의산문답」

(5) 국학 연구

국학 연구	역사	• 안정복의 「동사강목」: 고조선~고려 역사를 연대순으로 서술, 강목체 • 이긍익의 「연려실기술」: 조선 시대 야사 모음, 기사본말체 • 이종휘의 「동사」: 고구려 역사 연구, 기전체 • 유득공의 「발해고」: 발해사 연구, 기전체 • 한치윤의 「해동역사」: 외국의 사료까지 분석·인용(객관적), 단군조선부터 고려까지 서술, 기전체
	지리서/지도	• 정상기의 동국지도(백리척 사용) • 김정호의 청구도·대동여지도(10리마다 눈금표시, 목판으로 제작) • 인문지리 : 이중환의 「택리지」 • 세계지도인 「곤여만국전도」전래
	언어	• 신경준의 「훈민정음운해」, 유희의 「언문지」 • 이의봉의 「고금석림」: 외국과 우리말을 정리한 어학사전

국정원 9급 All-Care

	백과서적	• 이수광의 「지봉유설」 : 우리나라 최초의 백과사전 • 이익의 「성호사설」, 서유구의 「임원경제지」
수학		• 「기하원본」 도입 : 유클리드가 저술한 기하학서를 정리한 기하 원본이 도입
천문		• 홍대용의 「의산문답」 : 지전설(공전은 언급하지 않음)
의학		• 허준의 「동의보감」 : 전통 한의학의 체계적인 정리 • 허임의 「침구경험방」 : 침구술 집대성 • 정약용의 「마과회통」 : 마진(홍역)을 연구 • 이제마의 「동의수세보원」 : 사상의학을 확립

시흥환어행렬도(정조의 화성행차)

수원화성

거중기

곤여만국전도

대동여지도

조선 후기의 문화 ⇨ 새로운 경향의 등장

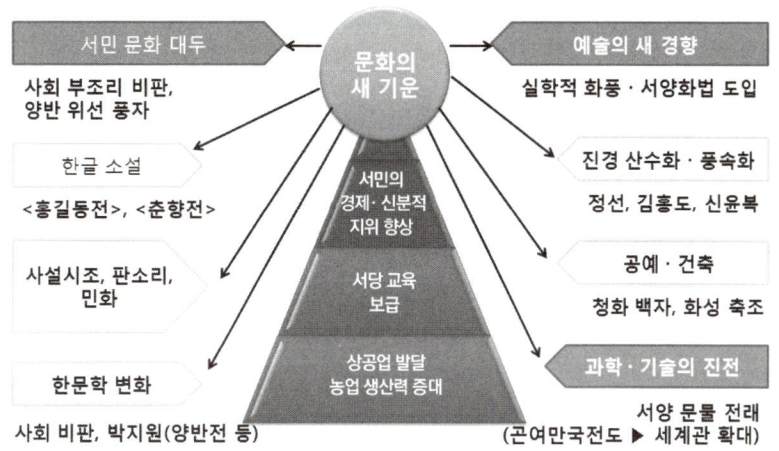

배경		• 서민층의 경제력 상승 • 새로운 사상의 등장과 서당교육 등을 통해 사상적으로 성장
서민문화 발달		• 판소리, 한글소설, 탈춤, 산대놀이 등 발달, • 민화와 풍속화 유행, 청화백자 유행
회화	풍속화 유행	• 김홍도(서민의 삶) • 신윤복(양반 사회 풍자)
	우리 문화에 대한 자신감 (명 → 청 교체)	• 진경산수화(정선의 인왕제색도, 금강전도)
	서양화풍 전래	• 강세황의 영통동구도
	19세기 복고적 화풍 유행	• 김정희의 세한도
공예	집권층의 취향을 반영	• 15세기(분청사기) → 16세기(백자) → 후기(청화백자) • 목공예, 화각공예, 자개공예 발달
건축	17세기	• 대규모 불교 사원 건축 : 금산사 미륵전, 화엄사 각황전, 법주사 팔상전
	18세기	• 수원 화성
	19세기	• 경복궁 근정전, 경회루

비교 Plus+ 조선 시대 대표적 회화 작품

시기	조선전기		조선후기	
	15세기	16세기	18세기	19세기
대표 작품	• '몽유도원도' (안견) • '고사관수도' (강희안)	• '초충도' 등 (신사임당) • 사군자(사림)	• '인왕제색도', '금강전도' (정선의 진경산수화) • '영통동구도' (강세황, 서양화법) • 풍속화(김홍도, 신윤복)	• '세한도'(김정희) • 풍속화, 민화 등

지도·사료 돋보기

인왕제색도(정선)

금강전도(정선)

서당도(김홍도)

무동(김홍도)

세한도(김정희)

단오풍정(신윤복)

월하정인(신윤복)

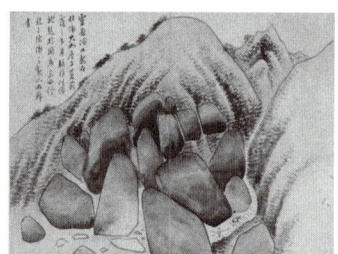
영통동구도(강세황)

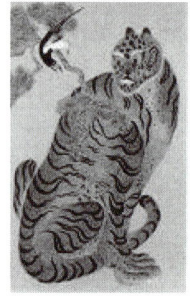

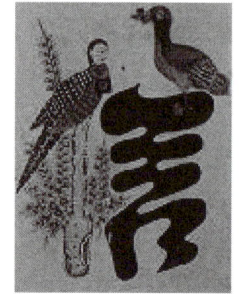
민화

국정원 9급 All-Care

| 화엄사 각황전 | 법주사 팔상전 | 금산사 미륵전 |

비교 Plus+ 조선의 자기 변화

| 15세기 | 16세기 | 조선 후기 |

분청사기

백자

청화백자

조선 전기의 정치 : 초기왕 정책, 제도, 훈구사림, 대외관계

161

밑줄 친 '국왕' 재위기의 사회모습으로 옳은 것은?

> 처음으로 의정부의 서사를 나누어 6조에 귀속시켰다. …. <u>국왕</u>은 의정부의 권한이 막중함을 염려하여 이를 혁파할 생각이 있었지만, 신중하게 여겨 서두르지 않다가 이때에 이르러 단행하였다.
> – "조선왕조실록"

① 재상정치 실시
② 집현전 설치
③ 사병제도 폐지
④ 경국대전 편찬 시작

162

다음 글을 쓴 인물에 대한 설명으로 옳은 것을 〈보기〉에서 고른 것은?

> 임금의 자질은 어리석은 자질도 있고 현명한 자질도 있으며, 강력한 자질도 있고 유약한 자질도 있어서 한결같지 않으니, 재상은 임금의 좋은 점을 따르고 나쁜 점은 바로잡으며, 옳은 일은 받들고 옳지 않은 일은 막아서 임금으로 하여금 가장 올바른 경지에 들게 해야 한다.

① 집현전에서 학문을 연구하였다.
② 재상 중심의 정치 운영을 강조하였다.
③ 불교와 성리학의 공존을 추구하였다.
④ 대토지 소유는 시정하되 역성혁명에 반대하였다.

163

다음 조치를 시행했던 국왕 때의 사실로 옳은 것은?

> 선왕께서 6조 직계제를 시행한 이후 모든 일이 6조에서 처리되어 의정부의 역할은 오직 사형수를 논결하는 것뿐이었다. 이제부터 6조는 각기 모든 직무를 먼저 의정부에 보고하고, 의정부는 가부를 헤아린 뒤에 나에게 아뢰어 (왕의) 전지를 받아 6조에 내려 보내어 시행하도록 하라. 단, 이조·병조의 인사 문제, 병조의 군사 업무 등은 전과 같이 각 조에서 내게 직접 아뢰어 시행하라.

① 전분6등법과 연분9등법을 시행하였다.
② 홍문관을 설치하고 경연을 활성화하였다.
③ 사병을 혁파하고 호패법을 실시하였다.
④ 한양으로 도읍을 옮긴 후 경복궁을 건설하였다.

164

다음 글의 밑줄 친 인물의 업적으로 옳은 것은?

> 상왕(단종)께서 나이가 어려 모든 조치를 대신에게 위임하고 의논하고 시행하였다. 그러나 이제 내가 명을 받아 왕통을 계승하여 국가의 모든 일을 처리하며, 우리나라의 옛 제도를 복구하고자 한다. 지금부터 형조의 사형수를 제외한 모든 서무는 6조에서 각각 그 직무를 담당하여 직접 왕에게 아뢰어라.

① 직전법을 실시하였다.
② 홍문관을 설치하였다.
③ 경국대전을 완성하였다.
④ 호패법을 처음으로 실시하였다.

165

밑줄 친 '내가'에 해당하는 왕의 재위 기간에 있었던 사실로 옳지 않은 것은?

> 나라의 말이 중국과 달라서 한자가 서로 통하지 아니하므로 우매한 백성이 말하고자 하나 제 뜻을 능히 펴지 못할 자가 많은지라. 내가 이를 불쌍히 여겨 새로 28자를 만드나니 사람마다 쉽게 학습하여 일용에 편하게 하고자 할 따름이다.

① 전분6등법과 연분9등법을 실시하였다.
② 우리 풍토에 맞는 농법을 정리한 "농사직설"을 편찬하였다.
③ 한양 기준의 천체 운동을 계산한 역법서인 "칠정산"을 만들었다.
④ 천문도인 '천상열차분야지도'를 돌에 새겨 왕조의 권위를 표현하였다.

166

조선의 중앙 정치기구에 대한 설명으로 옳지 않은 것은?
① 승정원은 왕명을 출납하면서 국왕을 견제하였다.
② 의금부는 반역죄, 강상죄 등 중죄인을 다스렸다.
③ 춘추관의 실록청에서 실록 제작을 담당하였다.
④ 호조는 세금을, 이조는 인사를 관장하였다.

167

조선의 지방 행정제도에 대한 설명으로 옳지 않은 것은?
① 각 도에 관찰사를 파견하였다.
② 주현이 주변의 속현을 통솔하였다.
③ 유향소와 경재소를 통해 향촌 사회를 다스렸다.
④ 수령은 지방에서 행정·사법·군사권을 행사하였다.

168

조선의 제도에 대한 설명으로 옳은 것은?
① 최고 교육 기관인 성균관에는 소과합격자만 입학할 수 있었다.
② 군역은 양인 개병제로 현역 군인인 정군이 비용도 부담하였다.
③ 국가의 위급 사태를 알리기 위해 봉수제와 역원제를 정비하였다.
④ 과거는 3년마다 시행하지만 왕이 성균관 행차시 치뤘던 알성시 등의 수시가 있었다.

169

다음 주장을 펼친 인물에 대한 설명으로 옳지 않은 것은?

> 아랫사람들을 일으켜 세우는 것은 윗사람에게 달린 것입니다. 성상께서 먼저 덕을 닦아 감동시킨다면 아래서도 감동되지 않는 사람이 없어, 정치가 지극히 바르게 될 것입니다. …… 공무를 처리하지 않을 수는 없습니다. 그러나 마땅히 큰 줄기만 관장하면서 나머지는 모두 아랫사람들에게 맡기시고 오로지 학문에 전념하셔야 합니다. - "중종실록"

① 사림을 등용하기 위하여 추천제도인 현량과를 실시하였다.
② 성리학 제일주의를 바탕으로 도교 사원인 소격서를 폐지하였다.
③ 해주향약을 보급하여 지방에 대한 사림의 통제력을 키우고자 하였다.
④ 위훈삭제와 같은 급진적인 개혁을 추진한 결과 기묘사화라는 화를 당하였다.

170

(가), (나) 사이 시기의 사실로 옳지 않은 것은?

> (가) 유자광이 "김종직은 우리 전하(세조)를 헐뜯었으니, 그 부도덕한 죄는 대역으로 논해야 하고 그가 지은 다른 글도 세상에 남아 있는 것이 마땅하지 않으니 모두 불태워 버리소서."라고 하니, 왕이 이를 허락하였다.
>
> (나) 심의겸이 이조 참의로 있을 때 예전의 잘못을 들어 김효원이 전랑이 되는 것에 반대했지만, 뒤에 김효원은 전랑이 되었다. 그 후 어떤 사람이 심의겸의 동생 심충겸을 전랑으로 추천하자, 김효원이 "이조의 관직이 외척의 물건인가? 어찌 심씨 집안에서 차지하려 한단 말이냐?"라고 반대하였다.

① 연산군이 폐위되고 중종이 즉위하였다.
② 명종 때 외척 세력 간에 권력 다툼이 일어났다.
③ 현량과를 통해 많은 사림이 중앙 정계에 진출하였다.
④ 정여립이 모반사건을 꾀하였다 하여 그들 세력이 제거되었다.

171

밑줄 친 '이들'과 같은 정치 세력에 대한 설명으로 옳지 <u>않은</u> 것은?

> 이들이 공신 중에 공훈도 없이 외람되게 기록된 자가 많다 하여 삭제하기를 청하였다. 현량과를 통해 임금이 이들을 지나치게 많이 임용하였는데, 조정의 신하들 중에 기뻐하지 않는 사람이 많았고 임금도 이들을 꺼렸다. 남곤이 홍경주를 부추겨 '위망(危亡)의 화(禍)가 조석에 다가와 잇다.'고 하고, 임금이 홍경주에게 이들을 제거해야 한다는 밀지를 내렸다.

① 주로 3사에서 언론과 학술을 담당하였다.
② 부국강병과 중앙 집권 체제를 지향하였다.
③ 도덕과 의리에 바탕을 둔 왕도 정치를 강조하였다.
④ 서원과 향약을 통해 향촌 사회에서 세력을 확대하였다.

172

밑줄 친 '이것'에 대한 설명으로 옳은 것은?

> 주세붕이 이것을 창건할 적에 세상에서 의심하였으나, 주세붕의 뜻은 더욱 독실해져 무리의 비웃음을 무릅쓰고 비방을 극복하여 전례에 없던 장한 일을 단행하였으니 ..... 앞으로 정몽주, 길재, 김종직 같은 이가 살던 곳에 모두 이것을 건립하게 될 것이며 ....   - "퇴계전서"

① 수령을 보좌하고 향리를 감찰하였다.
② 관리가 파견되어 교육을 담당하였다.
③ 향촌 사회의 자치를 위한 규약이 있었다.
④ 성리학을 연구하고 선현에게 제사를 지냈다.

173

(가) 인물이 추진하였던 정책으로 옳은 것을 고르면?

> 오랫동안 권세를 누려오던 남곤 등의 세력들은 (가)을/를 몰아낼 계획을 추진하였다. 궁중의 나뭇잎에다 '주초위왕(走肖爲王)'이란 글씨 모양대로 꿀물을 바르게 하여 벌레로 하여금 갉아먹게 하였다. …… 또 '(가)이/가 당파를 조직하여 조정을 문란하게 한다.'라고 거짓으로 고하였다.

① 경연을 폐지하였다.
② 서원을 지방 각지에 설치하였다.
③ 예안 향약을 보급하기위해 노력하였다.
④ 현량과를 실시하고 공납제의 개혁을 요구하였다.

174

다음과 같은 주장을 내세운 세력의 정책과 일치하는 것은?

> 우리나라가 중국 조정을 섬겨온 것이 2백여 년이다. 의리로는 군신이며, 은혜로는 부자와 같다. 임진년에 입은 은혜는 만세토록 잊을 수 없는 것이다. 선조께서 40년 동안 재위하시면서 지극한 정성으로 섬기어 평생에 서쪽을 등지고 앉지도 않았다. 광해군은 천명을 두려워하지 않고, 다른 뜻을 품고 오랑캐에게 성의를 베풀었다. 기미년(1619) 오랑캐를 정벌할 때에는 은밀히 장수를 시켜 동태를 보아 행동하게 하였다. 끝내 전군이 오랑캐에게 투항함으로써 추한 소문이 사해에 펼쳐지게 하였다. 중국 사신이 왔을 때 구속하여 옥에 가두듯이 하였다. 뿐만 아니라 황제가 자주 칙서를 내려도 구원병을 파견할 생각을 하지 않았다. 예의의 나라인 삼한이 오랑캐와 금수가 됨을 면치 못하였다. 어찌 그 통분함을 이루 다 말할 수 있겠는가?
> – "인조실록"

① 사화를 일으켜 많은 사림파들을 제거하였다.
② 후금과의 관계를 단절하고 친명배금 정책을 내세웠다.
③ 위화도 회군으로 정권을 장악하고, 온건파 사대부를 제거하였다.
④ 명과 후금 사이에서 중립 외교를 취하여 유연하게 대처하고자 하였다.

175

자료에 제시된 사건과 관련하여 전개된 상황으로 옳은 것은?

> .... 연산군은 이때에 이르러 크게 형벌을 멋대로 내리며 언관(言官)들을 추궁하여, 대신에서부터 대간과 시종에 이르기까지 거의 다 죽이거나 귀양을 보내어 조정이 텅 비었다. ... 폐비(廢妃)하는 의논에 참여한 자와 존호(尊號)을 올려서는 안된다고 주장한 자를 모두 중형으로 다스려, 죽은 자는 그 시체를 베고 가산을 몰수하였으며, 그 가족이나 친족은 연좌하였다.
> – "연산군 일기" 12년

① 김종직의 문인이 대부분 피해를 입었다.
② 사림이 등용되어 경연과 언론이 활성화되었다.
③ 조광조는 현량과를 통해 사림의 등용을 시도하였다.
④ 폐비 윤씨 사건에 관련된 훈구 대신들이 제거되었다.

176

조선 전기의 대외 관계에 대한 설명으로 옳은 것은?

① 여진과 일본에 대한 외교는 '사대교린'을 원칙으로 하였다.
② 유구, 시암 등 동남아시아의 나라와는 교류하지 않았다.
③ 조선은 일본과의 무역을 위해 무역소를 설치하였다.
④ 명나라와는 조공무역을 통해 경제적 실리를 챙겼다.

조선 전기의 경제·사회·문화

177
다음 서적이 편찬된 시기의 경제 활동에 대한 설명으로 옳지 <u>않은</u> 것은?

> 우리 주상 전하께서는 정사에 힘을 써 더욱 백성 일에 마음을 두셨다. 지방마다 풍토가 같지 아니하여 곡식을 심고 가꾸는 법이 각기 맞게 있어, 옛글과 다 같을 수 없다 하여, 여러 도의 감사에게 명하여 고을의 늙은 농부들에게 물어 이미 그 효과가 입증된 것을 아뢰게 하시고....
> – "농사직설"

① 광산 채굴은 정부가 독점하였다.
② 밭농사에 거름을 주는 시비법이 발달하였다.
③ 장인이 상인 자본의 지배를 받는 선대제가 성행하였다.
④ 정부의 허가를 받은 상인에게만 상업 활동을 허용하였다.

178
다음에서 설명하는 토지 제도의 특징으로 가장 적절한 것은?

> 경기는 사방의 근본이니 마땅히 관전을 설치하여 사대부를 우대한다. 무릇 경성에 거주하여 왕실을 시위하는 자는 직위의 고하에 따라 과전을 받는다. 토지를 받은 자가 죽은 후, 그의 아내가 자식이 있고, 수신(守信)하는 자는 남편의 과전을 모두 물려받는다.
> – "고려사"

① 현직 관료에게만 지급되었다.
② 전지와 시지가 함께 지급되었다.
③ 휼양전 등으로 세습되는 토지가 존재하였다.
④ 국가가 수조권을 행사하고 녹봉을 지급하였다.

179

다음 상소문을 올리게 된 배경으로 옳은 것은?

> "..... 과전법을 폐지하고 직전법을 시행함에 따라 그 세를 거두는 자가 혹 지나치게 많이 받아 원망을 사는 자가 많습니다. 만일 관청으로 하여금 거두어서 주게 하면 백성이 수납하는 괴로움을 면하고 지나치게 거두는 폐단도 없어질 것입니다......."

① 수신전, 휼양전 등의 명목으로 토지를 세습하였다.
② 새로 관직에 임명된 관리에게 줄 토지가 부족하였다.
③ 관료들에게 지급하던 수조권을 폐지하여 녹봉만을 지급하였다.
④ 관료들이 현직에 있는 동안 수조권을 남용하는 폐단이 심하였다.

180

조선 전기의 상업과 관련한 설명으로 옳은 것은?
① 시전 상인은 장시를 옮겨 다니며 상품을 판매 유통하는 상인들이다.
② 경시서는 장시에서 열리는 가장 큰 상점 이름을 말한다.
③ 장시는 농업생산력의 발달로 서울 근교나 지방에서 등장한 시장이다.
④ 유통경제의 발달로 국가가 만든 저화, 조선통보를 농민들 대부분이 사용했다.

181

다음 내용과 관련된 수취체제에 대한 설명으로 가장 적절한 것은?

> 김개가 아뢰기를 "신이 지난번 전라도에 있을 때 들은 바로는 '사다새(물새의 일종)의 살을 약으로 사용하므로 전라도 바닷가 7읍에서 번갈아 진상한다.'라고 하였습니다. 당초 생산되었는지 아닌지를 알 수 없지만 지금은 생산되지 않은지 오래되었습니다. 비록 1년에 진상하는 것이 한 마리에 지나지 않지만, 그 지방의 산물이 아니므로 가격이 매우 높습니다. 진상할 차례가 돌아오면 백성은 그 값을 징수해서 평안도 산지에 가서 사옵니다. 또한, 서울 상인이 가지고 있으면 먼저 바치고 그 고을에서 값을 받기도 합니다. ......"라고 하였다.

① 16세 이상 60세 미만의 모든 양인 남자에게 적용된 세금이었다.
② 납부하는 과정이 번거롭고 부담이 커 백성을 가장 힘들게 하였다.
③ 전국의 농경지를 군현 단위로 파악하여 작성한 양안을 기준으로 징수하였다.
④ 관리에게 수조권을 지급하는 제도가 없어지고 녹봉만을 지급하면서 폐해가 감소하였다.

182

다음의 자료에 나타난 시대의 역사적 사실로 옳지 않은 것은?

> 백성들이 도적이 된 원인은 정치를 잘못하였기 때문이지, 그들의 잘못이 아니다. .... 임꺽정을 비록 잡더라도 종기가 안에서 곪아 혼란이 생길 것인데 더구나 임꺽정을 꼭 잡는다고 단정할 수도 없지 않은가?
> — "명종실록"

① 직전법이 폐지되었다.
② 방납의 폐단이 나타나 고통 받는 농민들이 증가하였다.
③ 지주가 내야 할 결작을 소작농에게 전가시키기도 했다.
④ 소작농은 지주에게 수확량의 반을 소작료로 내야 했다.

183

다음 경제관에 입각한 경제 정책이 실시되었던 시기의 모습으로 적절한 것은?

> • 검소한 것은 덕이 함께 하는 것이며, 사치는 악이 큰 것이다. 사치스럽게 사는 것보다는 차라리 검소해야 할 것이다.
> • 농사와 양잠은 먹고 입는 것의 근본이니, 왕도 정치에서 우선시되는 것이다.
> • 백성 중에서 게으르고 놀기 좋아하는 자들이 수공업과 상업에 종사하여 농사를 짓는 백성이 줄어들었으며, 상업이 발달하고 농업이 피폐하였다. 이것을 염려하지 않을 수 없다.
> — "조선경국전"

① 공장안이 폐지되었다.
② 상평통보가 전국적으로 유통되었다.
③ 쌀의 상품화로 쌀 생산이 급격히 늘어났다.
④ 장영실이 측우기, 앙부일구, 자격루 등을 발명하였다.

184

조선 전기의 경제 활동에 대한 설명으로 옳지 않은 것은?

① 밭농사에서는 2년 3작이 행해졌으며, 남부 지방 일부에서 이앙법이 보급되었다.
② 화폐가 널리 사용되지 않아 여전히 쌀과 면포를 화폐처럼 사용하였다.
③ 조선의 현실에 알맞은 농업 기술을 소개한 "농상집요"를 편찬하였다.
④ 지방에서는 장시가 등장하여, 16세기 중엽 전국적으로 확산되었다.

185

밑줄 친 '이들'에 대한 설명으로 옳은 것은?

> 이들은 양반·첩의 자식으로 중인과 같은 신분적 대우를 받았다. 이들은 문과에 응시하는 것이 금지되었다. 이에 일부는 잡과에 응시하여 기술관이 되기도 하였고, 혹은 무반직에 등용되기도 하였다.

① 수령을 보좌하며 위세를 부리기도 하였다.
② 정조 때에 이르러 규장각 검서관에 임명되기도 하였다.
③ 소속된 관청에 일정 기간 무상으로 노동력을 제공하였다.
④ 사신을 수행하며 무역에 관여하여 재산을 모으기도 하였다.

186

다음이 말하고 있는 신분의 특징은 무엇인가?

> ..... 무릇 벼슬에는 높고 낮은 것이 있고 직책에는 가볍고 무거운 것이 있습니다. 의관, 약사, 통역관은 사대부의 반열에 낄 수 없습니다. 의관, 역관 무리는 모두 미천한 계급 출신으로 사족이 아닙니다.   - "성종실록"

① 수공업자와 상인을 제외한 농민만을 지칭하는 용어이다.
② 과거 응시 자격이 있는 양인이 잡과에 합격할 경우에 해당한다.
③ 문반과 무반을 아울러 부르는 명칭으로 나중 반상제 하에서 지배층이 되었다.
④ 양반의 첩에게서 태어난 사람들을 지칭하는 개념으로 중인과 같은 대우를 받았다.

187

다음 조선의 천민 중 대다수를 차지하는 노비에 대한 설명으로 옳지 않은 것은?

① 노비는 재산으로 취급되어 매매, 상속의 대상이 되었다.
② 부모 중 한쪽이 노비일 경우 그 자녀도 노비가 되는 것이 일반적이었다.
③ 영조 때, 노비종모법이 확정되어 노비의 수가 늘어나게 되었다.
④ 외거노비는 재산을 소유할 수 있어 소작을 하는 일반 농민의 처지와 비슷했다.

188

(가), (나)와 관련된 시기의 사회 모습으로 옳지 않은 것은?

> (가) 박유가 "청컨대 신하와 관료들에게 첩을 두게 하되 품위에 따라 그 수를 줄여 보통 사람에 이르러서는 1처 1첩을 들 수 있도록 하십시오."라고 말하였다. …… 연등회에 박유가 왕의 행차를 호위했는데, 어떤 노파가 박유를 손가락질하면서 "첩을 두자고 요청한 자가 바로 저 빌어먹을 놈의 늙은이다!"라고 하였더니, 듣는 사람들이 서로 손가락질을 하였다. 당시 재상들 가운데에는 부인을 무서워하는 자가 있었기 때문에 결국 실행되지 못하였다.
> - "고려사"
>
> (나) 세상의 도덕이 날로 나빠진 뒤로부터 여자의 덕이 정숙하지 못하되 사족(士族)의 딸이 예의를 생각지 아니해서 혹은 부모 때문에 절개를 잃고 혹은 자진해서 재가하니, 한갓 자기의 가풍을 파괴할 뿐만 아니라 실로 성현의 가르침에 누를 끼친다. …. 이제부터는 재가한 여자의 자손들은 관료가 되지 못하게 하여 풍속을 바르게 하라.
> - "성종실록"

① (가) - 호적에도 아들과 딸을 구분하지 않고 나이에 따라 기록하였다.
② (가) - 백정은 조세, 공물, 역을 부담하며 법적으로 과거에 응시할 수 있었다.
③ (나) - 아들이 없는 집에서는 양자를 들이는 것이 일반화되었다.
④ (나) - 성리학적 윤리가 강조되면서 여성의 지위가 점차 낮아졌다.

189

사진의 유물이 제작되었을 무렵의 과학기술에 대한 설명으로 적절하지 않은 것은?

① 직지심체요절이 청주 흥덕사에서 간행되었다.
② 중국의 수시력과 아라비아의 회회력을 사용하였다.
③ 국산 약재 180여 종이 소개된 향약구급방이 간행되었다.
④ 동양최대 규모의 의학백과서적인 의방유취가 간행되었다.

190

조선 전기의 천문학 발전과 관련한 내용으로 옳지 않은 것은?

① 천문 현상은 농업과 관련이 깊었다.
② 천문을 관장하는 최고 기구는 서운관이었다.
③ 천문학을 국왕의 권위와 관련하여 생각하였다.
④ 천체 관측 기구로 혼천의, 간의, 인지의를 제작하였다.

191

16세기 이후 조선 성리학의 수준을 한 단계 끌어올린 것으로 평가되는 이황과 이이에 대한 설명 중 이황에 대한 설명으로 옳은 것은?

① '성학집요'를 통해 신하의 적극적인 역할을 강조하였다.
② '동호문답'을 통해 다양한 개혁방안을 제시하였다.
③ 일본에 성리학을 전파하였고, '해동 공자'로 불렸다.
④ 관념적 도덕세계와 경(敬)의 실천을 중시하였다.

양난과 조선 후기의 정치

192

시기상 (가)와 (나) 사이에 들어갈 사실로 옳은 것은?

> (가) 전황이 불리하게 돌아가자 조선의 왕과 백관은 여러 비상대책을 강구하였다. 선조는 마침내 한양을 떠나 개성·평양 방면으로 도망치고 두 왕자 임해군과 순화군을 함경도와 강원도에 보내어 근왕병을 모집하라고 시켰다. 왕이 한양을 나왔을 때 분노한 백성이 궁궐을 태워 버리고 노비는 장례원과 형조를 불태웠다.
>
>
>
>
>
>
>
> (나) 명나라는 심유경을 한양의 일본군 본진에 다시 보내어 화의를 계속 추진하였고 일본군도 보급 문제로 말미암아 전황 불리, 명군의 진주, 전염병이 유행한 탓에 화의에 응하여 전군을 남하시켜 사생포에서 웅천에 이르는 사이에 성을 쌓고 화의 진행을 기다리게 되었다.

① 조명 연합군이 평양성을 탈환하였다.
② 부산성이 일본군에 의해 함락되었다.
③ 신립이 탄금대에서 왜군에게 패배하였다.
④ 이순신이 명량에서 왜의 수군을 대파하였다.

193

임진왜란 이후 각국의 상황에 대한 설명으로 옳지 않은 것은?
① 중국에서는 명의 국력이 쇠퇴해졌다.
② 만주에서는 여진족이 급속히 성장하여 청을 세웠다.
③ 일본에서는 정권이 교체되어 에도 막부를 세웠다.
④ 조선의 학문, 도자기 기술 등이 일본으로 전래되었다.

194

(가), (나) 세력에 대한 설명으로 옳은 것은?

> 김효원이 과거에 장원으로 합격하여 전랑의 물망에 올랐으나, 그가 윤원형의 문객이었다 하여 심의겸이 반대하였다. 그 후에 심충겸이 장원 급제를 하자 이조전랑으로 천거되었으나, 외척이라 하여 김효원이 반대하였다. 이에 양편 친지들이 각기 다른 주장을 내세우며 서로 배척하여 동인, 서인이라는 말이 여기에서 비롯되었다. (가)의 생각은 결코 외척을 등용할 수 없다는 것이었고, (나) 쪽에서는 심의겸이 공로가 많은 선비인데, 어찌 앞길을 막을 수 있겠느냐는 것이었다.

① (가) - 정여립 모반사건으로 인해 위축되었다.
② (가) - 이후 (나)에 대한 온건파인 북인과 강경파인 남인으로 갈라졌다.
③ (나) - 이황, 조식, 서경덕의 학문을 계승한 사람들이다.
④ (나) - 중립외교 정책을 주도하였다.

195

사림의 분열과 붕당 형성에 관련한 설명으로 옳지 않은 것은?
① 사림은 선조 때 동인과 서인으로 나뉘었다.
② 붕당은 학파적 성격과 정파적 성격에 따라 나뉘었다.
③ 동인은 대체로 서인에 비해 정치 개혁에 소극적이었다.
④ 처음에 외척 정치 청산과 이조 전랑 임명 문제로 분열되었다.

196

제시된 상황 이후에 전개된 정치에 대한 설명으로 옳은 것은?

> 광해군은 친형 임해군과 이복동생 영창대군을 죽이고, 어머니 격인 인목대비를 내쫓고, 임진왜란 때 조선을 도와준 명과 후금 사이에서 중립 외교를 펼쳐 사림(士林)에게 패륜으로 지탄받았다. 또한 끊임없이 새로운 궁궐 건설을 위한 토목 공사를 벌여 백성들의 고통을 가중시켰다. 이에 서인은 광해군을 내쫓고 인조를 왕으로 세우는 인조반정을 단행하였다. 이후 서인은 남인을 정치적 파트너로 인정하면서 정치를 주도하였다.

① 도덕과 의리명분 보다 실리가 중시되었다.
② 전쟁을 피하기 위한 중립외교 정책이 이루어졌다.
③ 병자호란을 겪은 후 북벌 운동이 전개되었다.
④ 사림이 훈구와 왕에게 제거되는 사화가 발생하였다.

197

(가) 인물에 대한 설명으로 옳은 것은?

> 명은 후금을 치겠다고 조선에 군사를 요청했다. 임진왜란 때 파병하여 조선을 구해 준 대가, 즉 '재조지은(再造至恩)'을 요구한 것이었다. (가)은/는 처음에는 군사들의 훈련부족과 명나라 파병요청 문서의 명의가 황제가 아닌 점 등을 이유로 명의 파병 요청을 거절하다가 마지못해 강홍립을 도원수로 한 1만여 명의 병사를 파견, 전투에 적극 나서지 않고 슬그머니 빠지는 전략을 구사해 후금과 충돌을 피한 것이다. ...(중략)... 동북아 패권을 둘러싸고 치열한 경쟁을 하고 있는 미·중·일·러 가운데 한반도가 있다. 4강 사이에 낀 한국의 외교는 필연적으로 유연함을 요구한다. 외교의 실책은 내치의 실책과는 비교할 수 없을 정도로 치명적이라는 진리를 (가)의 외교 정책을 통해 다시금 음미할 필요가 있다.

① 서인을 중심으로 정국을 운영하였다.
② 수령으로 하여금 향약을 주관하게 하였다.
③ 대동법을 전국적으로 시행하였다.
④ 허준으로 하여금 "동의보감"을 편찬하게 하였다.

198

(가), (나) 주장에 대한 옳은 설명은?

> (가) 화의가 백성과 나라를 망치기가 …… 오늘날처럼 심한 적은 없습니다. 명은 우리나라에게는 부모의 나라요, 청은 곧 부모의 원수입니다. 부모의 원수와 형제가 되어 부모의 은혜를 저버릴 수 있겠습니까? …… 차라리 나라가 없어질지라도 의리는 저버릴 수 없습니다.
>
> (나) 주화(主和, 화친을 주장한다) 두 글자가 신의 일평생에 허물이 될 줄 압니다. 그러나 신은 아직도 오늘날 화친하려는 일이 그르다고 생각하지 않습니다. …… 자기의 힘을 헤아리지 아니하고 경망하게 큰 소리를 쳐서 오랑캐의 노여움을 사고 끝내 백성을 도탄에 빠뜨리며 종묘와 사직에 제사 지내지 못하게 된다면 그 허물이 이보다 클 수 있겠습니까?

① (가) - 북학사상으로 계승되었다.
② (가) - 광해군의 외교 정책을 계승하였다.
③ (나) - 명에 대한 의리를 지키자는 주장이다.
④ (나) - 명분보다는 국제 정세의 현실을 인정하였다.

199
밑줄 친 '이 기구'에 대한 설명으로 옳은 것은?

> 요즘 큰 일이건 작은 일이건 모두 <u>이 기구</u>에서 처리합니다. 원래는 변방의 방비에 대한 긴급한 일 등이 있을 경우 대신과 변방 일을 잘 아는 재신(宰臣)들이 한 자리에 모여 계책을 세우기 위하여 설치한 것입니다. 그런데 지금은 과거 시험에 대한 판정이나 왕비, 세자빈의 간택까지도 모두 여기에서 합니다.

① 왕권을 강화시키는 데 기여하였다.
② 3포 왜란을 계기로 상설기구화 되었다.
③ 여진을 방어하기 위하여 처음 설치되었다.
④ 권력의 독점과 부정을 방지하는 역할을 하였다.

200
다음 자료를 통해 알 수 있는 당시의 정치 상황으로 옳은 것은?

> 효종의 장례에 대왕대비의 상복을 3년으로 하지 않고 1년으로 정한다는 것은 효종의 왕위 계승을 인정하지 않는 것이다. 당당히 국가의 적통을 10년간이나 지켜 온 효종이 마땅히 종통(宗統)이거늘 왕 노릇도 못하고 세자의 신분으로 세상을 떠난 소현세자에게로 종통을 돌리자는 것은 수상한 저의에서 비롯된 것이다.

① 서인과 남인의 대립이 격화되었다.
② 탕평파를 중심으로 정국이 운영되었다.
③ 소수의 외척 가문이 권력을 독점하였다.
④ 특정 붕당이 권력을 독점하는 일당 전제화가 나타났다.

201
(가) 사건에 대한 설명으로 옳은 것은?

> 효종은 청에 대한 복수를 표방하며 재야 서인을 중용하고, 저명한 남인 인사도 등용하여 붕당 간 조화를 유지해 나갔다. 그러나 현종 때 두 차례 (가)을/를 거치면서 서인과 남인의 붕당 정치 체제가 무너지고, 당파 간 대립이 격화되었다.

① 1차 때는 남인의 입장이 받아들여졌다.
② 효종의 비가 죽었을 때 일어난 논쟁은 기해예송이다.
③ 남인은 국왕의 권위를 중요시한 정치적 입장을 보였다.
④ 서인은 왕의 예는 일반 사대부와 다르다고 주장하였다.

202

다음 (가), (나), (다)에 대한 설명으로 옳은 것은?

> 김효원이 과거에 장원으로 합격하여 (가)의 물망에 올랐으나 그가 윤원형의 문객이었다고 하여 심의겸이 반대하였다. 그 후 심충겸이 장원급제하여 (가)에 천거되었으나 외척이라 하여 김효원이 반대하였다. (나)의 생각은 결코 외척을 등용할 수 없다는 것이고 (다)에서는 심의겸이 공로가 많은 선비인데, 어찌 앞길을 막을 수 있겠냐는 것이다.

① 영조는 (가) 관직의 권한을 약화시키고자 하였다.
② (나) 세력은 이후 노론과 소론으로 분열하였다.
③ (나) 세력은 이이와 성혼의 학문을 계승하였다.
④ (다) 세력은 기사환국으로 정국을 주도하게 되었다.

203

다음의 교서가 내려진 배경으로 가장 적절한 것은?

> 붕당의 폐해가 요즈음보다 심한 적이 없었다. …… 우리나라는 원래 땅이 협소하여 인재등용의 문도 넓지 못하였다. 그런데 근래에 와서 인재 임용이 당에 들어있는 사람만으로 이루어지고, 조정의 대신들이 서로 공격하여 공론이 막히고 서로를 반역자라 지목하니 선악을 분별할 수 없게 되었다. 지금 새로 일으켜야할 시기를 맞아 과거의 허물을 고치고 새로운 정치를 펴려 하니, 유배된 사람은 경중을 헤아려 다시 등용하되 탕평의 정신으로 하라. － "영조실록"

① 세도정치가 전개되었다.
② 전국적인 농민 봉기가 발생하였다.
③ 환국 이후, 공존의 원칙이 무너졌다.
④ 양반 중심의 신분제도가 붕괴되었다.

204

다음 글의 내용과 관련된 17~18세기 조선의 정치 상황에 대한 설명으로 옳은 것은?

> ○○이란 말은 서경(書經), 홍범(洪範)조의 "무편무당 왕도탕탕 무당무편 왕도평평(無偏無黨王道蕩蕩 無黨無偏王道平平 / 치우치지 않고 무리 짓지 않으면 왕도(王道)가 광대(廣大)해지고 무리 짓지 않고 치우치지 않으면 왕도가 평이(平易)해진다.)"란 말에서 유래되었다. ○○론은 붕당 간의 세력 균형을 유지해 왕권을 강화하고 정국을 안정시키려는 것이었다. ○○책의 기본 정신은 왕권의 절대성을 회복하고 집권 관료 체제를 재정비하여 정국의 안정을 도모하려는 것이었으나 변화하던 당시의 다양한 사회, 경제적 문제들을 해결할 수 있는 정책은 아니었다.

① 경종 즉위 후 붕당 정치가 변질되면서 탕평론이 처음 제기되었다.
② 영조는 노론, 소론 간의 세력 균형을 조정해 정쟁을 억제하는 완론탕평을 추진하였다.
③ 정조는 붕당 세력을 배제하고 외척 세력을 적극적으로 기용하여 왕권을 뒷받침하였다.
④ 숙종은 붕당 간의 극심한 대립으로 왕권이 위협받자 공평한 인사 관리를 통해 정국을 안정시키는데 성공하였다.

205

밑줄 친 '왕'의 정책으로 옳지 않은 것은?

> 왕은 선왕의 정치를 계승하여 국왕이 주도하는 정치 체제를 더욱 강화하였다. 각 붕당의 주장이 옳은지 그른지를 명백히 가리는 탕평책을 추진하여 그동안 정치에서 소외되었던 소론과 남인 계열을 중용하였다.

① 청계천을 준설하였다.
② 통공 정책을 실시하였다.
③ 수령이 향약을 직접 주관하게 하였다.
④ 속대전을 보완한 대전통편을 편찬하였다.

206
다음과 같은 정치를 행한 국왕이 통치할 때의 사실로 옳은 것은?

> 규장각을 설치하여 국왕 직속의 학술 및 정책 연구 기관으로 육성하였으며, 초계문신으로 선발된 관료를 재교육하도록 하였다. 또한 왕권을 뒷받침하는 군사 기반으로 장용영을 설치하였으며, 정치적 이상을 실현하기 위하여 정약용을 공사 책임자로 임명하여 수원에 화성을 건설하였다.

① 서얼에 대한 정치적 차별이 심화되었다.
② 공장안 등록제가 시행되어 수공업이 억압받았다.
③ 신해통공이 시행되어 종로를 제외한 도성 내에서 난전을 열 수 있었다.
④ 사도세자의 죽음과 관련된 시파를 제외한 여러 붕당이 함께 등용되었다.

207
다음 상황이 나타난 시기의 사회 모습으로 옳지 않은 것은?

> 가을에 한 늙은 아전이 대궐에서 돌아와서 처와 자식에게 "요즘 이름 있는 관리들이 모여서 하루 종일 이야기를 하여도 나랏일에 대한 계획이나 백성을 위한 걱정은 전혀 하지 않는다. 오로지 각 고을에서 보내오는 뇌물의 많고 적음과 좋고 나쁨에만 관심을 두고 어느 고을의 수령이 보낸 물건은 극히 정묘하고 또 어느 수령이 보낸 물건은 매우 넉넉하다고 말한다. 이름 있는 관리들이 말하는 것이 이러하다면 지방에서 거둬들이는 것이 반드시 늘어날 것이다. 나라가 어찌 망하지 않겠는가."라고 한탄하면서 눈물을 흘려 마지않았다.
> – 정약용, "목민심서"

① 수령과 아전의 수탈로 삼정이 문란해졌다.
② 환국이 빈번하게 일어나면서 정치 기강이 문란해졌다.
③ 과거 시험 부정과 관직 매매 등의 비리가 만연하였다.
④ 소수 유력 가문이 군영의 지휘권을 장악해 정권 유지의 토대로 삼았다.

208
다음 글이 작성된 시기와 연관된 역사적 사실로 가장 적절한 것은?

> 세력을 휘두르는 대여섯 집안
> 재상자리 대감자리 모두 다 차지하고
> 관찰사 절제사도 완전히 차지하네
> 도승지 부승지는 모두가 이들이며
> 사헌부 사간원도 전부가 이들이라
> 이들이 모두 다 벼슬아치 노릇하며
> 이들이 오로지 소송 판결하네

① 편당적 인사로 환국의 빌미만 제공하였다.
② 몰락 양반인 홍경래가 평안도 지방을 중심으로 봉기하였다.
③ 서얼 출신의 학자들을 규장각 검서관에 처음으로 기용하였다.
④ 이조와 병조의 전랑도 자기 붕당 세력을 확대하는데 앞장섰다.

209
다음 자료를 통해 알 수 있는 사실을 가장 적절하게 추론한 사람은?

> 시아버지 죽어서 이미 상복을 입었고
> 갓난아인 아직 배냇물도 안 말랐는데
> 삼대의 이름이 군적에 실리다니
> 달려가 억울함을 호소하여도
> 범 같은 문지기 버티어 있고
> 이정이 호통하여 단벌 소만 끌려갔네.

① 비변사의 권력이 많이 확대되었군.
② 환곡이 고리대처럼 운영되고 있었어.
③ 군포를 징수하는 군정이 문란하였어.
④ 균역법이 전국으로 확대되지 못하였어.

210

다음 사건에 대한 설명으로 옳은 것은?

> 평서 대원수는 급히 격문을 띄우노라, 무릇 관서 지방은 단군 조선의 터전으로 예부터 문물이 육성한 곳이다. 임진왜란 때는 나라를 지키는데 공을 세웠다. 그러나 조정에서는 서쪽 땅을 더러운 흙처럼 버렸다. 심지어 권세 있는 가문의 노비들조차 서쪽 땅 사람들을 보면 반드시 평안도놈이라 일컫는다. 어찌 억울하고 원통하지 않겠는가?

① 한때 청천강 이북 지역을 장악하기도 하였다.
② 이 사건의 수습을 위해 정부는 삼정이정청을 실시하였다.
③ 진주 목사와 백낙신의 수탈이 봉기의 직접적인 원인이었다.
④ 천민 등 하층민에 대한 신분 차별과 세도정권의 수탈로 일어나게 되었다.

211

다음 사건이 일어난 시기의 사회모습으로 옳지 않은 것은?

> 임술년 2월 19일 진주민 수만 명이 머리에 흰 수건을 두르고 손에는 나무 몽둥이를 들고 무리를 지어 진주 읍내에 모여 서리들의 가옥 수십 호를 불사르고 부수어서 그 움직임이 결코 가볍지 않았다. 병사(백낙신)가 해산시키고자 하여 장시에 나가니 흰 수건을 두른 백성들이 땅 위에서 그를 빙 둘러싸고 백성의 재물을 횡령한 조목, 아전들이 세금을 포탈하고 강제로 징수한 일들을 눈앞에서 여러번 문책하였는데 그 능멸하고 핍박함이 조금도 거리낌이 없었다.
> – "임술록 – 영호민변일기"

① 향촌사회에서 양반의 권위가 약화되었다.
② 인내천 사상을 바탕으로 한 동학이 확산되었다.
③ 제사를 거부한 천주교신자에 대한 대대적인 탄압이 이루어졌다.
④ 노비들의 신분상승운동으로 인하여 순조 때 공노비 6만6천명이 해방되었다.

조선 후기의 경제·사회·문화

212
다음에서 설명하는 '이 법'의 내용으로 옳지 않은 것은?

> 우의정 김육이 아뢰다. "이 법은 조세부담을 고르게 하여 백성을 편안케 하니 실로 시대를 구할 수 있는 좋은 계책입니다." …… 임금이 이르기를 "이 법을 시행하면 대호가 원망하고, 시행하지 않으면 소민이 원망한다고 하는데, 어느 쪽의 원망이 더 큰가?" 하니, 여러 신하들이 모두 "소민의 원망이 큽니다."라고 하였다. - "효종실록"

① 광해군 때부터 시행되었다.
② 지방 특산물을 현물로 납부하는 것이다.
③ 공인들의 활약으로 상공업이 발달하였다.
④ 전국적으로 시행하는데 많은 시간이 소요되었다.

213
제시문의 폐단을 바로 잡기 위해 정부에서 취한 조치로 옳은 것만을 〈보기〉에서 고른 것은?

> 5군영 체제가 갖추어지면서 농민은 일반적으로 포를 내게 되었다. 그러나 납속이나 공명첩 발행으로 농민의 수가 줄었을 뿐만 아니라 이중 삼중으로 군포를 부과하는 사례가 늘면서 농민의 부담이 늘어났다.

① 지주에게 토지 1결당 쌀 12두를 부담시켰다.
② 개간을 권장하면서 전국적인 양전 사업을 전개하였다.
③ 노비의 군역 부담액을 1년에 1필로 줄여서 부과하였다.
④ 어장세, 염세, 선박세 등 잡세 수입을 군사비로 충당하였다.

214

다음 폐단을 바로잡기 위해 실시한 제도에 대한 설명으로 적절하지 <u>않은</u> 것은?

> 각 고을에서 공물을 상납하려 할 때 각 관청의 사주인(방납인)들이 여러 가지로 농간을 부려 좋은 것도 불합격 처리하기 때문에 바칠 수가 없습니다. 이리하여 방납인은 자기가 갖고 있는 물품으로 관청에 대신 내고, 그 고을 농민들에게는 자기가 낸 물건 값을 턱없이 높게 쳐서 열 배의 이득을 취하니 이것은 백성의 피땀을 짜내는 것입니다. - "선조실록"

① 공인이 등장하는 계기가 되었다.
② 광해군 때 경기도에서 먼저 시행되었다.
③ 공물을 현물 대신 쌀이나 삼베, 면포, 동전 등으로 징수하였다.
④ 호(戶)를 기준으로 가구당 미곡 12두를 거두었다.

215

조선 후기 조세 제도에 대한 설명으로 바르게 된 것은?
① 결작으로 농민들은 군역의 부담에서 제외되었다.
② 전세는 해마다 풍흉 정도에 따라 차등 징수하였다.
③ 대동법의 시행으로 공납이 전세화 되는 경향이 나타났다.
④ 방납으로 인하여 양반 지주들의 부담이 크게 증가되었다.

216

다음에서 설명하는 농법이 확대·보급되던 시기의 농촌 모습으로 볼 수 없는 것은?

> - 물이 있는 곳을 택하여 미리 묘종을 기르고 4월을 기다려 옮겨 심는데 그 유래는 오래되었다.
>   - "세종실록" 세종 17년 4월
> - 이 법은 노동력을 크게 덜어 주기 때문에 지금은 삼남 지방 외에 다른 도에서도 모두 이를 본받아 하나의 풍속을 이룬다.
>   - "증보문헌비고"
> - 이 법은 제초(除草)에는 편하나 만일 한번만 큰 가뭄을 만나면 실수하니 농가의 위험한 일이다.
>   - "농사직설"
> - 이른바 이 법의 이점이란 것은 봄보리를 갈아 먹고, 그 다음 벼를 심어 수확하니 1년에 두 번 농사지음이 그것이다.
>   - "석천유집"

① 작인에게 빌려준 토지를 회수하여 노비나 머슴을 부려 직접 경영하는 지주가 늘어났다.
② 노동력 절감으로 광작이 유행하게 되어 일부 농민은 부농층으로 성장하게 되었다.
③ 농민층이 계층 분화되면서 두레, 품앗이 등의 공동 노동 방식이 점차 사라졌다.
④ 다수의 농민이 경작지를 잃고 영세 상인이나 임노동자로 전락하였다.

217

조선 후기 농업 발달에 대한 설명으로 옳지 않은 것은?
① 견종법이 널리 확대되었다.
② 모내기가 전국적으로 확대되었다.
③ 지대 납부 방식이 도조법에서 타조법으로 변화하였다.
④ 쌀의 상품화로 인해 밭을 논으로 만드는 현상이 일어났다.

218

다음은 조선 후기 농업경영의 변화를 설명한 글이다. 이 시기에 해당되지 않는 경제변화는?

> 농민이 밭에 심는 것은 곡물만이 아니다. 모시·오이·배추·도라지 등의 농사도 잘 지으면 그 이익이 헤아릴 수 없이 크다. 도회지 주변의 파밭·마늘밭·배추밭·오이밭에서는 10무(4두락)의 밭에서 수만 전의 수입을 올릴 수 있다.
> — 정약용, "경세유표"

① 장시가 등장하기 시작하였다.
② 선대제 수공업 방식이 등장하였다.
③ 광산은 덕대가 운영을 담당하였다.
④ 설점수세제가 시행되자 잠채가 성행하였다.

219

자료에 나타난 시기의 광업에 대한 설명으로 옳은 것은?

> 황해도 관찰사의 보고에, 수안군에는 본래 금점 다섯 곳이 있었습니다. ……올해(1798) 여름에 새로 뚫은 금혈이 39개입니다. …… 현재 광꾼은 550여 명인데, 도내의 무뢰배들이 농사를 짓지 않고 다투어 모여들 뿐만 아니라 다른 지방에서 이익을 쫓는 무리들도 소문을 듣고 몰려옵니다. …. 금점을 설치한 지 이미 여러 해가 된 곳에는 촌락이 즐비하고 상인들이 물품을 유통시켜 큰 도회지를 이루고 있습니다.

① 개인의 광산 개발을 금지하였다.
② 대일 무역에서 은의 수요가 증가하였다
③ 관영 수공업이 발달하면서 제품 수요가 늘어났다.
④ 광산 경영 방식에서 덕대제가 유행하기 시작했다.

220

다음에서 설명하는 상인에 대한 설명으로 옳은 것은?

> 우리나라는 동서남의 3면이 모두 바다이므로 배가 통하지 않는 곳이 없다. 배에 물건을 싣고 오가면서 장사하는 장사꾼은 반드시 강과 바다가 이어지는 곳에서 이득을 얻는다. 전라도 나주의 영산포, 영광의 법정포, …… 충청도 온진의 강경포는 육지와 바다 사이에 위치하여 바닷가 사람과 내륙 사람이 모두 여기에서 서로의 물건을 교역한다. 매년 봄, 여름에 생선을 잡고 해초를 뜯을 때는 비린내가 마을에 넘치고, 큰 배와 작은 배가 밤낮으로 포구에 줄을 저고 있다. - "택리지"

① 의주에서 대청 무역을 주도하였다.
② 선상이라 불리며, 경강 상인이 대표적이다.
③ 전국에 송방이라는 지점을 설치하고 활동하였다.
④ 금난전권을 행사하면서 사상의 활동을 통제하였다.

221

다음과 같은 현상이 확대되면서 나타난 사회 변화와는 거리가 먼 것은?

> 근래 세상의 도리가 점점 썩어 가서 돈 있고 힘 있는 모든 백성이 군역을 피하고자, 간사한 아전 임장(任掌 : 호적을 담당하는 하급 임시직)과 한통속이 되어 뇌물을 쓰고 호적을 위조하여 유학(幼學)이라고 거짓으로 올리고 면역(免役)하거나, 다른 고을로 옮겨 가서 스스로 양반 행세를 한다. 호적이 밝지 못하고 명분이 문란함이 지금보다 심한 적이 없었다. - "일성록"

① 몰락한 양반층들은 과전을 지급받아 생계를 유지하였다.
② 지방의 양반들은 향안을 작성하여 위세를 지키려 하였다.
③ 구향들은 신향들과 충돌하면서 향전을 벌이기도 하였다.
④ 부농층들은 관권과 결탁하여 향회를 장악하려 시도하였다.

222

다음 시기의 신분 변동에 대한 설명으로 옳은 것은?

> 정선 고을에 한 양반이 살고 있었다. ..... 하지만 몹시 가난하여 환곡을 타먹은지 여러 해가 되어 천 섬의 빚을 지게 되어 옥에 갇히게 되었다. ..... 때마침 그 동네에 부자가 이 소문을 듣고 가족끼리 비밀회의를 열어 말하였다. "이제 저 양반이 환곡을 갚을 길이 없어서 곤란한 모양이니 .... 이 기회에 내가 양반 신분을 사서 가지는 것이 어떨까?"
>
> — 박지원 "양반전"

① 상민의 수가 갈수록 증가하였다.
② 치열한 정쟁으로 몰락하는 양반이 감소하였다.
③ 중인들이 정치 참여 확대를 위한 통청 운동을 벌였다.
④ 서얼은 영·정조 시대를 거치면서 관직 등용이 줄어들었다.

223

다음 글을 쓴 인물이 속해 있는 학파에 대한 설명으로 옳은 것은?

> 중국이 사치로 망하고 할 것 같으면 우리나라는 반드시 검소함 탓에 쇠퇴할 것이다. .... 비유하건대, 재물은 대체로 우물과 같다. 퍼내면 차고, 버려두면 말라 버린다. 그러므로 비단 옷을 입지 않아서 나라에 비단 짜는 사람이 없게 되면 여자들의 길쌈이 쇠퇴하고, 쭈그러진 그릇을 싫어하지 않고 기교를 숭상하지 않아서 공장(工匠)이 숙련되지 못하면 기예가 망하게 된다.

① 중심학파 또는 경세치용학파라고 불린다.
② 19세기 이후, 개화사상으로 계승·발전되었다.
③ 과학기술을 중시하여 거중기와 배다리를 설계하였다.
④ 균전론, 한전론, 여전론, 정전제 실시 등을 주장하였다.

224

자료의 주장을 한 인물에 대한 설명으로 옳은 것은?

> 국가는 마땅히 일가(一家)의 생활에 맞추어 재산을 계산해서 한전(限田) 몇 부(負 : 토지 단위)를 한 가구의 영업전으로 하여 당나라의 제도처럼 한다. 그러나 땅이 많다고 해서 빼앗아 줄이지 않으며 못 미친다고 해서 더 주지 않는다. 돈이 있어 사고자 하는 자는 비록 천백 결(結 : 토지의 단위)이라도 허락해 주고 땅이 많아서 팔고자 하는 자는 영업전 몇 부외에는 허락하여 준다.
> — "곽우록"

① "지봉유설"을 저술하였다.
② 나라의 여섯 가지 폐단을 지적하였다.
③ 사농공상의 평등과 전문화를 주장하였다.
④ "북학의"에서 검약보다는 소비를 권장하였다.

225

다음 주장을 한 인물에 대한 설명으로 옳은 것은?

> - 수레는 하늘에서 나와 땅을 굴러다니는데 온갖 물건을 운반하니, 그 이익이 매우 크다. …(중략)… 큰 수레에 소 다섯 마리를 매어 열다섯 섬을 운반하니, 소 한 마리나 말 한 마리로 각각 두 섬씩 운반하는 것보다는 3분의 1의 이익을 더 얻게 된다.
> - 대체로 재물은 비유하건대 샘과 같은 것이다. 퍼내면 차고, 버려두면 말라 버린다. 그러므로 비단 옷을 입지 않아서 나라에 비단 짜는 사람이 없게 되면 여공이 쇠퇴하고, 쭈그러진 그릇을 싫어하지 않고 기교를 숭상하지 않아서 나라에 공장(수공업자)의 도야(기술을 익힘)하는 일이 없게 되면 기예가 망하게 되며 농사가 황폐해져서 그 법을 잊게 되므로 사농공상의 사민이 모두 곤궁하여 서로 구제할 수 없게 된다.

① 기술 혁신과 문벌제도의 폐지를 주장하였다.
② "양반전"을 저술하여 양반 제도를 비판하였다.
③ "북학의"를 저술하여 상공업의 진흥을 주장하였다.
④ "우서"를 저술하고 사농공상의 직업적 평등을 주장하였다.

226

다음 주장을 한 인물이 제시한 토지 제도 개혁안은?

> 대체 천자는 어찌하여 알게 되었는가? ..... 여러 현 우두머리의 공동 추대를 받은 자가 제후가 될 것이며, 제후의 공동 추대를 받은 자가 천자가 될 것이므로, 천자란 무릇 군중이 밀어서 그 자리에 오른 것이다. 무릇 군중이 밀어서 이룬 것이라면 또한 군중이 밀지 아니하면 천자가 될 수 없는 것이다.
> – "탕론"

① 토지 개혁의 핵심은 자영농을 육성하는 데 있다.
② 국가는 마땅히 한 집의 생활에 맞추어 재산을 계산해서 토지 몇 부(負)를 한 집의 영업전으로 한다.
③ 토지 경영이 바로 잡히면 모든 일이 제대로 될 것이다. 관리, 선비, 농민 등에게 차등을 두어 토지를 분배해야 한다.
④ 여(閭)에는 여장을 두고, 1여의 농토를 공동으로 경작하되, 내 땅 네 땅의 구별이 없고 오직 여장의 명령에 따르게 한다.

227

다음에서 설명하는 사상적 경향에 대한 설명으로 옳은 것은?

> 송나라 시대에 와서 정자와 주자 두 선생이 일어나서 …… 6경 본래의 뜻이 이제야 찬란하게 다시 세상에 밝아졌다. …… 그러나 경에 실린 말이 그 근본은 비록 하나이지만 그 단서는 천만 갈래이다. …… 확실치 못하고 넓게 보지 못한 식견을 대강 서술하여 모아서 책을 만들어 이름을 사변록이라 하였다. 혹시 선배 유학자들이 세상을 깨우치고 백성을 도와주는 뜻에 조금이라도 도움이 되지 않을까 함이요, 결코 다투기를 좋아하는 마음에서 새롭게 학설을 세운 것은 아니다. ……

① 정제두가 강화학파를 형성하였다.
② 윤휴와 박세당이 사문난적으로 몰려 처형당하였다.
③ 이수광, 한백겸 등이 실사구시의 학문을 연구하였다.
④ 서학에 대한 반발로 동학이 창시되어 평등을 외쳤다.

228

다음 사료에서 설명하는 (가)에 대한 설명으로 옳지 않은 것은?

> (가)와/과 주자학의 중요한 차이점은 먼저 주자학이 인간의 본성을 중시하였으나, (가)는/은 본래 타고난 인간의 마음을 중심으로 삼는다는 것이다. 둘째, 주자학이 이론적 탐구로서 지식을 넓혀 나갈 것을 주장하지만 (가)에서는 이미 마음에 양지(良知)가 있으므로 그럴 필요가 없다고 하였다. 셋째, 성리학에서는 먼저 알고 이어서 행하여야 한다고 하였는데 (가)는/은 알고서 행하지 않는 경우는 없다면서 알고서 행하지 않는다면 이는 앎이 아니라고 하였다.

① 가학의 형태로 계승되었다.
② 정제두를 중심으로 강화학파를 형성하였다.
③ 격물치지를 주장하면서 실천을 중시하였다.
④ 정치에서 소외되었던 소론을 중심으로 연구하였다.

229

국학 연구에 대한 설명으로 옳지 않은 것은?
① 유득공 : "발해고"에서 최초로 남북국이라는 용어를 사용하였다.
② 안정복 : "동사강목"을 통해 중국 중심 역사관을 탈피하고자 했다.
③ 이긍익 : "연려실기술"을 통해 북한산비가 진흥왕 순수비임을 밝혔다.
④ 김정호 : "대동여지도"는 분첩식으로 되어 있어 휴대가 편하고, 보급을 목적으로 목판으로 제작하였다.

230

조선 후기 국학 연구의 확대로 민족의 역사적 전통에 관심을 쏟은 실학자들의 연구 내용으로 옳지 않은 것은?
① 홍대용은 "역학도해"를 통해 지전설, 지구구형설, 우주무한론 등을 밝혔다.
② 안정복은 '동사강목'에서 고조선부터 고려 말까지의 역사를 저술하였다.
③ 한치윤은 '해동역사'에서 다양한 외국 자료를 인용하여 민족사 인식의 폭을 넓혔다.
④ 이긍익은 '연려실기술'을 저술하여 역사의식을 심화시켰다.

231

다음의 (가)에 들어갈 종교와 관련된 설명으로 옳지 않은 것은?

> (가)은(는) 17세기경 중국을 왕래하는 사신들이 서양 관련 서적을 국내에 가져오는 과정에서 서학으로 소개되었다. 처음에는 실학자들이 학문적으로 연구하다가 18세기 후반에 이르러 남인 계열의 일부 실학자들에 의해 신앙으로 받아들여지기 시작하였다. 이승훈이 베이징에서 서양인 신부에게 세례를 받고 돌아온 뒤 신앙 활동은 더욱 활발해졌고, 19세기에 선교사가 국내에 들어와 포교 활동을 하면서 신자 수가 크게 늘어났다.

① 내세사상을 내세워 민간에 확산되었다.
② 신유박해를 통해 정약용이 유배형에 처해졌다.
③ 하층민과 부녀자들 사이에서 빠르게 전파되었다.
④ 시천주와 평등사상을 바탕으로 교세를 확장시켰다.

232

(가) 종교에 대한 설명으로 옳은 것은?

> 서양 책이 들어와 우리 학자들이 가까이 하고 있으나 여기서 얻을 것은 역법과 기하뿐이다. 정조 때 사대부 이승훈이 베이징에 가서 서양 책을 들여온 뒤, 젊은 학자들이 (가)을/를 신봉하였다. 평생 유학을 하던 자들이 하루아침에 (가)에 귀의하였음은 진실로 애석한 일이다.

① 조상에 대한 제사를 거부하였다.
② 몰락한 양반 최제우가 창시하였다.
③ 동경대전과 용담유사로 교리를 정리하였다.
④ 인간 평등을 뜻하는 인내천 사상을 강조하였다.

233

다음 자료와 관련된 종교에 대한 설명으로 옳지 않은 것은?

> 내가 청주를 지나다 서택순의 집에서 베 짜는 소리를 듣고, "누가 베를 짜는 소리인가?" 물으니, 서군이 "제 며느리가 베를 짭니다."라고 하는지라. 내가 또 묻기를 "그대의 며느리가 베를 짜는 것인가?" 하니, 서군이 나의 말을 분간치 못하더라. 어찌 서군뿐이랴. 도인(道人)의 집에 사람이 오거든 '사람이 왔다.' 이르지 말고 '한울님(하느님)이 강림하셨다.'라고 말하라.
>
> – 해월 최시형의 설법

① 인간 평등과 사회 변혁을 강조하였다.
② 대규모의 농민 봉기에 영향을 끼쳤다.
③ 제사 의식을 거부하여 정부의 탄압을 받았다.
④ 정감록과 민간신앙의 영향을 받아 형성되었다.

234

다음 글의 밑줄 친 저 사람의 종교에 대한 설명으로 옳은 것은?

> 우습다! <u>저 사람</u>은 저의 부모 죽은 후에 신도 없다 이름하고 제사조차 안지내고, 오륜에 벗어나서 오로지 빨리 죽기만을 바라니 무슨 일인가. 부모 없는 혼령 혼백, 저는 어찌 유독 있어 천국으로 올라가 무엇 할 것인가. 어리석은 소리 말았어라.
>
> – "용담유사"

① 후천 개벽 사상을 주장하였다.
② 대표적인 예언서로 '정감록'이 있다.
③ 서양과 일본 세력의 침략을 배척하였다.
④ 이수광의 "지봉유설"에 교리가 소개되어 있다.

235

자료의 시기에 나타난 사회 모습으로 옳지 않은 것은?

> 세도 정치 시기 탐관오리의 횡포는 날로 심해졌으며, 거듭된 재난과 질병까지 겹치면서 농민의 생활은 파탄에 이르렀다. 한편, 대외적으로 서양의 이양선까지 연해에 출몰하여 통상을 강요하자 민심은 극도로 흉흉해졌다.

① "정감록"이 유행하였다.
② 천주교가 빠르게 전파되었다.
③ 미륵신앙이 민간에 널리 퍼졌다.
④ 실학이 유행하여 정부차원에서 적용되었다.

236

조선 후기의 문학과 예술에 대한 설명으로 옳지 않은 것은?
① 한글 소설을 바탕으로 한 판소리가 유행하였다.
② 산대놀이는 부유한 양반층의 지원으로 성행하였다.
③ 김홍도, 신윤복, 김득신 등의 화가들이 풍속화를 그렸다.
④ 정선의 인왕제색도와 금강전도와 같은 진경 산수화가 유행하였다.

237

다음 작품이 등장하였던 시기에 대한 설명으로 옳은 것은?

> …… 어느 고을에 벼슬을 좋아하지 않는 듯한 선비가 있으니 그의 호는 북곽 선생이었다. 나이 마흔에 손수 교정한 글이 1만 권이며, 경전의 뜻을 설명하여 엮은 책이 1만 5천 권이었다. …… 그 고을 동쪽에는 동리자라는 과부가 살았는데 수절하는 과부였으나 아들 다섯의 성이 각기 달랐다. 어느 날 밤 둘이 같은 방에 있으니 그 아들들은 어진 북곽 선생이 밤에 과부를 찾아올 일이 없으니 여우가 둔갑한 것이라 여기고 잡으려 하였다. 북곽 선생이 놀라 도망치다가 벌판의 거름 구덩이에 빠지고 말았다. ……
> – "호질"

① 성리학적 명분론을 강조하였다.
② 양반 중심의 문화가 지속되었다.
③ 청의 작품을 모사하는 경우가 많았다.
④ 장시가 문화 교류의 중심지가 되었다.

238

(가)가 유행한 시기의 문예 활동으로 옳지 않은 것은?

> (가)는/은 생활공간의 장식 및 민속적인 관습에 따라 그려진 특징적인 회화의 한 형태이다. 서민 문화의 한 유형으로 속화라고도 부른다. (가)는/은 병풍이나 족자의 형태로 만들어지거나 벽을 장식하는 데 이용되기도 하였다. 서민 의식의 성장과 더불어 경제적 부를 축적한 새로운 계층의 문화적 욕구를 충족시키는 가운데 널리 보급되었고, 서민 사회의 자유분방한 형식미를 잘 나타내 주고 있다.

① 몽유도원도가 그려졌다.
② 서당 교육이 확대되었다.
③ 청화 백자가 등장하였다.
④ 중인의 시사 활동이 활발하였다.

239

아래와 같은 문화의 경향이 반영되었다고 볼 수 없는 것은?

> 조선 후기 농업 생산력의 증가와 상품 화폐 경제가 발달, 서당 교육의 보급에 따라 상민들의 사회 경제적 지위가 향상되면서 서민문화가 대두하였다.

① 사설시조가 유행하였다.
② 판소리 공연이 유행하였다.
③ "세한도"와 같은 문인화가 유행하였다.
④ "홍길동전", "춘향전" 같은 한글 소설이 유행하였다.

240

조선 후기의 문화 발달에 대한 설명으로 옳지 않은 것은?
① 산대놀이가 민중 오락으로 정착되었다.
② 최초의 한글소설인 "홍길동전"이 널리 읽혔다.
③ 부농을 중심으로 시사(詩社)가 조직되었다.
④ 강세황의 '영통동구도'는 서양화풍의 영향을 받았다.

04 CHAPTER

국제 질서의 변동과 근대 국가 수립 운동

1 외세의 침략적 접근과 개항

개항 이전의 정세

(1) 흥선대원군의 개혁(1863년 고종 즉위~1873년 고종의 친정 선언)

세도정치	삼정의 문란 ⇨ 민생 안정책	전정 개혁	양전사업(은결 색출), 관리의 토지 겸병 금지
		군정 개혁	호포제 : 신포(身布) → 동포(洞布) → 호포(戶布)
		환곡 개혁	사창제(리(里) 단위로 설치, 지방관과 향리의 횡포 예방)
	왕권 약화 ⇨ 왕권 강화책	세도가문(안동 김씨, 노론 외척) 축출, 종친 등용, 당파 가리지 않고 인재 등용	
		비변사 축소·격하	• 의정부(행정)와 삼군부(군사) 기능 부활
		서원 축소	• 국가 재정 확보 및 왕권 강화 도모(전국에 600개 → 47개소)
		경복궁 중건	• 공사비 마련 위해 원납전·문세전(통행세) 징수, 당백전 발행
		법전 편찬	「대전회통」, 「육전조례」

(2) 병인양요와 신미양요

	병인양요(1866. 8, 강화도에 30일간 주둔)	신미양요(1871)
원인	• 러시아가 연해주를 차지(1860) → 프랑스와 동맹시도 실패 → 병인박해(1866. 1)	제너럴 셔먼호 사건(1866. 8)
침략	프랑스의 로즈제독 → 강화부 점령	미국의 아시아 함대 사령관 로저스
분전	문수산성(한성근), 정족산성(삼랑성, 양헌수)	초지진·덕진진 함락, 광성보(어재연)
약탈품	외규장각 도서(조선왕조 「의궤」 : 유네스코 유산)	해군을 상징하는 수(帥) 자기

※ 오페르트 도굴사건(1868) : 독일 상인 오페르트가 통상을 목적으로 흥선대원군의 아버지인 남연군의 묘를 도굴하려던 사건(미국인 자본가 + 프랑스 선교사 지원)

↓

이후 흥선대원군의 정책	쇄국정책 강화 ⇨ 척화비 설립

사료 Plus+ 흥선대원군의 개혁 의지

대원군이 영을 내려 나라 안 서원을 죄다 허물고 서원 유생들을 쫓아버리도록 하였다. 감히 항거하는 자는 반드시 죽이라 하니, 사족이 매우 놀라서 온 나라 안이 물 끓듯 하였고 대궐 문간에 나아가

국정원 9급 All-Care

울부짖는 자도 수십만이나 되었다. 조정에서는 어떤 변이라도 있을까 하여 대원군에서 이렇게 간언하였다. "선현의 제사를 받드는 것은 선비의 기풍을 기르는 것이므로 이 명령만은 거두기를 청합니다." 대원군은 크게 노하여 이렇게 말하였다. "진실로 백성에게 해가 되는 것이 있으면 비록 공자가 다시 살아난다 하더라도 나는 용서하지 않겠다. 하물며 서원은 우리나라 선유를 제사하는 곳인데 지금에는 도둑의 소굴로 됨에 있어서라."

지도·사료 돋보기

흥선대원군

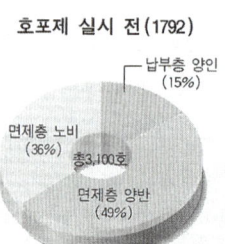
호포제 실시로 나타난 부담층 변화(경상도 영천 지방)

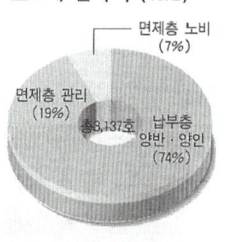

당백전(當百錢)

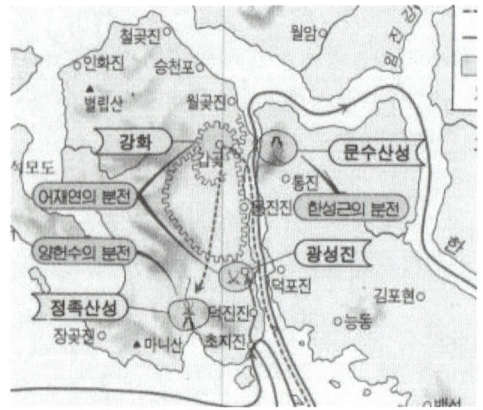
병인양요와 신미양요

수(帥) 자기

외규장각

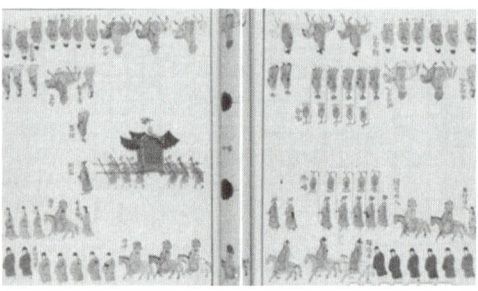
조선왕조 의궤

근대 : 개항과 개항의 확대

(1) 강화도 조약(1876년 2월, = 조일수호조규 = 병자수호조약)

- 원인 : 운요호 사건(배경 : 일본에서 대두된 정한론), 조선에서 대두된 통상개화론(박규수, 오경석)
- 의의 : 최초의 근대적 불평등 조약

> 제1관 조선은 자주국이며, 일본과 평등한 권리를 가진다.
>   ⇨ 청의 간섭 배제 목적
> 제4관 조선은 부산 외에 2개의 항구를 추가로 개항하고 일본인들이 자유롭게 왕래할 수 있게 한다.
>   ⇨ 인천과 원산 개항
> 제7관 조선 연해의 도서와 암초는 조사되지 않아 위험하므로 일본국 항해자가 자유로이 해안을 측량할 수 있도록 허가한다.
>   ⇨ 해안측량권(불평등 조항)
> 제9관 양국 국민은 각자 임의로 무역을 하며, 양국의 관리는 조금도 이에 간여하거나 금지 또는 제한하지 못한다.
>   ⇨ 일본 상인의 자유로운 상업 활동 보장 목적
> 제10관 조선이 지정한 각 항구에 일본 인민이 머무르는 동안 죄를 범한 것이 조선 인민에게 관계된 사건인 때는 모두 일본국 관원이 심판한다.
>   ⇨ 치외법권(불평등 조항)

조·일 수호조규부록 (1876. 6)	• 일본 외교관의 여행 자유 인정 • 개항장에서 일본인 거류지(조계) 설정 : 사방 10리 • 일본 화폐의 유통 허용
조·일 무역 규칙 (1876. 6)	• 양곡의 무제한 유출 허용 • 일본국 정부에 소속된 선박의 무항세 규정 • 일본 수출입 상품에 대한 무관세 규정 ⇨ 자주관세권을 박탈한 불평등 조약

(2) 개항의 확대

※ 「조선책략」(1880)
- 저자 : 청 관리 황준헌
- 전래 : 2차 수신사 김홍집이 일본에서 전래
- 목적 : 러시아 경계
- 내용 : 친(親)중국 결(結)일본 연(聯)미국

→

- 위정척사운동 ⇨ 영남만인소(1881, 이만손) 신사척사소(홍재학 → 처형)
- 정부의 개화 논의 ⇨ 미국과 수교(1882)
  - 이후, 영국·독일과 수교(1883, 청의 알선)
  - 러시아와 수교(1884, 청의 알선X)
  - 프랑스와의 조약 체결 지연(천주교 문제)

국정원 9급 All-Care

사료Plus+ 조선책략

조선 땅덩어리는 실로 아시아의 요충을 차지하고 있어 형세가 반드시 다투게 마련이며, 조선이 위태로우면 중동의 형세도 날로 위급해질 것이다. 따라서 러시아가 강토를 공략하려 할진대 반드시 조선으로부터 시작할 것이다. 그렇다면 오늘날 조선의 책략은 러시아를 막는 일보다 더 급한 것이 없을 것이다. 러시아를 막는 책략은 어떠한가? 중국과 친하고, 일본과 맺고, 미국과 이어짐으로써 자강을 도모할 따름이다.

― 황쭌셴,「조선책략」

사료Plus+ 조선책략 유포 이후 미국과의 수교 거부 주장

황준헌의 조선책략을 보니 머리털이 쭈뼛쭈뼛해지고 쓸개가 떨리며 울음이 북받치고 눈물이 흐릅니다. …… 미국은 우리가 평소 잘 모르던 나라입니다. 저들의 권유를 받아 공연히 끌어들였다가 우리의 약함을 업신여겨 따르기 어려운 청을 강요하고, 과도한 비용을 떠맡긴다면 장차 어떻게 응할 수 있겠습니까.

―「승정원일기」

비교Plus+ 강화도 조약과 조·미수호통상조약

	강화도 조약(1876)	조·미수호통상조약(1882) ⇨ (수호 : 거중조정 항목 존재)
의의	최초의 근대적 조약	서구권 국가와 맺은 최초의 근대적 조약
원인	운요호 사건	「조선책략」유포 ⇨ 청의 알선
불평등항목	• 치외법권 • 해안측량권 규정	• 치외법권 • 최혜국대우조약
관세규정	무관세	최초로 관세 규정

깊이Plus+ 서구 열강과의 수교

조 약	체결국	연 도	조 약	체결국	연 도
강화도조약	일본	1876	조·러 통상조약	러시아	1884
조·미 수호통상조약	미국	1882	조·프 통상조약	프랑스	1886
조·청 상민수륙무역협정	청	1882	조·오 통상조약	오스트리아	1892
조·영 통상조약	영국	1883	조·벨 통상조약	벨기에	1901
조·독 통상조약	독일	1883	조·덴 통상조약	덴마크	1902
조·이 통상조약	이탈리아	1884			

2. 근대적 개혁의 추진과 반발

개화 세력의 형성과 개화 정책의 추진

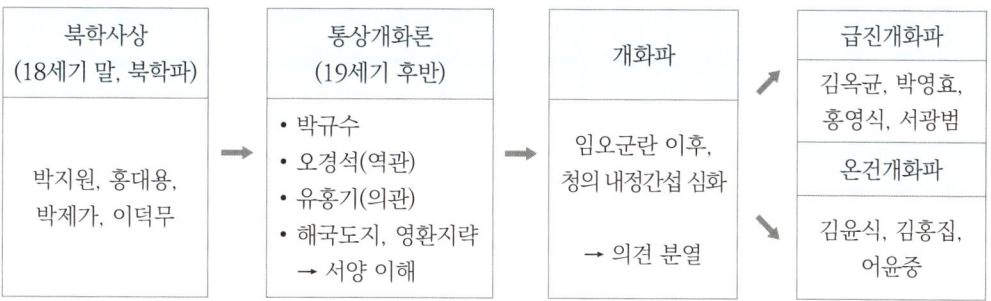

	온건개화파	급진개화파(스스로 개화당, 독립당)
사상	동도서기론(중체서용, 화혼양재)	문명개화론
모델	청의 양무운동	일본의 메이지유신(변법)
주요인물	김윤식, 김홍집, 어윤중	김옥균, 박영효, 홍영식, 서광범
주요활동	정부의 개화정책 주도	갑신정변

사료 Plus+ 동도서기론

군신, 부자, 부부, 붕우, 장유의 윤리는 천(天)에서 얻은 것이고 인간의 본성에서 부여된 것으로 천지를 통하는 만고불변의 이(理)입니다. 그리고 위에 존재하는 것으로서 도(道)가 됩니다. 이에 대하여 수레, 선박, 군, 농기계가 백성을 편하게 하고 나라를 이롭게 하는 것은 외형적인 것으로서 기(氣)가 되는 것입니다. 신이 변혁을 꾀하고자 하는 것은 기(氣)이지 도(道)가 아닙니다. — 윤선학의 상소

사료 Plus+ 문명개화론

인류의 역사는 야만에서 문명으로 진보한다. 그 발전 단계는 야만(野蠻)·미개(未開)·반개화(半開化)·문명개화(文明開化) 등으로 구분할 수 있다. 현재 세계의 여러 나라 가운데 영국 등의 유럽 국가들과 미국은 문명개화국으로, 일본·중국 등을 반개화국(半開化國)으로 볼 수 있다. 일본이 독립과 자존을 이루려면 중화사상(中華思想)이나 유교사상에서 벗어나 서양의 지식과 정치·법·기계·의식주의 풍속 등을 적극적으로 받아들여야 한다. — 후쿠자와 유키치

사료 Plus+ 개화의 등급

무릇 개화란 인간의 온갖 만물이 가장 아름다운 경지에 이르는 것을 일컫는데, 개화에는 인륜 개화, 학술 개화, 정치 개화, 법률 개화, 기계 개화, 물품 개화가 있다. 인륜 개화는 천하만국을 통하여 그 동일한 규모가 천만년을 지나도 장구함이 변하지 않는 것이다. 정치 이하의 여러 개화란 시대에 따라서 변개하기도 하고 지방에 따라 다르기도 하다. 그러므로 옛날에는 맞았지만 지금은 맞지 않으

며, 저쪽에는 좋지만 이쪽에는 좋지 않은 것도 있어, 곧 고금의 형세를 살피고 피차 사정을 비교하여 장점을 취하고 단점을 버리는 것이 곧 개화의 큰 도(道)인 것이다.　　　－「서유견문」제14편, 유길준

위정척사사상의 흐름

구분	계기	내용	대표 인물
1860년대	서구 열강 침입	통상반대론, 척화주전론(흥선을 뒷받침)	이항로, 기정진
1870년대	강화도조약	개항불가, 왜양일체(1876. 1 지부복궐소)	최익현
1880년대	「조선책략」유포	영남만인소, 신사척사소	이만손, 홍재학
1890년대	을미사변/단발령	을미의병	최익현, 유인석

사료 Plus+ 위정척사 사상

양적(洋賊)의 침입을 당하여 국론이 교(交)와 전(戰)으로 양분되어 있다. 그런데 양적을 공격해야 한다는 주장은 내 나라 사람의 것이고, 양적과 화친해야 한다는 주장은 적국 사람의 것이다. 전자를 따르면 조선 문화의 전통을 보전할 수 있지만, 후자를 따른다면 조선인은 금수의 지경으로 빠지고 말 것이다.　　　－「화서집」

사료 Plus+ 왜양일체론

저들이 비록 왜인이라고 하나 실은 양적(洋賊)이옵니다. …… 강화가 이루어진 뒤에는 저들이 상륙하여 서로 왕래하고 또는 우리 지경 안에서 집을 짓고 살려고 할 것입니다. 우리가 이미 강화하였으므로 거절할 말이 없고 거절할 수 없어서 내버려두면 재물이나 비단과 부녀자를 빼앗는 일을 마음대로 할 것입니다. 이런 일이 벌어지면 도대체 누가 능히 막겠사옵니까?
　　　－ '지부복궐소'중 일부, 최익현

사료 Plus+ 개화반대 상소

수신사 김홍집이 가지고 와서 유포한 사사로운 책자를 보노라면 어느새 털끝이 일어서고 쓸개가 떨리며 울음이 북받치고 눈물이 흐릅니다.……

중국은 우리가 신하로서 섬기는 바이며 해마다 옥과 비단을 보내는 수레가 요동과 계주를 이었습니다. 신의와 절도를 지키고 속방의 직분을 충실히 지킨 지 벌써 2백년이나 되었습니다. ……

미국은 우리가 본래 모르던 나라입니다. 잘 알지 못하는데 공연히 타인의 권유로 불러들였다가 그들이 재물을 요구하고 우리의 약점을 알아차려 어려운 청을 하거나 과도한 경우를 떠맡긴다면 장차 이에 어떻게 응할 것입니까?

일본은 우리에게 매어있던 나라입니다. …… 그들은 이미 우리 땅을 잘 알고 수륙 요충 지대를 점거하고 있습니다. ……그들이 우리의 허술함을 알고 함부로 쳐들어오면 장차 이를 어떻게 막겠습니까?

러시아는 본래 우리와 혐의가 없는 나라입니다. 공연히 남의 말만 듣고 틈이 생기게 된다면 우리의 위신이 손상될 뿐만 아니라 만약 이를 구실로 침략해 온다면 장차 이를 어떻게 막을 것입니까?
- 영남만인소 중에서

강화도 조약 체결 이후의 흐름

강화도 조약 체결 이후 추진된 1880년대 개화 정책
• 일본에 수신사 파견 : 김기수(1차, 1876), 김홍집(2차, 1880)
• 정부 기구 개편 : '통리기무아문'(1880, 대외관계 담당)과 '12사'(부국강병 추진) 설치, 5군영을 2영(무위영, 장어영)으로 통합, 신식군대인 별기군 창설(1881)
• 신사유람단(조사시찰단) 파견(1881) : 일본의 발전상 시찰
• 청에 영선사 파견 : 김윤식, 무기 제조법과 근대적 군사 훈련법 학습 → 기기창 설치
• 조·미수호통상조약 체결 이후, 미국에 보빙사 파견(1883)   : 홍영식, 민영익, 유길준(「서유견문」: 1889년 완성, 1895년 출간)

↓

강화도 조약 체결과 개화 정책에 대한 반발		
위정척사운동(1881, 영남만인소)	임오군란(1882)	갑신정변(1884)

임오군란과 갑신정변

	임오군란(1882)	갑신정변(1884)
원인	• 표면적 : 별기군 차별에 반발 • 근본적 : 정부의 개화정책에 대한 반발	• 정부의 소극적 개화정책 추진에 대한 반발
전개	• 민겸호의 집 습격, 일본 공사관 습격 • 경제적 어려움을 겪고 있던 도시 빈민 참여 • 흥선대원군 재집권 • 청군에 의해 진압, 흥선대원군 청으로 압송	• 우정국 개국 축하연에서 정변 • 14개조 정강 발표, 흥선대원군 귀국 • 청국의 개입으로 진압(3일 천하) • 민씨일파 재집권 • 홍영식 사망/김옥균, 박영효 망명

결과	• 조청상민수륙무역장정 : 내지 통상권 허용
	  ⇨ 이후, 조선에서 청일 양국 상인의 경쟁심화
	• 제물포조약 : 배상금 지불, 공사관 경비주둔
	• 고문정치 실시 : 묄렌도르프(독), 마건상(청)
		• 톈진조약 : 청일 공동 철병 및 파병시 사전통보
		  (이후, 청일전쟁의 배경으로 작용)
		• 한성조약 : 일본에 배상금 지불
		  ⇨ 이후, 청의 영향력이 더욱 커짐
		• 한계 : 일본에 의존, 토지 개혁 소홀 등

지도·사료 돋보기

임오군란(1882)

구식군인과 별기군

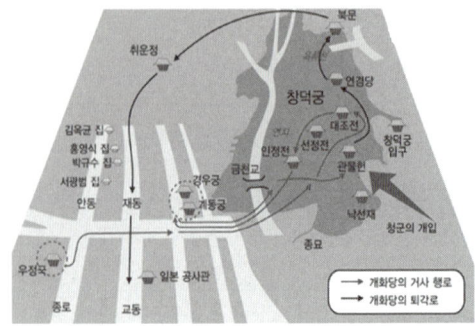

갑신정변(1884)

우정총국

사료 Plus+ 14개조 개혁 정강의 내용과 의미

분야	14개조 정강	개화당의 목표
정치	1. 흥선대원군을 빨리 귀국시키고 종래 청에 대해 행하던 조공의 허례를 폐지한다.	청에 대한 사대 외교관계 청산
	2. 문벌을 폐지하고 인민평등권을 제정하여 능력에 따라 관리를 임명한다.	양반 중심의 정치체제와 신분제 타파
	4. 내시부를 없애고 그중에서 우수한 인재를 등용한다.	국왕을 가까이에서 보좌하는 기관을 폐지하여 국왕의 권력 제한
	7. 규장각(외척 세도정치의 기반으로 변질)을 폐지한다.	
	13. 대신과 참찬은 의정부에 모여 정령을 의결하고 반포한다.	국왕의 전제정치와 외척의 국정 간섭을 막고, 내각제도를 확립 ⇨ 입헌군주제 추구
	14. 의정부와 6조 외에 필요 없는 관청을 없앤다.	

분야	14개조 정강	개화당의 목표
경제	3. 지조법(地租法)을 개혁하여 관리의 부정을 막고 백성을 보호하며 재정을 넉넉히 한다.	삼정의 문란을 바로잡고 국가의 재정을 확보하기 위함.
	6. 각 도의 환상(환곡)을 영구히 받지 않는다.	
	9. 혜상공국(보부상을 총괄하는 기관, 보부사의 특권을 보호하며 집권층의 손발 노릇)을 혁파한다.	보부상 등의 특권을 없애고 자유 상업을 발전시키기 위함.
	12. 모든 재정은 호조에서 관할한다.	호조가 국가 재정 관할(재정일원화)
군사	11. 4영을 1영으로 합하되, 영 가운데에서 장정을 뽑아 근위대를 설치한다.	군의 통솔권 확립
기타	5. 탐관오리 중에서 그 죄가 심한 자는 처벌한다.	국가 기강 확립과 민생 안정
	8. 급히 순사를 두어 도둑을 방지한다.	근대적 경찰제도 도입
	10. 귀양살이하거나 옥에 갇혀 있는 자는 그 정상을 참작하여 적당히 형을 감한다.	민심을 얻기 위함.

깊이 알아보기 갑신정변을 주도한 인물들의 삶

- 김옥균 : 갑신 정변 주도
- 박영효
    - 일본에 수신사로 가면서 태극사궤 제작
    - 박문국 설립 주도 ⇨ 한성 순보 발간
- 서재필 : 독립협회 창설
    (이상 3인은 갑신정변 실패 후, 일본으로 망명)
- 홍영식 : 우정총국의 우정총판에 임명,
    갑신정변 실패에 대한 책임으로 피살

김옥균   박영효

국정원 9급 All-Care

갑신정변 이후 조선을 둘러싼 국제 정세와 우리의 대응

	사건	목적

러시아	• 남하정책(베베르 공사 파견)
	  - 블라디보스토크 개항
	  - 조·러 통상조약(1884)
	  - 조·러 비밀협약 추진(1885) → 실패
	※ 용암포 사건(1903) : 러시아의 용암포 강점
		• 러 : 동아시아에서의 영향력 확대
		• 조선 : 청 견제 목적

영국	• 거문도 사건(1885~1887. 거문도 불법 점령)	• 러시아의 남하 견제 목적

↓

한반도 중립화론 대두 : 유길준, 부들러(독일 부영사)

지도·사료 돋보기

조선을 둘러싼 열강의 침략

거문도 점령 사건(1885)

거문도 사건 때 사망한 영국 해군 묘지
(Graveyard of the British naval force)

사료 Plus+ 유길준의 중립화론

우리나라가 아시아의 인후에 처한 지리적 위치는 유럽의 벨기에와 같고 중국에 조공하던 처지는 터키에 조공하던 불가리아와 같다. 그런데 불가리아가 중립조약을 체결한 것은 유럽 여러 대국들이 러시아를 막으려는 계책에서 나온 것이고 벨기에가 중립조약을 체결한 것은 유럽의 여러 대국들이 자국을 보전하려는 계책에서 나온 것이다. 대저 우리나라가 아시아의 중립국이 된다면 러시아를 방어하는 큰 기틀이 될 것이고 또한 아시아의 여러 대국들이 서로 보전하는 정략도 될 것이다. 이것은 비단 우리나라만을 위한 것이 아니라 중국도 이익이 될 것이며, 여러 나라가 서로 보전하는 계책도 될 것이니 무엇이 괴로워서 하지 않겠는가?

3 구국 운동과 근대 국가 수립 운동

동학농민운동

동학의 창시/확산	• 1860년. 동학 창시 : 최제우 • 2대 교주 최시형의 노력으로 동학 확산 : 「용담유사」, 「동경대전」 저술
교조신원운동 (종교집회 → 정치운동)	• 삼례집회, 서울 복합 상소 • 보은집회(외세 배척과 탐관오리 숙청 등 주장 ⇨ 정치·사회 운동으로 발전)
고부농민봉기 (1894.1)	• 고부 군수 조병갑의 학정 : 만석보 사건 → 전봉준 등이 봉기(사발통문) • 안핵사 이용태의 만행(동학교도 탄압) → 재봉기
1차 농민전쟁 ⇨ 성격 : 반봉건	• 백산 집회 : 전봉준, 손화중, 김개남 등(제폭구민, 보국안민) • 황토현 전투 승리 → 황룡촌 전투 승리 → 전주성 점령 • 청에 구원 요청 → 청군과 일본군 상륙(텐진조약에 근거하여 일본군 상륙)
폐정개혁안 실천기	(정부가 청에 원병 요청 → 청군 상륙 → 제물포 조약을 구실로 일본군 상륙) • 전주화약 체결 : 폐정개혁안 요구 • 전라도 각지에 집강소 설치(자치적 민정기구 : 행정·치안, 폐정개혁안 실천) • 정부 : 교정청 설치 → 청과 일본에게 철군 요청 • 일본 : 경복궁 점령 → 명성황후 몰아내고 흥선대원군 옹립, 청일전쟁 도발
2차 농민전쟁 ⇨ 성격 : 반외세	• 최시형의 지시 → 전봉준의 남접과 손병희의 북접 연합 → 서울 북상 • 공주 우금치전투 패배(1894.11) → 끈질긴 항전 → 지도자 체포(1894.12)
의의	민중이 주체가 되어 일어난 반봉건·반침략 운동(역사상 최대 규모)
한계	근대사회 건설을 위한 구체적인 개혁 방안을 제시하지 못함 ⇨ 근대 의식 결여(정치 개혁안 제시X)
영향	• 위로는 갑오개혁의 추진력으로 작용 : 신분 철폐 등이 반영 • 아래로는 의병운동과 농민항쟁으로 계승(활빈당 조직, 항일 의병 투쟁)

지도·사료 돋보기

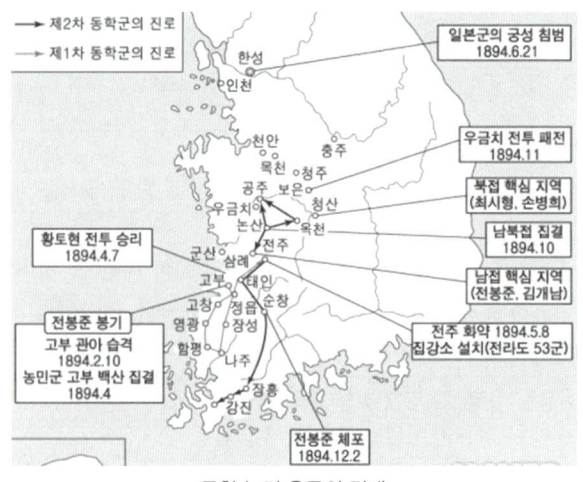
동학 농민 운동의 전개

↑ 전봉준

← 김개남

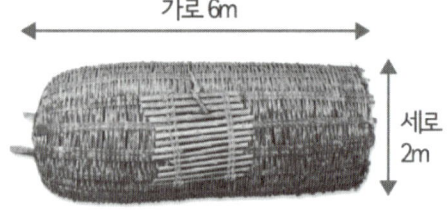

↑ 장태 : 농민군이 사용한 총알 방어 도구로 황룡촌 전투에서 큰 성과를 보였다.

← 사발통문 : 공동 책임을 지기 위해 사발로 원을 만든 뒤 다수가 서명을 하여 퍼트린 통문

사료 Plus+ 폐정개혁안 12조(1894.4)

1. 동학도는 정부와의 원한을 씻고 서정에 협력한다.
2. 탐관오리는 그 죄상을 조사하여 엄징한다.
3. 횡포한 부호(富豪)를 엄징한다.
4. 불량한 유림과 양반의 무리를 징벌한다.
5. 노비문서(奴婢文書)를 소각한다.
6. 7종의 천인 차별을 개선하고, 백정이 쓰는 평량갓(平凉笠)은 없앤다.
7. 청상과부(靑孀寡婦)의 개가를 허용한다.
8. 무명의 잡세는 일체 폐지한다.
9. 관리 채용에는 지벌(地閥)을 타파하고 인재를 등용한다.
10. 왜와 통하는 자는 엄징한다.
11. 공사채는 물론하고 기왕의 것을 무효로 한다.
12. 토지는 평균하여 분작(分作)한다.

갑오·을미개혁

(1) 갑오개혁

	1차 갑오개혁 (김홍집 중심의 개화파 정부)	2차 갑오개혁 (김홍집·박영효 연립내각)

배경	• 1차 동학 농민 전쟁 이후 개혁 요구
	  ⇨ 교정청 설치
	• 일본군의 경복궁 점령 후 개혁 강요
	  ⇨ 군국기무처 설치(흥선 대원군 재등장)
		• 청일전쟁에서 일본 승리
		  ⇨ 조선 내정에 적극 간섭
		• 흥선대원군이 물러나고 군국기무처가 폐지됨.

정치	• '개국' 연호 사용 • 과거제도 폐지 • 6조 → 8아문 • 경무청 설치(경찰)	• 홍범 14조 마련(개혁의 기본 강령) • 중앙 : 의정부 8아문 → 내각 7부 • 지방 : 8도 → 23부(부·목·군·현을 군으로 통일) • 재판소 설치(사법권의 독립 추구)
경제	• 재정을 탁지아문으로 일원화 • 은 본위 화폐제, 조세 금납제 • 도량형 통일	• 무명의 잡세를 폐지(조세 법정주의)

사회/
교육
	• 신분제 폐지 • 과부 재가 허용
	• 조혼, 인신매매, 고문, 연좌제 금지
		• 교육입국조서 반포
		  - 초등 교과서 '국민소학독본' 제작
		  - 한성사범학교 관제, 외국어 학교 관제

군사	(소홀)	• 훈련대, 시위대 설치
한계	• 토지 개혁 소홀 • 일본의 내정 간섭 : 개혁 과정에서 일본인 고문관 의무 고용(일본공사 이노우에 가오루)	

(2) 청·일전쟁 이후의 정세(일본이 승리)

→ 시모노세키조약 : 청나라로부터 요동반도를 할양
→ 삼국간섭 : 요동반도 포기(러시아, 프랑스, 독일)
→ 민씨 세력을 중심으로 친러시아 정부 수립
→ 을미사변(명성황후 시해 사건)
→ 을미개혁(을미사변 무마목적)
→ 을미의병
→ 신변에 위협을 느낀 고종이 러시아 공사관으로 피신 ⇨ 아관파천(1896, 이후 개혁 중단)

(3) 을미개혁(1895, 3차 개혁)

정치	• '건양' 연호 사용	
사회/교육	• 단발령 실시 • 근대적 우편업무 : 우체사 설치 • 종두법 실시 : 지석영 주도	• 태양력 사용 • 소학교 설치
군사	• 친위대와 진위대 설치	

사료Plus+ 홍범 14조

1. 청에 의존하려는 생각을 버리고 자주독립의 기초를 세운다.
2. 왕실 전범을 제정하여 왕위 계승의 법칙과 종친과 외척과의 구별을 명확히 한다.
3. 임금은 각 대신과 의논하여 정사를 행하고, 종실·외척의 내정 간섭을 용납지 않는다.
4. 왕실사무와 국정사무를 나누어 서로 혼동하지 않는다.
5. 의정부 및 각 아문의 직무, 권한을 명백히 한다.
6. 납세는 법으로 정하고 함부로 세금을 걷지 않는다.
7. 조세의 징수와 경비 지출은 모두 탁지아문의 관할에 속한다.
8. 솔선하여 절약하고, 이로써 각 아문과 지방관의 모범이 되게 한다.
9. 왕실과 관부의 1년 회계를 예정하여 제정의 기초를 확립한다.
10. 지방 제도를 개정하여, 지방관리의 직권을 제한한다.
11. 총명한 젊은이들을 파견하여, 외국의 학술·기예를 견습시킨다.
12. 장교를 교육하고 징병을 실시하여 군제의 근본을 확립한다.
13. 민법·형법을 제정하여 인민의 생활과 재산을 보전한다.
14. 문벌을 가리지 않고 인재 등용의 길을 넓힌다.

사료Plus+ 교육입국조서 반포

세계의 형세를 두루 살펴보건대 부강하고 독립하여 웅시(雄視)하는 모든 나라는 모두 다 그 인민의 지식이 개명하였도다. 이 지식의 개명은 곧 교육의 선미(善美)로 이룩된 것이니, 교육은 실로 국가를 보존하는 근본이라 하리로다. 그러므로 짐은 군사(君師)의 자리에 있어 교육의 책임을 지노라. 또 교육은 그 길이 있는 것이니 헛된 이름과 실제 소용을 먼저 분별하여야 하리로다.

- 「고종실록」

사료Plus+ 아관파천

지난해 9월부터 반역도배(反逆徒輩)들이 집요하게 나를 압박해 오고 있다. 최근에는 단발령으로 일어난 전국적 시위의 혼란을 틈타 나와 내 아들을 살해할지 모른다는 두려움에 떨고 있다. 나는 내 아들과 함께 이러한 위급한 상황에서 벗어나 러시아 공관에서 보호받기를 바란다. 나를 구출할 수 있는 다른 수단이란 없다. 나는 두 공사가 나에게 피신처를 마련해 줄 것을 간곡히 당부하는 바이다.

- 러시아 공사관 이동을 요청하는 고종의 친서

독립협회 활동

독립 협회 활동(1896년 4월 독립 신문 창간~1898년 12월 해산, 대조선 독립 협회 회보 간행)	
자주 국권	• 고종의 환궁 요구 • 독립신문 발간 → 독립협회 창립 → 독립문 건설 　(초기 : 관료와 지식인 중심 → 보조금을 내면 누구나 회원 → 전 국민적 단체로 성장)
자유 민권	• 신체·언론·출판·집회의 자유 권리 주장 • 만민공동회(1898. 3) : 러시아의 이권 침탈 규탄 　(러시아의 절영도 조차 요구 저지, 한러은행 폐쇄) • 관민공동회(1898. 10) : 백정 박성춘의 연설문, 헌의6조 채택(고종의 재가)
자강 개혁	• 관민공동회 : 의회 설립 추진(중추원 개편 : 의원의 반수를 독립 협회에서 선출) • 정치체 : 입헌군주제 주장 　(중추원 관제 반포 : 의회와 같은 기능 → 황제와 의정부의 권력 남용 견제, 개혁 추진)
해산	보수 세력의 반발(황국협회가 공화정을 수립하려 한다고 독립협회를 모함) → 고종의 해산령 → 만민 공동회 강제 해산(1898. 12)
의의	• 자주 국권 수호 운동 • 정부와 협조하고 국민이 개혁에 참여 　⇨ 일부 개화파 관료가 주도하였던 갑신정변과 갑오개혁의 한계를 극복하려 함.
한계	• 러시아 배척에는 적극적이었으나 미국, 영국, 일본에 대해서는 우호적 　⇨ 일본의 침략 의도 파악 미진

대한제국 수립과 광무개혁

대한제국 수립과 광무개혁(← 1897년 2월 고종이 경운궁(덕수궁)으로 환궁, 덕수궁 석조전(1910))	
성격(원칙)	• 구본신참 : 옛 것을 근본으로 하여, 새것을 참고한다. ⇨ 복고적 성격
정치	• 대한국 국제 반포(1899.8) : 전제 군주 정치를 표방
군사	• 원수부 설치 • 시위대 재조직(황제 호위), 친위대 확대(중앙군), 진위대 증설(지방군) • 대한제국 육군 무관 학교 설립
경제	• 양전사업 : 근대적 토지 소유 확립을 목적으로 지계 발급 • 근대적 회사·공장 설립 : 한성전기회사(왕실-미국 합작) • 전화 가설, 우편 통신망 확충, 전차 선로와 철도 부설
교육	• 실업학교·기술 교육 기관 설립, 의학교, 외국어 학교 설립 • 유학생 파견

지도·사료 돋보기

 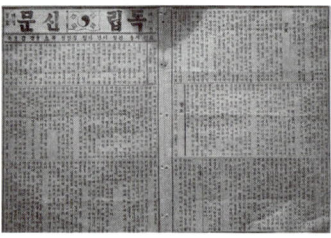 

독립문　　　　　　　　독립신문　　　　　　　　만민공동회

사료 Plus+ 구국 선언 상소문

신(臣) 등은 생각하건대 나라의 나라됨이 둘이 있으니, 가로되 자립하여 타국에 의뢰하지 않는 것이요, 가로되 자수(自修)하여 한 나라에 정치를 행하는 것입니다. 이 두 가지는 하느님께서 우리 폐하에게 주신 바의 하나의 대권입니다. 이 대권이 없은 즉 그 나라가 없습니다. 때문에 신 등은 독립문을 세우고 독립 협회를 설립하여 위로는 황상(皇上)의 지위를 높이고, 아래로는 인민의 뜻을 굳게 하여 억만 년 무강의 기초를 확립하려 합니다.　　　　－ 독립신문, 1898년 2월 21일

사료 Plus+ 만민공동회 박성춘의 연설문

나는 대한의 가장 천한 사람이고 무지몰각합니다. 그러나 충군 애국의 뜻은 대강 알고 있습니다. 이에 이국편민의 길인즉, 관민이 합심한 연후에야 가하다고 생각합니다. 저 차일에 비유하건대, 한 개의 장대로 받친즉 역부족이나 많은 장대를 합한즉 그 힘이 공고합니다. 원컨대 관민이 합심하여 우리 황제의 성덕에 보답하고, 국운이 만만세 이어지게 합시다.

사료 Plus+ 헌의 6조

1. 외국인에게 의지하지 말고 전제황권을 공고히 할 것
2. 외국과의 이권에 관한 계약과 조약은 각 대신과 중추원 의장이 합동 날인하여 시행할 것
3. 국가 재정은 탁지부에서 전관하고, 예산과 결산을 국민에게 공포할 것
4. 중대 범죄를 공판하되, 피고의 인권을 존중할 것
5. 칙임관을 임명할 때에는 정부에 그 뜻을 물어서 중의에 따를 것
6. 정해진 규정을 실천할 것

사료 Plus+ 대한국국제

제1조 대한국은 세계 만국에 공인되어온 바 자주 독립하온 제국이니라.

제2조 대한제국의 정치는 이전부터 오백년간 전래하시고 이후부터는 항만세(恒萬歲) 불변하오실 전제 정치이니라.

제3조 대한국 대황제께옵서는 무한하온 군권을 향유하옵시느니 공법(公法)에 이르는 바 자립 정체이니라.

제5조 대한국 대황제께옵서는 국내 육해군을 통솔하옵셔서 편제를 정하옵시고 계엄·해엄을 명령하옵시니라.

제6조 대한국 대황제께옵서는 법률을 제정하옵셔서 그 반포와 집행을 명령하옵시고 만국의 공공한 법률을 효방하사 국내 법률로 개정하옵시고 대사·특사·감형·복권을 명하옵시느니 공법에 이른바 정율례이니라.

4 일제의 침략과 국권 수호 운동

일제의 국권침탈 과정과 우리의 저항

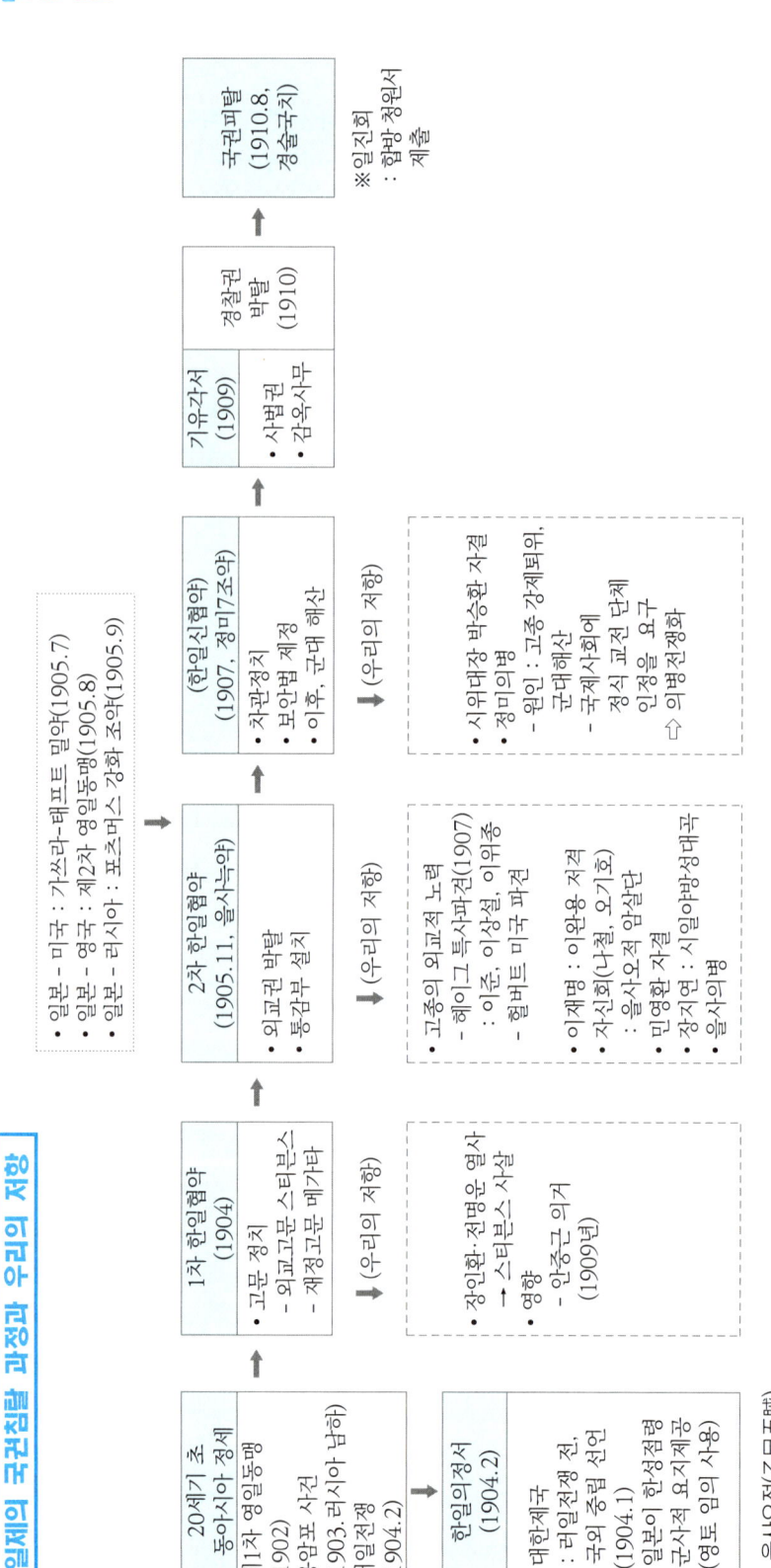

※ 을사오적(乙巳五賊)
: 조선 말기 일제의 조선 침탈과정에서, 일제가 1905년 을사조약을 강제 체결할 당시, 한국측 대신 가운데 조약에 찬성하여 서명한 다섯 대신. 즉, 박제순(朴齊純), 외부대신, 이지용(李址鎔), 이근택(李根澤), 군부대신, 이완용(李完用), 학부대신, 권중현(權重顯), 농상부대신)을 일컫는다.

사료Plus+ 한일의정서

제4조 제3국의 침해나 혹은 내란으로 인하여 대한제국의 황실안녕과 영토보전에 위험이 있을 경우에는 대일본제국 정부는 속히 임기응변의 필요한 조치를 행할 것이며, 그리고 대한제국 정부는 대일본제국 정부의 행동이 용이하도록 충분히 편의를 제공할 것. 대일본제국 정부는 전항(前項)의 목적을 성취하기 위하여 군략상 필요한 지점을 임기수용할 수 있을 것이다.

제5조 대한제국 정부와 대일본제국 정부는 상호의 승인을 거치지 않고는 본 협정의 취지에 위반되는 협약을 제3국과 체결할 수 없다.

사료Plus+ 제1차 한일협약

제1조 대한제국 정부는 일본 정부가 추천하는 일본인 1명을 재정고문에 초빙하여 재무에 관한 사항은 모두 그의 의견을 들어 시행할 것.

제2조 대한제국 정부는 일본정부가 추천하는 외국인 1명을 외교고문으로 초빙하여 외교에 관한 중요한 업무는 그의 의견을 들어 시행할 것.

사료Plus+ 제2차 한일협약

제2조 일본국 정부는 한국과 타국 간에 현존하는 조약의 실행을 완수하는 임무를 담당하고 한국 정부는 지금부터 일본 정부의 중개를 거치지 않고는 국제적 성격의 조약이나 약속을 맺을 수 없다.

제3조 일본국 정부는 그 대표자로 한국 황제 폐하 밑에 1명의 통감을 두되 통감은 오로지 외교에 관한 사항을 관리하기 위해 경성에 주재하고 친히 황제를 알현할 권리를 가진다.

사료Plus+ 고종의 을사늑약 무효선언

짐은 대덕국(독일)의 호의와 지원을 항상 기대하고 있습니다. 그러나 짐에게 파국이 닥쳐왔습니다. 이웃 강대국(일본)의 공격과 강압성이 날로 심해져 마침내 외교권을 박탈당했고 독립이 위협받고 있습니다. 우리는 하늘에 호소하고 있습니다. 짐은 폐하에게 고통을 호소하고 다른 강대국들과 함께 약자의 보호자로서 본국의 독립을 보장해 줄 수 있는 폐하의 우의를 기대합니다.

- 광무 10년 1월 경운궁에서

사료Plus+ 을사늑약에 대한 저항

아! 나라의 수치와 백성의 욕됨이 이에 이르렀으니 우리 인민은 장차 생존경쟁에서 잔멸하리라. 다만 영환은 한번 죽음으로써 임금의 은혜에 보답하고 이천만 동포형제에게 사죄하노라. 영환은 죽어도 죽지 않고 구천 아래에서 여러분을 돕고자 하니 …… 일심협력하여 우리의 자유와 독립을 회복하면 죽은 몸도 저승에서 기뻐 웃으리라. 아! 실망하지 말라. 우리 대한제국 이천만 동포형제들에게 이별을 고하노라.

- 민영환의 유서

이 조약이 성립하지 않음은 상상건대 이토가 스스로 알 수 있을 바이거늘, 오호라 개, 돼지만도 못한 소위 우리 정부 대신이라는 작자들이 영리에 어둡고 위협에 떨어서 이를 따르고 굽실거려 나라를 팔아먹는 도적이 되기를 서슴지 않았으니, 4천년 강토와 5백년 종사를 남에게 바치고 2천만 국민을 남의 노예로 만들었으니 저들 개, 돼지만도 못한 외부대신 박제순 및 각 대신은 족히 책망할 것도 없으려니와…….

— 시일야방성대곡, 장지연

사료 Plus+ 한일신협약

제1조 한국 정부 시정 개선에 관하여 통감의 지도를 받을 것.
제2조 한국 정부의 법령 제정 및 중요한 행정상의 처분은 미래 통감의 승인을 거칠 것.
제5조 한국 정부는 통감이 추천하는 일본인을 한국 관리에 임명할 것.

간도와 독도

(1) 간도

근대 이전의 간도	• 1712년 조·청 양국은 백두산 정계비 설립 ("서쪽으로는 압록강, 동쪽으로는 토문강을 국경으로 한다.")
간도 이주민 증가	• 19세기 후반 이후 간도로 이주하여 황무지를 개척하는 이들 증가
대한제국의 정책	• 청이 간도개간사업을 시작하면서 간도 귀속 문제 발생 • 1900년 러시아가 간도를 점령 ↓ • 정부의 대응 - 1902년 대한제국 정부는 간도관리사 파견(이범윤) - 이범윤은 현지에서 조세를 받고 간도를 함경도의 행정구역으로 편입
을사늑약 이후	• 을사늑약을 통해 우리나라의 외교권을 박탈 • 1909. 일본이 만주 안봉선 철도 부설권을 획득한 대가로 간도를 청의 영토로 인정하는 간도협약 체결

깊이 Plus+ 백두산 정계비 건립(숙종, 1712년)

- 내용 : '西爲鴨綠 東爲土門 故於分水嶺上 勒石爲記'
  ⇨ 양국 간의 국경은 서로는 압록강, 동으로는 토문강을 경계로 한다.
- 분쟁 : 19세기에 토문강의 위치에 대한 해석문제가 발생하여 간도 귀속문제 발생
  ⇨ 조선은 송화강 지류로, 청은 두만강으로 해석
- 이후 : 간도 협약 체결(1909년)
  ⇨ 을사늑약 이후, 일본이 안봉선 철도부설권을 얻는 대가로 간도를 청의 영토로 넘겨주었다.

사료Plus+ 간도협약

제1조 일·청 두 나라 정부는 토문강을 청국과 한국의 국경으로 하고 강 원천지에 있는 정계비를 기점으로 하여 석을수(石乙水)를 두 나라의 경계로 한다.

제3조 청 정부는 이전과 같이 토문강 이북의 개간지에 한국 국민이 거주하는 것을 승인한다. 그 지역의 경계는 별도로 표시한다.

제5조 토문강 이북의 한국인과 청나라 사람들이 함께 살고 있는 구역 안에 있는 한국 국민 소유의 토지와 가옥은 청 정부가 청 국민들의 재산과 똑같이 보호하여야 한다.

제6조 청 정부는 앞으로 길장 철도를 연길 이남으로 연장하여 한국의 회령에서 한국의 철도와 연결할 수 있다.

- 「순종실록」

(2) 독도

근대 이전의 독도	• 신라 지증왕 때, 이사부의 우산국 정벌로 인해 신라 영토로 편입 • 조선 숙종 때 안용복은 울릉도에 출몰하는 일본 어민을 쫓아내고 일본에 건너가 독도가 조선의 영토임을 확인(일본 막부는 1699년 독도를 조선 영토로 인정하는 서계(書契)를 조선 조정에 넘겼다.)
독도 이주민 증가	19세기 말 조선 정부에서는 적극적으로 울릉도 경영에 나서 주민의 이주를 장려
대한 제국의 정책	• 1900년에 울릉도를 울도로 개칭하고, 군으로 편입한 뒤, 석도(독도)까지 관리 ⇨ 이후, 울릉도를 군으로 승격하고, '대한 제국 칙령 제41호' 반포 • 1905년 지령을 통해 독도가 대한제국의 영토임을 확인
러일 전쟁 중	• 1905년 2월, 시마네현 고시 제40호 : 일본은 불법적으로 독도를 강탈하여 자국의 영토로 편입

사료Plus+ 독도에 대한 기록

우산(于山)과 무릉(武陵) 두 섬이 현의 정동(正東) 바다 가운데에 있다. 두 섬이 서로 거리가 멀지 아니하여, 날씨가 맑으면 가히 바라볼 수 있다.
- 「세종실록지리지」

제1조 울릉도를 울도로 고쳐 강원도에 부속하고 도감(島監)을 군수(郡守)로 고친다.
제2조 군청 위치는 태하동으로 정하고 구역은 울릉 전도와 죽도(竹島), 석도(石島)를 관할한다.
- 대한 제국 칙령 제41호(1900년 10월)

울릉도 앞바다에서 동쪽으로 200리 거리에 섬이 하나 있다. 이 섬은 예로부터 우리 영토였으나 일본인들이 그들의 영토라고 주장하며 조사하고 돌아갔다.
- 「매천야록」, 황현

의병 운동과 애국계몽운동

(1) 항일 의병 운동(위정 척사 사상 계승)

구분	을미의병(1895)	을사의병(1905)	정미의병(1907)
계기	을미사변, 단발령	을사조약	고종강제퇴위, 군대 해산
주도 세력	• 양반 유생 의병장 : 유인석, 이소응, • 농민, 동학 잔여 세력	• 양반 유생 의병장 : 민종식, 최익현(대마도 순국) • 최초의 평민 출신 의병장 : 신돌석	• 유생, 농민, 노동자 등 여러 계층이 참여 • 특히 해산군인 합세로 화력 증진
특징	• 단발령 철회와 고종의 해산 권고로 해산 • 일부 농민군은 활빈당 조직	• 을사조약 폐지 요구 • 평민 출신 의병장 등장	• 해산 군인의 가담 ⇨ 의병전쟁화 • 각국 공사관에 의병을 국제법상의 전쟁 단체로 인정해 줄 것을 요구 • 13도 창의군 결성 → 서울진공작전작전 → 총대장 이인영 부친상 으로 위축 → 강원도·호남의병운동 → 일본의 남한대토벌작전 → 의병의 근거지 이동 (만주, 연해주)

(2) 애국계몽운동(정치·사회 단체 활동, 교육·계몽 활동, 산업 진흥 활동)

구분	내용
보안회(1904)	일제의 황무지 개척 요구 철회
헌정연구회(1905)	• 의회 설립을 통한 입헌 정치 체제 수립 추구(입헌군주제)
대한자강회(1906)	• 교육 진흥과 산업 발전을 목표로 계몽운동 전개(정기 연설회) • 고종강제퇴위 반대운동 → 강제 해산
신민회(1907~1911)	• 성격 : 실력 양성 운동 단체 + 무장 투쟁 기지 건설 • 목표 : 공화정 추구 • 활동(비밀결사) - 교육(대성학교, 오산학교), 산업(태극서관, 자기회사) - 국외 무장 투쟁 기지 건설 : 만주 삼원보(신흥무관학교, 이회영) • 해산 : 105인 사건으로 해산(1911)
서북학회(1908)	• 평안도, 함경고, 황해도 지방 출신자들이 서울에서 조직 (이동휘, 안창호, 박은식) • 월보 발간과 학교 설립 및 독립운동 기지 건설
기호흥학회(1908)	• 경기도와 충청도에 학교 설립이 목적 • 서울에 기호학교 설립(교사 양성)

사료 Plus+ 을미의병

원통함을 어찌하리. 국모의 원수를 생각하며 이를 갈았는데, 참혹함이 더욱 심해져 임금께서 또 머리를 깎으시는 지경에 이르렀다. …… 우리 부모에게 받은 몸을 금수로 만드니 무슨 일이며, 우리 부모에게 받은 머리카락을 풀 베듯이 베어버리니 이 무슨 변고란 말인가. …… 환난을 회피하기란 죽음보다 더 괴로우며 멸망을 앉아서 기다리기보다는 차라리 싸우는 편이 훨씬 낫다.

- 유인석의 창의문

사료 Plus+ 최익현의 격문

아, 원통하도다. 오늘날의 국사를 차마 말로 할 수 있으랴. …… 우리에게 이웃 나라가 있어도 스스로 결교(結交)하지 못하고 타인을 시켜 결교하니 이것은 나라가 없는 것이요, 우리에게 토지와 인민이 있어도 스스로 주장하지 못하고 타인을 시켜 대신 감독하게 하니, 이것은 임금이 없는 것이다. 나라가 없고 임금이 없으니 우리 삼천리 인민은 모두 노예이며 신첩(臣妾)일 뿐이다. 남의 노예가 되고 남의 신첩이 된다면 살았다 하여도 죽는 것만 못하다.

- 최익현, '포고팔도사민' 『면암집』, 1906

깊이 최익현의 활동

- <계유상소>(1873) : 1871년 신미양요를 승리로 이끈 대원군이 그 위세를 몰아 만동묘를 비롯한 서원의 철폐를 대거 단행하자 그 시정을 건의한 상소. 이 상소를 계기로 대원군의 10년 집권이 무너지고 고종의 친정이 시작되었다.
- <병자지부복궐소>(1876) : 일본과 맺은 병자수호조약(강화도조약)을 결사 반대하였다. 이 상소로 흑산도로 유배되었으나 그 신념과 신조는 꺾이지 않았다.
- <청토역복의제소>(1895) : 을미사변의 발발과 단발령의 단행을 계기로 폭발하여 상소를 올리고 항일척사운동에 앞장섰다.
- <청토오적소>(1905) : 을사조약이 체결되자 곧바로 소를 올려서 조약의 무효를 국내외에 선포하고 망국조약에 참여한 박제순 등 오적을 처단할 것을 주장하였다.
- 을사의병 : 1906년 윤4월 전라북도 태인에서 궐기하였다. 74세의 고령으로 의병을 일으켜 최후의 진충보국하고자 했으나 뜻을 이루지 못하고 적지 대마도 옥사에서 순국하였다.

사료 Plus+ 대한자강회 활동

무릇 우리나라의 독립은 오직 자강의 여하에 있을 따름이다. 우리 대한이 종전에 자강의 방법을 강구하지 않아 인민이 스스로 우매함에 묶여 있고 국력이 쇠퇴하여 마침내 오늘의 위기에 다다라 결국 외국인의 보호를 당하게 되었으니, 이는 모두 자강의 도에 뜻을 다하지 않았던 까닭이다.

- 대한자강회 월보

사료 Plus+ 신민회 활동

무릇 우리 대한인은 내외를 막론하고 통일 연합으로써 그 진로를 정하고 독립 자유로써 그 목적을 세움이니, 이것이 신민회가 원하는 바이며 신민회가 품어 생각하는 것이다. 간단히 말하면 오직 신 정신을 불러 깨우쳐서 신단체를 조직한 후에 신국가를 건설할 뿐이다. — 신민회 설립 취지문

"남만주로 집단 이주하려고 기도하고, 조선 본토에서 상당한 재력이 있는 사람들을 그 곳에 이주시켜 토지를 사들이고 촌락을 세워 새 영토로 삼고, 다수의 청년 동지들을 모집, 파견하여 한인 단체를 일으키고, 학교를 세워 민족 교육을 실시하고, 나아가 무관 학교를 설립하여 문무를 겸하는 교육을 실시하면서, 기회를 엿보아 독립전쟁을 일으켜 구한국의 국권을 회복하려고 하였다."

— 105인 사건 판결문

5 개항 이후의 사회·경제 변화

열강에 의한 경제 침탈과 경제적 구국 운동 전개

(1) 개항 이후 경제 상황

일본	• 강화도 조약(1876) 이후,
	  - 조·일수호조규부록 : 개항장 10리, 일본 화폐 사용
	  - 통상장정 : 무관세, 양곡의 무제한 유출 허용
	• 조·일 통상장정(2차, 1883)
	  - 개항장 100리 확대, 최혜국 대우규정, 관세권 설정
	  - 방곡령 선포 가능(1개월 전 사전 통보 규정)
		⇨ 일본 상인이 상권 장악

청	• 임오군란(1882) 진압 이후,
	  - 조·청 상민수륙무역장정 : 내륙진출권
		⇨ 청·일 양국 상인의 각축전 심화
		  (이후 청일전쟁의 원인)

↓

상권 수호 운동	• 황국 중앙 총상회 조직(시전 상인 중심, 1898) ⇨ 동맹 철시

(2) 열강의 이권 침탈 심화와 경제적 구국 운동

	이권 침탈	경제적 구국 운동

러시아	• 아관 파천 이후, 경제 침탈 심화
	→ 열강의 이권 침탈 심화
	(광산, 금광, 산림, 철도)
		• 모든 광산의 채굴권을 궁내부로 이관(1898)
		• 독립협회 활동
		  - 고종의 환궁 주장
		  - 이권수호운동 : 러시아의 절영도 조차 요구 저지

일본	• 미면 교환 체제 → 국내 곡물가격 폭등(곡물 부족)	• 방곡령 실시 : 함경도(1889), 황해도(1890) → 일본에 배상금 지불(조일통상장정에 근거)
	• 일본의 황무지 개간권 요구	• 보안회(1904) : 일본의 요구 저지

	• 일본의 정치적·경제적 간섭 심화	• 국채보상운동 전개(1907)
		  - 대구에서 서상돈이 주도
		  - 대한매일신보의 후원 → 전국적 확대
		• 회사 설립 운동 : 상회사 설립(대동상회, 장통회사), 증기선 구입, 은행 설립(조선 은행, 한성은행)
		※ 조선은행(1896, 최초의 민간은행)
		  → 대부분 일본 자본에 넘어감

(3) 일본의 식민 지배 토대 마련 정책

철도 부설권	• 경인선 : 미국 → 일본(1897) • 경의선 : 프랑스 → 일본(1904)	• 경부선 : 일본(1898) • 경원선 : 일본(1904)
토지 약탈	• 황무지 개간권 요구 → 보안회가 철회시킴 • 동양 척식 주식회사 설립(1908) : 토지 약탈, 이후 식민지 수탈 기구	
금융 및 재정 장악	• 화폐정리사업(1905. 메가타) ⇨ 구 백동화 무효에 관한 고시(1909) → 민족 자본 파탄 • 차관 독점 제공 ⇨ 일본에 경제적으로 예속	

지도·사료 돋보기

청·일의 경제 침투와 방곡령 선포   백동화 무효에 관한 고시

사료 Plus+ 방곡령에 대한 배상금 지불 근거

만약 조선국에 가뭄 수해 병란 등의 일이 있어 국내 식량 결핍을 우려하여 조선 정부가 잠정적으로 쌀의 수출을 금지하고자 할 때에는 반드시 먼저 1개월 전에 지방관이 일본 영사관에 통고해야 한다. 또한 그러한 때는 그 시기를 미리 항구의 일본 상인에게 두루 알려 그대로 지키게 해야 한다.

사료 Plus+ 황국 중앙 총상회의 성명

근일 외국인이 내지의 각부 각군 요지에 점포 사옥을 사서 장사를 하고 또 전답을 구입한다고 하니 이는 외국과 통상에도 없는 것이요, 외국인들이 내지에 와서 점포를 열어 장사를 하고 전답을 사들이면 대한 인민의 상권이 외국인에게 모두 돌아가고 …… 우리나라 각부 각군 지방에 잡거하는 외국 상인을 모두 철거하게 하고 가옥과 점답 구매를 모두 엄금하여 대한 인민의 상업을 흥왕케 하여 달라.

- 독립신문, 1898. 10. 18

사료 Plus+ 국채보상국민대회 취지문

지금은 우리들이 정신을 새로이 하고 충의를 떨칠 때이니, 국채 1,300만 원은 바로 우리 한(韓) 제국의 존망에 직결된 것이다. 그러나 이것을 갚으면 나라가 존재하고, 갚지 못하면 나라가 망할 것은 필연적인 사실이다. …… 그러므로 이 국채를 갚는 방법으로 2천만 인민들이 3개월 동안 흡연을 금하고, 그 대금으로 한 사람이 매달 20전씩 거둔다면 1,300만 원을 모을 수 있으며, 만일 그 액수가 미달할 때는 1환, 10환, 100환의 특별 모금을 해도 될 것이다.

서상돈

국채보상운동기념공원

대한매일신보

개항 이후, 사회의 변화

신분제도 붕괴	• 순조 때, 공노비 6만 6천여 명이 해방(1801) • 서얼과 중인을 비롯한 모든 계층의 관직 진출이 허용(1882) • 갑신정변에서 최초로 신분제 폐지를 주장(1884) • 노비세습제 철폐(1886) • 1894년의 동학농민운동에서도 신분제를 철폐하고자 하는 욕구가 다시금 확인 → 1894년 갑오개혁 때 신분제 철폐(하지만 호적에 신분 대신 직업을 기재)
새로운 사상 등장	• 독립협회를 통해 자유 민주주의 사상이 보급, 만민공동회를 통해 평민의식 확산 • 애국계몽운동이 시작되면서 평등사상이 보편화 • 신민회를 통해 민주 공화제에 대한 관심 대두
생활 모습 변화	• 의생활 : 신분 구별이 나타나지 않도록 복식제도 개혁, 서양식 복제 도입 • 식생활 : 커피 등 서양 음식이 등장하여 유행 • 주생활 : 가택의 규모, 형태, 소재의 제한이 없어졌으며 서양식 건물이 등장 (명동성당, 정동교회, 덕수궁 석조전, 국립 근대미술관, 각국 공사관 등)

사료 돋보기

정동교회(1885)

명동성당(1898)

덕수궁 석조전(1900~1910)

6. 근대 문물의 수용과 근대 문화의 발달

근대 문물의 수용(최초의 근대적 시설)

각종 시설		연대	내용
인쇄	박문국	1883	최초의 근대적 인쇄소(〈한성순보〉 발행)
	광인사	1884	최초의 민간 출판사
통신	전신	1884	일본~부산 (일본)
		1885	서울~인천 (청)
	전화	1898	덕수궁 내 → 점차 민가로 확대
	우편	1895	갑신정변으로 중단 ⇨ 1895년 재개
		1900	만국 우편 연합 가입
화폐	전환국	1883	화폐 주조
무기	기기창	1883	근대식 무기 공장(영선사)
교통/전기	경인선	1896	최초의 철도(미국인 모스 ⇨ 1899년 완성 : 노량진~제물포)
	경부선	1905	경부선 개통(침략의 발판)
	경의선	1906	일본이 러일전쟁에 이용할 목적으로 개통
	전차	1898	콜브란(미국)과 황실이 합작한 한성 전기회사, 서대문~청량리(정식 개통은 1899년)
	전등	1887	경복궁에 최초로 점등
의료기관	광혜원	1885	최초의 근대식 병원(알렌) ⇨ 제중원으로 개칭
	광제원	1899	국립병원, 종두법 시행
	자혜의원	1909	도립병원
	세브란스 병원	1904	미국인 에비슨 건립
	대한의원	1907	의료 요원 양성소
건축	독립문	1896	프랑스 개선문 모방
	명동성당	1898	중세 고딕 양식
	덕수궁 석조전	1909	중세 르네상스 양식

근대 문화의 발달

(1) 언론 기관의 발달

신문	창간	폐간	문자	특징
한성순보	1883	1884	순한문	최초의 신문, 관보의 성격, 순한문, 열흘에 한번 간행
독립신문	1896	1899	한글·영문	독립협회에서 발행, 최초의 민간 신문, 일간지, 한글판·영문판
황성신문	1898	1910	국한문	을사늑약의 부당함을 개탄한 장지연의 '시일야방성대곡' 개재
제국신문	1898	1910	순한글	여성이 주 독자층, 순 한글로 간행
대한 매일신보	1904	1910	혼합	• 영국인 베델이 사장에 올라 강력한 항일 어조 • 국채보상운동, 고종강제퇴위 반대 운동 후원
만세보	1906	1910	국한문	천도교 기관지

⇨ 일제의 신문지법(1907)에 의해 탄압 → 대부분 폐간(한성순보와 독립신문은 신문지법 이전에 폐간)

사료 돋보기

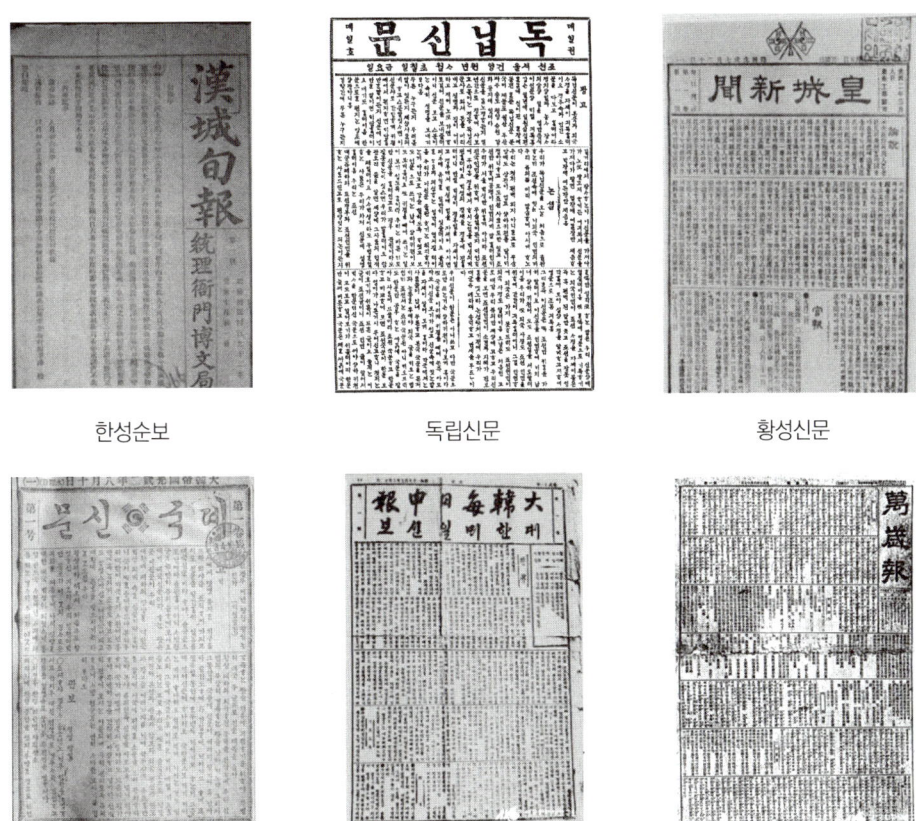

한성순보 / 독립신문 / 황성신문
제국신문 / 대한매일신보 / 만세보

사료 Plus+ 독립신문 창간사

우리는 첫째 편벽되지 아니한 고로 무슨 당에도 상관이 없고 상하 귀천을 달리 대접 아니 하고 모두 조선 사람으로만 알고 조선만 위하여 공평히 인민에게 말할 터인데, …… 우리가 모두 언문으로 쓰기는 알아보기 쉽도록 함이라. 남녀 상하 귀천이 모두 보게 함이오. 또 한쪽에 영문으로 기록하기는 외국 인민이 조선 사정을 자세히 모르기 때문에 혹 편벽된 말만 듣고 조선을 잘못 생각할까 보아 실상 사정을 알게 하고자 하여 영문으로 조금 기록한다.

사료 Plus+ 신문지법

제10조 신문지는 매회 발행에 앞서 먼저 내부 및 그 관할 관청에 2부씩 납부해야 한다.
제11조 황실의 존엄을 모독하거나 국헌을 문란 혹은 국제교의를 저해하는 사항을 기재할 수 없다.
제21조 내무대신은 신문지로서 안녕질서를 방해하거나 풍속을 혼란하게 한다고 인정될 때는 그 발매 반포를 금지하고 이를 압수하여 그 발행을 정지, 금지할 수 있다.

(2) 근대 교육 기관

근대적 교육 기관	• 원산학사(1883년) : 원산 덕원부 민중들이 모금하여 설립한 근대적 사립 교육기관 • 동문학(1883년) : 정부에서 통역관을 양성하기 위하여 설립한 영어 강습 기관 • 육영공원(1886년) : 상류층 자제와 젊은 관리 교육을 위해 정부에서 설립
근대적 교육 제도	• 갑오개혁 이후 교육입국조서 반포 ⇨ 한성사범학교 설립(1895), 「국민 소학 독본」제작
선교사들의 교육 사업	• 감리교 : 선교사 아펜젤러가 배재학당(1885), 스크랜튼이 이화학당(1886)을 설립 • 장로교 : 선교사 알렌이 국립의료기관 광혜원(제중원)에 의학교를 부설 운영(1886), 제중원 여의사였던 엘레스가 정신여학교 설립(1887) • 경신학교(언더우드, 1885), 숭실학교(베어드, 1897)

(3) 국학 연구 : 국사와 국어 연구

국사
연구
	• 신채호 : 「독사신론」을 저술하여 민족주의 사학의 연구 방향을 제시
	• 박은식 : 최남선과 조선광문회를 조직하여 민족 고전을 정리·간행
	• 현채 : 「유년필독」, 「동국사략」 등을 저술하여, 민족의 자주성과 애국심을 함양
	• 황현 : 「매천야록」(고종 이후~1910년까지의 근대사)을 통해 일제 침략을 비판하고,
	  민족정신을 강조(이후 1910년 국권피탈을 개탄하며 절명시를 남기고 자결)
	• 전쟁 영웅들의 전기 보급 : 「강감찬전」, 「을지문덕전」, 「이순신전」(신채호) 등
	• 외국의 건국사와 망국사 소개 : 「미국독립사」, 「이태리 건국 삼걸전」(신채호),
	  「월남망국사」(현채) 등

국어 연구	• 지석영, 주시경 등이 주도 : 국문 연구소 설립, 국문 정리 • 언문 운동 : 한글 신문 발행(독립신문, 제국신문), 국한문 혼용(유길준의 「서유견문」)

(4) 문예의 변화

문학	• 애국시가 : 학생, 종교인, 일반 서민들이 국문으로 작성(「괴뢰세계」, 「국채보상가」)
	• 신체시 : 「해에게서 소년에게」(근대 시 형식 개척)
	• 외국 번역 작품 : 성경, 「천로역정」, 「이솝우화」, 「로빈슨 크루소」, 「걸리버 여행기」
	  ⇨ 전통문화의식 약화 및 외래문화에 대한 막연한 동경심 유발
	• 신소설 등장 : 신교육, 여권 신장, 계급 타파, 자유결혼, 자아 각성 등을 주제로 한 계몽문학
	  (「혈의 누」(이인직), 「자유종」(이해조), 「금수회의록」(안국선), 「추월색」(최찬식) 등)

음악	• 창가와 음악이 교과목으로 개설, 서구식 7음계 도입 등 근대 음악이 보편화 • 신재효 : 동편제와 서편제를 융합하여 판소리가 민족적 예술로 성장하는 기반을 마련
연극	• 최초의 서양식 극장인 원각사 건립 ⇨ '은세계' 등이 공연 • 변사를 대동한 활동사진(영화)이 전국을 순회하여 상영
미술	• 서양 화풍 소개, 학교 교육을 통해서 서양화 보급 • 장승업(입체적 음영법), 안중식과 고희동(서양기법 도입), 이도영(시사만평) 등

(5) 종교계의 새 경향

천주교	• 1860년대 신앙과 포교의 자유(조불조약) • 고아원, 양로원 운영 등 사회사업에 관심
개신교	• 서양 의술과 근대 교육의 보급 • 한글 보급, 미신 타파, 평등사상 전파에 공헌
천도교	• 문호 개방 후 민족, 민중 종교로 성장 ⇨ 친일파 이용구의 이용 　⇨ 손병희가 천도교로 개칭
대종교	• 나철, 오기호 등이 단군에 대한 신앙을 발전시켜 창시 　⇨ 일제강점기 항일무장투쟁 전개
유교	• 위정척사운동의 중심체 　⇨ 개신 유학자들의 유교 개혁 주장 　⇨ 박은식의 유교구신론 　⇨ 실천적 유교 정신 강조(양명학의 영향)
불교	• 한용운의 조선 불교 유신론 　⇨ 불교의 자주성 회복과 근대화 운동 추진

사료 Plus+ 박은식의 유교구신론

무릇 동양의 수천 년 교화계(敎化界)에서 바르고 순수하며 광대 정미하여 많은 성인이 뒤를 이어 전하고 많은 현인이 강명(講明)하는 유교가 끝내 인도의 불교와 서양의 기독교와 같이 세계에 대발전을 하지 못함을 어째서이며, 근세에 이르러 침체 부진이 극도에 달하여 거의 회복할 가망이 없는 것은 무슨 까닭이뇨. …… 그 원인을 탐구하여 말류(末流)를 추측하니 유교계에 3대 문제가 있는지라. 그 3대 문제에 대하여 개량(改良) 구신(求新)을 하지 않으면 우리 유교는 흥왕할 수가 없을 것이며 …… 여기에 감히 외람됨을 무릅쓰고 3대 문제를 들어서 개량 구신의 의견을 바치노라.

- 서북학회 월보 제1권

사료 Plus+ 민족주의 사학

역사의 붓을 쥔 자가 반드시 그 나라의 주인 되는 일 종족을 먼저 찾아서 드러내어 이것으로 주제를 지은 뒤에, 그 정치는 어떻게 번영하고 쇠퇴하였으며, 그 실업은 어떻게 융성하고 몰락하였으며, 그 무공은 어떻게 나아가고 물러갔으며, 외국과 어떻게 교섭하였는가를 서술하여야 그런 연후에 비로소 역사라 말할지니, 만일 그렇지 아니하면 이는 무정신의 역사라. 무정신의 역사는 무정신의 민족을 낳으며, 무정신의 국가를 만들리니 어찌 두려워하지 아니하리오.

- 「독사신론」, 신채호

사료 Plus+ 목숨을 끊으면서

妖氣唵翳帝星移(요기엄예제성이)　요기가 가려서 나라가 망했으니
久闕沈沈晝漏遲(구궐침침주누지)　대궐은 침침해지고 시간도 더디구나.
詔勅從今無復有(조칙종금무부유)　조칙도 지금부터 다시는 없을 것이니
琳琅一紙淚千絲(림랑일지루천사)　옥 빛 조서에 눈물이 천 가닥 만 가닥

국정원 9급 All-Care

曾無支廈半椽功(증무지하반연공) 일찍이 나라 위한 공적 조금도 없으니
只是成仁不是忠(지시성인불시충) 다만 이 죽음 어진 마음이니 충성은 못 했다.
止竟僅能追尹穀(지경근능추윤곡) 끝맺음이 겨우 윤곡을 따르는 것뿐이니
當時愧不躡陳東(당시괴불섭진동) 당시에 진동을 따르지 못함이 부끄럽구나

— 절명시(絶命詩), 황현

사료 Plus+ 최초의 신체시

처얼썩 처얼썩 척 쏴아아
때린다 부순다 무너 버린다.
태산 같은 높은 뫼 집채 같은 바윗돌이나
요것이 무어야 요게 무어야.
나의 큰 힘 아느냐 모르느냐 호통까지 하면서
때린다 부순다 무너 버린다.
처얼썩 처얼썩 척 튜르릉 꽉

— '해에게서 소년에게'(「소년」 창간호), 최남선

원각사

금수회의록

양반 칸과 상민 칸이 나뉜 전차

군용 철도 파괴 혐의로 처형되는 조선인

근대사

241

다음과 같은 문제를 해결하기 위해 당시 집권자가 실시한 정책으로 옳은 것은?

> 금번 진주 난민들이 소동을 일으킨 것은 오로지 전 우병사 백낙신이 탐욕을 부려 수탈하였기 때문입니다. 병영에서 포탈한 환곡과 전세 6만 냥 모두를 시기를 골라 집집마다 배정하여 억지로 받으려고 했습니다. 이 때문에 고을 인심이 들끓고 여러 사람의 노여움이 한꺼번에 폭발해서 전에 듣지 못하던 변란이 갑자기 일어난 것입니다.

① 서원 철폐
② 사창제 실시
③ 경복궁 중건
④ 비변사 축소

242

(가)~(라)에 대한 설명으로 옳지 않은 것은?

| (가) 서원정리 | (나) 호포법 실시 |
| (다) 사창제 실시 | (라) 경복궁 중건 |

① (가) : 전국적인 유생들의 반발을 초래하였다.
② (나) : 호 단위로 포를 거두어 양반의 반발을 불러왔다.
③ (다) : 환곡의 폐단을 극복하기 위해 실시하였다.
④ (라) : 원납전의 징수로 물가 폭등을 초래하였다.

243

(가) 국가에 대한 설명으로 옳은 것은?

> 조선 국왕이 (가) 주교 두 명과 선교사 아홉 명 그리고 신도 다수를 살해했다고 한다. 이러한 잔인한 폭력은 패망을 자초하는 것이다. ..... 수일 내로 조선 정복을 위해 출정할 것이다. 조선을 정복해서 국왕을 세우는 문제는 (가) 황제의 명령에 따라 시행할 것이다. ..... 그 이유는 조선이 비록 중국의 조공국이지만 모든 국가의 일을 자주적으로 처리하고 있기 때문이다. 이에 본 사령관은 중국이 조선 문제에 간섭하지 않는다고 믿고, 이후로부터 본국과 조선 간에 전쟁이 있더라도 간섭하지 않기를 선언한다.
> – 벨로네 서한, 1866

① 부동항을 얻기 위해 남하 정책을 펼쳤다.
② 병인박해를 구실로 병인양요를 일으켰다.
③ 급진 개화파가 일으킨 정변을 진압하였다.
④ 운요호 사건을 빌미로 조선에 개항을 강요하였다.

244

다음 비석의 주인공에 대한 설명으로 옳은 것은?

> 진무중군 어재연과 유학 어재순의 순절비
> 늠름한 충성과 용맹은 해와 달처럼 빛나고,
> 형제가 죽음을 집으로 돌아가는 듯 여기네.
> 형은 나라를 위해 아우는 형을 위해 죽으니
> 한 가문의 충성과 우애 백세에 이름 날리리라.
> – 계유년(고종 10년) 2월 강화도의 백성들이 세우다.

① 광성보에서 치열하게 싸웠다.
② 2차 수신사로 일본을 다녀왔다.
③ 평양 감사로 미국 상선을 불태웠다.
④ 정족산성에서 로즈제독과 맞서 싸웠다.

245
다음 조약과 직접 관련된 내용으로 옳은 것은?

> 제10조
> 일본인이 조선국 지정의 각 항구에 머무는 동안에 죄를 범한 것이 조선인에 관계되는 사건일 때에는 모두 일본국 관원이 심판할 것이다.

① 일본은 조선에 주둔시켰던 군대를 철수하였다.
② 조선에 일본 경비를 주둔하게 하는 규정을 두었다.
③ 일본국 항해자가 자유롭게 조선해안을 측량하도록 허가하였다.
④ 일본 공사관 공사 비용을 조선이 부담하게 하였다.

246
다음 조약과 관련한 설명으로 가장 적절한 것은?

> - 조선 연해의 도서와 암초는 조사되지 않아 위험하므로 일본국 항해자가 자유로이 해안을 측량할 수 있도록 허가한다. - ○○ 수호조규
> - 개항장 부산에서 일본인 간행이정은 10리로 한정한다. - ○○조규 부록
> - 조선국 여러 항구에 거주하는 일본인은 쌀과 잡곡을 수출입할 수 있다. - ○○무역 규칙

① 일본이 일으킨 운요호 사건이 원인이었다.
② 개항지 지정이 약정되면서 군산항, 목포, 양화진이 차례로 개항되었다.
③ 청일 양국 상인의 이권다툼이 치열해졌다.
④ 최혜국 대우와 무관세 조항이 함께 명문화되면서 불평등 무역이 조장되었다.

247

밑줄 친 '이 관청'의 명칭으로 옳은 것은?

> 1880년 12월에 서양국가들과의 외교·통상에 대비하여 대외정책을 담당함과 동시에 국가의 재정·군사업무를 맡아볼 기구로서 이 관청을 설치하기에 이르렀다. 이 기구는 정부가 대외개방을 통해 서구의 문화와 문물을 적극적으로 받아들이겠다는 의도를 공식적으로 천명한 것으로 볼 수 있다. 그 밑에 12사를 두어 사무를 분담하게 했는데, 그 장관을 총리대신이라 하고, 각 사에는 당상관과 낭청을 두어 다스리게 하였다. 그러나 이 관청은 1882년 6월 폐지되었고 그 기능은 삼군부로 이관되었다.

① 교정청
② 군국기무처
③ 삼정이정청
④ 통리기무아문

248

다음 글과 관련된 사건의 중심 세력에 대한 설명으로 옳지 <u>않은</u> 것은?

> (가) 구식 군인들은 먼저 이최응의 집을 부수고 벌벌 떨고 있는 그를 죽였다. 그리고 나서 "장안의 민가 높은 다 죽이겠다."라고 호언하였고, 민겸호 등은 종류에 끌려나와 죽었다.
>
> (나) 이날 밤 우정총국에서 낙성식 연회를 가졌는데 총관 홍영식이 주관하였다. 연회가 끝날 무렵에 담장 밖에서 불길이 일어나는 것이 보였다.

① (가)는 정부의 개화 정책에 반발하여 일어났다.
② (가)는 청의 양무운동을 모델로 삼았다.
③ (나)는 문명개화론에 입각한 개혁을 추진하였다.
④ (나) 이후 조선과 일본은 한성조약을 체결하였다.

249

다음 사건의 결과로 볼 수 없는 것은?

> 구식 군인들은 정부 고관들의 집을 습격하고 일본인 훈련 교관을 죽이고 일본 공사관을 습격하였다. 나아가 도시 빈민층이 합세한 가운데 왕궁을 습격하였고, 명성황후는 충주로 피신하였다.

① 청의 내정 간섭이 강화되었다.
② 청의 군대가 조선에 상주하게 되었다.
③ 청과 일본이 톈진 조약을 체결하였다.
④ 제물포 조약 체결로 일본 경비병이 조선에 주둔하였다.

250

보기의 위정척사 운동을 시대순으로 바르게 나열한 것은?

> ㉠ 최익현은 개항반대론, 왜양일체론을 주장하였다.
> ㉡ 이항로와 기정진은 통상반대론, 척화주전론을 주장하였다.
> ㉢ 을미사변과 단발령에 분개하여 항일 의병을 일으켰다.
> ㉣ 이만손 등 영남지역의 유생들이 개화에 반대하는 상소를 올렸다.

① ㉠ - ㉡ - ㉢ - ㉣
② ㉠ - ㉣ - ㉡ - ㉢
③ ㉡ - ㉠ - ㉣ - ㉢
④ ㉢ - ㉠ - ㉣ - ㉡

251

다음 연설문과 가장 관련이 깊은 역사적 사실은?

> 나는 대한의 가장 천한 사람이고 무지 몰각합니다. 그러나 충군애국의 뜻은 대강 알고 있습니다. 이에 나라에 이롭고 백성을 편안하게 하는 길은 관과 민이 합심한 연후에야 가능하다고 생각합니다.

① 정부의 개화정책에 반대하는 움직임이 나타났다.
② 호조로 재정을 일원화하고자 하였다.
③ '헌의 6조'를 고종에게 올려 시행 약속을 받았다.
④ 토지의 평균 분작을 주장하였다.

252

다음 내용의 결과 나타난 역사적 사실로 옳지 않은 것은?

> 삼국 간섭으로 대륙을 침략하려던 일본의 기세가 꺾이자, 조선 정부 내에서는 러시아의 힘을 빌려 일본의 간섭에서 벗어나려는 움직임이 일어났다.

① 김홍집 내각이 출범하여 '홍범14조'를 발표하였다.
② 일본은 낭인과 군대를 앞세워 명성황후를 시해하였다.
③ 고종이 러시아 공사관으로 피신한 후 열강의 이권침탈이 심화되었다.
④ 우편사무를 담당하는 우체사를 설치하였다.

253

다음 주장이 나오게 된 직접적인 시대적 배경으로 가장 적절한 것은?

> 우리에게 이웃 나라가 있어도 스스로 결교(結交)하지 못하고 타인을 시켜 결교하니 이 것은 나라가 없는 것이요, 우리에게 토지와 인민이 있어도 스스로 주장하지 못하고 타인을 시켜 대신 감독하게 하니, 이것은 임금이 없는 것이다. 나라가 없고 임금이 없으니 우리 삼천리 인민은 모두 노예이며 신첩일 뿐이다. 남의 노예가 되고 남의 신첩이 된다면 살았다 하여도 죽는 것만 못하다.
> — 최익현, 포고팔도사민

① 을미사변 이후 시행된 개혁에서 단발령을 실시하였다.
② 일본은 불법적으로 우리의 외교권을 박탈했다.
③ 조선 총독부가 설치되었다.
④ 일본이 청일전쟁에서 승리하여 조선의 경제권을 장악하였다.

254

밑줄 친 '이 국가'에 대한 설명으로 옳은 것은?

> 러시아가 영토를 넓히려고 한다면 반드시 조선이 첫 번째 대상이 될 것이다. ······ 그렇다면 오늘날 조선이 세워야 할 책략으로 러시아를 막는 것보다 더 급한 일이 없다. 러시아를 막는 책략은 무엇인가? 중국과 친하고, 일본과 맺고, 이 국가와 이어짐으로써 자강을 도모할 뿐이다.

① 외규장각 도서를 약탈하였다.
② 온건 개화파가 개혁의 모델로 삼았다.
③ 청의 알선으로 조선과 통상 조약을 체결하였다.
④ 별기군 훈련 교관을 파견하였다.

255

다음 조항이 담겨 있는 조약에 대한 설명으로 옳지 않은 것은?

> 제5조 무역을 목적으로 조선국에 오는 미국 상인 및 상선은 모든 수출입 상품에 대하여 관세를 지불해야 한다. 관세 부과권은 응당 조선국 정부에 속한다.
> 제14조 양국은 이후에 조선국이 어느 국가나 어느 나라 상인 또는 인민에 대하여 …… 본 조약에 의하여 부여되지 않은 어떤 권리 또는 특혜를 허가할 때에는 이와 같은 권리 특권 및 특혜는 미국의 관민 상인에게도 무조건 균점된다.

① 해안 측량권 조항을 두고 있는 불평등 조약이었다.
② 청의 알선으로 이루어졌다.
③ 거중조정 조항을 들고 있으나 이를 외면하였다.
④ 이후 영국·독일·프랑스 등과 조약을 체결하였고, 열강의 침략이 가속화되었다.

256

갑신정변 직후 국내외 정세에 대해 옳게 설명한 것을 고르면?

> ㉠ 청·일 전쟁이 일어났다.
> ㉡ 영국이 거문도를 불법 점령하였다.
> ㉢ 일부 인사가 중립론을 제기하였다.
> ㉣ 청의 영향력이 축소되었다.

① ㉠, ㉡   ② ㉠, ㉢   ③ ㉡, ㉢   ④ ㉢, ㉣

257

(가)에 해당하는 기구로 옳은 것은?

> 동학 농민군이 장성의 황룡촌에서 서울로부터 내려온 관군을 대파하고 전주에 입성한 후, 정부와 전주 화약을 맺고 그해 5월에서 8월까지 전라도와 경상도, 충청도 일대에 (가)를 설치하여 폐정 개혁안 12개조를 실천에 옮겨 갔지만 그해 10월 공주 회전에서 동학 농민군이 패함으로써 자연 해체되었다.

① 교정청
② 집강소
③ 군국기무처
④ 통리기무아문

258

다음을 건의한 단체에 대한 설명으로 옳은 것은?

> • 외국인에게 기대지 않고 관민이 동심협력하여 전제 황권을 공고히 할 것
> • 외국과 이권에 관한 계약과 조약은 각 대신과 중추원 의장이 합동 날인하여 시행할 것
> • 국가 재정은 탁지부에서 모두 관리할 것
> • 중대한 범죄는 공판하고, 피고의 인권을 존중할 것

① 항일 의병 활동을 적극적으로 지원하였다.
② 일제의 황무지 개척권 요구를 반대하였다.
③ 관민 공동회를 열어 헌의 6조를 결의하였다.
④ 대성학교, 태극서관 등을 운영하여 민족의 자주성을 수호하였다.

259

다음과 관련된 경제적 구국 운동에 대한 설명으로 옳은 것은?

> 현재 러시아가 우리 대한을 향하여 절영도를 요구하고 있습니다. 그 신하가 된 자가 만약 조그만 땅이라도 타국인에게 주면 이는 황제 폐하의 역신이며, 역대 임금의 죄인이며, 우리 대한 2천만 동포 형제의 원수입니다.

① 황국 중앙 총상회가 조직되었다.
② 객주와 관료들이 상회사를 설립하였다.
③ 국채 보상 기성회가 모금 운동을 전개하였다.
④ 종로에서 독립 협회 회원들이 반대 모임을 가졌다.

260

보기의 사건을 시기 순으로 나열한 것은?

> ㄱ. 태양력을 사용하였으며, 연호를 건양이라 하였다.
> ㄴ. 군국기무처를 설치하고 개혁안을 상의하여 결정하였다.
> ㄷ. 홍범14조를 조정의 영전에 고하오니 굽어살펴 주소서

① ㄱ-ㄴ-ㄷ
② ㄴ-ㄷ-ㄱ
③ ㄷ-ㄱ-ㄴ
④ ㄴ-ㄱ-ㄷ

261

다음과 같은 개혁안을 내세운 단체의 활동으로 타당한 것은?

> • 외국인에게 의지하지 말고 관민이 한마음으로 힘을 합하여 전제황권을 견고하게 할 것
> • 중대범죄를 공판하되, 피고의 인권을 존중할 것.

① 일제의 황무지 개간권 요구를 저지시켰다.
② 지계를 발급하였다.
③ 고종황제 강제 퇴위 반대운동을 전개하였다.
④ 러시아의 절영도 조차요구를 저지시켰다.

262

다음 활동을 전개한 단체로 옳은 것은?

> 평양 대성학교와 정주 오산학교를 설립하였고, 민족 자본을 일으키기 위해 평양에 자기 회사를 세웠다. 또한 민중 계몽을 위해 태극 서관을 운영하여 출판물을 간행하였다. 그리고 장기적인 독립운동의 기반을 마련하여 독립전쟁을 수행할 목적으로 국외에 독립운동 기지 건설을 추진하였다.

① 보안회
② 신민회
③ 대한 자강회
④ 대한 광복회

263

다음 정책을 시대순으로 바르게 나열한 것은?

> ⊙ 과거제도와 신분제를 폐지한다.
> ⓒ 군대는 친위대와 진위대를 설치한다.
> ⓒ 지방제도는 전국을 23부로 개편한다.
> ⓔ 양전사업을 실시하여 지계를 발급한다.

① ⊙ - ⓒ - ⓒ - ⓔ
② ⊙ - ⓒ - ⓒ - ⓔ
③ ⓒ - ⓔ - ⊙ - ⓒ
④ ⓒ - ⓔ - ⊙ - ⓒ

264

다음 표는 항일의병의 전투상황을 나타낸 것이다. 표에 나타난 시기의 의병활동에 대한 설명으로 옳지 않은 것은?

연도	전투 횟수	참가 의병수
1907(8-12월)	323	44,116
1908	1,452	69,832
1909	898	25763
1910	147	1,891
1911(1-6월)	33	216

① 해산된 군인의 합류로 전투력이 크게 향상되었다.
② 일본의 '남한 대토벌 작전'으로 인해 의병 투쟁은 크게 타격을 받았다.
③ 전국의 의병부대가 연합전선을 형성하여 서울 진공 작전을 시도하였다.
④ 평민 출신 의병장이 신돌석이 등장하여 호남지역에서 유격전을 벌였다.

265

위정척사운동의 전개에 대한 설명으로 옳지 않은 것은?
① 대원군의 쇄국정책을 뒷받침하였다.
② 동도서기론과 문명개화론을 주장하였다.
③ 영남 유생들의 만인소 운동이 일어났다.
④ 일본과 관련하여 왜양일체론을 내세웠다.

266

밑줄 친 '나'의 활동으로 옳은 것은?

> 내가 OO을 죽인 것도 전에 말한 바와 같이 의병 중장의 자격으로 한 것이지 결코 자객으로서 한 것은 아니다. …… 따라서 '나'는 전쟁에 나갔다가 포로가 되어 이곳에 온 것이라고 믿고 있으므로, 생각건대 '나'를 국제 공법에 의해 처벌해 줄 것을 희망하는 바이다.

① 이완용 저격
② 스티븐스 저격
③ 이토 히로부미 처단
④ 13도 창의군 총대장으로 활약

267

다음 조약이 조선에 끼친 영향으로 옳은 것은?

> 조선 상인이 북경에서 물건을 팔고 사도록 하며, 청 상인이 조선의 양화진과 한성에 들어가서 상점을 차려 놓을 수 있도록 한다.

① 양곡의 무제한 유출이 허용되었다.
② 보부상단이 황국 협회를 조직하였다.
③ 일본 상인의 조선 무역 독점이 강화되었다.
④ 청 상인과 일본 상인의 경쟁이 치열해졌다.

268

일제의 한국 감정에 관한 사건들을 일어난 순서대로 바르게 나열한 것은?

> ㉠ 경찰권과 사법권을 빼앗았다.
> ㉡ 고문정치를 실시하였다.
> ㉢ 을사늑약을 강요하여 한국의 외교권을 강탈하였다.
> ㉣ 한일의정서를 강요하여 한국의 군사적 요지를 점령하였다.

① ㉠ - ㉡ - ㉢ - ㉣
② ㉠ - ㉣ - ㉡ - ㉢
③ ㉣ - ㉢ - ㉡ - ㉠
④ ㉣ - ㉡ - ㉢ - ㉠

269

일제의 국권 침탈 과정에 대한 서술로 옳은 것은?
① 한일의정서를 통해 통감부를 설치하였다.
② 한일신협약을 체결하여 한국 정부의 각 부에 일본인 장관을 두어 내정을 장악하였다.
③ 을사늑약 체결 후에 일본은 북만주를 청나라의 영토로 인정하였다.
④ 1차 한일협약 결과 일본인 메가타와 미국인 스티븐스가 우리나라의 내정을 간섭하였다.

270

근대 시기 여러 시설에 대한 설명으로 옳은 것은?
① 경부선은 1899년 개통된 최초의 철도이다.
② 박문국에서 최초의 일간지인 한성순보를 발간하였다.
③ 최초의 전차가 서대문에서 청량리 구간을 운행하였다.
④ 개신교 선교사들이 원산 학사를 세워 근대 학문을 교육하였다.

CHAPTER 05 일제의 강점과 민족 운동의 전개

1 일제의 식민지 정책 변화

1910. 국권피탈	1919. 3·1운동	1931. 만주사변 1929. 경제대공황	(1936. 독일·일본·이태리 동맹 형성) 1937. 중일전쟁	(1939. 2차 대전) 1945. 8. 15광복
(1910년대)	(1920년대)	(1930년대 ~		~ 1940년대)
무단통치	문화통치(민족기만·민족분열정책)	병참기지화 정책	국가 총동원법(1938)	

무단통치
- 총독부 설치
  - 총독 : 육해군 대장 출신,
  - 총독부 관료 : 대부분 일본인
  - 중추원(자문기관) : 참의
  (친일인사)
- 헌병경찰제, 조선태형령(1912)
- 즉결처분권(범죄즉결례)
- 교원이 칼을 착용
- 언론·집회·결사의 자유 억압
- 사립학교 탄압, 서당규구
- 제1차 조선교육령(1911)
- 고등 교육 제한
- 수신 교육, 일본어 교육 증시
- 보통 교육, 실업 교육 중심(4년)

경제수탈 : 기반 수탈
- 토지조사사업(1910~1918)
  : 기한부신고제, 소작인 경작권 무시
- 회사령(1910.10) : 허가제
- 삼림령·어업령·광업령 ⇨ 자원 독점
- 삼림령, 어업령(1911), 광업령(1915)

문화통치(민족기만·민족분열정책)
- 친일파 적극 육성 ⇨ 민족분열화책
- 치안유지법 제정(1925)
- 보통경찰제 ⇨ 3배 증가
- 문관총독 임명 ⇨ X
- 언론·집회·결사의 자유 허용
  ⇨ 검열·정간 등 심화
- 2차 조선 교육령(1922)
  - 보통학교, 고등 보통학교 증설
  - 보통학교 교육 연한 연장(6년)
  - 일본어·조선어 사용학교 구분 차별
  - 한국인에 대한 설립 억제
  ⇨ 고등 교육 1회 제한
  (이후, 민립대학 설립운동)

경제수탈 : 식량 수탈
- 산미증식계획
  - 수리조합 설치, 개간·간척 사업
  - 증가(목표달성 실패), 수탈 지속
  - 1인당 쌀 소비량 감소
  (보충 위해 만주 잡곡 대량 수입)
- 회사령 폐지 : 허가제 → 신고제
- 담배전매령(1921)

병참기지화 정책
- 군수공업 중심
- 광공업, 중화학 공업 중심
  ⇨ 지역적 편중 등
  향후 공업 발달에 부정적
- 한국인 자본에 의한 공장개설 증가
  ⇨ 대부분 중소 규모 이하

남면북양 정책
  ⇨ 농촌 경제 파탄
  ⇨ 농촌 진흥 운동(1932)
  (소비 절약 등 농가 갱생 계획)

국가 총동원법(1938)
- 인적·물적 수탈
- 사상통제, 일제 협력 강요
  (애국일 제정, 애국반 조직)
- 동아일보·조선일보 폐간(1940)
- 병참기지화 정책 : 금수 공출
  미곡공출제화 → 식량배급제 공출제
- 육군특별지원병제(1938), 징용제(1944)
- 1930년대 조반부터 군 위안소 운영
  ⇨ 정신대 근로령(1944)

↑

민족 말살 정책
- 내선일체, 일선동조 주장
- 신사참배 강요, 궁성요배 강요
- 황국신민서사 암송 강요
- 창씨개명
- 제3차 조선교육령
- 일본어만 사용(조선어 선택과목)

깊이 알아보기 조선총독부의 위치와 용도 변화

- 1910~1926년 : 남산에 위치
- 1926~1945년 : 경복궁 근정전 앞에 위치
- 1945년 해방 이후 : 미군정청에 인계
- 1948년 대한민국정부수립 후 : 대통령 관저, 정부청사, 박물관 등으로 활용
- 1995년 김영삼 대통령 재임시 : 광복 50주년을 기념하여 철거

사료 Plus+ 조선태형령

- 3월 이하의 징역 또는 구류에 처할 자는 그 정상에 의하여 태형에 처할 수 있다.
- 태 30대 이하이면 이를 1회에 집행하고, 매 30대를 초과할 때마다 1회씩 가한다. 태형의 집행은 1일에 1회를 초과할 수 없다.
- 본령은 조선인에 한하여 이를 적용한다.

사료 Plus+ 1910년대 사회상

- 정거장에 도착할 때마다 드나드는 순사와 헌병 보조원은 차례로 한 번씩 휘돌아 나갔다.
- 소학교 선생님이 긴 칼을 차고 교단에 오르는 나라가 있는 것을 보셨습니까? 나는 그런 나라의 백성이외다.

– 「만세전」

1910년대 칼을 찬 교원

사료 Plus+ 토지조사령

제1조 토지의 조사 및 측량은 본령에 의한다.
제4조 토지의 소유자는 조선 총독이 정하는 기간 내에 주소, 씨명, 명칭 및 소유지의 소재, 지목, 지번호, 사표, 등급, 지적, 결수를 임시 토지조사국장에게 신고해야 한다. 단 국유지는 보관 관청이 임시토지조사국장에게 통지해야 한다.
제6조 토지의 조사 및 측량을 할 때 조사 및 측량 지역 내의 2인 이상의 지주로 총대를 선정하고, 조사 및 측량에 관한 사무에 종사하게 할 수 있다.

사료 Plus+ 회사령

제1조 회사의 설립은 조선 총독의 허가를 받아야 한다.
제2조 조선 외에서 설립한 회사가 조선에 본점이나 또는 지점을 설립하고자 할 때는 조선 총독의 허가를 받아야 한다.

제5조 회사가 본령이나 본령에 의거하여 발하는 명령이나 허가 조건을 위반하거나 또는 공공질서와 선량한 풍속에 반하는 행위를 할 때 조선 총독은 사업의 정지, 지점의 폐쇄, 회사의 해산을 명할 수 있다.

토지조사사업

동양척식주식회사

사료 Plus+ 1920년대 신문검열

나석주 의사 의거를 보도한 조선일보 신문기사 (1927년 1월 27일)

사료 Plus+ 치안유지법

1925년 일제가 반정부·반체제운동을 누르기 위해 제정한 법률로, 무정부주의·공산주의운동을 비롯한 일체의 사회운동을 조직하거나 선전하는 자에게 중벌을 가하도록 한 사회운동취체법이다. 23년 관동대지진 직후 공포되었던 치안유지법을 기본으로 하여 25년 제정한 이 치안유지법은 식민지 조선에도 그대로 적용되어, 일제의 식민지 지배에 저항하는 민족해방운동을 탄압하는 데 적극 활용되었다.

사료 Plus+ 조선교육령

제2조 국어를 상용하는 자의 보통 교육은 소학교령, 중학교령 및 고등여학교령에 의함.
제3조 국어를 상용치 아니하는 자에 보통 교육을 하는 학교는 보통학교, 고등보통학교 및 여자고등보통학교로 함.
제5조 보통학교의 수업 연한은 6년으로 함. 보통학교에 입학하는 자는 연령 6년 이상의 자로 함.
제7조 고등보통학교의 수업 연한은 5년으로 함. 고등보통학교에 입학하는 자는 수업 연한 6년의

보통학교를 졸업한 자 또는 조선 총독이 정하는 바에 의하여 이와 동등 이상의 학력이 있다고 인정된 자로 함.

사료 Plus+ 조선민족운동에 대한 대책(1920)

1. 핵심적인 친일 인물을 골라 그로 하여금 귀족, 양반, 유생, 부호, 교육가, 종교가에 침투하여 사정을 참작하여 각종 친일단체를 조직하게 한다.
2. 각종 종교단체도 중앙집권화해서 그 최고 지도자에 친일파를 앉히고 고문을 붙여 어용화시킨다.
3. 조선 문제 해결의 성공 여부는 친일 인물을 많이 얻는 데에 있으므로 친일 민간인에게 편의와 원조를 주어 수재 교육의 이름 아래 많은 친일 지식인을 긴 안목으로 키운다.
4. 양반 유생 가운데 직업이 없는 자에게 생활방도를 주는 대가로 이들을 온갖 선전과 민정 염탐에 이용한다.
5. 농민들을 통제 조정하기 위해 민간 유지가 이끄는 친일단체인 교풍회, 진흥회를 두게 하고 이들에게 국유림의 일부를 불하해주고 입회권을 주어 회유·이용한다.

사료 Plus+ 제3차 조선교육령

제1조 소학교는 국민 도덕의 함양과 보통의 지능을 갖게 함으로써 충량한 황국신민을 육성하는 데 있다.
제2조 심상소학교 교과목은 수신, 국어(일어), 산술, 국사, 지리, 이과, 직업, 도화이다. 조선어는 수의(隨意 선택) 과목으로 한다.

깊이 Plus+ 일제의 인적·물적 수탈

육군특별지원병령	1938.2	중일전쟁 직후의 조선청년 동원
국가총동원법	1938.2	일본 〈국가총동원법〉의 조선 내 적용 시작
국민정신총동원조선연맹	1938.7	인적, 물적 자원을 침략전쟁에 동원하기 위해 〈지방연맹〉, 〈직장연맹〉 조직
국민징용령	1939	1939년부터 '모집' 형식으로, 1940년부터 '알선' 형식으로 1백만 명 이상을 끌고 감.
학도지원병제	1943	조선인 전문학교·대학교 학생을 전쟁터로 내몲.
징병제	1944	종전까지 약 20여만 명 징병
정신대 근로령	1944.8	12~40세 여자 수십만 명을 강제 동원, 이 중 5~7만 명이 위안부로 성적 노리개 역할

지도·사료 돋보기

금속공출

내선일체

황국신민서사 암송 강요

신사참배 강요

궁성요배

일본어 사용 강요

학도병

정신대 근로령

2. 민족의 독립 운동

1. 거족적 민족 운동

구분	3·1운동(1919)	6·10만세운동(1926)	광주학생항일운동(1929)
주도	종교계 + 학생	학생 + 사회주의 세력	학생 + 신간회 지원
배경	• 강압적인 무단통치 • 윌슨의 민족자결주의 • 무오독립선언 • 도쿄에서 2·8독립선언	일제수탈과 식민지 차별 교육	식민지 차별교육과 학생의식 성장
발단	고종의 인산일	순종의 인산일	일본학생의 박기옥 희롱
확산	국내외 확산	3·1운동만큼은 아니었으나 전국적 확산	전국적, 만주와 일본까지 확산
영향	• 식민지 독립운동에 영향 (중국5·4운동, 인도간디) • 국내외 독립운동 자극 • 임시정부수립 및 통합 • 이후, 사회주의 유입	정우회 선언 ↓ 민족유일당운동 계기 ↓ 신간회 결성	• 3·1운동 이후 최대 규모의 민족운동 • 이후 학생이 민족운동의 주축

사료 Plus+ 민족자결주의

윌슨의 민족자결주의

윌슨은 1차 대전이 끝나고 평화원칙 14개조를 발표했고, 이 중 그 민족의 운명은 스스로 결정해야 한다는 민족자결의 원칙을 제창하였다.

하지만 윌슨의 민족자결주의의 대상은 전승국이 지배하는 식민지가 아닌 패전국의 식민지, 또 전쟁에 기여한 일부 약소 민족에게만 국한된 것으로 우리와는 무관한 것이었다.

사료 Plus+ 무오독립선언(1918)

우리 대한 동족 남매와 온 세계 우방 동포여, 우리 대한은 완전한 자주독립과 우리들의 평등복리를 우리 자손 여민(黎民)에게 대대로 전하게 하기 위하여 여기 이민족 전제의 학대와 압박을 벗어나서 대한 민주의 자립을 선포하노라. …… 십년 무단의 작폐가 여기서 극단에 이르므로 하늘이 그들의 예덕을 꺼리어 우리에게 좋은 기회를 주실세, 하늘에 순종하고 인도에 응하여 대한독립을 선포하는 동시에 그가 우리나라를 강제로 병탄한 죄악을 선포하고 징계하노라.

사료 Plus+ 2·8 독립선언

1. 본 단체는 한일합병이 우리 민족의 자유의사에서 나온 것이 아니며 우리 민족의 생존·발전을 위협하고 동양의 평화를 어지럽히는 원인이 된다는 이유로서 독립을 주장함.

2. 본 단체는 일본의 의회와 정부에 조선민족대회를 소집하여 대회의 결의로 우리 민족의 운명을 결정할 기회 주기를 요구함.
3. 본 단체는 만국평화회의 민족자결주의를 우리 민족에게 적용하기를 요구함.
4. 앞의 모든 항목의 요구가 실패할 때에는 우리 민족은 일본에 대해 영원히 혈전을 선언함. 이것으로써 발생하는 참화는 우리 민족이 그 책임을 지지 아니함.

사료 Plus+ 3·1 운동의 의의

상쾌한 아침의 나라라는 뜻을 지닌 조선은 일본의 총칼 아래 민족 정신을 무참히 유린당했다. 일본은 처음 얼마 동안 근대적인 개혁을 실시했으나, 곧이어 마각을 드러냈고, 조선 민족은 독립 항쟁을 줄기차게 계속했다. 그중에서도 중요한 것은 3·1운동이었다. 조선의 청년들은 맨주먹으로 적에 항거하여 용감히 투쟁했다. 조선에서 학생의 신분으로 곧장 대학을 나온 젊은 여성과 소녀가 투쟁에 중요한 역할을 했다는 것을 듣는다면 너도 틀림없이 깊은 감동을 받을 것이다.
― 「세계사 편력」, 네루

깊이 Plus+ 선교사 스코필드(1889-1970)

1916년 개신교 선교사로 식민지하 우리나라에 와서 세브란스 의학 전문 학교 세균학 교수로서 의사를 양성하는데 기여 했다. 이후 1919년 3·1운동과 더불어 교수직을 포기하고, 이에 협력하며 일제의 포악함을 촬영하여 외국에 소개하였다. 일제의 추악한 제암리 학살사건도 스코필드에 의해 알려지게 되었다. 그는 3·1운동의 34번째 민족 대표라 불리며 외국인으로 최초로 국립 묘지 애국자 묘역에 묻혔다.

화성제암리 학살사건

사료 Plus+ 6·10 만세운동 격문

조선 민중아! 우리의 철천지원수는 자본·제국주의 일본이다.
이천만 동포야! 죽음을 각오하고 싸우자! 만세 만세 조선 독립 만세!
• 일본 제국주의 타도
• 토지는 농민에게
• 8시간 노동제 채택
• 우리의 교육은 우리들 손에

사료 Plus+ 광주학생항일 운동 격문

학생·대중이여 궐기하라!
검거된 학생은 우리 손으로 탈환하자.
사회 과학 연구의 자유를 획득하자.
식민지적 노예 교육 제도를 철폐하라!

광주고보 2학년 박준채와
사촌 누이 박기옥

2. 대한민국 임시 정부 활동

(1) 통합 배경

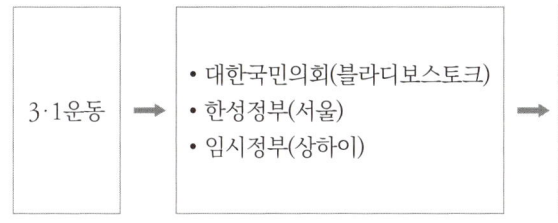

3·1운동 →
- 대한국민의회(블라디보스토크)
- 한성정부(서울)
- 임시정부(상하이)

→ [임시 정부 통합]
- 상하이 임시정부가 한성정부 법통 계승
- 대통령제, 삼권분립, 민주공화제
  - 대통령 : 이승만
  - 국무총리 : 이동휘

(2) 조직 및 활동 : 연통제와 교통국(연락, 자금모집), 「독립신문」 간행, 사료편찬부 설치

(3) 독립 자금 마련 : 애국공채 발행, 백산상회(부산), 이륭양행(만주) 중심으로 군자금 모금

(4) 시기별 활동

시기	활동
1920년대 (침체기)	• 외교독립론 - 이승만(미 의회에 '위임통치청원서' 제출) - 구미 위원부(미국에 설치 → 강대국이 외면으로 성과 달성 실패) • 이승만 탄핵 이후, 국민대표회의 결렬(1923) : 창조파 vs 개조파 vs 유지파 • 2대 대통령 박은식 추대 → 국무령 중심제(1925~1927. 내각 구성 어려움) → 국무위원 중심의 집단 지도체제(1927)
1930년대 (도약기)	• 한인애국단 활동(1932) : 김구가 조직 - 이봉창 의거 : 천황 마차에 폭탄 투척 - 윤봉길 의거 : 상하이 사변 승전 기념식에 폭탄 투척 → 이후, 중국 국민당 정부의 지원 약속
1940년대 (독립전쟁기)	• 충칭으로 중심지 이동 ⇨ 대한민국 건국 강령 : 조소앙의 삼균주의(1941) • 한국광복군 창설(1940, 주석제 : 김구) - 총사령관 : 지청천 / 참모장 : 이범석 - 조선 의용대 일부가 편입(1942) - 대일·대독 선전포고 - 영국과 함께 인도·미얀마 전선 참여 - 미 전략정보처(OSS)와 합동 훈련 후, 국내 진공 작전 계획(실행X)

국정원 9급 All-Care

사료Plus+ 상하이 대한민국임시정부의 임시 헌장

'신인일치(神人一致)로 중외협응(中外協應)하야 한성(漢城)에서 의(義)를 일으킨 이래 30여 일간에 평화적 독립을 3백여 주에 선언하고, 국민의 신의로써 완전히 조직한 임시정부는 항구히 자주 독립의 복리를 아(我) 자손여민(子孫黎民)에게 세전하기 위해 임시의정원의 결의로서 임시헌장을 선포하노라'

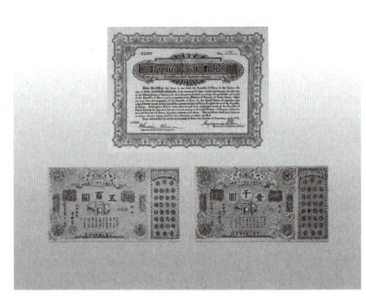
애국공채

김구

사료Plus+ 건국 강령

제3장 건국
2절 정치와 경제와 교육의 민주적 시설로 실제상 균형을 도모하며, 전국의 토지와 대생산 기관의 국유가 완성되고, 전국 학령 아동의 전수(全數)가 고급 교육의 면비 수학이 완성되고, 보통 선거 제도가 구속없이 완전히 실시되어 ……극빈 계급의 물질과 정신상 생활 정도와 문화 수준이 제고 보장되는 과정을 건국의 제2기라 함.

사료Plus+ 조소앙의 삼균주의

이른바 보통선거 제도를 실시하여 정권(政權)을 균히 하고, 국유 제도를 채용하여 이권(利權)을 균등하게 하고 공비교육으로써 학권(學權)을 균히 하며, 국내외에 대하여 민족자결의 권리를 보장하여서 민족과 국가의 불평등을 고쳐버릴 것이니 ……

깊이Plus+ 임시정부 형태

시기	위치	정부 형태	지도자
1919. 9	상하이	대통령제, 3권 분립	이승만
1925. 4		국무령 중심의 내각 책임제	이상룡 ~ 김구
1927. 3	항저우	국무 위원 중심의 집단 지도 체제	국무 위원
1940. 10	충칭	주석 중심의 단일 지도 체제	김구
1944. 4		주석·부주석제 채택	김구·김규식

3. 무장 독립 전쟁

[1910년대]

- 국내 ⇨ 비밀 결사
  - 독립의군부 : 복벽주의, 유생 임병찬(←고종의 밀지), 국권 반환 요구서 기획 및 의병 조직 계획
  - 대한광복회(풍기광복단+조선국권회복단) : 총사령관 박상진, 군대식 조직, 공화제 추진, 독립군 양성
  - 숭실학교(평양), 조선 국민회(신학교 학생·교사 중심), 송죽회(숭의여학교 여교사가 주축)
- 국외 ⇨ 무장 독립 기지 건설 : 서간도 삼원보, 북간도 용정촌·명동촌, 연해주 신한촌, 밀산부 한흥동

지역	기지	단체	학교
북간도	용정·명동촌 중심으로 거의 전 지역이 독립운동 기지	• 간민회 • 중광단(대종교) ⇨ 북로군정서	서전서숙(이상설) 명동학교(김약연)
남만주	삼원보(이회영·이상룡)	경학사 ⇨ 부민단 ⇨ 한족회	신흥학교 ⇨ 신흥무관학교
연해주	신한촌 (블라디보스토크)	• 성명회(유인석, 이상설) • 권업회(1904, 이상설·이동휘·이인석을 중심으로 한 독립군) ⇨ 대한광복군 정부 수립(1914, 대통령 이상설, 부통령 이동휘) • 전로 한족회 중앙 총회, 한인 사회당 결성(1918, 이동휘 중심) • 대한국민의회(1919, 블라디보스토크에서 결성된 임시정부)	
기타	밀산부	• 한흥동(이상설, 이승희) : 소련과 만주 접경인 밀산에 집단 한인촌 건설	
	상하이	• 신한청년당(신규식) : 파리강화회의에 대표(김규식) 파견, 임시정부 수립 기반 조성	
	미주	※ 미주 하와이 이민(1902~1905), 멕시코 이민(1905) • 대한인국민회(안창호, 박용만, 이승만) : 미주일대 한인단체를 통합, 군자금 모금, 만주에 지회 설치 • 대조선 국민 군단(박용만, 하와이, 군사 조직)	
	멕시코	• 숭무학교 : 독립군 양성 목표	

지도·사료 돋보기 1910년대 국외 독립운동 기지

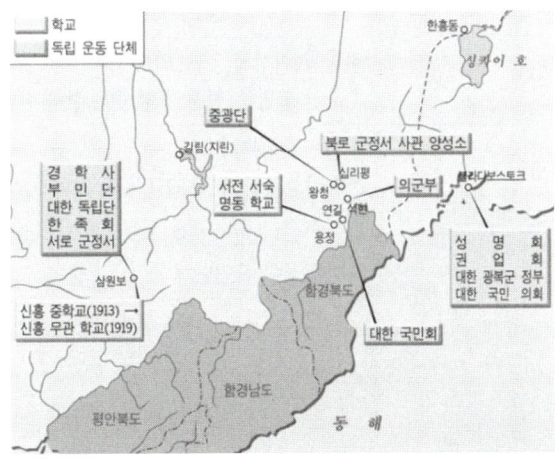

국정원 9급 All-Care

깊이 Plus+ 1910년대 국내 독립운동 단체

단체명	활동
독립의군부	• 1912년, 임병찬이 고종의 밀서를 받아 조직을 시작하였다. • 1913년, 의병잔존 세력과 유생들을 호남지방에서 규합 조직하였고, 1914년에 조직을 전국적으로 확대하였다. • 일본의 총리대신과 조선총독 등에게 국권반환요구서를 제출하는 등 일본 통치에 항거하며 국권회복운동을 전개하였다. • 1914년 5월, 일본 경찰에 적발되어 국권회복운동이 실패하고 임병찬은 거문도에서 순국하였다.
대한광복군 (광복회)	• 1913년, 채기중 등이 경북 풍기에서 조직하였고(대한광복단), 1915년 대한광복회로 개칭. • 총사령 박상진, 부사령 이석대(후에 김좌진), 지휘장에 권영만을 두었다. • 군대식 조직, 각 도에 지부장을 두고 만주지부도 결성하였다. • '경주 우편차 탈취 작전'을 실행하고, 친일파 장승원과 박용하를 처단하였다. • 군자금 모집과 친일파 암살 등, 활약하다 1918년 이종국의 밀고로 활동이 중지되었다.
송죽회	• 1913년, 숭의여학교 여교사들을 중심으로 조직되었다. • 해외 독립운동기금 마련과 여성 계몽운동을 전개하였다. • 일제 말까지 계속 활동하고 해외로까지 조직이 확대되었다.

깊이 Plus+ 국외 독립운동 단체

지역	기지	단체	학교
북간도	용정, 명동촌을 중심으로 거의 전 지역이 독립운동기지	간민회 중광단(대종교) ⇨ 북로군정서	서전서숙(이상설) 명동학교(김약연)
남만주	삼원보(길림성 유하현)	경학사 ⇨ 부민단 ⇨ 한족회	신흥학교 ⇨ 신흥무관학교
연해주	신한촌 (블라디보스토크)	• 성명회(유인석, 이상설) • 권업회 ⇨ 대한광복군 정부 수립(이상설, 이동휘 중심) • 대한국민의회(1919년, 임시정부)	
기타	밀산부	• 한흥동(이상설, 이승희) : 소련과 만주 접경인 밀산에 집단 한인촌 건설	
	상하이	• 신한청년당(신규식) : 파리강화회의에 대표(김규식) 파견, 임시정부 수립 기반 조성	
	미주	• 대한인국민회(안창호, 박용만, 이승만) : 미주일대 한인단체 통합 ⇨ 군자금 모금, 만주에 지회 설치	

[1920년대] ⇨ **저항과 시련**

[저항(무장 독립 투쟁)] ⟷ [시련]

봉오동 전투
- 대한독립군(홍범도) + 군무도독부(최진동) +국민회군(안무)

훈춘사건
: 마적 매수 조작극

청산리 대첩
- 북로군정서(김좌진) + 대한독립군 등
- 백운평 전투, 청산리 전투 등 10여 회 전투

간도참변(1920~1921)
: 민간인 학살

- 대한독립군단결성(총재 : 서일)
- 소련령 자유시(스보보드니)로 이동

자유시 참변(1921)
- 독립군 부대 지휘권 다툼
- 적색군이 독립군을 무장해제

3부 결성
- 참의부(1923) : 임시정부 소속, 지안 중심
- 정의부(1924) : 남만주 북부 지역(지린)
- 신민부(1925) : 북간도와 북만주

미쓰야협정(1925)
: 만주 군벌과의 독립군 인도 협정

3부 통합운동
- 남만주 : 국민부(1929) → 조선혁명당, 조선혁명군
- 북만주 : 혁신의회(1929) → 한족총연합회, 한족자치연합회 → 한국독립당, 한국독립군
- 사회주의계 : 중국공산당 입당, 조선공산당 재건운동

지도·사료 돋보기

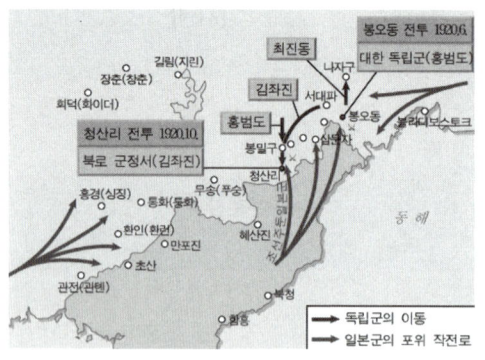

1920년대 무장독립운동 / 3부 결성

깊이 Plus+ 홍범도(1868~1943년)

- 국내에서 의병 활동을 하다가 1910년 간도로 건너갔다.
- 1920년 봉오동 전투와 청산리 전투에서 일본군을 격파하였다.
- 자유시 참변의 화를 모면하고 다른 독립군 대원들과 함께 이르쿠츠크로 가서 적군에 편입되었다.
- 레닌으로부터 직접 훈장과 총을 받기도 하였으나, 1937년 스탈린에 의해 연해주의 동포들과 함께 중앙아시아로 강제 이주당하였다.

사료 Plus+ 간도참변을 목격한 선교사 마틴의 증언

용정촌에서 40리가량 떨어져 있는 한 마을은 왜군이 야간에 습격하여 청년을 모조리 죽였으니 밤마다 죽는 사람이 2, 3명씩 되었다. 이는 1920년 10월의 일이다. 당시의 참사를 현지에 있던 미국인 선교사 마틴은 다음과 같이 기록하고 있다. "10월 31일, 연기가 자욱하게 낀 찬랍파위 마을에 가 보았다. 사흘 전 새벽에 무장한 일개 대대가 이 기독교 마을을 포위하고 남자라면 늙은이, 어린이를 막론하고 끌어내어 때려죽이고(후략). - 「한국 민족운동사」, 조지훈

[1930년대] ⇨ **한·중 연합작전**

- 조선혁명군(양세봉) + 중국 공산당 ⇨ 영릉가 전투(1932), 흥경성 전투(1933)
- 한국독립군(지청천) + 중국 호로군 ⇨ 쌍성보 전투(1932), 사도하자, 동경성, 대전자령 전투(1933)
- 동북항일연군(중국 공산당+한인 사회주의자) ⇨ 보천보 전투(1937, 국내침투) → 이후 소련으로 이동
- 조선 의용대 활동(1938) : 중국 관내에서 조직된 최초의 항일무장단체, 조선민족혁명당 계승, 일부는 조선 의용군으로 개편, 일부는 한국광복군에 합류

지도·사료 돋보기

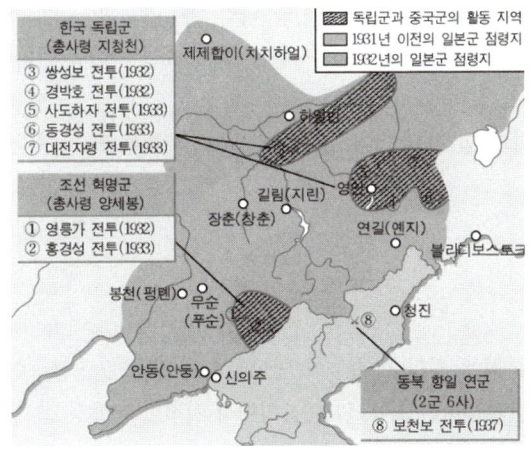

1930년대 무장독립투쟁

임시정부의 이동(1940년 충칭정부)

사료 Plus+ 조선 의용대 전당 대회 결정서

본 낭의 규내 조직에 관하여 …… 최대 임무는 먼저 동·북만주로 진출하여 거주 조선 민중을 무장시키고 조선에 있는 일본 제국주의를 격멸하는 데 있는 것을 확인하고 …… 별동대 조선 모대(某隊)라는 명칭을 조선 민족 혁명당군의 명칭으로 개정할 것.　　　　　　　　　　－ 제3차 전당 대회 결정서

[1940년대] ⇨ 한국광복군 활동

- 대한민국 임시 정부 산하 → 충칭에서 한국광복군 창설(1940)
    - 총사령관 : 지청천 / 참모장 : 이범석
    - 조선 의용대 일부가 편입(1942)
    - 대일·대독 선전포고(1941)
    - 영국과 함께 인도·미얀마 전선 참여(1943)
    - 미 전략정보처(OSS)와 합동 훈련 후, 국내 진공 작전 계획(실행X)

사료 Plus+ 대한민국 임시정부의 대일 선전 포고문

우리들은 3천만 한인 정부를 대표하여 삼가 중국, 영국, 미국, 소련, 캐나다, 호주 및 기타 제국의 대일 선전을 축하한다. 일본을 쳐서 무찌르고 동아시아를 재건하게 하는 가장 유효한 수단인 까닭이다. 이에 우리는 우리는 다음과 같이 성명한다.

1. 한국 전 인민은 이미 반침략 전선에 참가하여 한 개의 전투 단위로서 추축국(樞軸國)에 대하여 전쟁을 선포한다.

…… 이하 생략

사료 Plus+ 한국 광복군의 행동준승 9개항

1. 광복군은 우리 중국의 항일 작전 기간에 본회에 직할 예속하여 참모총장이 장악·운영함
7. 광복군의 지휘·명령이나 혹은 관항과 군계를 조회하는 등의 일은 본회에서 지정한 관공청 군사처에서 책임지고 접수함.
9. 중일전쟁이 끝나고도 한국 임시정부가 여전히 한국 지경으로 정진하지 못하였을 경우 광복군을 이후에 어떻게 운영할 것인지는 본회의 일관된 정책에 기본을 두고 당시의 정황에 비추어 책임지고 처리함.

한국광복군 창설(1940년)

한국광복군 총사령관 지청천

한국광복군 참모장 이범석

4. 의열 활동

	의열단	한인애국단
활동시기	1920년대 (결성 : 1919년 지린 → 중국 관내로 이동)	1930년대
창설	김원봉	김구
성향	무정부주의(아나키스트)	대한민국 임시정부 산하기관
주요활동	• 김익상 의거 : 조선총독부에 폭탄 투척 • 김상옥 의거 : 종로 경찰서에 폭탄 투척 • 김지섭 의거 : 황궁 이중교에 폭탄 투척 • 나석주 의거 : 동양척식주식회사 폭탄투척 • 박재혁 의거 : 부산 경찰서에 폭탄 투척 • 조선 혁명 선언 : 신채호 • 황포 군관 학교 입교(1926) : 김원봉 등	• 이봉창 의거 : 일왕 마차에 폭탄 투척 • 윤봉길 의거 : 상하이 사변 전승 축하연장 훙커우 공원에서 폭탄 투척 　→ 중국 국민당 정부의 지원약속 　→ 한국광복군 창설 계기
계승	중국에 조선혁명간부학교 설립(1932) ↓ 조선민족혁명당(1935) ↓ 조선의용대(1938) ↙　　↘ (1942)　　(1941) 조선의용대 일부가　조선의용대 화북지대 한국광복군에 합류　(1942) 조선의용군	한국광복군 창설(1940)

사료 Plus+ 조선혁명선언

민중은 우리 혁명의 대본영이다. 폭력은 우리 혁명의 유일한 대부기이다. 우리는 민중 속에 가서 민중과 제휴하여 끊임없이 폭력·암살·파괴·폭동으로 강도 국가 일본의 통치를 타도하고 우리 생활에 불합리한 일체 제도를 개조하여 인류가 인류를 압박하고 사회가 사회를 수탈하지 않는 이상적인 나라를 건설할 것이다!

　　　　　　　　　　　　　　　　　　　　　　　　　　　　　　　　　- 신채호, 「조선혁명선언」

깊이 Plus+ 김원봉

김원봉은 경상도 밀양 출생으로 1919년 만주 길림에서 다른 12명의 동지와 함께 의열단을 결성하였다. 곧 의열단은 국내에 대규모로 폭탄을 들여와 일본 관공서를 폭파하려고 하였으며, 침략에 앞장선 일본 군인들에 대한 저격에 나섰다. 해방 후, 남한 단독정부 수립에 반대하여 월북한 후 요직을 맡았다가 연안파로 몰려 숙청을 당하였다.

사료 Plus+ **이봉창·윤봉길 의거**

나는 적성(赤誠)으로서 조국의 독립과 자유를 회복하기 위하여 한인 애국단의 일원이 되어 중국을 침략하는 적의 장교를 도륙(屠戮)하기로 맹세하나이다.
- 한인애국단 선서, 윤봉길

이봉창 의사　　윤봉길 의사

"자! 폭탄 두 개를 주니 한 개로는 적장을 거꾸러뜨리고 또 한 개로는 그대의 목숨을 끊으라!" …… 나는 또 다시 말을 이어 "군이여! 군과 나는 지하에서나 만나세!" 이에 두 사람은 악수를 마치고 서로 갈리니 뜨거운 눈물이 하염없이 쏟아질 뿐이었다. …… 그는 뜻한 바를 기어이 성공하려고 4월 27일에 식장인 공원으로 가서 모든 것을 세밀하게 또 신중히 배치 수배하고 다시 홍구로 가서 백천 대장의 사진을 얻고 일본 국기 한 장을 사서 가슴 속에 품고 있다가 ……
- 「도왜실기」, 김구

5. 실력양성운동(교육·산업)

구분	특징
물산장려운동 (토산품장려운동)	• 조선 물산 장려회(1920, 평양, 조만식) → 서울에 조직(1923) 　→ 전국적 확산(지방 : 자작회, 토산 장려회 등 조직) 　→ 국산품 사용으로 민족 경제의 자립 도모 　⇨ 사회주의자들의 비판 : "자본가만을 위한 운동"
민립대학설립운동	• 배경 : 3면 1교 정책, 사립학교 설립 운동 → 총독부의 방해로 대부분 실패 • 이상재, 이승훈 → 조선 민립 대학 기성회(1923) 　⇨ 고등 교육을 위한 대학 설립 시도 　　→ 일제는 경성 제국 대학 설립으로 무마시킴(1924)
문맹 퇴치 운동	• 조선일보 : 문자보급운동(1929) → 한글 교재 보급, 전국 강연회 • 동아일보 : 브나로드운동(1931) → 조선어학회와 함께 한글 강습회 개최
의의	한국 사회의 근대적 발전과 민족 독립의 토대 마련 시도
한계	• 사회 진화론과 문명 개화론을 바탕 ⇨ 침략 논리 수용 • '선 실력 양성, 후 독립' 노선 ⇨ 식민 지배 인정 주장 대두
자치 운동 (참정권 운동)	• 이광수(1924,민족적 경륜), 최린(천도교), 김성수(동아일보) • '실력 양성 우선론', '단계적 운동론' ⇨ 타협적 성격 → 1930년대 이후 친일화 • 비타협적 민족주의자와 사회주의자들의 격렬한 비판

사료 Plus+ **조선 물산 장려회 궐기문**

"우리에게 먹을 것이 없고 의지하여 살 것이 없으면 우리의 생활은 파괴가 될 것이다. …… 우리는 이와 같은 견지에 서서 우리 조선의 물산을 장려하기 위하여 조선 사람은 조선 사람이 지은 것을 쓰고, 둘째 조선 사람은 단결하여 그 쓰는 물건을 스스로 제작해 공급하기를 목적하노라."
- 산업계

사료Plus+ 물산장려운동에 대한 사회주의자의 비판

이 운동의 사상적 도화수가 된 것은 누구인가? 저들의 사회적 지위로 보나 계급적 의식으로 보나 결국 중산 계급임을 벗어나지 못하였으며, 적어도 중산 계급의 이익에 충실한 대변인인 지식 계급 아닌가. …… 실상을 말하면 노동자에게는 …… 말할 필요가 없는 것이다. …… 그네는 자본가 중산 계급이 양복이나 비단 옷을 입는 대신 무명과 베옷을 입었고, 저들 자본가가 위스키나 브랜디나 정종을 마시는 대신 소주나 막걸리를 먹지 않았는가? …… 이리하여 저들은 민족적, 애국적하는 감상적 미사로써 눈물을 흘리면서 저들과 이해가 전연 상반한 노동 계급의 후원을 갈구하는 것이다.

— '동아일보', 이성태

사료Plus+ 민립대학설립기성회 발기취지서

정치와 외교도 교육을 기다려서 비로소 그 효능을 다할 것이요, 산업도 교육을 기다려서 비로서 그 작흥(作興)을 기할 것이니, 교육은 우리들의 진로를 개척함에 있어서 유일한 방편이요, 수단임이 명료하다. 그런데 교육에도 단계와 종류가 있어서 …… 사회 최고의 비판을 구하며, 유위유능(有爲有能)의 인물을 양성하려면 최고 학부의 존재가 가장 필요하도다.

사료Plus+ 문맹퇴치운동

문자보급 운동(조선일보)   브나로드 운동(동아일보)

6. 여러 가지 사회 운동

[사회주의 운동]
- 1920년대 : 3·1운동 이후 유입 → 여러 사회 운동에 영향 → 치안유지법에 의해 탄압(1925)

[소작쟁의]
- 1920년대 ⇨ 생존권 투쟁(소작료 인하, 지세 공과금의 지주 부담, 소작권 이동 반대 등)
  : 암태도 소작쟁의(1923~1924) → 조선노농총동맹 조직(1924) → 조선농민총동맹 조직(1927)
- 1930년대 ⇨ 정치 투쟁화('토지를 농민에게'), 전투적으로 변화, 항일 민족 운동 성격으로 발전
  - 대공황 이후 쟁의 급증
  - 중일 전쟁(1937) 이후 → 경찰의 강력한 탄압으로 농민 조합 거의 소멸 → 생존권 투쟁·반전 투쟁
  ※ 만보산 사건(1931) : 중국 지린성 창춘현 만보산 지역에서 일제의 술책으로 조선인 농민과 중국인 농민이 벌인 유혈 사태 ⇨ 한·중 민족운동 세력의 반일 공동전선투쟁을 분열시키려는 일제의 음모

[노동쟁의]
- 1920년대 ⇨ 생존권 투쟁, 신간회의 지원
  : 부산 부두노동자 연대파업(1921) → 조선노농총동맹 조직(1924) → 조선노동총동맹 조직(1927)
  → 원산 노동자 총파업 지원(1929)
- 1930년대 ⇨ 혁명적 노동조합 운동과 연계(강경), 항일 민족 운동 성격으로 발전, 폭력적인 저항

[여러 사회 운동]
- 소년운동 : 천도교 소년회(1921, 방정환) ⇨ 어린이날 제정(1922), 잡지「어린이」, 색동회 창립(일본)
- 형평운동 : 조선형평사(1923, 진주) ⇨ 백정 차별 금지 → 1930년대 경제적 이익 향상 운동
- 청년운동 : 조선 청년당 대회(1923, 서울청년회 주도) → 조선청년총동맹(1924) → 노농운동 지원
- 여성운동 : 조선여자기독교청년연합회 중심(1922), 조선여성동우회(1924), 근우회(여성 민족 유일당)

사료 Plus+ 시기별 소작쟁의와 노동쟁의 발생 건수

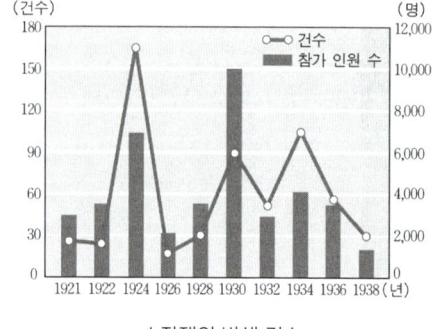

소작쟁의 발생 건수

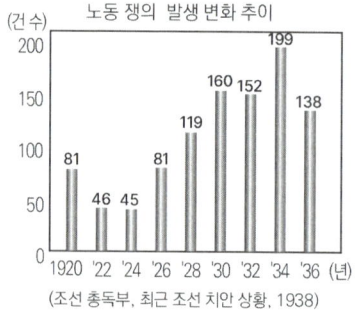

노동쟁의 발생 건수

사료 Plus+ '조선노농총동맹'의 선언문

- 우리는 노농(勞農)계급을 해방하여 완전한 신사회의 실현을 목적으로 한다.
- 우리는 단결의 위력으로서 최후의 승리를 얻을 때까지 철저히 자본가 계급과 투쟁한다.
- 우리는 노농 계급의 현 생활에 비추어 복리증진 및 경제적 향상을 도모한다.

사료 Plus+ 1930년대 농민운동양상

종래 조선의 농민 운동이 치열하였다고는 하나 무리한 소작권 이동과 높은 소작료 반대 등이 주요 원인이었다. 그러나 1930년경부터 쟁의 형태가 점차 전투적으로 변해가다. 이 시기에는 단순히 경작권 확보를 위해서가 아니라 '토지를 농민에게'와 같은 구호를 내걸고 농민 야학, 강습소 등을 개설하여 계급적 교육을 하였다. 또한 농민 조합의 조직도 크게 달라져 청년부, 부인부, 유년부 같은 부문 단체를 조직하여 지주에 대한 투쟁이 정치 투쟁화 하는 경향이 생겼다.

– 조선 총독부 경무국 비밀 보고서

사료 Plus+ 근우회 선언문

인류 사회는 많은 불합리를 생산하는 동시에, 그 해결을 우리에게 요구해 마지않는다. 여성 문제는 그 중의 하나이다. 세계는 이 요구에 응하여 분연하게 활동하고 있다. 세계 자매는 수천년래의 악몽에서 깨어나 우리 앞에 가로막고 있는 모든 질곡을 분쇄하기 위하여 싸워 온 지 이미 오래이다. ……

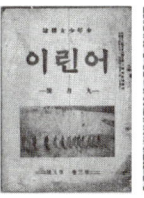  

소년운동(천도교 소년회)

우리는 운동상 실천에서 배운것이 있으니, 우리가 실지로 우리 자체를 위하여 우리 사회를 위하여 분투하려면, 우선 조선 자매 전체의 역량을 공고히 단결하여 운동을 전반적으로 전개하지 아니하면 아니 된다.

일어나라! 오너라! 단결하자! 분투하자! 조선 자매들아! 미래는 우리의 것이다.

〈행동 강령〉
- 여성에 대한 사회적·법률적 일체 차별 철폐
- 일체 봉건적인 인습과 미신 타파
- 조혼 방지 및 결혼의 자유
……
- 부인 및 소년공의 위험 노동 및 야업 폐지

형평운동(조선형평사)

사료 Plus+ 조선 형평사 취지서

공평은 사회의 근본이고 사랑은 인간의 본성이다. 고로 우리는 계급을 타파하고 모욕적인 칭호를 폐지하여 교육을 장려하고 우리도 참다운 인간으로 되고자 함이 본사(本社)의 주지이다. 지금까지 우리는 어떠한 지위와 압박을 받아왔던가? 과거를 회상하면 종일 통곡하고도 피눈물을 금할 수 없다. …… 하늘에서 내린 인류의 권리는 모두 똑같은데, 가축 고기를 먹는 사람들은 존귀한 대우를 받으면서, 가축을 잡아 고기로 제공해 주는 사람들은 비천한 대우를 받으니 얼마나 잘못된 일인가. 이를 알리기 위해 조선 형평사의 취지가 성공해야 할 것이다. - 동아일보, 1923년 5월 3일자 사설

7. 민족 유일당 운동

(물산 장려 운동과 민립 대학 설립 운동 좌절 ⇨ 이후, 이광수·최린 등이 자치론 주장)

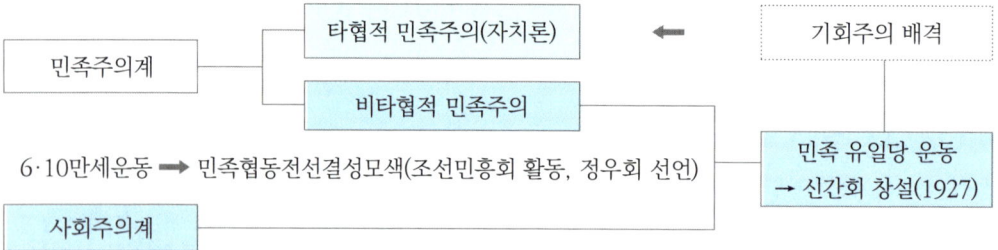

- 회장 : 이상재, 부회장 : 홍명희
- 조직 : 서울에 본부 설치, 전국 각지에 군 단위의 지회 운영, 일본에도 지회를 두어 활동
- 활동
  - 노동운동, 농민운동, 청년운동, 여성운동, 형평운동 등 사회 운동 적극 지원
  - 원산 노동자 총파업 지원, 광주학생항일운동 진상조사단 파견
- 자매단체 : 근우회(여성 운동)
- 해산 : 광주학생항일운동 이후, 온건화·타협화 → 사회주의자들의 비판 → 1931년 전체대회에서 해체
- 의의 : 민족 협동 전선 결성, 민중으로부터 큰 지지를 받은 국내 최대 규모의 항일 운동 단체

사료 Plus+ 일본이 허용하는 범위 안에서 자치를 하자

조선 민족은 지금 정치적 생활이 없다. 왜 지금의 조선 민족에게는 정치적 생활이 없나? 그 대답은 간단하다. 일본이 한국을 병합한 이래로 조선인에게는 모든 정치적 활동을 금지한 것이 제1의 원인이요, 병합 이래로 조선인은 일본의 통치권을 승인하는 조건 밑에서 하는 모든 정치적 활동, 즉 참정권·자치권 운동 같은 것은 물론, 일본 정부를 상대로 하는 독립운동조차도 원치 아니하는 극렬한 절개 의식이 있었던 것이 제2의 원인이다. 그러나 우리는 무슨 방법으로나 조선 내에서 전 민족적인 정치운동을 하도록 신생면을 타개할 필요가 있다. 우리는 조선 내에서 허하는 범위 내에서 일대 정치적 결사를 조직하여야 한다는 것이 우리의 주장이다. - 이광수의 「민족적 경륜」, 〈동아일보〉(1923)

사료Plus+ 정우회 선언

민족주의적 세력의 대두로 인하여 전개되는 정치적 운동의 경향에 대하여는 그것이 필요적 과정의 한 형세인 이상 우리는 냉연히 강 건너 불구경 하듯이 할 수 없다. …… 민족주의적 세력에 대하여는 그 부르주아 민주주의적 성질을 명백하게 인식하는 동시에 또 과정적 동맹자적 성질도 충분히 승인하여 그것이 타락하는 형태로 출현되지 아니하는 것에 한하여 적극적으로 제휴하여 대중의 개량적 이익을 위해서도 종래의 소극적 태도를 버리고 분연히 싸워야 할 것이다.

사료Plus+ 신간회 강령

- 우리는 정치적·경제적 각성을 촉진한다.
- 우리는 단결을 공고히 한다.
- 우리는 기회주의를 일체 부인한다.

깊이 Plus+ 사회주의 사상의 유입과 영향

- 1919년 3·1운동을 기점으로 사회주의 유입
- 1920년대 이후, 여러 사회운동에 영향
- 1925년 일제가 제정한 치안유지법에 의해 탄압
- 1926년 6·10만세 운동 → 민족 유일당 운동 → 신간회 탄생

8. 민족 문화 수호 운동 ⇨ 국학 운동

구분		활동
국어연구	조선어연구회(1921)	'가갸날' 제정, 조선어 강습회, "한글" 잡지 간행(1927) → 한글 대중화
	조선어학회(1931)	• 조선어 연구회가 확대 개편(최현배, 이윤재 중심) • 한글 맞춤법 통일안과 표준어 제정, 우리말 큰 사전 편찬 시도 　⇨ 조선어 학회 사건(1942)으로 인해 강제 해산
국사연구	식민 사관	• 조선사 편수회 설치(1925) : 「조선사」 편찬(1938) 　⇨ 타율성, 정체성, 당파성 강조
	민족주의 사학	• 신채호 　- 「조선 상고사」 : '역사는 아(我)와 비아(非我)의 투쟁이다.' 　- 「조선사 연구초」 : '묘청의 서경천도운동은 일천년래제일대사건' 　- 민족 고유의 낭가 사상 강조 　　(※ 낭가사상 : 신채호가 1920년대에 한국고대사연구를 통해 이론적으로 체계화한 전통적인 민족사상) • 박은식 　- 「한국 통사」 : '국혼', '정신' 강조 　- 「한국 독립 운동 지혈사」 : 독립운동사 기록 • 정인보 　- '얼' 강조 　- 안재홍과 조선학운동 전개 → 정약용의 저서모음인 「여유당전서」 간행 • 문일평 : '조선심' 강조(세종, 한글 강조)
	사회경제사학 (유물사관 바탕)	• 백남운 : 「조선사회경제사」, "조선봉건사회경제사" → 정체성론 반박
	실증주의 사학	• 이병도, 손진태 : 진단학회 결성, 진단 학보 발간

사료 Plus+ 박은식의 역사인식

대개 국교(國教)·국학(國學)·국어(國語)·국문(國文)·국사(國史)는 혼(魂)에 속하는 것이요, 전곡(錢穀)·군대·성지(城池)·함선·기계는 백(魄)에 속하는 것이다. 그런데 혼의 됨됨은 백에 따라서 죽고 사는 것이 아니다. 그러므로 국교 국사가 망하지 않으면 그 나라는 망하지 않는다. 오호라, 한국의 백은 이미 죽었으나 이른바 혼은 살아 있는가 없는가.

옛 사람들이 말하기를 나라는 멸망할 수 있지만 역사는 멸망할 수 없다고 하였으니, 나라는 형(形)이고 역사는 신(神)이기 때문이다. 지금 한국의 형은 허물어졌으나 신만이 홀로 남을 수는 없는 것인가.

– 「한국통사」 서문

사료 Plus+ 신채호의 역사인식

역사란 무엇이뇨. 인류 사회의 아(我)와 비아(非我)의 투쟁이 시간에서 발전하여 공간까지 확대하는 심적 활동의 기록이니, 세계사라 하면 세계 인류의 그리되어 온 상태의 기록이며, 조선사라 하면 조선 민족이 그리되어 온 상태의 기록이니라.   – 「조선상고사」

내가 지금 각 학교 교과용의 역사를 보건대, 가치가 있는 역사는 거의 없다. 제1장을 펴보면 우리 민족이 중국 민족의 일부분인 듯하며, 제2장을 펴보면 우리 민족이 선비족의 일부인 듯하며, 제2장을 펴보면 우리 민족이 선비족의 일부인 듯하며, 끝까지 전편을 다 읽어보면 때로는 말갈족의 일부분인 듯하고, 때로는 몽골족의 일부분인 듯하고, 때로는 여진족의 일부분인 듯하고, 때로는 일본족의 일부분인 듯하다. 오호라, 과연 이 같을진대 우리 수만 리의 토지가 이들 남만북적의 수라장이며 우리 4천여 년의 산업이 이들 조량모초의 경매물이라 할지니, 어찌 그렇다고 할 것인가. 즉 고대의 불완전한 역사라도 이를 상세히 살피면, 동국 주족 단군 후예의 발달한 실제 자취가 뚜렷하거늘 무슨 까닭으로 우리 선조들을 헐뜯음이 이에 이르렀는가.   – 「독사신론」

사료 Plus+ 정인보의 역사 인식

조선의 시조는 단군이시니 단군은 신이 아니요 사람이시라. 백두의 높은 산과 송화의 장강을 터전으로 하여 조선을 만드시매 조선 민족은 단군으로부터 생기고, 조선의 정교(正教)도 단국으로부터 열리었다. 무릇 우리 선민으로서 어떠한 일이든지 스스로 큰 흔적을 남긴 것이 있다면 다 단군으로부터 비롯된 것이다. …… 얼은 남이 빼앗아 가지 못한다. 얼을 잃었다면 스스로 자실(自失)한 것이지 누가 가져간 것이 아니다.   – 「조선사연구」

사료 Plus+ 문일평의 역사인식

조선글은 조선심(朝鮮心)에서 생겨난 결정인 동시에 조선학을 길러 주는 비료라 하려니와 조선글이 된 이래 9세기 동안에 조선의 사상계는 자는 듯 조는 듯 조선학의 수립에 대하여 각별한 진전을 보지 못하였다. 그러나 오늘날 차차 구사상에서 벗어나 신사상의 자극을 받게 된 조선인은 조선을 재인식할 때가 왔다. 한편으로 신문화를 받아들임과 동시에 한편으로 조선학을 잘 만들어 세계 문화에 기여가 있어야 할 것이니 이는 문화 민족으로서 조선인에게 부과된 대사명인가 한다.

9. 민족 문화 수호 운동 ⇨ 교육과 종교

교육 진흥 운동	• 조선 교육회(1920) : 교육 계몽 활동과 민립 대학 설립 운동 지원 • 조선 여자 교육회(1920) : 여성교육과 사회활동의 중요성 강조, 남녀평등 주창 • 사립 학교 및 개량 서당 건립 : 근대적 민족 교육 활동 전개 • 야학 : 조선어, 역사, 지리 교육을 통해 민족 의식 고취
과학 대중화 운동	• 발명 학회 창립(1924) : 과학잡지 '과학 조선' 간행, '과학의 날' 제정 • 발명 학회에서 과학 지식 보급회 조직(1934) • 안창남의 고국 방문 비행(1922)
종교 운동	• 천도교 : 잡지「개벽」,「어린이」,「신여성」발간, 기관지「만세보」간행, 제2의 3·1운동 추진, 어린이날 제정 • 대종교 : 민족 교육 운동, 항일 무장 투쟁(중광단, 북로군정서군) • 기독교 : 신사 참배 거부, 의료활동, 교육활동, YMCA과 YWCA 창설 • 천주교 : 고아원·양로원 등 사회사업, 항일무장투쟁(의민단), 잡지「경향」발간 • 불교 : 조선 불교 유신회(한용운)의 불교계 정화 운동 및 항일 운동 • 원불교 : 박중빈 창시(1916), 저축·금연·금주 등 근검절약을 강조한 새생활운동

10. 민족 문화 수호 운동 ⇨ 문예 운동

문학	강점 이전	• 신소설 '혈의 누'(이인직, 1906) • 신체시 '해에게서 소년에게'(최남선, 1908)
	1910년대	• 최초의 근대 소설 '무정'(이광수, 1917)
	1920년대	• 신경향파 문학(초 사회주의 경향의 새로운 문학파로 계급의식의 문학을 주창)
	1930년대	• 저항 문학 : 이육사, 윤동주, 심훈, 이상화, 한용운 • 계몽 소설 : '상록수'(심훈, 브나로드 운동의 영향) • 순수시 운동 전개 : 김영랑, 박용철, 정지용 • 친일 문학 : 이광수, 최남선 등(일제 침략과 군국수의 찬양)
음악		• 1920년대 : 홍난파의 '봉선화' • 1930년대 이후 : 안익태의 '한국환상곡', 현제명·홍난파 등의 친일 협력
미술		• 전통 회화의 계승 : 안중식(동양화에 정통, 한국의 전통 회화를 발전) • 서양 회화의 정착 : 고희동(최초의 서양 화가), 나혜석(여류 화가), 이중섭(독특한 서양 화풍 개척)
연극		• 극예술 협회(1921년) : 민중 계몽을 목적으로 동경 유학생들이 조직 • 토월회(1923년) : 신극 운동 추진 • 극예술 연구회(1931년) : 유치진의 '토막' 등을 통해 항일독립운동 고취
영화		• 나운규의 '아리랑'(1926) : 나라잃은 민족의 울분과 애환

깊이 Plus+ 3·1운동 이후 발행된 잡지

잡지명	발행 연도	특징
창조	1919년	최초의 동인지
폐허	1920년	퇴폐주의
개벽	1920년	천도교 계통 종합 잡지
백조	1922년	낭만주의
신생활	1922년	최초의 사회주의 잡지

깊이 Plus+ 과학대중화 운동 : 떳따! 보아라! 안창남, 내려다보니 엄복동!

1921년 5월 일본 항공국에서 최초로 실시한 비행사 시험에서 1등으로 합격했고, 일본 제국비행협회가 주최한 도쿄·오사카 간 비행에 성공하면서 도쿄·오사카의 우편 비행기 조종사가 됐다. 이로 인해 국내 언론의 주목을 받았고, 이 밖에도 여러 다른 비행대회에서 최우수상을 차지하여 '안창남(安昌男)'이라는 이름을 떨치기 시작했다.

1922년 12월 10일에는 〈동아일보〉가 모금을 주도하여 성사된 '안창남의 고국방문 비행'으로 온 국민의 대환영을 받았다.

엄복동 : 자전거 판매상으로 일하다가 1913년 '전조선자전차경기대회'에 처음 참가해 일본 선수들을 제치고 우승하였다. 1920년대 승승장구하며 "떴다! 보아라! 안창남(한국 최초의 비행사), 내려다보니 엄복동"이란 노래 가사에 등장하였다. 그 후 1930년대 초 은퇴하였다.(사진은 1923년 우승 기념)

사료 Plus+ 저항문학

광야(廣野)
― 이육사

까마득한 날에
하늘이 처음 열리고
어데 닭 우는 소리 들렸으랴.
모든 산맥(山脈)들이
바다를 연모(戀慕)해 휘달릴 때도
차마 이곳을 범(犯)하던 못 하였으리라.
끊임없는 광음(光陰)을
부지런한 계절이 피어선 지고
큰 강물이 비로서 길을 열었다.
지금 눈 나리고
매화향기(梅花香氣) 홀로 아득하니
내 여기 가난한 노래의 씨를 뿌려라.
다시 천고(千古)의 뒤에
백마(白馬) 타고 오는 초인(超人)이 있어
이 광야(曠野)에서 목놓아 부르게 하리라

그 날이 오면
― 심훈

그 날이 오면, 그 날이 오면은
삼각산이 일어나 더덩실 춤이라도 추고,
한강(漢江) 물이 뒤집혀 용솟음칠 그 날이
이 목숨이 끊기기 전에 와 주기만 하량이면
나는 밤하늘에 날으는 까마귀와 같이
종로의 인경을 머리로 들이받아 울리오리다.
두개골은 깨어져 산산조각이 나도
기뻐서 죽사오매 오히려 무슨 한이 남으오리까.
그 날이 와서 오오 그날이 와서
육조 앞 넓은 길을 울며 뛰며 뒹굴어도
그래도 넘치는 기쁨에 가슴이 미어질 듯하거든
드는 칼로 이 몸의 가죽이라도 벗겨서
커다란 북을 만들어 들쳐 메고는
여러분의 행렬에 앞장을 서오리다.
우렁찬 그 소리를 한 번이라도 듣기만 하면,
그 자리에 거꾸러져도 눈을 감겠소이다.

빼앗긴 들에도 봄은 오는가
― 이상화

지금은 남의 땅
빼앗긴 들에도 봄은 오는가
나는 온 몸에 햇살을 받고
푸른 하늘 푸른 들이 맞붙은 곳으로
가르마 같은 논길을 따라
……
내 손에 호미를 쥐어다오
살찐 젖가슴 같은 부드운 이 흙은
팔목이 시도록 매고
좋은 땀조차 흘리고 싶다
……
그러나 지금은 들을 빼앗겨 봄조차 빼앗기겠네

서시
― 윤동주

죽는 날까지 하늘을 우러러
한 점 부끄럼이 없기를
잎새에 이는 바람에도
나는 괴로워했다.
별을 노래하는 마음으로
모든 죽어 가는 것을 사랑해야지.
그리고 나한테 주어진 길을
걸어가야겠다.
오늘 밤에도 별이 바람에 스치운다.

일제강점기(독립운동사)

271

다음 법령의 시행 결과에 대한 설명으로 옳은 것은?

> 제4조 토지 소유자는 조선 총독이 정하는 기간 내에 주소·씨명, 명칭 및 소유지의 소재, 지목, 자번호(字番號), 사표(四標), 등급, 지적, 결수(結數)를 임시 토지 조사 국장에게 신고해야 한다. 단, 국유지는 보관 관청이 임시 토지 조사국장에게 통지해야 한다.

① 조선인 지주 계급이 몰락하였다.
② 근대적 소유권 제도 확립에 중점을 두었다.
③ 이후 동양 척식 주식회사가 설립되었다.
④ 경작권 등 소작농의 권리가 부정되었다.

272

다음에 나타난 일제의 정책에 대한 설명으로 옳지 않은 것은?

> 제4조 토지의 소유자는 조선 총독이 정하는 기간 내에 그 주소, 성명·명칭 및 소유지의 소재, 지목, 자번호, 사표, 등급, 지적, 결수를 임시 토지 조사국장에게 신고하여야 한다. 다만, 국유지는 보관 관청에서 임시 토지 조사국장에게 통지하여야 한다.

① 일본인의 한국 이주가 증가하였다.
② 소작농에 대한 지주의 권한이 강화되었다.
③ 사업 추진 결과 총독부의 재정이 악화되었다.
④ 농민들이 만주나 연해주로 이주하기도 하였다.

273

다음 중 1910년대에 일어난 일로 옳은 것을 모두 고른 것은?

> ㄱ. 조선인에 한해 태형령이 적용되었다.
> ㄴ. 치안유지법으로 독립운동이 탄압받았다.
> ㄷ. 토지조사사업으로 소작인의 경작권이 인정되었다.
> ㄹ. 헌병경찰이 경찰을 지휘하며 일반경찰업무까지 간여하였다.

① ㄱ, ㄴ   ② ㄱ, ㄷ   ③ ㄱ, ㄹ   ④ ㄴ, ㄷ

274

다음과 같은 법령이 제정되어 시행되던 시기에 일제의 통치 방식 내용으로 옳은 것은?

> 제1조 3월 이하의 징역 또는 구류에 처하여야 할 자는 그 정상에 따라 태형에 처할 수 있다.
> 제11조 태형은 감옥 또는 즉결 관서에서 비밀리에 집행한다.
> 제13조 본령은 조선인에 한하여 적용한다.

① 관리, 교원에게 칼과 제복을 착용하게 하였다.
② 보통 경찰제를 실시하였다.
③ 치안 유지법으로 독립운동을 탄압하였다.
④ 언론, 출판, 집회, 결사의 자유를 일부 허용하였다.

275

다음을 암송하던 시기에 일제가 실시한 정책으로 옳은 것은?

> 우리는 대일본 제국의 신민입니다. 우리들은 마음을 합해 천황 폐하께 충의를 다하겠습니다. 우리들은 인고 단련하여 훌륭하고 강인한 국민이 되겠습니다.

① 창씨개명을 강요하였다.
② 회사 설립을 신고제로 바꾸어 투자를 자유롭게 만들었다.
③ 도 평의회와 부·면 협의회를 설치하고 한국인을 참여시켰다.
④ 미곡 증산을 위해 일본인의 농업 이민을 적극 장려하였다.

276

1910년대 국내의 독립운동 단체에 대한 설명으로 옳지 않은 것은?
① 최익현의 의병부대에 참여했던 임병찬이 주도하여 독립의군부를 결성하였다.
② 민단조합의 이동하, 이은영 등이 군자금을 모금하였다.
③ 대한광복회는 공화주의를 표방하며 군자금 모금, 친일부호 습격 등의 활동을 하였다.
④ 평양에서 설립된 조선물산장려회가 전국적으로 확산되었다.

277

자료에 나타난 민족 운동에 대한 설명으로 옳은 것은?

> 우리 민족은 일본인의 학대를 참을 수 없습니다. 민족 자결주의의 새로운 함성이 유럽 평화 회의로부터 전달되어 왔습니다. 그리하여 9년째 자취를 감추었던 태극기가 갑자기 서울 중앙에 나타났습니다. 이젠 때가 되었습니다.

① 치안 유지법으로 탄압을 받았다.
② 좌우합작운동으로 전개되었다.
③ 학생과 사회주의자들이 주도하였다.
④ 임시정부 통합에 영향을 주었다.

278

다음 선언을 발표한 정부에 대한 설명으로 옳지 않은 것은?

> 신인일치로 중외협응하야 한성에서 의(義)를 일으킨 이래 30여일간에 평화적 독립을 3백여 주에 광복하고 …… 항구히 자주독립의 아(我) 자손 여민에게 세전(世傳)하기 위해 임시 의정원의 결의로 임시 헌장을 선포하노라

① 성립 초기에 외교 활동을 중시하였다.
② 독립신문을 발행하여 국내외 동포에게 독립운동 소식을 알렸다.
③ 산하 무장 부대로 한국 독립군을 조직하였다.
④ 연통제를 통하여 독립운동 자금을 조달하였다.

279

3·1운동에 대한 설명으로 옳지 않은 것은?
① 국내는 물론이고 해외로 까지 확산된 대규모 독립운동이다.
② 임시정부 지휘아래 조직적으로 전개되었다.
③ 일본 유학생들이 중심이 된 독립선언에 영향을 받았다.
④ 국외에서 무장독립투쟁을 활성화하는 계기가 되었다.

280

대한민국 임시정부에 대한 설명으로 옳지 <u>않은</u> 것은?

① 삼권분립에 기초한 민주공화국이다.
② 초대 대통령에 이승만, 부통령에 이시영이 선출되었다.
③ 본국과의 연락을 위해 연통제를 실시했다.
④ 사료편찬부에서 박은식의 '한국독립운동지혈사'를 간행하였다.

281

다음 중 대한민국 임시정부에 대한 설명으로 옳은 것은?

① 초대 대통령은 이승만, 국무총리에 이동휘가 임명되었다.
② 3·1운동 이전에 설립되어 국내외의 3·1운동을 주도하였다.
③ 일본이 중일전쟁을 일으키자 군사조직인 조선혁명군을 조직하여 무력으로 대항하였다.
④ 김구선생은 임시정부 부흥을 위해 의열단을 조직하였다.

282

1930년대 무장 독립 전쟁에 대한 설명으로 옳은 것은?

① 소련 영내인 자유시로 들어간 독립군은 무장해제를 요구하는 적색군에 의해 큰 피해를 입었다.
② 대종교를 신봉하는 북로군정서군이 주축이 되어 일본군을 대파하였다.
③ 양세봉이 조선혁명군을, 지청천이 한국독립군을 이끌었다.
④ 연합군의 일원으로 제2차 세계 대전에 참전하였다.

283

보기의 밑줄 친 '우리 부대'에 대한 설명으로 옳지 <u>않은</u> 것은?

> 이번 연합군과의 작전에 모든 운명을 거는 듯하였다. 주석(主席)과 <u>우리 부대</u>의 총사령관이 계속 의논하는 것을 옆에서 들었기 때문에 더욱 일의 중대성을 절감하였다. 드디어 시기가 온 것이다. 독립 투쟁 수십 년에 조국을 탈환하는 결정적 시기가 온 것이다. 이때의 긴장감은 내가 일본 군대를 탈출할 때와는 다른 긴장감이었다. 목적은 같으나 그때는 막연한 미지의 세계에 뛰어드는 것이었지만 이번에는 분명히 조국으로 가는 것이 아닌가?

① 지청천을 중심으로 창설하였고, 이범석이 참모장을 맡았다.
② 조선의용군 일부가 편입되었다.
③ 영국군과 함께 인도-미얀마 전선에 참여하였다.
④ 미국전략정보처에서 특수훈련을 받고, 국내진공작전을 계획하였다.

284

다음 내용의 직접적 계기가 된 사건으로 옳은 것은?

> 한국의 독립운동에 냉담하던 중국인이 한국 독립운동을 주목하게 되었고, 이후 중국정부는 대한민국임시정부에 대한 지원을 강화하였다. 이 사건을 계기로 중국 정부가 중국영토 내에서 우리민족의 무장독립활동을 승인함으로써 한국광복군이 탄생할 수 있었다.

① 윤봉길의 상하이 훙커우공원 의거
② 파리강화회의에서 김규식의 활동
③ 홍범도, 최진동 연합부대의 봉오동 전투
④ 만주사변 이후 한·중 연합작전 전개

285

밑줄 친 '우리부대'에 대한 설명으로 옳은 것은?

> 이번 연합국과의 작전에 모든 운명을 거는 듯하였다. 주석(主席)과 우리부대의 총사령관이 계속 의논하는 것을 옆에서 들었기 때문에 더욱 일의 중대성을 절감하였다. 드디어 시기가 온 것이다! 독립 투쟁 수십 년에 조국을 탈환하는 결정적 시기가 온 것이다. 이때의 긴장감은 내가 일본 군대를 탈출할 때와는 다른 긴장감이었다. 목적은 같으나 그때는 막연한 미지의 세계에 뛰어드는 것이었지만 이번에는 분명히 조국으로 가는 것이 아닌가?

① 중국 공산군과 함께 화북에서 항일전을 벌였다.
② 만주에서 중국 의용군과 연합 작전을 수행하였다.
③ 중국 관내에서 조직된 최초 한국인 군사 조직이었다.
④ 인도, 미얀마 전선에서 영국군과 공동 작전을 펼쳤다.

286

다음 사건을 순서대로 나열한 것으로 옳은 것은?

> ㉠ 자유시 참변 ㉡ 봉오동 전투
> ㉢ 간도 학살(경신참변) ㉣ 청산리 전투

① ㉠ - ㉡ - ㉢ - ㉣
② ㉠ - ㉢ - ㉣ - ㉡
③ ㉡ - ㉠ - ㉣ - ㉢
④ ㉡ - ㉣ - ㉢ - ㉠

287

다음 선언을 채택한 단체와 관련된 설명으로 옳지 않은 것은?

> 민중은 우리 혁명의 중심부이다. 폭력은 우리 혁명의 유일한 대무기이다. 우리는 민중 속에 가서 민중과 제휴하여 끊임없이 폭력·암살·파괴·폭동으로 강도 국가 일본의 통치를 타도하고 우리 생활에 불합리한 일체 제도를 개조하여 인류가 인류를 압박하고 사회가 사회를 수탈하지 않는 이상적인 나라를 건설할 것이다.

① 만주 길림에서 김원봉이 중심이 되어 조직하였다.
② 일제 요인 암살, 식민 통치 기구 파괴를 활동 목표로 삼았다.
③ 이 단체의 소속원인 이봉창은 일왕 폭살을 시도하였다.
④ 후에 이 단체의 계통 인사들은 조선의용대를 조직하였다.

288

다음은 일제 강점기 국외 독립운동에 관한 사실들이다. 이를 시기 순으로 바르게 나열한 것은?

> ㄱ. 대한민국 임시 정부가 지청천을 총사령관으로 하는 한국광복군을 창설하였다.
> ㄴ. 신민회의 독립군 기지 건설 계획에 따라 경학사, 신흥강습소 등이 설립되었다.
> ㄷ. 홍범도가 이끄는 대한 독립군을 비롯한 연합 부대는 봉오동 전투에서 대승을 거두었다.
> ㄹ. 양세봉이 이끄는 조선 혁명군은 중국 의용군과 연합하여 영릉가 전투에서 일본군을 무찔렀다.

① ㄱ → ㄹ → ㄴ → ㄷ
② ㄴ → ㄷ → ㄹ → ㄱ
③ ㄷ → ㄴ → ㄹ → ㄱ
④ ㄹ → ㄷ → ㄱ → ㄴ

289

밑줄 친 '그'가 일으킨 사건의 영향에 대한 설명으로 옳은 것은?

> 일제는 1월 28일 일본승려사건을 계기로 전쟁을 도발하였다. 일본은 이때 시라카와 대장을 사령관으로 삼아 중국과의 전쟁을 승리로 이끌었다. 그는 이해 봄 야채상으로 가장하여 일본군의 정보를 탐지한 뒤, 4월 29일 이른바 천장절 겸 건승축하기념식에 폭탄을 투척하기로 하였다. 식장에 참석하여 수류탄을 투척함으로써 파견군사령관 시라카와, 일본거류민단장 가와바다 등은 즉사하였다.

① 이를 계기로 신간회가 결성되었다.
② 한국 광복군 형성의 기초가 되었다.
③ 민족 유일당 운동의 계기가 되었다.
④ 미쓰야 협정이 체결되는 계기가 되었다.

290

일제 강점기 만주 연해주 등지에서 행해진 무장 독립운동에 대한 설명으로 옳지 않은 것은?

① 홍범도의 대한독립군은 봉오동 전투에서, 김좌진의 북로군정서군은 청산리 전투에서 크게 승리하였다.
② 연해주의 자유시로 이동한 독립군은 적색군에 의해 무장해제를 당하였다.
③ 독립군은 대한민국 임시정부 직할부대인 정의부를 비롯한 참의부, 신민부의 3부로 정비되었다.
④ 1930년대 초 만주에서의 독립 전쟁은 한국 독립군과 조선 혁명군이 중심이 되어 추진되었다.

291

일제 강점기 항일 민족 운동에 대한 설명으로 옳지 않은 것은?

① 1920년대 대한 독립군과 북로 군정서군이 일본군에게 대승을 거두었다.
② 1920년대 후반 의열 투쟁으로 독립 의지를 국내외에 고취한 인물은 이봉창과 윤봉길이었다.
③ 1930년대 만주에서 일부 조선인들이 동북 항일 연군의 일원으로 항일 유격 활동을 하였다.
④ 1940년대 한국광복군은 중국 국민당 정부와 미국의 지원 하에 활동하였다.

292

다음과 같은 강령을 채택한 단체에 대한 설명으로 옳지 않은 것은?

> • 우리는 정치적, 경제적 각성을 촉진한다.
> • 우리는 단결을 공고히 한다.
> • 우리는 일체의 기회주의를 부인한다.

① 6·10만세 운동을 전개하였다.
② 정우회 선언이 결성의 결정적 계기가 되었다.
③ 자치운동을 격렬히 비판하였다.
④ 원산노동자 총파업을 지원하였다.

293

보기에 서술된 역사서에 대한 설명으로 옳지 않은 것은?

> 「한국통사」는 간행 직후 중국·노령·미주의 한국인 동포들은 물론이고 국내에서도 비밀리에 대량 보급되어 민족적 자부심을 높여 주고 독립 투쟁 정신을 크게 고취하였다. 일제는 이에 매우 당황하여 1916년 조선 반도 편찬 위원회를 설치하고 「조선사」 37책을 편찬하였다.

① 「조선사」는 조선의 정체성과 타율성을 강조하여 식민통치를 효율적으로 하고자 했다.
② 「한국통사」의 저자는 대한민국임시정부의 2대 대통령을 역임하였다.
③ 「한국통사」의 저자는 「한국독립운동지혈사」도 집필하여 독립의지를 알리고자 했다.
④ 「한국통사」의 저자는 우리의 민족정신인 '얼'을 강조하였다.

294

다음에 제시된 사항들과 관련 깊은 인물은?

> • 헤이그 특사로 만국 평화 회의에 참석
> • 한흥동 건설
> • 13도의군 편성
> • 대한 광복군 정부 수립
> • 신한 혁명당 조직

① 이준   ② 안창호   ③ 이상설   ④ 이동휘

295

1920년대 나타난 국내의 사회 운동에 대한 설명으로 옳지 않은 것은?

① 천주교 소년회에서 어린이날을 제정하였다.
② 사회주의 계열의 조선 청년 총동맹이 결성되었다.
③ 민족 유일당 운동의 일환으로 여성 단체인 근우회가 창립되었다.
④ 백정에 대한 차별 철폐를 주장하는 조선 형평사가 진주에서 창립되었다.

296

일제 강점기에 일어났던 농민·노동 운동에 대한 설명으로 옳지 않은 것은?

① 1920년대에 전국적인 농민·노동 조직이 결성되었다.
② 1920년대 노동 운동은 반제국주의 항일 민족 운동의 성격을 띠었다.
③ 초기 소작 쟁의의 요구 사항은 주로 소작권 이동 반대, 소작료 인하 등이었다.
④ 일본인 농장과 지주회사를 상대로 한 소작 쟁의는 규모도 크고 격렬해지는 경우가 많았다.

297

일제강점기 (가)와 (나)의 주장을 한 단체에 대한 설명으로 옳은 것은?

> (가) 우리가 우리의 손에 산업의 권리 생활의 제일 조건을 장악하지 아니하면 우리는 도저히 우리의 생명·인격·사회의 발전을 기대하지 못할지니 …(중략)… 우리 조선 사람의 물산을 장려하기 위하여 조선 사람은 조선 사람이 지은 것을 사서 쓰자.
>
> (나) 유감스러운 것은 우리에게 아직도 대학이 없는 일이라. 물론 관립대학도 조만간 개교될 터지만 …(중략)… 우리 학문의 장래는 결코 일개 대학으로 만족할 수 없다. 그처럼 중대한 사업을 우리 민중이 직접 영위하는 것은 오히려 우리의 의무이다.

① (가) - 사회주의 성향의 운동 세력이 주도하였다.
② (가) - 조만식 등이 평양에서 시작하였고 이후, 자작회, 토산애용부인회, 청년회 등이 참여하였다.
③ (나) - 민족 연합 전선 단체인 신간회의 후원을 받았다.
④ (나) - 일제의 경성제국대학 설립에 반대하면서 추진되었다.

298

다음과 같은 항일 운동이 전개되었던 지역에 대한 설명으로 옳은 것은?

- 봉오동 전투
- 청산리 전투

① 관동 대지진 때 재일 동포 6,000명 정도가 학살되었다.
② 항일 독립군 활동의 결과 소련 공산당이 한국인의 무장활동을 금지하였다.
③ 대한제국 칙령 41호에서 이 땅을 우리 영토로 선포하고 관리를 파견하였다.
④ 일본이 남만주 철도 부설권을 획득하는 대가로 청에 넘겨줌으로써 우리 영토에서 상실되었다.

299

일제 강점기의 종교활동으로 옳지 않은 것은?
① 한용운이 조선 불교 유신회를 조직하였다.
② 개신교도들은 의민단을 조직하여 무장투쟁에 동참하였다.
③ 원불교가 허례허식 폐지 등 새생활 운동을 전개하였다.
④ 대종교 비밀 결사인 중광단이 북로 군정서군으로 발전하였다.

300

다음 중 일제강점기에 활동한 역사가와 그 업적이 가장 적절하게 짝지어진 것은?
① 신채호 : 1915년 근대적 역사인식에 입각한 최초의 한국 근대사로 평가되는 『한국통사』를 저술
② 박은식 : 『조선상고사』에서 역사는 "인류 사회의 아(我)와 비아(非我)의 투쟁"이라고 주장
③ 백남운 : 한국사의 발전법칙성을 추구하는 사회경제사학을 통해 식민사학의 정체성론을 비판
④ 정인보 : "국가는 멸할 수 있어도 역사는 멸할 수 없다."고 하면서 역사를 국혼(國魂)과 국백(國魄)의 기록이라 주장

CHAPTER 06 대한민국의 발전과 현대 세계의 변화

1 8·15 광복과 대한민국 정부의 수립

해방정국

카이로회담 (1943)
- 최초로 독립 약속

↓

얄타회담 (1945)
- 소련 참전

↓

포츠담선언 (1945.7)
- 독립 재확인

↓

광복(1945. 8. 15)

↓

건국준비위원회
- 여운형, 안재홍(이후 이탈)
- 건국동맹 → 전신
- 치안대 조직
- 조선인민공화국 선포
- 인민위원회로 지방 개편

↓

남북한의 정세

남한	• 미군정(매아더 포고령) ⇨ 건준, 임정 부정 ⇨ 직접 통치 방식 (1945.9.9)
북한	• 소련군 ⇨ 인민위원회 인정 (간접 통치 방식)

모스크바3국외상회의 (1945. 12)
- 민주적 임시정부 수립
- 신탁통치(최대5년)
- 미소공동위원회 설치

↓

좌·우 대립 심화
- 우익 (김구, 이승만, 한민당)
  : 신탁통치 반대
- 좌익 (공산당)
  : 반탁 → 찬탁

제1차 미소공동위(1946.3)
⇨ 결렬
- 소련 : 모스크바3국상회의 찬성 단체만 참여
- 미국 : 모든 단체 참여

↓

정읍발언(이승만)
: 남한 단독정부수립 주장

↓

좌우 합작 운동
- 좌우합작 위원회 (여운형, 김규식)
- 좌우합작 7원칙 합의
- 조선공산당, 이승만, 한민당 등 참여X
- 미군정 : 지지 → 철회

제2차 미소공동위(1947.5)
⇨ 결렬

↓

여운형 암살(1947.7)
⇨ 좌우 합작 운동 중단

UN총회(1948.1)
- 남북한 인구비례에 따른 총선 결정
  → 소련이 '유엔한국임시위원단' 입국 거부로 실패

UN소총회(1948.2)
- 38도선 이남 지역만의 단독 선거 결정

[남한 단독 선거 반대 움직임]

제주 4·3 사건
- 남한 내 공산주의자의 반대 운동
- 진압과정에서 민간인 학살

남북 협상(1948.4)
- 김구·김규식 북한 방문
- 남북 제정당 사회단체 연석 회의, 지도자 회담(4김 회의)
⇨ 공동 성명 발표

여수·순천 10·19 사건(1948.10)
- 정부 수립 이후, 공산주의 항명

깊이 Plus+ 건국 준비 활동

- 대한민국 임시 정부 : 조소앙의 삼균주의를 바탕으로 대한민국 건국 강령 제정, 보통선거, 경자유전 원칙의 토지제도, 의무교육 실시 등 지향

- 조선 독립 동맹(1942) : 김두봉 등이 중심, 공산주의 색채
  ⇨ 이후, 북한 공산당의 핵심

- 조선 건국 동맹(1944) : 여운형이 중심이 되어 국내에서 조직(친일 인사 제외)
  ⇨ 이후, 건국준비위원회(조선인민공화국 선포)

사료 Plus+ 카이로 선언 합의 사항

- 일본이 무조건 항복할 때까지 공격을 멈추지 않는다.
- 일본이 제1차 세계 대전 후 탈취·점령·도취한 모든 지역은 반환되어야 한다.
- 한국인의 노예 상태에 유의하여 적당한 시기에(in due course) 자유 독립할 것을 결의한다.

사료 Plus+ 조선총독부에 대한 조선건국동맹의 요구

- 전국적으로 정치범·경제범을 즉시 석방할 것
- 서울의 3개월분 식량을 확보할 것
- 치안유지와 건국운동을 위한 정치 운동에 대하여 절대로 간섭하지 말 것

사료 Plus+ 반탁시위 대회 선언문

카이로, 포츠담 선언과 국제 헌장으로 세계에 공약한 한국의 독립 여부는 금번 모스크바에서 개최한 3국 외상 회의의 신탁 곤리 결의로 수포로 돌아갔으니, 다시 우리 3천만은 영예로운 피로써 자주독립을 획득하지 아니하면 아니 될 단계에 들어섰다. 동포여! 8·15 이전과 이후, 피차의 과오와 마찰을 청산하고서 우리 정부 밑에 뭉치자. 그리하여 그 지도하에 3천만의 총역량을 발휘하여 신탁 관리제를 배격하는 국민운동을 전개하여 자주 독립을 완전히 획득하기까지 3천만 전 민족의 최후의 피 한방울까지라도 흘려서 싸우는 항쟁 개시를 선언한다.   - 신탁통치 반대 국민총동원위원회

사료 Plus+ 이승만의 정읍발언

이제 우리는 무기 휴회된 미·소 공동위원회가 재개될 기색도 보이지 않으며, 통일정부를 고대하나 여의케 되지 않으니, 우리는 남방만이라도 임시정부 혹은 위원회 같은 것을 조직하여 38도선 이북에서 소련이 철퇴하도록 계계 공론에 호소하여야 될 것이니 여러분도 결심하여야 될 것이다.

사료 Plus+ 좌우합작 7원칙

조선의 좌우합작은 민족 독립의 단계요, 남북통일의 관건인 점에 있어서 3천만 민족의 지상 명령이며 국제 민주화의 필연적 요청이었음에도 불구하고 저간의 복잡다단한 내외 정세로 오랫동안 파란곡절을 거듭해오던 바, 10월 4일 좌·우 대표가 회담한 결과 좌측의 5원칙과 우측의 8원칙을 절충하여 7원칙을 결정하였다.

우리는 다음과 같은 합작 원칙과 입법 기구에 대한 요망을 작성하여 발표한다.
1. 조선의 민주독립을 보장한 3상회의 결정에 의해 남북을 통한 좌우합작으로 민주주의 임시정부을 수립할 것.
2. 미소공동위원회 속개를 요청하는 공동성명을 발표할 것.
3. 토지개혁에 있어 몰수, 유조건몰수, 채감매상 등으로 토지를 농민에게 무상으로 분여하며, 시가지의 기지 및 대건물을 적정 처리하여, 중요 산업을 국유화하며, 사회노동법령 및 정치적 자유를 기본으로 지방자치제의 확립을 속속 실시하며, 통화 및 민생문제 등을 급속히 처리하며, 민주주의 건국 과업 완수에 매진할 것.
4. 친일파 민족반역자를 처리할 조례를 본 합작위원회에서 입법기구에 제안하여 입법기구로 하여금 심리 결정하게 해서 실시하게 할 것.
5. 남한과 북한을 통해 현 정권하에 검거된 정치운동자의 석방에 노력하고, 아울러서 남북 좌우의 테러적 행동을 일체 즉시로 제지하도록 노력할 것.
6. 입법기구에 있어서는 일체 그 권능과 구성방법, 운영 등에 관한 대안을 본 합작위원회에서 작성하여 적극적으로 실행을 기도할 것.
7. 전국적으로 언론, 집회, 결사, 투표, 출판, 교통 등의 자유를 절대 보장하도록 노력할 것.

깊이 Plus+ 여운형

- 조선 건국 동맹 조직(1944년) : 좌우익 모두 참여한 민족 연합 전선
- 조선총독부 행정권인수를 위한 협상(1945년) : 치안권 확보
  → 일본인 귀국 보장
- 조선 건국 준비 위원회 활동(1945년 8월 15일)
  : 안재홍 등과 함께 발족, 치안대 설치, 조선 인민 공화국 선포
- 좌우합작운동(1946년) : 좌우익 분열과 남한 단독 수립 발언에 대한 반발
- 1947년 7월 19일 서울 혜화동 로터리에서 차량으로 이동 도중, 해방정국의 우익 테러 단체인 백의사의 집행부장 김영철이 선정한 한지근(본명 이필형)외 다섯 명의 저격을 받고 암살

사료 Plus+ 삼천만 동포에게 읍고함.

삼천만 동포 자매형제여, 지금 나의 하나뿐인 염원은 삼천만 동포와 손잡고 통일정부를 세우는 일에 공동 분투하는 일이다. 조국이 원한다면 당장에라도 이 한 목숨 통일제단에 바치겠노라. 나는 통일정부를 세우려다가 38선을 베고 쓰러질지언정 일신의 구차한 안위를 위해서 단독 정부를 세우는 일에는 가담하지 않겠노라.

- 김구

대한민국 정부 수립 과정

- 1948년 5월 10일. 5·10 총선 : 민주적 보통선거에 의해 임기 2년의 제헌 국회의원 선출
- 1948년 7월 17일. 제헌 국회에서 만든 헌법 공포
  ⇨ 국회에서 정·부통령 선거 실시 (대통령 : 이승만, 부통령 : 이시영)
- 1948년 8월 15일. 대한민국 정부 수립
- 1948년 12월 12일. UN에서 대한민국을 정식 정부로 인정

제헌국회 활동

친일파 청산 시도	반민족행위 특별처벌법 제정(1948)	
	반민특위 활동	• 이승만 정부 : 친일파 청산에 소극적 (활동기간 단축) • 친일 세력은 반민특위활동 방해 : 국회 프락치 사건, 반민 특위 습격 사건
농지개혁 (1949 → 전후 완성)	• 방식 : 유상 매입·유상 분배(최대 3정보 제한) • 의의 : 지주제 폐지, 자영농 증가(경자유전의 원칙 확립)	
귀속재산처리법	• 일본이 남기고 간 귀속 재산 처리 ⇨ 한국 자본주의 주요 세력으로 성장	

비교 Plus+ 남한의 농지개혁 vs 북한의 토지개혁

구분	남한(농지개혁법)	북한(토지개혁법)
시행 시기	1949년 6월 → 개정 → 1968년 완료	1946년 3월
개혁 범위	농지만 개혁(임야 제외)	전 토지 개혁(임야 포함)
목적	경자유전의 원칙 확립	공산주의 경제 실천
원칙	유상 매입, 유상 분배	무상 몰수, 무상 분배
토지상한	최대 3정보	최대 5정보
결과	토지자본 → 산업자본	지주층의 월남, 농민의 국가 소작농화

6·25 전쟁

단계	일시	내용
전쟁 전(미국의 정책 변화)	1949년 6월 30일	주한 미군 철수
	1950년 1월 10일	애치슨 미 국무장관, 애치슨라인 발표
한국전쟁 : 북한의 남침 (↓)	6월 25일	한국전쟁 발발
	6월 28일	북한군이 서울 점령 → 낙동강 방어선까지 후퇴
대한민국과 UN의 반격 (↑)	9월 15일	UN군 인천 상륙 작전 감행
	9월 28일	서울 수복 → 평양 탈환 → 압록강 진격
중공군 개입 (↓)	1950년 10월 25일	중국 인민지원국 한국전쟁에 개입
	1951년 1월 4일	서울 재함락(1·4후퇴)
국군의 활약	3월 16일	서울 재탈환
휴전 협정	7월 10일	휴전 회담 본회의가 개성에서 시작
	1953년 6월 18일	반공포로 석방사건 : 반공 포로 25,000명 석방
	7월 27일	판문점에서 휴전 협정 조인(UN, 북한, 중국)
한미 상호 방위 조약 체결	10월 1일	한미 상호 방위 조약 체결⇨ 한미 동맹 강화

지도·사료 돋보기

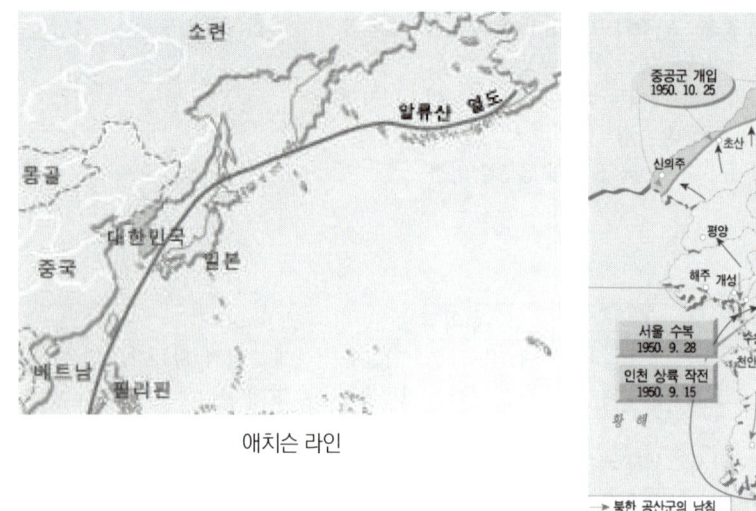

애치슨 라인

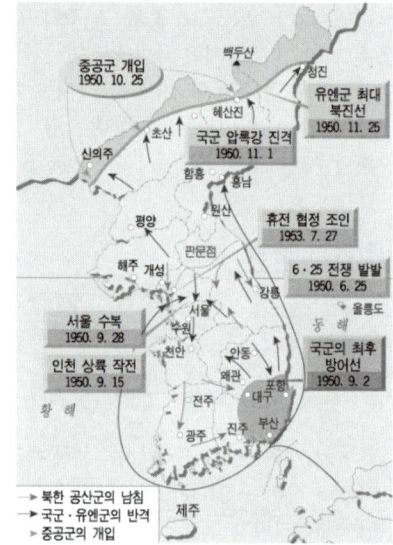

6·25전쟁 과정 →

사료 Plus+ 6·25전쟁 관련 노래

이별의 부산 정거장

보슬비가 소리도 없이
이별 슬픈 부산 정거장
잘가세요 잘있어요
눈물의 기적이 운다
한많은 피난살이 설움도 많아
그래도 잊지 못 할 판자집이여.
경상도 사투리에 아가씨가 슬피우네
이별의 부산 정거장

굳세어라 금순아

눈보라가 휘날리는 바람찬 흥남부두에
목을 놓아 불러 보았다 찾아를보았다
금순아 어데로가고 길을 잃고 헤매였드냐
피눈물을 흘리면서 1.4 이후 나홀로왔다
일가친척 없는몸이 지금은 무엇을하나
이내몸은 국제시장 장사치이다
금순아 보고싶구나 고향꿈도 그리워진다
영도다리 난간위에 초생달만 외로이떴다

깊이 Plus+ 6·25전쟁 중 일어난 비극

- 보도연맹 사건 : 국민보도연맹은 1949년 10월 좌익전향자들을 중심으로 만든 조직으로서, 좌익세력에 대한 통제와 회유를 목적으로 했다. 한국전쟁이 발발하자, 정부·경찰은 초기 후퇴과정에서 이들 보도연맹원에 대한 무차별 검속·즉결처분을 단행했다. 이같은 일은 한국전쟁 중 벌어진 최초의 집단적인 민간인 학살이었다. 이는 또한 북한 인민군 점령지역에서 일어났던 좌익세력에 의한 보복학살의 주된 원인이 되었다.

- 국민방위군 사건 : 1951년 1월 후퇴작전 때, 제2국민병으로 편성된 국민방위군(1950.12.11. 설치법 공포)의 고급장교들이 국고금과 군수물자를 부정처분하여 착복함으로써 아사자(餓死者)·동사자(凍死者)가 속출하였는데, 사망자수만도 90,000여 명에 이르렀다. 이 참상은 국회에서 폭로되어 진상조사단이 구성되었다.
- 노근리 학살 사건 : 6·25전쟁 발발 직후인 1950년 7월 노근리의 철교 밑 터널 속칭 쌍굴다리 속에 피신하고 있던 인근 마을 주민 수백 명을 향하여 미군들이 무차별 사격을 가하여 300여 명이 살해된 사건.
- 거창·함양 양민 학살 사건 : 1951년 육군 제11사단 9연대가 '견벽청야(말썽의 소지가 있는 곳은 초토화시킨다) 작전'에 따라 공비와 내통했다는 이유로 경남 거창군 신원면 지역 양민 700여 명을 모두 모아 마을 뒤 산골짜기에서 학살한 사건.
- 반공 포로 석방 사건 : 1953년 6월 18일 새벽 0시를 기하여 대통령 이승만(李承晩)이 남한에 수용 중인 북한 및 남한 출신의 반공포로를 석방한 사건으로 이는 북진통일을 주장한 이승만이 휴전협정 체결에 반대하여 일으킨 것이었다.

2 민주주의 시련과 발전

1950년대	1960년대	1970년대	1980년대	1990년대	2000년대

이승만 정부

[독재를 위한 조치]
- 발췌개헌(부산 정치 파동)
  : 직선제 개헌
- 사사오입 개헌(1954)
  : 초대 대통령 3선 제한 철폐
- 진보당사건(1959, 조봉암 사형)
- 3·15부정선거
  : 정·부통령 선거 부정

4·19혁명(1960)
- 마산 시위 → 김주열의 죽음
- 의원내각제, 양원제 국회

장면 내각
- 허정 과도 정부의 헌법 개정
  ⇒ 의원내각제
- 윤보선(대통령), 장면(총리)
- 민주당 구파 – 신파 분열
- 민주화, 통일 요구 수용 미흡

5·16 군사정변

박정희 정부(1960년대)
- 국가재건 최고회의
- 혁명공약 : 경제발전, 사회안정
- 반공을 국시
- 직선제, 대통령제(4년 중임)
- 한일협정(한일 국교 정상화)
- 6·3항쟁(한일협정 반대시위)
- 베트남 파병

박정희 정부(1970년대)
- 배경 : 닉슨 독트린(냉전완화)
- 경제 개발 조치 → 전태일 분신
- 유신 체제(유신 헌법)
- 간선제(통일주체국민회의)
- 긴급조치(국민의 일상 통제)

[유신체제 반대 움직임]
- 장준하 100만인 서명 운동
- Y·H무역사건 → 김영삼 제명
  → 부마 항쟁 → 10·26(김재규)

12·12 쿠데타(신군부 등장)

전두환 정부
- 간선제(국보위, 7년 단임제)
- 언론 통폐합(보도지침)
- 대중 우민화 정책
  : 3S정책, 국풍 81, 두발자유화

[전두환 정부 반대 움직임]
- 5·18 민주화운동(1980)
- 6월 민주항쟁(1987) : 직선제 요구
  → 박종철 고문 치사 사건
  → 4·13호헌조치
  → 이한열의 죽음
  → 6·29선언(직선제 → 5년 단임제)

노태우 정부
- 야당 통합 실패 결과 군 출신 당선
- 서울 올림픽 개최(1988)
- 북방외교(소련, 중국과 수교)
- 3당 합당 → 민주자유당 창당(1990)

김영삼 정부
- 문민정부
- 역사 바로 세우기
  : 중독부 건물 철거, 전·노 구속
- 지방자치제
- 공직자 재산신고 의무화
- 금융실명제, 부동산 실명제
- 전두환, 노태우 심판
- IMF 금융위기

김대중 정부
- 헌정 사상 최초로
  여야 간 평화적 정권 교체
- IMF 금융위기 극복
- 햇볕정책 등 ⇒ 노벨 평화상
- 2000년 시드니 올림픽
  : 배드민턴 정식종목 채택
- 2002 월드컵, 부산아시안 게임

사료 Plus+ 발췌개헌

제31조 입법권은 국회가 행한다. 국회는 민의원과 참의원으로써 구성한다.
제53조 대통령과 부통령은 국민의 보통, 평등, 직접, 비밀 투표에 의하여 각각 선거한다.
부 칙 이 헌법은 공포한 날로부터 시행한다. 단, 참의원에 관한 규정과 참의원의 존재를 전제로 한 규정은 참의원이 구성된 날로부터 시행한다.
— 헌법 제2호

| 한눈에 쏙 | 사사오입 개헌 과정

⇒ 이틀 뒤

재적 203명에 202명이 표결에 참여하여 135명이 찬성하였지만, 2/3에 미치지 않으므로 부결되었음을 선포합니다.

203명의 2/3는 135.333…입니다. 사사오입하면 135명이므로 헌법개정안이 가결되었음을 정정하여 선포합니다.

사료 Plus+ 사사오입 개헌 내용

제55조 대통령과 부통령의 임기는 4년으로 한다. 단, 재선에 의하여 1차 중임할 수 있다. 대통령이 궐위된 때에는 부통령이 대통령이 되고 전임 기간 중 재임한다.
부 칙 이 헌법 공포 당시의 대통령에 대하여는 제55조 제1항 단서의 제한을 적용하지 아니한다.
— 헌법 제3호

사료 Plus+ 진보당 선언문(1956년 11월 10일)

- 3대 정강 : 책임 있는 혁신 정치, 수탈 없는 계획 경제, 민주적 평화통일
- 유엔 감시하 남북한 총선거안을 내용으로 하는 평화통일론을 주장

사료 Plus+ 4·19혁명

진달래

이영도

눈이 부시네 저기 난만히 멧등마다
그 날 쓰러져 간 젊음 같은 꽃 사태가
맺혔던 한이 터지듯 여울여울 붉었네.
그렇듯 너희는 지고 욕처럼 남은 목숨
지친 가슴 위엔 하늘이 무거운데
연련히 꿈도 설워라, 물이 드는 이 산하.

사료 Plus+ 4.19 혁명 때 희생된 당시 한성여자중학교 학생 진영숙(16세)의 마지막 편지

시간이 없는 관계로 어머님 뵙지 못하고 떠납니다… 어머님 데모에 나간 저를 책하지 마십시오. 우리들이 아니면 누가 데모를 하겠습니까. 저는 아직 철없는 줄 압니다. 그러나 조국과 민족을 위하는 길이 어떻다는 걸 알고 있습니다… 저는 생명을 바쳐 싸우려 합니다. 데모하다 죽어도 원이 없습니다. 어머님, 저를 사랑하시는 마음으로 무척 비통하게 생각하시겠지만 온 겨레의 앞날과 민족의 해방을 위해 기뻐해 주세요. 부디 몸 건강히 계세요. 거듭 말씀드리지만 저의 목숨은 이미 바치려고 결심하였습니다.

사료 Plus+ 3차 개헌(1960. 6)

제32조 양원은 국민의 보통, 평등, 직접, 비밀 투표에 의하여 선거된 의원으로써 조직한다.
제53조 대통령은 양원 합동 회의에서 선거하고 재적 국회 의원 3분의 2 이상의 투표를 얻어 당선된다.
제71조 국무원은 민의원에서 국무원에 대한 불신임 결의안을 가결한 때에는 10일 이내에 민의원 해산을 결의하지 않는 한 총사직 하여야 한다.

사료 Plus+ 5·16쿠데타 이후 발표된 혁명공약

- 반공을 국시의 제일로 삼고 지금까지 형식적이고 구호에만 그친 반공체제를 재정비하고 강화한다.
- 유엔헌장을 준수하고 국제협약을 충실히 이행할 것이며 미국을 위시한 자유우방과의 유대를 더욱 공고히 한다.
- 절망과 기아선상에서 허덕이는 민생고를 시급히 해결하고 국가 자주 경제 재건에 총력을 경주한다.

사료 Plus+ 한일협정 반대를 위한 재경대학교수단의 성명서

우리 교수 일동은 협정의 내용을 신중히 분석·검토한 끝에 다음과 같은 이유로 그것이 우리의 민족적 자주성과 국가적 이익에 막대한 손실을 가져올뿐더러 장차 심히 우려할 사태가 전개될 것이 예견되므로 이에 그 비준의 반대를 선언한다.
청구권은 당당히 요구할 수 있는 재산상의 피해를 보상하는 것이 못되고 무상제공 또는 경제협정이라는 미명아래 경제적 시혜로 가식하였으며, 일본 자본의 경제적 지배를 위한 소지를 마련해 주었다.

깊이 Plus+ 북한의 대남도발

- 동백림 사건(1967년) : 1967년 작곡가 고 윤이상씨, 이응로 화백 등 예술인과 대학교수, 공무원등 194명이 옛 동독의 베를린인 동백림을 거점으로 대남적화 공작을 벌였다며 처벌당한 사건.
- 무장 공비 침투(1968년) : 울진·삼척 지역에 무장 공비가 침투하여 안보 위기 의식이 확산된 사건.
- 푸에블로 호 납치 사건(1968년) : 1968년 1월 23일 미해군 정보수집함 푸에블로호(Pueblo號)가 북한 원산항 앞 공해상에서 북한으로 납치된 사건.

깊이 Plus 유신과 긴급조치의 시대

전 국토의 감옥화(교도소 증설 풍자), 전 국민의 죄수화(긴급조치 9호 위반자의 급증에 따른 풍자), 전 여성의 창녀화(기생관광정책의 풍자), 전 경제의 매판화(차관 급증의 풍자)와 같은 당시의 유행어는 박 정권에 대한 국민들의 불신과 민주주의의 부재를 잘 보여주고 있다.

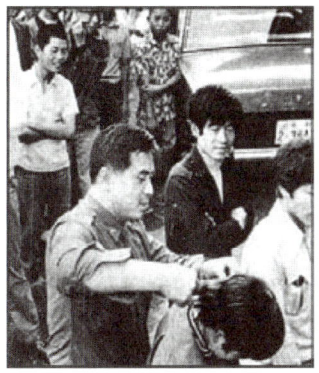
1970년대 장발 단속

1975년 금지곡이 된 양희은의 '아침이슬'

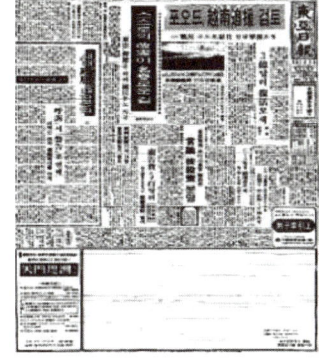
동아일보 백지 광고

사료 Plus+ 유신에 반대하는 민주 구국 선언(1976. 3. 1)

우리는 …… 이 나라의 먼 앞날을 내다보면서 민주 구국 선언을 선포하는 바이다.
1. 이 나라는 민주주의의 기반 위에 서야 한다.
2. 경제 입국의 구상과 자세가 근본적으로 검토되어야 한다.
3. 민족 통일은 오늘 이 겨레가 짊어진 최대의 과업이다.

사료 Plus+ 유신 반대에 대한 정부의 대응

- 개헌 청원 100만인 서명운동을 전개한 장준하 : 박정희에 대항한 대표적 지식인인 장준하는 유신 헌법 개헌을 위한 100만인 서명운동을 전개하다 긴급조치 1호 위반으로 구속되었다. 그는 1975년 8월 17일 등산 도중에 의문의 죽음을 당했다. 2012년 공개된 유골에는 타살임을 증명하는 함몰자국이 명백히 나타난다.
- 민주청년학생연맹 사건(민청학련 사건) : 1974년 4월 대한민국에서 발생한 시국 사건으로 전국민주청년학생총연맹(이하 민청학련)의 관련자 180여 명이 불온세력의 조종을 받아 국가를 전복시키고 공산정권 수립을 추진했다는 혐의로 구속·기소된 사건이다. 2009년 9월 재판부는 민청학련 사건에 대하여 무죄를 선고하였다.

사료 Plus+ YH무역 여성 노동자들의 호소문

수출 실적이 높으면 나라도 더욱 발전할 수 있고 선진국 대열에 서게 된다는 초등학교 시절의 배운 것을 더듬으며 우리는 더욱 더 잘 사는 나라를 기대하며 열심히 일해 왔습니다만 뜻하지 않은 폐업 공고에 놀라지 않을 수 없습니다. …… 오갈 데 없는 저희들은 무엇을 먹고 어디서 살란 말입니까? 동생들의 학비와 부모님들의 비싼 약값은 어떻게 해야 된단 말입니까?

깊이 Plus+ 유신체제 하의 주요 사건

1. 10월 유신(1972.10.17)
2. 유신헌법 공포(1972.12)
3. 제8대 대통령 박정희 선출(통일주체국민회의, 1972.12.27)
4. 김대중 납치 사건(1973.8.8)
5. 긴급조치 1·2·3호 선포
6. 민청학련사건(1974.4)
7. 육영수 여사 저격 사건(1974.8)
8. 3·1 구국선언(1976.3.1)
9. 제9대 대통령 박정희(통일주체국민회의, 1978.12.21)
10. YH 사건(1979.8)
11. 김영삼 의원 제명(1979.10)
12. 부마항쟁(1979.10)
13. 10·26 사건(김재규의 박정희 저격)
14. 제10대 대통령 최규하(1979.12)
15. 12·12 사건(1979.12)

사료 Plus+ 6·10 국민대회 선언문

오늘 우리는 전 세계 이목이 주시하는 가운데 40년 독재 정치를 청산하고 희망찬 민주국가를 건설하기 위한 거보를 전 국민과 함께 내딛는다. 국가의 미래요, 소망인 꽃다운 젊은이를 야만적인 고문으로 죽여 놓고 그것도 모자라 뻔뻔스럽게 국민을 속이려 했던 현 정권에게 국민의 분노가 무엇인지를 분명히 보여주고, 국민적 여망인 개헌을 일방적으로 파기한 4·13 호헌 조치를 철회시키기 위해 민주 장정을 시작한다.

사료 Plus+ 6·29선언

- 대통령 직선제 개헌을 통한 평화적 정부 이양 보장
- 대통령 선거법 개정을 통한 공정한 경쟁 보장
- 김대중 사면 복권과 시국 관련 사범 석방
- 지방 자치 및 교육 자치 실시
- 정당의 건전한 활동 보장

비교 Plus+ 대한민국의 개헌

구분	개헌	계기	내용
이승만 정부 (제1공화국)	제헌헌법(1948)	국회에서 간접 선거	대통령 간선제, 단원제 국회
	1차 개헌(1952)	발췌 개헌	대통령 직선제, 양원제 국회
	2차 개헌(1954)	사사오입 개헌	초대 대통령 중임 제한 철폐
장면 내각 (제2공화국)	3차 개헌(1960. 6)	3·15부정선거 4·19혁명	의원내각제, 양원제 국회
	4차 개헌(1960. 11)		3·15부정 선거자 및 반민족행위자 처벌
박정희 정부 (제3공화국)	5차 개헌(1962)	5·16쿠데타	대통령 직선제, 단원제 국회
	6차 개헌(1969)	장기집권야욕	대통령 3선 연임 허용
박정희 정부 (제4공화국)	7차 개헌(1972)	10월 유신	• 대통령 간선제 • 대통령 권한 강화 (긴급조치, 국회해산권)
전두환 정부 (제5공화국)	8차 개헌(1980)	10·26사태	대통령 간선제, 7년 단임제
노태우 정부 (제6공화국)	9차 개헌(1987)	6월 민주항쟁	대통령 직선제, 5년 단임제

비교 Plus+ 주요 스포츠 행사

2002년 한·일 월드컵 길거리 응원 문화

지바 세계 탁구 선구권 대회 남북 단일팀 단체전 우승

아리랑이 울리는 가운데 한반도기를 앞세워 남북한 공동 입장 (시드니 올림픽)

3. 경제 발전과 사회·문화의 변화

정권별 경제 정책

정권	경제 정책
이승만 정부 (1950년대)	• 6·25전쟁 이전 : 농지 개혁, 귀속재산 처리법 • 화폐개혁(1953) : 화폐 남발 혼란 수습 목적(100원 → 1환) • 미국의 원조 → 삼백산업 발달(제분·제당·면방직 등 소비재) (무상원조 → 유상차관 → 국내 경기 불황, 실업률 상승)
장면 내각	• 경제 제일 주의 • 경제 개발 5개년 계획 수립
박정희 정부 (1960년대)	• 1·2차 경제 개발 5개년 계획 : 경공업 중심, 수출주도형 • 한일 협정 → 경제 개발 자금 마련 목적(민간 배상X) • 베트남 파병 → 베트남 특수, 브라운 각서(차관, 기술 제공)
박정희 정부 (1970년대)	• 3·4차 경제 개발 5개년 계획 : 중화학공업 중심, 수출주도형 • 제1차 석유파동(1973) 극복, 제2차 석유파동(1979) → 위기 • 빛 : 경부고속국도, 새마을 운동, 수출 100억불 달성(1977) • 그늘 : 전태일 분신, Y·H무역사건, 8·3동결조치(대기업 중심)
전두환 정부 (1980년대)	• 3저 호황 : 저유가, 저금리, 저달러 → 경기호황 • 농산물 수입 급증
노태우 정부 (1988~1992)	• 3저 호황 국면 소멸
김영삼 정부 (1993~1997)	• 세계시장확대 : UR타결(1993), WTO체제(1995), OECD가입(1996) • 국민소득 1만달러(1995), 신 경제개발 5개년 계획 • IMF 구제 금융(1997)

김대중 정부
(1998~2002)
	• IMF 금융 위기 극복(금 모으기 운동 등)
	  → 노사정 위원회 출범
	  → 이후, 비정규직 문제 등 사회문제 심화

노무현 정부 (2000년대)	• 한류열풍 / 수출입무역액 1조 달러 달성(2011, 이명박 정부) • KTX개통(2004)

사료 Plus+ 새마을운동

새벽종이 울렸네 새아침이 밝았네
너도나도 일어나 새마을을 가꾸세
살기 좋은 내 마을 우리 힘으로 만드세

― 새마을 운동 노래

깊이 Plus+ 주요 기반 시설

- 울산 정유공장(1964)
- 마산 수출자유지역(1969)
- 경부고속도로(1970)
- 포항제철(1973)
- 고속전철(2004)

사료 Plus+ 금 모으기 운동

4. 북한의 변화와 평화 통일을 위한 노력

정권별 통일정책

정권	통일 정책
이승만 정부 (1950년대)	• 북진통일론 → 휴전 협정 조인X, 반공 포로 석방 사건
장면 내각	• 진보계 : 중립화통일론(영세중립화론) • 학생 : 학생 회담 추진(남북 협상론) • 민주당과 정부 : 여론 수용 하지 못함, UN 감시 하 남북한 총선 실시
박정희 정부 (1960년대)	• 반공을 국시로 삼음

박정희 정부
(1970년대)
	• 1970년대 냉전 질서 완화 : 데탕트, 닉슨 독트린
	• 7·4 남북 공동 성명(1972)
	  - 평화 통일 3원칙 : 자주·평화·민족적 대단결
	  - 남북 조절위원회 설치
	• 6·23 선언 : 남북 UN 동시 가입 제한 (1973)

전두환 정부 (1980년대)	• 첫 이산가족 고향방문 실시 • 민족화합 민주 통일 방안 : 통일헌법 → 남북총선 → 통일정부
노태우 정부 (1988~1992)	• 7·7선언 → 북방외교(공산권과 수교 : 몽골, 소련, 중국, 베트남) • 한민족 공동체 통일방안(1989) : 자주, 평화, 민주 원칙 • 남북한 UN 동시 가입(1991) • 비핵화 공동 선언 • 제5차 남북 고위급 회담 ⇨ 남북 기본 합의서(1991) : 상호 체제 인정, 상호 불가침, 남북 연락사무소 설치
김영삼 정부 (1993~1997)	• 3기조 3단계 민족 공동체 통일 방안 : 화해·협력 → 남북 연합 → 통일국가
김대중 정부 (1998~2002)	• 햇볕 정책⇨최초의 남북 정상회담(2000)⇨6·15 공동 선언 : 남측의 연합제와 북측의 낮은 단계 연방제 안의 공통점 인정 • 개성공단, 금강산 관광 사업, 철도복원 사업(경의선, 동해선)
노무현 정부 (2000년대)	• 10·4정상선언(2007, 평화·번영을 위한 선언) : 햇볕정책 계승, 6자 회담 활용

사료Plus+ 7·4 남북 공동 성명(1972년)

첫째, 통일은 외세에 의존하거나 외세에 간섭을 받음이 없이 자주적으로 해결하여야 한다.
둘째, 통일은 서로 상대방을 반대하는 무력행사에 의거하지 않고 평화적 방법으로 실현하여야 한다.
셋째, 사상과 이념, 제도의 차이를 초월하여 우선 하나의 민족으로서 민족적 대단결을 도모하여야 한다.
1. 남북한은 자주적·평화적·민족적 대단결 통일의 원칙에 합의한다.

2. 서로 상대방을 중상·비방하지 않고 무장 도발을 하지 않는다.
3. 다방면적인 제반 교류를 실시한다.
4. 남북 적십자 회담에 적극 협조한다.
5. 서울과 평양 사이에 상설 직통 전화를 가설한다.
6. 남북 조절 위원회를 구성하여 운영한다.
7. 이상의 합의 사항을 성실히 이행할 것을 민족 앞에 약속한다.

사료 Plus+ 남북 기본 합의서(1994년)

제1장 남북화해
제1조 남과 북은 서로 상대방의 체제를 인정하고 존중한다.
제2조 남과 북은 상대방의 내부문제에 간섭하지 아니한다.
제3조 남과 북은 상대방에 대한 비방, 중상을 하지 아니한다.
제4조 남과 북은 상대방을 파괴, 전복하려는 일체 행위를 하지 아니한다.

제2장 남북불가침
제9조 남과 북은 상대방에 대하여 무력을 사용하지 않으며 상대방을 무력으로 침략하지 아니한다.
제10조 남과 북은 의견대립과 분쟁문제들을 대화와 협상을 통하여 평화적으로 해결한다.

제3장 남북교류, 협력
제15조 남과 북은 민족경제의 통일적이며 균형적인 발전과 민족전체의 복리향상을 도모하기 위하여 자원의 공동개발, 민족 내부 교류로서의 물자교류, 합작투자 등 경제교류와 협력을 실시한다.
제16조 남과 북은 과학, 기술, 교육, 문화, 예술, 보건, 체육, 환경과 신문, 라디오, 텔레비전 및 출판물을 비롯한 출판, 보도 등 여러 분야에서 교류와 협력을 실시한다.
제18조 남과 북은 흩어진 가족, 친척들의 자유로운 서신거래와 왕래와 상봉 및 방문을 실시하고 자유의사에 의한 재결합을 실현하며, 기타 인도적으로 해결할 문제에 대한 대책을 강구한다.

사료 Plus+ 6·15 남북 공동 선언문

1. 남과 북은 나라의 통일 문제를 그 주인인 우리 민족끼리 서로 힘을 합쳐 자주적으로 해결해 나가기로 하였다.
2. 남과 북은 나라의 통일을 위한 남측의 연합제안과 북측의 낮은 단계의 연방제안이 서로 공통성이 있다고 인정하고, 앞으로 이 방향에서 통일을 지향시켜 나가기로 하였다.
3. 남과 북은 올해 8·15에 즈음하여 흩어진 가족, 친척 방문단을 교환하며 비전향 장기수 문제를 해결하는 등 인도적 문제를 조속히 풀어 나가기로 하였다.
4. 남과 북은 경제 협력을 통하여 민족 경제를 균형적으로 발전시키고 사회·문화·체육·보건·환경 등 제반 분야의 협력과 교류를 활성화하여 서로의 신뢰를 다져 나가기로 하였다.
5. 남과 북은 이상과 같은 합의 사항을 조속히 실천에 옮기기 위하여 이른 시일 안에 당국 사이의 대화를 개최하기로 하였다.

사료Plus+ 남북 관계 발전과 평화번영을 위한 선언(10·4 정상 선언)

1. 6·15 공동선언 적극 구현
2. 상호 존중과 신뢰의 남북관계로 전환
3. 군사적 긴장 완화와 신뢰 구축
4. 6자회담의 9·19 공동성명과 2·13 합의이행 노력
5. 경제협력 사업 활성화
6. 백두산 관광 실시 등 사회문화 분야의 교류와 협력 발전
7. 이산가족 상봉 등 인도주의 협력사업 적극 추진
8. 국제무대에서 민족의 이익과 해외 동포들의 권리와 이익을 위한 협력 강화

현대사

301

밑줄 친 '나'에 대한 설명으로 옳은 것은?

> 우리가 기다리던 해방은 우리 국토를 양분하였으며, 앞으로는 그것을 영원히 양국의 영토로 만들 위험성을 내포하고 있다. …… 나는 통일된 조국을 건설하려다가 38도선을 베고 쓰러질지언정 일신의 구차한 안일을 취하여 단독정부를 세우는 데에는 협력하지 아니하겠다.

① 통일 정부 수립을 위한 남북 협상을 추진하였다.
② 한국민주당을 결성하여 미군정에 적극적으로 참여하였다.
③ 미국에서 귀국한 후 독립 촉성 중앙 협의회를 구성하였다.
④ 조선 건국 준비 위원회를 조직하고 위원장으로 활동하였다.

302

다음은 1945년부터 1950년까지 발생했던 한국현대사의 역사적 기록이다. 시기순으로 바르게 나열한 것은?

> ㉠ 미국, 소련, 영국의 외상들이 삼상회의를 개최하고 신탁통치안을 결정하였다.
> ㉡ 남한에서는 유엔 한국 임시위원단의 감시 아래 총선거가 실시되었다.
> ㉢ 일제의 잔재를 청산하고 민족정기를 바로잡기 위해 '반민족 행위 처벌법'을 제정하였다.
> ㉣ 북한은 38도선 전 지역에 걸쳐 남침을 감행하였다.

① ㉠ - ㉡ - ㉢ - ㉣
② ㉠ - ㉡ - ㉣ - ㉢
③ ㉠ - ㉢ - ㉡ - ㉣
④ ㉡ - ㉠ - ㉢ - ㉣

303

다음과 같은 발언을 한 정치 지도자의 활동으로 옳은 것은?

> 우리가 기다리던 해방은 우리 국토를 양분하였으며 앞으로는 그것을 영원히 양국의 영토로 만들 위험성을 내포하고 있다. …… 마음속의 38도선이 무너지고야 땅 위의 38도선도 철폐될 수 있다. …… 나는 통일된 조국을 건설하려다가 38도선을 베고 쓰러질지언정 일신의 안일을 취하여 단독 정부를 세우는 데는 협력하지 않겠다.

① 이승만과 함께 단독 정부 수립을 반대하고 이북에 남북 협상을 제안하였다.
② 조선 건국 준비 위원회를 조직하였다.
③ 모스크바 3상 회의 성명을 반박하고 신탁 통치 반대 운동을 주도하였다.
④ 국민적 지지를 바탕으로 초대 국회의원 선거에서 최다득표 하였다.

304

다음 사건을 시대순으로 바르게 나열한 것은?

| ㉠ 이승만의 정읍발언 | ㉡ 포츠담 선언 |
| ㉢ 건국 준비 위원회 결성 | ㉣ 제주 4·3사건 |

① ㉠ - ㉡ - ㉢ - ㉣
② ㉡ - ㉢ - ㉠ - ㉣
③ ㉡ - ㉣ - ㉢ - ㉠
④ ㉢ - ㉡ - ㉠ - ㉣

305

모스크바 3국 외상 회의에 대한 설명으로 옳은 것은?

① 김구, 이승만 등은 회의 결과를 지지하였다.
② 미국, 영국, 소련 3국의 외상들이 모여 한반도 문제를 논의하였다.
③ 회의의 결정에 따라 유엔 감시 하 남북한 총선거 실시가 결정되었다.
④ 회의에서 미국은 한국의 즉시 독립을, 소련은 4개국 신탁 통치를 제안하였다.

306

다음 법률과 관련된 활동에 대한 설명으로 옳지 않은 것은?

> 제9조 반민족 행위를 예비 조사하기 위하여 특별 조사 위원회를 설치한다. 특별 조사 위원회는 위원 10인으로 구성한다. 특별 조사 위원은 국회의원 중에서 아래의 자격을 가진 자를 국회가 선거한다.
> 1. 독립운동의 경력이 있거나 절개를 견수하고 애국의 성심이 있는 자
> 2. 애국의 열성이 있고 학식, 덕망이 있는 자

① 제주 4·3 사건의 계기가 되었다.
② 제헌 국회에서 반민법이 제정되었다.
③ 국회의원의 추천으로 반민특위가 결성되었다.
④ 이승만 정부의 소극적 대처로 청산이 이루어지지 못했다.

307

연표의 (가)~(라) 시기에 있었던 사실로 옳은 것은?

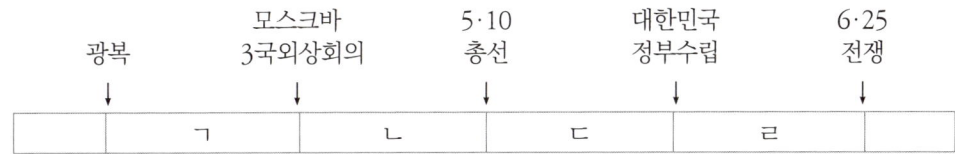

① ㄱ - 대한민국 임시정부에서 건국 강령을 제정하였다.
② ㄴ - 북한 정부가 수립되었다.
③ ㄷ - 김구·김규식이 남북 협상을 위해 북한을 방문하였다.
④ ㄹ - 국회에서 반민족 행위 처벌법을 제정하였다.

308

다음 (가), (나)는 해방 후 두 정치인의 발언이다. 아래의 두 정치인이 발언한 시점 사이에 일어난 사건은?

> (가) 이제 우리는 무기 휴회한 미소 공동위원회가 재개될 기색도 보이지 않으며, 통일정부를 고대하나 여의케 되지 않으니, 우리는 남방만이라도 임시정부 혹은 위원회 같은 것을 조직하여 38이북에서 소련이 철퇴하도록 세계 공론에 호소하여야 될 것이니 여러분도 결심하여야 할 것이다.
>
> (나) 현시에 있어서 나의 유일한 염원은 3천만 동포와 손을 잡고 통일된 조국의 달성을 위하여 공동 분투하는 것 뿐이다. 이 육신을 조국이 수요로 한다면 당장이라도 제단에 바치겠다. 나는 통일된 조국을 건설하려다 38도선을 베고 쓰러질지언정 일신에 구차한 안일을 취하여 단독정부를 세우는 데는 협력하지 않겠다.

① 포츠담 선언
② 조선인민공화국 선포
③ 모스크바 3국 외상회의
④ 제2차 미소 공동위원회

309

밑줄 친 '이 단체'에 대한 설명으로 옳은 것은?

> 이 단체는 일제 말 조직된 조선 건국 동맹을 기반으로 하였고, 8·15 해방 직후 전국에 145개 지부를 조직하였다. 그리하여 사회 질서를 유지하는 한편, 식량을 비롯한 생활 필수품 확보에 노력하였다.

① 김성수, 송진우 등이 주도하였다.
② 치안대를 조직하여 질서를 유지하였다.
③ 조선 민주주의 인민 공화국을 선포하였다.
④ 좌우 합작으로 조직되었으나, 우파의 득세로 좌파가 탈퇴하였다.

310

광복 이후 전개된 우리나라의 정치 상황에 대한 설명으로 옳은 것은?
① 이승만은 정읍 발언을 통해 통일 정부 수립을 주장하였다.
② 우익 진영은 모스크바 3국 외상 회의 결과인 신탁통치에 찬성하였다.
③ 미국은 대한민국 임시 정부를 한반도의 유일한 합법 정부로 승인하였다.
④ 김구와 김규식은 북한에 통일 정부 수립을 위한 남북 지도자 연석 회의를 제안하였다.

311

6·25전쟁의 전개 과정에서 일어난 사건을 순서대로 옳게 나열한 것은?

┌───┐
│ ㉠ 애치슨 선언   ㉡ 중국군 참전   │
│ ㉢ 인천 상륙 작전   ㉣ 정전 회담 개시   │
└───┘

① ㉠㉡㉢㉣
② ㉢㉡㉣㉠
③ ㉠㉢㉡㉣
④ ㉢㉠㉡㉣

312

6·25전쟁에 대한 설명으로 옳지 않은 것은?

① 북한은 무력에 의한 통일을 추구하며 전쟁 전부터 남침을 위해 군사력을 강화하였다.
② 남한에서는 반공 통일을 내세웠음에도 군사력은 매우 열악하였다.
③ 이승만 정부는 휴전 협정 체결을 위해 반공 포로를 석방하였다.
④ 6·25전쟁으로 인해 남북한 사이에는 적개심과 분단 의식이 심화되었다.

313

6·25전쟁에 대한 설명으로 옳은 것은?

① 국제 연합 결성의 계기가 되었다.
② 이승만 정권의 몰락을 가속화시켰다.
③ '국가보안법' 제정의 계기가 되었다.
④ 남한은 휴전 협정 당사자로 참여하지 못했다.

314

보기의 사건들을 시기 순으로 바르게 나열한 것은?

┌───┐
│ ㄱ. 미국, 소련, 영국의 외상들이 3상회의를 개최하고, '한국문제에 관한 4개항의 결의서'(신탁 │
│   통치안)를 결정하였다.   │
│ ㄴ. 일제의 잔재를 청산하고 민족정기를 바로잡기 위해 '반민족행위처벌법'을 제정하였다.   │
│ ㄷ. 남한에서는 유엔 한국임시위원단의 감시 아래 총선거가 실시되었다.   │
│ ㄹ. 북한은 38도선 전 지역에 걸쳐 남침을 감행하였다.   │
└───┘

① ㄱ-ㄴ-ㄷ-ㄹ
② ㄱ-ㄴ-ㄹ-ㄷ
③ ㄱ-ㄷ-ㄴ-ㄹ
④ ㄴ-ㄱ-ㄷ-ㄹ

315

1952년에 통과된 발췌 개헌안의 핵심 내용으로 옳은 것은?
① 대통령 직선제
② 통일주체국민회의에 의한 대통령 간선제
③ 의원 내각제
④ 초대 대통령 중임 제한 철폐

316

1960년대의 경제 상황으로 옳은 것은?
① 중화학 공업 중심의 수출지향형 산업이 육성되었다.
② 미국의 무상 원조가 경제 개발의 주요 재원으로 활용되었다.
③ 베트남 파병을 계기로 베트남 특수를 누리게 되었다.
④ 새마을 운동이 추진되었지만 도농간 경제 격차는 더 심화되었다.

317

다음 조치의 근거가 되는 헌법의 내용으로 옳지 않은 것은?

> 긴급 조치 제1호
> 1. 대한민국 헌법을 부정·반대·왜곡 또는 비방하는 일체의 행위를 금한다.
> 3. 유언비어를 날조·유포하는 일체의 행위를 금한다.
> 5. 이 조치를 위반한 자와 이 조치를 비방한 자는 법관의 영장없이 체포·구속·수색하며 15년 이하의 징역에 처한다.

① 대통령은 국회를 해산할 수 있다.
② 대통령의 임기를 6년으로 한다.
③ 대통령이 국회의원의 1/3을 추천한다.
④ 국회의원의 간접 선거로 대통령을 선출한다.

318

4·19혁명의 영향으로 볼 수 없는 것은?
① 내각책임제 정부와 양원제 의회가 출범하였다.
② 반민족행위자에 대한 처벌법이 제정되었다.
③ 부정축재자에 대한 처벌 요구가 높아졌다.
④ 통일에 관한 논의가 활발하게 제기되었다.

319

다음은 같은 해에 벌어졌던 사건들이다. 이러한 사건들로 말미암아 나타난 사실로 옳은 것은?

- 박종철 사건
- 4·13 호헌 조치
- 6·10 국민 대회 개최
- 민주헌법쟁취 국민운동본부 결성

① 국가보위 비상대책위원회가 구성되었다.
② 5년 단임의 대통령 직선제 개헌이 이루어졌다.
③ 전국에 계엄령을 선포하고, 모든 정치활동을 정지시켰다.
④ 대통령의 중임 제한을 없애고 간선제를 골자로 하는 헌법을 제정하였다.

320

아래 연표에서 ㄱ~ㄹ 시기의 정치상황에 대한 설명으로 옳지 않은 것은?

광복	4·19 혁명	10월 유신	서울 올림픽	김대중 대통령 취임
1945	1960	1972	1988	1999
	ㄱ	ㄴ	ㄷ	ㄹ

① ㄱ. 반민법과 반민특위를 구성하였지만 친일파 처벌은 미비하였다.
② ㄴ. 한일국교정상화와 베트남파병으로 경제개발 자금을 마련하였다.
③ ㄷ. 권력강화와 체제에 도전하는 운동의 탄압수단인 긴급조치권이 있었다.
④ ㄹ. 대중 우민화 정책의 일환으로 3S정책이 추진되었다.

321

1952년에 통과된 발췌 개헌안의 핵심 내용으로 옳은 것은?

① 대통령 간선제 실시
② 내각책임제 실시
③ 대통령 직선제
④ 초대 대통령의 중임 제한 철폐

322

4·19 혁명과 관련된 설명으로 옳은 것은?

① 5·10 총선거가 남한에서 실시되어 제헌의회가 구성되었다.
② 농지개혁이 실시되어 농민들은 자작농으로 발전하게 되었다.
③ 혁명 이후 남북통일 문제에 대한 논의가 전혀 이루어지지 않았다.
④ 내각 책임제와 양원제를 골자로 하는 헌법으로 개정되었다.

323

다음 글이 발표 되었을 때의 상황으로 옳은 것은?

> 18일 각 학교에 공수부대를 투입하고 이에 반발하는 학생들에게 대검을 꽂고 '돌격 앞으로'를 감행하였고 ..... 20일 밤부터 계엄 당국은 발포 명령을 내려 무차별 발포를 시작했다는 것입니다. ..... 그래서 우리는 이 고장을 지키고 우리의 부모 형제를 지키고자 손에 손에 총을 들었던 것입니다. 그런데도 정부와 언론에서는 계속 불순배, 폭도로 몰아가고 있습니다. ..... 민주 시민 여러분! 우리 시민군을 절대 믿어주시고 적극 협조해 주시기 바랍니다.
> – 시민군의 궐기문 일부

① 4·13 호헌조치를 발표하였다.
② 이한열이 최루탄에 맞아 중태에 빠졌다.
③ 부·마 민주화운동에 정부가 군대를 투입하였다.
④ 12·12사태로 권력을 장악한 신군부가 비상계엄을 확대하였다.

324

다음과 관련된 시기의 정치에 대한 설명으로 옳은 것은?

> 우리는 국민의 자유를 억압하는 긴급 조치를 철폐하고 국민의 의사가 자유로이 표현될 수 있도록 언론·출판의 자유를 국민에게 돌리라고 요구한다.

① 한일협정과 베트남 파병이 추진되었다.
② 장기 집권을 위한 발췌 개헌이 통과되었다.
③ 간선제를 고수하는 4·13호헌 조치가 나왔다.
④ 유신 헌법이 제정되어 통일 주체 국민회의에서 대통령을 선출하였다.

325

대한민국 정부 수립이후 경제활동에 대한 설명으로 옳은 것은?

① 1950년대 - 수출주도형 산업 육성
② 1960년대 - 농촌 현대화를 위한 새마을 운동
③ 1970년대 - 삼백산업을 통한 가공무역 발달
④ 1980년대 - 3저 호황으로 인한 경제 부흥

326

박정희 정권기 경제 개발에 대한 설명으로 옳지 않은 것은?

① 1960년대 새마을 운동을 통해 도시와 농촌 간 격차가 줄어들었다.
② 경제 개발을 명분으로 내세우면서 적극적인 수출 주도형 공업화 전략을 추진하였다.
③ 1970년대부터 철강, 조선 등 중화학 공업 육성 정책이 우선적으로 실행되었다.
④ 재벌 중심의 경제 구조가 마련되었다.

327

남북기본합의서에 대한 설명으로 옳지 않은 것은?

① 민족 문제의 자주적 해결을 꾀하였다.
② 주요 배경은 남북한 유엔 동시 가입이었다.
③ 후속 조치로 남북 조절 위원회 설치를 합의하였다.
④ 남북 화해와 불가침, 교류와 협력에 관한 사항이 주요 내용이다.

328

다음 제시된 통일 외교 방안에 해당하는 것은?

- 남과 북은 서로 상대방의 체제를 인정하고 존중한다.
- 남과 북은 상대방에 대하여 무력을 사용하지 않으며, 상대방을 무력으로 침략하지 아니한다.
- 남과 북은 민족 구성원들의 자유로운 왕래와 접촉을 실현한다.

① 남북 기본 합의서
② 7.4남북 공동 성명
③ 한민족 공동체 통일방안
④ 6.15남북 공동 성언

329

다음 합의문에 대한 설명으로 옳은 것은?

- 통일은 외세에 의존하거나 외세의 간섭을 받음이 없이 자주적으로 해결하여야 한다.
- 통일은 서로 상대방을 반대하는 무력행사에 의거하지 않고 평화적 방법으로 실현하여야 한다.
- 사상과 이념·제도의 차이를 초월하여 우선 하나의 민족으로서 민족적 대단결을 도모하여야 한다.

① 합의문 발표 이후 남북조절위원회가 설치되었다.
② 합의 내용은 6·15 남북공동선언으로 정리되었다.
③ 합의문 중에는 한반도 비핵화 문제가 포함되었다.
④ 합의 결과로 경의선 및 동해선 철도가 연결되었다.

330

다음 조항을 직접적으로 포함하고 있는 것은?

남과 북은 나라의 통일을 위한 남측의 연합제안과 북측의 낮은 단계의 연방제 안이 서로 공통성이 있다고 인정하고, 앞으로 이 방향에서 통일을 지향시켜 나가기로 하였다.

① 남북 기본 합의서
② 7·4남북 공동 성명
③ 6·15 남북공동선언
④ 10·4 남북 정상 선언

부록 1 지역사와 인물사

주요 지역의 역사

1. 서울, 경기
① 경복궁 : 조선의 정궁, 임난 때 소실 → 흥선 대원군이 중건(당백전 발행, 원납전 징수)
② 창덕궁 : 임난 때 소실, 유네스코 세계 문화유산 등재
③ 창경궁 : 임난 때 소실, 일제 강점기, 일제가 동물원과 식물원 설치(창경원)
④ 덕수궁(경운궁) : 아관파천 이후, 고종이 경운궁으로 환궁한 뒤, 덕수궁으로 개칭(만수무강 기원), 중명전에서 을사늑약 체결(1905), 제1차 미소 공동 위원회 개최
⑤ 종묘 : 조선 시대 역대의 왕과 왕비 및 추존된 왕과 왕비의 신주를 모신 왕가의 사당
⑥ 사직단 : 토지신인 국사신과 곡물신인 국직신에게 제사를 드리던 제단
⑦ 선농단 : 국왕이 농사의 신인 신농과 곡식의 신인 후직에게 풍년을 기원하던 제단(사직단과 선농단은 조선사회가 농본사회임을 보여줌)
⑧ 명동성당 : 서양식 건축물(고딕양식), 민주화의 성지(6월 민주화 운동 당시 시위대가 점거)
⑨ 인천 : 비류가 남하하여 나라를 세웠던 미추홀, 강화도 조약 개항지, 제물포조약, 인천상륙작전

2. 충청도
① 공주 : 석장리(구석기 유적지), 웅진(백제 수도, 장수왕의 남진으로 쫓겨옴), 무령왕릉 소재, 무신정권기 공주 명학소에서 망이 · 망소이의 난, 2차 동학 농민 전쟁 때 우금치전투 패배
② 부여 : 사비(성왕 때 천도한 백제 수도), 정림사지5층탑, 부소산성, 낙화암, 궁남지 등
③ 청주 : 신라 5소경 중 하나, 신라 민정문서가 서원경 일대의 세금 장부, 흥덕사에서 직지 간행
④ 충주 : 충주 중원 고구려비(고구려의 남진을 뒷받침), 중원경(통일 신라의 5소경 중 하나), 탄금대(임진왜란 때, 신립 장군이 탄금대 전투에서 전사)
⑤ 논산 : 황산벌 전투 - 신라에 의해 패배한 백제는 사비성이 함락되어 멸망(660), 개태사(고려 태조), 관촉사 미륵보살 입상(고려 광종), 유네스코 세계 문화유산으로 등재된 한국의 서원 중 돈암 서원, 제2차 동학 농민 전쟁 당시 북접과 남접이 집결한 지역

3. 전라도
① 전주 : 견훤이 세운 후백제의 수도인 완산정, 임난 때 전주 사고 제외 실록 모두 소실, 1차 동학 농민 전쟁으로 전주성 점령, 전주화약
② 삼례 : 동학 농민 운동의 교조 신원운동이 일어났던 삼례 집회
③ 익산 : 백제 무왕이 미륵사 창건, 미륵사지 석탑, 고구려 왕족 안승이 보덕국을 세우고 왕이 됨
④ 순천 : 송광사(지눌의 수선사 결사, 승보사찰), 선암사(유네스코 문화유산 : 산사, 산지 승원)
⑤ 강진 : 백련사(요세의 백련사 결사), 고려 청자 생산지, 신유박해로 인한 정약용의 유배지

4. 경상도
① 경주 : 신라 수도, 유네스코 문화유산(경주 역사 유적 지구, 석굴암과 불국사, 양동마을)

② 안동 : 고려 공민왕의 피난지, 안동 소주, 봉정사 극락전(우리나라 최고의 목조건축물, 유네스코 유산인 산사 – 산지 승원 중 하나), 하회마을(유네스코 문화유산), 도산서원(이황 기림)
③ 영주 : 부석사(신라 의상이 건립, 고려 시대 무량수전), 소수서원(백운동 서원이 사액됨)
④ 진주 : 김시민의 진주대첩, 논개의 고장, 진주 농민 봉기(1862년 임술 농민 봉기), 조선 형평사 조직
⑤ 대구 : 왕건이 후백제에게 패했던 공산전투, 국채 보상 운동 시작(서상돈), 태극서관(신민회)
⑥ 부산 : 조선 시대 왜관이 설치되어 일본과 교역, 임진왜란 때 동래성과 부산진에서 싸웠으나 패배, 강화도 조약으로 개항된 지역(부산, 인천, 원산), 러시아가 조차를 요구했던 절영도(독립 협회의 저지), 6·25 전쟁 때의 임시수도, 1952년 부산 정치 파동 이후 발췌개헌이 일어남
⑦ 김해 : 금관가야 중심지
⑧ 고령 : 대가야 중심지

5. 북한 지역
① 평양 : 고구려 장수왕의 천도, 묘청의 서경 천도 운동, 조선 후기 사상인 유상, 제너럴셔먼호 사건, 자기회사, 대성 학교(신민회, 안창호), 1920년대 물산 장려 운동(조만식, 조선 물산 장려회 조직)
② 개성 : 후고구려와 고려의 수도, 조선 후기 사상인 송상 활동, 6·15 공동 선언 이후 개성공단
③ 원산 : 강화도 조약 개항지, 원산학사(최초의 근대적 사립 교육 기관), 원산노동자 총파업
④ 의주 : 임진왜란 때 선조의 피란지, 조선 후기 사상인 만상(대청무역)

6. 주요 섬
① 제주도 : 몽골 항쟁기 때 삼별초의 저항지, 원 간섭기 탐라총관부 설치, 하멜 표류기, 제주 4·3 사건(1948)
② 강화도 : 무신 정권의 수도 천도, 마니산 초제(도교), 병인양요, 운요호 사건, 신미양요
③ 진도 : 고려, 몽골 항쟁기 때 삼별초의 저항지
④ 거문도 : 영국의 불법 점령(1885~1887), 샌프란시스코 강화조약 때 명시된 섬(제주도, 울릉도, 거문도)
⑤ 독도 : 조선 숙종 때 안용복의 도일, 대한제국 칙령 제41호, 연합국 총사령부 훈령 677호, 일제가 러일 전쟁 중에 불법으로 자국으로 편입(시마네현 고시)
⑥ 완도 : 장보고가 청해진을 설치하여 해상 무역 장악
⑦ 영도 : 러시아의 절영도 조차 요구(독립 협회에서 개최한 만민공동회에서 저지시킴)

7. 국외
① 미국 : 하와이 최초 이민(1903년), 장인환 – 전명운의 스티븐스 저격 의거, 대한인 국민회 조직, 안창호가 흥사단 조직, 하와이에서 항일군사단체인 대조선국민군단 조직(박용만), 임시 정부에서 구미위원부 설치, 임시 정부 초대 대통령인 이승만의 외교 활동(독립 청원서 제출, 위임 통치 청원서 제출)

② 일본 : 도쿄 유학생들의 2·8 독립선언, 김지섭 의거, 이봉창 의거, 관동대지진 때 조선인 학살 (1923년)
③ 멕시코 : 애니깽 농장 이민(1905년), 독립군 양성을 위한 숭무학교 설립
④ 간도 : 백두산 정계비(조선 후기 숙종), 간도협약(1909), 간도 참변(1920)

8. 주요 무역항(전 근대 국제무역항)
① 신라 : 당항성(경기도 화성), 통일 신라 : 울산항
② 고려 : 벽란도(예성강 하구) ⇨ 아라비아 상인과 교류(서방세계에 COREA가 알려짐)
③ 통일 신라 : 장보고가 완도에 해상기지인 청해진을 설치하고, 해상무역을 장악 하여 법화원 설립
④ 강화도 조약의 개항지 : 부산, 인천, 원산

전근대 인물사

1. 주요 승려

신라	원광	화랑도의 규율인 세속오계를 제시함
	자장	선덕여왕에게 황룡사9층 목탑 건립을 건의함
	원효	해골물 일화, 일심사상과 화쟁 사상, 아미타신앙과 무애가를 지어 불교를 대중화 함, 『대승기신론소』와 『금강삼매경론』 저술
	의상	당나라 유학, 화엄종 개창, 아미타 신앙과 관음 신앙, 부석사와 낙산사 건립, 『화엄일승법계도』 저술
	혜초	인도를 다녀와 『왕오천축국전』 저술(현재 프랑스 파리국립박물관 소재)
	도선	신라 말, 풍수지리설을 전래(왕건의 고려 건국을 예언)
고려	묘청	금국정벌 주장, 서경 천도 운동, 묘청의 난(김부식에 의해 진압)
	신돈	공민왕 때, 전민변정도감을 주도
	김윤후	몽골 침입시 저항 : 처인성 서부에서 살리타이 사살, 충주성 전투
	의천	천태종 창시(교종을 중심으로 선종 통합), 교관겸수, 교장도감 설치
	지눌	조계종 창시(선종을 중심으로 교종 통합), 정혜쌍수와 돈오점수, 수선사 결사운동
	요세	백련사 결사 운동(법화신앙)
	혜심	유불일치설(성리학 수용의 토대 마련)
	균여	향가인 「보현십원가」를 지음, 귀법사 창건
	일연	『삼국유사』 저술
	각훈	『해동고승전』 저술
조선	휴정	서산대사, 임진왜란 때 의병으로 활약(묘향산)
	유정	사명대사, 임진왜란 때 의병으로 활약(금강산), 임난 종결 후 일본으로 가서 포로를 데리고 돌아옴
근대	한용운	조선불교유신론, 3·1 운동 민족대표33인(기미독립선언서 공약3장 작성), 저항시 「님의 침묵」 등 발표

2. 주요 유학자

신라	설총	원효의 아들, 군주의 자세를 꽃에 비유한 『화왕계』 저술
고려	최승로	성종에게 유교정치를 강조한 시무 28조 제시
	김부식	묘청의 난 진압, 『삼국사기』 저술
	안향	원나라로부터 성리학을 도입, 백운동서원(소수서원)에 배향
	이제현	만권당을 통해 성리학 연구, 『사략』과 『역옹패설』(패관문학) 저술
	정몽주	온건파 급진사대부(고려 내에서의 개혁), 「단심가」, 선죽교에서 사망
	정도전	급진파 급진사대부(조선 건국 세력), 『불씨잡변』(불교 비판), 『조선경국전』(재상정치 추구), 요동정벌 추진, 이방원(태종)에 의해 사망
조선	김종직	세조의 왕위 찬탈을 비판한 「조의제문」 작성, 무오사화의 발단
	조광조	사림, 현량과, 소학과 향약을 보급, 위훈삭제 사건, 기묘사화로 사망
	이황	동인과 남인의 스승, 주리론, 『성학십도』 저술, 도산서원에 배향
	기대승	이황과 사단칠정 논쟁을 벌임
	이이	서인의 스승, 주기론, 십만양병설, 『성학집요』, 『격몽요결』 저술
	조식	북인의 스승, 경상우도의 대표적 학자(경상좌도는 이황)
	송시열	조선 후기 서인과 노론의 영수, 효종 때 북벌 주장, 기사환국으로 사망
	윤휴·박세당	성리학의 방법론과 무비판적 수용을 지적 ⇨ 사문난적으로 몰려 처형
	정제두	소론, 양명학 수용, 강화학파 형성
	실학자와 국학연구자 등 조선 시대의 학자들은 모두 유학자	

근현대 인물사

1. 근대의 역사적 인물

흥선 대원군		• 비변사 혁파, 안동 김씨를 비롯한 세도 가문 축출,『대전회통』과『육전조례』등의 법전 간행, 경복궁 중건(당백전 발행, 원납전 및 문세전 징수), 서원 정리 • 민생 안정책(삼정의 문란 시정책) : 양전 사업, 호포제 실시, 사창제 운영 • 대외 정책 : 병인박해 → 병인양요 → 신미양요 → 척화비
개화파	김홍집	2차 수신사(『조선책략』유포), 1·2차 갑오개혁 책임자(김홍집 내각, 연립내각)
	김옥균	1884년 갑신정변을 주도 → 3일 천하 → 일본으로 망명
	홍영식	갑신정변 실패 후, 망명가지 않고 국왕을 호위하다 살해됨
	박영효	• 수신사로 일본으로 가는 중, 태극팔괘의 도안을 기초로 처음으로 태극기를 사용함 • 1883년 창간된 한성순보 창간 주도함 • 갑신정변 주도 → 실패 후, 일본으로 망명 → 2차 갑오개혁 때, 김홍집과 연립내각
	서재필	갑신정변에 참가 → 일본 망명 후, 다시 미국으로 망명하여 그곳에서 유·귀국 후, 독립신문 창간 → 독립 협회 창설 → 독립문 건립
개화 사상가	박규수	• 통상개화론자(역관 오경석, 의관 유홍기와 함께 함) : 중상학파인 박지원의 손자 • 866년 제너럴셔먼호 사건 : 당시 평양감사로 제너럴 셔먼호를 소각시킴
	유길준	• 보빙사로 미국 시찰 → 이후, 미국 유학(우리나라 최초의 미국 유학생 •『서유견문』집필(1895년 출판)
	박정양	초대 주미대사(1887년 서양 중 최초로 미국에 상주 공사관 설치), 독립 협회와 함께 의회 설립 운동 및 관제 개편 추진
	이상재	보안회(일본의 황무지 개간권 요구 반대), 민립 대학 설립 운동 전개
	이항로	위정척사론과 의병항쟁의 사상적 기초 마련, 흥선에게 척화론 건의
	기정진	위정척사파의 정신적 지주
위정척사 론자	최익현	• 1876년 강화도 조약에 반대하는 지부소를 올림 → 흑산도 유배 • 1895년 을미사변과 단발령에 반발하여 을미의병 운동 전개 • 1905년 을사늑약 체결에 반발하여 을사5적 처단을 주장한 척토오적소를 올림 → 이후, 임병찬과 함께 의병투쟁(을미의병) → 대마도 유배 이후, 단식투쟁 끝에 순국
	이만손	김홍집이 유포한『조선책략』에 반발하여 영남만인소를 올림 → 강진 유배
	홍재학	신사척사운동을 추진(신사척사소를 올림) → 참형
	유인석	을미의병, 이후 연해주로 망명
동학 농민 운동	최시형	동학의 2대 교주, 동학의 경전인『동경대전』과『용담유사』저술, 교조 신원 운동
	전봉준	부농민 봉기, 백산 봉기(김개남, 손화중 합세), 황토현 전투 → 전주성 점령, 공주 우금치 전투 패배 → 교수형
	손병희	• 전봉준의 남접과 연합하여 공주 전투 패배, 동학 3대 교주, 동학을 천도교로 개칭 • 1919년 3월 1일. 3·1 운동 천도교 대표로 참가, 독립선언서 낭독 → 검거

스티븐스 사살	장인환	친일성명을 발표한 통감부 외무고문 스티븐스 저격 → 복역 10년 만에 가석방
	전명운	스티븐스 저격 시도 → 장인환의 거사 → 재판서 무죄를 받은 후, 연해주 이동
헤이그 특사	이준	헤이그 세계 평화 회의에 을사조약 무효를 선언하기 위한 특사로 파견되었다 순국
	이상설	• 헤이그 특사 → 이후, 구미지역 순방 • 연해주 블라디보스토크에 성명회, 권업회 등 항일 투쟁 단체 조직 • 1914년 대한 광복군 정부 조직, 통령 역임
	이위종	주러시아 대사 이범진의 아들, 헤이그 특사로 파견
을사늑약과 국권피탈에 대한 반발	이재명	을사늑약을 주도한 친일 매국노 이완용 저격 시도
	장지연	을사늑약 체결 이후, 황성신문에 시일야방성대곡 개재
	신돌석	을미의병, 을사의병(최초의 평민출신 의병장)
	나철(나인영)	자신회(을사오적 암살단) 조직, 단군교(대종교) 창시
	안중근	단지동맹 결성, 북만주 하얼빈에서 이토 히로부미 처단, 『동양평화론』 저술
	황현	『매천야록』 저술, 1910년 한일 합병 조약 이후, 절명시를 남기고 자결
국채 보상 운동	서상돈, 김광제	국채 보상 운동 주도(대구) → 대한매일신보 등이 호응 → 전국적 운동
신민회	안창호	비밀 결사인 신민회 조직, 미국으로 망명 → 흥사단 조직, 국민대표회 개조파
	양기탁	대한매일신보 발행, 신민회 조직, 105인 사건으로 투옥
	이동휘	신민회, 한인사회당 조직, 대한민국 임시 정부의 초대 국무총리
	이동녕	신민회, 경학사, 신흥학교, 대한 독립 선언서 작성, 대한민국 임시 의정원 초대 의장
	이회영	신민회 조직, 서전서숙 설립, 삼원보 건설
국외 활동	이범윤	간도관리사, 성명회 조직, 권업회 총재
	안용복	두 차례 일본으로 건너가 독도가 조선 땅이라는 사실을 확인
	최재형	연해주에서 활동, 동의회(안중근 의거 지원), 권업회, 전로한족 대표 회의 명예회장

2. 일제 강점기에 활동한 역사적 인물

대한민국 임시 정부 활동	이승만	• 워싱턴에 구미위원부 설치, 대한민국 임시 정부 초대 대통령 → 1925년 탄핵 • 해방 이후, 귀국하여 독립 촉성 중앙 협의회 조직(회장으로 추대) • 모스크바 3국 외상 회의 결정인 신탁 통치에 대한 반대 입장(반탁 운동) • 정읍발언 : 남쪽만의 임시 정부 수립 필요 • 1948년 5·10 총선 출마 → 당선, 국회의장 선출 → 대한민국 초대 대통령에 선출 • 독재를 위한 움직임 : 발췌개헌, 사사오입 개헌, 3·15 부정선거 → 4·19 혁명으로 하야
	김규식	파리 강화 회의에 한국대표로 참석, 신한청년단, 좌우 합작 운동, 남북 협상
	신채호	• 의열단 강령인「조선 혁명 선언」집필 • 국민 대 표회의 : 창조파로 활동 • 주요 저서 :『독사신론』(민족주의 사학의 토대 마련),『조선상고사』,『조선사 연구초』, 위인전(『을지문덕전』,『이순신전』,『강감찬전』,『최도통전』), 번역서 (『이태리건국삼걸전』) 등 • "역사는 아(我)와 비아(非我)의 투쟁", "묘청의 서경 천도 운동은 일천년래제일 대사건"
	박용만	대한인 국민회 활동, 하와이에서 대조선국민군단 조직, 국민 대표 회의 창조파
	박은식	• 유학자(양명학자) : 유교구신론(유교 개혁론) • 1925년 이승만 탄핵이후, 대한민국 임시 정부의 2대 대통령 • 주요 저서 :『한국통사』(일제침략사 중심),『한국독립운동지혈사』(민족투쟁사) • 민족주의 사학자 : "국혼(國魂), 혼(魂), 정신" 강조
	이상룡	삼원보에 경학사 설립, 대한민국 임시 정부 초대 국무령
	조소앙	삼균주의 제창(정치, 경제, 교육의 균등) → 대한민국 건국 강령으로 채택
	김구	• 을미사변 이후, 치하포 사건으로 인해 사형 선고 → 고종 특사로 풀려남 • 임시 정부 활동 : 국민 대표 회의(현상유지파), 한인 애국단 조직, 한국광복군 창설, 주석 • UN 소총회(남한 단독선거 결정)에 반발 → "삼천만 동포에게 읍고함", 남북협상 • 1949년 친일 잔당과 일부 권력추구배들이 고용한 안두희에게 암살
무장 독립 투쟁 및 국외 투쟁	임병찬	국권피탈 이후, 고종의 밀명하에 독립의군부(복벽주의)
	박상진	대한광복회 활동(공화주의, 친일부호 처단, 우편마차 탈취사건)
	신규식	동제사 조직, 신한청년당 조직
	홍범도	봉오동 전투, 청산리 전투, 스탈린에 의해 중앙아시아로 강제 이주
	김좌진	청산리 전투, 대한독립군단 조직(서일, 김좌진, 지청천)
	양세봉	조선 혁명군 결성, 1932년 한중 연합 작전(영릉성 전투, 흥경성 전투)
	지청천	한국 독립군 총사령관(쌍성보, 사도하자, 대전자령 전투), 한국광복군 총사령관
	이범석	한국광복군 참모장, 대한민국 초대 국방부장관
의열 활동	김원봉	• 3·1 운동 이후, 의열단 조직(무정부주의 단체) • 황포 군관 학교 입소 → 투쟁노선 변경 : 연합투쟁 및 조직투쟁 • 민족 혁명당 조직(조선 민족 혁명당) • 조선 의용대 편성 • 한국광복군 창설 이후, 화북지대로 이동하지 않은 조선 의용대 일부와 함께 합류
	이봉창	한인 애국단, 일왕의 마차에 폭탄 투척 → 이후, 처형
	윤봉길	상하이 홍커우 공원 의거 → 중국의 지원 약속 → 한국광복군 창설 계기

실력 양성 운동	조만식	조선 물산 장려회 조직(물산 장려 운동), 민립 대학 기성회 조직(민립 대학 설립 운동)
	이승훈	신민회 활동(오산 학교 설립), 3·1 운동 기미독립선언서에 서명(개신교 대표)
사회 운동	방정환	천도교 소년회 조직 → 소년 운동 전개(어린이날 제정, 잡지 『어린이』 창간)
여성 독립 운동가	남자현	서로 군정서, 간도에서 여자 권학회 등 여성 교육회 조직, 조선 총독 사이토 마코토 암살 계획, 일본 장교 무토 노부요시 살해 계획
	오광심	조선 혁명당에 가입, 조선 민족 혁명당 활동, 한국광복군에 여군으로 참여
	강주룡	평원 고무 공장 여공으로 동맹파업을 벌인 항일 운동가, 을밀대에서 고공 파업
우리 민족을 도운 외국인	헐버트	육영공원 영어강사, 을사늑약 직후 고종의 친서를 미국 정부에 전달함
	조지 루이스 쇼	이륭양행을 운영하며 임시 정부를 후원, 김구 후원
	스코필드	3·1 운동 당시, 화성 제암리 학살 사건을 취재하여 국제 사회에 알림
	알렌	최초의 근대식 병원인 광혜원 설립(부설 의학교 운영)
	개신교 선교사	스크랜턴(이화학당), 아펜젤러(배제학당), 베어드(숭실학교) 등

3. 현대의 역사적 인물

해방정국	여운형	• 조선 건국 동맹 결성 • 총독부와 5개조 합의 후, 조선 건국 준비 위원회 조직 → 조선 인민 공화국 선포 • 김규식과 함께 좌우 합작 운동 주도(좌우 합작 위원회) • 1947년 7월 19일 서울 혜화동 로터리에서 청년 극우 집단인 백의사에 의해 사망
	안재홍	• 민족주의 사학 → 조선학 운동 전개(정약용 전서인 『여유당전서』 간행) • 조선 건국 준비 위원회 부위원장, 좌우 합작운동 추진(여운형, 김규식과 함께)
	이시영	신민회, 대한민국 초대 부통령
현대사 초창기 정치인	조봉암	제3대 대선 출마(낙마) → 1957년 진보당 창당 → 진보당 사건 이후, 사형
	허정	4·19 혁명 → 이승만 하야 → 과도 정부 수반 → 3차 개헌, 4·19 정신 계승 미비
	윤보선	4·19 혁명 이후 제4대 대통령 선출 → 민주당 구파와 신파의 대립
	장면	4·19 혁명 → 의원내각제 → 제2공화국 국무총리 역임 → 이후, 민주당 분열
	장준하	• 미 전략정보국(OSS)이 주관하는 국내 진공 작전에 참여했으나 일본의 항복으로 무산 • 광복 이후, 잡지 『사상계』를 간행 • 유신 체제 반대 100만인 서명 운동 → 1975년 등산 사고로 인한 사망
민주화 운동	김주열	3·15 부정선거 → 마산 시위에서 사망 ⇨ 4·19 혁명의 도화선
	전태일	• 1969년 평화시장 최초의 노동 운동 조직인 '바보회' 조직 → '삼동친목회(삼동회)' • 1970년 11월 13일 분신 : "근로기준법을 지켜라! 우리는 기계가 아니다."
	윤상원	노동 운동가(들불야학 1기), 5·18 광주 민주화 운동 참여(계엄군 총격으로 사망)
	박종철	• 1987년 1월 14일 남영동 분실 509호 조사실에서 사망(물고문과 전기고문 → 질식사) • 1987년 4월 13일 전두환 정부의 4·13 호헌 조치 : 간선제 수호 의지 피력 • 1987년 6월 9일(6·10 국민 대회 하루 전) : 연대생 이한열의 죽음(최루탄 사격) • 1987년 6월 민주 항쟁(박종철 고문살인 은폐조작 규탄 및 호헌철폐 국민대회) → 6·29 선언 → 9차 개헌(대통령 직선제, 5년 단임제 개헌)

부록 2 최종 내용 정리

I. 우리 역사의 형성과 고대 국가의 발전 ①

1 도구와 경제로 보는 시기 구분(선사시대~초기 철기)

① 구석기
- (뗀)석기 사용 : 구석기는 (석기를 다듬는 방식)에 따라 전기 - 중기 - 후기로 나뉜다.
- 농경이 시작되지 않았으므로 정교한 집을 만들 필요가 없음 : 동굴이나 강가에 (막집)
- 신앙 : 주술적 의미의 조각이나 벽화, 사후세계에 대한 관념(흥수아이 무덤)

② 구석기와 신석기 사이에 (중석)기 존재 : 화살촉 등의 (잔)석기 이용

구분	신석기	청동기	초기 철기

도구	• (간)석기,
	• 옷감제작
	  : (가락바퀴)와 (뼈바늘)
		• 청동기
		• 농기구 : (간)석기
		• 대표적 농기구 : (반달)돌칼
			• 철기 농기구, 철제 무기
			• (붓) 발견 : 한자사용
			• 중국화폐(명도전, 오수전,
			  반량전) : 교역 확대

경제 (생활)	농경시작 → 정착생활 : 조, 피 수수 O / (벼)농사X	(벼)농사 시작	정복전쟁 활발
토기	빗살무늬 토기, 이른민무늬 토기, 덧무늬 토기	민무늬 토기, 미송리식토기, 붉은 간토기	덧띠 토기, 검은 간토기

주거	• (강가)나 (바닷가)에 움집
	• 특징 : 반지하, 원형바닥,
	  중앙에 화덕
		• (구릉)에 움집
		• 특징 : 지상가옥화, 직사각형
		  바닥, 한쪽 벽면에 화덕, 저장
		  구덩 밖에 설치, 주춧돌 사용
			• (동예) : 철(凸)자형,
			         려(呂)자형 집터
			• 삼한 : 반움집, (귀틀)집

사회	평등사회	계급사회(군장 등장)	계급분화(왕 등장)
무덤	돌무지무덤	고인돌, 돌널무덤	널무덤, 독무덤
예술	조개 껍데기 가면, 치레걸이	고령 양전동 알터 바위그림	한반도의 독자적인 (청동기) 문화 발전
신앙	정령숭배 : 애니미즘 동물숭배 : 토테미즘 무당의 존재 인식 : 샤머니즘	제정일치 사회 (단군 왕검)	제천행사, 삼한 : 제정분리 사회

※ 초기 철기, 한반도의 독자적 청동기 문화 발달 : (세형동검), (잔무늬 거울), 거푸집

2 고조선

① (비파형동검), (북방식 고인돌), (미송리식 토기)
　　→ 이 유물의 출토 범위가 고조선의 세력범위와 일치

② 단군 신화의 의미
　- 환인, 환웅 → 선민사상
　- 홍익인간 이념 → 인간 세계를 널리 이롭게 하다.
　- 풍백, 우사, 운사 → 농경사회
　- 곰과 호랑이 → 토테미즘
　- 환웅과 웅녀의 결혼 → 선민의식을 가진 이주민 집단과 곰토템을 가진 토착세력 연합

③ 8조 법금을 통해 알 수 있는 당시의 사회상
　- 한서지리지에 (3)개 조항만 전함
　- 사람을 죽인 자는 그 즉시 죽음으로 갚는다. → 복수법, 생명중시
　- 남에게 상처를 입힌 자는 곡식으로 배상한다. → 생명중시, 사유재산
　- 도둑질한 자는 남자의 경우 몰입하여 그 집 종이 되고, 여자는 계집종을 만든다.
　　속죄코자 하는 자는 50만 전을 낸다. → 계급사회, 화폐사용

④ 위만 조선 관련 내용
　- (철기) 전래, (중계)무역 발달
　- 우리 민족을 계승했다는 증거 : 상투, 조선옷, 고조선 칭호 계승, 고조선인이 주요 관직 차지
　- 한 무제에 의해 멸망(한 사군 설치) : (낙랑)군은 고구려 미천왕에 의해 축출될 때까지 존재

3. 초기 철기 국가의 특징

구분	부여	고구려	옥저	동예	삼한
정치	• 5부족연맹체 : (사출도) + 왕 • 왕권 미약	• 5부족연맹체 - (태조)왕 이후 계루부 고씨 독점 세습 - (고국천)왕 이후 왕위부자상속	• (고구려)의 압력과 수탈로 왕이 등장하지 못함 • 군장국가 : 군장인 (읍군), (삼로)		• 마한의 목지국 왕이 대표 • 군장(신지, 읍차) • 제사장(천군)
경제	• 반농반목	• 약탈경제 : 약탈창고인 (부경)의 존재	• 해산물과 소금 풍부	• 특산물 : (과하마), (단궁), (반어피)	• 벼농사 발달 (저수지 축조) • 왜와 낙랑군에 철 수출(변한)
제천행사	(영고)	(동맹)	(없음)	(무천)	(5월 수릿날, 10월 계절제)
사회풍속	• 순장, 형사취수제, 우제점법, 1책 (12)법 • (흰) 옷을 즐겨 입음	• 결혼풍습 : (서옥제) • 제가회의	• 결혼풍습 : (민며느리제) • 가족공동무덤	• 족외혼 • 산천중시 : (책화) • 집 형태 : (여(呂))자형, (철(凸))자형	• (소도)를 통해 제정분리를 알 수 있음. • 두레, 귀틀집

I. 우리 역사의 형성과 고대 국가의 발전 ②

1. 삼국의 기틀 마련

1,2세기 고구려	• 2대 (유리)왕 : 국내성 천도 • 1~2세기 (태조)왕 : 옥저·동예 정복, 계루부 고씨의 독점적인 왕위 세습 • 2세기 (고국천)왕 : 부족적 성격의 5부를 행정적 성격의 5부로 개편, 진대법 실시
3세기 백제	• (고이)왕 : 16관등제 확립, 백관의 공복제도 도입
4세기 신라	• (내물)왕 : 김씨의 왕위 독점, 광개토대왕의 지원으로 왜구 격퇴(정치적 간섭)

※ 백제의 건국세력이 부여나 고구려 계통의 유이민임을 알 수 있는 증거
1. 백제의 건국신화
2. 서울 석촌동 고분 : (계단식 돌무지) 무덤-고구려 장군총과 유사
3. 백제 왕실의 성씨가 부여씨
4. 백제 성왕 때 국호를 일시적으로 (남부여)라고 칭함

※ 신라의 왕호 변화
거서간(제사장, 군장) → 차차웅(무당, 제정일치 유추) → 이사금(연장자) → (마립간)(대군장, 내물왕 대 사용)
→ 왕 칭호 사용 : (지증)왕 이후

2. 삼국의 불교 수용·공인

고구려	백제	신라
소수림왕(4세기)	침류왕(4세기)	법흥왕(6세기)

3. 삼국의 통치체제

구분	고구려	백제	신라
관등	10여 관등	16관등	17관등
귀족회의	제가회의	정사암 제도	화백회의
수상	대대로	상좌평	상대등
지방 행정 조직	지방 행정 조직을 군사조직으로 운영(지방관이 군대 지휘)		

※ 신라의 골품제도 성골, 진골의 골품과 1~6두품으로 구성(통일 전후로 성골, 3두품 이하 소멸)
: 개인의 사회활동 및 정치활동의 범위, 가옥의 크기나 복색, 수레의 수 등 일상생활까지 규제
→ 신분 상승의 한계로 신라 하대 6두품 지식인들의 반발로 당나라 과거인 (빈공과) 응시

4 삼국의 전성기(한강 유역 장악 → 중국과 직접 교류)

	백제	고구려	신라
4세기 백제 전성기	(근초고)왕 • 왕위의 부자상속 • 영토확장(마한, 고구려공격) • 요서, 산둥, 규슈 진출 • '서기' 편찬(박사 고흥) • 왜왕에게 (칠지도) 하사	(고국원)왕 • 근초고왕에 의해 전사 (소수림)왕 • 율령반포 • 불교공인 • 태학설치	(광개토대)왕 이후 고구려 간섭 (광개토 대왕이 군사 오만을 보내어 왜를 격퇴)
5세기 고구려 전성기	고구려 남하 정책으로 (웅진)으로 천도(475) → 왕권 약화, 귀족 주도 나제동맹	(광개토대)왕 • 영토확장(북쪽, 한강 이북) • 왜구격퇴 : 내물왕의 요청 (호우명) 그릇, 광개토대왕 릉비 → 이후, 신라는 예속 (장수)왕 • 남진정책 : 평양 천도, 한성 함락, (중원고구려)비 세움. → 나제동맹 체결 • 경당 설치	나제동맹으로 고구려의 간섭 배제
6세기 신라 전성기	(무령)왕 • 지방 (22담로)에 왕족파견 • 중국 남조의 양나라와 교류 (무령왕릉) (성)왕 • 국호 : (남부여) • 사비 천도(웅진 귀족 무마) • 한강 유역 일시 회복했으나 신라에 상실(관산성 전사)	6~7세기 수·당 전쟁 → 한반도의 방파제 역할	(지증)왕 • 신라 국호, 왕 칭호 사용 • 우산국 복속 (법흥)왕 • 율령반포 • 불교공인 : (이차돈)의 순교 • 독자적 연호 사용(건원) • 병부설치, (금관)가야 정복 (진흥)왕 • 화랑도 개편 • 한강유역장악, (대)가야정복 → 단양적성비, 4개의 순수비

5 가야 연맹

- 전기 가야 연맹 : 김해의 (금관)가야 맹주 → 광개토 대왕의 신라 원정 이후 변화
- 후기 가야 연맹 : 고령의 (대)가야 맹주
- 6세기 초 신라와 결혼 동맹을 맺어 국제적 고립 탈피 노력
- 중앙집권국가로 발전하지 못함 : 백제와 신라의 정치적 간섭, 연맹의 세력이 비슷
- 금관가야는 신라 (법흥)왕에게, 대가야는 신라 (진흥)왕에게 멸망

6 7세기 삼국의 대외 항쟁

남북 세력 vs 동서 세력	• 돌궐-고구려-백제-왜(남북 세력) vs 수당-신라(동서 세력) • 고구려는 수의 등장으로 위협을 느끼고 요서 공격(영양왕)
살수대첩(612)	• 수 (문제)의 고구려 공격(589) → 성과 없음 • 수 (양제)의 고구려 침입(113만 대군) → (을지문덕)에게 대패
안시성 싸움(645)	• 고구려의 (천리장성) 축조(부여성~비사성) → 당 침입 격퇴 • 의의 : 고구려는 우리 민족의 방파제 역할

7 신라의 삼국통일 과정

백제 멸망(660)	사비성 함락 멸망 → 백제 부흥운동 : 왕족 복신과 승려 도침(주류성), 흑치상지(임존성)
고구려 멸망(668)	정치적 불안, 나당 연합군의 침입 → 고구려 부흥운동 : 검모잠(한성), (안승)(금마저-보덕국 왕)
나·당 전쟁(~676)	나·당 전쟁, (매소성, 기벌포) 싸움 승리로 삼국 통일 완성
의의	민족 문화의 토대 마련
한계	외세를 끌어들여 자주성 훼손, 영토 축소(대동강 ~ 원산만)

8 삼국의 문화

(1) 불교 문화재 : 대표적 불상·불탑 사료 확인

(2) 유교 교육
- 고구려 : 중앙에 (태학), 지방에 (경당)
- 백제 : (박사)제도(5경박사, 의박사, 역박사)
- 신라 : (임신서기석)을 통해 신라 청년들의 유교 경전 학습 의지 확인, 화랑도의 교육적 기능

(3) 도교 문화
- 고구려 : 강서고분의 (사신도)
- 백제 : 산수무늬 벽돌, 무령왕릉 지석, 사택지적비, 금동대향로
- 신라 : (화랑)을 국선, 풍월 등으로 칭함

(4) 삼국의 고분
- 고구려 : 계단식 돌무지무덤(장군총) → 굴식 돌방무덤(벽화 존재 : 사신도, 생활상)
- 백제
  - 한성시기 : (계단식 돌무지)무덤 양식 - 석촌동 고분, 고구려 영향
  - 웅진시기 : 굴식 돌방무덤 / (벽돌)무덤 양식인 무령왕릉
  - 사비시기 : 굴식 돌방무덤(부여 능산리 고분)
- 신라 : 돌무지 덧널무덤(벽화 존재하지 않음, 천마도는 말의 배가리개) → 굴식 돌방무덤

(5) 삼국 문화의 일본 전래
- 고구려 : 담징(종이, 먹, 호류사 금당 벽화), 혜자(쇼토쿠 태자 스승), 혜관(불교 전파)
- 백제 : 아직기(한자), 왕인(유학), 노리사치계(불교) 등 가장 많은 영향을 미침
- 신라 : 조선술, 제방쌓는 기술(한인의 못)
- 가야 : 가야 토기 → (스에키) 토기에 영향
- 삼국문화 → (아스카) 문화에 영향
- 통일 신라와 당 문화 → (하쿠호) 문화에 영향

9 통일 신라의 체제 정비

- (무열)왕 : 진골이 왕위를 세습하면서 이전에 비해 왕권 강화
- (문무)왕 : 삼국 통일 이룩, 동해의 수중릉, 아들인 신문왕이 문무왕을 위해 감은사 창건
- 신문왕 대 전제 왕권 극성기
  - (집사부 시중)의 권한이 강화(화백회의와 상대등의 세력 약화)
  - 토지제도 변화 : (관료전) 지급, (녹읍) 폐지
  - 지방제도 정비 : (9)주 (5)소경제
  - 군사제도 정비 : 9서당(중앙) 10정(지방)

  ※ 신라 중대의 토지제도

녹읍 (통일 초)	→ (왕권 강화)	(관료전) 지급 : 신문왕 (정전) 지급 : 성덕왕	→ (귀족 반발)	녹읍 부활 (경덕왕)

  ※ 신라 (민정문서) : 일본 도다이사 정창원에서 발견
  - 촌주가 (3)년마다 작성
  - 인구의 다소(연령별로 인구 조사), 우마 수, 나무의 수량까지 조사
  - 조세와 요역의 부과 자료로 활용

10 발해의 발전

무왕 (연호 : 인안)	• 독자적인 연호 사용 : 인안 • (장문휴)를 보내 당의 산둥지방 선제 공격 → 당과 관계 악화
문왕 (연호 : 대흥)	• 당과 친교 : 3성 6부제 도입(자주적 수용), (주작대로) 모방 • 문왕의 둘째 딸 (정혜)공주 무덤 : 고구려 양식인 (굴식 돌방)무덤 → 넷째 딸 (정효)공주 무덤 : 당의 영향을 받은 (벽돌)무덤 • 신라와의 상설 교통로 개설 : 신라도 (당과의 교통로인 영주도, 일본과의 교통로인 일본도, 거란과의 교통로인 거란도)
선왕 (연호 : 건흥)	• 지방제도 정비 : 5경 15부 62주 • 발해의 최전성기 이룩 : (해동성국)이라고 불림

※ 발해의 고구려 계승의식
- 고구려 유민이 발해 건국 세력 및 지배층 다수 구성
- 일본에 보낸 외교 문서에 (고려) 국왕이라고 칭함
- 고구려 문화 계승, 유사성 : 무덤양식(모줄임구조), 기와무늬, 와당, 온돌 등

11 통일 신라의 문화

- 신라 말에 새로운 문화 등장
  - (선종) : 9산, 호족의 후원, 승려의 무덤인 (부도(승탑)) 유행
  - 유교사상 : (6두품) 지식인
  - 풍수지리 사상 : 도선 → 고려 건국 뒷받침
- (원효) : 일심사상, 아미타 신앙(불교 대중화), '대승기신론소'와 '금강삼매경론' 저술
- (의상) : 중국 유학(화엄종 도입 → 화엄일승법계도, 조화 추구), 불교 대중화, 부석사 창건
- 혜초 : 인도를 다녀와 (왕오천축국전) 저술

II. 고려 귀족 사회의 형성과 변천

1 고려의 성립과 발전

태조	민생안정책	• 취민유도 : 세율을 (1/10)로 축소 • 빈민구제 기구 설치 : (흑창), 장학기금인 (학보) • 훈요 10조에서 (연등회)와 (팔관회) 성대 개최 강조
	호족융합책	• 혼인정책과 사성정책 • 옛 삼국의 유민들 우대, 포섭 • 지방통제책 : (사심관제도), (기인제도) • 왕권 안정을 위해 (정계)와 (계백요서) 저술
	북진정책	• 고구려 계승의지 : (서경)을 중시 → 영토 확장(청천강~영흥만) • 발해를 멸망시킨 (거란)을 적대시
광종	왕권강화책	• 귀족세력을 억누르고 조세를 수취하기 위해 (노비안검법)실시 • 과거제도 실시 : (승과)제도 존재, (무과) 소홀 • 칭제 건원 : (광덕), (준풍) • 백관의 공복제도
	유교질서 정비	• 중앙집권체제 정비 : 2성6부 체제 마련, 12목 설치, 향리제도 마련 • 유교정치 이념 채택 : (최승로)의 시무28조를 통해 불교폐단 비판

※ 고려의 중앙 관제(성종 대 정비)

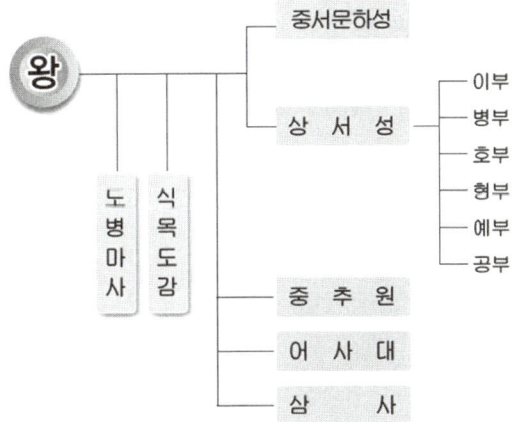

- 당의 제도인 (3성 6부제)를 기반으로 삼음.
- (삼사) : 단순히 화폐와 곡식의 출납에 대한 회계를 담당함.
- 중추원은 왕명출납을 담당하는 (승선)과 군사기밀을 담당하는 (추밀)로 구성됨.
- 중서문하성의 낭사와 어사대를 합쳐 (대간(대성))이라고 불림.
- 고려의 독자적 기구 : (도병마사)와 (식목도감)
- 도병마사는 후기에 (도평의사사)로 이름이 바뀌면서 국정 전반에 관련된 회의기구로 기능이 확대됨.

2. 거란과 여진의 침입

		원인	결과
거란	1차 침입	고려의 친송 정책(소손녕 침입)	(서희)의 외교담판 → (강동 6주)획득
	2차 침입	강조의 정변을 구실	(박서)의 분전
	3차 침입	현종의 친조 불이행(소배압 침입)	(강감찬)의 (귀주)대첩
여진	1차 침입	12세기 여진 성장	(윤관)이 (별무반)을 조직 → (동북 9성)축조
	2차 침입	금 건국(1115)후 군신 관계 요구	(이자겸)이 정권유지를 위해 군신관계 수락

※ 고려 지배층의 변화에 따른 정치·경제·사회·문화 변화 파악

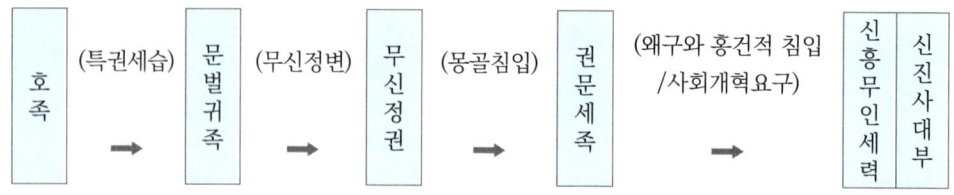

3. 묘청의 서경천도운동(서경파 vs 개경파)

구 분	서경파	개경파
중심인물	(묘청), (정지상) 등 신진관료	(김부식) 등 기성 문벌귀족
사상	불교, 풍수지리설, 국풍파	유교
대외정책	금국정벌	사대외교
역사의식	(고구려) 계승 의식	(신라) 계승 의식

※ 서경천도운동에 대한 (신채호)의 평가 : '일천년래제일대사건' → 자주성을 높이삼

4. 무신 정권

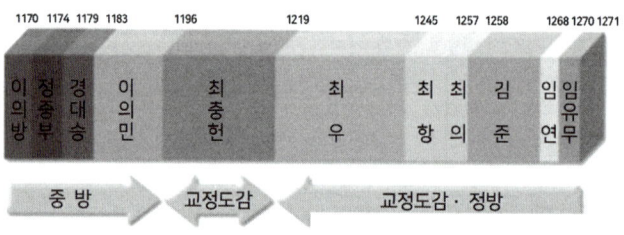

- 무신정권 초기의 핵심기구 : (중방) / 최씨 무신 정권의 핵심 기구 : (교정도감)
- 경대승이 만든 사병기구, 최충헌이 확대 : (도방)
- 인사행정 독점 기구 : (정방)
- 문신 숙위 기구 : (서방)

5 무신 집권기 다양한 계층의 봉기

문신 반발	• 서경 유수 조위총 난 : 무신정권에 대한 저항(농민 합세) • 동북면 병마사 김보당의 난
농민 봉기	• (공주 명학소)에서 망이·망소이의 난 : 천민대우에 대한 반발 • 김사미·효심의 난 : 연합 세력 형성
천민 봉기	• 천민 무신집권자 (이의민)의 등장에 따른 신분 상승에 대한 기대감 • 전주 관노의 난 / 최충헌의 사노인 (만적)의 난
삼국 부흥 주장	• 신라 부흥 주장(경주) : 김사미의 난 • 고구려 부흥 주장(서경) : 최광수의 난 • 백제 부흥 주장(담양) : 이연년 형제의 난

6 원 간섭기 : 원의 내정 간섭

지배층	• (권문세족) : 요직 장악, 대농장 소유(수탈 극심) • 도병마사 → (도평의사사) : 권문세족의 최고 권력 기구
군 사	• 쌍성총관부, 동녕부, 탐라총관부 설치 • 관제격하, 원의 공주와 결혼(부마국으로 전락), 왕실 호칭 격하 • 내정간섭 : 내정간섭 기구인 (정동행성) 설치, (다루가치) 파견
경 제	• 공녀와 특산물 징발, 매를 바치는 (응방) 설치
문 화	• (몽골)풍과 (고려)양

※ 몽골 침략기 삼별초의 항쟁 : (강화도 → 진도 → 제주도)로 이동하며 항쟁
※ 몽골 침략기 소실 문화재 : 대구 부인사에 보관되어있던 초조대장경, 황룡사 9층 목탑

7 공민왕의 개혁 정책(권문세족의 반발과 외적의 침입으로 실패)

반원 자주 정책	왕권 강화 정책(권문세족 억압 정책)
• (정동행성) 폐지, 친원 세력 숙청(기철) • 몽골풍 금지 • (쌍성총관부) 철폐 : 철령 이북 땅 수복	• 신돈이 (전민변전도감) 설치 • 성균관과 과거제도 정비 : (신진사대부) 등용 • 정방폐지

8 전시과 제도의 변천

구분	지급 기준	지급 대상	특징
역분전	논공행상	개국공신	논공행상적 성격
시정 전시과	인품, 관품	전·현직 관리	객관성 떨어짐
개정 전시과	관품	전·현직 관리	토지 부족
경정 전시과	관품	현직관리	전시과 붕괴 후 녹과전 지급
과전법	경기도에 한해 지급	현·퇴직 관료	사대부의 경제적 기반 마련 목적

※ (수조권)만 지급, 원칙적으로 세습 불가능
※ (공음)전 : 5품 이상 관리 세습, (한인전) : 6품이하 관리 자제 관인신분 세습,
　(군인)전 : 군역 세습, (구분전) : 하급관리, 군인 유가족에게 지급

9 고려의 교육 기관

- 관학 : 국자감(중앙, 유학부와 기술학부로 구성), 향교(지방)
- 사학 : 최충의 문헌공도 등 (사학12도) 융성 → 관학 교육 위축
- 관학 교육 진흥책 : 서적을 간행하는 (서적포) 설치, 전문강좌인 (7재) 설치, 장학재단인 양현고와 섬학전 설치, 국자감을 (성균관)으로 개칭

10 불교 사상

- 불교 중시 : (연등회)와 (팔관회) 성대 개최(훈요 10조 당부), (광종)때 승과제도와 왕사·국사 제도 실시
- 의천의 교단 통합 운동 : 화엄종 중심, 교선 통합 노력 → (천태종) 창시(교관겸수)
- 지눌 : (수선사) 결사운동, 선교 일치 → 조계종, 수행방법 : (정혜쌍수), (돈오점수)
- 요세 : (백련사) 결사운동
- 혜심 : 유불 일치설(성리학 수용의 토대 마련)
- 대장경 간행 : 초조대장경(거란 침입 방어, 몽골 침략시 소실), 교장(= 속장경, 의천이 주도), 팔만대장경(몽골 침입 방어)

11 고려 vs 조선

구 분	고려	조선(17세기 이후)
지방관 파견	주현 〈 속현	모든 군현에 지방관 파견
향리의 지위	향리의 지위 강함	향리가 수령에 예속
여성의 지위	• 태어난 순서대로 호적에 등재 • 재산상속에서도 균등 • 음서의 적용 대상이 외손자, 사위까지 포함	• 남성 중심 사회 (고려에 비해 여성의 지위가 매우 낮았음) • 친영제도 확립(아들이 없으면 양자를)
과거시험	• 음서가 더 중시 • 명경과〈제술과 • 무과 소홀 • 승과 존재	• 과거합격을 통해 고위직 가능 (음서 출신 고위직 불가) • 생원과(경전 연구)〉진사과 • 무과 존재 • 승과 사라짐(억불숭유 정책)
기타 용어 차이	• 백정 : 일반 농민 • 삼사 : 단순 회계기구	• 백정 : 천민 도축업자 • 삼사 : 언론기관(사헌부, 사간원, 홍문관)

※ 여성의 지위 : 조선 전기에는 고려와 비슷한 양상이었으나, (17)세기 이후 사림이 집권하면서부터 변모했다.

III. 조선의 성립과 변화 ①

1. 조선 초기 주요 왕들의 정책

왕	지향점	정 책
태종	왕권 강화	• 사병 철폐 : 군사권 장악 • (호패법) 실시 : 세금 수취의 효율성을 위해 실시, (16)세 이상 남자에게 모두 지급 • 정치 체제로 (6조 직계제) 실시 : 의정부 회의 중지, 강력한 왕권을 표방 • (신문고) 설치 : 백성과의 소통, 민본정치 표방 • (혼일강리역대국도)지도 : 현전하는 동양 最古의 세계지도, 우리나라가 크게 부각됨.
세종	신권과 조화	• 정치 체제로 (의정부 서사제) 실시 : 왕권과 신권의 조화를 추구 • (집현전) 설치 : 왕도정치를 표방, 한글창제 • (경연)제도 실시 : 국왕과 신하의 학술토론, 왕도정치를 표방 • (4군 6진) 개척 : 현재의 국경선 완성 • (칠정산 내외편) : 한양을 기준으로 한 역법서 마련 • (농사직설) : 우리실정에 맞는 농법서 • 과학기술 발달(장영실의 발명품)
세조	왕권 강화	• 정치 체제로 (6조 직계제) 실시 : 강력한 왕권을 표방 • 토지제도인 (직전법) 실시 : 현직 관료에게만 수조권을 주도록 변경 • 불교를 숭상하여 (원각사지10층) 석탑 제작 : (경천사10층)석탑의 영향
성종	신권과 조화	• 토지제도인 (관수관급제) 실시 : 국가가 직접 세금을 거두어 분급 • (홍문관) 설치 : 집현전의 뒤를 이은 왕실도서관, 왕에게 자문 역할 • (경국대전) 완성 : 유교통치이념을 확립한 법전

2 조선의 통치 체제

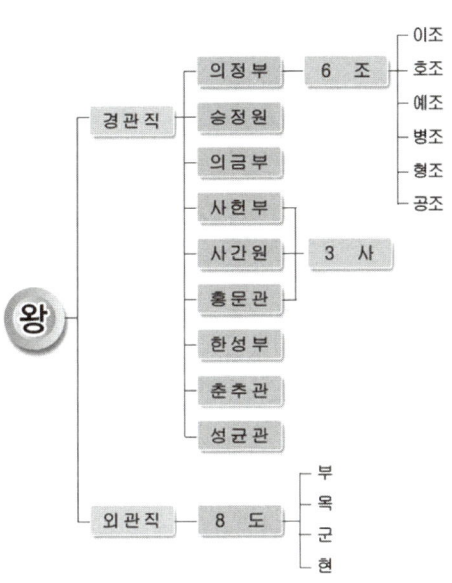

- 조선 최고의 교육기관 : (성균관)
- 국사의 편찬과 보관 : (춘추관)
- 수도의 치안과 행정 담당 : (한성부)
- 국왕 직속 특별 사법기관 : (의금부)
- 관리 감찰 및 풍기 단속 기관 : (어사대)
- 국왕의 비서기관 : (승정원)
- 언론 기구의 역할을 하는 사헌부, 사간원, 홍문관을 합쳐서 이르는 명칭 : (삼사)
- 수령은 1800일의 임기제와 출신 지역 부임을 제한하는 (상피제)의 적용을 받는다.
- 지방 지치 기구로 수시로 향회를 소집하고 성종 때 향청으로 부활 : (유향소)
- 정부와 향촌의 연결을 도모, 경저리제도 관장 : (경재소)

3 훈구 vs 사림

구 분	훈구파 : (15)세기 정치 주도	사림파 : (16)세기 이후 정치 주도
학문 성향	관학파(공립학교 : 4부학당 → 중앙세력)	사학파(사립학교 : 서원 → 지방세력)
학파의 줄기	(급진)개혁파	(온건)개혁파
정치 사상	전제 왕권을 위한 법치주의 중시	유교적 이상정치인 도학정치 중시
경향	중앙에서 현실정치 참여	지방에서 제자 양성, 학문 연구
활동 분야	의정부와 6조 등 요직	삼사 등 언론기관
목표	국왕 중심의 법치주의 국가	유교적 이상정치인 도학정치 실현
실천 방향	부국강병과 법치주의	도덕과 명분, 의리 중시
경제 기반	공신전 독점, 대농장 소유	중소 지주
타사상 수용여부	비교적 관대	성리학 제일주의

4. 토지 제도의 변화

구 분	과전법	직전법	관수관급제	녹봉제
시행 시기	공양왕(1931)	(세조)	(성종)	명종(16C)
지급 대상	(전·현직 관리)	(현직관리)	현직 관리	현직 관리
배 경	신진사대부의 경제 기반 마련 목적	경기의 과전 부족	과전에 대한 과도한 수취	직전법 체제 붕괴
원 칙	(경기도) 지역만 지급	현직 관리만 지급	수조권 국가 귀속	녹봉만 지급

		조선 전기의 특징		조선 후기의 특징
전세		• (전분 6등법) : 토질에 따라 6등급 • (연분 9등법) : 풍흉에 따라 9등급	영정법	• 조선 전기 세제의 복잡함 시정 • 풍흉에 관계없이 1결당 4두 징수 • 각종 부과세 부과
공납		• 해당 지역의 특산물, 현물 납부 • (방납)의 폐단 발생	대동법	• (방납)의 폐단 시정 목적으로 실시 • 현물 대신 1결당 4두의 쌀로 징수 (토지기준 : 양반 반발 → 100년 후 전국시행) • 쌀 외에 삼베, 무명, 동전 등으로 납부 • 거둬들인 쌀 등을 공납 청부업자(공인)에게 주고 필요한 물건 구입 → 상공업 발달

역		• 군역 대상 : 양인 이상
		• (방군수포제)의 유행에 따라 법제화
		  : 1년에 군포 (2)필 납부
			균역법	• 군포를 2필에서 (1필)로 감필
				• 부족한 부분은 어·염·선세, 선무군관포,
				  결작 등을 통해 보충

5. 주리론과 주기론의 완성

구분	주리론	주기론
유학자	이황	이이
사상	• 이기이원론 → 주리철학 확립 • 관념적 도덕세계 중시	• 일원론적 이기이원론 • 관념적 도덕세계와 경험적 현실세계 중시
역할	도덕규범 확립, 신분질서 유지	현실개혁 주장
영향	동인 일본 성리학에 영향	서인 개화사상
저서	성학십도	성학집요, 격몽요결, 동호문답

III. 조선의 성립과 변화 ②

1 양 난의 극복과 대청 관계

임진왜란/정유재란	• 병역기피(방군수포제, 대립제) → 국방력 약화 • 1592년 임진왜란 발발 → 선조의 의주 피난
전란 극복	• 이순신의 활약, 의병의 활약, 조명 연합군의 평양성 탈환
결과	• 국토 황폐화 • 문화재 소실 : 경복궁, 불국사, 전주 사고를 제외한 사고(실록) • 신분제 동요(노비문서 소각, 공명첩과 납속책) • 일본 : 에도 막부 성립, 문화 발달(도자기, 성리학) • 중국 : 명나라 쇠퇴, 후금 성장
광해군 집권	• 전후 복구 노력 : '동의보감' 편찬(허준), 대동법 시행 • 대외 정책 : 실리를 추구하는 (중립외교) • (북)인 정권
인조반정	• (서)인 정권 • 대외 정책 : 의리와 명분을 강조하는 (친명배금 정책)
정묘호란	• 인조와 서인의 외교정책에 대한 반발
병자호란	• 주전론 우세로 청의 침입 → 남한산성 항쟁, 항복 → 청과 군신관계 수용
북벌운동	• 효종과 서인 정권이 추진 • 어영청을 중심으로 조총부대 육성 → 나선정벌 → 이후 북학론 제기

※ 비변사의 변천

임시기구 (중종 1510)	→	상설기구 (명종 1555)	→	기능 확대·강화 (선조)	→	기능 악화·폐지 (대원군 1865)
• (삼포왜란) 계기 • 군사 문제 처리		• (을묘왜변) 계기 • 비중 증가		• (임진왜란) 이후 • 국정 최고합의기관		• 의정부 기능 부활 • 삼군부 부활

※ 훈련도감 설치 : 포, 살, 사수의 (삼수병)으로 구성, 상비군 성격(직업군인), (삼수미)세 징수

2 영조와 정조의 정치

구분	영조	정조
탕평책	• (탕평파) 육성 / (탕평비) 건립 • 탕평채	• (시파) 기용 → 왕권 확립 • 탕평 정치
왕권 강화	• 서원 정리 • 청계천 준설 사업	• 국왕 친위부대인 (장용영) 설치 • 왕실 도서관인 (규장각) 설치 • 관리재교육실시 : (초계문신제) • 수원 화성 축조 : (거중기) 사용
위민정치	• 신문고 제도 부활 • 사형수의 삼심제 • 군역제도 개혁 : (균역법) 시행	• 육의전을 제외한 금난전권 폐지 : (신해통공) • 공장안 폐지
편찬사업	속대전, 택리지(이중환)	대전통편, 무예도보통지

※ 영·정조의 탕평책은 강력한 왕권을 바탕으로 일시적으로 억누른 것에 불과
   → 정조 사후 순조·헌종·철종 3대 60년간 (세도정치)가 나타남(수탈, 삼정의 문란, 반란)

3. 조선 후기 경제 변화

	조선 전기의 특징		조선 후기의 특징
전세	• (전분6등법) : 토질에 따라 6등급 • (연분9등법) : 풍흉에 따라 9등급	영정법	• 조선 전기 세제의 복잡함 시정 • 풍흉에 관계없이 1결당 (4)두 징수 • 각종 부과세 부과

공납	• 해당 지역의 특산물, 현물 납부
	• (방납)의 폐단 발생
		대동법	• (방납)의 폐단 시정 목적으로 실시
			• 현물 대신 1결당 (12)두의 쌀로 징수
			  (토지기준 : 양반 반발 → 100년 후 전국시행)
			• 쌀 외에 삼베, 무명, 동전 등으로 납부
			• 거둬들인 쌀 등을 공납 청부업자(공인)에게
			  주고 필요한 물건 구입 → 상공업 발달

역	• 군역 대상 : 16세 이상 양인 남성
	• 방군수포제의 유행에 따라
	  군적수포제 법제화(1년에 군포 2필)
		균역법	• 군포를 2필에서 1필로 감필
			• 부족한 부분은 (어염선세), (선무군관포),
			  (결작(1결당 2두)) 등을 통해 보충

농촌 사회의 동요	양반	• 지주전호제의 일반화 → 대지주 증가, 고리대로 부를 축적한 이들의 증가 • 경제적 변화에 적응하지 못해 몰락한 양반 속출→계층 분화
	농민	(모내기법) 확대 → 농민들의 소득 증대 → 광작(부농)
민영 수공업		• (대동법) 실시 이후 : 민영 수공업 발달(관수품의 수요 증가), 선대제 실시 → 상품 화폐 경제 진전(조선 후기)
민영 광산		• 부역 노동 → 설점수세제 → 잠채 → 자유채굴 • 광산경영의 자본주의적 구조 : 광산 전문 경영인 (덕대)등장 → 노동자 고용(분업)
사상의 대두		• 상품 유통 활발 • 상업 발달의 주역 : 공인과 사상 • (송상) : 최대 규모의 사상, 만상과 내상을 잇는 중계무역 담당 • 명과의 무역 담당 : (의주 만상) / 왜와의 무역 담당 : (동래 내상) • 조세 운반, 운송업, 선박 건조 등을 담당 : (경강상인)
중계무역의 발달		• 17세기 중엽 이후 무역 활발 → 개시뿐만 아니라 후시의 활성화
장시의 발달		• 15세기 말 장시의 등장, 18세기 후반 전국에 1,000여 개 소로 확대 • 보부상 증가, 송파장, 강경장, 원산장, 마산포장
포구의 상업 활동		• 조선 전기 : 조운제(세곡이나 소작료의 운송) • 조선 후기 : 선상의 활동(미곡, 소금, 어물의 주거래) • 경강상인의 성장, 선상, 객주·여각의 등장
화폐 사용의 증가		• 18세기 후반 : 세금과 소작료의 금납화 → (상평통보)의 유통 확대(숙종) • 지주나 대상인들이 화폐를 고리대나 재산 축적의 수단으로 활용 → (전황) 발생

4 붕당정치의 변화

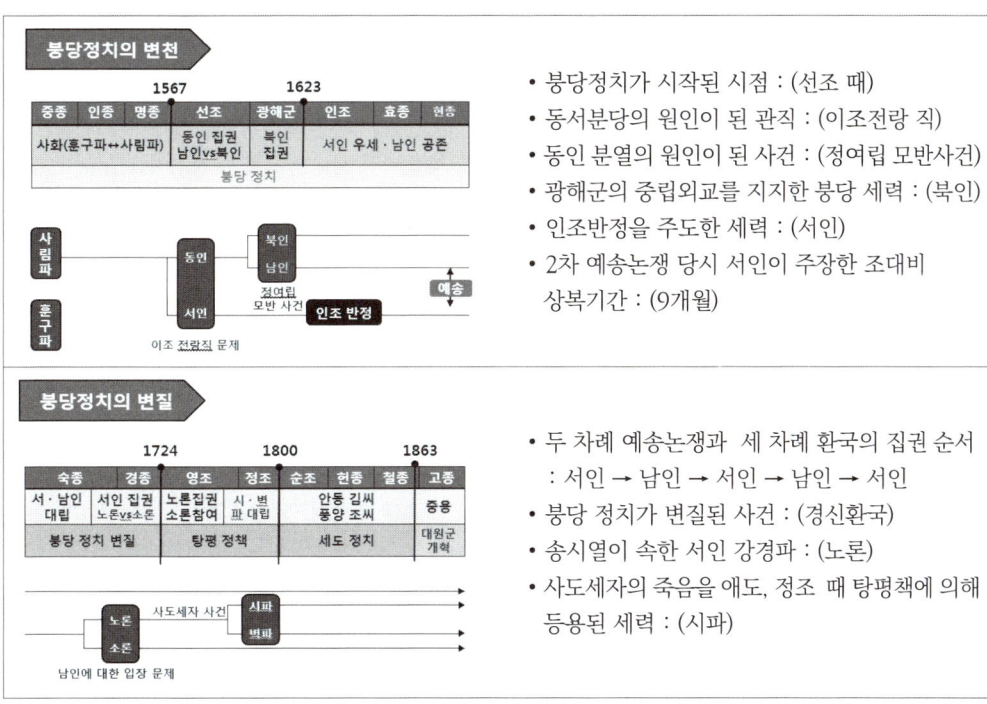

- 붕당정치가 시작된 시점 : (선조 때)
- 동서분당의 원인이 된 관직 : (이조전랑 직)
- 동인 분열의 원인이 된 사건 : (정여립 모반사건)
- 광해군의 중립외교를 지지한 붕당 세력 : (북인)
- 인조반정을 주도한 세력 : (서인)
- 2차 예송논쟁 당시 서인이 주장한 조대비 상복기간 : (9개월)

- 두 차례 예송논쟁과 세 차례 환국의 집권 순서 : 서인 → 남인 → 서인 → 남인 → 서인
- 붕당 정치가 변질된 사건 : (경신환국)
- 송시열이 속한 서인 강경파 : (노론)
- 사도세자의 죽음을 애도, 정조 때 탕평책에 의해 등용된 세력 : (시파)

5 호락 논쟁

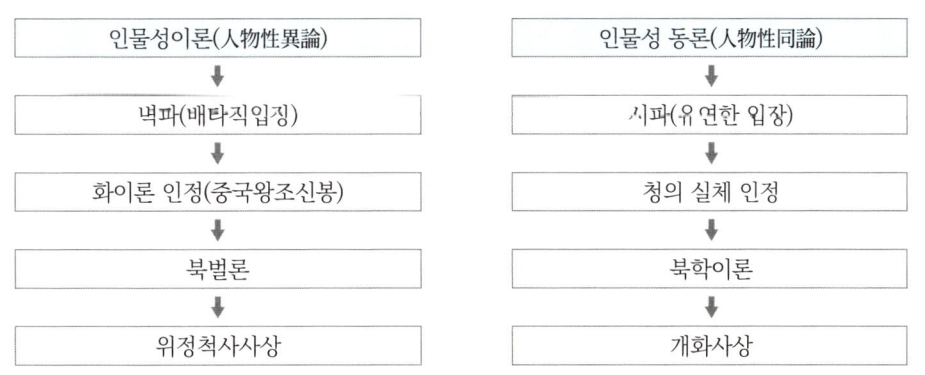

- 주자 성리학과 다른 새로운 해석을 내놓아 사문난적으로 몰려 죽음을 당한 인물
  : (박세당), (윤휴)
- 실천을 중시한 양명학
  - 수행 방법 : (지행합일) / 대표학자 : 정제두를 중심으로 (강화학파) 형성

6. 실학의 발달과 국학 연구의 확대

중농학파	유형원	• 「반계수록」에서 주장한 (균전제) : 관리, 선비, 농민의 신분별로 토지를 차등하여 지급 • 경자유전의 원칙에 의해 토지의 차등 지급 주장
	이익	• (한전제) : 일정 규모의 토지를 법으로 사고 팔 수 없는 영업전으로 정해 농민에게 분배하고 영업전 이외의 토지에 대해서는 무제한 자유 매매를 허락 → 장기적으로 토지 소유의 균등을 실현하고자 함.(자영농 육성) • 신분제 개혁 주장 (양반과 상놈의 차별을 없애자)
	정약용	「목민심서」에서 주장한 (여전제) : 여[閭]를 설치하고 여 안에 거주하는 사람들은 여장의 지휘 아래 토지를 공동 소유해 농사를 짓되, 수확은 노동력에 따라 배분하자 → 일종의 공동 농장제
중상학파	유수원	상공업 진흥, 기술 혁신, 사농공상의 직업 평등과 전문화 주장
	홍대용	지전설 주장, 기술 혁신과 신분제도 철폐, 성리학의 역설 극복
	박지원	• 「열하일기」 : 수레와 선박의 이용, 화폐 유통의 필요성, 농업의 혁신, 수리 시설의 확충 등 이용후생에 대한 내용 • 「허생전」 : 생산물 유통의 중요성 강조
	박제가	소비강조 : "상업이 없으면 인생이 더 궁핍해질 것이다."(샘에 비유)
국학연구	역사	• 민족적이고 실증적인 사관 강화 • 이익 : 주자학적 역사관 비판 • (안정복)의 「동사강목」 : 고조선~고려 역사를 연대순으로 서술 • 이긍익의 「연려실기술」 : 조선 시대 야사 모음 • 이종휘의 「동사」 : 고구려 역사 연구 • 유득공의 (발해고) : 발해사 연구 • 한치윤의 (해동역사) : 외국의 사료까지 분석, 인용해 단군 조선부터 고려시대까지의 역사 서술
	지리서/지도	• 정상기의 동국지도 : (백리척) 사용 / 김정호의 청구도·대동여지도 • 이중환의 (택리지) : 인문지리지 / 한백겸의 「동국지리지」
	언어	• 신경준의 「훈민정음운해」
	백과서적	• 이수광의 「지봉유설」 : 우리나라 최초의 백과사전 • 이익의 「성호사설」, 서유구의 「임원경제지」

Ⅳ. 국제 질서의 변동과 근대 국가 수립 운동

1 흥선대원군의 개혁

민생 안정책	전정 개혁	양전사업, 은결색출, 관리의 토지 겸병 금지
	군정 개혁	호포제
	환곡 개혁	사창제
왕권 강화책	세도가문(안동 김씨) 축출, 당파 가리지 않고 인재 등용	
	비변사 축소, 격하	• (의정부)와 (삼군부) 기능 부활
	서원 축소	• 국가 재정 확보 및 왕권 강화 도모(전국에 47개소)
	경복궁 중건	• 공사비 마련을 위해 (원납전)징수, (당백전)발행
	법전 편찬	대전회통, 육전조례

2 병인양요와 신미양요

	병인양요(1866)	신미양요(1871)
원인	병인박해	제네럴 셔먼호 사건
침략	프랑스의 로즈제독	미국의 아시아 함대 사령관 로저스
분전	문수산성(한성근), 정족산성(양헌수)	광성보(어재연)
약탈품	외규장각 도서(조선왕조 「의궤」)	해군을 상징하는 수(帥) 자기

※ 오페르트 도굴사건 : 독일 상인 오페르트가 통상을 목적으로 흥선대원군의 아버지인 남연군의 묘를 도굴하려던 사건(1868년)

이후, 흥선대원군의 정책	쇄국정책 강화 ⇨ 척화비 설립

3 강화도 조약 (원인 : 운요호 사건)

제1관 조선은 자주국이며, 일본과 평등한 권리를 가진다.
　　　⇨ 청의 간섭 배제 목적
제4관 조선은 부산 외에 2개의 항구를 추가로 개항하고 일본인들이 자유롭게 왕래할 수 있게 한다.
　　　⇨ 인천과 원산 개항
제7관 조선 연해의 도서와 암초는 조사되지 않아 위험하므로 일본국 항해자가 자유로이 해안을 측량할 수 있도록 허가한다.
　　　⇨ 해안측량권(불평등 조항)
제10관 조선이 지정한 각 항구에 일본 인민이 머무르는 동안 죄를 범한 것이 조선 인민에게 관계된 사건인 때는 모두 일본국 관원이 심판한다.
　　　⇨ 치외법권(불평등 조항)

※ 조·일수호조규 부록과 통상장정 : 일본화폐 사용, 무관세, 양곡의 무제한 유출 허용

4 개항의 확대

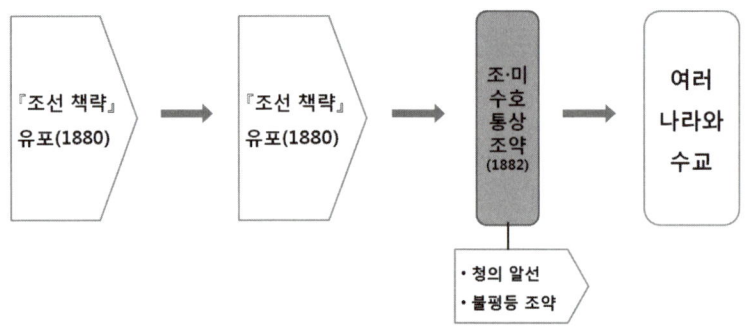

5 강화도 조약 체결 이후, 사건의 흐름

강화도 조약 체결 이후 추진된 1880년대 개화 정책
• 일본에 (수신사) 파견 : 김기수(1차), 김홍집(2차) • 청에 (영선사) 파견 : 무기 제조법과 근대적 군사 훈련법 학습 → (기기창) 설치 • 신사유람단(조사시찰단) 파견 : 일본의 발전상 시찰 • 미국에 (보빙사) 파견 : 유길준이 「서유견문」 작성(1889년 완성, 1895년 출간) • 정부 기구 개편 : '통리기무아문'(대외관계 담당)과 '12사'(부국강병 추진) 설치, 5군영을 2영(무위영, 장어영)으로 통합, 신식군대인 (별기군) 창설

↓

강화도 조약 체결과 개화 정책에 대한 반발		
위정척사운동	임오군란(1882)	갑신정변(1884)

6. 개화사상의 전개

북학사상 (박지원, 홍대용, 박제가, 이덕무) → 통상개화론 (박규수, 오경석, 유홍기) → 개화파 → (급진개화)파 (김옥균, 박영효, 홍영식, 서광범) / (온건개화)파 (김윤식, 김홍집, 어윤중)

	온건개화파	급진개화파
사상	(동도서기론)	(문명개화론)
모델	청의 (양무운동)	일본의 (메이지유신)
주요인물	김윤식, 김홍집, 어윤중	김옥균, 박영효, 홍영식, 서광범
주요활동	정부의 개화정책 주도	(갑신정변)

7. 위정척사 사상의 흐름

구분	계기	내용	대표 인물
1860년대	서구 열강 침입	통상수교 반대	이항로, 기정진
1870년대	강화도조약	개항불가, 왜양일체	최익현
1880년대	조선책략 유포	영남만인소, 만인척사소	이만손, 홍재학
1890년대	을미사변/단발령	을미의병	최익현, 유인석

8. 임오군란과 갑신정변

	임오군란(1882)	갑신정변(1884)
원인	• 표면적 : 별기군 차별에 반발 • 근본적 : 정부의 개화정책에 대한 반발	• 정부의 소극적 개화정책 추진에 대한 반발
전개	• 민겸호의 집 습격, 일본 공사관 습격 • 경제적 어려움을 겪고 있던 도시 빈민 참여 • 흥선대원군 재집권 • 청군에 의해 진압, 흥선대원군 청으로 압송	• (우정국) 개국 축하연에서 정변 • (14)개조 정강 발표 • 청국의 개입으로 3일 천하 • 민씨 일파 재집권

결과	• (조청상민수륙무역장정) : 내지 통상권 허용
	  ⇨ 이후, 조선에서 청·일 양국 상인의 경쟁 치열
	• (제물포)조약 : 배상금 지불, 공사관에 경비 주둔
		• (톈진)조약 : 청일 공동 철병 및 파병시 사전 통보
		• (한성)조약 : 일본에 배상금 지불
		  ⇨ 이후, 청의 영향력이 더욱 커짐

9 동학 농민 운동

동학의 창시/확산	• 1860년. 동학 창시 : (최제우) • 2대 교주 최시형의 노력으로 동학 확산 : (용담유사), (동경대전) 저술
(교조신원)운동	• 보은 집회, 삼례집회
고부농민봉기	• 고부 군수 (조병갑)의 학정 : 만석보 사건 → 전봉준 등이 봉기 • 안핵사 이용태의 만행 → 재봉기
1차 농민전쟁 성격 : (반봉건)	• 백산 집회 : 전봉준, 손화중, 김개남 등 • (황토현) 전투 → 전주성 점령 • 청군과 일본군 상륙
폐정개혁안 실천기	• 전주화약 : 폐정개혁안 요구 • 지방에 (집강소) 설치 • 일본군의 경복궁 점령 → 명성황후 몰아내고 흥선대원군 옹립
2차 농민전쟁 성격 : (반외세)	• 전봉준의 남접과 손병희의 북접 연합 • (공주 우금치) 전투 패배
의의	민중이 주체가 되어 일어난 반봉건·반침략 운동
한계	근대사회 건설을 위한 구체적인 개혁 방안을 제시하지 못함 ⇨ 근대 의식 결여
영향	• 위로는 갑오개혁의 추진력으로 작용 : 신분 철폐 등이 반영 • 아래로는 의병운동과 농민항쟁으로 계승

10 갑오개혁과 을미개혁

	갑오개혁 (1차 : 군국기무처, 2차 : 홍범14조)	을미개혁 (3차 갑오개혁)
정치	• '개국' 연호 사용 • 과거제도 폐지	• '건양' 연호 사용

사회/교육	• 신분제 폐지 • 과부 재가 허용
	• 조혼, 인신매매, 고문, 연좌제 금지
	• 교육입국조서 반포
	  - 초등 교과서 '국민소학독본' 제작
	  - 한성사범학교, 외국어 학교 설립
		• 단발령 실시
		• 태양력 사용
		• 근대적 우편업무 : 우체사 설치
		• 종두법 실시 : 지석영 주도
		• 소학교 설치

군사	• 훈련대, 시위대 설치	• 친위대와 진위대 설치

※ 청·일전쟁 이후의 정세
  - 일본이 청·일전쟁에서 승리 → 시모노세키조약 : 청나라로부터 요동반도를 할양
  → 삼국간섭 : 요동반도 포기(삼국 : 러시아, 프랑스, 독일)
  → 민씨 세력을 중심으로 친러시아 정부 수립
  → 을미사변(명성황후 시해 사건)
  → 을미개혁(을미사변 무마목적)
  → 을미의병
  → 신변에 위협을 느낀 고종이 러시아 공사관으로 피신 ⇨ 아관파천

11 독립 협회 활동

자주 국권	• 고종의 환궁 요구　• 독립신문 발간　• 독립문 건설
자유 민권	• 신체·언론·출판·집회의 자유 권리 주장 • 만민공동회 : 열강의 이권침탈 규탄 → 러시아의 절영도 조차 요구 저지, 한러은행 폐쇄 • 관민공동회 : 백정 박성춘의 연설문
자강 개혁	• 관민공동회 : 의회 설립 추진(중추원 개편) • 정치체로 입헌군주제 주장
해산	보수 세력의 반발(황국협회가 공화정을 수립하려 한다고 모함) → 강제 해산

12 대한제국 수립과 광무개혁

성격	(구본신참) : 옛 것을 근본으로 하여, 새것을 참고한다. ⇨ 복고적 성격
정치	대한국 국제 반포 : 전제 군주 정치를 표방
군사	(원수부) 설치, 무관 학교 설립
경제	• 양전사업 : 근대적 토지 소유 확립을 목적으로 (지계) 발급, • 근대적 회사·공장 설립 : 한성전기회사(왕실-미국 합작)
교육	실업학교, 의학교, 외국어 학교 설립

13 항일 의병 전쟁의 전개

구분	을미의병(1895)	을사의병(1905)	정미의병(1907)
계기	을미사변, 단발령	을사조약	고종강제퇴위, 군대 해산
주도 세력	• 양반 유생 의병장 　: 유인석, 이소응 • 농민, 동학 잔여 세력	• 양반 유생 의병장 • 평민 출신 의병장 등장	• 유생, 농민, 해산군인, 　노동자 등 여러 계층이 참여
특징	• 단발령 철회와 　고종 해산 권고로 해산 • 일부 농민은 (활빈당) 조직	• 을사조약 폐지 요구 • (최익현) : 대마도 순국 • (신돌석) 　: 최초의 평민 출신 의병장	• 해산 군인의 가담 　⇨ (의병전쟁)화 • (13도 창의)군 결성 → (서울진공작전)작전 → 총대장 이인영 부친상으로 위축 → 호남의병운동 → 일본의 (남한대토벌)작전 → 의병의 근 거지 : 만주, 연해주로 이동

14 개항 이후 경제적 구국 운동

구분	내용
(방곡령) 시행	일본 상인들의 곡물 대량 반출에 따른 곡물 가격 폭등 → 함경도·황해도 지방관의 방곡령 선포 → 배상금 지불
상권 수호 운동	시전 상인들이 (황국중앙총상회)를 조직하여 활동
이권 수호 운동	(독립협회)가 러시아의 절영도 조차 요구를 저지시킴
황무지 개간권 반대운동	(보안회)가 일본의 황무지 개간 요구를 철회시킴
국채보상운동	대구에서 서상돈의 발의로 시작, 대한매일신보 등이 후원
헌정연구회	의회 설립을 통한 입헌 정치 체제 수립 추구
대한자강회	국권 회복을 위한 실력 양성 운동, (고종강제퇴위 반대운동)
신민회	• 성격 : 실력 양성 운동 단체 + 무장 투쟁 기지 건설 • 목표 : 공화정 추구 → 비밀결사 • 활동 : 교육(대성학교, 오산학교), 산업(태극서관, 자기회사) • 해산 : (105인 사건)으로 해산(1911)

15 언론 기관(신문)의 발달

신문	특징
한성순보	최초의 신문, 관보의 성격, 순한문, 열흘에 한번 간행
독립신문	독립협회에서 발행, 최초의 민간 신문이자 일간지, 한글판과 영문판
황성신문	을사조약의 부당함을 개탄한 (장지연)의 '시일야 방성대곡' 개재
제국신문	여성이 주 독자층, 순 한글로 간행
대한매일신보	영국이 베델이 사장에 올라 강력한 항일 어조, 국채보상운동 후원 등
만세보	(천도)교 기관지

16 일제의 국권 침탈 과정

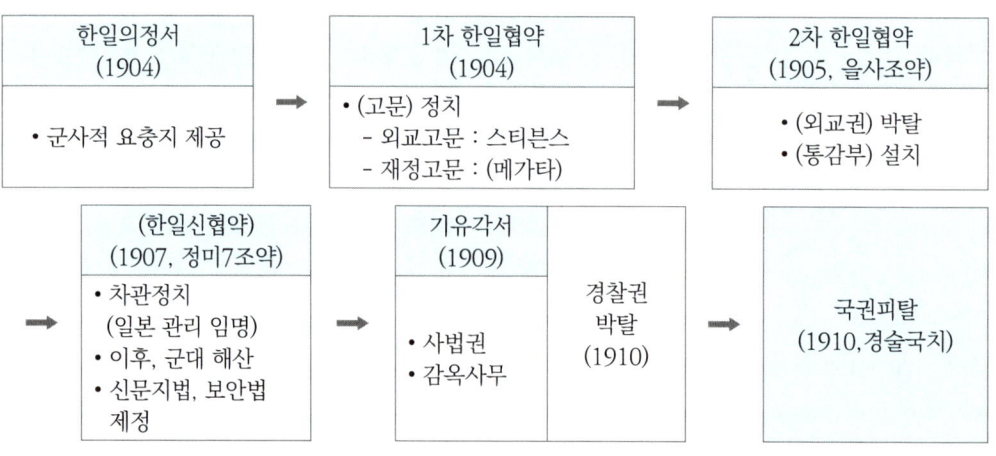

V. 일제의 강점과 민족 운동의 전개

1. 일제의 식민 정책

시기	통치 형태	내용
1910년대	무단통치	• 헌병 경찰제(즉결 처분권) • 언론, 출판, 집회, 결사의 자유 박탈 • 조선 태형령
1920년대	문화통치 (민족분열정책)	• 보통경찰제 → (실체는?) 경찰 수 3배 증가 • 문관 총독 임명 → 모두 군인 출신 • 언론의 자유 허용 → 사전 검열 심화 • 친일파 양성, 민족 분열 통치(식민 통치 은폐 의도)
1930~40년대	병참기지화정책 민족말상정책	• 1930년대 : 병참기지화 정책, 남북양 정책 • 1938년 : 국가 총동원령 → 민족말살 정책

2. 일제의 경제적 수탈

시기	수탈 내용
1910년대	(토지조사) 사업, 회사령(허가제), 산림령, 어업령, 광업령
1920년대	(산미증식) 계획, 회사령 철폐(신고제), 관세 장벽 철폐
1930년대 이후	병참 기지화 정책 실시, (국가총동원령) 제정, 남면 북양 정책 실시

3. 국내 항일 민족 운동

시기	민족 운동	특징
1910년대	3·1운동 (1919)	• 배경 : 무단통치, 윌슨의 민족자결주의, 2·8독립선언 • 확산 : 도시(비폭력 시위) → 농촌(무장 투쟁) → 해외 • 영향 : 중국의 5·4운동, 간디의 불복정 저항운동에 영향
1920년대	6·10만세운동 (1926)	• 학생, 민족주의 진영과 (사회주의) 계열 중심 • 대중적 차원의 항일 민족 운동, 신간회 창립 계기
	광주학생항일운동 (1929)	• 식민지 교육 철폐, 일제 타도, 민족 해방 요구 • 3·1운동 이후의 최대 민족 운동, (신간회)의 지원

4. 대한민국 임시정부 활동

시기	활동
1920년대	외교 독립론 : 파리강화회의(김규식 파견), 구미위원부(이승만)
1930년대	(한인애국단) 결성 : 윤봉길 의거, 이봉창 의거
1940년대	(충칭)으로 중심지 이동, (한국광복군) 창설

5. 국외 무장 독립 전쟁

시기	특징	
1910년대	독립 운동 기지 건설	• 만주 : 삼원보(신민회, 신흥 무관 학교), 용정촌.명동촌 • 연해주 : 한흥동, 신한촌(대한 광복군 정부), 미주
1920년대		• (봉오동)전투, (청산리)전투 → 간도 참변 → 자유시 참변 → (3부)설립 : 참의부. 정의부. 신민부 → 3부 통합 운동(국민부, 혁신 의회로 통합)
1930년대		• (조선혁명군) : 중국 의용군과 연합 작전 → 영릉가. 흥경선 전투 • (한국독립군) : 중국 호로군과 연합 작전 → 쌍성보. 사도하자 전투 • (조선의용대) : 민족 유일당 조직, 조선 의용군과 한국 광복군으로 재편
1940년대		• 한국 광복군 활동 : 영국과 인도-미얀마 전선 참여, 대일선전포고, 미 전략정보처 (OSS)와 합동훈련 후 국내진공작전 계획 • 조선 의용군 : 중국 공산당의 팔로군과 함께 항일전 전개

6. 민족 실력 양성 운동

구분	특징
(물산장려운동)	조선 물산 장려회 주도, 국산품 사용으로 민족 경제의 자립 도모
(민립대학설립운동)	조선 민립 대학 기성회 주도, 고등 교육을 위한 대학 설립 시도 → 일제는 경성 제국 대학 설립으로 무마시킴
문맹 퇴치 운동	조선일보 : (문자보급)운동, 동아일보 : (브나로드)운동 → 문맹 타파

7. 사회. 경제적 민족 운동

구분	특징
(신간회)	• 비타협적 민족주의 계열과 사회주의 계열의 통합으로 결성 • 강령 : 민족주의 단결 도모, 정치.경제적 각성 촉구, (기회주의)배격 • 활동 : (광주학생항일운동) 진상조사단 파견, (원산노동자 총파업) 지원
노동 운동	• 조선 노동 총동맹 주도, (원산노동자) 총파업 • 생존권 투쟁 전개(1920년대) → 항일 민족 운동 전개(1930년대)
농민 운동	• 조선 농민 총동맹 주도, (암태도) 소작 쟁의 • 생존권 투쟁 전개(1920년대) → 항일 민족 운동 전개(1930년대)
여성 운동	• (근우회) 주도 : 여성계의 민족 유일당 조직, 신간회 자매 단체
(형평 운동)	• 조선 형평사 주도, 백정들의 신분 차별 타파 운동

8. 국학 운동의 전개

구분		특징
국어 연구	조선어연구회(1921)	한글 잡지 간행, '가갸날' 제정 → 한글 대중화에 기여
	조선어학회(1931)	한글 맞춤법 통일안과 표준어 제정, 우리말 큰사전 편찬 시도 → 조선어 학회 사건으로 인해 강제 해산(1942)
국사 연구	민족주의 사학	• (신채호) : 조선 상고사, 조선사 연구초, 낭가 사상 강조 • (박은식) : 한국 통사, 한국 독립 운동 지혈사, 국혼 강조
	사회 경제 사학	• (백남운) : 조선 봉건 사회 경제사 → 정체성론 반박
	실증주의 사학	• 이병도, 손진태 : (진단학회) 결성, 진단 학보 발간

VI. 대한민국의 발전과 현대 세계의 변화

1 광복이전 한국에 대한 열강의 회담과 해방 후 정치적 상황

(카이로 회담)	→	(얄타 회담)	→	(포츠담 선언)
최초로 한국의 독립을 약속		소련의 참전 결의		한국의 독립 재확인

조선건국준비위원회		• 여운형, 안재홍 등이 건국 동맹을 바탕으로 조직 (광복 이후 최초의 정치 단체) • (치안대)조직 : 자주적 질서 유지 활동 → 조선인민공화국 선포(1945.9)
남북한의 정세	남한	• (미 군정)의 직접 통치 : 맥아더 포고령 - 건준과 인민공화국, 충칭 임시정부 부정 • 총독부 체제를 유지 : 친일파 등용, 한민당 지원
	북한	• 소련군 사령부 설치, 인민위원회 인정

2 대한 민국 수립과정

모스크바3상회의	임시 민주정부 수립, 최고 (5)년간 신탁통치 결정, (미소공동위원회) 설치
좌우대립의 심화	• 우익(김구, 이승만) : 신탁통치 반대 • 좌익(공산당) : 반탁 → 찬탁(소련의 사주)
미소공동위원회	• 1차 미소공동위원회 결렬 → 이승만의 (정읍)발언 → (좌우합작)위원회 → 2차 미소공동위원회 결렬

한국 문제 UN에 상정	→	소련의 거부	→	UN 소총회
인구 비례에 의한 남북한 총선거 모색		UN 한국임시위원단 입북 거부		남한 단독정부 수립결정

남한만의 단독 정부 수립 반대 운동		
(제주4·3사건)	(남북협상)	(여수·순천 10·19사건)
• 제주의 좌익 세력 봉기 • 군경의 초토화 작전으로 제주의 양민 대거 희생	• 김구, 김규식 주도 • 평양에서 남북제정당사회 단체 대표자 연석회의 개최	• (정부 수립 후) 여수 주둔 군대가 4·3사건 진압 명령 거부 • 이후, 국가보안법 제정

대한민국 정부 수립 과정
• 1948년 5월 10일 : 민주적 보통선거에 의해 임기 2년의 제헌 국회의원 선출
• 1948년 7월 17일 : 제헌 국회에서 만든 헌법 공포 → 국회에서 정·부통령 선거 실시   → 대통령 : (이승만), 부통령 : (이시영) 선출
• 1948년 8월 15일 : 대한민국 정부 수립
• 1948년 12월 : UN에서 대한민국을 정식 정부로 인정

3 제헌 국회의 활동

친일파 청산 시도	(반민족행위 특별처벌)법	• 반민족 행위 특별 조사 위원회(반민 특위) 설치
	반민특위의 활동	• 이승만 정부는 반공주의를 내세워 친일파 청산에 소극적 • 친일 세력은 반민특위활동 방해 (국회 프락치 사건, 반민 특위 습격 사건)
농지 개혁		• 방식 : 3정보 이상의 토지는 유상 매입·유상 분배, 5년간 수확량의 30%씩 상환 • 의의 : 지주제 폐지, 자영농 증가 • 한계 : 농지 개혁이 지연됨에 따라 지주들이 토지를 미리 처분
귀속재산의 처분		• 휴전 직후 민간인 연고자에 매각 ⇨ 한국 자본주의 주요 세력으로 성장

4 남한의 농지 개혁과 북한의 토지 개혁

구분	남한 : 농지 개혁	북한 : 토지 개혁
내용	• (유상매입, 유상분배)의 원칙 • (3정보) 이상의 농지 소유 금지	• (무상몰수, 무상분배)의 원칙 • 5정보 이상의 토지 소유 금지
결과	지주제 소멸, 자영 농민 증가	지주제 폐지, 지주들의 대규모 월남

5 민주주의의 시련과 발전

이승만 정부	장기 집권 계획 : 발췌개헌(직접선거), 사사오입 개헌(대통령 연임), 3·15부정선거 → 4·19혁명 → 장면 내각(민주화 요구 이행 못함) → 5·16 쿠데타
박정희 정부	• 국가 재건 최고 회의 : 반공을 국시로 함 • 한일협정(1965) : 한일 국교 정상화 → 6·3항쟁 • 유신 체제(1972) : 유신 헌법 → 10·26사태 → 12·12쿠데타
전두환 정부	• 5·18 민주화 운동 유혈 진압 → 대통령 간접 선거, 언론 통폐합, 삼청교육청 • 6월 민주항쟁 → 6·29 민주화 선언(직선제 개헌) • 3S정책
노태우 정부	• 야당 단일화 실패로 노태우 당선, 부정과 비리로 지지 획득 실패 • 1988년 서울 올림픽 개최(종합성적 4위)
김영삼 정부	• 금융실명제(1993), 지방 자치제 전면 실시, 외환위기(1997)
김대중 정부	• 외환 위기 극복(금모으기 운동) • 2002 한일 월드컵 개최, 2002부산아시안 게임 개최, 태권도 올림픽 정식종목
노무현 정부	• 참여 정부 표방

6 대한민국의 개헌

구분	개헌	계기	내용
이승만 정부 (제1공화국)	제헌헌법(1948)	국회 간접 선거	대통령 간선제, 단원제 국회
	1차 개헌(1952)	(발췌개헌)	대통령 직선제, 양원제 국회
	2차 개헌(1954)	(사사오입 개헌)	초대 대통령 중임 제한 철폐
장면 내각 (제2공화국)	3차 개헌(1960. 6)	3·15부정선거 4·19혁명	3·15부정 선거자 및 반민족행위자 처벌
	4차 개헌(1960. 11)		
박정희 정부 (제3공화국)	5차 개헌(1962)	5·16쿠데타	대통령 직선제, (단)원제 국회
	6차 개헌(1969)	장기집권야욕	대통령 3선 연임 허용
박정희 정부 (제4공화국)	7차 개헌(1972)	유신체제	대통령 간선제 : (통일주체국민회의)에서 선출 대통령 권한 강화 : 국회 해산권, 긴급조치
전두환 정부 (제5공화국)	8차 개헌(1980)	10·26사태	대통령 (간)선제, (7)년 단임제
노태우 정부 (제6공화국)	9차 개헌(1987)	6월 민주항쟁	대통령 (직)선제, (5)년 단임제

7 현대의 경제 성장과 자본주의의 발전

구분	특징
이승만 정부	• 미국의 경제 원조에 의존 : (삼백산업) 발달-제당·제분·면방직 • 농지개혁
장면 정부	• 경제개발 5개년 계획 수립
박정희 정부	• 경제개발 5개년 계획 : 수출중심(1·2차 경공업, 3·4차 중화학공업 중심) • (베트남 참전) 특수 경기로 호황 • 새마을 운동(1970년대 초) • 경부 고속 국도 건설(1970), 이후 고속전철 개통(2004, 노무현 정부)
전두환 정부	• (3저 호황) : 저금리, 저달러, 저유가
노태우 정부	• 3저 호황 국면 소멸되면서 수출이 부진
김영삼 정부	• (금융)실명제, 우루과이 라운드 타결, WTO체제 출범 → 시장 개방 • 신 경제 개발 5개년 계획 추진 • IMF구제금융 지원
김대중 정부	• IMF극복 : (금모으기) 운동 ⇨ 노사정 위원회 출범, 비정규직 문제

8. 통일을 위한 노력

	남한	북한
1950~60 년대	• 이승만 정부 : (북진통일론) • 장면 내각 : UN 감시 하 남북한 총선거 • 박정희 정부 : 반공을 국시(선건설 후통일)	• 1950년대 : 적화통일론 • 1960년대 : 남북연방제

1970 년대	• 냉전 완화(데탕트)
	• 7·4남북공동성명(1972)
	  - 통일의 3원칙 : (자주), (평화),
	    (민족적대단결)
	  - (남북조절위원회) 설치
	  - 남북 모두 독재 체제 강화에 이용
	    (남 : 유신체제, 북 : 주석제)
	• 6·23 평화통일선언 : 유엔 동시 가입 제안
		• 남북 적십자 회담(1971)
		• 고려 연방제 통일 방안(1973)
		  : 1민족 1국가 2제도 2정부의 연방국가

1980 년대	• (전두환 정부)
	  : 남북한 이산 가족 고향방문(1985)
	• 노태우 정부
	  - 7·7선언 : 북방 외교정책의 시발점
	  - 한민족 공동체 통일방안 : 자주·평화
	    ·민주
	  - 남북한 유엔 동시 가입(1991)
	  - (남북기본합의서) : 상호 체제인정,
	    불가침
	  - 한반도 비핵화 공동 선언(1992)
		• 고려 민주 연방 공화국 창립 방안 (1980)
		• 대남 수해물자 지원(1984)

1990 년대 이후	• 김영삼 정부
	  - 민족 공동체 통일방안
	    : 화해·협력 → (남북연합) → 통일국가
	  - 김일성 사망(1994)
	• 김대중 정부
	  - (햇볕) 정책 실시
	  - 금강산 관광(1998-2008)
	  - 남북정상회담 → (6·15공동)선언
	    : 남측의 연합제와 북측의 낮은 단계 연
	    방제간 공통점 인식
	  - 개성공단 건립 추진
	• 노무현 정부
	  - 김대중 정부의 (햇볕) 정책 계승
	  - 10·4 남북 정상 회담
	    (평화·번영을 위한 선언)
		• 두 차례의 남북 정상회담에도 불구하고 끊임없는 대남도발과 핵 실험 추진

PART III

상식

Chapter 01 인문

Chapter 02 경영/경제

Chapter 03 북한

Chapter 04 법률

Chapter 05 공학

Chapter 06 국가정보학

Chapter 07 최신 상식

01 CHAPTER

인문

1 외교

(1) 외교일반

① 외교사절 절차
  ㉠ 아그레망(Agrément) : 현지 정부가 다른 나라의 외교사절을 승인하는 일
  ㉡ 페르소나 논 그라타(Persona non-grata) : 국가가 외교사절을 받아들이기를 기피하는 사람

② 국제정상회의
  ㉠ G8 : 독일, 러시아, 미국, 영국, 이탈리아, 일본, 캐나다, 프랑스
  ㉡ G20 : 미국, 일본, 영국, 프랑스, 독일, 이탈리아, 캐나다, 유럽연합(EU) 의장국, 러시아, 브라질, 인도, 중국, 남아프리카공화국, 멕시코, 사우디아라비아, 대한민국, 호주, 터키, 아르헨티나, 인도네시아

③ 영토분쟁(領土紛爭)
  ㉠ 난사군도분쟁(南司群島分爭) : 중국 남중국해 중부에 있는 난사군도의 영유권을 두고 중국, 대만, 베트남, 필리핀, 말레이시아 브루나이 간의 분쟁
  ㉡ 조어도(일본명 : 센카쿠) 영유권 분쟁(釣魚島永有權分爭) : 대만으로부터 동북쪽 200km, 일본 오키나와로부터 남서쪽 300km 지점에 있는 동중국 해상의 조어도 열도를 둘러싼 일본, 중국, 대만 간의 영유권 분쟁
  ㉢ 쿠릴열도(Kuril Island) : 러시아 캄차카반도와 일보 홋카이도 사이의 열도를 둘러싼 러시아의 일본 간의 영유권 분쟁

④ 세계 테러단체 및 근거지
  ㉠ 헤즈볼라 : 레바논
  ㉡ 하마스 : 팔레스타인
  ㉢ 무슬림형제단 : 이집트
  ㉣ 탈레반 : 아프가니스탄
  ㉤ IS : 시리아

⑤ UN의 대표 기구

UN 총회	UN 안전보장이사회
UN의 모든 회원국이 매년 9월 셋째 화요일에 모여 국제적 분규나 협의가 필요한 사항을 안건으로 하여 토의하고 결정된 사안을 회원국과 안전보장이사회에 권고하는 회의	UN 헌장 24조에 의거해 국제 평화 안전 유지를 목적으로 하는 UN의 주요 기관 • 상임이사국 : 러시아, 미국, 영국, 프랑스, 중국 • 비상임이사국 : 아프리카(3), 중남미(2), 아시아(2), 동유럽(1), 서유럽 및 그 외 나라(2)
모든 회원국은 1표의 의결권을 가지며, 중요사항은 출석투표국 2/3 이상의 찬성을 얻어야 하고, 기타 사항은 출석투표국 과반수의 찬성을 얻어야 통과 → UN 총회에서 결정된 사안은 권고적인 효력만 있을 뿐, 법적인 구속력은 없음	안전보장이사회의 안건은 15개 이사국 중 9개 이상 찬성하면 통과되지만, 상임이사국의 거부권 행사 시 통과하지 못함 → 안전보장이사회의 결정은 강제적이며, 법적인 구속력을 가지며, 국제사법재판소의 판결에 따라 집행·감독할 의무가 있음

❖ Tip

UN 주요 6개 기구
총회(GA_General Assembly), 안전보장이사회(SC_Security Council), 경제사회이사회(ECOSOC_Economic and Social Council), 신탁통치이사회(TC_Trusteeship Council), 국제사법재판소(ICJ_International Court of Justice), 사무국(Secretariat)

⑥ UN 산하 주요 국제기구

㉠ WHO(World Health Organization, 세계보건기구) : 1948년에 설립되어 스위스 제네바에 본부가 있으며, 세계인의 건강한 삶을 위해 국제 조건 문제를 주요 업무로 하는 UN 산하에서 규모가 가장 큰 기구

㉡ UNICEF(United Nations International Children's Emergency Fund, 국제연합아동구호기금) : 1946년 창설되어 뉴욕시에 본부가 있으며, 아동의 보건·영양·교육에 대한 각국의 노력을 지원할 목적으로 창설된 국제 기금

㉢ ICJ(International Court of Justice, 국제사법재판소) : 유엔의 주된 6개 기구 중 유일하게 뉴욕이 아닌 네덜란드 헤이그에 본부가 있으며, UN 총회와 안전보장이사회에 의해 선출된 재판관 15명(임기 9년)이 국가 간의 법률적 분쟁을 재판을 통해 해결하기 위해 설립된 국제사법기관

㉣ IAEA(International Atomic Energy Agency, 국제원자력기구) : 1953년 美 아이젠하워 대통령이 제안하여, 1956년 국제연합회원국 80개국이 설립 헌장에 참여하였고 1957년 원자력의 평화적 이용과 국제적 공동관리를 위해 설립된 국제기구

㉤ UNEP(United Nations Environment Program, 유엔환경계획) : 1972년 세계 각국의 정상들이 모여 개최한 '인간환경회의'에서 지구 환경문제를 다루기 위한 UN 전문기구 설립에 합의한 결과 창설

㉥ ILO(International Labor Organization, 국제노동기구) : 1917년 사회정의의 향상과 노동조건의 개선 및 생활 수준의 향상을 목적으로 설립한 국제연합(UN)의 전문 기구로, 우리나라는 1991년 12월 9일 151번째로 가입 → 본부는 스위스 제네바, 총회는 각 회원국으로

부터 대표 4명(정부 측 2명, 노동자 측 1명, 사용자 측 1명)이 출석하는 3자 구성을 취하여, 매년 1회 개최
- ⓐ ICAO(International Civil Aviation Organization, 국제민간항공기구) : 1947년에 설립되어 본부는 캐나다 몬트리올에 있으며, 전 세계 민간 항공의 안전 능률적인 운송, 항공기 설계 및 기술의 발전을 도모하는 UN 전문기구
- ⓔ FAO(Food and Agriculture Organization of the united nations, 국제연합식량농업기구) : 1945년 캐나다 퀘벡에서 34개국 대표들이 모여 창설하여 세계의 식량 사정 개선과 농업 생산량 강화를 목적으로 하는 UN의 식량·농업 전문기구

(2) 안보

① 우리나라 해외 파병부대
- ㉠ 동티모르 : 상록수부대
- ㉡ 이라크 : 자이툰부대
- ㉢ 레바논 : 동명부대
- ㉣ 아이티 : 단비부대
- ㉤ 아프가니스탄 : 다산부대, 오쉬노부대

② 우리나라 군함
- ㉠ 이지스함 : 세종대왕함(한국 최초의 이지스함), 율곡이이함, 서애유성룡함
- ㉡ 구축함 : 광개토대왕함(한국 최초의 구축함), 을지문덕함, 충무공이순신함
- ㉢ 잠수함 : 장보고함(한국 최초의 잠수함)

(3) 주요 국제 조약

① 파리 조약, 1814

이 조약은 나폴레옹 전쟁을 종결시켰고, 빈 회의로 이어졌다
빈 회의는 나폴레옹 전쟁 이후의 처리 작업을 마무리했고, 유럽협조체제로 이어지게 되었다. 유럽협조체제는 19세기 강대국 사이의 전쟁을 방지하는 역할을 담당하며 군주권을 지켰다. 그리고 유럽에서 자유주의와 민족주의 운동을 억압하는 제도였다.

② 베르사유 조약, 1919

이 조약은 제1차 세계대전을 공식적으로 종결시켰다.
이 조약으로 국제연맹이 창설되었고, 승전국과 패전국의 권리와 의무가 정해졌으며, '선진 국가'가 식민지 인민에 대한 후견국 역할을 담당하는 '신탁' 체제가 도입되었다.

③ 샌프란시스코 조약, 1951

미국 샌프란시스코에서 맺어진 일본과 연합국 사이의 평화 조약이다. 1951년 9월 8일 미국 샌프란시스코에서 48개국이 참가하여 서명하여 1952년 4월 28일에 발효되었다. 조약의 발효로 연합군 최고사령부에 의한 일본의 군정기가 끝나고, 일본은 주권을 회복하였다.

(4) 나라별 특징

① 미국
- 한미자유무역 협정(한미 FTA) → 미국과 미국간의 상품 및 서비스 무역에 있어서의 관세 철폐 등에 관해 맺은 협정. 한미 FTA는 상품, 서비스/투자, 정부조달, 지적재산권, 노동, 환경 등의 다양한 분야를 포함하고 있는 포괄적인 FTA이다.
- 제네바 합의(북미 제네바 기본 합의서) → 북한과 미국 간에 북한 핵문제 해결을 위해 합의한 문서. 1994년 10월 21일 제네바에서 이루어졌으며 핵 특별사찰을 통한 핵 의혹 해소 문제, 핵 동결과 관련시설 해체, 핵연료봉 처리, NPT 복귀, 북미관계 개선과 남북대화 재개등이 언급되어 있고 비공개 합의문에는 기본 합의문을 구체화한 내용이 담겨있다.
- 에치슨 라인 → 1950년 1월 미 국무장관 에치슨이 소련의 스탈린과 중공의 마오쩌둥의 공산화를 저지하게 위해 태평양에서의 미국 방위선을 알류산열도 - 일본 - 오키나와 - 필리핀을 연결하는 선, 즉 애치슨 라인으로 정한다는 것이다. 결과적으로는 북한의 오판을 불러일으켜 6.25 전쟁 발발의 원인이 되었다는 비판을 받았다.
- 대북제재 결의 2397호(2017) → 유엔 안전보장 이사회가 2017년 12월 22일 채택한 대북제재 결의안으로, 북한이 추가 핵실험을 행하거나 ICBM급 미사일을 발사할 경우 유류 제한 조치를 추가하는 내용 등을 담고 있다.
- 닉슨 독트린 → 미국의 리처드 닉슨 대통령이 1969년 7월 25일 해외 순방 중 괌에서 발표한 대외 안전 보장책 하나로, 아시아에 대한 새로운 안보 전략이다. 아시아 방위 책임을 일차적으로 아시아 국가들 자체가 지게하고 미국은 핵우산을 제공함으로써 대소봉쇄전략을 추구한다는 것이다. 미국은 당시 월남전 개입의 실패와 국제적 데탕트 무드에 따라 가능한 국제적 분쟁에 개입을 하지 않고 이미 약화된 미국의 군사적 부담을 경감하고자 했다.
- 마샬 정책(마샬 플랜)
  : 제 2차대전 후의 서구제국에 대한 미국의 원조계획으로, 그 목적은 서구제국의 경제성장을 촉진하고 나아가서 공산주의의 확대를 저지시키려는 것이었다.
- 트럼프 대통령 관련 정리
  - 누네스 메모
    트럼프 미국 대통령과 공화당이 FBI의 러시아 스캔들 수사 편향성과 권한 남용을 비판하는 내용의 메모.
  - 다카(DACA)
    불법 입국한 부모를 따라 미국에 들어온 15~30세 청년들의 추방을 유예하는 제도로 트럼프 대통령이 폐지했다
  - 파리(기후변화)협약 : 산업화 이전 수준 대비 지구 평균온도가 2℃ 이상 상승하지 않도록 온실가스 배출량을 단계적으로 감축하는 내용을 담고 있는 협약. 2020년 이후 적용할 새로운 기후협약으로 1997년 채택한 교토의정서를 대체하는 것. 미국 탈퇴
  - 참고_도쿄의정서 : 선진국만 온실가스 감축 의무가 있었지만 파리협약에서는 참여하는 195개 당사국 모두가 감축 목표를 지켜야 한다.

- 참고_나고야의정서 : 생물자원을 활용하며 생기는 이익을 공유하기 위한 국제협약

〈트럼프가 탈퇴한 국제협약〉
파리(기후변화)협약
환태평양 경제동반자 협정(TPP) : 미국 일본 주도의 다자간 자유무역협정
유네스코 : 국제연합 교육 과학 문화 기구. 이스라엘과 동반 탈퇴

호혜세 : 한 나라가 다른 나라와 무역을 할 때 다른 나라가 부과하는 세금만큼 그 나라에 똑같은 세금을 부과하는 것. 트럼프 대통령이 호혜세 도입 방침

② 중국
- 일대일로 → 일대일로란 중국 주도의 '신(新) 실크로드 전략 구상'으로, 내륙과 해상의 실크로드경제벨트를 지칭한다. 35년 간(2014~2049) 고대 동서양의 교통로인 현대판 실크로드를 다시 구축해, 중국과 주변국가의 경제·무역 합작 확대의 길을 연다는 대규모 프로젝트다. 2013년 시진핑 주석의 제안으로 시작되었으며, 2017년 현재 100여 개 국가 및 국제기구가 참여하고 있다.
- 죽의 장막 → 중국과 자유진영의 국가들 사이에 가로놓인 장벽을 중국의 명산물인 대나무에 비유하여 이르는 말이다. 소련의 대비공산권 여러 나라에 대한 폐쇄정책을 가리키는 '철의 장막(iron curtain)'과 구별하여 1949년 이래 중국의 똑같은 배타적 정책을 가리킨다.
- 한한령(限韓令) → 중국 내에서 한국에서 제작한 콘텐츠 또는 한국 연예인이 출연하는 광고 등의 송출을 금지하는 것으로 금한령(禁韓令)이라고도 한다. 중국 정부에서 공식적으로 인정하지는 않았지만 2016년 7월 한국의 사드(THAAD·고고도 미사일방어체계) 배치가 확정된 후부터 이에 대한 보복 조치로 적용되고 있다.
- 문화대혁명 → 1966년부터 1976년까지 10년간 중국의 최고지도자 마오쩌둥[毛澤東]에 의해 주도된 극좌 사회주의운동.
- 평화공존 5원칙[和平共处五项原则] → 평화공존 5원칙(Five Principles of Peaceful Coexistence)은 중국 대외관계의 기본적인 틀이다. 1953년 12월 저우언라이 당시 총리가 인도대표단을 접견한 자리에서 처음 언급했다. 그 다섯 가지 원칙은 '영토주권의 상호 존중(후에 '주권과 영토보전의 상호 존중'으로 수정), 상호 불가침, 상호 내정 불간섭, 호혜평등(후에 '상호 이익 평등'으로 수정), 평화공존'이다. 중국은 2014년 6월 평화공존 5원칙 발표 60주년을 맞아 성대한 기념행사를 열고, 평화공존 5원칙이 현재에도 여전히 중국 외교노선의 근간임을 천명했다.
- 일국양제[一國兩制] → '일국양제'의 사전적 의미는 '하나의 국가, 두 개의 제도(one country, two systems)'다. 중화인민공화국이라는 하나의 국가 안에 사회주의와 자본주의라는 서로 다른 두 체제를 공존시키는 것을 말하며, 중국의 홍콩과 마카오 통치 원칙이며 대만 통일 원칙을 의미한다.
- BAT(바이두, 알리바바, 텐센트) → BAT란 2010년대 들어 중국의 3대 IT업체로 떠오른 바이두(Baidu, 百度), 알리바바(Alibaba, 阿里巴巴), 텐센트(Tencent, 腾讯)를 지칭하는 용어

로, 2013년부터 본격적으로 사용되었다. 스마트폰과 SNS 시대를 이끄는 미국의 4대 IT업체를 가리키는 TGIF(트위터, 구글, 아이폰, 페이스북)에 대한 중국 버전의 신조어라 할 수 있다. 미국의 TGIF는 현재 GAFA(구글, 애플, 페이스북, 아마존)로 대체되었다.

③ 일본
- 한·일기본조약 (공식명칭 : 대한민국과 일본국 간의 기본관계에 대한 조약) → 이 조약으로 인해 1945년 광복 이후 단절되었던 한국과 일본의 국교가 정상화 되었고, 일본의 한국에 대한 모든 법적 배상, 보상 책임이 마무리 되었다. 1965년 6월 22일 이동원 외무장관, 시이나 에쓰사부로 외상에 의해 도쿄에서 체결되었다. ☆
- 한·일 청구권 협정 (공식명칭 : 대한민국과 일본국간의 재산 및 청구권에 관한 문제의 해결과 경제협력에 관한 협정) → 1965년 한국과 일본 정부가 맺은 한일 기본조약 중 하나로, "청구권, 경제협력에 관한 협정"을 줄여 한일 청구권 협정이라고 부른다. 한일 청구권 협정으로, 한국은 일제강점기 때 일본이 벌인 모든 침략, 범법 행위를 "경제협력자금"이란 이름의 돈으로 보상받았다.
- 고노담화 (공식명칭 : 위안부 관계 조사발표에 관한 고노 내각관방장관 담화) → 1993년 일본군 위안부 문제의 강제성과 일본 정부가 직접적으로 관여했다는 점을 인정한 일본 정부의 첫 담화 ☆
- 셔틀외교 → 양쪽 정파가 첨예하게 맞서고 있을 때 제 3자가 양쪽을 오가며 대화를 성사시키는 것. (한·일 셔틀외교 : 1년에 한 번씩 상대나라를 오가며 정례정상회담을 열자)
- 한일군사정보포괄보호협정 대한민국 정부와 일본국 정부 간의 군사비밀정보의 보호에 관한 협정 (Agreement between the Government of the Republic of Korea and the Government of Japan on the Protection of Classified Military Information) → 2016년 11월23일에 체결된 한국과 일본 사이의 군사협정으로 해방 및 대한민국 정부 수립 이후 한일 양국이 맺은 첫 번째 군사협정

④ 러시아
- TKR-TSR 연결(나진- 하산 철도현대화)사업 → 러시아가 유럽과 아시아를 잇는 철의 실크로드 구상중 하나이며 철도 주변 경제를 활성화 시키려는 목적의 사업. 북한을 통해 남한과 경제적 교류를 할 수 있으며 중국을 견제시는 의도도 있음.
- PNG 사업 → 러시아는 북한을 통과하는 가스관 건설을 통해 한국에 극동시베리아 가스를 공급하는 방안을 추진중이다. 2011년 한국가스공사와 러시아 그즈프롬사간 사업 추진을 위한 로드맵을 체결하고 상업 협상을 진행했다.
- 북방정책 → 1988년 노태우 정부가 집권을 하면서 수립한 대한민국의 대공산권 정책이다. 기존의 대공산권 적대정책을 획기적으로 전환하는 계기가 되었다. 이 외교 정책에 따라 1990년 10월 소련과의 국교가 수립되었다. 다음해 1991년 소련이 해체된 이후 러시아와 국교를 재개하였다.
- 북방경제협력위원회 → 우리나라에서 유라시아 지역의 경제협력과 발전을 도모하기 위해 문재인 정부가 2017년 8월 대통령 직속으로 출범시킨 기구이다. 이 위원회를 통해 러시아,

몽골, 카자흐스탄 등 북방 국가들과 농업 분야를 포함한 협력을 강화하는 신북방 정책을 추진하고 있다.
- 동방경제포럼 → 러시아 정부 주관으로 동러시아 지역 개발을 위한 투자 유치 및 주변국과의 경제 협력 활성화를 목적으로 2015년부터 매년 개최되는 포럼. 이 포럼은 블라디미르 푸틴 대통령이 신동방정책을 추진하기 위해 창설한 포럼이다.
- 신북방정책 '9-브리지' → 제3차 동방경제포럼에서 문대통령은 한반도를 넘어 극동과 동북아, 유라시아까지 연계해 경제적 영토를 크게 확장시켜나가는 신북방정책을 공개했다. 러시아 극동 지역을 중심으로 한국과 중국, 몽골, 일본 등 유라시아 각국이 철도와 에너지, 물류로 연계되면 갈등보다 협력을 지향하는 쪽으로 관계 설정이 가능하다는 것이다. 구체적 실천 방안으로 가스, 철도, 항만, 전력, 북극항로, 조선, 일자리, 농업, 수산 등 9개 분야에서 한국과 러시아가 동시다발적인 협력을 추진한다는 전략이다. ☆

⑤ 프랑스 : 마크롱 대통령. 구시대의 정치권과 인물을 청산하자는 데가지즘으로 당선
⑥ 독일 : 메르켈 총리. 4연임의 최장수 총리. 독일 극우정당 AfD 제3당으로 등극

2 정치

(1) 선거의 4대 원칙

① 보통선거(↔ 제한선거) : 국민으로서 일정한 연령에 달한 사람에게 원칙적으로 재산, 교육, 종교, 성별, 사회적 신분에 관계없이 누구에게나 선거권을 주는 제도
② 평등선거(↔ 차등선거) : 모든 선거권자는 누구나 1인 1표의 투표권을 가지며, 그 가치의 차를 두지 않는 제도
③ 직접선거(↔ 간접선거) : 국민이 직접 후보자에게 투표하는 제도
④ 비밀선거(↔ 공개선거) : 선거인이 어떤 후보자에게 투표하였는지를 모르게 하는 제도

> ◎ 참고
> - 자유선거(↔ 의무선거) : 선거인이 외부의 영향을 받지 않고 자유의사에 따라 선거권을 행사하도록 보장하는 제도
> - 재선거(再選擧) : 당선인이 임기 전 사망하거나 부정선거를 저질렀을 때 당선을 무효로 하고 다시 치르는 선거
> - 보궐선거(補闕選擧) : 당선인이 임기 중 기타 범법행위로 유죄판결을 받아 피선거권을 상실하였거나 사망, 사퇴 등의 이유로 직위를 잃어 공석 상태가 되는 경우에 실시하는 선거

(2) 의사 진행

① 필리버스터(Filibuster) : 의회 안에서 합법적·계획적으로 수행되는 의사 진행 방해 행위
② 캐스팅보트(casting vote) : 합의체 의결에서 가부동수인 경우에 의장이 가지는 결정권

(3) 미국 대통령 선거방식

① 프라이머리(primary) : 미국의 대통령 선거에서 정당별 후보를 일반 유권자의 투표에 의하여 선출하는 예비 경선 방식(예비 선거)인데 코커스(caucus)가 등록된 당원만 참여할 수 있는 것과 달리 프라이머리는 당원이 아닌 일반인이 모두 참여가 가능

② 코커스(caucus) : 미국에서 정당의 대통령 후보를 선출하기 위한 지방 당원대회로, 원래는 인디언 용어로 '추장들의 모임'이라는 의미에서 유래

> **참고**
>
> 미국 50개 주(州) 가운데 27개 주가 프라이머리를 채택하고 있으며, 나머지 23개 주는 코커스를 시행

③ 승자독식제(winner takes all) : 미국의 독특한 선거제도의 하나로, 주별로 직접 투표를 통해 가장 많은 표를 얻은 후보가 해당 주에 배분된 선거인단을 모두 차지하는 일종의 간접선거 방식 → 미국 50개 주 가운데 메인 주와 네브래스카 주를 제외한 48개 주가 이를 채택

(4) 헌법상 의무

① 국민의 의무
- 3대 의무 : 납세, 국방, 교육의 의무
- 4대 의무 : 납세, 국방, 교육, 근로의 의무

② 국회의원의 의무

헌법상의 의무	국회법상의 의무
• 겸직금지의 의무 • 청렴의 의무 • 국익 우선의 의무 • 지위 남용 금지의 의무	• 품위유지의 의무 • 국회의 본회의와 위원회 출석의 의무 • 의사에 관한 법령·규칙 준수의 의무

(5) 헌법상 권한

① 대통령의 권한

국가 원수로서 권한	긴급 처분·명령권, 계엄 선포권, 국민투표 부의권
행정부 수반으로서 권한	행정에 관한 최고 결정권 및 지휘권, 법률 집행권, 국가 대표 및 외교에 관한 권한, 정부 구성권, 공무원 임명권, 국군 통수권, 재정에 관한 권한, 영전 수여권
입법권	국회 임시회의 집회 요구권, 국회 출석 발언권, 헌법 개정에 관한 권한, 법률안 제출권과 거부권 및 공포권, 명령 제정권
사법권	위헌 정당 해산 제소권, 사면·감형·복권에 권한

② 국회의 권한

입법에 관한 권한	헌법 개정 제안·의결권, 법률 제정·개정권, 조약 체결·비준동의권
재정에 관한 권한	예산안 심의·확정권, 결산심의권, 기금심사권, 재정 입법권, 계속비 의결권, 예비비 지출 승인권, 국채 동의권, 국가의 부담이 될 계약 체결에 의한 동의권
일반 국정에 관한 권한	국정감사·조사권, 헌법기관 구성권, 탄핵소추권, 긴급명령·긴급재정경제처분/명령 승인권, 계엄 해제 요구권, 일반사면에 대한 동의권, 선전포고 및 국군의 해외파견 외국 군대 주류에 대한 동의권, 국무총리·국무위원 해임 건의권, 국무총리·국무위원·정부위원 출석요구권 및 질문권

(6) 직접 민주 정치의 구현 방법

① 국민투표(referendum) : 선거 이외의 헌법 개정안이나 법률안 등 국가의 중요한 일을 표결해 붙여 국민의 의사에 따라 결정하는 제도

② 국민발안(initiative) : 국가의 주요한 사안을 국민이 직접 제출하는 제도

③ 국민소환(recall) : 선거로 뽑는 사람 중 문제가 있는 사람을 대해 임기가 끝나기 전에 국민투표에 의하여 파면시키는 제도

3 사회 / 문화

(1) 사회

① 사회보장제도
사회의 구성원인 개인의 보상·질병·출산·실업·노령 등의 원인에 의해 생활이 곤궁에 처하게 될 경우에 공공의 재원으로 그 최저 생활을 보장해 주는 제도
㉠ 공공부조 : 생활 유지 능력이 없거나 생활이 어려운 자에게 국가 및 지방자치단체의 비용 부담으로 필요한 보호를 행하며 이들의 최저 생활 보장과 자립 촉진을 목적으로 하는 경제적 보호 제도
㉡ 사회보험 : 국가 책임 하에 질병, 노령, 실업 등 사회적 위험으로부터 국민의 건강과 일정 이상의 소득 보장을 위하여 국민이 보험에 가입하도록 강제한 사회보장제도

> ◆ 참고
> • 최저임금제 : 근로자의 최저임금 수준을 결정해 사용자가 그 수준의 임금을 지불하도록 한 제도로, 2018년 최저임금은 7,530원이다.
> • 우리나라 4대 사회보험 : 산업재해보상보험, 국민건강보험, 연금보험, 고용보험

② 도시화에 따른 사회현상
㉠ U턴 현상 : 도시생활 부적응, 생활비 부담, 직장의 지방으로 전근 등 출신지로 돌아가는 현상

- ⓒ J턴 현상 : 도시에서 생활하던 노동자가 도시생활을 포기하고, 고향과 가까운 지방으로 취직하는 현상
- ⓒ 아노미현상(Anomie Phenomenon) : 사회적인 규범이나 가치관이 붕괴됨에 따라 느끼게 되는 혼돈 상태
- ⓔ 스프롤 현상(sprawl 現狀) : 고도 경제성장에 따른 도시의 급속한 발전이 대도시 주변의 무계획적 건설, 지가의 상승, 교통량의 폭주, 환경오염 등의 문제를 발생시키는 현상
- ⓜ 디지털디바이드(digital divide, 정보격차) : 컴퓨터와 인터넷 등의 디지털기술을 사용하는 사람과 사용하지 못하는 사람 사이의 정치·경제·사회·문화적 격차
- ⓗ 깨진 유리창 법칙(broken windows theory) : 깨진 유리창을 방치해 둔 곳에서부터 범죄가 확산된다는 이론으로, 사소한 무질서가 큰 문제를 야기할 확률이 높다는 것

③ 지역이기주의 현상
- ⓝ 님비현상(NIMBY Syndrome) : 'Not In My Back Yard'의 약어로, 사회적으로 필요한 혐오시설이 자기 집 주변에 설치되는 것을 강력히 반대하고, 멀리 떨어진 지역에 지으려는 주민들의 이기심이 반영된 현상
- ⓒ 핌피현상(PIMFY Syndrome) : 'Please In My Front Yard'의 약어로, 지역 발전에 도움이 되는 시설이나 기업들을 적극적으로 자기 지역에 유치하려는 현상으로 님비현상과는 반대 개념
- ⓒ 님투현상(NIMTOO Syndrome) : 'Not In My Tearms Of Office'의 약어로, 공직자가 자신의 재임 기간 중에 주민들의 민원이 발생할 소지가 있는 혐오시설들을 설치하지 않고 임기를 마치려는 현상
- ⓔ 핌투현상(PIMTOO Syndrome) : 'Please In My Terms Of Office'의 약어로, 자치 단체장이 자신이 임기 중에 반드시 가시적인 성과를 이루려는 현상으로, 님투현상과는 반대개념
- ⓜ 바나나현상(BANANA Syndrome) : 'Build Absolutely Nothing Anywhere Near Anybody'의 약어로, 각종 환경오염시설들을 자기가 사는 지역권 내에는 절대 설치하지 못한다는 지역이기주의 현상

④ 노동3권
근로자의 인간다운 생활을 보장하기 위해 헌법에서 정한 단결권(노동조합을 조직할 권리)·단체교섭권·단체행동권을 의미

> **참고**
>
> 노동조합에 가입할 수 있는 공무원의 범위 – 「공무원 노동조합 설립 및 운영 등에 관한 법률」 제6조
> - 6급 이하의 일반직공무원 및 이에 상당하는 일반직공무원
> - 특정직 공무원 중 6급 이하의 일반직공무원에 상당하는 의무행정·외교정보 관리직 공무원
> - 6급 이하의 일반직공무원에 상당하는 별정직 공무원

⑤ 노동쟁의 유형
- ⓝ 파업(strike) : 근로 거부 행위
- ⓒ 태업(sabotage) : 근로를 게을리해 고용주에게 피해를 주는 행위

ⓒ 보이콧(boycott) : 회사의 상품 또는 거래 관계에 있는 제3자의 상품에 대한 불매운동
ⓓ 피케팅(picketing) : 플래카드, 피켓, 확성기 등을 사용해 근로자들이 파업에 동참하는 것을 호소하는 행위

> **참고**
> - 제너럴 스트라이크(general strike, 총파업) : 동일 사업 또는 전국 주요 산업의 근로자가 일제히 공동으로 실시하는 파업
> - 직장폐쇄(lock-out) : 고용주가 노사협상에서 자신들이 뜻을 이루기 위해 일정 기간 직장의 문을 닫는 행위
> - 정리해고 : 경영이 악화된 기업이 경쟁력 강화와 생존을 위해서 구조조정을 할 때 종업원을 해고할 수 있는 합법적 제도로, 근로자의 과반수로 조직된 노동조합이 있는 경우 해고 50일 전에 해당자에게 이를 알리고 또한 노동부에도 신고해야 함. (해고의 요건 : 긴박한 경영상의 필요, 해고 회피 노력, 대상자의 공정한 선정, 노조 또는 근로자 대표와의 협의 등)

⑥ 법정전염병(法定傳染病)

제1군 전염병	제2군 전염병
발생 원인이 주로 물이며, 전염 속도가 급속해 즉각적인 대책이 요구됨	전염 속도가 빠르지만 미리 예방접종을 하면 예방 가능한 병으로, 국가 예방접종 사업의 대상인 전염병
세균성 이질, 콜레라, 장티푸스, 장 출혈성 대장균 감염증, A형 감염 등	디프테리아, 파상풍, 백일해, B형 간염, 일본 뇌염, 수두 등

> **참고**
> - 구제역 : 소·돼지·사슴·염소 등 발굽이 두 개로 갈라진 동물이 걸리는 제1종 가축전염병
> - O-157 : 장 출혈성 대장균 감염증으로, 대장균이 증식하면서 배출하는 독소로 장 출혈과 용혈성 요독증을 일으킴

⑦ 국적
- 국적이란?

어느 개인이 법률상 국민으로서 어느 국가에 소속되는 관계, 즉 일정한 국가의 구성원이 되는 자격을 말한다. 일정한 국적을 가진 사람은 당해 국가의 영토 밖에서도 그 국가의 주권에 복종해야 하며, 본국에 의하여 보호를 받는다(헌법 제2조 2항). 국적의 취득에는 출생 등의 선천적 취득과 영토의 변경·귀화 등의 후천적 취득이 있고, 국적의 상실에 있어서도 사망 등의 선천적 상실과 영토의 변경·국적의 이탈(離脫) 등의 후천적 상실이 있다.

- 국적 회복

상실한 본국 국적을 다시 회복하는 것은 국내법상(國內法上)의 문제이며 국제법상(國際法上) 일반원칙(一般原則)이나 관습(慣習)은 없다. 대체로 국적이탈의 자유를 인정하는 국가는 국적회복의 자유도 함께 인정한다. 대한민국의 국민이었던 외국인은 법무부장관의 국적회복 허가를 받아 대한민국의 국적을 취득할 수 있다.
그러나 국가 또는 사회에 위해를 끼친 사실이 있는 자, 품행이 단정하지 못한 자, 병역을 기피할 목적으로 대한민국의 국적을 상실하였거나 이탈하였던 자, 국가안전보장(國家安全保障)·질서유지(秩序維持) 또는 공공복리(公共福利)를 위하여 부적당한 자에 대하여는 국적회복을 허가하지 않는다(국적법 제9조).

⑧ 언론
- 가짜 뉴스(Fake News) : 한국(19대 문재인)과 미국 대선에서 자주 등장한 거짓 뉴스
- 엠바고 : 뉴스를 발표하는 시간을 일시적으로 제한하는 뜻으로 사용된다. 정부기관 등의 정보제공자가 어떤 뉴스나 보도자료를 언론기관이나 기자에게 제보하면서 그것을 일정 시간이나 기일, 즉 해금시간 후에 공개하도록 요청할 경우 그때까지 해당 뉴스의 보도를 미루는 것이며 혹은 그 요청까지도 엠바고로 부르기도 한다.
- 스쿠프 : 일반적으로 보도기관에서 경쟁상대보다 먼저 특종기사를 보도하는 것을 말한다. 스쿠프가 가지는 의미는 다양하다. 하나는 뉴스 소스 측이 숨기거나 왜곡시키고 있는 사건에 대해 폭로하는 것을 말하는데, 이 경우 주로 정치권력이나 대기업에서 정보를 제공한다. 또 하나는 공지(公知)의 사실이지만 모두가 중요시하지 않는 사항에서 새로운 문제점을 찾아내 재조명함으로써 그 사실이 지닌 의미를 새롭게 밝혀주는 것을 말한다.
스쿠프로 세계의 신문사상 가장 유명한 예로는 1878년 베를린 회의 때 「타임스」의 H.S.브로위츠 특파원이 회의 비밀을 차례로 스쿠프하여 지면을 장식했던 일이다.

⑨ 김영란법
김영란법은 언론인과 사립학교 교직원을 포함한 공직자가 직무 관련성과 상관없이 100만 원을 초과하는 금품을 받으면 형사처벌을 받는 법이다. 100만 원 이하 금품 수수는 직무 관련성이 있는 경우에만 과태료가 부과된다. 하지만 직무 관련 없이 100만 원 이하를 받더라도, 같은 사람으로부터 연간 300만 원을 초과해 받으면 형사처벌 대상이 된다.

⑩ 기타
- 대체휴일 : 설날, 추석 명절 연휴가 공휴일과 겹치는 경우 다음날 평일을 공휴일로 지정
- 임시 공휴일 : 본래 공휴일이 아니지만 정부에서 판단하여 휴일이 필요하다고 판단될 때 지정하는 공휴일을 말한다. 국무회의의 심의와 의결을 통해 결정.
    - 예 2017년 10일간 황금 휴일 : 9월30일(토) 시작 – 임시공휴일(10월2일) – 개천절(10월3일) – 추석 연휴(10월3~5일) – 대체휴무(10월6일) – 주말 – 한글날(10월9일)
- 펫팸족 : 요약 반려동물을 살아있는 가족과 같이 귀중한 존재로 여기는 사람들.
- 유리천장 : 여성들의 고위직 진출 및 승진을 막는 사회적 분위기
- 미투 캠페인 : 헐리우드 영화제작사가 여배우를 오랫동안 성폭행 한 사건 후 한 여배우가 성범죄의 심각성을 알리기 위해 제안. 나도 피해자 라는 것을 고백하는 캠페인.
- YOLO(욜로) : 현재 자신의 행복을 가장 중시하고 소비하는 태도
- 패스트족 / 슬로족
- 최저임금 : 시급 9,160원(2022년 기준)
- 색관련 용어
    블랙 저널리즘 : 일반인에게 공개되지 않은 사실을 취재하는 기사
    회색 저널리즘 : 사실과 의견을 교묘히 섞어, 의견이 마치 사실처럼 보이게 한 기사
    황색 저널리즘(옐로우 저널리즘) : 음란 선정적인 기사
    블루리본 캠페인 : 인터넷 사전 검열에 저항하는 온라인 표현 자유화 운동

핑크리본 캠페인 : 유방암 환자 보호 캠페인

레드리본 캠페인 : 에이즈 환자 보호 캠페인

- 제네릭(Generic) : 특허가 만료된 오리지널 의약품의 복제약. 원본 약과 비슷한 성분을 사용해 약효는 비슷하지만, 초기 개발비용과 로열티가 들지 않아 약값은 보다 저렴하다.
- 킬 스위치 (kill switch) : 휴대전화 같은 정보기기를 분실했을 때 원격으로 조작해 개인 데이터를 삭제하고 도용을 막도록 하는 스위치다. 일종의 '자폭 기능'이다.
- 4차 산업혁명 : 인공지능, 사물인터넷, 로봇기술 등의 융합으로 이뤄지는 차세대 기술 혁신 시대를 일컫는 말이다. 이 개념은 2016년 1월에 열린 다보스포럼(Davos Forum·세계경제포럼)에서 다보스포럼 회장인 클라우스 슈밥이 처음 제시했다.

  1차 산업혁명은 1784년 영국에서 시작된 증기기관과 기계화로 대표되며, 2차 산업혁명은 1870년 전기를 이용한 대량생산을 뜻한다. 3차 산업혁명은 1969년 인터넷이 이끈 컴퓨터 정보화 및 자동화 생산시스템을 의미한다.
- 리쇼어링(Re-shoring) : 인공지능, 로봇, 3D프린터 등 4차 산업혁명으로 인해 해외로 보냈던 기업들을 다시 자국으로 불러들이는 것. 오프쇼어링(Off-shoring. 해외로 생산기지를 옮기는 것)의 반대개념
- 예맨 난민 : 올해 제주도에만 예멘인이 561명이나 입국. 549명의 예맨인들이 난민 신청을 하면서 전쟁을 피해 목숨 걸고 왔다고 주장. 제주출입국·외국인청은 제주에 체류 중인 예멘 난민 신청자 2명을 난민으로 인정. 인도적 체류 허가는 412명이 받았는데 인도적 체류는 '난민 지위'는 부여하지 않으면서 국내 체류 자격만 부여한 것.

(2) 문화

- 유스 컬처(Youth Culture) : 하위 문화로 여겨지던 10대 청년 문화가 3040세대에게 인기를 끌면서 시장 주류로 부각되는 현상을 말한다. 힙합, 보드 룩 같은 패션 스타일부터 전위 미술, 그라피티, 인디 음악 등이 해당한다.
- 혼족 : 남의 시선에 신경 쓰지 않고 자신만의 라이프 스타일을 추구하는 사람들을 말한다. '나홀로족'이라고도 불린다. 1인 가구 급증, 심화하는 취업난 속에서 각종 문화생활과 여가를 혼자 보내는 사람이 늘어나며 생긴 신조어다.

  예 혼밥_혼자 밥먹는 사람
- 1코노미 : 1코노미는 1인과 경제를 뜻하는 이코노미(economy)의 합성어다. 자신을 위해 소비 하고 혼자만의 생활을 즐기는 생활을 뜻한다.
- 미니멀 라이프·체험 경제 : 일상생활에 필요한 최소한의 물건만을 두고 살아가는 삶을 일컫는 말이다. 물건을 직접 구입하기보다 필요할 때 빌려쓰는 소비자가 늘면서 이 개념이 주목받고 있다.

(3) 금융

- TDF(Target Date Fund) : 근로자의 은퇴시점을 타깃 데이트로 삼아 연령대에 따라 운용방법이 자동으로 변경되는 펀드

- P2P금융 : 인터넷에서 개인과 개인이 직접 연결돼 파일을 공유하는 것을 뜻하는 P2P (Peer to Peer) 개념을 금융에 접목한 것으로, 금융회사를 거치지 않고 인터넷 사이트에서 이뤄지는 개인 간 직접적인 금융거래를 말한다.
- 카카오뱅크 : 인터넷 전문 은행이다. 케이뱅크에 이은 대한민국의 두 번째 1금융권 인터넷 전문은행이다.
  > 메기 효과 : 어항에 메기를 풀어놓으면 다른 물고기가 긴장해서 더 오래 산다는 효과. 카카오뱅크 등장으로 시중 은행 긴장.
- SRI 펀드 (socially responsible investment fund) : 편입종목을 결정할 때 사회 환경, 윤리적인 요인까지 고려하는 운용방식을 사용하는 펀드를 말한다.

(4) 부동산

① 부동산 규제
- LTV(주택담보인정비율) : 집을 담보로 얼마까지 돈을 빌릴 수 있는지를 말합니다. 가령 10억원짜리 집의 LTV가 50%라면 최대 5억까지 대출을 받을 수 있습니다.
- DTI(총부채상환비율) : 연 총소득에서 매년 갚아야 하는 원금 및 이자가 차지하는 비율을 말합니다. 예를 들어 연소득이 1억원이고 DTI가 30%라면 매년 갚아야 할 원금과 이자가 연 3,000만원을 넘지 않도록 대출 규모를 제한합니다.
- DSR(총부채원리금상환비율) : 전체 대출에 대한 원리금 상환액을 연소득으로 나눈 비율을 말합니다.

② 갭투자 : 매매가격과 전세가격의 차이가 적은 주택을 전세를 끼고 산 뒤 시세 차익을 노리는 투자다.

(5) 심리학

- 니트 족(NEET. Not in education, employment or training) : 일하지 않고 일할 의지도 없는 청년 무직자.
- 딩크 족(DINK. Double income No kids) : 자녀를 두지 않는 맞벌이 부부.
- 프리터 족(Freeter : Free+Arbeiter) : 돈이 필요할 때만 아르바이트 하는 사람
- 프레퍼 족(Prepper) : 재난과 사고가 발생 때 생존을 위해 스스로 대비하는 사람
- 스톡홀름 증후군 : 인질이 납치범이나 강도를 좋아하는 현상
- 리마 증후군 : 납치범이 인질에 동화되어 동정심을 갖는 현상. 스톡홀름 증후군 반대
- 피터팬 증후군 : 어른 아이. 성인이 된 후에도 사회에 적응하지 못하는 남자
- 햄릿 증후군 : 결단을 내리지 못한 채 끊임없이 망설이기만 하는 결정 장애
- 파랑새 증후군 : 이상향 추구자. 장래의 행복만을 몽상하면서 현재의 할 일에 열정을 느끼지 못하는 것
- 신데렐라 콤플렉스 : 자신의 인생을 남자로 인해 바꾸어보려는 여자
- 바보 온달 콤플렉스

- 오이디푸스 콤플렉스 : 남자 아이들이 어머니를 사랑하고 아버지와 갈등 관계에 빠지는 상황.
- 엘렉트라 콤플렉스(Electra Complex) : 여자 아이들이 아버지를 상대로 자신의 사랑 감정을 표현하는 현상
- 후광 효과 : 외모나 학력과 같이 어떤 사람이 갖고 있는 한 가지 장점 때문에 관찰하기 어려운 다른 성격 적인 특성들도 좋게 평가하게 되는 것 (예) 잘생긴 사람은 성격도 좋다.
- 낙인 효과 : 한 번 부정적인 사람으로 평가받게 되면 칭호에 걸맞은 행동을 보이는 것
  - 예 바보라고 부르다 보면 정말 바보가 되는 것
- 대비 효과 : 매력적인 상대와 함께 있을 때 자신이 평가절하되는 현상
- 나르시시즘 : 자기애.자기도취와 자기중심적인 사고방식을 가진 사람의 태도
- 로미오와 줄리엣 효과(= 청개구리 효과) : 반대할수록 애정이 더 깊어지는 현상. 반발 심리와 인지 부조화 때문에 나타남.
- 베르테르 효과 : 모방 자살, 괴테의 소설 '젊은 베르테르의 슬픔'에서 유래.
- 피그말리온 효과(로젠탈 효과) : 긍정적 기대 효과. 긍정적으로 기대하면 기대에 부응하는 행동을 하게 되는 것 (예) 많은 칭찬받은 학생들의 경우, 성적이 실제로 향상됨.
- 플라시보 효과 : 효과가 있을 것이라고 믿기 때문에 가짜 약이 효과가 나타나는 것
- 구경꾼 효과 : 책임감이 분산되는 것 예 사건 목격자가 많을수록 덜 도와주는 현상
- 양떼 효과(= 레밍 효과) : 유행이나 남들이 하는 행동 등을 맹목적으로 따라하는 현상
- 고슴도치 딜레마 : 다른 사람과 깊은 인간관계를 맺지 않으려는 현상. 자기를 감추고 상대방과 일정한 거리를 두면 상대방으로부터 상처를 받을 일도 없음.
- 아폴로 신드롬 : 우수한 인재들로만 구성된 집단의 성과가 오히려 낮은 현상
- 헬리콥터 부모 : 자녀 주위를 맴돌며 하나부터 열까지 일일이 챙기는 부모
- 프레임 효과(프레이밍) : 동일한 상황임에도 문제 제시 방법에 따라 의사 결정이 달라지는 현상 즉, 모든 결정은 특정한 언어적 맥락 안에 갇힌 상태에서 이루어진다는 내용
  - 예 돈이 만원이나 있어, 돈이 만원밖에 없네
- 프렉탈 현상 : 부분과 전체가 같은 모양을 하고 있고, 자기 유사성이라는 특징을 가지는 현상
- 리플리 효과(Ripley effect) : 이상 세계를 진짜로 믿고 현실을 허구라고 믿는 것
- 링겔만 효과(Ringelmann effect) : 개인의 수가 증가할수록 성과에 대한 개인(1인당)의 공헌도가 현격히 저하되는 현상. 즉, 1+1 < 2. 시너지 효과와 반대되는 개념
- 호손 효과 : 여럿이 일하거나 누군가 관심을 가지게 되면 생산성이 올라가는 현상
- 넛지 효과(Nudge Effect) : 넛지는 옆구리를 슬쩍 찌르다란 뜻으로, 강요에 의하지 않고 자연스럽게 개입함으로써 긍정적인 선택을 유도하는 방법
  노벨 경제학상 수상 행동 경제학자 리처드 세일러 저서 넛지
  - 예 남자 소변기의 붙여진 파리 그림
- 깨진 유리창 이론 : 경미한 범죄를 가볍게 여기면 후에 심각한 범죄를 불러올 수 있음.
- 무드셀라 증후군 : 추억은 항상 아름답다고 생각하여 좋은 기억만 남겨두려는 현상. 과거의 일을 회상할 때 나쁜 기억은 지우고 좋은 기억만을 생각하려는 기억 왜곡 현상

- 미치광이 이론 : 상대에게 비(非)이성적인 사람으로 보이게 하는 전략. 어떤 행동을 할지 상대방이 예측할 수 없도록 행동한다. 미치광이처럼 보여 공포감을 갖게 한 후 협상에서 양보를 얻어낸다. 미국이 냉전시대에 전쟁 억지 전략으로 주로 사용하였다.
도널드 트럼프 미국 대통령 당선인이 마치 미치광이처럼 행세해 협상을 유리하게 이끄는 '치광이 이론(Madman Theory)' 외교 전략에 활용하고 있다.
- 엑소더스 : 탈출이라는 의미를 지닌 단어로 일반적으로는 많은 사람들이 동시에 특정 장소를 떠나는 상황을 의미한다. 그리고 모세가 이스라엘 민족들을 이끌고 이집트에서 탈출한 내용이 담긴 성서의 '애굽기' 의미하기도 한다. 또한, 증시에서 투자금이 한꺼번에 빠져나가는 경우에도 이 용어를 사용할 때가 있다.
- 가치소비 : 가치를 부여하거나 만족도가 높은 상품에 과감히 소비하는 행위를 말한다. 개인의 취향과 안목을 중요하게 여긴다. 이런 소비자를 'or Me족'라고도 한다. 2030층에서 많이 나타난다. 일반적으로 경기가 좋을 때 '시 소비' 불경기에 '뜰 소비'는 성향과는 거리가 멀다.
- 스모킹건 : 어떤 범죄나 사건을 해결하는 결정적 증거를 말한다.

(6) 정치

- 게리맨더링 : 자기 당에 유리하도록 선거구를 변경하는 것
- 프라이머리(오픈 프라이머리, Open Primary) : 국민들이 정당의 후보를 선출
- 매니페스토 : 공약의 실현 가능성을 따져보고 당선 후 공약을 지켜 나가도록 검증
- 로그롤링 : 이권이 결부된 몇 개의 법안을 관련 의원들이 서로 협력이나 담합
- 언더독(Underdog) 현상 : 아주 열세한 후보에게 동정표가 몰리는 현상
- 살라미 전술 : 얇게 썬 소시지, 협상 과정에서 하나의 카드를 여러 개로 쪼개 각각에 대한 보상을 받아냄으로써 이익을 극대화하는 협상 전략
- 독수독과의 원칙 : 도청 등 위법한 방법으로 수집한 증거는 증거로 사용할 수 없다
- 플리바게닝 : 사전 형량 조정 제도. 유죄를 인정하는 대신 협상을 통해 형량을 조정
- 쇼비니즘 : 극단적 애국주의
- 데탕트 : 긴장 완화나 휴식을 의미하는 프랑스어로 냉전 체재의 완화를 뜻함.
- 4대 보험 : 국민연금, 건강보험, 고용보험, 산재보험
- 태완이법 : 살인죄의 공소시효를 폐지하는 내용이 담긴 형사소송법 개정안이다. 1999년 5월 대구에서 발생한 김태완 군의 황산 테러 사건을 계기로 발의된 법안이다.
- 일사부재의의 원칙 : 국회에서 한 가지 의제를 동일 회기에 두 번 논의하지 않도록 하는 제도다. 회의의 능률을 높이기 위해 도입했다.
- 일사부재리의 원칙 : 형사소송법상 어떤 사건의 판결을 확정하면 그 사건에 대해 다시 공소 제기하는 것을 허용하지 않는 것이다. 민사소송에서는 적용하지 않는다.
- 신해철법 : 공식 명칭은 '의료사고 피해구제 및 의료분쟁 조정 등에 관한 법률'이다. 중대한 의료사고가 발생했을 때 병원 측 동의가 없어도 한국의료분쟁조정중재원에서 분쟁 조정절차를 자동으로 개시할 수 있다는 내용을 담고 있다.

- 소년법 : 소년범은 정신발육이 미숙하므로 성인범보다 교화 등이 용이하며, 또한 원대한 장래가 있고 범죄의 습성도 깊지 아니하다. 그러므로 소년사건을 소년보호사건과 소년형사사건으로 나누어 특별한 취급을 하고 있다. 19세 미만의 자를 소년으로 규정하고 있으며, 10세 이상 14세 미만의 소년을 소년보호사건의 대상으로 한다.

(7) 기타

- 빅데이터 : 디지털 환경에서 생성되는 데이터로 그 규모가 방대하고, 생성 주기도 짧고, 형태도 수치 데이터뿐 아니라 문자와 영상 데이터 다양할 뿐만 아니라 가치도 있는 대규모 데이터를 말한다.
- 오피니언 마이닝 : 웹사이트와 소셜미디어에서 특정 주제에 대한 여론이나 정보(댓글이나 게시글)를 수집, 분석해 평판을 도출하는 빅데이터 처리 기술이다.
  웹 문서를 의미를 가진 가장 작은 단위로 나누어 분석하고, 주제에 관한 객관적인 정보뿐 만 아니라 글로 나타낸 감정 표현까지 분석할 수 있다는 점이 특징이다.
- 신고리 공론화위원회 : 신고리 5, 6호기 건설 여부 과정을 공정하게 설계·관리하는 기능을 수행. 국민의 의견을 수렴하기 위한 것이므로 원자력에 직접 이해관계가 없는 시민으로 구성
- 포렌식 : 범죄를 밝혀내기 위한 수사에 쓰이는 과학적 수단이나 방법, 기술 등을 포괄하는 개념이다. 국내에선 '범죄과학'이란 용어로 번역된다.

01

정당의 득표율에 연동해 의석을 배정하는 방식으로, 우리나라에서 2020 4·15총선 당시 최초로 일부 조정하여 적용한 방식은?

① 연동형 비례대표제
② 석패율제
③ 공영선거제
④ 대선거구제
⑤ 권역별 비례대표제

02

다음 제시문에서 설명하는 협약은?

> 이는 자연자원과 서식지의 보전 및 현명한 이용에 관한 최초의 국제협약으로서 습지 자원의 보전 및 현명한 이용을 위한 기본방향을 제시한다. 이 협약의 정식 명칭은 '물새서식지로서 특히 국제적으로 중요한 습지에 관한 협약'으로 우리나라는 1997년에 101번째로 가입했다.

① 그린피스(Greenpeace)
② 그린라운드(Green Round)
③ 런던 협약(London Dumping Convention)
④ 더블린 조약(Dublin Regulation)
⑤ 람사르 협약(Ramsar Convention)

03

다음 제시문에서 설명하는 현상을 고르시오.

> 본래는 낙후 지역에 중산층이 들어와 지역이 다시 활성화되는 도심 재활성화를 뜻했지만, 최근에는 외부인이 원주민을 몰아내는 부정적 의미로 쓰인다. 예컨대 홍대, 삼청동 등 임대료가 저렴한 도심에 갤러리, 공방 등이 생겨 유동인구가 늘어나자 대규모 프랜차이즈가 입점하면서 소규모 가게가 동네를 떠나게 되는 것이다.

① 클로즈드 숍
② 젠트리피케이션
③ 유니언 숍
④ 호스피스
⑤ 코쿠닝 현상

04

다음 제시문에 해당하는 용어로 적절한 것은?

> 1980년대 프랑스 사회학자 보드리야르(Baudrillard)는 소비자가 물건을 구매하는 행위에도 한 사람의 이상적 자아가 반영된다고 보았다. 때문에 누구나 명품 브랜드로 시선이 끌린다고 주장했다. 또한, 현대 사회에서 계급이 없어지자 사람들은 명품을 구매하면서 상류계급 의식을 느끼고, 명품 브랜드가 새로운 계급사회를 만들었다고 분석했다.

① 풍선 효과
② 헤일로 효과
③ 핵티비즘
④ 파노플리 효과
⑤ 아폴로 신드롬

05

본국 정부와 재외 공관 사이에 자연스럽게 이용할 수 있는 문서 발송 가방을 일컫는 용어로 옳은 것은?
① 아타셰
② 외교 행낭
③ 블레어 하우스
④ 다우닝가
⑤ 죽의 장막

06

다음 중 공수처(고위공직자범죄수사처)에 대한 설명으로 옳지 않은 것은?
① 공수처와 유사한 기능을 하는 기관이 해외에도 있다.
② 국가의 투명성과 공직사회의 신뢰성을 높이기 위한 기관이다.
③ 권력기관에 대한 견제와 균형의 기반으로서 법무부 산하에 위치하고 있다.
④ 주요 수사 및 기소의 범위는 법에 명시된 고위공직자와 가족의 범죄행위에 한한다.
⑤ 대통령도 대상 고위공직자에 포함한다.

07

괄호 안에 들어갈 숫자의 순서로 올바르게 나열한 것은?

> ※ 대한민국의 주요 공직자 임기
> 감사원장 : (　)년　　지방자치단체장 : (　)년
> 대법관 : (　)년　　국회의장 : (　)년

① 4 - 6 - 4 - 2　　② 4 - 4 - 6 - 2
③ 5 - 4 - 6 - 4　　④ 5 - 6 - 4 - 4
⑤ 5 - 4 - 6 - 2

08

다음 내용이 담긴 연설의 명칭과 대통령을 순서대로 나열한 것은?

> 국민의, 국민에 의한, 국민을 위한 정치

① 게티즈버그 연설, 링컨　　② 노변담화, 링컨
③ 게티즈버그 연설, 케네디　　④ 노변담화, 루즈벨트
⑤ 게티즈버그 연설, 루즈벨트

09

국민의 지지를 받지 못하는 정부가 가상의 적을 설정하여 국민의 불만을 다른 곳으로 돌리는 정책을 일컫는 용어는?

① 스케이프고트　　② 아파르트헤이트
③ 발롱데세　　④ 레임덕
⑤ 게리맨더링

10

뉴스 중에서 보도 방식이 객관적인 것은?

① 르포　　② 스폿뉴스
③ 카드뉴스　　④ 피처스토리
⑤ 스트레이트뉴스

CHAPTER 02 경영 / 경제

1 경영 용어

(1) 레드 오션(red ocean)

경쟁 시장. 이미 알려져서 경쟁이 매우 치열함

(2) 블루 오션(blue ocean)

미개척 시장. 현재 존재하지 않거나 경쟁자가 없는 유망한 시장. 아직 시도되지 않은 광범위하고 깊은 잠재력을 지닌 시장을 비유하는 표현

(3) 퍼플 오션(purple ocean)

레드오션과 블루오션의 장점만 취합한 새로운 시장. 기존 업종 중에서 독창성을 추가하여 차별화를 시도하는 것

(4) 그린 오션(green ocean)

친환경에 가치를 두고 '저탄소 녹색경영'과 관련된 부가가치를 창출하는 시장. 환경 규제를 강화하는 세계적 추세에 따라 그 중요성이 높아지고 있음

(5) 블루칩(blue chip)

시가총액이 크고 성장성과 수익성이 뛰어나며 각 업종을 대표하는 주식을 말함. 포스코나 삼성전자 등의 주식을 말하며 자본금이 커서 투자 수익은 높지 않음

(6) 옐로우칩(yellow chip)

블루칩에는 들지 못하지만 실적이 양호하여 주가 상승의 기회가 있는 중저가 우량주를 뜻함

(7) 블랙칩(black chip)

석유나 금광을 개발하는 종목이나 업체를 뜻하며 최근에는 에너지와 관련된 종목을 통칭함

(8) 승자의 저주(The Winner's Curse)

기업 인수 합병 과정에서 결과적으로는 인수에 성공했으나 과도한 비용으로 겪는 후유증

(9) 킬러 앱(killer application)

기존의 사회구조를 변화시킨 새로운 정보기술이나 서비스를 말함
- '카카오톡'의 등장으로 은행, 택시운수업 등의 기존 산업 개념을 변화시키는 것

(10) 레몬 마켓(lemon market)

쓸모없는 재화나 서비스가 거래되는 시장을 뜻함

(11) 피치 마켓(peach market)

우량의 재화나 서비스가 거래되는 시장

(12) 체리 피커

'골라 먹는 사람'이라는 뜻. 제품을 구매하지 않고 자신의 이익을 챙기는 데 관심을 두는 소비자를 뜻함. 카드사의 포인트와 할인 혜택만 골라서 누리는 고객을 말함

(13) 디마케팅 전략(demarketing)

수익에 도움이 되지 않는 고객을 정리하는 마케팅. 우량고객에게 차별화된 서비스를 제공하여 수익을 극대화 함

(14) CRM(Customer Relationship Management)

우리말로 '고객 관계 관리'라 함. 고객과 관련된 자료를 분석해 고객 중심 자원을 극대화하고 고객 특성에 맞춰 마케팅하는 과정

(15) ERP(Enterprise Resource Planning)

기업의 전 부문의 시스템을 하나로 통합 재구축하여 생산성을 극대화하려는 경영혁신 기법을 말함

(16) PLM(product life cycle management)

제품수명주기관리. 제품 설계, 아이디어 수집, 기획, 생산 직전까지 관련된 모든 정보를 통합해서 관리하는 것을 말함. ERP는 주로 생산과정과 관련되어 있다면 PLM은 제품 개발, 설계 단계의 과정을 관리함

(17) SCM(supply chain management)

유통 총 공급망 관리. 기업에서 원재료의 생산부터 유통단계까지 모든 공급망의 단계를 최소화함으로써 수요자가 원하는 제품을 원하는 장소와 시간에 제공하는 것을 말함

2 경영 전략

(1) SWOT 분석

기업의 내부 환경과 외부 환경을 분석하여 강점(strength), 약점(weakness), 기회(opportunity), 위협(threat) 요인을 규정하고 이를 토대로 경영 전략을 수립하는 경영 기법

(2) BCG 매트릭스

기업의 경영전략 수립의 분석 도구로 활용되는 사업 포트폴리오 분석 기법으로 의사결정에 도움을 줄 수 있으나 단순화의 오류에 빠질 수 있는 단점이 있음

① Star : 시장 성장률과 시장 점유율이 높아 적극적인 투자가 필요한 경우, 성공사업
② Cash Cow : 기업의 안정적인 수익창출원으로 미래 시장 성장률은 낮지만 현재 시장점유율은 높은 사업
③ Question Marks : 시장 성장률은 높지만 시장 점유율이 낮아 이익을 내기 어려운 경우, 이후 '스타' 사업이 되거나 '도그' 사업으로 전락할 수 있는 위치
④ Dog : 사양 사업, 시장 성장률도 낮고 시장 점유율도 낮은 경우

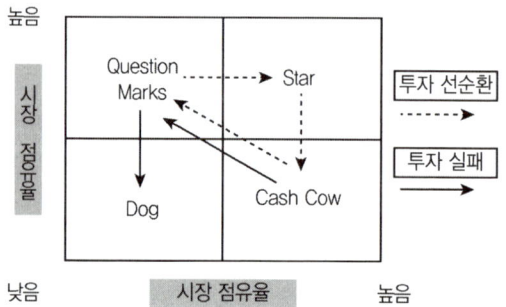

(3) 공유가치경영(CSV_Creating Shared Value)

주주의 이익 극대화보다 기업을 둘러싼 다양한 이해관계자 예를 들면 사원, 협력업체, 지역사회, 국가의 이익까지 생각하는 경영

(4) 제품 수명 주기론(product life cycle theory)

① 정의 : 제품도 생물처럼 수명이 있다는 이론
- 도입기(introduction) : 처음 등장하는 시기, 이익이 많지 않으며 제품의 인지도를 구축하는 시기로 다품종 소량 생산을 통해 상품의 다양성에 초점을 둠
- 성장기(growth) : 제품의 인지도가 상승하며 판매가 급속히 증가하는 시기, 경쟁사의 모방상품에 대한 자사 제품의 장점을 홍보하는 마케팅 전략 요구. 대량 광고. 품질 개선 투자. 이익이 가장 많이 상승하는 시기
- 성숙기(maturity) : 판매 증가율이 감소하며 판매량이 유지되는 시기. 자사 제품의 경쟁 우위를 점하고 고정고객 관리가 필요함. 브랜드 광고로 고객의 충성도를 유지하는 마케팅 요구
- 쇠퇴기(decline) : 트렌드의 변화, 제품의 불필요 등으로 쇠퇴기에 다다름, 마케팅 활동을 줄여나가고 꾸준한 이익을 주지 않는다면 제품을 단종하기도 함

② 의의 : 단계별로 변화하는 수요에 대응해 맞춤형 마케팅 기법을 활용할 수 있음

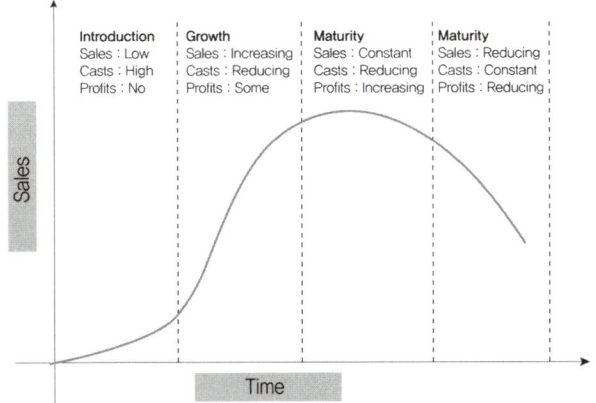

(5) 다양한 경영 전략

① 집중화 전략 : 특정 소비자 집단, 특정 품목, 특정 지역 등을 집중 공략하는 전략
  - 예 SPA 브랜드 등

② 차별화 전략 : 기업이 보유하고 있는 독특한 서비스와 제품을 시장에 출시하는 전략. 표준화된 제품으로 기존 구매자의 다양한 욕구를 만족시키기 어려울 때 적절한 전략이 될 수 있음

③ 수직적 통합 전략 : 제품의 공급과정에서 기업이 일정 부분을 통제하는 전략. 다각화의 방법으로 전방통합과 후방통합으로 나뉨
- 전방통합 : 원료 공급 기업이 생산 기업을 통합하거나 제품을 생산하는 기업이 유통기업을 통합하는 것으로 기업의 시장 지배력을 강화시키기 위한 전략
- 후방통합 : 생산 기업이 원료 공급 기업을 통합하거나 유통기업이 제품을 생산하는 기업을 통합하는 것으로 기업이 공급자에 대한 영향력을 강화하기 위한 전략

④ 경영 다각화 전략 : 기업의 경영 활동을 여러 가지 종류의 분야로 넓히는 일로 경영자원의 효과적인 이용을 통해 사업을 확장하는 것을 뜻함
- 관련 다각화 : 비슷한 사업 영역으로 확장하는 것
    - 예 한국 코카콜라가 콜라 이외의 음료인 생수, 커피 등의 사업에 진출하는 것
- 비관련 다각화 : 전혀 다른 사업 영역으로 확장하는 것
    - 예 두산은 초기 소비재 중심 기업이었으나 두산중공업 등의 계열사를 통해 중공업 사업체로 거듭남

(6) 기업집중 형태

① 카르텔 : 동일 업종의 기업이 경쟁의 제한 또는 완화를 목적으로 가격, 생산량, 판로 따위에 대하여 협정을 맺는 것으로 형성하는 독점 형태. 또는 그 협정. 각 기업의 독립성이 유지되고 있는 점에서 트러스트(trust)와는 다르다. [비슷한 말] 기업 연합. [예시] OPEC
② 트러스트 : 같은 업종의 기업이 경쟁을 피하고 보다 많은 이익을 얻을 목적으로 자본에 의하여 결합한 독점 형태. 가입 기업의 개별 독립성은 없어진다. [비슷한 말] 기업 합동. [예시] 미국 스탠더드 석유회사
③ 콘체른 : 생산, 유통, 금융 따위의 다양한 업종의 기업들이 법적으로 독립되어 있으면서 특정 은행이나 기업을 중심으로 긴밀하게 관련되어 있는 기업 결합 형태. [비슷한 말] 재벌 [예시] 스위시의 네슬레

3 경제 용어

(1) 법칙

① 파레토 법칙 : 소득분포에 관한 통계 법칙으로 상위 20% 고객이 전체 매출의 80%를 차지한다는 결과를 토대로 VIP 마케팅의 이론이 되는 법칙. 하지만 최근엔 파레토 법칙보다는 롱테일 법칙을 더 중요하게 생각하고 있음
② 롱테일 법칙 : 하위 80%가 상위 20%보다 더 뛰어난 가치를 창출한다는 이론으로 틈새 상품이 시장을 주도하는 현상을 뒷받침 함
③ 오컴의 면도날 법칙 : 어떤 사실이나 현상에 대한 설명 가운데 논리적으로 가장 단순한 것이 실제 진실일 수 있다는 원칙
④ 파킨슨의 법칙 : 조직의 인력이나 예산이 업무량과는 상관없이 점차 비대해지는 현상으로 조직의 생산성을 제고하려면 일정 정도의 제약이 필요하다고 봄
⑤ 피터의 법칙 : 특정 분야의 업무를 잘하면 이로 인해 승진을 하는데 오히려 직위가 높아질수록 능률과 효율성이 떨어지고 최종적으로는 무능력한 수준에 이른다는 법칙
⑥ 딜버트의 법칙 : 도전과 변화를 두려워하고 현실에 안주하는 조직의 특성을 나타낸 것으로 이러한 조직은 결과적으로 도태될 것이라고 봄

⑦ 대수 법칙 : 관찰 횟수가 증가할수록 표본의 결과가 나타나는 확률은 일정한 법칙에 의해 지배를 받는다는 법칙
⑧ 그레샴의 법칙 : 가치가 낮은 것이 가치가 높은 것을 몰아내는 것
   예 가치가 높은 금은 집에 소장하고 가치가 낮은 은화를 주로 사용했던 과거
⑨ 황의 법칙 : 반도체 메모리의 용량이 1년에 2배씩 증가하는 이론
⑩ 던바의 법칙 : 진정한 사회적 관계를 맺을 수 있는 최대치는 150명이라는 법칙으로 조직에서 집단을 관리할 때 150명이 최적이고 그 이상이 되면 2개로 분할하는 것이 낫다고 봄
⑪ 깨진 유리창 법칙 : 깨진 유리창을 수리하지 않아서 범죄가 증가했다는 법칙으로 기업에 대입하면 기업은 세세한 것까지 신경을 써야 한다는 걸 의미함. 기업의 마케팅, 홍보, 서비스 등 모든 분야를 중요하게 생각해야 한다는 것
⑫ 일물일가 법칙 : 동일 시점에서 동일 시장에서의 자산이나 상품의 가격은 항상 같아야 한다는 균형 조건을 말함. 국제시장에서 환율과 이자율의 결정에 중요한 의미를 가짐
⑬ 수확 체증의 법칙 : 투입된 생산요소가 늘어날수록 산출량이 기하급수적으로 증가하는 현상을 말함. 지식과 경험은 무한히 새로 개발되므로 조직 구성원의 지식 공유 등으로 새로운 지식을 창조할 수 있음. 정보화 시대에 중요한 요소로 자리 잡고 있음
⑭ 수확 체감의 법칙 : 토지, 노동, 자본과 같은 생산요소에 적용되는 법칙으로 생산 요소를 증가 투입시키면 한계 생산량이 줄어든다는 것으로 어떤 산업이든지 일정 수준에 도달하게 되면 성장이 정체된다는 이론
⑮ 한계 효용 균등의 법칙 : 소비자나 기업과 같은 경제주체가 한정된 자본이나 소득으로 재화를 구입하는 경우 최대 효용(만족)을 얻으려면 그 재화에 의해 얻어지는 한계 효용(만족)이 같아야 한다는 법칙으로 이때 한계 효용이란 재화를 구입했을 경우 늘어나는 효용(만족)의 증가분을 말함
⑯ 한계 효용 체감의 법칙 : 일정 기간 동안 소비되는 재화의 양이 증가할수록 재화의 추가분에서 얻는 만족의 정도는 감소하는 현상
   예 뷔페식 패밀리 레스토랑에서 음식을 먹는 경우 첫 번째 음식에 비해 두 번째 음식의 만족도는 적어지는 현상

(2) 이론

① 공정 무역 이론 : 개발도상국 생산자의 지속 가능한 발전과 자립을 위해 개발도상국에게 더 유리한 무역조건을 바탕으로 거래하는 것을 말함. 개발도상국의 생산자와 노동자를 보호하려는 대안 무역의 일종
   예 공정무역 커피
② 비교 우위 이론 : 다른 국가에 비해 상대적으로 더 유리한 산업을 키워서 다른 국가와 무역을 하는 것이 양국 모두에게 결과적으로 유리하다는 이론
③ 절대 우위 이론 : 다른 국가에 비해 절대적으로 적은 비용으로 산업 활동을 할 수 있을 때를 말함
④ 기회비용(Opportunity cost) : 여러 가지 중 하나를 선택했을 때 이로 인해 다른 것을 포기해야 하는 가치의 전체를 의미함. 기회원가라고도 함

⑤ 매몰 비용(sunk cost) : 과거에 이미 매몰되어서 다시 회수가 불가능한 비용. 의사 결정을 실행하고 나서 발생하는 비용 중에서 회수할 수 없는 비용으로 함몰 비용이라고도 함. 기업의 광고 비용이나 R&D 비용 등이 이에 속함. 매몰 비용은 '현재'를 기준으로 고려해야 함
⑥ 오버슈팅 이론 : 금융자산의 시장가격이 이론적인 가격 이상으로 급격하게 오르는 경우. 이러한 자산은 대개 일시적으로 급등락하였다가 장기적으로는 균형을 맞춤. 주식이나 환율 등에서 자주 나타남
⑦ 언더슈팅 이론 : 자산 가격이 이론적인 가격 이하로 급락하는 경우를 말함

(3) 역설

① 가치의 역설 : 삶에 꼭 필요한 물은 가격이 저렴하고 거의 쓸모가 없는 다이아몬드는 비싼 값에 팔리는 모순. '스미스의 역설'이라고도 함. 재화의 가격을 결정하는 것은 총 효용이 아니라 한계 효용임을 밝혀 역설을 해결함. 공급량이 많은 물은 한계 효용이 낮아 가격이 낮고 공급량이 적은 다이아몬드는 그 희소가치로 한계 효용이 높아 가격이 높음
② 저축의 역설 : 개인이 저축을 많이 하면 미래의 소득은 늘어날 수 있지만 모든 국민이 저축만 하면 물건이 팔리지 않아 전체적으로는 국민소득이 감소하는 것. '합리적 소비'가 그 대안으로 떠오르고 있음

(4) 부동산 정책 용어

① 주택담보대출비율 LTV(loan to value ratio) : 담보 인정 비율. 현재 60~70% 정도로 주택을 담보로 대출을 할 때 담보 물건의 실제 가치 대비 대출금액을 말함
　예 1억짜리 아파트의 LTV 대출은 6천만 원
② 총부채상환비율 DTI(Debt To Income ratio) : 금융 부채 상환 능력. 대출자의 소득에 근거한 채무 상환 능력을 반영하여 비율을 정함. 주택이나 특정 대출자에 대해서는 DTI를 의무적으로 적용하도록 하고 있음. 총부채상환비율 산정 방법은 (DTI=(해당 주택 담보대출 연간 원리금 상환액+기타부채의 연간 이자 상환액)÷연 소득)
③ 신DTI : 사회 초년생에게 현재 소득이 아니라 주택 담보대출의 만기(통상 30~35년 정도)까지의 '생애 주기 소득'을 기준으로 DTI를 산출하는 방식. 사회 초년생을 배려한 제도
④ 모기지론(mortgage loan) : 주택이나 토지 등 부동산을 담보로 장기주택자금을 대출해 주는 제도
⑤ 역모기지론(reverse mortgage) : 자신의 주택을 은행에 맡기고 이를 담보로 하여 은행으로부터 일정액의 생활비를 연금 형식으로 받는 제도. 주로 소득이 없는 은퇴자가 받음. 만기에 원금과 이자를 한꺼번에 갚거나 담보인 주택의 처분권을 은행에 넘김

(5) 무역 용어

① 스와프 거래 : 국가 간 자국의 통화를 일정 조건하에 서로 교환하는 거래를 말함. 자금 조정의 필요성과 환포지션 조정의 필요성 등의 이유로 이루어짐. 외환위기에 대응하기 위한 수단으로 이용함

② 세이프 가드 : 특정 상품의 수입 급증으로 국내 경쟁 산업에 심각한 피해를 줄 수 있을 때 취하는 긴급 수입제한 조치. 무역 장벽의 하나
③ 반덤핑관세 : 낮은 가격으로 수출된 제품으로 수입국의 산업이 피해를 입었을 때 부과하는 관세. 선진국이 개발도상국의 수입을 규제하기 위해 악용되는 경우가 많음

(6) 기타 용어

① 규모의 경제 : 생산의 규모가 증가할수록 그에 비례해서 생산 비용이 줄어드는 경우
② 범위의 경제 : 기업이 단일 생산 설비로 제품과 서비스를 함께 생산할 경우, 두 가지를 따로 각각 다른 기업에서 생산하는 경우보다 비용이 적게 드는 현상. 기업 인수 합병의 근거가 되는 이론. 각종 비용의 절감 효과가 있음
③ 외부 경제 : 기업의 외부 환경의 호전으로 인해 기업의 생산비가 절감되는 현상
   예 인터넷의 등장으로 기업은 별도의 인터넷 연구나 개발에 참여하지도 않았으나 인터넷으로 인해 판매 등에서 수혜를 받는 것. 규모의 경제와 다르게 외부 경제는 기업의 통제권 밖에 있다.
④ 유동성 함정 : '유동성'이란 어떤 자산을 손실 없이 현금화할 수 있는 용이성을 말함. 중앙은행(한국은행)이 시중에 화폐의 공급량을 늘려도 이자율이 낮아지지 않는 현상. 통상 화폐의 공급량이 늘어나면 이자율이 낮아짐
⑤ 빅맥 지수 : 각국의 맥도널드 빅맥 햄버거의 현지 통화 가격을 기준으로 각국의 통화가치의 적정 수준을 확인하는 지수
   예 스타벅스 지수, 아이팟 지수 등
⑥ 더블딥 : 경기 침체 후 회복기에 접어들다가 다시 침체에 빠지는 이중침체 현상
⑦ 소프트 패치 : 경기가 회복되는 국면에서 일시적인 어려움을 겪는 상황. 경기의 후퇴는 아님
⑧ 디 공포 : 디플레이션(deflation)과 공포의 합성어
⑨ J 공포 : 경기 침체기에 대량 실직 사태가 우려될 때 사용되는 용어

(7) 경제 수치 용어

① GDP : 국내 총생산, 국가 내에서 통상 1년에 걸쳐 새롭게 생산한 재화와 용역의 부가가치 또는 모든 최종재의 값을 합산한 것
  • 국내 기업+다국적 기업을 모두 포함하여 국민 경재를 가늠하는 지표로 GNP보다 더 많이 사용됨
  • 가사 노동, 지하 경제, 자가소비 등은 포함시키지 않음
  • 산출 방정식 : 가계소비+기업투자+정부지출+순수출(수출-수입)
  • GDP 예측 지표 : BSI(기업경기실사지수로 기업가에게 설문조사로 조사) 100 이상이면 호조, 이하면 경기 비관. ISM제조업지수(미국 공급 관리자 협회의 제조업체를 대상으로 조사)
  • 실질 GDP : 물가 상승분을 제외
  • 명목 GDP : 물가 상승분을 포함
② GNP : 국민 총생산, 국내외 장소를 불문하고 우리나라 사람이 새롭게 생산한 재화와 용역의 부가가치 또는 최종재의 값을 합산한 것

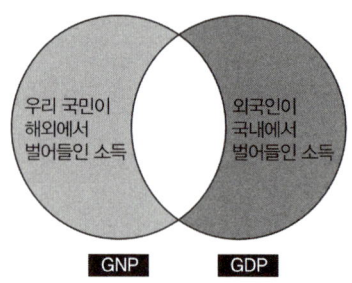

③ CPI(Consumer price index) : 소비자 물가 지수. 소비자가 일상 구입하는 상품이나 서비스의 가격 변동을 나타내는 지수
④ PPP : 구매력 평가 지수. 빅맥, 스타벅스와 같은 유명 제품의 가격을 기준으로 한 물가 지수
⑤ 인플레이션 : 통화량의 증가로 화폐가치가 하락하고 상품의 물가가 계속 상승하는 경제 현상
⑥ 디플레이션 : 광범위한 초과공급 상태로 물가가 하락하는 경제 현상
⑦ 스태그플레이션 : 경기 침체와 물가 상승이 같이 오는 경제 현상. 저성장 고물가 상태
⑧ 애그플레이션 : 농업(agriculture)과 인플레이션(inflation)의 합성어. 농산물 가격 급등으로 일반 물가가 같이 상승하는 현상

4 시장의 기본원리

(1) 수요와 공급 이론

① 정의 : 경쟁 시장에서 수요와 공급이 일치함으로써 시장가격과 거래량이 결정되는데 이를 설명하는 이론을 말함
② 전제 : 소비자와 공급자는 모두 합리적임
③ 수요와 공급 : 수요(재화나 서비스를 구입함으로써 경제주체가 자신의 욕구를 만족시키는 행위) 공급(생산자가 재화를 일정 시간에 시장에 얼마나 공급할지를 나타냄)

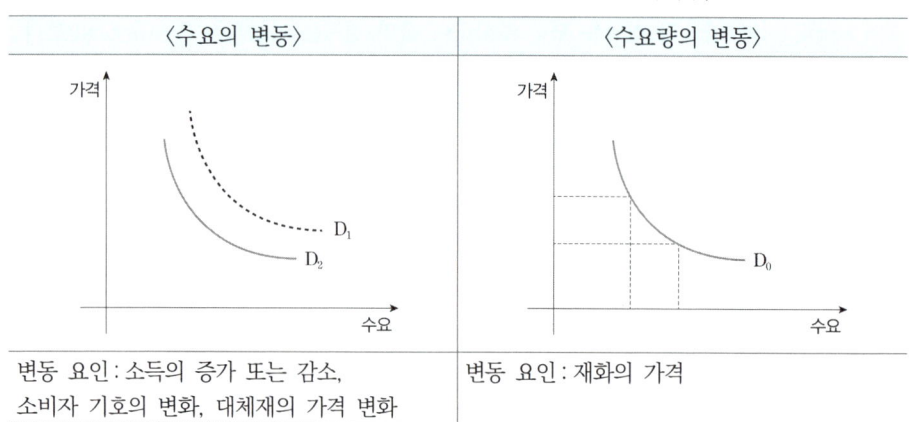

④ 수요에 영향을 주는 요인
- 대체재 : 비슷한 유용성이 있어 재화끼리 서로 대신 쓸 수 있는 경우를 말함
  - 예 버스의 대체재는 지하철
- 보완재 : 한 재화의 수요가 상승할 때 다른 재화의 수요가 동반 상승하는 경우
  - 예 자동차와 기름의 관계
- 수요자의 가처분소득의 변화, 기호 변화, 인구의 크기, 과시 효과, 투기 효과 등

⑤ 수요 법칙의 예외 : 매점 행위, 위풍재(부를 과시하는 재화), 기펜재(열등재의 한 종류)

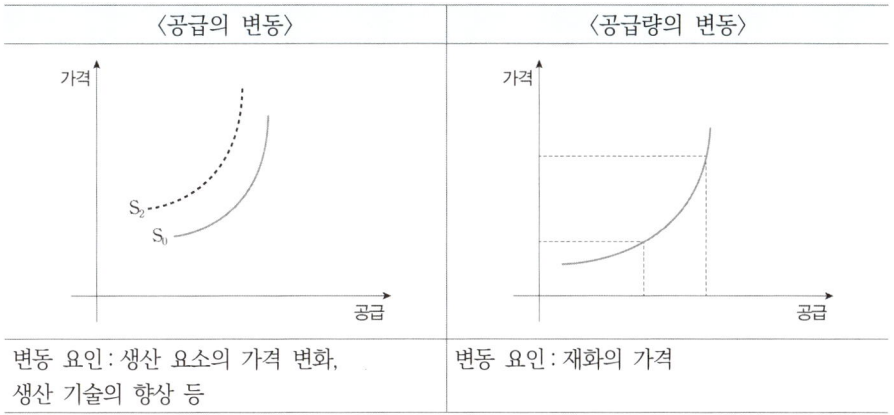

〈공급의 변동〉	〈공급량의 변동〉
변동 요인 : 생산 요소의 가격 변화, 생산 기술의 향상 등	변동 요인 : 재화의 가격

⑥ 공급에 영향을 주는 요인
- 생산 요소 가격 변화 : 생산 요인(임금, 지가, 이자 등)의 가격이 상승할 경우 생산비가 증가하므로 가격은 상승, 판매량은 감소함. 반대로 생산 요인의 가격이 하락할 경우 가격은 하락, 판매량은 증가함
- 생산 기술의 변화 : 기술에 변화가 생기면 생산비가 감소하므로 공급이 증가하고 가격은 하락함
- 정부 정책의 변화 : 정부의 규제나 세금 증가 등은 기업에 부담. 가격이 상승하고 판매량은 감소함. 반대로 기업에 보조금 등을 지급하는 경우엔 가격이 하락하고 판매량은 증가함

⑦ 공급 법칙의 예외 : 매석 행위, 노동의 공급(임금이 일정 수준에 도달하면 임금보다는 여가를 더 선호)

(2) 완전 경쟁 시장

① 정의 : 다수의 거래자가 참여하고 동질의 상품이 거래되며 상품의 가격과 품질 등에 대한 완전한 정보를 가지고 참여하는 이상적인 시장

② 성립 요건
- 수요자와 공급자는 미미한 존재로 시장 가격에 영향을 끼치지 않음
- 시장 참여자는 시장과 상품에 관한 완전한 정보를 소유함
- 동종의 상품은 판매자가 달라도 동일함. 수요자는 오직 가격을 보고 상품을 선택함

- 수요자와 공급자의 시장 참여와 퇴거는 자유로움
③ 한계 : 이상적인 시장으로 성립 요건을 벗어나는 경우가 많으므로 경제 분석상의 가설일 뿐 현실에서 존재하지 않는 시장임

(3) 시장 실패

① 정의 : 시장에 맡겨 둘 경우 효율적인 자원 배분이 불가능한 상태를 가리키는 말

② 종류
- 공공재 : 공공재와 같이 모두가 혜택을 보지만 대다수의 사람들은 그 비용을 지불하려 하지 않음. 따라서 이윤을 목적으로 하는 기업은 공공재 공급에 참여하지 않음. 따라서 시장에 과소 공급됨
- 외부 효과 : 어떤 경제주체의 행위가 다른 경제 주체에게 기대되지 않는 영향을 미치는 현상
  예 공장이 들어서면 지역 경제에는 도움이 되지만 공해로 인해 지역주민은 피해를 입음
- 독과점 : 독점 과점 등 불완전경쟁시장에서는 개별 기업이 시장의 공급량과 가격에 영향을 미칠 수 있음. 공급 제한, 가격 인상 등 주로 소비자 이익에 반하는 행위에 치중함
- 모럴 해저드 : 경제주체 간 정보가 균등하지 않을 경우 발생
  예 보험회사는 소수의 범법 운전자에 의한 보험처리 비용 증가를 이유로 다수의 선량한 운전자에게 높은 보험료를 부과함

③ 시장 실패의 극복 : 형평성과 공익의 수호를 위해 정부가 개입해서 외부효과 교정, 반경쟁적 행위 규제, 보조금이나 과징금 부과, 공익사업 추진하는 것으로 '보이는 손'에 비유됨

5 경제 정책

(1) 경기 순환

호경기, 후퇴기, 불경기, 회복기의 네 국면이 반복해서 일어나는 파동

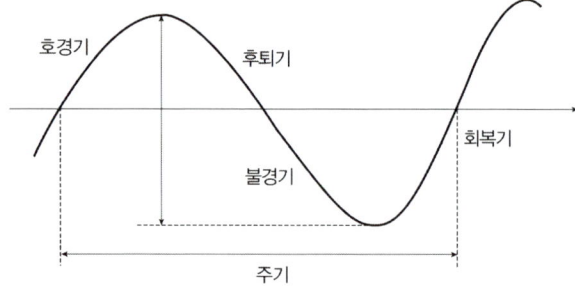

① 호경기 : 호황, 경제가 가장 활발한 시기
- 수요, 생산의 증가로 국민 소득과 고용이 증가함

- 기업의 이윤 증가로 생산 설비에 대한 투자가 증가함
- 물가 상승
- 수출 감소

② 후퇴기 : 경제 활동이 점차 활기를 잃고 둔화되는 시기
- 호경기 때 영향으로 설비와 생산 등의 과잉 상태
- 소비와 투자가 감소하고 재고가 증가
- 물가 하락

③ 불경기 : 불황. 경제 활동이 침체된 시기
- 실업자가 급증
- 생산 수준이 최저가 됨
- 기업의 이윤이 감소하고 도산하는 기업이 발생

④ 회복기 : 경제가 다시 활기를 띠는 시기
- 금융 시장이 살아나는 것이 회복기의 특징
- 금에 대한 수요가 증대함

⑤ 경기 변동에 대한 방안
- 과열되는 경우 : 재정 지출 축소, 금리와 세율 인상 → 민간의 소비와 투자를 억제함으로써 경기를 진정시킴
- 불황인 경우 : 재정 지출 확대, 금리와 세율 인하 → 민간의 소비와 투자를 증대함으로써 경기를 활성화시킴

⑥ 경기 순환의 원인
- 장기 파동 : 전쟁, 기술 혁신, 새로운 발명에 따른 생산력의 증가
- 중기 파동 : 인구의 폭발적 증가, 농작물 생산량 변화, 주택 건설 등
- 단기 파동 : 원자재 가격이나 재고의 변동, 이자율, 환율 등

(2) 재정 정책

① 정의 : 정부가 경기 관리를 위해 세입과 세출을 상황에 따라서 조정하는 정책

② 흑자 재정 정책 : 긴축 재정 정책. 경기가 과열될 때 증세, 정부 지출 감소를 통해 인플레이션을 억제시키고 경기를 안정시키려는 정책

③ 적자 재정 정책 : 확장 재정 정책. 경기가 침체될 때 감세, 정부 지출 확대를 통해 실업률을 낮추고 경기를 회복시키려는 정책

④ 재정 정책의 기능
- 경제 안정화 : 불경기에는 실업률을 낮추고 경기를 활성화시키기 위해 적자 예산을 편성하고 호경기에는 인플레이션을 막기 위해 흑자 예산을 편성함

- 경제 발전 : 기업에 여러 가지 조세 감면 조치를 취하여 투자 의욕을 고취시키거나, 사회간접자본에 정부가 직접 투자를 하거나 기업에 자금을 빌려주기도 함. 또는 연구소를 세우거나 직업 훈련소를 설치하는 등의 일 모두 경제 발전을 지원하는 일을 말함
- 소득의 재분배 : 누진세, 특별소비세, 최저생활보장비 등을 지급함으로써 소득 격차를 줄이기 위한 정책을 실시함
- 자원 배분 : 정부가 세입과 세출을 통해 자원의 배분에 영향을 주는 것. 예를 들어 사치품에 대한 세율을 인상하고 생활필수품의 세율은 인하하면 생활필수품의 소비가 증가하게 되어 사치품에 사용되던 자원이 생활필수품의 생산에 사용됨으로써 바람직한 자원의 배분을 유도하게 됨

(3) 금융 정책

① 금융 정책 : 물가 안정과 국민 경제의 안정과 성장을 위한 통화량 조절 정책을 뜻함
- 금융 긴축 정책 : 경기가 과열될 때 통화량을 줄이는 정책
- 금융 완화 정책 : 경기가 침체될 때 통화량을 늘리는 정책. 지급 준비율을 인하하거나 국공채 매입 등의 방법이 있음

② 재할인율 정책 : 재할인율 조절로 은행의 대출액을 조절
- 재할인율 : 중앙은행이 시중 은행에 대출해 줄 경우에 적용되는 금리
- 재할인율 인상 → 은행 이자율 인상 → 은행 대출 감소 → 통화량 감소
- 재할인율 인하 → 은행 이자율 인하 → 은행 대출 증가 → 통화량 증가

③ 공개 시장 조작 정책 : 국·공채 매매로 자금의 공급을 조절
- 국·공채 매각 → 시중 자금 흡수 → 통화량 감소
- 국·공채 매입 → 시중 자금 방출 → 통화량 증가

④ 지급 준비율 정책 : 지급 준비금 조절로 간접적으로 통화를 조절
- 지급 준비율 : 금융기관의 예금 총액에 대한 현금 준비 비율
- 지급 준비율 인상 → 은행의 대출 자금 감소 → 대출 감소 → 통화량 감소
- 지급 준비율 인하 → 은행의 대출 자금 증가 → 대출 증가 → 통화량 증가

⑤ 이자율 결정 방법
- 화폐 수요가 공급보다 많을 때 → 이자율 상승
- 화폐 수요가 공급보다 적을 때 → 이자율 하락

⑥ 관련 용어
- 화폐의 유동성 : 얼마나 빨리 현금화할 수 있는지의 정도를 의미. 이자율은 화폐의 유동성을 포기하는 대가임. 주로 유동성이 낮을수록 이자율이 높음
- 중앙은행 : 은행의 은행 역할. 은행의 지급준비금을 예치. 정부의 은행 역할. 외화 자금의 관리
- 금융기관 : 자금의 수요자와 공급자를 연계시켜주는 중개인 역할. 통화성 금융기관(중앙은행과 일반은행), 비통화성 금융기관(중앙은행과 일반은행을 제외한 모든 금융기관)

- 콜금리 : 금융 기관끼리 서로 자금을 주고받을 때 단기 금리로 중앙은행이 결정하는 금리로 재할인율 정책과 유사한 정책임

(4) 환율 정책

① 환율 : 외환의 가격으로 자국 화폐와 외국 화폐의 교환 비율을 의미함. 대부분의 나라에서 1달러의 가치를 기준으로 환율을 표시함

② 환율 제도
- 고정 환율 제도 : 정부가 환율을 일정 수준으로 결정하는 제도로 환율의 안정을 도모할 수 있으나 대외 여건 변화에 탄력적으로 대응하기 어려움. 또한 국제 수지 불균형을 해소하기 위한 인위적인 정책으로 인한 부작용이 큼
- 변동 환율 제도 : 외화의 수요와 공급에 의해 환율이 결정되는 제도로 국제 수지의 불균형이 환율의 자동 조절을 통해 자동적으로 해소됨. 그러나 변동에 대한 예상이 어려워 외화의 수급상 불확실성이 커짐
- J커브 효과 : 무역수지 개선을 위해 환율 상승(원화 절하)을 유도하게 되면 초기에는 무역수지가 오히려 악화되다가 상당 기간이 경과한 후 개선되는 현상을 말함

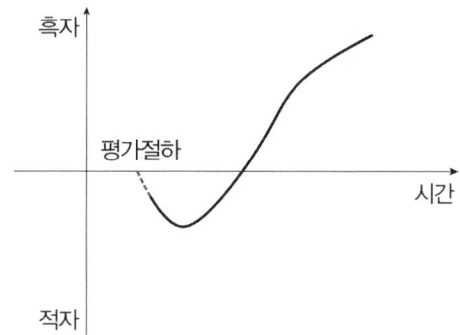

③ 외화의 수요와 공급
- 외화의 수요 : 상품의 수입 대금 결제, 해외 투자, 해외여행, 해외 유학 등
- 외화의 공급 : 상품의 수출 대금 수입, 외국인의 국내 투자, 외국인의 국내 관광 등

④ 환율과 원화와의 관계 : 서로 반대됨
- 환율 상승 = 원화의 가치 하락 = 원화값 하락
- 환율 하락 = 원화의 가치 상승 = 원화값 상승

⑤ 환율의 결정 : 외화의 수요량과 공급량이 일치하는 지점에서 환율이 균형을 이룸

⑥ 외화의 수요에 의한 환율 결정 : 외국 상품에 대한 자국의 수요에 의해 결정
- 환율 상승 → 수입품의 달러 표시 가격은 고정, 원화 표시 가격은 상승 → 자국의 수출 증가, 수요 감소 → 달러의 수요 감소
- 환율 하락 → 달러의 수요 증가 → 하향 수요 곡선

⑦ 외화의 공급에 의한 환율 결정 : 자국 상품에 대한 외국인들의 수요에 의해 결정
- 환율 상승 → 수출품의 원화 표시 가격은 고정, 달러 표시 가격은 하락 → 외국의 수입 증가, 수요 증가 → 달러의 공급 증가

⑧ 환율 인상에 따른 효과
- 수출 : 수출품의 외화 표시 가격의 하락으로 인한 수출의 증가
- 수입 : 수입품의 원화 표시 가격의 상승으로 인한 수입의 감소
- 국내 물가 : 수입 원자재 가격의 상승으로 인한 물가 상승
- 외채 : 외채의 원화 표시 가격의 상승 → 기업의 상황 부담 증가. 한국과 같은 수입의존도가 높은 국가는 환율 인상이 국내 물가를 상승시키는 요인이 됨.

⑨ 환율 변동의 영향
- 환율의 상승 : 수출 증가, 수입 감소, GDP 상승, 국제 수지 개선, 물가 상승, 통화량 증가, 주가 하락, 해외여행 시 불리
- 환율의 하락 : 수출 감소, 수입 증가, GDP 하락, 국제 수지 악화, 물가 하락, 통화량 감소, 주가 상승, 해외여행 시 유리

> **참고**
>
> 환율은 대체로 상승할 경우 국가 경제 측면에서는 유리하지만 개인 경제 측면에서는 불리하다. 반대로 환율이 하락할 경우 국가 경제 측면에서는 불리하지만 개인 경제 측면에서는 유리하다. 해외여행 시 환율이 오르면 비용 부담이 증가하지만 환율이 낮아지면 비용 부담이 적어졌던 상황을 이해하면 쉽다.

⑩ 환율 관련 용어
- 환투기 : 환율의 변동을 이용하여 이득을 보려는 행위
- 외환 시장 : 일반 시장과 마찬가지로 외화의 수용과 공급이 이루어지는 시장으로 주체는 일반적으로 기업(민간)임
- 외환 보유액 : 외환 보유고. 한 나라의 대외 결제 준비를 위한 금, 외화 등의 자산을 말함. 국가의 대외 신용지표가 되며 경기 동향이나 성장의 전망을 판단하는 중요한 지표임

(5) 세계화와 경제
① 세계 무역 기구(WTO) : 무역자유화를 통한 전 세계적인 경제발전을 목적으로 하는 국제기구
② GATT : 관세 및 무역에 관한 일반 협정으로 관세와 수출입 규제 등의 무역 장벽을 낮추려는 목적에서 미국을 비롯한 23개국이 조인한 국제 무역 협정으로 1995년 세계 무역 기구가 출범하면서 막을 내림
③ 반세계화 : 신자유주의에 반대하는 흐름으로 주로 비정부기구를 중심으로 제기되고 있음
④ FTA : 국가 간 상품의 자유로운 이동을 위해 모든 무역 장벽을 제거시키는 협정
⑤ IMF : 국제통화기금. 세계 무역의 안정을 목적으로 설립한 국제 금융 기구

⑥ IBRD : 국제통화기금(IMF), 세계무역기구(WTO)와 함께 3대 국제경제기구로 꼽힘, 국제 사에 미치는 영향력으로 봤을 때는 IMF와 함께 꼽힘. 회원국으로부터 출자한 돈을 저리로 개발도상국에 자금을 지원. 또는 정책 자문 등의 역할을 함
⑦ 디폴트 : 외국에서 빌려 온 빚을 갚을 능력이 없어 상환 기간이 도래했지만 이자 지불이 지연되거나 원금 상환이 불가능한 상황
⑧ 모라토리엄 : 외국에서 빌린 빚을 지불할 수 없는 상황을 맞은 국가가 상환 의사는 있지만 일시적으로 채무 상황을 연기하는 방침을 알리는 것을 말함. 일반적으로 국가 부도 상황에서 선언하는 경우가 대부분. 외채 상황을 유예 받을 수는 있으나 대외적으로 신용이 낮아짐
⑨ AIIB(아시아인프라투자은행) : 미국과 일본이 주도하는 세계은행과 아시아개발은행(ADB) 등에 대항하기 위해 중국의 주도로 설립된 은행. 한국도 회원국
⑩ 아시아개발은행 : 아시아 지역의 경제성장과 경제협력 증진 및 경제개발 촉진을 위해 설립된 국제 금융 기관

11

다음 재화에 대한 대화 중 틀린 말을 한 사람은 누구인가?

① 곰이 : 열등재는 소득이 증가할수록 수요가 감소하는 재화야.
② 주왕 : 기펜재는 열등재 중에서 가격이 하락할 때 오히려 수요량이 감소하는 재화를 말해.
③ 돌이 : 기펜재의 예로 연탄이 있지.
④ 조림 : 너희 대체재랑 보완재는 아니? 대체재란 따로 소비할 때보다 함께 소비할 때 효용이 커지는 재화로 커피와 설탕 같은 것을 말해. 보완재는 한쪽의 수요가 증가하면 다른 쪽의 수요는 그만큼 소비가 감소하게 되는 것을 말해.
⑤ 꿀이 : 비용을 지불하지 않아도 사용할 수 있는 재화는 자유재야.

12

다음의 상황에 해당하는 법칙은?

> 알뜰살뜰한 주부 유정이는 시장에서 과일 한 개를 사더라도 더 싸게 사기 위해 곳곳을 돌아다닌다. 하지만 가전제품과 같이 지출 비용이 큰 물건을 살 때는 가격을 비교하며 오래 고민하지 않고 여러 신제품 중 하나를 고른다.

① 그레셤의 법칙
② 슈바베의 법칙
③ 세이의 법칙
④ 그로슈의 법칙
⑤ 사소함의 법칙

13

이미 지급되어 다시는 회수할 수 없음을 뜻하는 것으로 무엇을 선택하는가에 상관없이 지급할 수밖에 없는 불가피함을 의미하는 경제학 용어는?

① 기회비용(opportunity cost)
② 매몰비용(sunk cost)
③ 한계비용(marginal cost)
④ 한계효용(marginal utility)
⑤ 파레토 최적(pareto optimum)

14

다음은 비합리적 소비에 대한 설명이다. ⊙과 ⓒ에 들어갈 효과를 순서대로 바르게 나열한 것은?

> 고가품일수록 과시욕에 따른 수요가 증가하는 (⊙) 효과는 가격에 직접 영향을 받고, 보통 사람과 자신을 차별하고 싶은 욕망으로 나타나는 (ⓒ) 효과는 가격이 아닌 다른 사람의 소비에 직접 영향을 받는다.

① 밴드왜건(bandwagon), 베블렌(veblen)
② 밴드왜건(bandwagon), 스놉(snob)
③ 베블렌(veblen), 스놉(snob)
④ 스놉(snob), 밴드왜건(bandwagon)
⑤ 스놉(snob), 베블렌(veblen)

15

재화는 배제성과 경합성의 정도에 따라 사적 재화, 공유자원, 공공재, 클럽재로 분류할 수 있다. 다음 재화에 대한 분류를 바르게 연결한 것은?

> ⊙ 막히는 유료도로　　ⓒ 막히지 않는 유료도로
> ⓒ 막히는 무료도로　　ⓔ 막히지 않는 무료도로

① ⊙ - 사적 재화, ⓒ - 클럽재, ⓒ - 공유자원, ⓔ - 공공재
② ⊙ - 사적 재화, ⓒ - 공공재, ⓒ - 클럽재, ⓔ - 공유자원
③ ⊙ - 사적 재화, ⓒ - 공유자원, ⓒ - 클럽재, ⓔ - 공공재
④ ⊙ - 사적 재화, ⓒ - 공유자원, ⓒ - 공공재, ⓔ - 클럽재
⑤ ⊙ - 사적 재화, ⓒ - 클럽재, ⓒ - 공공재, ⓔ - 공유자원

16

다음 자료를 통해 엥겔지수와 슈바베지수를 구하시오.

교통비	의료비	식비	교육비	통신비	월세	냉난방비	유흥비
30,000	20,000	150,000	320,000	80,000	250,000	50,000	100,000

① 엥겔지수 10% / 슈바베지수 20%
② 엥겔지수 15% / 슈바베지수 20%
③ 엥겔지수 15% / 슈바베지수 30%
④ 엥겔지수 20% / 슈바베지수 30%
⑤ 엥겔지수 20% / 슈바베지수 40%

17

다음 (ㄱ)~(ㄷ)에 해당하는 용어를 순서대로 나열한 것은?

> (ㄱ) - 생계유지를 위해 일시적으로 만족스럽지 않은 다른 직업에 종사하고 있는 상태
> (ㄴ) - 경제구조의 변화로 특정 노동력에 대한 수요가 감소되어 발생하는 실업
> (ㄷ) - 마르크스형 실업이라고도 불리며 기술의 진보로 노동자가 필요하지 않게 된 경우에 발생한다.

① 마찰적 실업 - 구조적 실업 - 기술적 실업
② 구조적 실업 - 자발적 실업 - 마찰적 실업
③ 잠재적 실업 - 구조적 실업 - 기술적 실업
④ 마찰적 실업 - 구조적 실업 - 경기적 실업
⑤ 잠재적 실업 - 경기적 실업 - 자발적 실업

18

두 나라 사이의 수출입액을 일정 기간 내에 완전히 균형을 맞추어 대차차액이 생기지 않도록 함으로써 차액 결제를 위한 자금이 필요하지 않도록 하는 무역 방식은?

① 보호무역
② 구상무역
③ 독립무역
④ 균형무역
⑤ 중개무역

19

다음과 같은 경우에 국내 총생산(GDP)을 계산하면 얼마인가?

> 농부가 밀을 경작하기 위해 밀 종자, 농약, 농기구 등의 원료 구입비 80만 원을 들여 밀을 수확하였고, 밀을 재배한 농부는 밀을 제분업자에게 200만 원을 받고 팔았다. 그리고 제분업자는 밀을 원료로 하여 밀가루를 만들어 제빵업자에게 300만 원에 팔았으며, 제빵업자는 빵이라는 최종 생산물을 만들어 소비자에게 450만 원에 팔았다.

① 300만 원
② 450만 원
③ 750만 원
④ 950만 원
⑤ 1,030만 원

20
다음 글을 읽고 옳게 설명한 것을 보기에서 모두 고르면?

> (가) 놀이공원 가격이 10% 오르자 입장객이 15% 줄어들었다.
> (나) 감귤 재배농가들이 수확량의 1/4를 폐기처분 하였더니 오히려 그들의 소득은 증대되었다.
> (다) 소비자들은 샤프보다 자동차의 가격변화에 민감하게 반응한다.

―― 보기 ――

ㄱ. 모두 수요의 가격탄력성과 관련이 있다.
ㄴ. (가)에서 놀이공원의 수요는 비탄력적이다.
ㄷ. (나)에서 감귤의 수요는 탄력적이다.
ㄹ. (다)에서 자동차는 총소득에서 차지하는 소비지출 비중이 크기 때문에 수요가 탄력적이다.

① ㄱ, ㄴ
② ㄱ, ㄷ
③ ㄴ, ㄹ
④ ㄷ, ㄹ
⑤ ㄴ, ㄷ

CHAPTER 03 북한

1. 북한

(1) 북한 권력 기구도

① 당(조선 노동당)
- 입법 사법 행정 3권을 지배하는 최고 권력 기구 – 정부 기관은 당의 정책을 집행하는 역할
- 당조직 최고기관은 당대회이며, 당대회가 열리지 않을 때는 당중앙위원회가 대신 역할
- 정치국 : 주요 정치, 경제, 군사 분야를 관장
- 통일전선부 : 남북교류, 대남공작

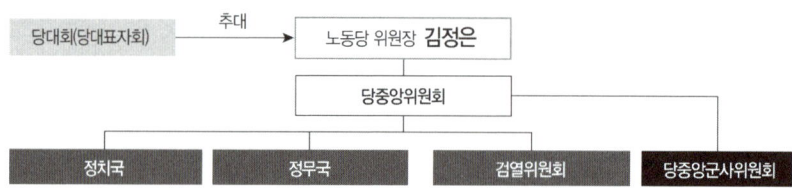

② 정
  ㉠ 최고인민회의 : 입법권을 행사하는 북한 헌법상 최고 주권기관이지만 실질적으로는 노동당에서 결정하는 사항을 단지 추인만 하는 역할
  ㉡ 최고인민회의 상임위원회 : 최고인민회의 휴회 중에 대신해서 모든 일을 처리, 1998년 주석제 폐지 후 외국에 대한 국가 대표권을 상임위원장에게 부여
  ㉢ 사회안전성 : 우리나라 경찰과 같은 치안을 유지 역할, 체제 강화를 위해 주민 감시 역할에 중점
  ㉣ 국가안전보위성 : 북한의 대표적 정보기관으로, 북한 체제를 유지하기 위한 주민 사찰이 주업무
  ㉤ 조국평화통일위원회 : 국무위원회 산하 단체. 대남정책수립, 남북대화 참여

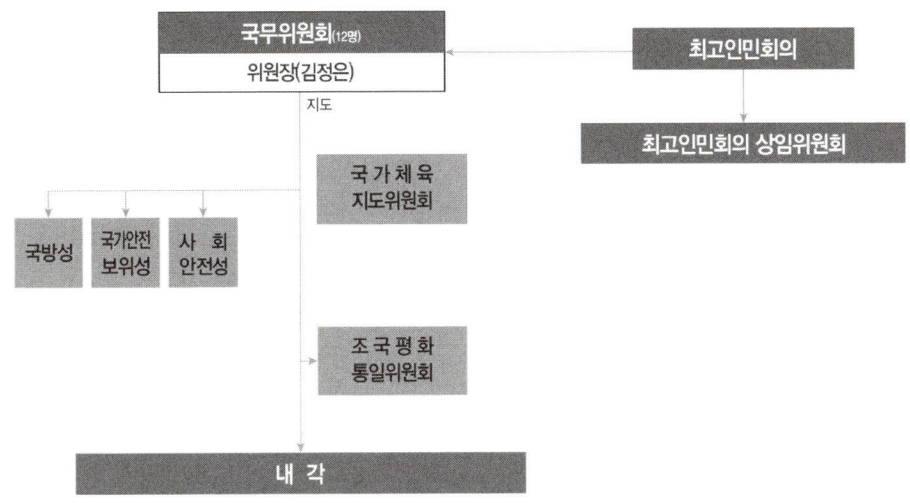

(2) 북한의 정치

① 주체사상 : 1970년대 초 김일성에 의해 체계화된 마르크스-레닌주의의 변형 사상. 오직 김일성이 사고하는 대로 생각하고 행동하는 대로 행동한다는 김일성 유일 사상이다. 북한의 통치이념으로서 정치, 사회, 문화, 경제 등 모든 분야의 기초가 되는 사상

② 선군정치 : 1990년 말부터 당시 북한의 국방위원장이던 김정일이 주장한 정치사상으로 노동당보다 군부에 힘을 싣는 사상

③ 선당정치 : 김정은이 내세우고 있는 정치사상으로서 군부의 힘을 빼고 노동당에 힘을 싣는 사상

④ 유훈통치 : 김정일이 1994년 7월, 김일성 주석이 사망한 뒤 삼년상을 이유로 김 주석의 유훈을 내세우며 얼굴 없이 통치하던 시기

⑤ 백두혈통 : 김일성 직계 가족을 의미. 최근 김정은 위원장 여동생인 김여정 당중앙위원회 제1부장이 두각

⑥ 통미봉남 : 남한을 따돌리고 미국을 대화 상대로 한다는 정책. 최근 남북 해빙무드로 이 정책은 수정됨

(3) 북한의 경제

① 계획경제 : 사회주의 체제에서 국가의 계획으로 이루어지는 중앙집권적 경제이며, 북한 역시 계획경제임

② 북한의 4대 경제특구 : 나진·선봉자유경제무역지대, 신의주특별행정주, 금강산관광특구, 개성공업지구

③ 장마당 : 북한식 시장

④ 강성대국 : '사상과 군사강국의 위력으로 경제 건설을 한다.'는 의미를 지니고 있는 용어로, 북한에서 1998년 처음 등장한 통치선전 구호

⑤ 핵·경제 병진노선 폐지 : 2013년 3월 31일 당 중앙위원회 전원회의 결정을 통해 '경제건설 및 핵무력 건설 병진노선'을 경제정책의 기조로 채택. 이는 김정일 시대의 선군경제 건설 노선을 계승한 것임을 표방하며 핵무력 강화가 과학기술 발전을 초래하고, 이것이 다른 경제 부문의 경제 부문의 발전도 유도해 나갈 것이라는 논리. 2018년 4월 폐지하고 '경제건설 총력 집중'을 새 노선으로 제시

⑥ 경제건설 총력 집중 노선 채택 : 북한은 김정은 노동당 위원장 주재하에 2018년 4월 20일 개최된 노동당 중앙위원회 제7기 제3차 전원회의에서 이 같은 내용이 포함된 결정서를 채택 "핵시험과 대륙간탄도로켓(ICBM) 시험발사를 중지할 것"이라는 내용이 명시

⑦ 핵무기 사용 법제화 : 북한은 '북한에 대한 핵무기 또는 기타 대량살육(살상)무기 공격이 감행됐거나 임박했다고 판단되는 경우', '국가지도부와 국가핵무력지휘기구에 대한 적대세력의 핵 및 비핵 공격이 감행됐거나 임박했다고 판단되는 경우', '국가의 존립과 인민의 생명 안전에 파국적인 위기를 초래하는 사태가 발생해 핵무기로 대응할 수밖에 없는 불가피한 상황이 조성되는 경우' 핵무기를 사용할 수 있다고 법제화하였다. 2012년 북한은 헌법을 개정해 핵보유국 지위를 명문화한 바 있지만 핵무기 사용 조건 등까지 명시한 건 이번이 처음이다.

(4) 북한의 사회

① 천리마운동 : 1956년 12월 조선노동당 회의에서 최초로 제창, 58년부터 본격화된 대중들의 증산의욕을 고취시키기 위한 북한의 집단적 사회주의 노동경쟁운동이자 사상개조운동

② 고난의 행군 : 북한이 1990년대 중·후반 국제적 고립과 자연재해 등으로 극도의 경제적 어려움을 겪은 시기에, 이를 극복하기 위해 제시한 구호

③ 남북 표준시 통일 : 북한이 5일 0시를 기해 한국보다 30분 느렸던 표준시를 30분 앞당겼다. 북한은 2015년 8월 광복 70주년을 맞아 일제의 잔재를 청산한다며 동경 135도를 기준으로 하던 표준시를 30분 늦췄다. 북한이 표준시를 되돌리면서 남과 북은 3년여 만에 다시 같은 표준시를 쓰게 됐다. 이로써 남북 연락사무소는 쌍방간 표준시 차이로 인해 2015년 8월17일부터 비정상 운영되는 상황을 996일 만에 종료했다.

④ 삼지연 관현악단 : 단장 현송월. 조선민주주의인민공화국의 관현악단이다.
삼지연관현악단은 2018년 1월 평창 동계 올림픽 북측 예술단으로 새롭게 선보였는데, 기존 삼지연악단의 연주진을 중심으로 청봉악단의 가수들과 일부 연주자들 그리고 다른 악단의 연주자들을 조합한 일종의 연합 악단이었다.

(5) 미사일 관련

① 화성 14형 : 북한 최초의 ICBM이며, 1단 추진체가 백두산 엔진(80tf급) 1개에 보조 엔진 4개가 결합됐다.

② 화성 15형 : 2017년 11월 29일 최초 시험발사에 성공했으며, 실질적인 ICBM급 미사일이다. 백두산 엔진(80tf급)을 2개를 붙여놓았으며, 연료탱크가 화성 14호보다 3배 정도 더 늘어났다. 고도가 4,475km 올라가고, 사정거리 13,000km 이상으로 예상된다.

③ 화성 18형 : 북한이 2023년 2월 8일 북한 열병식에서 공개한 신형 미사일이다. 고체 연료를 이용한 대륙 간 탄도 미사일로 이동형 미사일 발사대에서 발사하는 미사일이다.
④ 수소폭탄 : 원자폭탄은 순도가 높게 농축된 우라늄(U-235)과 플루토늄(Pu-239)을 용기에 넣고 연쇄 핵분열이 일어나도록 기폭장치를 갖춘 무기다. 한편, 수소폭탄은 원자폭탄과 수소 핵융합 반응을 결합해 파괴력을 크게 높인 무기다. 수소폭탄은 내부에 원자폭탄을 기폭장치로 사용해 폭탄 안에 있는 수소 핵끼리 서로 뭉치게 하는 원리다. 원자폭탄 기술을 보유해야 수소 폭탄을 제조할 수 있는 이유다. 원자폭탄의 165배 폭발력을 보였다.

(6) 기타
① 1호열차 → 김정은 전용 열차. 비행기를 타지 않던 김정일 때부터 북한 고위층이 애용한 열차로 '달리는 특급호텔'로 불림. 열차는 방탄설비는 물론 응접실 회의실 최고급 침실 등을 갖췄고 바닥에도 방탄판을 깔아 폭발물이 아래에서 터져도 안전하게 만들어짐.
② 참매 1회 → 김정은 전용기. 구소련 IL-62M 비행기로 비행거리가 1만km. 노후화되서 5000km 정도 비행가능할 것으로 예측.

2 안보

(1) 미사일
- 한국형 3축 체계
  1축 킬체인 → 적의 미사일 위협을 실시간으로 탐지하여 표적 위치를 식별하고 효과적으로 파괴할 수 있는 타격 수단을 결심한 후 타격하는 일련의 공격체계
  2축 한국형미사일방어체계(Korea Air and Missile Defense) → 우리 측으로 날아오는 미사일이 지상에 도달하기 전에 요격할 수 있는 방어체계로 한국군이 독자적으로 운영
  3축 대량응징보복(KMPR) → 미사일 전력과 전담 특수작전부대 등을 운용하여 적의 전쟁지도본부를 포함한 지휘부를 직접 겨냥
- BM (Ballistic Missile) - 탄도미사일 → 탄도 곡선대로 비행하는 미사일. 기본적으로 대기권에 진입할 때까지만 지상에서 유도하고 목표에 도달할 수 있는 궤도를 확보하면 자유 낙하를 시작한다.
- ICBM (Inter Continental Ballistic Missile) - 대륙 간 탄도미사일 → 핵무기의 주요 운반체. 현재 모든 ICBM은 핵탄두를 탑재. 재래식 폭약은 비효율적이라 탑재하지 않음
- IRBM (Intermediate-Range Balllistic Missile) - 중거리 탄도미사일 → 대략 3,000~5,000km의 사정거리를 가지고 있다. 이는 지구 어느 곳이든 도달할 수 있는 사정거리를 가지고 있는 ICBM보다는 짧지만, 전술 레벨이 아닌 전략 수준에서 다룰 수 있는 사정거리를 가지고 있다.

- SLBM (Submarine Launched Ballistic Missile) - 잠수함에서 발사하는 탄도미사일 → 지상발사 형 ICBM과는 달리 핵전쟁 발발 시 상대방의 대도시에 보복 공격목적이 더 큼 ☆
- THAAD (Terminal High Altitude Area Defense) - 종말 고고도 지역 방어 체계 → 미국 육군이 개발 중인 탄도미사일 고고도 요격체계. 단거리/중거리 탄도미사일을 위주에 두고 개발되었으나 ICBM에 대한 제한적인 대응능력을 갖추고 있다.

(2) 핵무기

- 핵우산 → 핵 전력으로 핵보유국의 위협으로부터 비핵동맹국의 안전을 보장한다는 개념
- 전술 핵무기 → 폭파 위력이 수 킬로톤 이내의 핵무기로, 군사목표를 공격하기 위한 야포와 단거리 미사일로 발사할 수 있는 핵탄두, 핵지뢰, 핵기뢰 등을 포함한다.
- MAD (Mutually Assured Destruction) 이론 - 상호확증파괴 이론 (핵 억제 전략) → 전쟁이나 전투의 결과에 상관없이 양측 모두 파괴될 것이 확실한 상황을 말하며, 이 상황에 다다르면 둘 다 죽게 되니깐 서로 죽이지 말자는 일종의 핵 억제 전략이다. 단순히 양쪽 모두 핵을 가졌다고 해서 상호확증파괴의 조건이 완성되는 것은 아니며, 양쪽 모두 2차 타격능력, 즉 적에게 선제 핵 공격을 당하고 살아남은 핵무기로 보복공격을 가하여 적 역시 초토화시킬 수 있는 능력을 갖고 있는가 하는 것이다.
- WMD (Weapons of Mass Destruction) - 대량살상무기 → '화학·생물·방사선(핵) 무기' 또는 '화생방 무기'로 불리며 인간을 쉽게 대량 살상할 수 있는 무기 ★
- CVID (Complete, Verifiable, Irreversible Dismantlement) → 완전하고 검증가능하며 돌이킬 수 없는 핵폐기.☆
- PVID (Permanent, Verifiable, Irreversible Dismantlementling of North Korea's WMD program) → 영구적이고 검증 가능하며 되돌릴 수 없는 대량살상무기 폐기.☆
- CVID와 PVID의 차이 : 전자는 핵무기와 ICBM을 제거한다는 의미이고 후자는 핵무기연구인력, 생화학무기, 미사일까지 추가로 포함한다.
- FFVD : 최종적이고 완전히 검증 가능한 비핵화
- 핵확산금지조약 [Nuclear nonproliferation treaty(NPT) : 비핵보유국이 새로 핵무기를 보유하는 것과 보유국이 비보유국에 대하여 핵무기를 양여하는 것을 동시에 금지하는 조약. 한국은 1975년 4월 23일 정식 비준국이 되었으며, 북한은 1985년 12월 12일 가입했으나 1993년 3월 12일 탈퇴를 선언하였으나, 탈퇴 요건을 충족시키기 못해 보류되었으며, 2003년 다시 탈퇴를 선언하였다.

(3) 한미동맹

- 한미 상호 방위 조약 → 1953년 10월 1일 한국과 미국간에 조인되고 1954년 11월 11일에 발효되었으며 상호방위를 목적으로 체결된 조약. 1953년 10월 1일 조인된 한미상호방위조약은 한국(남한) 방위를 위하여 외국과 맺은 군사 동맹으로서, 이는 최초이며 지금까지 유일한 동맹조약이다.

- SCM(Security Consultative Meeting), 한미안보협의회의 → 한미 간 연례적으로 개최되는 국방 관련 최고위급 협의체
- 작전통제권 (평시 - 한국 합참의장 / 전시 - 연합사령관) → 전국에 산재한 미군기지를 평택과 대구 2개의 허브기지로 통/폐합 추진
- MCM (Military Committee Meeting) - 한미군사위원회 → 한국과 미국 간의 합의에 따라 구성된 양국 간의 상설적인 군사협의기관으로 한미 양국 대통령, 국방장관, 합참의장으로 이어지는 국가통수 및 군사지휘기구의 전략지침과 한미연례안보회의의 결정에 따라 발전시킨 전략지시를 연합사령관에게 하달한다. 한미군사위원회는 한국전쟁 이후 유엔군사령관이 행사해 오던 작전통제권을 한국과 미국이 공동으로 행사하게 되었다는 데 의의가 있다.
- 한미연합군 3대 훈련
  ① 키리졸브훈련(KR. Key Resolve) → 한반도 유사시 미군 증원 전력을 신속하게 수용하기 위해 매년 봄 실시되는 한·미 간 연례 군사 합동훈련을 말한다. 전시 상황을 가정하여 미군이 증원 되었을 때 숙박, 보급, 군 기지 제공 및 이동 등의 절차를 연습하게 된다. 키리졸브는 2002년부터 야외 기동훈련인 독수리연습과 통합하여 실시하고 있다.
  ② 독수리 훈련(FE.Foal Eagle) → 북한 특수부대 등 비정규군이 후방지역에 침투할 경우를 대비한 실제 야외기동훈련(FTX)을 말한다. 1961년 소규모 후방지역 방어훈련으로 시작되었으나, 최근에는 연합기동훈련, 해상전투단훈련, 연합상륙훈련, 연합공격편대군훈련 등 연합작전과 후방지역 방호작전 능력을 배양하는 훈련으로 범위가 확대됐다.
  ③ 을지프리덤가디언(UFG) → '한반도 전쟁이 일어난 상황을 가정해 매년 실시하는 한국과 미국의 합동 군사연습'을 말한다. 작전을 수행할 때 한미가 어떻게 협조할지 평가하고 개선하기 위한 목적이다. 매년 8월 실제 병력과 전투 장비 투입 없이 실시되며 워게임(war game) 형식의 지휘소훈련(CPX)이다.
  ④ 한반도에서의 군사분야 조치를 전반적으로 '로키'(low-key·절제된 수준의 저강도) 진행으로 방향을 잡았다

(4) 영토 관련
- 영토 : 국제법에서, 국가의 통치권이 미치는 구역을 말한다. 흔히 토지로 이루어진 국가의 영역을 이르나 영해와 영공을 포함하는 경우도 있다
- 영해 : 한 나라의 주권이 미치는 바다를 의미.
  우리나라의 영해는 기선(영해를 설정하는 기준선)으로부터 12해리까지. 단, 일본과 마주하고 있는 대한 해협은 직선 기선으로부터 3해리까지.
- NLL (Northern Limit Line) - 북방한계선 → 대한민국과 북한의 서해 및 동해 접경 지점의 경계선. 아군 함정 및 항공기 초계활동의 북방한계를 규정해 남북 양측 간에 일어날 수 있는 충돌을 방지한다는 정전협정의 실질적인 이행에 목적을 두고 있는 사실상의 해상경계선이자 군사분계선
- MDL : 군사분계선. 두 교전국(交戰國) 사이에 휴전이 제의되었을 경우 그어지는 군사행동의 경계선.

- SLL : 남방한계선. 군사분계선에서 남쪽으로 2km 떨어져 동서로 그어진 선
- DMZ : 남방한계선과 북방한계선 사이의 4km를 비무장지대(DMZ)라 하여 남북 사이의 완충지대로 삼아 출입을 통제. 전방(前方)의 철책이 바로 남방한계선이다. 또 남방한계선과 군사분계선 사이에는 '전초(前哨)'로 부르는 'GP'가 있다.
  2018년 남북은 비무장지대 안 감시초소(GP) 22개를 파괴하고 철수한 데 이어 2019년에 비무장지대안 모든 GP에서 철수한다는 합의 남북한 추진.
- 민간인통제선 : 남방한계선 남쪽에는 다시 군사시설 보호와 안보를 목적으로 5~20km의 민간인통제선(민통선·민간인통제구역)이 설정되어 있어 사유 재산권이 제한되고, 민간인의 출입도 통제되어 군 당국의 허가를 받아야만 들어갈 수 있다.
- JSA : 공동경비구역. 판문점. 1953년 정전협정 체결 후 UN과 북한 측 공동경비구역으로 정해진 구역이다.
- 방공식별구역
  자국의 영토와 영공을 방어하기 위한 구역으로 국가안보 목적상 자국 영공으로 접근하는 군용 항공기를 조기에 식별하기 위해 설정한 임의의 선을 말한다. 국제법상 인정된 영공은 아니지만 이곳에 진입하는 군용 항공기는 해당 국가에 미리 비행계획을 제출하고 진입 시 위치 등을 통보해줘야 한다. 통보 없이 외국 항공기가 침범하면 전투기가 출격한다. 국별 방공식별구역은 앞에 자국의 영문이니셜을 붙여 표기하는데 한국방공식별구역은 KADIZ, 중국방공식별구역은 CADIZ, 일본방공식별구역은 JADIZ라고 표기한다.
  최근에 중국 비행기가 종종 침범하고 있다.

(5) 기타
- NSC (National Security Council) - 국가안전보장회의 → 대통령 직속의 자문기관으로 외교, 안보 분야의 최고위급 회의체. 의장은 대통령이며 국무총리, 외교부 장관, 통일부 장관, 국방장관, 국가정보원장, 행정안전부 장관, 대통령비서실장(장관급)과 외교, 안보 등을 담당하는 외교안보수석비서관 등이 참여한다.
- 세컨더리 보이콧 → 제재국가의 정상적인 경제 활동과 관련해 거래를 하는 제3국의 기업이나 금융기관까지 제재하는 것
- EMP (Electromagnetic Pulse) - 전자기 펄스 → 인공적으로 발생시키는 전자기파 펄스의 총칭. 강력한 전자기파로 일정 범위 내의 전기회로에 충격을 주어 전기 제품들을 못 쓰게 만들며 CD나 DVD매체를 제외한 컴퓨터의 데이터도 지워진다. ★
- 그레이 존(gray zone) - 회색지대 → 그레이 존은 이도 저도 아닌 상태, 애매한 범위 등을 가리키며, 어느 한쪽에 치우치지 않은 중립의 의미를 가진다. 여러 강대국들의 세력권에 명확히 속해있지 않는 지역을 말하며, 이를 제3 세계라고 부른다.
  데프콘 : 전투준비태세. 1~5단계
  워치콘 : 정보감지태세, 1~5단계

21

다음 제시문에서 설명하고 있는 북한의 국가 담론으로 옳은 것은?

> 2019년 노동신문 신년사에서 본격적으로 공식화되기 시작한 국가 담론으로, '사회주의 조국의 위대성에 대한 긍지와 자부심' 핵심으로 '나라의 전반적 국력을 최고의 높이로 올려세우려는 강렬한 의지'를 담고 있다.

① 선군주의
② 우리국가제일주의
③ 김일성 제일주의
④ 조선민족제일주의
⑤ 유훈주의

22

북한에서 '천리마 운동'은 대표적인 대중 동원 운동이다. 김정은 시대에는 천리마보다 더 많은 노력을 강조하는 구호를 만들었는데 이렇게 새롭게 등장한 구호는 무엇인가?

① 이천리마 운동
② 삼천리마 운동
③ 오천리마 운동
④ 칠천리마 운동
⑤ 만리마 운동

23

북한의 군 체계에 대한 설명으로 옳지 않은 것은?

① 당중앙군사위원회는 조선 노동당의 최고 군사기구로, 총정치국에 당적 지도를 내린다.
② 총참모부는 최고사령관의 군령권을 실제 집행하여, 북한 무력 전반을 총 지휘하는 군 최고 군사집행기구이다.
③ 2020년 북한의 인민무력부는 국방성으로 개칭하였고, 국방상을 2021년 임명함으로써 개칭을 공식 확인하였다.
④ 보위국은 군 내 모든 군사범죄활동에 대해 수사를 담당하며 최고지도자 및 가족들의 신변보호를 담당하는 역할을 하기도 한다.
⑤ 11군단, 해상·공중 저격 여단, 특수작전 대대 등을 포함하는 북한 특수부대는 특수작전군이다.

24

다음 설명에 해당되는 북한의 기구로 옳은 것은?

> 조선민주주의인민공화국 국무위원회 직속의 첩보, 정보기관이다. 대한민국 및 해외의 공작 활동을 총괄하는 군 소속 첩보기관으로 공작원의 양성, 침투, 정보수집, 파괴공작, 요인암살, 납치 테러 등 다양한 임무를 수행한다. 정보 전자전에도 주력해 해킹, DDoS 같은 사이버 테러 임무와 정보전사 양성도 담당하고 있다.

① 국가안전보위부 ② 총정치국
③ 정찰총국 ④ 총참모부
⑤ 조직지도부

25

남·북한 수교에 대한 설명으로 옳지 않은 것은?
① 시리아, 쿠바, 팔레스타인과는 남한은 수교하지 않았으나, 북한은 수교하였다.
② 코소보와는 남·북한 모두 수교하지 않았다.
③ 유럽지역 국가들은 오랫동안 정치적으로 좌파와 우파가 공존하면서 안정적 관계를 유지하는 사회구조를 지니고 있어 남·북한에 대해 동시수교를 하는 국가가 많다.
④ 아프리카 · 중동지역 국가들은 국가 경제의 어려움으로 또는 경제원조에 크게 영향을 받거나 정치보다는 종교적 색채가 짙은 국가사회구조로 인해 남 · 북한 동시수교가 일반적이다.
⑤ 아메리카 지역은 남한 단독 수교가 타 지역에 비해 월등하게 많으나, 아시아 지역은 그렇지 아니하다.

26

다음 중 북한의 기관과 우리나라 기관과의 매칭이 틀린 것은?
① 사회안전성 - 경찰 ② 외무성 - 외무부
③ 인민무력성 - 국방부 ④ 보위국 - 국가정보원
⑤ 정찰총국 - 정보사

27
다음 북한에 관한 것 중 맞는 것은?
① 수도 : 개성
② 국화 : 진달래
③ 국보 1호 : 만수대
④ 경제노선 : 핵 경제 병진노선
⑤ 최고인민회의 : 북한 헌법상 최고 주권기관

28
1998년 주석제가 폐지되면서 북한의 최고 정치기관으로 격상되었던 기구는 무엇인가?

> 북한의 최고 군사 지도 기관으로 국방 사업 전반을 결정하고 지도하는 기관으로 1972년 사회주의 헌법 채택 때 신설되어 점차 위상과 역할이 강화되어왔고, 1992년 헌법개정 때 최고 군사 지도 기관으로 승격되었다. 주요 임무와 권한으로는 선군 혁명 노선 관철을 위한 국가의 중요 정책 수립, 국가의 전반의 무력과 국방 건설 사업 지도 등이 있다. 그러나 2016년 헌법 개정을 통해 폐지되었다.

① 국방위원회
② 국무위원회
③ 최고상임위원회
④ 통일전선부
⑤ 선전선동부

29
북한의 권력기구에 대한 설명이다. 틀린 것을 고르시오.
① 조선 노동당은 3권을 지배하는 최고 권력 기구이다.
② 외곽조직에서 2016년 국가기구로 승격한 조국평화통일위원회는 대남정책 수립 역할을 수행하고 있다.
③ 공식적 최고 주권기관은 최고인민회의이며, 위원장은 김정은이다.
④ 국가안전보위성은 북한의 대표적 정보기관으로, 북한 체제를 유지하기 위한 주민 사찰이 주 업무이다.
⑤ 김정일 시대 최고 권력기관인 국방위원회는 국무위원회로 변경되었다.

30

다음 (   )에 들어갈 알맞은 단어를 고르시오.

'최종적이고 완전히 검증된 비핵화'라는 뜻으로, 북한 비핵화 해법으로 제시된 또다른 개념이다. 미국 국무부가 마이크 폼페이오 국무장관의 3차 방북에 앞서 제시했다.

헤더 나워트 미국 국무부 대변인은 2018년 7월 2일 마이크 폼페이오 국무장관의 해외 순방 관련 성명에서 "폼페이오 장관이 (7월) 5~7일 평양 방문에 이어 7~8일 일본 도쿄에서 한국·일본 리더와 만나 북한에 대한 '최종적이고 완전하게 검증된 비핵화'를 논의할 예정"이라고 밝혀 (   )를 처음 언급했다.

이전까지 북한 비핵화에 대한 미국 정부의 공식 입장은 완전하고 검증 가능하며 불가역적인 비핵화였다. 여기에 폼페이오 장관은 2018년 5월 취임 직후 취임사를 통해 영구적이고 검증 가능하며 불가역적인 비핵화란 용어를 사용하기도 했다. 이후 6월 12일 싱가포르에서 열린 도널드 트럼프 미국 대통령과 김정은 북한 국무위원장 간의 북·미 정상회담에서는 '완전한 비핵화'가 공동성명에 명시된 바 있다

① PVID
② FFVD
③ CVID
④ CD
⑤ WMD

CHAPTER 04 법률

1 법일반

(1) 법치주의

국가 기관의 구성, 권력의 행사, 국민의 자유와 권리에 대한 제한 등이 법에 따라 이루어져야 함을 요구하는 원리이다. 법은 권력 행사의 근거이자 권력 통제의 근거가 된다.

① 형식적 법치주의
   적법한 절차에 의한 법의 제정과 그에 따른 통치를 의미하며, 법적 절차와 형식을 준수할 것을 강조한다.

② 실질적 법치주의
   - 형식적 법치주의가 독재를 정당화하는 도구로 작용한 것에 대한 반성으로부터 법률의 내용과 목적도 정의에 부합하는 정당한 것이어야 한다는 실질적 법치주의가 등장하였다.
   - 국가의 모든 행위는 인간의 존엄과 가치, 정의의 실현, 국민의 자유와 권리 보장을 위해 구속되어야 한다는 원칙으로 형식적인 합법성뿐만 아니라 실질적인 정당성까지 확보할 것을 요구한다.

(2) 법의 분류

① 자연법과 실정법
   - 자연법은 언제 어디서나 유효한 보편적·불변적 법칙을 의미하고, 실정법은 정치적인 공동체나 사회, 국가에 의하여 제정된 법으로서 과거에 시행되었거나 현재에 시행되고 있는 법을 말한다.

- 자연법은 실정법에 대한 비판적인 의미로 쓰이나 실정법 자체를 부정하기보다는 법의 상태를 비판하며 실정법과 상호보완적인 의미를 가진다.

② 성문법과 불문법

성문법	불문법
• 문자로 표현되고 문서의 형식을 갖춘 법	• 문장의 형식을 취하지 않은 법 • 영미법계에서는 불문법주의를 채택 • 대륙법계에서는 보충적 효력을 지님
• 헌법, 법률, 명령, 자치법규 조약 등	• 관습법, 판례법, 조리

- 성문법
  헌법
  법률
  명령 : 행정기관이 법률의 형식에 따라 제정하는 규범이다.
  자치법규
- 조례 : 지방의회가 법령의 범위 내에서 제정
- 규칙 : 지방자치단체의 장이 법령 및 조례의 범위 안에서 제정
- 판례법
  - 법원이 재판에서 법을 해석·적용하여 내린 판단을 통해 형성되는 법이다.
  - 영미법계에서는 가장 중요한 법의 원천으로 본다.
  상위법 우선의 원칙
- 상위 법규가 하위 법규에 우선한다.
- 헌법 〉 법률 〉 명령 〉 조례 〉 규칙의 순으로 우선 적용된다.

③ 법적용의 원칙

상위법 우선의 법칙	상위의 법규를 하위의 법규보다 우선 적용 예 헌법을 법률 중 헌법
특별법 우선의 법칙	특별법이 일반법보다 우선 적용 예 일반법(특별법): 민법(상법), 형법(군형법), 공무원법(교육공무원법)
신법 우선의 법칙	동등한 법 사이에서는 새로 제정·개정된 법령이 우선 적용. 다만, 이 원칙은 서로 동등한 효력을 가졌을 때에 한하고, 충돌된 법이 상위법이나 특별법일 때에는 적용되지 않음
법률 불소급의 원칙	새로운 법률은 그 법률이 효력을 가지기 이전에 발생한 사실에 소급하여 적용되지 않는다는 원칙 → 법적 안정성 강조, 형법에서 중요시됨

※ 공법우선의 원칙(×), 국제법(국내법)우선의 원칙(×)

④ 정부입법과 의원입법 제출 순서도

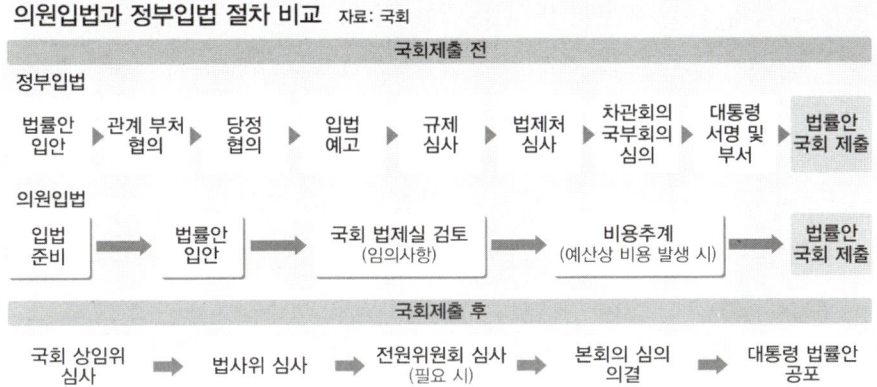

2 헌법

(1) 헌법의 개념

헌법은 국민의 기본권 보장과 국가의 통치조직 및 작용에 관해 규정한 기본법으로, 한 나라의 법 체계 중에서 최고의 단계에 위치하는 법이다. 근대헌법은 기본권의 보장과 권력분립 제도를 규정한 기본법이며 현대 헌법은 국민주권주의, 생활권의 보장, 국제평화주의를 추구하는 헌법이다. 1919년 바이마르 공화국 헌법이 효시다.

(2) 헌법의 분류

① 헌법전의 존재 여부에 따른 분류
  ㉠ 성문헌법 : 일정한 질서에 따라서 제정, 공포된 헌법전으로 되어 있는 헌법
  ㉡ 불문헌법 : 성문화된 외형적 형식을 갖추지 않은 헌법

② 재정 주체에 따른 분류
  ㉠ 흠정헌법 : 군주가 일방적으로 제정(군주주권 국가)
  ㉡ 협약헌법 : 군주와 국민대표 간 계약의 형식으로 제정
  ㉢ 국약헌법 : 둘 이상의 국가가 조약에 의거하여 제정
  ㉣ 민정헌법 : 의회나 국민투표에 의하여 제정(국민주권 국가)

③ 개정절차의 난이에 따른 분류
  ㉠ 연성헌법 : 일반 법률과 같은 방법으로 개정할 수 있는 헌법
  ㉡ 경성헌법 : 일반 법률보다 까다로운 절차로 개정

(3) 대한민국 헌법

성문, 민정, 경성헌법이며 현대복지국가의 헌법임

① 근본이념 : 국민주권주의, 자유민주주의, 복지국가원리, 국제평화주의, 조국의 평화통일 지향
② 개정절차

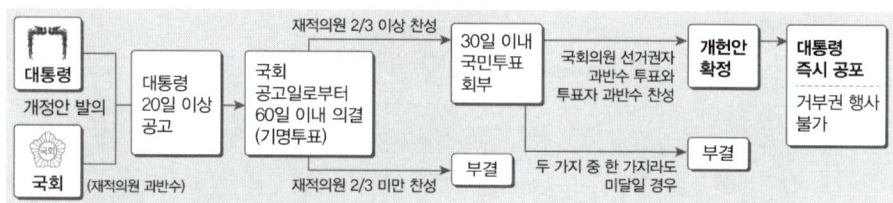

③ 역사적 변천

제1차(52.7.7) : 대통령직선제, 국회양원제
제2차(54.11.29) : 초대 대통령 중임제한 철폐, 국민투표제 채택
제3차(60.6.15) : 내각책임제, 대법원장대법관 선거제
제4차(60.11.29) : 반민주행위자, 부정축재자, 부정선거 관련자 처벌을 위한 소급입법의 근거 마련
제5차(62.12.26) : 대통령제, 단원제, 위헌법률심사권 법원에 이양
제6차(69.10.21) : 대통령 3선취임 허용, 대통령 탄핵소추요건 강화
제7차(72.11.21) : 통일주체국민회의 설치, 대통령간선제, 긴급조치권, 헌법위원회 설치
제8차(80.10.22) : 대통령7년단임제, 선거인단에 의한 간선제, 비례대표제 채택
제9차(87.10) : 대통령5년단임제, 대통령직선제, 국회 권한 강화, 대통령 권한 약화, 기본권 신장

(4) 기본권 보장

① 기본권의 본질과 기능
근대 : 천부인권(자연권)사상 - 인간은 태어날때부터 불가침불가양의 기본권을 가짐
    초국가적 권리- 국가 이전의 자연상태에서도 기본권을 가짐. 입헌주의 원리 확립
현대 : 실정법 사상의 대두 - 기본권은 국법의 범위내에서 인정되는 실정법상 권리
    천부인권(자연권)사상과 실정법 사상의 조화

② 기본권의 변천

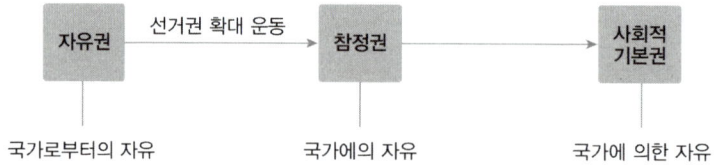

③ 기본권의 주체
  ㉠ 원칙적으로 대한민국 국적을 가진 일반 국민

ⓒ 기본권의 주체로서의 국민은 미성년자, 정신병자, 수형자 등도 포함함
ⓓ 외국인에게는 정치적 기본권(참정권), 사회적 기본권(생존권) 등은 원칙적으로 보장되지 아니하나 인간의 존엄성, 행복추구권, 평등권, 자유권적 기본권의 대부분은 보장됨
  예 생존권은 사회국가적, 복지주의적 이념을 기초로 하는 적극적이고 국가내적인 권리. 자유권은 자유주의, 개인주의를 기초로 하는 소극적이고 前국가적인 권리

④ 기본권의 제한

대상	모든 기본권
요건	국가안전보장, 질서유지, 공공복리를 위해 필요한 경우
방법	법률의 제정을 통해
한계	자유와 권리의 본질적 내용을 침해할 수 없음
예외	비상계엄, 긴급재정·경제 처분 및 명령, 긴급명령 → 법률의 효력을 갖는 명령이나 처분으로 기본권 제한이 가능함

※ 긴급 재정경제명령으로 제한한 경우 → 금융실명제(1993)

(5) 기본권의 내용

① 인간의 존엄가치와 행복추구권
  - 천부인권적 규정, 국민의 기본권에 관한 가장 근본적인 규정
  - 행복추구권(행동의 자유, 신체불훼손, 평화적생존, 휴식, 수면, 일조, 스포츠)

② 평등권
  - 사회생활에서 불합리한 차별을 받지 않을 권리
  - 기회의 균등, 법 앞의 평등 : 상대적, 비례적, 실질적 평등이므로 합리적 이유에 의한다면 차별 가능함

③ 자유권
  - 가장 역사가 오래된 기본권
  - 국가 권력의 간섭을 받지 않을 권리로서 소극적 권리
  - 헌법에 열거되지 아니한 이유로 경시되지 않는 포괄적 권리
    예 신체의 자유, 거주이전의 자유, 직업선택의 자유, 주거 및 사생활의 자유, 통신의 자유, 양심의 자유, 종교의 자유, 언론출판집회결사의 자유, 학문과 예술의 자유, 재산권

④ 참정권
  - 국가의 의사형성과정에 참여할 권리로서 능동적 권리
    예 선거권, 공무담임권(국가나 지자체의 구성원이 되어 공무를 담당할 수 있는 권리), 국민투표권

⑤ 사회권(생존권, 생활권)
  - 국가에 대해 인간다운 생활의 보장을 요구할 수 있는 권리 : 적극적 권리
  - 현대적, 열거적 권리
    예 교육받을 권리, 근로의 권리, 노동3권(단결권, 단체교섭권, 단체행동권), 인간다운 생활을 할 권리, 환경권, 혼인, 가족생활, 보건에 관한 권리

⑥ 청구권
- 다른 기본권의 보장을 위해 청구를 할 수 있는 권리로 절차적·수단적 권리
  - 예) 재판청구권, 청원권, 형사보상청구권, 국가배상청구권, 범죄피해자구조청구권
    재판청구권 : 독립된 법원에 의하여 정당한 재판을 받을 권리
    청원권 : 공공기관의 권한인 사항에 대하여 문서로 자신의 의견을 진술하는 권리
    형사보상청구권 : 형사피의자, 피고인으로 구금되었던 자가 불기소처분이나 무죄판결을 받았을 때 그가 입은 정신적, 물질적 손실에 대한 보상을 국가에 청구할 권리
    국가배상청구권 : 공무원의 직무상 불법행위, 공공시설 설차관리의 하자로 손해를 입은 국민이 국가나 공공단체에 대해 배상을 청구할 권리
    범죄피해자구조청구권 : 타인의 범죄행위로 생명신체에 피해를 입은 국민이 법률에 의해 국가로부터 구조받을 수 있는 권리

(6) 헌법재판소

① 헌법재판소의 지위
- 헌법재판기관, 정치적 사법기관, 입법에 대한 통제기관, 최고의 헌법보장 기관, 기본권 보장기관

② 헌법재판소 조직
  ㉠ 재판관 : 법관의 자격을 가진 9인의 재판관
   - 국회에서 선출한 3인, 대법원장이 지명한 3인, 대통령이 지명한 3인, 총 9인을 대통령이 임명
  ㉡ 헌법재판소장 : 재판관 중 국회동의를 얻어 대통령이 임명
  ㉢ 재판관 임기와 정년
   - 임기 : 6년, 연임 가능, 임명시 국회동의 요하지 않음
   - 정년 : 재판관 65세 (헌법재판소장 70세)

③ 헌법재판소의 심리정족수
  ㉠ 재판관 7인 이상의 출석으로 심리, 출석과반수(4인)의 찬성으로 결정 : 기관쟁의 결정
  ㉡ 재판관 6인 이상의 찬성을 요하는 경우 (예) 기관쟁의심판 : 7인 이상 출석과 과반수 이상 찬성)
    ⓐ 법률위헌결정 : 법원이 심판 제청 – 해당 법률의 효력 상실
    ⓑ 탄핵결정 : 국회가 탄핵 소추 – 공직으로부터의 파면
    ⓒ 위헌정당해산결정 : 정부가 제소 – 해당 정당 해산
    ⓓ 헌법소원 인용결정 : 국민이 헌법소원 제기(단, 법원의 재판은 대상에서 제외됨)
  예) 헌법재판소에 위헌명령심판권은 없고, 위헌법령심판권을 가질 뿐임

④ 헌법재판소의 권한

권한	제소 기관	결정방법	비고
위헌법률심판	법원의 제청	6인 이상의 찬성	해당 법률은 효력을 상실함
탄핵심판	국회의 탄핵 소추	6인 이상의 찬성	공직으로부터의 파면
정당해산심판	정부의 제소	6인 이상의 찬성	해당 정당은 해산됨
기관쟁의심판	해당 기관의 제소	7인 이상의 출석과 과반수 이상의 찬성	권한과 의무의 한계 조정
헌법소원심판	국민의 헌법 소원	6인 이상의 찬성	법원의 재판은 대상에서 제외됨

⑤ 헌법재판소의 변형결정
  ㉠ 한정합헌(제한합헌) "A로 해석하는 한 헌법에 위반되지 아니한다."
    • 해석에 따라 위헌이 될 수도 있고 아닐 수도 있는데 헌법에 조화되는 방향으로 축소해석
    • 한정된 범위를 벗어나면 위헌으로 결정
  ㉡ 한정위헌 "A로 해석하는 한 위헌이다."
    • 심판대상이 된 법조문 해석 중 특히 헌법과 조화될 수 없는 내용을 한정해 위헌으로 결정
  ㉢ 일부위헌(질적 일부위헌)
    • 심판대상이 된 법조문은 그대로 두되 특정한 사안에 적용하는 경우에 위헌으로 결정
    • 문헌자체에 대한 제한해석을 하지 않는다는 점에서 한정합헌·한정위헌과 구별됨
  ㉣ 부분위헌(양적 일부위헌)
    • 심판대상이 된 법조문 중 문제된 일부분만을 지정해 위헌으로 결정
  ㉤ 헌법불합치 "A는 위헌이지만 ~까지 효력을 지속한다."
    • 실질적으로 위헌으로 결정되었으나 법률의 공백상태를 방지하기 위해 당해 조문의 효력기한을 명시하고 입법개선을 촉구하는 결정
  ㉥ 입법촉구
    • 아직은 위헌으로 볼 수 없지만 위헌가능성이 큰 법률조항에 대해 개정, 보완 등을 촉구하는 결정

⑥ 헌법소원 절차

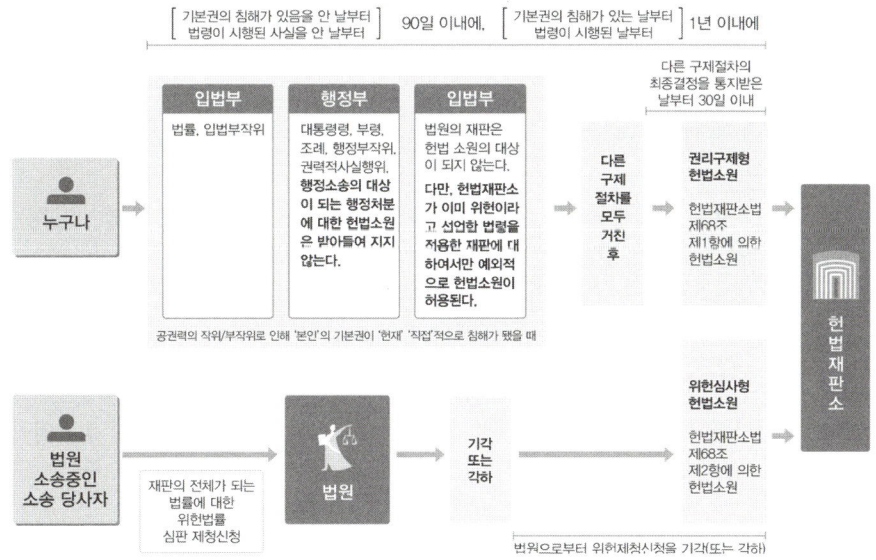

3 민법

(1) 민법의 기본원리

① 근대 민법의 3대 원칙
   ㉠ 배경 : 개인주의, 자유주의, 합리주의 사상 대두
   ㉡ 내용 : 사유 재산권 존중의 원칙(소유권 절대의 원칙), 사적 자치의 원칙(계약 자유의 원칙), 과실 책임의 원칙(자기 책임의 원칙)

② 현대 민법의 기본원리 (근대 민법의 기본원리의 수정)
   ㉠ 배경 : 자본주의 체제가 발전함에 따라 부의 불평등 현상이 심화되고, 노사간의 대립이 격화됨. 그에 따라 경제적 약자들의 실질적인 자유와 평등의 보장 필요성 증대
   ㉡ 내용 : 소유권 공공의 원칙(소유권 상대의 원칙), 계약 공정의 원칙(수정된 사적 자치의 원칙), 무과실 책임의 원칙

(2) 권리능력과 행위능력

① 권리능력
   ㉠ 의미 : 권리와 의무의 주체가 될 수 있는 지위 - 권리능력자 - 자연인과 법인
   ㉡ 권리능력의 발생 - 자연인(自然人) : 출생 (전부노출설)
      • 원칙적 규정 : 태아는 권리 능력이 없음
      • 예외적 인정 : 불법 행위로 인한 손해 배상 청구, 상속 및 대습상속, 유증, 유류분
   ㉢ 권리능력의 소멸은 사망 (심폐기능 정지설)

② 의사능력과 행위능력
   ㉠ 의사능력
      ⓐ 의미 : 자신의 행위와 동기의 결과를 판단하여 의사결정을 할 수 있는 능력. 불법행위에 있어서는 책임능력이라 일컬어짐
      ⓑ 의사무능력자 : 젖먹이, 정신병자, 술에 만취한 자 등 - 원칙적으로 법률행위 무효
   ㉡ 행위능력
      ⓐ 의미 : 단독으로 유효한 법률 행위를 할 수 있는 능력
      ⓑ 행위무능력자 : 미성년자, 한정치산자, 금치산자 - 행위능력 없는 자의 법률행위는 취소 가능

(3) 행위무능력자 제도

① 목적 : 행위무능력자의 보호 (취소권)

② 민법상 행위무능력자
   ㉠ 미성년자 : 만 20세 미만인 자(혼인의 경우에는 성년으로 간주)

ⓒ 한정치산자 : 심신이 박약하거나 재산의 낭비로 자신이나 가족의 생활을 궁박하게 할 우려가 있는 사람으로서, 법원에서 한정 치산 선고를 받은 사람
ⓒ 금치산자 : 심신상실의 상태에 있는 사람으로서 법원에서 금치산 선고를 받은 사람

(4) 미성년자의 권리보호

① 만 14세 미만 : 형사미성년자(형법) – 형사 처분 불가
② 만 15세 미만 : 취업제한(근로기준법) – 최저 취업가능연령 만 15세
③ 만 16세 이상 : (여자)부모의 동의 얻어 약혼, 혼인 가능(민법)
　　　　　　　　헌혈(혈액관리법)
　　　　　　　　법정 증인 선서(민사소송법, 형사소송법)
④ 만 17세 이상 : 주민등록증 발급(주민등록법)
　　　　　　　　군 지원입대(병역법)
　　　　　　　　단독 유언(민법)
⑤ 만 18세 이상 : 자동차 운전면허 취득(도로교통법)
　　　　　　　　(남자)부모의 동의 얻어 약혼, 혼인 가능(민법)
　　　　　　　　제1국민역 편입(병역법)
　　　　　　　　성인물 영화, 비디오, 음반, 게임 등 이용가능(영화진흥법)
　　　　　　　　선거권 행사(선거법)
⑥ 만 19세 이상 : 징병검사(병역법)
⑦ 연 19세 이상 : 청소년 유해업소 출입, 술·담배 직접 구입(청소년보호법, 식품위생법)
　　　　　　　　청소년의 성매매 금지(청소년 성보호에 관한 법률)
⑧ 만 20세 이상 : 민법상 성년
　　　　　　　　부모 동의 없이 약혼, 혼인 가능(민법)

(5) 법률행위

① 의미
　㉠ 의사표시를 불가결의 요소로 하는 법률요건
　　• 의사표시가 없는 법률 행위는 있을 수 없음
　㉡ 법률행위는 의사표시를 유일 불가결의 요소로 하는 것은 아님
　　• 의사표시 하나만으로 법률행위가 되는 경우도 있고, 다른 의사표시 또는 법률 사실과 결합하여 하나의 법률행위를 구성하는 경우도 있음

② 법률행위의 종류
　㉠ 단독행위(일방행위) : 일방당사자의 의사표시만으로 성립하는 법률행위. 상대방 있는 단독행위와 상대방 없는 단독행위로 나뉨
　㉡ 계약 : 복수 당사자의 반대방향의 의사표시의 합치로써 이루어지는 법률행위
　㉢ 합동행위 : 복수 당사자의 동일방향으로의 의사표시가 합치함으로써 이루어지는 법률행위

③ 법률행위의 무효와 취소
  ㉠ 무효와 취소의 의미
    ⓐ 법률행위의 무효 : 당사자가 의도한 법률행위의 효력이 법률상 처음부터 생기지 않는 것
    ⓑ 법률행위의 취소 : 일단 유효하게 성립한 법률행위를 후에 취소의 의사표시에 의하여 무효로 하는 것을 말함
  ㉡ 무효, 취소사유
    ⓐ 무효사유 : 의사무능력자의 법률행위, 강행법규를 위반한 법률행위, 선량한 풍속과 기타 사회질서에 반하는 법률행위, 목적이 불능인 법률행위, 불공정한 법률행위(폭리행위), 범위가 불확정적인 법률행위, 통정허위표시(가장행위), 진의 아닌 의사표시(상대방의 악의 또는 과실이 있는 경우)
    ⓑ 취소사유 : 행위무능력자의 법률행위, 착오에 의한 의사표시, 사기에 의한 의사표시, 강박에 의한 의사표시

(6) 소멸시효
  ① 시효의 의미
    ㉠ 일정한 사실 상태가 법률이 정한 기간 동안 계속된 경우, 그 사실상의 상태가 진실 된 법률관계와 일치하는지에 관계없이 그대로 존중하고 그에 적합한 법률효과를 발생시키는 제도
    ㉡ 일정기간 동안 타인의 물건을 점유하는 사람에게 그 물건에 관한 권리를 부여하는 취득시효와 일정한 기간 동안 권리를 행사하지 않으면 그 권리를 없어진 것으로 하는 소멸시효가 있음
  ② 시효제도의 존재이유
    ㉠ 영속된 사실 상태의 존중을 통한 법률생활의 안정
    ㉡ 증거보전의 곤란의 구제
    ㉢ 보호가치의 부존재(권리위에 잠자는 자는 보호가치가 없음)
  ③ 소멸시효와 권리
    ㉠ 소멸시효에 걸리는 권리 : 채권, 소유권 이외의 재산권(지상권, 지역권, 전세권)
    ㉡ 소멸시효에 걸리지 않는 권리 : 소유권, 점유권, 담보물권(유치권, 질권, 저당권), 신분권, 물권적 청구권(소유물반환청구권), 형성권(취소권, 추인권, 철회권, 해제권, 해지권) - 제척기간에 걸림
  ④ 소멸시효의 기간
    • 용익물권(지상권, 지역권, 전세권) : 20년
    • 일반민사채권, 판결·화해·조정에 의해 확정된 채권 : 10년
    • 일반상사채권, 공법상의 채권 : 5년
    • 근로기준법상 임금채권, 이자채권, 부양료·사용료, 1년의 기간으로 정한 채권 : 3년
    • 숙박료·음식료·입장료, 연예인의 임금 : 1년

(7) 물권의 종류

① 물권의 의미
   ㉠ 동산이나 부동산 등 물건을 직접 지배함으로써 이익을 얻을 수 있는 권리
   ㉡ 직접성, 지배성, 배타성을 가지므로 다른사람의 행위에 의존하지 않고 권리를 직접 실현할 수 있음
   ㉢ 누구에게나 주장할 수 있는 절대권으로서 배타성이 매우 강함
      • 여기에서 일물일권주의, 우선권 효력, 공시의 원칙과 물권법정주의가 도출됨

② 물권의 종류
   ㉠ 물권법정주의(物權法定主義)
      ⓐ 물권은 법률 또는 관습법에 의하는 외에는 임의로 창설하지 못한다는 원칙
      ⓑ 물권한정주의(物權限定主義)라고도 함
      ⓒ 창설하지 못한다는 것은 물권의 종류뿐만 아니라 내용에까지 해당함
      ⓓ 관습법상의 물권으로는 양도담보, 분묘지기권, 법정지상권 등이 있음
   ㉡ 민법상 물권의 종류
      ⓐ 본권
         ⅰ) 소유권(완전물권, 부동산·동산)
         ⅱ) 제한물권 : (ⅰ) 용익물권 - 지상권(부동산), 지역권(부동산), 전세권(부동산)
                       (ⅱ) 담보물권 - 법정담보물권 : 유치권(부동산, 동산, 유가증권)
         • 약정담보물권 : 질권(동산, 권리), 저당권(부동산, 권리)
      ⓑ 점유권 (부동산·동산)

(8) 용익물권과 담보물권

① 용익물권 : 물건이 가지는 사용 가치의 지배를 목적으로 하는 권리로 타인의 물건을 일정한 범위 안에서 일정 기간동안 사용·수익할 수 있는 권리37
   ㉠ 지상권
      ⓐ 타인의 토지에 건물, 기타의 공작물이나 수목을 수유하기 위하여 그 토지를 사용할 수 있는 물권
      ⓑ 등기하여야 효력이 발생
   ㉡ 지역권
      ⓐ 갑지(甲地)의 편익을 위하여 을지(乙地)를 일정한 방법으로 지배, 이용하는 물권
      ⓑ 편익을 받는 토지(갑지)를 요역지(要役地), 편익을 제공하는 토지(을지)를 승역지(承役地)라 함.
      ⓒ 등기하여야 효력이 발생
   ㉢ 전세권
      ⓐ 전세금을 지급하고 타인의 부동산을 일정기간 그 용도에 따라 사용, 수익한 후, 그 부동산을 반환하고 전세금의 반환을 받는 권리

ⓑ 전세권자는 전세금의 반환에 관하여 다른 채권자보다 우선변제를 받을 권리가 있음 - 용익물권과 담보물권의 성격을 동시에 지님
ⓒ 전세권은 양도, 전전세, 담보로 제공할 수 있음
ⓓ 등기하여야 효력이 발생함

② 담보물권 : 채권담보를 위하여 물건이 가지는 교환가치의 지배를 목적으로 하는 권리
㉠ 유치권(留置權)
ⓐ 타인의 물건이나 유가증권을 점유한 자가 그 물건이나 유가증권에 관하여 생긴 채권이 변제기에 있는 경우에 그 채권을 변제받을 때까지 그 물건이나 유가증권을 유치할 수 있는 법정담보물권
ⓑ 점유로써 공시되므로 등기가 필요 없음
㉡ 질권(質權)
ⓐ 채권자가 그 채권을 담보하기 위하여 채무자 또는 제3자가 제공한 동산 또는 재산권을 점유하고, 그 동산 또는 재산권에 대하여 다른 채권자보다 우선변제를 받을 수 있는 권리가 있는 약정담보물권
ⓑ 점유로써 공시되므로 등기가 필요 없음
㉢ 저당권(抵當權)
ⓐ 채권자가 채무자 또는 제3자로부터 점유를 옮기지 않고 그 채권의 담보로 제공된 목적물(부동산)에 대하여 일반 채권자에 우선하여 변제를 받을 수 있는 약정담보물권
ⓑ 목적물의 점유를 수반하지 않음 - 유치적 효력이 없음
ⓒ 등기하여야 효력이 발생함

(9) 공시와 공신의 원칙

① 공시의 원칙과 공신의 원칙
㉠ 물권의 현상을 공시(公示)해서 물권을 거래하는 자를 보호하기 위한 방법으로 공시의 원칙과 공신의 원칙이 있음
㉡ 공시의 원칙을 채택함은 세계 공통의 추세이나, 공신의 원칙 채택은 나라에 따라 다름
㉢ 우리 민법은 부동산에서는 공시의 원칙만을, 동산에는 두 원칙을 모두 채택하고 있음

② 공시(公示)의 원칙
㉠ 의미 : 물권의 변동에는 언제나 외부에서 인식할 수 있는 표상을 갖추어야 한다는 원칙
㉡ 현행법상 공시의 방법
ⓐ 부동산물권의 공시 - 등기(등기부라는 공적 장부에 일정한 권리 관계를 기재)
ⓑ 동산물권의 공시 - 점유(어떠한 물건을 현재 갖고 있는 상태)
ⓒ 동산물권 변동의 공시 - 인도(당사자의 합의에 의하여 동산 또는 부동산의 점유를 이전하는 일)

③ 공신(公信)의 원칙
- 공시방법이 진실한 권리관계에 일치하지 않더라도 공시방법을 신뢰하여 거래한 자에게 마치 그 공시된 대로의 권리가 존재하는 것으로 다루어서, 그 자의 신뢰를 보호하는 원칙

(10) 채권의 발생과 소멸

① 채권의 의미 : 특정인(채권자)이 다른 특정인(채무자)에게 일정한 행위(급부)를 할 것을 요구할 수 있는 권리

② 채권의 발생원인
  ㉠ 계약 : 채권의 발생을 목적으로 하는 두 개의 대립되는 의사표시의 합치에 의하여 성립하는 법률 행위
  ㉡ 사무관리 : 법률상 의무 없이 타인을 위하여 사무를 관리하는 행위. 일정한 요건 아래 관리자는 비용 상환을 청구할 수 있음
  ㉢ 부당이득 : 법률상 원인 없이 타인의 재산 또는 노무로 이익을 얻고 이로 인하여 타인에게 손해를 가한 자에 대하여 그 이익의 반환을 명하는 제도
  ㉣ 불법행위 : 고의 또는 과실로 인한 위법 행위로 타인에게 손해를 끼치는 경우 손해배상 청구권 발생

③ 채권의 소멸원인
  ㉠ 변제 : 채무의 이행
  ㉡ 대물변제 : 채무자의 부담하고 있던 본래의 채무이행에 대체하여 현실적으로 다른 급부를 함으로써 채권을 소멸시키는 계약
  ㉢ 경개(更改) : 채무의 중요부분을 변경하여 구 채무를 소멸시키고 신 채무를 성립시키는 계약. 경개는 구 채무를 신 채무로 변경하는 점에서 대물변제와 비슷하지만, 현실적 급부를 요소로 하지 않고 단지 급부할 새로운 채무를 발생시키는 낙성계약이란 점에서 다름
  ㉣ 공탁(供託) : 금전, 유가증권, 기타의 물품을 공탁소에 임치하여 채무를 면제하는 것
  ㉤ 상계(相計) : 채권자와 채무자가 새로 동종의 채권, 채무를 가지는 경우에 채무자의 일방적 의사표시에 의하여 그 채권, 채무를 대등액에서 소멸시키는 것
  ㉥ 혼동 : 채권, 채무와 같이 서로 대립하는 2개의 법률상 지위가 동일인에게 귀속하는 것
  ㉦ 면제 : 채권자가 일방적 의사표시에 의하여 채권을 무상으로 소멸시키는 행위

(11) 친족

① 직계혈족과 방계혈족
  ㉠ 직계혈족 : 조부, 부, 자, 손과 같이 조부로부터 손자에게로 곧바로 이어나가는 관계
  ㉡ 방계혈족 : 형제, 조카 등과 같이 공통의 조상을 통하여 갈라지는 관계

② 인척
  ㉠ 배우자의 혈족 : 처제, 처남, 처형, 시동생 등
  ㉡ 혈족의 배우자 : 고모부, 이모부, 외숙모, 형수, 제수 등
  ㉢ 배우자의 혈족의 배우자 : 동서, 처외숙모, 시고모부

(12) 친생자와 친권

① 친자(親子) 관계
  • 친자관계는 원래 자연의 혈연관계이지만, 그러한 혈연관계가 없더라도 친자관계가 인정되기도 하는데 전자를 친생자(親生子)라 하고 후자를 양자(養子)라 함

② 친생자
  ㉠ 혼인 중의 출생자(적출자) : 법률혼의 부부 사이에 잉태하여 태어났다고 법률이 인정하는 자녀
  ㉡ 혼인 외의 출생자(비적출자) : 부모가 법률혼의 부부가 아닌 경우에 태어난 자녀

③ 친권(親權)
  ㉠ 친권자
    ⓐ 부모는 미성년자인 자의 친권자가 됨
    ⓑ 양자의 경우에는 양부모가 친권자가 됨
  ㉡ 친권의 행사
    ⓐ 원칙 : 부모의 공동 행사
    ⓑ 예외 : 부모의 한쪽이 친권을 행사할 수 없거나 부모의 의견이 일치하지 않을 때

(13) 부부

① 혼인
  ㉠ 혼인의 성립요건
    ⓐ 실질적 요건 : 남녀 당사자의 자유로운 의사의 합치가 있을 것, 혼인 적령에 이르렀을 것, 근친 간 혼인이 아닐 것, 중혼(重婚)이 아닐 것
    ⓑ 형식적 요건 : 호적법이 정하는 혼인 신고(법률혼주의)
      • 혼인의 실질적 요건을 갖추지 않았을 경우 : 혼인은 당연 무효
      • 혼인의 실질적 요건은 갖추었으나, 형식적 요건인 혼인신고를 하지 않았을 경우 : 사실혼 (법률상 보호받지 못함)
  ㉡ 혼인의 효과
    ⓐ 일반적 효력
      • 친족관계 발생
      • 부부동거·부양·협조·정조를 지킬 의무
      • 미성년자가 혼인을 한 때에는 성년자로 봄(성년의제)
      • 부부간의 일상 가사 대리권 발생
      • 부부간의 계약은 혼인 중 언제든지 부부의 일방이 취소할 수 있음
    ⓑ 재산상 효력
      • 부부별산제(특유재산) : 부부의 일방이 혼인 전부터 가진 고유재산과 혼인 중 자기명의로 취득한 재산은 그 특유재산으로 함
      • 부부공유 추정 : 부부의 누구에게 속한 것인지 분명하지 아니한 재산은 부부의 공유로 추정
      • 생활비용 : 부부의 공동생활에 필요한 비용은 당사자 간에 특별한 약정이 없으면 부부 공동으로 부담

② 사실혼(事實婚)
  ㉠ 의미 : 실질적으로는 혼인생활을 하고 있으나 혼인신고를 하지 않은 사실상의 부부관계

ⓒ 효력
  ⓐ 원칙 : 우리 민법이 법률혼주의를 채택하고 있기 때문에 혼인의 효력이 부여되지 않음
  ⓑ 예외 : 사실혼 당사자에게는 동거·부양·협조의 의무가 인정됨. 사실혼의 부당파기는 불법행위가 됨(손해배상 의무)

③ 이혼
  ㉠ 혼인의 해소 : 자연적 해소(사망, 실종선고), 인위적 해소(이혼)
  ㉡ 이혼의 종류
    ⓐ 협의상 이혼 : 부부의 의사 합치에 의한 이혼. 이유나 원인·동기는 묻지 않음
    ⓑ 재판상 이혼 : 당사자 간의 합의에 의한 이혼이 불가능할 때, 재판을 통해 이혼하는 것. 법률이 정한 이혼사유가 있어야 하고, 그것을 충분히 증명해야 함 [조정전치주의 : 재판상 이혼을 하기 위해서는 조정을 거쳐야 함]
  ㉢ 법률이 정한 이혼사유
    ⓐ 배우자의 부정한 행위
    ⓑ 배우자의 악의(惡意)의 유기(遺棄)
    ⓒ 배우자 또는 직계존속의 심히 부당한 대우
    ⓓ 자기의 직계존속에 대한 배우자의 심히 부당한 대우
    ⓔ 배우자의 생사가 3년 이상 분명하지 않은 경우
    ⓕ 그밖에 혼인을 계속하기 어려운 중대한 사유가 있을 때
  ㉣ 이혼의 효과
    ⓐ 혼인에 의해 성립한 부부 사이의 모든 권리와 의무 소멸
    ⓑ 자녀를 양육하지 않는 부 또는 모의 면접 교섭권 – 양육에 관한 것 외에는 부모의 권리·의무에 변경이 없음
    ⓒ 부부 공동으로 마련한 재산에 대한 분할 청구권
    ⓓ 과실 있는 상대방에 대한 정신상·재산상의 손해배상청구권(재판상 이혼의 경우)

(14) 상속
① 상속개시원인
  ㉠ 상속개시원인은 사망이 유일한 원인임
  ㉡ 실종선고를 받으면 사망한 것으로 간주되므로, 실종선고를 받은 자는 실종기간이 만료한 때에 사망한 것으로 보아 상속이 개시됨
② 상속의 대상(재산)
  ㉠ 적극적 재산 : 동산, 부동산, 채권, 지적재산권
  ㉡ 소극적 재산 : 채무
③ 상속의 종류 : 법정상속, 유언상속 – 유언이 있을 때에는 유류 분을 제외하고는 유언에 따르고, 없을 때는 법정상속함

④ 법정상속
  ㉠ 상속 능력자
    ⓐ 권리능력자, 태아
    ⓑ 자연인만 상속인이 될 수 있고, 법인은 상속인이 될 수 없음
    ⓒ 사실혼의 배우자는 상속인이 될 수 없음
  ㉡ 상속인 자격 박탈 : 피상속인에게 부도덕한 행위나 유언에 대한 부정행위를 했을 때
  ㉢ 상속 순위
    ⓐ 제 1순위 : 직계비속과 배우자
    ⓑ 제 2순위 : 직계존속과 배우자
    ⓒ 제 3순위 : 형제자매
    ⓓ 제 4순위 : 4촌 이내의 방계혈족
  ㉣ 상속의 방법
    ⓐ 원칙(균등분할 상속) : 남녀의 성별, 기혼과 미혼의 차별, 호적의 이동, 자연혈족과 법정 혈족의 차별, 동복·이복의 차별을 등을 묻지 않음
    ⓑ 배우자의 특례 : 피상속인의 배우자는 직계비속이나 직계존속의 상속분의 5할을 가산함
  ㉤ 상속의 승인
    ⓐ 단순승인과 한정승인
      • 단순승인 : 상속인이 아무런 유보 없이 피상속인(사망자)의 채무에 대해서도 모든 책임을 지겠다는 것
      • 한정승인 : 피상속인(사망자)의 채무에 대하여 상속한 재산의 범위 내에서만 책임을 지겠다는 것
    ⓑ 한정승인·상속포기의 기간 : 상속인이 자신에게 상속되는 채무가 상속 재산을 초과하는 사실을 중대한 과실 없이 알지 못하고 단순승인한 경우에는 그 사실을 안 날로부터 3개월 내에 한정승인이나 상속포기를 할 수 있음

(15) 유언
① 유언의 의미 : 유언자의 사망 후 효력이 발생할 것을 목적으로 일정한 방식에 따라서 하는 특정사항에 관한 상대방 없는 단독적 법률행위
② 유언 능력
  ㉠ 유언 적령
    ⓐ 만 17세에 달한 자는 유언할 수 있음
    ⓑ 만 17세 미만의 자는 법정대리인의 동의를 얻더라도 유언할 수 없음
  ㉡ 금치산자
    ⓐ 금치산자는 그 의사능력이 회복된 때 한하여 유언할 수 있음
    ⓑ 금치산자가 유언하는 경우에는 의사가 심신회복의 상태를 유언서에 부가하고 서명날인 하여야 함

③ 유언의 방식 : 유언은 민법에서 정한 방식에 의거해야만 효력이 발생함 - 요식(要式)주의
  ㉠ 자필증서 - 증인 필요 없음
  ㉡ 녹음 - 증인 1인 이상
  ㉢ 공정증서 - 증인 2인 이상
  ㉣ 비밀증서 - 증인 2인 이상
  ㉤ 구수증서 - 증인 2인 이상(증인이 직접 작성)

4 형법

(1) 개념
죄형법정주의 : 어떠한 행위가 범죄에 해당하고, 그에 따르는 형벌이 무엇인지를 반드시 국회에서 제정한 법률에 의해 규정되어야 한다는 형사법의 대원칙

(2) 원칙
① 관습 형법 금지의 원칙 : 습관/관행이 굳어져서 법의 효력을 갖게 된 관습법을 금지하는 것
② 소급효 금지의 원칙 : 형벌법규가 시행된 이후의 행위에 대해서만 그 법규를 적용해야 하고 법 시행 이전의 행위에 대해서 소급 적용해서는 안된다는 원칙
③ 명확성의 원칙 : 형벌법규가 무엇이 범죄이고 그에 따라 어떤 형벌이 부과되는지를 법률이 명확하게 규정해야 한다는 원칙
④ 유추해석 금지의 원칙 : 법률에 규정이 없는 사항에 대하여 그와 유사한 성질의 법률을 적용하는 것을 금지한다는 원칙
⑤ 적정성의 원칙 : 범죄와 형벌간에는 적정한 균형이 이루어져야 한다.

(3) 종류
① 국가적 법익에 대한 범죄
  • 국가 존립의 기초에 대한 죄 : 내란죄, 외환죄
  • 국가 기능을 해치는 죄 : 뇌물죄, 증거인멸죄, 무고죄, 위증죄, 범인은닉죄, 공무집행 방해죄
② 사회적 법익에 대한 범죄
  • 사회의 윤리적 질서를 해치는 죄 : 방화죄, 도박죄, 간통죄
  • 사회의 경제적 질서를 해치는 죄 : 문서위조죄, 통화위조죄, 인장에 대한 죄
③ 개인적 법익에 대한 범죄
  • 생명 신체의 자유에 대한 죄 : 살인, 폭행, 감금 …

(4) 형벌의 종류
① 생명형 : 사형. 존폐 논쟁이 있음

② 자유형
- 징역 : 수형자를 교도소에 구치. 일정한 작업에 복무(유기징역=1월 이상 15년 이하)
- 금고 : 교도소 내에 구치. 일정한 작업을 시키지 않음
- 구류 : 교도소 내에 구치. (1일 이상 30일 미만)

③ 재산형
- 벌금 : 일정한 금액의 지불의무를 강제적으로 부과하는 형벌(50,000원 이상)
- 과료 : 경미한 범죄에 부과. 비교적 소액인 형벌(2000원 이상 50,000원 미만)
- 몰수 : 범죄 행위에 사용하였거나 사용하려고 한 물건을 강제적으로 국가에 귀속시키는 것 (부가형이 원칙)

④ 명예형
- 자격상실 : 공무원/공법상의 선거권과 피선거권 등 일정한 자격을 가지지 못하게 함 (사형, 무기징역, 무기금고의 판결을 받은 자에게 과함)
- 자격정지 : 수형자(유기징역/유기금고)에게 당연히, 또는 특별한 선고로써 일정한 자격의 전부 또는 일부를 일정기간 동안 정지시키는 형벌

(5) 범죄 성립의 3요소
① 구성요건해당성 : 어떤 행위가 법이 규정한 범죄 성립요건에 일치하는 것
② 위법성 : 구성요건에 해당하는 행위가 법질서로부터 부정적인 행위라고 판단
③ 책임성 : 행위자의 행위가 사회적으로 비난받을 만한 행위여야 함

(6) 위법성 조각사유

구성요건에 해당하는 행위가 어떠한 조건을 갖추면 마치 처음부터 적법한 행위였던 것처럼 평가되는 것
① 정당행위 : 법령/업무에 의한 행위, 기타 사회상규에 위반되지 않는 행위
   (현행범 체포, 의사의 치료 행위)
② 정당방위 : 현재의 부당한 침해를 방어하기 위한 상당한 이유가 있는 행위
   : 그 방위 행위가 상당성의 정도를 넘었을 때는 과잉방위
③ 긴급피난 : 현재의 위난을 피하기 위한 이유있는 행위. 과잉피난 있음.
   (자동차를 피하려다 행인을 넘어뜨린 경우)
④ 자구행위 : 권리자기 그 권리를 침해당했을 때, 자력으로 그 권리를 구제
   (음식 값을 내지 않고 도망가는 손님을 잡은 경우)
⑤ 피해자 승낙 : 법률에 규정 있고 자기 법익의 침해를 허락
   (낙태, 옆집 아이가 울고 있어 달래주려 들어가는 행위)

(7) 책임성 조각 감경 사유
① 책임성 조각 사유 - 처벌을 암함
   : 형사 미성년자(만14세 미만자)

② 책임 감경 사유 - 처벌함(형을 감경)
: 심신미약자, 농아자

5 형사소송법

(1) 형사소송절차 순서

① 내사 : 용의자를 대상으로 하여 아직 범죄의 혐의가 확인되지 않은 단계에서 범죄혐의 유무를 조사하는 과정을 말하는 것으로서, 수사의 전단계로서 수사의 개시 내지 단서가 된다. (범인의 신분 : 용의자)
② 수사 : 범죄의 혐의유무를 명백히 하여 공소의 제기와 유지여부를 결정하기 위하여 범인을 발견·확보하고 증거를 수집·보전하는 수사기관의 활동 (범인의 신분 : 피의자)
→ 수사개시 이전의 활동인 내사, 변사자검시, 불심검문 등은 수사가 아니다. 피고인신문이나 증인신문 등 공판정의 활동은 수사가 아니다. 사인의 현행범체포도 수사가 아니다.
③ 공소제기(기소) : 법원에 대하여 특정한 형사사건의 심판을 요구하는 검사의 법률행위적 소송 행위를 말한다. (범인의 신분 : 피고인)
④ 공판 : 공소가 제기되어 사건이 법원에 계속된 후부터 소송절차가 종료할 때까지의 전 절차를 말한다.
⑤ 선고 : 판사가 주체, 소송의 결과인 판결을 알리는 것.

(2) 수사의 일반원칙

① 불구속수사의 원칙 : 피의자에 대한 수사는 불구속상태에서 함을 원칙으로 한다. 이는 헌법상 보장되어있는 신체의 자유, 무죄추정의 원칙 등에 그 근거를 들 수 있는 것이다.
② 임의수사의 원칙 : 수사는 원칙적으로 임의수사에 의하고 강제수사는 법률에 규정된 경우에 한하여 임의수사로는 달성할 수 없는 수사목표를 달성하기 위하여 예외적으로만 허용된다.
③ 강제수사를 규제하는 원칙 : 강제수사는 국민의 기본권을 침해할 우려가 크므로, 형사소송법은 강제처분의 엄격한 요건과 절차를 규정하고 있으며 수사기관은 그 요건과 절차에 따라서만 강제처분 또는 강제수사를 할 수 있다.(법정주의) 강제수사는 법원 내지 법관이 발부한 영장에 의하지 않고서는 할 수 없다.(영장주의) 강제수사는 수사의 목적달성에 적합하여야 하며, 필요한 최소한의 범위 안에서만 하여야 하고 목적달성을 위한 상당한 수단일 것을 요한다(비례성의 원칙).

(3) 현행 형사소송법이 규정하고 있는 임의수사

피의자신문, 참고인조사, 감정·통역·번역의 위촉, 공무소 등에의 사실조회

① 피의자신문 : 검사 또는 사법경찰관은 수사에 필요한 때에는 피의자의 출석을 요구하여 진술을 들을 수 있다.

② 참고인조사 : 검사 또는 사법경찰관은 수사에 필요한 때에는 피의자 아닌 자의 출석을 요구하여 그 진술을 들을 수 있다.
③ 감정·통역·번역의 위촉 : 검사 또는 사법경찰관은 수사에 필요한 때에는 감정·통역·번역을 위촉할 수 있다.
④ 공무소 등에 사실조회 : 수사에 관하여는 공무소 기타 공사단체에 조회하여 필요한 사항의 보고를 요구할 수 있다. 전과조회, 신원조회 등이 이에 속한다.
 예 임의 동행 : 수사기관이 범죄용의자나 피의자의 동의를 전제로 수사관서까지 이들과 함께 가는 수사방법.

(4) 소송의 주체

① 소송의 3주체 : 피고인, 검사, 법원   예 피의자/피고인
② 검사의 소송법상 지위
  - 수사의 주재자 : 수사권, 수사지휘권. 수사종결권을 갖는 주체
  - 공소권 주체
    기소독점주의 - 공소제기의 권한은 검사에게 독점되어 있음
    기소편의주의 - 공소제기여부에 대해서는 검사에게 재량이 인정되어 있음
    기소변경주의 - 제1심판결선고까지 공소를 취소할 수 있음
  - 집행기관으로서의 지위 : 재판의 집행은 검사가 지휘
 예 사법경찰 / 행정경찰
 예 검사동일체의 원칙 : 전국의 모든 검사들이 검찰총장을 정점으로 하는 피라미드형의 계층적 조직체를 구성하고 일체불가분의 유기적 통일체로서 활동하는 것을 검사동일체의 원칙이라 한다. 이는 검찰권행사의 공정성 확보와 범죄수사를 위한 전국적으로 통일된 수사망의 확보를 위함이다.
 예 특별검사제 : 고위 공직자의 비리나 위법 혐의가 발견되었을 때 수사와 기소를 행정부로부터 독립된 변호사로 하여금 담당하는 제도

(5) 영장 주의

- 영장 청구 : 검사 / 영장 발부 : 판사
- 사전영장주의 원칙 : 체포, 구속, 압수, 수색에는 원칙적으로 법관의 영장을 요함
- 예외_사후영장 : 현행범 체포, 긴급 체포(48시간 이내 구속 영장 청구)
 예 구인영장
  법원이 피고인, 증인 등을 구치소가 아닌 일정한 장소에서 신문할 목적으로 발부하는 영장
  → 소환에 응하지 않을 때만 발행하며, 구인한 피고인에 대해 구금할 필요가 없다고 인정한 때에는 인치한 때부터 24시간 내에 석방(의무)

(6) 구속 관련

① 영장실질심사 - 구속 전 제도
  판사가 구속영장이 청구된 피의자의 구속 여부를 결정하기 위해 직접 피의자를 심문하는 것
② 구속적부심사제도 - 구속된 피의자
  피의자의 구속이 합당하지를 법원이 다시 심사해 구속이 부당하다고 판단되면 구속된 피의자를 석방하는 제도

③ 보석 제도 - 구속된 피고인

(7) 고소와 고발
- 고소 : 범죄의 피해자, 그의 법정대리인 기타 고소권자가 수사기관에 범죄사실을 신고하여 그 소추를 구하는 의사표시
- 고발 : 범인, 피해자나 고소권자가 아닌 제3자가 수사기관에 범죄사실을 신고하여 그 소추를 구하는 의사표시

(8) 강제처분의 종류
- 대인적 강제처분 : 체포, 구속(구인과 구금), 소환, 감정유치 등
- 대물적 강제처분 : 압수·수색·검증, 제출명령 등

(9) in dubio pro reo
'의심스러울 때는 피고인에게 유리하게' 판결하라는 뜻으로 무죄추정의 원칙을 말한다.

(10) 불고불리의 원칙
소송법상 법원은 원고가 심판을 청구한 때만 심리를 개시할 수 있고, 심판을 청구한 사실에 대해서만 심리·판결한다는 원칙

(11) 미란다 원칙
검찰과 경찰이 피의자를 연행할 때 반드시 변호인단 선임권, 진술거부권 등 피의자의 권리를 고지해야 한다는 원칙

(12) 일사부재리의 원칙
어떤 사건이 유무죄가 가려지고 판결이 난 경우에 그 판결의 기판력(확정된 판결의 내용이 당사자와 법원에 대하여 구속력을 가지는 소송법상 효력)의 효과를 존중하여 동일 사건에 대해 두 번 이상 공소의 제기를 허용하지 않는다는 원칙.

(13) 위법수집증거배제법칙
위법한 절차에 의하여 수집된 증거의 증거능력을 부정하는 법칙을 말한다.

(14) 독수독과의 이론
위법한 수사에 의해서 획득한 1차 증거를 근거로 파생된 다른 증거들까지 증거능력을 인정할 수 있느냐에 관한 학설. 대체적으로 다른 의견 없이 파생된 증거 역시 증거능력을 인정할 수 없다는 의견이 지배적임.

(15) 불법감청으로 인한 비밀녹음의 증거능력
① 수사기관에 의한 비밀녹음 : 수사기관에 의한 비밀녹음은 대화당사자 쌍방의 동의가 없는 경우는 물론이고 일방의 동의가 있는 경우라도 증거능력이 부정된다.

② 제3자의 녹음 : 일반 사인인 제3자가 비밀녹음한 경우에는 대화당사자 쌍방의 동의가 없는 경우는 물론이고 일방의 동의가 있는 경우라도 증거능력이 부정된다는 것이 판례의 입장
③ 대화당사자 일방의 녹음 : 대화당사자 일방이 타방 모르게 녹음하거나 3인 간의 대화에 있어서 그 중 한 사람이 그 대화내용을 녹음하는 경우에는 그 증거능력이 인정된다는 것이 판례의 입장이다.

(16) 공소시효

검사가 일정기간 공소를 제기하지 않고 형사사건을 방치하는 경우에 국가의 소추권이 소멸되는 제도
- 공소시효 적용배제 : 형법의 내란죄, 외환죄 / 군형법의 반란죄, 이적죄

(17) 유예제도와 가석방

기소유예 : 범죄를 저지른 사람에 대하여 공소를 제기하지 않는 검사의 처분
선고유예 / 집행유예 / 가석방

	선고유예	집행유예	가석방
의미	범정(犯情)이 경미한 범인에 대하여 일정기간 형의 선고를 유예하고, 그 유예기간을 사고 없이 지내면 형의 선고를 면하게 하는 제도	범죄자에게 단기(短期)의 자유형을 선고할 때에 그 정상을 참작하여 일정기간 그 형의 집행을 유예하는 제도	징역 또는 금고형을 받고 수형 중에 있는 사람이 그 행장(行狀)이 양호하고 개전의 정이 뚜렷하여 나머지 형벌의 집행이 불필요하다고 인정되는 경우 일정한 조건하여 임시로 석방하는 제도
요건	• 1년 이하의 징역·금고, 자격정지, 벌금의 형을 선고할 경우 • 개전의 정이 현저할 것 • 자격정지 이상의 형을 받은 전과가 없을 것	• 3년 이하의 징역·금고의 형을 선고할 경우 • 정사에 참작할 만한 사유가 있을 것 • 금고 이상의 형을 선고받아 집행을 종료하거나 면제된 후 5년이 경과하였을 것	• 징역 또는 금고의 집행중 무기에 있어서는 10년, 유기에 있어서는 형기의 1/3을 경과하였을 것 • 개전의 정이 현저할 것 • 병과된 벌금·과료를 완납할 것
유예기간	2년	1년 ~ 5년	• 무기 : 20년 경과 • 유기 : 형기 1/3 경과
형식	법원의 판결	법원의 판결	법무부장관의 행정처분
효과	면소된 것으로 간주	형선고의 효력상실	형집행이 종료된 것으로 간주
실효(失效)	유예기간 중 자격정지 이상의 형에 대한 판결이 확정되거나 자격정지 이상의 형에 대한 전과가 발견된 때	유예기간 중 금고 이상의 형의 선고를 받아 확정된 때	가석방기간 중 금고 이상의 형을 선고받아 그 판결이 확정된 때(단, 과실로 인한 경우 예외)

(18) 상소의 종류

상소의 의미 : 미확정의 재판에 대하여 상급법원에 불복신청을 하여 구제를 구하는 절차
: 공정한 재판을 위하여, 피고인의 권익을 위하여

① 항소 : 제1심 판결에 대한 상급법원에 상소하는 것
② 상고 : 제2심 판결에 대한 대법원에 상소하는 것
③ 항고 : 법원의 결정에 대한 상소

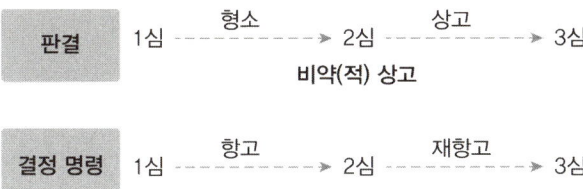

(19) 절차

① 비상구제절차
　㉠ 재심 : 유죄의 확정판결에 중대한 사실오인이 있는 경우에 판결을 받은 자의 이익을 위하여 그 오류를 시정하는 비상구제절차를 말한다.
　㉡ 비상상고 : 확정판결에 대하여 그 심판의 법령위반을 이유로 검찰총장이 대법원에 제기하는 비상구제절차를 말한다. 이는 '확정판결'에 대한 구제절차인 점에서 미확정판결에 대한 상소와 구별되며, '법령위반'을 이유로 한다는 점에서 사실오인 등을 이유로 하는 재심과 구별된다.
② 약식절차 : 지방법원의 관할에 속하는 사건에 대하여 검사의 청구가 있는 때에 통상의 공판절차를 거치지 않고 검사가 제출한 자료만을 가지고 서면심리를 하여 피고인에게 벌금·과료 또는 몰수의 형을 부과하는 간이재판절차를 말한다. 이러한 약식절차에 의한 재판을 약식명령이라고 한다.
③ 즉결심판절차 : 경미한 범죄 사건(20만원 이하의 벌금·구류 또는 과료에 해당하는 사건)에 대해 정식 형사소송 절차를 거치지 않고 '즉결심판에 관한 절차법'에 의하여 신속하게 처리하는 심판절차를 말하는 것이다.

(20) 국가안보를 위한 통신제한 조치(통신비밀보호법 제7조)

a. 정보수사기관의 장은 국가안전보장에 대한 상당한 위험이 예상되는 경우에 한하여, 1) 통신의 일방 또는 쌍방당사자가 내국인인 때에는 고등법원 수석부장판사의 허가를 받아서, 2) 적대국가나 반국가활동의 혐의가 있는 외국의 기관단체와 외국인 등의 경우에는 대통령의 승인을 얻어서 통신제한조치를 할 수 있다.
b. 국가안보를 위한 통신제한조치의 기간은 4월을 초과하지 못하고, 다만 고등법원 수석부장판사의 허가 또는 대통령의 승인을 얻어 4월의 범위 이내에서 통신제한조치기간을 연장할 수 있다. 그 연장횟수에 특별한 제한은 없으나, 범죄수사를 위한 통신제한조치에서와 마찬가지로 연장횟수에 제한을 두고 있지 않은 것은 분명 통신의 비밀을 침해할 우려가 많다고 하겠다.

(21) 친고죄와 반의사불벌죄

구분	친고죄(親告罪)	반의사불벌죄(反意思不罰罪)
의미	• 범죄의 피해자 기타 법률이 정한 자의 고소·고발이 있어야 공소를 제기할 수 있는 범죄 • 친고죄에 있어 고소가 없거나 일단 행해진 고소가 취소된 경우 수사단계(공소제기 전)에서는 '공소권없음'의 불기소처분을 하여야 하고 이에 공소가 제기되어 소송계속중인 때에는 공소기각 판결을 선고하여야 함	• 피해자가 가해자의 처벌을 원하지 않는다는 의사를 표시하면 처벌할 수 없는 범죄 • 피해자의 의사와 관계없이 공소를 제기할 수 있지만, 그 후 피해자가 처벌을 원하지 않는다는 의사를 표시하거나, 처벌의 의사표시를 철회한 경우에는 공소기각 판결을 선고하여야 함 • 반의사불벌죄가 처벌을 원하는 피해자의 의사표시 없이도 공소를 제기할 수 있다는 점에서 고소·고발이 있어야만 공소를 제기할 수 있는 친고죄와 구별됨
관련 규정	• 모욕죄 • 사자(死者)에 대한 명예훼손죄 • 비밀침해죄 • 업무상 비밀누설죄 • 권리행사방해죄 • 저작권침해죄	• 외국원수에 대한 폭행·협박·모욕·명예 훼손죄 • 외국사절에 대한 폭행·협박·모욕·명예 훼손죄 • 외국국기모독, 외국국장모독죄 • 폭행·존속폭행죄 • 협박·존속협박죄 • 과실상해죄 • 명예훼손죄 • 출판물 등에 의한 명예훼손죄 • 사이버상 폭력
	친고죄(X)	반의사불벌죄(X)
	강간치상죄, 강도치상죄, 부녀매매죄, 미성년자 약취·유인죄, 명예훼손죄	상해죄, 업무상과실·중과실 상해죄, 특수폭행죄, 특수협박죄, 상습폭행죄, 상습협박죄, 학대죄, 존속학대죄, 모욕죄

(22) 보안처분

① 치료감호처분 : 정신병자, 신경쇠약자 등과 같이 책임능력의 결함 상태에 있어 형벌의 효과를 기대하기 어렵거나, 재범의 우려가 있는 자에게 무기한 또는 치료될 때까지 일정 시설에 수용하는 처분

② 교정처분 : 알코올 또는 마약중독자를 일정 기간 교정소 또는 금단 시설에 수용하여 이러한 습벽을 치료하는 처분

③ 보호감호처분 : 사상범, 상습범, 누범의 위험성이 있는 강력범 등이 자유형의 집행 종료 후에도 다시 범죄를 반복할 우려가 있는 경우에 특별한 시설에 수용하는 처분

④ 노동시설수용처분 : 부랑자, 걸인, 매춘부 등 노동 혐기로 인하여 상습적으로 범죄를 저지르는 자에 대하여 형을 선고하는 경우 이와 동시에 이들을 노동소에 수용하여 일정한 작업에 종사하게 하는 처분

⑤ 사회치료처분 : 인격장애가 있는 누범자, 성적 충동 범인 등 범죄성 정신병자에 대하여 인격장애를 제거하기 위하여 각종 사회치료시설에 수용하는 처분

31

해당 법안에 대해 옳게 짝지은 것은?

> (가) 21.5.21에 개정된 해당 법안은 일부만 개정하는 것으로 ICT 규제 샌드박스 제도의 임시 허가 유효기간이 만료되기 전에 관련 법령 정비가 완료되지 않은 경우, 법령 정비가 완료될 때까지 연장되는 것으로 간주하고 관계기관의 장에게 관련 법령의 개정 의무를 부여하는 내용이 포함돼 있다.
>
> (나) 자본시장의 금융혁신과 공정한 경쟁을 촉진하고 투자자를 보호하며 금융투자업을 건전하게 육성함으로써 자본시장의 공정성·신뢰성·효율성을 높여 국민경제 발전에 이바지하기 위하여 제정한 법률이다.
>
> (다) 주요 내용으로는 △공직자의 직무상 비밀 이용을 금지하고 △사적 이해관계가 있을 경우 신고와 회피·기피를 의무화하며 △직무수행의 공정성을 해치는 외부활동과 수의계약 체결을 제한하는 법률이다.
>
> (라) 공직자 및 공직후보자의 재산등록, 등록재산 공개 및 재산형성과정 소명과 공직을 이용한 재산취득의 규제, 공직자의 선물신고 및 주식백지신탁, 퇴직공직자의 취업제한 등을 규정함으로써 공직자의 부정한 재산 증식을 방지하고, 공무집행의 공정성을 확보하여 국민에 대한 봉사자로서 가져야 할 공직자의 윤리를 확립함을 목적으로 하는 법률이다.

① (가) - 정보통신기술법, (나) - 자본시장법, (다) - 이해충돌방지법, (라) - 공직자윤리법
② (가) - 정보통신기술법, (나) - 금융투자법, (다) - 이해충돌방지법, (라) - 공직자윤리법
③ (가) - 정보통신융합법, (나) - 자본시장법, (다) - 상호충돌방지법, (라) - 공직자윤리법
④ (가) - 정보통신융합법, (나) - 금융투자법, (다) - 상호충돌방지법, (라) - 공직자윤리법
⑤ (가) - 정보통신융합법, (나) - 자본시장법, (다) - 이해충돌방지법, (라) - 공직자윤리법

32

다음 중 헌법재판소에 대한 설명으로 잘못된 것은?
① 헌법재판소 재판관의 임기는 6년으로 하며, 연임할 수 있다.
② 헌법재판소장은 국회의 동의를 받아 재판관 중에서 대통령이 임명한다.
③ 헌법재판소 재판관 중 3인은 국회에서 선출한다.
④ 헌법재판소 재판관 중 3인은 대법원장이 지명하는 사람을 임명한다.
⑤ 헌법재판소는 6명의 재판관으로 구성한다.

33

A는 서울역사 내에서 에스컬레이터를 타고 공항철도 입구쪽으로 가던 중 B가 다가와 어깨를 부딪쳤다. 그리고 B는 A에게 욕설을 하더니 안면을 주먹으로 가격해서 전치 4주의 부상을 당했다. 이에 A는 수사기관에 폭행 사실을 신고하여 수사 및 소추를 요구하는 의사표시를 하려고 한다. 이 의사표시를 무엇이라고 하는가?

① 고소
② 고발
③ 기소
④ 상소
⑤ 형소

34

검사에게 기소·불기소의 재량을 인정하는 제도로 검사가 제반 사정을 합리적으로 판단하여 기소 여부를 결정함으로써 구체적 정의를 실현할 수 있는 제도는?

① 기소독점주의
② 기소편의주의
③ 기소유예
④ 기소법정주의
⑤ 기소중지

35

명예훼손죄에 대한 설명으로 옳지 않은 것은? (다툼이 있는 경우 판례에 의함)

① 형법 제307조 제2항을 적용하기 위하여 적시된 사실이 허위의 사실인지 여부를 판단하는 경우, 적시된 사실의 내용 전체의 취지를 살펴볼 때 중요한 부분이 객관적 사실과 합치되면 세부에 있어서 진실과 약간 차이가 나거나 다소 과장된 표현이 있다 하더라도 이를 허위의 사실이라고 볼 수 없다.
② 형법 제310조는 '오로지 공공의 이익에 관한 때'라고 적시되어 있으므로 행위자의 행위에 다른 사익적 목적이나 동기가 내포되어 있었다면 행위의 주요한 동기가 공공의 이익을 위한 것이라도 형법 제310조의 적용은 배제된다.
③ 집합적 명사를 쓴 경우에도 시간적·장소적 관련성 속에서 특정인을 가리키는 것이 명백하면, 이를 각자의 명예를 훼손 하는 행위라고 볼 수 있다.
④ 형법 제310조의 적용에서 적시된 사실이 공공의 이익에 관한 것이면 진실한 것이라는 증명이 없다 할지라도 행위자가 진실한 것으로 믿었고 또 그렇게 믿을 만한 상당한 이유가 있는 경우에는 위법성이 없다고 보아야 한다.
⑤ 집합명칭에 의한 명예훼손의 경우도 일반적으로 가능하지만, 일반인들이 그 집단을 알아 볼 수 없다면 처벌할 수 없다.

36

헌법은 대통령직속기관으로 국가안전보장회의, 감사원, 국가원로자문회의, 민주평화통일자문회의, 국민경제자문회의를 규정하고 있다. 이는 그 기관이 담당하는 업무의 중요성을 감안하여 특별히 헌법에 설치근거를 명시하여 헌법기관으로 격상한 것에 불과하다. 다음 중 헌법상에는 규정되어 있지 않으나 대통령직속기관으로 활동하고 있는 기관으로서 과거 권위주의시대의 과오를 밝히는 것을 주된 업무로 하는 기관은 무엇인가?

① 국민권익위원회
② 국가보훈처
③ 의문사진상규명위원회
④ 국무총리복권위원회
⑤ 중앙행정심판위원회

37

다음 설명 중 틀린 것은?

① 입법부, 사법부, 행정부의 3권으로 각각 담당하는 자는 상호분리 독립시켜 견제시킴으로써 국민의 자유를 보장하는 자유적인 통치 원리는 권력분립론이다.
② 권력분립은 로크의 2권 분립과 몽테스키외의 3권 분립이 있다.
③ 다원주의는 현대사회기능의 세분화, 전문화에 기인되었다.
④ 권력분립제는 사회제도이며 다원주의는 정치제도이다.
⑤ 대통령제하에서는 행정부의 상대적 우위의 권력분립제가 나오기도 한다.

38

형법의 기본 원칙이 아닌 것은?

① 관습 형법 금지의 원칙
② 명확성의 원칙
③ 신의성실의 원칙
④ 소급효 금지의 원칙
⑤ 유추해석 금지의 원칙

39

다음 용어 중 틀린 것을 고르시오.

① in dubio pro reo

'의심스러울 때는 피고인에게 유리하게' 판결하라는 뜻으로 무죄추정의 원칙을 말한다.

② 불고불리의 원칙

소송법상 법원은 원고가 심판을 청구한 때만 심리를 게시할 수 있고, 심판을 청구한 사실에 대해서만 심리·판결한다는 원칙

③ 미란다 원칙

검찰과 경찰이 피의자를 연행할 때 반드시 변호인단 선임권, 진술거부권 등 피의자의 권리를 고지해야 한다는 원칙

④ 일사부재의 원칙

어떤 사건이 유무죄가 가려지고 판결이 난 경우에 그 판결의 기판력(확정된 판결의 내용이 당사자와 법원에 대하여 구속력을 가지는 소송법상 효력)의 효과를 존중하여 동일 사건에 대해 두 번 이상 공소의 제기를 허용하지 않는다는 원칙.

⑤ 플리바게닝

범죄자가 혐의를 인정하거나 취조를 도울 경우 가벼운 범죄로 기소하거나 형을 낮춰 주는 사전 형량 조정 제도

40

다음 헌법개정절차의 흐름도이다. 맞는 것을 고르시오.

① 국회 재적의원 20인 이상 또는 대통령 발의로 제안

↓

대통령 공기(20일 이상)

↓

② 헌법개정안 공고일부터 60일 이내 의결(표결 참가의원 2/3 이상의 찬성)

↓

③ 국회 의결 후 30일 이후 국민투표 부침

↓

④ 개정안 확정(국회의원 선거권자 과반수 찬성)

↓

⑤ 대통령 즉시 공포

05 CHAPTER

공학

(1) 스마트폰

- 삼성 페이 : 신용카드를 카드 결제기에 긁어 결제하는 대신 스마트폰에서 카드 결제기로 암호화된 결제 정보를 전달하는 MST(마그네틱 결제) 방식 뿐만 아니라 NFC(근거리 무선통신) 방식과 바코드 방식까지 지원하는 모바일 결제 서비스.
- 애플페이 : NFC 결재방식만 지원(NFC 기술 적용 사례 : 교통카드, 금속탐지기)
- 무선 충전 기능 : 무선 충전은 '전자기 유도(렌쯔의 법칙)'를 이용
  최근 LG 폰에도 무선 충전 기능 탑재되고 있으므로 원리 중심으로만 확인한다.
- 예 생체 인증 : 사람의 신체적 특징을 나타내는 생체 정보를 이용해 개인 식별·인증에 활용하는 기술이다. 바이오메트릭스(biometrics)라고도 한다.
  가장 널리 활용되는 방식은 지문 인증이다. 정맥·심박동 인증도 있다. 홍채 인증은 안구(眼球) 속의 홍채 주름 형태를 촬영해 인증에 사용한다.
- 예 정맥인증 : 손바닥 표피 아래 정맥(핏줄)의 패턴을 비밀번호처럼 인식

(2) 인공지능

인공지능(AI) 알파고 : 구글

- 인공지능 스피커 : 인공지능 스피커는 인간과 대화하면서 업무를 처리해주는 일종의 인공지능 개인 비서다. 사람 말을 알아듣고 원하는 정보를 알려주거나, 지시를 이행한다. 세계 최대 전자상거래 기업 아마존은 2014년 인공지능 스피커 '에코(Echo)'를 출시했다.
- GPU : 그래픽처리를 위한 고성능의 처리장치로 그래픽카드의 핵심.
  4차 산업혁명의 핵심인 인공지능(AI) 컴퓨터의 핵심 부품으로 손꼽히고 있다.
  방대한 데이터 처리가 핵심인 인공지능에서는 병렬처리방식으로 두가지 작업이 동시 처리 가능한 GPU가 CPU를 대체할 것으로 예상됨.

(3) VR AR MR

- VR : 3D 가상 현실(Virtual Reality). 헤드셋을 스마트폰과 블루투스로 연동하여 작동
- AR : AR은 증강현실(Augmented Reality)의 약자로 지금 보이고 있는 실사에 가상의 영상이나 이모티콘 등을 합성하여 보여주는 것.
  가상의 이모티콘을 클릭하여 상세 정보 등을 확인할 수도 있음.
  스마트 글라스는 안경을 통해 현실세계에서 3차원의 새로운 정보와 이미지를 보여주는 증강현실(AR) 기기다.

VR기기의 가상현실이 모든 것이 컴퓨터에서 조작한 것이라면, AR 기기의 증강현실은 현재 영상에 컴퓨터에서 생성된 것을 합성해 주는 것이라는 차이점이 있음.
_포켓몬
- MR : MR 혼합현실(Mixed Reality)은 증강현실과 가상현실의 장점을 따와 현실세계 속 가상 정보를 결합한 기술입니다. 즉, 현실세계와 가상세계 정보를 결합하여 두 세계를 융합시켜 공간을 만들어내는 기술

(4) 반도체
- 메모리 : DRAM+SRAM_컴퓨터_삼성, 하이닉스
- 메모리 : 플래시메모리
  _전원이 끊겨도 저장된 정보가 지워지지 않는 비휘발성 기억장치
  _핸드폰_삼성, 도시바
- SSD(Solid State Disk/Drive) : 기존의 HDD하드는 자기디스크 형식이었으나 SSD는 낸드 플래시 메모리라는 반도체 형식의 디스크임. 기존 HDD하드에 비해 속도가 빠르고 기계적 지연이나 실패율, 발열·소음도 적으며, 소형화·경량화 가능
- 슈퍼 사이클 : 세계적인 낸드플래시 수요로 인해 가격이 지속적으로 상승 중이며 이를 반도체 슈퍼사이클로 보고 있다.
- 비메모리 : CPU_인텔
  팹리스(반도체 설계)_퀄컴
- 파운드리 : 다른 업체가 설계한 반도체를, 생산해서 공급해 주는 사업
  수탁생산의 일종으로 일반제조업의 OEM공급과 비슷한 개념인 수탁 반도체 제조 사업
  즉, 팹리스(Fabless)의 생산부분을 맡아주는 사업을 파운드리(foundry)라고 한다.

(5) 신소재
- 탄소 나노튜브(CNT) : 탄소 6개로 이루어진 육각형들이 연결돼 관 형태를 보이는 신소재. 실리콘보다 더 우수한 소재인 탄소 나노튜브를 사용하므로써 프로세서 자체의 전력 소모와 성능 향상도 꾀할 수 있다.
- 그래핀 : 꿈의 나노 물질, 연필심에 사용되어 우리에게 친숙한 흑연은 탄소들이 벌집 모양의 육각형 그물처럼 배열된 평면들이 층으로 쌓여 있는 구조인데, 이 흑연의 한 층을 그래핀(Graphene)이라 부름. 그래핀은 0.2㎚의 두께로 물리적, 화학적 안정성이 매우 높아 꿈의 나노 물질이라 불림.
  구리보다 100배 이상 전기가 잘 통하고, 반도체로 주로 쓰이는 실리콘보다 100배 이상 전자의 이동성이 빠름. 단, 대량생산이 어려움.
- 세라믹 : 비금속 광물에 열을 가해 만든 무기 재료를 세라믹이라 함. 특징으로는 결정구조가 복잡하고 다양하여 압력을 가하면 전기를 발생시키는 압전성, 열을 받으면 전기를 발생하는 초전성, 빛을 받아서 전자를 발생하여 유해물질을 분해하는 광분해성, 전기저항이 0이 되는 초전도성, 특정 조건에서만 전기를 흘리는 반도체성 등 전자기적 기능성을 지니고 있어 전기나 전자공학에서도 매우 중요

- 힉스 입자 : 신의 입자. 현대물리학의 '표준모형'에서 물질을 구성하는 기본입자와 물질을 구성하지는 않지만 에너지를 전달하는 힘 매개입자들 사이에 작용하는 힘의 관계를 설명해 주는 소립자

(6) 컴퓨터

- 매크로(Macro) : 여러 개의 명령어를 묶어 하나의 키 입력 동작으로 만든 프로그램.
- N 스크린 : 하나의 컨텐츠(영화, 음악 등)를 여러 개의 기기에서 연속적으로 즐길 수 있는 기술
- 딥 러닝(deep learning)
  컴퓨터가 여러 데이터를 이용해 마치 사람처럼 스스로 학습할 수 있게 하기 위해 인공 신경망을 기반으로 구축한 한 기계 학습 기술.
  컴퓨터의 기억장치인 램(RAM)은 전원이 꺼지면 모든 내용이 지워지지만, 롬(ROM)은 전원이 꺼져도 지워지지 않음
- 프리 웨어(Free-ware) : 무료로 사용할 수 있게 허가한 소프트웨어
- 셰어 웨어(Share-ware) : 정식 제품 구매 전에 먼저 체험해 볼 수 있도록 일정기간만 사용하게 하거나 특정 기능만을 사용 가능하게 만든 소프트웨어
- 와레즈(Warez) : 소프트웨어의 복사 방지 및 시간 제한 등을 풀어서 제한 없이 정품 소프트웨어를 누구나 사용할 수 있게 만든 소프트웨어. 불법.

(7) 사이버 보안

- 블랙 해커 = 크래커(Cracker) : 시스템에 몰래 침입하여 불법 행위를 하는 사람.
  화이트해커 : 컴퓨터와 온라인의 보안 취약점을 연구해 해킹을 방어하는 전문가.
- 랜섬웨어 : 랜섬웨어는 '몸값'(Ransom)과 '소프트웨어'(Software)의 합성어다. 시스템을 잠그거나 데이터를 암호화해 사용할 수 없도록 만든 뒤, 이를 인질로 금전을 요구하는 악성 프로그램을 일컫는다.
- 라자루스 [Lazarus] : 전세계를 무대로 활동하며 북한과 연계 가능성이 높은 것으로 추정되는 사이버 해킹 집단.
- 스피어 피싱 [spear phishing] : 특정 조직을 대상으로 시도되는 이메일이나 전자통신 사기를 말하며, 주로 허가받지 않은 사용자가 기밀 데이터에 접근하여 정보를 탈취하는 것을 목적으로 한다. 스피어 피싱은 일반적인 해커들에 의해 무작위적으로 이루어지기보다는 금전적 목적이나 무역 기밀 및 군사적 정보를 노리는 목적을 가지고 수행된다.
  스피어 피싱은 수신자와 참조자를 여러 명 포함하며, 주로 수신자에게 익숙하고 믿을만한 송신자 혹은 지인으로부터의 메일 형태로 조작되어 있으며, 수신자들이 최대한 신뢰할 수 있는 표현을 사용한다. 주로 웹에 존재하는 사용자의 정보를 악용하여 수신자의 친구, 혹은 물건을 구입한 온라인 쇼핑몰의 계정으로 가장하여 메일을 보내며, 수신자의 개인 정보를 요청하거나 정상적인 문서 파일로 위장한 악성코드를 실행하도록 한다.

(8) 정보통신
- MVNO(Mobile Virtual Network Operator) : 가상이동통신망 사업(3대 이통사의 회선을 빌려 쓰는 형식), 알뜰폰.
  - 5G : 5세대 이동통신. 4세대의 LTE 보다 약 1000배 빠른 차세대 통신기술.
- 바코드 / QR 코드 : 1차원(선으로만 된) 코드, QR 코드는 2차원(면으로 된) 코드. QR 코드는 바코드에 비해 더 많은 정보를 담을 수 있고, 수정 편집도 가능.
- RFID(Radio Frequency ID) : '전자태그', '스마트 태그', '무선식별'극소형 IC칩에 상품정보를 저장하고 무선주파수를 사용하여 정보를 가져오는 방식

  예 톨케이트를 지날 때 내 차량 번호가 전광판에 나타남.

41

은행 또는 카드사의 고유 번호를 알아내어 해킹 프로그램을 통해 무작위로 카드번호를 생성한 후, 진짜 카드 번호를 골라내는 해킹 방식은?

① 핀테크
② 제로 데이 어택
③ 빈 어택
④ FDS
⑤ 스피어 피싱

42

다음 설명과 가장 관계없는 것은?

지레에 작용하는 힘 가운데 막대를 받치고 있는 점을 받침점, 힘에 가해지는 점을 힘점, 그리고 물체에 힘이 작용하는 점을 작용점이라 한다. 힘점에는 b×f(b는 힘점과 받침점 사이의 거리, f는 힘점에 가해진 힘)인 힘의 모멘트가 작용하고, 일점에는 a×w(a는 일점과 받침점 사이의 거리, w는 물체의 저항력 즉 무게)인 힘의 모멘트가 앞의 것과 반대 방향으로 작용하여 a×w = b×f가 될 때 지레는 평형을 유지한다. 따라서 b가 a에 견주어봤을 때 크면 물체의 저항 력을 이기기 위한 힘은 저항력보다 작아도 된다.

① 크레인
② 가위
③ 핀셋
④ 병따개
⑤ 장도리

43

다음 제시문에서 설명하고 있는 것은?

이것은 가상, 초월과 세계, 우주의 합성어로, 3차원 가상 세계를 뜻한다. 보다 구체적으로는 정치, 경제, 사회, 문화의 전반적 측면에서 현실과 비현실 모두 공존할 수 있는 생활형, 게임형, 가상세계라는 의미로 폭넓게 사용되고 있다.

① 가상현실(VR)
② 증강현실(AR)
③ 유비쿼터스
④ 메타버스
⑤ 비트코인

44

인간의 학습 능력과 같은 기능을 컴퓨터에서 실현하고자 하는 기술 및 기법은?

① 현실 마이닝
② 데이터 마이닝
③ 머신 러닝
④ 텍스트 마이닝
⑤ 오피니언 마이닝

45

다음의 현상과 비슷한 예가 아닌 것은?

> 차가운 음료를 종이컵에 담아 놓으면 컵 표면에 물방울이 생겨 축축해진다.

① 이른 아침 새벽 풀잎에 이슬이 맺힌다.
② 목욕탕의 거울에 김이 서린다.
③ 대기 중의 수증기가 구름이 되어 비로 내린다.
④ 무더운 날 아스팔트 위의 풍경이 어른거려 보인다.
⑤ 스팀 난방으로 실내를 따뜻하게 한다.

46

다음 내용이 설명하는 단어의 앞 글자를 따서 만든 3자는?

> (가) Byte보다 작은 단위
> (나) 사용자의 PC에 응용 프로그램을 설치해 웹상 문서나 콘텐츠를 사용자 PC에서 이용할 수 있도록 해주는 인터넷 기술
> (다) 특허 만료 의약품

① k액재
② b액제
③ b앱자
④ k앱제
⑤ b앱시

47

다음 중 RFID에 대한 설명으로 옳지 않은 것은?

① 접촉하지 않고도 정보를 인식할 수 있다.
② 음파를 활용한 기술로 근거리 통신에 활용된다.
③ 바코드에 비해 담을 수 있는 정보 용량이 크다.
④ 태그에는 정보 송수신을 위해 안테나가 내장되어 있다.
⑤ 정보를 수정하거나 삭제할 수도 있다.

48

다음 지문에서 설명하는 단어로만 묶인 것은?

> A. (　　)OS : 젤리빈, 허니콤, 진저브레드, 킷캣과 같은 디저트를 사용하여 이름을 붙인 운영체제
> B. (　　)넷) : 인터넷 기술과 통신 규약을 이용하여 조직 내부의 업무를 통합하는 정보 시스템
> C. (　　스)크린 : 하나의 콘텐츠를 다양한 기기에서 연속적으로 즐길 수 있는 기술
> D. (　　)컴퓨팅 : 인터넷 상의 서버를 통하여 데이터 저장, 네트워크, 콘텐츠 사용 등 IT 관련 서비스를 한 번에 사용할 수 있는 컴퓨팅 환경

① 클라우드, 쿠키
② 쉐어, 유비쿼터스
③ 인트라, 클라우드
④ 안드로이드, M
⑤ 네트워크, N

49

다음에서 설명하는 용어는?

> NAND 플래시 또는 DRAM 등 초고속 반도체 메모리를 저장 매체로 사용하는 대용량 저장 장치이다. 기존의 저장 장치인 HDD를 대체하기 위한 것으로 고속으로 데이터를 입출력 할 수 있으면서도 기계적 지연이나 실패율이 현저히 적다. 외부 충격으로 데이터가 손상되지 않으며 발열·소음과 전력 소모가 적고 소형화·경량화할 수 있다는 것도 장점이다.

① NFC
② 블루레이
③ SD카드
④ SSD
⑤ 유심칩

50

코드레드바이러스[Code Red Virus] 대한 설명으로 틀린 것은?

① 백악관 웹 사이트 공격을 목적으로 프로그램 된 인터넷바이러스.
② MS의 운영체제인 윈도 NT나 윈도 2000을 쓰는 서버 컴퓨터를 경유지로 해 매달 초와 20~29일 미국 백악관 사이트를 공격하도록 설계된 바이러스다.
③ 코드레드바이러스는 일단 이 바이러스에 감염된 컴퓨터가 백악관 웹사이트(www.whitehouse.gov)를 공격하도록 유도하며, 이 경우 정부 웹 사이트에 서비스 거부 장애가 발생한다.
④ 코드레드에 감염된 컴퓨터는 '중국인에 의해 해킹 당함(Hacked by Chinese)'이라는 문구가 등장하며 감염된 컴퓨터에 연결된 영문 서비스 웹사이트에 장애가 발생하게 된다.
⑤ 반면 코드블루바이러스(Code Blue Virus)는 청와대 측 서버를 공격하는 바이러스다.

CHAPTER 06

국가정보학

1 기본 정의(용어)

- 자료(data)
- 첩보(information)
- 정보(intelligence)

- 인간정보(Human Intelligence : HUMINT)
- 기술정보(Technical Intelligence : TECHINT)

- 공개출처 정보(Open Source Intelligence : OSINT)
- 비밀출처 정보(Secret Source Intelligence)

HUMINT 구성
- I/O(정보관:Intelligence officer), C/O(case officer), Agent Handler(조정관), Controller(통제관)
- Agent(공작원), Collaborator (의식적 협조자, 무의식적 협조자, 자발적 협조자 walk-in)
- Cover(가장), official cover(공직가장) / non official cover(noc 비공직 가장)
- targeting or spotting(물색), assessing(평가), recruiting(포섭 채용), handling(조종), terminating(해고 및 종결)

- COMINT(Communication Intelligence) : 통화내용 도청
- TELINT(Telemetry Intelligence) : 원격측정신호내용파악
- ELINT(Electronic Intelligence) : 전자신호정보
- FISINT(Foreign Instrumentation Signals Intelligence) : 기계신호음을 수집해서 필요정보를 획득

2 중동 / 테러

① 백색테러
지배계급이나 보수세력들이 반체제 또는 혁명세력의 반정부 활동이나 혁명운동을 탄압키 위해 자행하는 폭력
프랑스 혁명 당시인 1795년경 왕당파가 혁명파에게 가한 보복탄압에서 시작된 것으로 '백색'은 프랑스 왕권 상징인 '흰백합'에서 유래

② 외로운 늑대
전문 테러 단체 조직원이 아닌 자생적 테러리스트를 이르는 말.
배후 세력 없이 특정 조직이나 정부에 대한 반감으로 스스로 행동에 나서는 것이 특징이며 '은둔형 외톨이' 등 사회에 적응하지 못하는 경향. 외로운 늑대에 의한 테러는 테러 감행 시점이나 방식에 대한 정보 수집이 쉽지 않아 조직에 의한 테러보다 예방이 더욱 어려움. 본래 1996년 러시아 남부 다게스탄 공화국 키즐랴르를 기습한 체첸 반군을 일컫는 말이었으나 1990년대 중반 미국 극우 인종주의자 앨릭스 커티스가 백인 우월자들의 행동을 선동하면서 '자생적 테러리스트' 의미로 외로운 늑대를 처음 사용.

③ 자생테러
자국 국민 또는 자국 국민들이 조직한 테러집단이 자국정부와 국민을 상대로 자행하는 테러 유형.

④ 뉴테러리즘
99년 당시 미 국방부가 후원하는 민간연구소인 '랜드(RAND) 연구소'에서 처음 사용한 용어로 최근의 테러가 종래의 테러 양상과 달리 무차별화·대형화되는 현상을 지칭
95년 일본 '옴 진리교'의 동경 지하철 사린가스 살포, 미국 9.11 항공기 자살충돌 테러가 대표적인 사례

⑤ 극우 / 극좌 테러
극우테러는 반공을 주장하거나 특정 민족·인종의 우월성을 주장하기 위해 다른 민족이나 정부를 공격하는 테러를 의미(독일·러시아 '스킨헤드族', 미국'KKK' 등)
극좌테러는 공산주의 또는 사회주의 국가 건설이라는 투쟁 목표를 달성하기 위해 자행하는 테러를 의미(일본·독일 '적군파', 페루 '빛나는 길' 등)

⑥ 이슬람 원리주의 / 이슬람 근본주의
이슬람 사회가 서양사회에 예속된 원인이 이슬람교의 타락에 있다고 주장하며 코란에 충실했던 이슬람교 초창기의 순결하고 엄격한 도덕으로 되돌아 갈 것을 주장하는 순수 종교운동이었으나 1920년대 이집트 '무슬림 형제단' 이라는 과격단체가 영국의 식민통치에서 탈피, 코란에 근거한 순수 이슬람 국가 건설을 주장하며 폭력적 수단을 가미하기 시작

70년대 들어 아랍국가들이 장기집권으로 세속화되고, 서양 기독교 문화가 본격 유입되면서 테러단체들이 이슬람 원리주의 이름하에 극단적 폭력을 정당화한 이후 이슬람 테러리즘을 지칭하는 말로 의미가 변질

⑦ 보코하람 Boko Haram

2002년 결성된 나이지리아의 이슬람 극단주의 테러 조직으로 이슬람 신정국가 건설을 목표로 한다.

⑧ 수니파/시아파

수니파와 시아파는 이슬람교의 대표적인 양대 종파

수니파는 모하메드의 정통을 계승했다고 자처하는 파벌로 사우디아라비아를 종주국으로 요르단·시리아·리비아·파키스탄·아프가니스탄 등 대부분의 이슬람 국가에서 우세한 교세를 보유

> **참고**
> - 수니파란 '수나'(모하메드의 언행)를 이상으로 삼는 사람들이란 뜻
>   시아파는 모하메드의 종제이자 사위인 '알리'(4대 칼리프)의 혈통을 이어받은 인물을 모하메드의 진정한 후계자로 신봉, 이란을 종주국으로 이라크(60%)에서만 우세한 교세를 보유
> - 시아파란 '시아트 알리'(알리의 黨)의 약칭으로 10억 이슬람 교도중 10% 미만의 교세를 보유. 칼리프란 예언자 모하메드의 후계자
>   수니파와 시아파는 대립관계인 것으로 알려져 왔음

⑨ 무자헤딘

이슬람 교도들간에 '神의 戰士'를 뜻하는 말

아프간 戰爭(79~89년) 당시에는 舊소련군에 맞서 항전했던 이슬람 참전용사를 지칭하는 말로 사용된 바 있고 아프간 終戰 후 이슬람 테러조직에 가담·활동하면서 테러분자들이 자신들을 '무자헤딘'이라고 호칭

⑩ 지하드

원래 '알라의 뜻에 복종하는 삶을 살기 위해 투쟁한다'는 종교적 색채가 짙은 의미

1920년대 이집트 '무슬림 형제단'이라는 과격단체가 反英 무장독립 투쟁을 '지하드'라고 주장하면서 폭력적 성향을 정당화한 이후 이슬람 과격세력들이 자신들의 테러활동을 '지하드'(聖戰)라고 주장

⑪ 인티파다

원래 '민중봉기, 반란, 각성' 등의 뜻을 가진 아랍어로 이스라엘에 대한 팔레스타인人들의 대규모 시위·테러 등 집단적인 저항운동을 의미

⑫ 마약테러

최근 테러조직들이 테러자금 확보를 위해 마약조직과 연계, 마약 밀매를 통해 자금을 조달하면서 생겨난 합성어

중남미 좌익 게릴라 조직들이 활동자금을 위해 코카인을 판매한데서 유래된 것으로 국제범죄의 성격이 강하나 각국이 테러와 연계된 마약 문제를 '마약테러'라 하여 대테러 차원에서 대응하는 추세

⑬ 민족주의 테러
민족의 분리독립이나 자치권 확립과 같은 민족 자결권을 주장하며 이를 성취하기 위해 자행하는 테러(스페인 '바스크 조국해방', 영국 '아일랜드 공화군' 등)

⑭ 스톡홀름 증후군
테러범에 의해 피랍된 인질이 오히려 테러범을 이해하고 감정적으로 동화되는 현상
73.8.23 스웨덴 스톡홀름의 한 은행에서 인질범이 여자 은행원을 인질로 잡고 5일간 경찰과 대치하는 동안 인질범과 인질이 서로 사랑하는 관계로 전환, 인질이 오히려 인질범을 보호하는 현상이 발생한데서 유래

⑮ 리마 증후군
테러범이 인질의 고통과 어려움을 이해하고 인질들과 감정적으로 동화되는 현상
96.12.17 페루 좌익단체인 '투파 아마루 혁명운동'(MRTA) 소속 테러분자 14명이 일왕 생일 축하리셉션이 개최되던 페루주재 일본 대사관에 무단 진입하여 97.4.23 까지 126일간 각국 주요인사 400여명을 인질로 억류하고 함께 생활하면서 테러범들이 인질들의 어려움을 이해하고, 우호적인 관계를 형성한데서 유래 (페루 특공대에 의해 성공적으로 진압)

⑯ 감염이론 Contagion Theory
이미 발생한 테러행위에 대한 TV 등 매스미디어의 무절제한 보도 또는 특종 위주의 보도로 인해 이와 유사한 모방테러를 증가시킬 수 있다는 이론

⑰ 반문명 반기술 테러
일체의 문명과 과학기술을 부정하는 자들에 의해 행해지는 폭력
미국에서 20년간 은밀하게 문명과 첨단 과학기술의 상징인 대학·항공사를 대상으로 우편폭탄 테러를 자행하다 체포(96년)된 "카진스키"가 대표적 인물로 일명 유너바머(UNA Bomber)라고 호칭

> **참고**
> 유너(UNA)는 University와 Airline을 합성하여 언론에서 붙인 명칭

⑱ 헤즈볼라
이란 정보기관의 배후조정을 받는 중동 최대의 무장조직세력이다. 이슬람 지하드라고도 부르며 레바논 동부 베카에 본부를 두고 있다. 이슬람 공동체로서 전 중동을 통일하기 위해 시아파 이슬람교 이념과 상반되는 개인, 국가, 민족 등을 대상으로 테러활동을 한다. 서는 2007년 시행되었다.

⑲ IS 무장단체

IS는 이슬람 국가 건설을 표방하며 조직된 '이슬람 수니파 극단주의 무장단체'. 시리아에 본거지를 두고 활동. IS는 원래 이라크에서 탄생했다. 그 배경에는 미국이 9.11 테러에 대한 보복, 아프가니스탄 점령, 이라크 대량살상무기 개발에 대한 저지, 수니파를 중심으로 통치하고 있던 후세인 정권을 무너뜨려 이에 불만을 품은 수니파의 지도층들이 무장 세력과 결합해 만든 조직이 IS의 전신.

⑳ 테러단체 수장 이름
- 헤즈볼라 : 1대 리더(설립자) 압바스알 무사위, 2대 리더 하산 나스랄라
- 보코하람(나이지리아 테러단체) : 1대 무함마드 유수프, 2대 아부바카르 셰카우
- 알카에다 : 창설자 오사마 빈라덴, 2대 아이만 알 자와히리 → ISIL에게 조직 붕괴
- ISIL : 아부 바크르 알 바그다디
- 하마스(팔레스타인의 정당이면서 무장 단체, 테러조직, 군별) : 창설자 아흐메드 야신, 아흐메드 알 자바리, 칼레드 마샬, 이스마일 하니야(2017 임명)

㉑ 하왈라

하왈라는 '신뢰'라는 뜻으로, 채권·채무관계자들이 은행을 통하지 않고 신용으로 거래하는 이슬람의 전통적인 송금 시스템. 하왈라는 원래 실크로드 교역을 하던 이슬람 대상들의 재산을 사막의 도적들로부터 보호할 목적으로 고안된 것으로, 약간의 수수료만으로 세계 어느 곳으로든 송금이 가능

㉒ 테러지원국

美 국무부는 79년부터 수출통제법에 의거 매년 정기 또는 수시로, 테러를 사주·지원·방조하거나 은신처·병참·정보 제공 등의 행위를 하는 국가를 테러지원국으로 지정

> **참고**
>
> 수출통제법 : Export Administration Act of 1979
> 테러지원국으로 지정될 경우
> - 수출통제법·적성국교역법·대외원조법·종합테러방지법 등을 적용
> - 武器·二重用度 품목 수출금지, 경제원조·美 수출입은행 보증·최혜국 대우·일반특혜관세 부여·국제금융기관의 차관제공 금지 등 군사·경제·외교분야의 각종 制裁를 부과

테러지원국 해제는 대통령이 하도록 되어있으며 최근 6개월간 국제테러 개입·지원 사실이 없었다는 점을 입증할 경우 규제해제를 검토

현재 테러지원국으로 지정된 국가는 시리아, 이란, 수단 3개국

㉓ 소프트 타깃

백화점·나이트클럽·지하철역·교통수단 등 경비수준이 상대적으로 높지 않아 외부의 테러공격에 취약한 민간시설을 지칭

㉔ 하드 타깃
정부시설·외교공관·군 시설 등 경비수준이 상대적으로 높아 테러 공격이 쉽지 않은 정부 관련 시설을 지칭

㉕ 라마단
아랍어로 '더운 달'을 의미하며 이슬람력인 9월 한달간 라마단(금식) 기간으로 설정

> **참고**
> - 이슬람력은 홀수달은 30일, 짝수달은 29까지 있음.
>   이슬람력 9월은 알라 신이 '코란'을 내린 신성한 달로 무슬림들은 한달 동안 일출부터 일몰까지 의무적으로 금식하게 되어 있는데, 이는 빈자들의 고통을 간접 체험하기 위한 것이라 함
> - 여행자·임산부·환자 등은 이 의무가 면제되는 대신 후에 수일간 이 의무를 이행
>   원래 유태교의 단식일(1.10)을 본뜬 것이나 모하메드의 '바르드의 전승'을 기념하기 위해 정한 것이며, 현재는 라마단이란 용어 자체가 단식을 의미하는 말로도 사용
> - '바드르 전승'은 624년 모하메드가 사우디 바드르에서 지배부족인 쿠라이쉬 부족과 전투를 벌여 대승함으로써 박해를 벗어나 교세를 확장하는 계기가 된 사건

3 무기

① 더러운 폭탄
방사성 물질을 다이너마이트 등 재래식 폭탄으로 폭발시켜 핵테러 효과를 내기 위해 조잡하게 만들어진 폭탄
동 폭탄은 핵분열이 일어나지 않아 핵무기와 같은 효과는 없으나 방사성 물질을 병원이나 산업현장 등에서 쉽게 획득할 수 있고 상당한 심리적 효과를 거둘 수 있어 테러조직에 의한 사용이 우려되는 상황

② 라이신 Ricin
치명적인 독을 함유하고 있는 '피마자'(학명:Ricinus Communis) 기름을 유출하는 과정에서 생기는 잔여물에서 추출
청산가리 6,000여배의 독성을 가진 물질로 흡입·혈액 침투시 위/폐출혈로 72시간내 사망
전세계에 분포되어 입수가 수월하고, 고체·액체·기체 등 다양한 형태로 변형 가능, 일명 '리신'이라고도 함.

> **참고**
> 78년 불가리아 반체제 인사가 런던에서 '라이신'에 의해 살해

③ 사린 가스

제 2차 세계대전 당시 독일군이 개발한 휘발성이 매우 높고 무색·무취의 액체 형태의 신경가스로 호흡기 또는 피부로도 흡수되며 일단 중독되면 동공이 수축되고 근육마비로 질식사 독성이 청산가리의 5백배에 달할 정도로 매우 강하며, 이란-이라크 전쟁(80~88년) 당시 이라크 군이 사용한 바 있고, 95년 일본 옴진리교가 지하철 독가스 테러에 사용

④ 대량 살상 무기 (WMD)

핵무기·화학무기·생물학무기·환경무기를 비롯하여 이들을 운반할 수 있는 장거리 유도무기와 향후 개발가능성이 있는 방사능 무기를 모두 포함하여 지칭

4 기타

① 매직작전

1941년 진주만 기습 당시 미국의 정보공동체는 매직작전을 통해 일본의 비밀 전문을 감청하고 암호체계를 해독하여 진주만 기습이 있기 하루 전인 12월 6일 일본의 진주만 공격의 전모를 파악했다. 워싱턴에서 진주만 해군사령부로 일본의 기습공격에 대비할 것을 지시하는 경고 전문이 하달되었다. 그런데 전문 전송 임무를 맡은 관리가 경고 전문을 군의 긴급통신이 아니 민간회사인 웨스턴유니언 사를 통해 발송하는 결정적인 실수를 저질렀다. 결국 경고 전문은 일본의 진주만 공습이 개시된 저녁 무렵까지 전달되지 못한 채 하와이 소개 웨스턴유니언 사의 창고에 있었다.

② 연방보안부 FSB

KGB의 주요 계승자로서 러시아의 국내 보안정보활동을 주관하는 정보기관. 방첩, 대테러, 마약 및 조직범죄 대응 등 일반적인 국내 보안정보활동 외에 부패사범, 불법자금 세탁, 불법이민, 불법 무기 거래 등의 문제에 대응하는 임무도 수행. 테러문제와 관련하여 단순히 첩보 수집이나 대책 수립의 범위를 넘어서 자체적으로 대테러 특수부대인 '알파'를 운영하고 있는 점이 특징. 필요시 러시아에 있는 모든 법집행기관과 정보기관들에 대한 지휘, 통제권을 행사할 수 있어 러시아 연방 내 최고 정보기관.

③ 해외정보부 SVR

1991년 10월 구 KGB의 해외정보 담당 부서인 제1총국을 기반으로 창설. 대통령 직속의 국가정보기관으로서 해외정보의 수집 및 분석을 담당, 대통령으로부터 직접 지시를 받고 보고. 세계 각국의 군사, 정치, 경제, 과학기술 등 일반적인 정보목표는 물론 대량살상무기의 확산, 불법 무기거래, 마약 거래, 조직범죄 등 다양한 유형의 초국가적 안보위협 요소들에 관한 첩보수집 및 정보분석 업무를 수행. 미국과는 달리 러시아 대통령은 러시아 의회의 승인이나 통제 없이 언제든 비밀공작임무를 지시할 수 있음.

④ 인포콘

정보작전 방호태세를 일컫는 말. 2001년 4월1일부터 시행.

정보전 징후가 감지되면 합동참모본부 의장이 단계적으로 인포콘을 발령하게 된다.
- 정상(통상적 활동)
- 알파(증가된 위험)
- 브라보(특정한 공격위험)
- 찰리(제한적 공격)
- 델타(전면적인 공격)

인포콘이 발령되면 국방부 및 각군 본부, 군단급 부대에 편성된 정보전대응팀(CERT)이 비상 전투준비태세에 돌입, 방호벽을 설치하고 경우에 따라서는 적의 사이버 공격 행위에 대응.

⑤ 준법서약제도

좌익수, 양심수 등 공안사범에 대한 가석방과 사면 복권의 전제가 되던 전향제도가 폐지되고 도입.

공안사범이 대한민국의 국법질서를 준수하고 폭력을 사용하지 않겠다는 의지가 담긴 서약서를 제출하면 검사가 면담 후 석방여부 결정

⑥ 무인포스트 Dvoke

고정 간첩에게 전달할 공작금과 공작 장비 등을 묻어두는 곳, 고정간첩과 공작원사이의 연락창구

⑦ 파빙이론 Broken ice Theory

지금까지 생화학 테러가 발생하지 않은 이유는 테러조직들이 생화학 테러의 효과를 제대로 인식하지 못한데서 기인하고 있다고 보고 일단 생화학 테러의 효과가 인식되면 걷잡을 수 없이 테러가 증가될 것이라는 이론

⑧ 우산조직 Umbrella Organization

단일 지도체계 없이 강·온·중도파 등 많은 조직들이 느슨한 형태의 통제로 묶여 있으며, 때로는 각 조직들이 독자적인 의사결정으로도 테러를 감행하는 테러조직

도표로 그렸을 때 우산처럼 보인다 하여 붙여진 이름이며, PLO를 비롯하여 헤즈볼라·팔레스타인 이슬람 지하드(PIJ)등이 대표적인 우산 조직

⑨ 사이버위기경보

국가 사이버안보에 심각한 영향을 초래할 수 있는 상황에 대해 미리 예측하여 경보 하는 표시등급.

국가사이버안전센터는 24시간 365일 국내 사이버위협 수준을 평가하고 경보를 발령.

51

정보의 질적 요건에 해당하지 않는 것은?
① 적합성 : 정보가 필요한 사안의 정책결정에 어느 정도 관련되는가를 나타내는 것이 적합성이다.
② 적시성 : 정보의 시간적 효용성을 나타내는 것이 적시성이다.
③ 정확성 : 정보의 내용이 어느 정도 사실과 부합되는가를 나타내는 것이 정확성이다.
④ 효용성 : 정보는 정보를 필요로 하는 사람들에게 필요한 만큼 제공될 수 있도록 통제할 수 있을 때 효용성이 커진다.
⑤ 객관성 : 정보가 국가정책의 결정과정에서 사용될 때 국익증대와 안보추구라는 차원에서 완전한 객관적 입장을 유지해야 한다.

52

다음 중 국가정보원의 직무에 해당하는 것은?
① 첩보함, 레이더 등 군에서 보유한 여러 장비를 통한 정보 수집
② 군에서 수집한 정보를 분석
③ 군에 침투한 북한 등 적성국가의 간첩 색출 작업
④ 국내 및 국제 마약 관련 범죄 조직에 대한 수사
⑤ 대테러 조사 대상자에게 자료제출 및 진술을 요구

53

다음 중 국가정보원의 인재상이 아닌 것은?
① 헌신
② 정보감각
③ 협동
④ 전문지식
⑤ 보안의식

54

다음 중 「안보 관련 우주 정보 업무규정」에 명시된 국가정보원장의 역할에 해당하지 않은 것은?

① 국가정보원장은 위성자산 등과 그 밖의 인적·물적 자산을 활용하여 안보 관련 우주 정보를 수집·작성한다.
② 국가정보원장은 수집·작성한 안보 관련 우주 정보를 관계기관 등에 배포할 수 있다.
③ 국가정보원장은 조항에 따른 업무를 원활하게 수행하기 위하여 관계기관 및 해외기관 등과 협력체계를 구축·유지할 수 있다.
④ 국가정보원장은 안보 관련 우주 정보의 확보 및 활용에 필요한 기술을 단독 또는 관계기관과 공동으로 연구·개발할 수 있다.
⑤ 국가정보원장은 안보 관련 우주 정보 및 위성자산 등을 보호하기 위한 예산을 편성할 수 있다.

55

아래 글은 무엇에 대한 설명인가?

> 현재 제기되고 있는 국가적 문제나 앞으로 제기되리라 생각되는 문제에 극히 밀접한 관계를 가지고 있는 부분을 다루어야 한다. 국가적 중요성을 가지는 사항들이 무엇보다도 우선적으로 취급되어야 한다. 대상은 각국의 전략에 있어 이미 중요관심사가 되어 있거나 혹은 그렇게 되리라고 예측되는 사항을 우선순위에 따라 열거 하는 방법이다. 세계의 군비상황에 대한 변화이거나 세계의 경제적 번영관계, 세계의 정치적 안정문제, 아니면 정의를 향한 도덕적 열망이 어떤 변화를 가져오는가에 대한 문제 등일 것이다.

① 기본 정보　　　　　　　　② 판단 정보
③ 현용 정보　　　　　　　　④ 정치 정보
⑤ 미래 정보

56

다음 A, B, C에 들어갈 단어를 순서대로 나열한 것은?

> 사회에서 사용하는 정보는 일반적으로 자료(data)·뉴스(news)·출처(source)·정보(information) 등 다양한 용어들이 혼용적으로 사용되고 있다. 일반적으로 통용되고 있는 지식(knowledge)은 가공의 목적에 따라 크게 A·B·C 3가지로 분류된다. A는 일반적으로 어떤 목적에 의해 가공되지 않은 사실·자료·신호 등이 포함된다. B는 국가나 기업의 정책결정과정에 사용하기 위해 분석·평가·종합한 가공된 지식을 말한다. C에는 신문기사·방송뉴스·취업안내자료 등 뚜렷한 목적에 의해 수집된 자료들이 포함된다.

① 정보(intelligence)·자료(data)·정보(information)
② 정보(information)·정보(intelligence)·자료(data)
③ 정보(information)·자료(data)·정보(intelligence)
④ 자료(data)·정보(information)·정보(intelligence)
⑤ 자료(data)·정보(intelligence)·정보(information)

57

다음 사례와 관련 있는 비밀공작은?

> KGB는 1976년 프랑스의 피에르 샤르르 파페이학자에게 자금을 지원하여 Synthese라는 정치회보발간을 시작했다. 그로부터 3년간 이 회보는 프랑스의 정치엘리트 중 다수에게 보내졌는데, 어느 때는 의원들의 70%가 이 회보의 구독자였다. 이 회보는 프랑스와 NATO 회원들, 특히 서독과 미국 사이의 입장 차이와 이해관계를 과장해서 실었으며, 구소련과 그 동맹국들의 입장을 옹호했다. 파페이는 파리교외에서 KGB와의 은밀한 접촉 시 돈을 받는 것이 목격된 후 체포되었다.

① 영향 공작
② 선전 공작
③ 지원 공작
④ 기만 공작
⑤ 전복 공작

58
영상 정보(IMINT) 종류에 대한 설명이다. 잘못된 것은?
① 전자 광학 영상(Electro optic imagery) : 디지털 영상으로 전자신호인 픽셀로 전환한 이미지 영상이다.
② 적외선 영상(Infrared imagery) : 물체가 방출하는 적외선 에너지량을 측정해서 촬영한다. 열을 탐지하는 것이므로 온도가 내려가는 밤에는 촬영 불가능하다.
③ 다분광 영상(Multispectral imagery) : 가시광선, 적외선, 자외선, 라디오파 등을 동시적으로 전자영상 촬영하는 영상이다.
④ 레이더 영상(Radar imagery) : 라디오파를 지역이나 물체에 보내고 반사되어 오는 것을 이용하여 영상을 촬영. 구름이 통과되며 날씨에 상관없이 24시간 전천후 수집 가능하다.
⑤ 광학 영상(Optic imagery) : 필름 영상으로 물체에 반사되는 빛을 이용하는 영상이다.

59
다음 중 성격이 <u>다른</u> 기관은?
① 모사드
② MII6
③ BND
④ FBI
⑤ SVR

60
다음은 방공식별구역에 대한 설명이다. 틀린 것을 고르시오.

> 자국의 영토와 영공을 방어하기 위한 구역으로 국가안보 목적상 ① 자국 영공으로 접근하는 군용항공기를 조기에 식별하기 위해 설정한 ② 임의의 선을 말한다. ③ 국제법상 인정된 영공이다. 이곳에 진입하는 군용 항공기는 해당 국가에 ④ 미리 비행계획을 제출하고 진입 시 위치 등을 통보해줘야 한다. 통보 없이 외국 항공기가 침범하면 전투기가 출격한다. 국별 방공식별구역은 앞에 자국의 영문이니셜을 붙여 표기한다. ⑤ 한국방공식별구역은 KADIZ, 중국방공식별구역은 CADIZ, 일본방공식별구역은 JADIZ라고 표기한다.

CHAPTER 07

최신 상식

정치

- 의석수에 따른 권한
  과반의석_ 기본 국회의결정족수, 국무총리 국무위원 법관 감사원장 등에 대한 탄핵소추 의결
  180석 이상_ 패스트트랙 제도 활용
  200석 이상_ 대통령의 재의요구권 재의결, 대통령 탄핵소추 헌법개정안의 국회의결, 국회의원 제명

- 노 레이블스(No Labels)
  미국 양당 정치의 폐단을 극복하기 위해 설립된 단체로, 2010년 12월 '국가를 위한 시민 모임'을 기치로 내걸고 출범한 온건 중도주의 성향의 정치 단체다.

- 더블 헤이터(Double Hater)
  두 명의 후보나 정당 모두를 싫어하는 유권자를 지칭하는 용어로, 투표 결과가 나오기 전까지 이들이 어떤 선택을 했을지 가늠하기 어렵기 때문에 선거의 변수로 작용하기도 한다.

- 제2부속실
  대통령 배우자의 일성 행사 기획 메시지 의상 등의 활동 전반을 보좌하는 조직.
  김건희 여사 이슈로 최근 재설치 논의가 진행중이다.

- 특별감찰관
  특별감찰관(特別監察官)은 대한민국 대통령의 친인척 등 대통령과 특수한 관계에 있는 사람의 비위행위에 대한 감찰을 담당하는 차관급 정무직 공무원이다. 임기는 3년으로 중임할 수 없으며 정년은 65세까지이다. 직무수행에 필요한 범위에서 1명의 특별감찰관보와 10명 이내의 감찰담당관을 임명할 수 있으며, 직무수행을 위하여 필요한 때에는 총 20명 이내의 한도 내에서 감사원, 대검찰청, 경찰청, 국세청 등 관계 기관의 장에게 소속 공무원의 파견 근무와 이에 관련되는 지원을 요청할 수 있다.

경제

- **그리드플레이션**

  탐욕(greed)과 물가 상승(inflation)의 합성어로, 대기업들이 탐욕으로 상품·서비스 가격을 과도하게 올려 물가 상승을 가중시킨다는 의미이다. 2022년 미국의 물가가 40여 년 만에 최악의 수준으로 치솟자 집권 여당인 민주당 일각에서 대기업의 탐욕이 인플레이션에 큰 영향을 미쳤다고 지적하며 해당 용어가 거론되고 있다.

- **기후플레이션(그린플레이션)**

  기후 변화에 따른 극한 날씨 조건이 물가 상승을 일으키는 현상으로 기후(Climate)와 인플레이션(inflation)의 합성어.

  가뭄, 홍수, 폭설 등이 농작물 수확에 부정적 영향을 미쳐 식품 가격이 상승할 수 있으며, 탄소 배출을 줄이는 정책이 에너지 비용을 높여 생산비를 상승시킬 수 있다. 이 현상은 환경과 경제 사이의 복잡한 상호작용을 나타낸다. 물가 상승은 특히 저소득층에게 큰 부담을 줄 수 있다.

- **스티키 인플레이션**

  한번 오른 물가가 고착화되어 쉽게 내려가지 않는 현상. "Sticky"(끈적하다)와 "Inflation"(인플레이션, 고물가)의 합성어로, 주로 변동성이 낮은 재화 및 서비스의 가격 변동을 나타내는 개념에서 유래했다.

  이 현상의 특징으로는 장기간 지속되는 물가 상승, 낮은 변동성, 그리고 금리 인상에도 불구하고 기본적인 물가 하락을 기대하기 어렵다는 점 등을 꼽을 수 있다.

- **스텔스플레이션**

  레이더에 잡히지 않는 스텔스(stealth)기처럼 소비자물가지수나 생산자물가지수에 잡히지 않는 방식의 물가 상승 (inflation)을 말한다. 영국 주간지 이코노미스트는 2023년 11월 발간한 '2024 세계 전망'에서 "'스텔스플레이션(Stealthflation)' 재앙이 올 수 있다"고 내다봤다. 이코노미스트는 스텔스플레이션의 사례로 호텔·항공사에서 체크인 수수료를 받거나 식당에서 테이크아웃 하는 고객에게 포장 수수료를 청구하는 경우를 꼽았다.

- **그린스완**

  녹색 백조라는 뜻으로, 기후변화로 인한 경제의 파괴적 위기를 가리킨다. 이는 미국 월스트리트의 투자전문가 나심 니콜라스 탈레브가 2007년 제시한 이후 '불확실한 위험'을 가리키는 용어로 자리 잡은 '블랙스완(The black swan)'을 변형한 것이다.

  CF_ 네온스완

  백조가 스스로 빛을 내는 것이 불가능한 것처럼 절대 발생하지 않을 것 같은 상황이나 위협을 일컫는 금융용어이다. 블랙스완보다 더 위협적인 의미로, 네온스완이 발생하면 사실상 대처가 어렵다고 본다.

- 스캠 코인

  사실과 다른 내용으로 투자자를 현혹시켜 투자금을 유치하는 행위를 '스캠'이라하고 이 때 발행하는 코인을 스캠코인이라고 한다. 즉, 사기를 목적으로 하는 암호화폐를 말한다.

- 국가필수전략기술

  ▷ 인공지능 ▷ 첨단 바이오 ▷ 반도체·디스플레이 ▷ 이차전지 ▷ 수소 ▷ 첨단로봇·제조 ▷ 양자 ▷ 우주·항공 ▷ 사이버 보안 등 10개 기술

사회

- 2023년 합계출산율 0.72

  전국 17개 시도 모두 출산율 0명대.

- 밴드왜건 효과

  유행에 따라 상품을 구입하는 소비 현상을 뜻하는 경제 용어로, 곡예나 퍼레이드의 맨 앞에서 행렬을 선도하는 악대차(樂隊車)가 사람들의 관심을 끄는 효과를 내는 데에서 유래한다. 특정 상품에 대한 어떤 사람의 수요가 다른 사람들의 수요에 의해 영향을 받는 현상으로, 편승효과라고도 한다. 밴드웨건 효과와 반대되는 현상을 '스놉효과'(snob effect)라고 부른다. 다른 사람들이 소비하면 오히려 그 재화나 상품을 소비하지 않고 차별화를 시도하는 소비 현상을 가리키는 말이다.

- 선거 후 스트레스장애

  선거 후 유권자들이 자신이 지지한 후보가 되지 않은 결과에 따른 상실감으로 심리적 불안과 분노를 느끼는 것을 '외상 후 스트레스장애(PTSD)'에 빗대어 변형한 신조어이다.

- 아바나 증후군

  2016년 쿠바의 미국 대사관에서 근무하던 직원 일부가 두통과 어지럼증, 기억력 상실을 비롯해 한밤중 거주지에서 이상한 소리를 들은 경험이 있다는 증상을 호소한 데서 나온 용어이다. 이 증상은 쿠바 수도 아바나의 이름을 따 '아바나 증후군'이라고 명명됐는데, 미국은 당시 이 증상의 원인을 쿠바의 음향 공격으로 판단했지만 명확한 원인을 규명하지는 못했다. 이후 2년 뒤인 2018년 중국의 미국 대사관 직원과 가족 일부도 같은 증상에 시달렸는데, 여기에 다른 나라를 찾은 미 중앙정보국(CIA) 당국자 중에도 경험자가 있는 것으로 알려졌다.

- 오야카쿠

  '오야카쿠(親確)'는 '부모'라는 뜻의 '오야(親)'와 '확인'이란 의미의 '가쿠(確)'를 합친 단어로, 신입사원을 채용하는 기업이 채용시험 합격자의 부모에게 자녀의 입사 허락을 구하는 것을 일컫는 말이다. 이는 저출생에 따른 인구 감소와 구인난이 심화되면서 구직자와 구인 기업의 입장이 역전된 일본 채용시장의 현실을 반영한 신조어이다.

- **커리어 노마드**
  하나의 조직이나 직업에만 매여 있지 않고 다양한 직장이나 직무를 찾아 일자리를 옮기는 사람들을 뜻한다. '잡 노마드'라고도 불리는 이들은 다양한 분야에서의 경력을 쌓아 자기 개발을 실천할 수 있으나, 경우에 따라서는 조직에 대한 충성심이나 직무에 대한 전문성이 낮은 이미지로 인식될 수 있다.

- **마이크로어그레션**
  '아주 작은'이라는 뜻의 마이크로(micro)와 '공격'이라는 뜻의 어그레션(aggression)의 합성어로 일상생활에서 흑인, 동양인, 동성애자 등 소수자를 차별하는 것을 말한다. 직역하면 미세 공격이라는 뜻으로 의도적으로 한 말이나 행동이 아니여도 상대방이 모욕감이나 적대적인 감정을 느끼면 마이크로어그레션에 해당한다.
  예컨대 흑인 학생이 자리에 앉으면 백인 학생들이 일부러 흑인 학생과 멀리 떨어진 자리로 옮기는 것, 아시아인은 일을 열심히 하거나 성공했다고 생각하는 것 등이 이에 속한다.

- **엔시티피케이션**
  사용자에게 편익을 주고 양질의 콘텐츠를 제공하던 온라인 플랫폼이 점차 수익 창출을 우선시하게 되면서 플랫폼의 품질과 사용자 경험이 저하되는 현상을 가리키는 말이다.

- **팝콘 브레인**
  현대인들이 팝콘처럼 튀어 오르는 강한 자극에는 빠르게 반응하지만 작은 자극에는 반응하지 않아 현실에 무감각해지는 것을 의미한다. 이는 스마트폰 중독으로 인해 둔해진 우측 전두엽의 영향으로 좌뇌와 우뇌를 번갈아 사용하는 활동에 어려움을 겪기 때문인 것으로 조사됐다 미국의 온라인 학술지 'PloS One'에서 등장한 용어로, 스마트폰이나 태블릿PC 등에 중독된 청소년에게 종종 나타나는 현상이다.

- **중대재해 처벌 등에 관한 법률**
  사업 또는 사업장, 공중이용시설 및 공중교통수단을 운영하거나 인체에 해로운 원료나 제조물을 취급하면서 안전·보건 조치의무를 위반하여 인명피해를 발생하게 한 사업주, 경영책임자, 공무원 및 법인의 처벌 등을 규정한 법이다. 2021년 1월 8일 국회를 통과해 2022년 1월 27일부터 시행에 들어갔다. 5인 이상 사업장 전체로 확대 시행.

- **2030 세계박람회 개최지**
  사우디아라비아 리야드

- **2025년 APEC 개최 도시**
  대한민국 경주

법률

- **태아 성감별 금지 의료법 조항**
  의료법 제20조 2항에 규정된 내용으로, 의료인이 임신 32주 이전까지 태아 성별을 알려주는 행위를 금지하고 있다. 그러나 헌법재판소가 2024년 2월 28일 해당 조항에 대해 위헌 판결을 내리면서 즉각 효력을 상실했다.

- **대법 양형위, 강화된 양형기준 확정**
  마약 _ 미성년자 대상, 영리목적 상습범 또는 대량 제조범 : 무기징역
  스토킹 _ 흉기 등 휴대 시 : 징역 5년, 일반 스토킹 : 징역 3년
  기술유출 _ 국개핵심기술 국외유출 : 징역 18년, 산업기술 국내 유출 : 징역 9년, 산업기술 국외 유출 : 징역 15년

- **EU, 세계 첫 AI법 가결**
  유럽연합(EU)이 2024년 5월 21일 최종 승인한 세계 최초의 인공지능(AI) 규제 법이다. 이는 AI 기술을 허용할 수 없는 기술, 높은 위험, 중간 위험, 낮은 위험 등으로 분류하고 기술 개발 과정에서의 투명성을 강화하는 것을 핵심으로 한다.

- **EU, 디지털시장법(DMA) 시행**
  유럽연합(EU)이 아마존, 메타, 애플 등 빅테크 기업의 반경쟁 행위를 규제하기 위해 2022년 3월 24일 도입에 합의해 2024년 3월 7일부터 본격 시행된 법이다. 이 법은 일정 규모 이상의 빅테크 기업을 게이트키퍼로 지정해 사이드로딩 허용, 인앱결제 강제 금지, 자사 우대 금지, 상호운용성 확보 등의 의무를 이행하도록 규정하고 있다.

- **틱톡 금지법**
  안보 우려를 이유로 글로벌 숏폼 플랫폼 '틱톡'의 미국 내 사업권을 강제 매각하도록 한 법으로, 2024년 4월 24일 조 바이든 대통령의 서명으로 발효됐다. 이 법에 따르면 틱톡 모회사인 중국 기업 바이트댄스가 270일(대통령이 90일 연장 가능) 안에 틱톡의 미국 사업권을 매각하지 않으면 미국 내 서비스가 금지된다.

과학

- **인앱결제**

    앱에서 유료 콘텐츠를 결제할 때 구글, 애플 등 앱 스토어(장터)를 통해 결제하는 방식. 구글이나 애플은 자사 앱 안에서 각국의 앱·콘텐츠를 판매하고 결제 금액의 최대 30%까지 수수료로 떼어 간다.

    구글은 2022년 5월부터 구글플레이에서 외부 결제용 아웃링크를 넣은 애플리케이션(앱)의 업데이트를 금지한 데 이어 같은 해 6월 1일부터 이를 따르지 않는 앱을 구글플레이에서 삭제하기로 했다. 사실상 강제적인 이번 조치에 따라 구글의 결제 시스템을 이용할 경우 최대 30%의 수수료를 내야 한다. 이에 앞서 한국의 주요 웹툰과 웹소설, 음원, 온라인 동영상 서비스(OTT) 플랫폼들은 수수료 부담을 고려해 안드로이드 앱 내 이용 가격을 줄줄이 인상했다. 이는 소비자 부담 증가로 이어진다. 인앱 결제를 피하려면 앱 대신 구글과 무관한 PC 버전에서 결제하면 이전 가격을 적용받을 수 있다. 같은 서비스를 두고서도 결제처에 따라 가격이 이원화되는 셈이다.

    주무 부처인 방송통신위원회는 구글의 외부 결제 아웃링크 금지 방침에 위법의 소지가 있다고 보고 실태 점검을 진행 중이다. 구글의 위법 사실이 확인되면 사실 조사로 전환할 방침이다.

- **BCI(뇌-컴퓨터 인터페이스)**

    Brain-Computer Interface

    BCI 기술은 뇌파를 이용해 컴퓨터를 사용할 수 있는 인터페이스를 뜻한다. 두뇌의 정보 처리 결과인 의사결정을 언어나 신체 동작을 거치지 않고, 사용자가 생각하고 결정한 특정 뇌파를 시스템의 센서로 전달하여 컴퓨터에서 해당 명령을 실행하게 된다.

- **휴머노이드 [humanoid]**

    사람의 신체와 유사한 모습을 한 로봇을 말한다. 휴머노이드는 4차 산업혁명 기술의 집약체로 통한다. 로봇산업이 지향하는 최종 목적지이기에 주요국이 개발 각축전을 벌이고 있다. 휴머노이드는 의료, 국방, 재난구호, 작업보조 같은 서비스 분야에 투입될 전망이다.

- **젬마**

    구글이 2024년 2월 21일 공식 홈페이지를 통해 공개한 초경량화 AI 오픈 모델로, 사용자는 개인 노트북과 데스크톱에서 젬마로 연구를 즉시 진행할 수 있다. 또 오픈 모델인 만큼 외부 개발자 툴에서도 이용 가능하며, 사물인터넷(IoT)·모바일·클라우드와도 호환된다.

- **특이점**

    인공지능이 전체 인류 지능의 총합을 넘어서는 시점을 말한다. 특이점이라는 용어는 1950년대 헝가리의 수학자 폰 노이만이 '기술 발전 속도가 점차 빨라져 기술이 인류의 삶을 바꾸는 특이점이 올 것'이라고 말하면서 처음 등장했다.

- 힉스 입자

  힉스 입자(Higgs particle, Higgs boson)는 입자물리학의 표준 모형(standard model)에 따르면 우리 우주를 구성하는 가장 근본적인 입자의 하나로서 스핀이 0인 보손이다. 힉스 보손 (Higgs boson), BEH(Brout-Englert-Higgs) 입자, 혹은 BEH 보손이라고도 한다. 표준모형을 구성하는 기본 입자들 중에서 힉스 입자가 2012년에 세른에서 가장 마지막으로 발견됨으로써 표준모형의 실험적 검증이 완료되었다. 힉스 입자는 다른 기본 입자가 힉스 메커니즘을 통해 질량을 갖게 되는 과정에서 나타나는 입자로서 표준모형의 이론적 구조를 완성하는 데 중요한 역할을 한다.

반도체

- TSMC

  대만 반도체 제조회사, 세계 1위 반도체 위탁생산 파운드리 기업. 설립자 모리스 창

- 파운드리

  반도체의 설계 디자인을 전문으로 하는 기업으로부터 제조를 위탁받아 반도체를 생산하는 기업을 의미한다. 파운드리의 원래 의미는 짜여진 주형에 맞게 금속제품을 생산하는 공장을 의미하였는데, 1980년대 중반 생산설비는 없으나 뛰어난 반도체 설계 기술을 가진 기업들이 등장하면서 반도체 생산을 전문으로 하는 기업에 대한 수요가 증가하였고 파운드리의 개념이 반도체 산업에 적용되어 쓰이기 시작하였다.

- 레이와의 구로후네

  TSMC가 2024년 2월 24일 일본 구마모토현에 공장을 개소한 것을 두고 일본 언론들이 지칭하고 있는 용어이다. 이는 1980년대 세계 최강 반도체 국가였다가 몰락한 일본을 부활시킬 계기가 TSMC 일본 공장이라는 의미를 담고 있다.

- K칩스법

  "국가첨단전략산업 경쟁력 강화 및 보호에 관한 특별 조치법"의 약칭.
  반도체 등 첨단전략산업에 대한 설비투자 세액공제율을 대기업은 8%에서 15%로, 중견기업은 16%에서 25%로 확대하고, 대상 기술의 범위를 배터리 (2차 전지), 백신, 디스플레이 등으로 확대하는 것을 목적으로 한다.

- HBM 메모리

  광대역폭 메모리(High Bandwidth Memory)로 GDDR5 메모리 대비 높은 대역폭과 전력 효율 보인다.

구동 속도는 GDDR5 보다 7배 정도 느리지만 버스 크기가 32배 높기 때문에 실질적인 대역폭은 3.5배 이상 빠른 것이 특징. 그리고 DRAM을 수직 적층 구조로 쌓기 때문에 그래픽 카드 크기도 줄일 수 있고 고용량으로 구현하기도 수월.
AI 기술 특화 반도체

- HBM3
최신 디자인의 고성능 컴퓨터와 그래픽 카드에서 사용되는 메모리이다. HBM3은 이전의 HBM2와 비교하여 대역폭, 용량, 전력 효율성 등의 면에서 개선됐다. HBM3은 여러 개의 DRAM을 수직으로 연결해 기존 DRAM보다 데이터 처리 속도를 끌어올렸다. 3D 스택 형태로 구성하며, 각각의 칩은 더 이상 PCB에 직접 부착되지 않고, 작은 실리콘 인터폴레이터를 통해 연결된다. 이로 인해 전력은 적게 소모하고 대역폭은 더 높아져 고용량 데이터 연산에 적합하다.

위성

- 425 사업
우리나라 군 정찰위성 1호기로, 2023년 12월 2일 미국 캘리포니아주 반덴버그 우주군기지에서 미 스페이스X의 팰컨 로켓에 실려 성공적으로 발사됐다. 이는 군이 추진 중인 425사업의 정찰위성 1호기로, 해당 사업은 고성능 SAR 위성 4기와 EO·IR 탑재 위성 1기를 2025년까지 발사하는 것을 목표로 한다.

- 한국군 독자 정찰위성 2호기 발사 성공

- 한국형 나사 "우주항공청(KASA)" 출범

- 스타십
일론 머스크가 이끄는 우주기업 스페이스X가 달·화성 탐사를 위해 개발한 대형 우주선이다. 전체 길이 총 120m, 추력 7590t인 스타십은 인류 역사상 가장 크고 강력한 로켓으로 평가받는다. 3번째 발사에서 48분간 비행, 낙하 실패로 절반의 성공

- 스타링크
미국의 민간 우주 개발업체 스페이스X의 인공위성 기반 무선통신 서비스를 의미한다. 스페이스X는 2022년 2월 러시아의 침공 직후부터 우크라이나에 스타링크 서비스를 무상 제공해 화제가 됐다. 스타링크는 지구 저궤도에 통신 위성 약 1만 2000기를 쏘아 올려 소외 지역에까지 고속 인터넷 서비스를 제공하는 것을 목표로 한다. 스페이스X의 창업자이자 스타링크의 구상자인 일론 머스크는 "스타링크 사업을 위한 총 투자액이 최소 50억~100억달러로 장기적으로 최대 300억달러(약 34조원)를 투자할 수 있다"고 밝혔다. 스타링크는 1초에 1Gbps의 전송 속도와 20ms

의 응답 속도를 지닌 것으로 알려져 있으며 이는 한국의 인터넷 속도보다 40배 빠른 수준에 달한다. 스타링크는 2021년 기준 12개국에서 운영중이며 미국 북부와 캐나다, 영국 등에서 베타 서비스를 출시했다. 스페이스X는 스타링크를 통해 가정에서 사용하는 인터넷에서 나아가 모바일 통신에까지 진출할 것으로 예상된다.

- 페레그린
미국 민간 최초 달 착륙선 페레그린. 발사 7시간 만에 심각한 연료 누출로 실패

- 일본, 세계 5번째 달 착륙 성공
달 탐사선 슬림. 달 탐사 임무는 전력 문제로 중단

ICT

- 6G
5세대 이동통신(5G) 이후의 표준 무선통신 기술을 일컫는 말. 5G보다 5배 빠른 100Gbp의 속도를 구현할 수 있는 차세대 이동통신 기술이다.

- 딥페이크
딥페이크(deepfake), 딥 러닝(deep learning)과 가짜(fake)의 혼성어로 인공 지능을 기반으로 한 인간 이미지 합성 기술이다. 생성적 적대 신경망(GAN)라는 기계 학습 기술을 사용하여, 기존의 사진이나 영상을 원본이 되는 사진이나 영상에 겹쳐서 만들어낸다. 딥페이크는 영화나 방송계 등에서 이미 사망하거나 나이가 든 배우를 스크린에 되살리거나 초상권 보호 등을 위해 사용할 수 있는 한편, 딥페이크 포르노그래피를 포함한 유명인의 가짜 섹스 동영상이나 가짜 리벤지 포르노, 가짜 뉴스나 악의적 사기를 만드는 데에 사용되어 논란이 되기도 했다.

- 라자루스
북한 정찰총국의 지시를 받는 해킹 집단으로 미국 재무부는 라자루스 그룹이 2007년 초 조직된 것으로 파악하고 있다.
하부그룹으로 외국 금융기관해킹을 맡고 있는 블루노로프(2014년초 포착)와 2016년 한국군 내부 국방망, 국방장관실 등을 해킹해 한미연합작전계획5015 등을 탈취한 안다리엘(2016년 포착) 등을 두고 있다.
라자루스는 이메일 피싱, 악성 소프트웨어 유포, 네트워크 침입 등을 통해 정보를 탈취하거나 시스템을 마비시킨다.
라자루스는 지난 2014년 소니픽쳐스 엔터테인먼트를 비롯해 2016년 방글라데시 중앙은행에서 8100만달러를 해킹한 것으로 의심받고 있다. 미국 연방수사국(FBI)은 2014년 수사를 통해 라자루스의 배후가 북한이라고 밝힌 바 있다.

라자루스 그룹은 2017년 5월 전세계 150여개국 30여만대의 컴퓨터를 강타한 "워너크라이" 랜섬웨어 공격의 배후로도 의심받고 있다. 2023년에는 한국의 대법원 전산망을 해킹하여 약 1,014GB 규모의 자료를 탈취한 것으로 알려지고 있다.

- 챗GPT (ChatGPT)
인공지능 연구재단 오픈에이아이(OpenAI)가 2022년 12월 1일 공개한 인공지능(AI) 기반 챗봇이다. AI 언어모델 '지피티3(GPT-3)'를 발전시킨 지피티3.5로 언어를 학습한 뒤 인간과 자연스러운 대화를 나누고 질문에 대한 답을 내놓는다. 또한 이메일, 에세이, 소프트웨어 코드 등도 작성할 수 있다. 챗GPT는 방대한 데이터 처리 능력을 바탕으로 답변을 생성한다. 이용자 질문이나 요청을 인식하고 단순히 사전에 입력된 데이터를 보여 주는 수준을 넘어 독자 콘텐츠를 만들어낸다. 특정 키워드나 조건을 충족하는 소설·시·에세이를 쓰는 것은 물론 복잡한 코딩 문제를 푸는 것도 가능하다.

- 온디바이스 AI [on-device AI]
인터넷 연결 없이 기기 스스로 작동하는 AI.
스마트기기가 자체적으로 정보를 수집하고 연산하기 때문에 AI 기능의 반응 속도가 빨라지고 사용자 맞춤형 AI 서비스 기능도 강화되는 장점이 있다. 온디바이스 AI는 얼굴 인식, 음성 인식, 사진 보정 등의 기능이 필요한 스마트 폰, 건강 관리, 운동 추적 등의 기능이 필요로 한 웨어러블 기기, 기기의 상태 모니터링, 이상 감지 기능이 필요한 사물인터넷(IoT) 등 다양한 분야에서 활용되고 있다.

- 호모 프롬프트
'호모 프롬프트'는 인간을 의미하는 '호모(Homo)'와 사용자의 지시와 명령어를 뜻하는 '프롬프트(Promptus)'를 합친 말로, 인공지능(AI) 등 신기술을 능숙하게 부릴 줄 아는 인간의 능력을 강조하는 신조어이다.

기후

- RE100 [Renewable Electricity 100%]
기업이 사용하는 전력의 100%를 2050년까지 태양광, 풍력 등 재생에너지로만 충당하겠다는 국제 캠페인다. 원자력 에너지는 재생에너지로 인정하지 않고 있다. 2014년 영국의 비영리단체인 더클라이밋그룹(The Climate Group)과 탄소공개프로젝트(Carbon Disclosure Project)에서 발족했다.
RE100은 정부가 강제하는 것이 아니라 글로벌 기업의 자발적 참여로 진행되는 캠페인이라는 점에서 높은 평가를 받는다. RE100을 달성하기 위해서는 태양광 발전 시설 등 설비를 직접 만들거나 재생에너지 발전소에서 전기를 사 쓰는 방식이 있다. 가입하기 위해 신청서를 제출하면 본부인 더클라이밋그룹의 검토를 거친 후 가입이 최종확정된다. 가입후 1년 안에 이행계획을 제출하고 매년 성과를 점검 받는다. 재생에너지 비중을 2030년 60%, 2040년 90%로 올려야 자격이 유지된다.

- CF100 [Carbon Free 100%, 24/7 Carbon-Free Energy]
  탄소 배출 제로(Carbon Free) 100%의 줄임말로 기업이나 조직이 사용 전력의 100%를 무탄소 에너지로 공급하자는 하자는 캠페인으로 구글과 UN에너지, UN 산하 지속가능에너지 기구(SE4ALL) 등이 함께 만들었다.
  CF100의 정확한 용어는 '24/7 CFE (Carbon Free Energy)'로 매일 24시간 동안 1주일 내내 무탄소 전원만 사용한다는 뜻으로 적어도 전력 사용에서 만큼은 탄소 배출량을 제로로 만들겠다는 의미를 담고 있다. 2050년까지 풍력, 태양광, 수력 등 재생에너지만으로 기업사용 전력의 100% 공급하자는 개념인 RE100 (Renewable Energy 100)에 원자력 발전과 수소연료전지 등을 더한 개념이다.

- 넷제로
  배출하는 이산화탄소량과 제거하는 이산화탄소량을 더했을 때 순 배출량이 0 이되는 것. 배출원이 배출한 만큼을 흡수원이 다시 흡수하도록해 실질적 온실가스 배출량을 '0'으로 만든다는 것이다. '탄소중립(carbon neutralization)'이라고도 한다.
  한편, 넷제로에서 한 발 더 나아가 이산화탄소를 배출량 이상으로 흡수해 실질적 배출량을 마이너스로 만들겠다는 개념도 등장했는데, 이를 '탄소 네거티브'라고 한다.

- 탄소국경조정제도 (CBAM·Carbon Border Adjustment Mechanism)
  유럽연합(EU)이 세계 최초로 도입하는 탄소국경세로, EU 역내로 수입되는 제품 가운데 자국 제품보다 탄소배출이 많은 제품에 대해 비용을 부과하는 것이다. EU는 2023년부터 전기·시멘트·비료·철강·알루미늄 등 탄소배출이 많은 품목에 CBAM을 시범 시행한 뒤 2026년부터 본격적으로 시행한다.

안보

- 방공식별구역
  자국의 영토와 영공을 방어하기 위한 구역으로 국가안보 목적상 자국 영공으로 접근하는 군용항공기를 조기에 식별하기 위해 설정한 임의의 선을 말한다. 국제법상 인정된 영공은 아니지만 이곳에 진입하는 군용 항공기는 해당 국가에 미리 비행계획을 제출하고 진입 시 위치 등을 통보해 줘야 한다. 통보 없이 외국 항공기가 침범하면 전투기가 출격한다. 국별 방공식별구역은 앞에 자국의 영문이니셜을 붙여 표기하는데 한국방공식별구역은 KADIZ, 중국방공식별구역은 CADIZ, 일본방공식별구역은 JADIZ라고 표기한다.

- X-59
  미국 항공우주국(NASA)이 록히드마틴과 함께 개발해 2024년 1월 공개한 초음속 항공기로, 초음속 비행이 가능함과 동시에 비행 중 발생하는 소음을 획기적으로 줄인 것이 특징이다.

국제

- NATO
  서유럽과 미국 사이에 체결된 북대서양 조약에 바탕을 둔 지역적 집단 안전 보장 기구로, 북대서양 조약 기구라고 부른다. NATO는 'North Atlantic Treaty Organization'의 약자이다. 1949년 4월 유럽의 여러 국가와 미국, 캐나다 간에 서유럽에 대한 군사적·경제적 원조를 내용으로 하는 조약이 체결되어 출범하였다. 최고 기관은 이사회이며, 그 아래 군사·재정·경제·방위 및 기타 기관이 있다.
  2차 세계 대전 뒤 미국·소련의 냉전이 격화되는 가운데 바르샤바 조약 기구 등에 따른 소련 및 동유럽의 사회주의 진영에 대항하며 자본주의 옹호를 위한 군사 동맹망의 중요한 일부를 형성하여, 가맹국 군대로 조직된 나토 군이 배치되었다. 현재 가입국은 32개국이며 31번째 핀란드, 32번째 스웨덴이 가입했다.

- 중립국
  국제관계에서 대립하고 있는 양대진영의 어느 한편과도 동맹관계에 서지 않고 정치적·외교적으로 중립적 입장을 지켜나가는 중립주의(中立主義:neutralism)와 같은 뜻으로도 쓰인다. 대표적 영세중립국으로는 스위스, 오스트리아, 라오스 등이 있다. 스위스 오스트리아는 나토에도 가입하지 않았다.

- 대나무 외교
  미국이나 중국 중 어디에도 치우치지 않는 베트남의 외교 방식으로, 2016년 응우옌푸쫑 베트남 서기장이 베트남의 외교정책 노선을 설명하며 처음 사용한 데서 시작되었다.

- 고립주의
  자국의 이익과 안보에 직접적인 관련이 없는 경우 타국과 동맹관계를 맺지 않고 개입을 꺼리는 미국의 외교정책을 일컫는다. 미국은 19세기까지 외교정책상 이를 원칙으로 함으로써 유럽의 문제에 개입하지 않았으며, 먼로주의는 고립주의의 외교노선을 반영한 것이다. 그러나 1930년대 루스벨트 정권이 등장하고 제2차 세계대전에 깊숙이 개입하면서부터 이 원칙은 사실상 방기되었다.

- 플라자합의
  1985년 미국, 프랑스, 독일, 일본, 영국(G5) 재무장관이 뉴욕 플라자 호텔에서 외환시장에 개입해 미달러를 일본 엔과 독일 마르크에 대해 절하시키기로 합의한 것을 말한다.

- ICJ (International Court of Justice)

  유엔 최고법원인 국제사법재판소. 이스라엘에 팔레스타인 가자지구 내 집단학살 방지 및 처벌 명령.

- 제노사이드

  민족, 종족, 인종을 뜻하는 그리스어 'genos'와 살인을 나타내는 'cide'를 합친 것으로 '집단학살'을 뜻한다. 이는 특정 집단을 절멸시킬 목적으로 그 구성원을 대량 학살하는 행위로, 보통 종교나 인종, 민족, 이념 등의 대립으로 발생한다.

- 유엔팔레스타인난민구호기구

  [United Nations Relief and Works Agency for Palestine Refugees in the Near East (UNRWA)

  팔레스타인 난민들을 위해 교육, 보건, 복지, 구호 사업을 펼치는 국제기구.

- 한국 쿠바 수교

  우리나라 193번째 수교국

- 아프리카의 뿔

  아프리카 북동부 10개국을 가리키는 말로, 이는 마치 뿔과 같은 지도상의 모양에서 비롯된 말이다. 이들 지역은 홍해를 사이에 두고 아라비아반도와 마주하고 있으며, 기후적으로는 매우 건조하다.

  아프리카의 뿔에 있는 나라로는 에티오피아·소말리아·에리트레아·지부티·수단·부룬디·케냐·르완다·탄자니아·우간다 등이 있다. 이들 나라들은 오랜 내전과 이슬람 무장 세력의 부상 등으로 정치 불안을 겪고 있으며, 기근과 빈곤도 극심한 지역이다.

- 브릭스(BRICS)

  브릭스(BRICS)는 2000년대 빠른 경제성장을 보였던 브라질, 러시아, 인도, 중국, 남아프리카를 지칭하던 용어이다.

  최근 이 협의체가 국제사회에서 영향력을 확대하기 위해 2023년 8월 회의에서는 사우디아라비아, 이란, 아랍에미리트 등 6개국이 브릭스에 합류해 11개국으로 외연을 넓히기로 했다. 이에 따라 구매력 평가 기준 세계 국내총생산(GDP)의 36%, 세계 인구의 46%까지 확대됐다.

- 밸푸어 선언

  〈밸푸어 선언〉은 1917년 11월 2일 영국 외무장관 밸푸어가 제1차 세계 대전 당시 유대 인을 지원하기 위해 팔레스타인에 유대 인을 위한 민족국가를 수립하는 데 동의한다고 발표한 선언이다.

- 맥마흔 선언
제1차 세계 대전이 진행 중이던 1915년 10월, 이집트 주재 영국 고등 판무관 맥마흔이 메카의 셰리프 마호메트의 자손인 후세인과 10차례에 걸친 왕복 서신을 주고받으면서, 전후 아랍 인의 독립 국가 건설을 지지한다고 약속한 선언이다.

- IPEF (인도 태평양 경제 프레임워크)
1.디지털 경제를 비롯한 공정하고 회복력 있는 무역, 2.공급망 회복력, 3.청정에너지 탈탄소화 인프라 4.조세 반부패 분야 추진하는 인도 태평양 지역 역내 포괄적 경제 협력 구성체. 참여국 인구를 모두 합치면 전 세계 인구의 약 32%에 달하고, GDP 또한 전 세계의 약 41%를 차지. 중국의 경제적 영향력 확대 억제하기 위해 미국 주도 다자경제협력체. 경제 + 안보틀

- RCEP (역내포괄적경제동반자협정)
아세안 10개국과 한국·중국·호주·일본·인도·뉴질랜드 등 16개 국가가 참여하는 아시아태평양 지역의 최대 다자무역 협정이다. 전 세계 인구의 절반, 세계 총 생산(GDP)의 3분의 1을 차지하는 FTA 타결로 안정적인 교역·투자 활성화와 수출시장 다변화를 통한 새로운 기회가 창출될 것으로 전망된다.

- CPTPP (포괄적·점진적 환태평양경제동반자협정)
일본 주도로 아시아·태평양 11개국이 출범시킨 경제 협정으로, 다양한 분야의 제품에 대한 역내 관세를 전면 철폐하는 것을 원칙.
2018년 12월 30일 발효되었으며 2023년 7월 영국이 추가로 가입하면서 총12개 회원국으로 이뤄져 있다. (미국 한국 미참여)

- 민주주의 정상회의
미국 바이든 대통령 주도로 2021년 출범한 회의체로 민주주의 진영을 결집시키며 부패 척결, 인권 증진 등의 의제로 진행되었다. 총 110개국이 초청되었는데 아시아에서는 한국, 대만, 인도, 일본이 초청되었고 파키스탄은 초청되었지만 참석을 거부하였다. 튀르키에, 베트남, 러시아, 태국, 중국, 이란, 싱가포르, 미얀마, 캄보디아 및 기타 국가는 초청되지 않았다. 미국은 1차 회의에 대만과 우크라이나를 초청함으로써 중국과 러시아를 정면으로 겨냥하고 있음을 드러냈고 2024년은 대한민국이 개최하였다.

중동

- **라마단**
  이슬람교에서 행하는 약 한 달가량의 금식기간으로, 이슬람교도들은 라마단 기간 중 해가 떠 있는 낮 시간에는 음식과 물을 먹지 않으며 해가 지면 금식을 중단한다.

- **오슬로 협정**
  1993년 이스라엘의 이츠하크 라빈 총리와 팔레스타인해방기구(PLO)의 야세르 아라파트 의장이 만나 팔레스타인 독립국가와 이스라엘이 평화적으로 공존하는 방법을 모색한 합의를 말한다. 오슬로협정은 팔레스타인 임시자치정부 출범의 계기가 되었다.

- **팔레스타인 자치정부 (PA)**
  팔레스타인의 합법적 정부로, 1994년 그 수립이 공식 선언돼 1996년 본격 출범했다. 팔레스타인해방기구(PLO)의 의장이었던 야세르 아라파트가 초대 자치정부 수반을 지낸 바 있다. 현재 PA를 이끌고 있는 집권당은 파타(Fatah) 이다.

- **하마스**
  정식명칭 이슬람 저항 운동은 팔레스타인의 수니파 이슬람주의 및 민족주의 정당이자 준군사조직이다. 이스라엘에 저항하는 팔레스타인 무장 투쟁을 주도하고 있으며, 미국, 캐나다, 유럽 연합, 이스라엘은 하마스를 테러 단체로 규정하는 반면 시리아, 북한, 베네수엘라, 파키스탄, 중화인민공화국, 이란, 러시아, 튀르키예, 및 기타 아랍 국가들은 하마스를 지지하는 입장을 취한다.
  2006년 팔레스타인 총선에서 이스라엘과의 평화 공존책인 양국 방안을 지지하던 종래의 집권여당 파타를 누르고 승리하였고 이후 파타와의 권력 분쟁 끝에 파타는 서안 지구, 하마스는 가자 지구에서 집권하게 되었다.

- **헤즈볼라**
  1983년 창설된 레바논의 이슬람 시아파 무장세력이자 정당조직으로, 이란의 지원을 받는 것으로 알려져 있다. 이스라엘의 점령으로부터 레바논 영토 해방, 레바논에 시아파 이슬람국가 건설, 서구 국가의 영향력 행사 배제, 레바논인들의 생활수준 향상 등을 목표로 하고 있다.

- **이란혁명수비대**
  이란 이슬람혁명수비대는 1979년 이란혁명 이후 일반 군사조직인 이란 정규군과 함께 이원 조직으로 창설되었다. 이란의 이슬람 체제를 수호하기 위한 목적으로 설립되었고, 주로 '이란 혁명수비대'라 불린다. 최고지도자 아야톨라 알리 하메네이가 군 통수권을 행사하며 군 지휘관 임명 권한을 가지고 있다.

- **솔레이마니**
  이란혁명수비대(IRGC) 정예군인 쿠드스군 전 사령관으로, 시리아 내전과 이슬람국가(IS) 격퇴전에 참여하는 등 중동 지역에 큰 영향력을 행사해 왔다. 그러나 2020년 1월 3일 이라크 바그다드 공항에서 미국의 공습으로 사망하면서 향후 이란-미국 관계 및 중동 정세에 일으킬 파장에 이목이 집중되고 있다.

- **저항의 축**
  이슬람권 언론이 미국이 만들어낸 '악의 축(axis of evil. 이라크, 이란, 북한)'에 반감을 드러내며 만든 용어로, 당초에는 미국과 미국의 동맹에 반대·저항하는 국가들이라는 뜻이었으나 점차 이란이 지원하는 반(反)이스라엘 무장단체들을 이르는 말로 진화됐다. '저항의 축'에는 ▷ 팔레스타인 가자지구의 하마스와 팔레스타인 이슬라믹 지하드 ▷ 레바논의 무장단체 헤즈볼라 ▷ 이라크 시아파 무장정파(민병대) ▷ 시리아 바샤르 알아사드 정권 ▷ 예멘의 후티 반군 등이 포함되는데, 이란은 자국과 이들 세력들을 미국과 이스라엘에 맞서는 '저항의 축'으로 일컫고 있다.

- **호메이니**
  이란의 종교가, 정치가, 이란혁명의 최고지도자. 왕정을 부정하고 이란의 서구화·세속화 정책에 반대하였다. 시아파의 3거두 중 1인이며 국왕 팔레비의 '백색혁명'에 반대하였다가 튀르키예로 망명하여 이란혁명을 주도하였다. 귀환 후 이란이슬람공화국을 성립시키고 이맘(imamn:敎主)의 칭호를 받았으며 최고지도자로 이란을 통치하였다.

- **그림자 전쟁**
  그림자 전쟁은 공식적이거나 직접적인 전쟁 선언 없이, 자국의 개입 사실을 은폐하고 특정 국가의 중요 시설을 공격하거나 해당 국가의 핵심 인물을 암살하는 것을 의미한다.
  주로 정보전, 사이버 공격, 핵 과학자 암살, 외교관 테러, 무인기 공격 등의 방식으로 이루어지며, 적국의 영토 내에서뿐만 아니라 주변국 또는 제3국에서도 이뤄질 수 있다.
  이란과 이스라엘은 그림자 전쟁의 대표적인 사례로 꼽힌다. 양국은 1979년 이란의 이슬람 혁명 이후 적대적인 관계를 이어오며, 직접적인 충돌은 피하면서도 은밀한 그림자 전쟁을 벌이고 있다.

- **시아파/수니파**
  이슬람 세계는 예언자 무함마드 사후 큰 내분에 휩싸이게 된다. 당시 권력을 쥐고 있던 무아위야는 공동체 만장일치로 후계자를 선출하던 관행을 무시하고 자신의 아들 야지드에게 권력을 세습한다. 이에 무함마드의 손자였던 후세인은 이들을 신앙심이 없는 세속화된 권력집단이라 비판하면서 반기를 든다. 하지만 그들은 야지드에게 처참하게 죽임을 당하게 되는데, 이 사건을 계기로 이슬람 세계는 수니파와 시아파로 완전히 분열하게 된다.
  오늘날 전 세계 약 18억 무슬림 중 약 85%가 수니파고 15%는 시아파다. 시아파 국가는 이란, 이라크, 시리아, 레바논 등이 있고 이들 국가들을 위치한 곳을 초승달 지대 라고 한다.

- 후티 (반군)

  예멘의 이슬람 근본주의 조직이자 이슬람 시아파 무장단체로, 1994년 북예멘에서 후세인 바르레딘 알후티에 의해 조직된 '믿는 청년들'이 모태가 된 단체다. 2004년 후세인의 사망 이후 무장단체로 변모한 후티는 1994년 수니파의 남예멘 분리 독립을 막기 위해 활동을 시작했고, 2014년에는 수니파 정부를 공격하면서 현재 북예멘의 상당 지역을 장악하고 있다.

  이스라엘 하마스 전쟁 발발 이후 하마스를 지지하며, 홍해를 지나는 상선에 대한 공격 및 위협을 하고 있다.

- 텔레반

  아프가니스탄 남부를 중심으로 거주하는 파슈툰족에 바탕을 둔 부족 단체에서 출발한 반군 단체이다. 탈레반은 1990년대 중반 활동을 시작, 지도자 무하마드 오마르를 중심으로 결속해 1997년 정권을 장악했으며 이후 2001년 미국의 공격으로 축출되기까지 아프간을 통치했다. '얼굴없는 지도자', '애꾸눈 지도자'로 알려진 무하마드 오마르는 추종자들 사이에 '물라'(mulla;mullah)라는 호칭으로 불렸는데 이는 '탈리브'에 상대되는 말로 '스승'이라는 뜻이다. 아프가니스탄의 정권을 잡았을 당시 남녀차별 정책으로 인해 세계로부터 많은 강한 비판을 받았다.

미국

- **슈퍼 화요일**
  미국 대통령 선거과정 중 대통령 후보자를 지명할 수 있는 권한을 가지는 대의원을 가장 많이 선출하는 날

- **스윙 스테이트**
  미국에서 정치적 성향이 뚜렷하지 않은 주(States)를 뜻하며, 흔히 '부동층 주'라고 불린다. 즉, 전통적으로 공화당 우세 지역이거나 민주당 우세 지역이 아닌 곳을 말하는 것이며 주로 중서부 지역이 해당된다. 따라서 스윙 스테이트가 대선의 향방을 좌우할 만큼 중요하다고 볼 수 있다.

- **슈퍼 301조**
  통상법 301조(레귤러 301조)가 불공정 교역상대방을 규제하는데 시간이 많이 걸리는등 한계를 보이자 1988년 2년 시한으로 보다 신속하고 강력하게 보복할수 있도록 마련한 '88종합무역법'상의 한 조항이다. 미 무역상대국의 불공정한 관행에 대한 제재조치를 규정한 1974년 무역법 301조의 내용을 크게 강화했다는 의미에서 슈퍼 301조라 불린다.
  구체적 내용은 미 무역대표부(USTR)가 수입장벽을 두는 국가와 관행을 선정하여 그 장벽의 폐지를 요구하고 해당국이 3년 이내 철폐에 응하지 않을 경우 반드시 보복조치를 발동한다는 것을 골자로 한다.

- **미국이 주도하는 대중경제 안보협력**
  미국, 영국, 호주, +일본 : 3자 안보동맹 오커스. 일본 파트너국으로 합류
  미국, 일본, 호주, 인도 : 4자 안보협의체 쿼드
  미국, 일본, 필리핀 : 군사 경제 협력 강화
  미국, 일본, 한국 : 한미일 정상회의. 군사협력 강화

- **IRA (인플레이션 감축법)**
  2022년 8월 16일 조 바이든 미국 대통령이 법안에 서명하면 새로 시행된 법입니다. 기후변화 대응 및 의료보험 확대 등의 내용을 담고있는데 이름에 알맞게 인플레이션 상황에서 미국 국민 생활 안정을 대의명분으로 추구하고 있다. 이 법은 친환경 에너지에 대한 세액공제 적용 기간을 연장하거나 항목을 신설하는 등 세제 혜택의 범위를 확대했다. 기본적으로 에너지 안보 및 기후변화 대응을 위해 10년에 걸쳐 3690억 달러를 투자한다는 계획이다. 그러나 조금 더 깊이 들여다보면 IRA법은 4차 산업 분야인 태양광 패널, 전기차, 배터리 등에서 중국의 '기술 굴기'를 막기 위한 의도가 담겨 있다. 반드시 미국에서 생산해야 하고, 중국산 핵심 광물과 부품을 사용하지 않아야 보조금을 받을 수 있도록 한 것이다.

- cf_핵심원자재법
  유럽판 IRA

- 미국 반도체 지원법(CHIPS Act)
  미국 반도체 지원법은 미국내 반도체 생태계 활성화와 미국의 반도체 생산 거점 확보를 위한 법안이다. 2천8000억달러 (366조원)을 자국내 반도체 관련 다양한 밸류체인에 투자하는 기업에 지원을 해준다. 2022년 미의외에서 통과 되었고, 바이든 미대통령에 의해서 서명했다. 반도체 업체가 미국내 공장을 준공하면 최대 30억달러의 지원과 25%의 세액공제를 해준다.

- 맨해튼 프로젝트
  원자폭탄을 만드는 프로젝트는 맨해튼 프로젝트(Manhattan Project)라는 암호명으로 불려졌다. 미국의 과학자들은 물론 나치를 피해 미국에 와있던 유럽의 과학자들과 동맹국인 영국과 캐나다를 대표하는 과학자들이 이 프로젝트에 참가했다. 비밀을 유지하기 위해 미국은 그들을 뉴멕시코주의 생그레 드 크리스토 산중에 있는 로스앨러모스(Los Alamos, 로스 알라모스)에 새롭게 세워진 연구소에서 연구하도록 했다. 로스앨러모스는 높은 산과 깊은 골짜기로 외부와 격리되어 있는 산중에 자리 잡고 있는 마을이어서 비밀 프로젝트를 진행하기에 알맞은 곳이었다.

인도

- 나렌드라 모디
  인도 총리. 하층 카스트 출신으로 인도 총리가 된 첫 인물이자, 역대 인도 총리 중 5번째 연임에 성공한 인물이다. 모디는 2014년 총선에서 인도 총리가 됐고, 2019년과 2024년 총선에서도 승리하면서 3연임에 성공했다. 1947년 인도 건국 후 연임에 성공한 총리는 모디를 비롯해 초대 총리인 사와할랄 네루(1947~1964년 집권), 그의 딸 인디라 간디(1966~1977년·1980~1984년 집권) 등 5명에 불과하며, 3연임은 네루 초대 총리와 모디 총리만 갖고 있다.

러시아

- 푸틴
  블라디미르 푸틴(71) 러시아 대통령이 24년 5월 7일 취임식을 시작으로 임기 6년의 집권 5기 시대를 연다. 푸틴 대통령은 3월 대통령 선거에서 역대 최고 기록인 87.28%의 득표율로 당선, 2000·2004·2012·2018년 대선을 이어 5선에 성공해 임기를 2030년까지 늘였다. 보리스 옐친 전 대통령의 퇴진으로 권한대행을 맡은 1999년 12월 31일부터 총리 시절(2008~2012년)을 포함해 러시아의 실권을 유지해온 푸틴 대통령은 집권 기간이 30년으로 늘면서 이오시프 스탈린 옛 소련 공산당 서기(29년)를 넘어서게 됐다.

푸틴 대통령은 2020년 개헌으로 2030년 대선에도 출마할 수 있다. 현재 막강한 권력을 쥐고 있는 만큼 법적으로 84세가 되는 2036년까지 정권을 연장해 사실상 종신집권에 나설 가능성도 열렸다. 이번 취임식이 '현대판 차르(황제) 대관식'으로 불리는 이유다.

- 알렉세이 나발리

러시아 내 반푸틴 세력을 상징하던 대표적인 인물 중 한 명으로 블라디미르 푸틴의 독재와 부정, 침략전쟁을 비판했으며, 이로 인해 숱한 정치적 탄압은 물론 독살 미수 사건 등 러시아 정부 관계자로 추정되는 세력으로부터 암살 위협을 받았다. 그는 마지막으로 체포된 뒤 시베리아 야말로-네네츠 자치구 하르프의 제3교도소(IK-3)에 수감되었으며, 재판이 진행 중이던 2024년 2월 16일 옥중에서 의문사했다.

중국

- 양회

양회(兩會)는 중국에서 3월에 연례행사로 거행되는 전국인민대표대회(全國人民代表大會 ; 약칭 전인대)와 전국인민정치협상회의(全國人民政治協商會議 ; 약칭 정협 또는 인민정협)를 통칭하는 용어이다. 양회를 통하여 중국 정부의 운영 방침이 정해지기 때문에 중국 최대의 정치행사로 주목을 받는다.

- 홍콩보안법(홍콩 국가보안법)

중국 전인대에서 처리돼 시행된 법으로 홍콩 내 반정부활동을 처벌할 수 있는 내용을 핵심으로 한다. 구체적으로 국가분열, 국가 정권 정복, 테러 활동, 외국 세력과의 결탁 등의 4가지 범죄를 최고 무기징역형으로 처벌할 수 있도록 하는 내용 등을 담고 있다.

- 일국양제

하나의 국가에 두 개의 체제를 허용한다는 뜻으로 자본주의 체계와 사회주의 체계를 허용한다는 뜻이다. 중국은 1997년 영국에 식민지로 빼앗겼던 홍콩을 반환받으면서 홍콩을 특별행정구로 지정, 오는 2047년까지 외교와 국방을 제외하고 정치 경제 사법 등의 분야에서 고도의 독립성을 보장하는 일국양제 원칙에 합의한 바 있다.

- 대만 라이칭더

대만의 민진당 소속 라이칭더가 대만 총통선거에서 당선. 친미, 독립론자.

- 위구르족 강제노동 금지법

중국 정부의 신장위구르 지역 인권 탄압을 이유로 신장에서 생산된 제품의 수입을 원칙적으로 금지하는 미국의 법안이다. 2021년 12월 23일 조 바이든 미국 대통령의 서명과 동시에 발효되었다.

일본

- 마이너스 금리정책 해제, 17년 만에 금리 인상 (제로금리 포기)

- 보통국가론
  일본도 군사력을 갖고 당당하게 외교·군사활동을 펼치자는 주장으로, 90년대 초 보수파의 대표적 정객인 오자와 이치로(小澤一郎)가 주장했다.
  보통국가란 군대를 보유하고 외국과 자유로이 동맹을 맺어 집단자위권을 행사할 수 있는 나라다. 즉 1947년 연합군 점령 하에서 시행된 바 있는 강요된 평화헌법 체제를 정상적인 헌법체제로 보지 않고 이로부터 벗어나 평화헌법과 비핵3원칙으로부터 탈피하여 군사적 정상국가로 가고자 하는 것이 이른바 일본의 보통국가론이다.

기타 국가

- 아르헨티나
  급진적 자유주의자 하비에르 밀레이가 12월에 대통령이 된 후, 아르헨티나는 2024년에 미지의 정치 영역에 진입할 것이며, 부에노스아이레스는 트럼프주 세계 극우파의 새로운 성지 순례지로 변모할 것이다. 53세의 이 아웃사이더는 선거운동 기간 동안, 전기톱을 휘두르며 급진적인 변화와 긴축에 대한 열망을 상징했다. 그는 대통령 취임 이틀 만에 아르헨티나 통화를 50% 이상 평가절하하고 교통 및 에너지 보조금을 삭감했다.
  밀레이는 이러한 '충격적' 조치가 초인플레이션 '재앙'을 피할 수 있는 유일한 방법이라고 주장하고 있고, 수백만 명의 유권자가 이에 동의하고 있다. 그러나 이러한 조치는 아르헨티나의 노동계급과 중산층에 큰 타격을 줄 것이다. 또한 이러한 개혁조치는 당연히 전국적인 시위를 불러오게 될 것이다.

- EU
  EU 의회는 EU 주요 기관 중 유일하게 직접선거로 선출되는 조직. 미국 하원과 비슷.
  인구에 따라 비례대표식으로 TO 배정. 인구가 아무리 많아도 96석을 넘을 수 없고, 아무리 적어도 6석은 배정
  의석수는 독일 > 프랑스 > 이탈리아 > 스페인 순
  24년 유럽의회 선거 결과 우파가 약진.

- 프랑스
  반이민정책을 주장하는 국민연합(RN)이 31%를 득표해, 마크롱 대통령의 르네상스당을 앞섰습니다. 마크롱 대통령은 국회를 해산하고 재선거를 실시했습니다.

국정원 9급 All-Care

- 독일
  숄츠 총리가 이끄는 사회민주당(SPD)은 극우인 독일대안당(AfD)에도 뒤쳐져 3당이 되었습니다. 우파 정당의 지지율이 45%를 넘겼습니다.

- 이탈리아
  멜로니 총리가 이끄는 극우성향의 이탈리아 형제들이 28.7%의 득표율을 기록했습니다.

북한

- 한국 주적 헌법 명기
  김정은은 헌법 개정을 시사하면서, 대한민국을 제1의 적대국으로, 불변의 주적으로 확고히 간주하도록 교육·교양 사업을 강화해야 한다며, 이런 내용을 해당 조문에 명기하는 것이 옳다고 생각한다고 밝혔다. 김정은은 또 헌법에 있는 '자주, 평화통일, 민족대단결'이라는 표현들이 이제는 삭제돼야 한다면서, 이를 다음번 최고인민회의에서 심의해야 한다고 말했습니다.

- 3대 대남기구 폐지
  조평통(조국평화통일위원회) 등 대남 기구, 금강산국제관광국, 민족경제협력국 폐지

- 9.19 군사합의
  2018년 9월 19일 당시 문재인 대통령과 김정은 북한 국무위원장이 평양정상회담을 통해 채택한 '9월 평양공동선언'의 부속 합의서를 말한다. 그러나 2023년 11월 우리 정부의 '9·19 군사합의 1조 3항효력정지'와 '북한의 사실상 합의 파기 선언'이 이뤄졌고, 우리 정부가 2024년 6월 4일 9·19 군사합의 전체의 효력을 정지하는 안건을 의결함에 따라 체결 5년 8개월 만에 전면 무효화됐다

- NLL
  NLL은 Northern Limit Line의 약자로서 우리말로 북방한계선 이라는 뜻이다. 한국전쟁의 마침표를 찍은 1953년 정전 협정 당시, 육상에서는 군사 분계선이 설정되었지만, 해상의 경우에는 따로 협의되지 않았다. 이후, 유엔군 사령관이 해상 경계선을 의미하는 북방한계선을 정하였는데 그것이 지금까지 지켜져 오고 있다.
  김정은은 24년 1월 15일 최고인민회의 시정연설에서 북한한계선을 인정하지 않겠다고 선언했다.

- 고체연료 극초음속 IRBM 발사
  북한이 신형 고체연료 추진체를 사용한 극초음속 중장거리 탄도미사일(IRBM) 시험 발사에 성공했다고 밝혔다.

23년 11월 IRBM용 대출력 고체연료 엔진을 개발해 1, 2단 엔진의 지상 분출 시험에 성공했다고 발표한 지 약 두 달 만에 극초음속 미사일에 적용해 발사한 것으로 보인다.

북한 미사일총국은 "지난 14일 오후 극초음속 기동형 조종 전투부를 장착한 중장거리 고체연료 탄도미싸일 시험발사를 진행했다"며 "시험발사는 성공적으로 진행됐다"고 밝혔다고 조선중앙통신이 보도했다.

최근 북한 탄도미사일 발사 일지

날짜	발사 장소→낙탄 지점	미사일 종류	최고 고도	비행거리
23년 2월 18일	평양 순안 일대 → 동해	'화성-15형'	5,700km	900km
3월 16일	평양 순안 일대 → 동해	'화성-17형'	6,000km	1,000km
4월 13일	평양 일대 → 동해	'화성-18형'	3,000km 미만	1,000km
7월 12일	평양 일대 → 동해	'화성-18형'	6,000km 이상	1,000km
12월 18일	평양 일대 → 동해	'화성-18형'	6,000km 이상	1,000km
24년 1월 14일	평양 일대 → 동해	**합동참모본부**: 약 1,000km 비행, IRBM(중거리 탄도미사일) 추정 **일본 방위성**: 최고 고도 약 50km 이상, 최소 500km 비행		

- 순항미사일 탄도미사일

〈탄도미사일과 순항미사일 비교〉

탄도미사일		순항미사일
100~1만 3000km	사기리	50~3000km
대기권 및 상층 대기권 탄도비행	비행방식	저고도 순항비행, 경로비행
사거리에 비례해서 탄착오차 증가 일반적으로 수백m에서 수km 내	정확도	비행 중 지형대조 또는 GPS로 위치 보정을 하거나, 탐색기로 표적에 진입함으로써 사거리와 상관없이 수십에서 수m 내 탄착
단일, 다단 액체추진로켓 및 고체 추진로켓 사용	추진방식	발사 초기 고체추진 로켓 가속 후 공기흡입식 엔진 시동으로 항공기 엔진과 유사
고정식 발사대, 이동식 차량, 잠수함	발사체	지상차량, 잠수함, 수상함, 항공기
전략적 및 정치적 위협이 목적으로 피해 과장 및 공포감 조성에 유리	용도	핵심 표적 선별적 타격으로 주로 보복 공격용

PART IV

모의고사

모의고사 **제1회**

모의고사 **제2회**

01

〈보기 1〉과 〈보기 2〉를 통해 학생들이 '사잇소리 현상'에 대해 이해한 내용으로 적절하지 <u>않은</u> 것은?

─── 보기 1 ───

선생님 : 사잇소리 현상은 첨가에 해당하는 음운 변동 현상으로, 어근과 어근의 결합에서 반드시 하나 이상이 순우리말로 된 합성어일 때에만 나타납니다.

─── 보기 2 ───

표준발음법 제 30항
사이시옷이 붙은 단어는 다음과 같이 발음한다.
1. 'ㄱ, ㄷ, ㅂ, ㅅ, ㅈ'으로 시작되는 단어 앞에 사이시옷이 올 때는 이들 자음만을 된소리로 발음하는 것을 원칙으로 하되, 사이시옷을 [ㄷ]으로 발음하는 것도 허용한다.
2. 사이시옷 디에 'ㄴ, ㅁ'이 결합되는 경우에는 [ㄴ]으로 발음한다.
3. 사이시옷 뒤에 '이'음이 결합되는 경우에는 [ㄴㄴ]으로 발음한다.

① '홑이불'은 접사와 어근으로 결합되어 있기 때문에 사잇소리 현상이 될 수 없겠군.
② '빨랫줄'은 [빨래쭐]로 발음하는 것이 원칙이지만, [빨랟쭐]로 발음하는 것도 허용되겠군.
③ 한자어끼리의 조합이라 해도 '곳간, 셋방, 숫자, 찻간, 툇간, 횟수'는 사이시옷을 적을 수 있어.
④ '예삿일'은 뒷말이 'ㅣ'로 시작되는 합성어이므로 앞말 끝소리와 뒷말 첫소리에 'ㄴ'이 두 번 발음되겠군.
⑤ '윗집', '바닷가'와 같은 단어를 발음해 보면, 사잇소리 현상 중에 된소리로 발음되는 단어도 있음을 알 수 있어.

02

<보기>를 이해한 내용으로 적절하지 <u>않은</u> 것은?

> ┤ 보기 ├
>
> 용언이 활용할 때 어간이나 어미의 기본 형태가 바뀌지 않거나 바뀌어도 일반적인 음운 규칙으로 설명할 수 있는 경우를 '규칙 활용'이라 하고, 어간이나 어미의 기본 형태가 바뀌는 것을 일반적인 음운 규칙으로 설명할 수 없는 경우를 '불규칙 활용'이라 한다. 불규칙 활용은 ㉠<u>어간이 바뀌는 경우</u>, ㉡<u>어미가 바뀌는 경우</u>, ㉢<u>어간과 어미가 모두 바뀌는 경우</u>로 나누어 살펴볼 수 있다.

① '솟다'가 '솟아'로 활용하는 것과 달리, '붓다'는 '부어'로 활용하므로 ㉠에 해당한다.
② '집다'가 '집어'로 활용하는 것과 달리, '곱다'는 '고와'로 활용하므로 ㉠에 해당한다.
③ '치르다'는 '치러'로 활용하는 것과 달리, '고르다'는 '골라'로 활용하므로 ㉡에 해당한다.
④ '가다'가 '가'로 활용하는 것과 달리, '하다'는 '하여'로 활용하므로 ㉡에 해당한다.
⑤ '좋다'는 '좋아'로 활용하는 것과 달리, '노랗다'는 '노래'로 활용하므로 ㉢에 해당한다.

03

㉠, ㉡에 해당하는 사례로 적절한 것은?

> 국어의 문장에 흔히 나타나는 단어 배열법에 따라 어근을 결합한 합성어를 통사적 합성어, 그렇지 않은 합성어를 비통사적 합성어라고 한다. 예를 들어 명사와 명사가 결합한 '쌀밥', 동사의 관형사형과 명사가 결합한 '굳은살', 동사의 연결형과 동사의 어간이 결합한 '갈아입다' 등은 국어 문장에서 흔히 나타나는 배열법으로서 ㉠<u>통사적 합성어</u>에 해당한다. 반면에 형용사의 어간과 명사가 결합한 '검버섯', 동사의 어간과 동사의 어간이 결합한 '굶주리다' 등은 국어의 문장 구성에는 없는 단어 배열법으로 ㉡<u>비통사적 합성어</u>에 해당한다.

① '덮밥'은 명사와 명사가 결합한 ㉠의 예이다.
② '젊은이'는 동사의 어간과 명사가 결합한 ㉡의 예이다.
③ '논밭'은 형용사의 어간과 명사가 결합한 ㉡의 예이다.
④ '돌아서다'는 동사의 연결형과 동사의 어간이 결합한 ㉠의 예이다.
⑤ '들어가다'는 동사의 어간과 동사의 어간이 결합한 ㉡의 예이다.

04

<보기>는 국어의 '로마자 표기법'의 내용을 정리한 일부이다. 이를 적용하여 잘못 표기한 단어를 수정하였을 때, 수정 근거가 적절하지 <u>않은</u> 것은?

보기

- 'ㄱ, ㄷ, ㅂ'은 모음 앞에서는 'g, d, b'로 자음 앞이나 어말에서는 'k, t, p'로 적는다. ············ ㉠
- 'ㄹ'은 모음 앞에서는 'r'로, 자음 앞이나 어말에서는 'l'로 적는다.
  단, 'ㄹㄹ'은 'll'로 적는다. ··· ㉡
- 된소리되기는 표기에 반영하지 않는다. ··· ㉢
- 고유 명사는 첫 글자를 대문자로 적는다. ··· ㉣

단, 국어의 로마자 표기는 국어의 표준 발음법에 따라 적는 것을 원칙으로 한다.

	지역 이름	수정 전 → 수정 후	수정 근거
①	옥천[옥천]	Ogcheon → Okcheon	㉠
②	울릉[울릉]	Ulreung → Ulleung	㉡
③	설악[서락]	seolak → Seorak	㉠, ㉣
④	낙동강[낙똥강]	Nagttonggang → Nakdonggang	㉠, ㉢
⑤	압구정[압꾸정]	abggujeong → Apgujeong	㉠, ㉢, ㉣

05

<보기>는 관형절에 대해 탐구한 내용이다. 이에 관한 설명으로 적절하지 <u>않은</u> 것은?

보기

    관형절은 피수식어와 관형절의 관계에 따라 두 가지로 나눌 수 있다. 먼저 관형절의 피수식어가 관형절 내에서 생략된 문장 성분인 경우를 ㉠<u>관계관형절</u>이라하고, 관형절의 내용이 그것이 수식하는 말과 동일한 경우를 ㉡<u>동격관형절</u>이라고 한다.

---

① '평소에 공부를 하지않았던 나는 시험지를 보고 크게 후회했다.'는 ㉠의 예로 피수식어는 관형절에서 주어의 역할을 한다.
② '어머니께서 해주신 저녁은 무엇보다 맛이 있다.'는 ㉠의 예로 피수식어는 관형절에서 목적어의 역할을 한다.
③ '가끔씩 하마가 물속으로 숨어 버리는 일도 있다.'는 관형절이 피수식어 '일'과 동일하기 때문에 ㉡에 해당된다.
④ '헤어지기 싫다고 투정부리던 모습이 마지막이었다.'는 관형절이 피수식어 '모습'과 동일하기 때문에 ㉡에 해당된다.
⑤ '학교에서 담배를 피우는 학생들이 점점 줄고 있다.'는 관형절이 피수식어 '학생'과 동일하기 때문에 ㉡에 해당된다.

06

〈보기〉의 ㉠과 ㉡에 해당하는 것으로 바르게 묶인 것은?

┤ 보기 ├

　문장은 동작이나 행위를 누가 하느냐에 따라 능동문과 피동문으로 나누어진다. 주어가 동작을 제힘으로 하는 문장을 능동문이라고 하고, 다른 주체에 의해 동작이 이루어지거나 영향을 받는 문장을 ㉠<u>피동문</u>이라고 한다.
　문장은 주어가 동작이나 행위를 직접 하느냐, 아니면 다른 사람이 하도록 시키느냐에 따라 주동문과 사동문으로 나누어진다. 주어가 동작을 직접 하는 것을 주동문이라고 하고, 남이 하도록 시키는 것을 ㉡<u>사동문</u>이라고 한다.

① ㉠ 그가 그녀를 웃겼다.
　㉡ 그는 조건을 낮췄다.
② ㉠ 그는 날뛰다가 개에게 물렸다.
　㉡ 철수는 우산을 동생에게 맡겼다.
③ ㉠ 그녀가 수줍은 표정으로 그에게 안겼다.
　㉡ 엄마가 자고 있는 아이를 조심스럽게 안았다.
④ ㉠ 그는 한번 뿐인 기회를 날렸다.
　㉡ 영희는 오늘 아침에도 라면을 먹었다.
⑤ ㉠ 너무 뛰었더니 신발끈이 풀렸다.
　㉡ 고전은 시대를 초월해서 읽힌다.

07

〈보기〉의 ㉠과 ㉡을 발음할 때 일어난 음운 변동 현상이 모두 나타나는 단어로 가장 적절한 것은?

┤ 보기 ├

나는 어제 ㉠<u>학여울</u> 역에서 ㉡<u>몇 명</u>의 친구들과 만났다.

① 가랑잎　　　　　　② 색연필
③ 쉰여섯　　　　　　④ 꼿꼿이
⑤ 늦여름

08

〈보기〉를 고려하여 모음의 발음을 이해한 내용으로 적절하지 <u>않은</u> 것은?

┤ 보기 ├

표준 발음법
제 5 항 'ㅑ ㅒ ㅕ ㅖ ㅘ ㅙ ㅛ ㅝ ㅞ ㅠ ㅢ'는 이중 모음으로 발음한다.
다만 3. 자음을 첫소리로 가지고 있는 음절의 'ㅢ'는 [ㅣ]로 발음한다.
다만 4. 단어의 첫음절 이외의 '의'는 [ㅣ]로 조사 '의'는 [ㅔ]로 발음함도 허용한다.

① '협의비'를 [혀비비]로 발음하는 것은 표준 발음에 해당한다.
② '강의의 의의'는 [강 : 이에 의이]로 발음해도 표준 발음에 해당한다.
③ '주의'는 [주의]와 [주이]로 발음하는 것 모두 표준 발음에 해당한다.
④ '띄어쓰기'와 '의사'를 [띄어쓰기]와 [의사]로 발음하는 것은 표준 발음에 해당한다.
⑤ '우리의'는 [우리의]와 [우리에]로 발음하는 것 모두 표준 발음에 해당한다.

09

〈보기〉의 내용을 뒷받침할 수 있는 사례로 적절하지 <u>않은</u> 것은?

┤ 보기 ├

'앞으로 열을 셀 테니 숙제를 끝내라.'에서는 '열'과 '열길 물속은 알아도 한 길 사람의 속은 모른다.'에서의 '열'은 단어의 형태는 같지만 단어의 기능은 다르다. 즉, 전자의 '열'은 수사이지만, 후자의 '열'은 관형사이다. 이와 같이 동일한 형태가 다른 기능을 수행하는 것을 '품사의 통용'이라고 한다.

① 오늘 손님들이 정말 <u>많이</u>도 왔구나.
　설날에 세뱃돈을 <u>많이</u> 받으면 정말 좋겠다.
② 정환이는 을용이<u>보다</u> 연봉이 높다.
　그는 <u>보다</u> 멋진 앞날을 준비하며 열심히 살고 있다.
③ 그렇게 착한 사람의 부탁을 어떻게 <u>아니</u> 들어줄 수 있을까?
　<u>아니</u>! 벌써 점심을 먹었어?
④ 모든 일은 원칙<u>대로</u> 처리하면 될 것이다.
　도착하는 <u>대로</u> 집으로 연락을 하거라.
⑤ 우리도 노력한 <u>만큼</u>의 성과를 얻을 거야.
　그녀도 부모님<u>만큼</u> 선하고 진실한 모습으로 살고 있다.

10

〈보기〉의 설명에 해당하는 예로 적절하지 <u>않은</u> 것은?

―― 보기 ――

용언이 활용할 때 어간이나 어미의 기본 형태가 바뀌지 않거나 바뀌어도 일반적인 음운 규칙으로 설명할 수 있는 경우를 '규칙 활용'이라 하고, 어간이나 어미의 기본 형태가 바뀌는 것을 일반적인 음운 규칙으로 설명할 수 없는 경우를 '불규칙 활용'이라 한다. 불규칙 활용은 ㉠<u>어간이 바뀌는 경우</u>, ㉡<u>어미가 바뀌는 경우</u>, ㉢<u>어간과 어미가 모두 바뀌는 경우</u>로 나누어 살펴 볼 수 있다.

① '뽑다'가 '뽑아'로 활용하는 것과 달리, '춥다'는 '추워'로 활용하므로 ㉠에 해당한다.
② '얻다'가 '얻어'로 활용하는 것과 달리, '듣다'는 '들어'로 활용하므로 ㉠에 해당한다.
③ '잡다'가 '잡아'로 활용하는 것과 달리, '하다'는 '하여'로 활용하므로 ㉡에 해당한다.
④ '치르다'가 '치러'로 활용하는 것과 달리, '흐르다'는 '흘러'로 활용하므로 ㉡에 해당한다.
⑤ '놓다'가 '놓아'로 활용하는 것과 달리, '빨갛다'는 '빨개'로 활용하므로 ㉢에 해당한다.

11

〈보기〉를 참고하여 로마자 표기법에 맞게 표기 된 것을 고르면?

―― 보기 ――

제3항 | 고유 명사는 첫 글자를 대문자로 적는다.

제4항 | 인명은 성과 이름의 순서로 띄어 쓴다. 이름은 붙여 쓰는 것을 원칙으로 하되 음절 사이에 붙임표(-)를 쓰는 것을 허용한다.
　(1) 이름에서 일어나는 음운 변화는 표기에 반영하지 않는다.
　(2) 성의 표기는 따로 정한다.

제5항 | '도, 시, 군, 구, 읍, 면, 리, 동'의 행정 구역 단위와 '가'는 각각 'do, si, gun, eup, myeon, ri, dong, ga'로 적고, 그 앞에는 붙임표(-)를 넣는다. 붙임표(-) 앞뒤에서 일어나는 음운 변화는 표기에 반영하지 않는다.

① 부산 : Pusan
② 제주도 : Jeju-Do
③ 민용하 : Min Yong Ha
④ 석굴암 : Seokguram
⑤ 한복남 : Han Bongnam

12

다음 중 겹문장의 성격이 나머지와 <u>다른</u> 하나는?

① 우리 집은 방이 진짜 넓다.
② 대개 안개가 끼면 다음날엔 비가 내린다.
③ 그가 베푼 선행이 인터넷을 통해 알려졌다.
④ 열심히 달리기가 어쩜 그렇게 힘들었을까?
⑤ 눈이 밤새 소리도 없이 내려 소담하게 쌓여있다.

13

다음 중 한자의 득음이 적절하지 <u>않은</u> 것은?

① 謁見(알현)
② 茶禮(다례)
③ 牡丹(모란)
④ 認識(인지)
⑤ 思惟(사유)

14

다음 밑줄 친 단어와 바꾸어 쓸 수 있는 한자로 적절하지 <u>않은</u> 것은?

① 그들은 독서 동아리를 <u>만들기로</u> 하였다. → 結成하기로
② 누가 엉터리 영화를 <u>만들고</u> 싶겠니? → 製作하고
③ 코로나 때문에 경기 규칙을 새로이 <u>만들어야겠다.</u> → 制定해야겠다.
④ 그들에게 무슨 일거리를 <u>만들어</u> 주어야 할 것 같아요 → 策定해
⑤ 여러 가지 자료를 모아 사전을 만들어 출판 하였다. → 編纂해

15

다음 중 '謙讓'과 그 뜻이 반대되는 한자어는?

① 恭敬
② 素朴
③ 純粹
④ 忍耐
⑤ 傲慢

16
다음 글의 (　)에 들어가기 적절하지 <u>않은</u> 한자성어는?

> 이번 조치로 잠깐 숨은 돌리겠지만 근본적으로 해결되지 않은 채 방치하는 (　　)만으로는 추후 다시 문제가 불거질 수 있다.

① 姑息之計
② 未曾有
③ 下石上臺
④ 彌縫策
⑤ 臨時方便

17
다음 ㉠의 의미와 가장 가까운 것은?

> 농민들은 꼭 사거나 팔 물건이 없더라도 구경삼아 시장에 나와 본다. 이것이 농촌 시장의 특징이다. 그래서 ㉠ '<u>남이 장에 간다고 하니까 씨오쟁이 짊어지고 따라간다.</u>'라는 속담도 있다. 평소에는 조용하던 농촌의 마을도 장날이 되면 활기를 띤다. 장터에 이르는 길은 손이나, 어깨, 등, 머리 위에 곡식 자루, 닭, 달걀, 채소 등을 지니고 나오는 농민들로 북적거린다.

① 天方地軸
② 鐵中錚錚
③ 附和雷同
④ 傍若無人
⑤ 易地思之

18

㉠과 같은 주장의 전제로 가장 적절한 것은?

> 이러한 청소년들의 언어를 순화하고 언어생활을 개선하기 위해 방송을 활용하는 방안을 생각해 볼 수 있다. 방송 언어는 온갖 말을 변용, 생산할 수 있을 뿐만 아니라 이를 널리 전파하고 대량으로 수용하게 하는 힘이 있다. 뉴스, 드라마, 영화, 토론, 간담, 스포츠, 다큐멘터리, 쇼 등 다양한 텍스트 속에서 현실감 있는 언어 사용 환경이 구축되어 있는 셈이다. 또한 방송 언어 가이드라인에서는 정확하고 올바른 표현의 사용 및 욕설과 비속어 사용 금지, 차별적 언어 사용 자제와 같은 방송 언어 일반 원칙을 제시하고 있다. 하지만 최근 방송가에서는 오히려 현실의 유행을 담기 위해 신조어나 줄임 말을 갈수록 무분별하게 사용하고 노출하는 것을 볼 수 있다.
>
> '2016년 청소년 매체 이용 및 유해 환경 실태 조사'에 따르면 청소년의 85.9%가 주 1회 이상 지상파 텔레비전을 시청하고, 73.3%는 주 1회 이상 유료 방송 채널을 시청하는 것으로 나타났다. 청소년들의 방송 시청 비율이 높고 방송 언어가 지닌 힘이 큰 만큼 방송을 제작할 때는 방송이 청소년의 언어 생활에 미치는 영향에 대해 생각해야 할 필요가 있다. 즉, ㉠<u>바른 말 사용을 통해 국민의 품격 있는 언어생활에 도움이 되는 방송의 공적책임 수행이 요구되는 것이다.</u>

① 언어생활 방식은 방송에 노출된 시간에 영향을 받는다.
② 사람의 언어 사용 능력은 태어날때부터 결정된다.
③ 사용하기 쉬운 언어일수록 신조어도 다양하게 생겨난다.
④ 언어 사용 습관은 성장 과정에서 만나 친구들의 영향을 받는다.
⑤ 특정 언어의 사용을 활성화하기 위해서는 전문적인 훈련이 요구된다.

19

다음 글의 내용으로 적절하지 않은 것은?

　　기업들이 이윤을 추구하기 위해 구사하는 다양한 판매 전략 중 하나로 가격을 활용한 방법이 있다. 그리고 그중 가장 흔하고 일반적인 방법은 단수 가격을 이용하는 것이다. 단수 가격은 가격의 끝자리가 홀수, 특히 9로 끝나는 가격을 말한다. 미국이나 유럽의 슈퍼마켓에서 판매되는 물건 가격을 보면 9달러, 99달러 등 숫자 9로 끝나는 경우가 많은데, 이처럼 물건 가격의 끝자리 숫자가 딱 떨어지지 않는 가격이 단수 가격에 해당한다.

　　과거에 제품 가격이 10달러나 100달러일 경우, 종업원이 물건을 판매하고 손님에게 거스름돈을 내줄 필요가 없으므로 금전 등록기에 판매 내역을 기록하지 않을 때가 있었다. 하지만 제품 가격을 9달러나 99달러와 같이 책정하면 판매 후에 거스름돈을 지급해야 하므로, 이에 따라 종업원들은 판매 내역을 기록하고 금전 등록기를 열어야 한다. 따라서 단수 가격을 적용하여 판매하면 판매 내역이 누락되는 일을 방지할 수 있을 뿐만 아니라 종업원의 절도 행위를 방지 할 수 있다. 이것이 단수 가격을 도입한 원래의 목적이다.

　　하지만 단수 가격을 도입한 뒤, 단수 가격으로 책정한 물건의 판매량이 증가하는 현상이 일어났다. 소비자들이 단수 가격을 보고 제품의 가격이 저렴하다고 인식하여 해당 제품을 많이 사기 시작한 것이다. 예를 들면, 1,000원짜리 제품과 990원짜리 제품의 가격 차이는 10원에 불과하지만, 소비자들은 각각 천 원대 제품과 백 원대 제품으로 구분하여 인식하였고 990원 제품을 더 저렴하다고 생각한다. 이처럼 단수 가격을 활용하면 실제로 할인한 가격은 적지만 큰 금액을 할인해 준 것과 같은 효과를 가져와 수익을 늘릴 수 있다.

　　경제가 어려워지면서 소비자들 사이에는 알뜰 소비가 확산되고 있다. 이에 기업들은 자기들의 이익을 추구하기 위해 가격 활용 전략을 더욱 정교하게 구사하고 있다. 따라서 소비자들은 바람직한 경제 활동을 위해서 기업의 가격활동 전략에 담긴 의미가 무엇인지 정확하게 이해한 뒤 소비 생활에 임해야 한다.

① 단수 가격은 제품 가격 끝자리가 딱 떨어지지 않는 것을 의미한다.
② 기업들이 다양한 판매 전략을 구사하는 것은 이윤을 얻기 위해서이다.
③ 단수 가격은 소비자들에게 제품의 가격이 싸다는 착각을 불러일으킨다.
④ 경제가 어려워질수록 기업들은 제품 가격 전략을 더 정교하게 구사한다.
⑤ 왼쪽 자릿수 효과의 원래 목적은 종업원들의 절도 행위를 방지하기 위한 것이다.

20

다음 글을 바탕으로 추론한 내용으로 가장 적절한 것은?

> 코식이는 사육사가 평소 사용하는 '안녕, 앉아, 아니야, 누워, 좋아' 등 5단어 이상의 말을 따라할 수 있다. 앵무새나 구관조의 소리가 사람의 소리와 분명하게 구분되는 것과 달리 코식이가 내는 소리는 사람의 소리와 매우 유사하다. 하지만 일반적으로 코끼리는 본래 사람이 들을 수 없는 범위인 주파수 20헤르츠(Hz) 미만의 저음을 내며 서로 의사소통을 한다는 점에서 사람들의 의사소통과 차이가 있다. 코끼리가 소리를 내는 방법에 대해서는 두 가지 가설이 있는데, 코끼리가 사람처럼 폐에서 공기를 내보낼 때 성대가 떨려 소리를 낸다는 가설과 고양이의 가르랑거리는 소리처럼 성대 근육을 씰룩거려 소리를 낸다는 가설이다.
>
> 전문가들의 연구 결과 코식이의 소리는 사람의 발성과 같은 원리로 나는 것이었다. 다만 주파수가 훨씬 낮았는데 이는 성대의 크기와 관계가 있다. 즉, 성대가 클수록 주파수가 낮고 작을수록 높다. 당연히 코끼리는 사람보다 성대의 크기가 훨씬 크므로 저음을 내는 것이다. 그런데 코식이는 어떻게 사람 목소리의 주파수 영역에서 자음과 모음이 분절된 소리를 낼 수 있을까? 연구자들은 코식이가 코를 말아 입의 오른쪽 방향에서 코끝을 입안에 밀어 넣은 뒤 혀를 눌러 소리를 만든다고 추측했다. 마치 사람이 손가락을 입에 넣어 주파수가 높은 휘파람을 내는 것과 비슷하다는 것이다. 하지만 연구자들이 코식이의 행동을 면밀히 관찰한 바에 따르면 코식이는 자기가 내는 소리가 무슨 뜻인지 알고 있지는 않은 것 같다고 한다.
>
> 코식이가 소리를 내는 원리가 밝혀지고 나자, 그가 왜 뜻도 모르는 사람 목소리를 흉내 내려고 하는지에 대한 의문이 생겨났다. 연구자들은 코식이가 암컷 코끼리 없이 생존한 기간이 7년여에 달하는 것에 주목했다. 연구자들은 논문에서 코식이가 사람 소리를 흉내 내게 된 건 유대와 발달이 중요한 시기에 같은 종으로부터 격리된 환경에서 사람만이 유일한 사회적 접촉 대상이었기 때문이라며 발성 학습이 사회적 유대를 강화하는 한 방편이었던 셈이라고 해석했다. 사람들은 코식이가 사람처럼 행동한다고 환호했지만 결국 코식이가 원한 것은 사람과의 수준 높은 대화가 아니라 안정적인 관계와 따뜻한 관심이었던 것이다.

① 코끼리들이 서로 의사소통을 할 때 내는 소리의 주파수는 사람이 들을 수 있는 범위이다.
② 코식이는 사람이 손가락을 입에 넣어 휘파람을 내는 것과 같은 주파수의 소리를 낼 수 있다.
③ 코끼리는 다른 코끼리와 소통을 많이 할수록 사람의 목소리와 거의 동일한 소리를 낼 수 있게 된다.
④ 코식이가 사람의 목소리와 유사한 소리를 낸 것은 격리된 환경에서 다른 대상과 유대 관계를 형성하기 위해서이다.
⑤ 코식이의 목소리가 사람의 소리와 유사해질수록 코식이는 자신이 내는 소리가 무슨 뜻인지 점차 이해할 수 있게 된다.

21
다음 유물이 사용된 시대에 대한 설명으로 옳은 것은?

> 덧띠 토기, 검은 간 토기, 널무덤

① 비파형 동검이 사용되었다.
② 오수전 등의 화폐가 사용되었다.
③ 아슐리안형 주먹도끼가 사용되었다.
④ 조개껍데기 가면과 치레걸이를 사용하였다.
⑤ 돌무지 덧널무덤을 만들었다.

22
밑줄 친 '왕'에 대한 설명으로 옳은 것은?

> 왕의 성은 고씨(高氏)이고 이름은 을불(乙弗)·우불(憂弗)이다. 서천왕의 손자이며, 고추가(古鄒加) 돌고(咄固)의 아들이다. 호양왕(好壤王)이라고도 한다. 큰아버지 봉상왕이 아버지를 죽일 때 민가(民家)에 숨어 화를 면하였으며, 소금장수 등을 하며 지냈다. 뒤에 국상(國相) 창조리(倉助利) 등이 봉상왕을 폐하자 왕위에 올랐다. 국토 확장에 진력하여, 군사 3만으로 현도군(玄菟郡)을 공격하여 적군 8,000명을 사로잡았고, 이후, 요동 서안평(西安平)을 점령하였다.

① 낙랑군을 축출하였다.
② 「진대법」을 시행하였다.
③ 백제의 침입으로 전사하였다.
④ 영락이라는 독자적인 연호를 사용하였다.
⑤ 율령을 반포하고, 중앙에 태학을 설치하였다.

23

(가)에 대한 설명으로 옳은 것은?

> 고려 문종 때 수도인 개경의 시전을 관할하기 위하여 설치하였다. 관원으로는 영(令) 1인, 승(丞) 2인을 두었으며, 이속(吏屬)으로 사(史) 3인, 기관(記官) 2인을 두었다.
> 충렬왕 때는 영을 권참(權參)으로 개칭하였고, 승을 3인으로 증가시켰으며, 공민왕 때에는 정8품인 승을 강등하여 종8품으로 하였다. 이 제도는 조선시대로 계승되었는데, 1392년(태조 1) 새 왕조를 세운 태조가 모든 법률과 제도를 고려의 것을 계승함에 따라 (가) 도 이에 따랐다.
> 그 뒤 문물제도가 정비됨에 따라 화폐의 유통과 도량형에 관한 업무도 관장하였다.

① 물가를 감독하는 임무를 담당하였다.
② 국가재정의 출납과 회계 업무를 총괄하였다.
③ 불법적으로 점유된 토지와 노비를 조사하였다.
④ 부족한 녹봉을 보충하고자 관료에게 녹과전을 지급하였다.
⑤ 가을에 곡식을 빌려주었다가 봄철에 돌려받는 빈민구제책이다.

24

(가) 인물에 대한 설명으로 옳은 것은?

> 천추태후와 김치양 사이에 아들이 생기자 천추태후는 김치양과 더불어 목종에게 아들이 없음을 기화로 그에게 왕위를 계승시키려 하였다. 그러나 당시 천추태후와 김치양의 모의는 태조의 유일한 혈통인 대량원군 순이 존재한다는 난관에 직면하였다. 그리하여 천추태후는 대량원군을 강제로 출가시켜 개성 숭교사(崇敎寺)에 머물게 하다가 삼각산 신혈사(神穴寺)로 옮기게 하고 여러 번 독살하려 했으나 목적을 이루지는 못하였다. …… 이에 중추원부사(中樞院副使) 채충순(蔡忠順) 등과 의논해 선휘판관(宣徽判官) 황보유의(皇甫兪義)와 낭장 문연(文演) 등을 신혈사에 보내어 대량원군을 맞아오게 하는 한편, 서경의 서북면도순검사(西北面都巡檢使) (가)에게 명해서 상경(上京)해 호위하게 하였다.
> (가)은/는 왕명을 받고 개성으로 오던 중에 왕이 이미 죽었다는 헛소문을 듣고 본영으로 되돌아갔으나, 정난(靖難)의 뜻을 품어 다시 군사 5천인을 이끌고 개성으로 향하였다.

① 현종을 옹립하였다.
② 귀주에서 거란군을 물리쳤다.
③ 여진을 몰아내고 동북 9성을 쌓았다.
④ 소손녕과 담판하여 강동 6주를 획득하였다.
⑤ 처인성에서 적장 살리타를 사살하였다.

25

밑줄 친 '이곳'에 대한 설명으로 옳은 것은?

- 문주왕 때, 이곳으로 천도하였다.
- 동학농민군이 이곳에서 패배하였다.

① 쌍성총관부가 설치되었다.
② 망이·망소이가 반란을 일으켰다.
③ 제너럴 셔먼호 사건이 발생하였다.
④ 1923년 조선 형평사가 결성되었다.
⑤ 탄금대에서 신립이 패배하였다.

26

다음 사건을 순서대로 나열한 것은?

ㄱ. 웅진도독부가 설치되었다.
ㄴ. 김흠돌이 반란을 일으켰다.
ㄷ. 교육 기관인 국학이 설립되었다.
ㄹ. 복신과 도침이 부여풍과 함께 백제 부흥 운동을 일으켰다.

① ㄱ-ㄹ-ㄴ-ㄷ 　② ㄱ-ㄹ-ㄷ-ㄴ
③ ㄴ-ㄱ-ㄷ-ㄹ 　④ ㄹ-ㄱ-ㄴ-ㄷ
⑤ ㄹ-ㄱ-ㄷ-ㄴ

27

다음 사건을 시기순으로 바르게 나열한 것은?

(가) 신라의 동시전 설치 　(나) 고구려의 낙랑 점령
(다) 백제의 미륵사 창건 　(라) 신라의 대가야 병합

① (가) → (나) → (다) → (라) 　② (가) → (라) → (나) → (다)
③ (나) → (가) → (라) → (다) 　④ (나) → (다) → (가) → (라)
⑤ (나) → (다) → (라) → (가)

28

고려시대 문화유산에 대한 설명으로 옳지 않은 것은?

① 경천사 10층 석탑은 원의 석탑을 모방하여 제작하였다.
② 충청남도 예산군 수덕사 대웅전은 다포 양식의 건물이다.
③ 여주 고달사지 승탑은 통일 신라의 팔각원당형 양식을 계승하였다.
④ 『상정고금예문』은 세계최고의 금속활자본이라는 기록이 남아있으나 전하지 않는다.
⑤ 청주 흥덕사에서 간행된 『직지심체요절』이 유네스코 기록 유산에 등재되었다.

29

조선시대 지도와 천문도에 대한 설명으로 옳지 않은 것은?

① 고구려 고분 벽화의 별자리를 본따서 제작한 천상열차분야지도는 하늘을 여러 구역으로 나누고 별자리를 표시한 그림이다.
② 혼일강리역대국도지도는 현전하는 동양 최고(最古)의 세계 지도로 아시아, 아프리카, 유럽을 포함하는 구대륙지도이다.
③ 동국지도는 정상기가 실제 거리 100리를 1척으로 줄인 백리척을 적용하여 제작하였다.
④ 대동여지도는 세계기록유산으로 거리를 알 수 있도록 10리마다 눈금을 표시하였다.
⑤ 조선 후기에 전래된 곤여만국전도는 중국 중심의 세계관을 벗어나는데 영향을 주었다.

30

다음과 같은 정책을 실시한 왕 때의 사실로 옳은 것은?

> 5~6년 전부터 서울 안에 놀고먹는 무리들 가운데 평시서(상행위 감독청)에 출연하여 시전을 새로 낸 자가 대단히 많다. 이들은 상품을 판매하는 일보다 난전 잡는 일을 일삼고 있. 심지어 채소와 기름, 젓갈 같은 것도 전매권을 가진 시전이 새로 생겨 마음대로 사고 팔 수 없게 되었다. 때문에 지방민이 가져오는 조그만 물건을 사고팔아 입에 풀칠하는 서울 영세 상인들은 장차 거래가 끊어질 형편이다. …… 내 생각으로는 정부가 평시서의 전안(사전 목록)을 조사하여 십년 이내에 조직된 작은 시전은 금난전권을 모두 없애 영세민들을 구제하여야 한다.

① 농가집성이 편찬되었다.
② 상평통보가 전국적으로 유통되었다.
③ 해동농서와 과농소초 등의 농서가 간행되었다.
④ 각종 문물 제도를 정비한 동국문헌비고가 편찬되었다.
⑤ 두 차례 예송논쟁이 발생하였다.

31

(가) 기구에 대한 설명으로 옳지 <u>않은</u> 것은?

> 성종(成宗, 1457~1494, 재위 1470~1494) 대에 건주여진(建州女眞)을 정벌할 때 임시로 (가)을/를 설치했습니다. 재상으로서 이 일을 맡은 사람을 지변재상(知邊宰相)이라고 불렀습니다. 그러나 이것은 일시적인 전쟁 때문에 설치한 것으로서 국가의 중요한 모든 일들을 참으로 다 맡긴 것은 아니었습니다.
> 그런데 오늘에 와서는 큰 일이건 작은 일이건 중요한 것으로 취급되지 않는 것이 없습니다. 그 결과 정부는 한갓 헛이름만 지니고 육조는 모두 그 직임을 상실하였습니다. 명칭은 '변방의 방비를 담당하는 것[備邊]'이라고 하면서 과거 시험에 대한 판하(判下)나 비빈(妃嬪)을 간택하는 등의 일까지도 모두 여기를 경유하여 나옵니다. 명분이 바르지 못하고 말이 이치에 맞지 않음이 이보다 심할 수가 없습니다.

① 흥선대원군이 혁파하였다.
② 세도가문의 권력 기반으로 작용하였다.
③ 임진왜란 이후 국정전반을 장악하였다.
④ 삼포왜란을 계기로 상설기구가 되었다.
⑤ 임난 이후, 의정부의 기능을 유명무실하게 만들었다.

32

다음과 같은 헌장을 발표한 정부의 정책으로 옳지 <u>않은</u> 것은?

> '신인일치(神人一致)로 중외협응(中外協應)하아 한성(漢城)에서 의(義)를 일으킨 이래 30여 일간에 평화적 독립을 3백여 주에 선언하고, 국민의 신의로써 완전히 조직한 임시 정부는 항구히 자주 독립의 복리를 아(我) 자손여민(子孫黎民)에게 세전하기 위해 임시의정원의 결의로서 임시헌장을 선포하노라'

① 육군 주만 참의부를 결성하였다.
② 비밀 통신 기관인 교통국을 설치하였다.
③ 군사업무를 관장한 국무원을 설치하였다.
④ 사료 편찬소에서 『한일 관계사료집』을 발간하였다.
⑤ 민주공화제, 대통령제, 삼권분립을 기반으로 성립하였다.

33

다음과 같은 주장을 한 인물이 집권하여 추진한 사실로 옳은 것은?

> "이제 우리는 무기 휴회된 공위가 재개될 기색도 보이지 않으며 통일정부를 고대하나 여의케 되지 않으니 남방만이라도 임시 정부 혹은 위원회 같은 것을 조직하여 38 이북에서 소련이 철퇴하도록 세계 공론에 호소하여야 될 것이니 여러분도 결심하여야 될 것이다. 그리고 민족 통일기관 설치에 대하여 지금까지 노력하여 왔으나 이번에는 우리 민족의 대표적 통일기관을 귀경한 후 즉시 설치하게 되었으니 각 지방에 있어서도 중앙의 지시에 순응하여 조직적으로 활동하여 주기 바란다"

① 4·13 호헌 조치를 발표하였다.
② 대통령 직선제 개헌을 추진하였다.
③ 반민족 행위 특별 조사 위원회를 적극 지원하였다.
④ 베트남 파병에 필요한 조건을 명시한 브라운 각서를 체결하였다.
⑤ 소급 입법인 4차 개헌을 추진하였다.

34

다음과 같은 주장을 한 왕을 뒷받침한 붕당에 대한 설명으로 옳은 것만을 <u>모두</u> 고르면?

> 기미년에 중국이 오랑캐를 정벌할 때 장수에게 사태를 관망하여 향배(向背)를 결정하라고 은밀히 지시하여 끝내 우리 군사 모두를 오랑캐에게 투항하게 하여 추악한 명성이 온 천하에 전파되게 되었다. ……
> 이러한 죄악을 저지른 자가 어떻게 나라의 임금으로서 백성의 부모가 될 수 있으며, 조종의 보위에 있으면서 종묘·사직의 신령을 받들 수 있겠는가, 이에 그를 폐위시키노라.

> ㄱ. 갑술환국으로 정권을 장악하였다.
> ㄴ. 효종이 사망하자 기년설을 주장하였다.
> ㄷ. 능력을 바탕으로 정조 시기에 중용되었다.
> ㄹ. 조식과 서경덕의 문인을 중심으로 형성되었다.

① ㄱ, ㄴ
② ㄱ, ㄷ
③ ㄴ, ㄷ
④ ㄴ, ㄹ
⑤ ㄷ, ㄹ

35
(나) 시기에 일어난 사실로 옳은 것은?

| (가) 호패법이 실시되었다. |

⇩

| (나) |

⇩

| (다) 동국병감이 편찬되었다. |

① 을사사화가 일어났다.
② 『경국대전』이 반포되었다.
③ 『향약집성방』이 편찬되었다.
④ 금속활자인 계미자가 주조되었다.
⑤ 『조선경국전』이 편찬되었다.

36
다음 법령이 시행된 시기에 있었던 사실로 옳은 것은?

| 제1조 소학교는 국민 도덕의 함양과 보통의 지능을 갖게 함으로써 충량한 황국신민을 육성하는 데 있다.
제2조 심상소학교 교과목은 수신, 국어(일어), 산술, 국사, 지리, 이과, 직업, 도화이다. 조선어는 수의(隨意 선택) 과목으로 한다. |

① 「서당규칙」이 공포되었다.
② 「국민학교령」이 제정되었다.
③ 산미 증식 계획이 추진되었다.
④ 농촌 진흥 운동을 시작하였다.
⑤ 조선일보와 동아일보가 창간되었다.

37

다음과 같은 발표문에 근거하여 시행된 조치로 옳은 것은?

> 1. 조선을 독립시키고 민주주의 국가로 발전시키는 동시에, 가혹한 일본의 조선 통치 잔재를 빨리 청산하기 위해 조선에 임시 민주주의 정부를 수립한다.
> 3. (... 중략 ...) 미·영·소·중 4국 정부가 최고 5년 기간의 4개국 통치 협약을 작성하는 데 공동으로 참작할 수 있는 제안을 조선 임시 정부와 협의하여 제출해야 한다.

① 미 군정청이 설치되었다.
② 5·10 총선거가 실시되었다.
③ 좌우 합작 위원회가 구성되었다.
④ 미·소 공동 위원회가 개최되었다.
⑤ 조선 건국 준비위원회를 창설하였다.

38

(가), (나) 사이의 시기에 있었던 사실로 옳은 것은?

> (가) "국호가 이미 정해졌으니, 원구단에 행할 고유제(告由祭)의 제문과 반조문(頒詔文)에 모두 '대한'으로 쓰도록 하라." 하였다.
> (나) 제3조 대한국 대황제께옵서는 무한하온 군권을 향유하옵시니 공법(公法)에 이르는 바 자립 정체이니라.
> 제5조 대한국 대황제께옵서는 국내 육해군을 통솔하옵셔서 편제를 정하옵시고 계엄·해엄을 명령하옵시니라.
> 제6조 대한국 대황제께옵서는 법률을 제정하옵셔서 그 반포와 집행을 명령하옵시고 만국의 공공한 법률을 효방(效倣)하사 국내 법률로 개정하옵시고 대사·특사·감형·복권을 명하옵시느니 공법에 이른바 정율례이니라.

① 개항장에서 일본 화폐가 통용되기 시작하였다.
② 러시아가 압록강 유역의 산림 채벌권을 획득하였다.
③ 황국 중앙 총상회가 조직되어 상권 수호 운동을 전개하였다.
④ 함경도의 방곡령에 불복하여 일본 상인이 손해 배상을 요구하였다.
⑤ 최초로 관세권을 설정한 조미수호통상조약이 체결되었다.

39

다음 중 군국기무처에서 추진한 개혁에 해당하는 것만을 모두 고르면?

> ㄱ. 조세의 금납화
> ㄴ. 예산 제도의 실시
> ㄷ. 과부의 재가를 허용
> ㄹ. 8아문을 내각 7부로 교체

① ㄱ, ㄴ
② ㄱ, ㄷ
③ ㄴ, ㄷ
④ ㄴ, ㄹ
⑤ ㄷ, ㄹ

40

(가) 시기에 볼 수 있었던 모습으로 옳지 않은 것은?

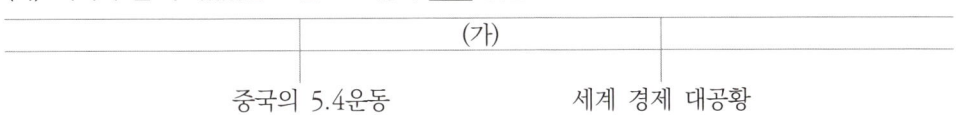

중국의 5.4운동   세계 경제 대공황

① 봉오동에서 항전하는 대한독립군
② 경주에서 우편마차를 탈취하는 대한광복회
③ 보통학교에 6학년에 재학중인 조선인 학생
④ 임시정부의 『독립신문』 기사를 작성하는 기자
⑤ 미쓰야 협정 체결에 분노하는 독립운동가

41

다음은 개인정보 공격형태에 대한 설명이다. 빈칸에 들어갈 용어가 알맞게 연결된 것은?

> (ㄱ) : 무료쿠폰 제공이나 돌잔치 초대장, 모바일청첩장 등을 내용으로 하는 문자 메시지 내 인터넷 주소를 클릭하면 악성코드가 스마트 폰에 설치되어 피해자가 모르는 사이에 개인·금융정보를 탈취하는 방식
>
> (ㄴ) : 인터넷 사용자의 컴퓨터에 잠입해 내부 문서나 스프레트시트, 그림파일 등을 암호화해 열지 못하도록 만든 후 돈을 보내주면 해독용 열쇠 프로그램을 전송해 준다며 금품을 요구하는 방식
>
> (ㄷ) : 인공지능 기술을 이용하여 사진이나 영상을 원본에 겹쳐서 제작한 가짜 동영상 또는 제작 프로세스 자체

① (ㄱ) : 피싱
② (ㄱ) : 랜섬웨어
③ (ㄴ) : 멀웨어
④ (ㄷ) : 딥페이크
⑤ (ㄷ) : 파밍

42

다음 중 국회의 권한이 아닌 것은?

① 예산안 심의 확정권
② 헌법재판소장 임명 동의권
③ 중앙선거관리위원회 위원 3인 선출권
④ 내부경찰권
⑤ 국군의 해외파견에 대한 건의권

43

다음 중 정보의 유형 중 기술정보의 종류가 아닌 것은?

① OSINT
② SIGINT
③ IMINT
④ MASINT
⑤ GEOINT

44

일이 완결되지 않으면 긴장이나 불편한 마음이 지속되어 오랜 잔상으로 남아 마음속에서 쉽게 지우지 못하는 현상은 무엇인가?

① 베블런 효과
② 바넘 효과
③ 자이가르닉 효과
④ 크레스피 효과
⑤ 스티그마 효과

45

다음 제시문에서 설명하고 있는 지수는 무엇인가?

> 이 지수는 미국 경제학자 아서 오쿤이 고안한 것으로 소비자물가상승률과 실업률 등을 더해 이 지수를 산출한다. 이 지수는 산정 방법은 간단하지만 국민이 체감하는 경제생활 수준을 측정하는 데 유용한 지표로 활용된다.

① 물가지수
② 러너지수
③ 허쉬만 - 허핀달지수
④ 고통지수
⑤ 인간개발지수

46

다음에서 설명하는 사례에 해당하는 개념은?

- 오랜 시간 사랑받은 아이스크림 제품을 젤리나 과자로 재탄생시키거나, 아이스바 형태의 빙과류를 떠먹는 아이스크림으로 변화를 준 사례.
- 크림의 맛에 변화를 줘 딸기, 바나나, 녹차, 요구르트 등 소비자의 취향에 따라 선택지를 넓히는 사례.
- 장르를 바꿔 간식류의 향이 그대로 담긴 화장품이 출시되거나, 빵이나 과자 패키지 모양을 차용해 패션 아이템으로 출시하는 아이디어.

① 레드오션
② 그린오션
③ 블루오션
④ 퍼플오션
⑤ 블랙오션

47

아베노믹스에 관한 다음 설명 중 맞지 않는 것을 고르면?
① 엔저에 따른 원화절상 리스크는 줄어들 것이다.
② 한국 수출 기업이 타격을 입는다.
③ 한국을 찾는 일본인 관광객의 수가 감소할 것이다.
④ 엔화부채가 많은 국내 기업은 이자비용이 줄어들 것이다.
⑤ 엔저에 따른 한국 화폐가치의 상승으로 세계시장에서 가격경쟁력이 하락할 것이다.

48

다음에 설명하고 있는 것이 무엇인가?

범죄수사에서 적용되고 있는 과학적 증거 수집 및 분석기법의 일종으로, 각종 디지털 데이터 및 통화기록, 이메일 접속기록 등의 정보를 수집·분석하여 DNA·지문·핏자국 등 범행과 관련된 증거를 확보하는 수사기법을 말한다. 현대인들의 생활 속에는 자신도 모르게 디지털 기기와 항상 접해 있어 상당부분 개인에 대한 기록이 디지털 정보로 남아 있는 경우가 많고, 디지털 기술의 발달로 범행을 숨기기 위해 삭제한 자료 등도 복원이 가능한 경우가 많아 범죄수사에 널리 활용되고 있다.

① 프로파일링 기법
② 디가우징
③ 디지털 포렌식
④ 빅데이터 수사기법
⑤ 슈퍼 임퍼즈법

49

현대 사회에서 두드러진 특징 중의 하나로 NGO 의 활발한 활동을 들 수 있다. 시민이 중심이 되어 사회형성의 적극적 역할을 담당하고 있는 현상은 바로 시민이 주인이라는 현대의 정치이념과도 부합되는 현상이라고 할 것이다. 다음 NGO에 대한 설명 중 잘못된 것은?

① 국경을 초월한 시민운동단체이다.
② 인권. 반핵 분야에서 활동하지만 군축분야는 활동 영역에서 제외된다.
③ 자원단체는 물론 다국적기업도 포함된다.
④ 이 단체들은 평화. 환경 분야에서 국가의 기능을 보완 또는 협력한다.
⑤ 이 단체의 활동은 사회 형성에 적극적인 영향을 준다.

50

다음 중 틀린 것은?
① MDL - 군사분계선
② DMZ - 비무장지대
③ NLL - 해상경비경계선
④ JSA - 공동경비구역
⑤ 카디즈(KADIZ) - 방공식별구역

모의고사 제 2 회

[50문항/70분]

01

음운에 대한 설명으로 가장 적절한 것은?
① 음성이란 사람의 입을 통해 나오는 모든 소리를 말한다.
② 모음은 날숨이 입 안을 지날 때 장애를 받아 나는 소리이다.
③ 분절 음운은 자음 14개, 모음 10개의 총 24개로 이루어져 있다.
④ 음성에서 공통적인 요소만을 뽑아서 같은 소리로 인식하는 추상적인 말소리를 음운이라고 한다.
⑤ 비분절 음운은 본래 짧게 발음되는 것도 둘째 음절 이하에 오면 긴소리로 발음되는 경향이 있다.

02

밑줄 친 낱말 중 음운 탈락이 되지 않은 것끼리 묶인 것은?

― 보기 ―
㉠ 대문을 굳게 잠가서 좀 안심이 된다.
㉡ 다함께 넓은 밭을 일궈서 곡식을 심었다.
㉢ 올해부터는 직접 김치를 담가서 먹어야겠다.
㉣ 어제 늦게까지 공부를 했더니 졸려서 힘들다.
㉤ 집에 가는 길에 서점에 들러서 책을 살 것이다.

① ㉠, ㉡ ② ㉠, ㉢
③ ㉡, ㉣ ④ ㉢, ㉤
⑤ ㉣, ㉤

03

〈보기〉의 ㉠~㉤에서 일어나는 음운 변동에 대한 설명으로 적절한 것은?

― 보기 ―
㉠설날에 ㉡옷맵시가 ㉢좋은 ㉣백현이 입고 온 옷이 ㉤값지다고 느꼈다.

① ㉠은 교체, ㉡은 첨가의 음운 변동이 일어난다.
② ㉠은 축약, ㉢은 탈락의 음운 변동이 일어난다.
③ ㉡은 교체와 첨가 ㉣은 첨가의 음운 변동이 일어난다.
④ ㉢은 탈락, ㉣은 첨가와 축약의 음운 변동이 일어난다.
⑤ ㉣은 축약, ㉤은 탈락과 교체의 음운 변동이 일어난다.

04

〈보기〉를 참고하여 ㄱ-ㄷ을 탐구한 내용으로 가장 적절한 것은?

┤ 보기 ├

　문장에서 홀로 쓰이지 못하고 다른 말에 붙어 쓰이는 단어를 조사라고 한다. 조사는 주로 체언 뒤에 결합하여 문법적인 관계를 나타내는 격조사와 체언뿐 아니라 부사 따위에도 결합하여 특별한 뜻을 더해주는 보조사, 두 단어를 같은 자격으로 이어 주는 접속 조사로 나누기도 한다.

ㄱ. 시골 장터에서 사과와 배를 산다.
ㄴ. 새장 속의 새가 포르륵 퍼덕인다.
ㄷ. 그 자가 일을 빨리는 하오.

① ㄱ을 보니 격조사, 접속조사, 보조사를 모두 확인할 수 있다.
② ㄴ을 보니 부사격 조사, 보조사가 쓰임을 확인할 수 있다.
③ ㄴ을 보니 조사가 부사 뒤에 붙어 쓰임을 확인할 수 있다.
④ ㄷ을 보니 격조사, 접속조사, 보조사를 모두 확인할 수 있다.
⑤ ㄱ과 ㄷ을 보니 앞말의 끝소리에 따라 격 조사의 형태가 달라짐을 확인할 수 있다.

05

〈보기〉를 분석한 내용으로 적절하지 않은 것은?

┤ 보기 ├

그가 간 땅에는 이제 아무도 살고 있지 않았다.

① 이 문장의 형태소는 모두 17개이다.
② 자립 형태소이면서 실질 형태소는 모두 4개다.
③ 의존 형태소이면서 형식 형태소인 조사는 모두 4개다.
④ 의존 형태소이면서 실질 형태소인 어간은 모두 4개다.
⑤ 의존 형태소이면서 형식 형태소인 어미는 모두 4개다.

06

〈보기〉의 ㉠~㉤의 단어 형성 과정을 설명한 것으로 적절한 것은?

---- 보기 ----

- ㉠군소리 하지 마라.
- 바지에 난 구멍에 옷감을 ㉡덧대었다.
- 생명을 구한 너의 행동은 ㉢명예로운 일이다.
- 아이들은 ㉣놀이를 하면서 배운다.
- ㉤닫히는 문에 손가락이 끼지 않게 조심해라.

① ㉠은 '쓸데없는, 덧붙은'의 의미를 가진 접두사가 결합되어 어근의 원래 품사가 바뀐 단어이다.
② ㉡은 '거듭된, 겹쳐'의 의미를 가진 접미사가 결합되었고 어근의 원래 품사는 바뀌지 않은 단어이다.
③ ㉢은 '그러함, 그럴 만함'의 의미를 가진 접미사가 결합되어 어근의 원래 품사에서 바뀐 단어이다.
④ ㉣은 '-하는 행동'의 의미를 가진 접미사가 결합되었고 어근의 원래 품사는 바뀌지 않은 단어이다.
⑤ ㉤은 '피동'의 뜻을 더하는 접미사가 결합되어 어근의 원래 품사가 바뀐 단어이다.

07

〈보기〉에서 제시한 로마자 표기에 따른 표기로 적절한 것으로만 묶은 것은?

---- 보기 ----

- ㄱ. 묵호 Muko
- ㄴ. 설악산 Seolaksan
- ㄷ. 팔당 Palttang
- ㄹ. 속리산 Sokrisan
- ㅁ. 종로 Jongro
- ㅂ. 광희문 Gwanghuimun
- ㅅ. 한려 Hanlyeo
- ㅇ. 녹림문 Dongnimmun
- ㅈ. 알약 allyak
- ㅊ. 해운대 Hae-undae

① ㄱ, ㄹ, ㅈ
② ㄴ, ㄷ, ㅅ
③ ㅂ, ㅇ, ㅈ, ㅊ
④ ㄱ, ㄷ, ㅂ, ㅈ, ㅊ
⑤ ㄴ, ㄹ, ㅁ, ㅂ, ㅅ, ㅊ

08

〈보기〉를 바탕으로 표기한 용례로 적절하지 <u>않은</u> 것은?

> **보기**
>
> ⓐ 한 단어 안에서 뚜렷한 까닭 없이 나는 된소리는 다음 음절의 첫소리를 된소리로 적는다. 다만, 'ㄱ, ㅂ' 받침 뒤에서 나는 된소리는 된소리로 적지 아니한다.
> ⓑ 종결형에 사용되는 어미 '-오'는 '요'로 소리 나는 경우가 있더라도 그 원형을 밝혀 '-오'로 적는다.
> ⓒ 끝소리가 'ㄹ'인 말과 딴 말이 어울릴 적에 'ㄹ' 소리가 나지 아니하는 것은 아니 나는 대로 적는다.
> ⓓ 'ㄷ, ㅌ' 받침 뒤에 종속적 관계를 가진 '-이(-)'나 '-히-'가 올 적에는 그 'ㄷ, ㅌ'이 'ㅈ, ㅊ'으로 소리 나더라도 'ㄷ, ㅌ'으로 적는다.
> ⓔ '-하다'가 붙는 어근에 '-히'나 '-이'가 붙어서 부사가 되거나, 부사에 '-이'가 붙어서 뜻을 더하는 경우에는 그 어근이나 부사의 원형을 밝히어 적는다.

① 깍뚜기
② 어서오십시오
③ 하늘을 나는 새
④ 닫히다
⑤ 일찍이

09

㉠~㉣의 문장 성분과 문장 구조에 대한 설명으로 적절한 것은?

> **보기**
>
> ㉠ 형은 아주 멋진 대학생이 되었다.
> ㉡ 제 동생은 모형 자동차와 비행기가 꽤나 많아요.
> ㉢ 할머니께서 어린 손자들에게 간식을 골고루 나눠 주신다.
> ㉣ 이슬비가 소리 없이 내리는 아침에 우산 셋이 나란히 걷고 있어요.

① ㉠~㉣의 부사어는 모두 서술어를 수식하고 있다.
② ㉠~㉣에는 모두 체언을 수식하는 안긴문장이 있다.
③ 안은문장 ㉠과 안은문장 ㉣의 서술어는 모두 두 자리 서술어이다.
④ 문장이 이어지면서 ㉡은 서술어가, ㉢은 주어와 부사어가 생략되었다.
⑤ ㉠~㉣에서 부속 성분이 모두 절의 형태로 안겨 있는 문장은 ㉣이다.

10

다음 겹문장 중에서 종류가 다른 문장은?

① 그는 길을 물어 찾아갔다.
② 민우가 읽은 책은 시집이다.
③ 나는 내일 할 일을 생각했다.
④ 아이들이 들어오는 소리를 들었다.
⑤ 나는 어제 읽던 책을 오늘 읽었다.

11

이중 피동 표현으로 적절하지 않은 것은?

① 복잡한 문제가 드디어 풀려졌다.
② 아기가 엄마에게 살포시 안기었다.
③ 영희가 거짓말을 했다는 사실이 안 믿겨진다.
④ 이 시가 요즘 학생들 사이에서 널리 읽혀진다.
⑤ 그는 예전부터 우리 학교에서 천재로 불려졌다.

12

〈보기〉의 밑줄 친 내용 바탕으로 과거 시제의 표현에 대해 탐구한다고 했을 때, 적절하지 않은 것은?

─┤ 보기 ├─

㉠ 아이들이 어제 운동장에서 뛰어놀았다.
㉡ 이 물건은 작년에 어머니께서 만드신 것이다.
㉢ 그렇게 바쁘던 가게가 오늘은 한가한 편이다.
㉣ 멀고 먼 과거에는 이 땅에도 공룡이 살았었다.
㉤ 지난주에 보니까 무대에서 인기 가수들이 쇼를 하더라.

① ㉠을 통해 선어말 어미 '-았-/-었-'이 과거 시제를 실현한다는 사실을 알 수 있다.
② ㉠, ㉡을 통해 '어제', '작년에'와 같은 시간 부사어 역시 문장의 시제가 과거 시제임을 분명하게 나타내는 역할을 한다는 사실을 알 수 있다.
③ ㉡, ㉢을 통해 형용사와 동사는 관형사형 어미 '-(으)ㄴ'과 결합하여 과거 시제를 실현할 수 있다는 사실을 알 수 있다.
④ ㉣을 통해 '-았었/었었-'은 살았다는 과거 상황에 대한 단절감을 강조하고자 할 때 사용할 수 있다는 사실을 알 수 있다.
⑤ ㉤을 통해 '-더-'는 과거에 직접 관찰한 사실을 표현할 때 사용할 수 있다는 사실을 알 수 있다.

13
'건강부담금'을 바르게 쓴 것은?
① 漣剛腐談金
② 健康負擔金
③ 揵康腐談金
④ 揵康俏壜金
⑤ 建強負潭金

14
다음 중 한자어의 독음으로 옳지 않은 것은?
① 休暇(휴가), 民弊(민폐)
② 彈劾(탄핵), 審判(심판)
③ 稅金(세금), 租稅(조세)
④ 播種(파종), 推穀(추곡)
⑤ 叱責(질책), 眞摯(진집)

15
다음 절기 중 그 철이 다른 하나는?
① 白露
② 驚蟄
③ 淸明
④ 穀雨
⑤ 春分

16
다음 한자성어와 의미가 통하는 속담을 알맞게 연결되지 않은 것은?
① 同價紅裳 : 같은 값이면 다홍치마
② 走馬看山 : 빈대 잡으려다 초가삼간 태운다.
③ 磨斧爲針 : 열 번 찍어 안 넘어가는 나무 없다.
④ 契酒生面 : 재주는 곰이 부리고 돈은 주인이 받는다.
⑤ 指鹿爲馬 : 윗사람을 농락하여 권세를 마음대로 함

17
다음 문장 중 한자 어휘가 적절하게 쓰이지 않은 것은?
① 지난번 放火 사건의 용의자가 붙잡혔다.
② 그는 속세 일에 초월하여 高踏的인 태도를 일관되게 갖고 있다.
③ 직접 입찰하는 대신 隨意契約으로 일을 일사천리 추진하고자 한다.
④ 그 사람은 예의가 바르고 행동이 단정한 典形인 영국 신사이다.
⑤ 현수가 사건의 강력한 容疑者로 지목되어 조사를 받고 있다.

18

다음 글에 대한 설명으로 적절하지 않은 것은?

> 이 과정을 통해 찾은 곳이 바로 뇌에 있는 시교차상 핵이다. 빛이 눈으로 들어온 뒤 가게 되는 뇌의 좌우 신경이 교차하는 곳인 시교차 위에 있어 시교차상 핵이라 불리는 곳인데, 이곳은 생체 시계가 빛의 영향을 받다 보니 오랫동안 가장 그럴듯한 생체 시계 후보로 간주됐다. 시교차상 핵은 2만여 개의 신경 세포로 이루어져 있다. 살아 있는 쥐의 시교차상 핵에 전극을 꽂아 신경 세포들의 전기 신호를 측정해 그래프로 나타내면, 24시간을 간격으로 주기적인 물결 무늬에 가까운 곡선 형태가 그려진다. 그리고 이곳을 망가뜨리면 몸 안 대부분의 기관에서 24시간을 주기로 활동이 반복되는 양상이 사라진다. 즉 시교차상 핵이 바로 중앙 통제 시계인 것이다.
>
> 이 실험에서 또 하나 흥미를 끄는 것은 시교차상 핵의 2만여 개 신경 세포들에서 서로 다른 주기가 측정된다는 점이다. 시교차상 핵의 신경 세포를 모두 꺼내 적절한 환경으로 만들어진 접시 위에서 키우면서 이들의 일주기 리듬을 측정하자, 그 범위는 20시간에서 28시간 사이로 나타났다. 그런데 이렇게 서로 다른 주기를 가졌던 신경 세포가 체내에서 활동할 때에는 정확히 24시간에 맞춰 리듬을 만들어 낸다. 이 리듬을 자세히 살펴보면, 오전 7시가 지나면 멜라토닌 호르몬 분비가 멈추고 8시 30분 무렵에 장운동이 활발해진다. 오후 3시 30분쯤은 반응 속도가 하루 중 가장 활발하여 업무 능력이 최고조에 달하고 오후 5시 무렵은 근육의 힘과 유연성이 최고일 때이며 심장과 폐의 기능도 가장 활발하다. 그리고 밤 9시쯤에는 멜라토닌 호르몬이 분비되기 시작하여 새벽 2시경에는 최고치에 달하면서 새벽 2시 전후에는 가장 깊은 수면을 취할 수 있다.
>
> 이 리듬이 망가지면 판단도 흐려지고 업무의 실수도 잦아지는데, 응급실에서 벌어지는 판단 실수의 많은 경우가 의사와 간호사의 일주기 리듬이 망가진 탓에 발생한다. 우크라이나의 체르노빌과 미국 스리마일섬의 원자력 발전소 사고도 모두 밤 12시부터 새벽 4시, 일주기 리듬을 거스른 직원들의 판단 착오로 벌어진 대형 사고였다. 이렇듯 생체 리듬을 무시해서 벌어진 사고를 통해 현대를 살아가는 우리에게 생체 시계의 특성을 정확히 이해하고 일상생활을 하는 것이 무엇보다도 중요하다는 것을 알 수 있다. 우리 몸은 해가 있는 동인은 깨어 있고, 해가 진 다음에는 잠을 자도록 진화해 왔으므로 아침에 일어나고 밤에 잠을 자야 생체 시계를 거스르지 않는다. 그러나 해 뜨기 전에 일어나야 하고 밤늦게까지 일을 해야 하는 현대인들은 대부분 생체 시계와 맞지 않는 삶을 살아가고 있다. 생체 시계를 정확히 지키면서 살아가기는 어렵더라도, 건강을 위해 적절한 관리는 반드시 필요하다.

① 구체적인 실험 결과를 제시하여 글의 신뢰성을 높이고 있다.
② 질문에 대한 답을 구하는 과정을 바탕으로 글을 전개하고 있다.
③ 다양한 사례를 제시하여 글에 대한 독자의 이해를 높이고 있다.
④ 객관적인 과학 정보를 바탕으로 글쓴이의 의견을 제시하고 있다.
⑤ 여러 이론을 소개하고 그에 대한 글쓴이의 생각을 드러내고 있다.

19

㉠과 ㉡이 발생하는 차이로 가장 적절한 것은?

일반적으로 적란운은 지표에서 2~3km 이내에서 형성된다. 적란운에서 비가 내리면 적란운 아래에 있는 공기는 온도가 내려가 밀도가 높아지면서 밀도가 낮은 주위로 넓게 퍼져 나가게 된다. 이때 주위에 퍼진 차가운 공기가 원래의 적란운으로부터 떨어진 장소에서 다시 따뜻하고 습한 공기와 만나는 경우가 있다. 그렇게 되면 이 따뜻하고 습한 공기가 상승하면서 새로운 적란운을 만들게 된다. 이때 새로 만들어진 적란운은 기존 적란운과 떨어져 있기 때문에 각각의 적란운 바로 아래 지역에만 30분에 30mm에 못 미치는 비가 내린 후 그치게 된다. 이때 내리는 비가 바로 ㉠소나기이다.

그런데 만일 기존이 적란운에서 가까운 곳에 새로운 적란운이 생기면 어떻게 될까? 이때는 두 개 이상의 적란운이 겹쳐지면서 한 지역에 동시에 많은 양의 비를 쏟아붓는 ㉡집중 호우가 발생하게 된다. 이러한 집중 호우를 발생시키는 적란운을 형성하는 공기는 일반적인 적란운을 형성하는 공기보다 그 온도와 습도가 훨씬 더 높다. 그래서 일반적인 적란운보다 고도가 더 낮은 곳에서부터 구름이 형성될 수 있으므로, 지표에서 수백 미터에 불과한 높이에 적란운이 형성된다. 이렇게 형성된 적란운의 바닥과 지표 사이는 공간이 좁아서 이 공간에 있는 공기의 양도 적다. 그래서 비가 내리더라도 차가워진 공기가 멀리 퍼지지 못한다. 이런 상황에서 매우 따뜻하고 습한 공기가 유입되면 이 공기가 상승하면서 기존의 적란운 바로 가까이에 새로운 적란운을 형성하게 된다. 이러한 과정이 반복되면서 기존의 적란운과 동일한 장소에 여러 개의 적란운들이 몰려 형성되기 때문에 특정한 지역에 엄청난 양의 비가 일시에 집중적으로 쏟아지게 된다.

① 적란운에 유입되는 공기의 종류
② 적란운이 형성되는 장소의 지형
③ 적란운의 형성 속도와 공기의 상승 속도
④ 적란운이 위치한 고도와 적란운 사이의 거리

20

③과 ⓒ에 대한 이해로 적절한 내용을 〈보기〉에서 모두 고른 것은?

재산권의 사회적 제약과 특별한 희생의 구별에 대해 ③ 분리 이론과 ⓒ 경계 이론은 다른 입장을 보인다. 분리 이론은 입법자의 의사에 따라 사회적 제약과 특별한 희생이 결정된다고 본다. 예를 들어 국회의원이 A라는 법률을 만들 때 재산권을 침해하는 내용은 있으나 보상 내용이 없다면, 국회의원은 그 법에 의한 재산권 침해를 사회적 제약으로 본 것이다. 그런데 법을 실제로 시행했을 때 사회적 제약을 넘는다면 A 법률이 잘못 만들어진 것이므로, 이 법률은 위헌이 된다. 분리 이론에서는 이 경우에 손실을 보상하는 것이 아니라 A 법률을 제거해야 한다고 본다. 재산권을 존속시키는 것이 재산권을 침해하면서 그 손실을 보상하는 것보다 우선한다고 보기 때문이다.

반면에 경계 이론은 사회적 제약과 특별한 희생이 별개가 아니라 단지 침해의 정도에 차이가 있을 뿐이라고 본다. 따라서 위의 A 법률이 시행되었을 때 재산권 침해의 정도가 사회적 제약의 범위를 넘어서면 특별한 희생으로 바뀌게 되며, 이 경우에는 법률에 보상 내용이 없었다 하더라도 특별한 희생에 대한 보상은 당연히 이루어져야 한다고 본다. 헌법 제23조 제3항을 근거로 공공 필요에 의한 침해와 보상이 함께 이루어져야 한다고 했기 때문이다.

― 보기 ―

ㄱ. ③은 입법자의 의사를 기준으로 손실 보상 청구권의 성립 여부를 판단해야 한다고 본다.
ㄴ. ③은 어떤 법률이 개인의 재산권을 과도하게 침해하면 손실 보상보다 법을 제거해야 한다고 본다.
ㄷ. ⓒ은 행정 작용으로 인한 재산상 손실을 항상 보장해야 한다고 본다.
ㄹ. ⓒ은 법률에 보상 규정이 있어야 재산상 손실을 보상할 수 있다고 본다.

① ㄱ, ㄴ
② ㄷ, ㄹ
③ ㄱ, ㄴ, ㄷ
④ ㄱ, ㄴ, ㄹ
⑤ ㄴ, ㄷ, ㄹ

21

선사 시대에 대한 옳은 설명을 모두 고른 것은?

> ㄱ. 구석기 시대에는 원형 또는 모서리가 둥근 사각형 움집에서 살았다.
> ㄴ. 신석기 시대에는 구릉 지대에 모여 살면서 구릉 아래의 평지에서 농사를 지었다.
> ㄷ. 중석기 시대에는 작고 빠른 짐승을 잡기 위해 잔석기를 연결한 활 등을 사용하였다.
> ㄹ. 신석기 시대는 혈연을 바탕으로 한 씨족을 기본 구성 단위로 한부족 사회를 이루었다.

① ㄱ, ㄴ ② ㄱ, ㄷ
③ ㄴ, ㄷ ④ ㄴ, ㄹ
⑤ ㄷ, ㄹ

22

(가) 나라에 대한 설명으로 옳은 것은?

> (가)는 랴오닝성 일대를 중심으로 주변의 여러 부족을 정복하며 세력을 넓혀 나갔다. 이 나라는 한때 중국의 연과 대립할 정도로 강성하여 연을 공격하기도 하였으나 이후, 연의 침략을 받아 서쪽의 넓은 영토를 상실하기도 하였다.

① 솔빈부의 말이 특산물로 유명했다.
② 사회 질서를 유지하기 위한 8조법이 있었다.
③ 도둑질한 자는 12배로 배상하는 법이 있었다.
④ 박사제도를 두어 오경박사, 역박사, 의박사 등이 있었다.
⑤ 큰 군장을 신지·견지, 작은 군장을 읍차·부례 라고 불렀다.

23

다음 설명과 같은 시기에 나타난 사회 모습으로 옳은 것은?

> 나라 안의 여러 주군에서 공부(貢賦)를 바치지 않으니 창고가 비고 나라의 쓰임이 궁핍해졌다. 왕이 사신을 보내어 독촉하였지만, 이로 인해 곳곳에서 도적이 벌떼같이 일어났다. 이에 원종·애노 등이 사벌주에서 반란을 일으키니 왕이 영기에게 명하여 잡게 하였다. 영기는 적진을 쳐다보고는 두려워하여 나아가지 못하였다.

① 삼국 부흥을 주장하면서 민중들이 봉기하였다.
② 지방에서 새로운 세력가인 호족들이 성장하였다.
③ 농민 항쟁이 벽서, 괘서, 투서 등 다양한 형태로 나타났다.
④ 신분제가 동요되어 노비 중에서 권력층이 된 자가 생겨났다.
⑤ 6두품 지식인들이 왕의 정치적 조언자로서 중용되었다.

24

발해 주요 왕의 업적에 대한 설명으로 옳은 것은?
① 문왕은 중경에서 동경, 동경에서 상경으로 천도하였다.
② 고왕은 동모산에 나라를 세우고, 천수라는 연호를 사용하였다.
③ 무왕은 장문휴를 보내 당을 공격했고, 대흥이라는 연호를 사용하였다.
④ 선왕은 최대영역을 확보한 뒤, 5경15부62주의 지방행정을 정비하였다.
⑤ 성왕 때, 수도를 상경 용천부로 천도하였고, 해동성국이라 불리었다.

25

다음과 같은 사회상이 나타난 국가의 경제 상황에 대한 설명으로 옳지 않은 것은?

> 재상 박유가 아뢰기를 "청컨대 여러 신하, 관료로 하여금 여러 처를 두게 하되, 품위에 따라 그 수를 점차 줄이도록 하여 보통사람에 이르러서는 1처 1첩을 둘 수 있도록 하며, 여러 처에서 낳은 아들도 역시 본처가 낳은 아들처럼 벼슬을 할 수 있게 하기를 원합니다."라고 하였다. 연등회 날 저녁 박유가 왕의 행차를 호위하여 따라갔는데, 어떤 노파가 그를 손가락질하면서 "첩을 두고자 요청한 자가 저 늙은이다."라고 하였다. 듣는 사람들이 서로 전하여 서로 가리키니 거리마다 여자들이 무더기로 손가락질하였다.

① 군인전, 외역전 등이 세습되었다.
② 경시서를 통해 상행위를 감독하였다.
③ 대도시에 주점, 다점 등의 관영상점을 운영하였다.
④ 사망한 관리의 부인에게 수신전을, 자식에게 휼양전을 지급하였다.
⑤ 예성강 하구의 벽란도가 국제 무역항으로 성행하였다.

26

(가)가 집권할 때의 대외 정책으로 옳은 것은?

> (가)은/는 다른 가문 출신이 후비가 되어 권력과 은혜를 빼앗길 것을 두려워하여 셋째 딸을 후비로 삼도록 청하였다. ……
> (가)은/는 십팔자(十八子)가 왕이 된다는 비기(祕記)를 듣고는 왕위를 빼앗으려고 계획하여 독을 떡에 넣어 왕에게 먹게 하려 했다. 왕비가 몰래 왕에게 알리고 그 떡을 까마귀에게 던져 주었더니 까마귀가 그 자리에서 죽었다. 또 독약을 보내고 왕비를 시켜 왕에게 드리게 하였는데 왕비가 그릇을 들고 일부러 넘어져 엎질러 버렸다.

① 강동 6주를 획득하였다.
② 철령 이북의 땅을 회복하였다.
③ 군신 관계 요구를 수용하였다.
④ 강화를 맺고 개경으로 환도하였다.
⑤ 금국정벌과 서경 천도를 추진하였다.

27

(가)~(라) 시기에 있었던 사실로 옳지 않은 것은?

	(가)	(나)	(다)	(라)	
요동 정벌 추진		쓰시마 정벌	3포 왜란	임진 왜란	정묘호란

① (가) - 왕자의 난이 일어나 정도전이 제거되었다.
② (나) - 동국병감이 편찬되었다.
③ (다) - 계해약조를 맺어 매년 50척의 세견선을 인정하였다.
④ (라) - 강홍립을 도원수로 하는 2만여 병력이 출병하였다.
⑤ (라) - 명나라의 모문룡이 가도에 주둔하였다.

28

다음 (가), (나) 인물에 대한 옳은 설명만을 〈보기〉에서 모두 고른 것은?

> (가) 두 아들이 마진(홍역)에 걸려 사망하자 마진에 대해 연구하여 "마과회통"이라는 의학서적을 저술하였다.
>
> (나) 청에 다녀와 "열하일기"를 저술하고 수레와 선박, 화폐 유통의 필요성을 강조하였으며, 기술 개발을 통한 영농 방법의 혁신, 상업적 농업 등을 통해 농업 생산력을 높이자고 하였다.

> ㄱ. (가) - 매매할 수 없는 토지를 통한 자영농 육성을 주장하였다.
> ㄴ. (가) - 토지를 공동 경작하여 노동량에 따라 분배하는 여전론을 주장하였다.
> ㄷ. (나) - 「허생전」을 통해 조선의 상업 규모가 협소함을 비판하였다.
> ㄹ. (나) - 소비를 우물에 비유하면서 중시했고, 상공업 진흥을 주장 하였다.

① ㄱ, ㄷ
② ㄴ, ㄷ
③ ㄱ, ㄹ
④ ㄴ, ㄹ
⑤ ㄷ, ㄹ

29

조선 후기 문화에 대한 설명으로 옳지 않은 것은?
① 백자가 민간에 보급되면서 분청사기가 제작되었다.
② 강세황이 서양화 기법을 반영하여 영통동구도를 남겼다.
③ 정선이 인왕제색도, 금강전도 등의 진경산수화를 남겼다.
④ 금산사 미륵전, 화엄사 각황전, 법주사 팔상전 등의 다층 건물이 건축되었다.
⑤ 김홍도, 신윤복 등이 풍속화를 남겼고, 작자미상의 민화가 유행하였다.

30

여름 휴가를 맞아 전주로 답사 여행을 떠나고자 한다. 다음 중 유적(지)과 주제의 연결이 옳지 않은 것은?

	유적(지)	주제
①	전주성	동학 농민 운동
②	경기전	태조 이성계(전주 이씨)
③	동고산성	후고구려
④	전주 사고	조선 왕조 실록
⑤	전동 성당	천주교 성지

31

다음 주장이 제기된 시기를 아래의 연표에서 고른 것은?

> 양이의 화가 금일에 이르러 비록 홍수나 맹수의 해로움일지라도 이보다 심할 수 없습니다. 전하께서는 부지런히 힘쓰시고 경계하시어 안으로 관리들로 하여금 사학(邪學)의 무리를 잡아 베시고, 밖으로 장병으로 하여금 바다를 건너오는 적을 정벌하게 하소서.
> (중략)
> 양적(洋賊)의 침입을 당하여 국론이 교(交)와 전(戰)으로 양분되어 있다. 그런데 양적을 공격해야 한다는 주장은 내 나라 사람의 것이고, 양적과 화친해야 한다는 주장은 적국 사람의 것이다. 전자를 따르면 조선 문화의 전통을 보전할 수 있지만, 후자를 따른다면 조선인은 금수의 지경으로 빠지고 말 것이다.
> — 화서집

1863	1873	1882	1894	1904
(가)	(나)	(다)	(라)	(마)
고종 즉위	흥선대원군 하야	임오군란	청일전쟁	러일전쟁

① (가) ② (나)
③ (다) ④ (라)
⑤ (마)

32

(가)에 들어갈 역사적 사실로 옳은 것은?

통리기무아문과 12사가 설치되었다.

⇩

(가)

⇩

우정총국이 개국하였다.

① 일본 제품에 대한 무관세가 시작되었다.
② 개항장에서 일본 화폐 사용이 시작되었다.
③ 함경도 지역에서 방곡령이 선포되었고, 배상금을 지불하였다.
④ 청나라 상인이 한성과 양화진에 점포를 세울 수 있게 되었다.
⑤ 영국이 거문도를 2년간 불법 점령하는 거문도 사건이 일어났다.

33

(가), (나)에 대한 설명으로 옳지 <u>않은</u> 것은?

> (가) 헌정 연구회를 모체로 설립된 단체로 독립을 위해 '자강(自强)'을 주장하였다. 자강의 방법으로는 교육을 진작하고 산업을 일으켜 흥하게 하는 것이라 강조하였으며, 전국 각지에 지회를 설치하고 월보의 간행과 강연회를 개최하였다.
>
> (나) 안창호, 양기탁 등이 중심이 되어 회원 800여 명이 참여하여 결성된 단체로 평양에 대성학교와 정주에 오산학교를 세워 민족 교육을 실시하였다.

① (가) : 고종 강제 퇴위 반대 운동을 전개하였다.
② (가) : 공화 정체의 근대 국민 국가 건설을 위해 노력하였다.
③ (나) : 평양에 자기회사를, 대구에 태극서관을 운영하였다.
④ (나) : 국내에서 전개된 계몽 운동의 한계를 극복하는데 기여하였다.
⑤ (나) : 대표적인 비밀결사로서 공화주의 정체를 추구하였다.

34

다음 내용이 발표된 시기를 연표에서 옳게 고른 것은?

> 하나. 개국 연호를 폐지하고, 건양 연호를 사용한다.
> 하나. 중앙군은 친위대, 지방군은 진위대로 제정한다.
> 하나. 소학교령을 공포하여 서울에 4개를 설치한다.
> 하나. 단발령을 반포하고, 고종으로 하여금 솔선수범하게 한다.

	(가)	(나)	(다)	(라)	(마)
거문도 사건		독립문 건립	대한국국제 반포	한일 의정서	한일 신협약

① (가) ② (나)
③ (다) ④ (라)
⑤ (마)

35

(가), (나) 독립군에 대한 옳은 설명을 모두 고른 것은?

> (가) 우리 독립군은 험준한 대전자령에서 일본군이 연길현으로 돌아간다는 첩보를 입수하고 곧바로 전투 태세를 갖추었다.
> (나) 양세봉 일파는 1소대 100명씩 나누어 만주 철도를 파괴하고 고관을 암살하여 만주국을 교란시키고자 책동하고 있다.
> ─ ○○신문

> ㄱ (가) : 흥경성 전투에서 승리하였다.
> ㄴ (가) : 홍범도 장군의 지휘를 받아 활동하였다.
> ㄷ (나) : 중국의용군과 함께 연합작전을 수행하였다.
> ㄹ (나) : 3부 통합 운동 결과 남만주에서 조직되었다.

① ㄱ, ㄴ ② ㄴ, ㄷ
③ ㄱ, ㄹ ④ ㄴ, ㄹ
⑤ ㄷ, ㄹ

36
(가), (나) 사이에 발생한 사실을 모두 고른 것은?

> (가) 만주에 출병한 일본군은 청산리 대첩을 전후해서 독립군의 근거지를 없앤다는 명분으로 간도의 한인 마을에 들어가 우리 동포를 무차별 학살하고 집과 학교, 교회 등을 불태우는 반인륜적 만행을 저질렀다.
>
> (나) 참의부, 정의부, 신민부는 동포 사회를 이끌어 가는 민정 조직과 독립군의 훈련 및 작전을 담당하는 군정 조직을 갖추고 있었다.

> ㄱ. 북만주에서 혁신의회가 결성되었다.
> ㄴ. 밀산부에서 대한독립군단이 결성되었다.
> ㄷ. 적색군에 의해 독립군의 무장이 해제되었다.
> ㄹ. 독립군 수배 협정인 미쓰야 협정이 체결되었다.

① ㄱ, ㄴ
② ㄴ, ㄷ
③ ㄱ, ㄹ
④ ㄴ, ㄹ
⑤ ㄷ, ㄹ

37
다음과 같은 활동을 한 인물에 대한 옳은 설명을 모두 고른 것은?

> • 이승만의 정읍 발언 이후에 좌우합작위원회를 조직하였다.
> • 유엔 소총회의 결정에 반발하여 남북 제정당 지도자 연석회의에 참석하였나.
> • 6.25전쟁 때 납북되었다가 만포진에서 사망한 것으로 알려졌다.

> ㄱ. 대한민국 임시정부의 부주석을 역임하였다.
> ㄴ. 상하이에서 동제사와 신한청년당을 조직하였다.
> ㄷ. 한국민주당 소속으로 신탁 통치 반대 운동을 전개하였다.
> ㄹ. 건국 준비 위원회를 조직하여 조선인민공화국을 선포하였다.

① ㄱ, ㄴ
② ㄴ, ㄷ
③ ㄱ, ㄹ
④ ㄴ, ㄹ
⑤ ㄷ, ㄹ

38

다음 글을 쓴 인물에 대한 옳은 설명을 고른 것은?

> 우리 조선의 역사적 발전의 전 과정은 다소의 차이는 인정되더라도, 외관적인 소위 특수성은 다른 문화 민족의 역사적 발전 법칙과 구별되어야 하는 독자적인 것이 아니며, 세계사적 일원론적인 역사 법칙에 의하여 다른 제 민족과 거의 동일한 발전 과정을 거쳐 온 것이다. 그 발전 과정의 빠름과 느림, 각 문화의 특수한 모습의 짙고 옅음은 결코 본질적인 특수성이 아니다.

① 정체성론을 비판하였다.
② 조선학운동을 전개하였다.
③ 진단학회에 소속되어 활동하였다.
④ 〈조선 상고사〉, 〈조선사 연구초〉를 저술하였다.
⑤ 〈한국통사〉, 〈한국 독립 운동 지혈사〉를 저술하였다.

39

밑줄 친 조치를 발표한 정부에서 있었던 사실을 모두 고른 것은?

> 오늘 우리는 전 세계 이목이 우리를 주시하는 가운데 40년 독재정치를 청산하고 희망찬 민주국가를 건설하기 위한 거보를 전 국민과 함께 내딛는다. 국가의 미래요 소망인 꽃다운 젊은이를 야만적인 고문으로 죽여 놓고 그것도 모자라 뻔뻔스럽게 국민을 속이려 했던 현 정권에게 국민의 분노가 무엇인지를 분명히 보여주고, 국민적 여망인 개헌을 일방적으로 파기한 <u>4·13폭거</u>를 철회시키기 위한 민주장정을 시작한다.

> ㄱ. 최초의 이산 가족 고향 방문이 이루어졌다.
> ㄴ. 공수부대가 5.18 시민군을 무력 진압하였다.
> ㄷ. 3저 호황 국면 속에서 고도 성장을 이루었다.
> ㄹ. 3당 합당이 이루어져 민주자유당이 창당되었다.

① ㄱ, ㄴ
② ㄱ, ㄷ
③ ㄴ, ㄷ
④ ㄴ, ㄹ
⑤ ㄷ, ㄹ

40

다음 선언문을 발표한 정부 때의 사실로 옳은 것은?

> 제1장 남북화해
> 제1조 남과 북은 서로 상대방의 체제를 인정하고 존중한다.
> 제2조 남과 북은 상대방의 내부문제에 간섭하지 아니한다.
> 제3조 남과 북은 상대방에 대한 비방, 중상을 하지 아니한다.
> 제4조 남과 북은 상대방을 파괴, 전복하려는 일체 행위를 하지 아니한다.
> 제2장 남북불가침
> 제9조 남과 북은 상대방에 대하여 무력을 사용하지 않으며 상대방을 무력으로 침략하지 아니한다.
> 제10조 남과 북은 의견대립과 분쟁문제들을 대화와 협상을 통하여 평화적으로 해결한다.

① 민족 공동체 통일 방안이 마련되었다.
② 경의선 철도 복구 사업을 추진하였다.
③ 남북이 잠정적 특수관계로 규정되었다.
④ 최초의 남북 적십자 회담이 개최되었다.
⑤ 최초의 이산가족 고향 방문이 이루어졌다.

41

다음 빈칸에 들어갈 말로 적절한 것을 고르시오.

> 우리나라의 정치제도는 영국의 (A)와/과 미국의 (B)이/가 혼합된 형태로 되어있다. 영국의 정치제도의 경우 상원과 하원으로 나뉘는데 상원은 국왕이 하원은 국민투표로 선출된다. 미국의 경우 선거위원단이 대통령을 뽑는 간접선거제로 이루어져 있다.

	A	B
①	대통령중심제	내각책임제
②	국민중심제	풀뿌리민주주의
③	지방자치제	인기영합주의
④	내각책임제	대통령중심제
⑤	위원 중심제	지역권중심제

42

다음은 어떤 나라에 대한 설명인가?

> - 이 나라의 국화는 '올리브'이다.
> - 서남아시아 페르시아만 연안에 위치한다.
> - 과거 페르시아라 불렸으며, 페르시아어를 사용한다.
> - 미국이 지정한 '악의 축'에 들어가는 나라이다.

① 이란
② 터키
③ 파키스탄
④ 요르단
⑤ 이라크

43

다음 빈칸에 알맞은 말을 순서대로 고르면?

> 회사의 종류에는 4가지 회사가 있다. 그중 사원인 주주(株主)의 출자로 이루어지며 권리·의무의 단위로서의 주식으로 나누어진 일정한 자본을 가지고 모든 주주는 그 주식의 인수가액을 한도로 하는 출자의무를 부담할 뿐, 회사 채무에 대하여 아무런 책임도 지지 않는 회사를 (　　　)회사라 하며, 사원이 회사에 대하여 출자금액을 한도로 책임을 질 뿐, 회사채권자에 대하여 아무 책임도지지 않는 사원으로 구성된 회사를 (　　　)회사라고 한다.

① 합명, 합자
② 주식, 합명
③ 주식, 합자
④ 주식, 유한
⑤ 합명, 유한

44

다음 설명에 해당하는 것은?

> 네트워크 주변을 지나다니는 패킷을 엿보면서 계정(ID)과 패스워드를 알아내기 위한 행위다. TCP/IP 프로토콜은 학술적인 용도로 인터넷이 시작되기 이전부터 설계된 프로토콜이기 때문에 보안을 크게 고려하지 않았다. 패킷에 대한 암호화·인증 등을 고려하지 않았기 때문에 데이터 통신의 보안의 기본 요소 중 기밀성·무결성 등을 보장할 수 없었다. 특히, 보안의 기본 요소 중 기밀성을 해치는 공격 방법이다. 패킷이 송수신될 때, 패킷은 여러 개의 라우터를 거쳐 지나가게 되며 중간 ISP 라우터에 접근 권한을 가지는 사람이라면 해당 패킷을 쉽게 잡아낼 수 있다.
>
> 그런데 문제는 이렇게 쉽게 얻어낼 수 있는 많은 패킷의 내용은 암호화되지 않는다는 것이다. 물론 xDSL, 케이블 모뎀 등을 사용하는 일반 가정 사용자가 이러한 패킷을 아주 쉽게 볼 수 있는 것은 아니다. 그러기 위해서는 패킷이 흘러가는 네트워크의 중간 경로를 얻어내야 한다. 패킷 암호화 등으로 상당 부분 위험이 해소되고 있다.

① 해킹
② 스니핑
③ 백도어
④ 스푸핑
⑤ 크래킹

45

다음 인물들이 말하는 용어의 순서로 적절한 것은?

> (ㄱ) : 타인의 심리나 상황을 교묘하게 조작해 그 사람이 스스로를 의심하게 만듦으로써 타인에 대한 지배력을 강화하는 행위
> (ㄴ) : 부정적인 정서나 감정들을 숨기고 타인의 말에 무조건적으로 순응하면서 착한 아이가 되려고 하는 경향을 의미
> (ㄷ) : 현실 세계를 부정하고 허구의 세계만을 진실로 믿으며 상습적으로 거짓된 말과 행동을 일삼는 반사회적 인격 장애
> (ㄹ) : 과거의 나쁜 일은 잊어버리고, 좋은 것만 기억하려는 기억 편향의 경향성

① 착한아이 증후군 - 가스라이팅 - 리플리 증후군 - 므두셀라 증후군
② 착한아이 증후군 - 가스라이팅 - 므두셀라 증후군 - 리플리 증후군
③ 가스라이팅 - 착한아이 증후군 - 리플리 증후군 - 므두셀라 증후군
④ 가스라이팅 - 착한아이 증후군 - 므두셀라 증후군 - 리플리 증후군
⑤ 므두셀라 증후군 - 리플리 증후군 - 착한아이 증후군 - 가스라이팅

46

다음 중 선전공작에 대한 설명으로 올바르지 않은 것은?

① 백색선전은 과장되거나 거짓이 아닌 정확한 정보만을 전달해 자국의 신뢰를 높인다.
② 회색선전은 출처를 밝히지는 않지만 내용을 보면 누가 수행하는지 알 수 있다.
③ 흑색선전은 적군처럼 위장해 하는 선전공작으로 대상국의 혼란을 유도한다.
④ 상대국 언론사나 방송국 운영 등의 직접적 방법을 동원하기도 한다.
⑤ 해외에서 실행한 선전공작 내용이 국내 언론에 사실처럼 보도되는 사례도 있다.

47

다음 경제 현상 중 소비자의 수소차에 대한 수요에 영향을 미치는 요인을 모두 고르시오.

> ㄱ. 수소차 부품 관련 기술 국산화
> ㄴ. 전기차 보조금 혜택의 감소
> ㄷ. 수소차 생산비용의 하락
> ㄹ. 수소차 충전소의 설치 확대

① ㄱ, ㄴ
② ㄱ, ㄷ
③ ㄴ, ㄷ
④ ㄴ, ㄹ
⑤ ㄷ, ㄹ

48

NFT기술은 블록체인의 토큰을 다른 토큰으로 대체불가능한 암호 화폐이다. 이 기술로 인해 발생하는 문제점으로 옳지 않은 것은?

① NFT의 발행·유통으로 인해 발생하는 PoW(proof-of-work) 기반 블록체인 활동의 전력 소비가 지나치다는 보고가 이어지고 있다.
② 소규모 보다 대규모의 개방형 블록체인을 기반으로 한 NFT들은 해킹에서 자유롭지 못해 위조·변조의 위험이 크다.
③ 발행에는 대상 파일에 대한 저작권이 필요하지 않기 때문에 원작자가 모르는 사이에 본인의 작품이나 소유물이 NFT로 발행되어 거래되는 문제가 생길 수 있다.
④ NFT를 통해 취득한 소유권은 반영구적이라고 볼 수 있겠으나, 소유대상의 '원본'이 소실될 우려는 언제든지 존재한다.
⑤ NFT와 지식재산권의 관계, NFT 소유권의 영구성과 원작의 저작권 시효의 충돌, NFT와 묶여 거래된 저작권의 법적 실효성 등 세계 각국의 법원에서 심도 있게 논의되어야 할 문제들이 산재되어 있다.

49

다음 제시문에서 밑줄 친 미국의 정보기관으로 옳은 것은?

김정은 유고설이 퍼진 2020년 4월, 한반도 상공은 그야말로 뜨거웠다. 항적이 확인된 것만 계산해도 하루 8차례 넘게 미군 정찰기가 수도권 상공을 날았다. 중국과 일본의 다양한 정찰기들도 서해와 동해에서 치열한 정보 수집 경쟁을 벌였다. 이런 가운데 미국의 감시정찰 자산이 도대체 어느 정도의 능력을 가졌는지에 대한 궁금증이 많아졌다.

일찍이 손자(孫武)는 '손자병법' 3장 모공(謀攻)에서 지피지기(知彼知己)하면 백전불태(百戰不殆)라고 했다. 미국은 그 지피(知彼)를 위해 4개 유형 17개 정보기관을 운영하고 있다. 이들 정보기관은 국가정보국(DNI) 통제 하에 철저하게 전문화·분업화되어 있다. 이들 기관이 1년 사용하는 공식 예산이 800억 달러에 달한다. 정보 수집에 동원되는 각종 정찰기나 선박 등 장비 구입비용이 예산에 포함돼 있지 않다는 점을 고려하면 그야말로 천문학적 예산이다.

막대한 예산을 쓰는 미국 정보기관 중 장비 면에서 첨단을 달리는 곳은 <u>이곳</u>이다. <u>이곳</u>의 위성은 신호정보(SIGINT, 시긴트)·지리공간정보(GEOINT, 지오인트)·통신중계 용도로 분류된다. 그 중 시긴트와 지오인트가 이른바 '정찰위성'이다.

이 위성들이 지구상 그 어떤 위성보다 압도적 성능을 갖췄다는 점은 누구도 부정할 수 없다. <u>이곳</u>은 2012년 노후화한 위성 2기를 미국 항공우주국(NASA)에 넘긴 적이 있다. <u>이곳</u>이 구식이라며 넘긴 이 위성들이 NASA 위성들보다 압도적 성능을 가졌다는 사실에 NASA 관계자들이 경악을 금치 못했다고 한다.

① ONI ② DEA
③ NRO ④ USCG
⑤ OICI

50

국정원 내에는 다양한 산하기관이 있다. 그 중 과학 정보통신 기술의 급속한 발달로 마약, 위폐, 금융사기 등 조직범죄를 막는 기관도 있다. 이 기관은 국민의 생명과 재산, 나아가 국가안보를 지키기 위해 1994년 1월 세워졌다. 지난 5년간 국제범죄 279건을 적발하는 등의 성과가 있다. 이 기관의 설명과 관련하여 옳지 않은 것은?

① 국제범죄조직에 관한 동향 및 색출단서 정보를 수집하고, 국내 유관기관에 제공한다.
② 세계 각국의 국제범죄 대응 정책자료 및 국내 위해 요소 등을 분석하여 정책자료로 작성하고, 유관부처에 배포한다.
③ 국제기구 및 해외 정보 & 수사기관과 국제범죄 색출 및 차단을 위한 협력을 실시하고 있다.
④ 120콜센터 및 인터넷 신고 상담을 24시간 운영하고 있으며 다양한 매체를 통한 대국민 국제범죄 피해예방 활동을 한다.
⑤ 민 & 관 등 외부기관의 요청에 따라 마약 또는 위폐 등 국제범죄 대응교육을 실시하고 있다.

최신
유형

최단시간으로 최대성과가 가능한 체계적 구성

국가정보원
9급필기
All-Care

국어·한국사·상식 필기시험 완벽대비

정답 및 해설

기초이론부터 실전문제까지
한 권으로 완성

모의고사와 면접
Tip 수록

독학이 어려운 분을 위한
집필 교수진의 직강 연계

9급 채용
가이드북
포함

최신 유형
완벽 반영

잡플랫연구소 편저

JOBPLAT

PART I 국어

CHAPTER 02 독해 문제

어휘 및 구절의 의미 파악하기

01 정답 ③

근거 : 예술 작품의 감상은 감상자가 예술 작품을 통해 새로운 가치를 발견하고 정신을 살찌게 하는 것이라야 한다고 했다. 따라서 정답은 ③번이다.

02 정답 ③

근거 : 문맥적 의미는 문장의 앞뒤의 내용에서 추리할 수 있다. ㉠은 아직 결정되지 않은 문제에 대해 반응을 보이는 것이라 했으므로 '경망스런 반응, 지나친 반응' 정도의 의미를 가진다.

03 정답 ①

근거 : 앞의 문맥적 의미와 연결시켜보면 끊임없이 새로운 참조 체계를 통해 변화하며 새로운 의미를 부여 받는다고 했으므로 변화하며 새로운 의미를 가진 내용과 가장 유사한 것은 의미는 준거들이 달라짐에 따라 변화한다는 내용이다.

04 정답 ②

근거 : 속화는 회화의 범주 안에 속하는 것이므로 상하 관계에 해당한다. 판소리는 넓게 돕아 예술의 한 범주 안에 들어가므로 상하 관계에 해당한다. ①, ④번은 유의 관계, ③, ⑤번은 반의 관계에 해당한다.

05 정답 ①

근거 : ⓐ에서 사진에 찍힌 사물이 '해석되지 않은' 사물로 인식된다는 것은 작가의 주관적 해석이 개입되지 않은 객관적 사물로 본다는 의미이다. ⓑ에서는 사진이 회화와 달리 사물의 외형을 벗어나서는 존재할 수 없기 때문에 사진을 '완고한' 매체라고 했다. 따라서 ⓑ의 의미는 '완전하고 튼튼하여 흔들리지 않는다.'는 사전적 의미가 아니라 '형식의 규제를 많이 받는다.'는 비유적 의미로 쓰였다.

06 정답 ④

근거 : 글쓴이는 1차적 속박을 근대 이전의 신분 질서에 의한 속박과 관련짓고 있으며, 근대 이전 사람들은 이 속박에서 나름대로 안정감과 소속감을 느낄 수 있었다고 진술하고 있다. 따라서 1차적 속박이 안정감과 소속감에서 비롯된 것이라고 한 ④는 틀린 설명이다.

정보 간의 관계 파악하기

07 정답 ④

근거 : ⓐ와 ⓑ의 관계는 현안 해결을 위한 다양한 '대책'과 그 대책을 내용으로 쓴 '책문'의 관계이다. '토막'은 '크고 덩어리진 도막' 또는 '말·글·노래 등의 짤막한 부분'을 의미한다. 그런데 '토막글'은 '토막'을 어떤 내용으로 한 글이 아니다. 따라서 ④는 적절하지 않다.

08 정답 ③

근거 : 'ⓐ 버터'는 'ⓑ 포화지방'을 함유하고 있는 식품이다. 따라서 ⓐ : ⓑ는 'ⓑ를 함유한 ⓐ'라는 의미 관계에 있는 단어쌍이다. '두부 : 단백질'은 '단백질'을 함유한 '두부'라는 점에서 이와 유사한 의미 관계를 갖고 있다. ① 유의 관계 ② 부분과 전체의 관계 ④ 동의 관계 ⑤ 반의 관계이다.

09 정답 ④

근거 : ⓐ자극과 ⓑ반응은 자극이라는 원인으로 반응이라는 결과를 얻어낸 것이다. ①은 부분과 전체 ②는 원인 결과가 아니라 동시에 일어나는 경우 ③은 상하관계 ⑤는 유의관계이다.

10 정답 ④

근거 : 이 글의 논지로 볼 때, '가격 차별'은 수단이고 '이윤 극대화'는 목적에 해당한다. 법률을 통해 질서를 유지하기 위한 것이므로 '법률'은 수단이고 '질서 유지'는 목적에 해당한다.

11 정답 ②

근거 : ㉠ : ㉡은 문맥적으로 보면 '과학기술과 사회간의 상호작용에 대한 인식의 중요성을 강조하고 있다는 것이다.'라는 것으로 보아 '상호작용'으로 볼 수 있다.

12
정답 ⑤

근거 : ⓐ와 ⓑ는 상보적인 관계에 놓여 있다. 즉 ⓐ를 위해서는 ⓑ가 필요하고, ⓑ를 위해서는 ⓐ가 필요한 관계인 것이다. ⑤에 나타난 나비와 꽃도 이러한 관계에 놓여 있다.

13
정답 ①

근거 : '태양'에서 나온 '전자기파'가 물체에 전달되어 '입자들의 운동'을 일으킨다. 즉 '태양'은 '전자기파'를 보내주는 주체이고, '물질의 운동'은 그 영향을 받아 일어나는 현상이며, '전자기파'는 영향을 전달하는 매개체의 역할을 하고 있다.

중심 내용 파악하기

14
정답
1. 핵심 화제 : 유교 국가의 목적(목표)
2. 중심 내용 : 유교 국가의 목표는 덕치를 구현하는 것이다. 유교 국가의 목표는 도덕 정치를 구현하는 것이다.

15
정답 〈연역 논증〉과 〈귀납 논증〉의 차이

16
정답 과학의 발견은 직관적 영감에서 비롯된다.

17
정답 욕망의 통제가 필요하다는 입장은, '지행(知行)의 괴리'를 전제로 한다.

18
정답 (가) : 절차적 지식과 표상적 지식의 차이
(나) : 절차적 시직의 특징
(다) : 표상적 지식의 특성
(가), (나), (다)이 관계 : (가)에 대한 주장을 (나), (다)에서 구체적 설명을 함.

문단 내부 구조 파악하기

19
정답 ①

근거 : 통일된 하나의 문단은 하나의 주제에 대해 말을 해야 한다. 그런데 ①은 물의 생명과 문명에 대해 설명하고 있고 나머지 ②, ③, ④, ⑤는 물의 생명력에 대해서 말하고 있다.

20
정답 ①

근거 : ㉠은 '고유하다'와 '고유하지 않다'는 상대적 개념이고 ㉡, ㉢은 '고유하다'는 내용의 예시 ㉣은 '고유하다'는 내용의 정리이고 ㉤은 '고유하지 않다'는 내용의 예이다.

21
정답 ④

근거 : 미시적 방법론자들은 사회자체보다 개인에게 도움을 줄 수 있는 임상분야의 전문성을 강화하는데 관심이 있다고 말하고 있으며 거시적 방법론자들은 사회 체제 자체를 매우 중시하게 여기기 때문에 정부의 정책 과정을 중시하고 있다.

22
정답 ⑤

근거 : ㉠은 한어어가 다른 언어를 차용하는 것은 나쁘지 않다는 내용 ㉡은 언어가 외래어를 유입해 국어의 어휘를 늘릴 수 있다는 내용 ㉢은 일본어계 외래어는 강요에 의한 유입이므로 쓰지 말자는 주장에 대한 근거 ㉣은 일본어계 외래어를 쓰지 말자는 주장 ㉤은 일본어계 외래어를 쓰지 말자는 주장에 대한 근거

23
정답 ②

근거 : 3명의 큰 스님(3X)와 작은 스님 한 명(Y)에게 만두를 백개 나누어 줬다는 내용이지 3명의 큰 스님(3X)와 작은 스님 한 명(Y)에게 스님 100명을 나누어 줬다는 내용은 아니다.

24
정답 ②

근거 : 정보에 대한 접근이 쉽고 개방성이 큰 포함적 정보로 보고 있고 이와 반대가 되는 개념을 배타적 정보로 보고 있다. 그러므로 수집과 생산이 강조되는 것으로 보아 모으거나 만들어 낼 수 있는 모든 정보를 의하는 것은 ⓑ가 아니라 ⓐ이다.

논거의 적절성 판단하기

25 정답 ⑤
근거 : 논지의 약화는 주장이 되는 주장에 대해서 비판을 해 주면 된다. 즉 지문에서 순서대로 배열되는 경우는 드물다는 내용이므로 답지에서는 사전에서 순서대로 배열된 내용을 찾으면 된다.

26 정답 ④
근거 : ㉠은 과거의 실적을 바탕으로 대상을 선택하는 경우이다. 최근 5년간의 취업률은 대학의 과거 실적으로 볼 수 있으므로 ㉠과 유사한 사례에 해당한다. 따라서 정답은 ④번이다.

27 정답 ⑤
근거 : ㉠은 우리들의 믿음 체계나 배경지식에 의해 지각이 결정이 되기 때문에 모든 사물의 판단은 개인의 사전적 지식을 통해 보이는 것에 대한 영향을 받는다는 내용이기 때문에 정답은 ⑤이 된다.

28 정답 ②
근거 : ㉡은 특정 영역에서 습득한 원리를 다른 영역에 적용할 수 있는 능력이다. 게코도마뱀이 섬모를 이용하여 천장에 붙어 있는 원리를 연구하여 이것을 접착제라는 다른 영역의 사물에 적용시키고 있다.

29 정답 ③
근거 : ㄱ부터 ㅁ까지의 명칭 변이는 공간적, 시간적, 인과적 근접성에 근거해 이루어진다. ㄱ은 아침이라는 시간적 근접성에 근거한다. ㄴ은 국회의사당이 여의도에 위치한다는 공간적 근접성에 근거한다. ㄷ은 두렵기 때문에 몸이 떨리는 인과적 근접성에 근거한다. ㄹ은 1960년 4월 19일이라는 시간적 근접성에 근거한다. ㅁ은 서울월드컵경기장이 상암동에 위치한다는 공간적 근접성에 근거한다.

30 정답 ①
근거 : ㉠은 예술가들이 스스로 무엇을 하는 것이 아니라 단지 주어진 재료에 의해 그것을 드러낼 수 밖에 없다는 것이다.

31 정답 ②
근거 : B소장은 '경제 회복이 당분간 어렵다'는 취지의 인터뷰 기사의 보도에 대해 '경기 부양에 적절한 조치가 필요하다.'는 자신의 의견을 잘못 해석한 것이라 반박하고 있으므로 이는 반론 보도라 할 수 있다.

내용 추리하기

32 정답 ②
근거 : 윗글의 내용은 일반 백성의 심경을 추론해야 한다. 일반 백성들이 의병에 참여한 이유는 가족, 마을을 위한 것이고 관군이 아닌 지역 방위에 힘쓰기 위한 것이다. 그러므로 조정의 명이 있어서 동참한다는 ②은 잘못된 내용이다.

33 정답 ②
근거 : 지문에는 경유가 가솔린보다 훨씬 무겁다고 말하고 있다. 이것으로 미루어 추론하면 가솔린과 경유를 섞으면 가솔린이 경유 아래로 가라앉는 것이 아니라 경유가 가솔린 아래로 가라앉을 것이다.

34 정답 ⑤
근거 : '동굴의 비유'는 문맥상 의미가 유사한 것을 찾으면 된다. 바로 앞 단락에 보면 동굴에 비유는 지식의 획득과 그에 따른 대가 지불의 불가분의 관계라고 말하고 있으므로 ⑤이 바르게 추론한 내용이다.

35 정답 ③
근거 : ㉠과 ㉡사이에 생략된 내용은 결국 문맥을 통해 확인해야 한다. ㉡은 '따라서'라는 접속사로 시작하는 내용을 이해한다면 따라서 앞 뒤의 내용이 같다. 그러므로 자연 세계의 일반법칙에 대한 지식도 경험적 지식이라고 했으므로 경험적 지식이 들어간 ③번과 ④번 중에서 성격을 바꾸지 않은 내용도 포함되어야 하므로 ③번이 가장 적절하다.

36 정답 ④
근거 : ㉠의 '개인주의가 우세해짐'은 근대 이후 안정된 공동체가 해체되면서 개인들 간의 유대가 약화된 상황과 연결된다. 이는 기존의 윤리학과 그에 따른 윤리 체계가 그 역할을 다할 수 없는 상황이 된 것이라고 할 수 있다. 이러한 이유로 근대 이후의 상황에서 새로운 규범 체계에 대한 정당화 과제가 강조되었음을 알 수 있다.

37 정답 ①
근거 : 문맥적 의미를 확인해 보면 인구의 구성이 달라지면 새로운 산업이 생겨나기도 하고 오래된 산업이 사라지는

현상이 활발하게 일어날 수 있다고 했으므로 기존의 분류로 파악하기 힘든 산업의 실상을 반영한다는 ①번 내용이 가장 적절하다.

38 정답 ②

근거 : 해마는 장기 기억을 저장하는 곳이 아니다. 그 예로 교통사고 이전의 오래된 기억을 모두 기억하고 있다. 그러므로 해마는 기억에 꼭 필요한 것은 아니며 마찬 가지로 모임에 특정 인물이 없어도 별 무리가 없다는 ②이 적절하다.

비판하기

39 정답 ③

근거 : 〈보기〉에 따르면, 스티글리츠는 대상을 '있는 그대로' 포착하여 '사실성'을 가질 때 사진의 본질에 더 가까운 것이라 생각했고, 메이킹 포토그래피 작가들은 다양한 기법들을 동원해 대상을 변화시키거나 아예 처음부터 가상의 세계를 만들어서 사진을 찍었으므로 스티글리츠가 메이킹 포토그래피 작가들을 비판한다면 '사진의 본질은 '있는 그대로'의 상태에서 대상을 찍는 것이지, 대상을 가공하여 찍는 것이 아니다.'라 했을 것이다. ① 스티글리츠는 사진의 사실성을 추구했으므로 사진 이외의 다른 요소들을 이용하지 않았다. ⑤ 스티글리츠는 대상을 '있는 그대로' 포착한 사진가이므로 가상적인 설정을 하지 않았다.

40 정답 ⑤

근거 : 2문단에서 유머 있는 사람을 좋아하는 것은 그 사람의 유머가 유쾌하기 때문이며, 유쾌함을 좋아하는 것은 단순한 쾌락을 위한 것이지 그 사람의 성품을 좋아하는 것은 아니라고 했다. 그러나 유머 있는 사람을 좋아하는 것은 그 사람의 여유롭고 긍정적인 성품을 좋아하는 것이라고 볼 수도 있다. 또한, ①, ②, ③, ④의 내용은 이 글을 잘못 이해한 것이다. 따라서 정답은 ⑤번이다.

41 정답 ②

근거 : 무용은 어느 한 부분을 보고 감상하면 올바른 감상법이 될 수 없다고 했기 때문에 ②는 무용을 감상하기 위해서는 총체적으로 보아야 한다고 말하고 있다. 그렇기 때문에 ②는 비판이 아니라 올바른 내용이다.

42 정답 ①

근거 : 〈보기〉의 내용의 핵심은 도덕 법칙은 행위자의 감정이나 욕구 또는 성향이 행위에 영향을 미치면 도덕적 행위가 될 수 없다는 내용이므로 이 내용을 바탕으로 윗글을 비판하면 ①이 정답이 될 수 있다.

43 정답 ①

근거 : 윗글은 방언은 지역적 요인뿐만 아니라 사회계층의 다름, 세대의 차이, 성별의 차이 등 사회적 요인에도 기인한다고 하는데 〈보기〉는 지역적 한정된 내용을 설명하고 있으므로 ①이 정답이 될 수 있다.

44 정답 ⑤

근거 : 〈보기〉에서 '자유주의 사상가'는 개인의 자율성과 독립성 및 독특성을 강조하며 개인의 자유와 권리를 적극적으로 드러내고 추구하는 것을 중시함을 알 수 있다. 이에 비해 이 글의 '유학자'는 인간을 사회적 관계체로 파악하고 있다. 그러므로 '유학자'가 '자유주의 사상가'에게 제기했을 의문은 '인간은 사회적 존재이므로 자기를 주장하기보다는 타인과의 조화에 힘써야 한다는 사실을 간과한 것은 아닌가요?'가 적절하다고 할 수 있다.

적용하기

45 정답 ⑤

근거 : 백남준의 '다다익선'은 TV 모니터를 예술의 소재로 사용하여 본래의 기능에 새로운 의미를 부여하고 있는 작품이다. '못'과 이 작품은 공예품이나 TV 등의 상품을 예술의 소재로 사용하여 작가 자신의 미적 의도를 담고 있기 때문에, 존재하는 사물의 기능에 대한 새로운 접근을 통해 예술의 범위를 확대했다고 할 수 있다. 따라서 정답은 ⑤번이다.

46 정답 ②

근거 : '자연의 은유적 가르침'이란 상대를 시기하는 마음을 파괴적으로 표출하는 것이 아니라 자기 성숙의 계기로 이용해야 한다는 것이다. 따라서 ②는 동생의 입장을 계기로 본인도 꾸준히 노력하여 자신의 발전을 꾀했으므로 '자연의 은유적 가르침'을 실천한 사례로 볼 수 있다.

47 정답 ⑤

근거 : 〈보기〉에서 말하는 것은 사진에서는 산수 속을 거닐며 느꼈던 모든 것은 사라지고 단지 평범한 풍경만 남아 있다는 내용이며, 윗글은 풍경은 산의 경치는 걸음에 따라 변하고 다른 모습을 드러낸다는 것이다. 이런 것은 자연스럽게 시점을 이동시키면서 생겨난 현상으로 사진기에서는 시점이 고정되어 나타나기 때문에 평범한 풍경만을 담을 수 있다.

48 정답 ⑤

근거 : 문제의 해결을 위해서는 입력된 환경의 감각 정보를 처리하는 단계가 요구되며, 감각 기관과 반응 기관 사이를 매개하는 처리를 담당할 세포 집단이 발달하게 된다. 그러므로 교신을 통하여 비행기의 안전 착륙을 유도하는 관제탑이 이 내용과 상응한다.

49 정답 ④

근거 : 〈보기〉의 내용은 완전히 모든 조건이 똑같다는 내용이 아니라 분명히 간병할 사람이 외할머니는 계시고 친할머니는 안계시다는 것을 제외한 나머지가 모두 동일한 조건이라는 것이다. 그러므로 조심해야 할 것은 순이는 모든 것이 완전하게 동일한 조건이 아닐 경우는 개인적 선호를 취할 수 없다. 그러므로 정답은 ④이다.

50 정답 ④

근거 : 마지막 부분에 의하면 사회 기본 구조가 정의롭지 못하면 개인적 차원에서 정의로운 행위도 정의롭다고 평가할 수 없다. 따라서 〈보기〉에 나타난 지주의 행위는 개인적 차원에서는 정의롭다 할 수 있다. 그러나 그것은 정의롭지 못한 사회 기본 구조에서 이루어진 것으로 오히려 그릇된 사회 구조를 호도(糊塗)할 수 있기 때문에 정의롭지 못한 것이 된다.

51 정답 ⑤

근거 : ⓔ는 대중문화를 차용하고 변형시켜 새로운 이미지를 만들어내기는 했지만 어디에도 대중문화에 대한 비판적 인식을 보인다는 내용은 없다.

| 실전문제 1 |

01

네 번째 문단을 보면, 주제도가 발달하게된 것은 지도의 크기가 대형화 되면서가 아니라, 컴퓨터 지도가 발달하면서부터라는 걸 알 수 있지. 따라서, ⑤는 이 글과 다른 내용이다.

▌오답 피하기

① 첫 번째 문단에서 '지도는~인간의 의사소통 수단으로 매우 유용하기 때문에 일찍부터 활용되어 왔다.'고 했다.
③ 두 번째 문단을 보면 '조선 시대에 제작된 지도들의 대부분은 관 중심으로 만들어져 통치와 행정의 수단으로 주로 활용 되었다.'고 했다.
② 세 번째 문단의 '광복 이후가 되어서야 비로소 지도는 대중에게 보급될 수 있었다.'는 내용을 통해 를 알 수 있다.
④ 네 번째 문단의 '근래 컴퓨터의 이용이 보편화되고 컴퓨터 용량이 대형화됨에 따라 컴퓨터 지도가 발달하였다.'는 내용을 통해 를 확인할 수 있다.

02

끝에서 두 번째 문단을 보면, 지도는 기존의 지도는 컴퓨터 지도든 모든 기호체계를 사용한다고 했다. 그리고 마지막 문단에서 지도는 인간이 살아가는 공간에 대한 다양한 정보를 담고 있다고 했다. 이러한 내용을 통해 지도는 '공간 정보를 기호 체계로 표현한 것이다.'라고 할 수 있다.

03

이 지도에서 조선은 유럽에 비해 실제보다 매우 크게 나타나 있다. 이는 신흥 국가 조선을 세계 속에서 확인하고 싶어했던 당시 사람들의 소망을 담고 있는 거다. 그런데 이 때는 국가와 왕이 동일시되는 시대였음을 생각하면, 이는 당시 조선 국왕의 권위를 강조하기 위한 거라고 볼 수 있다. 따라서, ③은 이 글의 내용을 잘못 이해한 것이다.

04

마지막 문단에서 지도는 세계를 바라보는 '창'이라고 했다. 즉, '창'은 세계를 인식할 수 있게 하는 '인식의 매개'인 것이다. 그리고 이러한 '창'을 통해 세계를 이해하고 갖가지 의미를 이끌어 낼 때 지도는 다양하고 풍부한 정보를 담은 훌륭한 한 권의 '책'이 된다고 했다 '책'은 '인식이 확대'된 것을 말하는 것이다.

| 실전문제 2 |

01

②는 '괴테는 집단 의식보다는 개인의 존엄성을 더 중시했다.'는 본문의 내용으로 보아 이 글의 내용과 일치하지 않는다고 할 수 있다.

▌오답 피하기

① '현대인은 자신의 참모습을 만들기 위해 노력하기보다는 물질이나 이념과 같은 외면적 가치에 더욱 매달리고 있다.'는 데서 확인할 수 있다.
③ '인간의 목표가 각자의 개성과 존엄성을 통해 보편성에 이르는 데 있다고 보았다.'는 데서 확인할 수 있다.
④ '괴테가 세상을 떠난 지 긴 세월이 지난 오늘날, 우리는 그의 의미를 새롭게 발견한다.'는 데서 확인할 수 있다.
⑤ '진정한 인간성을 행동으로 실천한다면 현대 사회의 비인간화 현상은 극복될 수 있을 것이다.'는 데서 확인할 수 있다.

02

자신의 참모습을 만들기 위해 노력하기보다는 물질이나 이념과 같은 외면적 가치에 매달리고 있는 현대인들의 문제점을 해결하기 위해서 '진정한 인간성'을 추구하는 괴테의 사상을 핵심 개념으로 제시하고, 이를 토대로 문제 해결 방안을 모색하고 있다.

03

괴테가 말하는 진정한 인간성은 자연과 유사한 상태를 말한다. 따라서 근본적으로 부여된 고귀함을 잊고 욕망이 이끄는 대로 휩쓸려 가는 현대인들의 생활이란 자연에서 점점 멀어지는 모습이라고 할 수 있다. 이러한 모습에서 악마 '메피스토펠레스'가 미소짓게 되는 것이다.

| 실전문제 3 |

01

단락별 글의 논지 전개 방식을 평가하는 문제이다. (나)에는 사회복지의 개념을 소개하고 있지만 그 개념을 대상으로 통시적으로 고찰하고 있지는 않다. 통시적 고찰이란 어떤 대상이나 개념을 시간적 흐름에 따라 고찰하는 방식을 말한다.

02

정보의 사실적 이해를 묻는 문제이다. 이 글은 소외 문제를 사회복지가 해결할 수 있다는 것이 중심 논지이다. 그러나 이 글에는 사회복지가 나아갈 방향은 제시되어 있지만 그것이 어떻게 체계적으로 수립될 것인가는 구체화되어 있지 않다.

03

지문에 나타난 상반된 주장을 구체적인 상황에 적용하고 적절성을 평가하는 문제이다. 사회복지 반대론자들은 극빈 계층에게만 최소의 범위에서 사회복지를 실시할 것을 주장하므로, 고소득층과 연계하여 사회복지 정책을 논의하는 ④는 적절하지 않다.

| 실전문제 4 |

01

윗글은 문화와 인간관계가 핵심이 내용인 글이다. 선지를 보면 내용의 범위가 '어른들의 세계'와 '청소년의 세계'라는 범위는 정해졌으므로 '어른-청소년' 그리고 '문화-인간관계'에 주목하면서 내용을 파악하면 된다.

오답 피하기

① 문화의 경험 경로에 대한 내용은 첫 번째 문단에 설명되어 있다.
② 인간관계의 특성은 두 번째 문단에 설명되어 있다.
③ 인간관계에서 중시하는 것은 두 번째 문단에 설명되어 있다.
⑤ 정체성의 표현은 네 번째 문단에 설명되어 있다.

02

㉠, ㉡, ㉢의 내용을 물어보는 문제이다. ㉠ '삶에 대한 기계론적 태도를 가진 사람들'은 청소년 문화에 대한 부정적 견해를 가진 사람들이며 ㉡ '청소년들'은 자신의 문화에 대한 긍정적 인식 ㉢ '미래학자들'은 미래의 청소년 문화에 대해서 긍정적 견해를 가지고 있다. 그러므로 ㉠과 ㉢은 서로 갈등 관계를 회복하기보다는 갈등을 보이고 있다고 해야 한다.

오답 피하기

① ㉠은 ㉡의 청소년의 문화에 대한 부정적 견해를 가지고 있으므로 청소년들의 행동을 우려하는 것이 맞다.
②, ③ ㉢의 입장은 청소년들의 문화는 일시적 현상이며 이런 청소년 문화에 대한 긍정적 견해를 가지고 있으므로 맞다.
⑤ ㉡의 청소년들은 ㉠기존의 사회에 변화를 거부하고 있는 기존 어른들의 문화보다는 쉽게 변화한다.

03

〈보기〉에 나타나는 현상은 청소년들의 사이버 문화에 대한 설명이다. 〈보기〉에 제시된 K군은 새로운 사이버 문화에 동화되어 가고 있음을 알 수 있다. 이때 글쓴이는 이러한 K군의 행동에 대해 긍정적 평가를 할 수 있다.

오답 피하기

①, ③, ④ 선지는 모두 청소년 문화에 대한 부정적 견해를 밝히고 있기 때문에 정답이 될 수 없다.
②의 선지는 제시문에서 말하는 청소년 사이버 문화가 아닌 오프라인의 문제를 제기하고 있기 때문에 화제와 무관하다.

04

ⓐ는 둘 사이의 유사성을 확인할 수 있어야 한다. 즉 불확정성에서 새로운 질서를 탐색하고 그 과정의 관계를 모색하는 내용을 파악할 수 있어야 한다.

오답 피하기

④번의 경우 여러 부품들을 조립해 하나의 자동차를 만들어 가는 과정에서 불확정성에서 새로운 질서를 탐색할 할 수 있다는 생각을 할 수 있지만 자동차 부품은 자동차의 어

느 부분에 정해진 위치에 반드시 들어가야 하므로 불확정성이 없다.

실전문제 5

01

가설을 설정한 내용은 제시문에 없으며 통시적(시간의 흐름에 따른 글의 전개) 내용도 제시문에 없다.

오답 피하기

① 첫 문단에서 '생체 모방은 자연의 생명체가 보여 주는 행동이나 구조, 그들이 만들어 내는 물질 등을 연구해 모방함으로써 인간 생활에 적용하려는 기술이다.'라는 내용을 통해 알 수 있다.
② 두 번째 문단과 세 번째, 네 번째 문단을 통해 인간의 삶에 자연을 이용한 내용들을 통해 알 수 있다.
③ 네 번째 문단에서 이렇게 만들어진 6각형 벌집을 일러 다윈은 '낭비가 전혀 없는 완벽한 구조물'이라 극찬했다라는 표현을 통해 알 수 있다.
⑤ 이글은 첫 번째 문단에서 생체모방에 대한 설명을 한 후 두 번째, 세 번째, 네 번째문단에서 그 내용에 대한 예시를 한 후 마지막 문단에서 환경오염을 경계하고 자연에 순종하자는 자신의 주장을 펼치는 논설문의 형식을 취하고 있다.

02

'㉠ 생체 모방'은 자연의 생명체가 보여 주는 행동이나 구조, 그들이 만들어 내는 물질 등을 연구해 모방함으로써 인간 생활에 적용하는 것을 의미한다. 여기에 해당하지 않는 것을 찾으면 된다.

오답 피하기

⑤의 경우는 자연 생명체를 모방해 인간 생활에 적용한 것이 아니라 단순하게 식물을 공간 이동을 통해 옮겨 놓은 경우에 해당한다.

03

이어질 내용을 추론하라는 문제이다. 이때 이어질 내용은 결국 그 앞의 문단의 또는 그 앞의 문장의 내용을 이어서 해야 한다는 것을 생각해야 한다. 마지막 문단에서 전 세계가 골치를 앓고 있는 환경오염은 자연과 인공의 차이점을 잊은 채 개발 자체에만 몰두해 일어난 사태다. 바야흐로 '자연에 순종하라'는 메시지에 귀 기울여야 할 때다.라는 내용으로 글을 마무리 하고 있으므로 '환경오염 경계'와 '자연 순종'이라는 내용을 찾아야 한다.

04

ⓐ의 '만들다'는 '없애다', '부수다'와 문맥에 따라 반의어 관계를 맺고 있는 단어이다. ①, ②, ③, ⑤는 문맥에 따라 왼쪽과 오른쪽이 모두 반의어 관계를 맺을 수 있다. 하지만 ④의 경우 '울다-웃다'는 반의어 관계가 되지만 '지저귀다-울다'는 반의어 관계가 되지 않는다.

실전문제 6

'진화에 따른 인간 호흡기의 불리한 구조' 지문해설 : 이 글은 인간의 호흡 기관이 질식사의 위험이 있는 불합리한 구조를 갖게 된 원인을 진화 과정에서 찾아 해명하고 있다. 즉, 처음에는 호흡기가 필요하지 않았는데 몸집이 커지면서 호흡기가 생기게 되고 다시 허파가 생기는 식으로 진화가 이루어지다 보니 이상적이고 완벽한 구조와는 거리가 멀다는 것이다. 독자들의 이해를 돕기 위해 진화의 과정을 시간 순에 의한 서술과 인과 관계에 따른 서술을 하고 있다. 주제 : 불합리한 인간 호흡기의 진화론적 규명

01

이 글의 핵심은 인간의 호흡기가 왜 질식사의 위험이 있는 불합리한 구조를 띠고 있는 것일까에 대한 해명이다. 글쓴이는 이러한 구조의 원인을 진화의 과정을 통해 설명하고 있다. 즉, 결과적으로 보면 이상적인 구조는 아니지만 그때그때 변하는 새로운 환경에서 적응하기 위한 최선의 구조로 선택된 것이 현재 인간의 호흡기라는 것이다. 그러므로 이 글에서 글쓴이가 다룬 핵심 문제는 바로 이러한 내용을 포함하고 있어야 한다.

오답 피하기

③ 글의 시작은 이러한 내용을 토대로 접근하고 있지만, 이 글에서 핵심 화제 중의 하나는 진화론적 해명이기에 이러한 내용을 포함하고 있어야 한다.
④ 인간의 호흡기는 진화의 결과 질식사의 위험이 있는 구조를 띠고 있기에 이를 해소시킬 근본적인 방안은 없다.

02

2문단에서는 척추 동물의 조상형 동물에서 소화계가 호흡계로 진화하는 과정을 단계적으로 설명하고 있다. 처음에 체의 구조였기에 별도의 호흡계가 필요하지 않았는데 몸집이 커지면서 호흡 기능의 하나인 '아가미'가 생겼다고 했다. 그리고 이러한 호흡기의 일부가 변형하여 '허파'로 발달되었으며, '공기가 드나드는 통로'는 콧구멍에서 입천장을 뚫고 들어가 자리잡게 되었다고 했다. 이러한 진화 과정을 보여 주는 것이 바로 폐어 단계의 호흡기 구조라고 했다. 그림에서 이러한 호흡계를 찾는다면, ⓐ가 바로 맨 나중에 생겨난 '공기 통로'이며, ⓑ는 호흡기인 '아가미', ⓓ는 아가미가 변형되어 생긴 '허파'이다. 그러므로 이 세 가지 구조가 바로 폐어 단계에서 확인할 수 있는 구조라 할 수 있다.

▎오답 피하기

ⓒ는 3문단에서 확인할 수 있듯이 호흡계 구조이기는 하나, 폐어 이후에 공기 통로가 진화된 구조이다. ⓔ는 위이기에 호흡계 구조가 아니다.

03

㉠은 최선의 선택이 이루어지는 것이 아니라, 그때그때의 필요에 의해 타협적으로 진화가 이루어지는 과정을 보여 준다. 바로 인간의 호흡계가 이러한 과정에 의해 생겨났다는 것이다. 법률이 처음에 완벽하게 만들어지는 것이 아니라 상충하는 이익을 고려하여 그때그때 개정한다는 것도 이와 같은 타협적인 구조에 의한 선택의 결과라 할 수 있다.

▎오답 피하기

② 체계적인 훈련을 통해 숙력된 선수로 되는 것이기에 이 상적인 발전 과정이라 할 수 있다.
③ 의도하지 않았던 결과가 나오는 과정을 보여 주고 있다.
④, ⑤ 단계를 밟아서 차츰차츰 좋은 결과를 얻어가는 과정을 보여 주고 있다.

04

이 글의 출발점은 인간의 호흡계가 질식사의 위험이 있는 불합리한 구조를 띠고 있다는 점이다. 그리고 그 원인을 해명하는 과정이다. 그러므로 인간의 호흡계 구조가 이상적이라고 판단하는 것은 글의 핵심을 잘못 이해한 것이다.

▎오답 피하기

① 1문단에서 인간과 달리 곤충이나 연체 동물 같은 무척 추동물은 음식물로 인한 질식의 위험이 없다고 했다.
③ 4문단의 첫 문장에서 진화는 반드시 이상적이고 완벽한 구조를 창출해 내는 방향으로만 이루어지는 것은 아니라고 했다.
④ 2문단에서 척추동물의 조상형 동물은 처음에 체와 같은 구조만 있으면 되기에 별도의 호흡계가 필요하지 않다가, 몸집이 커지면서 호흡계가 생겨났다고 했다.
⑤ 4문단에서 설명했듯이 바로 인간의 호흡계가 이러한 경우에 해당하는 것이며, 이는 불가피한 타협의 산물이라고 했다.

| 실전문제 7 |

지문해설 : 이 글은 철학의 하위 분야인 인식론을 다루고 있다. 글쓴이는 인식론에서 다루는 지식의 유형을 절차적 지식과 표상적 지식의 두 가지로 구분하고, 이 중에서 표상적 지식을 다시 경험적 지식과 선험적 지식으로 구분해서 설명하고 있다.
'안다'는 능력의 소유를 의미하는 것이 절차적 지식이고, '안다'는 정보의 소유를 의미하는 것이 표상적 지식이다. 예컨대 자전거 타기 같은 것이 절차적 지식이고, 사과가 둥 글다는 것을 아는 것을 표상적 지식이다. 표상적 지식 중에서 감각적 경험에서 얻은 증거에 의존하는 것은 경험적 지식이고, 감각 경험의 증거에 의존하지 않는 것은 선험적 지식이다. 선험적 지식이 존재한다는 것은 인간에게 경험 이외에 지식을 산출하는 다른 인식 능력이 있다는 것을 의미하며 수학적 지식이 그 좋은 예가 된다.
[주제] 인식론에서 본 지식의 유형

01

첫째 문단과 둘째 문단에 보면, 지식은 크게 절차적 지식과 표상적 지식으로 나뉘고, 이 중에서 절차적 지식은 자전거 타기처럼 '안다'는 능력의 소유를 의미하는 것인데, 이것이 '안다'는 정보의 소유를 의미하는 표상적 지식의 기반이 되는 것은 아님을 알 수 있다.

▎오답 피하기

① 1문단의 예시 부분에서 확인할 수 있다.
③ 3문단의 끝 문장에서 확인할 수 있다.
④ 4문단의 첫째 문장에서 확인할 수 있다.
⑤ 5문단의 둘째 문장에서 확인할 수 있다.

02

가수의 이름을 아는 ①과, 한글을 창제한 세종대왕을 아는 ②와, 퀴즈의 답이 '피아노'인 것을 아는 ⑤는 모두 감각 경험에 의존하는 경험적 지식이고, 2를 네 번 더하면 8인 줄 아는 ④는 선험적 지식인데, 이 네 가지는 모두 정보의 소유를 의미하는 표상적 지식에 해당한다. 반면 ③에서 '개를 잘 다룰 줄 아는 것'은 정보가 아니라 일종의 능력이다. 이 글에서는 이처럼 능력의 소유를 의미하는 것을 절차적 지식으로 분류했다.

03

논리적 분석력을 평가하고자 하는 까다로운 문제이다. ㉠은 '개별적 대상들에 대한 감각적 경험 → 귀납추리 → 일반 법칙'으로 정리할 수 있고, ㉡은 '일반 법칙에 대한 지식 = 경험적 지식'으로 정리할 수 있다. 여기서 ㉡이 논리적으로 성립되려면 ㉠의 과정에서 '귀납추리가 지식의 경험적 성격을 바꾸지 않는다'는 전제가 필요하다. 만일 귀납추리가 지식의 경험적 성격을 바꾸게 된다면 일반 법칙에 대한 지식은 감각적 경험과 무관한 지식이 될 수도 있기 때문이다.

▎오답 피하기

① 귀납추리는 일반 법칙에 기초해 있는 것이 아니라 감각적 경험에 기초해 있다.
② ㉠에 의하면 귀납추리는 자연에 대한 감각적 경험을 일반 법칙에 대한 지식에 도달하도록 해 주는 수단일 뿐이므로, 자연에 대한 지식을 확장해 주는 것은 아니다.

④ ㉠에서 개별적 대상에 대한 감각적 경험이 귀납추리를 통해 일반 법칙에 도달한다고 했는데, 만일 귀납추리를 통해 지식이 경험의 세계를 넘어서게 된다면 ㉡처럼 일반 법칙에 대한 지식이 곧 경험적 지식이라고 하는 것은 논리적 모순이 된다.
⑤ 귀납추리의 속성과 관련된 옳은 진술이지만 ㉠, ㉡과는 무관한 내용이다.

04

ⓐ의 기본형인 '드러나다'는 '겉으로 나타나다'는 뜻으로 굳이 한자어로 바꾼다면 '노출(露出)되다'나 '노정(露呈)하다' 정도가 된다. 따라서 ⓐ를 '천명되기도'라고 바꿔 쓴 것은 적절하지 않다. '천명(闡明)되다'는 '드러내서 밝히다'는 의미를 지닌 '천명하다'의 피동형이다.

오답 피하기
ⓑ 습득(習得)하다 : 배워서 자기 것으로 하다.
ⓒ 의거(依據)하다 : 어떤 사실이나 원리에 근거하다.
ⓓ 형성(形成)되다 : 어떠한 모양이 이루어지다.
ⓔ 별개(別個)의 : 서로 다른, 서로 관련성이 없는

CHAPTER 04 문법 문제

음운의 개념과 음운 체계

01 정답 ①

① 말의 뜻을 구별해 주는 소리의 가장 작은 단위를 음운이라고 한다.

오답 풀이
② 억양
③ 이중 모음
④ 예 '강, 공, 궁' 등은 초성 'ㄱ', 종성 'ㅇ'으로 고정된 상태에서 중성 'ㅏ, ㅗ, ㅜ'를 달리하여 의미가 달라지는 단어이다.
⑤ 자음

02 정답 ③

'이'와 '몸'이 합성될 때 'ㄴ'소리가 첨가되어 [인몸]이 된다.

03 정답 ④

음향은 자연에 존재하는 대부분의 소리로 사람의 입에서 나는 소리 중 울음소리, 기침 소리, 재채기 등이 여기에 속한다. 음향은 대부분 비분절적인 소리이다. 음성은 사람의 발음 기관을 통해 내는 소리로, 분절적 소리이며, 물리적 다양성이 있는 구체적 실체이다. 음운은 말의 뜻을 구별하여 주는 소리의 가장 작은 단위이다. 음운은 추상적이고 심리적인 말소리이다.

04 정답 ①

'고기'에서 두 'ㄱ'의 실제 소리는 [k]와 [g]로 서로 다르지만 이 두 소리를 구별하여 의미 차이를 만드는 데 사용할 수 없는데, 이와 같이 의미 차이에 기여하지 못하고 하나의 음운에 속하는 소리를 변이음이라고 한다. '달'과 '말'에서 'ㄷ'과 'ㅁ'은 의미 차이를 만들어 냄으로 음운이다.

05 정답 ⑤

⑤는 창조성에 대한 설명이다. 언어의 규칙성은 언어에는 일정한 규칙이 있다는 것으로 의미를 정확하게 전달하기 위해서는 이러한 규칙을 따라야 한다는 것을 말한다.

06 정답 ①

입안이나 목청 따위의 조음 기관의 좁혀진 사이로 공기가 비집고 나오면서 나는 방법을 마찰음이라고 하며, 마찰음에는 'ㅅ, ㅆ, ㅎ'이 있다.

07 정답 ③

③ (나)를 소리나는 대로 쓰면 [열번찌거안너머가는나무업따]이다. 여기에는 '이, 아'와 같이 '자음'으로만 이루어진 음절은 없다.

오답 풀이
① (나)는 '열, 번, 찍, 어, 인, 님, 어 , 가, 는, 나, 부, 없, 다'로 13개의 음절로 되어 있다.
② (가)에서 국어의 음절은 모음을 반드시 가지고 있어야 한다는 점을 고려할 때, 음절의 개수를 셀 때 모음의 개수를 세어도 됨을 알 수 있다.
④ (나)를 소리나는 대로 쓰면 [열번찌거안너머가는나무업따]이다. 여기에는 '자음'으로 '자음 + 모음'의 구조로 된 것은 '찌, 거, 너, 머, 가, 나, 무, 따'로 8개이다.
⑤ (나)를 소리나는 대로 쓰면 [열번찌거안너머가는나무업따]이다. 여기에서 '모음 + 자음'의 구조로 된 것은 '열, 안, 업'으로 3개이다.

08 정답 ⑤

'ㅈ, ㅉ, ㅊ'는 파열 후에 마찰을 일으키는 파찰음이다. 폐에서 나온 공기를 압축했다 터뜨리는 것은 파열음 'ㄱ, ㄲ, ㅋ, ㄷ, ㄸ, ㅌ, ㅂ, ㅃ, ㅍ'이다.

09 정답 ④

〈보기〉는 비분절음운인 소리의 길이에 따라 뜻이 달라진다는 것을 보여주고 있다.

음운의 변동

10 정답 ⑤

㉠ 어느 한 음운이 다른 음운으로 바뀌는 현상은 '교체'이다.
㉡ 한 음운이 앞이나 뒤에 있는 음운의 영향을 받아 닮아 가는 현상은 '동화'이다.
㉢ 두 음운이 만나면서 한 음운이 아예 사라져 소리나지 않는 현상은 '탈락'이다.
㉣ 두 음운이 만날 때 그 사이에 음운이 덧붙는 현상은 '첨가'이다.
㉤ 두 음운이 합쳐져서 하나의 음운으로 줄어 소리나는 현상은 '축약'이다.

11 정답 ①

밖[박]에서 ㄲ → ㄱ으로 바뀌는 '음절의 끝소리 규칙'은 '교체'에 해당한다. 나머지 보기의 '자음군 단순화'와 'ㅎ탈락 현상'은 '탈락'에 해당한다.

12 정답 ⑤

⑤ 맑다[막따] : ㄺ → ㄱ('ㄹ'탈락, 자음군 단순화), ㄷ → ㄸ(된소리되기), 맑게[말께] : ㄺ → ㄹ('ㄱ'탈락, 자음군 단순화).

▎오답 풀이
① 써 → 쓰 + 어('ㅡ'탈락, 모음탈락)
② 닫히다[다치다](구개음화)
③ 아기[애기] : 전설 모음 'ㅣ'의 영향으로 음운 변동이 일어나는 전설 모음화→ 표준 발음으로 인정하지 않는다.
④ 뜨 + 이어 : '뜨여'와 '띄어' 표기가 허용된다.

13 정답 ②

'위쪽'처럼 뒤의 말이 된소리인 경우에는 사이시옷을 적지 않는다.

14 정답 ⑤

'굳히다, 낱낱이, 미닫이'는 'ㄷ, ㅌ' 받침 뒤에 형식 형태소의 모음 'ㅣ'와 결합될 때 'ㅈ, ㅊ'으로 변하는 구개음화가 일어난다.

15 정답 ②

'서울역'은 'ㄴ'이 첨가되어 [서울녁]이 되고, 유음화로 인해 [서울력]이 된다.

16 정답 ②

'촛불'과 '뱃사공'은 뒤의 예사소리가 된소리가 되고, '논일, 솜이불, 잇몸, 빗물'은 'ㄴ'이 첨가되는 사잇소리 현상이 일어난다. '초점'과 '내과'는 뒤의 예사소리가 된소리가 되지만 사이시옷을 적지 않는 예이다.

17 정답 ⑤

〈보기〉몇 리 → [면리](㉠ 음절의 끝소리 규칙) → [면니](㉡'ㄴ'첨가) → [면니](㉢ 비음화), 국민윤리 → [국민뉸리](㉣'ㄴ'첨가) → [궁민뉸리](㉤ 비음화) → [궁민뉼리](㉥ 유음화) ⑤ ㉣ 'ㄴ'첨가. 백로 → [백노]('ㄴ'첨가) → [뱅노](비음화)

▎오답 풀이
① ㉡, ㉣'ㄴ'첨가
② ㉢, ㉤비음화
③ ㉥ 유음화. 훑는 → [훌는](음절의 끝소리 규칙) → [훌른](유음화)
④ ㉠ 음절의 끝소리 규칙. 겉옷 → [걷옫](음절의 끝소리 규칙) → [거돋](연음법칙), 꽃눈 → [꼳눈](음절의 끝소리 규칙) → [꼰눈](비음화)

18 정답 ①

①의 '싫으면'은 'ㅎ'이 탈락한 후, 연음되어 [시르면]으로 소리 난다. 즉, ①은 탈락이 일어나며, 나머지는 모두 교체가 일어난다.

▎오답 풀이
'무릎, 곧이곧대로, 웃는다, 풋내기'는 [무릅], [고지곧대로], [운는다], [푼내기]로 소리 나며, 어느 한 음운이 다른 음운으로 바뀌는 교체가 일어난다.

19 정답 ③

자음군 단순화는 음절의 끝에 두 개의 자음이 올 때, 이 중에서 한 자음이 탈락하는 현상을 말한다. 자음군 단순화는 뒤에 모음이 올 때는 일어나지 않으므로 '닭이'를 ㉢과 같이 [다기]로 발음한 것은 자음군 단순화라고 보기 어렵다. '닭' 다음에 모음이 오는 경우에는 겹받침 중 뒤의 것이 뒤 음절의 첫소리가 되어 [달기]로 발음하는 것이 표준 발음이다.

20 정답 ⑤

(1)의 '좋다'의 발음은 [조타]로 'ㅎ+ㄱ→ㅋ'으로 되는 자음축약이 일어난다.
(2)의 '닫히'의 발음은 [다치]로, 'ㄷ'과 'ㅎ'이 만나 'ㅌ'으로 되는 자음축약과 'ㅌ'이 모음 'ㅣ'를 만나 '치'가 되는 구개음화가 일어난다.
(3)의 '맑다'의 발음은 [막따]로 겹받침 'ㄺ'이 [ㄱ]으로 발음되는 자음군 단순화가 일어난다.
(4)의 '권력'의 발음은 [궐력]으로 'ㄴ'이 뒤의 'ㄹ'의 영향을 받아 'ㄹ'이 되는 유음화가 일어난다.
(5)의 '고집하다'의 발음은 [고지파다]로 'ㅂ'과 'ㅎ'이 만나 'ㅍ'으로 되는 자음축약이 일어난다.

21 정답 ③

'김밥'의 발음은 [김밥]으로 사잇소리 현상이 나타나지 않는다.

오답 풀이

'논둑'과 '밤길'의 발음은 각각 [논뚝], [밤낄]로 합성어가 될 때 뒤의 예사소리가 된소리로 변하는 사잇소리 현상이 일어난다. '집안일'과 '물약'의 발음은 [지반닐], [물략]으로 'ㄴ'이 첨가되는 사잇소리 현상이 일어난다.

22 정답 ④

'예뻐서'는 '예쁘-+-어서'로 음운의 축약이 일어난 것이 아니라 'ㅡ'가 탈락된 것이다.

오답 풀이

① 은 '바꾸-+이+기'로 '바꾸-'와 'ㅣ'가 축약되어 '바뀌'가 된 것이다.
② 는 '보+이+어'로, 'ㅗ'와 'ㅣ'가 축약되어 'ㅚ'가 된 것이다.
③ 은 '먹+이+어'로 'ㅣ'와 'ㅓ'가 축약되어 'ㅕ'가 된 것이다.
⑤ 는 '모+이+어'로 'ㅣ'와 'ㅓ'가 'ㅕ'로 축약된 것이다.

23 정답 ④

'젖소'의 발음은 [젇쏘]로, 이는 받침 'ㄷ(ㅅ, ㅆ, ㅈ, ㅊ, ㅌ)' 뒤에 연결되는 'ㄱ, ㄷ, ㅂ, ㅅ, ㅈ'이 된소리로 발음되는 된소리 현상과 관련이 있다. 나머지는 모두 사잇소리 현상과 관련이 있다.

24 정답 ④

모음으로 시작하는 형식 형태소가 오면 받침이 연음되지만, 모음으로 시작하는 실질 형태소가 오면 대표음으로 바뀐 후 연음됨을 알 수 있다.

④ '서녘이나, 서녘에서'에서 '이나'와 '에서'는 모두 형식 형태소이므로 두 단어는 ㉠에 해당된다.

오답 풀이

① '에', '이며'는 모두 형식 형태소이므로, ㉠에 해당된다.
② '배꽃이'에서 '이'는 형식 형태소이며, '배꽃 위'의 '위'는 실질 형태소이다. 즉, '배꽃이'는 ㉠, '배꽃 위'는 ㉡에 해당된다.
③ '겉으로'의 '으로'는 형식 형태소이므로, '겉으로'는 ㉠에 해당하고, '겉아가미'의 '아가미'는 실질 형태소이므로, '겉아가미'는 ㉡에 해당된다.
⑤ '무릎이야'의 '이야'는 형식 형태소이므로, '무릎이야'는 ㉠에 해당되며, '무릎 아래'의 '아래'는 실질 형태소이므로, '무릎 아래'는 ㉡에 해당된다.

25 정답 ②

㉠은 음절의 끝소리 규칙에 의해 받침에는 'ㄱ, ㄴ, ㄷ, ㄹ, ㅁ, ㅂ, ㅇ'으로만 소리 나므로 '앞'의 'ㅍ'이 'ㅂ'으로 바뀐 것이다. ㉡은 '압'의 'ㅂ'이 뒤의 '문'의 비음 'ㅁ'을 닮아 비음 'ㅁ'으로 바뀐 것으로 비음화에 해당된다.

26 정답 ④

'ㄱ'과 'ㅇ'은 여린입천장소리로 조음 위치는 같지만 'ㄱ'은 파열음, 'ㅇ'은 비음으로 조음 방법이 다르다.

27 정답 ⑤

'한여름'의 발음은 [한녀름]으로 'ㄴ'이 하나 첨가된다.

28 정답 ④

'콧날'에서 'ㅅ'은 음절의 끝소리 규칙에 의해 'ㄷ'으로 바뀌어 [콛날]로 발음된다. [콛날]에서 'ㄷ'은 뒤의 비음 'ㄴ'의 영향을 받아 'ㄴ'으로 바뀐다.

29 정답 ②

〈보기〉에 따르면 '얇다'는 [얄따]로, '맑고'는 [말꼬]로, '흙과'는 [흑꽈]로, '핥고'는 [할꼬]로 발음해야 한다.

30 정답 ①

②의 '울다'는 '우니'와 같이 'ㄴ'으로 시작하는 어미 앞에서 'ㄹ'이 탈락된다.
③의 '값'은 발음할 때, 'ㅅ'이 탈락하여 [갑]으로 발음된다.
④의 '낳아서'는 발음할 때, 'ㅎ'이 탈락하여 [나아서]로 발음된다.
⑤의 '꺼'는 본래 '끄-+어'로 'ㅡ'가 탈락된 것이다.

31 정답 ④

'급행열차'는 'ㄴ'이 첨가되고 'ㅂ'과 'ㅎ'이 'ㅍ'으로 축약되어, [그팽녈차]로 발음된다.

오답 풀이
① '가랑잎'은 'ㄴ'의 첨가와 음절의 끝소리 규칙에 의해 'ㅍ'이 'ㅂ'으로 교체되어 [가랑닙]으로 발음된다.
② '값지다'는 'ㅄ' 중 'ㅅ'이 탈락하고, 'ㅈ'이 'ㅉ'으로 교체되어 [갑찌다]로 발음된다. 즉, ⊙과 ⓒ의 음운 변동이 일어난다.
③ '숱하다'는 'ㅎ'이 탈락되어 [수타다]로 발음된다.
⑤ '서른여덟'은 'ㄴ'이 첨가 되고, 'ㄼ' 중 'ㅂ'이 탈락되어 [서른녀덜]로 발음된다. 즉, ⊙과 ⓒ의 음운 변동이 일어난다.

32 정답 ④

(나)의 [붙임]을 보면 첫소리 'ㄴ'이 'ㅀ', 'ㄾ' 뒤에 연결되는 경우에도 [ㄹ]로 발음됨을 알 수 있다. 이를 고려할 때, '감기를 앓는 동생'에서 '앓는'은 [알른]으로 발음됨을 알 수 있다.

33 정답 ④

⊙은 'ㅎ'과 'ㄱ'이 'ㅋ'으로 축약되어 [안키]로 발음된다.
ⓒ '갔다'는 '가 + 았 + 다'로 'ㅏ'가 탈락한 것이다.
ⓒ '와서'는 '오 + 아서'로 'ㅗ'와 'ㅏ'가 축약되어 'ㅘ'가 된 것이다.
@ '좋아'는 'ㅎ'이 탈락되어 [조아]로 발음된다. ⓜ '들 + 뜨 + 었 + 다'에서 'ㅡ'가 탈락되어 '들떴다'가 된 것이다.
ⓑ '고프 + 아'에서 'ㅡ'가 탈락되어 '고파'가 된 것이다.
ⓢ '잡히지'는 'ㅂ'과 'ㅎ'이 'ㅍ'으로 축약되어 [자피지]로 발음된다. 음운의 탈락과 관련이 있는 것은 ⓒ, @, ⓜ, ⓑ이다.

34 정답 ①

제18항은 비음화이며, 제29항은 'ㄴ' 첨가 현상이다.
① '꽃잎'은 음절의 끝소리 규칙에 의해 'ㅊ', 'ㅍ'이 'ㄷ', 'ㅂ'이 되고, 'ㄴ'이 첨가된 후, 'ㄷ'은 'ㄴ'에 의해 비음 'ㄴ'으로 변하여 [꼰닙]으로 발음되는 것이다. '홑이불'은 음절의 끝소리 규칙에 의해 'ㅌ'이 'ㄷ'이 되고, 'ㄴ'이 첨가 되어 '이'가 'ㄴ'가 된 후, 'ㄷ'은 뒤의 'ㄴ'에 동화되어 'ㄴ'으로 바뀌어 [혼니불]로 발음되는 것이다.

오답 풀이
② '색연필[생년필]'은 비음화와 'ㄴ' 첨가가 나타나지만 '앞마당'은 비음화만 나타난다.
③ '못난이', '꽃망울'은 모두 비음화만 나타난다.
④ '옷맵시, 맏며느리'는 모두 비음화만 나타난다.

⑤ '가랑잎'과 '급행열차'에는 'ㄴ' 첨가만 나타난다.

35 정답 ①

'색연필'은 'ㄴ'이 첨가되어 '색년필'이 되고, '색'의 'ㄱ'이 뒤의 'ㄴ'의 영향을 받아 비음 'ㅇ'으로 바뀌는 비음화가 일어나서 [생년필]로 발음된다. 즉, 음운의 교체와 첨가가 일어난다.

오답 풀이
② '옷맵시'는 음절의 끝소리 규칙에 의해 'ㅅ'이 'ㄷ'으로 바뀌어 '옫맵시'가 되고, 'ㄷ'이 'ㅁ'의 영향을 받아 'ㄴ'으로 바뀌고, 'ㅂ' 뒤의 'ㅅ'이 'ㅆ'으로 바뀌어 [온맵씨]로 발음된다. 이는 교체와 관련이 있다.
③ '몫을'은 겹받침 중 뒤 자음이 연음되고, 된소리로 바뀌어 [목쓸]로 발음된다. 이는 교체와 관련이 있다.
④ '굽히다'는 'ㅂ'과 'ㅎ'이 'ㅍ'으로 축약되어 [구피다]로 발음되는 것으로 음운의 축약, @과 관련이 있다.
⑤ '옳지'는 'ㅎ'과 'ㅈ'이 'ㅊ'으로 축약되어 [올치]로 발음한다. '옳지'를 [옳치]로 발음한다. '옳지'를 [올치]로 발음하는 것은 음운의 축약, 즉, @과 관련이 있다.

36 정답 ⑤

제11항 다만에 따르면 용언의 어간 말음 'ㄺ'은 'ㄱ' 앞에서 [ㄹ]로 발음되는 것이므로 '읽고'는 [일꼬]로 발음되지만, '닭'은 용언의 어간이 아니기 때문에 '닭과'는 [닥꽈]로 발음된다.

37 정답 ④

'가랑잎'은 'ㄴ'이 첨가와 음절의 끝소리 규칙으로 'ㅍ'이 'ㅂ'으로 교체되어 [가랑닙]으로 발음되므로, ⊙과 ⓒ이 음운 변동이 일어난다. '값지다'는 'ㅄ'에서 'ㅅ'이 탈락하고, 'ㅈ'이 'ㅉ'으로 교체되어 [갑찌다]로 발음되므로, ⊙과 ⓒ의 음운 변동이 일어난다. '숱하다'는 'ㅌ'과 'ㅎ'이 'ㅌ'으로 축약되어 [수타다]로 발음되므로, @의 음운 변동이 일어난다. '급행열차'는 'ㅂ'과 'ㅎ'이 'ㅍ'으로 축약되고, 'ㄴ'이 첨가되어 [그팽녈차]로 발음되므로, ⓒ과 @의 음운 변동이 일어난다. '서른여덟'은 'ㄴ'이 첨가되고 'ㄼ'의 'ㅂ'이 탈락하여 [서른녀덜]로 발음되므로 ⓒ과 ⓒ의 음운 변동이 일어난다.

38 정답 ①

'난로'는 뒤의 'ㄹ'의 영향으로 앞의 'ㄴ'이 'ㄹ'로 바뀌어 [날로]로 발음되는 것으로 유음화이며, 역행 동화이다.

오답 풀이
② '찰나'는 앞의 'ㄹ'의 영향으로 뒤의 'ㄴ'이 'ㄹ'로 바뀌어 [찰라]로 발음되는 것으로 유음화이며, 순행 동화이다.

③ '국물'은 뒤의 'ㅁ'의 영향으로 앞의 'ㄱ'이 비음 'ㅇ'으로 바뀌어 [궁물]로 발음되는 단어로 비음화이며, 역행 동화이다.
④ '밥물'은 뒤의 'ㅁ'의 영향으로 앞의 'ㅂ'이 비음 'ㅁ'으로 바뀌어 [밤물]로 발음되는 것으로 비음화, 역행 동화이다.
⑤ '얻는'은 뒤의 'ㄴ'의 영향으로 'ㄷ'이 비음 'ㄴ'으로 바뀌어 [언는]으로 발음되는 것으로 비음화이며 역행 동화이다.

39 정답 ⑤

'예 + 모습'은 앞말이 모음으로 끝나고 뒷말이 'ㅁ, ㄴ'으로 시작되는 경우에 'ㄴ' 소리가 첨가되는 사잇소리현상과 관련이 있다. ㄷ, ㅁ은 '뒷모습'과 같은 환경에서 'ㄴ'이 첨가되어 [밴머리], [옌날]로 발음된다. ㄴ은 앞말의 끝소리가 울림소리이고 뒷말의 첫소리가 안울림예사소리일 때, 뒤의 예사소리가 된소리로 바뀌어 [기와찝]으로 발음되는 것과 관련이 있으며, ㄱ, ㄹ은 뒷말이 모음 'ㅣ'나 반모음 '[j]'로 시작될 때, 'ㄴ'이 하나 혹은 둘이 첨가되는 것과 관련이 있다.

40 정답 ②

꽃다는 어간의 받침이 ㅈ이므로 ⓒ에서 설명하는 어간 받친 ㄴ, ㅁ과 관련이 없다. 또한 앉다의 경우가 ㉠이 아니라 ⓒ의 경우에 해당한다.

41 정답 ⑤

'나누 + 었다'는 나눴다로 표기할 수 있는데, 이는 모음 축약이 일어나는 경우이므로, ㉠과 ㉣에 해당하는 사례이다.

42 정답 ②

'아기[애기]'는 후설 모음이 뒤에 오는 전설 모음의 영향을 받아 전설 모음으로 바뀌는 현상으로 혀의 최고점의 위치만 바뀌게 된다.

▎오답 풀이
① '닫는다'는 'ㄷ'이 뒤의 'ㄴ'의 영향을 받아 'ㄴ'으로 바뀌어 [단는대]로 발음된다. 'ㄷ'과 'ㄴ'은 모두 잇몸소리로 조음위치는 같지만 조음 방법이 다르다.
③ '밭이'에서 '이'는 형식형태소이므로 구개음화가 일어나지 않고 'ㅌ'이 연음되어 [바티]로 발음된다.
④ '길가'는 '길 + 가'로, 앞 단어 '길'의 끝소리는 'ㄹ'로 울림소리이다. 즉, 암말의 끝소리가 울림소리이고 뒷말이 첫소리가 안울림 예사소리일 때, 뒤의 예사소리가 된소리로 변한 것이다.
⑤ 'ㅀ' 뒤에 모음으로 시작된 어미나 접미사가 결합되는 경우 'ㅎ'을 발음하지 않는 것은 연음규칙의 예외인 'ㅎ' 탈락이 일어난 것으로 본다.

43 정답 ②

㉠, ㉡, ㉣은 탈락현상이며, ㉢과 ㉤은 축약 현상이다.

44 정답 ③

ⓒ은 [넉넉지]로, ⓜ은 [골른]으로 발음된다.

45 정답 ②

'흙[흑], 읽다[익따]' 등의 예시에서 겹받침 'ㄺ'은 어말에서 [ㄱ]으로 발음함을 알 수 있다.

46 정답 ⑤

다만4의 기준은 단어의 첫음절을 제외한 경우 '의'를 [이]로 발음할 수 있다는 내용이므로 [주의] 또는 [주이]로 발음할 수 있다.

47 정답 ②

'담그다'에 'ㅡ모음'이 탈락하여 '담가서'로 표기하였다. 다른 선지는 모두 축약과 관련된 음운변동 양상을 보인다.

48 정답 ②

ⓐ는 탈락 현상이며, ⓑ와 ⓔ는 교체 현상, ⓒ는 첨가, ⓓ는 축약 현상이다.

49 정답 ①

구개음화 현상이므로, ㄷ음이 ㅅ으로 바뀌어 잇몸소리가 센입천장소리로 조음 위치가 바뀌었다.

50 정답 ⑤

'뒷일'은 [뒨닐]로 ㄴ,ㄴ'이 덧나는 2-3에 해당하는 예이다. '양칫물'은 [양친물]로 'ㄴ'이 덧난다.

51 정답 ⑤

ⓜ은 어간 끝의 'ㅎ'이 뒷말의 첫음절 'ㄷ'과 만나 'ㅌ'으로 축약되어 [나타개]로 발음된다.

52 정답 ②

자음을 가진 'ㅢ'는 [ㅣ]로 발음하므로, '무희'는 [무히]로 발음해야 한다.

53 정답 ③

[건모양, 밤물, 단는] 등으로 모두 비음화가 일어나는 예시이다.

54 정답 ③

굵기다의 발음이 [굼기다]로 나타나는 것은 자음이 교체된 것이 아니라 자음이 탈락되었기 때문이다.

55 정답 ⑤

'학여울'은 ㄴ첨가와 비음화가 일어나 [항녀울]로 발음되고, '몇 명'은 음절의 끝소리 규칙과 ㄴ첨가, 비음화가 일어나 [면명]으로 발음된다. '늦여름'은 음절의 끝소리 규칙과 ㄴ첨가와 비음화가 일어나 [는녀름]으로 발음되므로 ⑤가 가장 적절하다.

56 정답 ②

'좋은'은 'ㅎ' 탈락이 일어나 [조은]으로 발음되므로, 음운의 교체 현상과는 관련이 없는 단어이다.

57 정답 ①

㉠에서 '따라'는 '따르- + -아'의 형태로 모음 'ㅡ'가 탈락한 것이다.

58 정답 ③

㉠은 음절의 끝소리 규칙의 예이고, ㉢은 자음축약의 예이다. '깨끗하다'는 음절의 끝소리 규칙이 적용되어 [깨끋하다]가 되고 'ㄷ'과 'ㅎ'이 'ㅌ'으로 축약되는 자음축약이 일어나 [깨끄타다]로 발음하는 것이다.

품사

59 정답 ④

관형사는 조사와 결합할 수 없다. 어미는 문법적인 역할을 하는 형식 형태소이다. 앞말이 문장 안에서 일정한 자격을 가지도록 문법적인 관계를 표시하는 조사는 격조사이다.

60 정답 ②

'늙다'는 동사이다.

61 정답 ④

(가)의 '께서'는 '이, 가'와 같이 앞말이 주어의 자격을 가지도록 하는 주격조사이다.

62 정답 ①

㉡주격 조사. 오답 주의! '통계청에서'는 단체를 나타내는 명사 뒤에 '에서'가 붙어 주어의 역할을 하기 때문에 부사격 조사가 아니라, 주격 조사이다.

63 정답 ④

'강하다'는 형용사, 나머지는 동사이다.

64 정답 ①

'행복하다'는 형용사로 명령형이나 청유형은 불가능하다. '행복하세요'는 형용사의 명령형이므로 잘못된 표현이다.

65 정답 ②

㉡의 '만큼'은 관형어 '노력한'의 수식을 받으므로, 조사가 아니라 의존 명사임을 알 수 있다.

66 정답 ①

'순식간'은 조사 '에'뿐 아니라 '이다'와도 결합할 수 있으므로, ㉠과 유사한 사례로 볼 수 없다.

67 정답 ④

〈보기〉를 보면 보조용언은 다른 용언 뒤에 붙어서 특수한 의미를 더해주는 용언으로, 본용언과 보조용언 사이에는 다른 문장 성분이 끼어 들 수 없음을 알 수 있다. ④는 '용돈으로 책을 사서 읽었다.'와 같이 '사' 뒤에 '-서'를 넣어도 어색하지 않으므로, '사 읽었다'는 본용언 + 보조용언이 아니라 본용언 + 본용언임을 알 수 있다.

68 정답 ④

동사는 '먹어라, 먹자'와 같이 명령형과 청유형이 가능하지만 형용사는 '예뻐라, 예쁘자'와 같이 명령형과 청유형으로 활용이 불가능하다. ㉡의 '골라라'는 '여럿 중에 가려내거나 뽑다'라는 의미로, 형용사가 아니라 동사이다.

69 정답 ⑤

'삶'은 관형어 '행복한'의 수식을 받고 있으므로 동사의 어간에 접미사 '-(으)ㅁ'이 결합된 것으로 볼 수 있다. ㄱ. '달리기'는 부사어 '빨리'의 수식을 받으므로, 동사 어간에 명사형 어미 '-기'가 결합된 것으로 볼 수 있다. ㄴ. '굵기'는 '사프심의'라는 관형어의 수식을 받고 있으므로 '굵기'의 '-기'는 접미사임을 알 수 있다. ㄷ. '걸음'은 부사어 '많이'의 수식을 받고 있으므로, 동사의 어간에 어미 '-(으)ㅁ'이 결합된 것으로 볼 수 있다. ㄹ. '죽음'은 '안타까운'이라는 관형어의 수식을 받고 있으므로 동사의 어간에 접미사 '-(으)ㅁ'이 결합된 것으로 볼 수 있다.

70 정답 ⑤

'가다'는 '가고, 가니, 가면, 가서'와 같이 규칙적으로 활용한다. 나머지는 모두 불규칙 활용에 해당된다.

오답 풀이

① '잇다'는 '잇 + 어 → 이어'와 같이 'ㅅ'이 모음 어미 앞에서 탈락하는 'ㅅ' 불규칙에 해당된다.
② '깨닫다'는 '깨닫 + 아 → 깨달아'와 같이 'ㄷ'이 모음 어미 앞에서 'ㄹ'로 변하는 'ㄷ' 불규칙에 해당된다.
③ '흐르다'는 '흐르 + 어 → 흘러'와 같이 '르'가 모음 어미 앞에서 'ㄹㄹ' 형태로 변하는 '르' 불규칙에 해당된다.
④ '눕 + 어 → 누워'와 같이 'ㅂ'이 모음 어미 앞에서 '오/우'로 변하는 'ㅂ' 불규칙에 해당된다.

71 정답 ④

'뛰놀다'는 '뛰 + 놀다'로 연결어미 없이 용언 어간이 결합된 비통사적 합성어이다.

72 정답 ⑤

⑤의 '다'는 부사이며, 나머지는 모두 명사(의존 명사)이다.

73 정답 ②

②의 '맑다'는 모두 형용사이다.

오답 풀이

① 의 첫 번째 '만큼'은 관형어의 수식을 받는 의존 명사이며, 두 번째 '만큼'은 명사 뒤에 붙어서 의미를 더하는 조사이다.
③의 첫 번째 '지적'은 조사와 연결된 명사이며, 두 번째 '지적'은 명사를 수식하는 관형사이다.
④의 첫 번째 '밝았다'는 상태를 의미하는 형용사이며, 두 번째 '밝는'은 상태의 변화를 나타내는 동사이다.
⑤의 첫 번째 '열'은 조사와 연결된 수사이며, 두 번째 '열'은 명사를 수식하는 관형사이다.

74 정답 ⑤

'만큼', '대로'는 명사 뒤에 쓰일 때에는 조사로 붙여 써야 하며, 관형어 뒤에 쓰일 때에는 의존 명사로 띄어 써야 한다. ㉠은 '현장 학습 보고서가 생각만큼 잘 안 써져.', ㉡는 '나도 쓸 만큼 썼다고 생각했는데 아직도 반이나 남았다.', ㉢은 '보고 느낀 대로 쓰면 되지 않아?', ㉣은 '선생님 말씀대로 개요도를 먼저 작성해 봐.'와 같이 띄어 써야 한다.

75 정답 ④

미지칭은 모르는 사물이나 사건을 가리키는 말이다. ④의 '누구'는 미지칭이다. 나머지는 특정 대상을 가리키지 않는 부정칭이다.

76 정답 ③

③의 '파란'과 '파랗게'는 모두 형용사이다.

오답 풀이

①의 '커서'는 상태를 나타내는 의미를 가진 형용사이고, '크지'는 상태의 변화를 나타내는 의미를 가지고 있는 동사이다.
②의 첫 번째 문장의 다섯은 조사가 붙은 것을 고려할 때 수사이고, 두 번째 문장의 다섯은 뒤의 명사 '사람'을 꾸며 주는 관형사이다.
④의 첫 번째 문장의 '아니'는 감탄사이며, 두 번째 문장의 '아니'는 부사이다.
⑤의 첫 번째 문장의 '이'는 대명사이며, 두 번째 문장의 '이'는 뒤의 명사 '모습'을 꾸며 주는 관형사이다.

77 정답 ②

㉠은 관형어의 수식을 받는 명사이다. ㉮는 '크게'의 수식을 받으므로 서술성이 있는 동사이며, ㉯는 관형사 '그'의 수식을 받으므로 명사이다. ㉰는 '멋진'이라는 관형어의 수식을 받으므로 명사이며, ㉱는 '빠른'이라는 관형어의 수식을 받으므로 명사이다. ㉲는 '잘'이라는 부사의 수식을 받으므로 동사이다. ㉳는 '열심히'라는 부사의 수식을 받으므로 동사이다.

78 정답 ②

㉠은 명사, ㉡은 부사, ㉢은 동사, ㉣은 관형사, ㉤은 형용사, ㉥은 부사, ㉦은 명사이다.

79 정답 ①

다른 말을 수식하는 기능을 지닌 단어는 관형사와 부사이다. 이 중 격조사와 결합할 수 없으나 보조사와는 결합이

가능하고, 용언이나 문장을 꾸며 주며 때로는 다른 부사나 관형사, 체언을 꾸며 주는 기능을 하는 것은 부사이다. ①의 '너무'는 뒤의 '바쁘다'를 수식하는 부사이다.

오답 풀이

②의 '여러'는 뒤의 '필기구'를 수식하는 관형사이다.
③의 '여기'는 조사 '에'가 붙은 대명사이다.
④의 '모든'은 뒤의 '사람'을 수식하는 관형사이다.
⑤의 '새'는 뒤의 '옷'을 수식하는 관형사이다.

80 정답 ③

① ㄱ의 '얼음이'의 '이'는 앞말이 주어 자격을 가지도록 하지만 '물이'의 '이'는 앞말이 보어의 자격을 가지도록 한다.
② ㄴ의 '이니'는 서술격 조사가 활용한 것이다.
④ '조차'는 첨가의 의미를 더해준다. ㄴ에만 활용하는 서술격 조사가 사용되었다.
⑤ ㄴ에서만 활용을 하는 조사(서술격 조사)가 사용되었다.

81 정답 ⑤

⑤의 '바로'는 둘 다 부사이다.

오답 풀이

①의 첫 번째 '만큼'은 관형어의 수식을 받는 명사이며, 두 번째 '만큼'은 조사이다.
② 첫 번째 '지적'은 조사와 연결된 명사이며, 두 번째 '지적'은 명사를 수식하는 관형사이다.
③ 첫 번째 '열'은 조사와 연결된 명사이며, 두 번째 '열'은 뒤의 체언 '번'을 수식하는 관형사이다.
④ 첫 번째 '밝구나'는 상태를 나타내는 형용사이며, 두 번째 '밝는'은 상태 변화를 나타내는 동사이다.

82 정답 ④

④의 가)의 '당신'은 2인칭 대명사로 사용된 것이며, 나)의 '당신'은 3인칭 주어인 '할아버지'를 다시 가리키는 데에 사용된 재귀 대명사이다.

83 정답 ③

③은 어미의 불규칙성에 의한 활용이며, 나머지는 어간의 불규칙성에 의한 활용이다.

오답 풀이

①은 'ㅅ'이 모음 어미 앞에서 탈락하는 'ㅅ' 불규칙
②는 'ㄷ'이 모음 어미 앞에서 'ㄹ'로 변하는 'ㄷ' 불규칙
③은 어미 '-어'가 '러'로 변하는 '러' 불규칙
④는 '르'가 모음 어미 앞에서 'ㄹㄹ' 형태로 변하는 '르' 불규칙
⑤는 'ㅂ'이 모음 어미 앞에서 '오/우'로 변하는 'ㅂ' 불규칙

84 정답 ③

'가지고와라'는 본용언 + 본용언으로 '가지고 와라'와 같이 띄어 써야 한다.

85 정답 ①

'부르다'는 '부르- + -어 → 불러'와 같이 '르'가 모음 어미 앞에서 'ㄹㄹ' 형태로 변하는 '르' 불규칙에 해당된다.

86 정답 ③

㉠ '머무르다'는 '르'가 모음 어미 앞에서 'ㄹㄹ' 형태로 변하는 '르' 불규칙이다.
㉡ '짓이기다'는 '짓이기고, 짓이기는, 짓이겨'와 같이 규칙적으로 활용하는 규칙 활용이다.
㉢ '읽다'는 '읽고, 읽으면, 읽으니'와 같이 규칙적으로 활용하는 규칙 활용이다.
㉣ '노랗다'는 '-아/-어'가 오면 어간의 일부인 'ㅎ'이 없어지고 어미도 변하는 불규칙 활용이다.
㉤ '누르다'는 '눌러'와 같이 '르'가 모음 어미 앞에서 'ㄹㄹ'의 형태로 변하는 '르' 불규칙 활용이다.

87 정답 ⑤

⑤의 '요'는 보조사이며, 나머지는 모두 어미이다.

88 정답 ④

④의 첫 번째 문장 '크다'는 상태를 나타내는 의미를 가지고 있으므로 형용사이며, 두 번째 문장 '큰다'는 상태의 변화(자라다의 의미)를 나타내는 의미를 지니고 있으므로 동사이다.

89 정답 ⑤

ⓐ는 'ㅅ'이 모음 어미 앞에서 탈락하는 것으로 어간이 바뀌는 경우이며, ⓑ는 어간이 '르'로 끝나는 일부 용언에서 어미 '-어'가 '러'로 변하는 것으로 어미가 바뀌는 경우에 해당된다. ⓒ는 '르'가 모음 어미 앞에서 'ㄹㄹ' 형태로 변하는 것으로 어간이 바뀌는 경우이며, ⓓ는 'ㅎ'으로 끝나는 어간에 '-아/-어'가 오면 어간의 일분인 'ㅎ'이 없어지고 어미도 변하는 것으로 어간과 어미가 모두 바뀌는 경우에 해당된다.

90 정답 ②

ㄱ은 '꽃이 아름답다', ㅁ은 '일처리가 빠르다'처럼 서술성이 있으므로 형용사이며, 나머지는 서술성이 없으므로 관형사이다.

91 정답 ④

'고르러'는 '고르-'에 어미 '러'가 붙은 것이다. '고르다'는 '골라'에서 알 수 있듯이 '르'가 모음으로 시작하는 어미 앞에서 'ㄹㄹ'로 바뀌는 '르' 불규칙 활용을 한다.

92 정답 ④

ㄹ의 '와'는 일 따위를 함께 함을 나타내는 부사격 조사이다. '와'가 앞말과 뒷말을 같은 자격으로 이어주는 접속조사로 쓰인 예는 '호랑이와 사자', '자유와 평등' 등이다.

93 정답 ④

④의 '먹고'는 둘 다 사람이나 사물의 움직임을 나타내는 동사이다.

오답 풀이
①의 첫 번째 문장의 '만큼'은 '노력한'의 수식을 받는 의존 명사이며, 두 번째 문장의 '만큼'은 '너' 뒤에 붙은 조사이다.
②의 첫 번째 문장의 '이'는 조사 '는'이 붙은 대명사이며, 두 번째 문장의 '이'는 뒤의 '나무'를 수식하는 관형사이다.
③의 첫 번째 문장의 '하하'는 뒤의 '웃었다'를 수식하는 부사이며, 두 번째 문장의 '하하'는 감탄사이다.
⑤의 첫 번째 문장의 '여섯'은 조사 '이'가 붙은 수사이며, 두 번째 문장의 '여섯'은 뒤의 '사람'을 꾸며 주는 관형사이다.

94 정답 ③

'꺽쇠'는 '꺽-'(어근)과 '쇠'(어근)이 결합한 합성어이다.

95 정답 ⑤

'큰아버지, 첫사랑'은 관형사와 명사가 결합이며, '돌아가다'는 '용언의 어간 + 연결어미 + 용언', '밤낮'은 '명사 + 명사', '앞서다'는 부사어 + 서술어, '춤추다'는 목적어 + 서술어로 통사적 합성어이다. '덮밥'은 '용언 어간 + 명사', '부슬비'는 '부사 + 명사', '여닫다'는 '용언 어간 + 용언 어간', '입상'은 '용언 어간 + 명사'로 비통사적 합성어이다.

96 정답 ②

②의 '다른'은 뒤의 체언인 '일'을 수식하는 관형사이며, 나머지는 모두 서술성이 있는 형용사이다.

97 정답 ①

㉠의 '이'는 앞의 체언을 보어가 되게 하는 보격 조사이며, ㉤의 '이'는 앞의 체언을 주어가 되게 하는 주격 조사이다.

98 정답 ③

'너뿐이다'의 '뿐'은 조사이므로 앞의 대명사 '너'와 결합하여 붙여쓰는 것이 적절하다. ④의 '뿐'은 의존명사로 '오직 그렇게 하거나 그러하다는 것을 나타내는 말'로 쓰이고 있으므로 띄어써야 한다.

99 정답 ①

'웃다'는 '웃어, 웃으니' 등 규칙활용을 하는 용언이다.

100 정답 ③

'품사 통용'이 나타나지 않는 것은 ③이다. ㄱ의 '온다'와 ㄴ의 '온다'는 모두 동사로 기능하고 있다.

단어

101 정답 ②

'어른스럽다'는 어근 '어른'과 접사 '-스럽-'으로 이루어진 파생어이다.

오답 풀이
①은 '작은(어근) + 아버지(어근)'
③은 '오래(어근) + 오래(어근)'
④는 '뛰다(어근) + 나다(어근)'
⑤는 '밤(어근) + 고구마(어근)'으로 모두 합성어이다.

102 정답 ②

통사적 합성어는 문장에서와 같은 방식으로 이루어진 것이며, 비통사적 합성어는 용언의 어간과 어간이 직접 결합하는 등 문장 구성에서는 나타나지 않고 단어 형성에서만 나타나는 방식으로 이루어진 것이다. '덮밥'은 '용언 어간 + 명사', '굳세다', '굵기다'는 '용언 어간 + 용언 어간'으로 비통사적 합성어이다.

103 정답 ①

접두사는 어근의 의미를 제한함으로써 어근과 파생어의 의미에 차이를 만드는 기능을 할 뿐, 통사 구조에는 영향을 미치지 않는다. '되묻다, 뒤틀다, 들볶다, 치받다, 치솟다'는 접두사가 붙어 만들어진 파생어로 모두 ㉠에 해당된다. '강마르다'와 '메마르다'는 '마르다'라는 동사에 각각 '강-', '메-'가 붙어서 형용사가 된 것이다. '되다'는 동사인데, '엣-', '엇-'이 붙어서 형용사가 된 것이다. '높다'는 형

국정원 9급 All-Care

용사인데, '-이-'가 붙어서 동사가 된 것이다. '강마르다, 메마르다, 앳되다, 엇되다, 높이다'는 모두 ⓒ에 해당된다. 동사 '읽다'에 '-히-'가 붙은 '읽히다'는 동사로, 품사는 변화하지 않았지만 '읽다'는 주어가 동작을 스스로 하는 주동이라면, '읽히다'는 주어가 다른 대상에게 동작을 하도록 하는 사동으로 통사 구조에 영향을 준다. '높다, 낮다, 없다'는 형용사인데, 여기에 각각 '-이-, -추-, -애-'가 붙어서 동사가 되었다.

104 정답 ④

'덮밥'은 용언 어간과 명사의 결합으로 문장 구성에서는 나타나지 않고 단어 형성에서만 나타나는 것으로 비통사적 합성어이다. '앉은키', '새해'는 '관형어 + 명사', '힘들다'는 '주어 + 서술어', '차례차례'는 '명사 + 명사'로 문장 구성에서도 나타나는 것으로 통사적 합성어이다.

105 정답 ②

단어로 나누면 '그/는/그냥/잠잠히/걷기/만/할/뿐/이었다'로 나눌 수 있다. 조사(는, 만, 이었다)는 단어이며, 용언(할)은 전체를 하나의 단어로 보아야 한다. '뿐'은 의존명사로 쓰였으므로 하나의 단어이다)

106 정답 ③

③ 의존 형태소는 'ㄴ, 이, 되, 었, 지만, 어리, ㄹ, 가, 그리, 었, 다'로 11개이다.

■ 오답 풀이
① 형식 형태소는 'ㄴ, 이, 었, 지만, ㄹ, 가, 었, 다'로 8개이다.
② 실질 형태소는 '나, 어른, 되, 늘, 어리, 때, 그리'로 7개이다.
④ 자립 형태소는 '나, 어른, 늘, 때'로 4개이다.
⑤ '나, ㄴ, 어른, 이, 되, 었, 지만, 늘, 어리, ㄹ, 때, 가, 그리-, 었, 다'로 15개이다.

107 정답 ①

'갈아입다'는 '갈아서 입다' 즉 '바꾸어서 입다'라는 의미이기 때문에 뒤의 어근이 중심이고 앞의 어근은 뒤의 어근을 수식하는 종속적 관계에 있다. 따라서 '갈아입다'는 종속 합성어이다. 나머지는 모두 대등 합성어이다.

108 정답 ③

'안다'는 동사이며, '안다'에 접미사 '기'가 붙어서 파생된 '안기다'도 동사이다.

■ 오답 풀이
① '행복'은 명사, '행복하다'는 형용사이다.
② '자연'은 명사, '자연스럽다'는 형용사이다.
④ '그리다'는 동사, '그리움'은 명사이다.
⑤ '깊다'는 형용사, '깊이'는 부사이다.

109 정답 ②

ⓒ의 '꿈'은 '교사의'라는 관형어의 수식을 받고 있다. 따라서 '꿈'의 품사는 명사이고, '-ㅁ'은 접미사이다.

110 정답 ⑤

'기뻤다'를 형태소로 분석하면 '기쁘- + 었 + 다'로 '기쁘'는 실질 형태소, '기쁘, 었, 다'는 의존 형태소이다. '었, 다'는 문법적 의미를 지닌 형식 형태소이다.

■ 오답 풀이
① '좋은'은 '좋-'라는 실질 형태소와 '은'이라는 의존 형태소가 결합된 것이다.
② '친구를'은 '친구'라는 실질 형태소와 '를'이라는 형식 형태소가 결합된 형태이다.
③ '만나서'는 '만나', '서'로, 실질 형태소 '만나', 의존 형태소 '만나, 서'이다.
④ '매우'는 홀로 쓰일 수 있는 자립 형태소이며, 실질적인 의미를 지닌 실질 형태소이다.

111 정답 ⑤

'헛돌다', '헛디디다'를 보면 접두사가 자립성이 있는 형태소에만 붙는 것은 아님을 알 수 있다. 또한 '일하다'에서와 같이 접미사가 자립성이 있는 '일'에 붙은 것을 통해 접미사가 자립성이 없는 형태소에만 붙는 것이 아님을 알 수 있다.

112 정답 ②

의존 형태소는 '가, 로, 날, 아, 가, 았, 다'로 7개이다.

■ 오답 풀이
① 제시된 문장을 형태소로 분석하면 '비둘기, 가, 하늘, 로, 날, 아, 가, 았, 다'로 9개의 형태소로 이루어져 있다.
③ 제시된 문장을 단어로 분석하면 '비둘기, 가, 하늘, 로, 날아갔다'로 5개이다.
④ 제시된 문장을 음절로 분석하면 '비, 둘, 기, 가, 하, 늘, 로, 나, 라, 갔, 따'로 11개이다.
⑤ 주성분은 주어, 목적어, 보어, 서술어를 말하는 것이다. 제시된 문장을 문장 성분으로 분석하면 '비둘기가(주어), 하늘로(부사어), 날아갔다(서술어)로 주성분이 2개가 쓰였다.

113 정답 ⑤

'마개'는 어근 '막-'에 접사 '-애'가 결합하여 이루어진 단어이다. '애'는 널리 쓰이는 접미사가 아니기 때문에 원형을 밝혀 적지 않고 '마개'로 적은 것이다.

114 정답 ④

'부슬비'는 '부슬(부사) + 비(명사)'로 비통사적 합성어에 해당된다.

오답 풀이

① '눈물'은 '눈 + 물'로 명사 + 명사로 통사적 합성어이다.
② '힘들다'는 '힘 + 들다'로 주어 + 서술어로 통사적 합성어이다.
③ '돌아가다'는 '돌- + -아- + 가다'로 용언 어간 + 연결어미 + 용언 어간으로 통사적 합성어이다.
⑤ '손쉽다'는 '손 + 쉽다'로 주어 + 서술어로 통사적 합성어이다.

115 정답 ②

'첫사랑'은 '첫(어근) + 사랑(어근)'으로 합성어이다. 나머지는 어근과 접사가 결합하는 파생어이다.

116 정답 ②

제시된 문장을 형태소로 분석하면 '아침, 에, 일-, -어, 나-, -니, 온, 세상, 이, 하얗-, -게, 변-, 하-, -여, 있-, -었-, -다'이다. 이 중 실질적인 의미를 지닌 실질 형태소는 '아침, 일-, 나-, 온, 세상, 하얗-, 변-, 있-'이다.

117 정답 ④

'놀이터'는 '놀(어근) + 이(접미사) + 터(어근)로 분석할 수 있다.

118 정답 ①

'일찍'이라는 부사에 '-이'가 붙어서 부사가 된 '일찍이'는 부사의 본 모양을 밝혀서 '일찍이'로 적는다.

119 정답 ④

'오누이'는 오라비와 누이를 아울러 이르는 말로 ㉠에 해당하며, '벼락부자'는 갑자기 된 부자로 ㉡에, '쥐며느리'는 '쥐 + 며느리'이지만 어느 의미도 살아있지 않고 새로운 의미가 되었으므로 ㉢에 해당된다.

120 정답 ①

'뒤처지다'는 어근과 어근의 연결이 문장에서와 같은 방식으로 이루어진 통사적 합성어이다. '늦잠'은 용언 어간 + 명사, '검푸르다, 돌보다'는 용언 어간 + 용언 어간, '먹거리'는 용언어간 + 명사로 비통사적 합성어이다.

121 정답 ②

'누리꾼'은 '누리(어근) + 꾼(접사)'이며, '누리'와 '누리꾼'은 모두 명사로 접미사가 붙어 어근의 의미를 제한한 것이다. '우습다'는 '웃다(어근) + -읍-(접사)'이며, '웃다'는 동사, '우습다'는 형용사로, 접미사가 붙어 문법적인 변화를 일으킨 경우이다. '믿음'은 '믿다(어근) + -음(접사)'이며, '믿다'는 동사, '믿음'은 명사로 접미사가 붙어 문법적인 변화를 일으킨 것이다. '믿기다'는 '믿다(어근) + -기-(접사)'이며, '믿다'와 달리 '믿기다'는 피동사로, 접사가 붙어 문법적인 변화를 일으킨 것이다. '나무꾼, 밀치다, 멋쟁이, 군것질, 바느질, 깨뜨리다'는 모두 접사가 문법적인 변화를 일으키지 않고 어근의 의미를 제한한 것이다.

122 정답 ①

'우습다'는 '웃 + 읍 + 다'로 어간을 밝혀 적지 않고 소리 나는 대로 적은 것이다.

123 정답 ②

'즐거운'과 '마음속이'를 형태소 분석하면 '즐겁-(즐거우) + ㄴ', '마음 + 속 + 이'로 형태소의 개수가 다르다.

오답 풀이

① '날은'은 '날'과 '은' 두 개의 단어로 이루어져 있으며, '많겠군'은 한 단어이다.
③ '잠깐이다'는 '잠깐', '이다'로 단어 2개, '기쁨으로'는 '기쁨', '으로'로 단어 2개이다.
④ '것이'는 '것', '이'로 단어 2개, '하면'은 단어 1개이다.
⑤ '많겠군'과 '기쁨으로'를 형태소로 분석하면 '많- + -겠- + -군', '기쁘- + ㅁ + 으로'로 형태소의 개수가 같다.

124 정답 ①

'많이, 벌이, 먹이, 길이, 벌이'는 ㉠에 해당하는 경우이다. '노래(놀 + 애), 마중(맞 + 웅), 마개(막 + 애), 자주(잦 + 우)'는 파생어이면서 어근의 원형을 밝히어 적지 않는 경우에 해당된다.

125 정답 ④

'치솟다'의 어근은 '솟-'이며, '먹이다'의 어근은 '먹-'이다. 또한 '검붉다'의 어근은 '검-', '붉-'이며, '갈아입다'의 어근은 '갈-', '입-'이다.

126 정답 ⑤

'우리는 비로소 어른이 되었다.'에서 형식 형태소는 '는, 이, 었, 다'이다.

127 정답 ③

'병마개'는 어근 + (어근 + 접미사)의 구조이다. 어근 '막'에 접미사 '-애'가 붙어 먼저 '마개'가 만들어지고, 여기에 다시 어근 '병'이 붙어 단어가 만들어지게 된다.

128 정답 ④

첫사랑-첫(관형사, 어근) + 사랑(명사, 어근)

▌오답 풀이

① 형용사(어근) + 접사
② 접사 + 명사(어근)
③ 접사 + 명사(어근)
⑤ 접사 + 동사(어근)

129 정답 ⑤

[뛰어가다 : 뛰어 + 가다 (용언의 어간(뛰-)이 어미(-어)와 결합하여 다른 용언과 결합하고 있으므로 통사적 합성어이다).

130 정답 ④

의존형태소는 단독으로 쓰일 수 없으므로 반드시 다른 말과 쓰여야 하며, 용언의 어간도 가능하지만 어미나, 조사, 접사도 의존형태소에 속하므로 주로 문법적 의미를 나타낸다고 할 수 있다.

131 정답 ⑤

보조적 연결어미가 생략된 경우이므로, ⑤의 예시는 적절하지 않다. '눈멀다'는 '눈이 멀다'의 의미를 지닌 '주어와 서술어'의 관계를 보이는 합성어이다.

132 정답 ③

'게으름뱅이'와 같은 결합은 '어근 + 접미사 + 접미사'의 구조이므로 '울음보'가 같은 구조의 단어로 볼 수 있다. '울다'의 어근 '울-'과 명사파생접미사 '-음'이 결합한 '울음'에서 접미사 '-보'가 붙은 구조이다.

133 정답 ②

'묻다'에서 파생된 '물음'이 어간의 원형을 밝히어 적지 않은 것은 ㉡과 관련이 있는 것이 아니라 품사가 바뀐 것과 관련이 있으므로 ㉢에 따른 것이다.

134 정답 ②

(나)의 '가진'은 뒤의 명사 '학생'을 수식하고 있는 관형어이다. 이때 '가진'은 '가지다'의 어간 '가지-'에 관형사형 전성어미 '-ㄴ-'이 결합한 형태이다.

135 정답 ①

② 큰절 : 합성어 ③ 군것질 : 파생어 ④ 건강하다 : 파생어
⑤ 색연필 : 합성어

136 정답 ④

㉢ : 단 + 팥죽(합성어), ㉤ : 지우- + -개(파생어) ㉠ : 파생어 ㉡ : 합성어 ㉣ : 파생어. 어근에 접두사나 접미사가 붙는 것은 '합성어'이고, 어근끼리 결합하는 것은 합성어이다.

137 정답 ④

㉡ : '(밥을) 묻었다'와 '(길을) 물었다'는 모두 목적어를 필요로 하는 타동사이다. ㉢ : '묻었다(묻고, 묻어, 묻으니)'와 '굽었다(굽고, 굽어, 굽으니)'는 규칙 활용 용언이다. ㉣ : '물었다('묻-'이 '-었-'과 만다 '물-'로 변하는 불규칙 용언)와 '구웠다('굽-'이 '-었-'과 만나 '구우-'가 로 변하는 불규칙 용언)'는 모두 불규칙 활용 용언이다.

138 정답 ①

'부슬비'는 '부슬 + 비'로 부사인 '부슬부슬'의 '부슬'과 명사 '비'가 결합하였으므로 비통사적 합성어이다. ②, ③, ⑤ 용언의 어간이 어미 없이 다른 용언과 결합하고 있으므로 비통사적 합성어이다.

139 정답 ②

'여닫이'는 어간 '여닫-'에 접미사 '-이'가 결합한 파생어이므로 합성어라는 설명은 적절하지 않다.

140 정답 ⑤

'가시는구나'에서 '가시'는 '가-'에 높임의 의미를 지닌 선어말 어미 '-시-'가 결합한 것이다. '가-'는 실질 형태소이며, '-시-'는 형식 형태소이다.

141 정답 ④

'복스러워'는 '복스럽다'에 연결어미 '-어'가 붙은 것이다.

오답 풀이
① ㉠은 명사화 접미사 '-ㅁ'이 결합되어 명사가 된 것이지만 ㉡은 '크게'의 수식을 받는 것으로 보아 동사이다.
② ㉢과 ㉤은 부사 '둥글둥글', '포동포동'에 '하다'가 붙어서 형용사가 된 것이다.
③ ㉣은 '복'에 '스럽'이 붙어서 '복스럽다'라는 형용사가 된 것이다.
⑤ 부사형 전성 어미에는 '-게'가 있다.

142 정답 ④

'한겨울'의 '한'은 한창인, '한길'의 '한'은 '큰'의 의미를 가진 접두사이다.

143 정답 ④

'어부가 물고기를 잡다.'의 '잡다'에 접미사 '-히-'가 붙으면 '잡히다'가 된다. 이때, '잡다'와 '잡히다'는 모두 동사이므로, 두 단어의 품사는 동일하지만 그 파생어가 문장 구조를 변화시키는 ㉢의 경우에 해당한다고 볼 수 있다.

144 정답 ①

'첫눈'은 '첫'이라는 자립 형태소와 '눈'이라는 자립 형태소로 구분되어야 하므로 ①은 적절하지 않다.

145 정답 ①

단일어 : 달리다, 먹다, 그만 / 파생어 : 쪽문(쪽- + 문), 지우개(지우- + -개), 엿보다(엿- + 보다), 사랑하다(사랑 + -하다), 마음껏(마음 + -껏), 풋사과(풋- + 사과), 휘날리다(휘- + 날리다), 된서리(된- + 서리) / 합성어 : 부슬비(부슬 + 비), 접칼(접 + 칼), 힘세다(힘 + 세다), 꺾쇠(꺾 + 쇠)

146 정답 ④

ⓐ 'ㄴ'첨가, ⓑ 자음동화(비음화), ⓒ 축약(모음축약), ⓓ [난닐] 'ㄴ'첨가, ⓔ [생년필] 'ㄴ'첨가

147 정답 ②

'지르밟다'의 '지르-'는 접두사가 아니라 '위에서 내리누르다'라는 의미의 동사의 어간이므로 '지르밟다'는 파생어가 아니라 합성어로 볼 수 있다.

148 정답 ③

㉠ : 굽-(어간) + -ㄴ(과거형 어미) ㉣ : 흘리- + -ㄴ(현재형 어미)

149 정답 ②

㉠ 그치-/-겠-/-어 ㉡ 서울/-로/-가/-았-/-다 ㉢ 게임/-을/하-/-았-/-다 ㉣ 다치-/-었-/-다 ㉤ 먹-/-고/있-/-었-/-다 ㉡의 실질 형태소는 2개(서울, 가-)이고 형식 형태소는 3개(-로, -았-,-다)이다.

오답 풀이
① ㉠의 의존 형태소이며 형식 형태소는 2개(-겠-, -어)이다.
④ ㉣의 의존 형태소이자 형식 형태소는 2개(-었-, -다)이다.
⑤ ㉤에서 의존 형태소이자 실질 형태소는 '먹-', '있-'이다.

150 정답 ②

② 실질 형태소는 '어제', '비', '많-'. '내리-'이다.

오답 풀이
① 어제/는/비/가/많이/내렸다(6개)
③, ④, ⑤ 어제/-는/비/-가/많-/-이/내리-/-었-/-다, 자립형태소 : 어제, 비(2개) 의존 형태소 : -는, -가, 많-, -이, 내리-, -었-, -다(7개), 형식 형태소 : -는, -가, -이, -었-, -다(5개)

단어의 의미

151 정답 ③

반의 관계에 있는 두 단어는 오직 한 개의 의미 요소만 다르고 나머지 요소들은 모두 공통되어야 하나 '형'과 '여동생'은 성별과 나이라는 두 가지 의미요소가 다르므로 반의 관계라고 할 수 없다.

152 정답 ⑤

'손'의 중심 의미는 '사람의 팔목 끝에 달린 부분. 손등, 손바닥, 손목으로 나뉘며 그 끝에 다섯 개의 손가락이 있어, 무엇을 만지거나 잡거나 한다.'이다.
② '손가락'의 뜻으로 쓰였다.

153 정답 ④

길1과 길2는 동음이의어이므로 길1ⓒ과 길2ⓒ이 의미의 연관을 가진다고 볼 수 없다. 따라서 길1ⓒ과 길2ⓒ은 다의관계로 볼 수 없다.

154 정답 ⑤

⑤ 축소 ① 확대 ②, ③, ④ : 이동

155 정답 ③

'남자 : 남정네'는 유의 관계이다.

156 정답 ②

주변 의미는 중심 의미를 기초, 중심으로 하여 파생된 것이기 때문에 중심 의미가 없다면 주변 의미도 파생되지 못할 것임. ③ 「3」의 '손'은 노동력을, '길손'의 '손'은 손님을 의미함. ④ 손 + 가락(합성어)

157 정답 ⑤

'머리에 붕대를 감다.'는 '감다2②'의 ㉠의 예문이 아닌 '감다2①'의 ㉠의 예문에 해당하는 문장이다.

158 정답 ③

'인간'이라는 단어는 사라지지 않고 지금도 쓰이고 있는 단어이므로 ③은 적절하지 않은 설명이다.

159 정답 ②

첫 번째 문장의 '길'의 의미는 ③, 두 번째 문장의 '길'의 의미는 ④, 세 번째 문장의 '길'의 의미는 ①, 네 번째 문장의 '길'의 의미는 ⑤이다.

160 정답 ④

'그는 목소리를 고르고 있었다.'는 고르다2의 1이 아닌 고르다2의 2의 용례로 추가할 수 있다.

외래어 표기법과 로마자

161 정답 ④

이름에 나타난 음운변화는 표기에 반영하지 않으므로 한복남의 이름은 Han Boknam으로 표기해야 한다.

162 정답 ②

ⓒ은 피에로, ⓒ은 주스, ⓔ은 라켓으로 표기해야 알맞은 표현이다.

163 정답 ③

paris는 파리로 camera는 카메라로 표기해야 한다.

164 정답 ③

설악산은 Seoraksan, 북한산은 Bukansan, 팔당은 Paldang, 속리산은 Songnisan으로 알약은 allyak으로 표기한다.

165 정답 ①

광희문은 Gwanghuimun으로 적고, 답십리는 Dapsimni로 적으며, 밀양은 Miryang으로 적어야 한다.

166 정답 ①

ㄱ이 초성으로 오면 g로 표기해야 하며, 이름에서 나타나는 음운변동현상은 표기에 반영하지 않는다. 또한 이름은 성과 이름을 띄어쓰나, 이름의 글자를 모두 띄어쓰지 않고 붙여쓰는 것을 원칙으로 한다.

167 정답 ④

알약은 allak, 백마는 Baengma, 맞히다는 machida, 극락전은 Geungnakjeon으로 표기해야 한다.

168 정답 ⑤

5항에 따라 굳어진 외래어인 '라디오'와 '카메라'는 오래전부터 쓰던 표기를 옳은 표기로 인정한다.

오답 풀이

① 외래어 표기를 위해 새로운 문자나 부호를 사용하지 않고 한글 자모 만으로 표기한다는 뜻이다.
② 제2항 규정에 따라 '파이팅'으로만 적는다.
③ 음절의 끝소리 규칙은 ㄱ, ㄴ, ㄷ, ㄹ, ㅁ, ㅂ, ㅇ만을 받침에 쓴다는 규정이다.
④ 제4항에 따라 된소리를 쓰지 않는 것을 원칙으로 하므로 '버스', '가스'와 같이 적어야 한다.

169 정답 ④

광희문의 'ㅢ'는 'ㅣ'로 소리나더라도 'ui'로 적어야 한다는 규정에 따라 'gwanghuimun'으로 적어야한다.

국정원 9급 All-Care

170 정답 ③

〈보기〉에 따르면 국어의 로마자 표기는 표준 발음법에 따라 소리 나는 대로 적는 것이 원칙이다.

오답 풀이
① 종로[종노] Jongno
② 신라[실라] Silla
④ 국민[궁민] gungmin
⑤ 비빔밥[비빔빱] bibimbap, 된소리 되기는 로마자 표기에 반영되지 않는다.

171 정답 ④

① cameo-카메오(파열음 표기에 된소리를 쓰지 않음)
② rocket-로켓(외래어를 표기할 때 받침으로 ㄱ, ㄴ, ㄹ, ㅁ, ㅂ, ㅅ, ㅇ만을 씀)
③ 알약- allyak
⑤ 설악산-Seoraksan(된소리 되기는 표기에 반영하지 않음)

172 정답 ②

'종로'의 로마자 표기는 'Jongno'이다. 자음 사이에서 동화 작용이 일어나는 경우, 변화의 결과에 따라 적는다.('로마자 표기법' 제3장 제1항) '종로'의 로마자 표기는 [종노]와 같은 발음을 기준으로 하여, 'Jongno'와 같이 적는다.

173 정답 ⑤

'홍빛나'는 인명을 음운 변동을 표기에 반영하지 않고 글자를 그대로 표기하였다.

오답 풀이
① allyak ② guchida ③ Dobong-gu ④ Wangsimni, Dobong-gu

174 정답 ④

이중 모음 'ㅢ'는 'ㅣ'로 소리 나더라도 항상 'ui'로 적는다. Gwanghuimun

175 정답 ①

묵호는 Mukho, 종로는 Jongno, 솜이불은 somnibul, 낙동강은 Nakdonggang으로 표기한다.

176 정답 ④

ㄱ. 광주는 K를 G로 바꾸어야 하며, ㄴ. 밀양은 Miryang으로 표기해야 한다.

또한 ㄹ. 독립문은 발음에 따라 Dongnimmun으로 표기한다.

177 정답 ①

'묵호'는 Mukho이다.

178 정답 ②

모음 앞의 'ㄱ'은 'G', 'ㅈ'은 'J', 'ㅅ'은 'S', 'ㅌ'은 'T'이다.

179 정답 ④

된소리되기는 로마자 표기법에 반영하지 않는다.

180 정답 ④

ⓒ의 경우 이름의 마지막 글자인 '의'를 표기하기 위해서는 'ui'로 표기해야 한다.

오답 풀이
① 성과 이름을 띄어 쓰고, 이름의 첫 글자를 대문자로 표기해야 한다.
② 한국 이름에 경우 성과 이름의 순서로 띄어 써야 한다.
③ 이름에서 일어나는 음운 변화는 표기에 반영하지 않는 것이 원칙이다. ⓑ의 표기는 Hong Bitna (Hong Bit-na)가 옳다.
⑤의 경우 '-'를 쓰는 것은 허용되지만 '의'의 표기가 잘못되었다.

문장의 짜임

181 정답 ②

② '지은'은 동사인 '짓다'에 관형사형 전성어미 '-ㄴ'이 붙어 관형어의 역할을 한다.

182 정답 ⑤

① ⓒ의 '삼으셨다'는 '삼촌은(주어)'와 '민수를(목적어)', '양자로(부사어)'를 필요로 하는 세 자리 서술어이다.
② ⓒ의 '되었다'는 '물이(주어)'와 '얼음이(보어)'를 필요로 하는 두 자리 서술어이다.
③ ⓔ의 '줬다'는 '어머니께서(주어)'와 '윤후에게(부사어)', '인형을(목적어)'를 필요로 하는 세 자리 서술어이다.
④ ⓜ의 '삼으셨다'는 '할아버지께서는(주어)'와 '짚신을(목적어)'를 필요로 하는 두 자리 서술어이다.

183 정답 ④
ㄹ. '잔다'는 '아기가(주어)'를 필요로 하는 한 자리 서술어이므로, 필수적인 문장 성분은 두 개이다.

184 정답 ②
ㄴ. '보고 있다'는 '학생들이(주어)'와 '진달래꽃을(목적어)'를 필요로 하는 두 자리 서술어이다.

185 정답 ②
ⓒ '소리 없이'는 문장 안에서 절 전체가 뒤에 오는 서술어인 '내린다'를 꾸미기 때문에 '부사절'로 안긴 문장이다.

186 정답 ②
㉠ '~에'라는 부사격 조사가 붙어 부사어이다. ㉡목적격 조사 '를'을 사용하여 목적어이다.
ⓒ 서술어 '되었다'가 필수적으로 요구하는 문장 성분으로 '보어'이다.
㉣ 부사격 조사인 '~로'가 붙어 부사어가 되었다.

187 정답 ②
㉠은 부사어, ㉡은 보어, ㉢은 서술어, ㉣은 부사어, ㉤은 부사어이다.

188 정답 ①
㉣, ㉤은 주체인 선생님을 높인 주체 높임법이 사용되었다.

189 정답 ④
(ㄹ)은 주어 '체육 행사가'와 서술어 '있다'로 이루어진 홑문장이다.

190 정답 ①
'9월이'는 보어이고 나머지는 주어이다.

191 정답 ⑤
㉤은 주어 '마라톤은'과 서술어 '연속이다'로 이루어진 홑문장이다.

192
정답 (1) 그 마을은, (2) 여행을 가기, 좋은 곳
'여행을 가다'가 명사절로, '그 마을은 좋다'가 관형절로 사용되었다.

193 정답 ②
ⓒ의 문장성분은 '때'를 수식하는 관형어이다.

194 정답 ①
①은 '사람들에게'라는 부사어가 빠져 문법적으로 잘못된 문장이다.

195 정답 ③
'그'는 관형사가 관형어가 된 것으로, 뒤에 조사가 붙을 수 없다.

196 정답 ①
① '소리 없이'는 문장 안에서 절 전체가 뒤에 오는 서술어인 '내린다.'를 꾸미기 때문에 '부사절'로 안긴 문장이다.

197 정답 ⑤
⑤ 정도의 심화.

198 정답 ②
〈보기〉의 밑줄 친 부분은 각각 'ㄱ. 부사어 ㄴ. 주어 ㄷ. 관형어'의 구실을 한다.

199 정답 ③
ㄷ. 앞절이 뒷절의 중간으로 이동하면 '꽃이 봄이 오면 핀다.'로 자연스럽다.

200 정답 ④
④ '무슨'은 뒤에 오는 명사(체언)인 '작품'을 수식하는 '관형어'. 나머지는 모두 '부사어'

201 정답 ③
ⓒ '내가 하는 일을 돕기'는 '내가 하는 일을 돕다'라는 문장에, ㉣ '아랫물이 맑기'는 '아랫물이 맑다'에 명사형

어미 '-기'가 결합된 것으로, 명사절로 안긴 문장이다.
㉠ '몸이 먼저 느낍니다.'는 문장 전체의 서술어 기능을 하는 서술절로 안긴 문장이다.
㉡ '그가 착한 사람이라는'은 뒤에 오는 체언인 '생각'을 꾸미는 관형절로 안긴 문장이다.

202   정답 ④

④ '주었다'는 '그는(주어)'와 '나에게(부사어)', '평안을(목적어)'를 필요로 하는 세 자리 서술어이다. 나머지는 모두 주어를 필요로 하는 한 자리 서술어이다.

203   정답 ⑤

ㅁ : 큰 따옴표(" ")를 사용하고, 인용격 조사 '라고'를 붙여 인용하고 있기 때문에 주어진 문장을 그대로 직접 인용하는 직접 인용절을 안고 있다.

오답 풀이
① ㄱ : '재현이가 적극적인'이 뒤에 오는 체언인 '성격'을 꾸미는 관형절을 안은 문장
② ㄴ : '글씨가 너무 작다.'는 문장 전체의 서술어 기능을 하는 서술절을 안은 문장
③ ㄷ : '우리가 예상했던 것과 같이'는 문장 안에서 뒤에 오는 문장 전체인 '그는 시험에 합격했다.'를 꾸미기 때문에 '부사절'을 안고 있는 문장이다.

204   정답 ⑤

⑤ 소리 없이 세상을 움직입니다. ⇒ 부사절로 안긴 문장. 나머지는 모두 관형절로 안긴 문장

205   정답 ⑤

㉤은 '그가 읽은'이라는 관형절을 안은문장이다. ㉠은 연결어미 '고'로 대등적으로 이어진 문장이며, ㉡은 '위대한 천재가 인류에 남긴'이라는 관형절을 안은문장이며, ㉢은 '독서는(주어), 음악이다(서술어)'로, 주어와 서술어의 관계가 한 번 나타나는 홑문장이며, ㉣은 '-면'이라는 연결 어미로 이어진 종속적으로 이어진 문장이다.

206   정답 ②

'어른이'는 서술어 '아니다'가 필수적으로 요구하는 문장 성분인 보어이다. ⓑ 문장에서 주체는 '어른이'가 아니라 주어인 '그는'이다.

207   정답 ③

주성분은 주어, 서술어, 목적어, 보어이다. 제시된 문장에서 '저는'은 주어, '영화를'은 목적어, '보았어요'는 서술어로 주성분에 해당된다.

208   정답 ④

명사절은 명사형 어미 '-(으)ㅁ, -기'가 붙어서 만들어지며, 문장에서 주어, 목적어, 부사어 등 다양한 기능을 한다. ④에는 주어 기능을 하는 명사절이 나타나지 않는다.

오답 풀이
①의 '그와 같이 있기'
②의 '나의 선택이 옳았음'
③의 '내 일을 돕기'
⑤의 '어린이가 여기에서 편하게 놀기'는 모두 주어 기능을 하는 명사절이다.

209   정답 ②

'게으른'은 뒤의 '철수'를 수식하는 관형어이지만 관형사는 아니다. '게으른'은 기본형이 '게으르다'로 형용사이다.

210   정답 ③

③의 '다르다'는 주어와 필수적 부사어를 필요로 하는 두 자리 서술어이다.

211   정답 ①, ②

㉠에 생략된 주어는 '그것은'이 아니라 '우리는'으로 볼 수 있다. ㉠과 ㉡은 종속적 연결어미 '-면'으로 연결된 것으로, ㉠과 ㉡의 위치를 바꾸면 의미가 변한다.

212   정답 ③

㉢은 '-서'라는 종속적 연결어미로 이어져 있으며, '밖에 나가기'라는 명사절을 안고 있다. ㉠은 인용격 조사 '고'가 사용된 인용절이다. ㉡ '소리도 없이'의 '이'는 부사화 접미사이다. ㉣ '할아버지께서는'은 절의 주어가 아니다. ㉣은 서술절 '손이 크시다'를 안은문장으로, '손이'가 절의 주어 역할을 하고 있다. ㉤ '아이들이 들어오는'은 동격 관형절로, 문장성분이 생략된 절이 아니다.

213   정답 ②

① '마음이 넓다'는 서술절, ③ '네가 성공하기'는 명사절, ④ '그분의 도움 없이'는 부사절, ⑤ "서류는 지금 제출하세요."는 인용절이다.

국정원 9급 All-Care

214 정답 ④

ⓒ, ⓒ, ⓜ은 '으러', '-게', '-면'과 같은 종속적 연결 어미에 의해 연결된 종속적으로 이어진 문장이며, ㉠, ㉣은 '-고', '-으나'와 같은 대등 연결 어미에 의해 연결된 대등적으로 이어진 문장이다.

215 정답 ⑤

ⓜ은 '성연이는 밥을 먹는다.', '성연이는 책을 본다'라는 두 문장이 대등하게 이어진 문장이다.

오답 풀이
① '물이(주어), 얼음이(보어), 되었다(서술어)'로 ㉠은 주어와 서술어가 한 번 나타나는 홑문장이다.
② ⓒ은 '성린이가 읽음'이라는 관형절을 안은문장이다.
③ 전성어미 '기'가 붙어 만들어진 절 '옳은 일을 하기'는 문장에서 주어 역할을 한다. ⓒ에는 주어가 생략되었다.
④ ㉣은 '-지만'으로 연결된 대등하게 이어진 문장이다.

216 정답 ②

'만나다'는 주어 '나는'과 부사어 '친구와'를 필요로 하는 동사이다. 따라서 '친구와'는 필수적 부사어이다.

217 정답 ②

ㄴ은 '일만 하는'이라는 관형절을 안은문장으로 주어와 서술어의 관계가 두 번 나타난다.

218 정답 ①

ㄱ은 '이번 사건의 조사는 검찰에서 합니다.'와 '이번 사건의 발표는 검찰에서 합니다.' 두 문장이 합쳐진 것으로 '조사와 발표'는 부사어가 아닌 주어이다.

219 정답 ⑤

ⓜ : 서술어 ㉠, ⓒ, ⓒ, ㉣ : 관형어(㉠ : 관형사가 관형어로 쓰임, ⓒ : 명사에 조사가 결합된 형태가 관형어로 쓰임 ⓒ, ㉣ : 용언에 관형사형 어미가 결합하여 관형어로 쓰임.

220 정답 ①

들어 드렸다 : 서술어 ② 부사절이 부사어로 쓰임 ③ 보어 ④ 명사절이 목적어로 쓰임 ⑤주어

221 정답 ④

'-는데'는 상황을 나타내는 종속적 연결 어미이다. ③ 종속적 연결 어미로 이어진 문장은 앞의 절과 뒤의 절을 바꿀 경우 문장이 성립되지 않는다(지구가 멸망할지라도 나는 사과나무를 심겠다 → 나는 사과나무를 심더라도 지구가 멸망할 것이다)

222 정답 ①

"그게 무슨 뜻이에요?"(인용절), 땀이 나다 → 땀이 나도록(부사절), 그 사람이 범인이다 → 그 사람이 범인이었음(명사절), 머리가 길다 → 영희는 머리가 길다(서술절), 위대한 천재가 인류에 유산을 남겼다 → 위대한 천재가 인류에 남긴(관형절)

223 정답 ③

ⓒ의 '내 일을 돕기'는 명사절로 주격 조사 '-가'가 생략되어 문장에서 주어의 역할을 하고 있다(내 일을 돕기가 싫다 → 내 일을 돕기 싫거든) ① ㉠의 '내가 읽기에는'은 명사절 '내가 읽기'에 부사격 조사 '-에'와 보조사 '-는'이 결합하여 문장에서 부사어 역할을 하고 있다.

224 정답 ④

ㄱ : 내가 '어머니를' 모시고 가마(목적어), ㅁ : 보어

225 정답 ③

ㄱ의 '우리가 오후에 먹을'에 생략된 말은 목적어인 '음식을'이다(우리가 오후에 음식을 먹을 것이다) ⑤ 관형절 '그가 실력이 뛰어난 사람이라는'에는 또다른 관형절 '그가 실력이 뛰어난'이 들어 있다.

226 정답 ③

ⓑ의 밑줄친 부분은 '친구와 같이 음악을 들었다'를 관형절로 바꾼 것으로, 관형절이 되는 과정에서 목적어가 생략되었다.

오답 풀이
① ⓐ, ⓑ의 밑줄친 부분은 체언(그녀를, 음악은), ⓒ, ⓓ의 밑줄친 부분은 용언(추었다, 출렁거린다)를 꾸미고 있다.
② ⓑ의 '-던'은 과거 시제를 나타내고 있다.
⑤ '바람이 불어서'를 앞으로 옮길 경우, 종속적으로 이어진 문장이나 부사절로 분석할 수 있다.

227 정답 ④

④ ㉣은 주어, 목적어, 부사어를 필요로 하는 세 자리 서술어이나, ㉤은 주어, 목적어만을 필요로 하는 두 자리 서술어이다.

오답 풀이

① ㉠의 서술어 '되다'는 주어와 보어를 필수적으로 요구하는 두 자리 서술어이다.
② ㉡의 서술어 '아니다'는 주어와 보어를 필수적으로 요구하는 두 자리 서술어이고, ㉢의 서술어 '응원하다'는 주어와 목적어를 필수적으로 요구하는 두 자리 서술어이다.
③ ㉢ : 그녀가(주어)자신의(관형어)제자를(목적어)진심으로(부사어)응원한다(서술어)-주성분 3개(주어, 목적어, 서술어), 부속성분 2개(관형어, 부사어) ㉣ : 그녀는(주어) 항상(부사어)다른(관형어)사람을(목적어)바보로(부사어) 취급한다(서술어)-주성분 3개(주어, 목적어, 서술어), 부속성분 2개(부사어, 관형어)
⑤ ㉤과 ㉥은 모두 두 자리 서술어(㉤ : 취급하다, ㉥ : 틀어막다, 삼키다)가 쓰였다.

228 정답 ②

① ㄱ에는 부속성분이 '매우, 빠르게'로 2개 나타난다.
③ ㄱ에는 관형어가 드러나지 않는다.
④ ㄷ은 4개의 어절로 이루어져 있으며, 1개의 구를 가진다.
⑤ ㄱ은 '용언(형용사) + 부사격조사'가 결합한 형태이다.

229 정답 ②

㉠의 '녹지로'는 '만들다'라는 서술어가 필요로 하는 필수적 부사어이고, ㉡ '종이로'는 생략이 가능한 부사어이다. 따라서 '만들다'는 두 자리 서술어 또는 세 자리 서술어로 사용된다.

230 정답 ②

① '시에서 관리하는'은 관형어의 역할을 한다.
③ ㉡, ㉤에서 목적격 조사 '을/를'의 사용은 앞말의 받침의 유무에 있다.
④ ㉢은 주어와 서술어가 생략된 형태이다.
⑤ ㉤과 달리 ㉣은 목적어로 기능하고 있지 않다.

문법 요소

231 정답 ④

목적어인 '아버지를'을 '모시다'라는 특수 어휘를 통해 높이고 있다.

232 정답 ③

ㄱ은 '손님께서 주문하신 물건이 품절입니다.'로, ㅁ은 '선생님께서는 예쁜 따님이 있으십니다.'로, ㅂ은 '할아버지께서는 연세가 많으십니다'로 고쳐야 한다.

233 정답 답 없음

234 정답 ②

②는 '학생들이 원빈을 보고 싶어 한다'는 의미로만 해석된다.

235 정답 ③

어말어미 '-어요'는 상대인 청자를 높이고 있다. 목적어인 '어머니를'은 '모시고'를 통해 높이고 있다.

236 정답 ②

'나뉘어져'는 어간 '나누-'에 피동 접미사 '-이'와 '-어지다'가 이중으로 결합한 이중 피동이다.

237 정답 ④

㉠, ㉤ 상대 높임 표현 비격식체 중 해요체 ㉡, ㉢ 주체 높임 ㉣ 객체 높임

238 정답 ④

주체 높임은 주어가 가리키는 인물, 즉 문장의 주체를 높이는 방법을 말한다. ㉢은 문장의 주체인 '큰아버지'를 높이기 위해서 '진지'라는 특수한 어휘를 사용하고, ㉣은 문장의 주체인 '아버지'를 높이기 위해서 '아버지가'가 아니라 '아버지께서'를 쓰고 있다. ㉠, ㉤ 객체 높임 ㉡ 격식체 종결 어미인 '하오체'를 사용한 상대 높임

239 정답 ④

사동문은 주어가 남에게 동작을 하도록 시키는 표현이다. ④ 주어인 '조세형'이 다른 주체에 의해 '잡는' 동작을 당하는 것이므로 피동문이다.

240 정답 ⑤

ㅁ. '먹어 버렸다'는 '-어 버리다'를 통해 먹는 동작이 완료되었음을, '앉아 있다'는 '-아 있다'를 통해 앉는 동작이 완료되었음을 나타내는 완료상이다.

241 정답 ⑤

⑤ ⓑ의 '동생이(주어)'가 ⓐ의 '동생에게(부사어)'로 교체되었다.

242 정답 ④

④ '살릴(리ㄹ)다'의 '-리-'는 사동 접미사이므로 사동문이다. 나머지는 모두 피동문이다.

243 정답 ④

ㄷ을 사동문으로 만들기 위해서는 사동의 주체인 '엄마'를 도입하여 '엄마가'라는 주어로 삼아야 한다.

오답 풀이
① ㄴ은 피동 표현
② ㄱ의 주어는 ㄴ에서 부사어
③ ㄴ '낚였다'는 '물고기 가(주어)'와 '어부에게(부사어)'를 필요로 하는 두 자리 서술어이고, ㄹ '입혔다'는 '엄마가(주어)'와 '아이에게(부사어)', '옷을(목적어)'를 필요로 하는 세 자리 서술어이다.
⑤ ㄹ의 '입히다'는 ㄷ의 '입다'에 사동 접미사 '-히-'가 결합된 것이다.

244 정답 ④

④ '먹히지'의 '-히-'는 주어가 다른 주체에 의해 동작을 당하는 피동 표현의 접미사이다.

245 정답 ⑤

ⓜ과거 시제

246 정답 ④

㉠, ㉡, ㉣질문의 내용에 대해 청자에게 일정한 설명을 요구하는 설명 의문문이다. ㉢, ㉤은 굳이 대답을 요구하지 않고 서술이나 명령, 감탄의 효과를 내는 수사 의문문이다.

247 정답 ④

(ㄹ)의 안긴문장인 '그가 만드는'은 발화시를 기준으로 하면 현재이다.

248 정답 ⑤

'어머니가 아이에게 옷을 입게 했다'는 어머니의 간접 행동이 더 강조되었다.

249 정답 ③

미래시제를 나타내는 표지인 '-겠-'은 추측이나 의지 등의 의미를 나타내는 경우도 있다. ③ 내가 그 일을 맡겠다는 '의지'의 의미를 표현한다.

오답 풀이
① : 과거 시제 ② 상태를 서술 ④, ⑤ : 추측

250 정답 ④

④ : 사동 ①, ②, ⑤ : 피동 ③ : '말리-+-었-+-다', '말리다'는 다른 사람이 하고자 하는 어떤 행동을 못하게 방해하다의 뜻으로 피동이나 사동의 의미가 아님, '마르다'의 사동 형태가 '말리다'임.

251 정답 ①

ㄱ의 '날리다'는 '날다'에 사동 접사 '-리-'가 결합한 사동 표현이다. ② '되다'와 '-어지다' 모두 피동의 의미를 지니고 있으므로 지나친 피동으로 볼 수 있다. ④ '범인이 경찰에게 잡히고 말았다'를 능동으로 바꾸면 '경찰이 범인을 잡았다'가 되므로 피동문의 주어는 목적어가 되고, 부사어는 주어가 된다.

252 정답 ⑤

ⓜ의 능동문은 '눈이 온 세상을 덮었다'로 능동문의 주어 '눈이'는 피동문에서 부사어 '눈에'로 바뀌었다. 능동문의 주어가 피동문에서 부사어로 실현된 사례이다. ② '먹이다'는 사동의 형태이나 '가축을 기른다'의 뜻이므로 사동의 의미와 거리가 멀어졌다.

253 정답 ④

④ ⓓ는 미래시제이며, 발화시와 사건시가 일치하는 것은 현재 시제이다.

오답 풀이
①, ③ '사건시보다 발화시가 더 나중이다'는 '발화시보다 사건시가 더 먼저이다'와 같은 말이다 : 과거 시제
② 현재 시제
⑤ 미래시제

254 정답 ①

② '웃으면서'의 주체가 '안내인'인지' 찾아오는 관람객'인지 중의적임
③ 친구가 한 명도 오지 않은 것인지 일부만 온 것인지 중의적임

④ 진돗개와 불도그가 합쳐서 두 마리인지, 진돗개 한 마리와 불도그 두 마리인지 중의적임
⑤ 키가 크다의 범위가 모호함

255 정답 ③

'-었-'은 사건시가 발화시 보다 앞서 있는 시제로 과거를 나타낸다. 발화시점에서 이미 사건이 일어난 경우나, 과거의 일이 현재까지 지속되거나 영향을 미치는 경우, 또는 발화 시점에서 미래의 사건을 정해진 사실인 양 말할 때도 쓰인다. '-었었-'은 발화시보다 전에 발생하여 현재와는 단절된 과거의 사건을 표현하는데 쓰인다.
ⓐ, ⓔ-㉠, ⓑ-㉢, ⓒ-㉡, ⓓ-㉣

256 정답 ⑤

동작상은 동작의 완료를 나타내는 완료상과 동작의 진행을 나타내는 진행상이 있다. 완료상은 '-어/아 버리다'등을 통해 완료상을 나타낸다. 진행상은 '-고 있다, -아 가다'등을 통해 진행상을 나타낸다. ⑤ ㅁ의 '바쁘다'는 형용사이다.

257 정답 ⑤

⑤의 ㉠은 피동이고, ㉡은 사동이다.

▎오답 풀이
① ㉠, ㉡ : 피동
② ㉠ : 피동 ㉡ : '시간이 들다'의 뜻(피동이나 사동이 아님)
③ ㉠ : 짓궂게 굴거나 흉을 보거나 웃음거리로 만들다의 뜻(피동이나 사동이 아님) ㉡ : 사동
④ ㉠, ㉡ : 피동

258 정답 ①

①은 동작주를 상정하기 어려운 경우로 능동 표현으로 바꾸기 어렵다.

▎오답 풀이
② 고양이가 쥐를 잡았다
③ (종업원이) 재고물량을 높게 쌓았다.
④ 어머니가 아이를 업었다.
⑤ 중국이 유사품을 생산했다.

259 정답 ①

㉠은 겹문장으로 부사절(소리도 없이)을 안은 문장이다.

260 정답 ⑤

객체 높임법은 문장의 목적어나 부사어가 지시하는 대상, 즉 서술의 객체에 대해 높임의 태도를 나타내는 방법이다. 특수동사 '모시다, 드리다, 여쭈다, 뵙다'를 사용하거나 높임 부사격 조사 '께'를 사용하여 실현할 수 있다. ⑤ '보기가'의 객체 높임은 '뵙기가'이다.

261 정답 ③

③ '-어지다', '-게 되다'로 피동문을 만드는 것은 통사적 피동이다. 파생적 피동은 피동 접사와 결합하여 실현되는 것을 말한다. ①②④⑤ 능동 : 사냥꾼이(주어) 나무늘보를(목적어) 잡았다(서술어) → 피동 : 나무늘보가(주어) 사냥꾼에게(부사어) 잡혔다(서술어, 피동 접사 -히 쓰임 : 잡-+-히-+-었-+-다)

262 정답 ⑤

부정부사 '안'은 능력을 부정하는 것이 아니라 의지를 부정하는 것이다. 능력의 부정은 '못'이 쓰여야 한다.

263 정답 ⑤

① : 미래시제
② : 완곡하게 말하는 태도
③ : 가능성, 능력
④ : 의지

264 정답 ④

ⓔ은 '-되다'에 의한 단형 피동(파생적 피동), ⓜ은 '-게 되다'에 의한 장형 피동(통사적 피동)이 나타난다. '-되다'는 파생적 피동(짧은 피동)이며 '-게 되다'는 통사적 피동(긴 피동)이다.

265 정답 ②

'여겨진다'는 '여기-+어지다'의 형태이므로 이중피동표현이 아니다. '여기다'는 마음속으로 그러하다고 인정하거나 생각하다의 의미로 사동형이나 피동형이 아닌 동사의 기본형이다.

266 정답 ⑤

ⓐ에서 사동문이 되면서 새로운 주어 '형이'가 나타났음을 알 수 있다. 능동문의 주어는 사동문에서 목적어가 된다.
① 능동문의 주어(언니가)는 피동문에서 부사어(언니에게)가 된다.
② 능동문의 목적어(그림을)는 피동문의 주어(그림이)가 된다.

267 정답 ①

사동 표현은 주어가 남에게 동작을 하도록 시키는 것을 말하고, 피동 표현은 주어가 남의 행동에 의해서 행해지는(당하는) 동작을 말한다. ① 사동문 (사동 접미사 '-기-'가 사용됨.) ②③④⑤ : 피동문 (장형 피동 '-게 되다', 단형 피동 '-리-, -히-, -이-'가 사용됨.)

268 정답 ②

'더우면요, 창문을 열까요'가 '더우면 창문을 열까'로 바뀌면서 상대높임의 양상이 존대에서 반말로 바뀌었으므로 높임의 의미가 달라진 것을 알 수 있다.

269 정답 ④

ⓒ의 문장에서 주동문을 사동문으로 바꾸어도 운동장에서 노는 주체는 '동생'으로 동일하다.

270 정답 ②

'선생님께서'의 '-께서'가 주체 높임의 표현이며, '같습니다'를 통해 상대높임이 실현되고 있음을 알 수 있다. 또한 '계시다'라는 높임 특수어휘를 사용하고 있다.

271 정답 ①

선생님의 넥타이를 높이는 것은 선생님의 소유물을 높임으로써 선생님을 높이고자 하는 간접높임의 표현으로 볼 수 있다.

272 정답 ⑤

ㅁ에 나타난 '-ㄴ-'은 과거 시제를 나타내고 있으므로, 사건시가 발화시보다 앞선다는 것을 보여준다.

273 정답 ③

ㄴ의 '여쭤볼게'는 문장의 부사어인 할머니를 높이는 특수어휘이므로 문장의 목적어를 높인다는 표현은 적절하지 않다.

274 정답 ②

①은 추측, ③은 미래 시제, ④는 완곡한 태도, ⑤는 의지를 나타내고, ②는 가능성이나 능력을 나타내고 있다.

275 정답 ⑤

①의 ⓐ과 ⓑ은 모두 피동사로 쓰인 경우이고, ②의 ⓐ은 사동사, ⓑ은 피동사로 쓰인 경우이다. ③과 ④의 ⓐ과 ⓑ은 모두 사동사로 쓰인 경우에 해당한다.

276 정답 ②

'어제는 바람이 불지 않았다.'의 '불지 않았다.'는 어떠한 상태를 단순하게 부정하는 상태 부정에 해당한다.

277 정답 ②

ⓒ의 '드렸다'는 문장의 객체인 '할아버지'를 높이기 위해 사용된 특수 어휘이다.

278 정답 ②

'아기가 엄마에게 살포시 안기었다.'는 능동사 '안다'에 피동 접미사 '-기-'가 결합된 형태이므로 이중 피동 표현이 아니다.

279 정답 ③

상대높임은 청자를 높이는 방법이고, 주체높임은 서술어의 주체를 높이는 방법, 객체 높임은 문장의 목적어나 부사어를 높이는 방법이다.
ⓐ 객체높임, ⓑ 주체높임, ⓒ 주체높임, ⓓ 객체높임

280 정답 ②

② 피동

오답 풀이
① 사동(사동접미사 '-우-'가 쓰임)
③, ④, ⑤ 사동('-게 하다'를 이용한 사동)

PART II 한국사

CHAPTER 01 우리 역사의 형성과 고대 국가

선사, 고조선, 초기 철기

01 정답 ③

구석기 유물인 뗀석기(주먹도끼)이다.
이 시기에는 주로 동굴이나 바위그늘에서 생활하였다.
①②는 청동기에 대한 설명이다.
④는 신석기에 대한 설명이다.

02 정답 ③

사진은 신석기 시대의 유물인 가락바퀴와 빗살무늬 토기이다.
이 시대에는 농경이 시작되면서 정착생활을 하였고, 조상숭배와 애니미즘, 토테미즘, 샤머니즘 등의 원시신앙이 발생하였다.
① 구석기에 대한 설명이다.
② 청동기에 대한 설명이다. 단, 농사를 짓고 살기 좋은 곳에 자리를 잡다보니 배산임수 지역에 취락이 형성되었던 것이지, 풍수지리와는 관련이 없다.
④ 조상숭배가 발달한 것은 신석기에 대한 설명이 맞으나, 널무덤과 독무덤은 철기 때 제작된 무덤형태이다.

03 정답 ③

비파형동검과 반달돌칼이 사용된 시기는 청동기이다.
이 시기에는 벼농사가 시작되면서 잉여산물이 늘어나 사유재산이 발생하고, 계급이 분화되었다.
① 청동은 귀하고 무른 금속이므로 농기구로 사용하기에 적합하지 않았다. 청동기는 주로 무기나 제기로 사용되었던 지배층의 도구였다. 청동기 때는 반달돌칼과 같은 간석기로 농사를 지었다.
② 신석기 때 이미 조, 피, 수수 등의 원시 농경이 시작되었다. 청동기에는 일부 저습지에서 벼농사가 시작되었다.
④ 신석기에 대한 설명이다. 청동기에는 구릉 지대에 움집을 짓고 거주하였다.

04 정답 ③

고인돌은 청동기 때 제작된 지배자의 무덤이다.
①②④는 청동기에 대한 설명이다.

③은 철기 때의 사회모습이다.

05 정답 ③

신석기 유적들이 출토된 지역이다.
이 시기에는 벼농사를 제외한 조, 피 등을 재배하는 원시 농경이 시작되었다.
① 철기(붓 사용 ⇨ 한자사용 ⇨ 중국과 교류)
② 청동기
④ 철기(중국과 교역)

06 정답 ③

밑줄 친 이 시기는 신석기이다.
이 시기에는 곡식을 저장하거나 조리하기 위하여 빗살무늬가 제작되었고, 실을 짜는 도구인 가락바퀴를 통해 옷과 그물을 제작하였다.
① 우리나라에서는 6세기 초 신라 지증왕 때 우경을 실시했다는 기록이 최초
② 청동기
④ 초기 철기 한반도의 독자적인 청동기문화 : 세형동검, 잔무늬거울, 거푸집

07 정답 ②

청동방울은 청동기 때부터 제작되었다.
①③④는 철기 때 제작된 한반도의 독자적인 청동기 문화를 보여준다.

08 정답 ①

제시된 법은 고조선의 8조법 중의 3개 조목이다.
주요 내용은 생명중시, 노동력 중시, 계급사회, 화폐사용, 사유재산 중시, 예의와 여성의 정절 강조 등이다.
② 구석기에 대한 설명이다.
③ 8조법에서 여성의 정절만을 강조한 것을 통해 남성중심 사회임을 짐작할 수 있다.
④ 군장인 단군왕검에 의해 지배되었던 계급사회이다.

09 정답 ④

잔무늬거울은 철기 때 제작된 청동기로, 한반도의 독자적인 청동기 문화를 보여준다.
따라서 청동기에 탄생하나 국가인 고조선의 영역과는 관계가 없다.
①②③이 출토되는 범위와 고조선의 영역이 일치한다.(중국과 구분되는 문화권이다.)

10 정답 ④

위만조선에 대한 설명이다.
이 시기 철기문화가 본격적으로 도입되면서 발달하게 되었고, 중국의 한나라와 한반도 남부 사이의 중계무역으로 번영하였다.
① 위만조선 이전의 모습이다. 위만은 연나라가 사라진 뒤인 진한교체기에 한반도로 건너왔다.
② 부여에 대한 설명이다.
③ 고조선에 대한 설명이다.(위만조선 이전의 모습이다.)

11 정답 ②

고조선은 제사장인 단군과 정치지도자인 왕검을 한 인물이 맡아서 단군왕검이라 불렸던 나라이다. 따라서 고조선은 정치 지배자와 종교 지도자가 일치하는 제정일치사회이다.
① 환인의 아들 환웅이 이 땅에 내려와 낳은 자식인 단군이 다스리는 나라이므로 고조선은 지배자가 천손임을 자처하였다.
③ 풍백, 우사, 운사와 함께 내려온 장면을 통해 농경을 주로 삼았음을 알 수 있다.
④ 이주 집단(하늘에서 내려온 환웅)과 토착 집단(토테미즘 세력인 곰 부족)의 연맹을 짐작할 수 있다.

12 정답 ③

(가)는 위만조선 시기이다.
①②④는 모두 위만조선에 대한 설명이다.
③ 낙랑군, 현도군, 임둔군, 진번군은 한 무제가 고조선을 멸망시킨 뒤 설치한 지방행정인 한 사군이다. 따라서 제시된 사료 다음에 들어갈 역사적 사실이다.

13 정답 ③

부여 – 우제점법은 맞지만, 부여의 제천행사인 영고는 12월에 이루어졌다.
①②④는 모두 옳은 설명이다.

14 정답 ①

(가)는 옥저, (나)는 동예이다.
①는 부여의 풍습이다.
②는 옥저의 풍습이다.
③④는 동예에 대한 설명이다.

15 정답 ③

- 읍군·삼로 : 동예와 옥저의 정치 지도자
- 무천 : 동예의 제천행사
⇨ 제시문에서 설명하는 그 나라는 동예이다.

① 옥저에 대한 설명이다.
② 고구려에 대한 설명이다.
④ 동예는 군장국가의 단계에 머물렀다.

16 정답 ④

5월에 계절제(수릿날)를 지냈던 삼한에 대한 설명이다.
삼한은 천군이 소도에서 의례를 주관했던 제정분리사회이다.
① 옥저에 대한 설명이다.
② 12월에 열렸던 부여의 제천행사인 영고에 대한 설명이다.
③ 동예에 대한 설명이다.

17 정답 ④

옥저에 대한 설명이다.
이 나라에는 가족 공동 무덤 제도인 골장제의 풍습이 있었다.
① 고려에 대한 설명이다.
② 삼한에 대한 설명이다.
③ 동예에 대한 설명이다.

18 정답 ④

(가)는 서옥제의 혼인풍습을 지닌 고구려이고, (나)는 산천을 중시하여 영역을 침범할 경우 배상했던 동예이다.
① 옥저에 대한 설명이다. 고구려는 토양이 척박하여 농사짓기 적합하지 않았다.
② 부여에 대한 설명이다. 고구려에도 순장의 풍습이 있었으나, 사출도는 부여만의 제도이다. 가축명을 딴 마가, 우가, 구가, 저가를 두어 왕과 함께 정치를 하는 5부족 연맹체가 사출도이다.
③ 신지, 읍차는 삼한의 군장을 지칭하는 이름이다. 동예는 읍군, 삼로 라 불리는 군장이 존재했다.
④ 동예의 특산물이다.

19 정답 ③

옥저의 가족공동무덤에 대한 설명이다.
옥저에는 민며느리제라는 혼인 풍속이 있었다.
① 동예에 대한 설명이다. 옥저는 고구려의 간섭으로 인하여 제천행사를 지내지 못하였다.
② 부여에 대한 설명이다. 함흥평야에 위치한 옥저는 오곡이 무르익고, 해산물이 풍부한 국가로 농업과 어업이 주를 이루었다.
③ 옥저의 혼인 풍속으로, 남자 집에서 여자아이를 데려다 키운 후 며느리로 삼았던 풍습이다. 일종의 데릴사위제인 고구려의 서옥제와 형태가 대비된다.
④ 옥저는 고구려의 간섭으로 인하여 왕이 등장하지 못하였다. 군장인 읍군, 삼로가 다스렸던 군장국가이다.

20

삼한의 소도에 대한 설명이다. 이곳은 제사장인 천군이 다스리는 지역으로, 왕도 함부로 들어가지 못하는 곳이었다. 이처럼 삼한 사회는 제사와 정치가 분리된 제정 분리 사회이다.
① 삼한은 목지국에서 왕을 배출하였던 연맹왕국이다. 군장국가 단계에 머물렀던 나라는 옥저와 동예이다.
② 삼한의 제천행사이다.
③ 동예에 대한 설명이다.
④ 부여에 대한 설명이다.

고대의 정치

21

제시문의 상설 규정은 고국천왕이 빈민 구제를 위해 실시한 진대법이다. 고국천왕은 왕위의 부자상속제 확립, 5부의 행정 구역 재편 등의 업적을 남겼다.
②는 광개토대왕에 대한 설명이다.
③은 유리왕에 대한 설명이다.
④는 태조왕에 대한 설명이다.

22

(가)는 고구려, (나)는 백제의 건국 이야기를 나타낸 것이다.
② 귀족의 대표로 상대등을 둔 나라는 신라이다.
③ 백제는 마한의 소국으로부터 성장했다.
④ 남의 물건을 훔쳤을 때 12배로 갚는 법은 부여와 고구려에서 나타난다.

23

(가)는 고구려 소수림왕, (나)는 백제 고이왕의 업적을 나타낸 것이다.
두 왕은 모두 율령 반포를 통해 중앙 집권 체제를 강화시켰다는 공통점이 있다.

24

(가)에 해당하는 왕은 내물왕이다. 내물왕 때부터는 대군장이라는 의미를 지닌 마립간을 왕의 칭호로 사용했다.
①은 법흥왕에 대한 설명이다.
②③은 지증왕의 업적이다.

25

계루부 고씨가 왕위를 독점한 시기는 고구려 태조왕 때이다. 그리고 태조왕은 옥저를 정복하고, 왕위의 형제 상속을 이루었다.
②는 미천왕에 대한 설명이다.
③은 고국원왕에 대한 설명이다.
④는 고국천왕에 대한 설명이다.

26

신라의 촌주는 지방민들을 효율적으로 통제하기 위해 지방의 유력자에게 주어진 직책으로, 중앙에서 파견하는 관직이 아니다.

27

고구려 고국천왕에 대한 설명이다. 고국천왕 때, 부족적 성격의 5부를 행정적 성격으로 바꾸었고, 왕위의 부자상속을 이뤘으며, 후주에서 건너온 쌍기의 건의로 최초의 빈민구제 제도인 진대법을 실시하였다.
①은 미천왕에 대한 설명이다.
②는 고국원왕에 대한 설명이다.
④는 태조왕에 대한 설명이다.

28

신라 내물왕 때부터 김씨가 왕위를 독점하면서 대군장을 뜻하는 마립간을 왕호로 사용하였다. 이는 신라 사회에서 왕권이 강화되어 중앙집권화의 기틀이 마련되고 고대국가로 성장하고 있는 것을 의미한다.
②는 유리왕 때부터 사용되었던 왕호인 이사금에 대한 설명이다.
③④ 신라의 전성기는 한강을 장악했던 진흥왕 때이다.

29

이 왕은 6좌평과 16관등제를 정비한 백제 고이왕이다. 고이왕은 목지국을 병합하고 관등제와 관복제를 정비하여 중앙집권국가로의 기틀을 마련하였다.
① 백제는 율령반포에 대한 기록이 없다.
②는 고이왕에 대한 설명이다.
③은 문주왕에 대한 설명이다.
④는 비유왕(1차 나제동맹, 신라 눌지왕), 동성왕(2차 나제동맹, 신라 소지왕), 성왕(3차 나제동맹, 신라 진흥왕)에 대한 설명이다.

30

(가)고국천왕, 2세기 (나)소수림왕, 4세기이다.
② 신라 지증왕 때로 6세기이다.

31 정답 ②

이 왕은 소수림왕이며 율령을 반포하고, 불교를 수용하였으며, 태학을 설립하였다.
①은 신라 내물왕에 대한 설명이다.
③은 고구려 유리왕에 대한 설명이다.
④는 고구려 장수왕에 대한 설명이다.

32 정답 ⑤

㉠태조왕 ㉡고이왕은 모두 왕위의 형제상속을 이루는 등 중앙 집권 국가로의 기틀을 마련하였다.
①은 고구려 소수림왕, 신라 법흥왕의 공통점이다.
②은 고구려 장수왕, 백제 근초고왕, 신라 진흥왕의 공통점이다.
③은 고구려 영양왕 때 신집, 백제 근초고왕 때 서기, 신라 진흥왕 때 국사가 편찬된 것에 대한 설명이다.

33 정답 ④

(가)는 광개토대왕이 신라를 구원하여 왜구를 격퇴한 사건이다.(400년)
(나)는 장수왕이 백제 한성을 공격하여 개로왕을 죽이고 한강을 장악한 사건이다.(472년)
④ 427년 장수왕이 수도를 옮기고 남진정책을 추진하였다. 그 결과 한강 전역을 차지하여 전성기를 구가하였다.
① 6세기 신라 진흥왕의 업적이다.
② 589년 수 문제의 침입, 612년 수 양제의 침입이 있었다. (612년 살수대첩)
③ 4세기 백제 근초고왕의 업적이다.

34 정답 ③

법흥왕은 '건원'이라는 독자적인 연호를 사용하였다. '광덕'은 고려 광종 때의 독자적 연호이다.

35 정답 ④

(가)는 6세기 신라 법흥왕때의 일이다.
(23대왕, 514~540년)
(나)는 6세기 신라 지증왕때의 일이다.
(22대왕, 500~514년)
(다)는 6세기 신라 진흥왕 때의 일이다.
(24대왕, 540~576년)
(라)는 1세기 유리 이사금~4세기 흘해왕까지의 일이다.

36 정답 ④

(가)는 400년 광개토대왕의 신라 구원이고, (나)는 6세기 신라의 전성기를 이끈 진흥왕 때의 일이다.

④ 400년 광개토대왕이 신라를 구원하고 왜를 격퇴할 때, 전기 가야의 중심지였던 김해의 금관가야를 공격하였고, 이후, 가야의 주도권은 고령의 대가야 쪽으로 넘어가게 되었다.
① 4세기 고구려 소수림왕 때의 일이다.
② 7세기 선덕여왕 때의 일이다.
③ 4세기 백제 근초고왕 때의 일이다.

37 정답 ④

영락은 광개토대왕의 연호이고, 이 사료는 400년 신라를 쳐들어온 왜를 물리치고 신라를 구원한 내용을 담고 있다. 그는 후연을 격파하고, 숙신, 읍루, 거란 등을 몰아내고 만주를 차지하는 등 광활한 영토를 개척하였다.
① 백제의 비유왕에 대한 설명이다.
② 고구려 소수림왕에 대한 설명이다.
④ 고구려 미천왕에 대한 설명이다.

38 정답 ②

전기는 김해의 금관가야가, 후기는 고령의 대가야가 가야 연맹을 대표하였다.

※ 가야에 대한 이해

- 전기 가야 연맹
  - 중심 : 김해의 금관가야
  - 산업 : 철 생산, 벼농사 발달(저수지), 중계무역(낙랑-왜의 규슈)
  - 약화 : 백제와 신라의 발전(4세기)
  - 해체 : 고구려 광개토대왕의 신라 원정 때, 약화(5세기 초) → 대가야로 중심지 이동
- 후기 가야 연맹
  - 중심 : 고령의 대가야
  - 신라와 혼인 동맹(522) : 가야 이뇌왕 - 신라 법흥왕(이찬 비조부 누이)
- 금관가야 멸망(법흥왕) : 금관가야가 신라의 식읍이 됨.
- 대가야 멸망(진흥왕) : 창녕비(561) → 대가야 멸망(562)

39 정답 ①

(가)는 신라 22대 왕인 지증왕, (나)는 신라 24대 왕인 진흥왕에 대한 설명이다.
① 23대 왕인 법흥왕 때 병부를 설치하여 군권을 장악하였다.
② 400년 신라 내물왕에 대한 설명이다.
③ 1차 나제동맹 : 백제 비유왕-신라 눌지왕, 2차 나제동맹 : 백제 동성왕-신라 소지왕,
3차 나제동맹 : 백제 성왕-신라 진흥왕)
④ 4세기 내물왕(17대)부터 6세기 지증왕(22대)까지의 일이다.

40

(가)는 백제 성왕 때의 일이다.(538년 사비로 천도)
이후, 3차 나제동맹을 통해 한강을 일시적으로 수복하였으나 신라의 진흥왕에게 한강을 빼앗기고 말았다.
이후, 성왕은 (나)에 나타난 것처럼 신라의 관산성을 공격하였으나 전사하고 말았다.
② 무령왕부터의 일이다.
③ 백제의 마지막 왕인 의자왕 때의 일이다.
④ 3세기 고이왕 때의 일이다.

41 정답 ④

427년 고구려 장수왕이 수도를 국내성에서 평양성으로 옮기고 남진정책을 추진하여 한강 유역으로 진출하였다.
① 고구려 소수림왕에 대한 설명이다.
② 백제 근초고왕에 대한 설명이다.
③ 백제 성왕에 대한 설명이다.

42 정답 ①

성왕에 대한 설명이다.
②는 무령왕에 대한 설명이다.
③은 고이왕에 대한 설명이다.
④는 문주왕에 대한 설명이다.

43 정답 ③

화랑도를 정비하였던 진흥왕에 대한 설명이다. 진흥왕은 영토를 확장시키고 단양적성비와 4개의 순수비를 건립하였다.(황초령비, 마운령비, 북한산비, 창녕비)
① 법흥왕에 대한 설명이다.
② 내물왕에 대한 설명이다.
④ 지증왕에 대한 설명이다.

44 정답 ①

(가) 이전 상황은 김씨가 왕위를 세습하게 되었던 4세기 내물왕 때이고, (가) 이후는 고구려 장수왕의 남진 정책으로 인하여 나제동맹이 체결되었던 5세기 이후 상황이다. 따라서 (가)에 들어갈 내용은 ① 고구려의 남진정책과 평양천도이다.
② 6세기 신라 지증왕에 대한 설명이다.
③ 신라의 삼국 통일 이후, 신라하대(9세기)의 상황이다.
④ 2세기 고구려 고국천왕에 대한 설명이다.

45 정답 ①

(가)는 고구려 소수림왕이고, (나)는 신라 법흥왕이다.
두 왕은 공통적으로 불교를 발전시켰고(소수림왕 불교 수용, 법흥왕 불교 공인), 율령을 반포하였다.
② 고구려 장수왕과 신라 진흥왕의 공통점이다.
③ 고구려 장수왕(중원고구려비)과 신라 진흥왕(단양적성비와 4개의 순수비)의 공통점이다.
④ 고구려 고국천왕, 신라 눌지왕, 백제 근초고왕의 공통점이다.

46 정답 ③

금관가야를 멸망시킨 신라 법흥왕에 대한 설명이다.
법흥왕은 불교를 공인하고, 율령을 반포하였으며 골품제도를 정비하고 병부와 상대등을 설치하는 등 체제를 정비하였다.
① 신라 내물왕에 대한 설명이다.
② 신라 진흥왕에 대한 설명이다.
④ 율령 반포는 법흥왕의 업적이 맞지만 태학은 고구려 소수림왕이 설치한 중앙교육기관이다.

47 정답 ②

(가)는 4세기 초반 고구려 미천왕 때의 일이다.(313년 낙랑 축출)
(나)는 4세기 후반 고구려 소수림왕 때의 일이다.(372년 고구려 불교 수용)
(다)는 5세기 후반 고구려 장수왕 때의 일이다.(475년 백제 개로왕 전사)
(라)는 5세기 초반 고구려 광개토대왕 때의 일이다.(400년 신라를 공격한 왜를 격퇴)

48 정답 ③

(가)는 백제 근초고왕, (나)는 고구려 장수왕으로, 활발한 정복 활동을 했다. 특히, 두 왕은 한강을 장악하여 전성기를 누렸다는 공통점을 지닌다.
① 고구려는 소수림왕 때 태학이, 장수왕 때 경당이 만들어졌지만, 백제의 교육기관에 대해서는 전하는 바가 없다. 단지, 백제에 박사제도가 있었으므로 교육기관이 존재했다는 것은 유추해 볼 수 있다.
② 백제 근초고왕과 고구려 고국천왕의 공통점이다.
④ 지방에 22담로를 설치해 왕족들을 파견했던 백제 무령왕에 대한 설명이다.

49 정답 ④

(가)는 4세기 신라 내물왕(17대) 때의 일이고, (나)는 6세기 신라 진흥왕(24대) 때의 일이다.
① 5세기 눌지왕(19대)에 대한 설명이다.
② 6세기 지증왕(22대)에 대한 설명이다.
③ 6세기 법흥왕(23대)에 대한 설명이다.
④ 7세기 선덕여왕(27대)에 대한 설명이다.

50 정답 ④

무령왕은 지방에 22담로를 설치하고 왕족을 파견하여 지방통제를 강화하였다. 또한, 중국 양나라와의 교류를 통해 발전을 꾀하였다.
①, ②, ③은 성왕에 대한 설명이다.

51 정답 ④

이 시는 고구려 장수 을지문덕이 수나라 장수인 우중문에게 보낸 "유우중문"이라는 조롱의 시이다. 수나라 양제의 고구려 공격의 선봉에 섰던 우중문은 이 편지에 분노하여 고구려를 공격했으나 살수에서 대패하고 말았다. (살수대첩)
① 수나라의 침입을 무찌르고 나서 천리장성이 축조되었다.
② 고려의 강감찬이 거란의 3차 침입을 무찔렀던 귀주대첩에 대한 설명이다.
③ 나당연합군에 의해 수도인 평양성이 함락되면서 고구려가 멸망하였다.(668년)

52 정답 ②

밑줄 친 선왕은 나제동맹을 체결하였던 김춘추(무열왕)이다. 최초의 진골출신으로 왕위에 오른 무열왕은 백제를 멸망시켰다.
① 고구려 영류왕 때, 연개소문의 주도로 이루어진 사실이다.
③, ④ 문무왕에 대한 설명이다.

53 정답 ③

(가)는 고구려 영양왕 때의 일이다.(598년, 수 문제의 침공)
(나)는 고구려 보장왕 때의 일이다.(645년)
수 문제의 침입 이후, 수 양제의 침입이 있었으나 을지문덕이 살수대첩에서 대승을 거두었다. 이후, 천리장성을 축조하였고, 수를 이은 당이 고구려를 쳐들어 왔으나 안시성에서 막아냈다.
①②④ 모두 6세기의 일로, ① → ④ → ② 순서로 발생했다.
(가)와 (나)는 모두 신라의 전성기였던 진흥왕 이후에 발생한 일이므로 ①, ②, ④는 모두 (가) 이전의 사실이다.

54 정답 ③

(가)는 을지문덕이 수나라 문제의 침입을 물리쳤던 살수대첩이다.(612년)
(나)는 당 태종의 침입을 물리쳤던 안시성전투이다.(645년)
수나라와의 전쟁 이후, 고구려가 쌓았던 천리장성의 책임자였던 연개소문은 정변을 일으켜 영류왕을 죽이고 보장왕을 추대하였고, 스스로 대막리지에 올랐다.(642년)
①은 6세기 신라 진흥왕 때, 백제 성왕에 대한 설명이다.(554년)
②는 당나라가 백제를 멸망시킨 뒤의 사실이다.(660년)
④는 고구려 멸망 이후 일어난 사실이다.(674년)

55 정답 ③

ㄴ. 무왕 때 창건된 미륵사의 정확한 창건 시기는 전해지지 않으나 무왕의 재위기간인 600~641년 사이로 추정할 수 있다.(600~641년)
ㄱ. 웅진도독부는 660년 백제를 멸망시킨 뒤, 웅진에 설치한 당의 군정기관이다.(660년)
ㄷ. 나당연합군이 평양성을 함락시키고 고구려를 멸망시켰다.(668년)
ㄹ. 죽지는 신라의 장군으로 부여 가림성에서 당군을 물리치는 등 나당전쟁을 승리로 이끌었다.(670년)

56 정답 ①

②는 612년에 일어난 사실이다.
④는 648년에 일어난 사실이다.(진덕여왕 때, 김춘추)
①은 660년에 일어난 사실이다.
③은 675년(매소성 전투), 676년(기벌포 전투)에 일어난 사실이다.

57 정답 ①

우리 민족의 자주성과 주체성을 중시하였던 민족주의 사학자 신채호 선생의 글이다. 그는 이 글에서 나당동맹 체결을 통해 백제와 고구려를 멸망시키고 삼국을 통일한 신라의 외세의존성을 비판하고 있다.
②는 영토 축소라는 한계를 보여준다.
③는 신라의 삼국 통일이 주체적이었음을 보여준다.
④는 신라의 삼국 통일이 민족문화의 토대를 마련하였음을 강조한다.

58 정답 ④

660년 백제 멸망 이후, 왜의 원군이 왔으나 나당연합군에게 패하고 돌아갔다.
④는 나당전쟁을 마무리하는 해전으로 676년에 일어났다.
①은 6세기 신라 진흥왕 때의 일이다.
②는 5세기 고구려 장수왕 때의 일이다.
③에서 패배한 백제는 멸망하였다.(660년)

59 정답 ①

660년 백제 멸망 이후, 왕족인 복신과 승려 도침이 주류성에서, 흑치상지가 임존성에서 백제 부흥 운동을 일으켰다.
② 고구려 연개소문에 대한 설명이다.
③ 삼국 통일 이후, 왕권을 강화하고 새로운 문물을 정비했던 신라 신문왕에 대한 설명이다.

④ 백제 동성왕에 대한 설명이다.(신라 소지왕과 2차 나제동맹 결성, 1차 나제동맹은 백제가 한강을 빼앗기기 전인 비유왕 때 신라 눌지왕과 결성)

60

(가)는 검모잠이 안승을 추대하면서 한성에서 일으킨 고구려 부흥운동이다.(670년) 후에 둘의 대립으로 검모잠은 안승에게 죽게되고, 안승은 신라의 후원을 받아 금마저(익산)에 보덕국을 세우고 왕에 오르게 된다. (674년)
(나)는 복신과 도침이 임존성에서 일으킨 백제 부흥운동으로, 그들은 왕자 부여 풍을 추대하였다.
② 안승이 보덕국을 세우고 왕위에 올랐던 금마저는 현재의 전라북도 익산지역이다. 따라서 옛 백제의 영토에서 있었던 사실이다.

61

지방행정인 9주는 고구려, 백제, 신라의 옛 땅에 3개 씩 설치되었다. 그리고 주 아래 군, 현에 지방관을 파견하였고, 말단행정구역인 촌에는 토착세력인 촌주가 관리하였다.
② 발해에 대한 설명이다.
③ 5소경은 김해(금관경), 남원(남원경), 청주(서원경), 충주(중원경), 원주(북원경) 이다.
④ 신라는 중앙군인 9서당과 지방군인 10정을 두었다.

62

발해의 유물이다.
ㄴ 장문휴가 당의 산둥반도를 공격한 시기는 무왕 때이다.
ㄷ 국학은 신라의 교육기관이고, 발해의 유교 교육기관은 주자감이다.

63

중대는 무열계 진골이 왕위를 계승했던 무열왕~혜공왕 까지이다.
① 중대 경덕왕 때의 일이다.
② 하대 진성여왕 때의 일이다.
③ 하대 원성왕 때의 일이다.
④ 상대 선덕여왕 때의 일이다.

64

대흥이라는 연호를 사용한 시기는 문왕 때이다. 그리고 정효공주는 문왕의 넷째 딸이다.

65

'덕'과 '충'을 통해 유교 사상임을 알 수 있다. 유교 사상과 관련된 내용은 6부의 명칭을 유교식으로 지었다는 것이다.

66

원성왕 때 실시된 독서삼품과는 유교적 인재를 선발하는 것이 목적이었다. 이를 통해 왕권을 강화하고자 하였으나, 귀족들의 반발로 제대로 시행되지 못하였다.

67

5대10국은 당나라가 멸망하는 907년부터 송나라가 전 중국을 통일하게 되는 979년까지의 약 70년을 일컫는다. 발해는 926년 거란의 침입으로 멸망하였으므로 옳은 내용이다. (5대10국 시기를 정확히 알지 못하더라도 이 시기가 우리나라의 후삼국시대와 고려의 후삼국 통일이 있었던 시기임을 안다면 정답을 찾을 수 있다. 또한, 다른 보기의 내용이 어렵지 않으므로 소거해 낸다면 정답을 찾을 수 있다.)
① 대조영이 동모산에서 건국하였다.
③ 정당성의 장관인 대내상이 국정을 총괄하였다.
④ 발해는 다수의 말갈계 피지배층을 이루고 소수의 고구려계까 지배층을 이루었다.

68

신라 하대 혼란기에는 호족이 선종과 풍수지리설을 바탕으로 새로운 사회를 건설하고자 했다. 그 결과 후삼국시대가 열렸고, 고려가 이를 통일하게 된다.
① 신라 중대의 일이다.
② 골품제는 신라 상대 법흥왕 때 정비되었다.
③ 신라 하대 진성여왕 때 원종과 애노의 난, 적고적의 난 등 하층민의 봉기가 일어났으나 신분 해방 성격을 보이는 것은 아니었다. (신분해방성격의 천민 봉기는 고려 무신집권기에 일어난 만적의 난이 대표적이다.)

69

신문왕은 왕권강화를 위해 화백회의의 기능과 상대등의 지위를 낮추고, 집사부와 시중의 권한을 강화시켰다.
② 신문왕은 김흠돌의 난을 진압하였다.(김헌창의 난은 신라 하대 헌덕왕 때의 일이다.)
④ 신문왕은 관료전을 지급하고, 녹읍을 폐지하였다.

70

문왕 때에 대한 설명이다.

71 정답 ①

신문왕의 민족 융합 정책이다. 그는 관료전을 지급하고 녹읍을 폐지하여 귀족 세력을 억누르고, 왕권을 강화하였다.
② 고려 태조에 대한 설명이다.
③④ 발해에 대한 설명이다.

72 정답 ②

조세 수취권인 수조권만 지급한 관료전이다. 신문왕은 이를 통해 왕권을 강화하였다.
① 5소경에 대한 설명이다.
③ 9서당에 대한 설명이다.
④ 국학에 대한 설명이다.

73 정답 ③

ⓒ 무왕때의 일이다.
ⓔ 문왕때의 일이다.
ⓐ 선왕때의 일이다.
ⓓ 발해 멸망이후, 발해 부흥 운동이다.

74 정답 ②

신라 중대는 무열왕~혜공왕 까지의 시대이다.
(혜공왕 피살)
① 동시전은 지증왕 때 만들어졌고, 효소왕 때는 서시와 남시가 추가로 설치되었다.
③ 정전을 지급한 시기는 성덕왕 때이고, 그를 기리는 성덕대왕 신종(에밀레종)은 그의 손자인 혜공왕 때 완성되었다.
④ 독서삼품과는 귀족들의 반발로 원활히 시행되지 못하였다. 즉, 주된 관리 등용 방법은 아니었다.

75 정답 ④

최초의 농민 봉기가 일어났던 신라 하대 혼란기의 모습이다. 이 시기에 155년간 20명의 왕이 교체되는 등 중앙이 혼란스럽자, 지방에서 군사력과 경제력을 바탕으로 성장한 호족은 스스로를 성주·장군이라 칭하면서 영향력을 확대해나갔다.
①② 신라 중대에 대한 설명이다.
③ 백제 멸망 이후인 663년 당나라가 경주에 설치한 통치 기구이다. 문무왕 때이므로 중대의 일이다.

76 정답 ②

신문왕은 왕권강화를 위해 집사부의 장관인 시중의 권한을 강화시키고, 귀족회의인 화백과 수장인 상대등의 지위를 약화시켰다.

77 정답 ③

③ 발해 문왕 때의 일이다.
① 승문원은 조선의 외교 문서 작성 기관이다. (발해의 서적 관리 기관은 문적원이다.)
② 문왕의 둘째 딸인 정혜공주의 무덤은 고구려 영향을 받은 굴식 돌방문덤이다.(넷째 딸인 정효공주의 무덤이 벽돌무덤이다.)
④ 통일신라에 대한 설명이다.(발해는 중정대를 두었다.)

78 정답 ②

발해 무왕 때 일본에 보낸 국서에 스스로를 고려(고구려) 국왕으로 일컬었다.
①④ 당나라의 영향을 받은 내용이다.
③ 인안, 대흥, 건흥 등의 독자적 연호 사용은 발해가 황제국을 자처했다는 증거이다.
(또한 건원은 신라 법흥왕 때의 연호이다.)

79 정답 ②

① 통일신라에 대한 설명이다.
③ 무왕까지 대립관계였으나, 문왕 이후에는 당나라 및 신라와 교류하였다.
④ 중앙 통치 기구인 3성6부는 당나라의 제도를 토대로 했으나, 독자적으로 운영하였다.

80 정답 ③

(가)는 발해, (나)는 통일신라이다. 통일신라에서는 촌락문서(민정문서)를 기준으로 세금을 수취하였다.
①② 신라에 대한 설명이다.
④ 과거제는 고려 광종 때, 처음으로 실시되었다.(신라 원성왕 때 실시된 독서삼품과는 과거제가 아니다.)

고대의 사회·경제·문화

81 정답 ④

ⓐ은 고구려 고국천왕이고, ⓑ은 그가 실시한 빈민구제제도인 진대법이다.
② 고구려 태조왕 때 계루부 고씨가 왕위를 독점하면서 형제상속이 이루어졌고, 고국천왕 때는 왕위의 부자상속이 이루어졌다.
③ 진대법의 목적은 민생안정이다.
④ 공납은 특산물을 납부하는 세금을 의미한다.

82 정답 ③

신라의 폐쇄적인 신분제인 골품제이다.

> ※ 골품제의 특징
> - 신라가 중앙집권국가로 발전하고 김씨 왕족이 왕위를 세습하는 과정에서 각 지역의 대·소족장을 편입하면서 등장한 신분제도이다.
> - 처음에는 성골~진골의 골품과 1~6두품의 두품 신분으로 구성되었으나 3두품 이하는 통일 전후로 소멸하였다.
> - 4~5두품은 작은 촌의 족장, 6두품은 대족장 세력이다.
> - 혈연에 의한 사회적 제약이 가해지던 제도로서 개인의 사회활동 및 정치활동의 범위, 가옥의 크기나 복색, 수레의 수 등 일상생활까지 규제하였다.
> - 신분상승의 한계가 있어 상한선 이상의 신분상승은 철저히 통제하였다.(6두품은 아찬, 5두품은 대나마, 4두품은 대사까지 승진할 수 있다.)

③ 골품제는 폐쇄적 속성으로 인하여 계층간의 갈등을 초래하였다. 특히, 능력이 뛰어났던 6두품 지식인들이 불만을 품고, 당에서 실시한 과거시험인 빈공과에 응시하거나, 반신라적 성향을 바탕으로 호족을 지원하기도 하였다.(신라 사회의 계층간 대립과 갈등을 완화한 것은 화랑도였다.)

83 정답 ②

통일 전후, 3두품 이하는 소멸되었다.
① 타고난 혈통을 중시하였던 골품제로 인해 능력이 뛰어났던 6두품의 불만이 커지게 되었다.
③ 통일을 전후한 시기에는 6두품 지식인들이 왕의 정치적 조언자로서 성장하였고, 통일 이후에는 민족 융합을 위해 느슨하게 적용되었다.
④ 6두품은 6등급 아찬까지만 올라갈 수 있었다.

84 정답 ③

6좌평을 두었고, 16품으로 관품을 나누었던 백제이다.
③ 고구려에서 실시되었던 1책 12법이다.(백제는 1책 2법이 존재, 뇌물죄는 종신형에 처함)

85 정답 ③

신라 시대 효녀 지은 설화로 심청전의 기원이 된 이야기이다. 그는 일반 상민 계급으로 조세와 역의 부과 대상이었다.
① 천인(노비)에 대한 설명이다.
② 왕족에 대한 설명이다.
④ 조선시대의 신량역천에 대한 설명이다.

86 정답 ③

화백회의는 만장일치제로 운영된 귀족들의 회의기구이다. 전근대사회에서는 평민들이 참여한 회의기구가 존재하지 않았다.

87 정답 ④

최치원은 대표적인 6두품 지식인이므로 자료에 나타난 정치 세력은 6두품이다. 이들은 통일을 전후한 시기에 왕의 조언자로서 성장하였으나 하대 혼란기에 호족들과 연계하여 새로운 사회를 모색하였다.
① 신라 말, 승려 도선이 처음으로 풍수지리설을 들여와 연구하였다.
② 신라 하대의 지방세력인 호족에 대한 설명이다.
③ 6두품은 통일을 전후한 시기인 신라 중대에 왕의 정치적 조언자로서 성장하였다.

88 정답 ④

관리 비리 등을 감찰하는 역할을 한다.
④는 발해의 기구로, 책과 문서 등을 관리하는 역할을 담당하였다.
①은 신라의 감찰기관(중앙)이다.
②는 발해의 감찰기관이다.
③은 신라의 감찰기관(지방)이다.

89 정답 ④

백제의 법률 내용이다. 한강유역에서 시작되었던 백제는 중국 남조와 직접교역이 가능했으므로 선진문물을 일찍 받아들이게 되었고 문화 또한 세련미를 갖추었다. 또한 이러한 문화는 특권층이었던 귀족을 중심으로 발전하였다.
① 삼한과 변한에 대한 설명이다.
② 발해에 대한 설명이다.
③ 신라에 대한 설명이다.

90 정답 ①

백제에 대한 설명이다. 고구려의 지배층은 왕족인 고씨와 가, 대가, 상가, 고추가 등의 귀족으로 이루어졌다.

91 정답 ①

동시전은 동시를 감독하는 시장 감독기구이다.(지증왕 때 설치)

92 정답 ④

고구려 고국천왕이 을파소의 건의로 실시한 빈민구제 제도인 진대법에 대한 설명이다. 이 정책은 농민몰락을 방지하고 국가재정과 국방력을 유지하기 위한 정책이었다.
① 고국천왕 때 실시한 제도이다.
②, ④ 이자를 통한 단기적인 이윤 추구가 아니라 농민 안정을 통한 장기적인 국가재정과 국방력 유지가 목적이었다.
③ 시행 주체가 귀족이 아닌 국가였으므로 귀족의 경제력과는 무관하다.

93 정답 ②

화랑도는 계층 간의 대립과 갈등을 조절하는 순기능을 지녔다.
① 귀족 자제가 화랑이 되어 평민들을 이끌었으므로 군사적 기반은 계속해서 유지해 나갔다.
③ 농민 생활 안정과는 직접적 연관이 없다.
④ 화랑은 승려 원광이 정한 세속 오계를 따랐다.

※ 화랑도의 특징

① 기원
  - 씨족사회 청소년 집단(원화 제도에서 발전)
  - 한국 고유의 사상과 도교, 불교, 유교가 합쳐진 이념에 따른 일종의 심신 수련 단체로 국가 차원에서 조직하거나, 지원
② 구성 및 기능
  - 구성 : 대부분 왕과 귀족의 자제(계급에 제한 없음), 조직의 지도자는 국선·화주·풍월주 등으로 불리나 '화랑'(花郞)이 보편적인 칭호
  - 기능 : 계급간 갈등 조절 완화
③ 교육
  - 일상생활규범, 전통에 대한 지식 습득
  - 각종 제전, 훈련, 수렵 전쟁 기술 습득
④ 효과 : 협동 단결, 정신 함양, 강인한 체력 연마
⑤ 정비 : 진흥왕 때 국가조직으로 확대
⑥ 세속 오계
  - 원광의 지도 이념이 발전
  - 사군이충(事君以忠), 사친이효(事親以孝), 교우이신(交友以信), 임전무퇴(臨戰無退), 살생유택(殺生有擇)

94 정답 ①

화랑이 지켜야 할 규율인 세속오계이다. (원광법사가 제정)
①은 귀족회의인 화백회의에 대한 설명이다.

95 정답 ④

살생유택(살생을 할 때는 택함이 있어야 한다)을 통해 화랑이 지닌 호국불교적인 성격을 확인할 수 있다.
① 신라 진흥왕 때 국가적 조직으로 개편되었다.
② 계급에 제한이 없었으나, 대부분 왕과 귀족의 자제로 구성되었다.
③ 고구려의 관직명이다.

96 정답 ②

불교를 대중화하고, 설총을 낳기도 하였던 원효에 대한 설명이다.

※ 원효(신라의 6두품, 무열왕 때 활동)
① 일심사상(「대승기신론소」를 통해 불교 철학의 기준 확립)
  - 세계는 오직 한마음(一心)으로 화통한다고 보았다.
  - 모든 중생이 一心을 가지고 있다고 이해하였다.
  - 중국에 전해져 중국 화엄학 성립에 영향을 미쳤다.
② 화쟁사상
  - 불교 이론을 종합하여 종파의 융합을 시도하였다.
  - 인간 평등의 기본 원칙을 제시하여 불교의 대중화와 실천을 중시하였다.
③ 「대승기신론소」와 「십문화쟁론」 저술 : 각 경전을 하나의 원리로 회통시켜 융합을 시도
④ 「금강삼매경론」 저술 : 금강경에 대한 해석
⑤ 불교의 대중화
  - '나무아미타불(南無阿彌陀佛)'이라는 염불을 중시하는 정토종을 전파하였다.
  - 무애가를 지어 퍼트렸다. (죽고사는 문제에 집착하지 않도록 하였다.)
⑥ 법성종 창시 : 당에 유학하지 않고 독자적으로 경전을 해석하였다.

① 의상에 대한 설명이다.
③ 혜초에 대한 설명이다.
④ 원효의 아들인 설총에 대한 설명이다.

97 정답 ②

의상이 지은 "화엄일승법계도"에 나와 있는 '일즉다 다즉일'의 원리이다. 이는 모든 삼라만상의 원칙이 하나로 돌아간다는 의미이다.

※ 의상(신라의 진골 출신)
① 당에 유학하여 지엄의 문하에서 수업하고 귀국하여 신라 화엄종을 창설하였다.
② 「화엄일승법계도」 : 일즉다 다즉일(一卽多 多卽一)의 원융사상(조화사상)
  - '현상 세계의 모든 대립물은 차별이 없다(圓融無碍)'고 주장하였다.

- 의상의 사상은 중앙집권적 전제왕권을 뒷받침하였다.
- 고려 초 균여로 이어지는 의상의 법맥은 신라 화엄종의 주류를 형성하였다.
③ 부석사와 낙산사를 창건하였다.
④ 일본에 화엄종을 전파하였다. (교토에 일본 화엄종의 본찰인 선묘사가 존재)

① 혜초에 대한 설명이다.
③ 원광에 대한 설명이다.
④ 김대성에 대한 설명이다.

98 정답 ②

의상에 대한 설명이다.
①, ④ 혜초에 대한 설명이다.
③ 원효에 대한 설명이다.

99 정답 ④

원효에 대한 설명이다.
① 도선에 대한 설명이다.
② 혜초에 대한 설명이다.
③ 원광법사에 대한 설명이다.

100 정답 ①

원효에 대한 설명이다.
②③④ 의상에 대한 설명이다.

101 정답 ②

혜초에 대한 설명이다. 그는 인도와 서역을 다녀와서 "왕오천축국전"을 남겼다.
① 최치원이 남긴 시문집이다.
③ 원효의 저서이다.
④ 의상의 저서이다.

102 정답 ①

임신서기석에는 신라의 청년이 유교학습의지를 새겨놓았다. 전근대 사회의 교육기관에서는 모두 유교를 가르쳤다. 발해는 6부의 명칭을 유교식으로 정하였다.
(충부, 인부, 의부, 예부, 지부, 신부)
따라서 이 사상은 유교이다.
① 신라 원성왕 때 실시된 독서삼품과는 국학의 졸업생을 상대로 국학에서 배운 학과에 대해 시험을 보는 제도였으므로 유교 소양 측정을 통해 유교 정치를 하겠다는 의지를 나타낸 것이었다.

② 불교에 대한 설명이다.
③ 도교에 대한 설명이다.
④ 풍수지리설에 대한 설명이다.

103 정답 ①

제시된 자료는 신라 청년들의 유교 경전 학습 의지를 보여주는 임신서기석이다.
② 신라의 비석에 새겨진 내용이다.
③ 서역과의 교류는 원성왕릉(경주 괘릉)이나 경주에서 출토된 유리공예품, 황금장식보검 등을 통해 확인할 수 있다.
④ 원성왕 때 시행되었던 독서삼품과에 대한 내용이다. 독서삼품과는 골품제의 폐쇄성으로 인해 제대로 시행되지 못하였으나 과거의 전신이라는 의미를 지닌다.

104 정답 ②

(가)는 근초고왕, (나)는 거칠부이다.
③ 삼국은 역사서 편찬을 통해 국력을 과시하고 왕의 권위를 높이려 하였다. 정체성론은 일제가 주장한 식민사학으로, 이를 반박한 인물은 사회경제사학을 주장한 백남운이다.
④ 삼국시대의 역사서는 현재 전하지 않는다.

105 정답 ③

③ 이차돈 순교비는 신라 법흥왕 때, 불교 공인과 관련이 있다.
①, ②는 백제의 도교 사상을 드러낸 유물이다.
④는 고구려 고분 벽화에 새겨져 있는 사신도 중 하나인 현무도로, 도교적 색채를 보여준다.

106 정답 ①

신라의 무덤 양식인 돌무지 덧널 무덤에 대한 설명이다. 신라는 일본에 제방 쌓는 기술과 조선술을 전파하였다.
② 고구려의 문화전파에 대한 설명이다.
③ 백제에 대한 설명이다.
④ 가야에 대한 설명이다.

107 정답 ③

신라 초기 고분인 돌무지덧널무덤은 널방이 무너지는 구조이므로 도굴이 어려워 껴묻거리가 남아 있다. (황남대총, 천마총, 금관총 등)
① 고구려 초기 고분은 계단식 돌무지무덤이다.(장군총 등)
② 장군총, 쌍영총, 무용총은 고구려의 고분이다.
④ 벽돌무덤인 백제 무령왕릉은 벽화가 그려져 있지 않다.

108 정답 ③

③ 삼국의 문화는 일본의 아스카 문화 형성에 기여하였다. 통일신라와 당나라의 영향을 받은 일본 문화가 하쿠호 문화이다.

109 정답 ①

그는 완도에 해상기지인 청해진을 설치했던 장보고이다. 그는 신라 하대에 활동한 군진세력이었다.
① 은 신라 중대 신문왕 때의 일이다.

110 정답 ③

㉠은 문왕의 넷째 딸인 정효공주이고, ㉡은 문왕의 연호인 '대흥'이다.
이 시기 발해는 당과 교류하면서 문화를 수용했고, 당나라의 영향을 받은 벽돌무덤 양식으로 정효공주묘를 만들었다. 또한 문왕 때는 신라도를 통해 신라와 교류하기도 했다.
③ 문왕의 둘째인 정혜공주 무덤이 고구려 양식인 굴식돌방무덤이고, 넷째인 정효공주 무덤은 당나라 양식인 벽돌무덤으로 만들어졌다.

CHAPTER 02 고려 귀족 사회의 형성과 변천

고려의 정치·경제·사회·문화

111 정답 ②

거란에 대한 배척, 서경 중시, 연등회와 팔관회 중시 등의 내용을 통해 훈요 10조임을 알 수 있다. 훈요 10조는 고려 태조 왕건이 내린 것으로, 왕건은 이 외에도 숭불 정책, 취민유도 정책, 호족 통합 정책 등을 시행하였다.
① 성종 때의 일이다.
③ 공양왕 때의 일이다.
④ 광종 때의 일이다.

112 정답 ④

자료의 내용을 통해 밑줄 친 왕이 태조 왕건임을 알 수 있다. 태조는 왕권의 안정을 위해 호족 통합 정책을 실시했고, 호족과 정략 결혼을 하는 혼인 정책을 실시하였다. 또한, 태조는 거란을 배척하며 서경을 중시하고 북진 정책을 추진하였다.
① 성종에 대한 설명이다.
② 통일 신라에 대한 설명이다.
③ 태조 때는 거란을 적대시하였다.

113 정답 ②

태조 때 시행된 호족융합정책 중 강경책인 사심관 제도와 기인 제도이다. 태조는 이러한 정책을 통해 지방 세력을 통제하여 왕권을 강화하고자 했다.
① 지방 자치와 반대 성격을 지닌 정책이다.
③ 광종 때 실시된 과거 제도의 목적이다.
④ 광종 때 실시된 노비안검법의 목적이다.

114 정답 ④

성종에게 유교 통치 체제 정비를 건의하였던 최승로의 시무 28조이다. 이러한 건의를 받아들인 성종은 2성 6부의 중앙 관제를 마련하고, 12목에 지방관을 파견하여 중앙 집권화의 기초를 세웠다.
①, ②는 고려 태조에 대한 설명이다.
③ 고려 말 전래된 성리학은 조선의 통치 이념이다.

115 정답 ③

광종 때 실시된 노비안검법이다. 불법적으로 노비가 된 자들을 풀어주어 국가 재정을 늘렸고, 귀족세력을 억눌러 왕권을 강화한 정책이다. 또한 광종 때는 백관의 공복을 제정하고, 충성하는 인재를 뽑는 과거제를 실시하여 왕권을 강화하였다.
①④ 성종의 업적이다.
② 태조의 정책이다.

116 정답 ④

최승로가 고려 성종에게 유교정치를 건의한 시무28조이다.
① 고려 광종 때 시행된 과거 시험은 문과와 승과, 잡과가 실시되었다.(무과는 고려 말에 일시적으로 시행되었을 뿐, 거의 실시되지 않았다.)
② 고려는 중앙군인 2군 6위와, 지방군인 주현군과 주진군으로 구성되었다.
③ 고려는 경전 이해도를 측정하는 명경과에 비해 문장력을 측정하는 제술과를 더욱 중시하였다.
④ 중앙군인 2군6위는 직업 군인으로서 군인전을 지급받았고, 그 자제는 역을 세습함으로써 군인전을 세습할 수 있었다.

117 정답 ②

고려 성종 때, 지방관 파견을 건의한 최승로의 시무28조이다. 고려의 국제 무역항인 벽란도에 외국 상인들이 드나들었다. 벽란도는 조선 시대에 쇠퇴하기 전까지 활발하게 운영되었다.
①③④ 고려 태조 때의 일이다.

118

성종 때, 최승로가 노비안검법의 부작용으로 인해 신분질서가 해이해짐을 비판한 내용이다.
① 성종 때의 지방통치체제 정비로, 신분질서해이와 관계가 없다.
② 신라 원성왕 때의 일이다.
④ 고려 공민왕 때의 일이다.

119

고려의 관리 선발제도 중 하나인 음서제에 대한 사료이다. 음서는 공신과 5품 이상의 고관 자제에 대해 실시되었던 제도로, 이들은 과거를 치르지 않고도 관직에 진출 할 수 있었다. 이러한 제도가 중시된 고려는 개인의 능력보다 출신성분이 더욱 중시되었던 사회임을 보여준다.
① 과거제도에 대한 설명이다.
② 음서 출신은 문관이 되었고, 고위직을 독점하였다.
③ 능력보다 출신성분이 중시되는 사회였다.

120

고려의 대간(대성)에 대한 설명이다.
대간은 중서문하성의 낭사와 어사대로 구성되었고, 이들은 간쟁, 봉박, 서경권 등의 권리를 행사하여 권력을 견제하였다. 이는 조선의 삼사(사헌부, 사간원, 홍문관)가 지닌 역할과 같았다.

121

고려 성종 때, 최승로가 건의한 시무 28조이다. 지방에 대한 통제력이 약했던 고려는 수령을 파견한 주현보다 파견하지 못한 속현이 더 많았다.
②③④는 모두 고려의 지방행정제도에 대한 옳은 설명이다.

122

고려는 전국을 개경을 둘러싼 지역인 경기, 일반행정구역인 5도, 군사행정구역인 '양계'로 나누었다.
① 일반행정구역인 5도에는 안찰사. 군사행정구역인 양계에는 병마사를 파견하였다.
② 고려는 향리가 수령을 능가하기도 할 정도로 막강한 권력을 지녔다.
④ 고려는 수공업을 담당한 소와 농업을 담당한 향, 부곡 등의 특수행정구역이 존재했다.

123

고려의 과거제에 대한 설명이다. 음서제는 5품이상 고관자제에게 과거제를 치르지 않더라도 관직을 세습할 수 있도록 하였던 제도로, 공음전과 함께 귀족 사회를 강화시키는 수단으로 작용했다.
① 과거는 고려 광종 때 처음 실시하였다.
③ 잡과는 기술직 시험으로서, 주로 백정 농민이 응시하였다.
④ 무과는 거의 실시되지 않았다.

124

중서문하성은 최고 관리인 재신과 왕권을 견제하였던 낭사로 구성되어 있다. 특히 재신은 중추원의 추밀과 함께 도병마사와 식목도감에서 재추회의를 열어 정책을 결정하였다.
- 상서성은 실무행정을 담당한 부서로 하부에 6부를 두었다.
- 삼사는 곡식의 회계와 출납을 담당하였다.
- 대간은 중서문하성의 낭사와 어사대로 구성되었으며, 견제를 통한 권력의 균형을 유지하였다.
- 국방문제를 논의했던 도병마사와 절차와 율령을 제정하였던 식목도감은 고려의 독자적 기구이다.

125

(가) 이전 상황은 서희가 거란과 외교 담판을 벌이는 모습(993)이고, (가) 이후 상황은 윤관이 여진을 정벌하기 위해 별무반 창설을 건의하는 모습이다.(1107 여진정벌)
④ 거란의 3차 침입을 물리친 강감찬의 귀주대첩 이후, 개경주변에 나성을 쌓았다. 따라서 (가)에 해당하는 내용이다.
① 발해 멸망은 고려 태조 때의 일이다.(926년)
② 배중손이 삼별초를 이끌고 몽골에 항전한 것은 (가) 이후의 상황이다.
 (거란 침입, 여진 침입, 몽골 침입 순서)
③ 금나라는 윤관 사망이후인, 1115년 건국되었다.

126

자료는 거란과 고려의 전쟁에 대한 것이다. 거란의 1차 침입 때 서희는 외교 담판을 벌여(993) 강동 6주를 획득할 수 있었다. 이후, 거란은 재차 침략하였고, 3차 침입 때에는 강감찬이 이끄는 고려군이 귀주에서 거란군을 크게 물리쳤다(1019). 이후 고려는 천리장성을 쌓고 개경 수비를 튼튼히 하면서 방어 태세를 갖추었다.
① 여진이 금을 건국한 뒤(1115) 사대를 요구하였고, 이자겸이 이를 수락하였다.
② 몽골 침입 이후, 원나라에 항복한 고려 정부가 강화도에서 개경으로 환도하였다.(1270년)
③ 윤관이 별무반을 창설하여 여진을 정벌하고 동북9성을 쌓았다.(1108년)

127 정답 ①

(가)나라는 거란이다.
① 양규가 거란의 2차 침입에 맞서 분전하였다.
② 여진이 세운 금나라와 사대관계를 맺었다.
③ 태조 때부터 거란을 적대시하였다.
④ 윤관이 별무반을 창설하여 여진을 정벌하고 동북9성을 쌓았다.

128 정답 ③

여진을 정벌하기 위해 만들어진 별무반은 기마병으로 구성된 신기군과 보병으로 구성된 신보군, 그리고 승병부대인 항마군으로 구성되었다.
① 고려의 중앙군인 2군에 대한 설명이다.
② 몽골에 저항했던 삼별초에 대한 설명이다.
④ 조선시대 임난이후 편성된 훈련도감에 대한 설명이다.

129 정답 ①

서경으로의 천도와 금의 항복 등에 대한 내용을 통해 자료가 묘청의 서경천도운동에 대한 것임을 알 수 있다. 묘청은 자신의 주장이 받아들여지지 않자 서경에 대위국을 세우고 반란을 일으켰다.
② 화통도감을 설치하여 진포에서 왜구를 물리친 최무선에 대한 설명이다.
③ 문벌귀족인 이자겸에 대한 설명이다.
④ 거란의 3차 침입을 물리친 강감찬에 대한 설명이다.

130 정답 ④

(가)와 (나) 사이에 들어갈 내용은 '이자겸의 난'이다. 이자겸이 딸들을 예종과 인종에게 거듭 시집보내면서 왕을 능가하는 권력을 휘두르자, 일부 신진 관리들은 왕과 함께 그를 몰아내려고 하였다. 이에 이자겸은 스스로 왕이 되기 위해 부하인 척준경과 함께 난을 일으켰다. 이때 십팔자도참설이 유행하였고, 난으로 인해 개경의 궁궐이 불타기도 하였다. 하지만 이자겸은 인종에게 포섭된 척준경에 의해 제거되었고, 척준경도 탄핵으로 쫓겨나면서 난은 진압되었다.
① 서경파 묘청과 개경의 문벌귀족이 대립하였던 (나)이후의 상황이다.
② 고려 태조 때의 일이다.(926년)
③ 이자겸의 할아버지인 이자연 또한 자신의 딸을 문종의 비로 들였던 대표적 외척이다.
   (가)이전 상황이다.

131 정답 ②

밑줄 친 '그'는 '묘청'이다. 금과 군신 관계를 맺고 이자겸의 난으로 궁궐이 불타면서, 왕의 권위는 실추되고 민심도 크게 동요하였다. 이러한 상황을 극복하기 위해 묘청 등 서경 세력은 풍수지리설을 앞세워 서경 천도를 적극 추진하였다.
① 고려 태조 때의 일이다.
③ 김부식에 대한 설명이다.(그는 이러한 인식을 바탕으로 "삼국사기"를 지었다.)
④ 이자겸에 대한 설명이다.

132 정답 ③

묘청에 대한 민족주의 사학자 신채호의 평가이다. 따라서 정답은 묘청이 일으킨 서경 천도 운동이다. 또한, 그는 대위국이라는 나라를 세워서 칭제건원하였다.
① 문벌귀족에 대한 설명이다.
② 문벌귀족인 이자겸에 대한 설명이다.
④ 개경파 문벌귀족에 대한 설명이다.

133 정답 ③

최우에 의해서 만들어졌다는 점, 좌별초와 우별초, 신의군으로 만들어졌다는 점을 통해 해당 군대가 삼별초라는 점을 알 수 있다. 삼별초는 고려 왕실이 몽골과 강화하는 것에 반대하고 대몽 항쟁을 전개하였다.
① 주진군과 2군 6위에 대한 설명이다.
② 별무반에 대한 설명이다.
④ 2군 6위에 대한 설명이다.

134 정답 ①

무신정권기에 일어났던 노비 만적의 난이다. 최충헌의 노비였던 만적은 개경에서 난을 계획했으나 사전에 발각되어 실패하고 말았다. 이 저항은 신분해방의 성격을 띠고 있었고, 천민출신 집정자 이의민의 등장에 고무된 측면이 있었다.
① 무신정권기 고구려 부흥을 주장하였던 사건은 서경에서 일어난 최광수의 난이다.

135 정답 ②

무신정변 이후의 무신정권에 대한 설명이다.
무신정권기 최고 기구는 중방이었다. 그리고 최충헌 이후 그가 설치한 교정도감이 최고 권력기구였다.

136 정답 ②

자료는 원 간섭기에 대한 설명이다. 몽골과 강화를 맺은 고려는 원의 부마국이 되어 왕실의 호칭이나 관청의 명칭도 원보다 낮은 표현으로 바꿔야 했다. 원의 내정 간섭을 받게 되면서 친원적 성격이 강한 권문세족이 새로운 지배층으로 등장하였다.

① 고려 건국에 대한 설명이다. 신라 하대 지방세력이었던 호족들이 고려라는 연합정권을 만든 후, 이들은 권력을 독점하면서 문벌귀족이 되었다.
③ 신라 사회에 대한 설명이다.
④ 무신정변 이전, 문벌귀족이 정권을 장악하고 있던 시기이다.

137 정답 ②

원 간섭기의 모습과 관련된 사료이다.
이 시기 태자를 세자로 부르는 등 왕실에서 사용하는 칭호가 격하되었고, 공녀를 요구하는 원나라로 인해 조혼(일찍 혼인)의 풍습이 생겨났으며, 다루가치가 파견되어 내정을 간섭하였다.
② 중추원이 밀직사로, 중서문하성이 첨의부로 바뀌는 등 관제가 격하되었다.

138 정답 ①

충렬왕, 몽골어를 익힌 자들이 득세하는 상황을 통해 고려 말 원 간섭기라는 것을 알 수 있다. 이 시기 훈련시킨 매를 조공으로 요구했기 때문에 매를 훈련시켜서 바치던 응방이 설치되었다.
② 고려 전기 문벌 귀족이 정치를 주도하였던 시기이다.
③ 고려 전기 거란의 침입을 물리친 후, 압록강 하구에서 동해안 도련포까지 천리장성을 축조하던 시기이다.
④ 최씨 무신정권기, 최충헌의 노비인 만적이 난을 계획한 시기이다.

139 정답 ②

이들은 원에 의지하여 정치적으로 성장하였던 권문세족이다.
① 몽골에 저항했던 삼별초에 대한 설명이다.
③ 최씨 무신정권 때 몽골의 침입을 받았고, 당시 집권세력은 강화도로 천도하였다.
④ 공민왕 때 등용되었던 성리학자인 신진사대부에 대한 설명이다.

140 정답 ①

신흥무인세력인 이성계가 주장한 4불가론이다. 그는 요동정벌을 주장한 최영에 반대하면서 이 네 가지 이유를 들었고, 결국 위화도회군을 단행하여 최영을 제거하고 우왕과 창왕을 폐위하였으며 공양왕을 세워 왕위를 넘겨받아 조선을 건국하였다.
② 정몽주, 이색, 길재 등의 온건파 급진사대부에 대한 설명이다.
③ 명의 철령위 설치 통보에 반발하였던 최영과 우왕에 대한 설명이다.
④ 공민왕에 대한 설명이다.

141 정답 ②

고려의 토지 제도인 전시과에 해당한다.
전시과는 관리에게 전지와 시지를 나누어 주는 것으로, 토지와 땔감에 대한 세금을 거둘수 있는 권리인 수조권을 지급한 것이다.
① 경종 때 시작되어(시정전시과) 목종(개정전시과)과 문종(경정전시과) 때 변화했고, 공양왕 때 과전법으로 대체되었다.
③ 전시과가 공양왕 때 과전법으로 대체되어 조선으로 이어지게 되었다.
④ 노동력까지 징발 했던 것은 녹읍(통일신라)과 식읍(삼국~고려~조선 초까지 존재) 이었다.

142 정답 ①

이 토지는 공음전으로 세습이 가능하여 문벌귀족의 경제적 기반이 되었다.
② 시정 전시과에 대한 설명이다.
③ 민전에 대한 설명이다.
④ 전시과에 대한 설명이다.

143 정답 ④

④ 요역과 군역 모두 양인이 담당했다.
①②③ 모두 고려의 조세에 대한 옳은 설명이다.

144 정답 ③

숙종 때, 의천의 건의로 간행되었던 활구(은병)이다.
고려와 조선에서는 수도에 시전을 설치하고 경시서를 두어 상업을 관장하였다.
① 1904년부터 재정고문 메가타에 의해 실시되었던 식민지 경제 기반 마련 사업이었다.
② 조선 후기, 고종 때, 흥선대원군이 실시한 정책이다.
④ 통일 신라의 대외 무역에 대한 설명이다.

145 정답 ④

제시된 쌍화점의 '회회아비'는 서역인을 뜻하는 용어이며 이를 통해 서역인이 고려에 들어와 상업 활동에 종사하였음을 알 수 있다.
①, ②는 고려의 경제 모습으로 적절하지만 이 사료를 통해 알 수 있는 내용은 아니다.
③ 천민 계층은 노비, 기생, 광대 등으로, 경제 활동을 주도한 계층이 아니다.

146 정답 ③

향도는 고려시대에 형성된 민간 기구로 초기에는 불교 신앙 공동체였다가 점차 마을 공동생활을 주도하는 농민조직으로 변화하였다. 특히 미륵신앙을 기초로 향나무를 갯벌에 묻는 매향활동을 벌이기도 했다.
③ 향도는 정부가 설치한 기구가 아닌 민간기구이다. 정부가 설치한 재해 구제 기구는 구제도감이다.

147 정답 ③

㉠은 원 간섭기 집권세력인 권문세족이고, ㉡은 공민왕 때부터 등용되기 시작한 성리학자인 신진사대부 계층이다. 신진사대부 계층은 신흥무인세력과 연합하여 조선을 개창하게 된다.
① ㉠은 권문세족, ㉡은 신진사대부 이다.
② 권문세족들은 타락한 고려 말의 불교 세력과 결탁하였다.
④ 신분상승을 위해 봉기한 이들은 천민과 향·소·부곡민이다.

148 정답 ①

'그'는 평민이며 그들의 대다수는 백정이라 불리는 농민이다.
② 향리에 대한 설명이다.
③ 평민은 향·부곡·소의 주민보다 높은 대우를 받았다.
④ 노비에 대한 설명이다.

149 정답 ②

고려의 여성은 관직진출만 제한되었을 뿐, 남성과 사회적으로 비교적 대등한 권리를 누리고 있었다. (전 세계적으로도 전근대 사회에서는 여성의 관직진출이 제한되었다.)
① 아들이 없으면 딸이 제사를 지냈다.
③ 여성의 사회적 진출은 제한되었다.
④ 일부일처제가 일반적이었다.

150 정답 ②

자료를 통해 고려에서는 여성이 남성과 비교적 대등한 사회적 권리를 갖고 있었음을 알 수 있다.
② 고려 시대에는 여성의 재혼이 자유로웠다.

151 정답 ④

송나라 때 주자가 성립한 신 유학인 성리학에 대한 내용이다. 우리나라에는 고려시대 원간섭기인 충렬왕 때 안향이 원으로부터 들여왔다.
이 시기 불교계는 권문세족과 결탁하여 비리를 저지르는 등 폐단이 극심하였다.
①, ② 고려 전기 문벌귀족이 집권하던 시기의 사실이다.
③ 무신집권기의 사실이다.

152 정답 ②

고려 전기 문벌귀족이 집권하던 시기 해동공자로 불린 최충이 문헌공도를 세웠고,(문종 때) 사학12도가 융성하였다. 이에 대해 관학을 진흥하기 위하여 서적포 설치(숙종), 7재 개설 및 양현고 운영(예종) 등이 이루어졌다.
① 원 간섭기의 사실이다.
③ 고려 말 신흥무인세력과 신진사대부가 등장한 시기의 사실이다.
④ 무신정권기의 사실이다.

153 정답 ①

문종 때, 최충이 문헌공도(9재 학당)를 만든 이후, 개경에 사학12도가 성행하자, 국가에서는 관학을 진흥하기 위하여 서적포 설치(숙종), 7재·양현고·청연각·보문각 설치(예종) 등의 정책을 실시하였다.
① 고려 초 성종 때의 사실이므로 제시된 사료의 상황 이전에 있었던 일이다.

154 정답 ②

고려의 문벌귀족인 김부식이 지은 "삼국사기"의 서문인 "진삼국사표" 이다. 삼국사기는 신라 계승의식을 드러냈고, 유교적 합리주의 사관에 따라 기전체로 서술된 정사이다.
① 이규보의 동명왕편에 대한 설명이다.
③ 고려의 7대 실록에 대한 설명이다. (7대 실록은 거란 침입시 소실 되었다.)
④ 고려의 "삼국유사"와 "제왕운기"에 대한 설명이다.

155 정답 ④

④ 이규보가 지었던 "동명왕편"이다. 무신 정변 이후 사회적 혼란과 몽골의 침략으로 인해 우리 민족의 자주성에 시련을 겪었고, 이를 극복하고자 전통문화와 민족에 대한 관심이 커져 다양한 역사책이 편찬되었다. 그 중 고구려 계승 의식을 통해 자주적인 인식을 보여준 책이 "동명왕편"이다. 각훈의 해동고승전, 일연의 삼국유사, 이승휴의 제왕운기 또한 이러한 자주적 역사의식을 바탕으로 저술되었다. 사략은 이후, 조선초에 저술된 고려사에서 참고하기도 할 정도로 고려역사를 잘 정리한 책이나 현재는 사론만이 전해진다. 따라서 시기적으로는 사략이 조선 건국과 가장 가까이 위치하고 있다.
- 동명왕편(무신집권기, 1193년)
- 해동고승전(무신집권기, 1215년)
- 삼국유사(무신집권 이후, 1285년)
- 제왕운기(무신집권 이후, 1287년)
- 사략(고려 말, 원간섭기 1357년)

156 정답 ①

선 수행을 강조하면서 선종을 중심으로 교종을 통합하고자 했던 지눌에 대한 설명이다. 지눌은 이러한 생각을 바탕으로 조계종을 창시하였고, 수행방법으로는 정혜쌍수와 돈오점수를 주장하였다. 또한 타락하지 말 것을 당부하면서 수선사를 중심으로 결사운동을 추진하였다.
② 혜심에 대한 설명이다.
③, ④ 요세에 대한 설명이다.

157 정답 ④

(가)는 교선일치를 주장한 의천이다. 그는 교종을 중심으로 선종을 통합하고자 했고, 천태종을 창시하였으며, 교관겸수라는 수행법을 중시하였다. 또한 송나라 유학 후, 귀국하여 교장을 설치하였고, 숙종에게 화폐주조를 건의하였다. (나)는 수선사를 중심으로 신앙결사를 주장했던 지눌이다. 그는 선 수행을 강조하면서 선종을 중심으로 교종을 통합하고자 했던 지눌에 대한 설명이다. 지눌은 이러한 생각을 바탕으로 조계종을 창시하였고, 수행방법으로는 정혜쌍수와 돈오점수를 주장하였다.
④ 백련사 결사는 요세가 주도하였다.
   지눌은 수선사(송광사)를 중심으로 결사운동을 추진하였다.

158 정답 ③

수선사를 중심으로 신앙결사를 주장했던 지눌이다. 그는 선 수행을 강조하면서 선종을 중심으로 교종을 통합하고자 했던 지눌에 대한 설명이다. 지눌은 이러한 생각을 바탕으로 조계종을 창시하였고, 수행방법으로는 정혜쌍수와 돈오점수를 주장하였다.
① 요세에 대한 설명이다.
② 혜심에 대한 설명이다.
④ 의천에 대한 설명이다.

159 정답 ④

대각국사 의천에 대한 설명이다.
그는 교종을 중심으로 선종을 통합하고자 했고, 천태종을 창시하였으며, 교관겸수라는 수행법을 중시하였다. 또한 송나라 유학 후, 귀국하여 교장을 설치하였고, 숙종에게 화폐주조를 건의하였다.
① 보조국사 지눌에 대한 설명이다.
② 의천은 문벌 귀족기에 활동했다. 무신 정권기에 불교 탄압에 대항하여 귀법사 승려들이 난을 일으키기도 하였다.
③ 혜심에 대한 설명이다. 그는 이러한 주장을 통해 성리학 수용의 토대를 마련하였다.

160 정답 ④

고려시대에 편찬된 현존하는 우리나라 최고(最古)의 의학서적은 "향약구급방"이다. 몽골 침입 이후 편찬된 이 책은 우리 영토에 맞는 처방과 약재를 소개해 놓은 전시 응급 의서이다. ("향약집성방"은 조선 세종 때 편찬된 의서로, 이 책도 우리 약재로 된 처방의서이다.)

CHAPTER 03 조선의 성립과 변화

조선 전기의 정치 : 초기왕 정책, 제도, 훈구사림, 대외관계

161 정답 ③

밑줄 친 국왕은 6조 직계제를 실시했던 태종이다.
① 태조 때의 일이다. (정도전을 중심으로 한 재상정치)
② 세종 때의 일이다.
④ 세조 때의 일이다. (세조 때, 경국대전 편찬을 시작하여 성종 때, 완성되었다.)

162 정답 ②

재상 정치를 주장한 정도전이 쓴 "조선경국전"의 내용이다.
① 집현전은 세종 때 설치되었다. (정도전은 이방원(태종)에 의해 죽음을 맞이했다.)
③ "불씨잡변"을 통해 불교를 비판하였다.
④ 대토지를 소유했던 권문세족들에 반발하여 과전법을 실시하였고, 역성혁명을 실현하여 조선을 개창하는 일등공신이 되었다.

163 정답 ①

의정부 서사제를 처음으로 시행했던 세종 때의 사실이다.
② 성종 때의 사실이다.
③ 태종 때의 사실이다.
④ 태조 때의 사실이다.

164 정답 ①

계유정난을 통해 단종을 몰아내고 왕위에 오른 세조이다. 그는 6조직계제를 실시하고 경연제도와 집현전을 폐지하여 왕권을 강화하였고, 직전법을 통해 관리들의 수조권을 현직으로 제한하였다. 또한 경국대전 편찬을 시작하였고, 불교를 숭상하여 원각사지10층탑을 세우고, 간경도감에서 불경을 간행하였다.
② 성종의 업적이다.
③ 경국대전은 세조 때 편찬이 시작되어 성종 때 완성되고 반포되었다.
④ 태종의 업적이다.

165 정답 ④

한글을 창제한 세종이다.
①②③은 모두 세종의 업적이다.
④는 태조의 업적이다. 하늘까지 지배하고자 했던 조선의 건국 철학을 담고 있는 천상열차분야지도는 고구려 천문도를 본따 만들어졌다.

166 정답 ①

승정원은 국왕의 비서기관으로서 왕명을 출납하였다. 승정원과 의금부는 왕권강화와 밀접한 관계가 있다.
국왕을 견제하는 기구는 삼사(사헌부, 사간원, 홍문관)이다.

167 정답 ②

조선 시대에는 모든 군현에 수령을 파견하였다. 즉, 속현은 소멸되었다.
(고려시대에는 지방관을 파견하지 않는 속현이 주현보다 많았다.)

168 정답 ④

과거시험은 3년마다 정기적으로 실시하는 식년시가 있었고, 왕이 성균관 행차시 치뤘던 알성시와 왕실의 경사 때 시행한 증광시 등의 수시가 있었다.
① 성균관은 소과합격자와 고관자제가 입학할 수 있었다.
② 세조 때 실시된 보법에 따라 현역 군인인 정군이 쓰는 비용을 보인(봉족)이 담당하였다.
③ 위급 사태를 알리기 위한 통신제도는 봉수제이다.
역원제는 조선 시대에 도성과 지방을 연결하던 교통 및 통신 제도이다.

169 정답 ③

사료 속 인물은 재상정치를 주장하고 있다. 이는 사림들의 정치적 지향점이었고, 중종 때 이러한 주장을 했던 대표적인 사람은 조광조이다.
※ 조광조의 개혁정치
현량과 실시
향약의 실시와 소학의 보급을 주장
소격서 폐지
위훈삭제사건
급진적인 개혁으로 훈구의 반발을 샀고, 죽음을 맞이함
(기묘사화)
③ 해주향약은 율곡 이이가 보급한 향약이다.
조광조는 여씨향약을 보급하였고, 이황은 예안향약을 보급하였다.

170 정답 ④

(가)는 김종직의 '조의제문'이 빌미가 되어 일어난 무오사화이다. 훈구파인 유자광이 사림파인 김종직과 그의 제자인 김일손을 탄압한 사건이다.(1498년)
(나)는 이조전랑직을 놓고 사림 내에서 당이 나누어지는 모습이다. 김효원을 중심으로한 신진사림은 외척정치를 적극적으로 청산하고자 했고, 심의겸을 중심으로한 기존사림은 외척정치 청산에 소극적이었다. 김효원을 지지하는 사림이 동인, 심의겸의 무리를 중심으로 한 사림이 서인을 이루었다.(1575년)

※ 사화

	명칭	원인	결과
연산군	무오사화 (1498)	김종직의 사초인 '조의제문'	김종직, 김일손과 관련된 사림이 대거 피해 사초와 관련된 사화이기에 史禍라고도 함
	갑자사화 (1504)	연산군의 생모 폐비 윤씨 사사	사건과 관련된 사림 및 대신의 숙청 및 재산 몰수 연산군은 이후 중종반정으로 퇴출

※ 중종반정(1506)과 조광조의 개혁 정치
• 자신의 세력을 정계에 끌어들이기 위해 ⇨ 현량과 실시
• 성리학 제일주의 ⇨ 소격서 혁파
• 사림의 향촌 자치 질서 수립을 위해 ⇨ 향약 강조
• 유교 윤리를 확산시키려 노력 ⇨ '소학' 보급
• 훈구 세력 견제 ⇨ 위훈삭제 사건(중종반정 공신 책정 시정 요구)

	명칭	원인	결과
중종	기묘사화 (1519)	조광조의 급진적 개혁정치 (위훈삭제 사건)	위훈삭제 사건을 계기로 훈구 세력이 사림들을 귀양, 숙청 (走肖爲王)
명종	을사사화 (1545)	왕실 외척 간의 세력 다툼 : 대윤(윤임)vs소윤(윤원형)	문정왕후를 중심으로 한 소윤의 실권 장악 이후, 외척이 사라지면서 선조 이후, 사림이 정계 주도

① 중종반정에 대한 설명이다.
② 을사사화에 대한 설명이다.
③ 조광조의 개혁정치에 대한 설명이다.
④ 정여립 모반사건(1589, 기축옥사)은 동인과 서인이 나누어진 이후의 사건으로, 동인세력인 정여립이 모반을 벌였다하여 동인이 공격당한 일이었다. 이 사건 이후, 동인은 서인에 대한 강경파인 북인과 온건파인 남인으로 분화되었다.

171 정답 ②

제시된 상황은 조광조의 개혁정치 때의 일이다. 위훈삭제를 청하고, 현량과를 통해 임용되었던 '사림'이다.
①③④는 사림에 대한 설명이다.
②는 훈구파에 대한 설명이다.

172 정답 ④

주세붕이 창건한 최초의 서원인 백운동 서원이다. 이곳에서는 선현을 제사지내고 그들의 가르침인 성리학을 연구·교육했다.
① 유향소에 대한 설명이다.
② 서원은 지방 사학의 역할을 하였다. 관리가 파견되지 않았다.
③ 향약에 대한 설명이다.

173 정답 ④

조광조의 급진개혁에 대한 반발로 발생한 기묘사화에 대한 설명이다. 따라서 (가)는 사림인 조광조이다. 조광조는 현량과를 통해 사림을 관리로 천거했고, 공납제 개혁을 최초로 요구하기도 하였다.
① 경연 폐지는 세조 때의 일이다.
② 서원 설치와는 관련이 없다.
③ 조광조는 여씨 향약을 보급하였다. 예안향약은 퇴계 이황이 보급한 향약이다.

174 정답 ②

인조와 함께 반정을 일으킨 서인세력이다. 의리와 명분을 중시했던 이들은 광해군의 중립외교를 비판하면서 친명배금정책을 추진하였다.
① 훈구파에 대한 설명이다.
③ 신흥무인세력과 급진파 신진사대부에 대한 설명이다.
④ 북인과 광해군에 대한 설명이다.

175 정답 ③

연산군 때 일어난 갑자사화이다. 이후, 중종반정이 일어났고, 사림인 조광조에 의한 개혁정치가 이루어졌다.
① 갑자사화 이전에 일어난 무오사화의 결과이다.
② 사림은 성종 때부터 등용되기 시작하였다.
③ 조광조의 개혁정치로 갑자사화 이후의 상황이다.
④ 갑자사화로 인해, 폐비 윤씨 사건에 관련된 사림들이 제거되었다. (사화는 훈구가 사림을 공격하는 사건이다.)

176 정답 ④

사대교린 정책이 조선의 외교 원칙이다. 명에 대해서는 사대정책을, 여진과 일본에 대해서는 교린정책을 취했다.
① 여진과 일본에 대한 외교는 '교린(속이다 : 강경책과 회유책)'을 원칙으로 하였다.
② 유구나 시암으로부터 조공을 받는 형태의 무역이 이루어졌다.
③ 일본에 대한 회유책으로 3포를 개항해주었고, 여진에 대한 회유책으로 무역소를 설치하였다.

조선 전기의 경제·사회·문화

177 정답 ③

"농사직설"은 세종 때 제작된 우리실정에 맞는 농서이다. (조선 전기)
선대제 수공업은 조선 후기에 성행하였다.
① 조선 전기의 광업은 정부가 독점하였다. 조선 후기에는 민영광산이 많이 개발되었다.
② 고려 후기~조선 전기에 이르기까지 시비법이 발달하였다.
④ 조선 전기에는 중농억상 정책에 따라 상업활동을 제한하였다. 따라서 일부 상인 만이 정부의 허가를 받은 시전상인으로서 활동 할 수 있었다.

178 정답 ③

과전법은 전현직관리를 대상으로 수조권을 지급하는 토지제도이다. 고려 말 권문세족의 대농장 경영에 대한 개혁안으로 실시되었다. 기본적으로 세습이 불가능하였지만, 예외적으로 휼양전(관리인 부모가 죽은 자녀에게 세습)과 수신전(과부가 수절할 경우 세습) 등이 세습되었다.
① 직전법에 대한 설명이다. (과전법은 전현직관리를 대상으로 지급되었다.)
② 고려의 전시과에 대한 설명이다.
④ 관수관급제에 대한 설명이다.

179 정답 ④

제시된 상소문은 직전법의 폐단을 비판하고 있다. 세조 때 시행된 직전법은 현직관료에게만 토지에 대한 수조권을 나누어 주는 제도이다. 이로인해 현직에 있는 동안 과도하게 수조권을 행사하여 백성들을 힘들게 하는 폐단이 나타났다. 이러한 문제로 인해 성종 때, 관청에서 세금을 수취하여 관리들에게 지급하는 관수관급제가 실시되었다.
① 과전법에 대한 설명이다.
② 전현직 관릴르 대상으로 했던 과전법의 폐단이다.
③ 관수관급제에 대한 설명이다. 제시된 상소의 결과라고 할 수 있다.

180 정답 ③

장시는 조선 전기부터 서울 근교나 지방에 등장하기 시작하여 후기에는 전국적으로 열렸던 시장이다.
① 보부상에 대한 설명이다. 시전 상인은 국가로부터 허가 받은 상인으로, 한양에서 활동하였다.
② 경시서는 고려와 조선에서 시전을 관장하기 위해 설치되었던 기구이다.
④ 조선 전기는 유통경제가 활발하지 못해 저화나 조선통보 같은 화폐가 널리 사용되지 못하였다. 조선 후기, 17세기 후반(숙종 때)에 이르러 상평통보가 전국적으로 유통되기 시작하였다.

181 정답 ②

조선시대에는 전세(토지세), 공납(특산물), 역(군역과 요역)을 수취하였는데, 제시된 사료에 나타난 세금은 공납(특산물)이다. 이 세금은 농사짓지 않아도 부과되었고, 토지를 기준으로 거둔 것이 아니라 호(戶) 단위로 모두에게 부과되었으므로 부담이 컸다. 특히, 방납업자들이 몇배의 폭리를 취하거나 관리와 결탁하는 등의 방납의 폐단이 심해 조세 가운데 가장 큰 부담이 되었다.
① 역의 부과 기준(대상)이다.
③ 전세에 대한 설명이다.
④ 직전법 폐지와 관련된 내용이므로, 전세에 해당한다.

182 정답 ③

조선 전기 명종 때 일어난 하층민의 저항인 임꺽정의 난에 대한 설명이다.
관리들의 과도한 수취로 인하여 힘들었던 하층민들은 백정 출신 임꺽정을 중심으로 황해도 구월산에서 난을 일으켰다.
① 직전법 폐지(1556), 임꺽정의 난(1561) 모두 명종 때의 일이다.
② 공납(특산물)의 문제로 방납의 폐단이 발생해 백성들의 삶이 힘들었다.
③ 결작은 조선 후기 영조 때 실시된 균역법으로 인해 발생한 군포 부족분을 채우기 위하여 토지1결당 미곡2두를 수취하는 것이다.
④ 지주전호제가 확산되면서 소작농은 지주에게 수확량의 반을 소작료로 내는 병작반수제가 보편화되었다.

183 정답 ④

조선경국전은 정도전의 저서로, 국가 통치의 근본을 농사에 두고 있다는 농본주의 정책을 언급하고 있다. 이와 같은 경제관을 토대로 세종 때, 장영실이 측우기, 앙부일구, 자격루 등 농사와 관련된 여러 발명품을 만들었다.
①②③은 모두 조선 후기의 경제 생활에 대한 설명이다.
① 조선 후기 정조 때, 수공업자의 등록 장부인 공장안이 폐지되면서 수공업이 활성화되었다.
② 조선 후기 숙종 때의 일이다.
③ 모내기법이 실시되면서 광작이 일어났고, 쌀의 상품화가 진행되었다. 이로 인해 밭을 논으로 바꾸는 현상도 일어나게 되었다.

184 정답 ③

조선 전기에는 우리실정에 맞는 농서가 편찬되었다. "농사직설"(세종 때, 관찬)과 "금양잡록"(성종 때, 사찬)이 그것이다. "농상집요"는 고려 말, 원으로부터 전래된 농서로 원예, 양잠 등이 소개되어 있었다.
①②④는 모두 조선 후기의 경제 활동이다.

185 정답 ②

조선 시대의 중간 층인 서얼에 대한 설명이다. 양반과 평민 사이에 낳은 자식인 서자와 양반과 천민 사이에 낳은 자식인 얼자를 합쳐서 서얼이라 한다. 이들은 문과 응시에 제한을 받는 등 양반에 비해 차별대우를 받았고, 일반적으로 잡과에 응시하여 기술관이 되었다. 이들은 조선 후기 들어 서얼허통을 주장하여, 정조 때 규장각 검서관에 임명되기도 하는 등의 성과가 있었다. 이덕무, 박제가, 유득공 같은 이들이 대표적이다.
① 향리에 대한 설명이다.
③ 공장안에 등록된 수공업자들은 일정 기간 무상으로 노동력을 제공하였다.
④ 잡과에 합격한 중인은 역관, 의관 등이 되었는데 그 중 사신을 수행하였던 역관들 중에는 무역에 관여하여 재산을 모은 이들이 많았다.

186 정답 ②

조선의 중간계층인 중인에 대한 설명이다. 이들은 잡과를 통해 관리가 되었던 의관, 역관 등이었다. 또한 지방 실무 관리인 향리나 중앙과 지방의 실무를 담당한 품외 관리인 서리도 중인으로 분류되었다.
② 중인에 대한 설명이다.
① 농민과 수공업자, 상인은 모두 법적으로는 양인, 실제적으로는 상민으로 분류된다.
③ 양반에 대한 설명이다.
④ 서얼에 대한 설명이다.

187 정답 ③

조선의 천민은 일반적으로 일천즉천(부모 중 한쪽이 노비일 경우 그 자녀도 노비가 되는 것)을 따랐다. 그러나 역의 부과 대상이 아니었던 노비를 줄이고 양인을 늘려 국가 재정을 확충하고자 노비를 줄이기 위한 제도로 변하게 된다. 영조 때, 노비종모법(어머니의 계급을 따라 자식의 계급이 결정 되는 것)이 확정되어 노비 수가 줄고, 양인이 늘어나게 되었다.
①②④는 노비에 대한 옳은 설명이다.

188 정답 ③

(가)는 여성의 지위가 비교적 높았던 고려 사회이고, (나)는 사림이 등용되고 성리학적 윤리가 강조되기 시작하면서 여성의 지위가 낮아지기 시작한 조선 사회의 모습을 보여준다.
② 고려시대에는 일반 농민을 백정이라 불렀고, 이들은 조세, 공물, 역을 부담하면서 과거 응시 자격을 가졌다.
③ 양자를 들이는 것이 일반화된 시기는 조선후기 17세기 이후이다.

189 정답 ④

사진의 유물은 세종 때 장영실에 의해 발명된 해시계인 앙부일구이다.
이 시기 동양최대 규모의 의학백과서적인 의방유취가 간행되었다.
① 직지는 고려 말, 우왕 때 청주 흥덕사에서 간행되었다.
② 세종 때는 중국의 수시력과 아라비아의 회회력을 참고하여 한양을 기준으로 한 역법서인 칠정산을 편찬하였다.
③ 세종 때 편찬된 우리 실정에 맞는 의서는 향약집성방이다.(향약구급방은 고려의 의서이다.)

190 정답 ④

혼천의와 간의가 천체 관측 기구인 반면, 인지의는 토지 측량 기구이다.
①②③은 조선 전기의 천문과 관련된 내용이다.

191 정답 ④

	퇴계 이황 (동방의 주자)	율곡 이이
사상 (이기론)	주리론	주기론
핵심	관념적 도덕세계 중시, 경(敬) 실천 중시	관념적 도덕세계+경험적 현실세계 중시
역할	도덕규범 확립, 신분질서 유지	현실 개혁 주장
계승/영향	• 동인 → 영남남인 • 일본 성리학과 위정척사사상에 영향	• 서인 → 노론 • 실학과 개화사상에 영향
저서	「성학십도」, 「주자서절요」 (군주의 자세) (성리학 이론)	「성학집요」, 「동호문답」,「격몽요결」 (군주의 자세) (대공수미법) (청소년윤리)

①, ② 이이에 대한 설명이다.
③ 일본 성리학에 영향을 미쳤고, 동방의 주자라고 불렸다.(해동공자는 고려의 최충이다.)

양난과 조선 후기의 정치

192 정답 ①

(가)는 임진왜란 발발이후, 선조가 의주로 피란을 떠나는 모습이고, (나)는 임난 중 화의를 위한 교섭에 대한 내용이다.

※ 임진왜란 전개 과정
- 임진왜란 발발(1592. 4. 13) : 부산진 함락(정발), 동래성 함락(송상현)
- 탄금대 전투 패배(신립)
- 선조의 의주 피란
- 한양 점령(전쟁 발발 18일만)
- 조명연합군의 평양성 탈환(1593년 1월)
- 화의 진행 → 결렬
- 정유재란(1597년)
- 명량해전 승리(1597년)
- 도요토미 히데요시 사망 이후 일본군 철수(1598년, 임난 종결)
- 통신사 파견(1607~1811년)

②, ③은 (가) 이전 상황이다.
④는 (나) 이후 상황이다.

193 정답 ②

임난 이후, 만주에서 성장한 여진족이 후금을 세우고 우리나라에 형제관계를 요구하면서 조선을 공격해 왔다.(정묘호란) 이후, 화의를 맺고 곧 돌아갔으나, 후금은 더욱 강성해져 청을 만들었고, 이번에는 군신관계를 요구하면서 조선을 공격했다.(병자호란)

194 정답 ①

(가)는 동인, (나)는 서인이다.
① 동인은 정여립 모반사건 이후, 위축되었고,
② 서인에 대한 강경파인 북인과 온건파인 남인으로 나누어졌다.
③ 동인은 이황, 조식, 서경덕의 제자이고, 서인은 이이, 성혼의 제자였다.
④ 동인은 광해군을 도와 중립외교를 추진하였고, 서인은 인조와 함께 친명배금정책을 추진하였다.

195 정답 ③

기존 사림들인 서인은 신진 사림으로 구성된 동인에 비해 정치 개혁에 소극적이었다.

196 정답 ③

인조반정 이후, 서인이 정치를 주도하던 상황이다. 인조의 친명배금 정책으로 인해 후금과 청이 차례로 전쟁을 일으켰다. 남한산성에서 항전을 했으나, 삼전도에서 항복을 하게 되었고, 이후, 인조의 뒤를 이어 왕위에 오른 효종과 서인 정권에 의해 북벌 운동이 전개되었다.
① 인조반정은 도덕과 의리명분을 중시한 서인 세력이 일으킨 사건이다.
② 중립외교를 펼친 광해군과 북인을 몰아내고 친명배금을 주장한 서인과 인조가 정권을 장악하였다.
④ 양난 이전 상황이다.

197 정답 ④

명과 후금 사이에서 중립외교 정책을 추진했던 (가) 인물은 광해군이다.
① 광해군은 의병에 앞장섰던 북인과 함께 정국을 운영하였다.
② 수령이 직접 향약을 주관하였던 시기는 정조 때이다.
③ 대동법은 광해군 때 경기도에 실시되기 시작하여(1608년) 숙종 때 전국적으로 실시되었다.(1708년)
④ 광해군 때 허준의 "동의보감"이 편찬되었다.

198 정답 ④

병자호란이 일어난 뒤, 남한산성에서 항전을 하였으나, 청과 전쟁을 하자는 주전론(척화론)과 화의를 하자는 주화론이 서로 대립하였다. (가)는 주전론(척화론)이고, (나)는 주화론이다. 결국 주화론이 받아들여져 인조가 삼전도에서 항복을 하게 되었다.
① 주전론은 후에 북벌론으로 계승되었다.
② 실리를 추구한 광해군의 중립외교 노선과 닮은 것은 (나)이다.
③ 명에 대한 의리를 주장한 것은 (가)이다.
④ 청 세력이 지닌 힘을 인정하여 화친을 해야한다는 주장을 하였다. 즉, 의리와 명분보다는 국제 정세의 현실을 인정한 것이다.

199 정답 ③

이 기구는 국방문제를 논의하는 비변사이다.
여진을 방어하기 위하여 처음 설치된 이후, 삼포왜란을 계기로 임시기구로 운영되었고, 을묘왜변을 계기로 상설기구화 되었으며, 임진왜란을 거치면서 국정전반을 장악하게 되었다. 이후 세도가문이 비변사를 장악하여 국정 전반을 독점하며 전횡을 부렸다. 고종의 아버지인 흥선대원군 때 가서야 비변사가 혁파되고, 의정부와 삼군부로 권력을 분산시켰다
① 임난이후 국정전반을 장악하면서 왕권을 저해했다.
② 3포 왜란을 계기로 임시기구로 운영되었다. (상설기구화 되는 시기는 을묘왜변이다.)
④ 삼사에 대한 설명이다.

200 정답 ①

제시된 사료는 효종이 돌아가셨을 때 일어난 1차 예송논쟁인 기해예송에서 남인이 주장한 내용이다. 이 예송논쟁에서 남인이 3년 설을 주장한 데 반해 서인은 1년 설을 주장하였다. 이후, 2차 예송논쟁인 갑인예송, 세 차례에 걸친 환국을 거치면서 서인과 남인의 대립은 격화되었다.
② 영조 때의 일이다.
③ 세도 정치 때의 일이다.
④ 경신환국을 기점으로 일당 전제화 추세가 나타나면서 붕당정치는 변질되었다.

201 정답 ③

(가)는 상복 입는 기간을 놓고 남인과 서인이 대립했던 예송논쟁이다. 정치를 주도하고 있던 서인은 왕의 예가 일반 사대부와 다름없다고 보았고, 입지가 약했던 남인은 국왕의 권위를 중요시하면서 왕의 지지를 얻고자 하였다. 효종이 승하한 1차 예송논쟁(기해예송)에서는 1년 설을 주장한 서인의 입장이 받아들여졌고, 효종비가 죽었을 때 일어난 2차 예송논쟁(갑인예송)에서는 12개월을 주장한 남인의 입장이 받아들여졌다.
① 1차 때는 서인의 입장이 받아들여졌다.
② 효종이 승하한 1차 예송이 기해예송, 효종비가 죽었을 때 일어난 2차 예송이 갑인예송이다.
④ 서인은 왕의 예와 일반 사대부의 예가 다름 없다고 주장하였다.

202 정답 ①

(가)는 이조전랑, (나)는 동인, (다)는 서인이다.
① 영조는 이조전랑의 권한을 약화시켜 왕권을 강화하고자 하였다.
② 노론과 소론으로 분열한 세력은 서인이다.
③ 이이와 성혼의 학문을 계승한 세력은 서인이다.
④ 기사환국으로 정국을 주도한 세력은 남인이다.

203 정답 ③

영조가 탕평책을 주장한 탕평교서이다.
붕당정치는 경신환국 이후, 일당전제화 추세를 보이며 상호 간의 견제와 공존의 원칙이 무너졌다. 이러한 상황속에서 등장한 영조가 주장한 것이 치우치지 않는 탕평책이었다.

204 정답 ②

제시된 사료는 탕평책에 대한 것이다.
② 영조는 탕평파를 중심으로 완론탕평을 추진해 노론, 소론 간의 세력 균형을 조정해 정쟁을 억제하고자 했다. (정조는 준론탕평 추진)
① 탕평론을 처음 제기한 왕은 숙종이다.
③ 정조는 능력위주의 인사정책을 펼쳤고, 바르고 능력있는 이들을 정치에 참여시키겠다는 준론탕평을 추진하였다. 외척정치와는 거리가 멀다.
④ 숙종은 탕평을 처음 언급했으나 오히려 편당적인 모습을 보이며 세 차례에 걸친 환국을 일으킨 왕으로, 정국을 어지럽히고 붕당을 변질시켰다.

205 　정답 ①

정조에 대한 설명이다. 정조는 선왕인 영조의 탕평책을 계승하여 국왕이 주도하는 정치 체제를 더욱 강화하였다. 또한 각 붕당의 주장을 명백히 가리는 준론탕평을 추진하여 그동안 소외되었던 소론과 남인을 중용하고 노론을 견제하였다.
① 청계천 준설은 영조의 정책이다.
②③④ 정조의 정책이다.

206 　정답 ③

정조에 대한 설명이다.
③ 신해통공이 시행되어 종로를 대표하는 육의전을 제외한 시전상인의 금난전권이 폐지되었다. 따라서 종로를 제외한 도성 내에서 난전을 열 수 있게 되었다.
① 능력 위주의 인사정책을 통해 능력있는 서얼들은 규장각 검서관에 임명되기도 하였다.
② 공장안이 폐지되어 수공업이 활발해졌다.
④ 시파는 사도세자의 죽음을 애도했던 이들이다. 정조는 소론, 남인, 시파 까지도 정치에 참여시킴으로써 노론을 견제하고자 했다.

207 　정답 ②

정조 사후, 세도정치기의 사회 혼란을 보여주는 사료이다. 이 시기 세도가문이 비변사를 독점하는 등 군영의 지휘권을 장악해 정권을 유지하였고, 매관매직을 통한 탐관오리가 속출하였다. 이렇게 관리가 된 수령과 아전은 전정·군정·환곡 등 삼정을 문란하게 하여 백성을 수탈하였다.
② 숙종 때 일어난 세 차례의 환국은 세도정치기 이전의 상황이다.
(예송논쟁 → 환국 → 탕평책 → 세도정치)

208 　정답 ②

사료는 세도정치기(순조, 헌종, 철종 3대 60여년) 매관매직을 통해 정치를 장악한 이들에 의해 사회가 어지러운 모습을 이야기하고 있다.
② 이러한 상황속에서 하층민의 저항이 일어나게 된다. 1811년 홍경래의 난과 1862년 진주민란을 시작으로 한 전국적인 임술농민봉기가 그것이다.
①③④ 모두 제시된 사료 이전의 사실이다.
① 숙종 때의 일이다.
③ 정조 때의 일이다.
④ 붕당정치의 폐단을 보여 준다.

209 　정답 ③

세도정치기 삼정의 문란 중 군정의 문란을 보여준다.
(백골징포, 황구첨정)

210 　정답 ①

평안도 지방에 대한 지역차별과 세도정권의 수탈로 일어나게 된 홍경래의 난이다.(1811)
이들은 한때 청천강 이북 지역을 장악하고 정주성을 점령하기도 했으나 관군에 의해 진압되고 말았다. 그러나 이러한 저항은 이후 일어난 농민 봉기에 영향을 끼쳤다.
② 삼정이정청은 1862년 임술농민봉기 이후에 설치되었다.
③ 진주민란의 원인이었고, 이는 1862년 임술농민봉기의 기폭제가 되었다.
④ 홍경래의 난은 신분 차별 보다는 지역 차별이 원인으로 작용하였다.

211 　정답 ④

하층민의 저항운동인 임술농민봉기(1862)가 일어난 조선후기 사회이다.
④ 순조 때 공노비가 해방되었지만 이는 노비들의 신분상승운동과는 관계가 없다. 세도정치기 국가의 재정이 악화되자 재정확보를 위하여 노비를 양인으로 해방시킨 것이었다.
① 조선 후기가 되면서 양반 수가 증가하면서 양반의 권위도 약화되었다.
②③ 조선 후기에는 천주교(서학)와 동학 등 새로운 가치관인 평등의 교리를 가진 종교가 등장했다.

조선 후기의 경제·사회·문화

212 　정답 ②

김육은 대동법의 확대와 화폐유통을 강조했던 인물이다. 또한 특산물 대신 쌀, 포목, 동전으로 납부하면서 공납이 지닌 폐단을 시정한 대동법은 토지를 기준으로 하여, 세금을 부담했기 때문에 다수의 땅없는 백성들이 좋아하고, 토호들이 싫어하였다.
①, ④ 광해군 때 경기도에서 시작된 대동법이 숙종 때 전국적으로 시행되었다.
② 지방 특산물을 현물로 내는 것이 아니라, 쌀·옷감·동전 등 쉽게 구할 수 있는 품목으로 내게 하였고, 점차 조세의 금납화가 이루어졌다.

213 　정답 ④

군역의 부담 증가를 보여준다. 이처럼 1년에 2필이라는 군포부담이 심해져 영조 때 1년에 1필로 줄이는 균역법이 시행되었다. 또한, 줄어든 군포를 충당하기 위하여 토지1결당 쌀 2두씩 거두는 결작, 어장세·염전세·선박세, 선무군관포 등을 부과하였다.
① 특산물 대신 토지를 기준으로 1결당 미곡12두를 거두었던 대동법에 대한 내용이다.

② 전세를 늘리기 위한 조치이다.
③ 노비는 군역의 부과 대상이 아니다. 균역법은 양인이 부담하던 군포를 절반으로 줄여주는 개혁안이다.

214 정답 ④

특산물을 거두는 공납의 문제인 방납의 폐단에 대해 나와 있는 사료이다. 이를 극복하기 위하여 광해군 때 대동법이 실시되었다.
①②③ 대동법에 대한 설명이다.
④ 대동법은 종래 호(戶)단위로 거두던 특산물을 토지를 기준으로 쌀, 옷감, 동전으로 납부하게 한 제도이다.

215 정답 ③

대동법 시행이후, 토지를 기준으로 세금을 거두었으므로 전세화 되었다고 볼 수 있다.
① 결작은 균역법 실시 이후, 부족분을 충당하기 위해 수취한 것이므로, 농민들은 여전히 군역의 부담을 가지고 있었다.
② 조선 후기, 인조 때, 영정법 실시 이후, 풍흉에 관계없이 토지 1결당 미곡 4~6두를 징수하였다.
④ 방납의 폐단으로 인해 일반 백성들의 부담이 컸고 이를 시정하기 위하여 실시된 대동법으로 인해 양반 지주들의 부담이 증가하였다.

216 정답 ③

소개되고 있는 농법은 모내기법(이앙법)이다. 이 농법이 확대·보급되어 전국적으로 실시되던 때는 조선 후기이다. 모내기법이 전국적으로 보급되자 노동력이 절감되어 광작을 하는 일부 농민은 부농층으로 성장하였다. 반면 다수의 농민은 경작지를 잃고 영세 상인이나 임노동자로 전락하였다. 또한 작인에게 빌려준 토지를 회수하여 노비나 머슴을 부려 경영하는 지주가 늘어나면서 경제적 격차는 더욱 커지게 된다.
③ 두레, 품앗이 등의 공동 노동 방식은 향촌사회에 여전히 남아있었다.

217 정답 ③

조선 후기 지대 납부 방식은 정률제인 타조법에서 정액제인 도조법으로 바뀌었다. 도조법은 정해진 금액 이외에는 모두 소작인이 가질 수 있었기 때문에 생산의욕을 고취할 수 있어 조선 후기에 널리 행해졌다.
①②④는 모두 조선 후기에 성행한 농업 형태이다.

218 정답 ①

조선후기에 상품작물인 모시·오이·배추·도라지 등이 재배되면서 논농사의 이익을 뛰어넘기도 하는 모습을 보여준다.

① 장시는 이미 조선 전기에도 등장하였고, 조선 후기가 되면 전국적으로 장시가 열리게 된다.
②③④는 모두 조선 후기에 등장한 모습이다.

219 정답 ④

조선 후기에 민영광산이 개발되는 모습을 보여준다.
④ 광산 전문 경영인 덕대가 등장하였고, 분업과 협업이 이루어졌으며 민영광산이 활발히 개발되어 세금을 수취하게 되었다. (설점수세제) 그러자 몰래 채굴하는 잠채가 성행하기도 하였다.
① 개인의 광산 개발도 가능했다. (민영광산개발 활발)
② 대청 무역에서 은의 수요가 증가하였다. (청은 조세납부를 은으로 함)
③ 조선 후기에는 민영 수공업이 발달하면서 광산 개발도 늘어나게 되었다.

220 정답 ②

조선 후기 성행하였던 선상에 대한 설명이다. 선상활동이 활발해지면서 포구도 발달하게 되었다. 이들 중 대표적인 상인이 한양의 경강 상인이다. 이들은 조세 운송을 담당하면서 포구와 선상활동을 주도했다.
① 사상인 의주 만상에 대한 설명이다.
③ 사상인 개성 송상에 대한 설명이다.
④ 시전상인에 대한 설명이다.

221 정답 ①

조선 후기 신분질서의 문란을 보여주는 사료이다. 부농층들은 관권과 결탁하여 향회를 장악하려 시도하였고, 지방 양반들은 향안을 작성하여 위세를 지키려 하였다. 이처럼 새롭게 성장한 지방 세력인 신향과 기존 세력인 구향이 충돌하면서 향전이 벌어졌다.
① 관직에 나아가지 못한 양반들은 몰락하여 잔반이라 불리게 되었다. 이들은 생계를 위해 족보를 판매하거나 상공업에 종사하기도 하였다. 과거에 합격하지 못했던 이들이 과전을 지급 받을 수는 없었다.

222 정답 ③

양반이 몰락하고, 양반 신분을 사는 상민이 등장하기도 했던 조선 후기 상황이다.
이러한 상황 속에서 중인들은 정치 참여 확대를 요구하는 통청 운동(소청운동)을 벌이기도 하였다.
① 조선 후기에 양반의 수는 증가하고, 상민과 노비의 수는 점차 감소하였다.
② 몰락하는 양반의 수는 점차 증가하였다.
④ 서얼들이 허통을 요구하여 문무관직에 등용되는 경우가 늘어났다. 특히, 정조 때는 서얼 출신이 규장각 검서관에 임명되기도 하였다.

223 정답 ②

재물을 우물에 비유하면서 소비를 권장하고 있는 박제가의 "북학의"이다. 박지원의 제자였던 박제가는 상공업을 중시한 중상학파(이용후생 학파)이다. 주요인물은 유수원, 홍대용, 박지원, 박제가이고, 이들의 사상은 개화사상으로 계승·발전되었다.
① 중상학파는 이용후생학파, 중농학파는 경세치용학파 라고 불린다.
③ 중농학파인 정약용에 대한 설명이다.
④ 중농학파에 대한 설명이다.

224 정답 ②

토지매매의 한계를 설정하여 자영농을 지키려 했던 이익의 한전론이다.
그는 "성호사설", "곽우록"등을 저술하였고, 나라를 좀먹는 여섯 가지 병폐를 지적한 육두론을 주장했다.
① 이수광의 저서이다.
③ 유수원의 주장이다.
④ 박제가의 주장이다.

225 정답 ③

중상학파인 박제가의 주장이다. 그는 "북학의"를 저술하여 소비를 권장했고, 수레와 선박의 사용을 주장하였다.
① 홍대용에 대한 설명이다.
② 박지원에 대한 설명이다.
④ 유수원에 대한 설명이다.

226 정답 ④

백성들을 위하지 않는 지도자는 쫓아낼 수 있다는 수상을 남기고 있는 "탕론"으로, 정약용의 저서이다. 그는 일종의 사회주의식 공동농장 제도인 '여전론'과 '정전론'을 주장하였다.
① 유형원의 균전론과 이익의 한전론이 추구한 목표이다.
② 이익의 한전론이다.
③ 유형원의 균전론이다.

227 정답 ②

제시된 사료는 박세당이 저술한 「사변록」이다.
성리학이 지나치게 교조화되고 절대화 되자, 주자 중심의 성리학을 상대화하고 6경과 제자백가 등의 원시유학에서 모순 해결의 사상적 기반을 찾으려는 경향이 나타났다. 특히, 윤휴는 주자의 학설과 사상을 비판하고 반성하는 독자적 학문 체제를 구축하였으며, 박세당은 주자와 달리 인식의 상대성을 주장하였다.
그러나 당시의 폐쇄적인 학문적 분위기 속에서 두 인물은 사문난적으로 몰려 처형당하였다.

① 양명학에 대한 설명이다.
③ 실학에 대한 설명이다.
④ 동학에 대한 설명이다.

228 정답 ③

(가)는 실천을 중시하였던 양명학이다.
③ 양명학은 앎을 중시한 성리학의 격물치지와 달리 실천을 중시하는 지행합일을 주장하였다.
①②④ 양명학에 대한 설명이다.

229 정답 ③

이긍익의 "연려실기술"은 조선의 정치·사회·문화를 서술한 역사책으로 대표적인 야사이다.
북한산비와 황초령비가 진흥왕 순수비임을 밝힌 인물은 금석학의 대가인 김정희이다. 그가 "금석과안록"을 통해 이러한 사실을 밝혔다.

230 정답 ①

홍대용이 지전설, 지구구형설, 우주무한론 등을 밝힌 저서는 "의산문답"이다.
지전설은 이익, 홍대용, 김석문 등이 주장하였다. 그중 우리나라에서 최초로 지전설을 주장한 인물은 김석문이다. 그가 지은 저서가 "역학도해"이다. 그러나 그는 성리학의 미비점을 보충하기 위한 설명으로 지전설을 활용하였던 것이지, 세밀한 천문 관측을 통해 자연과학적 논리로써 체계화 한 것은 아니었다.

231 정답 ④

(가)는 천주교(서학)이다. 미래에 행복과 평화가 있다는 내세(來世)사상을 토대로 민간에 확산되었다. 특히, 평등의 교리를 통해 차별받던 하층민과 부녀자들 사이에 빠르게 전파되었다. 그러나 계급과 제사를 거부하는 등의 이유로 정부로부터 박해를 받았다. 신유박해 때는 정약용의 형인 정약종이 사형을 당하고, 정약전과 정약용이 유배형을 받기도 하였다.
④ 시천주는 인간 속에 내재하는 한울님(천주)을 잘 모셔야 한다는 뜻을 지닌 동학의 교리이다.

232 정답 ①

(가)는 천주교(서학)이다.
① 천주교는 제사를 거부하였다. 이러한 이유로 박해를 당하기도 하였다.
②③④는 서학에 대한 반발로 창시된 동학에 대한 설명이다.

233 정답 ③

동학의 2대 교주 최시형의 설법이다. 따라서 이 종교는 동학이다.
① 동학은 인내천이라는 평등 교리와 후천개벽이라는 사회변혁을 주장하였다.
② 1894년 고부농민봉기와 동학농민운동이 일어났다.
③ 동학은 유교의 영향도 받았기 때문에 제사의식도 지냈다. 동학이 정부의 탄압을 받은 것은 평등의 교리와 사회변혁 요구, 그리고 지나치게 확산된 교세 때문이었다.
④ 동학은 유교, 불교, 민간신앙, 정감록 등의 예언설(弓弓乙乙), 천주교의 평등교리 등의 영향을 받았다. 이러한 요소를 모두 수용하여 민간으로 빠르게 전파될 수 있었다.

234 정답 ④

동학의 경전인 용담유사의 내용이다. 제사조차 지내지 않는 저 사람은 천주교(서학) 신자이다.
④ 이수광의 "지봉유설"에 "천주실의"가 소개되어 있다.
①③ 동학에 대한 설명이다.
② 조선 후기 사회가 혼란스러워 새로운 세상이 열린다는 '정감록', '미륵신앙' 같은 예언설이 유행하였다.

235 정답 ④

세도 정치기 사회가 혼란스러워 여러 새로운 사상이 유행하였다. 그러나 실학은 정치를 주도한 세력이 주장한 사상이 아니었으므로, 정부차원에서 적용되지 못했다.

236 정답 ②

가면극인 산대놀이는 당시 사회와 집권층인 양반을 풍자하는 내용이 많았다. 따라서 양반층의 지원이 아니라 부농이나 성장한 상공인 계층의 지원으로 발달하였다.

237 정답 ④

조선 후기에 저술된 박지원의 한문소설인 "호질"이다. 이 소설은 당시 양반사회의 위선을 풍자하는 내용을 담고 있다.
④ 서민문화가 발달하면서 그들이 자주 왕래하는 장시가 문화 교류의 중심지가 되었다. 조선 후기에 유행한 야외 공연, 가면극 등이 그 예이다.
① 16세기 문화의 특징이다.
② 서민문화가 발달하고, 중인들이 시사를 조직하는 등 예술의 향유층이 확대되었다.
③ 명나라가 청으로 교체되면서 오히려 우리문화가 더 우수하다는 인식이 싹트게 되어 국학, 진경산수화 등이 발달하였다.

238 정답 ①

조선 후기에 유행한 서민문화의 한 종류인 민화에 대한 설명이다.
① 조선 전기에 제작된 안견의 작품이다.
② 서민문화 발달의 배경이다.
③, ④ 조선후기의 모습이다.

239 정답 ③

조선 후기 발달한 서민문화에 대한 설명이다.
③ 김정희의 세한도이다. 김정희는 세한도에서 이상적인 인품을 날씨가 추워진 뒤에 가장 늦게 낙엽지는 소나무와 잣나무의 지조에 비유하여 표현하였다. 그림 속에 들어있는 정신을 더욱 강조하였던 대표적인 문인화로서, 서민문화와는 구분된다.

240 정답 ③

한시 창작을 위한 모임인 시사(詩社)는 중인들을 중심으로 조직되었다. 이들의 한시문학을 여항문학이라 부르는데 여항문학은 주로 시사활동을 통해 발전했다.

CHAPTER 04 국제 질서의 변동과 근대 국가 수립 운동

근대사

241 정답 ②

- 환곡과 전세를 집집마다 배정하여 억지로 받으려고 했다. : 조선 후기 세도정치기 환곡의 문란
  ⇨ 당시의 집권자는 흥선대원군이다. 제시된 문제는 환곡의 문란을 보여준다. 이를 시정하기 위하여 흥선대원군은 사창제를 실시하였다.

※ 흥선대원군의 정책

민생 안정책	전정의 개혁	양전사업, 은결 색출 등
	군정의 개혁	호포제 실시(양반에게 군포 징수)
	환곡의 개혁	사창제 실시(민간에서 운영)
왕권 강화책		안동 김씨 축출, 당파 가리지 않고 인재 등용
	비변사의 축소, 격하	의정부(정치)
		삼군부(군사)
	서원의 축소	• 전국에 47개만 남기고 모두 정리 • 국가 재정 확보, 왕권 강화 도모
	경복궁 중건	• 원납전 징수, 당백전 발행 • 양반 묘지림, 백성 노동력 징발
	편찬사업	「대전회통」, 「육전조례」

①③④ 흥선대원군이 실시한 왕권강화책이었다.
(권력 분산, 재정확보를 통한 왕권강화책)

242 정답 ④

①②③ 흥선대원군의 개혁에 대한 옳은 설명이다.
④ 당백전의 징수로 물가가 폭등하였다.

243 정답 ②

제시된 자료는 병인박해에 대한 것이므로 (가)국가는 프랑스이다.
① 러시아에 대한 설명이다.
③ 청나라에 대한 설명이다.
④ 일본에 대한 설명이다.

244 정답 ①

비석의 주인공은 신미양요가 일어나자 강화도 광성보에서 미국에 맞서 싸웠던 어재연이다.
② 김홍집에 대한 설명이다. 그는 2차 수신사로 일본을 다녀오면서 "조선책략"을 유포했다.
③ 박규수에 대한 설명이다. 평양 감사였던 그는 미국 상선 제너럴셔먼호의 만행에 분노하여 소각시키는 제너럴셔먼호사건을 일으켰다.
④ 양헌수에 대한 설명이다. 병인양요가 일어나자 정족산성에서 맞서 싸웠다.
 (문수산성에서 싸웠던 이는 한성근이다.)

245 정답 ③

강화도조약 중 불평등 조약인 치외법권에 대한 항목이다. 또다른 불평등 조약으로 해안측량권 규정이 있다.
① 텐진조약의 내용이다.(공동철병, 공동파병권)
②④ 제물포조약의 내용이다.(경비주둔, 배상금 지불)

246 정답 ①

제시된 조약은 해안 측량권을 인정한 불평등조약인 강화도 조약이다.
① 운요호 사건이후 일본과 개항이 맺어졌다.
② 강화도 조약에서는 부산 외 두 개의 항구인 인천과 원산을 개항하였다.
③ 임오군란을 청이 진압한 뒤 체결된 조청상민수륙무역장정 이후 청일 양국의 각축전이 심화되었다.
④ 최혜국대우조약은 조미수호통상조약에서 처음 체결된 내용이다.

247 정답 ④

강화도 조약 이후, 정부의 개화정책에 대한 설명이다.
- 사절단 파견 : 일본(수신사, 신사유람단, 조사시찰단), 청(영선사), 미국(보빙사)
- 정부기구 마련 : 통리기무아문과 12사, 신식 군대인 별기군
① 갑오개혁 이전(동학농민운동 이후)에 정부에서 자율적인 개혁을 위해 설치
② 갑오개혁 추진 기구(일본 압박으로 설치된 초정부적 회의기관)
③ 임술농민봉기 이후 삼정의 문란을 해결하기 위해 설치한 기구

248 정답 ②

(가) 민씨 정권에 대한 반발 ⇨ 임오군란
(나) 우정총국 개국 축하연 때 정변 ⇨ 갑신정변
② 임오군란은 개화정책과 신식군대인 별기군 우대(구식군대 차별)에 대한 반발로 인해 일어났다. 청의 양무운동을 모델로 삼은 것은 온건개화파이다.

249 정답 ③

- 구식 군인들이 고관과 공사관 습격 : 별기군 차별 대우에 대한 반발
- 도시빈민층 합세 : 하층민에서도 정부 개화정책에 불만
- 명성황후 피신 : 개화에 대한 반발을 가진 세력
  ⇨ 임오군란에 대한 설명이다.
③ 텐진조약 : 갑신정변의 결과로 청일간에 체결되었다.(청일 공동철병 및 파병시 사전 통보)

250 정답 ③

- 1860년대 : 흥선대원군의 쇄국정책, 병인양요 ⇨ ⓒ 이항로와 기정진은 통상반대론, 척화주전론을 주장하였다.
- 1870년대 : 강화도 조약 ⇨ ㉠ 최익현은 개항반대론, 왜양일체론을 주장하였다.
- 1880년대 : '조선책략' 유포 ⇨ ㉣ 이만손 등 영남지역의 유생들이 개화에 반대하는 상소를 올렸다.
- 1890년대 : 을미사변, 단발령 시행 ⇨ ⓒ 을미사변과 단발령에 분개하여 항일 의병을 일으켰다.

251 정답 ③

- 관과 민이 합심한 연후
  ⇨ 관민공동회에서 백정 박성춘이 한 연설문이다.
  (독립협회 활동)
① 위정척사운동과 임오군란
② 갑신정변

③ 관민공동회 이후, 결의된 사항(독립협회 활동)
④ 동학농민운동

252 정답 ①

- 청일전쟁 이후, 사건의 흐름
  청일전쟁(1894년, 일본승리) → 시모노세키조약(1895년, 요동반도 할양) → 삼국간섭(1895년) → 친러내각 수립 → 을미사변(1895년) → 을미개혁(단발령 포함) → 을미의병 → 아관파천(1896년, 신변에 위협을 느낀 고종이 러시아 공사관으로 피신)
① 갑오개혁(1894년)은 보기 이전 상황이다.
② 을미사변(1895년)
③ 아관파천(1896년)
④ 을미개혁(1895년)

253 정답 ②

을사늑약에 반대한 최익현의 포고문이다.
- 우리에게 이웃 나라가 있어도 스스로 결교하지 못하고 : 외교권을 박탈당한 을사늑약에 대한 반대 포고문이다.

254 정답 ③

2차 수신사 김홍집이 일본에서 가져온 조선책략의 내용이다. 황준헌이 조언한 내용은 친중국, 결일본, 연미국이었다. 따라서 이어지라고 조언하였던 이 국가는 미국이다.
① 프랑스에 대한 설명이다.
② 청나라이다.
③ 청의 알선으로 통상 조약을 체결했던 미국이고, 이 조약은 조미수호통상조약이다.
④ 일본이다.

255 정답 ①

제시된 내용은 미국과 체결한 조·미 수호통상조약이다.
①은 강화도 조약의 내용이다.
②③④는 조미수호통상조약에 대한 설명이다.

256 정답 ③

갑신정변 이후, 조선은 자주적 외교 노력의 일환으로 러시아와 협약을 체결하였다. 이에 러시아의 남하를 경계한 영국이 거문도를 불법 점령하였고, 유길준과 부들러 등이 한반도 중립화론을 제기하였다.
ㄱ. 갑신정변을 진압한 청의 영향력은 줄어들지 않았다.
ㄹ. 청일 전쟁은 동학농민운동 이후에 발생하였다.

257 정답 ②

1894년 동학 농민군이 설치한 농민적 자치 기관인 집강소에 대한 설명이다.
① 교정청은 같은 해 6월 6일 내정 개혁에 관한 정책 임안을 위해 설치한 임시 관청이다.
③ 군국기무처는 1차 갑오개혁을 주도했던 초정부적기구이다.
④ 통리기무아문은 강화도조약 이후에 설치된 기구로 국내외정세에 대응하기 위해 만들어졌다.

258 정답 ③

제시된 내용은 독립협회의 헌의 6조이다.
① 항일의병과 관계가 없다. 오히려 독립협회는 러시아의 간섭과 경제침탈에만 집중했을 뿐, 일본의 침략의도를 잘 파악하지 못하였다.
② 보안회의 활동이다.
④ 신민회의 활동이다.

※ 독립협회

구분	독립 협회(1896~1898)
정치	의회 설립을 통한 입헌군주제 지향
경제	탁지부로 재정 일원화
사회	만민공동회, 관민공동회 : 헌의 6조 결의
의의	자주적 근대화를 추구한 애국 단체
한계	황국협회가 공화제를 기도한다고 무고하여 해산

259 정답 ④

러시아의 절영도 조차요구를 철회시킨 독립협회 활동이다.
① 시전 상인들이 조직한 단체로, 상권 수호 운동을 전개하였다.
② 독립협회와 관련이 없다.
③ 국채보상운동을 지원한 곳은 대한매일신보이고, 이 신문은 신민회와 관련이 있다.
④ 종로에서 독립 협회 회원들이 주도한 만민공동회이다.

260 정답 ②

ㄴ. 군국기무처 : 1차 갑오개혁 추진 기구이다.(1894년)
ㄷ. 홍범14조 : 2차 갑오개혁의 내용이다.(1894년)
ㄱ. 태양력, 건양 : 을미개혁의 내용이다.(1895년)

261 　　　　　　　　　　　정답 ④

독립협회가 관민공동회에서 결의한 헌의6조 내용이다.
① 보안회
② 광무개혁
③ 대한자강회(대한매일신보가 후원)

262 　　　　　　　　　　　정답 ②

신민회에 대한 설명이다.

※ 신민회 활동
- 비밀결사 단체(안창호, 이승훈, 양기탁)
- 공화정(신국) 수립 목표
- 실력양성운동 + 무장독립투쟁
- 교육사업 : 대성학교, 오산학교
- 민족자본육성 : 자기회사, 태극서관
- 해외 독립군 기지 건설 : 만주 삼원보(이회영)
- 일제의 '105인 사건' 날조로 해산
① 보안회 : 일제의 황무지개간권 요구 저지
③ 대한자강회 : 헌정연구회의 뒤를 이은 단체로 고종황제 강제퇴위 반대운동을 전개
④ 대한 광복회 : 대구에서 결성된 한국의 항일독립운동 단체로 국권회복과 공화정치 실현을 추구(대한 광복회는 심화내용으로 출제가능성 낮음)

263 　　　　　　　　　　　정답 ②

㉠ 과거제도와 신분제 폐지 : 1차 갑오개혁(군국기무처 주도)
㉡ 친위대와 진위대 설치 : 을미개혁(갑오개혁 때 군사개혁이 소홀했다는 지적을 무마하기 위한 목적으로 친위대와 진위대를 설치, 하지만 여전히 소홀)
㉢ 전국을 23부로 개편 : 2차 갑오개혁(홍범 14조에 의거)
㉣ 지계 발급 : 광무개혁

※ 흐름 파악
1894년 동학농민운동 / 청일전쟁 / **갑오개혁**
⇩
청일전쟁 : 일본승리 → 시모노세키조약(요동반도)
⇩
삼국간섭(러, 프, 독) → 요동반도 할양 무마
⇩
친러내각 수립 → 을미사변 → **을미개혁**
⇩
아관파천 → 이권침탈 → 독립협회의 환궁요구
⇩
고종 환궁 → 대한제국선포 → **광무개혁**

264 　　　　　　　　　　　정답 ④

전쟁의 규모가 확대되었던 정미의병이다.(이 문제는 표를 분석하지 않아도 풀이가능)

①②③은 정미의병과 관련된 내용이다.
④는 을사의병 관련 내용이다.
(최초의 평민출신 의병장 신돌석)

265 　　　　　　　　　　　정답 ②

위정척사운동
② (개화파의 주장)

266 　　　　　　　　　　　정답 ③

'나'는 북만주 하얼빈에서 초대 통감이었던 이토 히로부미를 처단한 안중근 의사이다.
그는 의거 이후 스스로를 의병 중장으로 칭하며 국제 공법에 의해 처벌해 줄 것을 희망하였다.
① 이완용 저격 : 이재명
② 스티븐스 저격 : 전명운, 장인환
④ 13도 창의군 총대장으로 활약 : 이인영

※ 안중근
한말의 독립운동가로 삼흥학교를 세우는 등 인재 양성에 힘썼으며, 만주 하얼빈에서 침략의 원흉 이토 히로부미를 사살하고 사형되었다. 의거 이후 스스로를 의병 중장이라 칭하며 국제 공법에 의해 처벌해 줄 것을 요구하였다. 사후 건국훈장 대한민국장이 추서되었다.
- 생애 : 1879~1910년
- 주된 활동 : 독립군 활동, 이토 히로부미 사살, 옥중에서 '동양평화론' 집필
- 관련 지역 : 북만주 하얼빈(이토 히로부미 암살)

267 　　　　　　　　　　　정답 ④

청 상인이 조선의 양화진과 한성에 들어가 : 청 상인의 내지통상권이 인정되고 있다.
따라서 임오군란 결과 체결한 조청상민수륙무역장정의 내용이고, 이로 인해 청일 양국 상인의 각축전이 심화되었다.
① 강화도 조약 이후 체결된 조일 무역규칙(통상장정)
② 황국 협회는 대한제국의 보수 관료들이 독립협회를 견제하기 위해 1898년 보부상을 내세워 조직한 어용단체이다.
③ 강화도 조약 이후 일본상인이 상권을 장악하였다.

268 　　　　　　　　　　　정답 ④

㉠ 기유각서(1909)
㉡ 제1차 한일협약(1904)
㉢ 제2차 한일협약(을사늑약, 1905)
㉣ 한일의정서(1904)

※ 국권 피탈 과정

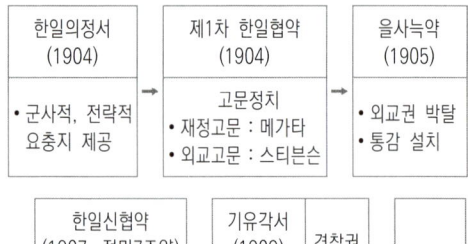

269　정답 ④

① 한일의정서를 통해 우리는 일본에게 군사적 요충지를 제공하게 되었다. 통감부는 제2차 한일협약(일사늑약) 체결 이후 설치된 기구로 외교 업무를 전담하였다.
② 한일신협약을 통해 일본인 관리(차관)가 임명되었다.
③ 을사늑약(1905) 체결로 외교권을 박탈당한 대한제국은 1909년 청과 일본이 맺은 간도협약을 통해 간도지역에 대한 영유권을 잃게 되었다.
④ 제1차 한일협약 결과 고문정치가 시행되어 재정고문인 일본인 메가타와 외교고문인 미국인 스티븐스가 파견되었다.

270　정답 ③

1899년 최초의 전차가 서대문에서 청량리 구간을 운행하였다.
① 1899년 개통된 최초의 철도는 경인선이다.
② 박문국에서 발행된 최초의 신문인 한성순보는 열흘에 한번씩 간행되었다.
④ 원산학사는 원산 덕원리 주민들이 세운 최초의 근대적 사립 교육기관이다.

CHAPTER 05　일제의 강점과 민족 운동의 전개

일제강점기(독립운동사)

271　정답 ④

기한부 신고제로 이루어졌던 토지조사사업으로 1910년대의 식민통치정책이었다.
① 지주의 소유권은 인정하였다.
② 근대적 소유권 제도 확립보다는 일제의 토지약탈이 목적이었다.
③ 동양척식주식회사가 먼저 설립되었다.

272　정답 ③

1910년대 토지조사사업 결과 1919년 총독부의 수입은 1911년 수입의 두배로 증가하였다.

273　정답 ③

1910년대 문화통치기에 대한 내용이다.
ㄱ. 조선태형령,
ㄹ. 헌병경찰제)
ㄴ. 치안유지법(1920년대 주로 사회주의자 탄압목적으로 제정)
ㄷ. 토지조사사업은 1910년대 내용이 맞지만, 이로 인해 소작인의 경작권은 인정되지 않았다.

274　정답 ①

1910년대 무단통치기(헌병경찰통치기)에 시행되었던 조선태형령이다.
② 보통 경찰제 : 1920년대
③ 치안 유지법 : 1920년대
④ 언론, 출판, 집회, 결사의 자유를 일부 허용 : 1920년대

275　정답 ①

민족 말살 정책이 시행되었던 1940년대 상황이다.
① 1940년부터 창씨개명이 강요되었다.
②③ 1920년대 상황이다.
④ 1908년 동양척식주식회사를 설립한 이후, 일본인의 농업 이민을 적극 장려하였다.

276　정답 ④

④ 물산장려운동은 1920년대 일어난 실력양성운동이다.
①②③은 모두 1910년대의 일이다.

277　정답 ④

1919년 발생한 3·1운동에 대한 설명이다. 전 민족적으로 일어난 3.1운동의 영향으로 대한민국 임시정부가 탄생하였다.
① 1925년 제정된 치안유지법에 의해 많은 독립운동가들(특히 사회주의자들)이 탄압받았다.
② 좌우합작운동은 해방이후인 1946년 이루어졌다. 강점기인 1920년대에도 민족유일당운동이라는 명칭의 좌우합작운동이 전개되었다.
③ 1926년 일어난 6.10만세운동에 대한 설명이다.

278 정답 ③

제시된 내용은 대한민국임시정부 헌장 선포문이다. 단, 이 문제는 보기의 내용을 모르더라도 지문을 통해 대한민국 임시정부에 대한 설명인 것을 알 수 있다.
③ 임정 산하 부대는 한국 광복군이다.
①②④ 임정에 대한 설명이다.

279 정답 ②

3·1운동은 종교계와 학생이 주축이 되어 추진되었다. 3·1운동은 대한민국 임시정부를 수립하는 계기가 되었다.(3·1운동 이후, 임정 수립)

280 정답 ②

대한민국 임시정부와 대한민국의 지도부를 구분하는 문제이다.
- 대한민국 임시정부의 초대 대통령 이승만, 국무총리 이동휘
- 대한민국의 초대 대통령 이승만, 부통령 이시영

281 정답 ①

② 3.1운동은 임시정부 수립의 계기가 됨.
③ 조선 혁명군은 임시정부와 노선이 다름
④ 의열단(김원봉이 조직, 무정부주의), 한인애국단(김구가 조직, 임정산하기구)

282 정답 ③

1930년대에는 양세봉의 조선혁명군과 지청천의 한국독립군이 한중연합작전을 전개하였다.
① 1920년대 활동 : 저항과 시련
② 1920년대 청산리 대첩에 대한 설명
④ 1940년대 활동 : 한국광복군 활동

283 정답 ②

'연합군과의 작전, 조국을 탈환하는 결정적 시기가 온 것, 조국으로 가는 것' 등의 표현을 통해 한국광복군의 국내진공작전에 대한 내용임을 알 수 있다.
② 조선의용대 일부가 한국광복군으로 편입되었다.
  (조선의용군은 북한인민군의 전신이다.)

284 정답 ①

윤봉길 의거 이후, 중국국민당 정부의 지원이 강화되었고, 이는 한국광복군 탄생의 계기가 되었다.

285 정답 ④

- 연합국과의 작전 : 한국광복군의 대일·대독 선전포고, 영국과 공동전선, 미국OSS와 합동훈련
- 분명히 조국으로 가는 것이 아닌가 : 한국광복군의 국내진공작전
⇨ 밑줄 친 우리부대는 한국광복군이다.
① 중국 공산군과 연합작전 : 조선의용대 화북지대
② 중국 의용군과 연합작전 : 조선혁명군(양세봉)
③ 중국 관내 최초 한국인 군사조직 : 조선의용대

286 정답 ④

1919년 3·1운동이후 국외무장독립투쟁 활발
⇩
1920년 **봉오동 전투**(홍범도) / **청산리 전투**(김좌진)
⇩
시련 : **간도 학살(경신참변)**
⇩
대한독립군단 결성 / 소련령 자유시로 이동
⇩
시련 : **자유시참변**
⇩
3부 결성(참의부, 정의부, 신민부) / 3부 통합운동

287 정답 ③

- 폭력·암살·파괴·폭동을 통한 요인암살과 시설파괴를 목적으로 한 단체 : 의열단
- 제시된 보기는 의열단의 활동목표를 나타내고 있는 조선혁명선언(신채호 작성)이다.
③ 이봉창, 윤봉길 의거는 한인애국단의 활동이다.

288 정답 ②

ⓒ 1910년대 : 서간도 지역에 신민회(이회영 일가)가 설치한 무장독립 기지
ⓒ 1920년대 : 저항과 시련
ⓔ 1930년대 : 한중연합작전
㉠ 1940년대 : 한국광복군 활동

289 정답 ②

한인애국단의 윤봉길 의거에 대한 내용이다. 이로 인해 중국 국민당 정부의 지원약속을 받게 되었고, 이는 한국광복군 창설의 계기가 되었다.

290 정답 ③
임시정부 직할부대는 육군주만 참의부 이다. 3부는 각각 민정기관과 군정 기관을 두고 활동했으며 이후 3부 통합운동을 전개하였다.

291 정답 ②
- 1920년대 의열 투쟁 : 의열단
  (김익상, 김상옥, 나석주, 김지섭 등)
- 1930년대 의열 투쟁 : 한인애국단
  (이봉창, 윤봉길)

292 정답 ①
제시된 내용은 신간회의 강령이다.
① 신간회는 6.10만세운동 이후 조직되었다.(6.10만세운동이 신간회 창설에 영향을 줌)
② 신간회 결성의 결정적 계기는 정우회 선언이었다.
③ 신간회는 자치운동을 기회주의라고 비판하였다.
④ 신간회 주요활동 : 원산노동자 총파업 지원, 광주학생항일운동 진상조사단 파견

293 정답 ④
- 한국통사 : 민족주의 사학자인 박은식의 저서로, 이 책에서 그는 국혼(정신)을 강조하였다.
- 조선사 : 조선의 정체성과 타율성을 강조하여 식민통치를 효율적으로 하고자 했던 친일사관으로 작성되었다.
④ 박은식은 '국혼'을 강조하였다.
  (정인보는 우리 민족의 '얼'을 강조)

294 정답 ③
모두 이상설에 대한 설명이다.
(이준은 헤이그 특사로 갔다가 회의장에 진입조차 하지 못한 울분을 토로하며 자결하였다.)

295 정답 ①
어린이날은 천도교(천도교 소년회, 방정환)에서 주도하였다.

296 정답 ②
강점기 노동운동은 1920년대 생존권 투쟁에서 1930년대 반제·항일 민족 운동으로 성격이 변하였다.

297 정답 ②
(가)는 물산장려운동을 주도한 조선물산장려회,
(나)는 민립대학설립운동을 주도한 조선민립대학설립기성회 이다.
① 사회주의계는 물산장려운동이 자본가만을 위한 운동이라고 비판했다.
③ 민립대학설립운동은 1923년, 신간회는 1926년 이후 결성된 단체(신간회의 대표적 활동은 '원산노동자 총파업 후원'과 '광주학생항일운동 진상조사단 파견'이다.)
④ 민립대학 설립운동을 무마하기 위해서 일제는 경성제국대학을 설립하였다.(선후관계 파악)

298 정답 ④
봉오동 전투와 청산리 전투는 간도(북간도) 지역에서 일어난 항일 무장 투쟁이다.
일본은 간도 협약으로 이 영토를 청에 넘겨주었다.
① 일본에서 일어난 일이다.
② 연해주 지역에서 일어난 일이다.
③ 독도에 대한 설명이다.
④ 간도에 대한 설명이다.

299 정답 ②
천주교에 대한 설명이다. (개신교는 신사 참배 거부로 큰 탄압을 받음)

300 정답 ③
백남운은 조선사회경제사학을 통하여 식민사관인 정체성론을 반박했다.
①④ 박은식에 대한 설명이다.
② 신채호에 대한 설명이다.

CHAPTER 06 대한민국의 발전과 현대 세계의 변화

현대사

301 정답 ①
제시된 사료는 김구의 '삼천만 동포에게 읍고함'이다.
그는 유엔소총회에서 결정된 남한만의 단독선거에 반대하여 김규식과 함께 남북 협상을 추진하였다.
② 한국민주당, 미군정에 적극참여 : 송진우에 대한 설명이다.(김구는 미군정과 대립하였다.)
③ 독립촉성중앙협의회 : 이승만에 대한 설명이다.
④ 조선건국준비위원회 : 여운형과 안재홍에 대하나 설명이다.

※ 흐름 파악
1, 2차 미소공동위원회 결렬
⇩
UN에서 남북한 총선거 추진 → 소련반대
⇩
UN소총회에서 남한만의 단독선거 결정
⇩
남한만의 단독선거에 대한 반말
- **남북협상(남북지도자연석회의)** : 김구, 김규식
- 제주 4·3사건
- 여수·순천 10·19사건

302 정답 ①

㉠ 모스크바3상회의 : 최대5년 간 신탁통치결정, 미소공동위원회 추진
⇩
1, 2차 미소공동위원회 결렬
⇩
㉡ 남한만의 단독선거
⇩
제헌국회 구성 → 헌법제정 → 이승만 대통령 선출 → 대한민국정부수립
⇩
㉢ 반민족 행위 처벌법 : 이승만의 방해로 무산
㉣ 6·25전쟁 : 북한의 남침

303 정답 ③

제시된 사료는 김구의 '삼천만 동포에게 고함'이다. 그는 남한만의 단독선거에 반대하면서 남북협상을 추진하였다.
⇨ 김구를 비롯한 임정(우익)계열은 신탁통치에 대해 반대하였다.(신탁통치를 결의한 모3회의에 반박)
① 이승만과 함께 단독정부 수립 반대(X, 이승만은 난녹성부 수립 주장), 남북협상 : 김구, 김규식
② 건준 : 여운형, 안재홍
③ 김구의 임정세력을 비롯한 우익 : 모스크바 3상회의 성명 반박, 신탁통치반대운동 주도(반탁운동)
④ 김구는 5·10총선에 불참

304 정답 ②

- 카이로 회의, 얄타회담, **포츠담 선언** : 해방 이전 활동
- **건국준비위원회 활동**을 기점으로 시기 분석 : 해방 직후 건준 조직
- 해방 이후 활동 : 모스크바 3국외상회의 → 1차 미소공위 → **정읍발언**, 좌우합작운동 → 2차 미소공위 → UN총회 결렬 → UN소총회(남한 단독 선거 결정) → **제주 4·3사건** → 남북협상 → 5·10총선 → 7.17헌법제정 → 대한민국건국

305 정답 ②

모스크바 3상 회의는 미국, 영국, 소련 3국의 외상들이 모여 한반도 문제를 논의한 회의였다.
이 회의에서 임시정부 수립, 최대 5년간의 신탁통치, 미소공동위원회 개최 등을 합의하였다.
① 김구, 이승만 모두 반탁
③ 미소공동위원회 결렬 이후 UN소총회 결정 사항,
④ 미국이 신탁통치 주장

306 정답 ①

제시된 법은 해방이후 제헌국회에서 제정한 반민족행위처벌특별법(반민법)이다.
그러나 국회의원의 추천으로 결성된 반민특위는 이승만 정부의 소극적 대처와 친일세력의 방해로 그 역할을 다하지 못한채 해산되고 말았다. (1948년 9월~1949년 9월)
① 남한 단독 선거에 반대한 남한 내 공산주의자들에 의해 일어난 선거 반대 운동과 그 과정에서 일어난 민간인 학살이 제주 4.3사건이다. 따라서 제주 4.3사건의 계기는 유엔소총회의 남한단독선거 결정이다.

307 정답 ④

① 건국 강령은 1940년대 충칭에서 제정 : 삼균주의(정치, 경제, 교육의 균등-조소앙)
② 대한민국 정부수입 이후 북한 정부 수립
③ 남북협상은 5.10총선 시행 이전에 시행
④ 반민특위활동은 제헌국회의 활동이다.
 (1948년 9월~1949년 9월)

308 정답 ④

(가) : 이승만의 정읍발언(1, 2차 미소공위 사이에 발생)
(나) : 김구의 삼천만동포에게 읍고함(1948.2)
(가)와 (나) 사이에 들어갈 사건은 제2차 미소 공동위원회 결렬이다.

※ 해방 정국
카이로 회담 → 얄타 회담 → 포츠담 선언
→ 광복 → 건국준비위원회 활동(조선인민공화국 선포)
→ 미 군정체제(조선인민공화국 부정)
→ 모스크바 3국 외상회의
→ 제1차 미소 공동위원회
→ **이승만의 정읍발언** → 좌우합작운동
→ 제2차 미소 공동위원회 결렬
→ 유엔총회에서 남북총선거 결정 → 실패 → 유엔소총회에서 남한단독선거 결정
→ **김구, 김규식의 남북협상(이전에 김구의 삼천만동포에게 읍고함)**
→ 5.10총선 → 제헌국회 결성 → 대한민국 정부수립

309 정답 ②

이 단체는 건국준비위원회이다.
여운형, 안재홍 등이 주도한 건준은 치안대를 조직하는 등 해방정국을 안정시켰고, 조선인민공화국을 선포하였다.
① 김성수, 송진우 등은 동아일보 사장을 역임하였고, 한국민주당을 창당하였다.
③ 건준이 선포한 국가명은 조선인민공화국이다.
(조선민주주의인민공화국은 북한이다.)
④ 건준은 중도 좌파 세력인 여운형이 주도하였다.

310 정답 ④

① 이승만은 정읍 발언을 통해 남한 단독 정부 수립을 언급했고, 이는 곳 분단을 의미했다.
② 좌우익 모두 반탁운동을 추진했으나, 좌익은 소련의 사주를 받아 찬탁으로 돌아섰다.
③ 미국은 건준과 조선인민공화국, 임시정부 모두를 인정하지 않았다.

311 정답 ③

6.25전쟁의 전개 과정은
㉠ 애치슨 선언 → ㉢ 인천 상륙 작전 → ㉡ 중국군 참전 → ㉣ 정전 회담 개시 이다.

※ 6·25전쟁의 전개 과정

일시	주요 내용	일시	주요 내용
1949년 6월 30일	주한 미군 철수	1951년 1월 4일	서울 재함락
1950년 1월 10일	애치슨라인발표	2월 11일	거창 양민 학살 사건
6월 25일	한국전쟁 발발 (북한의 남침)	6월 30일	UN군 총사령관, 북한 측에 정전회담 제의
6월 28일	북한군서울점령, 한강인도교 폭파	7월 10일	휴전 회담 본회의가 개성에서 시작
7월 1일	UN 지상군 부산 상륙	1952년 5월 7일	거제도 공산 포로 폭동 발생
7월 16일	한국 작전지휘권 UN 총사령관에 위임	6월 22일	UN기, 수풍 발전소 폭격
9월 15일	UN군 인천 상륙 작전 감행	1953년 1월	미 대통령 선거 아이젠하워 당선
9월 28일	서울 수복	1953년 3월	스탈린 사망
10월 1일	국군, 38도선 돌파	1953년 6월 8일	포로 교환 협정 조인
10월 10일	국군, 평양 탈환	6월 18일	반공포로 석방사건
1950년 10월 25일	중국 인민지원국 전쟁 개입	7월 27일	판문점에서 휴전 협정 조인

312 정답 ③

이승만 정부는 반공과 북진통일론을 내세웠다.
이러한 정책을 바탕으로 휴전 협정 체결에 반대하였고, 반공 포로를 석방하여 미국과 북한의 반발을 샀다.

313 정답 ④

① 국제연합(UN)은 2차 세계대전 중 연합국이 전후 국제 평화와 안전을 유지하기 위한 목적으로 설립된 국제기구이다.
② 이승만의 독단적 정치로 인해 내부에서 반발이 많았다. 이러한 상황에서 일어난 6·25전쟁은 반공을 국시로 삼았던 이승만 정권을 뒷받침해주게 되었다.
③ 국가보안법은 이승만정권이 좌익세력 탄압을 위해 1948년 제정하였다.
④ 휴전 협정 서명 : 유엔군 사령관 클라크, 북한군 사령관 김일성, 중공군 사령관 펑더화이
(대한민국 대표는 최후까지 휴전에 반대한다는 의미에서 휴전협정서에 서명 거부-이승만 정부의 북진통일론)

314 정답 ③

광복(1945.8.15)
→ ㄱ. 모스크바 3상회의
→ ㄷ. 유엔 소총회에서 남한 단독 선거 결정 → 총선
⇩
대한민국 정부 수립(1948.8.15)
→ ㄴ. 반민족행위처벌법(반민특위 활동)
→ ㄹ. 6·25전쟁

315 정답 ①

① 발췌 개헌은 대통령 선거를 간선제에서 직선제로 바꾸는 개헌이었다.(이승만 정부)
② 유신 체제(박정희 정부)에 대한 설명이다.
③ 장면 내각에 대한 설명이다.
④ 사사오입 개헌(이승만 정부)에 대한 설명이다.

316 정답 ③

1960년대(박정희 정부)에는 베트남 파병을 통해 베트남 전쟁 특수를 누렸고, 브라운 각서 체결을 통해 자금, 기술, 군 현대화 지원을 약속받았다. 또한 한일 협정으로 한일국교 정상화가 이루어 졌고 이때 차관이 도입되었다.
① 1970년대 상황이다.
② 1950년대 상황이다.
④ 1970년대 상황이다.

317 정답 ④

긴급 조치 제1호는 1972년 박정희 정부의 유신체제가 마련된 후, 반대자를 처벌하기 위하여 제정된 법이다.
④ 유신헌법에서는 통일주체국민회의에서 대통령을 선출하도록 되어 있다. 국회의원의 간접선거로 대통령을 선출한 시기는 초대 대통령 선거였다.
①②③은 모두 유신 헌법에 대한 설명이다.

※ 대한민국의 개헌

구분	개헌	계기	내용
이승만 정부 (제1공화국)	제헌헌법 (1948)	국회에서 간접 선거	대통령 간선제, 단원제 국회
	1차 개헌 (1952)	발췌 개헌	대통령 직선제, 양원제 국회
	2차 개헌 (1954)	사사오입개헌	초대 대통령 중임제한 철폐
장면 내각 (제2공화국)	3차 개헌 (1960. 6)	3·15부정선거 4·19혁명	의원내각제, 양원제 국회
	4차 개헌 (1960.11)		부정선거자, 반민족행위자 처벌
박정희 정부 (제3공화국)	5차 개헌 (1962)	5·16쿠데타	대통령 직선제, 단원제 국회
	6차 개헌 (1969)	장기집권야욕	대통령 3선 연임 허용
박정희 정부 (제4공화국)	7차 개헌 (1972)	10월 유신	• 대통령간선제 (통일주체국민회의) • 대통령 권한 강화 (긴급조치, 국회해산권)
전두환 정부 (제5공화국)	8차 개헌 (1980)	10·26사태	대통령 간선제, 7년 단임제
노태우 정부 (제6공화국)	9차 개헌 (1987)	6월 민주항쟁	대통령 직선제, 5년 단임제

318 정답 ②

반민족행위처벌법은 정부수립이후 제정(1948년)되었으나 이승만 정부의 소극적 자세로 인해 제대로 추진되지 못하였다.
① 이승만 독재에 대한 반발로 권력을 분산시키는 내각책임제와 양원제 의회를 출범시켰다.
③ 4·19혁명 이후, 3·15부정선거를 일으킨 자유당 등의 부정축재에 대한 처벌 요구가 높아졌다.
④ 반공과 북진통일론을 주장했던 이승만 정부가 물러난 뒤, 학생들을 중심으로 평화통일론이 활발하게 일어났다.

319 정답 ②

전두환 정부의 마지막해인 1987년에 일어난 사건들이다. 6·10민주항쟁(1987)은 간선제로 대통령이 된 전두환에 대한 반발로 직선제를 요구하면서 일어났다.
① 국가보위 비상대책위원회 : 유신정권 붕괴 후 등장한 신군부의 통치기관(전두환)
③ 계엄령, 정치활동 정지 : 5·16쿠데타(박정희)
④ 중임제한 철폐, 간선제 : 유신체제(박정희)

320 정답 ④

대중 우민화 정책의 일환으로 추진된 3S정책은 전두환 정부의 정책이므로 ㄷ에 들어갈 내용이다.

321 정답 ③

- 발췌개헌(부산정치파동 이후) : 직선제 개헌
- 사사오입 개헌 : 초대 대통령 중임 제한 철폐
- 3.15부정선거 : 정.부통령 선거 승리 목적 부정선거 자행

322 정답 ④

4.19혁명 이후, 허정 과도내각이 형성되었고, 내각 책임제와 양원제를 골자로 하는 헌법이 개정되어, 장면 내각이 출범되었다.
① 5·10 총선거가 남한에서 실시되어 제헌의회가 구성되었다.
② 농지개혁이 실시되어 농민들은 자작농으로 발전하게 되었다.
③ 혁명 이후 남북통일 문제에 대한 논의가 전혀 이루어지지 않았다.

323 정답 ④

신군부 퇴진을 요구한 5·18 민주화 운동과 관련된 궐기문이다.
① 4·13 호헌 조치로 6월 민주 항쟁이 일어났다.
② 6월 민주 항쟁 도중 있었던 사건이다.
③ 박정희 정부 시기의 사회 운동이다.

324 정답 ④

'자유를 억압하는 긴급조치 철폐 요구'라는 문구를 통해 1972년 시작된 유신체제에 대해 반대하는 글임을 알 수 있다.
이 시기에는 유신 헌법이 제정되어 통일 주체 국민회의에서 대통령을 선출하였다.
① 박정희 정부의 1960년대 상황이다.

② 이승만 정부의 상황이다.
③ 전두환 정부의 상황이다.

325 정답 ④

1980년대(전두환정부)에는 3저 호황으로 인해 경제 부흥을 누렸다.
① 1950년대(이승만정부) : 원조경제에 의존, 삼백산업
② 1960년대(박정희정부) : 수출주도형 산업 육성(경공업 중심), 개발자금마련 목적(한일협정, 베트남 파병)
③ 1970년대(박정희 정부) : 수출주도형 산업 육성(중화학공업), 경부고속도로 개통, 새마을 운동, 전태일 분신)

326 정답 ①

새마을 운동은 1970년대 시행되었고, 당시 산업화·도시화로 인해 도시와 농촌 간 격차는 더욱 심화되었다.

327 정답 ③

1972년 박정희 정부에서 발표한 7·4남북공동성명에 대한 후속 조치로 남북 조절 위원회 설치를 합의하였다.

※ 남북기본합의서
- 시기 : 노태우 정부 시기 추진
- 배경 : 남북한 UN동시 가입
- 내용 : 상호 체제 인정 및 불가침, 남북연락사무소 설치

328 정답 ①

노태우 정부에서 발표한 남북 기본 합의서
② 7·4남북 공동 성명(박정희 정부) : 자주·평화·민족대단결의 통링 3원칙 확립, 남북 조절위원회 설치
③ 한민족 공동체 통일방안(노태우 정부) : 자주·평화·민주
④ 6·15남북 공동 선언(김대중 정부) : 남측의 연합제와 북측의 낮은 단계 연방제의 공통성을 인정

329 정답 ①

제시된 사료는 7·4 남북 공동 성명(박정희 정부) 이다.
- '자주, 평화, 민족적 대단결' 이라는 통일의 3원칙 합의
- 남북조절위원회 설치
② 6·15 남북공동선언(김대중 정부)
　　• 최초의 남북 정상회담 결과
　　• 남측의 연합 제안과 북측의 낮은 단계의 연방제안이 서로 공통점이 있다고 인정
③ 한반도 비핵화 선언(노태우 정부)
　　• 남북기본합의서 채택 후, 한반도 비핵화 선언
④ 남북경제협력추진위원회 합의(김대중 정부)
　　• 경의선 및 동해선 철도 연결

330 정답 ③

2000년 정상회담 이후 발표된 6·15 남부공동선언의 내용이다.(남북 통일 방안의 공통점 인정)

PART III 상식

CHAPTER 01 인문

01   정답 ①

연동형 비례대표제는 정당의 득표율에 연동해 의석을 배정하는 방식이다. 연동형 비례대표제는 '혼합형 비례대표'로도 불리는데, 이를 택하고 있는 대표적 국가로는 독일, 뉴질랜드 등이 있다.
② 석패율제 : 선거 제도 중 하나로, 소선거구제 선거의 지역구에서 아깝게 당선되지 못한 후보를 비례대표로 당선될 수 있게 하는 제도이다.
③ 공영선거제 : 선거운동의 자유방임에서 오는 폐단을 방지하기 위해서 선거를 국가 또는 지방자치단체가 관리하는 제도이다.
④ 대선거구제 : 하나의 선거구에서 2명 이상의 당선자를 선출하는 선거 제도이다. 하나의 선거구에서 1명의 당선자를 선출하는 소선거구제에 대응하는 말로, 이 중에서도 한 선거구에서 2명 ~ 5명을 선출하는 것을 중선거구제라고도 한다.
⑤ 권역별 비례대표제 : 전국을 몇 개의 권역으로 나눈 뒤, 각 권역별로 비례대표제 선거를 치르는 것을 말한다.

02   정답 ⑤

① 그린피스(Greenpeace)는 핵실험 반대와 자연보호 운동을 목적으로 하는 환경단체이다.
② 그린라운드(Green Round)는 환경문제를 둘러싼 다자간의 협상으로, 합의된 환경기준을 만들고 이에 미달하는 무역상품에 대해서는 각종 제재 조치를 가한다.
③ 런던 협약(London Dumping Convention)은 폐기물이나 기타 물질의 해양투기로 인한 해양오염을 방지하기 위한 국제협약으로, 우리나라는 1992년 가입해 1994년부터 효력이 발생했다.
④ 더블린 조약(Dublin Regulation)은 유럽으로 유입되는 난민의 망명 처리 원칙을 규정한 조약으로, 1997년 발효됐다. 유럽으로 들어오는 난민은 처음 입국한 국가에서 망명 신청을 해야한다는 것이 이 조약의 핵심이다.

03   정답 ②

중산층 이상의 사람들이 도심 지역의 노후한 주택 등으로 유입되면서 주거비가 상승해 기존의 저소득층 주민(원주민)이 내몰리는 현상을 젠트리피케이션(gentrification)이라고 한다.
① 클로즈드 숍 : 어떤 직종·경영에서 근로자를 고용할 때, 노동조합원임을 고용조건으로 내세우는 제도
③ 유니언 숍 : 종업원이 입사하면 반드시 노조에 가입하고 탈퇴하면 회사가 해고토록 하는 제도
④ 호스피스 : 죽음을 앞둔 환자가 평안한 임종을 맞도록 위안을 베푸는 봉사활동
⑤ 코쿠닝 현상 : 청소년범죄, 이혼의 급증 등 전통적 가치체계가 상실된 현대에 가족의 소중함을 되찾고 이를 결속력으로 해소하려는 현상

04   정답 ④

④ 파노블리 효과 : 어떠한 상품의 사용을 통해 그 상품을 소비할 것으로 여겨지는 집단에 속한다는 환상을 갖게 되는 현상
① 풍선 효과 : 한 부분에서 문제를 해결하면 또 다른 부분에서 새로운 문제가 발생하는 현상
② 헤일로 효과 : 후광 효과라고도 함. 어떤 사람에 대한 인상이 다른 요소를 평가하는 데 있어 중요한 영향을 미치는 것
③ 핵티비즘 : 특정 정치·사회적 목적을 위한 해킹행위
⑤ 아폴로 신드롬 : 한 집단에 뛰어난 인재들이 많이 모였지만 오히려 집단 전체의 성과가 낮게 나타나는 현상

05   정답 ②

외교 행낭이란 본국 정부와 재외공관 사이에 문서를 주고받기 위해 사용되는 문서 발송 가방 혹은 주머니를 말한다. 영어로는 파우치(pouch)라고 한다. 암호 장치와 납봉을 한 후 발송하며, 접수하는 담당자는 암호 장치와 납봉의 훼손 여부를 살펴보고 나서 개봉하도록 되어 있다.
- 아타셰 : 외국공관장의 업무를 보조하거나 외국에 대한 정보수집을 위하여 대사관이나 공사관에 파견되는 전문 직원
- 블레어하우스 : 미국 정부가 백악관을 찾는 외국 정상에게 제공하는 공식 숙소
- 다우닝가 : 영국의 총리가 머무는 관저
- 죽의 장막 : 1949년 이래 중국의 대비공산권(對非共産圈) 여러 나라에 대한 배타적 정책을 가리키는 용어

06   정답 ③

- 공수처와 유사한 기능을 하는 기관으로는 홍콩의 염정공서(ICAC)와 싱가포르의 탐오조사국(CPIB) 등이 있다.
- 공수처는 행정안전부소속이며 대통령직속기관이다.

07   정답 ②

※ 대한민국의 주요 공직자 임기
감사원장 : 4년
지방자치단체장 : 4년
대법관 : 6년
국회의장 : 2년

08 정답 ①

게티즈버그는 미국 16대 대통령인 링컨의 연설이다. 민주주의의 정의를 나타내고 있으며, 민주정치의 실천 이념이 되었다.
- 노변담화 : 대공황과 제2차 세계대전이라는 위기 상황에서 루즈벨트 대통령이 국민과 나눈 허물없는 담화

09 정답 ①

② 아파르트헤이트 : 남아프리카공화국에서 제2차 세계대전 후 채용하여 1991년에 폐지될 때까지 실행되었던 백인 우위의 인종차별정책.
③ 발롱데세 : 여론의 동향을 탐색하기 위한 여론 관측 수단.
④ 레임덕 : 임기만료를 앞둔 공직자를 '절름발이 오리'에 비유한 말로, 정치 지도자의 집권 말기에 나타나는 지도력 공백 현상.
⑤ 게리맨더링 : 특정 정당이나 특정 후보에게 유리하도록 부당하고 기형적으로 선거구를 획정하는 것.

10 정답 ⑤

스트레이트 뉴스의 가장 중요한 특징은 객관성, 공정성 그리고 균형 있는 시각인데, 이는 흥미성을 강조하는 소프트 뉴스(연성뉴스)나, 어떤 사안에 대한 분석과 시각을 제공하는 사설, 논평과 달리 정보를 명확하게 제공하는 것이 목적이기 때문이다.

CHAPTER 02 경영 / 경제

11 정답 ④

④ 대체재는 바꾸어 사용해도 비슷한 효용을 얻을 수 있으므로 서로 대체될 수 있는 재화로 쌀과 빵, 소고기와 돼지고기처럼 한쪽의 수요가 증가하면 다른 쪽의 수요는 그만큼 소비가 감소하게 되는 관계를 나타낸다. 한편, 보완재는 따로 소비할 때보다 함께 소비할 때 효용이 커지는 재화로 커피와 설탕, 자동차와 휘발유처럼 한쪽의 수요가 증가하면 이에 비례하여 다른 쪽의 수요도 증가하게 되는 관계를 나타낸다. 대체재는 경쟁재, 보완재는 협동재라고도 한다.

12 정답 ⑤

'사소함의 법칙'은 금액이 사소한 것에 소비한 시간이 금액이 큰 것에 소비한 시간보다 월등히 많은 것을 말하는 것으로 파킨슨이 주장한 법칙이다. 이런 현상은 주부들이 콩나물 값을 깎는 데는 온갖 열정으로 시간을 투입하면서도 큰 소비재의 구입에는 시간적 배려를 하지 않고 서둘러 결정하는 것과 같은 현상을 말한다.

① 그레셤의 법칙 : '악화(惡貨)가 양화(良貨)를 구축(驅逐)한다'는 뜻으로, 가치가 낮은 것이 가치가 높은 것을 몰아냄을 말한다.
② 슈바베의 법칙 : 소득이 증가함에 따라 주거비의 지출은 증가하지만, 이것이 소비지출 중 차지하는 비중은 점차 작아진다는 법칙을 말한다.
③ 세이의 법칙 : 공급(생산)이 스스로 자신의 수요를 창출한다는 말로, 경제 전체의 총 공급이 필연적으로 동일한 양만큼의 총 수요를 만들어 낸다는, 총 수요와 총 공급 간 인과관계를 의미한다.
④ 그로슈의 법칙 : 컴퓨터의 성능은 그 크기 또는 규모의 자승에 비례한다는 법칙을 말한다.

13 정답 ②

어떤 재화의 용도 중 한 가지만 선택할 경우 포기한 용도에서 얻을 수 있는 이익의 평가액을 '기회비용', 생산물 한 단위를 추가로 생산할 때 필요한 총비용의 증가분을 '한계비용', 어떤 재화 소비량의 추가 단위분 혹은 증분으로부터 얻는 효용을 '한계효용', 자원배분의 가장 효율적인 상태를 '파레토 최적'이라 한다.

14 정답 ③

유행에 따라 상품을 구입하는 소비현상을 '밴드왜건(bandwagon)', 가격이 오르는 데도 일부 계층의 과시욕이나 허영심 등으로 인해 수요가 줄어들지 않는 현상을 '베블렌(veblen)', 특정 상품에 대한 소비가 증가하면 그에 대한 수요가 줄어드는 소비현상을 '스놉(snob)'이라 한다.

15 정답 ①

대가를 지불하고 재화나 서비스를 소비할 때 다른 사람이 그 재화나 서비스를 소비하는 것을 제한하는 속성을 '배제성'이라 하고 소비자가 늘어나면 기존 소비자의 소비량은 줄어드는 속성을 '경합성'이라 한다. 배제성과 경합성 모두 있는 ⊙은 사적 재화, 비경합성을 갖추고 있긴 하나 불완전하여 혼잡이 되는 ⓒ은 클럽재, 경합성은 있으나 배제성은 없는 ⓒ은 공유자원, 배재성과 경합성 모두 없는 ⓔ은 공공재이다.

16 정답 ③

가계 총지출액은
30,000 + 20,000 + 150,000 + 320,000 + 80,000 + 250,000 + 50,000 + 100,000 = 1,000,000원이다.
엥겔지수는 가계 총지출액에서 식료품비(150,000원)가 차지하는 비율을 나타낸다. 따라서, 15%이다.
슈바베지수는 가계 총지출액에서 주거비용(250,000 + 50,000 = 300,000원)이 차지하는 비율을 나타낸다.
따라서, 30%이다.

17 정답 ③

- 잠재적 실업 : 노동의 의사와 능력이 있으나 정상적인 취업 기회가 없어 생계유지를 위해 일시적으로 저소득·저생산의 직업에 취업하고 있는 상태
- 구조적 실업 : 경제구조의 변화에 따른 장기적·만성적 실업으로, 실업자의 규모가 크고 회복되더라도 해결되지 않는다는 특성이 있다.
- 기술적 실업 : 기술 진보로 인해 노동력에 대한 수요가 감소하며 발생하는 실업. 마르크스의 산업예비군과 가장 비슷하다.
- 자발적 실업 : 일할 의사가 있어 고용되기를 원하지만 현재의 임금수준이 낮다고 생각하여 스스로 일하고 있지 않는 상태에 있는 실업
- 마찰적 실업 : 새로운 일자리를 탐색하거나 이직을 하는 과정에서 일시적으로 발생하는 실업
- 경기적 실업 : 경기침체로 인해 유발되는 실업으로, 주로 불경기에 노동력에 대한 총수요의 부족으로 인해 발생

18 정답 ②

구상무역 : 求償 구할 (구) 갚다 (상) 구상 : 배상이나 대금을 요구하는 것
- 보호무역주의 : 자국 산업을 보호하려고 국가가 무역활동에 적극 개입하여 관세나 수입할당제 등을 통해 외국 상품의 국내 수입을 억제하는 것.
  EX) 트럼프 미국 대통령은 보호무역주의 수단으로써 외국산 수입 제품이 미국의 안보에 위협이 된다고 판단할 경우 수입을 제한하도록 한 무역 확장법 232조를 부활시켰다.
- 중개무역 : 수출국과 수입국 간의 거래 중간에 제 3국의 중개업자가 개입된 무역
cf) 중계무역 수출국으로부터 제3국이 물건을 사서 그대로 수입국에 재수출하는 형태의 무역
* 독립무역, 균형무역은 공식용어가 아니다.

19 정답 ②

이 경우 국내총생산은 모든 생산자가 얻은 수입의 합계 950만 원이 아니라 각 단계에서 새롭게 만들어진 가치의 합계, 즉 최종 생산물의 가치인 450만 원이다. 이는 이중 계산을 피하기 위한 것이다.

20 정답 ②

일반적으로 상품의 수요는 가격이 오를 때 줄어들고 가격이 내릴 때 늘어난다. 가격탄력성은 가격 변화에 수요가 얼마나 변하는지를 나타내는 비율이다. 가격탄력성이 1보다 큰 상품의 수요는 탄력적(elastic), 1보다 작으면 비탄력적(inelastic)이다.

CHAPTER 03 북한

21 정답 ②

2019년 노동신문 신년사에서 제창되었으며, 김정은 시대를 상징하는 새로운 담론으로 집중 부각되고 있음. '우리국가제일주의시대는 어떻게 탄생하였는가'라는 제목의 기사에서 김정은 동지의 현명한 영도에 의하여 공화국에 국력과 지위가 높아지고 있는 우리 국가 발전의 새로운 시대, 자존과 번영의 새 시대'라고 밝힘.
- 선군주의 : 군사를 앞세워 다스리는 정치로 김정일 통치 시기의 북한이 강성대국 설계의 2단계로 내놓은 정책
- 조선민족 제일주의 : 주민들의 사상무장을 강화하기 위해 민족적 우월성을 강조한 논리로 1986년 7월 김정일이 노동당 중앙위원회 책임일꾼들과 행한 담화「주체사상 교양에서 제기되는 몇 가지 문제에 대하여」에서 처음 등장했으며, 1989년 9월 북한의 어용학자들에 의해 수정·보완되어 "우리 민족 제일주의론"이라는 단행본으로 발행되었다.
- 김일성 제일주의, 유훈주의라는 공식적인 용어는 없다.
cf) 유훈통치 : 유훈(遺訓)의 본뜻은 세상을 떠난 사람이 생전에 남긴 훈계나 교훈이다. 북한에서는 김일성과 김정일이 사망한 이후 일정기간 동안 김정일과 김정은이 유훈통치를 하였다.

22 정답 ⑤

'만리마'는 하루에 10,000리를 달리는 말이다. 만리마 운동은 김정은 시대에 새롭게 등장한 노력 동원 구호이다.

23 정답 ④

최고지도자 및 가족들의 신변보호를 담당하는 역할은 호위사령부가 맡아서 한다. 보위국은 군 내의 모든 군사범죄활동에 대한 수사, 예심, 처형 등을 담당하며, 간첩과 반체제 활동 관련자를 색출, 처벌하는 역할을 하고 있다.

24 정답 ③

주어진 제시문은 정찰총국에 대한 설명이다.
- 국가안전보위부 : 우리의 국가정보원과 대비될 수 있지만, 북한의 국가안전보위부는 북한 특유의 체제 보위 임무를 수행하고 있다. 주로 간첩 및 반혁명분자 색출, 주민들의 사상적 동향 감시, 대남 정보업무 등을 담당하고 있다.
- 총정치국 : 북한은 노동당이 국가의 모든 것을 지배하는 당-국가체제이기 때문에 인민군도 노동당의 통제를 받는다. 북한은 군대를 통제하기 위한 노동당 기관을 당과 군대에 모두 두고 있다. 노동당에는 당중앙군사위원회를, 군대에는 총정치국을 두고 있는 것이다. 즉, 인민군

국정원 9급 All-Care

총정치국은 북한에서 노동당의 군 통제를 실질적으로 집행하는 군대 내의 당기관인 것이다.
- 총참모부 : 북한 무력의 전반을 총지휘하는 군 최고집행기관으로 육·해·공군의 군사작전 종합계획을 지휘·관리·통솔한다. 북한군에 대한 군령권을 갖고 있어 우리의 합동참모본부에 해당된다고 볼 수 있다. 북한의 군제는 통합군제와 유사하다.
- 조직지도부 : 노동당의 전문부서 중에서 핵심부서로 당 조직을 통제하고 당 조직들을 통해 국가기관의 전 행정과정을 지도/감독한다.

25 정답 ⑤

아메리카·아시아 지역은 우리나라 단독 수교가 타지역에 비해 월등히 많다.
아메리카지역은 미국 및 미국의 정치적 영향력이 크게 미치는 중남미국가들이 북한과의 수교에 특별한 이해가 걸려있지 않은 것과 아시아지역은 우리나라 단독 수교 국가들이 태평양제도 국가들이 대부분으로 국력이나 경제력이 크지 않아 북한과의 수교에 큰 이해관계가 없으며 북한 또한 이들 국가와의 수교에 특별한 이해관계가 없기 때문이다.

26 정답 ④

북한의 '보위국'은 군을 정치적으로 감시하는 기관이다. 군 내부의 방첩을 담당하는 점에서 우리나라의 '국군방첩사령부'에 해당한다.

27 정답 ⑤

① 북한 수도 : 평양
② 북한 국화 : 목란
③ 북한 국보 1호 : 평양성
④ 북한 경제노선 : 경제발전 5개년 계획(2021~2025)

28 정답 ①

국방위원회는 1972년 사회주의 헌법 채택 때 신설되었고 김정일의 군권 장악을 제도적으로 뒷받침하기 위해 1992년 헌법개정 때 최고 군사지도기관으로 승격되었다.
국무위원회는 중요정책을 심의하는 최고 정책 심의기관, 국가 관리 기관이다. 그리고 국가의 대표 직책은 국무위원장이다. 국무위원회에서 개최하는 회의는 국무회의라 하며, 내각의 상급 기관으로 국정 계획과 정부의 일반정책, 대내외정책을 비롯하여 사회주의 헌법에 명시된 조항을 심의하는 헌법상의 심의기관이기도 하다. 국무회의에는 정기국무회의와 임시국무회의가 있다.
최고인민회의 상임위원회는 최고인민회의의 휴회시 국가최고주권기관이며, 위원장은 헌법에 따른 명목상의 국가수반이다.

통일전선부는 정보기관으로 조선로동당에서 조선민주주의인민공화국의 적화통일을 추진하고 대남공작도 하는 부서이다.
선전선동부는 선전활동사업 총괄 지도, 사상교육 및 출판물 통제, 국내외 출판물 검열 등을 하는 조선로동당의 중앙위원회 비서국에 속하는 선전 선동 기관이다.

29 정답 ③

최고인민회의의 위원장은 김정은이 아닌 '최룡해'이다.

30 정답 ②

FFVD (Final, Fully Verified Denuclearization)는 북한 비핵화에 대한 미국의 해결 원칙으로, 최종적이고 완전히 검증된 비핵화를 뜻한다.
① PVID : 영구적이고 검증 가능하며 되돌릴 수 없는 대량살상무기(WMD) 폐기를 뜻하는 용어
③ CVID : 미국이 북한에 대해 유지하고 있는 완전하고 검증 가능하며 돌이킬 수 없는 비핵화 원칙
⑤ WMD : 대량살상무기

CHAPTER 04 법률

31 정답 ⑤

정보통신융합법 : '21.5.21에 개정된 해당 법안은 일부만 개정하는 것으로 ICT 규제 샌드박스 제도의 임시허가 유효기간이 만료되기 전에 관련 법령 정비가 완료되지 않은 경우, '법령 정비가 완료될 때까지 연장되는 것으로 간주'하고 관계기관의 장에게 관련 법령의 개정 의무를 부여하는 내용이 포함돼 있다.
자본시장법 : 자본시장의 금융혁신과 공정한 경쟁을 촉진하고 투자자를 보호하며 금융투자업을 건전하게 육성함으로써 자본시장의 공정성·신뢰성·효율성을 높여 국민경제 발전에 이바지하기 위하여 제정한 법률이다.
이해충돌방지법 : 공직자 '이해충돌방지법'이 최근 국회 본회의를 통과했는데, 주요 내용으로는 △공직자의 직무상 비밀 이용을 금지하고 △사적 이해관계가 있을 경우 신고와 회피·기피를 의무화하며 △직무수행의 공정성을 해치는 외부활동과 수의계약 체결을 제한하는 법률이다.
공직자윤리법 : 공직자 및 공직후보자의 재산등록, 등록재산 공개 및 재산형성과정 소명과 공직을 이용한 재산취득의 규제, 공직자의 선물신고 및 주식백지신탁, 퇴직공직자의 취업제한 등을 규정함으로써 공직자의 부정한 재산 증식을 방지하고, 공무집행의 공정성을 확보하여 국민에 대한 봉사자로서 가져야 할 공직자의 윤리를 확립함을 목적으로 하는 법률이다.

32 정답 ⑤

헌법재판소법 제3조(구성) 헌법재판소는 9명의 재판관으로 구성한다.
① 제7조 1항   ② 제12조 2항
③ 제6조 1항   ④ 제6조 1항

33 정답 ①

② 고발 : 범인 또는 피해자 이외의 제3자가 수사기관에 범죄사실을 신고하여 그 소추를 요구하는 의사표시. 고소와 달리 범인 및 고소권자 이외의 제3자는 누구든지 할 수 있다는 것이 특징이다.
⑤ 형소 : '형사 소송'을 줄여 이르는 말이다.

34 정답 ②

기소편의주의는 검사에게 기소·불기소의 재량의 여지를 인정하는 제도로, 이에 대응하는 것이 '기소하기에 충분한 객관적인 혐의가 있을 때는 반드시 기소를 해야만 한다'는 기소법정주의이다.

35 정답 ②

행위자의 주요한 목적이나 동기가 공공의 이익을 위한 것이라면 부수적으로 다른 사익적 목적이나 동기가 내포되어 있더라도 형법 제310조의 적용을 배제할 수 없다.

36 정답 ③

의문사진상규명위원회는 위법한 공권력의 직접·간접적인 행사로 인하여 희생된 의문사의 진상 규명을 위해 설립되었다. 의문사진상규명에 관한 특별법에 따라 2000년 10월 17일 출범해 2004년 6월 30일까지 활동한 대통령 소속의 한시적 기구이다.

37 정답 ④

권력분립제 : 국가의 권력이 한 개인이나 집단에 집중하지 않게 분립하는 제도.
다원주의 : 사회는 경쟁·갈등·협력 등에 의하여 민주주의적으로 운영된다고 보는 사상.

38 정답 ③

신의성실의 원칙은 민법상의 대 원칙이다.

39 정답 ④

어떤 사건이 유무죄가 가려지고 판결이 난 경우에 그 판결의 기판력의 효과를 존중하여 동일사건에 대하여 두 번 이상 공소의 제기를 허용하지 않는 원칙은 '일사부재리 원칙'이다.
- 일사부재의의 원칙 : 의회에서 한 번 부결된 안건은 같은 회기 내에 다시 제출할 수 없다는 원칙

40 정답 ⑤

국회 재적의원 과반수 찬성 또는 대통령 발의로 제안 → 대통령 공고 (20일 이상) → 헌법개정안 공고일부터 60일 이내 의결(재적의원 2/3 이상의 찬성) → 국회 의결일로부터 30일 이내 국민투표 부침 → 개정안 확정(국회의원 선거권자 과반수의 투표와 투표자의 과반수 찬성) → 대통령 즉시 공포

CHAPTER 05 공학

41 정답 ③

- 빈 어택 : 은행 또는 카드사의 고유 번호를 알아내어 해킹 프로그램을 통해 무작위로 카드번호를 생성한 후, 진짜 카드 번호를 골라내는 해킹 방식
- 핀테크 : Finance(금융)와 Technology(기술)의 합성어로, 금융과 IT의 융합을 통한 금융서비스 및 산업의 변화를 통칭
- 제로 데이 어택 : 특정 소프트웨어의 아직까지 공표되지 않은, 혹은 공표되었지만 아직까지 패치되지 않은 보안 취약점을 이용한 해킹의 통칭
- FDS(Fraud Detection System) : 결제자의 다양한 정보를 수집해 패턴을 만든 후 패턴과 다른 이상 결제를 잡아내고 결제 경로를 차단하는 보안 방식
- 스피어 피싱 : 특정한 개인들이나 회사를 대상으로 한 피싱 공격

42 정답 ①

제시문은 지렛대의 원리를 설명한 것으로, 크레인은 도르래의 원리를 활용한 것이다.

43 정답 ④

메타버스는 가상, 초월과 세계, 우주의 합성어로, 3차원 가상 세계를 뜻한다. 보다 구체적으로는 정치, 경제, 사회, 문화의 전반적 측면에서 현실과 비현실 모두 공존할 수 있는 생활형, 게임형, 가상세계라는 의미로 폭넓게 사용되고 있다.
① 가상현실(VR) : 컴퓨터로 만들어 놓은 가상의 세계에서 사람이 실제와 같은 체험을 할 수 있도록 하는 최첨단 기술을 말한다.

② 증강현실(AR) : 실세계에 3차원 가상물체를 겹쳐 보여주는 기술을 말한다.
③ 유비쿼터스 : '언제 어디에나 존재한다'는 뜻의 라틴어로, 사용자가 컴퓨터나 네트워크를 의식하지 않고 장소에 상관없이 자유롭게 네트워크에 접속할 수 있는 환경을 말한다.
⑤ 비트코인 : 지폐나 동전과 달리 물리적인 형태가 없는 온라인 가상화폐이다.

44   정답 ③

인간의 학습 능력과 같은 기능을 컴퓨터에서 실현하고자 하는 기술 및 기법을 머신 러닝이라고 한다.
① 현실 마이닝 : 휴대폰, GPS 등 휴대 기기를 통해 사람들의 이동경로, 통화내용, 접촉하는 사람들과 같은 정보를 파악하는 것을 말한다. 파악된 정보는 입력정보로 활용, 인간관계나 행동양태를 파악하는데 사용
② 데이터 마이닝 : 많은 데이터 가운데 숨겨져 있는 유용한 상관관계를 발견하여, 미래에 실행 가능한 정보를 추출해 내고 의사 결정에 이용하는 과정
④ 텍스트 마이닝 : 공개된 다양하고 풍부한 텍스트 정보에서 특정 주제와 관련한 부분을 뽑아 의미를 분석하고 사회 현상이나 여론의 경향 등 고품질의 정보를 도출하기 위한 방법
⑤ 오피니언 마이닝 : 웹사이트와 소셜미디어에서 특정 주제에 대한 여론이나 정보(댓글이나 게시글)를 수집, 분석해 평판을 도출하는 빅데이터 처리 기술

45   정답 ④

제시된 것은 액화 현상이다. ④ 빛의 굴절 현상

46   정답 ②

(가) bit, (나) 액티브X, (다) 제네릭

47   정답 ②

RFID는 Radio Frequency 즉, 무선 주파수(전파)를 이용한 기술이다.

48   정답 ③

A. (안드로이드) OS, B. (인트라)넷, C. (N)스크린, D. (클라우드)컴퓨팅

49   정답 ④

기계식 장치인 HDD 저장 장치를 대체하기 위해 반도체 소자를 이용해 정보를 저장하는 SSD(Solid State Disk 또는 Solid State Drive)에 대한 설명이다.

50   정답 ⑤

코드블루바이러스(Code Blue virus)는 중국 측 서버를 공격하는 바이러스다.

CHAPTER 06 국가정보학

51   정답 ④

정보의 질적 요건으로는 적실성(적합성), 적시성, 정확성, 완전성, 객관성 등을 들 수 있다. '완전성'은 정보가 그 자체로서 정책결정에 필요하고 가능한 모든 내용을 망라하고 있는가를 나타낸다.

52   정답 ⑤

국가정보원장은 대테러 활동에 필요한 정보나 자료를 수집하기 위하여 대테러 조사를 할 수 있다. 여기서 '대테러 조사'란 대테러 활동에 필요한 정보나 자료를 수집하기 위하여 현장조사·문서 열람·시료채취 등을 하거나 조사 대상자에게 자료제출 및 진술을 요구하는 활동을 말한다.

53   정답 ③

국가정보원의 인재상은 애국심·헌신, 책임감·전문지식, 정보감각·보안의식이다.

54   정답 ⑤

⑤ 국가정보원장의 예산편성 권한에 대해서는 명시되어 있지 않다.
① 제3조 1항
② 제3조 2항
③ 제3조 3항
④ 제4조

55   정답 ③

- 기본정보 : 과거의 사례를 총괄하여 서술적으로 망라형 정보를 제공해주는 것이며 과거의 사실이나 사건들에 대한 정적인 상태를 기술하여 놓은 정보.
- 판단정보 : 특정문제를 체계적이며 실증적으로 연구하여 미래에 있을 어떤 상태를 추리, 평가한 정보로서 미래에 대

한 예측과 판단을 가능케 하는 해주는 평가·판단형 정보.
- 현용정보 : 모든 대상의 동태를 현재의 시점에서 객관적으로 기술한 정보를 말한다. 정책담당자, 의사결정자에게 그 때 그 때의 동향을 알리기 위한 정보로서 가변성이 많으며 즉각적으로 사용되는 현재 사실인 점에서 긴급성을 갖는다.

56 정답 ⑤

data : 관찰된 사실, 가공되지 않은 사실.
intelligence : 정보에서 추론된 의미있는 결론. 가공된 지식.
information : 뚜렷한 목적에 의해 수집된 자료들.

57 정답 ①

영향 공작 : 외국정부의 정책에 직접적으로 영향을 미칠 수 있는 공작원들을 활용하여, 자국에 유리한 정책이 수립, 실행되도록 유도하는 것.

58 정답 ②

생물체나 엔진, 천체 등 발열이 있는 것은 무엇이든 적외선을 방출하므로 이것을 영상화하면 깜깜한 밤에도 촬영 가능하다.

59 정답 ④

모사드는 이스라엘의 대외 정보기관, MI6은 영국의 해외 정보 전담 정보기관, BND는 독일의 대외 정보기관, SVR은 러시아의 해외 정보기관이다. FBI는 범죄 수사와 미국 내의 정보 수집 업무를 담당하는 연방수사기관이다.

60 정답 ③

방공식별구역은 국제법상 주권을 가진 '영공'으로는 인정되지 않는다.

PART IV 모의고사

모의고사 1회

01 정답 ③

한자어끼리의 조합이라 해도 사이시옷을 적을 수 있는 것은 '곳간, 셋방, 숫자, 횟수, 찻간, 툇간'으로 총 여섯 개의 한자어에 해당한다.

02 정답 ③

'고르다'는 '르'가 모음 어미 앞에서 'ㄹㄹ'로 변하여 어간이 바뀌는 르불규칙 활용이 일어나는 용언이다. 따라서 '고르다'는 ㉠에 해당한다. ① 붓다 : ㅅ불규칙 ② 곱다 : ㅂ 불규칙 ④ 하다 : 여 불규칙 ⑤ 노랗다 : ㅎ 불규칙

03 정답 ④

'돌아서다'는 동사의 어간과 연결형 어미의 결합인 '돌아'와 동사 '서다'의 결합인 ㉠의 예이다. ① '덮밥'은 용언의 어간 '덮-'이 어미와 결합하지 않고 명사 '밥'과 결합하고 있으므로 ㉡의 예이다. ② '젊은이'는 형용사의 어간과 어미의 결합인 '젊은'이 명사 '이'와 결합한 ㉠의 예이다. ③ '논밭'은 명사 '논'과 명사 '밭'이 결합한 ㉠의 예이다. ⑤ '들어가다'는 동사의 어간과 연결형 어미의 결합인 '들어'와 동사가 결합한 ㉠의 예이다.

04 정답 ③

'설악[서락]'을 'Seorak'로 표기한 근거는 ㉡, ㉣이 적절하다.

05 정답 ⑤

'학교에서 담배를 피우는 학생들이 점점 줄고 있다.'에서 '담배를 피우는'이 관형절로 피수식어 '학생들이'는 관형절의 주어의 역할을 한다.

06 정답 ②

'웃기다, 낮추다, 맡기다, 날리다'는 사동사이고, '안기다, 물리다, 풀리다, 읽히다'는 피동사이다.

07 정답 ⑤

'학여울'은 ㄴ첨가와 비음화가 일어나 [항녀울]로 발음되고, '몇 명'은 음절의 끝소리 규칙과 ㄴ첨가, 비음화가 일어나 [면명]으로 발음된다. '늦여름'은 음절의 끝소리 규칙과 ㄴ첨가와 비음화가 일어나 [는녀름]으로 발음되므로 ⑤가 가장 적절하다.

08 정답 ④

'띄어쓰기'는 〈보기〉의 다만 3에 따라 [띠어쓰기/띠여쓰기]로 발음해야 한다.
① 〈보기〉의 5항과 다만 4에 따라 [혀븨비/혀비비]로 발음할 수 있다.
② 〈보기〉의 5항과 다만 4에 따라 '강의의 의의'에서 '강의'는 [강:의/강:이]로, 조사 '의'는 [의/에]로, '의의'는 [의:의/의:이]로 발음할 수 있다.
③ 〈보기〉의 제 5항과 다만4에 따라 [주의]와 [주이]로 발음할 수 있다.
⑤ 〈보기〉의 제 5항과 다만 4에 따라 [우리의]와 [우리에]로 발음할 수 있다.

09 정답 ①

① '많이도'의 '많이'는 부사로 보조사 '도'와 결합하여 사용되고 있다. '많이 받으면'의 '많이'는 뒤에 오는 '받으면'을 수식하는 부사이다. 따라서 이 문장들에서 '많이'는 모두 부사로 사용되고 있다.
② 조사, 부사, ③ 부사, 감탄사, ④ 조사, 명사, ⑤ 명사, 조사

10 정답 ④

'흐르다'는 '르'가 모음 어미 앞에서 'ㄹㄹ' 형태도 변하는 '르' 불규칙으로 '흘러'로 활용하므로 ㉠에 해당한다.

11 정답 ④

④ Seokguram ① Busan ② Jeju-do(행정단위인 '도'는 do로 표기함) ③ Min yongha(이름은 붙여 쓰는 것을 원칙으로 하나 음절 사이에 붙임표를 쓰는 것도 허용) ⑤ Han boknam(이름에서 일어나는 음운 변화는 표기에 반영하지 않음)

12 정답 ②

②은 종속적으로 이어진 문장이다. 나머지는 모두 안은문장에 해당한다.

13 정답 ④

④ 識
(식) 알다 – 認識(인식)
(지) 기록하다 – 標識(표지)
그러므로 ④는 '認識(인식)'으로 읽어야 한다. 찰

▮오답 풀이
① 謁見(알현) : 지체가 높고 귀한 사람을 찾아가 뵘
  謁(뵐 : 알) 見(뵈올 : 현)
② 茶禮(다례) : 차(茶)를 대접(待接)하는 의식(儀式).
  茶(차 : 다) 禮(예도 : 례)
③ 牡丹(모란) : 작약과의 낙엽 활엽 관목의 식물
  牡(수컷 : 모) 丹(붉을 : 란)
⑤ 思惟(사유) : 대상을 두루 생각하는 일. / 개념, 구성, 판단, 추리 따위를 행하는 인간의 이성 작용.
  思(생각 : 사) 惟(생각할 : 유)

14 정답 ④

④ 策定(책정)은 계획이나 방책을 세워 결정함이란 의미로 문장의 의미와 관계없다. 마땅한 한자어가 없다.

▮오답 풀이
① 結成(결성) : 조직이나 단체 따위를 짜서 만듦.
② 製作(제작) : 재료를 가지고 기능과 내용을 가진 새로운 물건이나 예술 작품을 만듦.
③ 制定(제정) : 제도나 법률 따위를 만들어서 정함.
⑤ 編纂(편찬) : 여러 가지 자료를 모아 체계적으로 정리하여 책을 만듦.

15 정답 ⑤

겸양은 지기를 내세우거나 자랑하지 않고 겸손한 태도로 사양하는 것으로 반대되는 말은 ⑤ 오만이다.
겸양(謙讓) : 겸손한 태도로 남에게 양보하거나 사양함.
예 바쁠 때일수록 謙讓의 미덕을 발휘해야 한다.
오만(傲慢) : 태도나 행동이 건방지거나 거만함. 또는 그 태도나 행동.
예 일부러 초라한 옷을 입고 나타난 그는 심한 편견과 傲慢에 악의까지 갖고, 진실은 덮어 버린 채 우리를 죄인으로 몰아붙였다.

▮오답 풀이
① 공경(恭敬) : 공손히 받들어 모심
  예 우리를 위해 젊음을 희생하신 어르신들은 恭敬을 받을 자격이 된다.
② 소박(素朴) : 꾸밈이나 거짓이 없고 수수하다.
  예 내 여자친구는 항상 素朴한 옷차림을 하고 다닌다.
③ 순수(純粹) : 전혀 다른 것의 섞임이 없음.
  예 純粹 성분
  : 사사로운 욕심이나 못된 생각이 없음.
  예 그는 어린아이와 같은 純粹를 지녔다.
④ 인내(忍耐) : 괴로움이나 어려움을 참고 견딤.
  예 우리 부부는 忍耐로 역경을 극복하다.

16 정답 ②

미증유(未曾有)는 '지금까지 한 번도 있어 본 적이 없음'이란 뜻으로 '역사 이래 미증유의 일'과 같은 용법으로 쓰인다.

▮오답 풀이
① 姑息之計(고식지계) : 우선 당장 편한 것만을 택하는 꾀나 방법. 한때의 안정을 얻기 위하여 임시로 둘러맞추어 처리하거나 이리저리 주선하여 꾸며 내는 계책
③ 下石上臺(하석상대) : 아랫돌 빼서 윗돌 괴고 윗돌 빼서 아랫돌 괸다는 뜻으로, 임시변통으로 이리저리 둘러맞춤을 이르는 말.
④ 彌縫策(미봉책) : 눈가림만 하는 일시적인 계책
⑤ 臨時方便(임시방편) : 갑자기 터진 일을 우선 간단하게 둘러맞추어 처리함

17 정답 ③

③ 附和雷同(부화뇌동) : 남들이 하니깐 같이 따라하는 것을 말한다.

▮오답 풀이
① 天方地軸(천방지축) : 못난 사람이 종작없이 덤벙이는 일
② 鐵中錚錚(철중쟁쟁) : 같은 무리 가운데서도 가장 뛰어남. 또는 그런 사람을 이르는 말.
④ 傍若無人(방약무인) : 아무 거리낌없이 말하고 행동하는 태도
⑤ 易地思之(역지사지) : 처지를 바꾸어서 생각하여 봄.

18 정답 ①

이글에서는 청소년들의 언어 순화를 위해 방송의 역할이 중요하다고 주장하고 있으며, 이를 뒷받침하기 위한 근거로 '2016년 청소년 매체 이용 및 유해 환경 실태 조사'의 결과를 제시하고 있다. 이런 근거를 제시하는 이유는 두 번째 문단에서 방송 노출 시간과 언어생활이 관련되어 있다고 보기 때문이다.

▮오답 풀이
② 첫 번째 문단에서 글쓴이는 방송을 활용하여 청소년들의 언어생활을 개선하고자 하고 있다. 이는 후천적 영향이 언어생활에 영향을 미친다는 생각을 바탕으로 한 의견이므로 태어날 때부터 언어 사용 능력이 결정된다는 것은 적절하지 않다.
③ 이 글에서 말한 한글의 장점을 고려하였을 때 사용하기 쉬운 언어일수록 신조어를 쉽게 만들 수 있을 것이라는 추론이 가능하지만, 이는 ㉠의 주장과 관련이 없다.

④ 성장 과정에서 만난 친구들의 영향은 이 글에서 말하는 방송의 공적 책임과 관련이 없다.
⑤ 방송을 통해 전문적 훈련을 요구한다는 내용은 적절하지 않다.

19 정답 ⑤

종업원들의 절도 행위를 막으려는 목적으로 도입된 전략은 단수 가격이다. 제시문에서는 왼쪽 자릿수 효과에 대한 설명이 없다.

오답 풀이
① 1문단 '단수 가격은 가격의 끝자리가 홀수, 특히 9로 끝나는 가격을 말한다.'를 통해 알 수 있다.
② 1문단 '기업들이 이윤을 추구하기 위해 구사하는 다양한 판매 전략 중 하나로 가격을 활용한 방법이 있다.'를 통해 할 수 있다.'
③ 3문단 '소비자들이 단수 가격을 보고 제품의 가격이 저렴하다고 인식하여 해당 제품을 많이 사기 시작한 것이다.'를 통해 알 수 있다.
④ 4문단 '경제가 어려워지면서~이에 기업들은 자기들의 이이기을 추구하기 위해 가격 활용 전략을 더욱 정교하게 구사하고 있다.'를 통해 알 수 있다.

20 정답 ④

코식이는 앵무새나 구관조와 달리 사람과 유사한 소리를 구사하였다고 하였다. 그리고 이러한 현상을 분석한 결과 같은 종으로부터 격리된 환경에서 사는 코식이가 유일한 사회적 접촉 대상이었던 사람과의 사회적 유대를 강화하기 위해 사람과 유사한 말을 구사한 것으로 해석되었다.

오답 풀이
① 일반적으로 코끼리는 사람이 들을 수 없는 범위인 주파수 20헤르츠 미만의 저음을 내며 서로 의사소통을 한다고 하였다.
② 전문가들의 연구 결과 코식이의 소리는 사람의 발성과 같은 원리로 나는 것이었지만, 주파수가 사람의 소리보다 훨씬 낮다고 하였다. 따라서 코식이가 사람들의 소리와 동일한 주파수의 소리를 냈다는 설명은 적절하지 않다.
③ 코식이가 사람과 비슷한 목소리를 내게 된 것은 격리된 환경에서 사회적 유대를 강화하기 위한 것이라고 하였다. 그러나 코끼리가 다른 코끼리들과 소통하는 내용은 이 글에 나타나지 않았다.
⑤ 관찰 결과 코식이는 뜻도 모르는 사람 목소리를 흉내낸다고 했으므로, 코식이의 목소리가 사람의 목소리와 유사해질수록 자신이 내는 소리가 무슨 뜻인지 이해할 수 있게 된다는 설명은 적절하지 않다.

21 정답 ②

• 자료 분석
 ⇨ 철기 유물

• 보기 분석
② 철기(중국화폐 사용 : 중국과 교역)
① 청동기 ③ 구석기 ④ 신석기 ⑤ 신라

22 정답 ①

• 사료 분석
 - 을불, 서천왕의 손자, 봉상왕 이후 : 미천왕
 - 현도군 공격, 서안평 점령 : 미천왕
 ⇨ 고구려 미천왕

• 보기 분석
① 미천왕 ② 고국천왕 ③ 고국원왕 ④ 광개토대왕
⑤ 소수림왕

23 정답 ①

• 사료 분석
 - 개경의 시전을 관할 : 경시서
 - 고려와 조선의 기구
 ⇨ 경시서(시전 관리, 물가조절, 불법행위 단속 등)

• 보기 분석
② 고려의 삼사
③ 전민변정도감
④ 급전도감에서 실시
⑤ 빈민구제책인 진대법이나 의창에 대한 설명

24 정답 ①

• 제시문 분석
 - 김치양과 천추태후 : 목종 때의 인물
 - 정난 : 강조의 정변
 ⇨ (가) : 강조

• 보기 분석
① 강조(강조의 정변 결과 목종이 폐위되고 현종이 옹립되었다.)
② 강감찬
③ 윤관
④ 서희
⑤ 김윤후

25 정답 ②

• 사료 분석
 - 고구려 장수왕의 공격으로 백제 개로왕이 전사하고 한강을 빼앗긴 문주왕은 웅진(공주)로 천도하였다.

- 2차 동학농민전쟁에서 남북접이 결집하여 공주 우금치에서 싸웠으나 패배하였다.
⇨ 이곳 : 공주

• 보기 분석
② 공주 ① 철령이북 지역 ③ 평양 ④ 진주 ⑤ 충주

26   정답 ①

• 보기 분석
ㄱ. 웅진도독부 설치(백제 멸망 직후, 660년)
ㄹ. 백제 부흥 운동(백제 멸망 이후)
ㄴ. 김흠돌의 난(통일 이후, 신문왕 초기, 왕권 강화의 계기)
ㄷ. 국학 설립(통일 이후, 신문왕)

27   정답 ③

• 보기 분석
(나) 낙랑 점령(4세기, 미천왕)
(가) 동시전 설치(6세기, 지증왕)
(라) 대가야 병합(6세기, 진흥왕)
(다) 미륵사 창건(7세기, 무왕)

28   정답 ②

• 보기 분석
② 주심포 양식 : 수덕사 대웅전, 봉정사 극락전, 부석사 무량수전(다포 양식 : 성불사 응진전)

29   정답 ④

• 보기 분석
④ 대동여지도는 세계기록유산이 이닙니다.

30   정답 ③

• 사료 분석
- 시전 : 허가상인
- 난전 잡는 일 : 금난전권 행사
- 금난전권을 모두 없애 : 정조 때 실시된 신해통공(금난전권 폐지, 육의전 제외)
⇨ 정조

• 보기 분석
① 효종 때 ② 숙종 때 ③ 정조 때 ④ 영조 때
⑤ 현종 때

31   정답 ④

• 사료 분석
⇨ 비변사

• 보기 분석
④ 삼포왜란 이후 임시기구 → 을묘왜변 이후 상설기구 → 임난 이후 국정전반 장악 → 세도가문의 권력 기반 → 흥선대원군이 혁파(의정부와 삼군부의 기능 부활)

32   정답 ③

• 사료 분석
- 한성에서 의를 일으킨 이래 : 1919년 3.1운동 이래
- 임시의정원 : 임시정부의 입법부
⇨ 대한민국 임시정부

• 보기 분석
③ 국무원(행정부), 군무부(군사)

33   정답 ②

• 사료 분석
- 무기 휴회된 공위 : 미소공동위원회
- 남방만이라도 임시 정부 : 남한 단독 정부 수립
⇨ 이승만의 정읍발언

• 보기 분석
① 전두환 ② 이승만, 박정희
③ 이승만 정부는 친일 청산에 소극적 ④ 박정희
⑤ 장면 내각(윤보선 대통령)

34   정답 ①

• 사료 분석
- 사태를 관망하여 향배를 결정 : 광해군의 중립외교
- 오랑캐에게 투항하여 추악한 명성이 : 광해군의 중립외교 비판
 그를 폐위 : 광해군을 폐위시킨 인조반정
⇨ 서인(인조반정 주도)

• 보기 분석
ㄱㄴ 서인
ㄷ 남인과 소론, 시파까지 정치에 참여(서얼 출신도 중용)
ㄹ 동인 중에서도 북인에 대한 설명

35   정답 ③

• 사료 분석
(가) 호패법(태종)
(나) 세종
(다) 동국병감(문종)

• 보기 분석
① 명종 ② 성종 ③ 세종
④ 태종(호패법 1413년, 계미자 주조 1403년) ⑤ 태조

36 정답 ②

- 사료 분석
  - 소학교(심상소학교) : 3차 조선교육령(1938)
  - 충량한 황국신민을 육성, 조선어는 수의 과목 : 민족 말살 통치기
  ⇨ 3차 조선교육령이 시행되었던 1938-1943년(4차 조선교육령은 1943년)

- 보기 분석
  ② 초등학교령(1941)
  ① 서당규칙(1918)
  ③ 산미증식계획(1920-1934)
  ④ 농촌진흥운동을 시작(1932)
  ⑤ 조선일보, 동아일보 창간(1920)

37 정답 ④

- 사료 분석
  - 임시 민주주의 정부 수립 : 모스크바 3상 회의 내용
  - 최고 5년 기간의 신탁 통치 : 모스크바 3상 회의 내용
  ⇨ 모스크바 3상 회의 내용(임시 민주정부 수립, 신탁통치, 미소공위 개최)

38 정답 ③

- 사료 분석
  (가) 대한제국(1897년)
  (나) 대한국국제(1899년)

- 보기 분석
  ① 조일 수호 조규 부록 체결 이후(1876)
  ⑤ 조미 수호 통상 조약(1882)
  ④ 방곡령 선포(1889)
  ② 아관파천 직후(1896)
  (가) 대한제국(1897년)
  ③ 황국 중앙 총상회(1898)
  (나) 대한국국제(1899년)

39 정답 ②

- 보기 분석
  군국기무처에서 추진한 개혁 : 1차 갑오개혁
  ㄱㄷ 1차 갑오개혁 내용
  ㄴㄹ 2차 갑오개혁 내용

40 정답 ②

- 연표 분석
  5.4운동(1919)
  세계 경제 대공황(1929년) ⇨ (가) : 문화통치기(1920년대)

- 보기 분석
  ② 대한광복회(1914)
  ① 봉오동전투(1920)
  ③ 문화통치기(1922년 2차 조선교육령 이후)
  ④ 임시정부의 독립신문(1919년 이후)
  ⑤ 미쓰야 협정(1925)

41 정답 ④

(ㄱ)은 스미싱(Smishing), (ㄴ)은 랜섬웨어(Ransomware), (ㄷ)은 딥페이크(Deepfake)를 말한다.

42 정답 ⑤

국회의 권한은 국군의 해외파견에 대한 동의권이다. 건의는 할 수 없다.

43 정답 ①

기술정보 종류 :
SIGINT - 신호정보
IMINT - 이미지(영상)정보
MASINT - 징후계측정보
GEOINT - 지형공간정보

44 정답 ③

- 자이가르닉 효과 : 일이 완결되지 않으면 긴장이나 불편한 마음이 지속되어 오랜 잔상으로 남아 마음속에서 쉽게 지우지 못하는 현상
- 베블런 효과 : 가격이 오르는 데도 일부 계층의 과시욕이나 허영심 등으로 인해 수요가 줄어들지 않는 현상
- 바넘 효과 : 사람들이 보편적으로 가지고 있는 성격이나 심리적 특징을 자신만의 특성으로 여기는 심리적 경향
- 크레스피 효과 : 이전에 비해 더 많은 보상과 처벌이 행위의 변화 및 수행 능률에 영향을 미치는 현상
- 스티그마 효과 : 부정적으로 낙인찍히면 실제로 그 대상이 점점 더 나쁜 행태를 보이고, 대상에 대한 부정적 인식이 지속되는 현상

45 정답 ④

- 고통지수 : 특정한 기간 동안 물가상승률과 실업률을 합한 수치이며 국민들이 피부로 느끼는 경제적 삶의 어려움을 계량화해서 수치로 나타낸 것이다.
- 물가지수 : 물가의 움직임을 알기 쉽게 지수화한 경제지표를 일컫는다. 일정 시점의 연평균 물가를 100으로 잡고 가격변화 추이를 수치로 나타내는 것이다. 따라서 조사 당시의 전반적인 물가수준을 측정할 수 있다.

- 러너지수 : 가격과 가격에 대응하는 한계 비용의 차이점으로 시장지배력을 측정하는 지수를 말한다.
- 허쉬만 – 허핀달지수 : 시장 내에서 특정 주체가 갖는 집중도를 파악하여 시장의 경쟁도를 평가하기 위한 지수이다.
- 인간개발지수 : 국제연합개발계획(UNDP)이 매년 각국의 교육수준과 국민소득, 평균수명 등을 조사해 인간개발 성취 정도를 평가하는 지수이다.

46   정답 ④

퍼플오션은 기존 업종 중에서 독창성을 가미해 차별화한 시장을 의미한다.
① 레드오션은 이미 잘 알려져 있어 경쟁이 치열한 시장을 의미한다. 유사 용어로 블러디 오션이 있다.
② 그린오션은 친환경에 핵심 가치를 두고 환경과 에너지 그리고 기후변화 문제 해결에 기여하는 저탄소 녹색경영을 통해 시장에 새로운 부가가치를 창출하고 더 나아가 새로운 시장을 창출하는 것을 말한다.
③ 블루오션은 경쟁자가 없는 유망한 시장을 의미한다.
⑤ 블랙오션은 인위적 독과점 시장에서 담합을 통해 부당이익을 얻는 방법을 말한다. 또는 치열한 경쟁 끝에 시장 자체가 자정력을 잃고 완전히 몰락하게 된 경우 블랙오션이라고 부르기도 한다.

47   정답 ①

엔저에 따라 원화절상 리스크는 줄어드는 것이 아니라 높아진다.

48   정답 ③

① 프로파일링 기법 : 범죄자의 행동 분석을 통해 범인 검거에 기여하고 범인의 협조를 얻게 하는 수사 기법.
② 디가우징 : 하드디스크와 같은 저장장치에 저장된 정보를 강력한 자기장을 이용하여 복구할 수 없도록 완전히 지우는 기술.
⑤ 슈퍼 임퍼즈법 : 주검의 신원을 알아내는 방법의 하나. 주검의 골격 사진을 찍어서 그것과 행방불명자들 가운데 해당자라고 인정되는 사람의 인체 사진을 하나하나 이중 밀착을 하여 대조함으로써 신원을 알아내는 방법.

49   정답 ②

NGO는 인권, 반핵 뿐만 아니라 군축 분야 등 다양한 분야로 활동이 확장되어 왔다.

50   정답 ③

NLL은 '북방한계선'으로, 1953년 유엔사령부가 정전협정 체결 직후 서해 5도인 백령도, 대청도, 소청도, 연평도, 우도를 따라 그은 해안 경계선을 말한다.

모의고사 2회

01   정답 ④

우리말에서 음운은 추상적인 말소리이다. 분절 음운 가운데 자음은 19개, 모음은 21개이다.

02   정답 ③

㉠ : 잠그 + 아서 : 'ㅡ' 탈락 ㉢ : 담그 + 아서 : 'ㅡ' 탈락 ㉤ : '들르 + 어서' : 'ㅡ' 탈락 ㉡ : 일구 + 어서 : 축약 ㉣ : 졸리 + 어서 : 축약

03   정답 ⑤

설날[설랄]-유음화, 옷맵씨[온맵씨-온맵씨], 좋은[조은], 백현[배켠], 값지다고[갑찌다고]이므로 ㉣은 축약, ㉤은 탈락(자음군단순화)과 교체(된소리되기)가 나타난다.

04   정답 ⑤

ㄱ의 '배를', ㄷ의 '일을'에서 앞말의 끝소리에 따라 목적격 조사의 형태가 달라지는 것을 알 수 있다.

오답 풀이
① 격조사 : 에서, 를 / 접속조사 : 와
② 관형격 조사 : 의 / 주격조사 : 가
③ ㄴ의 부사 '포르륵' 뒤에는 조사가 붙어 있지 않다.
④ 격 조사 : 가, 을 / 보조사 : 는

05   정답 ⑤

⑤ 의존형태소이며 형식 형태소인 어미 : -ㄴ/-고/-지/-았-/-다(5개)

오답 풀이
① 그/-가/가/-ㄴ/땅/-에/-는/이제/아무/-도/살-/-고/있-/-지/않-/-았-/-다
② 자립 형태소이며 실질 형태소 : 그/땅/이제/아무(4개)
③ 의존형태소이며 형식 형태소인 조사 : -가/-에/-는/-도(4개)
④ 의존형태소이며 실질 형태소인 어간 : 가-/살-/있-/않-(4개)

06   정답 ③

㉢은 '명예 + -롭- + -운'으로 분석될 수 있으며 명사 '명예'에 결합한 '그러함', '그럴만 함'의 의미를 가진 접미사 '-롭다'는 '명예롭다'와 같이 품사를 형용사로 바꾼다.

국정원 9급 All-Care

오답 풀이

① ㉠은 군-(접사) + 소리(어근 : 명사)로 '군소리'도 명사이므로 어근의 품사가 바뀌었다고 할 수 없다.
② ㉡은 접두사 '덧-'이 결합하였고 어근의 품사는 바뀌지 않았다.
④ ㉣은 놀-(동사 어근) + -이(명사 파생접미사)로 동사를 명사로 바꾸었다.
⑤ 피동의 뜻을 더하는 접미사가 결합되었으나 품사는 변함없이 동사이다.

07 정답 ③

ㄱ : 묵호(Mukho) ㄴ : 설악산(Seoraksan)
ㄷ : 팔당(Paldang) ㄹ : 속리산(Songnisan)
ㅁ : 종로(Jongno) ㅅ : 한려(Hallyeo)

08 정답 ①

ⓐ의 '다만~'에 따라 '깍두기'로 표기해야 한다.

오답 풀이

② ⓑ에 따라 맞는 표기임
③ ⓒ에 따라 ㄹ을 탈락시켜 '나는'으로 표기함
④ ⓓ에 따라 [다치다]로 소리나지만 '닫히다'로 표기함.
⑤ ⓔ에 따라 원형을 밝혀 적어 '일찍이'로 표기해야 함.

09 정답 ①

㉠의 부사어 '아주'는 안긴 문장의 서술어이며 관형절인 '멋진'을 수식하고 있으며(대학생이 아주 멋지다 → 아주 멋진 대학생이), ㉡의 부사어 '꽤나'는 서술어 '많아요'를, ㉢의 부사어 '골고루'는 서술어 '나눠 주신다'를 ㉣의 부사어 '나란히'는 서술어 '걷고 있어요'를 수식하고 있다.

오답 풀이

② ㉠ : '아주 멋진'이 '대학생(체언)'을 수식한다. ㉢ : '어린'이 '손자'를 수식한다. ㉣ : '이슬비가 소리 없이 내리는'이 '아침'을 수식한다.
③ ㉠의 서술어 '되다'는 주어와 보어를 필요로 하며, ㉣의 서술어 '걷다'는 주어만을 필요로 한다.
④ ㉡은 '제 동생은 모형 자동차가 꽤나 많아요'와 '제 동생은 비행기가 꽤나 많아요'가 '와'에 의해 이어진 문장이 되면서 중복되는 부분인 '제 동생은(주어)' '꽤나 많아요(서술어)'가 생략된 것으로 볼 수 있으나. ㉣은 '손자들이 어리다'가 '어린'과 같은 관형절이 되면서 주어만이 생략 되었다.
⑤ ㉣의 부속 성분인 '나란히'는 절의 형태가 아니다.

10 정답 ①

① 길을 물어 : 부사절

오답 풀이

② 민우가 읽은 ③ 내일 할 ④ 아이들이 들어오는
⑤ 어제 읽던 : 관형절

11 정답 ②

'아기가 엄마에게 살포시 안기었다.'는 능동사 '안다'에 피동 접미사 '-기-'가 결합된 형태이므로 이중 피동 표현이 아니다.

12 정답 ③

㉡의 '만드신'을 통해 동사는 관형사형 어미 '-ㄴ'과 결합하여 과거 시제를 실현할 수 있음을 알 수 있다. 그러나 ㉢의 '한가한'은 형용사 '한가하다'의 어간 '한가하-'에 관형사형 어미 '-ㄴ'이 결합하여 만들어진 것으로, 과거 시제가 아닌 현재 시제를 나타내고 있으므로 ③은 적절하지 않다.

13 정답 ②

健康負擔金 : 행정 국민 건강 증진 사업을 원활하게 추진하는 데 필요한 재원을 확보하고 지원하기 위하여 국민 건강 증진법에 따라 조성한 기금.
健(굳셀 : 건)
康(편안, 들 : 강)
負(질, 짊어질 : 부)
擔(멜 : 담)
金(쇠 : 금)

14 정답 ⑤

叱 : 꾸짖을 질 智 : 잡을지 진집−진지
叱責(꾸짖을 : 질, 꾸짖을 ; 책) : 꾸짖어 나무람.
眞摯(진집) : '진지하다'의 어근

오답 풀이

① 休暇(쉴 : 휴, 틈 : 가) : 직장·학교·군대 따위의 단체에서, 일정한 기간 동안 쉬는 일. 또는 그런 겨를.
   民弊(백성 : 민, 폐단 : 폐) : 민간에 끼치는 폐해.
② 彈劾(탄알 : 탄, 꾸짖을 : 핵) : 죄상을 들어서 책망함.
   審判(살필 : 심, 판단할 : 판) : 어떤 문제와 관련된 일이나 사람에 대하여 잘잘못을 가려 결정을 내리는 일.
③ 稅金(세금 : 세, 쇠 : 금) : 가 또는 지방 공공 단체가 필요한 경비로 사용하기 위하여 국민이나 주민으로부터 강제로 거두어들이는 금전
   租稅(조세 : 조, 세금 : 세) : 국가 또는 지방 공공 단체가 필요한 경비로 사용하기 위하여 국민이나 주민으로부터 강제로 거두어들이는 금전.
④ 播種(뿌릴 : 파, 씨 : 종) : 진리를 깨달은 지혜.
   推穀(가을 : 추, 곡식 : 곡) : 가을에 수확하는 곡식.

15 정답 ①

① 白露(백로) : 양력 9월 8일 → 백로는 흰 이슬이라는 뜻으로 이때쯤이면 밤에 기온이 이슬점 이하로 내려가 풀이나 물체에 이슬이 맺히는 데서 유래한다. 즉 가을을 의미한다.

오답 풀이

② 驚蟄(경칩) : 양력 3월 6일 → 땅속에 들어가서 동면하던 동물들이 깨어나 꿈틀거리기 시작하는 무렵이다
③ 淸明(청명) : 양력 4월 5일 → 대부분 농가에서는 청명을 기하여 봄 일을 시작하므로 이날 특별한 의미를 부여했다
④ 穀雨(곡우) : 양력 4월 20일 → 본격적인 농경이 시작되는 때이며, 곡우 때쯤이면 봄비가 잘 내리고 백곡이 윤택해진다. 그래서 '곡우에 가물면 땅이 석자가 마른다', 즉 그해 농사를 망친다는 말이 있다.
⑤ 春分(춘분) : 양력 3월 30일 → 태양의 중심이 춘분점 위에 왔을 때이며 태양은 적도 위를 똑바로 비추고 지구상에서는 낮과 밤의 길이가 같다. 춘분을 즈음하여 농가에서는 농사준비에 바쁘다.

16 정답 ②

走馬看山(주마간산) : 말타고 산보기란 뜻으로 겉모습만 대충 본다는 뜻으로 수박 겉핥기와 같은 뜻이다.

오답 풀이

① 同價紅裳(동가홍상) : 같은 값이면 다홍치마
③ 磨斧爲針(마부위침) : 열 번 찍어 안 넘어가는 나무 없다.
④ 契酒生面(계주생면) : 재주는 곰이 부리고 돈은 주인이 받는다.
⑤ 指鹿爲馬(지록위마) : 윗사람을 농락하여 권세를 마음대로 함

17 정답 ④

전형적(典型的) : 어떤 부류의 특징을 가장 잘 나타내는 것
전형적(典形的)이라는 한자어는 없다.

오답 풀이

① 放火(방화) : 일부러 불을 지름.
② 高踏的(고답적) : 속세에 초연하며 현실과 동떨어진 것을 고상하게 여기는 것.
③ 隨意契約(수의계약) : 경쟁이나 입찰에 의하지 않고 상대편을 임의로 선택하여 체결하는 계약.
⑤ 容疑者(용의자) : 범죄의 혐의가 뚜렷하지 않아 정식으로 입건되지는 않았으나, 내부적으로 조사의 대상이 된 사람.

18 정답 ⑤

이 글을 생체 시계에 관한 과학 지식을 제시하고, 이에 대한 글쓴이의 생각을 드러내고 있다. 하지만 생체 시계에 대한 여러 가지 이론을 소개하고 있지는 않다.

오답 풀이

① 중앙 통제 시계를 알아내기 위해 살아 있는 쥐의 시교차상 핵에 전극을 꽂아 그래프를 측정해 보는 실험과, 시교차상 핵의 신경 세포를 모두 꺼내 적절한 체액과 영양분을 공급해 접시 위에서 키운 실험 결과를 제시함으로써 글의 신뢰성을 높이고 있다.
② 생체 시계가 우리 생활에 어떤 영향을 미치는지에 대해 질문한 다음, 이에 대해 설명하고 있다.
③ 서로 다른 주기의 신경 세포가 체내에서 활동할 때 24시간에 맞춰 리듬을 만드는 사례, 생체 리듬을 무시했을 때의 부작용을 보여 주는 사례 등을 제시하여 독자의 이해를 돕고 있다.
④ 체내에서 24시간에 맞춰 활동하는 신경 세포에 관한 객관적 과학 정보를 바탕으로 생체 시계를 잘 관리하며 살아가야 한다는 글쓴이의 의견을 제시하고 있다.

19 정답 ④

적란운이 지표에서 2~3km 사이에 위치해 있으면서 기존의 적란운과 떨어져 있을 때에는 소나기가 발생하고, 적란운이 지표에서 수백 미터 이내에 위치해 있으면서 기존의 적란운과 가까이 있을 때 집중 호우가 내린다고 하였다. 따라서 ㉠과 ㉡의 차이는 적란운이 위치한 고도와 적란운 사이의 거리에 의한 것이다.

20 정답 ①

ㄱ. 분리 이론(㉠)은 입법자의 의사에 따라 사회적 제약과 특별한 희생이 결정된다고 본다. ㄴ. 분리 이론(㉠)에서는 법을 실제로 시행했을 때 사회적 제약을 넘는 재산권 침해가 발생할 경우, 그 법률 자체가 위헌이므로 손실을 보상하는 것이 아니라 해당 법률을 제거해야 한다고 본다.

오답 풀이

ㄷ. 경계 이론(㉡)은 재산권 침해가 사회적 제약의 범위를 넘어서면 특별한 희생으로 바뀌므로 이에 대한 보상이 이루어져야 한다고 본다.
ㄹ. 경계 이론(㉡)에서는 법률에 보상 내용이 없었다 하더라도 특별한 희생에 대한 보상은 당연히 이루어져야 한다고 본다.

국정원 9급 All-Care

21 정답 ④

• 보기 분석
ㄱ. 신석기에 대한 설명 (구석기는 동굴이나 막집)
ㄴ. 청동기에 대한 설명

22 정답 ②

• 사료 분석
- 랴오닝성 일대 : 고조선의 영역인 랴오닝성 일대와 한반도 북부
- 연과 대립, 침략 : 진개의 침입으로 서역 2000여리를 상실한 고조선
⇨ (가) 나라 : 고조선

• 보기 분석
② 고조선의 8조법
① 발해의 특산물 ③ 부여의 1책 12법
④ 백제의 유교 발달 ⑤ 삼한의 군장

23 정답 ②

• 사료 분석
- 도적이 벌떼같이 일어났다. : 사회 혼란기
- 원종.애노 등이 사벌주에서 반란 : 원종과 애노의 난 (신라 하대)
⇨ 신라 하대 혼란기(진성여왕 때)

• 보기 분석
② 신라 하대(혼란기)
① 고려 무신집권기
③ 조선 후기
④ 고려 무신집권기
⑤ 신라 중대

24 정답 ④

• 보기 분석
① 문왕은 중경-상경-동경으로 천도하였다.
② 고왕(대조영) 때 사용한 연호는 천통이다.
 (천수는 고려 태조의 연호)
③ 무왕은 인안이라는 연호를 사용하였다.
⑤ 선왕 때 해동성국이라 불리었다.

25 정답 ④

• 보기 분석
- 일부일처제(축첩제 시행 안됨) : 고려
- 노파와 여자들이 재상을 비판 : 여성의 지위가 비교적 높음
⇨ 고려의 사회상

• 보기 분석
④ 조선의 과전법에 대한 설명
(사망한 관리의 부인에게 수신전을, 부인마저 사망하면 자식에게 휼양전을 지급하였다.)
①②③⑤ 고려의 경제 상황

26 정답 ③

• 사료 분석
(가)는 예종과 인종의 장인이 되어 권세를 누리다 '십팔자위왕(十八子爲王)'이라는 비기를 바탕으로 난을 일으켰던 이자겸이다.
⇨ 고려 예종 때, 여진족이 금을 건국하고 우리에게 군신관계를 요구하였다. 당시의 실권자였던 이자겸이 이 요구를 수용하여 고려의 자주성에 상처를 입었다.

• 보기 분석
① 고려 성종 때, 서희의 외교 담판 이후 강동6주를 획득하였다.
② 고려 공민왕 때의 일이다.(쌍성총관부 회복)
④ 고려 원종 때의 일이다.
⑤ 이자겸의 난 이후

27 정답 ③

• 연표 및 보기 분석

- 요동 정벌 추진(태조, 정도전이 주도)
(가) : ① 태조 때 이성계의 5남인 이방원이 주도
- 쓰시마 정벌(세종)
(나) : ③ 세종 → ② 문종
- 3포 왜란(중종)
- 임진왜란(선조)
(라) : ④ 광해군
⑤ 인조(정묘호란의 배경)
- 정묘호란(인조)

28 정답 ②

• 제시문 분석
- 마과회통 : 정약용의 저서
- 열하일기 : 박지원의 저서
⇨ (가)는 정약용, (나)는 박지원이다.

• 보기 분석
ㄱ. 이익 ㄹ. 박제가

• 함께 학습
〈정약용의 업적〉
- 중농학파 : 여전론과 정전제 주장
- 저서 : 목민심서, 경세유표, 마과회통, 흠흠신서 등
- 발명품 : 거중기, 배다리

〈박지원의 업적〉
- 중상학파 : 수레, 선박, 화폐 사용
- 저서 : 열하일기, 양반전, 허생전, 호질, 과농소초(한전론) 등

29 정답 ①

- 보기 분석
① 분청사기는 고려말~조선초(15세기)에 유행
  (순청자 → 상감청자 → 분청사기 → 순백자 → 청화백자)
②③④⑤ 조선 후기 문화에 대한 옳은 설명
- 함께 학습 : 자기의 변화

30 정답 ③

- 보기 분석
③ 동고산성은 후백제 견훤의 궁성으로 추정
  (동고산성을 모르더라도 전주와 후고구려의 접점이 없으므로 오답)
- 함께 학습 : 전라도 주요 지역사

| ① 전주 : 견훤이 세운 후백제의 수도인 완산주, 고려 무신정권기에 발생한 전주 관노의 난(명종), 임난 때 전주 사고 제외 실록 모두 소실, 1차 동학 농민 전쟁으로 전주성 점령, 전주화약 |
| ② 삼례 : 동학 농민 운동의 교조 신원운동이 일어났던 삼례 집회 |
| ③ 익산 : 백제 무왕이 미륵사 창건, 미륵사지 석탑, 고구려 왕족 안승이 보덕국을 세우고 왕이 됨 |
| ④ 순천 : 송광사(지눌의 수선사 결사, 승보사찰), 선암사(유네스코 문화유산 : 산사, 산지 승원) |
| ⑤ 강진 : 백련사(요세의 백련사 결사), 고려 청자 생산지, 신유박해로 인한 정약용의 유배지 |

31 정답 ①

- 사료 분석
- 양이의 해로움, 사학의 무리를 잡아 베시고 : 위정척사
- 양적을 공격 → 내 나라 사람 → 조선 문화의 전통을 보전 : 위정
- 양적과 화친 → 적국 사람의 것 → 금수의 지경 : 척사 해야 함.
- 화서집 : 이항로의 글 모음집
⇨ 1860년대 위정 척사 사상(이항로)

- 연표 분석
- 고종 즉위(1863)
- 흥선대원군 하야(1873)
- 임오군란(1882)
- 청일전쟁(1894)
- 러일전쟁(1904)

32 정답 ④

- 제시문 분석
- 통리기무아문과 12사 설치(1880년)
  : 개항(1876) 이후 추진된 1880년대 정부주도의 개화 정책 주도
- 우정총국 개국(1884년)
  : 개국 축하연을 계기로 갑신정변 발생(1884)

- 보기 분석
④ 임오군란을 청이 진압한 후, 청과 체결한 조청상민수륙무역장정(1882)
① 강화도 조약 부속 조약인 조일 무역 규칙(1876)
② 강화도 조약 부속 조약인 조일 수호 조규 부록(1876)
③ 조일 통상 장정(1883)에서 방곡령 선포가 가능해졌으나 지방관이 방곡령 선포 한달 전에 통보해야 한다는 독소 조항이 있었다. 이후, 1889년 함경도에서 방곡령이 선포되었으나 조일 통상 장정에 근거하여 배상금을 지불하게 되었다.
⑤ 거문도 사건(1885-1887)

33 정답 ②

- 사료 분석
- (가) : 대한자강회
- (나) : 신민회

- 보기 분석
② (나) 신민회에 대한 설명이다.
  (대한자강회는 입헌군주제 추구)

34 정답 ①

- 사료 분석
- 건양 연호 사용, 친위대와 진위대 설치, 소학교 설치, 단발령
⇨ 을미개혁 내용(1895)

- 연표 분석(+주요 사건)

| - 임오군란(1882) |
| - 갑신정변(1884) |
| - **거문도 사건(1885~1887)** |
| - 동학농민운동, 청일전쟁, 갑오개혁(1894) |
| - 을미사변, 을미개혁, 을미의병(1895) |
| - **독립신문 발행, 독립협회 창설(1896), 독립문 건설(1897)** |
| - **고종 환궁, 대한제국 선포, 광무개혁(1897)** |
| - 대한국국제 반포(1899) |
| - **한일의정서(1904, 군서적 요충지 제공)** |
| - 1차 한일협약(1904, 고문 정치) |
| - 2차 한일협약(1905, 외교권박탈, 통감부 설치) |
| - **한일신협약(1907, 차관정치)** |
| - 국권피탈(1910) |

35 정답 ⑤

- 사료 분석
  - 대전자령 전투(1933) : 한국독립군의 한중 연합 작전 (사령관 : 지청천)
  - 양세봉 : 조선혁명군 사령관(한중 연합 작전)
  ⇨ (가) : 한국독립군, (나) : 조선혁명군

- 보기 분석
  ㄱ. 조선혁명군 활동(영릉가 전투, 흥경성 전투)
  ㄴ. 홍범도 장군은 봉오동 전투와 청산리 대첩에 참여
  ㄷㄹ. 조선혁명군에 대한 설명

- 함께 학습

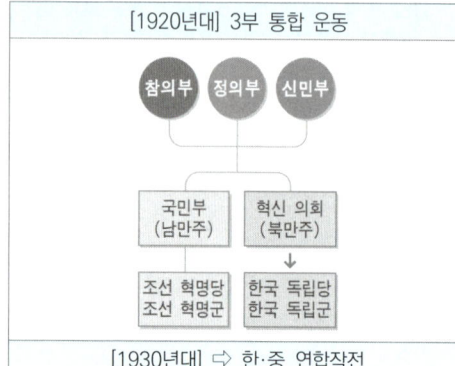

- 조선혁명군(양세봉) + 중국 공산당
  ⇨ 영릉가 전투(1932), 흥경성 전투(1933)
- 한국독립군(지청천) + 중국 호로군
  ⇨ 쌍성보 전투(1932),
     사도하자, 동경성, 대전자령 전투(1933)
- 동북항일연군(중국 공산당+한인 사회주의자)
  ⇨ 보천보 전투(1937, 국내침투) → 이후 소련으로 이동

36 정답 ②

- 사료 분석
  - (가) 청산리 대첩 전후, 간도의 한인 마을 학살 : 간도참변(1920)
  - (나) 참의부, 정의부, 신민부 : 3부 결성(1923-1925)

- 보기 분석
  ㄴ. 대한독립군단 결성(1920, 간도참변 이후)
  ㄷ. 자유시 참변(1921, 간도참변 이후)
  ㄹ. 미쓰야 협정(1925, 3부 결성 이후)
  ㄱ. 3부 통합운동(1928, 미쓰야 협정 이후)

- 함께 학습

[저항(무장 독립 투쟁)]	↔	[시련]
봉오동 전투(1920)		
		훈춘사건(1920)
청산리 전투(1920)		
		간도참변(1920)
대한독립군단결성(밀산), 자유시 이동		
		자유시 참변(1921)
3부 결성(1923-1925) (참의부, 정의부, 신민부)		
		미쓰야 협정(1925)
3부 통합운동 - 북만주 : 혁신의회(1928) - 남만주 : 국민부(1929)		

37 정답 ①

- 사료 분석
  ⇨ 김규식에 대한 설명이다. (1881~1950)

- 보기 분석
  ㄱㄴ. 김규식에 대한 설명이다.
  ㄷ. 김성수, 송진우 등(김규식은 해방이후, 우익진영에서 활동, 민족 자주 연맹 위원장)
  ㄹ. 여운형, 안재홍 등

38 정답 ①

- 사료 분석
  - 세계사적 일원론적인 역사 법칙에 의하여 다른 제 민족과 거의 동일한 발전 과정을 거쳐 온 것 : 식민사관의 정체성론 비판
  ⇨ 백남운의 사회경제사학에 대한 설명이다. (1881~1950)

- 보기 분석
  ② 정인보, 안재홍, 문일평 등
  ③ 이병도, 손진태(실증주의 사학)
  ④ 신채호(민족주의 사학)
  ⑤ 박은식

39 정답 ②

- 사료 분석
  ⇨ 전두환 정부
  (11대 : 1980.9~1981 / 12대 : 1981~1988.2)

- 보기 분석
  ㄱㄷ. 전두환 정부

ㄴ. 10대 최규하 정부(신군부가 권력을 장악했으나, 정부는 대통령 선출 이후부터)
ㄹ. 노태우 정부(1990)
: 노태우의 민주정의당 + 김영삼의 통일민주당 + 김종필의 신민주공화당

- 함께 학습 : 3당 통합 선언

> 민주정의당과 통일민주당 그리고 신민주 공화당은 여야의 다른 위치에서 그동안 이 나라를 위해 나름대로 최선의 노력을 기울여 왔습니다. 그러나 오늘 우리의 현실은 보다 더 굳건한 정치주도세력과 국민적 역량의 결집을 요구하고 있습니다. 우리사회 모든 민족 민주 세력은 이제 뭉쳐야 합니다. 이 같은 시대적 요청에 부응하기 위해 우리는 중도민주 세력의 대단합으로 큰 국민정당을 탄생시켜 정치적 안정 위에서 새로운 정치 질서를 확립해 나가기로 했습니다. …… 국민 여러분 우리 역사상 처음으로 이제 여야 정당이 합당하여 새로운 국민정당이 탄생됩니다.

40   정답 ③

- 사료 분석
  - 체제 인정, 불가침 등 : 남북기본합의서(노태우 정부, 1991)
  ⇨ 남북 기본 합의서에서 남북을 잠정적 특수관계로 규정함.
- 보기 분석
③ 남북이 잠정적 특수관계로 규정(남북 기본합의서, 노태우 정부)
① 민족 공동체 통일 방안(김영삼 정부, 1994)
: 자주·평화·민주의 3원칙, 화해·협력 – 남북연합 – 통일국가 완성의 3단계
② 경의선 철도 복구 사업(김대중 정부, 2000)
④ 최초의 남북 적십자 회담 개최(박정희 정부, 1972)
⑤ 최초의 이산가족 고향 방문(전두환 정부, 1985)
- 함께 학습 : 노태우 정부의 정책
  - 남북한 유엔 동시 가입 → 남북기본합의서 → 비핵화 공동선언(1991)
  - 7·7선언을 통한 북방외교 : 소련, 중국 등 공산권 국가와의 수교

41   정답 ④

내각책임제 : '의원내각제'라고도 불린다. 선거를 통해 구성되는 의회의 다수 의석 정당이 수상을 비롯한 내각 구성권을 가지고 행정부를 주도한다. 17세기 말 명예혁명 이후 영국에서 최초로 성립했다.
대통령중심제 : 행정부와 입법부가 엄격히 분립·독립되며 행정부의 수반인 대통령은 국민에 의하여 선출되는 정부형태이다. 18세기 미국에서 시작되었다.

42   정답 ①

'악의 축'은 미국의 부시 행정부가 반테러전쟁의 제2단계 표적으로 삼은 나라들이다. 악의 축에 들어가는 나라로는 이라크, 이란, 북한이 있다.

43   정답 ④

주식회사는 사원인 주주의 출자로 이루어지는 회사를 말한다. 모든 주주는 주식의 인도한도 내에서만 출자 의무를 부담하고, 회사의 채무 문제에 대해서는 직접적인 책임을 지지 않아도 된다는 특징이 있다. 유한회사는 1인 이상의 유한책임사원으로 구성된 회사다. 사원이 회사에 대해 출자 금액만큼만 책임을 지고, 회사채권자에 대해서는 어떠한 책임도 지지 않는다는 특징이 있다.

44   정답 ②

- 백도어 : 인증되지 않은 사용자에 의해 컴퓨터의 기능이 무단으로 사용될 수 있도록 컴퓨터에 몰래 설치된 통신 연결 기능
- 스푸핑 : 정보 보안 분야에서 특정 사용자나 장치의 신원을 가장하는 행위
- 크래킹 : 불법적 접근을 통해 다른 사람의 컴퓨터 시스템이나 통신망을 파괴하는 행위

45   정답 ③

가스라이팅 : 타인의 심리나 상황을 교묘하게 조작해 그 사람이 스스로를 의심하게 만듦으로써 타인에 대한 지배력을 강화하는 행위
착한아이 증후군 : 부정적인 정서나 감정들을 숨기고 타인의 말에 무조건적으로 순응하면서 착한 아이가 되려고 하는 경향을 의미
리플리 증후군 : 현실 세계를 부정하고 허구의 세계만을 진실로 믿으며 상습적으로 거짓된 말과 행동을 일삼는 반사회적 인격 장애
므두셀라 증후군 : 과거의 나쁜 일은 잊어버리고, 좋은 것만 기억하려는 기억 편향의 경향성

46   정답 ①

백색선전은 정부가 스스로 출처를 밝히고 국내외에서 수행하는 선전공작을 말한다. 주로 정확한 정보를 전달해 자국의 신뢰를 높이고자 할 때 사용되지만 다소 과장되거나 허위정보를 유포하는 경우도 있다.

47 정답 ④

수소차에 대한 수요에 영향을 미치는 요인에 해당하는 보기는 ㄴ과 ㄹ이다. 소비자의 수소차 구매에 영향을 미치는 요인으로 ㄴ은 혜택의 감소로 인해 수요의 감소를 불러일으킨다. 반대로 ㄹ의 경우 수소차 충전소의 설치 확대로 인해 소비자의 수요 증대를 가져올 요인을 볼 수 있다. ㄱ과 ㄷ의 경우 수소차의 생산과 관련된 요소로, 공급에 영향을 미치는 요인으로 볼 수 있다.

48 정답 ②

대규모보다 소규모의 개방형 블록체인을 기반으로 한 NFT들은 해킹에서 자유롭지 못해 위조·변조의 위험이 크다.

49 정답 ③

국가정찰국(NRO)에 대한 설명이다.
ONI : 해군정보부, DEA : 마약단속국, USCG : 해안경비대, OICI : 정보방첩국(에너지부 산하 정보기관으로 대량살상무기와 핵무기에 대한 정보 분석)

50 정답 ④

④에서 '120콜센터'가 아니라 '111콜센터'이다. 111콜센터는 대한민국 국가정보원의 신고센터이다. 국가안보와 관련한 신고 접수 및 상담을 주요 업무로 하고 있다. 120다산콜센터는 서울시에 관련된 상담과 민원 접수 서비스를 365일 24시간 제공하는 서울특별시 행정상담 전문 콜센터이다.